CAHIERS SECRETS
DE LA Ve RÉPUBLIQUE
III

Du même auteur

Cahiers secrets de la Ve République, tome 2 : *1977-1986*, Fayard, 2008.
Cahiers secrets de la Ve République, tome 1 : *1965-1977*, Fayard, 2007.
Politic Circus, éditions de l'Archipel, 2004.
Carnets secrets de la présidentielle, Plon, 2002.
Les Secrets d'une victoire, Flammarion, 1995.
Les Miroirs de Jupiter, Fayard, 1986.
La VIe République, Flammarion, 1974.
La Collaboration, Armand Colin, 1964.

Michèle Cotta

Cahiers secrets de la Ve République

1986-1997

Fayard

ISBN : 978-2-213-64442-4

À ma fille, Stéphanie

Résumé des chapitres précédents...

Le 16 mars 1986, Jacques Chirac et l'opposition remportent les élections législatives. Malgré un suspense de dernier moment où l'entourage de François Mitterrand laisse entendre que celui-ci pourrait bien démissionner si la gauche perd ces élections, le président de la République fait immédiatement savoir, le 17 mars, qu'il choisirait son Premier ministre dans les rangs de la majorité nouvelle.

Il n'a guère hésité sur le choix du successeur de Laurent Fabius à Matignon : un rapide calcul et quelques rencontres secrètes lui ont démontré que ni Jacques Chaban-Delmas ni Valéry Giscard d'Estaing, tous deux possibles Premiers ministres, n'auraient obtenu, s'ils l'avaient souhaité, la majorité à l'Assemblée nationale, verrouillée de longue date – au moins depuis l'année précédente – par le président du RPR. Jacques Chirac devient donc Premier ministre de François Mitterrand.

C'est dans ce nouveau contexte difficile que commence ce troisième tome des *Cahiers secrets de la Ve République* : dans le cadre d'une cohabitation qui a été plus ou moins conceptualisée par Édouard Balladur dans les années précédentes et acceptée dans son principe par François Mitterrand. C'est ainsi que, dès la première entrevue entre le chef de l'État et Jacques Chirac, le 17 mars, ce dernier a admis d'emblée les prérogatives présidentielles en matière de diplomatie et de défense. Le Président, lui, est tenu par la Constitution de promulguer les lois votées par le Parlement, mais aucune autorité ne peut l'obliger à signer des ordonnances.

Lors du premier Conseil des ministres, le 26 mars, Jacques Chirac abat ses cartes : il annonce sa volonté d'abroger « les dispositions qui freinent l'économie de marché », d'aménager le temps de travail dans le but de « renforcer la compétitivité de l'économie française », de recourir aux ordonnances pour imprimer rapidement le rythme des réformes. C'est ainsi que le budget 1986, adopté six mois auparavant par la majorité socialiste, se verra, annonce-t-il, rectifié par une loi de finances.

Le Premier ministre met également sur la table, dès ce jour-là, ses deux autres priorités : une ordonnance pour rétablir le scrutin majoritaire, que François Mitterrand a supprimé l'année précédente, et la privatisation de l'audiovisuel public.

En revanche, la consigne donnée par Jacques Chirac à ses ministres est claire et ne souffrira pas d'exception : le gouvernement ne doit en aucun cas débattre de ses problèmes devant le Président.

Le souhait et la recommandation que Mitterrand exprime à son entourage sont également clairs : ne rien faire qui puisse donner à croire que l'Élysée est impliqué dans les décisions prises par Matignon. « Pas de confusion, précise-t-il à ses proches ; c'est eux qui gouvernent, pas nous ! » Il est évident que, dans la perspective de l'élection présidentielle de 1988 à laquelle il ne cesse bien entendu de penser, ses chances de contre-attaque seront d'autant plus grandes qu'il n'aura pas assumé les responsabilités de la politique suivie par son Premier ministre.

Tandis que le nouveau gouvernement s'organise, l'Élysée devient le château de la Belle au bois dormant, mais François Mitterrand n'y dort que d'un œil.

On ne s'étonnera pas que le troisième tome de ces *Cahiers secrets* s'ouvre sur le moment où se pose la question de la signature des ordonnances sur les dénationalisations, à l'été 1986, et où débute l'épreuve de force entre François Mitterrand et Jacques Chirac.

1986

10 juillet

Avant-hier, dernière rencontre avec François Mitterrand. Je l'ai vu pour lui dire que j'allais, sans attendre la fin officielle de la Haute Autorité, reprendre mon travail de journaliste. Lorsque je lui déballais l'affaire, il a eu un commentaire du genre : « D'accord, bien sûr, vous avez le droit de partir ! Je ne vous en empêcherai pas ! Vous croyez que moi, je n'en ai pas envie ? »

Sur le moment, je n'ai pas exactement mesuré ce qu'il était en train de me dire. J'ai bien compris que mon départ l'irritait, mais pas qu'il me conseillait de faire comme lui : d'attendre, solide comme un roc, à mon poste. Le lendemain, j'ai appris que, telle qu'elle avait été rapportée – à qui, comment, où ? je ne sais –, ma rencontre avec lui était interprétée comme une grave défection de ma part. À noter qu'à aucun moment, personne à l'Élysée ne s'était préoccupé de la façon dont j'allais vivre, simplement. La question ne se posait pas pour les collaborateurs du Président, qui conservaient leur traitement. En somme, Mitterrand aurait souhaité – il ne me l'a pas dit, mais fait dire par ses proches, dans les jours qui ont suivi notre entretien – que je sombre corps et biens en même temps que la Haute Autorité.

14 juillet

Mitterrand a refusé de signer les ordonnances. Il l'a fait de la façon la plus spectaculaire qui soit : dans son discours télévisé du 14 Juillet, devenu depuis des années le plus solennel, avec celui de la Saint-Sylvestre.

C'est un moment extraordinaire, je n'ai pas d'autre mot, un moment nouveau, inconnu dans l'histoire de la Ve République, un épisode que ses concepteurs n'avaient pas un seul instant imaginé. Le Président dit non au Premier ministre qu'il a lui-même, bon gré, mal gré, désigné.

La forme qu'a choisie Mitterrand n'est évidemment pas indifférente : la fête nationale, la traditionnelle garden-party où une cohorte d'invités piétine la pelouse. Depuis son bureau, à quelques mètres de la foule qui mange et boit, Mitterrand répond en direct aux questions d'Yves Mourousi, de TF1.

Présidents de chaînes de télévision ou de radio, conseillers du Président, quelques ministres, même, campent quant à eux dans les deux grands salons du rez-de-chaussée. Curieuse atmosphère : tous sont, comme moi, comme des oiseaux sur la branche. Ils savent que leurs jours sont comptés, certains pensent néanmoins qu'ils pourront trouver un compromis avec la nouvelle majorité. Il n'y a que moi dont le sort est déjà scellé. Je suis sûre, en revanche, qu'après avoir fait sauter le « verrou » de la Haute Autorité, aucun des présidents de chaîne nommés par elle ne restera à son poste. Pas la peine de le dire aujourd'hui à ceux qui pensent qu'avec un peu de souplesse et d'habileté ils se maintiendront...

En tout cas, pour une dramatisation, ç'a été une belle dramatisation ! Mitterrand a mis en scène, et la télévision l'y a aidé, son premier refus public de la politique du nouveau gouvernement. Il faut dire qu'il y avait un soupçon de provocation ou de naïveté, de la part de Jacques Chirac, à défier frontalement Mitterrand dès les premières semaines de la cohabitation, c'est-à-dire à lui mettre sous le nez, pour qu'il la signe, la liste des privatisations des entreprises qu'il avait lui-même nationalisées.

Chirac pouvait-il faire autrement ? Je ne pense pas, d'abord parce que la privatisation des entreprises publiques figurait dans son programme législatif ; ensuite parce que sa majorité n'a que cela en tête depuis qu'elle a gagné les élections : faire avaler à Mitterrand et à la gauche les dénationalisations[1].

---

1. Figurent dans le projet économique de l'opposition ces engagements : « Au cours de la législature, seront dénationalisés les banques et compagnies financières, les assurances, le secteur de l'audiovisuel, les grands groupes industriels, Péchiney, Thomson, Rhône-Poulenc, Saint-Gobain, CGE et Bull. À terme, tout le secteur concurrentiel aura vocation à être dénationalisé. » Les textes soumis au président de la République en juillet concernent notamment, parmi les 65 projets de privatisa-

Mitterrand a dit non. Comme il le fait souvent, il a mis à profit l'émission traditionnelle de la fête nationale pour annoncer sa position. Il l'avait déjà fait en 1984, me dit un de ses conseillers qui assiste à côté de moi à l'entretien télévisé – je ne m'en souvenais pas –, pour mettre un terme à la guerre scolaire et désavouer du même coup Alain Savary et Pierre Mauroy. Et aussi l'année d'après, où il avait profité du 14 Juillet pour définir son idée de la cohabitation dans une perspective de renversement de la majorité parlementaire.

Aujourd'hui, il n'en a pas encore lu le texte, confie-t-il en direct à Yves Mourousi qui l'interroge, mais, en tout état de cause, il ne signera pas les ordonnances sur la privatisation. Il s'est abrité derrière les réserves du Conseil constitutionnel sur la protection des intérêts français face à l'étranger.

Lorsque Mourousi lui demande si, par son refus, il ne va pas entraver l'action du gouvernement, Mitterrand répond que non, puisque celui-ci peut toujours passer par la voie parlementaire pour obtenir, par la loi, ce que lui-même refuse d'approuver par la voie des ordonnances.

Une première sous la Ve République, donc. Première crise déclenchée seulement au bout de quatre mois. Je peux à peine décrire l'atmosphère dans le salon où je me trouvais aux côtés d'Hervé Bourges et de Jean Drucker. Ça allait, parmi les présents, du sourire largement affiché de ceux qui appartenaient à l'équipe présidentielle à la raideur des partisans du Premier ministre. Je crois avoir vu, dans l'assistance, le visage crispé de Maurice Ulrich, et celui, épanoui, de Jean-Louis Bianco. Lequel m'a confié, dans les jardins de l'Élysée, quelques minutes après la fin de l'interview, que Mitterrand avait prévenu Jacques Chirac dès le 9 avril qu'il ne signerait pas un texte remettant fondamentalement en cause toute la politique suivie depuis 1981.

15 juillet

Ce matin, Jacques Toubon [1] a mené la charge sur Europe 1. Selon lui, c'est Mitterrand qui porte la responsabilité de cette première crise de la cohabitation. Son discours est caricatural.

Hier, dans l'après-midi, je l'avais appelé au téléphone. Il m'avait

---

tions envisagés, trois banques nationalisées en 1945-1946 : la Société générale, la BNP et le Crédit Lyonnais.

1. Secrétaire général du RPR.

dit qu'il ne pouvait rien me dire, qu'il rappellerait. Il l'a fait le soir même, le 14, alors qu'un bizarre communiqué émanant de la Rue de Rivoli prenait acte platement de la décision de Mitterrand, ajoutant que toutes ses remarques ayant été prises en considération, le gouvernement avait inscrit le projet d'ordonnances à l'ordre du jour du prochain Conseil des ministres pour qu'il soit transformé en projet de loi soumis au grand galop au Parlement.

Ce qui n'a pas empêché Toubon de me confier que le premier réflexe de Chirac avait été d'ouvrir une crise, de démissionner avec fracas, donc de provoquer de nouvelles élections législatives pour mettre le Président une bonne fois au pied du mur. Tel était son état d'esprit au cours du déjeuner qu'il offrait à l'Hôtel de Ville, lui, le 14, à quelque douze cents militaires invités après le défilé. Même si cela ne s'est pas vu : « Je ne dis rien, a-t-il jeté aux journalistes conviés qui le pressaient de questions. Rien de rien, rien du tout ! »

1986

Puis, conseillé par Édouard Balladur, il a commencé à mettre une sourdine. Il a néanmoins demandé à Toubon de préparer contre le Président un texte au picrate qu'il pensait prononcer à la télévision le soir même, prenant les Français à témoin de l'agression présidentielle.

Chirac est-il prêt à rebondir, sur ce refus du Président, pour tout casser, démissionner, réclamer de nouvelles élections ? Je ne sais. S'il le fait, à quoi cela pourra-t-il aboutir ? Il n'a aucun pouvoir de faire démissionner le président de la République si celui-ci ne le veut pas !

Il paraît qu'autour de Chirac, ses plus proches sont divisés : Jean-Claude Gaudin [1] y est allé de son couplet contre Mitterrand : « Sa décision montre que le chef de l'État n'est plus un arbitre, mais un joueur supplémentaire dans l'équipe de l'opposition » ; Jacques Toubon a lui aussi conseillé à Chirac de prendre date avec violence, le jour même ou dès le lendemain, en dénonçant l'« agression » de Mitterrand.

Mais Balladur plaide l'apaisement, et Pasqua aussi – mais Pasqua, c'est pour des raisons électorales : le scrutin majoritaire n'ayant pas encore été rétabli, et le système de représentation proportionnelle étant toujours en vigueur, le résultat de nouvelles élections serait loin d'être certain. Surtout au moment où, comme prévu au bout de quatre mois, la cote de Jacques Chirac baisse légèrement tandis que celle de Mitterrand, qui ne fait rien et n'en peut mais, progresse...

Pas de crise, donc. Balladur a enveloppé tout cela de son onction.

1. Président du groupe UDF à l'Assemblée nationale.

15 juillet, toujours

Occupée par le refus de Mitterrand de signer les ordonnances, j'ai omis de parler de ma rencontre avec Francis Bouygues au cours de cette même garden-party d'hier. Nous nous étions vus à la Haute Autorité, quelques mois auparavant ; il était venu soutenir un dossier de radio privée et j'avais trouvé formidable l'histoire de cet homme telle que me l'avait racontée mon ami Paul Granet : parti de rien, devenu une très grosse fortune, cet homme avait failli mourir d'un cancer et en avait triomphé. Il m'a invitée à dîner le soir même au Carré des Feuillants, restaurant renommé près de la place Vendôme.

À l'heure dite, sa voiture, une énorme Mercedes, était en bas de chez moi. Il m'a embarquée avec une sorte de simplicité bourrue que je n'attendais pas. Le dîner a été à la hauteur : délicieux. Et fructueux.

Il s'intéresse bien sûr à la privatisation d'une chaîne, qu'il s'agisse de TF1 ou d'Antenne 2, et m'a demandé si je voulais rejoindre l'équipe qui allait préparer le projet. Dans l'état où je suis, la proposition était tout aussi inattendue qu'inespérée. Je l'ai refusée immédiatement, à table, pour deux raisons. La première, c'est que le conflit d'intérêts me paraissait évident : difficile de quitter la Haute Autorité pour exploiter aussitôt mes connaissances en matière d'audiovisuel au sein d'un groupe privé. Aussi parce que la seule envie qui était la mienne, cet été et depuis quelques mois déjà, était de retourner au journalisme. Grand seigneur, Bouygues m'a laissé entendre qu'il comprenait, et qu'on se retrouverait.

À vrai dire, je préfère la proposition que m'a faite Jean-Luc Lagardère, début juillet. Nous étions dans un dîner, près de Paris, auquel Michel Giraud m'avait conviée. Jean-Luc Lagardère est venu vers moi, nous avons parlé de la loi audiovisuelle en préparation, il a tout de suite compris que j'allais être liquidée et m'a proposé de reprendre du service à Europe 1 : un commentaire politique, parallèlement à celui d'Alain Duhamel à 7 h 20, que je ferais donc après lui, le matin, vers les 8 heures. Sans doute ne saurai-je jamais pourquoi Jean-Luc Lagardère, que je connaissais à peine, a eu ce geste envers moi. Aucun renvoi d'ascenseur, puisque la Haute Autorité n'avait jamais eu à travailler avec Europe 1 et qu'il n'en avait jamais rien attendu.

J'avais prévenu Lagardère : il me faudrait six bons mois au minimum pour reconstruire mes réseaux d'information. Pendant six ans, je suis passée de l'autre côté du miroir. Je n'ai assisté à aucun congrès, à aucun meeting. La classe politique s'est régénérée. De plus jeunes sont arrivés, que je ne connais pas. Je me suis vraiment coupée de mes sources, je n'ai pas ou plus d'amis politiques, moins encore d'informateurs. Depuis 1981, j'ai fait tout simplement autre chose que du journalisme, même si j'ai continué à remplir ces carnets.

Je me rappellerai toute ma vie, en tout cas, l'attitude de ces deux hommes, deux grands patrons que je ne connaissais pas. Ou à peine.

16 juillet

Finalement, le texte que Chirac avait demandé à Toubon de préparer, il l'a prononcé tout à l'heure à la télévision, au 20 heures. C'était la première fois depuis mars qu'il utilisait la procédure du droit de parole gouvernemental. Pour dire évidemment que Mitterrand ne respectait pas le verdict des urnes, mais que lui, Chirac, conscient de ses responsabilités, ne déclencherait pas de crise[1].

Fin du premier accroc à la cohabitation. Qui a fait deux sortes d'heureux. Les socialistes, d'abord, « heureux, comme me le dit Claude Estier, de ne pas se battre tout seuls ». Et puis les barristes : Raymond Barre était hostile à la cohabitation ; il se tait, mais c'est Philippe Mestre, son ancien directeur de cabinet à Matignon[2], qui souligne dans les couloirs de l'Assemblée qu'il n'aura pas fallu attendre longtemps pour que Barre ait eu raison[3] !

Qui a gagné, qui a perdu ? Mitterrand a montré qu'il ne se laissait pas faire. Et Chirac a résisté à la provocation. Pour lui dont tout le monde dit qu'il est d'une excessive nervosité, il a en tout cas fait la démonstration de sa faculté d'encaisser. Le Président, me dit-on à Matignon, a unilatéralement modifié le *modus vivendi* de ces quatre derniers mois.

1. Jacques Chirac a dit : « Le Président s'oppose à la volonté clairement affirmée des Français lors des dernières élections... Devant cette situation sans précédent, mon gouvernement, soucieux avant tout de l'intérêt national, ne prendra pas, lui, la responsabilité de compromettre les premiers résultats positifs que nous enregistrons en engageant ce qui aurait pu être une crise politique que les Français n'auraient pas comprise. Le gouvernement a donc décidé de transformer le projet d'ordonnance en projet de loi... »

2. Devenu député de Vendée.

3. « Il n'aura pas fallu longtemps, dit-il, pour que ce que nous avions prévu arrive. J'attends avec curiosité la réaction du gouvernement qui faisait dire ces temps derniers que la cohabitation fonctionnait parfaitement. »

17 juillet

Ce qui me fait rigoler, c'est que Mitterrand, son coup fait, s'est empressé de signer, hier, l'ordonnance sur l'emploi des jeunes.

« Mitterrand aurait mieux fait de démissionner, me dit Jacques Toubon, et de faire trancher le débat par une nouvelle élection présidentielle. » Tu parles, il n'allait pas leur faire ce cadeau ! La vérité est que, chacun de leur côté, Chirac et Mitterrand ont joué au poker. Mitterrand, comme cela se confirme, avait bien dit à Chirac, en avril, qu'il ne signerait pas un texte sur les privatisations, et Chirac a pensé qu'il n'aurait pas le front de le faire, qu'il calerait au dernier moment. Mitterrand a pensé, lui, qu'il ne risquait rien, si ce n'est de pousser Chirac à la guerre, ce qui ne lui fait pas peur à partir du moment où le Premier ministre n'a aucune chance de contraindre le Président à la démission.

21 juillet

Conférence de presse minimaliste de Jacques Chirac devant les journalistes parlementaires. Sans décorum, à la bonne franquette, cultivant son côté « grand garçon tout simple », il se contente de dire – c'est l'essentiel de son message – qu'il a conscience d'être sur la « bonne voie » et qu'il est un chef de gouvernement heureux.

23 juillet

Mitterrand a accepté aujourd'hui le changement de douze parmi les vingt-cinq PDG des entreprises nationalisées privatisables. Il s'est servi de la possibilité qu'il avait de ne pas signer les ordonnances, mais n'entend pas lutter contre la volonté de la majorité du Parlement lorsque celle-ci adopte le projet de loi reprenant les dispositions des ordonnances. C'est un peu compliqué à comprendre, la cohabitation, mais on s'y fait...

24 juillet

Adoption par le Sénat de la nouvelle loi sur l'audiovisuel, qui abroge celle de 1981. À l'Assemblée nationale, pour Léotard, ce ne devrait être qu'une promenade de santé, surtout si, de peur des amendements socialistes, il fait jouer le 49.3[1].

25 juillet

Plaisanterie de Giscard que je lis dans *Le Monde* : quelqu'un demande à VGE, à l'occasion du Tour de France cycliste, ce qu'il pense de la cohabitation entre Bernard Hinault et Greg Lemond ; il répond en souriant à demi qu'il ne faut pas confondre cohabitation et combat des chefs !

Plus sérieusement, il me semble qu'il est en train de prendre une réelle distance vis-à-vis du gouverneur de la cohabitation ; il s'est abstenu dans le vote du projet de loi sur le financement de la Sécurité sociale, et pointe du doigt, non sans satisfaction, la première contradiction du gouvernement Chirac : le Premier ministre ne cesse de dire qu'il va baisser les impôts, il l'a encore répété dans sa dernière conférence de presse, et il vient de proposer une taxe sur l'ensemble des revenus salariaux !

Veut-il déjà se démarquer du RPR pour ne pas avoir à voter Chirac à la prochaine présidentielle, dans deux ans seulement ? N'est-il pas trop tôt, après la victoire de Chirac aux législatives, pour lui opposer l'UDF ? Combat des chefs, a-t-il dit...

1er août

J'en doutais la semaine dernière, et pourtant c'était bien de cela qu'il s'agissait. Léotard, comme président du PR, est venu par deux fois, aujourd'hui, sur TF1 et Europe 1, répéter que le RPR n'était pas tout seul à exercer les responsabilités du pouvoir, que l'UDF, et, à l'intérieur de l'UDF, le PR étaient partie prenante à son action.

Il me semble qu'il y a là, derrière Léotard, une sacrée petite bande de libéraux qui voudraient que Chirac aille plus vite et plus loin dans une politique libérale musclée. Et qui comptent bien, ce faisant, laisser Giscard à la retraite : Alain Madelin, Gérard Longuet, mon condisciple de Sciences Po, Jacques Douffiagues, constituent un

1. L'article 49 alinéa 3 de la Constitution permet, en cas de blocage sur un projet de loi, son adoption sans discussion et sans vote, à moins qu'une motion de censure soit déposée et votée.

commando soudé. Je m'interroge d'ailleurs sur le poids personnel de François Léotard. Il a à peine quatre ans de plus que Longuet et Madelin : leur carrière est de bout en bout similaire, puisqu'ils ont tous trois été élus députés en 1978[1]. Il n'a jamais affiché les positions extrémistes d'un Madelin ou d'un Longuet, qui le reconnaissent néanmoins comme leur chef. Il a manifestement un charisme que les autres n'ont pas. J'en parle d'autant plus volontiers que c'est lui qui m'a vidée et qui s'apprête à changer la loi sur l'audiovisuel.

Peut-être est-ce dans sa jeunesse, et non dans la guerre d'Algérie, comme Madelin et Longuet, qu'il faut rechercher la source de son engagement politique : son père était maire de Fréjus en 1959, lorsque le barrage de Malpasset s'est rompu, engloutissant tout sur son passage. Je me rappelle évidemment la catastrophe que les journaux niçois et varois avaient relatée avec force détails : les morts avaient été nombreux, même si les eaux avaient évité la ville, mais pas la plaine, à deux pas.

Je me souviens également de la campagne de solidarité qui avait suivi l'accident, avec des dons venus de la France entière. Ce que je ne savais pas, c'est que le père Léotard avait géré les fonds, distribué les indemnités, et qu'il avait été accusé par son concurrent politique, à l'occasion de la campagne électorale suivante, d'avoir au passage subtilisé des centaines de milliers de francs. C'était faux, mais cela avait suffi pour lui faire perdre la mairie. Il est mort en 1975, mais son fils, en devenant à son tour maire de Fréjus en 1977, a voulu prendre le relais et venger son honneur. Il y a évidemment là de quoi faire un héros romantique : c'est peut-être cette sorte de détermination intérieure, stimulée par une farouche volonté de revanche sur la vie, qui le fait reconnaître comme leur chef par les autres.

Entre Giscard, qui a fait sa carrière, et Chirac, il semble qu'il ait opté depuis l'an dernier pour Chirac dont il a manifestement soutenu la nomination à Matignon en mars. Aujourd'hui, il doit vouloir exister indépendamment de celui qui fut son mentor, Giscard, comme de celui qui est aujourd'hui son Premier ministre, Chirac.

---

1. Respectivement députés du Var, d'Ille-et-Vilaine et de la Meuse.

4 août

La discussion sur la loi audiovisuelle commence aujourd'hui à l'Assemblée nationale. Avant qu'elle ne commence, le gouvernement a résilié les concessions de la cinquième chaîne et de TV6 par deux décrets. Ainsi ces deux chaînes, dont la Haute Autorité avait contesté la naissance – car elles lui apparaissaient comme le fait du Prince –, auront vécu un an pour la première, quelques mois pour TV6 !

Je me demande si Mitterrand n'aurait pas pu émettre sur cette loi les mêmes réserves qu'il a manifestées pour les privatisations. Quel peut être son état d'esprit lorsqu'il assiste au démantèlement de la loi qu'il a fait voter en 1982, lorsqu'il voit mettre fin aux deux chaînes de télévision privées dont il avait cru qu'elles lui survivraient, lorsqu'il voit disparaître la Haute Autorité (encore qu'il ne m'ait sans doute pas pardonné, en rancunier qu'il est, ma résistance...) ?

13 août

Le Parlement a, comme convenu, voté la loi sur l'audiovisuel telle que la voulait, ou à peu de chose près, François Léotard. Les socialistes ont bien essayé de s'y opposer, notamment en déposant, sans succès, une motion de censure sur la privatisation de TF1. Après quoi le gouvernement est passé au 49.3 et tout le reste de la loi n'a pas fait un pli.

La privatisation de TF1 : franchement, tant qu'à privatiser une chaîne, ce qui n'a été fait nulle part ailleurs en Europe, je reste persuadée que mieux valait privatiser celle-là. Elle est plus populaire, son financement est déjà très largement assuré par la publicité. Antenne 2, au contraire, est plus foncièrement une chaîne de service public, même si son ton impertinent irrite parfois les hommes politiques de toutes les majorités. Quant à FR3, chaîne régionale, il eût fallu la privatiser par appartements, et je ne vois pas qui, dans le privé, aurait pu assumer, de région en région, le poids de cet énorme appareil décentralisé. La presse régionale ? Peut-être. Mais avec quel argent ?

Inutile de dire que tout ce que la France compte de créateurs s'émeut de ce choix. Moi je pense – et je l'ai dit il y a quelques années déjà à la Haute Autorité – qu'il faut à la France, comme en Grande-Bretagne, un double secteur, privé/public, condition d'une télévision moderne. Je suis tellement convaincue que, dans le secteur de la télévision, comme dans celui de la radio, mieux vaut encore la concurrence que la mainmise de l'État, à des fins purement politiques, sur la télévision.

27 août

C'est ce que je pensais : devant les Jeunes giscardiens, à Chamonix, Giscard s'est bel et bien posé hier en rival de Chirac pour la future élection présidentielle. Il a parlé du rôle unique et irremplaçable de l'UDF et de sa vocation à la réconciliation. Suivez mon regard !

3 septembre

Président de Radio France depuis 1982, Jean-Noël Jeanneney est aujourd'hui en première ligne pour défendre sa régionalisation que condamne le jeune secrétaire d'État auprès de François Léotard, Philippe de Villiers. Le libéralisme passe par là aussi : pour de Villiers, et, d'une façon générale, pour ce qu'on appelle la « bande à Léo », il faut revenir sur la politique de décentralisation de la radio publique, lui interdire toute démarche locale au moment où les Français découvrent, au contraire, la radio de proximité. Bref, que le service public s'efface, que dis-je s'efface, qu'il se prosterne devant le privé !

Jean-Noël est seul à se battre, dans la solitude la plus complète, puisque moi j'ai déserté après le vote de la loi. Il le fait avec courage, multipliant les articles dans la presse et les bouquins. Il faut dire qu'il a été élevé à grande école, celle de son père, Jean-Marcel Jeanneney, ministre du général de Gaulle en 1969. Bon sang ne saurait mentir. Ce qui est marrant, c'est que son père s'est battu, il y a presque vingt ans, et sans succès, pour la régionalisation voulue par le Général. Et que Jean-Noël se bat aujourd'hui, avec j'espère plus de succès, pour la décentralisation de la radio publique...

8 septembre

Muet depuis plusieurs mois, Michel Rocard a profité de l'université d'été des Jeunes rocardiens, aux Arcs, pour s'exprimer à nouveau. Il a fixé, dans le langage qui lui est propre, les sept références qui doivent être celles des socialistes : liberté, démocratie, solidarité, etc.

Cette fois, pas plus que les précédentes, sa stratégie n'est pas simple : s'il veut être en 1988 le candidat des socialistes à la présidentielle, il lui faut à la fois « coller » à Mitterrand, et, par ailleurs, exister en dehors de lui. Aujourd'hui, il a en outre une difficulté supplémentaire : la cote de Mitterrand dans l'opinion publique est meilleure que la sienne, ce qui n'était pas le cas en 1981. Au contraire, plus le gouvernement Chirac gouverne, et plus Mitterrand devient populaire. C'est à vous dégoûter de gouverner !

Aujourd'hui, de surcroît, l'opération Rocard aux Arcs est comme effacée par une actualité franchement préoccupante : le terrorisme. Le mot fait peur, mais je n'en vois pas d'autre. Toujours est-il qu'une bombe vient d'exploser, et pas n'importe où : dans des locaux de la Ville de Paris où elle a fait un mort et 18 blessés. Chirac parle aussitôt de fermeté, de mobilisation. Il ne dit rien sur les auteurs de l'attentat, encore moins sur leurs exigences.

10 septembre

Dernière interview de la présidente de la Haute Autorité au *Monde*. Je l'ai relue, comme s'il s'agissait pour moi d'un autre monde. J'ai déjà tourné la page – que dis-je tourné la page : jeté le livre !

14 septembre dans la nuit

En quarante-huit heures, deux attentats sanglants : hier, une bombe a explosé dans le supermarché Casino des Quatre-Temps, sur le parvis de la Défense ; aujourd'hui, c'est le Publicis-Renault des Champs-Élysées qui a été touché. Chirac vient de participer il y a quelques heures au « Grand Jury » RTL-*Le Monde* : il a menacé de représailles les pays soutenant le terrorisme, a annoncé le rappel de quinze compagnies de CRS à Paris, le renforcement des contrôles aux frontières. Il a parlé de la « lèpre » du terrorisme, parlé de « guerre sans merci », et affirmé avec force qu'il ne cédera pas[1].

Ce qui est surprenant, c'est que les terroristes ne cherchent pas à

1. « Les terroristes ne doivent attendre du gouvernement français aucune espèce de mesure de clémence, directe ou indirecte, officielle ou officieuse, secrète ou ouverte. »

dresser Mitterrand et Chirac l'un contre l'autre. Le communiqué de revendication émane du Comité de solidarité avec les prisonniers arabes et du Proche-Orient, le CSPPA (j'ai noté son intitulé en entier, car c'est la première fois que j'entends parler de ce groupe), et il met en cause et le Président et son Premier ministre : « Nous faisons assumer à M. Mitterrand la responsabilité du non-respect de ses engagements extérieurs, et à M. Chirac ses promesses non tenues. »

Cela étant, la police est persuadée que les terroristes agissent en vue d'obtenir la libération de Georges Ibrahim Abdallah, chef des FARL[1], aujourd'hui détenu en France. Est-ce que cela a quelque chose à voir avec les otages français toujours détenus au Liban ? Chirac assure que non.

Une chose sûre : les terroristes, outre qu'ils écrivent le français en parfaits connaisseurs, ont commis leurs attentats vers 17, 18 heures – à temps pour que les images parviennent au JT de 20 heures.

Demain, je commence mes éditoriaux sur Europe 1. C'est la rentrée !

15 septembre

Premier jour à Europe. Jamais eu aussi peur avant la rédaction d'un édito. Dur, dur, ce nouveau début ! En dehors de Lagardère, je ne peux pas dire que l'accueil que m'a réservé Europe 1 a été, il y a quelques jours, débordant d'amitié. J'y ai d'abord été accueillie, pour signer mon contrat, par le patron officiel de la radio, le sympathique Jacques Lehn, qui, obligé d'obéir à Lagardère, et trouvant manifestement son intrusion dans la conduite de la station insupportable, s'est contenté de me dire qu'il me prenait à l'essai pour trois mois...

Même au début de ma carrière, quand j'avais 22 ans, J.-J. S.-S. et Françoise Giroud m'avaient embauchée d'emblée, sur ma bonne mine. Me voici donc journaliste à l'essai ! C'est idiot : cette idée des trois mois à l'essai, que je m'efforce de prendre à la légère, me frappe, m'humilie, c'est le mot, au point que je n'ose en parler à personne. Ma réaction est disproportionnée, peut-être, mais j'ai l'impression d'avoir reçu une gifle avant même de faire mes premiers pas à la station. Je ne pardonnerai jamais à Jacques Lehn.

1. FARL : Fraction armée révolutionnaire libanaise.

Parmi les journalistes, pour dire le vrai, seuls Catherine Nay et Ivan Levaï m'ont accueillie en amie la semaine dernière. Alain Duhamel trouve, il n'a pas tort, que je fais un inutile double emploi avec lui, mais il a la courtoisie de ne pas me le faire sentir. Pour le reste, les rapports avec Jean-Pierre Elkabbach sont d'emblée difficiles, pour ne pas dire détestables. « Tu sais, quand tu étais à la Haute Autorité, moi, le pouvoir socialiste me traînait dans la boue. Alors tu comprends... » Tels ont été, ou presque, les premiers mots que nous avons échangés.

Guillaume Durand, jeune et talentueux présentateur du « 8 heures », se demande tout haut dans les couloirs de la rédaction ce que mon éditorial peut bien apporter à son journal. Il répond d'ailleurs – et évidemment j'en suis la première informée : rien.

L'actualité est plus préoccupante. Dans l'après-midi, nouvel attentat, cette fois en forme de pied de nez aux flics. La bombe a explosé au rez-de-chaussée de la préfecture de police de Paris, dans la salle Arsène-Poncey où sont délivrés les permis de conduire ! Un mort, un fonctionnaire de police, plusieurs blessés graves[1]. Cette fois, les terroristes menacent d'une action violente contre l'Élysée.

Ce qui fait un sale effet, c'est que, cette fois, Chirac ne dit rien. Pas plus que Mitterrand, parti en Indonésie en voyage officiel.

Silence de Chirac et de Mitterrand : Matignon explique que Chirac ne veut pas avoir l'air de parler à la place de Mitterrand. Ils se sont contentés de se téléphoner.

16 septembre

Pourquoi la France ? Pourquoi la France a-t-elle été aujourd'hui choisie par les terroristes ? À Matignon, dans l'entourage de Chirac, c'est la question qui rôde dans toutes les têtes sans que personne n'ose la poser. Pourquoi, en effet ? La France n'est pas anti-arabe, elle l'est même moins que de très nombreux pays européens, bien moins en tout cas que les pays anglo-saxons, cela va de soi.

Chez Chirac, autant que je puisse en juger en rencontrant, à Mati-

1. L'attentat a été revendiqué, comme la plupart des autres, depuis Beyrouth, par le Comité de solidarité avec les prisonniers politiques arabes et du Proche-Orient (CSPPA).

gnon, Jacques Friedmann[1] et d'autres de ses collaborateurs, plusieurs hypothèses sont avancées : toutes ont évidemment pour dessein de démontrer que la présence de Chirac à Matignon n'est en rien responsable de la vague terroriste de cet automne. Première hypothèse retenue : un chantage visant à obtenir la libération de Georges Ibrahim Abdallah, promesse faite et non tenue par les gouvernements d'avant le 16 mars 1986. Autre hypothèse : celle des Iraniens, mécontents de la position de la France, favorable à l'Irak dans la guerre qui l'oppose à Téhéran.

« Pourquoi la France ? » Matignon ne voudrait pas que la question devienne : pourquoi Chirac ?

Toutes ces interrogations, lourdes de sous-entendus politiques, n'ont pas empêché François Mitterrand de quitter le territoire national pour une visite officielle en Indonésie. La visite était prévue, comme il se doit, de longue date, et Mitterrand n'a pas voulu, en l'annulant, plier en quelque sorte devant le chantage terroriste.

En a-t-il parlé à Chirac ? Oui, sûrement, encore que Jacques Toubon et Edmond Alphandéry se soient crus autorisés à dire aujourd'hui qu'à la place du président de la République, ils seraient restés en France. Que Mitterrand n'ait pas voulu convoquer à l'Élysée des réunions d'experts pendant que Chirac va de réunions interministérielles en conseils de cabinet, voilà qui est néanmoins certain. Une fois de plus, Mitterrand veut montrer qu'il ne gouverne pas. S'il y a un couac, voire une catastrophe, ce n'est pas à lui qu'il faudra que la France s'en prenne !

Position difficile à tenir, il me semble, en période de démonstration de force des terroristes.

18 septembre

Le silence n'était pas tenable. Car, en fin d'après-midi d'hier, une fois encore, une bombe a explosé rue de Rennes, à 17 h 25, dans le magasin Tati : 5 morts, 51 blessés. Quand, une heure après, je suis rentrée chez moi, près de Montparnasse, donc à quelques centaines de mètres de l'attentat, le ballet des ambulances, des voitures de

1. Inspecteur des finances, Jacques Friedmann a été le condisciple de Jacques Chirac à l'ENA. Il est en 1986 chargé de mission auprès d'Édouard Balladur, ministre de l'Économie, des Finances et de la privatisation, avant de devenir président du conseil d'administration d'Air France.

police n'était pas terminé. Un choc formidable, pour moi et pour les gens du quartier qui regagnaient leur domicile.

Je ne sais si c'est Mitterrand qui a conseillé à Chirac de parler aux Français, ou si Chirac l'a fait spontanément. Peu importe, d'ailleurs. Il a redit la détermination, le courage, la fermeté de la France face au « mal absolu », selon l'expression d'Édouard Balladur il y a quelques jours. Il n'était ni crispé, ni faussement optimiste. Il ne souriait pas, comme souvent, à contretemps : il est vrai qu'il n'y a vraiment pas de quoi sourire dans la situation actuelle ! Sa détermination, qui frise souvent l'autoritarisme et le mouvement du menton, était ici assez bienvenue.

Mitterrand, lui, a fait annoncer qu'il s'adressera aux Français, on ne sait pas quand.

1986

Dîner aujourd'hui, rue de Seine, avec Éric Rouleau, ancien journaliste du *Monde* qui avait été nommé par Mitterrand ambassadeur à Tunis. Ce qu'il raconte sur la cohabitation est proprement ahurissant. Comme Gilles Martinet et d'autres, il avait donc été nommé ambassadeur par Mitterrand, au tour extérieur, à Tunis, après avoir plus ou moins servi d'intermédiaire auprès des ravisseurs des otages français au Liban. Chirac, dès son arrivée à Matignon, a immédiatement exigé sa mise sur la touche.

Pourquoi Chirac lui tenait-il à ce point rigueur d'avoir joué ce rôle souterrain ? Parce que Rouleau, dans ses discussions avec le Hezbollah ou l'OLP, avait recueilli une certitude : il pensait que Chirac faisait tout pour empêcher la libération des otages avant le mois de mars 1986, c'est-à-dire avant qu'il ne revienne au pouvoir, en sorte que François Mitterrand ne puisse en tirer un argument de campagne.

Rouleau me raconte même qu'au moment le plus important de sa négociation secrète, avant les législatives de mars dernier, les hommes avec qui il parlait ont été appelés ; ils ont quitté la salle où ils se trouvaient avec lui. Ils sont revenus quelques minutes après, manifestement décidés à interrompre la négociation. Pourquoi ? Selon Rouleau, parce qu'ils auraient été mis en garde (par des proches de Chirac, ou par Chirac lui-même) : la majorité politique allait changer en France, il serait dangereux de négocier avec des intermédiaires envoyés par Mitterrand au moment où Jacques Chirac allait arriver à Matignon. Après cela, Rouleau a été quasiment expulsé de l'endroit (lequel, il ne me le dit pas) où il se trouvait avec les détenteurs des otages français.

Lorsque j'arrive à la rédaction d'Europe 1, vers 5 heures du matin, on me dit que, à ma grande surprise, il paraît que toute la nuit, les auditeurs ont appelé pour dire « Assez ! Ne nous informez plus ! Plus vous parlez d'attentats, plus vous créez la panique ! ». Tandis que d'autres, en nombre à peu près égal, ont téléphoné pour nous supplier de ne rien leur cacher. Difficile, dans ces conditions, de faire son boulot sans mécontenter tout le monde.

19 septembre

Il paraît que Mitterrand, toujours en Indonésie, et Chirac se sont téléphoné hier à plusieurs reprises. Cela n'a rien d'extraordinaire, sauf que, face aux événements qui menacent la France, les escarmouches de la cohabitation paraissent désormais bien mesquines.

Deux témoins ont reconnu, parmi la centaine de photos que leur a remises la police, le frère du fameux Georges Ibrahim Abdallah, chef des FARL. Il s'agit d'un certain Émile Ibrahim Abdallah. Il est néanmoins troublant que celui-ci ait été vu par des journalistes français quelque part au Liban quelques heures seulement après l'heure de l'attentat de la rue de Rennes. Bref, tout le monde patauge, et la police sans doute aussi.

24 septembre

Je ne sais pas comment les choses se passent entre Mitterrand et Chirac. En tout cas, les socialistes sortent du bois, il me semble, en posant des questions ambiguës. Laurent Fabius demande tout haut qui est derrière ces attentats et surtout qui ils visent : « Pourquoi la France, pourquoi maintenant et pas avant ? »

Bérégovoy, lui, brandit tout simplement la menace de l'application de l'article 16 : si vraiment il appert que le gouvernement est incapable de faire respecter l'ordre public, alors – ce sont ses mots exacts – « le président de la République aurait à imaginer les solutions qui s'imposent [1] ».

1. Pierre Bérégovoy a dit : « Si le gouvernement ne parvenait pas à assurer l'ordre public, si des menaces pesaient sur la sécurité et l'unité du pays, si les mesures prises n'étaient pas suffisantes pour conjurer le péril, si la situation devait se dégrader, le président de la République aurait alors à imaginer les solutions qui s'imposent. »

Il a souligné, pour faire bon poids, la nécessité, pour le chef de l'État, « d'assurer le fonctionnement régulier des pouvoirs publics [1] ».

Il me paraîtrait étonnant que ces questions et ces interventions ne soient pas soufflées par Mitterrand à son ancien ministre ou à l'ancien secrétaire général de l'Élysée... Entre Mitterrand et Chirac, l'atmosphère doit être de plomb.

Tout le reste de l'actualité – nouveau découpage électoral, scrutin majoritaire, campagne de Lionel Jospin contre Dominique Baudis [2] à Toulouse à l'occasion d'une législative partielle, et même l'hostilité des présidents d'université au projet de loi d'Alain Devaquet [3] – paraît à l'évidence secondaire à Mitterrand. L'accord de Stockholm [4] lui-même, qui vient d'être signé entre l'Est et l'Ouest, ne parvient pas à faire oublier que, tandis que les relations entre les États-Unis et la Russie soviétique s'améliorent, c'est entre le Nord et le Sud que la tension maintenant s'accentue.

À noter pourtant – parce que c'est significatif de la marche de la cohabitation – l'inscription des ordonnances sur le découpage électoral au menu du Conseil des ministres de ce matin, à l'issue d'un processus qui dure depuis juillet, puisque c'est à ce moment-là que Charles Pasqua a confié à une commission de six sages le soin de proposer un nouveau découpage des circonscriptions législatives. En août, le Conseil d'État, saisi pour la première fois, avait demandé à la commission de refaire sa copie. Après ultimes modifications de

1. L'article 16 de la Constitution de la Ve République stipule : « Lorsque les institutions de la République, l'indépendance de la nation, l'intégrité de son territoire ou l'exécution des engagements internationaux sont menacés d'une manière grave et immédiate et que le fonctionnement régulier des pouvoirs publics est interrompu, le président de la République prend les mesures exigées par les circonstances, après consultation officielle du Premier ministre, des présidents des Assemblées, ainsi que du Conseil constitutionnel. »

2. Après une carrière de journaliste, grand reporter, notamment au Liban de 1973 à 1977, Dominique Baudis a pris la succession de son père, Pierre Baudis, à la mairie de Toulouse. Appartenant comme lui au CDS (Centre des démocrates sociaux), composante de l'UDF, Dominique Baudis sera élu député européen en 1984, puis président du conseil régional de Midi-Pyrénées.

3. Ministre délégué auprès du ministre de l'Éducation nationale, Alain Devaquet, proche de Jacques Chirac, est chargé d'un projet sur la réforme des universités. Son projet, qui n'est pas jugé assez libéral par les amis de François Léotard, est jugé trop libéral par les étudiants et les présidents d'université.

4. Il s'agit de l'accord de Stockholm sur le désarmement, signé en septembre 1986.

Pasqua, retour jeudi, vendredi et samedi dernier au Conseil d'État, qui a donné à toute allure son verdict globalement positif hier matin.

Je me suis amusée à suivre l'itinéraire de ce texte dans la journée d'hier mardi : tout frais sorti du Conseil d'État, il a été transmis à Michel Charasse vers 16 h 30[1]. Ce qui prouve en passant que Charasse, avec sa mauvaise humeur, ses gros rires et ses lunettes vissées sur le crâne, est toujours le conseiller politique le plus proche de Mitterrand. Le secrétaire général de l'Élysée, Jean-Louis Bianco, ne l'a eu, lui, que vers 17 h 30. Vers 19 heures, Mitterrand est sorti de son bureau pour remettre, dans la salle des fêtes, au rez-de-chaussée, les insignes de la Légion d'honneur à Georges Fillioud. S'il a analysé la mouture finale du texte, ce ne peut être que dans la soirée, en faisant des heures supplémentaires, après 21 heures !

Acceptera-t-il l'ordonnance ou pas ? Il a laissé le doute planer sur son attitude ce matin en Conseil des ministres : il prendra le temps, le temps qu'il voudra, pour donner son avis sur le texte qu'il dit ne pas avoir eu le temps d'examiner.

26 septembre

C'était couru et je le pressentais : l'Élysée vient de s'étonner de la facilité avec laquelle Mgr Hilarion Capucci, ancien patriarche de Jérusalem, a pu rencontrer hier, dans sa cellule, Ibrahim Abdallah avant de rendre compte, apparemment à Robert Pandraud, ministre délégué auprès du ministre de l'intérieur. « Extravagante visite », dit l'Élysée.

De là à soupçonner Matignon de négocier avec Abdallah alors même que Chirac affirme le contraire, il n'y a qu'un pas.

29 septembre

Je n'ai pas parlé ici des élections sénatoriales qui ont eu lieu dans trente départements, pas plus que des législatives partielles en Haute-Garonne où Jospin se présentait hier contre Dominique Baudis à Toulouse.

1. Sénateur du Puy-de-Dôme depuis 1981, collaborateur du président de la République depuis cette date, Michel Charasse est, auprès de Mitterrand, le meilleur connaisseur de la géographie électorale.

Succès indéniable pour Baudis, qui a gagné trois points à l'issue d'une campagne où il a joué Toulouse contre Paris. Le système de la représentation proportionnelle a fait que Lionel Jospin, sans faire monts et merveilles – en étant même, selon les journalistes qui ont suivi sa campagne, particulièrement dépourvu de brio –, est élu de Toulouse avec un assez beau score : 37,3 % des suffrages. S'il avait obtenu moins de 33 %, il aurait sans doute perdu le premier secrétariat du PS. Il le garde à l'issue du scrutin.

Quant aux élections sénatoriales, elles ont tourné à la victoire de Jacques Chirac et de tous ceux qui sont associés de plus près à l'action gouvernementale, à commencer par le RPR. Mais pas seulement : à l'intérieur de l'UDF, c'est le PR de Léotard, réputé le plus proche de Chirac, qui a eu la partie belle.

Le constat, à l'heure qu'il est, est rassurant pour Chirac : les Français ne sont pas encore assez mécontents pour sanctionner le gouvernement. C'est Jospin lui-même qui l'a reconnu avec une franchise déconcertante, dimanche soir : les scrutins d'hier, a-t-il dit, n'ont pas montré le moins du monde qu'il y ait un reflux de l'électorat vers la gauche.

Curieux homme, ce Lionel Jospin : il a fait en solitaire toute la campagne de Toulouse. À l'exception de Michel Rocard, il n'a demandé à personne de lui donner un coup de main. Et il est le premier à enregistrer publiquement le succès de Chirac et à souligner le fait que, six mois après la victoire de la droite en mars 1986, la tendance ne s'inverse pas, mais se confirme.

Le PC continue sa dégringolade, la gauche dans sa totalité reste minoritaire. François Mitterrand est condamné à faire profil bas.

La grogne viendra peut-être, dans les jours qui viennent, des présidents d'université qui reprochent à la future loi Devaquet sa volonté d'autonomie des universités, ainsi que son principe de sélection.

Il faut dire aussi que le microclimat antiterroriste donne à ces élections une importance dérisoire, eu égard à ce qui se passe à Paris.

Juste un mot sur ce carnet. Je sens bien qu'il manque de chair, en ce moment. Pas de rencontres au sommet. Mais je serais bien en peine d'en avoir une : Chirac, qui m'a vidée il y a peu, doit avoir quelque réticence à recevoir dans l'immédiat la journaliste que je suis redevenue. Non qu'il éprouve le moindre remords – je sais bien que ce n'est pas son genre. Une simple gêne, tout simplement, qui l'amène à briser, au moins pour le moment, la séquence de nos rencontres d'avant 1981.

Quant à Mitterrand, même si personne ne le sait dans l'entourage de Lagardère, il m'en voudra longtemps pour l'épisode de la Haute Autorité.

De sorte que j'ai l'impression très désagréable de duper mon monde : je me demande parfois si Jean-Luc Lagardère, en me prenant à Europe, n'a pas eu la volonté de complaire à Mitterrand, de lui rendre un service, alors que Mitterrand aurait souhaité qu'affamée, au chômage, proscrite, en un mot, je vienne lui demander pardon...

Je me souviens à ce propos – c'est Jean Poperen qui me l'a raconté il y a déjà plusieurs mois – qu'après l'épisode du *Rainbow Warrior* et son départ forcé du gouvernement, Charles Hernu avait coutume de se planter, muet, partout où il allait, devant François Mitterrand comme pour lui donner mauvaise conscience. Longtemps cela ne lui a servi de rien, sauf qu'au bout de quelques mois Mitterrand s'est arrêté près de lui et a feint de le voir pour la première fois. Cela fut pour Charles Hernu le premier jour d'un bonheur recouvré !

Je ne me suis pas postée sur le chemin de Mitterrand...

Pas beaucoup de rencontres « à la base », non plus. D'abord parce que je travaille très tôt à Europe : j'y suis vers 5 h 30 et, du coup, je me repose après le déjeuner. Ce n'est pas un style de vie commode pour me faire de nouvelles relations ou ressusciter les anciennes.

Du coup, mes carnets tiennent en ce moment davantage de la revue de presse que d'autre chose. Cela passera.

1er octobre

Coup sur coup, les journées parlementaires de l'UDF, du RPR et des socialistes. Elles se ressemblent, d'une certaine manière, ces trois réunions de parlementaires. D'abord parce qu'elles appellent toutes trois à l'unité. Il fallait entendre Édouard Balladur, presque dans le rôle de chef de la majorité, jouer de la fibre gaulliste pour les uns, parler aux autres – aux parlementaires UDF – de l'union dans la liberté. Même appel à l'unité émanant de Jean-Claude Gaudin, dans un style assez différent de celui, bon chic bon genre, de Balladur. Il est extraordinaire, ce Gaudin : quand il tonne contre la gauche ou exhorte avec grandiloquence à l'unité, c'est avec un accent qui fait passer tous ses propos pour des répliques de Pagnol. Effet comique plus que dramatique...

Aux journées parlementaires RPR, comme pour répondre aux interrogations de l'UDF, Jacques Chirac a fait sagement savoir que, naturellement, les deux candidats de la majorité à la présidentielle concluront un pacte en vue du second tour : celui des deux qui sera arrivé en second au premier tour se retirera en faveur de l'autre. Message bien reçu par l'UDF.

Journées socialistes à Mâcon, enfin, sur les terres de Pierre Joxe [1], qui a exhorté le Parti socialiste à se mobiliser pour la reconquête de 1988. Il faut dire, puisque j'ai trouvé le temps d'y aller une demi-journée, que selon moi le piège de la cohabitation s'est refermé sur le PS. En dehors de quelques leaders qui ont fort bien compris la stratégie de Mitterrand, les autres sont perdus : ils voient des projets de loi passer sans que le Président leur fasse obstacle. Et lorsque celui-ci refuse, comme pendant l'été, de signer un texte sur les privatisations, ils comprennent que cette résistance ne sert à rien puisqu'il suffit que le gouvernement le présente au Parlement.

Ceux qui ont l'oreille de Mitterrand – Laurent Fabius, Pierre Joxe et quelques autres – ont beau leur expliquer que Mitterrand attend la faute de l'adversaire pour contre-attaquer, ce que je crois, et qu'il recule en quelque sorte pour mieux sauter, nombre de parlementaires socialistes n'y comprennent goutte. La seule chose qu'ils voient, c'est que si Mitterrand n'est pas candidat en 1988, le PS risque de perdre la Présidence de la République.

Ce ne sont donc pas de joyeuses rencontres que celles de Mâcon, malgré les vins !

Derrière les propos de tribune, cependant, quelques non-dits : nul n'a parlé de l'élection présidentielle qui vient, mais, franchement, tout le monde y pense. On y pense à l'UDF où le trop-plein de candidatures est dénoncé avec nostalgie par Jean Lecanuet. Et au PS où chacun prend ses marques pour le cas où Mitterrand ne se représenterait pas en 1988.

En outre, toujours à l'occasion de ces journées parlementaires, il me semble que les propres alliés de Jacques Chirac, ses partenaires de la majorité au sein de l'UDF, surtout, qui le soutiennent comme la corde soutient le pendu, commencent à s'inquiéter de la conduite

1. Pierre Joxe, député de Saône-et-Loire, est le président du groupe parlementaire socialiste.

de la politique de Chirac vis-à-vis du Moyen-Orient. Il y a eu le ridicule épisode d'Hilarion Capucci (je cite son nom et son prénom, tant l'un et l'autre confèrent à cette visite d'un religieux moyen-oriental à Paris un côté farce). Il y a eu aussi, simultanément, le voyage de Michel Aurillac, envoyé spécial de Chirac, à Damas. Quelle voie suit le chef du gouvernement ? Pour une fois, ce n'est pas seulement la gauche qui pose le problème, mais aussi, après Simone Veil, Jean Lecanuet, qui souligne le « double comportement du gouvernement », le « flottement entre les *capucinades*, que je comprends mal, et le refus de négocier, qui me paraît une bonne attitude ».

Ce à quoi Charles Pasqua se contente de répondre que « tous les renseignements en possession des enquêteurs convergent vers la famille Abdallah ». Le problème est que l'accusation portée contre un des frères – j'ai oublié son prénom – est réduite à néant par les déclarations des journalistes – et les siennes, d'ailleurs – disant qu'il n'était pas en France au moment de l'attentat de la rue de Rennes. Pasqua a beau enfoncer le clou et taper sur la famille Abdallah, je sens bien que la thèse policière ne convainc pas tout le monde.

2 octobre

Vu Maurice Faure chez qui François Mitterrand est venu passer quelques jours, comme il fait le plus souvent avant de prendre une décision importante. Il pleuvait à seaux dans le Lot, à Saint-Circq-la-Popie, lorsqu'ils ont tous deux parlé de la situation nouvelle et inconfortable dans laquelle se trouve un président de la République en régime de cohabitation. Mitterrand a tenu à se promener par les ruelles en pente du beau village de Saint-Circq, rendues glissantes par la pluie battante, puis dans les grottes de Cabrerets, avant d'aller déjeuner de fort bon appétit, me dit Maurice Faure, dans le meilleur restaurant du coin.

Physiquement, Maurice Faure a trouvé le Président un peu moins souple, s'appuyant sur une canne pour marcher : c'est la première fois, me dit-il, qu'il le voit ainsi, même s'il a tenu à faire une marche d'une vingtaine de minutes avant de rejoindre le restaurant choisi.

Sur le fond, il ne l'a pas trouvé extraordinairement combatif : « Je ne l'ai pas trouvé désireux de s'engager contre Jacques Chirac. Il préfère le laisser faire pour le moment. Il hésite à brusquer quoi que ce soit. »

Que fera-t-il à propos de l'ordonnance sur le nouveau découpage électoral ? Maurice Faure lui a évidemment posé la question. Il a eu droit à une réponse sibylline. « Si j'avais à parier, me dit-il, je parierais qu'il finira par signer les ordonnances. Mais ce n'est là qu'une impression. Je n'en suis pas sûr... »

La cohabitation durera-t-elle ? Quel est son sentiment, après ces vingt-quatre heures passées avec Mitterrand ? Maurice Faure ne cache pas que, pour le moment, il le trouve prudent, attentif, certes, mais ne voulant pas en découdre sur-le-champ avec Chirac. Il est certain, en revanche, que, dans un avenir assez proche, « cela ne durera pas. On ne sait pas où ça cassera, ajoute-t-il, mais, j'en suis certain, cela cassera ! ».

Mitterrand lui a confié : « Il faut deux ou trois étapes avant d'en arriver là. »

3 octobre

Maurice Faure avait tort, pour une fois. Jean-Louis Bianco a prévenu officiellement par téléphone Jacques Chirac dix minutes avant le communiqué officiel de l'Élysée : le Président refuse de signer l'ordonnance sur le nouveau découpage électoral.

Contrairement à ce qui s'est passé le 14 juillet, l'affaire ne fait pas une ride dans la cohabitation. Comme si tout cela était désormais normalisé, comme si c'était un acte habituel de la cohabitation. L'Élysée ne dit rien. Matignon se contente de faire dire que ce n'est ni « un drame, ni une surprise ».

Je croise Jacques Toubon, toujours en mouvement, dans les couloirs de l'Assemblée nationale : « Nous n'engagerons pas de controverse politique avec Mitterrand, m'explique-t-il. Les Français ont d'autres préoccupations en ce moment ! »

Il a raison. Chacun, obsédé par les menaces terroristes, s'est mis à regarder avec suspicion les poubelles sur les trottoirs, les paquets qui traînent. Les grands magasins sont désertés. L'affaire de la rue de Rennes a marqué les esprits de façon indélébile, il me semble. Alors, le découpage électoral...

Mitterrand et Chirac l'ont compris : le premier n'a pas voulu donner de publicité à son refus ; le second a écrasé le coup au lieu de l'amplifier.

Le cas Barre : à l'UDF, le plus grand nombre le pousse à se présenter en 1995. Parce qu'il a condamné en son temps la cohabitation, mais aussi parce qu'il est resté dans les esprits comme quelqu'un d'intègre, de moral, de rigoureux. Il se défend de faire de la démagogie, affirme ne pas vouloir faire de politique : idéal, pour les Français !

Mais Giscard, Lecanuet, Simone Veil ? Que deviennent-ils, dans cette attente de Barre ? Après tout, Giscard pourrait être tout désigné pour reconquérir son trône. Lecanuet a été candidat, il ne serait pas exclu qu'il le redevienne. Et Simone Veil reste la plus populaire des personnalités politiques. Je doute qu'ils soient heureux de voir Barre prendre de jour en jour une nouvelle importance.

8 octobre

Avant-hier matin, le 6, Jacques Chirac sur l'antenne d'Europe 1.

Incroyable mais vrai : quelques secondes avant qu'il ne commence à s'exprimer au micro d'Europe 1, à 8 h 15 précises, donc au moment où le journal se terminait, une dépêche AFP est tombée : il s'agissait, dans la troisième cassette vidéo du Djihad islamique, de l'appel pathétique de trois otages français au Liban, Marcel Carton, Marcel Fontaine et Jean-Paul Kauffmann. « Nous sombrons », disait Kauffmann. « Nous ne cessons de penser à la mort », disait Fontaine. « Je n'en peux plus », lâchait Marcel Carton.

De la même façon qu'il y a trois semaines une bombe avait explosé au Pub Renault au moment précis où Jacques Chirac avait commencé à s'exprimer sur RTL ! Évidemment, ce n'est pas un hasard. Il y a quelque chose de terrifiant dans cette impression qu'un chef d'orchestre anonyme suit ainsi délibérément les interventions du Premier ministre. Sans doute cette offensive psychologique fait-elle partie du b.a.-ba de l'action terroriste.

À noter aussi que c'est alors qu'on cherche du côté des Syriens que les Libanais se rappellent à notre bon souvenir. Il n'y a pas *des* terrorismes, il n'y a que *le* terrorisme : voilà ce que démontre la cassette du Djihad.

À l'antenne, Jacques Chirac impute à la famille Abdallah la responsabilité commune de tous les attentats parisiens et fait montre de fermeté : le gouvernement ne libérera pas Georges Ibrahim Abdallah, ni Anis Naccache[1], ni Varoujan Garbidjian[2], tous trois détenus en France.

À noter qu'il traversait la grande salle pour entrer dans le studio lorsqu'il m'a aperçue dans mon coin, derrière mon bureau, en train de mettre la dernière main à mon édito. Il est revenu sur ses pas, comme surpris de me trouver là – alors qu'il était parfaitement au courant –, m'a ostensiblement tutoyée comme pour montrer aux directeurs qui l'accompagnaient que je n'étais pas en défaveur auprès de lui, puis m'a entraînée dans le sillage de ses accompagnateurs.

Aujourd'hui, le 8, débat à l'Assemblée nationale sur le terrorisme. Là encore, la séance a lieu au moment précis où les terroristes brandissent une double menace sur la France, celle d'attentats sanglants en France et celle de l'exécution des otages français au Liban – nommément, celle de Jean-Paul Kauffmann.

À la tribune, Jacques Chirac se montre ferme, combatif, mais il refuse de dire, en réponse aux questions qui lui sont posées, quel pays du Moyen-Orient couvre les terroristes qui menacent d'agir en France. Sans doute ne peut-il rien dire, mais ce qui fait vraiment mauvais effet, ce sont les révélations du *Canard enchaîné* d'aujourd'hui : il affirme que si Robert Pandraud a envoyé Hilarion Capucci voir Abdallah Ibrahim dans sa prison, c'était pour obtenir du captif qu'il se laisse filmer condamnant les attentats commis en son nom.

Voilà qui donne au duo Pasqua-Pandraud un air de frères Dalton. Si Georges Abdallah est si terrible qu'on le dit, comment croire qu'il pourrait se déshonorer auprès de ses pairs en leur demandant de mettre fin à la lutte ? Des enfants de chœur contre des terroristes apparemment soutenus par tous les groupes armés du Moyen-Orient ! On tremble devant ce qui peut advenir.

« Moins de verbe et plus d'actes », a demandé Jospin au Parlement tout en faisant remarquer que, lorsque les socialistes eux-mêmes ont été aux prises avec le terrorisme, l'actuelle majorité ne leur a guère témoigné sa solidarité. L'UDF, elle, cherche toujours à marquer ses distances vis-à-vis de Chirac, y compris en un moment où davantage d'unité donnerait plus de force au gouvernement dans son combat

1. Anis Naccache est le chef du commando qui a tenté d'assassiner en France l'ancien Premier ministre d'Iran, Shapour Bakhtiar.

2. Varoujan Garbidjian est de nationalité syrienne. Ancien membre de l'ASALA (Armée secrète arménienne de libération de l'Arménie), il a été jugé responsable de l'attentat perpétré à l'aéroport d'Orly en 1983.

contre les terroristes. Gaudin somme Chirac de mettre en cause les États subversifs : il sait pertinemment qu'il ne le peut pas.

Plus encore : Giscard est venu à 18 heures dans les studios d'Europe à l'invitation de Jean-Pierre Elkabbach [1]. Il a traversé les bureaux paysagers, l'air plutôt sympathique. Puis, d'une voix qui, me semble-t-il, est devenue en quelques années plus grave, il a accusé Chirac d'avoir « fléchi dans sa stratégie » !

9 octobre

Giscard m'envoie un billet qui me touche. En quelques lignes, il a trouvé des mots on ne peut plus délicats : il comprend très bien, m'écrit-il, parce qu'il en a fait l'expérience, la difficulté qu'il y a, lorsqu'on a occupé un poste important, à recommencer à zéro.

Je suis plus que surprise. D'abord par le ton amical de sa lettre. Ensuite parce qu'il compare ma situation à la sienne, lorsqu'il s'est représenté en 1984, trois ans après son échec à la présidentielle, à une élection législative partielle dans le Puy-de-Dôme. Il le fait avec une gentillesse et une simplicité dont je ne l'aurais jamais cru capable.

Aujourd'hui encore, élection pour le moins inattendue de Roland Dumas à la prestigieuse présidence de la commission des affaires étrangères de l'Assemblée nationale. Par 35 voix, alors que la gauche n'en disposait que de 30 ! Il a donc bien fallu que cinq députés de droite votent pour lui.

Il en a été, je pense, le premier surpris : il a profité de la rivalité interne non seulement à la majorité, mais à l'UDF. Bernard Stasi, candidat du CDS, avait contre lui Jean-François Deniau, député PR. Les cicatrices de ce duel UDF au premier tour ont été telles qu'au deuxième Stasi n'est pas parvenu à obtenir la majorité absolue, et qu'au troisième, c'est le nom de Roland Dumas qui est sorti des urnes : il a recueilli les voix socialistes, bien sûr, mais sans doute aussi quelques voix du Front national ; et, surtout, une poignée de bulletins blancs ont fait la différence, dont celui du RPR Jean Foyer, retenu, a-t-il immédiatement fait savoir, au Conseil supérieur de je ne sais quoi, et n'ayant donc pas pris part au vote !

1. Jean-Pierre Elkabbach anime chaque jour en 1986 l'émission « Découvertes », de 18 à 20 heures.

Bref, la majorité n'a pas fait bloc autour de son candidat. Peut-être la personnalité complexe de Bernard Stasi y est-elle pour quelque chose : homme du centre dont le cœur penche à gauche, partisan de l'abolition de la peine de mort, inclassable, donc, et fier de l'être, le député de la Marne a toujours suscité, dans son groupe, interrogations et réticences. Son dernier ouvrage lui a au surplus aliéné le Front national : il y écrivait que, loin d'être un poids pour la France, l'immigration était une chance pour elle.

Pas une chance pour lui, en tout cas. Roland Dumas en a profité. Réflexion de Raymond Barre, l'air de ne pas y toucher : « Cela ressemble un peu à ce qui s'est passé en 1981... » Façon de souligner que l'extrême droite, qui ne s'appelait pas encore Front national, avait à l'époque préféré Mitterrand à Giscard. Pas *toute* l'extrême droite, mais une petite marge, tout de même.

Roland Dumas a beau mettre au défi quiconque de prouver que certains parlementaires FN ont voté pour lui, on ne voit pas comment il aurait pu être élu à la présidence de la commission autrement. Cela dit, tout est bon à prendre en cette période de cohabitation où la gauche n'a plus d'autre pouvoir que la présence de Mitterrand à l'Élysée.

14 octobre

Mitterrand candidat en 1988 ? Il a choisi hier une visite aux parachutistes, à Caylus, dans le département du Tarn-et-Garonne, pour dire qu'il n'avait sans doute pas l'intention de se présenter en 1988, mais qu'il n'était cependant pas exclu que des éléments l'y poussent[1].

Voilà qui renvoie à ce qu'il a dit cet été, que je n'avais pas relevé à l'époque et que je retrouve aujourd'hui : « S'il y avait une élection aujourd'hui, bien sûr que je serais élu. Pour d'autres socialistes, ce serait plus difficile[2]. »

Du coup, Michel Rocard, questionné sur la déclaration sibylline de Mitterrand, s'est cru obligé, devant la presse anglo-saxonne, de rappe-

1. Ce jour-là, François Mitterrand a eu cette phrase exacte : « Je ne suis pas candidat, je n'ai pas l'intention de l'être. Interviendra-t-il des éléments pour me dire : non, c'est une erreur ? Je ne peux pas le supposer. »

2. François Mitterrand avait alors continué ainsi : « Michel Rocard est le mieux placé. Pierre Mauroy serait le meilleur, mais il n'est pas populaire. Laurent Fabius a été un bon Premier ministre. Oui, je vous assure, un très bon Premier ministre... »

ler sa propre détermination à faire acte de candidature. Il l'a fait dans son vocabulaire à lui, comme s'il se pastichait lui-même, disant « qu'il préférait réfléchir sur le non-exceptionnel que sur l'exceptionnel ». *Sic* ! Traduction : il préfère retenir l'hypothèse selon laquelle Mitterrand ne se représentera pas plutôt que celle de sa candidature.

Jamais, a dit Rocard, les Français n'ont confié deux mandats de sept ans à un même président. Il a cité le cas du général de Gaulle, président de République en 1959, élu au suffrage universel en 1965, abandonnant son mandat en 1969. Celui de Georges Pompidou, mort en 1974, qui n'a donc pas achevé le sien. Sans oublier Giscard, élu en 1974 et battu lorsqu'il a voulu se représenter en 1981. Ces références historiques, le temps qu'a mis Rocard à s'y arrêter, ne montrent qu'une chose : qu'il semble fort bien s'accommoder d'un éventuel retrait de Mitterrand, et même le souhaiter.

Il le fait à contretemps, il me semble, une fois de plus, c'est-à-dire au moment où tous les leaders socialistes y vont de leur petit couplet pour supplier Mitterrand de se représenter dans dix-huit mois. Charles Hernu, qui ne lui passe rien, a dit, en un commentaire cursif, que Rocard « avait perdu une bonne occasion de se taire ! ».

« Bof, m'a soufflé Georges Fillioud, restons calmes, inutile de s'énerver. De deux choses l'une : ou les sondages sont bons pour Mitterrand, quelques semaines avant les élections, et il sera candidat ; ou ils sont mauvais, et il laissera Rocard se présenter. »

Grand bon sens : inutile de se demander tous les jours ce que fera Mitterrand ; il y a de grandes chances pour qu'à l'heure qu'il est, lui-même ne le sache pas.

20 octobre

J'ai sous-estimé cette fois la volonté de Michel Rocard : il vient de donner une interview de quatre pages au *Nouvel Obs*, dans laquelle il persiste et signe ce qu'il a confié aux journalistes de la presse anglo-saxonne il y a moins d'une semaine. Ce n'est pas une plate-forme ni un programme présidentiel qu'il y développe. C'est plutôt son image qu'il peaufine : l'avenir, il le situe hors des dogmes, entre un « libéralisme sans morale » et un « socialisme administratif ». Les termes ne sont pas mal trouvés, d'autant qu'il en donne un exemple vécu : en 1981, il était hostile aux nationalisations à 100 %, on le sait, même si, à l'époque, il n'a pas pu le crier trop haut, par souci de solidarité ministérielle. Il faisait valoir qu'il reviendrait moins cher à l'État de s'assurer seulement la majorité dans le capital d'une entreprise nationale que de l'acquérir entièrement. Entre nous, qui peut lui donner tort, cinq ans plus tard ?

Son argument principal : à l'épreuve des faits, le socialisme français a entamé sa mutation ; il s'est débarrassé de ses vieux dogmes. Tandis que le libéralisme, celui que revendique Jacques Chirac, ne s'est pas encore suffisamment attaqué aux réalités. Enfermé dans quelques grands principes, il ne s'est pas adapté à la France d'aujourd'hui.

Je résume : Rocard se veut à gauche, partisan d'une plus grande justice sociale. En même temps, il emprunte à la droite son « moins d'État ». C'est habile et dans l'air du temps. Ça « dépoussière ».

1986

21 octobre

Première grande grève sous le gouvernement Chirac.

Une grève par temps calme, comme on le dit des turbulences traversées par un avion dans un ciel bleu. Une grève qui intervient à l'issue d'une période historique de paix sociale, et s'inscrit dans une courbe où les conflits du travail, selon les statistiques, sont à la fois moins nombreux, plus courts et moins bien suivis.

Je me demandais depuis mars dernier si, tout compte fait, les syndicats ne préféraient pas le gouvernement Chirac aux gouvernements socialistes. Pas un murmure dans leurs rangs, en effet, jusqu'à aujourd'hui. Ils n'auraient jamais accepté sans broncher, sous la gauche, ce qu'ils avalent de la droite ! D'un coup, tout change sans que je l'aie vu venir.

Raison de plus pour prendre en considération cette bouffée de contestation. Symbole de ce changement : la présence, dans l'action revendicative, d'André Bergeron, le leader modéré de FO. Bergeron, celui de tous les syndicalistes qui paraissait le plus proche du gouvernement actuel, celui à qui Chirac a toujours manifesté une attention particulière : le voilà non seulement qui colle à la manif, mais qui en prend la tête ! Derrière lui, une majorité de salariés du secteur public prend ses distances avec le gouvernement en place. Baroud d'honneur pour montrer que les syndicats n'ont pas perdu la main ? ou bien annonce d'un mouvement revendicatif durable au moment où les Français, les sondages en font foi, s'interrogent sur l'action économique de Matignon ?

26 octobre

Édouard Balladur... Intéressant de voir le cheminement politique de cet homme que j'ai connu plutôt effacé, quoique d'un esprit aigu, dans le cabinet de Georges Pompidou, avant 1974. Au début, Chirac ne l'aimait guère : il préférait de loin le tandem Juillet-Garaud et respectait Michel Jobert, au moins jusqu'en 1981[1]. Balladur, ce n'était pas vraiment son monde.

Quelques invitations à la Mairie de Paris, depuis 1977, n'avaient guère contribué à tisser de nouveaux liens avec celui qui, par certains côtés, est si éloigné de l'actuel Premier ministre : si mesuré quand l'autre est un cheval échappé ; si réfléchi quand Chirac dit lui-même qu'il agit avant de penser ; si mondain, aussi, si amateur de ces dîners que Chirac a toujours détestés.

Et puis il y a eu, dit-on, l'accident de Chirac en 1979. C'est à cette occasion, il le raconte lui-même, que Balladur, trouvant Chirac bien isolé pendant sa rééducation, lui a rendu visite. Quelques semaines seulement à peine après l'appel de Cochin.

Je ne sais ce que se sont dit les deux hommes alors que Jacques Chirac, à demi immobilisé, rongeait son frein en attendant 1981, mais c'est sûrement de cette rencontre que date leur rapprochement. Et sans doute, en quelques années, l'entrée de Balladur en politique[2].

C'est en tout cas ce que nous dit Balladur tandis qu'il nous reçoit, Catherine Nay et moi, à l'heure du thé, dans ces salons de la rue de Rivoli qu'il a tenu à réinvestir, refusant l'éloignement quai de Bercy prévu dans le programme de ses prédécesseurs. Il faut dire que le style Napoléon III lui convient à merveille : il a là tout ce qu'il faut de taffetas, de soie, de velours dans les tons ocre et pourpre, pour se sentir à l'aise, lui qui n'aime pas, contrairement à Chirac, l'art moderne et préfère l'intimité des boudoirs.

Cet homme a l'art de faire comme s'il était toujours disponible, comme s'il n'avait jamais rien à régler, aucune décision imminente à prendre. Dans ce milieu où chacun se prétend suroccupé et indispensable, je ne connais pas d'autre homme politique aussi maître de son temps : jamais en retard, toujours serein, jamais débordé. À un moment donné de notre conversation, un de ses collaborateurs est

1. À cette date, Jobert devient ministre du Commerce extérieur.
2. Édouard Balladur s'est présenté aux élections législatives de 1986 ; il a été élu député de Paris, dans le XVe arrondissement.

entré dans le salon : il n'en a rien laissé paraître, mais il a eu l'air visiblement suffoqué de voir qu'à l'heure où la vie du pays était en jeu, le ministre prenait le thé avec deux journalistes !

Nous parlons d'abord épargne-retraite avant d'aborder le problème des privatisations et des petits actionnaires. Car Édouard Balladur croit beaucoup, en même temps qu'aux « noyaux durs », à l'actionnariat populaire.

Il nous explique ce soir qu'à son sens, privatisation et participation vont dans le même sens, ont la même finalité : celle d'associer le plus possible de Français (un million, selon lui) à la marche des entreprises. Son analyse est simple : les Français sont brouillés avec le capitalisme, avec les affaires, avec les patrons, parce qu'ils ne se sentent pas concernés. Qu'on leur donne la possibilité d'acheter des actions, même en petit nombre, et ces petits porteurs changeront d'attitude. Qu'ils entrent dans le capital des grandes boîtes, et ils en deviendront les premiers défenseurs.

Derrière le côté cake et thé, Édouard Balladur tient à montrer avec détermination qu'il n'est pas le vilain « privatiseur », mais celui qui met au contraire le capital à la portée de tous.

À vrai dire, en le quittant, je ne sais toujours pas ce qui est le plus important dans son esprit : le libéralisme, dont il s'est fait le chantre depuis qu'il est aux Finances, ou le capitalisme populaire, qui, incontestablement, l'aide à habiller de couleurs sociales les privatisations. Croit-il sérieusement que le clivage entre droite et gauche puisse s'effacer si un million de Français accèdent au capital par le biais des privatisations ? Est-ce chez lui une conviction ou une façon de faire « avaler la pilule » ?

Il est vrai qu'il doit annoncer demain les dispositifs clés de sa stratégie : il s'est exercé sur nous, voilà tout. Ce n'était pas un privilège. Un test, plus simplement.

28 octobre

Mitterrand s'est rendu à Francfort pour le 48e sommet franco-allemand, et il a soutenu énergiquement qu'aucun compromis ne saurait être passé avec le terrorisme.

Pourtant, pendant ce temps, un sondage BVA, rendu public ce matin, révèle que les Français, dans leur majorité, sont favorables à une négociation « avec les groupes ou les pays » qui ont enlevé les otages français détenus au Liban[1].

Raison de plus pour qu'on leur dise nettement les choses. Pour qu'on ne leur dise pas un matin qu'on ne négocie pas avec les pays arabes, et le lendemain qu'on a trouvé les services syriens merveilleusement coopératifs ! Un jour, qu'il faut être ferme ; un autre, qu'il faut se montrer souple.

En réalité, j'ai l'impression, comme beaucoup de mes confrères, qu'une sorte de trêve a été ménagée avec les terroristes grâce à l'intervention de la Syrie et, semble-t-il, de l'Algérie. Du côté français, ce serait Jean-Charles Marchiani – un proche de Charles Pasqua, donc de Chirac – qui conduirait le ballet des intermédiaires, et un ancien chef des forces libanaises prosyriennes, de l'autre.

5 novembre

Curieux pays que la France : un prurit de projets ou de propositions de loi plutôt libérales a saisi nos gouvernants qui se croient obligés de noircir des pages et des pages de recommandations, garde-fous, contraintes en tous genres. Trois exemples :

La loi sur la communication, d'abord. Un objectif simple, ou qui devrait l'être pour la CNCL[2] : accorder des licences au privé et gérer au mieux ce qu'il reste du service public. Eh bien non, ce serait trop commode ! Le texte de loi ne comprend pas moins d'une centaine d'articles : pour commencer à siéger, la CNCL, que préside ce cher Gabriel de Broglie, devra attendre une bonne dizaine de décrets réglementant et ordonnant son fonctionnement.

Même chose, ou à peu près, pour la réforme des hôpitaux. Là encore, objectif simple : modifier l'organisation interne des hôpitaux, y faire entrer une parcelle de privé. Mais voilà le projet, élémentaire dans son principe, qui s'alourdit aussitôt de mesures réglementant les activités, libérales ou pas, des praticiens, et qui crée dans le même temps une commission nationale et une commission locale de contrôle...

1. D'après le sondage BVA effectué du 1er au 6 octobre, 47 % des Français sont favorables à une négociation, 39 % seulement à des mesures de rétorsion. Lesquelles ? 68 % d'entre eux prônent des représailles économiques, 35 % seulement seraient favorables à une action militaire. 55 % envisagent favorablement l'envoi de quelques James Bond ou SAS pour régler les choses sur place, si possible discrètement.

2. Il s'agit de la Commission nationale de la Communication et des Libertés qui a remplacé la Haute Autorité dans la loi de 1986.

Quant au nouveau droit de la concurrence, le voilà doté d'une centaine d'articles, pour le moins, dont la moitié environ énumère contraintes, contrôles et sanctions prévues.

Je m'étonne de voir ceux qui se prétendent libéraux l'être beaucoup moins que la plupart des gens que je connais.

10 novembre

Inouïe, cette histoire de l'interview de Jacques Chirac au journaliste Arnaud de Borchgrave, du *Washington Times* ! D'abord parce qu'il a confondu le *Washington Times*, journal ultra-conservateur plus ou moins financé par la secte Moon, et le tout-puissant *Washington Post*, celui de Bernstein et Woodward. Il a donc cru parler au grand

Washington Post alors qu'il s'agissait du petit *Washington Times* !

Ensuite parce qu'il a été d'une inconcevable naïveté : il a déclaré à Borghrave qu'il ne voulait pas accorder d'interview et a cru que celui-ci se contenterait d'une conversation *off*, comme on dit, avec lui.

Résultat : sur la forme, il s'exprime, dans le texte rendu public, comme il est en réalité : net, trop parfois, avec ce mélange de cruauté et de sincérité, de conviction et de cynisme qui le caractérise. Sur le fond, il formule une condamnation, alternativement sévère et, ce qui est pire, ironique de la politique des États-Unis au Moyen-Orient. Avec quelques morceaux qui valent leur pesant de cacahuètes ! Cette phrase, par exemple : « Si tout ce que peuvent faire les États-Unis, c'est d'aboyer, alors mieux vaut rester silencieux ! »

Cela étant, sous la forme d'une interview qui n'en était pas une, Chirac dit tout haut, de façon précise, ce qu'il pense tout bas : qu'il n'y a pas de solution au Liban qui ne passe par la Syrie. Que sa politique vise à maintenir à tout prix des liens avec les pays arabes. Enfin, que la France ne changera pas de politique à l'égard des pays du Moyen-Orient, même si les États-Unis le lui demandent.

Plus j'y réfléchis, moins je crois à l'hypothèse d'une naïveté de Chirac. Il avait des choses à dire aux États-Unis, il a volontairement feint de le dire sans le vouloir, comme s'il avait été piégé. Mais il a dit son fait au président américain. Et il a défendu une politique arabe de la France à côté de laquelle celle de Claude Cheysson ou même celle de Roland Dumas apparaissent comme modérées !

12 novembre

Naïveté ou réalisme ? Les propos de Jacques Chirac, qui ont suscité la fureur de certains, en France et de l'autre côté de la Manche ou de l'Atlantique, prennent une autre couleur quand on sait que deux otages détenus au Liban, Marcel Coudari et Camille Sontag, ont été libérés dans les heures qui ont suivi l'interview, autorisée ou non, qu'il a donnée.

On a beau nous dire que cette double libération n'a rien à voir avec les propos de Chirac, qu'elles interviennent au terme d'un long processus, d'un inlassable démarchage des gouvernements arabes du Moyen-Orient, je pense, moi, que les réponses de Chirac à Borchgrave ont précipité les choses.

J'ajoute qu'au surplus c'est entre deux réunions des douze pays de la Communauté, qui s'apprêtaient à dénoncer la complicité du gouvernement syrien dans l'affaire du Boeing 727 de la TWA[1], que Chirac a spectaculairement choisi de ne pas condamner le président Asad, et même de le remercier de l'avoir aidé pour la libération des deux Français !

Je ne connaîtrai sans doute jamais le fin mot de cette histoire. J'ai néanmoins ma petite idée : il fallait, pour faire aboutir le processus de libération des deux otages, que Chirac affiche une politique proarabe. Il l'a fait, voilà tout.

13 novembre

Tournant capital à gauche. Par des indiscrétions, volontaires ou pas, je suis sûre aujourd'hui que Mitterrand et Rocard se sont rencontrés en secret, la semaine dernière, en tête à tête. Pour quoi faire ? À l'évidence, me dit Claude Estier, pour signer une sorte de pacte sur la candidature de la gauche en 1988.

Un indice : il paraît que Rocard est sorti content, pour une fois, de son entretien avec Mitterrand.

Ceci explique-t-il cela ? Mitterrand se paie le luxe, depuis quelques jours, d'une offensive en règle contre Chirac. Plus rien de ce qu'il fait ne trouve grâce à ses yeux : l'expulsion de 101 Maliens (pourquoi

1. Le 2 avril 1986, quatre passagers américains d'un Boeing 727 de la TWA reliant Rome à Athènes ont été tués par l'explosion d'une bombe placée sous leurs sièges.

101 ?) par Charles Pasqua, le Code de la nationalité plaidé par le même ministre, qui n'est pas conforme à la philosophie élyséenne. Bref, une salve d'avertissements sans précédent !

Mitterrand pense-t-il à rompre dès aujourd'hui son mariage forcé avec Chirac ? Rocard et lui ont-ils déjà scellé une sorte de pacte ? Du genre : si ce n'est pas moi, ce sera vous ; si c'est moi, vous m'aidez ; si c'est vous, on verra ce que je fais ?

17 novembre

J'écris ces lignes en rentrant du dîner de *Paris Match* qui a désigné Jacques Chirac « homme politique de l'année ».

Le dîner a été totalement bouleversé par la nouvelle, à 20 heures,

1986

de l'assassinat du P-DG de Renault, Georges Besse, sur le trottoir, devant son domicile, rue Edgar-Quinet.

Atmosphère terrible, parmi les convives, dans les minutes qui ont précédé l'arrivée de Chirac, lequel avait confirmé sa présence en prévenant qu'il arriverait tard, c'est-à-dire après avoir rendu visite à la famille de Georges Besse. Les journalistes présents appelaient leurs rédactions ; les patrons, leurs familles.

Traits creusés, bouche carrée, Jacques Chirac avait, en arrivant, un visage que je ne lui ai jamais connu : tristesse et effroi, colère et indignation mêlés. Et aussi, pour la première fois, lassitude. Décidément, depuis son arrivée à Matignon, le terrorisme ne l'a pas lâché : terrorisme lié au Moyen-Orient, du Pub Renault à la rue de Rennes ; terrorisme sans doute signé Action directe, hier soir.

Chirac était à peine assis qu'il a raconté avec une sorte d'incrédulité, à ceux qui se sont agglutinés autour de lui, dont moi, que, d'après les témoins, les seuls mots échangés par les meurtrières – car le commando était composé de deux femmes ! –, quelques secondes après avoir abattu Georges Besse, au moment de prendre la fuite, ont été : « C'est bon ? – C'est bon. »

Pour lui, il ne fait aucun doute que l'assassinat est signé Action directe. Il pense qu'il n'y a guère de chances, d'après ce que lui a dit le ministre de l'Intérieur, de retrouver les auteurs de l'attentat, ni même, dit-il, les véritables responsables d'Action directe[1], mouvement cloisonné, imperméable à l'infiltration policière.

1. Action directe a été créée en France en 1977 par Jean-Marc Rouillan et André Olivier. Jean-Marc Rouillan et Nathalie Ménigon avaient été arrêtés le

Je lui ai demandé s'il pensait que les terroristes d'Action directe avaient choisi de frapper au moment précis où le terrorisme moyen-oriental marquait une pause. Il m'a répondu qu'à son avis il n'y avait pas de lien de cause à effet, que les deux terrorismes étaient indépendants l'un de l'autre.

Pourquoi Georges Besse ? Il n'a pas de réponse, des interrogations seulement. Le mouvement Action directe a-t-il voulu s'attaquer à lui personnellement ou bien à ce qu'il représentait : le grand patron heureux, le capitaliste à visage humain ? Ce serait la première fois, en tout cas, qu'Action directe, responsable de la mort du général Audran et de l'attentat manqué contre le contrôleur général Blandin, se serait attaqué en France à quelqu'un n'exerçant pas des fonctions militaires ou stratégiques[1].

« Ce sont des bêtes », me dit-il encore avant de recueillir, en pensant à autre chose, le trophée des lecteurs de *Paris Match*.

19 novembre

Le découpage électoral de Pasqua est déclaré conforme à la Constitution. La majorité se réjouit spectaculairement du verdict des neuf sages du Conseil constitutionnel, allant jusqu'à dire, comme Jacques Toubon, que la décision prise est celle « de la justice et de la joie » !

Nous voici donc revenus, après la parenthèse ouverte en mars 1986, au scrutin majoritaire. Et voici dans le même temps Robert Badinter[2] miraculeusement devenu le héros de la majorité !

---

13 septembre 1980 après un échange de coups de feu près de la planque du terroriste Carlos. Le gouvernement Mauroy avait joué l'apaisement en 1981 et fait voter une loi d'amnistie qui avait remis en liberté Rouillan et Ménigon. À partir de 1984, la branche parisienne d'Action directe s'allie à la Fraction armée rouge allemande dans le cadre de l'unité des révolutionnaires en Europe de l'Ouest. Le commando qui a tué Georges Besse, on l'a su plus tard, était composé de Nathalie Ménigon et Joëlle Aubron, qui appartiennent à la direction d'Action directe. Les principaux membres d'Action directe seront arrêtés le 21 février 1987 dans une ferme du Loiret.

1. Le général René Audran, directeur des affaires internationales au ministère de la Défense, a été assassiné par un commando d'Action directe le 25 janvier 1985. Le 26 juin, le contrôleur général des Armées Henri Blandin a échappé de justesse à un attentat.

2. Robert Badinter a été nommé président du Conseil constitutionnel en mars 1986 par François Mitterrand.

21 novembre

Rendez-vous avec Michel Debré, qui sort catastrophé du débat sur l'Acte unique européen adopté par la majorité de l'Assemblée nationale. Catastrophé est peut-être un bien grand mot, car, depuis le temps qu'il condamne l'abandon de la souveraineté de la France dans les domaines les plus importants, il a tout de même dû s'y faire. Eh bien, pas du tout ! Il ne s'y fait pas !

Malgré son échec à la présidentielle de 1981, il refuse de se soumettre. Il a entendu Giscard condamner le manque d'ambition de l'Acte unique, regretter qu'on remette aux calendes grecques la monnaie unique ou l'élection d'un président européen. Il ne s'en étonne plus, mais continue à ne pas comprendre qu'une nation puisse renoncer d'elle-même à ses prérogatives nationales.

24 novembre

Pour Chirac, le danger arrive d'où on ne l'a pas vu venir. Au milieu des attentats, dans l'atmosphère suspicieuse de la cohabitation, la réforme des universités présentée par Alain Devaquet était jusqu'à présent passée inaperçue. Son approbation par le Conseil des ministres, en août, n'avait pas suscité de commentaires. Après tout, l'abrogation de la loi Savary de 1984 et l'autonomie des universités étaient inscrites dans le programme présidentiel de Jacques Chirac. Quoi de plus normal que Chirac mette ses actes en accord avec ses promesses ?

Et puis, d'un coup, voilà les étudiants dans la rue, contre le gouvernement, contre René Monory, le ministre de l'Éducation nationale, et contre son secrétaire d'État, Alain Devaquet. Celui-ci, professeur de chimie de son état, lieutenant préféré de Jacques Chirac, paraît *a priori* plus apte à parler d'éducation nationale que Monory dont les études, supérieures ou pas, ne sont pas le fort.

Il reste que, pour le moment, c'est contre Devaquet que les étudiants descendent dans la rue. Une fois de plus, comme en 1968, leur mouvement s'est organisé sans que la presse s'en fasse l'écho, d'une fac à l'autre, d'un département à l'autre. Tout cela a fini par confluer à la Sorbonne, avant-hier, et dans la rue, hier, pour une manifestation immense autant qu'inattendue.

Le parcours choisi, de la République à la Bastille, était symbolique : c'est celui de toutes les manifestations de la gauche depuis

1936. Les participants l'étaient aussi, puisque, derrière les étudiants appartenant aux différents syndicats, UNEF-ID en tête, tous les leaders de la gauche avaient pris part au cortège. Enfin les slogans étaient tout aussi significatifs. Dans la manif que j'ai remontée de bout en bout, il était au moins autant question des privatisations que de sélection et d'autonomie des universités.

Ce qui est formidable, c'est la façon dont l'Histoire se répète. En 1984, la mobilisation de la droite contre la loi Savary avait marqué la fin du gouvernement Mauroy en jetant dans les rues de Paris les partisans de l'école libre.

Du coup, la gauche se met à espérer que l'issue soit la même : que la mobilisation contre Devaquet entraîne dans sa chute le chef du gouvernement. C'est peu probable, mais cela transforme une fois de plus le combat scolaire en combat politique.

Louis Mermaz et Roland Dumas en ont profité, me dit-on, pour redemander à François Mitterrand de hâter la fin de la cohabitation et de se représenter dans la foulée. Je voudrais être mouche pour écouter les réponses de Mitterrand : reste-t-il silencieux, comme de Gaulle, de sorte que chacun de ses interlocuteurs croit être entendu de lui ? Réfléchit-il tout haut avec ceux qui l'exhortent à l'impatience ? Je pense que cela dépend : avec des amis aussi proches que Mermaz et surtout Dumas, ou encore avec Maurice Faure, il doit accepter de s'interroger sur sa stratégie. Mais pas avec d'autres qu'il estime moins ou auxquels il fait moins confiance.

31 novembre

Jacques Chirac vient d'intervenir ce soir sur TF1. Conformément à un processus bien connu, l'agitation dans la rue est devenue en quelques jours contestation. Et la remise en cause de la réforme des universités, donc de Devaquet, est devenue, chemin faisant, celle des lycées, celle du système éducatif dans son ensemble, puis, fatalement, celle du Premier ministre.

Je viens d'écouter Chirac qui termine tout juste son intervention. Un Chirac comme dédoublé en deux personnages : un Chirac souple, prêt à la concertation dans certains domaines, regrettant même qu'elle n'ait pas suffisamment eu lieu ; et un Chirac ferme, dur même, notamment sur sa définition de la cohabitation et des pouvoirs du Président.

Les deux Chirac étaient tour à tour souriants ou irrités, sereins ou indignés, ouverts ou hermétiques. Mais tous deux ont révélé leur intention d'un repli élastique : Jacques Chirac recherche la sortie d'un conflit provoqué par un projet de loi qu'il s'est contenté de défendre en demi-teinte.

Bizarrement – je dis bizarrement, parce qu'il me semble que, sur le sujet, il est trop sorti du bois –, il a profité de sa présence à la télévision pour parler de la cohabitation. Peut-être, sûrement même pense-t-il que le président de la République et ses amis sont, de cœur pour le moins, proches des manifestants.

Son analyse de la cohabitation s'en ressent. Elle ne lui pose aucun problème, explique-t-il. Car de deux choses l'une : ou le Président est d'accord avec lui, et tout lui va ; ou il n'est pas d'accord, et, de

toute façon, il n'a pas le dernier mot. Conclusion : la cohabitation lui va très bien à partir du moment où il la définit comme un système dans lequel le Premier ministre est souverain.

2 décembre

Extraordinaire après-midi à la gare d'Orsay, devenue musée du XIXe siècle. Le Tout-Paris de la cohabitation s'y retrouve pour l'inauguration.

François Mitterrand mène le cortège. Michel Laclotte et Jacques Rigaud, qui ont piloté le projet, font faire le tour du propriétaire. Mitterrand est d'autant plus épanoui qu'à l'occasion de l'inauguration il a pu, sur TF1 lui aussi, définir sa philosophie de la continuité et du changement, pour Orsay et au-delà d'Orsay[1].

Derrière le Président, Valéry Giscard d'Estaing, de beige vêtu, dilettante et princier, et Jacques Chirac, costume gris strict, d'abord attentif, mais dont l'impatience grandit au fur et à mesure que s'éternise la visite.

Encore derrière, François Léotard, le ministre de la Culture, un peu maussade de n'être que le quatrième de la cohorte, et Philippe de Villiers, son secrétaire d'État, juvénile et dégingandé. Et puis, et puis, Pierre Mauroy, Jack Lang, bien entendu, toujours là, comme

1. « La sclérose nous guette tous, a dit François Mitterrand. J'ai fait mon choix entre le progrès et le simple esprit conservateur. Je préfère l'un à l'autre, mais la France est faite des deux, y compris sur le plan esthétique. »

s'il était toujours titulaire de la Rue de Valois, Roland Dumas, les anciens et les actuels, dans une cohue bon enfant.

« Tout de même, me dit Mitterrand à l'oreille lorsque, passant à ma hauteur, il s'arrête quelques instants, je conduis une drôle de troupe ! »

Monet, Manet, Corot : le Président s'arrête, il prendrait bien chez lui *La Gare Saint-Lazare* de Monet, ou *La Chambre à coucher d'Arles* de Van Gogh. Il invite Giscard à revenir à l'Élysée, s'il le souhaite, pour revoir les Odilon Redon qui y sont restés. Il craint que Chirac n'entende pas toutes les explications que donne Laclotte : « Approchez-vous », lui dit-il à plusieurs reprises en faisant mine de ne pas relever l'impatience du Premier ministre, qui voudrait bien prendre le large.

« Tout de même, commente à quelques pas Simone Veil, légèrement acide, et dire qu'il n'y a pas d'argent pour les gardiens de prison ! »

Arrivés dans la salle des fêtes, à l'endroit, réaménagé depuis, où le général de Gaulle a fait sa première conférence de presse en 1958, Valéry Giscard d'Estaing s'en va, laissant Mitterrand saluer les invités. Le Président a un mot aimable pour chacun, feignant de ne pas remarquer que Christine Ockrent et Anne Sinclair portent exactement le même ensemble rouge et noir, confectionné pour elles par le même couturier. Un mot à l'un, un mot à l'autre, trois petits tours et puis s'en va : Mitterrand n'a pas l'air mécontent d'avoir concilié, l'espace de quelques heures, l'art et la cohabitation.

4 décembre

J'ai beau ne pas me retourner, les nominations auxquelles vient de procéder la CNCL, successeur de la Haute Autorité, me donnent un haut-le-cœur. Je m'étais, nous nous étions tant battus pour nommer Jean Drucker, apolitique, vrai professionnel respecté de tous, désigné en 1985 sans l'accord de qui que ce soit d'autre que nous-mêmes, et le voici aujourd'hui débarqué d'Antenne 2, qu'il dirige depuis un an seulement. Pourquoi ? Quelle faute a-t-il commise ? Aucune. Il a été nommé par la Haute Autorité, voilà tout. Gabriel de Broglie, qui avait voté pour lui l'année dernière, quand il appartenait à la Haute Autorité, vient-il de trouver que le même Drucker est nul, un an plus tard ? Il aurait tout de même pu lui laisser une chance, résister aux consignes qui lui ont été données. Même éviction de Jean-Noël Jeanneney, de Jeannine Langlois-Glandier, remplacée à FR3 par René Han. De René Han,

Edgar Faure me dit le soir même : « Il est chinois et RPR. Parions qu'il n'a pas été nommé parce qu'il est chinois ! »

Seul Bourges reste à son poste à TF1, jusqu'à la privatisation prévue dans quelques mois.

8 décembre

L'Histoire s'est emballée en l'espace de quelques jours. Hier, un groupe de voltigeurs, ces policiers à moto tout spécialement formés pour les manifestations de masse, a tué sous un porche d'immeuble un jeune homme, Malik Oussekine, qui cherchait à s'y réfugier.

Tant que les étudiants et lycéens se mobilisaient, une fois, deux fois, trois fois, fin novembre et début décembre, la situation, dégradée, était néanmoins maîtrisable. Il y a bien eu la gaffe de Devaquet qui a déclaré, avant la manifestation du 27, qu'il attendait de savoir si la mobilisation étudiante restait assez forte : rarement gouvernement a donné au plus indifférent des manifestants une raison aussi puissante de venir crier son mécontentement.

Tant qu'on en était là, pourtant, tout restait possible : la modification de la loi, son infléchissement, une nouvelle négociation. L'apaisement, en un mot. C'est, paraît-il, la recommandation qu'avait donnée à Chirac le ministre de l'Intérieur, Charles Pasqua, qui avait conseillé la souplesse au Premier ministre, il y a quelques jours, avant son passage sur TF1. Maintien du projet, oui, avait plaidé Pasqua, craignant, a-t-il dit à Matignon, que la rue ne dicte sa loi. Réécriture du projet de loi, sans doute. Son enlisement, peut-être. Le recul, sûrement. Revenir sur l'autonomie, enterrer le principe de la sélection. Mais surtout pas de retrait pur et simple.

Entre Charles Pasqua et François Léotard, qui, lui, exhortait fortement Chirac à ne pas couper le gouvernement de la jeunesse du pays, c'est-à-dire à retirer le texte Devaquet, le Premier ministre avait tranché en faveur de Charles Pasqua.

François Mitterrand avait plaidé lui aussi pour un retrait de la loi. Ce qui a été suffisant, peut-être, pour convaincre le Premier ministre de ne pas le faire.

Tout change, désormais, avec la mort de Malik Oussekine. Les violences policières, la défense de la République, les casseurs, tout cela fait partie du lot habituel des manifestations et des contre-manifestations étudiantes. La mort d'un homme a d'un coup fait basculer le monde politique dans la crise.

Chirac n'a pas attendu longtemps pour retirer ce maudit texte de loi. Un ouf de soulagement général a salué sa décision. De Giscard à Balladur, de Léotard à Jospin, le monde politique a respiré.

Quel rôle a joué dans la décision de Jacques Chirac les quelques mots qu'il a échangés samedi soir avec Mitterrand ? Même si le Premier ministre ne veut pas le reconnaître, il a bien été obligé de tenir compte de la pression, muette ou explicite, exercée par le Président. Dimanche matin encore, lorsque François Léotard est venu le supplier de retirer la loi Devaquet, il ne lui avait pas paru convaincu. Léotard était sorti de Matignon atterré. Finalement, c'est Édouard Balladur, on me le dit autour de lui, qui a entraîné la décision. Le ministre des Finances s'est chargé lui-même de parler à René Monory de la nécessité politique de retirer sa loi et de reculer en rase campagne.

Cette crise laissera des cicatrices. Entre Chirac et les jeunes, sûrement. Entre Chirac et le président de la République, sûrement aussi. Entre le Premier ministre et François Léotard, les choses ne s'arrangeront pas non plus de sitôt.

Ce qui me fascine, c'est le rôle qu'a tenu Balladur depuis quelques jours. Un rôle qui n'est pas celui de ministre des Finances, mais de Premier ministre bis. Quand je pense que c'est lui, et pas Chirac, qui a été chargé de prévenir Monory et Devaquet de la volte-face du gouvernement, je me dis que dans une crise devenue purement politique, il a non seulement convaincu le Premier ministre, mais il a fait aussi son boulot.

15 décembre

Toujours Édouard Balladur, pour l'occasion redevenu uniquement ministre des Finances. Il a choisi hier dimanche pour annoncer spectaculairement la réussite de la privatisation de Saint-Gobain : la demande a représenté 14 fois l'offre, un million six cent mille Français sont aujourd'hui devenus des actionnaires, les salariés de l'entreprise en France et à l'étranger ont bien acheté les 10 % du capital qui leur étaient réservés.

Cette réussite tombe à point nommé pour tenter – sans doute sans grand succès – de faire oublier les deux semaines qui viennent de s'écouler.

25 décembre

C'est Noël. Pas pour tout le monde. Car, après la capitulation de Matignon sur le texte Devaquet, les salariés du secteur public ont jugé opportun, depuis le début de la semaine, de déclencher grèves et mouvements de revendication multiples. Pour le coup, Chirac résiste : réunis à Matignon en un mini-cabinet de crise, les ministres, cette fois, ont été solidaires. « Si nous dérapons aujourd'hui, toute notre politique déraperait », leur a dit Chirac.

Il le dit d'autant plus que les électeurs et certains militants du RPR n'ont pas apprécié la reculade du gouvernement sur la loi Devaquet. Jacques Friedmann me le confirme : reculer une nouvelle fois, cette fois devant les grèves du secteur nationalisé, est impossible. Chirac préférerait désormais aller jusqu'à la crise politique.

Mais si ça continue, si la situation empire, si la semi-paralysie perdure jusqu'en janvier ? Eh bien, Chirac fera le pays juge des conflits sociaux. Il est prêt, donc, à provoquer des élections.

Les choses se sont très vite dégradées pour Jacques Chirac : en huit mois, il a affronté, bien ou mal, tant de crises graves qu'il ne pouvait qu'y perdre des plumes. La cohabitation tournera-t-elle à partir de maintenant en faveur de Mitterrand ? Lorsque je vois les visages au PS s'illuminer, lorsque même Lionel Jospin esquisse un sourire, je me dis que c'est ce que pensent en tout cas les partisans du Président.

Quant au Premier ministre, s'il fait aujourd'hui ses comptes, comme je le pense, il ne trouvera pas de raisons de se féliciter de la tournure des événements. Oh, il n'est pas homme à demeurer longtemps face à lui-même ni à sombrer dans l'amertume. C'est néanmoins un politique, capable de juger ses erreurs et surtout de mesurer les solidarités qui lui ont fait défaut. Il avait misé sur les jeunes libéraux de l'UDF, Léotard et Madelin. Ce sont eux qui, estime-t-il, ont quitté le navire à la première bourrasque étudiante. Rien n'est pire, avait dit Léotard, qu'une rupture avec la jeunesse. Il n'avait pas tort, mais devait-il, au moment où Chirac hésitait encore sur le sort de la loi Devaquet, faire savoir publiquement que lui, Léotard, était favorable à un retrait immédiat ? Devait-il faire connaître *urbi et orbi* ses doutes sur la volonté de Jacques Chirac ? Sans doute pas, sauf s'il voulait déjà tirer son épingle du jeu. C'est bien ce qu'on lui reproche à Matignon.

1987

7 janvier

Longue interview de Chirac par Jean-Pierre Elkabbach, hier. Entretien faussement improvisé de François Mitterrand avec la presse à l'issue des vœux présidentiels. En toile de fond, les difficultés sociales du gouvernement.

Volonté commune aux deux têtes de l'exécutif : ne pas envenimer le climat, ne pas pousser les antagonismes à leur paroxysme, gommer les angles.

À vrai dire, les similitudes entre les deux discours sont fascinantes.

La lutte contre l'inflation ? François Mitterrand a rappelé qu'il était intervenu publiquement quatorze fois pour dire avant, bien avant – ou peut-être en même temps – Jacques Chirac, que c'était, pour lui, pour la France, la priorité des priorités.

Le réajustement monétaire ? Commentaire de Mitterrand : « La France a assez de réserves pour tenir le coup. » Affirmation de Chirac : « Il n'y aura pas de dévaluation du franc. »

La riposte au colonel Kadhafi après l'intrusion des troupes libyennes au Tchad au sud du 16e parallèle ? Même refus, en des termes identiques, de dévoiler la forme que prendra la riposte française, assortie de la même position : « La France se fera respecter. »

La cohabitation ? Les convergences se font plus proches encore. L'un et l'autre affirment qu'elle est inéluctable. On ne peut pas dire qu'ils en soient enchantés : ils font, dans la résignation, la même analyse. Ils ne l'ont pas souhaitée, ils n'avaient aucune envie de cette coexistence politique : c'est le verdict populaire de 1981, revu et corrigé par les Français en 1986, qui a imposé à ces deux hommes si dissemblables l'obligation de faire ensemble un petit bout de chemin.

J'ai demandé à Mitterrand si cette cohabitation se dégradait en ce moment. Il m'a répondu d'un trait, acide : « Pourquoi, le 20 mars[1], vous trouvez que c'était mieux ? »

Pour le reste, un abîme les sépare. Il ne doit pas être drôle de gouverner la France sous l'œil aiguisé de Mitterrand. Exemple : le Président exalte, dans le climat social actuel, les vertus du dialogue, notamment avec les cheminots en grève. « Une main tendue, est-ce un mal ? » susurre-t-il. Tandis que Jacques Chirac énumère au micro d'Elkabbach tous les avantages consentis aux « roulants ». L'un, le Président, insiste presque avec gourmandise, tant il est content de voir les difficultés de l'autre, sur la crise sociale que minimise ce dernier. La crise, la faute à qui ? Mitterrand fait mine de réfléchir. Un temps, puis il lâche : « Les 35 milliards distribués à certaines catégories empêchent (sous-entendu : Chirac) de trouver les 17 milliards qui manquent aux salariés. »

1987

8 janvier

Raymond Barre à la télévision. Son problème était de cultiver sa différence sans jouer contre son camp. Eh bien, il a réussi. Réussi à trouver le passage entre le silence et la parole, la critique acerbe du gouvernement et sa loyauté à la majorité RPR-UDF. La voie était étroite. Il est tellement exaspéré par Jacques Chirac, dont il pense qu'il a volontairement fait perdre Giscard en 1981, qu'il pouvait à tout moment déraper. Pour lui, Chirac, comme d'ailleurs Mitterrand, est le degré zéro de la pensée économique ! Je serais encline à penser que dans son for intérieur, il est encore plus sévère avec Chirac qu'avec Mitterrand : qu'un leader de la gauche, qu'un homme politique né sous la IVe République soit ignorant des réalités économiques, cela ne le surprend pas outre mesure. Mais que Chirac, énarque, ancien secrétaire d'État au Travail, au Budget, fasse comme si elles n'avaient pas d'importance, cela, Barre ne peut pas l'encaisser ! Pour lui, il n'y a qu'un mot pour définir Chirac : démagogue.

1. Le scrutin des élections législatives a eu lieu le 16 mars. Le 20 mars, qu'il a retenu comme le moment de la cohabitation le plus pénible pour lui, correspond donc au premier Conseil des ministres de la cohabitation et aux heures qui ont suivi.

Tout cela pour dire que Raymond Barre a dû éprouver, hier, quelque difficulté à se contenir. Eh bien, il ne s'est jamais laissé aller à donner de lui une autre image que celle qu'il voulait donner. Celle d'un homme libre : libre à l'égard des partis, libre dans ses idées, dans ses critiques et dans ses approbations.

« Pourquoi voulez-vous que je sois contre les socialistes ? », demande-t-il benoîtement. Et d'affirmer qu'il approuve absolument la rigueur de 1983. Il cite volontiers les quelques ministres socialistes dignes, selon lui, de figurer à son palmarès : Pierre Bérégovoy, Jean Auroux, Michel Delebarre.

Le plus difficile était de proférer sur le gouvernement les quelques phrases dures qu'il tenait à placer, et, en même temps, de convaincre les téléspectateurs de sa loyauté envers Chirac. Il s'en est sorti en se déclarant globalement solidaire de la fermeté prônée par celui-ci en matière de salaires. En dehors de ce soutien, que de critiques ! Les sacrifices sociaux doivent être partagés, les négociations, le dialogue sont nécessaires, on peut toujours trouver des solutions aux conflits sociaux actuels, à condition qu'on les cherche, il ne fallait pas attaquer « bille en tête » (l'expression est de lui) l'impôt sur les grandes fortunes, mais entreprendre une réforme fiscale de plus grande envergure...

Pour faire bonne mesure, Barre a assaisonné aussi Mitterrand dont il dit sans aménité qu'il est tout simplement le chef de l'opposition, et pas le président de la République.

Bref, Raymond Barre était hostile en mars dernier à la cohabitation : il l'est resté. En traçant de lui, par contraste, un portrait idéal : celui d'un rassembleur.

Habile, il affecte de ne pas l'être. Plus démagogue, finalement, qu'il ne semble. Moins rond qu'il y paraît : c'est en homme politique qu'il taille sa route tout en affirmant ne pas en être un. Fortiche !

10 janvier

Tout change, pour moi, à nouveau. Et pas dans le bon sens...

J'avais tout, il me semble, pour bien m'entendre avec Elkabbach : l'intérêt pour le même monde, celui de la politique. L'envie de disserter sur les comportements des uns et des autres. L'âge aussi, et notre passé commun de journalistes politiques.

C'est tout le contraire qui s'est passé. Nommé directeur de

l'antenne il y a quelques semaines, il m'a d'abord évitée alors qu'il recevait tous les autres membres de la rédaction pour connaître leurs envies et leurs désirs. Puis il m'a dit, avant-hier, alors que je finissais mon édito du matin – lequel avait été déplacé de 8 h 5 à 8 h 20 –, qu'Europe 1 se passerait désormais de ma prestation matinale.

Évidemment, c'est une catastrophe. Je ne peux pas en écrire davantage ce soir.

12 janvier

Si j'avais su ! Qu'aurais-je fait au juste ? Peut-être aurais-je dû accepter la proposition d'un reclassement au Conseil d'État ? Ou alors accepter ce que m'avait proposé, de la part de Bourges, Alain Denvers : la présentation en alternance du journal de 20 heures sur la Une. J'avais répondu, au début de l'automne dernier, que je n'avais plus l'âge, que si je connaissais les rouages de la télévision, j'ignorais tout, en revanche, de l'art de la présentation.

1987

J'ai tout faux.

En fait, je le sais, je le sens, je n'ai pas retrouvé, pour commenter la vie politique, ma célérité d'antan. Beaucoup d'interlocuteurs ont changé. Aujourd'hui, je connais tous les grands acteurs de la vie publique, pas les obscurs, les sans-grade, ceux qui vous racontent des anecdotes, ce qui fait la chair d'un article ou d'un éditorial. C'est pourquoi j'avais prévenu Lagardère qu'il me faudrait du temps pour retrouver de nouvelles sources d'information.

Que faire ? Je n'ai pas un sou devant moi : si Elkabbach décide de m'exécuter, je n'ai aucune solution de rechange. Même si j'ai été très contente que Philippe Amaury m'ait demandé, à la fin de l'année, de faire un éditorial par semaine au *Parisien*, en alternance avec Albert Du Roy, Philippe Alexandre et d'autres, je ne vois pas comment cela pourrait me faire vivre.

Je ne peux m'empêcher de penser que j'aurais dû, en 1982, refuser la Haute Autorité, et peut-être, avant cela, refuser Radio France. Rester à ma place, celle de commentateur de la vie politique. J'étais intouchable à l'époque, lorsque j'étais à RTL. Aujourd'hui je me sens un bouchon chahuté par les eaux.

Je sais aussi qu'Elkabbach s'est rapproché de Mitterrand qu'il voit aujourd'hui plus souvent que moi ; je pense, sans en être sûre, qu'il lui a demandé s'il voyait un inconvénient à ce qu'on me débarque, et que Mitterrand a répondu que cela ne le regardait pas. Tel que je connais Elkabbach, il aurait suffi que Mitterrand émette une réserve, une toute petite réserve, pour que mon sort change...

15 janvier

Je suis allée voir Lagardère, je lui ai dit – j'en ai honte –, les larmes aux yeux, que je ne méritais pas un tel traitement. Qu'il m'avait proposé de venir à Europe, mais pas pour trois mois. Qu'un débutant n'aurait pas été traité avec une plus grande sévérité. Il a été, comme d'habitude, formidable, présent et attentif. Mais il vient de nommer Elkabbach, il ne va pas le contredire immédiatement.

16 janvier

Eh bien, il l'a fait ! J'hérite de l'émission « Découvertes », de 18 à 20 heures, qu'animait Elkabbach lorsqu'il était encore à demi tricard.

Je ne me fais aucune illusion : c'est un sursis. Je serai de la prochaine charrette. Il faut absolument que je trouve autre chose dans les semaines qui viennent. D'autant qu'Eugène Saccomano, mon nouveau voisin de bureau[1], m'a tout de suite prévenue : Elkabbach ne me passera rien. D'abord parce que je prends l'émission qui était la sienne, sur laquelle il a toujours un pseudo-droit de propriété ; ensuite parce que cela me sera très difficile d'inviter des politiques, le soir, à partir du moment où il fait l'interview-phare de la station, le matin.

Maintenant, tout cela, je m'en fous. Je sais que je ne ferai pas de vieux os ici : nous en parlons longuement, avec mon camarade Ivan Levaï qui se sent comme moi dans le collimateur. Carreyrou et Villeneuve font eux aussi profil bas.

Bonne nouvelle : Hervé Bourges[2] – qui n'ignore pas mes difficultés – me propose, sur TF1, une émission tous les mois sur la vie de la presse. Première émission : sur *La Croix*, dans les trois semaines à venir.

1. Eugène Saccomano, né à Marseille en 1936, est alors le commentateur sportif vedette d'Europe 1.

2. Hervé Bourges est président de TF1 depuis 1982 (voir *Cahiers secrets...*, tome 2) et restera à ce poste jusqu'après sa privatisation en avril 1987.

20 janvier

Libération publie le texte d'un accord secret entre Havas et Hachette. Ahurissant : le plus grand groupe de presse allié au plus puissant groupe de publicité ! En Amérique, tout ce beau monde se retrouverait en tôle. En France, on trouve cela normal ! Reste à savoir pourquoi cet accord, qui date, paraît-il, de plusieurs semaines, est rendu public aujourd'hui. Pour le conforter, ou pour le dénoncer ? La fuite sert à quelqu'un, mais à qui ? J'ai tendance à penser que cela aide Bouygues, paradoxalement, car vendre une chaîne à un consortium atypique réunissant presse, armement et publicité déclencherait une grave polémique dans les milieux de l'audiovisuel, déjà hostiles pour partie à la privatisation de TF1[1].

1987

Sans date – janvier

Quel drôle de voyage que celui du général Jaruzelski à Rome[2], au Vatican. Tapis rouge pour le président communiste, réception digne du chef d'un grand État, drôle de rencontre avec Jean-Paul II. J'y assiste dans la perspective de mon émission sur *La Croix*.

Côte à côte, je vois Jean-Paul II dans sa robe blanche immaculée, et le général Jaruzelski, lunettes noires, comme ébloui par les lumières du Vatican, raide à côté du chef de l'Église romaine, souriant et comme épanoui par la visite de son compatriote.

Pendant cette discussion d'une heure et dix minutes, que s'est-il dit, quelles confidences, quelles questions, quels échanges ? Il ne faut pas être grand clerc pour conclure :

1. que le pape a enfin réalisé son plus cher souhait : polonais, profondément attaché à sa terre natale, il a choisi de passer l'éponge sur la révolte matée des Polonais, sur le sort fait à Solidarność, sur le calvaire de Lech Walesa. Passer l'éponge, c'est aussi ce que fait Jaruzelski : le pape viendra à Gdansk en juin, de nouvelles églises se construiront en Pologne ;

2. Jaruzelski, porte-parole de l'Est, a sans doute abordé d'autres problèmes que celui de la Pologne. Celui de l'ouverture. Ce n'est pas un hasard si des prisonniers politiques ont été libérés, si Andrei

1. La date limite de remise des dossiers de reprise de TF1 a été fixée au 23 février 1987.

2. Le général Jaruzelski est alors chef de l'État polonais.

Sakharov a pu se laisser interviewer, dans son appartement de Moscou, par une chaîne américaine en direct, oui, en direct ! À coup sûr, pour aborder tous ces problèmes, Jaruzelski était mandaté par Gorbatchev. Glasnost et perestroïka sont passées par là.

Le moment est historique : je doutais, comme tout le monde, de l'eurocommunisme dans les années 1970 ; la rencontre du pape et du général Jaruzelski marque, j'en suis sûre, un extraordinaire tournant dans le communisme international.

Mitterrand, qui avait reçu Jaruzelski en France il y a déjà un peu plus de deux ans, a-t-il été en définitive un précurseur ?

25 janvier

Vu Pierre Mauroy à Lille dans la petite salle à manger – pas si petite, à vrai dire – qu'il a fait aménager à la mairie pendant qu'il était à Matignon. À côté, deux autres pièces joliment décorées.

Il me confie que ce qui l'intéresse aujourd'hui, ce serait de prendre une place dans le mouvement socialiste international. En même temps, il ne souhaite pas qu'il s'agisse d'un éloignement, qu'il soit du coup expulsé de la politique intérieure du Parti.

François Mitterrand le voit assez souvent, avec plaisir, selon Mauroy, qui note tout de même que le Président ne semble pas avoir de passion rétrospective pour Laurent Fabius. Mauroy ne s'en réjouit pas : la qualité de cet homme, décidément, m'épate de plus en plus. Quand je pense à quel point j'ai souffert, même si je ne l'ai pas dit, de la fin de la Haute Autorité, que dire des sentiments, des difficultés, de l'ennui qui ont dû s'abattre sur Mauroy dès qu'il a eu passé la porte de Matignon en 1984 !

Pourtant, pas de désenchantement chez lui, aucune aigreur, rien.

Il a passé le réveillon à Brégançon avec Mitterrand, qui lui a conseillé de prendre la tête du courant « A » du PS.

Nous parlons longuement de Michel Rocard : son attitude irrite Mauroy. Pourquoi ? Parce qu'il ne veut pas dire qu'il se retirera si Mitterrand se représente à la présidentielle, l'année prochaine. Il me demande ce que j'en pense.

Je lui réponds que, pour le coup, je comprends assez bien que, huit ans après le congrès de Metz, Rocard répugne à s'enfermer une fois de plus dans une promesse de ce genre.

Mauroy est convaincu, aujourd'hui, que Mitterrand ne fera pas acte de candidature. Dans ce cas, plaide-t-il, Rocard peut se permettre d'être élégant. Dans le fond, il ne croit pas, il ne croit plus que Michel Rocard puisse être élu, s'il est candidat l'an prochain. « Il y a une petite chance, dit-il, pour que les communistes votent Mitterrand au deuxième tour, parce que, bon an mal an, ils se sont habitués à lui. Pour Michel Rocard ? Pas question ! »

26-27 janvier

J'accompagne Jacques Chirac en Alsace. Alors que je n'ai fait que l'entrevoir, depuis août dernier, même si j'ai régulièrement rencontré ses collaborateurs les plus proches, je le retrouve comme si nos conversations ne s'étaient jamais arrêtées. En montant dans l'avion, comme toujours lorsque je le suis dans un de ses déplacements en France, il me désigne le siège en face de lui, et place à ses côtés Alain Madelin, qui est lui aussi du voyage. L'avion décolle de Villacoublay à 8 h 30. Chirac, costume gris-bleu, écharpe bleue. Sous les yeux, les poches se sont accentuées. Il apostrophe en ces termes Alain Madelin[1] :

« Tu seras là, avec les industriels ?

– Non, répond Madelin, tu m'as demandé de recevoir les Espagnols à l'heure où tu es avec eux.

– Il faut être très gentil avec eux ! recommande paternellement Chirac.

– De toute façon, ça n'est pas une région où il y a des problèmes !

– Qu'est-ce qu'il te faut ! proteste Chirac avec vigueur. Il y a une bonne dizaine d'entreprises qui s'apprêtent à se casser la gueule !

– Mais non, mais non, tempère Madelin. En dehors des machines-outils...

– Eh bien, il vaut mieux que tu ne sois pas là ! Si c'est pour leur dire que tout va bien ! »

Alain Madelin, pas content du tout, proteste : « Il n'y a que 1 000 emplois menacés !

– Tu parles ! le coupe Chirac. Il y a déjà 10 000 emplois qui ont sauté depuis que tu es ministre ! »

Mi-figue, mi-raisin, Chirac conjure le sort en plaisantant. Il faut dire que le sort ne le ménage pas depuis qu'il est à Matignon. Après

1. Alain Madelin est ministre de l'Industrie dans le gouvernement Chirac depuis mars 1986.

les jeunes, après la mort de Malik Oussekine, les mouvements sociaux dans la fonction publique, voici qu'une vague de froid sans précédent s'est abattue sur la France[1], tandis qu'au Moyen-Orient, la guerre Irak/Iran se durcit.

À l'horizon se profile l'avion qui accompagne le Premier ministre.

« C'est peut-être un avion iranien ! » plaisante-t-il en esquissant une grimace. Il se tait puis, en une seule phrase, je comprends qu'il trouve que les temps sont durs : « Pas de chance, résume-t-il simplement. Il ne me manque plus qu'une épidémie de choléra ! »

C'est la première fois que je l'entends, depuis que je le connais, douter de sa chance.

Madelin, écœuré, se plonge dans ses notes. Je jette un coup d'œil sur ses documents. Une grande partie des papiers qu'il consulte sont rédigés en anglais. Ou plutôt en américain, car je remarque les sigles de l'ambassade américaine à Paris. Je me rappelle la photo de Ronald Reagan, ostensiblement affichée dans le bureau de François Léotard il y a quelques mois, au ministère de la Culture. Une photo destinée à faire pendant à la photo officielle – obligatoire dans les bureaux ministériels – du président français !

À 9 h 45, lorsque nous atterrissons, c'est Miss France, frigorifiée, qui attend Chirac, un bouquet dans les bras, sur le tarmac. « On aurait mieux fait de me l'amener ce soir », plaisante-t-il, de loin, au moment où il se prépare à descendre de la passerelle.

Puis commence, à un rythme chiraquien, son voyage officiel en terre d'Alsace, gaulliste de cœur depuis si longtemps, qui l'accueille avec la chaleur qui fait défaut au climat. Vitraux et boiseries à l'hôtel de ville de Mulhouse, « ville ouverte psychologiquement sur l'Europe ». « Ce n'est pas un hasard, insiste-t-il à la grande satisfaction de son auditoire, si c'est de cette terre haut-rhinoise qu'est sortie, au moment de la Révolution, la Marianne qui symbolisait la France. J'y songeais en voyant Miss France, symbole de la jeunesse d'une Alsace qui restera exemplaire, quelles que soient ses inquiétudes... »

Je préfère que Miss France entende ces propos publics plutôt que sa plaisanterie d'un goût douteux à la descente d'avion.

Quelques militants seulement sont venus crier « Chirac, président ! » sur la place, devant l'hôtel de ville. À quelques mètres d'eux, des opposants brandissent des pancartes jaunes : « Recherche sacrifiée », « Pouvoir d'achat en miettes », « Non aux classes surchar-

1. Cette vague de froid a fait 70 morts.

gées ! ». Avant de quitter l'hôtel de ville, Jacques Chirac paraît au balcon et sourit à la maigre foule qui l'applaudit.

On enchaîne : visite d'une école de chimie à 11 h 30 ; en réponse à la question d'un élève, Chirac s'explique sur la sélection à l'entrée des universités : « Je n'ai jamais prononcé ce mot, assure-t-il. Les grandes écoles sont fondées sur la sélection, mais pas l'université. C'est une erreur de vouloir essayer de l'y introduire. Ce n'est d'ailleurs pas ce que disait la loi Devaquet. »

11 h 45. Amphithéâtre de l'école de chimie. Un discours convenu. Tout ce que Chirac ajoute au texte préparé par ses collaborateurs est plat : clichés, fadaises, rien ne manque. Pendant qu'il parle, Pasqua lutte difficilement contre le sommeil dans lequel il sombre de façon intermittente.

Voyage jusqu'à présent sans aucune chaleur : il est vrai qu'il fait on ne peut plus froid.

13 heures : nous voici à l'hôtel de ville de Colmar. Nous sommes sur une petite place de mairie très colorée. L'atmosphère se réchauffe : Chirac, puis Pasqua lui-même sont très applaudis pour la première fois depuis ce matin. « Votre présence, dit le président du conseil général, nous conforte et nous réconforte. »

Mais Dieu qu'il est difficile de se rendre compte, dans un voyage officiel de ce genre, du soutien ou de la méfiance qu'éprouvent en réalité ceux qui reçoivent le Premier ministre ! Je n'en ai même pas une petite idée. Tandis que Chirac reçoit la médaille de la ville et répond à ce cadeau par quelques phrases, je m'approche de Charles Pasqua : « Non, mais vous ne voulez pas que je polémique avec Chalier, me dit-il avec vigueur, quand je lui parle du vrai-faux passeport de ce dernier[1]. C'est au juge de faire son métier ! Rien n'est plus facile à vérifier que l'emploi du temps d'un ministre. Qu'il se débrouille ! »

16 h 20 : hôtel de ville de Strasbourg. Rappel de la vocation euro-

1. L'affaire a été révélée par un article du *Canard enchaîné* du 21 janvier 1987. Ancien directeur du cabinet du ministre socialiste de la Coopération Christian Nucci, Yves Chalier est accusé d'avoir détourné 27 millions de francs dans les caisses du ministère, dans le cadre de la création du « Carrefour du développement », à l'aide de faux en écritures publiques et abus de confiance. Ce sont bien plutôt les dirigeants socialistes qui auraient pu être gênés par ces révélations. Pourtant, le ministre de l'Intérieur, Charles Pasqua, est accusé d'avoir, dans les semaines suivant l'installation de Jacques Chirac à Matignon, facilité le départ à l'étranger d'Yves Chalier, qui a pu franchir les frontières avec un « vrai-faux » passeport délivré par les services du ministère.

péenne de la cité. Strasbourg, symbole de l'unité et de la solidarité européennes. « Oui, l'Europe occidentale passe par ici, à Strasbourg ! » Et, enfin, la phrase attendue de tous : « Le maintien du Parlement européen à Strasbourg constitue un élément sur lequel aucun gouvernement français ne pourra jamais transiger ! » – et hommage appuyé à Pierre Pflimlin au moment où il quitte ses fonctions de maire, exercées depuis 1959.

17 h 15 : palais des congrès de Strasbourg. Chirac ne lit pas du tout le discours préparé. Du coup, il est plutôt meilleur que d'habitude. Il prend des accents volontiers barristes (est-ce parce qu'il s'est senti atteint par ce qu'a dit Barre dans sa dernière prestation télévisée ?). Chirac parle de redressement, de la dette, des équilibres nécessaires, donc de la réduction des dépenses, de la lutte contre l'inflation surtout. « Celle-ci a atteint, cette année, 2 %, précise-t-il ; c'est le plus faible taux depuis trente ans. Il n'y a pas lieu de s'en féliciter, puisque l'inflation allemande est seulement de 1 %. »

La salle qui l'écoute semble beaucoup plus préoccupée – cela se voit aux différentes questions posées à l'issue de son discours – par les problèmes de la cellulose, par les infrastructures routières en Alsace. Chirac remporte un franc succès quand il dit fermement : « Il n'est pas concevable de traverser deux fois le Rhin pour aller de Colmar à Strasbourg ! »

C'est Philippe Séguin [1], en revanche, qui répond sur le problème de l'emploi des jeunes. Il ne paraît pas spécialement affecté par son dernier bras de fer avec le Conseil constitutionnel [2]. C'est la première fois que je l'entends en public. J'avais regardé le film réalisé sur lui par Serge Moati en décembre dernier. J'avais apprécié ce ton nouveau, chez ce ministre de 44 ans, son refus d'être étiqueté, sa volonté de rester libre, sa façon de parler avec des mots simples et forts. Sa voix surtout, basse, profonde, plus chaleureuse que son personnage.

1. Philippe Séguin, né en 1943, a été nommé ministre des Affaires sociales et de l'Emploi en 1986 dans le gouvernement Chirac.

2. Dans la nuit du 19 au 20 décembre 1986, Philippe Séguin avait inséré au dernier moment le texte sur le temps de travail que le président de la République avait refusé de signer. « Il s'agit de savoir, avait plaidé Séguin, si oui ou non, le 16 mars a eu lieu. » Le Conseil constitutionnel a censuré le 23 janvier 1987 l'amendement Séguin, jugeant que la procédure utilisée n'était pas constitutionnelle. Le texte sur l'aménagement du temps de travail devra être déposé devant le Parlement au début de la session parlementaire d'avril.

En décembre, à l'Assemblée nationale, présentant son texte sur le temps de travail – que Mitterrand avait refusé de signer quand il était à l'état d'ordonnances –, je l'avais trouvé déjà plus politique et plus engagé dans l'action du gouvernement Chirac. Aujourd'hui, parmi tous les ministres qui ont fait le déplacement d'Alsace – Pierre Méhaignerie, Alain Madelin, pour ne parler que d'eux –, il paraît sans conteste, en dehors de Charles Pasqua, comme le plus proche de Jacques Chirac. Sa brève réponse à la question posée par la salle est ferme, structurée, nettement plus brillante que toutes les autres.

Fin de la visite, le lendemain, avec une nouvelle conférence de presse, la visite de l'Institut de biologie moléculaire, sans oublier le
1987 Conseil de l'Europe.

Que retenir de ce voyage de Jacques Chirac ? En dehors de son énergie, de son dynamisme, son aspect dur, militant, que je ne lui connaissais pas vraiment, ou du moins qu'il ne laisse pas volontiers transparaître quand je le vois en tête à tête.

Son côté potache, sympathique, lorsqu'il avait 30 ans, passe plus difficilement aujourd'hui. Comment dire ? Il est moins approprié aux fonctions qu'il occupe. Du coup, son sourire permanent, ses grandes mains, ses bras ouverts, ses tutoiements ont quelque chose de plaqué, de pas naturel, de mécanique, en un mot.

Reste sa conception des hommes, dure, parfois méprisante, à l'exception des gens dont il pense qu'ils lui doivent tout ou sur lesquels il a barre. Exemple cette conversation avec François Guillaume, à voix basse, dans l'avion qui nous ramène, à un moment où, parce que j'ai les yeux fermés, il croit que je n'entends pas. Conversation tout à fait éclairante. Chirac s'oppose à la nomination, que demande Guillaume, d'un « socialiste » ou présumé tel au sein du ministère de l'Agriculture. « Non, lui interdit Chirac. Nomme des gens à moi, nomme des gens à toi, mais pas un socialiste ! »

François Guillaume proteste : « Je ne le peux pas. Dans mon ministère, en tout cas, il faut garder un certain équilibre. Et puis, il l'est si peu, socialiste !

– Tu parles ! lui dit Chirac. Comme si on pouvait être un peu socialiste... Non, je n'en veux pas de ton type ! »

La conversation s'arrête sitôt que je rouvre les yeux. Guillaume est surpris, mécontent, visiblement très ennuyé, car il avait dû promettre à un pauvre type de le faire entrer au ministère. Il se soumet, mais de très mauvais cœur.

Nous atterrissons à Villacoublay.

29 janvier

Le voyage en Alsace a servi de banc d'essai. Aujourd'hui, conférence de presse de Chirac dans la salle des fêtes du Quai d'Orsay : les salons de Matignon ne sont pas assez grands pour abriter les journalistes politiques français et étrangers. Tous les ministres, en revanche, sont présents pour épauler le Premier d'entre eux.

Chirac attaque bille en tête et sans biaiser. La France traverse, depuis plusieurs mois déjà, une zone de turbulences : manifestations, grèves, froid, désordres monétaires. Face à cela, Jacques Chirac affiche trois objectifs : poursuivre la modernisation de l'économie, ouvrir des chances nouvelles aux Français, améliorer les conditions de vie et donner un nouveau souffle au dialogue social.

Il répond à toutes les questions posées, et Dieu sait qu'il y en a : sur la cohabitation, les syndicats, la croissance, le chômage, la Nouvelle-Calédonie, le terrorisme, le Liban d'« où la France, dit Chirac, n'a pas l'intention de se désengager ». Y a-t-il un rapprochement entre les socialistes et les centristes ? Non, il ne croit pas que ce qu'il appelle le « monstre du Loch Ness » existe ; il ne croit pas, reprend-il en langage plus académique, que cette « perspective soit fondée ».

« Pourquoi avez-vous eu un état de grâce aussi court ? » lui demande Ivan Levaï. Il n'y en a pas eu du tout, convient Jacques Chirac, tout en rappelant que, depuis dix mois – autrement dit, dix mois de présence à Matignon –, toutes les élections partielles marquent la stabilité. Ce n'était pas le cas, note-t-il obligeamment, des élections partielles qui ont eu lieu en 1982, et qui marquèrent, quelques mois après la victoire de Mitterrand, les premières dégradations...

Une conférence fleuve qui se termine en queue de poisson par la question posée par Alain Rollat[1], lequel se dévoue pour la formuler : elle porte sur le vrai-faux passeport d'Yves Chalier. Question si bien articulée que je la note *in extenso* : « Trouvez-vous banal ou mineur le fait qu'au ministère de l'Intérieur, on ait un jour délivré un vrai-faux passeport à quelqu'un de recherché par la police afin de l'aider à se réfugier à l'étranger pour se mettre à l'abri ? »

1. Du journal *Le Monde*.

Chirac répond comme il peut, avec surprise presque, comme s'il n'était pas au courant : « Le ministre de l'Intérieur a dit ce qu'il avait à dire, je lui fais toute confiance. » Passez muscade...

Je me demande pourquoi Chalier a bénéficié de la grâce pasquaïenne. Pour moi comme pour d'autres, cette histoire de vrai-faux passeport reste une énigme. Chalier a été trouvé avec un passeport régulièrement émis, avec tout ce qu'il faut de cachets, mais à un faux nom. D'où l'expression de « vrai-faux passeport » : un document faux, donc, mais qui n'a pu être établi qu'officiellement. Pourquoi le lui a-t-on fait sur mesure, ce passeport, de quels services émane-t-il ? L'a-t-on donné à Chalier parce qu'il pouvait faire tomber beaucoup de monde, y compris du côté de l'actuelle majorité ? Parce qu'il savait quelque chose qui devait rester caché à propos du fonctionnement du ministère Nucci ? Ou bien encore parce que, comme disent d'autres, il était franc-maçon, et, à ce titre, bénéficiait de je ne sais quelle impunité ? Parce qu'en période de cohabitation, il aurait été mal venu et mal interprété de poursuivre un ministre sortant, appartenant à l'équipe socialiste ? Chirac n'en dira mot[1].

13 février

Décidément, la vie politique se déroule à la télévision. Il y a quelques années, je m'en souviens très bien, il suffisait de traîner ses guêtres à l'Assemblée nationale pour recueillir toutes les confidences souhaitées, interroger le héros du jour ou débattre longuement de la une du *Monde*.

Aujourd'hui, « L'heure de vérité[2] » est devenue plus importante

1. Selon Charles Pasqua, des années plus tard (dans *Ce que je sais*, tome 1, *Les Atrides*, publié en 2007 au Seuil), à propos du vrai-faux passeport de Chalier : « Interpellé à son entrée sur le territoire national, il était trouvé en possession d'un passeport établi à une autre identité que la sienne. Une enquête de police permettait de remonter jusqu'à l'origine du document : il provenait, d'un mot, de passeports utilisés par la DST.

« Tandis que je n'étais informé de tout cela, poursuit Charles Pasqua, ni par Robert Pandraud, dont on avait fait mon "fidèle" ministre délégué, ni par la direction de la Police nationale, c'est une véritable cabale qui est montée contre moi. »

On s'aperçoit à cette occasion que, loin d'être un duo lié par une profonde complicité, comme certains l'ont cru à l'époque, Pasqua et Pandraud ont été d'un bout à l'autre de leurs mandats profondément opposés et en constante rivalité.

2. « L'Heure de vérité » est une émission d'Antenne 2 menée par François-Henri de Virieu. Le déroulement est toujours le même : après la présentation par Virieu,

que la tribune ou les coulisses du Palais-Bourbon. C'est là que Giscard, l'invité de cette semaine, a créé la surprise. Comment ? En proposant un référendum sur la réduction à cinq ans du mandat présidentiel. Il sait bien, le malin, qu'il divise profondément la majorité : Raymond Barre a dit depuis longtemps son hostilité à l'idée de dépecer la Ve République ; il juge qu'un mandat de sept ans est nécessaire pour qu'un président ait une légitimité d'un autre ordre que celle des députés. Michel Debré n'a jamais fait mystère de son attachement au septennat. La position de Jacques Chirac est nuancée. Sur le fond, il me l'a dit un jour, il n'est pas hostile à une réduction du mandat présidentiel, il trouve simplement que cette idée n'est pas opportune aujourd'hui.

En avançant son idée à la télévision, Giscard avait dans l'œil un plaisir inouï : celui de troubler le jeu, celui de prendre date, celui d'empoisonner tout le monde. Je ne sais qui me disait l'autre jour que Giscard n'avait plus qu'un seul pouvoir : celui de nuisance.

19 février

Scène marrante, hier, au dernier Conseil des ministres. Passant du coq à l'âne, imposant le cours de ses réflexions aux ministres de la cohabitation, François Mitterrand balade son auditoire avec jubilation. Aujourd'hui, il a commencé par exprimer publiquement son profond désaccord sur le projet de loi proposé par le gouvernement sur la Nouvelle-Calédonie. Puis, sans reprendre souffle – et sans laisser les autres respirer –, il a enchaîné par un brillant exposé sur son arbre préféré, le hêtre. Ceux qui pratiquent un peu François Mitterrand savent que ce genre de tirade sur la végétation est habituel chez lui. Le *hic*, c'est que les ministres de la cohabitation ne le connaissent pas : ils ont été surpris, médusés, stupéfaits par l'art avec lequel le chef de l'État les a baladés de la Nouvelle-Calédonie à la forêt du Morvan.

Mitterrand l'a raconté en riant à ses proches à l'Élysée qui me l'ont raconté à leur tour. Il exultait en en faisant le récit.

Alain Duhamel interviewe l'invité pendant vingt minutes ; après lui, un journaliste de la presse écrite poursuit les questions pendant la même durée. Albert Du Roy est en quelque sorte le journaliste-balai qui pose les questions auxquelles les autres n'ont pas songé ou qu'ils n'ont pas eu le temps de formuler.

Giscard, en revanche, a dû moins rire lors de la réunion du bureau de l'UDF, hier soir. Tout le monde lui est tombé dessus à propos de sa trouvaille sur la réduction du mandat présidentiel. « Pourquoi diable ne l'avez-vous pas fait pendant que vous étiez à l'Élysée ? » s'est exclamé Max Lejeune. « Parce que, à l'égard de mes partenaires du RPR, je n'avais pas alors la légitimité nécessaire pour faire passer une telle réforme », lui a répondu Giscard, pincé.

Du nouveau aussi sur les Français et la cohabitation. Ils lui étaient favorables il y a neuf mois. Aujourd'hui, changement : 53 % d'entre eux, selon le sondage BVA-*Paris Match* de cette semaine, la condamnent. Le seul à en être vraiment satisfait, c'est une fois de plus Raymond Barre. Sylvie Dumait, sa fidèle assistante, me raconte que, de façon assez présomptueuse, mais assez drôlement, il cite l'Évangile : « Lui, dit-il [parlant de lui comme les évangélistes parlent de Jésus], passant son chemin, passait au milieu d'eux ! » Il est bien le seul aujourd'hui à trouver la route quand tous les chemins semblent ne mener nulle part.

19 février

Mitterrand a dit hier à Hervé Bourges, qui me le rapporte : « C'est réglé, Michel Rocard sera candidat en 1988, et il perdra. Il sera battu par Raymond Barre ! »

Il n'a pas pu s'empêcher d'ajouter : « À propos, la différence entre les deux hommes, c'est que l'un a du tempérament et pas d'idées, l'autre des idées et pas de tempérament ! »

Faut-il traduire que Rocard n'a pas de tempérament, et que Barre n'a pas d'idées ? Nous nous perdons, Bourges et moi, en interrogations. Encore une de ces phrases sibyllines dont Mitterrand a le secret !

Pendant ce temps-là, ses proches continuent de critiquer Michel Rocard. Christine Gouze-Raynal, par exemple, a dit à Jérôme Clément, après une émission télévisée dont Michel Delebarre était l'invité : « Delebarre a été formidable ! Il a donné vingt ans de plus à Michel Rocard ! »

Mitterrand pense au surplus que Jacques Chirac s'effondrera dans l'année qui vient. Lionel Jospin me disait, lui, il y a quelques jours : « Jacques Chirac ne sera pas candidat contre Raymond Barre ! »

Je n'en crois rien.

4 mars

Je reviens sur l'émission « Questions à domicile », dont Charles Pasqua était l'invité après l'arrestation réussie, dans une ferme, du commando d'Action directe qui avait tué Georges Besse.

Les problèmes sont lourds : terrorisme à l'intérieur et à l'extérieur. Pourtant, Pasqua est habile, sympathique, plutôt gai. Et vrai, aussi, c'est-à-dire naturel, sans masque. Méridional, en un mot.

Et puis, d'un coup, cette phrase : « La démocratie s'arrête là où commence le sens de l'État. »

Diable ! Cela fait froid dans le dos : il a bien l'étoffe d'un ministre de l'Intérieur ! Il dit ces mots comme s'ils allaient de soi. Eh non, pour moi, c'est l'État qui s'arrête là où commence la démocratie.

Cela étant, tout ce qu'a dit Pasqua dans cette émission a été balayé par une séquence qui n'avait été ni prévue ni préparée. Une séquence qui a gagné à Charles Pasqua la bienveillance de millions de téléspectateurs et surtout téléspectatrices. Alors qu'il avait été interrogé sans complaisance par les deux journalistes, au moment où Anne Sinclair se préparait à enlever son micro pour s'installer, selon l'usage, dans une autre pièce de leur appartement, Jeanne Pasqua, dont l'intervention n'était pas programmée, a pris la parole sur un ton inhabituel pour cette femme si discrète dont personne, avant l'émission, ne connaissait même le visage.

« Je voudrais ajouter quelque chose, a-t-elle dit sur un ton uni qui accentuait encore sa sincérité. J'ai été blessée par les calomnies qui ont accablé le ministre. Il est bon, humain, courageux, solide. Si je le dis, c'est que je le sais : quarante ans, c'est un long chemin ! »

Le reste, quelques minutes encore, de la même veine, dans un silence religieux, tant sa sortie, émouvante autant qu'inattendue, a surpris tout le monde.

Je suis peut-être naïve, mais je ne peux pas croire une seconde que cette intervention ait été préparée. En tout cas, plus qu'un plaidoyer d'un de ses amis politiques, rien ne pouvait provoquer une surprise, voire une émotion pareilles. Soit cet homme est un génie de la mise en scène, soit sa femme est formidable. De toute manière, efficacité garantie.

13 mars

Mitterrand sur Europe 1 hier matin. Il intervenait depuis Madrid où se déroulait depuis la veille un sommet franco-espagnol. À son ton, à la façon dont il a longuement décrit les détails des relations entre les deux pays depuis 1981, j'ai bien senti qu'il était en colère : en fait, il reprochait au Premier ministre, avec lequel, assurait-il, il ne voulait pas polémiquer, ses déclarations de la veille.

Paul Guilbert, qui, lui, suivait le déplacement pour *Le Figaro*, me raconte à sa manière, de sa voix qui par instants dérive vers l'aigu, dans un récit entrecoupé de quelques rires sonores, ces quelques heures inouïes où la cohabitation a donné d'elle une image surprenante à l'étranger.

Tout a commencé lorsque, à la fin de la première journée, après un dîner chez le roi Juan Carlos, Chirac a réuni quelques journalistes amis – dont Paul, évidemment – dans le salon d'un grand hôtel de Madrid, pour leur faire, comme à l'habitude, ses commentaires sur la journée. À quoi doit-on ces retrouvailles franco-espagnoles ? lui a-t-on demandé. Essentiellement, a-t-il répondu, à la politique suivie par l'actuel gouvernement (le sien) en matière d'extradition des terroristes basques espagnols réfugiés en France. L'adhésion de l'Espagne à la CEE a-t-elle arrangé les choses ? Pour Jacques Chirac, elle a surtout été négociée dans des conditions d'« incroyable légèreté » par le gouvernement socialiste précédent, celui de Laurent Fabius.

À peine réveillé, François Mitterrand a pris connaissance des propos de Chirac. Son sang a dû ne faire qu'un tour. Il ne s'est pas gêné pour rappeler que l'entrée de l'Espagne dans l'Europe s'était faite à l'époque malgré la campagne hostile du RPR. Les extraditions ? Elles ont été décidées pour la première fois par un gouvernement socialiste, au grand dam d'une partie des militants.

Je comprends mieux, ce soir, le ton tout à fait particulier de Mitterrand hier : luttant contre une irritation grandissante au fur et à mesure qu'il parlait, patelin lorsqu'il disait ne pas vouloir ferrailler avec Chirac, cassant dans la phrase suivante.

Ces duos à l'étranger deviennent décidément ridicules. Est-il vraiment nécessaire de transformer chaque visite à l'étranger en règlements de comptes publics ? Un conseil à leur donner : qu'ils voyagent séparément !

20 mars

Dîner chez Édouard Balladur, hier, rue de Rivoli. Un grand dîner avec beaucoup de banquiers, leurs épouses, de très nombreux inspecteurs des finances membres des « noyaux durs » des privatisations. J'en connais beaucoup, car ma désignation au conseil d'administration du Siècle, pendant que j'étais à la Haute Autorité, m'a amenée à côtoyer, dans ce club d'un genre particulier, bon nombre d'entre eux. L'atmosphère y est particulière.

Balladur est partout brocardé : en talons rouges ou en pourpoint doré, les caricaturistes lui ont taillé un habit sur mesure. Moi qui, depuis quelques mois déjà, avec Catherine Nay le plus souvent, prends le thé dans le salon Napoléon III du ministère des Finances, avec cakes et petits fours, moi qui ai eu l'occasion de le rencontrer également à l'Élysée du temps de Georges Pompidou, je ne mesure pas bien à quel point les défauts initiaux de Balladur, qui prêtaient seulement à sourire, s'accentuent aujourd'hui, changeant progressivement l'image qu'ils donnent de celui qu'on peut appeler le « vice-Premier ministre ».

Pour l'heure, il reçoit fort bien, toujours un peu sucré, employant des termes précieux, ayant l'air – parce qu'il a un début de double menton – de se rengorger, ce qui ne contribue pas peu à alimenter l'ironie des caricaturistes.

En tout cas, il est familier avec tout ce que Paris compte de grands chefs d'entreprise et de grands banquiers. Je suis un peu étonnée d'être là, presque mal à l'aise, lorsque Jean-Luc Lagardère arrive avec son immense femme sud-américaine – je lui arrive au nombril. Il me sent légèrement empruntée et s'efforce, en m'entraînant derrière lui, de me rassurer. Nous ne nous séparons que pour passer à table.

Je n'ai gardé aucun souvenir de ce dîner.

En revanche, lorsqu'il se termine, Jean-Luc Lagardère s'isole quelques instants avec le ministre des Finances, et, d'un coup d'œil, m'invite à les rejoindre. Les deux hommes, évidemment, parlent du seul sujet qui préoccupe en ce moment Lagardère : la privatisation de TF1 [1].

1. La loi sur la liberté de communication, qui prévoyait le remplacement de la Haute Autorité et la privatisation de TF1, a été adoptée, après passage au Conseil constitutionnel, le 30 septembre 1986. La Commission nationale de la Communication et des Libertés, présidée par Gabriel de Broglie, a été installée par Jacques Chirac le 12 novembre. Les anciens présidents des chaînes publiques n'ont pas été renouvelés, à l'exception d'Hervé Bourges, chargé de rester à son poste jusqu'à la

Édouard Balladur, à ma grande surprise, a l'air de considérer que les jeux sont faits[1], que Jean-Luc Lagardère est l'heureux gagnant du combat qui l'oppose à Francis Bouygues (je reviendrai là-dessus, d'autant plus que je vois Bouygues demain matin samedi, mais il est tard, je me contente d'écrire ce que j'ai de mes yeux vu et entendu de mes propres oreilles). Il lui demande ce qu'il en pense, s'il est content, comme si l'affaire était dans le sac. Lagardère a l'air aussi surpris que je le suis. Pourtant, en entendant le ministre s'exprimer sur ce ton guilleret et amical, il finit par se prendre au jeu. Encore qu'il soit très prudent (plus, je trouve, que Balladur), il est tout de même ébranlé par les assurances qu'il croit avoir reçues.

Quant à moi, je n'en dis rien, sur le moment, à Lagardère, mais je suis stupéfaite. La CNCL ne s'est pas encore réunie pour délibérer, que le vice-Premier ministre félicite l'heureux gagnant. Plus exactement, car le mot « féliciter » est trop fort, il complimente l'heureux futur gagnant[2].

La réception se termine, je reprends ma voiture et me rue sur ce carnet pour y écrire ce que j'ai vu et entendu ce soir.

---

privatisation de TF1. Les nouveaux présidents ont été nommés le 3 décembre. Le 23 février 1987, la CNCL a attribué la Cinq à la société formée par Robert Hersant et Silvio Berlusconi. Le 1er mars 1987, la sixième chaîne, TV6, est attribuée à la société Métropole TV, constituée par la CLT (Compagnie luxembourgeoise) et la Lyonnaise des Eaux.

La privatisation de TF1 est donc le dernier acte de cette transformation du paysage audiovisuel français. On ne l'attend pas avant la fin du mois d'avril. Mais la CNCL choisira d'aller plus vite.

1. La signature, à la fin de l'année 1986, d'une alliance entre Havas, dirigé à l'époque par un proche de Jacques Chirac, Pierre Dauzier, et Hachette, semble effectivement montrer la préférence de Matignon et de la Rue de Rivoli en faveur de Jean-Luc Lagardère, « bordé » par Pierre Dauzier.

2. Le 5 février 1987, le gouvernement a fixé à 4,5 milliards de francs le prix de cession de TF1, dont 3 milliards devront être payés par les principaux actionnaires de TF1 en échange de la détention de 50 % du capital. Aucun des actionnaires ne peut avoir plus de 25 %. La Commission des privatisations et la CNCL tombent d'accord, soumises à la question des éventuels repreneurs, pour affirmer que l'autorisation, prévue pour dix ans, sera renouvelée automatiquement, « sauf manquement grave aux conditions des cahiers des charges... ».

21 mars au soir

Vu Francis Bouygues, ce matin, à 9 heures, dans le XVIe arrondissement. En fait, j'avais rendez-vous avec lui depuis quelques jours, sans savoir comment allait tourner le dîner Balladur, sans savoir même si le dossier de TF1 allait être évoqué.

Le point sur mes relations avec Francis Bouygues, dont je n'ai pas parlé jusqu'ici : depuis le 14 juillet dernier, date à laquelle j'ai dîné avec lui pour la première fois, je ne l'ai plus revu que de loin en loin. Je lui avais dit que, déontologiquement, sortant de la Haute Autorité, je n'avais pas le droit de travailler avec son groupe sur le dossier de TF1. Bouygues avait très bien compris. « Travailler, je comprends que vous ne le fassiez pas. Mais rien n'interdit de se revoir. »

Cela m'allait très bien. Voilà pourquoi j'ai continué, de temps en temps, à le rencontrer. Il lui est aussi arrivé de me consulter sur la composition de son équipe : il m'a notamment demandé, il y a quelques semaines, le nom d'un spécialiste de la production télévisée. Je lui ai donné le nom de Christian Dutoit, dont Pierre Desgraupes m'avait dit, de ce point de vue, le plus grand bien. Je le connais à peine, ce Dutoit, et, pour tout dire, je ne suis pas sûre d'avoir pour lui la moindre amitié. Lorsqu'il représentait Desgraupes à la Haute Autorité, il m'a paru néanmoins, derrière son apparence trop ronde, comme un fin connaisseur de la production audiovisuelle. Notamment lorsqu'il en critique les coûts excessifs, qui, selon lui, pourraient être largement abaissés. Donc, voilà pourquoi j'ai dit Dutoit. Je l'ai prévenu par téléphone le soir même que j'avais avancé son nom pour participer à l'équipe de réflexion de Francis Bouygues. Il m'a dit qu'il avait déjà été plus ou moins recruté par la Cinq. Je ne sais pas s'il a donné suite ou pas à l'invitation de l'équipe de Bouygues.

Je note au passage que l'équipe de Lagardère ne m'a jamais demandé ce que je pensais d'untel ou d'unetelle. Je pense que la hiérarchie sait que mes jours à Europe 1 sont comptés et que Lagardère, qui m'a sauvé la mise une fois, ne le fera pas une seconde fois. J'ai assez de mal à me maintenir à Europe pour envisager même de travailler au dossier de privatisation.

Donc, voilà : j'ai rencontré Bouygues ce matin. Sans lui révéler mes sources, j'ai eu quelque difficulté, avec ce que j'avais entendu de la bouche de Balladur, à ne pas tenter de le consoler. Il n'a pas mis beaucoup de temps à comprendre que j'avais des sources fiables qui m'amenaient à douter de son succès. À un moment donné de la conversation, dans le salon entouré de baies vitrées où il m'offrait un café, il m'a regardée droit dans les yeux :

« Vous pensez que je n'ai aucune chance, c'est cela ?

– Pour tout dire, non », ai-je balbutié.

Il s'est redressé :

« Vous allez apprendre quelque chose – il n'a pas dit : ma petite, mais c'était tout juste : on n'a jamais perdu jusqu'au moment où on a perdu. J'ai rendez-vous avec Jacques Chirac dans les jours qui viennent[1], et je ne suis pas près de baisser les bras. »

Nous avons encore échangé quelques phrases. Car ce qui m'intrigue, c'est que lui, l'empereur du bâtiment, tienne tellement à TF1.

1987

Je lui ai posé la question, ce matin. Il m'a répondu simplement, à son habitude : « Parce qu'un dossier économique aussi intéressant que celui-là (il veut dire : aussi rentable) passe à votre portée une fois dans une vie. Je ne laisserai pas tomber. »

Nous nous quittons. Je suis sidérée par sa détermination. Et aussi par sa puissance. Sa puissance physique : il y a chez cet homme massif, aux sourcils charbonneux, aux grands rires bruyants, une force que je ne mesurais pas. J'ajoute que ce richissime bâtisseur, qui a amassé une fortune considérable en seulement trente ans, est resté chaleureux, je dirais « populaire ». Il a su développer dans son entreprise un fort sentiment identitaire. Son but est que chacun, du manœuvre au chef de chantier, se sente heureux d'être chez lui : il remet des médailles ou autres colifichets à ses ouvriers, réunit les meilleurs d'entre eux dans une mystérieuse caste, celle de Minorange. Les syndicats ? « C'est simple, me dit-il, il n'y en a qu'un chez moi : celui de l'entreprise ! »

Il m'en a souvent parlé sans me convaincre : je ne suis pas sûre, s'il héritait de TF1, qu'il arrive à y faire régner le même ordre paternaliste ! Je serais curieuse de savoir comment il s'y prendrait avec les syndicats.

Je n'aurai jamais la réponse à cette interrogation si Balladur a raison et si Lagardère est l'heureux vainqueur de la compétition autour de TF1.

---

1. Rendez-vous a été pris le samedi 28 mars à Matignon. À la suite de cette visite, Jacques Chirac aurait fait savoir à la CNCL qu'il n'avait pas de candidat officiel et qu'il laissait à ses membres l'entière liberté de choix. Ce coup de téléphone aurait été interprété, ici et là, comme un lâchage du groupe Lagardère.

31 mars

L'attribution de TF1 efface tous les problèmes politiques du moment. On ne parle que de cela, même si la presse, divisée sur et entre les deux candidatures qui restent en piste, est à peu près muette sur le sujet. Elle est bien la seule : le monde politique est en ébullition. Je m'aperçois que, depuis le début de l'année, j'écris au moins autant sur l'audiovisuel que sur la politique. Je me suis dit d'abord que c'était ce qu'il me restait de la Haute Autorité. Je comprends mieux, maintenant : si je m'intéresse à la privatisation de TF1, c'est parce qu'elle est le sujet politique du jour. Que dis-je, du jour ! De tout ce premier semestre 1987.

Aujourd'hui, Bouygues et Lagardère ont passé leurs premières auditions à huis clos devant la CNCL. Qui tient la corde ? Je ne sais pas. Mon ami Bertrand Labrusse[1], que Mitterrand a nommé à la commission – une des deux personnalités classées à gauche, avec Catherine Tasca, désignées par le président de la République –, ne me révèle aucun secret en me disant que la CNCL patauge, manifestement.

Ce qui prouve, selon lui, que le gouvernement a laissé à Gabriel de Broglie plus de liberté que celui-ci ne s'y attendait. Selon Labrusse, le président de la République n'a pas davantage prodigué de conseils à Tasca et lui. Mitterrand considère peut-être que les deux maux sont équivalents. Selon Labrusse, si Mitterrand pouvait voter, il voterait blanc. Je suis convaincue que, sans préciser sa consigne, c'est la position que Mitterrand recommande à Labrusse.

3 avril

Je continue à juger ahurissante la place faite, dans les conversations, de ministère en rédaction, à la privatisation de TF1, devenue depuis plusieurs semaines, dans la presse et les milieux politiques, l'affaire n° 1 de la vie publique française. Les journaux écrits se croient pour la plupart obligés de rallier un camp : *Le Monde* choisit Lagardère ; les principaux titres de la presse régionale se regroupent autour du projet Bouygues – malgré la présence dans le tour de table de Silvio Berlusconi. *Libération* et *L'Événement du jeudi* restent à

1. Ancien président de la Société française de production (SFP).

l'écart, continuant à mener campagne officiellement contre la privatisation, ce qui me paraît un peu tard, vu que la loi est passée.

Tous ceux qui font acte de candidature au rachat de TF1 ont fait ces dernières semaines le siège de Maxwell[1], dont la personnalité avait séduit Mitterrand il y a quelques années. Il n'est pas jusqu'à Michel Baroin, patron de la GMF et de la FNAC, ancien grand maître du Grand Orient de France, récemment nommé par Mitterrand président de la mission de Commémoration du bicentenaire de la Révolution, par ailleurs ami de longue date de Jacques Chirac, qui n'ait songé à acquérir la chaîne[2]. Sa mort tragique a mis fin à l'aventure.

Pendant ce temps-là, TF1 va bien, très bien. Le paradoxe est évident : tous les autres présidents de chaîne ayant été changés à la
1987 fin 1986 et remplacés par des amis du pouvoir ou supposés tels, Hervé Bourges, resté seul en charge de TF1 dans l'attente de la privatisation, est le maître absolu de son antenne. Personne pour lui donner des consignes, ce qui ne l'empêche pas de faire le tour de tous les milieux politiques et de s'y faire valoir. Cela ne lui est pas difficile, étant donné qu'il dépasse la plupart de ses interlocuteurs de la tête et des épaules. Et qu'il connaît bien mieux qu'eux la télévision française.

Je sais, parce qu'il me le dit, qu'il rend très souvent visite à François Mitterrand. Celui-ci lui en sait d'autant plus gré que l'Élysée est souvent délaissé, ces temps-ci, par nombre de ceux qui avaient besoin du soutien du président de la République avant 1986.

Je soupçonne Hervé Bourges d'avoir choisi, parmi les repreneurs éventuels, son groupe préféré. Là encore, c'est Bouygues qui a été le plus astucieux : au lieu de tenir Bourges à l'écart, ce que fait Lagardère, il est très vite entré en contact avec lui, lui a demandé ses avis, a sollicité ses conseils. Du coup, le dossier monté par le groupe Bouygues doit être plus proche de la réalité de ce qu'est TF1 aujourd'hui, donc était censé être plus convaincant auprès de la CNCL.

---

1. Robert Maxwell, né en Slovaquie en 1923, devenu citoyen britannique, puis parlementaire travailliste, est à la tête d'un puissant groupe de communication comprenant le *Daily Mirror* et l'éditeur Reed International. Il a également investi en France dans la Grande Arche. Il a été contacté en novembre 1986 par Patrick Le Lay et Cyril Du Peloux, sans doute avertis par une des banques de l'intérêt que portait Maxwell à TF1 (cf. l'ouvrage de Pierre Péan et Chistopher Nick, *TF1, un pouvoir*).

2. Michel Baroin expose son projet de reprise de TF1 dans *Le Monde* du 5 février 1987. Il meurt le même jour, le 5 février, dans un accident d'avion en Afrique.

Apparemment, ce n'est pas le cas... toujours si je me fie à ma dernière soirée au ministère des Finances !

Les auditions publiques ont eu lieu aujourd'hui. Je ne les ai qu'à peine regardées, bien que TF1 en ait assuré la retransmission. J'ai eu le temps de voir, derrière le groupe de Lagardère, Mougeotte, Ockrent, Lagardère, Sabouret – et le visage de Claude Durand, le président de Fayard, dont la présence a sans doute été requise par Lagardère lui-même. Christine disserte sur l'information, Mougeotte sur les programmes. Puis est venu Bouygues, incroyablement rassurant, parlant de sa famille, de ses petits-enfants, des responsabilités morales qu'il a vis-à-vis d'eux. Patrick Le Lay, après lui, a abordé le problème, à vrai dire flou, du « mieux-disant culturel », expression forgée par Léotard et qui a pour but, je suppose, de forcer TF1 à accorder plus de place aux émissions culturelles.

Quant à Bernard Tapie, qui participait lui aussi au casting, il a été sublime en parlant des programmes. Il est même allé jusqu'à promettre le retour d'« Au théâtre ce soir », faisant ainsi les délices de Pierre Sabbagh, un des neuf sages de la CNCL à qui revient le choix du groupe qui conduira le destin de TF1 privatisé [1].

J'écris ces lignes de Lille où je viens d'arriver : le cirque autour de TF1 ne me fait pas oublier que le congrès du PS a commencé dans l'après-midi. Elkabbach m'a fait savoir que je n'avais rien à y faire, puisque je n'étais plus en charge d'un éditorial politique. Mais il n'est pas né celui qui croit pouvoir m'interdire de suivre un congrès politique ! Personne ne peut m'empêcher, après un dîner à Neuilly chez René Thomas [2] et Laurence Soudet, de prendre la direction de Lille à bord de ma petite auto. Soit dit en passant, René a raconté pendant le dîner des tas de choses drôles sur la façon dont il avait été obligé, à son corps défendant, d'entrer dans le tour de table de Hachette-Lagardère. Au tout dernier moment, Lagardère a dû, à la demande de Matignon ou des Finances, je ne sais, refuser les 7 % de l'Australien Rupert Murdoch. Du coup, panique dans le camp Lagardère ! C'est alors qu'un proche collaborateur de Chirac – René

1. Le fait sera révélé plus tard : Bernard Tapie a fait répéter, des heures durant, l'équipe Bouygues dans la perspective de l'examen de la CNCL. Quant à Jacques Duquesne, président du *Point*, sa présence raisonnable et sereine est apparue comme un gage d'honorabilité, celui qui manquait à l'équipe Bouygues.

2. René Thomas est alors président de la BNP et compagnon de Laurence Soudet, qui appartient toujours, à l'Élysée, à l'entourage proche de François Mitterrand.

Thomas ne dit pas son nom – lui a téléphoné, à la BNP[1], pour qu'il prenne la place laissée vacante par Murdoch et participe au tour de table Lagardère. Il juge que cela pourrait d'ailleurs revenir en boomerang sur Lagardère, car – tout le monde semble l'avoir oublié – c'est René Thomas qui a procédé, dans l'objectif de la privatisation, à la première évaluation de TF1 !

À minuit, je dis au revoir et prend l'autoroute de Lille. Les services du congrès m'ont réservé une chambre dans un hôtel proche de la Grand-Place.

4 avril

Comme j'étais arrivée tard à Lille, je ne me suis rendue au congrès, au Palais des expositions, que vers 13 h 30. À cette heure-là, plus personne dans les travées, évidemment. Puis les congressistes reviennent les uns après les autres. Pendant que la séance recommence, une rumeur recouvre les premières paroles des orateurs. Elle vient, comme une vague, des sièges occupés par la presse. Je n'y ai pas encore pris place que j'entends : TF1 a été attribué à Francis Bouygues. Bouygues a TF1 ! Du coup, le congrès s'empare de la nouvelle, chacun condamnant la privatisation. Moi, pour une fois, je me tais, même et surtout quand confrères et congressistes, qui n'ont pas oublié la Haute Autorité, se tournent vers moi pour solliciter un avis négatif.

La situation devient vite impossible. Je ne veux pas me déjuger, en quelque sorte, puisque j'appartenais à ceux qui avaient pensé depuis le début que si le gouvernement tenait absolument à privatiser une chaîne, il valait mieux que ce soit TF1. Je ne voulais donc pas crier avec les loups. Et puis, tant pis, disons la vérité – si je ne la dis pas ici, je ne vois pas à quoi me servirait ce cahier ! Comme je vais être débarquée d'Europe 1 dans quelques jours, je ne veux pas me couper de TF1. Courageusement, donc, je prends la fuite !

À 17 heures, me voici rentrée à Paris. Occupée à quoi faire ? Pas grand-chose : écouter les différents journaux des radios, vers 18 heures, puis attendre le JT de 20 heures sur TF1. Les radios ne parlent que de la privatisation, derrière laquelle le congrès socialiste passe complètement inaperçu. Arrive le JT attendu. Bouygues et Le Lay sont sur le plateau. Ils se félicitent, sans aucun triomphalisme,

1. Il semble que ce soit Jacques Friedmann.

d'avoir gagné la partie. La vie de TF1 vient de basculer, le paysage audiovisuel français s'est d'un coup transformé, et rien ne vient troubler le déroulement du journal télévisé, hormis la présence de ces deux hommes qui disent qu'ils feront de leur mieux, tout en ne sachant rien de la vraie vie de TF1.

15 avril

Extraordinaire fête offerte par TF1 public au futur TF1 privatisé. Il faut y avoir été convié pour y croire ! Hervé Bourges, l'actuel président de TF1 public, qui fait marcher la boutique depuis près d'un an dans l'attente de la privatisation, avait tenu à célébrer en beauté le passage du public au privé. Toute la télévision française était au rendez-vous : la fête se déroulait à quelques kilomètres de Paris, aux pyramides de Port-Marly, dans un endroit au milieu de nulle part, à la fois futuriste, avec un hologramme d'Hervé Bourges projeté sur les eaux d'une fontaine, et assez ringard, avec multitudes de serveurs et hôtesses superbes. Sept mille invités, me dit-on, sont là. À la table d'honneur, trônant l'un à côté de l'autre, Bourges et Bouygues. J'étais à la table d'à côté, presque épaule contre épaule avec Francis Bouygues, sidérée par tant de faste.

Inutile de le cacher : beaucoup des gens qui étaient là et affectaient de se réjouir – producteurs, réalisateurs, etc. – étaient en réalité la proie d'une inquiétude profonde, craignant qu'avec la privatisation les nouveaux patrons de TF1 ne donnent à consommer aux téléspectateurs que de la soupe. Ils craignent que la Une devienne la Cinq de Berlusconi, qu'il n'y ait plus sur l'écran que des paillettes et des étoiles ; qu'il n'y ait donc plus assez d'argent pour les téléfilms, que l'information soit marginalisée, etc.

Je n'en crois rien, en tout cas pour le moment, car les cahiers des charges tels qu'ils ont été établis ne permettent pas une dérive de ce genre.

Il n'empêche : les invités étaient en apparence ravis, en réalité déboussolés par la privatisation qui n'a pas encore de réalité. Elle en a d'autant moins que, nulle part en Europe, ni, je crois, dans le monde, une telle opération a été tentée : l'ouverture au privé date en Angleterre de plusieurs années, mais jamais encore on n'avait transféré les personnels, les programmes, les stocks, les journalistes comme des meubles dans une chaîne privée.

J'ai beaucoup ri, moi, en revanche, pour une raison toute personnelle. J'avais amené à cette fête Claude Tchou[1] que tout le monde a confondu, pour des raisons évidentes, avec le nouveau directeur général de FR3, René Han. L'un est un mince Chinois, l'autre un grand Han : peu importe, les gens ne distinguent pas un jaune d'un autre. Au début, nous ne comprenions pas pourquoi une ribambelle de gens se prosternaient devant Claude Tchou et lui demandaient rendez-vous sur rendez-vous pour parler de leurs projets télévisuels. Nous n'avons compris qu'en rencontrant le vrai René Han.

Lorsque nous quittons les immenses chapiteaux, nous remarquons, dans les eaux du grand bassin proche de la sortie, l'hologramme d'Hervé Bourges bientôt suivi de celui de Francis Bouygues. Nous n'avions l'un et l'autre jamais vu un semblable tableau. D'ailleurs, je n'ai jamais entendu parler de ce qu'est un hologramme et ignore comment plusieurs caméras peuvent arriver à un tel résultat.

Nous nous sentons au pays des Mille et Une Nuits...

30 avril

La cohabitation continue avec ses hauts et ses bas. Hier, paraît-il, Mitterrand a piqué une colère devant Ivan Barbot, le directeur de la Police nationale. Cela fait des mois que le gouvernement – Pasqua, surtout, mais sur ordre – tient l'Élysée à l'écart de tout ce qui concerne de près ou de loin le ministère de l'Intérieur. Hier ou avant-hier, il a fait une scène à sa manière, ironique et blanc de rage, parce qu'il a appris l'affaire d'espionnage autour de la fusée Ariane par *France-Soir* !

Sur le front de l'audiovisuel, en revanche, pas grand-chose. Près de trois semaines ont passé depuis la privatisation. Pas d'appel en vue du côté de Bouygues. Les choses vont vite, cependant. Hervé Bourges, Pascal Josèphe et Alain Denvers, qui pensaient rester à la direction de la chaîne, au moins tant que l'équipe Bouygues ne serait pas familiarisée avec les problèmes de gestion quotidienne de TF1, s'en vont dès lors qu'ils apprennent que c'est Étienne Mougeotte qui arrive sur TF1 comme patron des programmes. Je ne peux en dire autant pour Pascal Josèphe et Alain Denvers, mais, en ce qui concerne Hervé Bourges, j'ai toujours été sûre que Bouygues ne le

1. Éditeur. Mon premier mari.

garderait pas, même s'il était persuadé du contraire. Je ne sais ce que l'un avait promis à l'autre, mais j'ai toujours pensé que Bourges, s'il restait, ferait de l'ombre à Bouygues, et que celui-ci n'était pas disposé à l'accepter.

D'où l'arrivée de Mougeotte, imposé par Bouygues, qui sait que Le Lay, tout intelligent qu'il est, ne peut gérer les programmes de TF1. Il ne connaît rien lui-même à la télévision ; la seule chose qu'il sache est qu'il lui faut quelqu'un qui connaisse la musique.

Tout de même, Mougeotte, qui a jusqu'au bout défendu les couleurs de Lagardère... Pourtant, il n'a guère de choix : condamné au placard s'il reste chez Lagardère où il n'a pas que des amis et où, de surcroît, personne ne parle de lui redonner le poste qui était le sien – la direction du puissant *Télé 7 Jours* –, il n'a pas longtemps résisté aux sirènes de Bouygues.

Quelques jours plus tard, début mai

Je raconte exactement, je le jure, ce qui s'est passé aujourd'hui.

Ce matin très tôt, Christian Dutoit m'a téléphoné. Il me dit qu'il a rejoint Étienne Mougeotte à TF1 et c'est en son nom qu'il me propose de prendre la direction de l'information de TF1. C'est peu de dire que la proposition tombe à pic ! Il m'annonce que Mougeotte, puis Bouygues m'attendent dans l'après-midi aux Champs-Élysées, au siège du groupe où Francis Bouygues et Le Lay ont gardé leurs bureaux dans lesquels ils ne cessent de recevoir.

Dutoit ne me dispense qu'un conseil d'ami : ne pas croire aux propositions qu'on me fera sans demander immédiatement un papier pour les confirmer. Pas d'acquiescement précipité de ma part, a-t-il insisté, sans contrat en bonne et due forme.

Pourquoi me dit-il cela ? Je suppose que, depuis quelques jours, il voit beaucoup d'impétrants croire qu'ils sont engagés et déchanter le jour d'après.

À l'heure dite, j'arrive aux Champs-Élysées. Bouygues m'attend, amical, me demande mes conditions, et, comme je suis incapable de savoir ce qu'il faut demander, me les fixe lui-même à un niveau que je ne croyais pas possible. Je demande, suivant le conseil de Dutoit, un papier pour confirmer mon engagement. Il m'emmène dans un bureau voisin où un juriste rédige le contrat. Je quitte son bureau, contrat en main, lorsque je croise, sortant du bureau d'à côté, Christine Ockrent tenant elle aussi à la main quelques feuillets que je présume être un contrat.

Je rentre en courant dans le bureau de Dutoit où Étienne Mougeotte se trouve aussi. Je leur demande s'ils se foutent de moi : ils n'ont quand même pas choisi deux femmes pour le même poste ? Embarrassé, Étienne me dit que Christine a été engagée comme directrice générale adjointe, en numéro 2 de Patrick Le Lay, et pas du tout au poste de directeur de l'information. Je n'ai donc pas à m'en préoccuper, me disent-ils : Le Lay s'en chargera tout seul.

En dehors de mes enfants, que j'appelle depuis une cabine téléphonique des Champs-Élysées, j'ai encore deux personnes à prévenir. La première, c'est Jean-Pierre Elkabbach, qui marque sa stupeur à l'idée que j'ai pu être jugée par Bouygues capable de m'occuper d'une rédaction. Je ne suis pas mécontente de lui faire ce pied de nez.

Prévenir la seconde personne est, pour moi, le plus difficile : il s'agit d'Hervé Bourges, mon ami, qui a été contraint, lui, de prendre la porte de TF1. Il m'a donné, depuis l'année dernière, l'occasion d'y animer une émission. Comment va-t-il prendre le fait que j'y entre ? J'attendrai demain pour le lui dire.

4 mai

Lorsque j'ai appelé Bourges, il savait déjà que j'avais signé la veille. Il s'est étonné de ce que je ne lui en aie pas parlé. Je n'avais pas eu le temps de le faire. On a toujours le temps de le faire, m'a-t-il dit.

Il s'agit d'un chassé-croisé, en quelque sorte, qu'aucun de nous deux n'attendait. Il serait resté à TF1 avec son équipe, j'aurais gardé mon émission, celle qu'il m'avait offerte en début d'année, mais il ne m'aurait pas embauchée. Il s'en va : adieu mon émission, bonjour l'information ! Je n'ai pas eu l'impression de malmener notre amitié.

Il m'assure qu'il ne m'en voudra pas, mais je sens bien pourtant qu'il m'en veut un peu. Je ne suis pour rien, il le sait, dans son départ. Il ne peut pas m'en tenir rigueur, il est seulement légèrement abattu par ce qui n'est pas une trahison – évidemment, dans le cas présent, personne ne trahit personne –, mais qui est peut-être tout simplement, si nous n'y prenons garde, la fin d'une amitié.

Plus tard en mai

Je n'ai pas pu écrire quelques lignes depuis le début mai. J'ai plongé dans la rédaction de TF1 qui ne m'attendait pas et qui, pourtant, m'a assez bien accueillie. Qui n'a pas vu, en tout cas, dans ma nomination une provocation politique. À vrai dire, ils étaient presque surpris de me voir débarquer à la tête de l'information.

Le premier que j'aie rencontré, le soir précédant mon entrée dans la cage aux lions, a été Bruno Masure, parce que je le connaissais depuis les années 1980, avant qu'il ne devienne le populaire présentateur que l'on a connu par la suite. Je savais, parce qu'il me l'avait dit lors de notre première rencontre, que Bouygues avait promis à Patrick Poivre d'Arvor le JT de 20 heures, et je souhaitais avant tout autre chose faire accepter à Masure le journal du week-end.

Nous avons dîné dans un restaurant de la rue de Grenelle où j'ai commis un impair inouï. Nous parlions de l'info, des différentes revendications de la rédaction, de sa place à lui dans l'équipe. Je ne sais comment, au détour d'une phrase, il a fait une allusion à son homosexualité. Comme je le pensais fortement hétérosexuel, j'ai ri de ce que je croyais être une plaisanterie. Il a dû s'y reprendre à deux fois pour que je comprenne enfin. J'ignorais complètement que cet homme au physique si apprécié des femmes ne les aimait pas. Ma naïveté l'a stupéfait. Il en riait encore quand nous nous sommes quittés.

Le lendemain, je plonge dans la cage aux fauves. Il n'y a pas d'autre mot pour décrire l'atmosphère dans laquelle j'ai commencé mon boulot à TF1. Heureusement, à mes côtés, nommé avant moi sans même que personne, dans la hiérarchie Bouygues, ait jugé bon de me prévenir, le nouveau directeur adjoint de la rédaction, Jean-Claude Paris, me plaît au premier regard. Visage rond, lunettes rondes, Paris est un pro de l'audiovisuel. Il a toutes les connaissances que je n'ai pas : il connaît bien les journalistes de TF1 ; il revient des États-Unis d'où il a été rappelé par Le Lay ; aucun aspect de la technique de la télévision ne lui est inconnu. Il paraît, me disent immédiatement quelques bonnes langues, qu'il a fort mauvais caractère, qu'il est impulsif et explosif. Ce n'est pas du tout l'impression qu'il me donne au premier coup d'œil, mais il faudra tout de même se méfier.

En attendant, l'un et l'autre, nous apprécions d'être éloignés physiquement du centre névralgique de TF1 : Patrick Le Lay, Étienne Mougeotte, Christine Ockrent, Cyril Du Peloux restent à Montparnasse où une partie de TF1 d'avant la privatisation avait installé ses bureaux. Nous sommes, information et technique, installés à Cognacq-Jay, loin de l'agitation de la direction, ce qui nous laisse une relative indépendance et une tranquillité certaine. D'ailleurs, pas grand monde en dehors de nous n'a le temps de s'occuper de l'information.

Moi, j'ai commencé par recevoir la plupart des journalistes hostiles à la privatisation de TF1. Une centaine environ m'ont dit d'emblée qu'ils voulaient partir. Lorsque j'ai demandé à Francis Bouygues et à Le Lay la conduite à tenir – car leur départ impliquait la distribution, au passage, de substantielles indemnités –, ils m'ont dit, grands seigneurs, que ce n'était pas un problème.
1987 Il faut dire qu'après avoir déboursé 3 milliards de francs pour acheter TF1, quelques petits millions ne leur faisaient pas peur. Ils m'ont même dit qu'il fallait les traiter un peu mieux que le simple Code du travail le prévoyait.

C'est ce qui a été fait. Quant au reste de la rédaction, plutôt bonne fille, elle a été encouragée par la hausse générale des salaires consentie dès les premières semaines par Francis Bouygues.

À cette occasion, ce dernier m'a donné une leçon de gestion que je n'oublierai jamais. Car les journalistes du service public, ce que j'ignorais, restaient rétribués selon une grille analogue à celle de la fonction publique, d'après un barème compliqué fait d'indices et de quarts de point. Eh bien, nous avons complètement modifié la grille, en tête à tête avec Bouygues, en moins de temps qu'il n'en faut pour l'écrire, en virant les indices et les points, en unifiant les différentes fonctions occupées, et en fixant pour chacune d'elles un salaire plancher et un salaire plafond. Cela n'a l'air de rien, mais nous sommes passés du public au privé en moins d'une heure !

Je suis contente de m'occuper d'information. Même si je ne domine pas l'outil télévisé, il y a ici assez de rédacteurs en chef et de super-techniciens pour me montrer comment ça se passe. Au moins, ici, je ne perdrai pas le contact avec les hommes politiques.

13 mai

Me voici donc au Festival de Cannes[1]. Arrivée à l'aéroport dans l'avion privé de Bouygues. Dans le même avion, Étienne Mougeotte et Christine Ockrent. À peine à l'aéroport, transport à Cannes. À vrai dire, je ne réalise pas encore bien ce que l'univers Bouygues change dans la télévision que je connais. C'est l'avion privé qui me surprend le plus. Après tout, nous aurions tous pu prendre des avions de ligne. Mais non, nous débarquons à Cannes en grands vainqueurs du combat titanesque que viennent de se livrer Bouygues et Lagardère.

Sitôt arrivés, on nous transporte en voiture dans la grande salle à manger vitrée de l'hôtel le plus cher du monde, l'Eden Roc, dans lequel je n'ai mis les pieds qu'une seule fois, lorsque j'étais allée interviewer Jean François-Poncet qui y passait quelques jours de vacances.

Francis Bouygues nous y attend. Il est dans le Midi, lui, depuis le début du Festival. À ce propos, à peine avions-nous un pied sur la Côte que des journalistes hilares nous ont raconté, à Dutoit et à moi, que Bouygues avait confondu, hier, à la table où il était placé, l'actrice Jeanne Moreau et la maire de Cannes, Anne-Marie Dupuy. Cela en a fait rire plus d'un, évidemment, et la confusion a fait immédiatement la une de la petite chronique du Festival !

Inconscient des rumeurs de ce genre, Bouygues loge dans sa villa d'Antibes dont il nous fera faire le tour dans l'après-midi. Nous sommes près d'une trentaine autour de la table. En dehors des visages connus, comme celui d'Étienne Mougeotte, ou que je redécouvre, comme celui de Patrick Le Lay et de Cyril Du Peloux que j'avais rencontrés quelquefois l'année précédente, je vois comme dans un rêve Marcel Jullian, ancien président d'Antenne 2 nommé par Giscard en 1975, qui est pour la nouvelle équipe Bouygues aujourd'hui le principal expert en matière de programmes... Il y a là aussi Christian Dutoit, l'ancien lieutenant de Pierre Desgraupes, devenu celui de Mougeotte, qui est à peu près le seul d'entre nous à savoir vraiment comment marche une chaîne de télévision.

Le Lay, responsable de la diversification de Bouygues, a été d'une compétence inouïe pour mettre au point le dossier sur lequel la CNCL a pris sa décision d'attribution de TF1 au groupe Bouygues, mais il n'a de sa vie pénétré dans une salle de rédaction ni regardé un programme de télévision. Journaliste de radio, puis présentateur

1. Le festival de cinéma de Cannes a eu lieu en 1987 du 9 au 19 mai.

de télévision, Mougeotte a fait marcher Europe 1 pendant des années, puis *Télé 7 Jours*, mais pas une société de télévision. Moi, j'ai été dans une première vie journaliste de presse écrite, puis j'ai fait des règlements, j'ai rendu des arbitrages et des avis sur des cahiers des charges, j'ai dirigé la Haute Autorité pendant quatre ans, mais, en matière de télévision, je n'ai aucune expérience, si ce n'est celle d'avoir arbitré le débat présidentiel de 1981. Christine a été présentatrice du journal d'Antenne 2, mais elle n'a jamais dirigé de chaîne. Dutoit est bien pour le moment le seul « pro » de la bande.

Je ne me rappelle pas tout ce qui s'est dit au cours de ce déjeuner, mais cela n'avait pas d'importance. On était là, voilà tout, moi encore surprise de me retrouver à l'Eden Roc, parmi l'état-major d'une télévision privée. Car c'est surtout cela qui m'impressionne : je suis passée en un an du contrôle du service public à l'état-major d'une chaîne privée ! Je suis comme étourdie de ce qui m'arrive.

Dans l'après-midi, Françis Bouygues fait visiter sa villa : allées fleuries, piscine, tout cela me semble disproportionné, d'une tout autre dimension. Il m'emmène faire le tour du propriétaire dans une de ces petites voitures électriques identiques à celles que l'on trouve sur les pelouses d'un terrain de golf. À pied, ce serait trop long !

19 mai

Y aurait-il une sorte de rébellion contre Jacques Chirac de la part des jeunes ministres de son gouvernement ou des quadragénaires du RPR ? L'article que Michel Noir vient de publier hier ou avant-hier dans *Le Monde*, sur lequel les télévisions reviennent, est une déclaration de guerre, il n'y a pas d'autre mot, contre la politique conduite par Charles Pasqua, sinon contre Jacques Chirac. Pourquoi Michel Noir ? Il s'agit – autant que je puisse en juger, parce que je le connais mal – d'un quadragénaire plutôt bien de sa personne, ministre du Commerce extérieur, désireux de se faire une image et qui doit se demander pourquoi ce n'est pas lui qui est à Matignon.

À sa décharge, il faut aussi dire que le RPR est, à ce que me dit Catherine Nay, dans un désordre épouvantable. Chirac n'a pas le temps de s'en occuper. Pasqua non plus. C'est Jacques Toubon qui en est le secrétaire général depuis 1984. Un quadragénaire lui aussi, sympathique et généreux, actif, trop sans doute, qui émaille les propos qu'il tient de rires sonores et de tapes dans le dos de ses interlocuteurs, mais qui n'a pas vraiment le sens de l'ordre. En tout cas, c'est ce qu'on lui reproche de tous côtés. Il est vrai que l'organisation d'un parti majoritaire n'est pas si facile, et qu'il est bordé de tous côtés par de vigilants contrôleurs pour qui il en fait trop ou trop peu.

Peine perdue ! Toubon est comme Chirac : unique quand il s'agit de conquérir une circonscription, décevant quand il s'agit d'organisation. « Vous savez, m'avait dit un jour Michel Debré qui venait de rentrer de l'Assemblée européenne de Strasbourg dans le même avion que lui, il est extraordinaire, votre ami Toubon. Vous pouvez l'interroger sur n'importe quoi, il a réponse à tout, il se souvient de tout, parce qu'il a une mémoire formidable. Mais je ne suis pas sûr qu'il réfléchisse toujours à ce qu'il dit... Et ce que je viens de vous dire là est un euphémisme ! »

Bref, dans son article, Michel Noir condamne surtout la politique de Pasqua vis-à-vis de l'immigration. Pour la première fois également, il pose le problème des alliances et des concessions faites – ou sur le point de se conclure – avec l'extrême droite de Jean-Marie Le Pen. Joli cadeau, en effet, que Mitterrand a laissé à la droite : la présence, y compris au Parlement, d'un Front national dont le pauvre ministre de l'Intérieur est suspecté de vouloir récupérer les électeurs. Pourquoi Pasqua ? J'ai l'impression que tout le monde au RPR aurait bien envie de récupérer les voix de Le Pen sans lesquelles la droite semble rester durablement dans l'incapacité de gouverner.

Édouard Balladur, tout paré de vertu qu'il est, hésite lui aussi sur la ligne à suivre, mais Chirac reste fondamentalement hostile à tout rapprochement. C'est du moins ce qu'il dit, et je sais ce qu'il pense dans le fond de son cœur. Michel Noir ne me semble pas être plus républicain que les autres, ni plus gaulliste, de ce point de vue, que Chirac. Toujours est-il qu'il lance dans les colonnes du *Monde* cette affirmation qui en embarrasse plus d'un : « Mieux vaut perdre les élections que perdre son âme ! »

Je ne mesure pas la force de Michel Noir au sein du RPR. Il me semble qu'il n'exerce pas une influence aussi grande qu'il le souhaiterait. Il n'a pas de courant, pas d'amis véritables au RPR. En ce qui me concerne, je n'ai entendu parler de lui qu'en 1978, lorsqu'il est devenu, très jeune, à 34 ans, député du Rhône. Fils de déporté, gaulliste, il s'est fait tout seul, ce qui ne lui donne toutefois pas le monopole de la vertu républicaine.

A-t-il agi seul ? Est-il, dans cette dénonciation du Front national, précurseur d'une rébellion des jeunes contre tous ceux qui, en le disant ou sans le dire, accepterait de pactiser avec le Front national ?

J'imagine sans difficulté, pendant que tout le RPR s'agite, le sourire de Mitterrand. Il leur a « refilé » Le Pen comme un mistigri, et en plus cela marche ! Cela marche, en tout cas, dans toutes les colonnes de tous les journaux, et au JT. Nous venons d'assister à la mise en orbite d'une nouvelle vedette de la politique – à moins que nous ne l'ayons inventée ? !

1er juin

Au tour de Léotard de se voir pousser des ailes. Quel jeu joue-t-il, sinon le sien ? Si on suit son itinéraire depuis quelques mois, on ne comprend rien : en mai 1986, alors qu'on le croit fidèle de Giscard, il se rapproche de Jacques Chirac. À la fin de l'année, il est le premier (à mon avis, il n'avait pas tort, vu ce qui a suivi !) à demander à Chirac d'abandonner la loi Devaquet. À tel point que Chirac commence à bon droit à douter de son soutien. C'est d'autant plus drôle qu'il voulait, en mai dernier, lui confier un grand ministère, et que c'est Mitterrand qui s'y était opposé[1] ! Et voici qu'aujourd'hui, il publie un article acide sur Chirac, qui, selon lui, s'appuierait trop sur « les moines-soldats du RPR, lesquels, dit-il, manifestent un goût du pouvoir sans partage ». Il ajoute qu'il est « exclu » qu'il soutienne Chirac à la prochaine présidentielle.

Je suppose que Léotard et sa bande font monter les enchères. Mais pour quoi ? Pour obtenir de Giscard qu'il se présente en 1988 ? Il serait fou, si c'était le cas. Raymond Barre ? Ou bien plutôt lui-même ?

Si Chirac ne reprend pas la situation en main, son gouvernement va se diviser en supporters d'une multitude de candidats : Chirac, bien sûr, mais pourquoi pas Giscard ? Barre serait sans doute le mieux placé pour l'UDF. Et Léotard lui-même, qui sait ? Une chatte n'y reconnaîtrait pas ses petits.

Si j'ajoute l'éclat de Michel Noir, le mois dernier, pour lequel Alain Juppé et Michèle Barzach m'avaient paru bien compréhensifs, Chirac est plus seul qu'il ne le croit, et la majorité moins unie qu'elle

1. Il s'agissait du ministère de la Défense auquel André Giraud a finalement été nommé.

ne l'était après sa victoire. La dégradation est allée vite, très vite même.

Il est fort, tout de même, Mitterrand !

8 juin

Bisbilles au Conseil des ministres entre Chirac et Léotard. En gros, si j'ai bien compris (je n'y étais pas), Chirac a reproché à Léotard son engagement contre lui. Léotard a compris qu'il pouvait se faire ficher dehors par Chirac, et il a mangé son chapeau ; il a tout de suite fait savoir qu'il était ministre d'un gouvernement et qu'il comptait le rester.

Amusant de voir à quel point cette droite qui a aujourd'hui tout, y compris le pouvoir, s'ingénie à se diviser. Chirac, Giscard, Barre, et puis maintenant les jeunes, au RPR comme Michel Noir, à l'UDF comme Léotard, qui attendent de monter dans le bon train, le bon wagon.

D'où je suis, à TF1, clouée dans mon bureau par mes fonctions de direction, je ne suis pas sur le terrain, mais je capte une à une toutes les images qui me parviennent de ces minuscules conflits.

Juillet

De cette cérémonie des Sept d'or[1] à laquelle j'ai assisté cette année au nom de TF1, je me souviendrai longtemps. Nous avions hésité, avec Le Lay, Mougeotte et les autres, sur l'attitude à adopter. Nous savions que les professionnels qui remettent les prix à l'occasion de la distribution annuelle des Sept d'or en profiteraient pour sanctionner la privatisation. Fallait-il néanmoins bouder le dîner *Télé 7 Jours* ou y participer ? Nous avons conclu qu'il fallait y aller, mais que notre présence devait néanmoins être réduite au minimum. Le sort était tombé sur Patrick Le Lay et moi.

Nous étions donc tous deux, ce soir, à la table d'honneur, pendant que les prix, dans chaque catégorie, étaient décernés. Cela a tenu du jeu de massacre : rien en dehors du prix de meilleur réalisateur de

1. Les Sept d'or sont des récompenses de la télévision française, remises lors d'une cérémonie qui fut longtemps retransmise en direct. La cérémonie a eu lieu de 1985 à 2003, mais n'a pas été retransmise en direct en 2003.

fiction attribué à Marcel Bluwal – lequel s'est plaint en public que ce soit sur TF1 privatisé qu'on ait diffusé son film ! –, de celui de meilleur comédien attribué à Pierre Arditi, qui ne représente que lui-même puisqu'il est partout, ou encore du Sept d'or attribué à l'émission jeunesse de Patrice Drevet, que nous avions décidé de supprimer. Meilleurs animateurs : Bernard Pivot et Michel Drucker, Antenne 2. Meilleur téléfilm : *Les Étonnements d'un couple moderne*, de Pierre Boutron, Antenne 2. Meilleure série : *Félicien Grevêche*, réalisée par Michel Wyn, Antenne 2. Meilleur auteur : Jean-Claude Carrière, Antenne 2[1].

Pendant que la litanie s'allongeait, pendant que les primés se félicitaient de la suprématie d'Antenne 2 tout en en profitant pour stigmatiser TF1, nous avions l'impression, Le Lay et moi, côte à côte, d'en prendre littéralement plein la figure. Moi, je gardais sur mon visage un sourire figé, tandis que lui ne bronchait pas sous les sarcasmes. Moment inoubliable !

Fin juillet

Je n'ai pas tenu la chronique au jour le jour de ma vie sur TF1. Je trouve néanmoins que ces gens – je veux dire : Bouygues, Le Lay, etc. – n'appartiennent pas à mon monde. Ils ont l'impression – c'est en cela que j'éprouve pour eux quelque chose comme de l'admiration – que tout est possible, et peut-être même que tout s'achète. Je connaissais un audiovisuel empêtré dans ses pesanteurs, terrorisé par les calculs de pâles bureaucrates de la Rue de Rivoli. D'un coup, tout cela me semble voler en éclats, au moins partiellement.

Exemples : Le Lay et Bouygues, après avoir financièrement très bien traité les personnels de la chaîne, ont décidé d'afficher, dans les ascenseurs, à Montparnasse et même à Cognacq-Jay, le cours de l'action TF1, et aussi son audience. Il y a à peine quelques semaines, si un président de TF1 avait voulu faire cela, il aurait dû s'opposer à l'ensemble des salariés de la chaîne. Aujourd'hui, la plupart sont contents, au contraire, de constater que leurs actions se portent bien,

1. Autres nominés : meilleure comédienne : Rosy Varte (A2) ; meilleur présentateur de JT : Bernard Rapp (A2) ; meilleur journaliste ou reporter : Philippe Alfonsi (FR3) ; meilleur magazine d'actualité et de débat : « Taxi » (FR 3) ; meilleure émission de variétés : Champs-Élysées (A2) ; meilleure émission musicale : « Le Grand Échiquier » (FR3)...

d'autant plus qu'avec l'abondement consenti à chacun, les actions achetées ont été doublées sur ordre de Bouygues.

Autre exemple du changement de mentalité parmi tout le personnel : l'évolution des syndicalistes. Dans le bâtiment, chez Bouygues, chacun le sait, il n'y a que des syndicats patronaux. Ce n'est pas le cas ici, de loin. Eh bien, comme par enchantement, les syndicats de TF1 se taisent. Pourquoi ? Tout simplement parce que le paternalisme de Bouygues marche à la télé comme ailleurs. Une émission à l'un, un voyage aux États-Unis promis à l'autre (auquel celui-ci finira d'ailleurs par renoncer tant il a eu peur, certes tardivement, d'avoir été « récupéré » par le patronat capitaliste), des augmentations judicieusement accordées, et la paix sociale est assurée.

Hormis ceux d'entre eux qui ont souhaité partir, ils sont depuis vingt, trente ans dans la maison. Ils ont parfois lutté pour des aug- *1987*
mentations de 100 francs. Aujourd'hui, ils ont le sentiment que l'argent coule à flots, que rien ne pose problème, que la direction des ressources humaines est là pour prévenir leurs désirs.

Tout cela me fait peur, car je crois savoir ce qu'il y a immanquablement derrière ce paternalisme.

Cela étant, nous-mêmes, cadres supérieurs, nous avons accepté que des numéros nous soient attribués dans la hiérarchie. Moi, je suis n° 7 après Le Lay, Ockrent, Mougeotte, Du Peloux, Dutoit et Givadinovitch (resté sous Bouygues ce qu'il était chez Bourges, le grand patron de la pub). On m'aurait dit qu'un jour je serais le n° 7 – ou 77, d'ailleurs –, je ne l'aurais pas cru.

La seule chose à laquelle nous ayons résisté – je veux parler ici de tous les cadres –, c'est à la décision chère à Francis Bouygues de nous faire porter, au revers de la veste ou sur le pull-over, un petit signe distinctif, un sigle de TF1. Lorsque je lui ai expliqué que les journalistes ne voulaient pas d'un signe aliénant, il n'a sincèrement pas compris. Il m'a fait valoir que les cadres, les ouvriers de Bouygues dans le bâtiment, et ailleurs dans le monde, étaient fiers de porter un insigne marquant fortement leur appartenance à un groupe aussi puissant. Je lui ai dit – j'ajoute que je suis la seule à lui en avoir parlé en tête à tête – que les journalistes ne voulaient surtout pas avoir la sensation d'appartenir à un groupe, fût-il puissant, mais qu'ils étaient par nature individualistes.

Il m'a écoutée et m'a dit qu'il ne céderait pas sur ce point. Puis, quelques heures plus tard, il m'a téléphoné en me disant que c'était une affaire mineure, et que mettrait l'insigne TF1 qui voudrait...

Bon, je n'en finirai pas d'écrire sur TF1. Sur les réunions du mardi, à 8 heures pétantes, où tous les cadres sont là, techniciens, journalistes, programmateurs. Pas question d'arriver en retard : le premier qui l'a fait a été accueilli par un silence si désapprobateur qu'il n'a pas recommencé !

Il y a là des gens qui se connaissent et ne s'aiment guère depuis vingt ans, et des gens qui ne se connaissent ni d'Ève ni d'Adam. J'y fais la connaissance de Pascale Breugnot, la flamboyante, la courageuse productrice de « Moi, je », la seule dont la voix puissante brocarde par moments les nouveaux chefs de TF1 ; Dominique Cantien, productrice, elle aussi ralliée au camp TF1, ne supporte pas Breugnot, qui le lui rend bien. Les uns viennent du camp Lagardère, ou du clan Bouygues, donc du privé ; les autres sortent à peine du service public et se croisent encore dans un système qui n'existe plus. D'où que nous venions, nous sommes tous et toutes là, donc, à 8 heures pétantes, à regarder nos nouveaux patrons avec un mélange d'incrédulité et de stupéfaction. D'estime, aussi, car les Bouygues savent faire marcher une boutique !

Dès le départ, j'ai vu à quel point Christine Ockrent se faisait rogner les ailes par Le Lay, qui ne cherchait qu'à s'en débarrasser. J'ai le souvenir de cette réunion de début juillet – un mardi matin, justement – où elle a longuement parlé, avec justesse et courage, de l'inconvénient qu'il y aurait à ne penser qu'à l'audience de la chaîne. Que l'image de TF1 était ce qui devait primer. Elle parlait là des programmes, évidemment, car l'information, à aucun moment, n'a donné l'impression de changer ni de « perdre son âme », comme aurait dit Michel Noir. Je pensais qu'elle n'avait pas totalement raison, qu'il fallait d'abord que TF1 reste la Une, la première chaîne, ce qu'elle était redevenue sous Bourges. Que l'image, on la restaurerait le moment venu, sans difficulté. Bref, je ne l'ai soutenue que du bout des lèvres. Il m'a semblé, en ce jour de juillet, que Le Lay affûtait son grand couteau...

Bon, mes vacances seront courtes, pour ne pas dire inexistantes !

5 août[1]

Le Canard enchaîné le révèle aujourd'hui : le journal parle de la lettre adressée par Chirac à Saddam Hussein, le président irakien, sur des livraisons d'armes en provenance de France. Il est vrai que les Occidentaux en général et la France en particulier appuient l'Irak dans sa guerre contre l'Iran. Une guerre dont on ne sait pas comment elle se déroule et qui met en cause l'équilibre du Moyen-Orient. Ce que l'on sait, en revanche, c'est que, face aux ayatollahs, Saddam Hussein apparaît aujourd'hui comme une sorte de rempart contre l'obscurantisme. Jacques Chirac ne lui a jamais été hostile : j'ai oublié en quelle occasion il avait parlé de « son ami » Saddam Hussein.

Comme la France est liée par ailleurs par un accord avec l'Iran datant de 1974, on se doute que la pression exercée par les deux pays sur Paris ait pu atteindre, à la fin de 1986, son maximum. Mitterrand ne le découvre pas aujourd'hui : il est beaucoup plus méfiant envers Chirac, lui, que Chirac ne l'est vis-à-vis de lui. Je me demande même si, d'après ce que me dit Toubon, Chirac n'est pas convaincu que Mitterrand est un homme fini.

Il reste que la publication de la lettre de Chirac dans *Le Canard enchaîné* a été la première anicroche grave, me dit-on au PS, en matière de politique étrangère, entre Chirac et Mitterrand. Chirac a accusé à mots couverts Mitterrand de l'avoir communiquée au journal. Il a même mis en cause à ce sujet Roland Dumas[2]. Échange de propos peu aimables du genre : « Je me demande qui a bien pu publier cette lettre », a demandé Chirac. « Je me le demande également », aurait répondu Mitterrand.

1. La guerre entre l'Irak et l'Iran a commencé en septembre 1980. En 1974, Jacques Chirac, alors Premier ministre, avait rencontré Saddam Hussein. Celui-ci était venu à Paris en voyage officiel en 1975 – en passant par le site nucléaire de Cadarache. Un accord franco-irakien avait été signé en novembre 1975. L'aide accordée par la France à l'Irak est jugée insupportable par l'Iran, qui exige de la France le respect des accords conclus entre les deux pays en 1974. Cette revendication iranienne n'est sans doute pas étrangère à la vague de terrorisme qui s'est abattue sur la France en 1986.

2. L'ancien ministre des Affaires étrangères de Mitterrand est depuis longtemps, dans le civil, l'avocat du *Canard enchaîné*.

Fin août

Grosse émotion dans la rédaction : Raymond Barre a profité des universités des Jeunes démocrates sociaux pour avancer l'idée de sa candidature à l'élection présidentielle de 1988. Il faut dire que les sondages publiés par la presse, qu'il s'agisse d'IPSOS ou de la Sofres, sont clairs : Barre serait aujourd'hui le candidat favori des Français[1].

Hier, il a terminé son discours d'un ample : « J'aurai besoin de vous ! », juste avant d'annoncer sa candidature. Cela se passait à Hourtin, dans les Landes, il faisait un temps caniculaire. Les images montrent un Raymond Barre assez à l'aise, pas du tout coincé, au milieu d'une foule de jeunes. Il est donc le premier à entrer dans la bataille. Chirac doit le prendre assez mal, mais que faire ? Giscard et lui ont déjà conclu une sorte de pacte contre lui, mais, apparemment, cela ne suffit pas à rayer Barre de la carte politique. On a l'impression que plus il se montre sévère sur l'exercice de la cohabitation, plus il monte dans les sondages. Ce qui n'empêche pas la plupart de mes confrères de dire simultanément que les Français adorent la cohabitation. Allez savoir !

En tout cas, il est devenu incontournable : avec son côté éléphant Babar sympathique, que dément le bleu de ses yeux, d'une exceptionnelle intensité, il est peut-être le candidat que la droite attend : bon vivant, grassouillet, européen, tout cela avec le brevet de meilleur économiste de France que lui a décerné Giscard soi-même[2].

5 septembre

Nouvelles interrogations sur le comportement de Bouygues. Hier, il a adressé une longue lettre à la CNCL. Pourquoi ? Parce que la Commission a attribué de nouveaux émetteurs à la Cinq et à la Six, qui n'étaient que médiocrement reçues sur le territoire national. Cela me paraît, à moi, normal : la CNCL ne s'était jamais engagée à maintenir les autres chaînes dans un état de sous-développement permanent. La Haute Autorité aurait fait de même. Bouygues, lui, ne

1. Le 29 juillet, un sondage BVA le donne vainqueur de François Mitterrand par 51 % des voix contre 49.

2. « C'est à la fin de 1986 que j'ai envisagé sérieusement d'être candidat. Les sondages m'étaient très favorables, non seulement pour le premier tour, également pour le second. Surtout, j'apparaissais comme capable de battre Mitterrand », in *L'Expérience du pouvoir, conversations avec Jean Bothorel*, Fayard, janvier 2007.

l'entend pas de cette oreille. Même s'il ne se fait guère d'illusions sur l'issue de sa démarche, il menace la CNCL d'un recours devant le Conseil d'État.

Une fois de plus, je m'interroge : faut-il donc se battre autant, tout faire pour écraser l'adversaire, en l'occurrence la Cinq et la Six, faut-il utiliser tous les moyens, y compris ceux de l'intimidation ?

Réponse de Francis Bouygues : oui. Tout périsse plutôt que TF1 !

Mon univers, plutôt teinté d'humanisme, en prend un coup.

6 septembre

Mauroy a changé d'avis : il jure, il en est sûr, que François Mitterrand se représentera. Et que, dans ce cas, il sera élu. Sur quoi se fonde-t-il ? Sur le fait que Mitterrand, qui a décidé de voyager de ville en ville, a entamé en réalité un véritable tour de France électoral. Il a attendu, pour ce faire, que sa cote remonte et que celle du gouvernement faiblisse. Aux yeux de Mauroy, Chirac a commis suffisamment d'erreurs, la majorité est à présent assez divisée pour qu'une candidature à un second mandat soit jouable.

Je pense, moi qui n'ai pas reçu de confidences particulières sur le sujet, que le chef de l'État ne sait pas encore ce qu'il va faire. Comme souvent, il prépare sa propre décision en organisant les choses en sorte de s'ériger en arbitre incontournable entre plusieurs candidatures incompatibles. Peu importe pour lui que Michel Rocard soit emporté par la vague. Qu'est-ce que c'est, Rocard, pour Mitterrand aujourd'hui ? Encore moins qu'hier, c'est-à-dire pas grand-chose.

Septembre

L'affaire Polac est aujourd'hui terminée. Je dois dire que l'émission de Polac, dépendant des programmes, suscitait de fortes controverses, depuis déjà longtemps, avec les journalistes. Ceux-ci n'ont donc émis aucune protestation lorsque l'affaire a éclaté [1].

1. Michel Polac est un journaliste de radio et de télévision. Après avoir créé en 1955 « Le Masque et la plume » sur France Inter, il anime depuis 1981 l'émission « Droit de réponse », consacrée à l'actualité politique, économique et culturelle. À cette émission, connue pour sa liberté de ton, collaborent des dessinateurs qui font son succès : Cabu, Wolinski, etc. En septembre 1987, Michel Polac choisit comme thème de débat le pont de l'île de Ré, dont Bouygues était le constructeur, tandis que Wiaz illustre par un dessin en direct une phrase de Cabu : « Une maison de

Pourtant, quel charivari dans la presse ! Il faut dire que Polac invitait tous les mois, voire plus, les éditorialistes de toute la presse écrite, et que celle-ci s'est jugée touchée par la condamnation de l'émission. Il n'en a pas été de même parmi la classe politique, finalement soulagée de se voir débarrassée d'une émission qui lui faisait peur.

Bref, la rédaction n'a pas bougé. Moi non plus, pas plus que Christine Ockrent, Anne Sinclair ou Patrick Poivre d'Arvor. Il est vrai que les vedettes se privent volontiers des émissions qu'elles n'animent pas. Ou bien n'est-ce pas plutôt – je me le demande à moi-même – que nous trouvions qu'une telle émission, passionnée, volontiers démagogue, en tout cas plus polémique que culturelle ou politique, était presque incompatible avec le métier d'analyste politique qui est depuis longtemps le nôtre ?

1987

17 septembre

Christine Ockrent, pas folle, a choisi son terrain pour résister à Le Lay : elle a demandé et obtenu l'émission-vedette de la chaîne, une interview politique. Poivre d'Arvor, Arlette Chabot, Bruno Masure font un peu la gueule. La première émission a eu lieu ce soir, avec François Mitterrand, qui, pour l'occasion, a quitté l'Élysée pour venir sur le plateau de TF1. L'interview était très bien ; Christine était de blanc vêtue, prenant la lumière avec un éclat qu'elle n'a pas dans la vie de tous les jours. « C'est ce qui fait les vedettes », m'a soufflé Jean-Claude Paris en la voyant à l'antenne.

Bouygues et Le Lay étaient flattés que Mitterrand eût accepté de se déplacer.

Y aurait-il une pause de publicité pendant l'interview du chef de l'État ? Nous nous étions posé la question : était-ce un crime de lèse-majesté ? Je n'en avais pas l'impression, Mougeotte non plus, Le Lay encore moins. Christine était de nous tous la plus réticente, mais elle ne s'est pas opposée à la décision prise.

Ce soir, on a donc vu, pour la première fois dans l'histoire de la télévision, le chef de l'État interrompu par une page de pub. Cela

---

maçon, un pont de maçon, une télé de m... » C'est à cette occasion qu'il se voit retirer son émission. Le plus drôle est que, pressentant des mois à l'avance le conflit, Bourges avait voulu signaler à Bouygues cette émission comme hautement dangereuse. Bouygues l'avait interrompu en lui disant qu'à l'heure où passait l'émission de Polac, il dormait depuis longtemps.

n'a l'air de rien, mais lorsque cela s'est passé, nous avions tous la gorge serrée : Mitterrand n'avait pas été prévenu, il pouvait à tout moment trouver cette interruption déplacée, et le faire savoir publiquement.

Il a fait mine de trouver cela tout à fait naturel et n'en a pas dit un mot.

Pour le reste, je n'ai pas retenu grand-chose de ce qu'il a déclaré. Rien, naturellement, sur sa candidature éventuelle à l'Élysée l'année prochaine.

5 décembre

Hier, échec complet du Conseil européen de Copenhague sur l'augmentation des ressources de la Communauté. Le seul aspect positif de la réunion a été dans la complémentarité dont, pour une fois, Mitterrand et Chirac ont fait preuve. Il paraît qu'ils ont lutté ensemble, également sans succès, mais chacun à sa manière, Mitterrand dans les cintres, parlant de l'avenir de l'Europe, Chirac au charbon, allant jusqu'à traiter, paraît-il, Margaret Thatcher d'« épicière » ! *1987*

« Cette Europe, me dit tristement Maurice Faure qui avait suivi Mitterrand à Bruxelles, c'est l'échec d'une génération ! »

16 décembre

L'histoire vaut son pesant d'or. Je la consigne ici pour qu'elle reste au moins dans mon esprit, sinon à la postérité.

Je viens d'arriver à Évian où j'ai décidé de prendre quelques jours de répit, ne voulant pas quitter TF1 pendant les vacances de Noël : c'est pendant les congés que se passe généralement l'événement inattendu dans une rédaction désorganisée. J'y suis depuis vingt-quatre heures lorsque Danielle de La Gorce, restée à Paris[1], me téléphone : « Il faudrait que tu rentres », me dit-elle. Pas question, je viens d'arriver ! Son ton se fait plus insistant : « Tu devrais rentrer, je te le dis à mots couverts ! Tu n'as pas le choix : Le Lay est furieux ! »

Que faire ? Je rentre. *Libération* du 12 décembre est sur mon bureau, avec le premier sondage « Présidoscope ». De quoi s'agit-il ?

1. Danielle de La Gorce est secrétaire générale de la rédaction de TF1 après avoir été conseillère à Radio France puis à la Haute Autorité.

Nous avons décidé, comme cela se fait généralement, de partager avec le journal de Serge July les frais des sondages présidentiels jusqu'à l'échéance du printemps 1988.

Raymond Barre, comme prévu, y figure en tête. Il devance donc Jacques Chirac. Eh bien, incroyable mais vrai ! Le sang de Chirac n'a fait qu'un tour : il a appelé Bouygues pour lui remonter les bretelles contre les sondages, contre *Libération*, et contre moi sans doute. À voir la tête de Patrick Le Lay quand je me rends à sa convocation furieuse, je me dis d'abord que la conversation Bouygues-Chirac a dû être des plus animées[1].

Je me dis aussi que Le Lay n'était pas au courant de ces accords généralement conclus entre la presse écrite, les télévisions et les radios. Je l'avais fait lorsque j'étais à RTL, à Radio France ; c'était la
1987 routine, en quelque sorte. Je ne sais quelles ont été les menaces proférées par Chirac contre TF1, mais me voici mise en cause pour avoir publié le premier sondage de la série « Présidoscope ». Le présentateur – en l'occurrence Poivre d'Arvor, dangereux anarchiste de gauche ! – n'aurait pas dû le rendre public.

Si Le Lay est furieux, son étonnement m'étonne, d'autant plus que ce sondage n'est pas différent de ce que disent tous les autres depuis trois mois[2]. Aurait-il fallu s'abstenir d'évoquer un sondage fait pour nous ? Dans ce cas, ce serait Raymond Barre qui aurait été furieux, et ses partisans qui auraient crié à la censure.

Cet argument fait tomber la fureur de Le Lay. Il se rend bien compte que TF1 ne peut pas ne pas rendre publics des sondages en période d'élections. Nous convenons que, pour la suite, nous continuerons à évoquer les chiffres des sondages TF1-*Libération*, en citant également ceux des autres sondages réalisés par d'autres instituts.

Je sors de cette conversation éberluée. Non pas tant par Patrick Le Lay, qui ne connaît pas toujours les usages de la presse, que par Jacques Chirac ! Il connaît très bien les sondages, les instituts, la bagarre de chiffres qui précèdent tous les scrutins présidentiels ! Il

1. Le maire de Paris aurait sans doute menacé de ne plus accorder au groupe Bouygues certains projets en construction à Paris. Cela n'est qu'une hypothèse.

2. Un des premiers sondages IPSOS, réalisé le 10 mai 1987, fait apparaître Raymond Barre comme le meilleur candidat pour représenter la droite à la présidentielle (28 % à Raymond Barre, 25 % à Jacques Chirac). Voir aussi toutes les enquêtes publiées pendant l'été, montrant la position privilégiée de Raymond Barre auprès des électeurs de droite dans la perspective de l'élection présidentielle de 1988.

sait fort bien que les sondages correspondent à des moments, sont des photographies de l'opinion, et qu'ils peuvent changer. C'est bien à cela que servent les campagnes. Et puis, franchement, nous nous connaissons depuis vingt ans : ne pouvait-il pas m'appeler directement, plutôt que de s'en aller me dénoncer au patron de la chaîne, en arguant sans doute que j'étais trop proche de la gauche ?

La quête du pouvoir rend-elle les gens à ce point différents ?

20 décembre

Pas eu le temps d'écrire, c'est un comble, sur mon premier dîner chez Mitterrand à l'Élysée. Je veux dire : mon premier depuis la fin de la Haute Autorité en 1986. Il m'a donc invitée pour un repas en petit comité, avec Françoise Sagan et quelques-uns de ses proches. Comme si le temps ne s'était pas écoulé, comme si nous étions revenus des années en arrière.

Discussion en finesse, par allusions, pour ne pas gêner les autres convives. Sagan, absente, presque, n'y participe que du bout des lèvres. Et, de toute façon, quand elle parle, je n'entends ou ne comprends rien. Sans être sourd, je pense que Mitterrand ne l'entend pas plus que moi. C'est donc à moi qu'il s'adresse le plus souvent. Je suis en face de lui, Françoise Sagan est assise à sa droite.

Qu'il songe à se représenter ? Je n'en doute pas une seconde depuis ce dîner. La seule chose qui l'en empêcherait, me semble-t-il, parce qu'il y revient souvent, c'est son âge. Du genre : Ah, si je n'étais pas si vieux, je leur donnerais encore du fil à retordre ! Il fait mine, cependant, de s'interroger :

« Savez-vous, me dit-il à un moment donné, que tous les hommes de ma famille sont morts à 80 ans, ou juste avant[1] ? »

Je ne sais ce qui me prend, je lui réponds du tac au tac, comme si j'avais préparé cette réplique depuis des mois – ce qui n'est pas du tout vrai : « Eh bien alors, pas de problème : mourir pour mourir, il vaut mieux mourir à l'Élysée ! »

Il ne s'attendait pas à cet argument que je trouve pourtant frappé au coin du bon sens. Il se tait quelques instants tandis que la tablée autour de nous se demande comment il va prendre mes paroles, puis il sourit : « C'est imparable, me dit-il, vous avez raison. »

1. Mitterrand est né en 1916. Il aura donc 72 ans en 1988, au moment de la future élection présidentielle. Un mandat de sept ans l'amènerait donc à 79 ans.

Je le trouve presque soulagé : je lui ai fourni, sans y réfléchir, une justification qu'il ne se donnait pas.

On change de sujet, puis, quelques minutes après, il revient aux élections lorsque je lui demande quand il compte éventuellement faire acte de candidature. Il me répond que si, d'ici le 15 janvier, il n'a rien dit, c'est qu'il se présentera.

Façon tordue, bien à lui, de répondre ! Je traduis : s'il parle avant le 15 janvier, ce sera pour dire qu'il se retire et pour laisser à un autre candidat socialiste (Rocard ?) le temps de faire campagne. S'il ne dit rien, c'est au contraire qu'il aura choisi de se représenter. Sa campagne, dans ce cas, sera courte.

Je le quitte sans être sûre de rien. C'est cette impression-là qu'il veut laisser à ses convives, je pense. Je vais donc attendre jusqu'au 15 janvier.

1987

Fin décembre

Pierre Mauroy est allé passer une partie des fêtes de fin d'année à Brégançon avec Mitterrand, comme il l'avait fait l'année dernière.

Un signe qui ne trompe pas : avant de prendre ses quartiers d'hiver au fort de Brégançon, Mitterrand s'en est allé dire un petit bonjour aux ouvriers de La Ciotat, histoire de leur remonter le moral au moment où le gouvernement venait d'annoncer la fermeture du chantier naval.

Comme il l'avait fait avec moi le jour où il m'a demandé s'il n'était pas trop vieux pour se représenter, il a tenu à insister sur son âge : « À cette nuance près, me dit Mauroy, qu'il s'attendait à m'entendre dire qu'il était en excellente forme, et qu'il est aujourd'hui le seul à pouvoir gagner. » Comme c'est exactement ce que pense Pierre Mauroy, le séjour à Brégançon a été idyllique.

1988

Début janvier

Traditionnels vœux de François Mitterrand à la presse. Avec moi, il affiche en public une sorte de complicité qui ne correspond pas à la distance qui s'est introduite entre nous depuis 1986. Pourquoi fait-il donc exprès, alors que je suis aux côtés d'Étienne Mougeotte, de Poivre d'Arvor et d'autres, de faire un détour, de venir me chuchoter à l'oreille quelques mots du genre : « Je suis content de vous voir, comment allez-vous ? » Peu importe : les attentions manifestées publiquement sont plus efficaces que les conversations privées. Il est évident que le président de la République veut montrer que je fais partie sinon de son entourage immédiat, du moins de ceux qui bénéficient de sa protection. Je sais que ce n'est pas – ou plus – vrai. Le fait que Francis Bouygues puisse penser que je serais soutenue par Mitterrand en cas de conflit avec mes employeurs me convient très bien. C'est assez cynique, mais c'est vraiment ce que je pense.

Pour le reste, je note qu'il a retrouvé son visage apaisé. Il tient la salle, plaisante, réunit enfin quelques-uns d'entre nous dans un salon voisin. Qu'importe ce qu'il dit. Ce qui est sûr, c'est qu'il n'a pas baissé la garde. Et, à mon avis, pas renoncé non plus à se porter candidat. Avant le 15 janvier ?

6 janvier

Chirac au forum de *L'Expansion*. Évidemment, question majeure posée d'une façon ou d'une autre par les journalistes : quand se présentera-t-il officiellement ? Tout l'intérêt du forum tourne autour.

Quand on sait qu'il ne répondra que lorsqu'il le voudra bien, toutes ces questions me semblent vaines. C'est le jeu. Tout comme c'est son jeu à lui de nous dire que les choses seront connues d'ici une semaine, ou deux, ou trois.

De temps en temps, l'exercice du métier de journaliste me semble vain : il est évident que ces grands fauves de la politique ne se laissent jamais aller à dévoiler leur stratégie quand ils ont décidé de ne pas le faire. Alors, pourquoi les interrogations, les batailles pour un scoop qu'on n'aura jamais s'il décide de ne pas le donner ? Je dois vieillir...

16 janvier

Jacques Chirac n'avait pas menti, au forum de *L'Expansion* : aujourd'hui, il l'a annoncé depuis l'hôtel Matignon, il est officiellement candidat.

Je croyais qu'il attendrait que Mitterrand le précède. En tout cas, c'est ce que Jacques Toubon m'avait dit, et ce que Charles Pasqua raconte à tous les journalistes qu'il reçoit Place Beauvau.

S'il sort de son mutisme aujourd'hui, je pense que cela a quelque chose à voir avec les coups de téléphone rageurs qu'il a échangés avec Bouygues ou Le Lay à la fin de l'année dernière : les sondages.

Ceux-ci montrent que Raymond Barre tient la corde, qu'il serait un meilleur candidat que Jacques Chirac contre Mitterrand ou contre Rocard. Modéré, rond, quoique sans indulgence, raisonnable, Barre finit par bénéficier, il me semble, de son attitude radicalement opposée à la cohabitation : tous ceux qui sont à la fois mécontents du gouvernement et du Président se retrouvent derrière lui.

Et puis, les jeunes UDF se mobilisent en sa faveur, surtout depuis que François Léotard a pris conscience qu'il serait prématuré, pour lui, de lancer sa propre candidature. Être Premier ministre de Raymond Barre, en revanche, est à sa portée.

Voilà pourquoi Jacques Chirac a pressé le pas.

24 janvier

Michel Rocard annonce à la radio qu'il a déjeuné hier ou avant-hier avec Mitterrand. Il met volontairement fin, avec un haut-parleur, aux interrogations qui sont dans toutes nos têtes : Rocard ne se présentera pas contre Mitterrand. Je n'en doutais qu'à demi, jusqu'à ce que paraisse en décembre ce nouveau livre qui me semblait pouvoir lui servir de bréviaire de campagne [1]. Et bien ce n'est pas pour cette fois.

2 février

Nous sommes début février et Mitterrand n'a toujours pas parlé. Ce qui voudrait dire qu'il se représentera [2].

Pourtant, à l'heure qu'il est, rien n'est réglé. Qui, de nous tous, jurerait qu'il est prêt à prendre le départ ? ou jurerait du contraire ?

Celui à qui le mutisme de Mitterrand risque de couper les ailes, c'est une nouvelle fois Rocard. Il n'aura plus le temps de faire campagne si Mitterrand persiste à ne pas lever lui-même le suspense.

3 février

Je pose la question à Claude Estier sur le cas Rocard. Estier est convaincu que ce n'est plus un problème. Que Rocard occupe le terrain, avec l'autorisation de Mitterrand, tant que celui-ci n'a pas encore fait acte de candidature. Puis qu'il s'effacera derrière Mitterrand dans quelques jours, quelques semaines, dès que le Président aura annoncé qu'il est candidat. Il a l'air de ne pas nourrir de doute à ce sujet. Sur quoi fonde-t-il sa certitude ? Sur le fait que Michel Rocard et ses fidèles ont cessé d'alimenter la polémique avec Mitterrand. Ils connaissent les pronostics des sondages et savent que, dans le climat de la cohabitation où la fonction essentielle du président de la République est de distribuer les bons ou les mauvais points au gouvernement, Mitterrand ne peut que garder son avance par rapport à lui, Rocard.

« Et puis, me dit Claude Estier, ils se voient beaucoup plus souvent que les journalistes ne le savent. En décembre dernier, ils se sont encore vus longuement. Je crois que Mitterrand a dit à Rocard que s'il se présentait contre lui, ils perdraient l'un et l'autre. Comme, j'en suis sûr maintenant, Mitterrand se représentera, cela a définitivement dissuadé Rocard de se présenter de son côté. »

Lui aurait-il dit, comme à Pierre Mauroy avant 1981 : « Je songe à vous pour un ticket » ? Cela, Estier assure qu'il ne le sait pas.

1. Il s'agit de *Le Cœur à l'ouvrage*, éditions Odile Jacob-Le Seuil, octobre 1987.
2. Voir *supra*.

6 février

Avec Maurice Faure, nous parlons interminablement de cette cohabitation qui se vit devant nos yeux. Maurice Faure a toujours eu pour Jacques Chirac une sorte d'admiration, sinon de sympathie. Pourquoi ? Pour des raisons totalement contradictoires, il me semble, mais néanmoins explicables. Avant tout, il me paraît très sensible à la détermination dont Jacques Chirac a fait preuve depuis quinze ans. Normal : lui qui en a tant manqué, de détermination, sait la reconnaître et l'apprécier à sa juste valeur chez les autres ! Et puis, c'est l'élu local qu'il respecte : sur ces terres radicales, Chirac apparaît parfois plus radical que les radicaux.

Tout cela pour expliquer l'interrogation qui nourrit notre conversation : quelles sont exactement les relations entre Mitterrand et Chirac ? Parfois, souvent même, depuis près de deux ans, on a senti le premier exaspéré par le second. Ils se voient tous les mercredis avant le Conseil des ministres sans que l'on sache ce qui se dit vraiment dans ce tête-à-tête officiel. Mitterrand apprécie-t-il, s'amuse-t-il de l'animal politique, plus jeune, qui se trouve en face de lui ? Ou bien s'agace-t-il, au contraire, des libertés que Chirac a prises – et prend toujours, à l'occasion –, notamment lors de ses déplacements à l'étranger ? Surveille-t-il ses empiètements sur la fonction présidentielle ? Quand on connaît Mitterrand, comment en douter ?

Quant à Chirac, j'en suis convaincue, il n'a jamais aimé Mitterrand. Je me rappelle qu'il y a déjà longtemps, au moment où il était ministre de Georges Pompidou et assez proche de lui pour bénéficier de certaines confidences, il m'avait raconté la très piètre estime, pour ne pas dire la méfiance dans lesquelles Pompidou tenait Mitterrand à la fin des années 1960. Il ne m'a jamais précisé sur quoi portaient alors ses attaques, il m'en a dit néanmoins assez pour que je sache qu'il n'a sûrement pas oublié les mises en garde de Georges Pompidou.

C'étaient d'ailleurs plus que des mises en garde. Un jour, m'avait-il raconté, il avait vu Georges Pompidou jeter au feu je ne sais quelle note – émanant des services dont c'est le travail – sur François Mitterrand, alors candidat unique de la gauche, en disant, après l'avoir montrée à Chirac : « Détruisons vite ce document avant d'être tenté de nous en servir ! »

Si je n'ai pas oublié cela, Chirac n'a pas dû l'oublier non plus. Ceux qui pensaient que le Premier ministre allait peut-être tomber dans le piège, c'est-à-dire dans le jeu de la séduction de Mitterrand, se sont trompés. Je me rappelle que les giscardiens disaient cela aussi lorsque Chirac est devenu Premier ministre de Giscard. Ils le voyaient déjà conquis par Giscard d'Estaing, dompté par lui, par son intelligence, comme il avait été séduit par Georges Pompidou. Manifestement, ce n'est pas le cas.

En revanche, tant d'images, tant de plans filmés à la télévision, tant de conférences de presse données conjointement par le Président et son Premier ministre, donnent l'impression d'une complicité extrême entre eux deux. Sourires appuyés, phrase commencée par l'un et terminée par l'autre : se peut-il que l'un et l'autre dissimulent à ce point leurs sentiments profonds ? Curieux couple, tout de même, qui compte les jours avant sa séparation.

Dans quelques semaines, nous ne nous poserons plus la question sur ce que ressentent les deux hommes l'un pour l'autre. L'un sera président, l'autre sorti du jeu.

8 février

Depuis les universités d'été, Raymond Barre était resté dans le flou. Quoique crédité d'une certaine avance sur Jacques Chirac, il n'avait jamais fait officiellement acte de candidature, même si nous, journalistes, le considérons comme en campagne depuis longtemps.

Aujourd'hui, les choses ont changé. Chirac fait en quelques jours une remontée extraordinaire. Depuis sa déclaration de candidature, il mène une campagne de tous les tonnerres, au point que la courbe des sondages s'est croisée : depuis la fin janvier, il devance Raymond Barre dans les sondages[1].

Inutile de dire que, depuis qu'il est en tête, et contrairement aux reproches qu'il nous faisait de publier les chiffres des sondages, il juge que nous ne sommes pas gentils avec lui, puisque nous ne les publions plus qu'avec d'infinies précautions !

Donc, Barre est à son tour sorti du bois. Il l'a fait depuis Lyon, aujourd'hui. Il ne se « résigne pas au déclin » de la France, réclame un « État impartial au service de tous ». Je me demande ce que donnera une campagne présidentielle faite sur ce ton, à la fois grondeur,

1. Le premier sondage indiquant la montée de Jacques Chirac et sa prééminence sur Raymond Barre date de la fin janvier. Il sera corroboré quelques jours plus tard par l'ensemble des instituts d'études d'opinion.

professoral, et dans cette forme : sans envolées, sans élans, presque sans mouvements.

À TF1, les journalistes, les techniciens de l'image et du son qui l'ont accompagné à Lyon racontent, en se tordant littéralement de rire, comment Barre n'a toujours pas compris – ou fait semblant de ne pas comprendre – que, pour passer à la télé, il faut être éclairé. Il ne cesse de se plaindre de ces spots en pleine figure, de cet éclat qui le dérange, de cette lumière qui s'allume dès qu'il se déplace. « Enlevez-moi ces projecteurs », ne cessait-il de dire, irrité, à Jacques Alexandre[1] qui n'en pouvait mais.

14 février

On a beau dire, moi-même j'ai beau dire : il n'empêche que Raymond Barre, tel qu'il est apparu tout à l'heure à « Questions à domicile », est un homme plutôt sympathique, le contraire d'un homme politique. Autant les meetings donnent de lui une image de père fouettard, autant, dans la vie de tous les jours, il apparaît comme un brave type, sans concession, certes, mais sans méchanceté. Mais aussi sans cette étincelle qui fait qu'un homme politique est élu.

16 février

Jacques Chirac, costume gris, cravate bordeaux, au journal d'Antenne 2, ce soir. Ce n'est pas un hasard s'il a choisi la chaîne concurrente : il doit être encore furieux des sondages rendus publics à l'automne dernier par TF1 !

En tout cas, voilà mille jours – mille jours ! – que les otages français sont détenus au Liban. Le Président a parlé, au sujet de ceux qui les détiennent, de « barbarie[2] ». Les parents de Jean-Paul Kauffmann, en direct depuis leur Bretagne, à Corps-Nuds, sont dignes, bouleversés. Ils semblent néanmoins faire des réserves sur l'action du gouvernement français. Chirac répond sobrement, sans trop en faire, que la situation exige une « certaine discrétion », même si les parents

1. Ancien journaliste à TF1, Jacques Alexandre est son porte-parole pendant la campagne de 1988.

2. François Mitterrand a ajouté : « On voudrait être près des otages pour leur dire de tenir bon. »

de Kauffmann et des autres otages, Carton, Fontaine, ressentent mal le silence obligatoire dans lequel s'enferment les autorités françaises.

Comme toujours, dans ces cas-là, il est humain : sa voix perd son côté métallique, elle devient plus grave, s'éraille presque – la cigarette, ou le souvenir de Pompidou ? –, même s'il précise aussitôt, comme il l'a fait tout à l'heure, qu'il ne peut ajouter aucun commentaire.

Il reprend sa voix habituelle, en revanche – sa voix politique, si j'ose dire –, en répondant aux questions d'Henri Sannier et de Paul Amar. Sur l'Iran, il a dit qu'il n'avait pas de relations avec « un complice des terroristes », sinon par le biais de l'Italie. Pourquoi l'Italie, je ne sais...

Sa rivalité avec Raymond Barre ? Pas de guéguerre entre les deux, a-t-il assuré en tentant de minimiser les antagonismes entre eux. Il y a deux candidats au sein de la majorité, voilà tout.

Et Mitterrand ? Il voudrait bien qu'il « sorte de la pénombre ». La situation doit l'énerver au plus haut point. Il n'a pas l'air de douter un seul instant que Mitterrand sera candidat. Ce qui l'irrite, c'est qu'il ait été obligé de se découvrir avant lui.

Une seule chose drôle, pour finir : il paraît que Chirac a souvent des mots plus que désagréables à l'égard de Margaret Thatcher. Il l'a traitée d'« épicière » lors de je ne sais quel Conseil européen [1]. Et lui a adressé une grossièreté que j'ai oubliée, à la fin de l'année dernière. Lorsque Henri Sannier lui demande si c'est vrai – et nous savons tous que c'est vrai –, Chirac répond, la main sur le cœur, qu'il ne sait pas « comment sont nés ces bruits ».

Ce qu'il y a de drôle là-dedans, c'est que, contre toute attente, Mitterrand s'entend très bien avec Thatcher, dont, c'est le moins qu'on puisse dire, il ne partage pas les idées. Il la trouve même – il l'a dit à l'occasion du sommet à Venise, l'année dernière – séduisante !

Chirac est politiquement plus proche de Thatcher que Mitterrand ne l'est lui-même. En revanche, il ne lui trouve aucun charme. Toujours décidément arrive l'inattendu : dans le cas présent, la détestation qui s'est instaurée entre Chirac et Thatcher, dès les premiers mois de la cohabitation, était tout sauf prévisible.

---

1. Il s'agit du Conseil européen de Copenhague, les 4 et 5 décembre 1987. Par la suite, on raconte qu'à Bruxelles, il aurait lâché, exaspéré par son homologue britannique, un « Et mes couilles ! » auquel la presse britannique réserva immédiatement un grand écho, le traducteur ayant jugé bon de traduire publiquement les termes employés par le Premier ministre français.

22 février

Les affaires de Nouméa illustrent à merveille l'insurmontable mur qui sépare la droite de la gauche pour ce qui a trait aux territoires et départements d'outre-mer. Depuis plusieurs mois déjà, TF1 envoie sur place nombre d'équipes de reporters et autres cameramen pour suivre les événements qui opposent sans cesse les deux communautés, kanak et caldoche.

Cela fait longtemps que la Nouvelle-Calédonie est entrée dans mon angle de vue : la Haute Autorité avait été chargée, en septembre 1985, d'organiser la première campagne audiovisuelle à l'occasion des élections locales qui avaient eu lieu là-bas, exactement aux antipodes. Paul Guimard, escorté de Corinne Fabre[1], s'était rendu sur place et avait rendu visite aux communautés en présence. À son retour, après une campagne par exception sans trop d'histoires, il m'avait raconté comment il avait navigué entre les deux communautés en s'en sortant assez bien, trouvant cependant à plusieurs reprises, le soir, à l'entrée de son bungalow, quelques grigris déposés sur son paillasson, statuettes et autres objets dont il n'avait jamais su au juste s'ils étaient bénéfiques ou s'ils portaient malheur.

Ensemble nous avions longuement disserté sur le colonialisme français empreint, à l'autre bout du monde, d'une incommensurable bêtise : terres impossibles à cultiver attribuées aux Kanak, grandes propriétés occupées par les Caldoches, pouvoir économique entièrement aux mains des Blancs. Avant 1986, le gouvernement Fabius avait entrepris une libéralisation de l'île où les Kanak n'avaient, depuis des décennies, que le droit de regarder les Caldoches faire des affaires et prendre en main tous les postes importants du territoire[2].

---

1. Secrétaire générale de la Haute Autorité.

2. Le plan Pisani-Fabius avait écarté l'idée d'indépendance tout en accordant de larges pouvoirs aux Kanak dans leurs régions. Mais la violence reprit le 15 novembre 1986 à la suite d'affrontements au cours desquels un jeune Caldoche fut abattu par un membre du FLNKS. En février 1987, Mitterrand a fait connaître en Conseil des ministres son opposition aux modalités du prochain référendum souhaité par le gouvernement Chirac et proposé au Parlement en 1987. La majorité est divisée sur ce point : Raymond Barre et les centristes sont beaucoup plus proches de la position de Mitterrand que de celle de Chirac et de son ministre de l'Outremer, Bernard Pons. Un référendum a eu lieu en Nouvelle-Calédonie le 13 septembre 1987 : le FLNKS n'y a pas participé. Le résultat a été à 98 % hostile à l'indépendance.

La violence est revenue quinze jours plus tard avec la mort de deux gendarmes abattus par le FLNKS.

Évidemment, en accédant au pouvoir, le nouveau gouvernement, plus proche du leader caldoche RPR Jacques Lafleur que du Kanak Tjibaou, a immédiatement entrepris de faire le contraire de la politique mise en route par la gauche. Depuis 1986, le désaccord entre la gauche et la majorité ne cesse sur ce point de s'aggraver. Chirac a fait voter un projet de loi réformant le statut de la Nouvelle-Calédonie. Il s'est rendu lui-même à l'été 1986 à Nouméa pour prêcher la réconciliation. Il a été accueilli comme un sauveur, naturellement, par les représentants locaux du RPR. Et puis tout s'est dégradé, et la violence n'a plus cessé depuis deux ans.

Aujourd'hui, le FLNKS a pris en otages neuf gendarmes français. Cette fois, l'irrémédiable est là. N'importe lequel de ceux qui ont vécu de loin ou de près la guerre d'Algérie sait que l'actuelle politique française, qui s'appuie sur des colons, ou, pis encore, sur des Kanak modérés, ira forcément dans le mur. Je sais bien que les leçons de l'Histoire ne servent à rien. Tout de même, recommencer le même engrenage que dans les années 1954 à 1962 relève de l'amnésie. Sont-ils gaullistes, ces gens-là, qui des années plus tard se battent pour la Nouvelle-Calédonie française comme d'autres se sont battus pour l'Algérie française ? Là encore, je me souviens de la passion avec laquelle Chirac avait un jour raconté à notre petite bande de journalistes comment il avait été heureux, oui, heureux, en Algérie pendant qu'il y faisait – comme lieutenant, je crois – son service militaire sur un piton rocheux.

4 mars

L'inauguration du chantier de la Pyramide du Louvre par Mitterrand, escorté de François Léotard, aujourd'hui, marque une sorte de point final à la bagarre que se livrent Édouard Balladur et le Président depuis bientôt deux ans. J'avais fini par croire que cette pyramide, entre la Cour carrée et l'arc de triomphe du Carrousel, ne verrait jamais le jour. Émile Biasini, président de l'établissement public du Grand Louvre, m'a raconté hier le combat qu'il a dû mener, au cœur de la cohabitation, pour continuer les travaux du Grand Louvre malgré l'effort acharné d'Édouard Balladur – qui d'ailleurs

À partir des premiers mois de 1988, les amis de Jean-Marie Tjibaou misent sur le succès de Mitterrand à la prochaine élection présidentielle.

s'est abstenu, par mauvaise humeur, de venir à la manifestation d'aujourd'hui.

Émile Biasini, éphémère président de l'ORTF qu'il a quittée après 1968 pour ne pas se livrer à une chasse aux sorcières, est un homme qui gagne à être connu, ne serait-ce que par l'énergie qu'il a mise à tracer sa route depuis que Mitterrand l'a nommé en 1982 président de l'établissement public du Grand Louvre. Il aura eu jusqu'à maintenant à triompher de tous les conservatismes, et aura été, sans le vouloir, pris pendant deux ans dans les remous de la cohabitation. Il rencontre très souvent Mitterrand. Par lui, Mitterrand, même s'il feint, devant les ministres de la cohabitation, d'être serein, n'ignore rien des retards que prend le chantier depuis que le ministre des Finances a refusé, en 1986, d'abandonner les salons Napoléon III de la rue de Rivoli, et de partir, comme les choses étaient prévues avant la victoire de Chirac, pour Bercy.

Il en a vu de toutes les couleurs, Biasini, depuis 1986 ! Solide comme un menhir. Matignon lui a d'abord interdit de continuer les travaux sur l'aile Rivoli, là où se situent les bureaux de Balladur et de Juppé[1]. Puis un collectif de riverains s'est créé pour manifester son hostilité au projet. Biasini a organisé la réplique en créant le Comité de soutien au Grand Louvre, auquel j'ai adhéré avec enthousiasme après qu'il m'a raconté, non sans drôlerie, mais sans une once d'abattement, les innombrables bâtons qu'on mettait de tous côtés dans ses roues.

Sur sa route, il n'a trouvé, du côté de la majorité, qu'un soutien, de taille : François Léotard, d'emblée séduit, comme d'ailleurs l'ensemble du milieu dit culturel, par le projet de plus grand musée d'Europe dont la construction avait été confiée – autre sujet de polémique – à l'architecte sino-américain Pei Ieoh Ming.

Biasini, haut fonctionnaire pourtant peu enclin à la confidence, m'a raconté hier avec un plaisir inouï comment il n'avait cessé de louvoyer entre les uns et les autres pour poursuivre son projet, qui est avant tout celui de Mitterrand.

Au début, Pei voulait construire la pyramide avec des parois de verre d'un seul tenant. Saint-Gobain n'est pas parvenu à créer un verre assez solide. Pei s'est donc converti à des plaques de verre liées par une structure métallique, ce qui fait de ce monument une des plus extraordinaires constructions que je connaisse.

1. Alain Juppé est ministre délégué au Budget depuis 1986.

Biasini a bien cru ne pas arriver à finir, ni même tout simplement à faire avancer les travaux. Aujourd'hui, même si tout n'est pas terminé, il a tout de même remporté une sacrée victoire. Comme c'est un homme qui croit à ce qu'il fait, il rougissait de contentement, hier, en me faisant le récit – que j'ai noté ici de façon cursive, sans les détails qui lui donnaient tout son prix – de son entreprise.

Toujours pas de déclaration de candidature de Mitterrand.

6 mars

Au tour de Jacques Chirac de participer à « Questions à domicile » avec Anne Sinclair et Pierre-Luc Séguillon.

22 mars

Ça y est : Mitterrand est officiellement candidat. Il a fait acte de candidature sur Antenne 2 avec une sorte de retenue que je ne lui connaissais pas. Est-ce vraiment qu'il ne se sent pas sûr de lui ? Ou n'est-ce pas plutôt pour montrer que la quête du pouvoir, du pouvoir à tout prix, n'est pas son seul moteur ?

Il fallait l'entendre en effet, de bleu clair vêtu, hocher la tête comme s'il tournait sept fois sa langue dans sa bouche, et émettre un tout petit « oui » en réponse à la question de Paul Amar et d'Henri Sannier : oui, il sera bien candidat à la présidentielle. « Vous avez longtemps réfléchi ? » lui a-t-on demandé. « J'ai le droit, non ? » a-t-il répliqué sur-le-champ, ironique, presque mordant.

Ce qui m'a surprise, c'est qu'après ce « oui » presque hésitant, il a entamé sans souffler une charge que je n'attendais pas contre Jacques Chirac. Comme si le seul fait d'avoir avoué ses intentions l'autorisait d'un coup à se départir de sa sérénité. À retrouver immédiatement son visage âpre, politique, engagé. Dès les premières minutes, en quelques phrases, il découvre ce que sera sa campagne : violente, contre l'État-RPR, contre l'intolérance de Jacques Chirac[1].

Sa vigueur me surprend. Sa rapidité, surtout : après tous ces efforts

1. « Je veux que la France soit unie, et elle ne le sera pas si elle est prise en main par des esprits intolérants, par des partis qui veulent tout, par des clans et par des bandes », dit François Mitterrand ce jour-là. Il ajoute qu'il ne veut pas de ceux qui « exercent leur domination sur le pays au risque de déchirer le tissu social et d'empêcher la cohésion sociale ».

pour faire bonne figure, pour afficher sur le théâtre international sa complicité, ou presque, avec son Premier ministre, il n'a pas mis longtemps à montrer un autre visage : le vrai.

Cette cohabitation subie, les conflits masqués qui l'opposent depuis deux ans au Premier ministre, à son ministre de la Défense, à celui de l'Intérieur, tout cela a fait voler en éclats, aux yeux des Français, son image de rassembleur vieillissant. On attendait – je m'attendais – à ce qu'il fasse une campagne œcuménique, tranquille en un mot, en se laissant davantage porter par la vague hostile à Chirac qu'en se mesurant à lui. Je m'étais trompée. Le voici sur l'écran, mâchoire tendue, yeux jetant des éclairs, comme contenant une colère qu'il laisse aujourd'hui percer publiquement pour la première fois.

La violence de cet homme, sa façon d'encaisser les coups, puis de les rendre, le moment venu, me surprendront toujours.

30 mars

Mort d'Edgar Faure. Depuis quelques mois, je le voyais moins. Mitterrand lui avait confié l'organisation des fêtes du bicentenaire de la Révolution qui doit avoir lieu l'année prochaine. Façon de marquer qu'entre eux restait, née dans la IVe République, une complicité qu'aucune divergence politique ne pouvait gommer.

Je repense à toutes ces sorties, toutes ces formules d'Edgar, qui nous ont tous tant amusés ! Je me rappelle qu'il avait donné à Mitterrand ce conseil, après sa victoire en 1981, lorsque les sondages commençaient à se retourner en défaveur de la gauche : « Il n'est pas interdit d'être populaire. » André Rousselet, lorsqu'il m'avait raconté ce premier déjeuner entre Edgar et Mitterrand, en riait encore !

Il était un des seuls à faire rire Mitterrand. À le tutoyer aussi, du reste. Après la mort de Lucie, il avait pris un gros coup, certes. Et puis, le temps passant, il avait recommencé à charmer les femmes à coups de mots d'esprit, et avait même trouvé une seconde compagne.

J'ai de lui aujourd'hui un souvenir plus précis et moins politique que les autres. Un soir, chez moi, il avait fait une apparition à la fin d'un dîner où Régine Deforges, l'auteur de *La Bicyclette bleue*[1], brillait de tous ses feux. Il avait soulevé le couvercle du piano dans l'entrée,

1. Régine Deforges avait édité plusieurs classiques de l'érotisme avant d'écrire *La Bicyclette bleue*, publiée en 1982.

et, après le repas, composé en quelques minutes une chanson en hommage aux cheveux roux de Régine. Nous nous sommes tous longuement extasiés sur son talent, réel, de parolier, et surtout sur la facilité avec laquelle il avait en quelques minutes troussé une véritable chanson d'amour.

Je ne l'ai appris qu'après par Paul Granet : la chanson n'avait pas été composée pour elle, mais pour une jeune professeur, rousse également, qui avait un temps enseigné le russe à Edgar. La supercherie était bénigne, elle nous avait ravis, l'espace d'une soirée. Nous en avons tous gardé un souvenir nostalgique.

31 mars

Vu Pierre Mauroy. Il ne me l'a pas dit expressément, pourtant je sens qu'il ne veut pas, après l'élection – il ne doute pas un seul instant que Mitterrand gagnera –, être marginalisé. Il ne peut plus être Premier ministre. Il ne souhaite pas être ministre, ce que je peux comprendre aisément. Alors, quoi ? Rentrer au Parti, jouer un rôle au Parti, me dit-il.

Je comprends qu'il vise le remplacement de Lionel Jospin au premier secrétariat. Il serait en effet normal que celui-ci rentre au gouvernement après sept années de services à la tête du PS. Dans ce cas, sa succession sera ouverte. Militant de toujours, désireux de le redevenir, il n'est pas étonnant que Mauroy se pose la question. Je me trompe peut-être, mais j'ai beau tourner et retourner dans ma tête les phrases qu'il a prononcées au déjeuner, je ne vois pas d'autre sens à ce qu'il m'a dit.

J'écris ces lignes en regardant « Questions à domicile » dont Mitterrand est l'invité. Il est vraiment passé maître dans l'art de la communication. Même lorsqu'il dit – il n'est pas fou, il a en tête le premier tour – qu'il est « naturellement resté socialiste ». Il est naturel, séduisant et mordant à la fois. Avec cet air d'être au mieux de sa forme. Toujours cette volonté de montrer que son âge, dont il parle pourtant tellement, n'a pas d'importance. Ou plutôt si : qu'il a de la maturité, mais pas de fatigue. De la sagesse, pas de la vieillesse.

Début avril

Mitterrand a foncé tête baissée dans la campagne. Je n'ai pas le temps, comme en 1981, de la suivre jour après jour, mais Jean-Luc Mano, qui l'escorte, plaide – et je crois qu'il a raison – que son entrée en fanfare dans le combat électoral a changé la donne politique. Lorsque Chirac et Barre tenaient seuls le devant de la scène, la campagne faisait son petit bonhomme de chemin : Chirac montait, Barre tenait encore à peu près en équilibre mais sur une pente glissante. L'entrée dans la lutte de Mitterrand, outre qu'elle a réveillé la campagne, a eu pour premier effet de reléguer au second plan la candidature de Raymond Barre. Celui-ci, il me semble, ne se fait plus guère d'illusions. Il a réellement cru, à la fin de l'année dernière, qu'il était le meilleur, le plus apte, à droite, à réunir les Français autour de son nom. Depuis que Chirac s'est à son tour lancé dans l'aventure, il a commencé à en douter.

Est alors arrivé Mitterrand. Les Français le savent : il ne restera que deux candidats en piste au second tour. Inutile, donc, de se préoccuper du troisième. Ce simple calcul a fait de ce troisième homme un acteur de série B dans la série A de la course à la Présidence.

Il est vrai que Barre n'est guère aidé par les siens. En a-t-il seulement, des *siens* ? Dieu me garde de mes amis ! doit-il se dire en ce moment. François Léotard et le PR le soutiennent mollement. Tandis qu'au CDS, Pierre Méhaignerie n'est pas un foudre de guerre. Il est bien seul, finalement, Raymond Barre, il ne fait ni promesses à son électorat, ni concessions aux journalistes : pas la moindre petite phrase à reprendre en boucle sur les radios, pas d'images choc, pas de confidences. Il a l'air de ne pas s'être habitué aux projecteurs, de pester contre la foule qui l'entoure, c'est-à-dire le plus souvent contre ses propres supporters. D'en vouloir à Chirac d'être Chirac, et aux Français d'être ce qu'ils sont.

J'en éprouve presque de la sympathie pour lui, tant il est atypique dans une telle bagarre.

13 avril

Mitterrand n'est, paraît-il, pas content de la façon dont ses lieutenants ont relayé sa *Lettre aux Français* de la semaine dernière.

Aujourd'hui, Marcel Debarge[1] – c'est lui qui me le raconte – avait invité à déjeuner autour de Mitterrand, au Pré-Saint-Gervais dont il est le sénateur-maire, tous ses proches. Cela s'est passé dans cet excellent restaurant, Le Pouilly-Reuilly, que je connais bien : il est situé tout à côté du domicile de Daniel Karlin, et il nous est arrivé d'y aller déjeuner lorsque nous étions à la Haute Autorité. Il ne manquait personne : Poperen, Fabius, Jospin, Bianco, Chevènement, Mauroy, Bérégovoy, tous les « ministrables » et même « premiers ministrables » étaient là. Au menu, le même pour tout le monde : œufs brouillés, homard et rognons de veau. De quoi tuer son homme.

« Vous êtes socialistes, leur a-t-il dit néanmoins, après avoir saucé son assiette, et lorsque vous entendez dire que vous n'avez pas de programme, vous ne répondez rien. Vous avez tort, nous avons le meilleur programme ! (Il veut dire : celui, à peine socialiste, de sa *Lettre aux Français*). Faites campagne comme vous le voulez, sur les idées que vous défendez, vous ne me gênerez pas. »

Derrière ces phrases, comme toujours à plusieurs détentes, cette réalité : il craint que sa *Lettre aux Français*, idéale pour l'œcuménisme du second tour, semble trop peu socialiste aux vieux de la vieille socialistes. C'est donc à sa poignée de fidèles qu'il demande de souder autour d'eux l'électorat de gauche du premier tour. Et, pour tout dire, il trouve que ses lieutenants, mis à part Laurent Fabius, comme toujours le premier de la classe, et Michel Rocard, qui en a fait l'exégèse à Conflans-Sainte-Honorine il y a quelques jours, ont fait le service minimum.

14 avril

Les troupes soviétiques ont quitté l'Afghanistan. Chacun interprète ça comme un gage de bonne volonté donné par Gorbatchev aux Occidentaux. Ceux qui connaissent l'Afghanistan ajoutent que les Russes n'ont jamais pu, là-bas, se rendre maîtres du terrain : trop de montagnes pelées percées de souterrains et de tunnels, trop de défilés à embuscades, trop de détermination des paysans afghans.

Ce départ annoncé est aussi, pour les Soviétiques, un véritable motif de soulagement.

Pour les communistes français aussi : en campagne, le pauvre

1. Maire du Pré-Saint-Gervais depuis 1977, sénateur de Seine-Saint-Denis depuis la même date, Marcel Debarge a adhéré au Parti socialiste en 1969.

André Lajoinie, qui oscille entre 5 et 6 % des intentions de vote, n'est, lui non plus, pas mécontent que les Soviétiques se soient retirés.

20 avril

Dans le JT de TF1, aujourd'hui, quelques plans d'une promenade rurale dans laquelle François Mitterrand entraîne Michel Rocard dans la boue de je ne sais quelle montagne[1]. Ils poursuivent une conversation que ne suivent pas les micros : Michel Rocard, me raconte Tony Dreyfus[2] mi-figue mi-raisin, a reçu le matin même un coup de téléphone de Jean Glavany lui demandant de venir en « tenue de campagne ». Rocard, qui n'aime que la mer et qui est même un navigateur confirmé, a réuni à toute vitesse ce qu'il avait sous la main pour accéder aux recommandations vestimentaires faites par Danielle Mitterrand : de grosses chaussettes, des chaussures de montagne dans lesquelles il a glissé le bas de son pantalon. Sur cet équipement il a gardé son imperméable de ville et s'est coiffé d'une casquette trop grande qu'on lui a prêtée.

Alertés, les photographes ont pris quelques photos historiques de cet accoutrement ridicule. Manifestement, il ne s'agissait pas d'un défilé de mode : ils sont ensemble, ils ont voulu se faire voir ensemble. Ou plus exactement Mitterrand a voulu qu'on le voie avec Rocard pour signifier qu'aujourd'hui il n'y a pas de compétition entre eux, que Rocard est derrière lui. C'est un message en images à l'intention de tous les rocardiens : enterrons la hache de guerre puisque les deux hommes combattent ensemble.

22 avril

Je n'ai pas parlé d'une des particularités essentielles de la campagne : les émissions de la campagne électorale officielle, celle qui accorde aux candidats un temps d'antenne égal dans les quinze derniers jours précédant le scrutin, sont, cette année, pour la première fois, réservées aux télévisions et aux radios publiques. TF1 n'y est pas assujetti. Quand on sait que lesdites émissions officielles ont un effet

1. Il s'agit du pic de Saint-Loup, dans les Cévennes.

2. Avocat, Tony Dreyfus est un rocardien de la première – et de la dernière – heure. Il appartient à la garde rapprochée de Michel Rocard et sera ministre dans son gouvernement.

généralement soporifique sur les électeurs, nous sommes assez contents, à TF1, d'y échapper. Mougeotte et Le Lay se sont posé la question de savoir si, par révérence, nous allions supprimer le « Bébête show[1] », qui fait un tabac avant le JT de 20 heures. Eh bien, on l'a gardé, ce show diffusé juste en même temps que les émissions officielles.

Ce qu'on n'avait pas tout à fait prévu, c'est que lesdites émissions ont fait un flop, à l'inverse du « Bébête show », avec Mitterrand en grenouille, Barre en ours en peluche et Chirac en black-jack. La séquence est en soi une merveille d'éditorial politique où le trait est forcé, certes, mais comme dans une caricature. Et lorsqu'on y entend Barre protestant de sa loyauté éventuelle à Chirac si celui-ci le devance le 24 avril, Rocard transformé en serviteur obséquieux, Chirac prêt à tout pour pourfendre son adversaire, et Mitterrand faussement patelin, on se surprend à trouver que ce n'est pas si loin de la réalité. Les téléspectateurs aussi : 27 points d'audience pour le « Bébête show », 7 pour la campagne officielle. Tout est dit : la dérision gagne le match.

23 avril

Je me rappelle qu'en 1981, à quelques heures du second tour, j'étais incapable de savoir qui gagnerait, de Mitterrand ou de Giscard. Aujourd'hui, la réélection de Mitterrand ne fait pas de doute dans mon esprit.

La droite est divisée. La gauche aussi, certes, mais ce n'est pas la personnalité d'André Lajoinie[2], brave homme au demeurant, ni celle de l'intelligent Pierre Juquin qui menacent Mitterrand, d'autant moins qu'il est acquis qu'il aura leurs voix au second tour. Quant à l'extrême gauche d'Arlette Laguiller, elle n'amputera pas le total des voix de gauche plus qu'elle ne l'a fait en 1981.

1. Le « Bébête show » est une émission satirique créée par Jean Amadou, Stéphane Collaro et Jean Roucas en 1983. Il n'était à l'origine qu'une séquence de l'émission « Cocoboy », avant de devenir une émission à part entière, diffusée tous les soirs de 19 h 50 à 19 h 55. L'émission mettait en scène des marionnettes représentant les hommes politiques français.

2. À gauche, André Lajoinie est le candidat du Parti communiste, Pierre Juquin fait acte de candidature personnelle (il a été marginalisé, puis exclu du Parti communiste depuis 1985), Arlette Laguiller est, pour la troisième fois, la candidate trotskiste, et Antoine Waechter est le candidat écologiste.

À droite, la seule interrogation porte sur le point de savoir la différence entre le score de Chirac et celui de Barre, étant donné que les deux sont confrontés à l'extrême droite de Jean-Marie Le Pen. S'il n'est pas entièrement vrai que Le Pen dise tout haut ce que beaucoup de Français pensent tout bas, comme il aime lui-même à le proclamer, il n'en reste pas moins que son succès à travers la France entière ne s'est jamais démenti depuis 1984, et moins encore durant cette campagne.

Avant le début de la campagne, Édouard Balladur avait risqué un chiffre : « Si Jacques Chirac est à 25 % au premier tour, il peut espérer gagner. »

On en est loin. Aucun des sondages ne crédite le Premier ministre d'un score comparable.

Reste le report des voix au second tour. Les communistes reporteront-ils leurs suffrages sur le président sortant ? Massivement ? Mitterrand a pas mal « ouvert » à droite pendant sa campagne, au point de paraître viser le second tour, parfois, avant le premier ; sa *Lettre aux Français* est beaucoup moins orientée à gauche que ne l'étaient, en 1981, ses 110 propositions. Le communisme rural de Lajoinie n'y trouve sûrement pas son compte. Peut-être Pierre Juquin s'en sent-il plus proche, mais qu'est-ce que cela changera, vu le faible nombre de voix dont il est crédité au premier tour ?

Quant aux voix de Le Pen, on peut en être sûr, à l'entendre à ce point diriger ses flèches contre Jacques Chirac, elles ne se reporteront pas sur lui. Peut-être, en revanche, sur Raymond Barre, si celui-ci arrivait finalement en deuxième position, le 24 avril.

24 avril

Premier tour[1]. Pas de suspense, mais tout de même : je suis stupé-

1. Résultats du 1er tour : sur 31 millions de votants, François Mitterrand obtient 34,09 % ; Jacques Chirac : 19,94 % ; Raymond Barre : 16,54 %, et Jean-Marie Le Pen, 14,39 %. Avec 6,76 %, André Lajoinie ne peut prétendre lutter contre l'érosion du Parti communiste.

Les quatre « petits candidats », Antoine Waechter, Pierre Juquin, Arlette Laguiller et Pierre Boussel, oscillent entre 4 % et 0,5 %.

À titre d'exemple, les huit sondages Sofres effectués de novembre 1987 au 20 avril font varier les scores de François Mitterrand de 38 à 35 %, ceux de Jacques Chirac de 18 à 23,5 %, ceux de Raymond Barre passent de 24,5 en début de campagne à 17 % à la fin. Le score de Jean-Marie Le Pen, lui, oscille entre 10 et 12 %.

faite par le petit score de Jacques Chirac. Lutter depuis deux ans, arpenter la France entière, enchaîner meeting sur meeting depuis trois mois, pour n'obtenir, au bout du marathon, que 19,9 % des voix ! Il y a quelque chose de désespérant, pour lui, dans ces chiffres. Il ne gagne qu'un petit point par rapport à 1981 ! Décidément, il ne réunit qu'une partie de la droite, et n'arrive pas à la fédérer. Même si, ce soir, Valéry Giscard d'Estaing a annoncé, grand prince, qu'il appelait le centre à reporter ses voix sur lui.

Le résultat est d'autant plus criant que les sondages non révélés pendant la dernière semaine de campagne montraient tous une avance plus confortable de Chirac par rapport à Barre. Il était crédité de 22 à 23 % – ce qui ne lui permettait déjà pas d'aborder le second tour avec la moindre chance de succès.

Les moins de 20 % obtenus par son adversaire principal vont transformer la campagne du second tour en promenade de santé pour Mitterrand.

Mais le vrai choc, c'est le score de Jean-Marie Le Pen, qu'aucun des sondages n'avait laissé prévoir. Le Pen à moins de deux points de Raymond Barre ! Une incessante montée depuis les européennes de 1984 et les législatives de 1986. Il y a là quelque chose qui bouleverse la vie politique française. Même si cela ne dure pas.

Lui, en tout cas, depuis sa maison de Montretout, à Saint-Cloud, claironne dès ce soir : « Ce score est un tremblement de terre politique » – tels sont à peu près ses premiers mots. « Rien ne se fera plus en France sans la volonté du Front national. » Je ne suis pas sûre de l'exactitude de ces propos que j'ai relevés rapidement, je suis sûre en revanche de leur teneur. Il a dit cela avec une sorte de contentement inouï, plein cadre, gonflé d'orgueil devant sa propre performance...

Comment ne nous sommes-nous pas aperçus, les uns et les autres, que l'extrême droite ne faisait que se renforcer en France depuis des années ? Il faut dire, là aussi, que les sondages ne nous ont pas aidés. Sans doute les électeurs de Le Pen n'osent-ils pas dire aux sondeurs qu'ils votent pour celui-ci, de peur de passer pour des militants d'extrême droite : ils ont déclaré un vote Chirac et se sont rués dans les isoloirs pour voter Le Pen.

Mitterrand pensait en 1983 diviser la droite. Il ne pensait sans doute pas le faire à ce point. Je serais tentée de dire : quelle victoire !, si je n'avais peur que les choses ne soient allées trop loin. Il doit en avoir peur, lui aussi, au demeurant.

Techniquement, le plateau de TF1 n'est pas terrible. C'est la première fois que j'ai eu à choisir le décor. Je m'aperçois ce soir que ce n'est pas mon métier et que j'ai beaucoup à apprendre. Avec Jean-Claude Paris et la bénédiction de Mougeotte et Le Lay, nous avons opté pour un décor très majestueux, mais beaucoup trop sombre, tandis qu'Antenne 2 a fait de l'éclairage son atout majeur.

Je trouve l'image de TF1 terne, animateurs et commentateurs presque écrasés, interlocuteurs politiques pâlots, couleurs transformées par la puissance de projecteurs pourtant insuffisants tant la couleur bleu métallisé du décor absorbe la lumière. Les hommes politiques se suivent sur le plateau, camp contre camp, les chiraquiens ayant parfois du mal à masquer leur déception. Jacques Toubon, seul, arrive avec le sourire, celui qu'il garde en toute circonstance, surtout, comme Chirac, lorsqu'il se sent menacé.

Mais peu importe l'image : l'essentiel est dans le fait que Mitterrand est en passe d'être réélu les doigts dans le nez. Curieusement, le fait que Raymond Barre ait réalisé ce petit score ne surprend personne : là, on mesure le rôle des sondages. Cela fait plusieurs semaines qu'on voyait ses voix décroître d'un sondage l'autre. Nous n'avons donc pas été surpris.

En revanche, pour Jacques Chirac, quelle dégringolade ! Qu'est-ce qui lui vaut ce score insuffisant ? Sa campagne a été réussie de bout en bout, comme toujours. Il n'a pas cessé de serrer des mains, de foncer dans la foule, d'embrasser les petits enfants. Tout cela pour rien. Électroencéphalogramme plat !

Paie-t-il le fait d'avoir été Premier ministre ? Le terrorisme de l'année 1986 ? Les étudiants dans la rue ? Les privatisations, celle de TF1 en tête ?

Je ne peux m'empêcher de penser qu'aujourd'hui, en ce moment même (j'écris après cette soirée électorale, vers 2 heures du matin, avant d'aller dormir), il doit se ronger les sangs. À moins qu'il ne se soit déjà assoupi, pensant que demain est un autre jour...

25 avril

La soirée électorale n'a pas été un franc succès pour TF1. Antenne 2 nous a battus. J'en ai été tenue, je le sais, responsable alors que toute la hiérarchie avait approuvé avant-hier le décor vilipendé au lendemain du scrutin par la même hiérarchie. Normal – duraille, néanmoins !

Je note trois choses dont je me souviendrai.

La première est que depuis des années, Antenne 2 domine sur le terrain politique. Il fallait inverser la vapeur. Peut-être devrait-on prendre le temps de le faire, surtout à l'issue d'une période de plus d'un an où la privatisation de TF1 a été presque unanimement condamnée.

La deuxième, c'est que la télévision est un métier multiple. Ce n'est pas parce que je suis dans la presse depuis des années que je sais choisir un décor, ni même coordonner un bastringue de ce genre.

La troisième est que ce matin, tout le monde était mécontent : le service politique, qui estimait ne pas avoir été assez longtemps à l'antenne, ou plus exactement à l'image ; les présentateurs, qui trouvent que les journalistes n'ont pas été assez dynamiques ; Étienne Mougeotte, qui hier dans la nuit me disait encore que la soirée s'était très bien déroulée, juge, après avoir lu l'audimat, qu'elle a été ratée.

Sans doute vrai, puisque les chiffres sont là ! Je trouve néanmoins l'expérience cuisante. Tant pis, je m'en remettrai ! On fera mieux la prochaine fois...

De toute façon, un coup chasse l'autre et l'ébullition dans les arrière-cours (je devrais dire les basses-cours !) des télévisions a repris tôt, ce lundi matin : y aura-t-il ou non débat à la télévision entre Chirac et Mitterrand ? Quelle forme revêtira-t-il ? Qui l'animera ?

Élie Vannier[1] et moi consultons sans cesse ; l'un et l'autre candidat écartent systématiquement nos propositions : Mitterrand ne veut pas de Poivre d'Arvor, Chirac veut encore moins de Duhamel, tandis qu'à l'intérieur des rédactions, les journalistes sont près d'en venir aux mains. (J'exagère, et pourtant il y a de ça !) Si ce n'est pas Poivre, qui d'autre ?

La situation est à peu près la même à Antenne 2. Paul Amar ? Je ne sais pourquoi, cela ne va pas. Bernard Rapp ? Pas assez politique, ou quelque chose comme ça. Les noms s'échangent, de l'Élysée à Matignon en passant par nos bureaux. Nous nous consultons directement, Élie et moi, en baissant le ton au téléphone, comme des conspirateurs, de peur que nos charmants présentateurs ne surprennent nos conversations.

1. Élie Vannier est directeur de l'information d'Antenne 2.

26 avril dans la nuit

Finalement, Mitterrand et Chirac, peut-être à force d'entendre leurs négociateurs personnels parler de nous, tombent d'accord : les deux directeurs de l'information animeront le débat présidentiel. Notre double légitimité, comme directeurs sur la Une et la Deux, semble convenir aux deux candidats. Dire que cela fait plaisir à tout le monde au sein de nos deux rédactions serait trop dire. Nous n'avons pas le temps d'entendre récriminations et protestations que nous nous enfermons pour travailler à nos questions.

Un mot sur ces débats présidentiels. Ils n'ont rien à voir avec les débats habituels sur les chaînes de télévision. Dans l'état actuel de la loi qui prévoit toutes sortes de garde-fous pour qu'aucun des candidats ne se sente lésé par le débat, il est naturel que les candidats

puissent choisir d'un commun accord leurs interlocuteurs. Au moins ne peut-on pas dire que leur choix a été sectaire, puisqu'ils sont deux, dans des camps différents, à tomber d'accord sur deux noms.

De toute façon, je ne vois pas pourquoi tous les journalistes se battent pour l'animer, ce grand débat. Obligés de respecter les temps de parole à la minute près, de diviser l'émission en quatre parties à peu près égales : politique intérieure, extérieure, économique et sociale, ils risquent d'apparaître davantage comme des chronométreurs que comme des journalistes.

Inutile pourtant de me le cacher : je suis rudement contente d'animer ce deuxième débat, sept ans après le premier ! Il me semble que le face-à-face Giscard-Mitterrand date d'un siècle. J'aurai sans doute moins peur, cette fois-ci, qu'en 1981, époque à laquelle je n'avais encore jamais fait de télévision.

28 avril

Je m'attendais – nous nous attendions, Élie et moi – à un débat académique, sans aspérité, sans relief, puisque après tout Mitterrand n'avait plus aucune raison de douter de sa victoire. Cela a été au contraire un débat électrique, chargé de passion, d'esprit de revanche, d'antagonismes et de règlements de comptes. Inouï !

Le studio, les coulisses, les salons de maquillage, tout était exactement les mêmes qu'en 1981. Le décor m'a semblé moins bleu[1]. Il

1. Faux. Le décor, signé Pierre Piedge, de la SFP, avait été peint en bleu.

faut dire que la table beige en était le cœur. Lorsque j'ai fait un tour de reconnaissance sur le plateau avant de commencer, le décorateur, cheveux gris, grosses lunettes, était en train de procéder à la dernière mise au point. Les candidats – n'était-ce pas plutôt leurs entourages ? – avaient exigé d'être à un mètre soixante-dix l'un de l'autre. Pourquoi ? Pour ne pas être tentés de se taper dessus ? Non, sûrement pas. Alors, quelle hypothèse pour ce mètre soixante-dix ? Je n'aurai pas la réponse.

Chirac et Mitterrand sont arrivés à peu près en même temps, chacun s'isolant avec ses proches dans une loge différente. Nous avons dit bonjour à l'un et à l'autre, assez brièvement. Mougeotte et Le Lay, pour TF1, Claude Contamine pour Antenne 2[1], étaient sur le pied de guerre, ainsi que le président de Radio France, Roland Faure[2], en tant que maître des lieux, puisque le débat avait lieu dans le même sempiternel studio 101 de la Maison ronde.

Et puis nous nous sommes enfermés dans le décor choisi, avec le minimum souhaitable de techniciens et de conseillers. En régie, Jean-Luc Léridon était aux manettes, assisté du conseiller en images de Mitterrand et de celui de Chirac.

Je relirai ce débat plus tard, bien sûr, mais, à l'instant où j'écris, il vient de se terminer il y a deux heures et me laisse une très forte impression.

Je pensais que, sûr de sa victoire, Mitterrand aurait tendance à lâcher du lest ; c'est tout le contraire qui s'est produit. Jamais je n'ai autant senti la rage de vaincre de Mitterrand. Il n'est tendre avec personne, certes, mais ce soir... !

Il a voulu écraser Chirac et celui-ci n'a pas osé le bousculer : c'est le résumé le plus simple de ce qui s'est passé.

Il y aurait des tas d'autres choses à en dire, mais, pour l'heure, à peine sortie, j'en retiens l'affrontement sur Walid Gordji[3]. D'une force, d'une férocité à couper le souffle !

---

1. Claude Contamine, président de FR3 avant l'arrivée de la gauche au pouvoir en 1981, est redevenu président d'Antenne 2 à la fin de l'année 1986. Il restera à ce poste jusqu'en août 1989.

2. Comme Claude Contamine, Roland Faure a été nommé président de Radio France en 1986. Il restera à ce poste jusqu'en 1989.

3. Walid Gordji est un diplomate iranien à Paris. Il a été accusé à la fin de l'année 1986, au moment où une vague d'attentats a ensanglanté Paris, d'en avoir été le cerveau. Il est à l'origine du blocus de l'ambassade iranienne, mais n'a été déféré devant un juge d'instruction qu'aussitôt après avoir été échangé, et au

Je ne suis pas sûre d'avoir tout apprécié à sa juste valeur, sur le moment, notamment l'effet que l'échange a pu avoir sur les Français, mais j'ai senti – nous avons senti, avec Élie Vannier – que nous vivions un grand moment de télévision : en gros, Mitterrand a reproché à Chirac de lui avoir assuré, dans le secret d'une conversation en tête à tête, que le dossier contre Walid Gordji était écrasant, que les charges réunies sur son implication dans les attentats terroristes de 1986 ne faisaient aucune doute, et de l'avoir néanmoins libéré.

Chirac commet alors une erreur dont je perçois tout de suite qu'elle est irréparable. Il affirme avoir toujours dit à Mitterrand – et l'avoir redit, dans la conversation à laquelle Mitterrand fait allusion – qu'il ne disposait d'aucune preuve de la culpabilité de Gordji. Il aurait pu s'arrêter là, mais il tient alors à conforter son avantage : il demande à Mitterrand si, en le « regardant dans les yeux », celui-ci peut dire le contraire.

Sur le moment, je jure que sur le moment – et pas après, ni à la fin, ni quelques minutes plus tard – j'ai pensé que Jacques Chirac était décidément bien naïf. S'il espérait que François Mitterrand, les yeux dans les yeux, ou autrement, était homme à caler et à lui donner raison, il s'est vraiment trompé ! Mitterrand a levé sur lui un regard à découper le décor : « dans les yeux » ou pas, il lui a renvoyé sa version des faits dans la figure avec une rare violence.

« Passons », a dit Chirac. C'est là qu'il a perdu.

29 avril

Je reviens sur le débat d'avant-hier parce que j'étais trop excitée, sur le moment, pour en écrire davantage. Il y a eu entre les deux hommes un échange vif autant que passionnant à propos de Jean-Marie Le Pen. J'ai demandé à l'un et à l'autre ce qu'ils comptaient faire pour attirer sur leur nom une frange des électeurs du chef du Front national, étant donné qu'aucun d'eux ne pouvait être élu sans ces électeurs-là. « Moi, a dit Mitterrand, je n'ai rien à faire, je défends les idées que j'ai toujours affirmées », sous-entendu : je ne vais pas changer de discours pour le second tour. Jacques Chirac a dit la même chose. Match nul. Mais, plus tard, évoquant le problème de l'immigration, Chirac a parlé d'identité nationale. Il n'a pas fini sa

moment de quitter, au vu et au su des autorités françaises, le territoire en novembre 1987.

phrase que l'autre lui demande avec ironie s'il n'a pas l'impression, en prononçant cette phrase, de faire un clin d'œil au Front national. Chirac nie. « Très bien, dit Mitterrand du ton de qui ne s'en laisse pas conter, donc pas de clin d'œil ! »

Bref, Mitterrand n'a fait grâce de rien à Chirac, il ne lui a rien laissé passer. Sur l'État-RPR, Chirac a tenté de répondre en faisant allusion aux entraves mises par l'Élysée aux nominations... à la Haute Autorité. Je suis d'autant plus furieuse qu'avant d'animer le débat, les proches des deux candidats m'avaient assurée qu'ils ne feraient pas allusion à mes fonctions passées, lesquelles n'avaient rien à voir avec le débat du 28. En outre, Chirac s'est trompé en ayant soutenu que l'Élysée avait interdit le candidat que je voulais nommer à la tête d'Antenne 2. C'est tout le contraire : l'Élysée a imposé un candidat dont je ne voulais pas ! L'erreur de Jacques Chirac m'autorise à lui redemander de me laisser en dehors du débat, et à Mitterrand de contester la fausse affirmation de Chirac.

Et puis, quelle rouerie de la part de Mitterrand dans la façon dont, de manière permanente, il a opposé Jacques Chirac à Raymond Barre : sur l'économie, sur l'Europe, maintes fois il a tenté de faire passer le message aux électeurs de Barre.

Enfin j'allais oublier de parler de ce qui a été, avec l'affaire Gordji, le moment le plus fort de l'émission. Depuis le début, Mitterrand n'arrêtait pas d'appeler Chirac : « Monsieur le Premier ministre » pour bien montrer que le Président, donc le patron, c'était lui, Mitterrand. Jacques Chirac a essayé de contre-attaquer : « Permettez-moi de vous dire, a-t-il dit en substance, qu'ici, ce soir, je ne suis pas Premier ministre, vous n'êtes pas Président, nous sommes deux candidats à égalité. » L'autre, glacial, a lancé un : « Vous avez tout à fait raison, Monsieur le Premier ministre ! » Façon de montrer qu'il se contrefichait de l'argument de Chirac et que celui-ci n'avait nul moyen de l'imposer. Il lui a d'ailleurs donné du Monsieur le Premier ministre jusqu'à la fin [1].

1. Parmi les autres répliques, cette phrase de Mitterrand sur l'État-RPR : « Vous avez de réelles qualités, vous n'avez pas celle de l'impartialité ni le sens de la justice dans la conduite de l'État. »

Autre échange cuisant : « Je ne négligerai pas, dit François Mitterrand, le concours de Monsieur le Premier ministre lorsqu'il sera redevenu un homme politique toujours actif, mais, je l'espère, éloigné de la direction de la politique française. » « Ne soyez pas si sûr de vous ! » s'énerve Chirac, sans ébranler l'apparente tranquillité de Mitterrand.

À noter que, ce matin, un sondage Sofres indique que pour 42 % des Français, Mitterrand a gagné. Cela ne veut pas dire grand-chose : je ne pense pas qu'un tel débat change en quoi que ce soit le comportement des électeurs de chacun. La seule question est de savoir si une frange des électeurs barristes peut préférer Mitterrand à Chirac, et quelle proportion d'électeurs du FN voteront pour Chirac au second tour [1].

30 avril

Prise d'otages en Nouvelle-Calédonie. Mitterrand est favorable au dialogue, Chirac parle de l'autorité de l'État « face aux menaces d'une poignée de terroristes ». On mesure l'abîme qui les sépare au sujet de la Nouvelle-Calédonie. Ce qui est terrible, c'est que, dans cette phase du processus électoral, chacun d'eux est en réalité privé du pouvoir d'agir.

5 mai

Coup de théâtre de dernière minute qui me fait un drôle d'effet : les trois otages français encore détenus au Liban ont été libérés aujourd'hui. Je suis allée à Villacoublay, car il m'a paru nécessaire de montrer la solidarité des journalistes de la Une envers les deux diplomates et surtout le journaliste Jean-Paul Kauffmann. Ce qui m'a perturbée, ce sont ces images, que je n'oublierai jamais, où l'on voit Jean-Paul Kauffmann mettre du temps avant de reconnaître son fils qui a beaucoup grandi pendant la captivité de son père. J'ai l'impression d'être un voyeur à l'instant où ces gens-là ne devraient être qu'entre eux, en famille. De profiter d'images très intimes qui ne me sont pas destinées.

En même temps je suis contente pour eux. Après un coup pareil,

---

Sur la Nouvelle-Calédonie, le chômage, l'Europe, les deux hommes ne cessent de se combattre. Seul point de rencontre entre eux deux : Gorbatchev.

1. Dans le courant de son intervention, François Mitterrand a rappelé le calcul fait sur les plateaux de télévision par Charles Pasqua. Au soir du 24 avril, le ministre de l'Intérieur du gouvernement Chirac avait tout simplement émis ce constat : « Il y a 51 % d'électeurs de droite. »

Ce qui sous-entendait qu'il mettait dans le même panier les électeurs de Jacques Chirac, ceux de Raymond Barre et ceux du FN...

voici Jacques Chirac, omniprésent sur le tarmac, relancé pour le second tour.

6 mai

Assaut donné hier par les militaires dans la grotte d'Ouvéa, en Nouvelle-Calédonie. Les gendarmes ont été délivrés, les indépendantistes ont été tués. Par-delà le drame que cela représente, une certitude : les électeurs du Front national seront à coup sûr sensibles à cette libération par la manière forte. Je ne suis pas au courant des autres détails de cette opération. Mais je me pose comme tout le monde la question : en cette période hybride, à quelques jours d'une élection capitale pour la vie politique française, Chirac pouvait-il encore prendre cette décision ? Mitterrand a-t-il laissé faire ? A-t-il autorisé l'intervention militaire ? Qui sait si Chirac n'engrange pas électeur sur électeur, en ces quelques jours précédant le second tour[1] ?

J'assiste à la dernière réunion publique de Mitterrand qui se tient, comme en 1965 et en 1981, à Toulouse. Il y a encore plus de monde, plus de chaleur, plus d'enthousiasme pour le candidat de gauche qu'en 1981.

Lui, malgré Ouvéa, malgré Carton, Fontaine et Kauffmann, est sûr d'être élu. Il dit simplement, à un moment donné : « J'ai peut-être perdu – sous entendu : avec ces libérations et cette offensive calédonienne – un demi-point. »

Parmi les journalistes qui suivent la campagne depuis le début, tous me disent que c'est effectivement la réunion la plus intense à laquelle ils aient assisté. D'autant plus que Mitterrand, après le débat télévisé qui a révélé à tous la profondeur de son antagonisme avec Jacques Chirac, même si l'un et l'autre ont donné le change depuis deux ans, ne se prive pas de parler de la cohabitation à laquelle il s'est plié et qui, à l'entendre ce soir, n'a pas été une partie de plaisir. Il parle sur un ton calme, malgré l'extraordinaire charivari autour de lui, de la résistance dont il a fait preuve pendant ces quelques mois face à la droite. Les militants lui réservent un triomphe.

1. Cerise sur le gâteau : le vendredi 6 mai, alors que l'opération d'Ouvéa s'est terminée dans le sang, Matignon annonce la libération du capitaine Dominique Prieur, l'agent assigné à résidence sur un atoll polynésien à la suite de son implication dans l'affaire Greenpeace !

En reprenant l'avion des journalistes dans la nuit, Jean-Luc Mano[1] me fait remarquer, ce à quoi je n'avais pas assez prêté attention, que le nom du futur Premier ministre était clairement avancé dans le discours au détour d'une phrase. Le Président a rendu hommage à ses « bons soldats ». Il a cité Mauroy – dont on ne peut pas croire qu'il revienne à Matignon après y avoir été. Laurent Fabius ? Il y a également été. Difficile de le remettre à ce poste après l'échec de 1986. Les deux autres noms cités sont ceux de Lionel Jospin et de Michel Rocard : le Premier ministre sera l'un d'eux. Plus probablement Michel Rocard, puisque celui-ci n'a même pas eu cette fois de velléité de candidature. Tout cela a dû être arrangé entre Mitterrand et lui depuis la fin de l'hiver dernier. Avec une piqûre de rappel en avril, au moment de leur promenade rurale...

7 mai

Maurice Faure, que Mitterrand a emmené à La Haye, hier samedi, participer à la cérémonie anniversaire du traité de 1948[2], me raconte qu'il a trouvé Mitterrand en pleine forme. Il a même donné sa prévision sur le résultat présidentiel : « 54 % », lui a-t-il dit.

Lorsque je lui demande qui, à son avis, sera Premier ministre, Maurice Faure n'hésite pas. Pour lui, ce sera Rocard.

8 mai

Second tour. Sur le plateau de TF1, nous avons éclairé et élargi le décor. C'est beaucoup mieux comme cela. De toute façon, le plus important de cette soirée sera la seconde où, dès 20 heures, le visage du vainqueur se dessinera, ligne après ligne, sur l'écran.

C'est celui de François Mitterrand. Pour la première fois dans l'histoire de la Ve République, un président sortant est réélu. Et avec une marge de voix considérable, au surplus : 54 % pour Mitterrand, 46 % pour Chirac. Les commentaires sont faciles à faire, un peu

1. Ancien journaliste communiste, Jean-Luc Mano est entré à TF1 en 1982. En 1988, il suit la campagne de François Mitterrand pour cette chaîne.

2. Il s'agit du traité de Bruxelles signé en 1948 entre la France, le Royaume-Uni, la Belgique, les Pays-Bas et le Luxembourg qui a donné naissance à une Union occidentale.

répétitifs toutefois. Cela fait quelques jours que, dans notre esprit et dans celui des sondeurs, la cause est entendue : Mitterrand réélu.

À l'antenne, du classique : les mitterrandistes font un tour triomphal des plateaux de télévision en ne prenant pas la peine de masquer leur joie ; les chiraquiens se font tout petits, tandis que les porte-parole de l'UDF hésitent à montrer un visage réjoui, parce que Chirac a été largement éliminé, ou bien navré, parce qu'ils en ont pris encore pour sept ans de Mitterrand.

À TF1, personne au sommet ne montre quelque sentiment que ce soit : Le Lay, Mougeotte et moi accueillons les intervenants sans commenter les résultats. Je sens pourtant poindre, derrière les « bonsoir » et les « au revoir », une inquiétude chez Le Lay. J'invente peut-être : il me semble néanmoins que, dans son esprit comme dans celui de Francis Bouygues, point l'interrogation capitale pour eux : Mitterrand va-t-il renationaliser TF1 ? Question plus justifiée qu'il y paraît, car Mitterrand n'a cessé de dire dans sa campagne qu'il ne continuerait pas les privatisations. Certains de ses adjoints, en revanche, ne se sont pas privés de faire savoir que la renationalisation de TF1 serait à l'ordre du jour... Bouygues a dû prendre ses précautions, mais on ne sait jamais.

Moi, j'ai beaucoup moins de craintes que l'état-major de TF1 : je ne vois pas Mitterrand se mettre TF1 sur les bras dès sa réélection. Il en a soupé, des réformes audiovisuelles, et n'a, selon moi, aucune envie de se lancer dans une opération aussi difficile. Et coûteuse, de surcroît : il faudrait aligner immédiatement un chèque correspondant aux milliards que Bouygues a mis dans la chaîne.

Mitterrand s'est depuis longtemps aperçu qu'une nationalisation de la télévision ne changeait rien à la marche plus ou moins agressive contre le pouvoir politique des différentes rédactions, publiques ou privées. Sa majorité, elle, me semble plus revancharde. Mais enfin, on verra !

En attendant, comme il n'y avait pas grand-chose à dire sur la réélection de Mitterrand, deux résultats ont été abondamment commentés : la percée historique du Front national (14,4 % pour Le Pen) et la dégringolade également historique du Parti communiste (6,8 %).

Je comprends assez bien la chute du PC, qui hésite depuis 1965 (depuis vingt-trois ans) entre la candidature commune de la gauche et une candidature séparée dont la vocation est de se rallier au candidat PS au second tour. Et puis, la période 1981-1986 a accentué l'impression générale sur les communistes : ils n'ont certes pas montré qu'ils avaient un couteau entre les dents, mais ils n'ont pas démontré non plus qu'ils pouvaient faire quelque chose sans les socialistes. Résultat : une partie de leurs électeurs s'est portée dès le premier tour sur Mitterrand, abandonnant ce pauvre Lajoinie à son sort. Les militants ont peut-être voté pour ce dernier, mais pas les électeurs. Cette élection sonne le glas, ce me semble, des espérances présidentielles des communistes, et menace même leur simple présence aux futurs scrutins de même nature.

Je comprends moins bien la montée du Front national, même si je mesure bien la force et l'énergie de Jean-Marie Le Pen, incroyable *debater*, alternant dérision et colère, prenant appui sur l'insécurité et le terrorisme : l'extrême droite n'existe à ce niveau-là qu'à cause de sa personnalité. La droite classique, comme on dit, ne s'en débarrassera pas si facilement. La France non plus.

9 mai

Comédie humaine... Giscard n'a pas attendu longtemps pour s'affirmer le chef d'une « opposition constructive ». Revanche immédiate, donc, sur Chirac dont la défaite est comme soulignée par cette initiative de VGE. Qu'est-ce que cela veut dire, une « opposition constructive » ? Giscard s'en explique : il ne veut ni ralliement individuel à Mitterrand, ni reniement à l'égard de l'UDF. Il craint évidemment que les centristes ne soient tentés de rallier la nouvelle majorité. Car des hommes comme Pierre Méhaignerie, par exemple, apprécient depuis longtemps la personnalité de Michel Rocard, et le font savoir.

Jacques Chirac, lui, a déjeuné ce lundi avec Charles Pasqua et Édouard Balladur. Loin de lui, et décidé à tout faire pour s'en éloigner davantage, Michel Noir reprend son offensive sur le Front national. C'est Jacques Toubon qui me raconte comment, dans la perspective des futures législatives auxquelles le RPR croit dur comme fer, Michel Noir a ramené sur le devant de la scène le problème du cap à tenir vis-à-vis du parti de Jean-Marie Le Pen qui vient d'obtenir un score historique à la présidentielle. Entre nous, tout ce petit monde est en train de se diviser sur la conduite à tenir. L'accord avec le FN ? En aucun cas ! clame Noir. Pourquoi pas ? hésitent Bernard Pons ou Robert Pandraud. Chirac plaide pour le refus de toute entente nationale, ce qui n'empêcherait pas certains accords locaux...

Je m'aperçois que je vois moins les acteurs principaux de l'actualité politique en tête à tête. Il y a toujours avec moi soit d'autres journalistes, soit un ou deux directeurs de chaîne. Cela empêche les confidences, vraies ou fausses, les digressions, les petites histoires qui pouvaient faire le charme de mes cahiers précédents. Je me sens aujourd'hui comme ces éditorialistes que je critiquais quand j'étais jeune, qui écrivent de façon d'autant plus péremptoire qu'ils ne sont pas sur le terrain. Disons que ma façon à moi d'être sur le terrain a changé : je ne vais plus écouter les hommes politiques, ce sont eux, au contraire, qui viennent parler, ici, devant les caméras. J'ai droit à des confidences publiques, que ce soit en coulisses ou sur les plateaux.

10 mai

Tout se déroule comme prévu : Michel Rocard devient Premier ministre.

Mitterrand lui en a fait la proposition après le déjeuner qui a eu lieu à l'Élysée aujourd'hui. Situation peu habituelle : le déjeuner a eu lieu avec Rocard, Bérégovoy et Bianco, les trois s'attendant sans doute à être nommés à Matignon. Au sortir du déjeuner, Mitterrand semble hésiter, tout haut, entre Bérégovoy et Rocard, pour finir, au bout de quelques phrases, par choisir Rocard. Quelle cruauté envers les autres !

Vers 15 h 30, Michel Rocard a prévenu les siens, qui déjeunaient place du Palais-Bourbon, chez Tony Dreyfus, et demandé à Jean-Paul Huchon de le retrouver à Matignon dans l'après-midi. On imagine la joie de la petite bande, qui a immédiatement débouché le champagne.

Lorsqu'il gravit comme un adolescent les marches du perron de Matignon, c'est Maurice Ulrich, assez réservé, qui salue Michel Rocard en haut du perron. Il se trouve que Michel Rocard a fait l'ENA avec Chirac, qu'il a le même âge, qu'ils ont tous deux conservé très longtemps – et même, je crois, toujours – une vieille complicité. Chirac l'accueille presque affectueusement. Sur les images de la passation des pouvoirs, il parvient à sourire sans trop de difficultés. Nous ne saurons sans doute que plus tard ce qu'ils se sont dit, s'ils ont parlé de Mitterrand ou pas, si Chirac a mis Rocard en garde contre le chef de l'État. En tout cas, il a eu l'air d'encaisser son départ avec classe, sans s'accrocher.

Je n'ai vu que les images de la passation des pouvoirs puisque, une fois de plus, j'ai déserté le « terrain ». Je ne peux que me fier désormais à ce que je vois, aux reportages ramenés par les équipes, aux conversations avec les uns et les autres.

Je m'y fais : après tout, ce que les hommes politiques ont de plus important, ce sur quoi ils doivent rendre des comptes, ce sont leurs apparences. À mon bureau, au sein d'une chaîne de télé, il faut bien que je m'en contente, à l'instar de la plupart des Français. Comme l'a écrit je ne sais qui, ce que l'homme a de plus important, c'est sa peau...

Cela ne rend pas compte du bouleversement, que dis-je, de la révolution qu'incarne le duo Mitterrand-Rocard. Tous deux ne cessent de se combattre au sein du PS depuis quatorze ans. Le second est le tenant d'une sorte de socialisme teinté de libéralisme. Je me rappellerai toujours comment, dans une conversation avec moi, en 1975, il avait critiqué – ridiculisé, plutôt – le Programme commun de la gauche ; comment il avait plaidé pour des nationalisations partielles quand Mitterrand parlait, comme si elles allaient de soi, des sept nationalisations de 1981. Je me rappelle aussi la fureur de Mitterrand, avant son élection, à l'endroit de cette « deuxième gauche » que représentaient pour lui Rocard et *Le Nouvel Observateur*. Et la façon dont lui s'inscrivait dans le droit-fil du socialisme historique, pas dans celui du socialisme chrétien.

Tout cela est envolé, balayé par la nomination de Rocard. Il est vrai qu'il était devenu tout bonnement incontournable ! Mitterrand a dû en prendre son parti dès le mois de janvier dernier, dès lors que Rocard a choisi de ne pas se lancer dans la campagne présidentielle.

11 mai

La dissolution de l'Assemblée nationale est certaine : comment Mitterrand pourrait-il gouverner avec la majorité qui l'a obligé pendant deux ans à regarder passer les trains ? Pourtant, je le sais par les rocardiens, la question de la dissolution pose celle de l'ouverture. Car les centristes sont plus ou moins prêts à se rapprocher du nouveau gouvernement. Rocard leur inspire confiance, et, dans la campagne, Mitterrand est resté suffisamment vague sur les problèmes économiques, semblant même s'être rallié définitivement à l'économie de marché. Chacun s'attend donc à ce que des centristes puissent entrer au gouvernement. À condition, font valoir ceux-ci, que la dissolution ne vienne pas faire fondre leurs troupes au Parlement.

Mais, là-dessus, Rocard n'a d'emblée aucune marge de manœuvre. La dissolution va de soi, il ne peut même pas en discuter avec les centristes qu'il rencontre ou que rencontrent pour lui sa poignée de fidèles : en premier lieu Huchon, Dreyfus et Carcassonne[1].

Les centristes demandent alors si on ne peut pas appliquer pour le prochain scrutin le mode de représentation à la proportionnelle. Pas question pour Rocard d'accepter : il a démissionné pour cela avec éclat en avril 1984, rejetant ce mode de scrutin qui ferait rentrer en masse des élus d'extrême droite dans l'hémicycle. De toute façon, il faudrait une majorité à l'Assemblée pour la voter, et cette majorité serait bien difficile à trouver.

Donc, pas d'ouverture institutionnelle. Les centristes viendront à titre individuel, les uns après les autres, ou bien ne viendront pas.

13 mai

Voilà qui explique pourquoi aujourd'hui la constitution du gouvernement a été si longue à venir : peu de ralliements de centristes, finalement, hormis ceux de Stoléru, de Jacques Pelletier et de Michel Durafour[2].

Pas étonnant, d'ailleurs, que ces trois nouveaux ministres se retrouvent ensemble chez Rocard. Ils ont bien des points en commun : ils ont tous trois été ministres de Giscard, tous trois se sont reconvertis

1. Jean-Paul Huchon, énarque (promotion Thomas More), administrateur civil, a été directeur de cabinet de Michel Rocard au Plan et à l'Agriculture. Devenu en 1986 directeur de la Caisse nationale du Crédit agricole, il a été remercié à la fin de l'année par le ministre des Finances, Édouard Balladur. De 1988 à 1991, il est directeur de cabinet du Premier ministre avant de lui succéder, en 1994, à la mairie de Conflans-Sainte-Honorine.

Guy Carcassonne est professeur agrégé de droit constitutionnel ; il devient chargé des relations avec le Parlement dans le gouvernement Rocard.

2. Polytechnicien, Lionel Stoléru a été conseiller de Valéry Giscard d'Estaing jusqu'en 1974, puis ministre chargé des travailleurs manuels et immigrés. Michel Durafour, ancien proche d'Edgar Faure, est membre du parti radical, puis membre des gouvernements Barre et Chirac de 1974 à 1977. Député, puis sénateur de la Loire, il est nommé en 1988 ministre d'État dans le gouvernement Rocard.

dans le barrisme, tous trois enfin, nageant entre centristes et sociaux-démocrates, lorgnaient depuis longtemps en direction de Michel Rocard.

En revanche, l'appel aux « personnalités civiles » est plus important. Je pense à Pierre Arpaillange, ancien directeur de campagne de Marie-France Garaud[1].

Comme tant d'autres, le gouvernement Rocard n'a pas été composé à Matignon, mais à l'Élysée. Les rocardiens me jurent le contraire. Je n'en crois rien. Mitterrand, élu à 54 %, règne en maître[2].

Difficile de suivre le rythme. Le gouvernement est à peine constitué que Rocard, collant à Mitterrand, explique qu'il est partisan de la dissolution. Et en avant pour les législatives ! La campagne repart aussitôt.

15 mai

J'ai du mal à écrire dans ce cahier tant les choses vont vite. Tremblement de terre au PS, hier : Pierre Mauroy est devenu premier secrétaire. Pour une surprise, c'en est une ! Il me semblait – et il semblait à beaucoup – que Mitterrand tenait à ce que ce soit Laurent Fabius qui reprenne le parti. Eh bien non : à l'intérieur du courant majoritaire, Lionel Jospin n'a pas voulu obéir aux souhaits présidentiels et il a convaincu Pierre Mauroy – qui ne demandait que cela – de se présenter, et Fabius a été battu. L'affaire a été facilitée par le fait que Mitterrand a dit à Mauroy lui-même – et à d'autres – qu'il ne souhaitait pas se mêler de l'élection du premier secrétaire, ayant coupé le « cordon ombilical avec le Parti socialiste ».

« De toute façon, me dit Pierre Mauroy au téléphone, Laurent Fabius n'aurait pas été élu ! Mitterrand ne se rend pas compte de l'opposition que Fabius suscite au sein du PS ! » Il insiste sur ce fait : il a envoyé loyalement une lettre à François Mitterrand, quarante-huit heures avant le vote sur la désignation du premier secrétaire,

1. Pierre Arpaillange est procureur général près la cour d'appel de Paris en 1984 ; il est nommé garde des Sceaux dans les premier et second gouvernements Rocard en 1988 et 1990.

2. Composition du gouvernement de Michel Rocard : 27 ministres socialistes, 2 radicaux de gauche, dont Maurice Faure, 3 UDF et 10 personnalités choisies hors des partis.

pour lui expliquer la situation. Mitterrand n'a dit ni non, ni oui, à son habitude. Alors Mauroy s'est présenté et il a été élu après des « primaires » au sein du courant majoritaire contre Laurent Fabius.

Il ne mesure pas – ou alors il fait semblant – ce que doit être en ce moment l'état d'esprit de Mitterrand, qui vient d'enregistrer sa première défaite... au sein de son propre parti !

21 mai

Les camps se reconstituent dans la perspective des élections législatives. Les centristes auraient pu rejoindre Rocard s'il n'y avait pas eu d'élections. Comme ils sont élus dans leurs circonscriptions grâce au report des voix RPR au second tour, ils n'ont plus le choix : ils rentrent bien vite dans les rangs de l'UDF sous la bannière de Giscard, qui propose à l'ancienne majorité la candidature unique pour le mois de juin. Chirac, lui, ne peut qu'accepter : il avait proposé la même chose dès septembre 1986. Le nouveau mouvement s'appellera l'« Union du rassemblement et du centre », URC[1]. Énième et très provisoire étiquette pour le même mouvement.

À gauche, l'ouverture aux nouveaux candidats venus du centre est du coup limitée.

25 mai

En marge de la campagne, Philippe Barret me raconte[2] dans quel état le ministre de la Défense et son équipe ont trouvé la Nouvelle-Calédonie. Il paraît que les Kanak ont été purement et simplement achevés à coups de bottes dans un car de gendarmerie par des gendarmes français. Jean-Pierre Chevènement a pris immédiatement la décision de lever le secret-défense sur le rapport de l'enquête de commandement qui établit les faits et de les transmettre au Garde des sceaux dans le cadre de l'enquête judiciaire ouverte. Comme au-delà des clivages politiques il respecte Michel Debré, il a demandé à

1. L'URC proposera des candidats communs dans 572 circonscriptions : 283 sont membres du RPR, 278 de l'UDF, 7 CNI et 4 divers droite. On le voit : à cette occasion, Giscard a rééquilibré les forces des deux composantes principales de l'ancienne majorité. Il n'y était pas parvenu durant son septennat.

2. Normalien, Philippe Barret a participé à tous les cabinets de Jean-Pierre Chevènement depuis 1981. Il reprend du service en 1988 comme conseiller spécial du ministre de la Défense. Il deviendra mon mari en 1992.

Philippe Barret d'aller tout spécialement lui expliquer la situation et les dérives commises par les militaires français en Nouvelle-Calédonie. Celui-ci lui a ouvert tous les dossiers, a plaidé que le ministre ne pouvait faire autrement au vu de telles actions et exactions. Michel Debré, paraît-il, a lu les dossiers avec soin, comme il le fait toujours. « Je n'aurais pas, moi, levé le secret-défense, a-t-il protesté. C'est mettre l'armée française dans une position impossible.

– Mais c'est elle qui s'y est mis, a répondu Philippe Barret.

– Peut-être, sûrement même, a acquiescé Michel Debré. Raison de plus pour ne pas le dire à tout le monde ! »

Est-ce l'âge qui les sépare ? ou l'époque qui veut que rien ne reste plus confidentiel ?

En tout cas, le nouveau gouvernement va vite en besogne en Nouvelle-Calédonie : une mission de dialogue conduite par le vieux copain de Rocard, Christian Blanc – avec tout ce qu'il faut de francs-maçons et tous les religieux nécessaires pour faire la lumière dans ce territoire d'outre-mer –, est partie dès l'arrivée de Rocard à Matignon. Dire que cela débouchera sur quelque chose de concret relève encore de la divination.

5 juin

Eh bien, pour une douche froide, ce premier tour législatif est une douche froide ! Le total des voix de la gauche non communiste est égal à 38 % des voix ; le total UDF-RPR est un tout petit peu supérieur ; Front national et Parti communiste font autour de 10 %. Tout cela avec une abstention record.

Signification du scrutin ? Sans doute les électeurs de gauche ou de droite n'ont-ils pas jugé utile de retourner aux urnes après la présidentielle : ils ont fait le choix le plus important en élisant Mitterrand ou en votant contre ; ils ne sont pas allés voter une seconde fois.

À Solutré, le 22 mai, à l'issue du pèlerinage traditionnel, Mitterrand a dit il y a quelques jours qu'il ne souhaitait pas avoir une écrasante majorité socialiste[1]. Si c'est vrai, il a eu raison au-delà même de ses espérances[2] !

1. « Il n'est pas bon, a dit en réalité Mitterrand ce jour-là, qu'un seul parti gouverne. »

2. L'abstention s'élève à 34,25 %, c'est-à-dire à un niveau jamais atteint à des élections législatives sous les IIIe, IVe et Ve Républiques. Le Parti socialiste obtient 22,38 % des suffrages exprimés, le RPR, 19,18 %, l'UDF, 18,49 %.

9 juin

Intervention télévisée de Mitterrand, qui a senti le vent du boulet. Et si la majorité d'hier redevenait la majorité de demain ? Et si une nouvelle cohabitation s'installait ? Mitterrand et Rocard doivent en avoir une peur folle. Rocard surtout, d'ailleurs, car, après tout, lui ne serait plus Premier ministre, tandis que Mitterrand resterait à l'Élysée. En tout cas, celui-ci a jeté ce soir tout son poids dans la bataille. Lorsqu'il a parlé, j'ai bien senti que sa crainte était de voir Chirac et Giscard revenir ventre à terre au pouvoir. Toute son intervention est allée dans ce sens : « Croyez-vous, a-t-il dit, qu'avec une majorité conservatrice, on luttera contre les exclusions ? Pour l'égalité des chances ? »

La fin de son propos de ce soir est tout de même assez claire. Il demande aux électeurs de lui ramener une majorité avec laquelle il puisse gouverner le pays.

12 juin

Le second tour des législatives aggrave le premier : le PS n'obtient qu'une majorité relative ; il lui manque 14 sièges. Quel échec pour Mitterrand, après ses 54 % du mois de mai ! Comment Rocard pourra-t-il gouverner avec une si étroite marge de manœuvre ? Dans quelle mesure, du reste, ne peut-il pas être jugé lui aussi responsable de la situation actuelle ? Quatorze sièges, ce n'est pas beaucoup, dans une assemblée de 575 députés, mais enfin, il faut les trouver. Il est vrai qu'à droite, c'est l'UDF qui aujourd'hui, pour la première fois sous la Ve République, compte plus d'élus que le parti gaulliste – signe que Chirac sort très affaibli de la présidentielle. C'est donc vers les centristes que Rocard devra se tourner, et il me semble qu'il est le mieux qualifié pour aller pêcher les députés qui lui manquent et les ministres qui vont avec.

Tout de même, pendant que la soirée électorale se déroule, je vois défiler les socialistes qui tentent de faire bonne figure, et les giscardiens qui ne cachent pas leur joie. Ce second septennat commence dans la douleur.

Sans compter qu'apparemment, Mitterrand est furieux que le PS ait préféré Mauroy à Fabius pour le diriger. J'avais sous-estimé l'étendue du sacrilège.

15 juin

Rocard au Val-de-Grâce pour une crise de coliques néphrétiques. Le voilà malade à son tour, sitôt nommé. Il paraît que le mal l'a frappé en plein Conseil des ministres et que c'est le médecin de Mitterrand, le docteur Gubler, qui lui a prodigué les premiers soins. D'accord, ce n'est pas très grave, une crise de coliques néphrétiques, mais c'est révélateur d'une grande fatigue ou à tout le moins d'une grande tension. Ce qui ne m'étonne pas : avoir sur le dos les éléphants du PS et le Président par-dessus le marché, il y a de quoi craquer. Mais tout de même : si tôt...

Déjeuner avec Gilles Martinet[1]. Nous parlons évidemment de l'étrange couple que forment Rocard et Mitterrand. Au moment où nous déjeunons, nous ne savons ni l'un ni l'autre que Michel Rocard a eu un malaise, le matin. Nous ne l'apprendrons que dans l'après-midi.

La question à l'ordre du jour de notre déjeuner est : les deux hommes ont-ils oublié la guerre qu'ils se livrent depuis de longues années ? Peuvent-ils s'entendre aujourd'hui, et s'entendre longuement ?

Martinet est nuancé dans sa réponse. Selon lui, il y a une grande différence entre l'entourage de Rocard, ses amis, ses très proches collaborateurs, qu'ils viennent ou non du PSU, et Rocard lui-même. Celui-ci est heureux d'être à Matignon. Il n'était pas sûr de gagner une présidentielle. En revanche, il porte assez bien le costume de Premier ministre. Il se sent à l'aise dans les délibérations, les réunions, et, en même temps, il goûte pour la première fois aux joies de l'action. Gilles Martinet me confie qu'à son sens, Michel Rocard voit également, au-delà de Matignon, la voie tracée pour l'Élysée – enfin ! – en 1995. À condition que, d'ici là, il « colle » à Mitterrand. Persuadé qu'il lui faut être conciliant avec Mitterrand, il n'a guère fait d'histoires pour accepter que Pierre Joxe, Pierre Bérégovoy et Roland Dumas, piliers de la « Mitterrandie » politique, gardent leurs postes clés auprès du président de la République. Tout au plus – ce

1. Fondateur et animateur de *France-Observateur*, devenu *Le Nouvel Observateur*, leader du PSU, le premier à tirer les conclusions des difficultés d'existence de ce petit parti et à rejoindre le Parti socialiste, Gilles Martinet est revenu de Rome où il était ambassadeur en 1985. Il a alors repris, parmi les amis de Michel Rocard, un rôle de conseil critique.

qui n'est pas rien –, il a réussi à ouvrir le gouvernement jusqu'au giscardien (devenu barriste) Jean-Pierre Soisson[1].

Bien différents sont les sentiments de ses amis et de ses proches collaborateurs, bref, de toute la petite troupe qui suit Michel Rocard, pour le meilleur et pour le pire, depuis plus de vingt ans. Grandis en politique dans l'opposition à François Mitterrand (*cf.* le discours de Rocard au soir des élections législatives de 1978), ils restent très vigilants vis-à-vis de ce dernier, et surtout des mitterrandistes. Autour de Rocard, on trouve en fait des conciliateurs comme Tony Dreyfus[2], des activistes comme Christian Blanc, des pragmatiques comme Jean-Paul Huchon, des juristes comme Guy Carcassonne, des intellectuels de gauche comme Gilles Martinet. Aucun d'eux n'a oublié le congrès de Metz de 1979, l'éviction de Michel Rocard en 1980, la vie dure que lui mène Mitterrand depuis 1974.

Pour Gilles Martinet, en revanche, les seuls obstacles ne sont pas du côté de Rocard. Il voit dans la vieille garde de Mitterrand bien des ministres ou dirigeants du PS restés profondément hostiles à Rocard : Henri Emmanuelli le déteste, Fabius le surveille, Joxe ne le vénère pas, et Roland Dumas s'en fout.

Conclusion de notre déjeuner : Mitterrand et Rocard sont sur le même bateau. Un échec de Rocard dans les six mois serait considéré comme un échec de Mitterrand, qui l'a choisi et imposé à ses proches.

Les entourages restent les entourages. Ils ne sont pas déterminants. Pour l'instant...

27 juin

La rapidité d'action est littéralement stupéfiante. Moins de six semaines après l'arrivée de Rocard à Matignon, l'accord est signé entre Jacques Lafleur, leader des Caldoches, et Jean-Marie Tjibaou, numéro un des Kanak. Fini Ouvéa, fini le pauvre Pons : sur les images, hier et aujourd'hui, on a vu d'abord tous les combattants

1. Jean-Pierre Soisson, ancien élève de l'ENA, est entré au gouvernement de Jacques Chirac en 1974 après la victoire de Valéry Giscard d'Estaing dont il fut un des lieutenants les plus actifs. Député de l'Yonne, constamment réélu depuis 1968, il a été ministre de maints gouvernements : Chirac, Barre 1, Barre 2, Rocard 2, Édith Cresson et Pierre Bérégovoy.

2. Avocat, entré dans la vie publique à 20 ans à l'UNEF. Conseiller de Paris en 1989, il est secrétaire d'État dans le gouvernement Rocard. Il sera élu maire du Xe arrondissement de Paris en 1995, puis député de Paris en 1997.

s'installer autour de la grande table de Matignon, Christian Blanc, radieux, assis aux côtés de Michel Rocard, et, autour de la table, Lafleur, Tjibaou et leurs lieutenants. Lorsque cela a été fini, Rocard est apparu, lisant un texte avec son visage un peu chiffonné et ses trop grosses lunettes. Il était émouvant, vraiment, lorsqu'il s'est adressé aux Calédoniens, « si lointains », en leur disant de reprendre espoir. Il a rendu hommage à ceux qui, de chaque côté, ont accepté la négociation et qui ont fait, dit-il, « acte de courage, sans rien abandonner ». Quelques phrases vraiment formidables, s'achevant sur « donner et pardonner ».

Et puis, sur le perron de Matignon, côté jardin et pas côté cour, on a vu Tjibaou et Lafleur, souriants, se diriger vers les journalistes, prendre tour à tour le micro. Ils sont tous deux habillés de bleu, l'un, Tjibaou, porte une chemise rose, l'autre, une blanche. Lafleur a dit en quelques mots que la « situation était telle qu'il était souhaitable d'aboutir à une solution généreuse ». Puis Tjibaou a parlé d'accord historique.

Franchement, en les entendant, j'en ai la gorge nouée. Ainsi donc, il était possible de sortir de cette effroyable spirale. J'avais presque fini par douter que ce le fût en entendant Bernard Pons réfuter les arguments en faveur de la paix et contre l'intervention militaire. Et puis non, en six semaines les choses sont réglées, ou en passe de l'être. À coups de deux référendums, l'un national, l'autre local, le premier à l'automne, le second dans dix ans. C'est certes un peu compliqué, mais tant pis, pour l'instant, ça marche !

Tout le bénéfice en revient à Michel Rocard. Il voulait montrer qu'il était possible de gouverner autrement, il l'a fait : bravo !

29 juin

Discours de politique générale de Rocard à l'Assemblée nationale. Je n'aurais pas manqué cela pour un empire ! D'autant qu'il vient de remporter en Nouvelle-Calédonie son premier succès emblématique. Aux cadavres d'Ouvéa a succédé un accord historique entre Jacques Lafleur et Jean-Marie Tjibaou, le Caldoche et le Kanak. Ils sont venus tous deux dans les studios de TF1 où je les ai accueillis, rue Cognac-Jay. Ils ont ri devant les caméras, se sont serré la main devant des millions de téléspectateurs français.

La vérité m'oblige à dire qu'après ces moments d'enthousiasme, le discours de politique générale fait légèrement retomber l'ambiance... Rocard monte à la tribune, vêtu de sombre, les yeux soulignés de cernes bruns, l'air d'un clergyman. Je ne sais pourquoi il s'est donné cette allure, aujourd'hui ! Fini, le côté toujours adolescent. On a dû lui dire de « faire sérieux ». On a dû lui dire aussi – mais peut-être se l'est-il dit tout seul ? – qu'il fallait être proche des Français, ne pas rester dans la stratosphère des grandes idées générales, mais parler de ce qui concerne les électeurs. Comme me l'a confié Martinet hier, on lui a tellement reproché de faire des phrases, de la philosophie, de l'idéologie, d'être souvent incompréhensible, que, cette fois, il a décidé de montrer, à ceux qui ne perdent pas une occasion de le critiquer[1], qu'il sait aussi se montrer clair et concret. Il se propose – et il propose, ce faisant, à la majorité – d'agir « directement sur l'entretien des logements, sur les réparations des cages d'escalier... ».

En l'écoutant, je me dis que je le préfère abstrait. Pour entrer dans le détail, il ne se prive pas de le faire avec application, en renonçant aux envolées lyriques et aux déclarations de principe.

Je sors de là presque assommée par la longueur de son discours et ses propos controuvés. Mes confrères ironisent sur la découverte faite par Rocard des cages d'escalier et des transports anarchiques dans les grandes villes. Je me tais, gardant ma déception pour moi.

Ces discours de politique générale sont impossibles. Ou bien ils évoluent dans les cintres, ou bien ils rampent à ras de terre. S'ils sont trop théoriques, la presse rouspète que les hommes politiques sont beaucoup trop loin des préoccupations des gens. S'ils sont trop pratiques, qu'ils manquent d'élévation.

7 juillet

Schwartzenberg a été « démissionné » par Rocard aujourd'hui.

Je connais bien le cancérologue Léon Schwartzenberg. Je l'ai vu souvent avec Marina Vlady, merveilleuse actrice qui partage sa vie. Il est plus que dévoué à ses patients, même s'il passe pour leur dire un peu trop souvent la vérité, parce que, m'a-t-il dit un jour, la vérité aide les malades à se mobiliser pour leur guérison. En tout cas, il est devenu ministre du second gouvernement Rocard, celui qui a suivi

1. Notamment Lionel Jospin, qui vient de lui donner une leçon dans le journal *Le Monde*, ou Henri Emmanuelli, qui ne cache pas son hostilité à l'ouverture à la société civile.

les élections législatives. Ce qu'il pense de la drogue, nous sommes quelques-uns à le savoir depuis longtemps. Il n'en fait pas mystère : il est partisan de la distribution de méthadone aux consommateurs de drogue dure. Pour deux raisons : la première, c'est qu'une drogue de substitution va dans le sens d'une désintoxication progressive ; la seconde est qu'une telle politique, jointe sans doute, dans son esprit, à la libéralisation du cannabis, donne un coup d'arrêt au marché souterrain de la drogue, en limite le commerce et aboutit à la déroute des trafiquants.

Voilà que, tout nouveau venu au sein du gouvernement comme ministre délégué à la Santé, Schwartzenberg a avancé avant-hier sa proposition dans une conférence de presse, devant son ministre de tutelle, mais sans lui en avoir parlé au préalable.

L'affaire me fait penser à celle de Jean-Jacques Servan-Schreiber en d'autres temps, qui, à peine nommé par Giscard, en 1974, avait prôné la fin des essais nucléaires et s'était fait débarquer de même : il avait dû quitter le gouvernement dix jours après y être entré.

Ah, ces représentants de la société civile ! S'ils se mettent à dire au gouvernement ce qu'ils disent depuis des lustres dans leurs discours publics ou privés, où va-t-on ? Le voici donc démissionné. Michel Rocard est en plus sincèrement choqué par la proposition de Léon Schwartzenberg. L'occasion lui est en outre offerte de faire montre d'autorité, ce qui ne lui déplaît pas, précisément au moment où certains lui reprochent d'en manquer.

Pas Mitterrand, qui, pour la première fois, a l'air de prendre des vacances...

13 juillet

Je me trompais : en réalité – c'est Philippe Barret qui me l'assure et il n'a pas l'air de quelqu'un qui raconte des histoires –, Mitterrand rencontre au moins une fois par semaine Chevènement[1] pour parler Défense. C'est donc que, pour lui, cohabitation ou pas, il y a bien un domaine réservé au président de la République, et que la Défense en fait partie au premier chef. Tout comme les Affaires étrangères, d'ailleurs. Je vois mal le président renoncer à voir Dumas, son ami depuis tant d'années. Il le rencontre peut-être plus souvent que Chevènement, ailleurs qu'à l'Élysée, mais il faudrait, pour le savoir,

1. Alors ministre de la Défense.

consulter l'agenda présidentiel. Toujours est-il qu'il voit, discute, travaille avec ces deux ministres comme il le faisait sous le gouvernement de cohabitation précédent.

Cohabitation avec Rocard ? C'est peut-être ainsi que Mitterrand envisage les choses.

Pour l'heure, pas le moindre couac entre eux deux. Je suis peut-être naïve, peut-être les deux hommes se tiennent-ils embusqués pour attendre le premier faux pas de l'autre ? En tout cas, moi, aujourd'hui, pour l'instant, je ne sens pas d'affrontement entre eux.

14 juillet

La cérémonie est annuelle : Mitterrand y est plutôt gentil avec les journalistes, qui ne lui tendent d'ailleurs aucun piège. Il s'explique sur les difficultés de l'ouverture avec les centristes et annonce avec un plaisir évident la création d'une Grande Bibliothèque, plus moderne que notre bonne vieille maison de la rue de Richelieu. *1988*

Nous sommes – Étienne Mougeotte, Patrick Le Lay et moi, Claude Contamine, président d'Antenne 2 (en poste depuis 1986) et son état-major – dans le carré réservé aux dirigeants de l'audiovisuel. C'est assez drôle, beaucoup plus bon enfant que pendant la cohabitation : je me rappelle que, l'année dernière, Patrick Le Lay, inconnu du service de presse de l'Élysée, avait été empêché d'entrer ! Pas de problème aujourd'hui : TF1 privatisé a vu accepter ses lettres de créance. On ne reviendra pas là-dessus !

Fin août

Question à laquelle je ne peux donner de réponse dans l'état actuel des choses : quelles sont les relations entre les rocardiens et les « éléphants » du Parti socialiste ? Parfois, je tombe sur un socialiste, Joxe ou Emmanuelli, qui ne me cache pas ses sentiments vis-à-vis de Michel Rocard dont il estime, c'est le moins qu'on puisse dire, qu'il n'a pas en main toutes les cartes du pouvoir. Tantôt je lis dans *Le Monde*, comme Laurent Fabius l'y a écrit hier, que le gouvernement manque d'un grand dessein. Il ne l'écrit pas, ce me semble, sans avoir demandé à Mitterrand l'autorisation de le faire. Lorsque, dans un autre passage, il assassine, ou à peu près, le PS, qui a refusé de faire de lui son premier secrétaire, il me semble également refléter ce qu'en pense Mitterrand. À propos, François Mitterrand a interrompu les petits déjeuners hebdomadaires avec le premier secrétaire du Parti quand Mauroy a été élu. Que je sache, il ne les a pas repris[1] ! Fabius se sent donc soutenu.

Et puis, à d'autres moments, comme au moment du règlement du conflit en Nouvelle-Calédonie, par exemple, il y a autour de Michel Rocard un véritable consensus.

La question reste celle-ci : comment des gens à qui Mitterrand a dit pendant des années que Rocard était nul peuvent-ils accepter qu'il soit aujourd'hui à Matignon, et pas eux ?

2 septembre

Jean-Marie Le Pen : « Durafour crématoire. » D'un goût exquis ! Dans leur majorité, journalistes et politiques pensent que cela lui a échappé, que c'est un lapsus significatif. Je ne le crois pas : il le fait exprès, car c'est bien cela que son électorat attend.

21 septembre

Dans l'attente de la réforme sur l'audiovisuel (chaque majorité successive y va de la sienne), Antenne 2, FR3 et Radio France se mettent en grève. Ils n'ont pas encore compris que toute grève, aujourd'hui, bénéficie à TF1. Et aboutit donc au contraire de ce qu'ils veulent démontrer : leur puissance. En réalité, ce que demandent les personnels, c'est le départ de leurs présidents, nommés il y a deux ans par la CNCL. Et le départ de la CNCL par la même occasion.

2 octobre

Après un premier tour des cantonales dominé par une abstention considérable (plus de 50 %, du jamais vu depuis la Libération), le second dépasse ce record : près de 53 %.

Ce qui se passe de ce point de vue est capital : il n'y a plus, sous la Ve République, qu'une élection qui fait le plein des votants : la présidentielle. On l'a vu aux dernières législatives où l'abstention s'est déjà manifestée. Pour les cantonales, c'est encore pire.

---

1. Ces petits déjeuners reprendront en novembre 1988.

Question : est-ce que les gens ne se rendent pas aux urnes par mauvaise humeur, pour contester le pouvoir en place, contre lequel ils ne peuvent rien, car cette élection locale ne le remet pas en cause ? Ou bien pensent-ils seulement que c'est au Président élu de mener sa barque comme il le veut, et avec qui il le veut, jusqu'à la fin du septennat ?

Cela étant, rapport entre gauche et droite inchangé.

3 octobre

Il n'est question, à l'état-major de TF1, que de ce coup tordu de Robert Maxwell qui rachète des actions du groupe Bouygues. Maxwell vient d'annoncer dans le *Herald Tribune* qu'il a acquis, évidemment sans le dire à son cher Francis, 5 % du groupe. Ce qui fait que le prix des actions monte, certes, mais je ne suis pas sûre que cette gymnastique financière plaise à Francis Bouygues ; je suis même sûre du contraire.

Il se demande si, en sous-main, ce n'est pas Mitterrand qui soutient Maxwell contre lui. N'y aurait-il pas là la marque d'une volonté de Mitterrand de reprendre en main, par l'Anglais, TF1 qu'il a renoncé à « renationaliser » ?

Il faut dire que Maxwell en impose : il se réclame de son amitié déjà ancienne avec François Mitterrand, de sa familiarité avec Berlusconi, de ses bonnes relations avec le gouvernement socialiste, lui qui se présente toujours comme proche – malgré sa fortune – du Parti travailliste. En outre, on peut comprendre son état d'esprit. Il est un homme de télévision, ce que n'est pas Bouygues. Il a contribué à l'achat de TF1 en y investissant 750 millions. Il y dispose de 12,5 % du capital. Et il n'a pas son mot à dire sur la conduite de la chaîne ! Pis : il a l'impression qu'on se fiche de lui. Ce qui n'est pas faux : lorsqu'il nous a envoyé son fils Ian, nous avions tous reçu pour consigne de le laisser le plus possible à l'écart de ce que nous faisions.

4 octobre

La loi sur l'exclusion est le premier texte soumis par le gouvernement aux députés. Il s'agit de garantir un revenu minimum aux « exclus », c'est-à-dire aux ménages privés de toute ressource, sans protection sociale. Mitterrand y tient beaucoup. Pour Rocard, c'est une occasion d'obliger le centre à le suivre, de créer, comme disait Edgar Faure, une majorité d'idées. Son habileté – car Rocard, finalement, se révèle plus habile que je ne croyais – consiste à faire accepter ce texte pour une période de trois ans, ce qui désarme ses éventuels adversaires.

Il paraît que Mitterrand trouve son Premier ministre trop lent, car trop consensuel. Sur le RMI, comme hier sur la Nouvelle-Calédonie, Rocard aura montré qu'il sait aussi aller vite. Et avec l'unanimité moins trois voix. Qui dit mieux ?

11 octobre

Je me souviendrai longtemps de ce conseil d'administration de TF1, ce matin, en pleine tempête entre Bouygues et Maxwell.

Le conseil se réunit dans une salle du rez-de-chaussée de Cognacq-Jay, la seule assez vaste pour accueillir tout ce beau monde. Car en dehors de tous les actionnaires et de leurs avocats, le « management », dont je fais partie, assiste aussi à la réunion.

Nous sommes donc à la gauche de Bouygues, qui préside, assis sur une rangée : Étienne Mougeotte, Corinne Bouygues et Bochko Givadinovitch, spectateurs privilégiés d'une empoignade qui nous échappe. Sont aussi présents les délégués du personnel : Jean-Pierre Pernaud et Marcel Caron. La séance est d'autant plus importante que nous devons assister aujourd'hui à la nomination de Patrick Le Lay comme président de TF1, qui succède ainsi – au moins sur le papier – à Francis Bouygues. Le conseil commence mal : nous apprenons que Philippe Bouriez, patron des Éditions mondiales, figurant lui aussi dans le tour de table de TF1 en 1987, a vendu toutes ses imprimeries en France à Robert Maxwell. Même attitude de la part de Bernard Tapie qui avait aussi acheté en douce des actions (du groupe ou de TF1, je n'en sais trop rien).

Il y a bien duel entre Bouygues et Maxwell.

Je n'ai pas tout compris, car le déchaînement de violence entre les deux hommes m'a fait penser au combat entre le diplodocus et King Kong. En gros, Maxwell s'est opposé à la nomination de Le Lay pour laquelle il n'avait pas même été consulté. Il a menacé Bouygues de l'attaquer pour abus de biens sociaux, et l'a accusé de faire construire le futur siège de TF1 par le groupe de BTP Bouygues, sans appel d'offres.

Un vrai film américain !

Nous avons fait une pause, à un moment donné, Maxwell ayant exprimé le désir de faire pipi. Panique ! Personne autour de la table – moi compris – ne savait où étaient les toilettes de ce rez-de-chaussée où, pour ma part, je n'avais jamais mis les pieds. Nous avons été sauvés par le leader syndical Marcel Caron, meilleur connaisseur des lieux que nous, qui a accompagné le magnat anglais. Qui pourrait inventer une pareille scène ? La réalité, ce matin, a bel et bien dépassé la fiction.

Puis la séance a repris. Je regardais les balles se croiser, hésitant entre le rire et la stupeur. À côté de moi, Étienne Mougeotte ne pipait mot, pas plus que Corinne Bouygues.

Et voici qu'à un moment donné, Bouygues, qui écoutait Maxwell, a si violemment tapé sur la table que nous avons tous fait un bond. Il a simplement dit : « Bob, tu es un menteur ! »

« Bob, tu mens » : je m'attendais à je ne sais quoi, à ce qu'ils se battent, qu'ils s'injurient davantage encore. Eh bien non, le « Bob, tu es un menteur » a été tout simplement génial : Maxwell en est resté sans voix, la petite phrase lui a coupé la chique. Francis Bouygues a gagné en trois mots.

À partir de cet instant, Maxwell n'a plus bougé ni pieds ni pattes, il a voté contre les résolutions, ce qui a laissé tout le monde indifférent.

Nous – le dénommé management – sommes sortis de la réunion soulagés et hilares. Je prends aujourd'hui cette résolution : lorsque quelqu'un essaiera de me nuire, je laisserai la tension monter, puis je lui dirai : « X, tu mens ! »

Leçon gratuite signée Francis Bouygues.

12 octobre

Au Conseil des ministres qui traitait de la réforme de l'audiovisuel, François Mitterrand a parlé de la Haute Autorité, et de moi, en faisant de l'institution une sorte de modèle. C'est Jacqueline Chabridon, du cabinet de Rocard, qui me le dit avec gentillesse. Mitterrand a dit publiquement que c'était une bonne institution, que sa composition était bonne. Il a parlé de l'assurance que m'avait donnée Chirac et dont j'avais fait part à Mitterrand, sur le moment, en 1986, de garder la Haute Autorité. Le connaissant mieux que certains, je n'avais alors cru Chirac qu'à demi. Je continue d'ailleurs à penser que sans François Léotard et les giscardiens, il n'y aurait pas touché.

Mais Mitterrand, ce matin, n'a pas voulu faire comme nombre de ses collaborateurs, Jacques Attali en tête, qui n'ont cessé de dire que j'avais « pactisé » avec Chirac en ajoutant foi à ses promesses !

13 octobre

Nous accueillons Michel Rocard à TF1 où il arrive vers 19 h 45. Il veut manifestement parler des conflits sociaux qui, depuis plusieurs semaines déjà, agitent le pays. Mais il entend aller plus loin sur le mouvement des infirmières. Car celui-ci ne cesse de gagner en puissance. Au début, je n'en ai même pas parlé ici, tant je trouvais le mouvement banal, sinon insignifiant. Et puis, au fur et à mesure, les syndicats, d'abord dépassés, ont « collé » à la Coordination. Les infirmières se relaient maintenant depuis plusieurs semaines. Pas un jour sans qu'elles réaffirment leurs droits et formulent leurs revendications. Le ministre – un rocardien, Claude Evin – n'arrive pas à rétablir le calme.

Là encore, l'attitude de Mitterrand est ambiguë. Je me rappelle que le journaliste qui suivait son déplacement à l'Institut Gustave-Roussy, à Villejuif, en septembre dernier, m'a raconté qu'à un moment donné, interpellé par un groupe d'infirmières, le Président a écouté l'une d'elles parler de son statut. Il s'est tourné vers Evin et lui a dit, assez haut pour que tous ses accompagnateurs l'entendent : « Elles ont raison ! » Après cela, la position du Premier ministre se retrouve forcément affaiblie.

Depuis ce jour, le mouvement s'est amplifié. En outre, il est soutenu par l'opinion : les infirmières ont un rôle ingrat, fatigant, elles sont essentielles à la vie de l'hôpital, et les malades jugent eux-mêmes qu'elles sont surmenées.

Michel Rocard vient répondre sur le plateau du JT à toutes les questions. Il est assez calme malgré le tour que prennent les choses. À aucun moment – le fait est assez rare pour que je le souligne ici – il ne fait ni ne pense à faire assaut de démagogie. Sur le mouvement des infirmières, il admet qu'une solution doit être trouvée au plus vite, sans céder aux revendications immédiates. Sur l'ensemble des autres problèmes sociaux, c'est non. Son argument : le gouvernement fait ce qu'il peut, il fait le maximum « sans mettre en cause – ce sont ses termes – les équilibres économiques ». Il n'entend pas relancer le déficit, car, à terme, ce serait l'inflation, donc la baisse du pouvoir d'achat. Il ne peut aller plus loin sans compromettre le sort des salariés eux-mêmes.

Depuis que je commente des interventions politiques à la télévision ou ailleurs, je n'ai pas beaucoup entendu de Premiers ministres ne pas sacrifier à la pression sociale. Y a-t-il une divergence – sur le cas des infirmières, au moins – entre le Président et Rocard ? Je ne la sens pas, ce soir. Elle doit pourtant exister, si je me rappelle la compréhension marquée dont Mitterrand a fait preuve vis-à-vis du sort des infirmières au cours de ses déplacements en France.

Rocard pourrait en faire six tonnes, accuser la majorité précédente, céder à la pression ambiante. Rien de cela chez lui : il est à la fois précis, courageux et convaincant. Les deux hommes s'aiment-ils, ne s'aiment-ils pas ? Ou plutôt, sans parler d'affection, se partagent-ils les rôles, l'un jouant le bon, l'autre le méchant ? Sont-ils, dans l'affaire des infirmières, complémentaires ou antagonistes ? Je n'en sais rien.

18 octobre

Une indication : Mitterrand, me dit-on, commence à s'irriter de l'ampleur des mouvements sociaux. Jean Poperen, qui, en tant que député du coin, était samedi dans le Rhône avec lui, me dit que le Président a trouvé Rocard trop intransigeant pour un homme de gauche (il a dit quelque chose comme : « La gauche oublie qu'elle est à gauche », et a parlé des « gens compétents qui devraient mener les négociations »). Mitterrand, ajoute Poperen, semble maintenant sérieusement préoccupé par ce qu'il estime être l'inefficacité de Rocard face aux conflits sociaux.

Du coup, aujourd'hui, les infirmières demandent un médiateur, ce qui veut dire qu'elles n'ont confiance ni en Claude Evin, ni dans le Premier ministre.

20 octobre

La campagne pour le référendum en Nouvelle-Calédonie va s'ouvrir. Il y a vraiment eu trop d'élections cette année. Les Français sont las. Ils s'abstiennent déjà en masse aux cantonales. Sur la Nouvelle-Calédonie, ça promet d'être catastrophique.

En outre, me voici repartie dans la conception et la construction de nouveaux décors, de nouvelles soirées électorales, de nouvelles compétitions entre chaînes, à coups d'envoyés spéciaux et de grands reporters ! Heureusement, Jean-Claude Paris est là. Il a une sorte de gouaille qui me ravit. Il côtoie depuis des années les « stars » de l'audiovisuel que je connais depuis peu seulement. Il est avec eux d'une extraordinaire clarté. Nous avons décidé de partager le même bureau pour éviter que nos chères vedettes nous opposent l'un à l'autre. Quant à la ronde de ceux qui veulent présenter le JT ou montrer leur petite tête à l'écran, elle est incessante. À ceux-là il dit avec franchise et même brutalité que ce n'est pas parce que leur concierge les reconnaît dans la rue, ou que leur mère les félicite, qu'il faut croire que « c'est arrivé » !

Problème insurmontable de la télévision : l'ego de ceux qui la font.

1988

6 novembre

Référendum sur la Nouvelle-Calédonie : oui à 80 % pour l'indépendance, avec un taux d'abstentions de 63 % !

8 novembre

J'accompagne à Washington Patrick Poivre d'Arvor à l'occasion de l'élection présidentielle américaine. Je n'ai pas une passion pour PPDA, mais, franchement, quel professionnel ! Nous sommes arrivés à midi, moins de deux heures avant le JT de 20 heures qui avait été préparé sur place par le correspondant de TF1 aux États-Unis. Je le jure : PPDA a eu à peine le temps de se raser, de s'installer au cœur du studio qui avait été préparé sur une terrasse, face à la Maison-Blanche. Et il a pris l'antenne sans autre forme de procès après avoir lu en quelques minutes le conducteur[1] préparé. Pas une seule faute, pas la moindre erreur, pas de lancement de sujet raté. Comme s'il était aux États-Unis depuis trois semaines, comme si rien de la vie politique américaine ne lui était étranger ! Chapeau...

Le décalage horaire (20 heures en France, 14 heures aux États-Unis) fait que nous avons le temps de passer à l'hôtel avant de partici-

1. On appelle « conducteur » le schéma écrit de l'émission telle qu'elle doit se dérouler, les temps prévus pour chaque intervention, leur sujet et l'insertion de reportages tournés auparavant par les différents journalistes de la rédaction.

per à la soirée électorale des républicains et des démocrates. Lorsque nous arrivons chez les républicains, dans un grand hôtel de Washington, les jeux sont faits : George Bush est président.

Je garderai longtemps cette photo hors du temps qui nous montre, Patrick, le réalisateur du JT et moi, coiffés de chapeaux haut-de-forme rouge et blanc, accompagnés de deux jeunes femmes en maillot de bain, ou quelque chose d'approchant, mi-guêpière, mi-juste-au-corps.

Juste avant de prendre l'avion, un coup de téléphone : ma mère est morte. Je décide, parce que je ne peux en parler, sur le coup, de ne rien dire à ceux qui m'accompagnent. À Paris seulement, j'informe Patrick que je suis obligée de partir pour Nice, pour l'enterrement de ma mère. « Quand est-elle morte ? » me demande-t-il, suffoqué. « Dans la nuit. » « Et tu n'en as pas parlé de tout le voyage ? »

Non, je n'en avais pas parlé. Je ne sais pas parler de ce qui m'importe.

9 novembre

À Nice, dans ma chambre d'hôtel, en attendant l'enterrement de ma mère, prévu pour demain, je regarde à la télévision la cérémonie du transfert des cendres de Jean Monnet au Panthéon. Le cercueil avance dans la nuit vers le Panthéon. Curieux sentiment : la lente montée du corps, porté par la Garde républicaine vers le Panthéon, rappelle celle de Mitterrand en 1981, de jour, cette fois, mais la joie de la foule en moins. Drapeaux, musique de Messiaen, Orchestre national de France, rien n'y manque. Autour du cercueil, une centaine de jeunes représentant l'Europe entière l'accompagnent, puis s'arrêtent place du Panthéon au moment où le corps est porté dans la crypte.

Dans la tribune officielle, sur la place, Felipe González, Mario Soares, Helmut Kohl, d'autres encore, aux côtés de Mitterrand en costume strict, le visage marmoréen. Derrière eux, Jacques Delors, président de la Commission européenne [1].

Lorsque son officier d'ordonnance lui présente le texte du discours qu'il doit prononcer, Mitterrand manque de le laisser tomber. L'incident passe inaperçu, et n'empêche pas Mitterrand de faire avec solennité le portrait de Monnet, cet homme né à Cognac en qui il se

1. Jacques Delors préside la Commission européenne de 1985 à 1995.

revoit : « À Cognac, dit-il, on sait attendre : c'est la seule manière de faire un bon produit ! » Il parle en effet pour lui, lorsqu'il évoque le jeune Monnet charentais. Plus tard aussi, lorsqu'il dit : « Aucun pouvoir ne s'impose ni ne dure qui ne procède d'un mûrissement intérieur. »

Du pur Mitterrand : le temps, la méditation, la durée, la maturité.

Et puis l'Europe, l'Europe surtout, qui est devenue désormais, au fil des années de pouvoir de Mitterrand, l'élément essentiel de sa politique. L'Europe qu'il veut, ce soir, décrire à travers les projets et la politique de Jean Monnet. Une Europe où l'Allemagne et la France ont « une responsabilité particulière ». Une Europe de la communauté, « l'avancée la plus étonnante, politique et intellectuelle, du siècle ». L'Europe de la persévérance, « qui reste à l'ordre du jour », car « la marche vers l'Europe est souvent malaisée ».

Aucun doute : Mitterrand veut compter au nombre des pères fondateurs de l'Europe qu'il cite longuement au terme de son discours.

14 novembre

Pierre Bérégovoy a célébré au restaurant favori de TF1 et d'Europe 1, Chez Edgard, ses quarante ans de mariage. Le patron du restaurant est un ami de toujours de Bérégovoy pour lequel il éprouve une réelle admiration. Gérard Carreyrou, qui a été invité, m'a décrit ce matin le restaurant plein, les dizaines de tables de huit à dix personnes. Une grande table d'honneur au milieu, avec Patrice Pelat et d'autres amis personnels. Quelques journalistes, pas beaucoup. Une grande partie du monde de la gauche. Bérégovoy irradiait de bonheur. Cet homme a toutes les qualités du monde, peut-être, notamment celle de s'être fabriqué lui-même à la force du poignet. Il n'a qu'un défaut, un gros défaut : la vanité.

Les grèves, les mouvements spontanés, les énervements sociaux, tout cela empoisonne jour après jour, me semble-t-il, la vie de Matignon.

7 décembre

Michel Rocard à « 7 sur 7[1] », avec Anne Sinclair vêtue de bleu et noir. Pas facile pour lui, cette émission, la première grande émission

1. Émission à dominante politique animée par Anne Sinclair.

qu'il fait à la télévision – hormis une interview au JT de 20 heures, en octobre – depuis qu'il est à Matignon. Dans sa présentation, Anne fait allusion aux jugements plus ou moins flatteurs sur son action que formulent nombre de dirigeants socialistes, soulignant l'absence de « grand dessein » du gouvernement et surtout du Premier ministre. Il sourit : c'est fou ce qu'il fait jeune, avec ses cheveux noirs, son costume rayé gris, sa veste trop épaulée, son sourire, la conviction qu'il met dans tous ses propos, sa sincérité aussi.

Un mot pour les 55 000 morts du tremblement de terre qui vient de se produire en Arménie, et Anne Sinclair attaque sur le silence de Rocard, depuis plusieurs mois, alors que la tension sociale ne retombe pas. « Il y a un temps pour tout », plaide-t-il, rappelant tout ce que son gouvernement a fait et mis en place depuis mai dernier : le RMI, le retour de l'ISF, le futur statut de l'audiovisuel, la Nouvelle-Calédonie. Face aux mouvements sociaux, il a fallu aussi, assure Rocard, faire front. Durant ces trois derniers mois, il a signé huit accords ; il lui est même arrivé ces dernières semaines, précise-t-il, « d'avoir à piloter six négociations sociales à la fois ».

Il en convient : à aucun moment il n'a pensé que les grèves démarreraient ainsi sur tous les terrains – la RATP, les pilotes d'avion, les infirmières... Ces infirmières auxquelles il rend hommage, ce soir, en reconnaissant leur « dévouement » et la difficulté de leur rôle.

Pourtant, il reste ferme devant les millions de téléspectateurs qui le regardent. Il prend acte que vivre avec 6 000 francs par mois est très difficile, mais déclare aussitôt qu'il ne peut pas accorder à tout le monde une augmentation de 1 000 francs. « Ce serait payer les Français en monnaie de singe, l'inflation repartirait, le chômage aussi ! »

C'est aux usagers, surtout, qu'il a décidé de s'adresser ce soir en premier lieu : ceux qui souffrent des grèves des transports, ceux qui attendent les métros le matin, ceux qui mettent des heures à rentrer chez eux le soir. Après avoir plaidé la rigueur, voilà qu'au surplus il fait la promesse d'ouvrir les discussions sur un programme minimum à imposer aux travailleurs en cas de grève. Il souhaite à sa manière qu'un dialogue se noue sur le sujet entre les grandes sociétés d'État et les fonctionnaires, et que ce dialogue débouche sur un accord contractuel. Si ce n'est pas possible, il prend l'engagement de déposer un projet de loi au printemps.

La rigueur, la fermeté : le ton du Premier ministre d'aujourd'hui n'est pas celui du Premier ministre de 1981. Là est la surprise de ce

« 7 sur 7 » : Rocard est allé plus loin sur le service minimum que ne l'avait fait Chirac !

Deux points encore : il ne s'est pas appesanti sur les communistes, encore qu'en privé il nous ait dit avant l'émission que les communistes, par militants cégétistes interposés, étaient très présents dans les grèves, dans le harcèlement quotidien dont il est la cible. Il s'est borné, au cours de l'émission, à dire qu'il fallait distinguer la direction communiste, sa « vision stalinienne » de l'avenir, et l'ensemble des militants communistes, insérés dans le monde du travail, avec lesquels il lui fallait compter. Manifestement, ce soir, il n'a pas voulu taper plus fort publiquement sur le PC, pour ne pas attiser des braises encore rougeoyantes. Il l'a fait au Parlement il y a quelques jours, ce qui lui a suffi.

Et puis, dernière remarque : il n'est pas apparu un seul instant qu'une « feuille de papier à cigarette » le séparait du président de la République dont il a affirmé, au contraire, qu'il était, dans toutes ces épreuves, son meilleur soutien.

Après l'émission, il reste quelques longues minutes avec nous, à Cognacq-Jay dont les coulisses se prêtent mal aux réceptions ministérielles. Il est content de lui, content de ce qu'il a dit, convaincu qu'une certaine rigueur est nécessaire, si l'on veut pouvoir réformer la France.

Mitterrand a-t-il voulu, en le nommant, « lever l'hypothèque Rocard » ? Rien dans ce qu'il a dit ce soir ne donne à penser que celui-ci soit en désaccord sur quoi que ce soit avec celui-là.

Au journal de ce soir, le service politique de TF1 a choisi deux jeunes hommes politiques « qui montent » pour porter la réplique au Premier ministre. Le premier avait fait parler de lui lors d'un congrès RPR où il était apparu, à la tête des jeunes du RPR, brillantissime à Jacques Chirac. Il s'agit de Nicolas Sarkozy, que je n'ai encore jamais rencontré. Je regarde les plans de son interview lorsque le journaliste revient avec son enregistrement : il a l'air d'avoir une vingtaine d'années, pas plus, il a les cheveux longs et un nez accusé. Il se félicite avec ironie de la bonne entente entre Mitterrand et son Premier ministre, tout en soulignant que les Français continuent à souffrir des grèves tandis que les deux « têtes de l'exécutif » se congratulent. Le second est Alain Madelin, que je connais mieux, qui développe les arguments habituels de l'UDF. Aucun ne dit un mot sur le service minimum qu'annonce Michel Rocard. Ils sont au moins autant pris à contre-pied que les socialistes !

1989

4 janvier

Vœux de Mitterrand. Il a choisi de les placer sous le signe des droits de l'homme et de l'égalité sociale. Autant dire qu'il a ouvert hier l'année du bicentenaire de la Révolution. Pour bien fixer les idées, il a situé la France d'aujourd'hui dans la triple perspective de la révolution française de 1789, des conquêtes sociales du Front populaire de 1936, et des idées généreuses de la Résistance en 1944. L'« ouverture » est bel et bien terminée, car, qu'ils l'avouent ou pas, l'évocation de ces trois périodes fait encore frémir d'horreur nombre de leaders de la droite...

Hier, à l'Élysée, c'était à gauche toute !

Jack Lang se veut aujourd'hui le père du Bicentenaire, au grand énervement de Jean-Noël Jeanneney, qui, à son habitude, n'en laisse rien paraître : Lang exultait littéralement ; plus discret, Jean-Noël Jeanneney laissait faire.

Quant à l'histoire de la Mission du bicentenaire, elle fait froid dans le dos : c'est à l'origine Michel Baroin qui devait en assurer la présidence. Bon profil, *a priori* : ancien grand-maître du Grand Orient de France, l'obédience la plus à gauche de la franc-maçonnerie, il était devenu, après un stage de sous-préfet dans l'Aube, maire de Nogent en 1983 ; ancien chef de cabinet d'Achille Peretti et d'Edgar Faure, il fut aussi patron de la GMF, puis de la FNAC. Mitterrand lui portait de l'estime, et Chirac ne perdait pas une occasion de clamer son amitié pour Baroin. Un choix œcuménique, donc.

Quelques mois après qu'il s'est vu confier cette mission historique et politique grandiose, Michel Baroin[1] a trouvé la mort dans un accident d'avion, quelques minutes après le décollage de Brazzaville. Juste un mot pour préciser que Jacques Chirac prononça, à l'occasion de son enterrement (dans une église !), il y a donc moins de deux ans, un des meilleurs, je devrais dire le meilleur discours de toute sa vie : profondément ému, il parla sans notes, pour une fois, avec une éloquence qui n'avait rien à voir avec celle de ses meetings.

Mais je clos la digression. Après Baroin, donc, sous la « cohabitation », le relais a échu à Edgar Faure. C'était également une assez bonne idée : la Mission mettait un terme à une vie entière consacrée à la politique. Membre de l'Académie française et sénateur du Doubs, Edgar avait des amis partout, à gauche comme à droite, il était le consensus personnifié : en mars, quelques jours après la mort de Baroin, il prit donc ses fonctions à près de 80 ans, avec un plaisir qu'il ne cherchait pas à dissimuler : il avait, par ce biais, un accès permanent à Mitterrand et à Chirac, au monde de la Culture comme à celui de l'Histoire. Il était, à la tête de la Mission, l'homme de l'année à venir. Il n'était pas malade à ce moment-là. Je me souviens l'avoir vu, avec Paul Granet, remarié avec une nouvelle femme plus jeune dont il disait lui-même qu'elle au moins ne le fatiguait pas intellectuellement, ce qui pouvait passer à la fois pour un compliment pour sa seconde épouse et pour un regret de la première.

Patatras ! À la fin de l'année, Edgar a été hospitalisé pour un accès de fièvre jaune qui s'est révélé être un cancer. Il est mort en deux mois, en mars 1988.

Je me rappelle avoir songé qu'il fallait un certain courage à Jean-Noël Jeanneney, que j'aime et admire, et en tout cas aucune trace de superstition pour accepter une mission qui avait déjà fait deux morts. Pour le coup, l'historien qu'il est va donner sa pleine mesure en préparant cette commémoration. Mitterrand, pour revenir à ses vœux d'aujourd'hui, nous l'a promise grandiose.

5 janvier

J'avais oublié la repartie de Mitterrand, hier, lorsque les journalistes lui ont demandé ce qu'il pensait de son image dans le « Bébête show », diffusé à nouveau cette semaine sur TF1 après un arrêt-ressourcement de six mois. Il apprécie. Je l'ai senti flatté à l'idée d'être

1. Michel Baroin est mort en février 1987.

quotidiennement comparé au bon Dieu. Ce qu'il n'aime pas, nous a-t-il dit, c'est que ses imitateurs le fassent parler un langage de charretier – c'est l'expression qu'il emploie – alors qu'il n'a jamais dit merde (il dit : « le mot de Cambronne » !), ni en public, ni même en privé.

16 janvier

Je trouve terrible et terriblement inutile cette affaire de l'Opéra Bastille qui revêt d'un coup une dimension politique disproportionnée. Devenu, par la grâce de Mitterrand, président de l'Opéra, Pierre Bergé [1] a démis de ses fonctions Daniel Barenboïm, chef d'orchestre renommé, directeur musical dudit Opéra. Autour de Barenboïm, l'équipe, avec Patrice Chéreau et Pierre Boulez, avait du poids. Dans ces milieux musicaux, même s'il est mélomane, Bergé n'en a pas encore. Pourquoi a-t-il chassé Barenboïm comme un malpropre ? Parce qu'il avait été nommé à ce poste par Jacques Chirac, juste avant l'élection présidentielle ? Parce qu'un contrat mirifique lui avait été accordé pour quatre mois de présence par an à Paris ?

Chirac est intervenu dans le conflit en disant qu'il avait confié en 1988 l'Opéra à « des gens compétents ». Façon de dire que Pierre Bergé ne l'est pas. Celui-ci, très sec, réplique qu'il n'y a pas « d'un côté le gestionnaire aux mains sales, de l'autre les artistes aux mains pures ».

Ce début d'année est difficile, décidément, pour le gouvernement et la Présidence. Les grèves dans les services publics – il se confirme que la CGT et le PC n'y ont pas été étrangers – ont empoisonné la fin de l'année dernière sans que je retrouve, dans la gestion des problèmes sociaux, la force de persuasion et le langage engagé du Michel Rocard que je crois connaître.

---

1. Pierre Bergé, que sa mère, soprano amateur, a familiarisé avec la musique, est depuis 1948 l'ami d'Yves Saint Laurent. C'est lui qui a persuadé le jeune couturier, de six ans son cadet, d'ouvrir sa propre maison de couture après avoir été le couturier vedette de Dior. La maison Yves Saint Laurent est née en 1962. Homme de gauche, ami de François Mitterrand, Pierre Bergé est un homme de culture. Il a côtoyé dans ses années de jeunesse Aragon, Camus, Jean-Paul Sartre, Anouilh et Cocteau. Il a géré la carrière du peintre Bernard Buffet avant de prendre en main la maison Yves Saint Laurent.

25 janvier

Jacques Boutet, l'ancien président de TF1 en 1981, est nommé président du Conseil supérieur de l'audiovisuel. Bonne chance à lui !

Je n'ai pas parlé ici de toute l'agitation qui a entouré, depuis l'automne dernier, la disparition de la CNCL et la création d'une nouvelle Haute Autorité. Pour deux raisons principales : la première est que Catherine Tasca, chargée de mettre sur pied la nouvelle institution, a, pour ce faire, consulté un tas de gens, mais aucun membre de feu la Haute Autorité, encore moins sa présidente ! Pas de rencontre non plus avec Jack Lang, qui, en tant que ministre de la Culture, chapeaute l'opération. Je suppose que ma présence dans une chaîne privatisée m'a exclue de la liste des professionnels consultés par eux.

À Matignon, en revanche, Michel Rocard m'a interrogée longuement sur la dualité de cette institution qui peut paraître source de contradictions. Il a raison : d'une part, un pouvoir de gestion, exercé notamment par la nomination des présidents des chaînes de service public par le CSA ; de l'autre, un pouvoir de sanction censé s'exercer sur ces mêmes dirigeants nommés par elle ainsi que sur les dirigeants des chaînes privées qu'il ne nomme pas. Rocard n'a pas tort, je trouve, de s'interroger sur la difficulté née de ce double aspect de l'instance de régulation.

Je lui ai dit que la nomination des présidents était, à mon sens, la prérogative la plus importante pour couper le « cordon ombilical », selon la formule consacrée, entre le pouvoir et l'audiovisuel. Nous avons évoqué la possibilité d'une sorte de double collège à l'intérieur du futur CSA. Franchement, à la réflexion, cela paraît singulièrement compliqué. La seule conclusion immédiate que je tire de cet entretien avec un homme qui connaît mieux les choses de l'audiovisuel qu'il ne le dit est qu'il n'est pas d'accord, sur la constitution du CSA, avec Catherine Tasca, et donc sans nul doute avec Mitterrand.

En définitive, c'est apparemment Catherine Tasca qui a gagné, puisque le CSA, officiellement né aujourd'hui, ressemble de ce point de vue à la Haute Autorité : même nombre de membres, même processus de désignation. Une vraie différence, en revanche : le CSA dispose des pouvoirs de sanction que nous avions réclamés sans succès.

26 janvier

Rendez-vous avec Bernard Tapie, demain matin. On a beau dire, c'est un personnage ! Longtemps j'ai détesté son côté vendeur de cravates (en réalité, il a commencé en vendant des téléviseurs), puis ses tentatives de chanteur mondain, puis, assez vite, sa façon plutôt minable d'acheter des entreprises en grandes difficultés pour les retaper, voire les démembrer, les revendre ou les liquider. Quand, avec la bénédiction de l'Élysée, il s'est lancé dans la télévision, en 1983 et les années suivantes, j'ai trouvé qu'il en faisait beaucoup. Mais il était, je m'en souviens fort bien, un animateur à la repartie facile, sympathique, ayant réponse à tout, doué d'un formidable bagout.

Avant de le voir, je repasse en revue son itinéraire depuis sa plongée dans l'OM, en 1986, et les quelques grandes victoires du club marseillais. C'est à ce moment que j'ai commencé à me dire qu'il n'était pas indifférent, qu'un homme capable de galvaniser ainsi des joueurs serait sûrement, à Marseille, un homme politique avec lequel il faudrait compter, qu'il fallait en tout cas surveiller sa progression.

Puis sont venues les législatives de 1988 et sa première candidature dans la 6e circonscription de Marseille. Une histoire qui l'a beaucoup marqué : il était très bien placé au premier tour[1], était considéré comme élu au second, l'espace de quelques minutes seulement, avec un avantage chiffré en dizaines de bulletins ; et puis son adversaire URC-UDF a obtenu à l'arraché 50,09 % des suffrages. Il faut dire que la consigne donnée aux communistes par André Lajoinie avait été claire : pas question de voter pour un patron ! Résultat : quelques voix les ont séparés. Pas beaucoup, certes, mais assez pour que Tapie essuie sa première défaite.

Il n'a pas voulu en rester là. Mais trop tard. Suite à demain...

27 janvier

Vu Juppé, ce matin. Il est assez content, et ne s'en défend pas, d'avoir haussé le ton sur les « affaires ». Sans lui, sans le RPR, les délits d'initiés, l'enquête de la COB menée à la demande de son homologue américaine, auraient été passés sous silence par la presse

1. Au premier tour, Bernard Tapie obtint sous l'étiquette « majorité présidentielle » 36,98 % des voix, son adversaire, Guy Teissier (URC-UDF-PR), 30,49 %, dans une circonscription où le FN recueillit 22,29 % des suffrages, et le Parti communiste 9,56 %.

à laquelle, me dit-il en y mettant une pointe de reproche, il faut toujours parler un peu fort pour se faire entendre.

Dire qu'il est sympathique serait trop dire. Je l'irrite en lui posant des questions, en retour, sur les « profiteurs » des « noyaux durs » de Balladur. Avec presque de la commisération, il m'explique que les « noyaux durs » étaient inscrits dans la loi, et qu'il ne s'agissait pas de délit d'initiés. D'ailleurs, m'explique-t-il, un débat sur les privatisations a eu lieu, et personne, dans les milieux de la presse et de la politique, n'a trouvé ni dans la constitution ni dans la gestion de ces « noyaux » balladuriens matière à parler de manipulations frauduleuses.

Lui, Juppé, n'est pas comme Léotard qui a dit l'autre jour qu'il y avait « des brebis galeuses dans tous les camps ». Il est bien décidé à montrer qu'il n'y en a que dans le camp de la gauche. Il ne souffle pas mot de Mitterrand, mais cite plusieurs fois Bérégovoy tout en prenant acte qu'il a affirmé sa volonté de faire appel à la justice.

Et le congrès extraordinaire du RPR, quel est son but ? Presque caricatural, tellement il est fermé, presque hautain, il répond qu'il s'agira de montrer la « dimension sociale et humaine » du projet chiraquien.

Conversation difficile au cours de laquelle il est resté de bout en bout sur ses gardes, voire légèrement agressif à mon endroit. Je ne lui en veux pas : c'est dans sa nature, semble-t-il, d'avoir des problèmes de communication.

Je reprends l'itinéraire de Tapie, parce que je trouve que la montée dans le firmament politique de cet ancien chanteur, ex-racheteur et président de sociétés exsangues, est exemplaire (au sens qu'elle a valeur d'exemple et reflète bien l'état d'une société).

Donc, après la défaite et l'élection ric-rac de son adversaire, recours devant le Conseil constitutionnel, nouvelles élections et nouveau second tour, dimanche prochain.

Ce matin, je le trouve beaucoup plus sympathique qu'il y a quelques années. D'ailleurs, signe qui ne trompe pas, il a fait sa rentrée au « Bébête show » : sa gouaille y fait merveille. Il s'exprime à sa manière, sans langue de bois. Il est malin et sait fort bien qu'il a été battu la dernière fois parce que les voix communistes ne se sont pas reportées sur lui. Aujourd'hui, il ne cesse donc de mettre en avant tout ce qui le rapproche d'eux : il est contre l'apartheid, me dit-il, est favorable au revenu minimum d'insertion, et pour l'impôt sur la fortune. Cela n'a pas empêché Georges Marchais, hier, de dire qu'à Marseille il n'y avait que des candidats de droite. Gaudin, Tapie, blanc bonnet, bonnet blanc !

D'un autre côté, pour ne pas faire peur aux socialistes marseillais, prêts à lui faire la guerre, il affirme haut et fort qu'il ne veut en aucun cas être maire de la cité phocéenne. Il n'est à Marseille que depuis trois ans, mais il a déjà compris que ce qui fait courir les socialistes, de Vigouroux à Pezet, de Sanmarco à Marius Masse, c'est la succession de Gaston Defferre à la mairie, sur le Vieux Port. Tapie éloigne donc de sa bouche avide le calice de la mairie.

Cet homme a de la présence, je n'ose dire du charisme parce que tout le monde se ficherait de moi ; disons qu'il a du culot et, derrière une certaine vulgarité, une finesse politique qui saute aux yeux.

Sa « semi-vulgarité » s'est manifestée tout au long de cette campagne de l'élection partielle. Tapie a traité son rival, Guy Teissier, de « marionnette de Gaudin », de « rien du tout » ; c'est quelqu'un, a-t-il dit textuellement, « qui a pris la tronche parce que le fait de me rencontrer lui a donné une importance qui disparaîtra la semaine suivant son échec ». Teissier, qui n'est pas demeuré en reste, lui a donné du « petit mec », l'a traité de « menteur », d'« imposteur », et a même mis en cause sa « structure mentale » (*sic*).

Lorsque je demande à Bernard Tapie si les « affaires » n'auront pas une influence négative sur l'électorat de gauche, il est assez habile, là encore, pour faire dévier le coup vers le milieu politique, gauche et droite confondues : c'est l'ensemble de ce milieu politique qui est en cause, c'est la classe politique tout entière qui risque de n'être plus crédible, et c'est naturellement contre cela qu'il entend lutter. Le seul qu'il défende est Pierre Bérégovoy, « totalement aux antipodes » d'un homme d'argent.

Le verdict de la COB est attendu dans les jours qui viennent.

29 janvier

Bernard Tapie est élu à Marseille. Dès ce soir, la question se pose : est-il destiné à la mairie de Marseille au moment où Robert Vigouroux et Michel Pezet la guignent ? Tapie avait dit qu'il apporterait sa victoire à l'Élysée. Quelles vont donc être les consignes de l'Élysée pour les prochaines municipales ? Coller à Vigouroux ? Y aller tout seul ? Prendre le parti de Michel Pezet ? Ce serait mal vu au « Château » où l'on tient toujours Pezet pour responsable de la mort de Defferre.

30 janvier

J'ai été hier matin au congrès extraordinaire du RPR au Bourget où il faisait un froid de loup. Depuis un an déjà, je me pose des questions sur Jacques Chirac. On le dit – ses amis le disent – très atteint par la défaite de l'année dernière. À tel point qu'il évite les journalistes et la plupart de ses propres amis. Tout optimiste qu'il est, Jacques Toubon me laisse entendre que les lendemains de mai 1988 ont été très durs pour Chirac, qui, pour la première fois de sa vie, remet en cause sa vocation à être un jour président de la

République. D'accord, Mitterrand a naguère été élu après s'être présenté trois fois ; Chirac, lui, n'en est qu'à sa deuxième. Il n'empêche : il a mal encaissé le choc. D'ailleurs, Toubon est au moins aussi touché que lui...

Tout cela pour dire que j'étais curieuse de voir la réapparition publique de Chirac à la tête de son parti. Il fait bonne figure, aujourd'hui remonté tant bien que mal sur la bête : le congrès entier est fait pour bien marquer que l'échec est dépassé ; il faut donc qu'il montre qu'il en est le chef, malgré les petits jeunes qui ruent dans les brancards.

Pas un mot sur les « affaires » : il laisse ça à Bernard Pons, qui s'en chargera après lui. Lui lance un appel à Valéry Giscard d'Estaing pour l'union à l'occasion des futures élections européennes. Son appel n'a guère de chances d'être entendu. Je vois mal Giscard faire liste commune avec le RPR au moment où celui-ci se trouve le plus affaibli. Sans doute Chirac entend-il faire oublier la division de la majorité qui lui a peut-être coûté la victoire, en tout cas qui lui a coûté gros. Il ne fait qu'une seule allusion aux « affaires » pour reprocher au gouvernement, dans ce climat qu'il qualifie de « délétère », son absence de ligne et ses « coalitions d'occasion ».

Un des aspects les plus importants du congrès tient à l'intervention de Bernard Pons : car c'est lui, fidèle escorteur de Chirac, qui s'en donne à cœur joie pour dénoncer les délits d'initiés, les opérations de bourse minables auxquelles se sont apparemment livrés des amis du gouvernement et du Président, « fauteurs ou complices d'un affairisme déclaré ». En tête Patrice Pelat, le camarade de captivité de

Mitterrand. Je reviendrai sur ces « affaires », ne serait-ce que dans ma tête, pour jauger le danger qu'elles représentent pour le pouvoir en place.

Mauroy a répondu ce soir de manière peu convaincante qu'on a assisté sous tous les régimes, sous tous les gouvernements, aux ravages de l'argent, qu'il n'avait pas oublié le scandale de la Garantie foncière sous de Gaulle, pas oublié non plus la droite « des copains et des coquins ».

Cela, on le sait : le problème est que les socialistes sont au pouvoir et qu'on aurait pu attendre d'eux qu'ils ne soient pas fascinés par ce goût de l'« argent facile » qu'ils dénonçaient naguère quand ils étaient dans l'opposition. Une fois de plus, c'est Jean-Marie Le Pen qui reflète le mieux, hélas, ce qui me semble être la réaction des gens : « Je te tiens, tu me tiens par la barbichette », gouaille-t-il aujourd'hui.

30 janvier

Pierre Bérégovoy a été entendu aujourd'hui par la commission des finances de l'Assemblée nationale sur l'affaire Péchiney. Voilà qui n'arrive pas tous les jours ! Il faut dire que Samir Traboulsi, que Bérégovoy avait en si haute estime, est également suspecté de délit d'initiés. Sa proximité avec le ministre des Finances fait très mauvais effet.

Toujours le mauvais climat, en politique cette fois : communistes et socialistes n'arrivent pas à se mettre d'accord à Paris en vue des municipales. Pierre Joxe mène la liste avec la jovialité qu'on lui connaît. Les communistes exigent qu'on leur fasse, en cas de listes communes, une place que Joxe est bien décidé à ne pas leur accorder. Mitterrand le soutient. Il fait même plus, sans doute, que le soutenir : il l'inspire.

3 février

Cette fois, c'est à droite que la rencontre a tourné court : Giscard et Chirac se sont vus aujourd'hui et il n'y aura pas de liste unique. Une personne n'en est pas surprise : Simone Veil, qui constate, et tous les Français avec elle, que le RPR et l'UDF sont loin d'avoir les mêmes idées sur l'Europe !

6 février

François Léotard à « L'Heure de vérité » que je ne regarde que quelques minutes. C'est à Michel Rocard qu'il assène ses coups. Sur le mode : peu de gens ont disposé des mêmes atouts que Rocard – il avait la sympathie des Français, une opposition divisée, une conjoncture économique exceptionnelle. « Je n'ai qu'un mot, conclut-il : gaspillage ! »

C'est vrai. Je repense aux débuts de Rocard à Matignon, à la Nouvelle-Calédonie, à sa fameuse « méthode ». On n'a jamais su au juste ce qu'elle était, cette méthode, mais on lui en prêtait une. Or, voilà que la situation devient difficile pour lui, même si les sondages lui sont encore très favorables dans la mesure où il ne semble pas personnellement atteint par les vicissitudes du gouvernement et les mécomptes des amis du Président.

À propos des « affaires », Léotard épargne François Mitterrand ; il se contente d'ironiser sur ce qu'on a appelé la « génération Mitterrand » : « Si c'est cela, M. Pelat, M. Théret[1], si c'est cela, la génération Mitterrand... »

12 février

Pour que Mitterrand lui-même se dérange et vienne sur le plateau de « 7 sur 7 », c'est que les choses sont graves. Je le ressens comme cela et, lorsqu'il arrive, je ne cherche même pas à attirer son attention. Le Lay et Mougeotte font de même. Je ne dirai pas qu'il a l'air le moins du monde préoccupé, certes. Il est tout simplement concentré, obsédé par la peur de se laisser « désunir » au beau milieu de l'interview télévisée.

L'émission a néanmoins été décidée dans l'urgence et c'est l'Élysée qui en a proposé le jour, alors que l'invitation était lancée de façon permanente, mais sans succès, depuis des années. Il a déclaré à Anne Sinclair qu'il parlerait des « affaires », entre autres. Qu'il parlerait aussi de l'actualité politique et sociale, maintenant que les remous dans les services publics se trouvent apaisés.

Il n'a pas suivi le plan qu'il avait en tête. Il a parlé des « affaires »

1. Max Théret, ancien militant communiste, ancien garde du corps de Léon Trotsky, a créé la FNAC en 1954.

Il a assuré le financement du Parti socialiste. En 1988, il apparaît dans le scandale Péchiney comme l'un des initiés.

pendant la plus longue partie du temps, à tel point que j'ai pensé, en l'écoutant, que sa prestation était encore pire que le silence.

Ce soir, je pense au contraire que je me suis trompée. D'abord parce qu'il est arrivé à faire passer le maximum d'émotion sur le cas Roger-Patrice Pelat, sur son amitié pour cet homme issu de rien, ancien ouvrier chez Renault, qu'il avait connu dans son stalag, pendant la guerre, et auquel le liaient depuis lors des relations inconditionnelles. Il faut l'avoir entendu raconter les circonstances dans lesquelles il avait fait sa connaissance : pendant « un sale hiver » où lui-même, Mitterrand, n'avait pas de chaussures, dans la neige et le vent ; c'est dans ce contexte-là que Roger-Patrice Pelat a révélé des qualités uniques[1].

Évidemment, ce n'est pas mal venu, au moment où la France entière s'interroge sur les délits d'initiés, de dépeindre ainsi le personnage. Pauvre, il est devenu riche. Ouvrier, il est devenu patron. « Fallait-il, interroge Mitterrand, que je me brouille avec lui parce qu'il était devenu riche ? »

Réponse dans toutes les chaumières : non, évidemment pas !

En revanche, lorsque Mitterrand en vient aux « affaires » et qu'il les détaille, j'ai trouvé qu'il s'enlisait dans cette longue liste de dérapages. Il a annoncé qu'il évoquerait les quatre « affaires » qui sont aujourd'hui devant la COB : l'affaire de la Société générale, celle de Péchiney, puis aussi deux dont on ne parle guère : LVMH et Béghin-Say. Et puis, en fin de compte, il n'a évoqué longuement que les deux premières.

Il fait une distinction entre les deux premières. Pour Péchiney, dit-il, « il faudra que la justice passe ». De deux choses l'une : ou bien Roger-Patrice Pelat, qui avait vendu depuis longtemps son affaire[2], s'est contenté de jouer en bourse, et, dans ce cas, il ne lui en voudra pas ; ou bien il a commis une faute, et il ne le soutiendra pas[3].

---

1. « Il y a des gens qui restaient courageux et qui restaient solidaires, et nous étions un petit groupe qui est resté très uni... Rares sont les prisonniers de guerre, dans de telles circonstances de misère et de solitude, qui ont montré autant de force d'âme, de caractère et de camaraderie », a déclaré F. Mitterrand à propos de Pelat.

2. La vente de la société de Roger-Patrice Pelat, Vibrachoc, avait été effectuée à la demande pressante de l'Élysée : la société fut cédée au prix fort à Thomson que présidait alors Alain Gomez.

3. En réalité, Mitterrand, à la lecture du décryptage, a déclaré quelque chose de légèrement différent. Il a dit : « S'il se révèle avoir commis une faute, j'estimerai que je ne peux pas préserver la même qualité d'amitié. » Il en a dit le moins qu'il pouvait dire.

Pour ce qui est de l'affaire de la Société générale[1], il se défausse : c'est Édouard Balladur, sous le gouvernement Chirac, qui a placé la Caisse des dépôts et consignations dans le « noyau dur ». Les autres protagonistes de l'affaire ? Max Théret ? Il ne fait pas partie de son cercle d'amis. Samir Traboulsi ? Il ne le connaît pas, il n'a jamais été informé de sa demande de Légion d'honneur (qu'il lui a pourtant accordée).

L'argent et la gauche ? demande Anne, sur des œufs. Réponse de Mitterrand : Pelat n'est pas un homme de gauche. Quant aux sociétés d'économie mixte critiquées par la droite, elles restent, selon lui, la seule manière « convenable » – c'est son mot – de conduire la politique économique française.

Finalement, ce soir, François Mitterrand n'a parlé que des « affaires », et très peu des questions sociales ou des grèves récentes. Je l'ai écouté avec des sentiments mêlés : devait-il parler pour prendre ses distances vis-à-vis des hommes mis en cause ? Devait-il se contenter de dire que la Justice passerait ? Son intervention a-t-elle fait la part trop belle à ces misérables « affaires » ? Se taire était-il pour lui possible ? Je ne sais.

Au lieu de cela, il a parlé près d'une heure et demie – beaucoup plus que la durée habituelle de l'émission – et qu'en reste-t-il ? Que si Pelat a mal fait, il lui retirera un peu de son amitié.

Je reste sceptique sur l'effet de cette prestation.

Nous nous retrouvons après l'émission. Il a l'air soulagé d'en avoir fini avec cette mise au point presque insultante pour lui. Il me demande mon avis. Je réponds que j'ai trouvé l'ensemble émouvant, que lui-même s'est trouvé très à l'aise, mais que je ne mesure pas les retombées sur les Français. Lui non plus, évidemment.

1. L'affaire de la Société générale relève du délit d'initiés. Onze personnes ont été à l'époque inculpées de ce délit pour avoir spéculé sur des actions de la Société générale au cours du deuxième semestre 1988, avant que le raid boursier lancé par Georges Pébereau ait été connu du grand public. Par la suite, cinq des mis en examen ont obtenu un non-lieu, et deux, Marc Viénot, ancien président de la Société générale, et Georges Pébereau, ont été amnistiés. Le procès des quatre autres, Georges Soros, Samir Traboulsi, Jean-Pierre Peyraud et Jean-Charles Naouri, ex-directeur du cabinet de Pierre Bérégovoy, s'est déroulé en 2006 seulement. En dehors de Georges Soros, tout le monde a été relaxé.

17 février

Une journée, une soirée plutôt dont je me souviendrai longtemps : je n'avais jamais vécu une rupture sentimentale en direct à la télévision, eh bien voilà, c'est fait ! J'ai assisté sans le vouloir au divorce de Jacques Martin.

Dieu sait pourtant que je n'avais rien à y faire !

Cela s'est passé ainsi : à la demande de mon ami Patrick Clément, nous avions accepté, Jacques Martin et moi, de présenter ensemble l'émission inaugurale de la nouvelle chaîne de télévision marocaine, 2M International. Cela se passait dans un studio de banlieue parisienne. J'étais chargée de l'environnement politique, et Jacques Martin des vedettes, stars et autres chanteurs qui devaient animer la soirée. L'émission, heureusement, n'était pas en direct. Bref, la première partie s'est bien passée, encore que j'avais mis une veste rose fuchsia qui n'était pas du meilleur goût.

Arrive un changement de décor, prélude à la seconde partie de l'émission. Nous partons tous deux dans nos loges respectives pour attendre la reprise après un raccord maquillage. Cinq minutes, dix minutes, un quart d'heure... Je m'inquiète. Que se passe-t-il ? On me répond que Jacques Martin ne viendra pas à l'antenne et que je dois présenter seule la fin de la soirée. Je râle sec, parce que remplacer Jacques Martin au pied levé n'est pas commode, en tout cas pour moi qui ai davantage un rôle de commentatrice que d'animatrice. Et puis je n'y comprends rien : est-il malade ? victime d'une indisposition passagère ? Dans ce cas, on pourrait peut-être patienter un peu ?

On me dit de reprendre, je finis par reprendre seule. Lorsque le tournage s'arrête, toujours pas de Jacques Martin.

Quelques minutes plus tard, son impresario-supporter et son ombre fidèle, Paul Cueusin, vient me trouver au moment où je me démaquille. Il m'explique, en excusant son ami, que celui-ci a reçu, pendant l'arrêt de notre enregistrement, un coup de téléphone de sa femme, Cécilia, lui annonçant qu'elle le quittait. Pour qui ? Pour un ami intime du couple avec lequel les Martin étaient partis en vacances d'hiver. Qui cela ? Le maire de Neuilly, Nicolas Sarkozy.

Je ne peux m'empêcher de penser que cette femme montre de la détermination. Un certain culot, aussi, car il en faut pour faire cela par téléphone ! Mais peut-être les choses ne se sont-elles pas exactement passées comme cela ; peut-être Jacques Martin était-il resté sourd à plusieurs avertissements ?

En tout cas, contrairement au précepte qui veut que, sur scène, « *the show must go on* », Jacques Martin – c'est dire sa détresse – n'a pas été capable d'« enchaîner ».

19 février

Anne Sinclair est hospitalisée pour quelques jours. Au moment où je pose à Mougeotte la question de son remplacement, il me dit, après un coup de téléphone à Le Lay, que c'est à moi, directeur de l'information, que cette tâche incombe. J'en suis à la fois interdite et atterrée. Parce qu'on ne remplace pas Anne Sinclair sans se voir immédiatement comparée à elle, donc critiquée. J'aurais préféré que ce soit un homme qui assure l'intérim, plutôt que moi. D'un autre côté, je suis ravie de devoir conduire une émission d'une heure, moi qui suis plutôt abonnée, le matin, à deux minutes trente de chronique ou à huit minutes d'interview.

1989

L'invité prévu par Anne était Pierre Bergé à propos de l'affaire Barenboïm. Franchement, je n'en ai pas eu envie. La façon brutale, cassante, méprisante dont Bergé s'est débarrassé du directeur musical et a liquidé son équipe m'a choquée. Je me sens incapable de conduire une émission d'une heure avec lui. On a tout de même besoin, dans un exercice de ce genre, d'un minimum de compréhension de son interlocuteur. Au surplus, les affaires de l'Opéra de Paris intéressent assez peu de monde. Sans compter que ma spécialité, c'est la politique. J'ai donc invité d'abord Édouard Balladur.

Il est arrivé sans se presser, en avance comme à son habitude : je n'ai jamais vu cet homme-là en retard. J'ai fait pour commencer un portrait de lui en le décrivant un peu comme le mentor de Jacques Chirac, ce qui lui a fait un plaisir fou, et en parlant de son personnage volontiers précieux, et de son image, ce qui l'a moins satisfait.

Avec lui, pas d'éclats. Pas une phrase plus haute que les autres. Pas d'incorrection dans le langage ni dans le maintien. Au point que je l'ai trouvé parfois aux frontières – franchies – de l'ennui.

Je lui ai posé une première question sur la « cohabitation » et le goût, amer ou plaisant, qu'elle lui avait laissé. Pour lui, elle était inévitable, et elle n'a pas empêché que le gouvernement Chirac fasse ce qu'il voulait faire. L'occasion de donner au passage un coup de griffe à Raymond Barre qu'il rend responsable de la division de la droite, donc de l'échec de Chirac.

Sur les « affaires » et la prestation du Président, la semaine dernière, il reste plus que prudent. Il ne veut pas émettre le moindre jugement sur les protagonistes de l'affaire Péchiney, notamment sur Pelat. Il est favorable à l'extension des pouvoirs de la COB et défend bien sûr les « noyaux durs » qu'il a imaginés lorsqu'il était aux Finances. Favorable à l'économie libérale, il est néanmoins convaincu de la nécessité d'une moralisation de la vie financière.

Ça, c'était au début de l'émission. À la fin, trouvant sans doute qu'il n'était pas allé assez loin, et que cela pouvait passer pour de la révérence à l'égard de Mitterrand, il ajoute qu'il s'en remet aux juges pour faire leur métier.

Je me rappelle (inutile de préciser que je n'ai pas pris de notes) que nous avons ensuite abordé le départ des troupes soviétiques d'Afghanistan : il s'est félicité que les pauvres populations afghanes recouvrent leur liberté, tout en doutant de la volonté de l'URSS de lever dans un délai prévisible la domination qu'elle exerce sur les pays de l'Est.

J'avais prévu, pour le faire parler de Le Pen, un reportage sur une députée d'extrême droite en Allemagne de l'Ouest. Sa réponse n'a pas été : il ne faut pas pactiser. Elle a été : « Il faut demeurer intransigeant sur les vertus auxquelles on croit. »

Lorsque l'émission s'est arrêtée, j'avais eu le temps de prendre conscience que remplacer Anne Sinclair était forcément casse-gueule. Cela m'a été confirmé dès le lendemain : les amis m'ont téléphoné pour me féliciter, mais beaucoup de téléspectateurs pour regretter au contraire son absence. J'ai répondu à ceux-là que ce remplacement serait de courte durée.

Cadeau empoisonné, ce « 7 sur 7 » ! Anne a son public, fidèle depuis longtemps. C'est actuellement la première vedette de la TV française. Quant à moi, mon métier est d'être plus souvent derrière les caméras que devant !

L'ennui est que je dois recommencer la semaine prochaine avec Laurent Fabius...

26 février

Fabius, je ne l'ai pas revu en tête à tête depuis l'été 1985, au cours de cette conversation, à laquelle je préfère ne plus penser, sur le rôle néfaste de la télévision vis-à-vis des socialistes et de leur gouvernement.

C'est moi qui l'ai appelé, lundi, tout de suite après avoir reçu Édouard Balladur, pour lui demander s'il voulait venir à « 7 sur 7 ». Il m'a dit oui tout de suite. Par accord tacite, nous avons considéré que notre affrontement sur la Haute Autorité appartenait au passé. D'ailleurs, il le sait comme moi, même Mitterrand a tourné la page et vante les mérites de l'institution défunte. Il ne va tout de même pas être plus royaliste que le roi et me tenir rigueur d'une indocilité qu'aujourd'hui ceux-là mêmes qui me l'ont reprochée hier mettent au nombre des réussites du premier septennat de Mitterrand !

Il arrive donc quelques minutes avant 19 heures, habillé comme un prince, avec un air de décontraction ironique que je ne lui connaissais pas. Je le trouve beaucoup mieux dans son rôle actuel, celui de président de l'Assemblée nationale, qu'il ne l'aurait été dans celui de premier secrétaire du PS. Ce n'est assurément pas ce qu'il pense, ni ce que pense Mitterrand, puisque son échec à la direction du Parti l'a, paraît-il, beaucoup affecté. Aujourd'hui, il n'en laisse rien paraître.

Le portrait que je fais de lui en commençant l'émission ? Celui d'un vrai politique, jalousé par les siens, capable du meilleur et du moins bon, d'une sensibilité exacerbée malgré la rude école à laquelle il a été élevé, celle de François Mitterrand ; mais aussi celui d'un amateur d'art éclairé, entouré d'amis qui l'admirent, cerné par des ennemis qui lui font reproche de les mépriser. Il ne cille pas pendant que je le présente ainsi en quelques secondes aux téléspectateurs. Puis, à la première question relative à son échec face à Mauroy au sein du PS, il laisse échapper cet aveu : « Ça a été dur, au début. » Dur, il a raison : être celui que Mitterrand entend imposer aux socialistes, et devoir y renoncer ! Je ne crois pas qu'il y ait d'autres exemples depuis que Mitterrand est à l'Élysée.

Un moment fort lorsque, parlant des menaces de mort proférées contre l'écrivain Salman Rushdie, il déclare, pour une fois sans prendre de précautions : « Khomeyni est un assassin, je le dis. La vie de Rushdie est finie ! C'est scandaleux, c'est honteux ! Il faut résister. »

Sur la politique de Michel Rocard, il convient qu'il a raison, que son plan est le bon, sans que je puisse déceler dans sa voix s'il est sincère dans ses louanges ou en service commandé.

Cet homme brillant, lumineux lorsqu'il parle, est l'excellent vulgarisateur d'un socialisme modéré. Il s'ennuie au poste qui est le sien aujourd'hui, plus honorifique que politique.

1er mars

Ça y est ! Deux nouvelles campagnes commencent : d'abord pour les municipales, puis pour les européennes. Si j'additionne le nombre des scrutins intervenus en France depuis 1988, il y a de quoi donner le tournis ! Tous les genres se sont succédé : présidentielle, législatives, cantonales, sénatoriales, municipales, européennes, sans oublier le référendum sur la Nouvelle-Calédonie.

Il en est un que ce nouveau départ en campagne comble de joie, c'est Jacques Chirac. On l'a très peu vu depuis son échec de l'année dernière. En revanche, il vient de repartir dans l'exercice qu'il préfère : le tour de France des meetings. Je comprends qu'il ait besoin de ces bains de foule pour reprendre confiance en soi. On me dit qu'il n'est pas au mieux de sa forme. Jacques Toubon me répète – et je suis sûre qu'il ne me dit pas tout – qu'il arrive aujourd'hui à Chirac de douter de son avenir politique. Il aurait confié à Toubon – mais j'ai du mal à le croire tout à fait – la place que le duel télévisé avec Mitterrand, entre les deux tours de 1988, aurait occupée dans sa vie. Lorsqu'il y a eu cet accrochage, que j'ai ressenti de façon si intense, entre Mitterrand et lui sur l'affaire Gordji, Chirac, qui avait la conviction de dire la vérité, aurait été si désarçonné qu'il n'aurait pas même cherché à répliquer. Il aurait eu l'impression d'avoir été trompé, berné, ignoré par Mitterrand entre 1986 et 1988.

Avait-il à l'époque la conviction d'avoir conquis Mitterrand comme il conquiert ses électeurs ? Peut-on croire à un Chirac déstabilisé par le « dans les yeux, je le conteste » de Mitterrand en 1988 ? Peut-être bien. Qu'il n'ait pas cherché à contre-attaquer sur le terrain que lui avait suggéré Pasqua, c'est en effet ce que j'avais cru déceler sur le moment.

Le voici donc sur les estrades comme s'il avait retrouvé le goût de vivre.

3 mars

Déjeuner dans un restaurant qu'il affectionne, le Pré carré, avec Claude Cheysson qui se remet mal de ne plus être ministre et ne comprend toujours pas ce qui a pu se passer entre Mitterrand et lui. Il souffre comme un homme souffrirait de ne plus être reconnu par une femme avec laquelle il a vécu des années. Il aura été ministre des Affaires étrangères dans quatre gouvernements successifs de 1981 à 1984. Mitterrand, je m'en souviens pour avoir fait avec eux un voyage à Rome, éprouvait à son endroit un étrange sentiment : d'un côté, il le trouvait intelligent et brillant, connaissant bien le monde, surtout le monde arabe ; de l'autre, il était exaspéré par ce qu'il appelait son « manque de sens politique ». À Rome, je m'en souviens, il lui avait fait reproche de ne pas compter avec l'opinion publique française, de ne pas savoir la ménager. Et aussi, de façon récurrente, de commettre gaffe sur gaffe[1].

De cela je me rends bien compte que Cheysson ne sait rien. Il ne comprend donc pas sa rupture avec Mitterrand, qui ne le voit plus que très rarement, et rend Roland Dumas, qui l'a remplacé au Quai, responsable de l'avoir éloigné de l'Élysée.

La présidence de l'arche de la Défense ? Elle lui permet, au-delà de sa présence à Bruxelles comme commissaire, puis député européen, de garder une activité à Paris et d'espérer voir de loin en loin Mitterrand. L'Europe ? Il lui a consacré douze ans de sa vie ; il trouve que la Commission, tout en n'ayant pas beaucoup de pouvoirs, doit néanmoins jouer son rôle : être l'aiguillon qui pousse les pays à avancer, la force d'imagination et de proposition de l'Europe.

Sa voix, l'extrême intelligence de son visage, font que cet homme laid est presque beau. Il parle sans se préoccuper de son interlocuteur, dans une sorte de soliloque à peine interrompu par les questions que je lui pose et auxquelles il ne répond pas toujours.

5 mars

Alain Duhamel à « 7 sur 7 ». Campagne électorale oblige : je l'ai invité à l'occasion de la sortie de son livre *Les Habits neufs de la*

1. Comme le montre un mot de Mitterrand largement rapporté dans la presse. À un journaliste qui lui disait : « M. Cheysson a encore fait une gaffe », il répondit : « Vous voulez dire que M. Cheysson a fait une déclaration ! »

politique, puisque les hommes politiques, eux, n'ont plus le droit d'intervenir à l'antenne. Avec Alain, on sait qu'on tombe toujours assez bien pour le faire parler d'un livre : il en publie un tous les deux ans, comme un métronome. Il n'a jamais failli à ce rythme. Ce qui est intéressant, c'est qu'il parle de la classe politique comme nous sommes, je pense, seuls à en parler. Au-delà des « affaires » et malgré elles, nous continuons envers et contre tout à penser que la classe politique française n'est pas tout entière contaminée ; que les députés et les maires ne sont pas seulement des ambitieux qui veulent conquérir la Lune et le fric qui va avec ; que les leaders ne sont pas seulement des hypocrites et des malins ; que certains d'entre eux, voire la plupart croient à ce qu'ils font.

Seulement voilà : une seule affaire suffit à faire crier par la France entière : « Tous pourris ».

7 mars

Roger-Patrice Pelat est mort. Mort ? Oui, dans une chambre de l'Hôpital américain où il se remettait d'un début d'accident cardiaque. Rien ne laissait présager ce décès qui survient en pleine fin d'après-midi comme pour montrer qu'on ne dit pas tout impunément sur un homme. Je ne l'excuse pas : il semblerait bien qu'il ait profité de l'amitié que Mitterrand avait pour lui pour acheter des actions par paquets et accroître indûment sa fortune. Il est probable néanmoins que les attaques dont il a été l'objet dans la presse, et le passage à l'antenne de François Mitterrand pour prendre ses distances vis-à-vis de lui, ont précipité sa mort.

9 mars

Gérard Carreyrou est, me dit-il, très en froid avec Pierre Bérégovoy. Pourquoi ? Parce qu'au début de l'édito qu'il a consacré avant-hier au JT de 20 heures à la mort de Roger-Patrice Pelat, Gérard a déclaré : « C'est le premier mort de l'affaire Pelat », ou quelque chose d'approchant. Béré l'a appelé dans le quart d'heure en lui reprochant vertement cette phrase de nature à laisser croire qu'il y aurait d'autres cadavres après celui de Pelat, que celui-ci ne serait que le premier d'une longue liste. Il faut dire que les politiques se donnent le mot, dans cette affaire, pour répandre l'idée que la presse va trop loin, qu'elle désigne des coupables et accuse sans preuves. Carreyrou est le premier surpris du couplet que lui sert Bérégovoy. « Ce n'est pas tant moi qui pense cela, lui explique Béré, c'est ma femme qui, pour la première fois, trouve que tu vas trop loin. »

Sommes-nous allés trop loin ? Je ne le crois pas. Si vraiment Pelat a spéculé sur l'amitié de Mitterrand, et même s'il est regrettable qu'il soit mort, je n'en pense pas moins que la presse a fait son travail. Christine Clerc écrit dans *Le Figaro* : « J'ai eu honte de ma profession. » Suis-je plus corporatiste qu'elle ? A-t-elle davantage le sens de la déontologie que moi ?

19 mars

Je n'ai rien écrit la semaine dernière sur le premier tour des élections municipales – huitième passage dans l'isoloir en un an ! Aujourd'hui, le second tour confirme le premier. C'est un succès socialiste[1]. La malédiction est levée : ces élections intermédiaires n'ont pas été, comme en 1982, des élections-sanction. Les grandes villes tombent les unes après les autres : Strasbourg pour Catherine Trautmann, Dunkerque pour Michel Delebarre, d'autres encore. Le Parti socialiste fait un tabac dans les villes de plus de 20 000 habitants. Deux conclusions rapides : 1) Rocard est un bon Premier ministre ; 2) Les « affaires » (grâce à lui ?) n'ont pas détourné de leur vote les électeurs socialistes.

Paris a résisté. Chirac aurait perdu la capitale que son sort, il me semble, aurait été réglé au sein du RPR : on lui aurait fait la peau !

29 mars

Nouvelle inauguration d'un des « grands travaux » de François Mitterrand : celui de l'entrée du Louvre par la pyramide de Pei. Je ne dirai pas que Mitterrand inaugure les chrysanthèmes : je pense simplement qu'au début de ce second septennat, je ne le sens pas aussi fort, batailleur, énergique qu'il était au cours du premier. Dans l'action, Michel Rocard tient le premier rôle.

---

1. Les socialistes ont conquis 35 villes de plus de 20 000 habitants, ils en ont perdu 14. Ils ont gagné Nantes, Strasbourg, Brest, Aix-en-Provence, Dunkerque, Avignon, Béziers.

Mitterrand livre ses impressions, un peu comme il faisait quand Chirac était à Matignon, mais il n'a pas l'air de se battre pour imposer quoi que ce soit. Son échec pour imposer Fabius à la tête du PS a sans doute beaucoup plus compté pour lui que nous l'avions pensé à l'époque : quelques semaines à peine après sa réélection, son pouvoir n'était déjà plus le même. Un an après, la chose est manifeste : sa présence, son charisme sont amoindris. Il veut rester dans l'Histoire, cela a toujours été son obsession. Peut-être se dit-il aujourd'hui qu'il y restera par le Nouveau Louvre ou par la future nouvelle Grande Bibliothèque qu'il a en tête, plus ou au moins autant que par son œuvre politique.

3 avril

Sa victoire à Paris n'aura pas épargné Jacques Chirac. C'est même, je crois, la première fois, de mémoire de RPR, qu'il aura été attaqué au cours de journées parlementaires, comme à Nice vendredi dernier. « Attaqué » est ici un mot faible : il a trouvé contre lui à la fois Charles Pasqua et les jeunes du mouvement groupés derrière Philippe Séguin et décidés à se débarrasser de lui.

Ne pouvant assister à la totalité des séances, je rencontre Pasqua avant qu'il ne monte à la tribune. Il n'a rien d'autre à dire sur Chirac : il ne croit plus en lui. Et Dieu sait qu'il en a fait, des choses, pour lui ! Pourquoi s'est-il à ce point détaché de lui ?

Nous nous connaissons peu, il sait que je connais bien Chirac ; c'est donc sciemment qu'il me confie sa tristesse, et, pis que tout, sa déception vis-à-vis de Chirac dont il condamne de bout en bout la façon de mener la campagne des municipales. Mauvaise, cette campagne ? Comment cela, alors que tous les militants du RPR étaient là, enthousiastes, sur son passage ? Et que lui-même était le plus souvent présent dans ces meetings ? Pour lui, Pasqua, pour qui la sociologie électorale n'a aucun secret, Chirac s'est trompé de campagne, tout simplement. Il ne me le dit pas expressément, mais je le comprends à demi-mot. C'est d'ailleurs ce qu'il ne cesse de confier à Catherine Nay : selon lui, Chirac a voulu faire campagne « au centre ». Ce faisant, il a libéré sur la droite un boulevard pour Le Pen. Je lui fais remarquer que Chirac avait mené en 1981 une campagne jugée alors trop à droite, ce que certains de ses amis lui avaient alors reproché : il avait, selon eux, laissé tout le terrain du centre à Giscard, se trouvant, lui, isolé à droite. Eh bien, semble penser Pasqua, il fallait continuer ! Ce qui est inouï, c'est que Chirac a obtenu dans les deux cas, à *epsilon* près, le même nombre de suffrages !

Le plus fort est la fronde des jeunes. Séguin, Michel Noir, Alain Carignon, François Fillon ont à peu près tous le même âge, un âge où les hommes encore jeunes commencent à s'irriter de la présence au pouvoir des quinquas et sexagénaires. Il faut dire qu'ils ont quelques excuses : depuis leur arrivée dans la vie publique, ils voient leurs aînés, Chirac, Barre, Giscard, s'entre-déchirer au point d'avoir permis la réélection de Mitterrand en 1988. Ce nouvel échec de Jacques Chirac leur permet de penser, un an plus tard, que la vie est à eux. À condition de faire tomber les barrières entre l'UDF et le RPR, et de constituer un parti unique de la droite. Oui aux courants et sous-
1989 courants, non à la « machine à perdre » !

Philippe Séguin, pour ne parler que de lui, avait déjà, au début de l'année, exprimé tout haut – un peu trop fort au gré de Chirac, je suppose – une opinion nettement marquée, et dissidente, sur la présidence du RPR : il avait dit, je me rappelle, que Charles Pasqua serait mieux à ce poste que le maire de Paris.

Tuer le père : tout un programme ! Aucun d'entre eux n'est très connu. J'ai entendu parler de François Fillon, comme tout le monde : il était le collaborateur le plus proche de Joël Le Theule, et il a pris sa place comme député de la Sarthe où il a été élu sans coup férir, à 27 ans, puis à la mairie du Mans[1]. Mince, l'allure encore adolescente, la mèche sur l'œil, on lui donnerait le bon Dieu sans confession. Il est, plutôt il se veut, gaulliste de gauche, comme Le Theule. Il est tout l'opposé de Pasqua, sans aimer pour autant Chirac à qui il reproche visiblement, sans le dire, sa préférence pour l'action plutôt que pour la réflexion.

Philippe Séguin, dont tout le monde se plaît à décrire le mauvais caractère, me semble plus lourd ou moins fluet que Fillon. Il a été, de l'avis de tous, un bon ministre des Affaires sociales : il n'a pas seulement un poids physique, mais un poids politique important. Cela étant, il ne me paraît pas en tête du mouvement de contestation, qu'il se contente de suivre, par prudence ou hésitation. Non sans montrer de temps en temps quelque irritation vis-à-vis de Michel Noir.

1. Où il a été élu aux municipales de 1983.

Car c'est celui-ci, au physique avantageux, comme on dit, et à la stature imposante, qui mène le jeu. À ces journées parlementaires, il y va avec un évident plaisir de son discours iconoclaste. Je n'ai pas souvenir d'une telle charge menée contre Chirac dans son propre camp depuis une bonne dizaine d'années. Noir lutte contre Chirac comme ces jeunes cerfs qui essaient, à grands coups de leurs jeunes bois, de terrasser leurs aînés et de prendre leurs femelles, en l'occurrence le parti.

Il me semble qu'ils la déclenchent mal à propos, leur fronde, ces jeunes gens pressés. Car les européennes arrivent. Veulent-ils déposer une liste aux élections ? Une liste contre celle du RPR et de l'UDF ? Une liste contre la liste unique de la droite ?

De deux choses l'une : ou bien ils déclenchent la bataille tout de suite, ils composent une liste pour le 18 juin et ils voient ce que cela donne ; ou bien, s'ils ne sont pas prêts à déposer leur liste, ils doivent se rallier ou se ranger pour l'échéance européenne, et leur mouvement est sûrement – au moins pour les mois qui viennent – condamné à l'échec.

Et Chirac, pendant ce temps-là ? Il est à la fois présent et absent durant ce congrès. Je ne l'ai jamais vu comme ça. S'attendait-il à être remis en cause simultanément par les jeunes et les vieux ? Sûrement pas. Autour de lui reste le carré des fidèles : Jacques Toubon, Alain Juppé, les « Corses » Romani et Tiberi, sans oublier le jeune Nicolas Sarkozy, déjà grand orateur de congrès.

Tel que je le connais, c'est surtout la défection de Charles Pasqua qui atteint le plus Chirac. À moins qu'il ne se dise que l'attitude de Pasqua est davantage dictée par son élimination de la mairie de Neuilly[1] que par son second échec à lui, Chirac, à la présidentielle de 1988 ?

Comment Pasqua pourrait-il ne pas croire que Chirac a encouragé en sous-main son jeune protégé, Sarkozy, à lui chouraver – il n'y a pas d'autre terme – la municipalité ? C'était pourtant il y plus de cinq ans. Est-ce donc là la vraie raison de la colère de Pasqua contre celui qu'il a en quelque sorte tenu sur les fonts baptismaux ? Ou bien

1. Nicolas Sarkozy a été élu maire de Neuilly en 1983 en remplacement d'Achille Peretti, mort brutalement d'une crise cardiaque au cours d'une cérémonie officielle. Charles Pasqua était alors le candidat naturel à la succession de Peretti : opéré d'une hernie, donc hospitalisé pour quelques jours, il a été coiffé sur le poteau par le jeune Nicolas Sarkozy, alors âgé de 28 ans, dont il était le mentor.

serait-ce la préférence affichée jour après jour par Chirac pour Édouard Balladur, devenu l'homme de référence ?

Je croise Chirac. Il affecte la tranquillité, s'étonne quand je lui demande comment il voit l'évolution de la petite bande de contestataires. Comment il la voit ? Le mieux du monde : tout cela n'a pas d'importance ! Son œil, pourtant, ne pétille pas. Sa plaisanterie, sa fausse aisance tombent un peu à plat. Je le trouve vidé.

11 avril

Étrange cérémonie, boulevard des Italiens, au Crédit Lyonnais, où Jean-Yves Haberer[1] est fait chevalier ou officier – je ne suis pas trop sûre du grade – de la Légion d'honneur. C'est une véritable petite foule qui assiste à la réception dans l'immense hall de la banque. Je dis « étrange cérémonie », car pendant que Bérégovoy remet sa décoration à Haberer, insiste sur son intelligence, évoque sa carrière, énumère tous les services qu'il a rendus à l'État et à la Finance, je me demande combien de gens, hommes et femmes confondus, le détestent ou le jalousent dans l'assistance. L'aiment aussi, peut-être ? Car c'est quelqu'un qui ne laisse pas indifférent : Michel Debré m'a dit un jour que parmi tous les hauts fonctionnaires dont il admirait, alors qu'ils étaient encore jeunes, le discernement et le sens de l'État, il retenait deux noms : ceux d'Haberer et de Jérôme Monod[2]. Pourtant, il me racontait également que, lorsqu'il occupait le poste de ministre des Affaires étrangères, les propositions de réforme du Quai de son jeune conseiller avaient provoqué la fureur des diplomates. Et même chose, quelques mois plus tard, au ministère de la Défense.

En 1981, Haberer a commis, aux yeux de certains de ses collègues d'avant, le grave péché de ne pas s'opposer à la gauche : ses anciens

1. Jean-Yves Haberer, inspecteur des Finances, ancien conseiller de Michel Debré lorsque celui-ci était ministre des Finances, puis des Affaires étrangères, enfin de la Défense. Il a été nommé directeur du Trésor en 1978. Il est nommé président de Paribas en 1982. Édouard Balladur met fin à ses fonctions en 1986. En 1988, la gauche le nomme président du Crédit Lyonnais.

2. Jérôme Monod a été membre du cabinet de Michel Debré de 1959 à 1962. Délégué à la Datar en 1968, il est directeur de cabinet de Jacques Chirac Premier ministre, puis secrétaire général du RPR. En 1980, il devient P-DG, puis président du conseil de surveillance de la Lyonnaise des Eaux. Il sera, de 2000 à 2007, conseiller politique de Jacques Chirac à l'Élysée.

amis l'ont traîné dans la boue tandis que les nouveaux – Delors et Bérégovoy en sont – lui bâtissaient une carrière ascensionnelle.

Moi qui ai parfois du mal à comprendre toutes les arcanes de l'économie, je le trouve lumineux lorsqu'il s'exprime sur les problèmes financiers, la monnaie, les banques même. Ce soir, je sentais parmi l'assistance, je ne sais pourquoi, beaucoup de haine et peu d'amitié.

Si j'écrivais un roman, je le commencerais par une scène de ce genre : un homme se voit remettre la Légion d'honneur en grande pompe. Parmi les invités, il y a sa femme, un ancien copain devenu son ennemi, sa secrétaire personnelle qui aurait beaucoup à dire sur le bonhomme, et puis, que sais-je, son médecin, son dentiste, son chauffeur... Pendant le discours, chacun d'eux reverrait ses propres passé et présent avec lui. Début de roman que je n'écrirai pas !

14 avril

J'avais tort en pensant que Giscard et Chirac ne trouveraient pas chacun de leur intérêt de faire liste commune aux européennes. En réalité, ils y ont tous deux avantage : Chirac pour ne pas compter ses troupes et couper les ailes à ses jeunes gens trop pressés ; Giscard, pour revenir sur le devant de la scène. C'est Giscard, donc, qui conduira la bataille à la tête d'une liste unique RPR-UDF ! Chirac n'est pas mécontent de l'opération ; parce qu'il se sent dans un « trou », il me paraît au contraire assez satisfait que ce soit VGE, dont il ne craint plus grand-chose, qui aille le premier au front.

Quant à Simone Veil, qui soutient – et elle a raison – que sur la liste commune figurent des gens dont la conception de l'Europe est caricaturalement différente, elle hésite : est-elle partante pour conduire une liste centriste et proeuropéenne, en juin prochain, alors que Giscard mène celle de l'opposition pour une fois unie ?

21 avril

J'ai reçu ce matin à l'antenne, pour la première fois, Nicolas Sarkozy, proche de Jacques Chirac, un des préposés à la lutte contre les « jeunes turcs » du RPR qui envisagent de prendre la succession. La différence avec le Sarkozy tel qu'il est souvent apparu dans les meetings publics comme représentant des « jeunes » du RPR, c'est qu'il est désormais – depuis 1983 – maire de Neuilly. Il est sec, brillant, nerveux. Tous ces jeunes autour de Chirac, que ce soit Toubon ou Sarkozy, imitent à leur façon le style de leur patron. Sarkozy est sans doute tout aussi pressé, mais plus brillant dans la forme. Pour le reste, il s'oppose à la bande Noir-Séguin et affirme, comme le ferait Chirac, qu'il ne craint rien d'eux : les forces du mouvement restent derrière ce dernier et, à son sens, on ne peut rien faire en France sans l'aide des bataillons militants. Noir n'en a pas l'ombre d'un.

Une interview « efficace », comme nous disons dans notre jargon : il dit ce qu'il a à dire, sans s'attarder, et chacun comprend fort bien ce qu'il veut dire.

En quittant l'antenne et alors que je lui demande pourquoi il reste derrière Chirac au moment même où celui-ci est « lâché » par ses jeunes, il me parle de sa filiation politique avec lui. Il me rappelle ce que j'ai déjà lu dans un hebdomadaire : c'est Jacques Chirac lui-même qui, après l'avoir entendu un jour s'exprimer à la tribune comme « jeune » du RPR, l'a convoqué en 1975 ou 1976 et lui a dit, le premier : « Tu es doué pour la politique, viens avec nous... » Ça ne s'oublie pas.

4 mai

Jean-Marie Tjibaou abattu aujourd'hui en Nouvelle-Calédonie en pleine cérémonie coutumière... Quelle injustice de l'Histoire, vraiment ! Et quel chagrin, aussi : le mot n'est pas trop fort. Pour moi qui ai vécu, de loin, la guerre d'Algérie, qui ai tellement été indignée, à l'époque, par les misérables réactions colonialistes des hommes politiques français, la réussite du pacte néo-calédonien, après la mission de Christian Blanc, était un exemple. Michel Rocard, son artisan, avait, d'un coup, pris à mes yeux une nouvelle dimension.

Quand je repense a tout ce qu'il aura fallu de courage à ces deux hommes, Jacques Lafleur et Tjibaou, pour surmonter tout ce qui les opposait, faire la démarche d'aller l'un vers l'autre, et, plus encore, imposer à leurs partisans de faire de même, l'assassinat d'aujourd'hui me révulse.

5 mai

Il a dit « caduc ». Inouï ! *Caduc* : drôle de mot. Lorsqu'il l'a employé, en direct sur TF1, Arafat arborait presque l'air gourmand de ces étrangers qui parlent quelquefois le français mieux que nous !

Il était donc à Paris pour sa première visite officielle en France, accueilli par Mitterrand avec tout ce qu'il faut de salamalecs ; il a accepté de répondre en duplex aux questions de Patrick Poivre d'Arvor depuis l'Institut du monde arabe qu'il a visité sur le coup de 20 heures. Pourquoi à TF1 ? Parce que Catherine Gentile, plusieurs fois envoyée spéciale au Moyen-Orient, a fini, à force d'obstination, par nouer avec lui des contacts journalistiques étonnants. Elle m'a souvent raconté les rendez-vous que lui donnait Arafat, lorsqu'il avait fini par accepter de lui parler, sur les coups de 2 ou 3 heures du matin dans son bunker : elle était accueillie par la garde rapprochée du leader palestinien, toujours vigilant, toujours armé jusqu'aux dents, même au beau milieu de la nuit. Il lui a plusieurs fois parlé des heures durant, souvent sans que cela débouche sur une interview en bonne et due forme. Cette fois, elle a touché le gros lot : il a accepté ce soir de répondre aux questions de Patrick Poivre d'Arvor, tandis qu'elle, Catherine Gentile, se tenait à l'IMA aux côtés de Yasser Arafat.

Le résultat a été une des interviews les plus retentissantes qu'Arafat ait jamais accordées à la presse française et, je pense, internationale. Interrogé sur sa position à lui, Arafat, sur la charte de l'OLP[1], plus précisément sur la suppression de l'État d'Israël, il répond en français, lui qui s'exprime volontairement en arabe depuis qu'il est ici, avec un air de faire une bonne grosse blague, par cette petite phrase : « C'est caduc. » « Ça veut dire que vous l'oubliez ? » insiste PPDA. Je n'ai pas à l'oublier, répond en substance Arafat, j'ai toujours proposé de trouver une solution à deux États. Ce qui veut dire que son programme politique n'a jamais été d'envisager de supprimer Israël.

Inouï, quand on y pense : il emploie un mot que peu de Français ont eu l'occasion d'entendre prononcer dans leur vie, et il l'emploie pour renoncer publiquement au pan le plus important de la charte de l'OLP : la destruction annoncée d'Israël !

---

1. La charte de l'OLP prévoit la suppression de l'État d'Israël. Le programme de Yasser Arafat avait été entériné en novembre 1988 par le Conseil palestinien et présenté par lui à l'Assemblée générale de Genève en décembre de la même année. Il reconnaissait l'existence de « deux États ».

Lorsque j'entends la première affirmation d'Arafat, j'en crois à peine mes oreilles. Patrick de même, qui, en fin d'interview, revient sur l'éradication de ce passage de la charte. Yasser Arafat répète alors une deuxième fois le mot *caduc*, affirme sa volonté de voir coexister des musulmans, des chrétiens et des Juifs sur une terre de paix.

« L'appel palestinien trouvera-t-il des hommes courageux en Israël ? » se demande-t-il. Comment les Israéliens pourraient-ils vous faire confiance ? insiste en direct l'écrivain Marek Halter, invité par TF1. « Mon ami, mon très cher ami, lui répond Arafat dans un sursaut d'amabilité. Comme je l'ai dit, la charte est devenue caduque. Nous donnerons toutes les garanties pour dissiper ces peurs et ces appréhensions... Si on veut la paix, tendons-nous la main. »

Marek Halter approuve – de loin.

C'en est véritablement bouleversant. J'ai l'impression d'assister en direct à un de ces formidables événements par lesquels, sans craindre les grands mots, la face du monde peut être changée. À cause de pareils moments, la télévision est vraiment unique : rien, aucun papier de quotidien, aucune analyse d'hebdomadaire ne saurait communiquer pareille émotion, donner autant l'impression de changer l'Histoire.

20 mai

Jean Poperen réunit les affiliés de son « courant » à la Sorbonne. L'ancien communiste qu'il a été a tenu à ne pas adhérer directement au Parti socialiste, mais à animer, depuis maintenant près de vingt ans, un carré de fidèles. Du PC il a gardé un certain ton, un certain air de « dignitaire ». Du socialiste qu'il est devenu il a pris une certaine bonhomie, de la rondeur, de la chaleur. Il est ministre des Relations avec le Parlement et aussi, d'une certaine façon, pour quelques journalistes, ministre des Relations avec la presse...

Je ne suis pas certaine qu'il aime Mitterrand, même si, venant du PSU, il a été un des premiers militants de la « gauche des clubs » à adhérer à la Fédération de la gauche démocratique et socialiste. Il affiche une grande liberté vis-à-vis du Président : il ne le dit pas expressément, mais je vois, lorsqu'il parle de la gauche et de ses propres convictions, qu'il doute un brin de celles de Mitterrand. Il a derrière lui un passé de résistant, de militant, de chef de courant : il s'est rallié à Mitterrand sans l'aimer, parce que cela lui a paru la seule voie. Il garde un œil de lynx sur les faiblesses des uns, les courtisaneries des autres. Et il a la langue bien pendue. Mais pas de confidences aujourd'hui : l'amphithéâtre de la Sorbonne ne s'y prête guère.

29 mai

Rencontre avec Jean-Noël Jeanneney qui me parle des fêtes du Bicentenaire, notamment de celle du 14 Juillet. Un défilé grandiose est prévu tout au long de l'avenue des Champs-Élysées, en début de soirée, imaginé par Jean-Paul Goude avec personnages multiples et symboles historiques. Des milliers de figurants sont prévus pour une fête populaire qui doit marquer les esprits.

Le Bicentenaire, m'explique-t-il, c'est aussi beaucoup d'autres choses : partout en France on lui demande d'homologuer tels ou tels produits. C'est la Mission qui organise les déplacements symboliques de François Mitterrand, lequel tient beaucoup à ce que cette commémoration historique ait la place et le rayonnement qu'elle mérite.

Le Premier ministre est peu impliqué dans cette démarche. En revanche, Jeanneney ne le dit pas, mais je le devine à la manière un tantinet ironique dont il m'en parle, Jack Lang intervient au maximum dans la marche de la Mission. Non, ce n'est pas tant qu'il intervienne, c'est plutôt qu'il tire la couverture à lui...

Jeanneney sourit pour celer son indignation.

9 juin

Pendant que le service public diffuse des émissions électorales officielles qui ennuient tout le monde, nous avons organisé, hier à TF1, un débat avec les six têtes des listes européennes, ce qui n'avait encore jamais été fait : Giscard, Simone Veil, Fabius, Le Pen, Philippe Herzog (PC), Antoine Waechter (pour les Verts) n'ont encore jamais été réunis sur le même plateau ; ils ne se sont même jamais parlé pendant la campagne, tous refusant d'être devant les caméras avec Jean-Marie Le Pen. Et puis Carreyrou et moi leur avons fait, sans trop y croire, la proposition d'un débat à six. Ils ont accepté. Pour que ce ne soit pas trop désordonné, nous avons eu l'idée d'opposer les candidats deux à deux selon une mécanique infernale où chacun, au bout du compte, aura été confronté à tous les autres : Simone Veil contre VGE, puis la même contre Fabius, contre Le Pen, etc.

Nous craignions évidemment les incidents, mais il n'y en a pas eu un seul. Au point que Le Pen, en partant, a dit que le débat avait été « tristounet ».

Chacun, homme ou femme, a quitté le plateau en pensant qu'il avait été le meilleur. Dix millions de téléspectateurs – dix millions ! – les ont regardés, nous ont regardés hier soir ! Comme dit Gérard Carreyrou, s'ils sont aussi nombreux à voter, ce sera déjà très bien !

18 juin

Je n'oublierai jamais cette soirée électorale ! Les sondages se sont surpassés, y compris le sondage « sortie des urnes » qui nous a annoncé, alors que nous commencions à commenter les chiffres, que Simone Veil obtenait un score remarquable – autour de 14 %, si ma mémoire est bonne – alors que Giscard ne récoltait que 20 à 22 % des suffrages. Or c'était un des enjeux – sinon l'enjeu principal – de la soirée.

Je reviens sur la chronologie des événements : finalement, Simone Veil, jugeant que le RPR et l'UDF ne partageaient pas la même idée de l'Europe, avait décidé de conduire une liste différente, à la tête des centristes. La question était de savoir si, face à la liste unique RPR-UDF, elle serait pulvérisée. Certes, elle avait conduit pour le compte de la majorité les élections européennes de 1979. Était-ce suffisant ? Sa personnalité pourrait-elle déborder les électeurs du petit CDS ?

Deux questions, donc, pour cette soirée : le rapport gauche/droite, évidemment, donc le choc Fabius/Giscard ; et, deuxième clef du scrutin : le score de Simone Veil allait-il porter ombrage aux troupes de l'opposition conduites par Giscard ?

J'écris cela, ce soir, car on ne pourrait rien comprendre à ce qui s'est passé au cours du direct si on n'a pas ces brefs rappels en tête.

Donc, hier soir, Simone Veil est arrivée assez tôt sur le plateau. Elle a été, je crois, la première à nous rejoindre, d'autant plus rayonnante que les premiers chiffres de la Sofres que nous annoncions étaient bons pour elle. Et puis, au bout d'à peu près une demi-heure, j'aperçois, se frayant un chemin en dessous de l'objectif des caméras, Étienne Mougeotte se diriger vers moi, rampant à demi pour éviter d'entrer dans le champ de la caméra. Parvenu près de moi, il me tend un bout de papier sur lequel je lis, hâtivement écrit, quelque chose comme : « Attention, les sondages des autres instituts ne donnent pas les mêmes résultats que la Sofres. Partout Simone Veil est en dessous de la barre des 10 %. » Je passe le papier à Carreyrou qui est en train de poser les premières questions à Simone Veil, et qui, du coup, oriente son interview de manière différente, moins affirmative, du genre : à l'heure qu'il est, compte tenu des chiffres qui nous parviennent, on ne saurait parler de réussite ni d'échec – toutes phrases que nous employons dans des cas semblables... En écoutant Carreyrou, ayant au surplus suivi à distance, non sans stupeur, le manège préalable d'Étienne, Simone Veil comprend sur-le-champ ce qui se passe et attend, dans la dignité, d'en savoir un peu plus long sur ses résultats.

En moins de temps qu'il n'en faut pour le dire, elle est passée de 15 à 8,4 %, de la demi-victoire au semi-échec : elle le prend, je dois le dire, avec un calme olympien, à sa manière. C'est nous qui sommes plus embarrassés qu'elle.

Le reste de la soirée, qui a si mal commencé, se déroule sans grande surprise[1]. Tout le monde est content : Giscard d'arriver en premier, ce qui lui redonne existence et légitimité ; Fabius démontre que le Parti socialiste, derrière lui, est un peu au-dessus de la moyenne des scores obtenus par son parti à des européennes : petite revanche par rapport au poste de premier secrétaire qu'il n'a pas obtenu.

Le plus frappant est le nombre d'abstentions. À mon avis, les Français en ont marre de voter. Ils ont été convoqués neuf fois en l'espace de treize mois. Ils doivent prendre cela comme une incitation à aller pêcher à la ligne.

24 juin

Tonnerre dans le ciel de l'opposition : le groupe des « rénovateurs », qui a repris du poil de la bête après les européennes, s'est réuni à Lyon aujourd'hui.

---

1. Dans ce scrutin, 51,2 % des Français, soit plus de la moitié, se sont abstenus ! Valéry Giscard d'Estaing, à la tête de l'union RPR-UDF, a obtenu 28,88 % des suffrages exprimés, Laurent Fabius, à la tête de la liste du Parti socialiste intitulée « Majorité de progrès pour l'Europe », en recueille 23,60 %, la liste de Jean-Marie Le Pen est troisième avec 11,70 %, Simone Veil recueille 8,5 % et devance le PC qui obtient 7,7 %.

Je reprends le récit là où je l'avais abandonné après les journées parlementaires de Nice. S'ils avaient déjà rué dans les brancards, si Dominique Baudis avait même été, devant les caméras du journal télévisé, jusqu'à demander à Giscard de laisser la place aux jeunes, ils n'avaient finalement pas osé prendre la décision de rompre avec les partis de l'opposition en faisant liste séparée pour les européennes. Passé le scrutin du 18 juin, Michel Noir et François Bayrou – ce dernier a été le directeur de campagne de Simone Veil – ont décidé de rassembler douze députés issus du RPR et de l'UDF dans l'espoir de secouer le cocotier, d'ébranler l'hégémonie au sein de la droite française, depuis des années, de Chirac et Giscard.

Avec Michel Noir qui avait déjà pris ses marques, voici quelques mois, aux journées parlementaires, et qui vient d'être élu maire de
1989 Lyon, il y a Philippe Séguin, qui semble avoir intellectuellement et politiquement le plus grand poids, bien qu'il paraisse plus hésitant sur la ligne à suivre que les autres quadras, Alain Carignon, maire de Grenoble, Michel Barnier, plus jeune président de conseil général de France, Étienne Pinte, maire adjoint de Versailles, et François Fillon, élu en 1981 député de la Sarthe et, du même coup, benjamin de l'Assemblée nationale. Derrière François Bayrou, il y a Bernard Bosson, maire d'Annecy (dont Chevènement disait en rigolant : « Bosson, c'est tout un programme ! ») et surtout Dominique Baudis, tout juste réélu maire de Toulouse. Et puis il y a encore, si ma mémoire n'est pas défaillante, Philippe de Villiers et deux autres dont j'ai oublié les noms[1].

Parmi les jeunes qui ne les ont pas suivis, il y a Nicolas Sarkozy, chiraquien inconditionnel, de surcroît secrétaire général adjoint du RPR, Alain Juppé, Jacques Toubon. François Léotard, un peu plus âgé que ceux-là, a été tenté, paraît-il, puis a renoncé. Mais sans doute n'est-il pas prêt à laisser quelqu'un d'autre que lui mener une telle aventure[2].

Le trait commun à tous ceux qui participent aujourd'hui à la réunion de Lyon est qu'ils jugent le moment venu de se débarrasser des « vieux », c'est-à-dire crûment de Giscard et de Chirac qui tiennent le devant de la scène depuis plus de vingt ans pour l'un, plus de quinze ans pour l'autre. Au fond, c'est ce qui leur tient lieu de ligne

1. Il s'agissait de François d'Aubert et de Charles Millon, président du conseil régional de Rhône-Alpes depuis 1988.
2. À l'époque, Nicolas Sarkozy a 34 ans, Juppé, 43, Toubon et Léotard, 47.

politique. Et aussi cette certitude – celle de trois ou quatre d'entre eux au moins – qu'ils feraient de meilleurs présidents de la République que Giscard, non réélu en 1981, et que Chirac, battu pour la deuxième fois en 1988.

Pas beaucoup de tendresse pour leurs aînés, et la conviction de pouvoir faire mieux.

3 juillet

Catherine Tasca est arrivée à imposer à François Mitterrand l'idée d'une présidence unique pour la 2 et pour la 3. Ce qui me paraît à moi une fort mauvaise idée. Pourquoi ? Parce que c'est reconstituer l'ORTF. Les syndicats en expriment certes le désir depuis ce qu'ils appellent la « rupture » de 1974[1]. De là à imaginer le retour à une usine à gaz qui avait fait la preuve de sa lourdeur... J'entends bien que, face à TF1, il faut un audiovisuel public fort. Est-ce le rendre fort que de faire perdre leur identité à Antenne 2 et à FR3 ?

Il paraît qu'au premier Conseil des ministres où le projet a été évoqué, en avril dernier, Mitterrand lui-même n'était pas très chaud. Mais Catherine Tasca y tenait au point d'offrir sa démission si elle ne l'obtenait pas. Il n'a pas eu envie de provoquer une crise avec elle sur l'audiovisuel.

14 juillet

Le dirai-je ? Je me suis un peu ennuyée à la parade du Bicentenaire ! Je me trouvais à la tribune, sur la place de la Concorde, tandis que cameramen et commentateurs s'en donnaient à cœur joie. Quel spectacle, en effet, quelle armée de danseurs, animateurs, musiciens – on dit qu'il y en eut 6 000 ! –, quels costumes rutilants, d'une folle imagination ! C'est le rythme, je pense, qui était un peu lambin. Il faut dire que lorsqu'on compare à un traditionnel défilé militaire du 14 Juillet, les troupes (civiles) mobilisées aujourd'hui étaient dix, vingt fois plus nombreuses. Il fallait bien que les différents groupes de figurants stationnant dans les rues adjacentes à l'Étoile aient le temps, entre chacun d'eux, de se regrouper, de s'ébranler, de des-

1. Il s'agit de l'éclatement de l'ORTF en 7 sociétés distinctes, mises en place par la loi audiovisuelle de 1974.

cendre les Champs à leur allure, souvent ralentie par le poids et le volume de leurs costumes. Entre les groupes, je me suis surprise à quelques reprises à étouffer un bâillement.

Mais quelle beauté, tout de même, dans le soir tombant, que cet immense défilé ! Et la voix de Jessie Norman, immense silhouette dont la voix unique marqua la fin de la cérémonie !

Une absence remarquable et remarquée à ces fêtes fastueuses : celle de Jacques Chirac. Maire de Paris, il aurait pu, à ce titre, se mêler du déroulement des célébrations. Il s'en est bien gardé. Il m'a confié l'autre jour qu'il s'agissait d'une initiative mitterrandienne jugée par lui trop coûteuse, et qu'il ne voyait pas pourquoi il aurait cherché à s'y associer.

Cette bouderie municipale n'a pas empêché le Président d'inviter à Paris 32 chefs d'État et de gouvernement, tous présents à la tribune pendant le défilé : ils se sont tous retrouvés, le surlendemain, pour le sommet baptisé « de l'Arche » (de la Défense), ayant ainsi combiné au cours du même voyage le plaisir des yeux et les obligations de la diplomatie.

18 juillet

En guise de vacances, le grand défilé terminé, nous avons décidé, Paul-Marie, Danielle de La Gorce et moi, d'aller en voiture regarder ce qui se passe dans les pays de l'Est quatre ans après l'arrivée au pouvoir de Mikhaïl Gorbatchev. Aujourd'hui nous sommes à Budapest. Auparavant, nous avons passé quelques jours à Prague, notre première étape. Nous avons déjeuné avec le président de la télévision tchécoslovaque que j'avais rencontré deux ou trois ans auparavant à l'occasion d'une discussion de représentants de l'UER[1] avec leurs homologues de l'Est. Autant il m'était apparu rigide en 1986, autant il semble aujourd'hui plus loquace, moins terrorisé par d'invisibles autorités. Dans les rues de Prague, pourtant, rien ne semble avoir changé, tout semble rentré dans l'ordre après les journées anniversaires de la mort de Jan Palach, au début de l'année, et la répression qui a suivi.

Au début du repas dans ce (très bon) restaurant de chasse où il

1. Il s'agit de l'Union européenne de radiotélévision, organisme regroupant les télévisions de service public européennes. Devenue chaîne privée, TF1 avait obtenu par exception le privilège de rester dans les structures de l'UER.

nous a invités, nous n'abordons pas les problèmes de la perestroïka et des mouvements oppositionnels au communisme qui ont lieu ici et là, particulièrement dans la Hongrie voisine. Puis je ne sais lequel de nous s'enhardit et demande à notre hôte son sentiment sur l'état du monde communiste après plusieurs années de règne de Gorbatchev. Le président de la TV (son nom est inorthographiable) éclate de rire et nous rassure aussitôt : « Soyez tranquilles, nous dit-il ; il n'y a pas de problème chez nous, en Tchécoslovaquie : nous finissons toujours par suivre les autres. Si le monde communiste se libéralise, nous serons les derniers à en prendre acte, mais nous nous libéraliserons nous aussi ! »

Et de nous raconter la légende, bien connue en Tchécoslovaquie, du brave soldat Schweick arrivant au combat comme les carabiniers lorsque la guerre est finie...

Autre signe de (timide) ouverture vers l'Ouest : dans la vieille ville, sur le pont Charles, dans la Male Strana, il y avait avec nous quelques touristes flânant avec émerveillement dans l'univers du « croissant baroque » cher à Dominique Fernandez[1].

Sur l'autoroute qui nous amenait de Prague à Budapest, l'étape suivante, nous avons été frappés par la multitude de petites Trabant[2] brinquebalantes, immatriculées en Allemagne de l'Est, qui, chargées jusqu'à la gueule de valises en carton, roulaient le plus vite possible en direction de la capitale hongroise. Nous nous sommes posé la question : où allaient ces gens ? Les Allemands de l'Est prenaient-ils leurs vacances sur le lac Balaton, comme Roland Leroy, un temps, avait coutume de faire ? L'autre possibilité était qu'ils profitent de l'ouverture de la frontière entre l'Autriche et la Hongrie, officielle depuis le mois de juin ? Les familles que nous dépassions sur cet autoroute reliant l'Allemagne de l'Est à la Hongrie, *via* Prague, étaient-elles en congé ou bien en fuite ?

Nous avons tout compris en arrivant à Budapest.

Nous avons rencontré là un ancien journaliste communiste qui, notamment aux temps les plus verrouillés de la République démocratique hongroise, avait présidé l'Association des journalistes de ce

1. Dominique Fernandez, normalien, agrégé d'italien, avait écrit en 1984 son premier livre sur le baroque : *Le Banquet des anges, de Rome à Prague*, publié chez Plon.

2. Il s'agit d'un modèle fabriqué en Allemagne de l'Est par le constructeur VEB en 1957. Voiture extrêmement économique, la Trabant n'avait pas été modernisée depuis cette date.

pays : il avait donc été intimement associé au système communiste. C'est lui qui nous a expliqué aujourd'hui le bouleversement politique inouï que vit la Hongrie. Tout a changé depuis qu'en février dernier la commission centrale du MSZHP a approuvé le principe d'une « transition graduelle et consciente » – ce sont les termes de la résolution adoptée – vers le multipartisme. Cela, nous le savions, mais sans mesurer le formidable mouvement de libéralisation qui s'est emparé depuis lors de la Hongrie avec le concours et le soutien d'une majorité de la population. La ruée des petites voitures est-allemandes s'expliquait ainsi par le désir de gagner au plus vite Budapest et d'y obtenir un visa pour l'étranger.

La personnalité de notre interlocuteur nous fascine : il s'agit d'une sorte de colosse qui a donc occupé un poste important sous Kadar. Présider l'Association des journalistes, ce n'était pas rien, à l'époque où le pouvoir communiste ne rigolait pas avec la presse ! Eh bien, aujourd'hui, il a abandonné le PC et adhéré à un petit parti qui lutte tant bien que mal pour exister. Et c'est lui qui nous explique ce qu'il faut bien appeler l'« explosion hongroise ». Surprenant ! Quand a-t-il été le plus sincère ? Quand il nous parle de la libération à Budapest ? Quand il était journaliste officiel ? Peu importe : l'homme est chaleureux, sympathique, et sans lui sans doute n'aurions-nous pas été en mesure d'analyser aussi clairement ce qui se passe ici en Europe de l'Est.

30 juillet

Nous avons quitté Budapest, ce matin, en direction de Vienne. À l'arrière de la voiture, pendant que je conduisais, Paul-Marie consultait la presse hongroise de langue anglaise. Le résultat d'une élection partielle l'a fait bondir : un ecclésiastique avait été élu au Parlement la semaine précédente ! « C'est l'éradication du communisme », a commenté Paul-Marie d'un ton définitif.

Sur ce jugement sans appel, nous sommes revenus à Salzbourg, dans le monde occidental, dit hier encore, par opposition, le « monde libre ».

11 août

Je me marre, je me marre ! Le CSA vient, pour sa première nomination, de désigner Philippe Guilhaume comme président commun de la 2 et de la 3 ! Philippe Guilhaume, nommé à la présidence de la SFP par Jacques Chirac en 1986, neveu par alliance de Jacques Chaban-Delmas, candidat de l'opposition à ce poste !

Il paraît que Mitterrand est fou de rage : il ne souhaitait pas une présidence commune pour le service public, il a laissé faire Catherine Tasca et Lang, et voici que l'ensemble de ce service public est confié à un adversaire politique de l'État actionnaire !

Comment cela s'est-il passé ? Je ne sais. Depuis le début des consultations menées par le CSA, on donnait Hervé Bourges ou Georges Kiejman gagnants. Et c'est Guilhaume qui est sorti des urnes.

Dans la presse, chacun ce matin s'ébaubit : le gouvernement a voulu l'indépendance ? Il l'a eue !

20 août

Déjeuné avec Bertrand Labrusse, membre du CSA, qui m'explique l'élection surprise de Guilhaume. Les voix des 6 membres nommés par Mitterrand et Fabius se sont d'abord partagées entre Kiejman et Bourges qui avaient tous deux des appuis à l'Élysée et ailleurs. À cette nuance près que Bourges, qui a été président de TF1 pendant quatre ans, a dû trouver saumâtre d'être convoqué comme un débutant par le CSA, tandis que Kiejman, brillant avocat qui rêve depuis des années, on ne sait trop pourquoi, de donner dans l'audiovisuel, a avoué lui-même devant les 9 membres qui l'auditionnaient qu'il n'y connaissait rien. La prestation de Bourges, visiblement irrité par son examen de passage, et celle de Georges Kiejman se sont en quelque sorte annulées, tandis que Philippe Guilhaume a été, paraît-il, beaucoup plus convaincant, plus brillant causeur aussi, ce qui est le comble face à un as du barreau et à un grand de la communication !

Bref, il y a eu plusieurs tours : les membres de gauche se sont divisés ; les trois nommés par le Sénat, au contraire, ont fait bloc. À la surprise générale, Philippe Guilhaume a obtenu 5 voix au troisième tour.

Qui a été la 5e voix, étant donné qu'Igor Barrère[1] s'était déjà rallié à Philippe Guilhaume au second tour ? Mystère...

Labrusse m'assure que ce ne peut être que celle de Geneviève Guicheney : il a vu Augé-Lafon inscrire le nom de Kiejman sur son bulletin de vote. Il faudra que je demande à Guicheney ce qui l'a séduite dans le personnage de Philippe Guilhaume. J'ai déjeuné avec ce dernier il y a quelques mois et l'ai trouvé certes éloquent, mais presque trop : beau parleur, c'est plutôt le mot, sûr de lui, séducteur. Il doit ne pas en revenir lui-même d'avoir gagné !

21 août

Dîner, tout à l'heure, avec Gilles Martinet, rentré de Rome[2], rue du Four. Il me raconte – ce que les journalistes savent plus ou moins – que les choses ne vont plus du tout entre Rocard et Mitterrand. Au début de l'année dernière, tout était pour le mieux dans le meilleur des mondes. Il y a même eu, me rappelle-t-il (cette rencontre suscita d'ailleurs quelques indiscrétions dans la presse), une réunion au sommet à Matignon, en mai dernier, pour fêter le premier anniversaire de l'arrivée de Rocard à Matignon. Mitterrand, entouré de quelques-uns de ses principaux collaborateurs à l'Élysée, dont Hubert Védrine et Jean-Louis Bianco, est venu déjeuner à Matignon à l'invitation du Premier ministre. Cela ne s'était jamais fait. Les conseillers du Premier ministre, qui, dans le fond, connaissaient assez peu Mitterrand, l'ont trouvé charmant. C'était pour mieux vous manger, mes enfants !

Aujourd'hui, Gilles m'assure que le climat s'est notablement dégradé. Il paraît que Mitterrand rigole quand on lui parle de la « méthode Rocard », et que Rocard souffre de ses relations ambivalentes avec le chef de l'État : d'un côté, Rocard est le chantre de la « nouvelle gauche », il n'a rien de commun avec Mitterrand, ne partage pas son analyse historique du socialisme et pas davantage son analyse économique. De l'autre, il est son Premier ministre et fier de l'être. Mais il a en travers de la gorge la façon dont Mitterrand s'est désolidarisé de lui lors des conflits sociaux de la fin de l'année dernière. Et sa manière, depuis le printemps dernier, de déplorer,

1. Bertrand Labrusse, Monique Augé-Lafon, Geneviève Guicheney, Igor Barrère sont alors membres du premier CSA présidé par Jacques Boutet.

2. Où il a été ambassadeur.

comme si c'était exclusivement la faute de Rocard, tout ce qui ne va pas dans la société actuelle. Un jour Mitterrand regrette publiquement que le fossé entre riches et pauvres s'approfondisse au lieu de se combler. Comme s'il n'était pour rien dans la politique du Premier ministre qu'après tout il a choisi ! Un autre jour, après l'ascension traditionnelle de la roche de Solutré cette année – Martinet me le rappelle –, Mitterrand confie autour de lui, du ton le plus naturel, que Michel Rocard a parfois besoin d'être rappelé à l'ordre[1]. Et puis, ajoute Martinet, les « affaires » ont hérissé Rocard, elles ont élevé entre Mitterrand et lui une sorte de mur : Rocard est resté un militant. Même s'il est plus familier des milieux économiques que Mitterrand, il n'a pas les mêmes amitiés que lui. Il a été le plus souvent placé devant le fait accompli par les opérations engagées par Bérégovoy (voire Roger-Patrice Pelat !)

Tout cela n'est pas fait pour que le climat politique se détende, alors qu'il n'en peut mais ! Il semblerait qu'il soit vraiment démoralisé par la façon dont les choses tournent, étant exclu des décisions qu'il doit bien finir par assumer : l'audiovisuel, l'affaire de la Société générale, celle de Péchiney... Même si les municipales ont été plutôt bonnes pour la gauche au printemps dernier, il a vraiment eu peur que l'extrême droite ne finisse par profiter des odeurs de fric qui polluent les rangs socialistes.

Tout compte fait, on en revient toujours à ce qui sépare, depuis des années, les deux hommes : il n'y a pas eu entre eux la moindre évolution depuis les années 1970. Rocard et Mitterrand veulent tous deux réduire les inégalités et réformer la société. À cette différence près que Rocard juge les moyens prônés par Mitterrand archaïques et dépassés. Pour renouer avec la croissance, il n'entend pas heurter de front les milieux économiques, mais privilégier les rapports avec des centristes éclairés, et il n'a pas le culte des nationalisations. Mitterrand, lui, reproche à Rocard de n'être socialiste qu'à moitié.

Tout cela, dont la presse se fait l'écho depuis maintenant quelques mois, est raconté par Gilles dans un mélange de franche rigolade et de subtiles analyses ! Mitterrand n'est pas, n'a jamais été sa tasse de thé. Martinet se sent libre de critiquer Rocard, et ne s'en prive pas ; mais il n'aime pas Mitterrand : c'est toute la différence.

1. Mitterrand dit exactement, ce jour-là, en redescendant de la roche de Solutré : « La sclérose est menaçante partout. Mon rôle est constamment d'aiguillonner les choses, d'avertir, d'inciter... »

2 septembre

Roger Stéphane à la maison. Je lui trouve l'air bien fatigué. Il m'a réclamé, pour la première fois de sa vie, je pense, un régime sans sel. Chez un tel gourmet, c'est la marque d'un tourment extrême.

Nous parlons évidemment des relations entre Rocard et Mitterrand. Rien de nouveau. Je pense qu'il a dîné la veille avec Martinet. Il a les mêmes sources que moi : c'est le serpent qui se mord la queue !

9 septembre

Yves Mourousi « couvrait » traditionnellement le samedi, à 13 heures, la non moins traditionnelle Fête de *L'Huma* et interviewait le secrétaire général du PC. Je l'ai fait pour la première fois aujourd'hui, et mon « client » était donc Georges Marchais. Atmosphère particulière, comme du temps de Mourousi : nous sommes autour d'une table, dans un espace réservé au gratin du Parti. On entend d'ailleurs la rumeur de la foule toute proche. Les principaux dirigeants communistes sont assis sur des chaises dans cet enclos préservé. Ce n'est pas l'interview de Marchais sur la place Rouge[1] telle qu'elle avait marqué les esprits, ni l'une de celles qu'on peut obtenir à l'issue d'un comité central ou d'un congrès. Aujourd'hui il faisait beau, la fête battait son plein : il s'agissait donc plus d'une rencontre conviviale, tout à fait dans le ton de ce que faisait Mourousi, interviewer à la fois bienveillant et pointu. Marchais était vêtu d'un complet d'été gris et blanc, cravate assortie. Moi, j'étais en vert clair : une vraie partie de campagne !

Cela, c'était pour l'atmosphère générale. Sur le fond, Marchais a passé son temps à dire, avec son sourire meurtrier, tout le mal qu'il pense de la social-démocratie à la Mitterrand-Rocard. Je m'y attendais. Et puis, quand l'interview d'une demi-heure en direct a été terminée, et après qu'il m'a eu dit pendant trente minutes toutes les réserves que lui inspiraient les décisions du gouvernement et du chef de l'État, nous avons déjeuné ensemble, dans un tohu-bohu bon enfant, à la table que Roland Leroy présidait sous un chapiteau voisin. Nous n'avons parlé ni politique ni télévision, comme entre vieux copains de travail.

1. En 1979, au moment de l'entrée des troupes russes en Afghanistan.

Nous avons tout de même parlé de la Hongrie dont Leroy semble aujourd'hui soutenir les efforts pour prendre ses distances vis-à-vis des Soviétiques. Marchais et Leroy me rappellent en chœur avec insistance que le PC français est depuis longtemps sur cette ligne. En douterais-je... ?

15 septembre

Rendez-vous avec Claude Estier, qui, pour une fois, ne me raconte pas grand-chose sur le déjeuner de la vieille garde des « Conventionnels », chez Mitterrand, l'avant-veille. Un déjeuner de préparation en vue du futur congrès de Rennes qui doit se tenir au printemps prochain. L'essentiel, leur a dit Mitterrand – je ne saurai rien de plus –, est de « garder » le Parti socialiste. Qu'est-ce que cela veut dire ? Craint-il que Mauroy, une fois de plus, ne rejoigne le camp Rocard, qu'il mette le PS en ordre de bataille derrière une candidature Rocard en 1995 ? Craint-il que la division, chez les siens, entre Laurent Fabius et Lionel Jospin, précisément, les affaiblisse face au camp rocardien ? Qu'est-ce qui le motive aujourd'hui ? Il ne peut envisager un troisième septennat. Alors, pourquoi, après tout, ne pas laisser Rocard tenter sa chance ? Sa popularité reste miraculeusement au pinacle.

« Tu sous-estimes, me dit Claude Estier, l'attachement qui le lie à Laurent Fabius ! Il ne s'agit pas d'un rapport filial, comme tout le monde le dit, mais d'un lien plus fort : d'un attachement politique. »

3 novembre

Maurice Faure me parle à son tour des relations difficiles entre Rocard et Mitterrand. Il a accompagné le Président dans son voyage au Venezuela, il y a quelques jours. Pendant le dîner, à bord du Concorde qui les conduisait à Caracas, Mitterrand n'a cessé de critiquer le projet de budget 1990 tel qu'il était présenté au Parlement par Rocard. Il ne le trouvait pas assez à gauche, le soupçonnait de faire la part trop belle aux centristes. Louis Mermaz[1], fidèle parmi les fidèles de François Mitterrand, était du voyage : Maurice Faure

1. Louis Mermaz, après avoir été président de l'Assemblée nationale (1981-1986), est alors président du groupe socialiste à l'Assemblée.

m'assure qu'à plusieurs reprises Mitterrand lui a conseillé de muscler ses amendements, d'obliger le Premier ministre à faire montre d'un sens plus aigu de ce que doit être un budget socialiste. D'où ces indiscrétions qui ont inspiré quelques articles dans les magazines.

Au fond, Mitterrand adresse à Michel Rocard deux reproches contradictoires. Le premier est de n'avoir pas trouvé – notamment l'année dernière, au moment des grèves massives dans la fonction publique – les mots qu'il fallait pour ne pas apparaître comme une sorte de Raymond Barre plus ou moins de gauche. Le second, paradoxal, est d'être trop proche des centristes, trop sensible à leurs arguments. Pas possible de s'y tromper : Mitterrand veut bien de Rocard à Matignon à condition qu'il n'en profite pas pour rechercher une nouvelle clientèle politique qui lui serve à se faire élire dès 1995 à l'Élysée.

Quel homme étrange, ce Maurice Faure ! On pourrait croire qu'il aime les honneurs auxquels il a été habitué très jeune : or voici qu'il a abandonné de nouveau un poste de ministre, celui de l'Équipement et du Logement. Il lui avait fallu un mois, en 1981, pour renoncer à diriger la Chancellerie ; il lui a suffi de moins d'un an pour laisser tomber l'Équipement. Paresse ou simple goût de la vie ? Il est incontestablement plus heureux en Dordogne ou dans le Lot qu'à Paris. Politiquement, il est radical : ni trop à gauche, ni à droite. Il ne se voit pas d'avenir politique, et d'ailleurs c'est définitif : il n'en veut pas. Quel dommage ! Quelle carrière il aurait pu faire s'il avait eu la moindre ambition ! D'un autre côté, c'est cette absence d'ambition qui le rend tel qu'il est : lucide, surtout à l'égard de lui-même, intelligent et drôle. Son humour n'est jamais méchant : n'attendant rien des hommes et doutant de tous, il se fait à tout, accepte le pire et le meilleur avec indulgence.

Une interrogation : pourquoi Mitterrand, dont il a par deux fois abandonné le bateau, ne lui en veut-il pas ? Réponse : « Il a depuis longtemps accepté ma liberté vis-à-vis de lui. Il ne le comprend pas, mais respecte mon choix. »

6 novembre

Henri Marque, François Lanzenberg et moi prenons le thé – oui, le thé ! – chez Valéry Giscard d'Estaing. Le projet : un documentaire en plusieurs épisodes d'après les trois tomes de l'ouvrage de Mémoires de Giscard, *Le Pouvoir et la vie.* Un mélange d'archives et d'interviews auquel il a accepté, sans celer son plaisir, de se prêter. Notre trio est assez bien équilibré : la personnalité d'Henri Marque rassure Giscard, qui le sent proche ; François Lanzenberg, mendésiste de cœur et de culture, l'intéresse ; quant à moi, il me connaît depuis longtemps, et m'accepte sans barguigner.

Le projet date de quelques semaines déjà. Il nous a fallu d'abord convaincre ses proches ; nous sommes là aujourd'hui pour achever de le convaincre lui-même. Nous n'avons pas beaucoup d'efforts à déployer : il est inquiet de ce que nous allons faire de son texte, mais ravi à l'idée de nourrir un documentaire de trois heures pour TF1. Il nous demande à plusieurs reprises quelle sera la forme des émissions, la proportion d'archives et d'interviews, combien de temps durera l'enregistrement. Plusieurs heures, lui répondons-nous. Il ne comprend pas : « Vous me dites qu'il y a trois fois cinquante minutes d'interview ; pourquoi faut-il alors que je vous parle plusieurs heures ? » Nous lui expliquons le montage, la nécessité de disposer d'un assez gros volume de bandes pour choisir les meilleurs passages. Cela ne lui va pas du tout. Il pense pouvoir répondre du mieux possible en trois heures pour une émission de trois heures. Il a peut-être peur que nos coupes dénaturent son propos. Nous n'insistons pas. Nous savons tous trois que les hommes politiques, une fois lancés, ne s'arrêtent plus. Nous verrons bien. L'essentiel est que nous puissions nous lancer dans l'évocation de son septennat à partir de ses écrits, et avec lui.

9 novembre

Commencé, de 10 heures à midi, les enregistrements avec Giscard. Il a accepté qu'il y en ait d'autres, en novembre, peut-être même en décembre.

11 novembre

Une nouvelle fois, scène inouïe entre Patrick Le Lay et moi. Il m'a traitée de conne, je l'ai traité de pauvre type. Mes jours à TF1 sont comptés, d'autant plus que j'ai offert ma démission.

Cela n'a pourtant aucune importance à côté de l'événement dont je viens de vivre les débuts ! Voilà une journée dont le souvenir restera gravé à jamais en moi, pour deux raisons au moins.

La première, de loin la plus capitale, à l'évidence, c'est la chute du mur de Berlin, avant-hier[1]. Avec Robert Namias, nous avons décidé de faire une émission depuis le Mur, le samedi en début d'après-midi. Nous partons le samedi matin aux aurores. Dans l'avion loué par TF1 : Claude Cheysson, ancien ministre des Relations extérieures, Simone et Antoine Veil, ainsi que Jean Boissonnat. Nous devons enregistrer, à 14 heures, un débat dans un car-régie, à la guerre comme à la guerre, à quelques mètres de la déchirure qui fend ce mur que l'on croyait éternel.

Lorsque nous arrivons, tôt dans la matinée, nous sommes bouleversés par ce spectacle inouï : des gens pleurent et rient, le Mur cède, depuis quarante-huit heures, sous les coups de pioche, de bêche, de n'importe quoi. Ce que nous croyions il y a quelques jours encore immuable vole en éclats. Ce que nous pensions être une coupure irréversible entre l'Allemagne de l'Est et l'Allemagne de l'Ouest, ce mur de la mort qui a si longtemps coupé Berlin en deux, vient d'être abattu par le peuple. Pas par nous, les Occidentaux, aussi impuissants qu'inutiles, figés dans nos idéologies et nos certitudes. Pas par des militaires ni par les services secrets américains. Par le peuple allemand, par les communistes allemands !

Claude Cheysson croit bon de souligner que ce sont les soldats, et non les policiers, qui apparaissent sur le mur entrouvert, et il en tire cette conclusion : « Les soldats symbolisent la permanence des deux États allemands ; l'unité entre l'Allemagne de l'Est et celle de l'Ouest n'est pas pour demain. » Plus prudente, Simone Veil se contente d'émettre cette belle phrase : « Tout cela, répond-elle, montre qu'on ne prédit pas l'avenir. Ce sont les hommes qui le font ! »

Moi, je ne vois que de jeunes habitants de l'Est qui changent de monde et changent le monde en franchissant simplement l'espace de quelques mètres.

L'émission est prévue pour 13 h 15, sitôt après le journal, en lieu et place de « Reportages[2] ». Dès midi, les techniciens, qui ont fait le

---

1. Le mur de Berlin est tombé dans la nuit du 9 au 10 novembre. Il avait été érigé dans la nuit du 12 au 13 août 1961 : il s'agissait, pour les dirigeants communistes est-allemands, de construire « un mur de protection antifasciste ».

2. Magazine de reportages télévisés diffusé sur TF1 à 13 h 15 le samedi. Il est dirigé dans un premier temps par Jean-Claude Paris et moi, puis par Henri Cham-

voyage et se sont installés avant nous, me signalent que le faisceau avec Paris est interrompu. La raison : toutes les télévisions sont sur le terrain, les Américains de CNN et, d'une façon générale, les journalistes des chaînes d'information continue du monde entier accaparent les réseaux. L'embouteillage est complet. À 13 heures, la liaison avec Paris est établie. Robert Namias commence l'émission. Elle est aussitôt interrompue.

Que faire ? Je suis consciente du drame que constitue, pour l'antenne, cet épouvantable ratage. J'avais prévu, avant de partir pour Berlin, un programme de remplacement qui n'a bien sûr rien à voir avec l'Allemagne. Je décide néanmoins, en communiquant par signes avec Namias, de continuer le débat et de l'enregistrer dans le but de le diffuser par la suite, dans la soirée.

Beaucoup d'émotion passe dans l'émission. Celle de Simone Veil qui garde vis-à-vis des Allemands un sentiment ambigu : victime des nazis pendant la guerre, elle a été la première à retourner, en 1950, dans l'Allemagne d'après guerre, à Wiesbaden où son jeune mari, Antoine, était en poste [1]. Elle est profondément européenne, violemment anticommuniste : la réunification de l'Allemagne la bouleverse, parce que, comme nous tous, elle n'espérait pas voir le Mur tomber, surtout dans ces conditions, sans guerre entre l'Est et l'Ouest.

Pour Claude Cheysson, européen également, l'émotion est plus géopolitique, si j'ose dire : il voit tout de suite que la face du monde a changé, que rien, en Europe, ne sera jamais plus comme avant. Il imagine les contours que prendra à partir de maintenant la nouvelle Europe, les conséquences pour la Russie de Gorbatchev.

L'enregistrement est en cours lorsqu'on me passe Patrick Le Lay au téléphone. Je commence par m'excuser, mais me voici submergée par une masse de reproches qui se change rapidement en torrent d'injures. Il a raison, sur le fond. S'il était là, pourtant, il verrait les centaines de cars-régie parqués à quelques mètres les uns des autres, les difficultés que rencontrent les techniciens de l'UER pour assurer les liaisons, l'agitation de la foule et des journalistes du monde entier, sous l'œil ahuri des militaires et des citoyens venus de l'Est qui ont franchi pour la première fois la frontière.

Bref, ce soir, j'ai démissionné. On verra lundi. L'émission a été

---

bon, enfin par Claude Carré. Il est toujours diffusé sur TF1 à la même heure aujourd'hui.

1. Antoine Veil, énarque, inspecteur des Finances, était alors l'adjoint d'Alain Poher, commissaire général français aux Affaires allemandes et autrichiennes.

diffusée dans la soirée : c'est déjà une prouesse d'avoir pu le faire. Ce qui n'empêche pas le ratage d'en être un.

Dimanche matin

Spectacle stupéfiant dans les magasins de Berlin-Ouest restés ouverts ce matin : par grappes, les Berlinois de l'Est sont passés à l'Ouest ; ils regardent, stupéfaits, l'abondance des supermarchés, la richesse des étals, la profusion des fruits et légumes.

Nous avons tous le cœur serré en reprenant l'avion.

D'autant qu'une autre partie nous attend, Namias et moi, avec Patrick Le Lay.

Mardi

J'aurais bien voulu l'y voir, Le Lay, avec sa grande gueule, à Berlin, samedi ! On aurait vu s'il avait pu, lui, rétablir la liaison avec Paris !

Tout cela s'est terminé par la démission – suivie, elle, d'un départ – de Jean-Claude Paris.

Encore un mot sur cet épisode qui comptera dans ma vie professionnelle. J'ai laissé partir Paris avec lequel j'ai travaillé sans compter depuis deux ans et demi, qui m'a appris, autant que faire se pouvait, la technique de l'audiovisuel, que je ne maîtrisais pas et ne maîtrise toujours qu'à demi. Ne souhaitant pas que je parte, Le Lay l'a finalement désigné comme le coupable, parce qu'il aurait dû, depuis Cognacq-Jay, suivre les problèmes techniques de plus près qu'il ne l'a fait. C'est à la fois vrai et faux. Jean-Claude Paris m'avait mise en garde contre la faisabilité d'un direct d'une heure depuis Berlin au moment où les pays du monde entier se disputeraient l'antenne. J'aurais dû refuser qu'il joue les boucs émissaires, me solidariser avec lui. C'est Jean-Claude lui-même qui m'en a empêchée. Il m'a expliqué qu'il en avait marre de TF1, qu'il avait assez d'amis à Canal+ pour ne pas être gêné dans sa carrière. Que moi, en revanche, j'allais être en difficulté. Lâchement, je l'ai laissé proposer sa démission à ma place.

Je n'en suis pas fière, ce soir.

Jean-Claude Paris et moi sommes de toute manière convaincus d'une chose : mes jours sont comptés. Si Le Lay et moi sommes retombés dans les bras l'un de l'autre après la conversation de samedi, son coup de téléphone à Berlin, son ton injurieux, sa vaine colère ne présagent rien de bon pour la suite. D'autant que, Paris parti, je vais être désormais seule en première ligne.

15 novembre

Rendez-vous avec Jacques Chirac à midi à l'Hôtel de Ville. Nous parlons évidemment de la chute du mur de Berlin dont il pense qu'elle redistribue les cartes diplomatiques et politiques de toute l'Europe. Il reste néanmoins prudent : croit-il à une réunification ? Qu'est-ce que cela va changer dans les rapports Est/Ouest ? Je ne tire pas grand-chose de sa conversation.

20 novembre

Qu'est-ce qu'ils sont prudents, nos gouvernants, et l'opposition de même, d'ailleurs, avec l'effondrement du mur de Berlin ! On sent que les uns et les autres – et peut-être tous les dirigeants ouest-européens – se demandent ce que va faire l'Allemagne si la chute du Mur entraîne, par contagion, celle de l'Empire soviétique. Faut-il aider tout de suite les pays de l'Est, même si la démocratie n'y a encore fait que de timides progrès ? Que peut l'Europe ? Faut-il souhaiter ou craindre la réunification de l'Allemagne ? Celle-ci, d'ailleurs, est-elle prévisible ? Et, surtout, surtout, que faire avec Mikhaïl Gorbatchev ?

On le sent : confusément, Mitterrand est troublé ; il craint que toute la construction européenne et ses propres liens avec Helmut Kohl ne soient profondément modifiés par la nouvelle donne.

La droite n'est pas plus bavarde : j'ai mentionné le quasi-silence de Chirac, l'autre jour, à l'Hôtel de Ville ; quant à Giscard, que je vois souvent en ce moment à cause du tournage [1], il est brillantissime, mais ne sait pas davantage comment les choses vont tourner.

Pierre Mauroy est inquiet de la façon dont se déroulera le futur congrès du PS à Rennes au printemps prochain. Il a demandé un rendez-vous au Président, il y a quelques jours, pour essayer d'obtenir son soutien, c'est-à-dire pour éviter la division prévisible du PS entre

1. Du document télévisé d'après *Le Pouvoir et la vie.*

Lionel Jospin et Laurent Fabius, tous deux se réclamant de Mitterrand et tous deux résolus à en découdre.

Je le rencontre aujourd'hui : il n'a pu tirer du chef de l'État que des propos imprécis. Il lui a demandé de recevoir les deux postulants pour leur demander de mettre une sourdine à leur affrontement. Mauroy n'est pas sûr que Mitterrand le fasse, encore qu'il ait laissé échapper un vague accord de principe.

30 novembre

Je me rappelle cette phrase d'Edgar Faure qui m'avait tant amusée il y a plusieurs années : « L'immobilisme est en marche, rien ne l'arrêtera ! »

Il semble bien qu'aujourd'hui la réunification de l'Allemagne soit en marche, et que rien ne l'arrêtera. Problème : que dira, que fera Gorbatchev ?

2 décembre

Rocard à « 7 sur 7 » avec Anne Sinclair. Il ne paraît aucunement usé au bout de ces dix-neuf mois à Matignon. Pourtant, il ne s'est guère ménagé et ne l'a guère été. Il est frais comme un gardon : costume bleu, rasé de frais, plus épanoui qu'il ne l'a jamais été. Il est vrai que les sondages pour lui sont au beau fixe, malgré les grèves de l'année dernière et les difficultés de cette année. Il répond avec modestie, comme un élève méritant, qu'il gouverne sous l'autorité du président Mitterrand ; il est heureux que son bilan soit jugé bon par l'institut BVA, et regrette pourtant que l'« amélioration de l'économie » – ce sont ses termes – ne permette pas encore « de répondre aux aspirations légitimes et aux souffrances négligées depuis longtemps ».

Est-ce parce qu'à gauche il apparaît comme un homme proche de la droite ? lui demande Anne Sinclair. Il ne se laisse pas prendre au piège et précise que la droite, même si elle lui est plus favorable, au moins dans les sondages, le prend exactement pour ce qu'il est, c'est-à-dire pour un socialiste. On ne l'éloignera pas d'un iota de la ligne du Parti !

Le passage le plus nouveau touche à l'immigration. Rocard,

comme il l'a été du temps du PSU, est tout naturellement, et plus que Mitterrand, l'homme de l'ouverture aux immigrés de tous les pays. Situation d'autant plus difficile que le premier tour des partielles[1] a montré la semaine dernière que le Front national progressait justement à cause du port du foulard islamique à l'école (sur lequel Jospin[2] s'est contenté de demander son avis au Conseil d'État). Je ne m'attendais pas à sa position : Michel Rocard prend sur ce sujet le contrepied de ce que je croyais être ses convictions ; il se prononce clairement en faveur d'un sérieux contrôle de l'immigration en France : sans doute l'analyse des difficultés rencontrées par les immigrés, d'un côté, et par les autorités qui les accueillent en France, de l'autre, l'a-t-elle amené à tirer cette conclusion : « Nous ne pouvons pas – dit-il gravement, interrogé sur l'intégration – héberger toute la misère du monde[3]. »

1989

Il cite même le chiffre de toutes les expulsions auxquelles a procédé le gouvernement en 1988 : 66 000. Loin de s'en défendre, il ajoute que ce chiffre sera supérieur en 1989 ! Pourquoi le fait-il ? interroge Anne Sinclair. Réponse : pour maintenir la cohésion du pays.

Diable ! Le Rocard d'il y a quelques années n'en reviendrait pas lui-même. Il est vrai que la situation n'est plus la même et que beaucoup de Français mettent en cause le laxisme de la gauche en la matière. Ce qui n'est pas, mais pas du tout l'avis d'une grande partie des électeurs de gauche ! Avec eux, il ne joue pas les démagogues. Je me demande, au moment où il les prononce, comment ces phrases seront interprétées demain par ses amis politiques.

Arrive la question, attendue, sur ses relations avec François Mitterrand. Il sourit, comme si l'hypothèse d'une mésentente était totalement farfelue : Mitterrand est le Président, lui-même s'honore de lui obéir. Ensemble ils rient de la presse lorsqu'ils voient les journalistes gloser sur leur opposition.

---

1. Le 26 novembre 1989, des élections partielles ont eu lieu à Marseille et en Eure-et-Loir. La candidate du Front national arrive en seconde position à Marseille, tandis qu'à Dreux, Marie-France Stirbois mène la course avec plus de 42 % des voix. À noter que, cette fois, le candidat socialiste en Eure-et-Loir est éliminé dès le premier tour. Marie-France Stirbois sera élue député d'Eure-et-Loir avec près de 60 % des suffrages.

2. Lionel Jospin est alors ministre de l'Éducation nationale.

3. François Mitterrand reprendra sous une forme différente la phrase de Rocard. Le 13 décembre, dans une interview accordée conjointement à Europe 1 et à Antenne 2, il parlera de « seuil de tolérance » à propos de la présence d'immigrés dans l'hexagone.

Franchement, pour un homme qui « parle vrai », quelle assurance ! Si Gilles Martinet ne me l'avait pas raconté, je croirais, à l'entendre, que j'ai tout inventé !

8 décembre

« L'immigration en question » : tel est le thème du débat que TF1 a donc choisi d'organiser aujourd'hui. La vérité est que j'ai, que nous, car tout le monde s'y est mis, avons eu d'énormes difficultés avant de pouvoir trouver quelqu'un, dans tous les milieux politiques, hormis ceux du Front national, qui accepte de débattre avec Jean-Marie Le Pen. D'autant que la semaine dernière, Marie-France Stirbois, candidate dûment estampillée FN, a été élue à Dreux.

La préparation de cette émission a été un long chemin de croix. Nous avons essuyé une cascade de refus : refus du gouvernement, du Parti socialiste, des communistes ; François Léotard a hésité avant de finir par dire non. Je pense que tout le monde avait peur, pour différentes raisons, d'affronter Le Pen en combat singulier sur la première chaîne française. Les uns pour des raisons de principe : on ne parle pas avec le diable. Les autres parce qu'ils avaient peur, tout simplement, du talent de débatteur de Le Pen. La semaine précédente, Lionel Stoléru l'avait éprouvé à ses dépens sur la Cinq. C'est ce qui a d'ailleurs entraîné le refus de Léotard. Tous ont eu peur de tomber dans le piège d'une émission en direct où Le Pen pouvait leur réserver plus d'une surprise désagréable.

Je vais vite : au moment où je pensais renoncer à ce débat impossible, Pierre Mauroy m'a appelée. Il m'a interrogée, sans doute à l'instigation de l'Élysée : « Et pourquoi pas Tapie ? m'a-t-il suggéré. Il est à gauche, sans appartenir au Parti socialiste. Il a le coffre suffisant. »

Et voilà comment, après la défection de toutes les vedettes confirmées de la majorité et de l'opposition, un outsider, Bernard Tapie, qui a été immédiatement d'accord, a été porté au premier plan du débat politique.

Ce débat a été véritablement extraordinaire. À tout moment on pouvait craindre que les deux hommes en viennent aux mains. Bernard Tapie avait prévenu d'entrée de jeu, dès les premières phrases du débat, que si Le Pen l'injuriait, il ne se laisserait pas faire. Il m'avait dit du reste, avant l'émission : « S'il me cherche, il va me trouver. Je ne me laisserai pas faire comme Lionel Stoléru[1] ! »

Le Pen l'a trouvé, en effet. Au bout de quelques minutes, alors que ce dernier commençait à noyer son adversaire sous un flot de paroles désagréables, Bernard Tapie a fait, je ne sais comment, une allusion directe au fait qu'il pouvait, si les choses allaient trop loin, lui casser la figure. Il a pris à témoin Poivre d'Arvor, qui dirigeait le débat :

« S'il dépasse les limites, moi, caméra ou pas, je me lève et je lui rentre dedans ! » Il a précisé sa menace – j'ai retenu sa phrase exacte à une virgule près : « Regardez-vous et regardez-moi ; on va arrêter de jouer l'Ange blanc contre le bourreau de Béthune ! »

J'ai senti physiquement que Le Pen se le tenait pour dit. Du coup, il a baissé d'un cran ses attaques. Il a bien dit que Tapie était plus connu comme organisateur de spectacles sportifs que comme un homme politique, il lui a bien dit qu'il était « un Tartarin, un bluffeur, un hâbleur, un pitre grotesque », mais il a semblé en même temps prendre son adversaire en considération.

Du coup, le débat de fond a pu s'engager sans débordement de paroles et encore moins de gestes.

Extraordinaire face-à-face, le premier où Le Pen a trouvé à qui parler !

Lorsque le débat s'est terminé, après des témoignages souvent douloureux d'immigrés en situation irrégulière venus en France par les vertus du regroupement familial, puis ne parvenant pas à régulariser leur situation, j'ai raccompagné Jean-Marie Le Pen dans la loge de maquillage qui lui était réservée, tandis que Carreyrou faisait de même avec Tapie.

J'ai trouvé le leader du FN éprouvé, secoué, lui qui ne l'est jamais. Il m'a paru déconcerté, stupéfait même par le style Tapie. Il m'a dit avoir pensé un moment que Tapie allait vraiment en venir aux mains, sans me révéler ce qu'il aurait fait lui-même en pareil cas.

1. Confronté à Jean-Marie Le Pen le 5 décembre sur la Cinq, Lionel Stoléru, alors secrétaire d'État du gouvernement Rocard, s'était vu demander par le président du Front national s'il avait « la double nationalité. » Avait suivi ce dialogue : L.S. : « Laquelle ? » J.-M. L.P : « Je ne sais pas, je vous le demande. » L.S. : « Non, je suis français. » « Parfait, avait dit Le Pen. Sinon, j'aurais été gêné. » Jean-Claude Bourret était alors intervenu en expliquant que Jean-Marie Le Pen faisait sans doute allusion au fait que Lionel Stoléru était juif, et insinuait qu'il avait sans doute par là la double nationalité israélienne et française.

« Je ne suis pas en forme, ce soir, a-t-il ajouté, m'expliquant qu'il partait dès le lendemain à l'hôpital pour une nouvelle opération de l'œil. Le lion était blessé sur son terrain, celui de l'éloquence populaire.

21 décembre

Dans le maelström international, nous avons de la chance : nous passons des heures et des heures avec Giscard à enregistrer son émission, donc à parler interminablement des conséquences de la chute du Mur, de l'aide à apporter d'urgence à la RDA et aux autres pays de l'Est. Nous nous interrogeons sur la forme que prendra la nouvelle Europe. C'est à la fois inquiétant et exaltant. Quel meilleur commentateur pourrions-nous avoir que lui, même s'il apporte assurément plus d'interrogations que de réponses... ?

Fin décembre

Deux réflexions sur ce qu'on appelle la « révolution roumaine » qui, depuis quinze jours, mobilise toutes les antennes :

1) Ainsi, de tous les pays de l'Est qui ont renversé leur régime depuis la chute du mur de Berlin, la Roumanie aura été la seule où le sang a coulé.

Je sais bien que, contrairement à ce que toute la presse a clamé (et pas seulement la télévision), il n'y a pas eu à Timisoara le massacre sur le charnier montré et décrit par les médias du monde entier. Les cadavres exhibés à la télévision provenaient de la morgue d'un hôpital, et non pas des prisons de la police roumaine. Ces images sont arrivées par les EVN[1], je crois, et nous les avons diffusées sur-le-champ. Le lendemain, les quotidiens ont fait leur une sur les dépouilles mutilées par le régime de Ceaucescu. Donc, si culpabilité il y a, elle n'est pas l'apanage de la seule télévision. Je le souligne parce que j'ai l'impression qu'elle seule aujourd'hui est attaquée pour fausses nouvelles et excessive dramatisation.

Nous avons immédiatement apporté un démenti, fait notre *mea culpa*, etc. Fallait-il de surcroît que nous nous répandions de la cendre sur la tête ? Je veux bien qu'on fasse un procès aux journalistes à

1. European Video News.

cause de ces images qui ont fait le tour du monde, mais à condition que la presse écrite en prenne sa part.

Quoi qu'il en soit, le 17 décembre, des dizaines de milliers d'ouvriers sont entrés dans la ville de Timisoara et ont commencé à ébranler le régime. Les policiers ont ouvert le feu sur les manifestants. Deux ou trois jours plus tard, la révolution se transportait à Bucarest et le couple Ceaucescu était acculé à la fuite, puis condamné à mort et fusillé.

2) Pendant la semaine de 17 au 25, jour du départ des Ceaucescu à bord d'un hélicoptère bientôt contraint de se poser, il faut bien dire que la cinquième chaîne a été géniale. Personne n'avait d'images du couple présidentiel en fuite, personne ne savait exactement ce qui se passait dans les rues de Bucarest. En outre, le complexe de Timisoara hantait chacun de nous : pas question de faire allusion au moindre mort de la « révolution roumaine » dont nous n'aurions pas vu de nos yeux le cadavre ! Qu'a fait la Cinq ? Et qu'avons-nous fait après elle ? La Cinq a eu le génie de se brancher directement sur la télévision roumaine, *via* le réseau européen EVN. La télévision était déjà tombée aux mains des insurgés. Témoignages des victimes du régime et communiqués de victoire alternaient.

Quoi qu'il se passe, la Cinq aura ainsi été la première chaîne de télévision française à montrer la révolution en direct : drapeaux roumains troués par les balles, agitation assez incompréhensible des blindés, des tireurs insurgés, bâtiments en flammes, échanges de tirs sur la place principale.

Tout cela se terminant par la fuite et la mort des Ceaucescu le jour de Noël.

1990

5 janvier

Multiples cérémonies de vœux de Mitterrand. Je passe vite sur le fond. Une anecdote, en revanche, me semble plus significative qu'il y paraît : pendant la cérémonie consacrée aux vœux du gouvernement au Président, Michel Rocard éternue une première fois lorsque Mitterrand entame son propos sur la révision de la Constitution à laquelle il se propose de procéder. Mitterrand ne bronche pas. Puis le Premier ministre éternue une seconde fois. Là, Mitterrand ne peut cacher un geste d'énervement.

C'est un signe, évidemment : Rocard allergique à Mitterrand, Mitterrand exaspéré par l'allergie de l'autre... qu'il partage, d'ailleurs !

Voilà qui m'amène à revenir sur une scène que Claude Estier m'a racontée à la fin de l'automne dernier et que je n'avais pas consignée ici. Un soir, je ne sais plus la date exacte, Mitterrand a réuni les anciens Conventionnels[1]. L'idée est de préparer le futur congrès du PS prévu à Rennes pour la fin mars. Mitterrand leur recommande de faire campagne autour de Laurent Fabius et de signer la motion que celui-ci s'apprête à déposer en vue de Rennes. Décidément, il ne se remet pas de l'élection de Mauroy au secrétariat du Parti : il juge sans doute que son ancien Premier ministre n'a plus d'énergie à déployer, plus de « jus », comme disent les journalistes. Il n'a pas pu

1. Les anciens membres de la Convention des institutions républicaines furent les premiers militants en faveur de la candidature de leur président, François Mitterrand, à la Présidence de la République en 1965. Ils prirent part à la conquête du Parti socialiste par François Mitterrand en 1971.

imposer Fabius en 1988, il pense pouvoir le faire en 1990 à l'occasion du congrès à venir. Ou, si la chose n'est pas possible, à le remettre en piste pour les prochaines années.

Je ne sais si Lionel Jospin l'a déçu, ni en quoi. En tout cas, il demande à ses partisans les plus proches de se ranger derrière Fabius. Lors de cette réunion de l'automne dernier à l'Élysée, les Conventionnels sont restés prudents : peu nombreux, de toute façon, sont ceux, proches ou moins proches, qui osent lui parler sans détour.

« Vous êtes pour Jospin ? dit-il à certains d'entre eux. Cela veut dire que vous êtes pour donner le PS à Rocard ! »

Ce n'est pas le cas de Claude Estier, par exemple, qui ne veut pas de Fabius, préfère Jospin, mais ne pense pas pour autant que Michel Rocard se retrouvera du même coup à la tête du Parti socialiste.

Derrière l'affrontement Jospin/Fabius, Mitterrand persiste à craindre que Rocard ne tire les marrons du feu.

Mais après tout, pourquoi pas ? Mitterrand ne va pas se présenter une troisième fois, alors pourquoi pas Rocard ? Je ne comprends pas l'entêtement du Président à imposer Fabius aux socialistes. Je suis incapable d'expliquer pourquoi : la greffe Fabius n'a jamais pris au PS. Cela remonte à des années. En revanche, Jospin, pourtant peu jovial, y a pris sa place au fil du temps.

Je me rappelle le premier grand affrontement entre Fabius et Jospin : c'était en 1986, lorsque l'un et l'autre revendiquaient le droit de conduire la campagne des législatives. Enquête faite, je m'étais aperçue que Mitterrand avait tout fait pour les opposer : à Fabius, Premier ministre, il avait laissé entendre que c'était à lui de faire le travail ; à Jospin, premier secrétaire du Parti, il avait conseillé de prendre toute sa place dans la bataille. Résultat : un duel qui n'a plus cessé jusqu'à aujourd'hui.

Et Rocard, là-dedans ? Après tout, il ne serait pas si mal comme candidat en 1995. Sa cote ne faiblit pas, bien qu'il soit à Matignon depuis près de deux ans. Il est respecté par les centristes, toléré par les socialistes. Oui, pourquoi pas, après Mitterrand ?

9 janvier

Coup de tonnerre dans un ciel que je croyais plus serein : unis aux termes d'un mariage inattendu, sinon contre nature, Charles Pasqua et Philippe Séguin ont entrepris de fomenter un putsch au RPR.

Les deux nouveaux alliés ont publié dans la journée un communiqué conjoint, assassin[1], jugeant le RPR de Chirac et d'Alain Juppé, son secrétaire général, incapable de tracer « un nouvel avenir ».

Qu'ont-ils de commun, Pasqua et Séguin, l'un plus jeune, l'autre plus mûr, si ce n'est l'envie de dégommer Chirac ? Cela fait longtemps que Pasqua ne croit plus en celui-ci. Séguin avait fait mouvement, pendant l'affaire des « rénovateurs », l'été dernier, et puis il était rentré – ou avait fait semblant de rentrer – dans le rang. À tel point que Michel Noir avait pu dire à un moment donné que Philippe Séguin avait trahi leur cause.

À mon avis, depuis juillet dernier, Séguin a dû trouver plus ou moins insuffisante la petite équipe des premiers rénovateurs. Michel Noir ? Il ne doit pas le juger très intelligent, pas plus que Charles Millon ou Alain Carignon. Il connaît mal François Bayrou, plus jeune, et François d'Aubert.

Du coup, ceux qu'on appelait l'an passé « rénovateurs » hésitent à se ranger d'emblée derrière Séguin et Pasqua, d'autant plus que ceux-ci ne le leur demandent pas mais ont entrepris de rénover le mouvement gaulliste sans les consulter à aucun moment.

D'ailleurs, la réaction de Carignon, ex-« rénovateur » de 1989, est significative ; le jour du « putsch », il est interrogé sur Antenne 2 :

« De quel côté vous rangez-vous ? lui demande-t-on.

– Par tempérament, répond-il, je ne suis pas favorable au coup de force. »

Le journaliste insiste : « De quel côté ? »

Carignon ne cache pas son embarras. Il confie qu'il en parlera dans la semaine avec Michel Noir et ses amis. Lesquels ont tous été pris de court par le communiqué Pasqua-Séguin qui les a, comme on dit, *squeezés* !

En réalité, je soupçonne Charles Pasqua et Philippe Séguin de n'avoir pas tenté un hypothétique regroupement de la droite, entre UDF et RPR, mais d'agir seulement à l'intérieur du RPR, pour tenter d'en garder les gros bataillons.

Dans ce cas, il fallait un allié à Philippe Séguin, et Charles Pasqua n'est pas un mauvais choix. Les deux hommes ont tous deux une

1. Le communiqué de Charles Pasqua et de Philippe Séguin en appelle à un retour aux sources gaulliennes et préconise la création d'un nouveau rassemblement des Français « fiers des valeurs de la nation française, confiants dans sa pérennité et son destin, décidés à la rétablir dans sa mission européenne et universelle ».

fibre populaire et gaulliste, tous deux jugent Chirac dépassé. Non, à bien y regarder, cette alliance est loin d'être contre nature.

10 janvier

Chirac a choisi FR3 pour répondre à Pasqua et Séguin. Au téléphone – je l'ai eu ce matin –, il m'a paru remonté comme si cette offensive, qu'il n'attendait pas, lui avait insufflé une énergie nouvelle.

À « Soir 3 », ce soir, il a donc condamné cette initiative qu'il juge « peu élégante » à son égard et dont il assure qu'elle lui a fait de la peine.

De la peine, Chirac ? Qui sait ? Il ne m'a pas paru peiné, ce matin. Il a sans doute été surpris ; il est inquiet, sans doute. Mais il m'a semblé plutôt combatif, lui qui ne l'est plus guère depuis 1988. Peut-être avait-il besoin de cela pour se réveiller ? Les tentatives des « rénovateurs » de l'an dernier ne l'avaient pas inquiété, car il ne croyait pas à un regroupement de l'UDF et du RPR. Aujourd'hui c'est autre chose. Il est touché dans son mouvement, dans le mouvement qu'il dirige depuis des années. Au surplus, il n'est pas le seul visé : Alain Juppé, Jacques Toubon, ceux qui l'entourent de plus près, sont également dénoncés par le nouveau duo de choc Pasqua-Séguin.

Il joue les règles du mouvement, la légitimité des procédures : la prochaine tenue des assises du RPR, prévues pour février, aurait dû inciter les putschistes à modérer leur impatience ; s'ils jugent que le mouvement est mal dirigé, qu'il n'a pas d'ambitions, qu'ils proposent autre chose aux militants, et ceux-ci trancheront !

Le commentaire du journaliste de la 3 me semble exagéré : il a dit que Chirac était carrément « groggy » – c'est son terme. Ce n'est pas ainsi que j'ai ressenti les choses par écran interposé. Encore une fois, je l'ai jugé plus remonté qu'abattu. Ce n'était pas le Chirac s'interrogeant, doutant de lui-même, d'après l'échec de 1988. C'était le Chirac prêt à en découdre pour retrouver son rang.

Je peux me tromper...

13 janvier

François Mitterrand plonge tête la première dans la préparation du congrès de Rennes. Dans les colonnes de *Vendredi*[1], le voici qui

1. L'hebdomadaire du Parti socialiste.

défend le fait que Laurent Fabius dépose une motion pour son compte, prenant pourtant ainsi le risque de faire exploser le clan des mitterrandistes.

Attitude incompréhensible, je trouve, et ce, pour plusieurs raisons. La première et la plus importante, c'est qu'il descend dans l'arène à l'occasion d'un congrès : ce n'est ni son statut ni son intérêt. La seconde est plus personnelle : pourquoi tient-il tant à Fabius ? Son fils spirituel ? Mais il m'avait semblé que l'exercice du pouvoir entre 1984 et 1986 avait parfois été sinon conflictuel, du moins tendu (*cf.* la visite de Jaruzelski en 1985). Bon, la seule réponse plausible est que les liens entre les deux sont davantage affaire de sentiment que de raison.

18 janvier

Charles Hernu[1] est mort hier, quasiment en direct sur les écrans. Il faisait un meeting, le soir, près de Lyon. Les images diffusées dès la fin de soirée le montrent pris d'un malaise au commencement d'un discours. On l'aide à quitter la tribune. Il est mort quelques instants après.

Voilà quelqu'un dont la vie a été brisée par la politique après que celle-ci lui eut longtemps tout donné. Spécialiste des questions militaires au PS, il était un des rares mendésistes à s'être ralliés, depuis 1963, à Mitterrand. Pour ce fils de gendarme, le ministère de la Défense était l'accomplissement dont il n'avait jamais osé rêver.

Gai, débordant d'énergie, le regard clair et direct, gardant le silence sur les multiples pontages cardiaques qui l'affaiblissaient depuis des années, il était capable de faire croire que le moindre de ses communiqués était la plus importante des choses au monde. Chacun riait, parfois avec envie, de son sens hyperdéveloppé de la communication.

Je me souviens encore, comme d'un exemple de l'extraordinaire aveuglement qui peut frapper tout homme politique, de sa campagne

1. Charles Hernu a été ministre de la Défense de 1981 à 1985. Le 10 juillet 1985, une bombe coule le *Rainbow Warrior*, bateau de Greenpeace, dans le port d'Auckland, en Nouvelle-Zélande. L'arrestation sur place, le 23 juillet, de deux agents de la DGSE donne une dimension politique à l'affaire. D'abord soutenu par Mitterrand, Hernu est contraint à démissionner à l'automne 1985. Il a été très atteint par cette affaire.

électorale à Saint-Étienne où il n'y avait guère de monde derrière lui, ni dans les rues, ni dans les salles. Il fallait l'entendre dire alors que toute la ville était pour lui ! Il s'était fait battre à plate couture dans la capitale des pneus Michelin. Il en avait été sonné quelques jours, puis était reparti en quête d'une autre circonscription : Villeurbanne[1], où il finit par se faire élire un peu plus tard.

Il aimait Mitterrand et souffrit mille morts de son lâchage, pourtant tardif, dans l'affaire du *Rainbow Warrior*. Après son départ de la Défense, il fut pourtant réélu député du Rhône par deux fois : en 1986 – il fallait le faire ! – et en 1988.

Il tenta par la suite de rentrer en grâce, sans jamais y parvenir tout à fait. Mitterrand le revoyait depuis quelques mois, le plus souvent lorsque les anciens Conventionnels étaient reçus à l'Élysée. Mais enfin, rien n'était plus comme avant. Il arrivait à Mitterrand de fuir son regard.

J'écris ces quelques lignes, ce soir, avant d'évoquer ma rencontre avec Jacques Chirac, aujourd'hui à 16 heures. Il m'a reçue à l'Hôtel de Ville en compagnie de François Bonnemain et de Jean-Pierre Teyssier qui viennent étoffer son état-major et sont en charge de la communication.

J'avais raison : Chirac est bien remonté sur sa bête, comme si l'offensive de Charles Pasqua et de Philippe Séguin l'avait brutalement ramené à la réalité. Il souhaite s'exprimer – sur TF1, cette fois – le plus vite possible[2].

Avait-il vu venir le coup ? Il me répond que non, et qu'il a pour Pasqua une réelle et ancienne amitié.

« Je voyais bien qu'il faisait la tête, qu'il regrettait la nomination d'Alain Juppé à la tête du mouvement, mais je ne pensais pas qu'il pourrait d'abord faire route commune avec Philippe Séguin, et ensuite livrer à l'AFP le communiqué rendu public la semaine dernière. »

La manœuvre lui semble limpide : il s'agit, pour les deux conjurés, de se débarrasser d'Alain Juppé à la tête du parti, d'en prendre les commandes tout en gardant Chirac comme une sorte de président potiche.

« Ils se trompent, s'ils croient que je suis foutu ! » me dit-il en me raccompagnant à la porte de son grand bureau avec un air que je trouverais presque guilleret si la charge contre lui n'était pas si forte.

1. Élu maire de Villeurbanne en 1977, il fut élu député l'année suivante.

2. Ce sera deux jours plus tard, le 20 janvier, au journal de 20 heures. Il y prononcera, à propos de Charles Pasqua, la phrase : « C'était mon ami. »

20 janvier

Nous sommes quelques-uns à avoir fait le voyage depuis Paris pour l'enterrement de Charles Hernu. Non sans mal : l'avion n'a pas pu atterrir, nous avons dû gagner le cimetière par la route, en ratant le cortège. Maintenant qu'il est mort, les copains d'avant sont revenus. Un absent de marque : Laurent Fabius, que Charles Hernu jugeait depuis 1985 responsable de son départ et de son bannissement. La troisième épouse de Charles Hernu lui a refusé l'entrée du cimetière[1].

La cérémonie a été sinistre, chacun se demandant la part qu'il avait prise à l'éloignement de Charles Hernu, et par là, en quelque sorte, à sa mort.

Après ces heures funèbres, je dois rejoindre Châtellerault où Michèle André, secrétaire d'État aux Droits de la femme, et Édith Cresson[2], maire de la ville, ont été invitées quelques semaines auparavant par l'épouse du patron de la presse quotidienne régionale, Jacques Saint-Cricq, à venir faire une sorte de causerie, que je dois animer, sur les femmes et la politique.

Pierre Mauroy m'avait dit un jour en rigolant : « Lorsqu'elle avait été chargée en 1974 par Mitterrand des Jeunes socialistes, Édith Cresson, c'est un kapo ! »

Directe, brutale parfois, elle avait remis de l'ordre chez les jeunes, souvent indisciplinés, et fait régner sinon une sorte de terreur, du moins une paix armée.

Drôle de femme, intéressante : lorsqu'on la voit, elle ne ressemble pas à ce qu'on imagine être une militante socialiste. Elle fait plutôt bon chic bon genre, avec ses tailleurs stricts dont elle relève cependant les manches, et sa voix un peu trop haut perchée. En réalité, au ministère de l'Agriculture, elle s'est révélée capable de faire front

1. Laurent Fabius aurait eu, de son côté, beaucoup de choses à dire sur le fait qu'il n'ait jamais été lui-même, quoique Premier ministre, mis au courant de l'opération qui se préparait pour envoyer le *Rainbow Warrior* par le fond.

2. Édith Cresson, ancien membre de la Convention des institutions républicaines animée par François Mitterrand, qui a adhéré au PS en 1971, est alors ministre des Affaires européennes dans le gouvernement Rocard, après avoir été ministre de l'Agriculture de Pierre Mauroy. Elle a été élue maire de Châtellerault en 1983, puis députée socialiste de la Vienne en 1986. Elle a également été député européen de 1979 à 1981. Elle sera plus tard Premier ministre, puis Commissaire européen. C'est une fidèle de François Mitterrand, qui en fera la première femme chef du gouvernement.

quand les agriculteurs avaient pris pour une insulte sa nomination à ce ministère.

Maurice Faure m'en a souvent parlé. C'est d'ailleurs comme cela que j'ai eu l'impression de la connaître : tous deux députés européens, il leur est souvent arrivé de prendre ensemble l'avion Paris-Strasbourg en début de semaine, et Strasbourg-Paris le jeudi soir. Faure me l'a décrite comme bûcheuse, passionnée de travail et de politique, et surtout comme une inconditionnelle de François Mitterrand. Celui-ci fait d'ailleurs le plus souvent l'objet de leurs conversations aériennes hebdomadaires.

C'est de lui que nous parlons également dans l'avion qui nous conduit à Châtellerault. Du fait qu'il n'a pas tellement changé, au fond, depuis que nous le connaissons l'une et l'autre : il a toujours
1990 été « le Président », même lorsqu'il ne présidait que la petite Convention des institutions républicaines. Il a toujours cherché des femmes à mettre sur les listes socialistes aux différentes élections, s'énervant de temps à autre lorsque celles-ci faisaient référence au féminisme et aux droits des femmes.

Ainsi avait-il été avec Marie Thérèse Eyquem [1], ancienne militante de la première heure du mitterrandisme, qu'il avait imposée dans les instances dirigeantes du PS : lorsqu'elle le tannait en lui parlant et reparlant des femmes et de leurs droits, il était pris d'un ennui pesant, et prenait la fuite sitôt qu'il le pouvait. Quand il ne le pouvait pas, dans un train ou en avion, par exemple, et qu'elle était du voyage, il invoquait rapidement la préparation de son discours pour l'arrêter dans ses revendications. Il lui arriva même de s'endormir – ou de feindre le sommeil – tandis qu'elle continuait de parler, ce qui mettait en joie Georges Dayan, le plus souvent préposé à éviter ces tête-à-tête avec Mitterrand.

Édith Cresson, elle, est parvenue à entrer dans les instances du PS

1. Marie-Thérèse Eyquem, née en 1913, morte en 1978, avait pris en 1962 la tête du Mouvement démocratique féminin où elle milita avec ardeur pour l'intégration des femmes à la vie politique. Elle fit la rencontre de François Mitterrand en 1963, et le suivit à la Convention des institutions républicaines, puis au Parti socialiste. Elle fut longtemps la seule femme à figurer au nombre des dirigeants du PS. C'est elle qui, en 1973, proposa et imposa un quota de 10 % de femmes à tous les niveaux au sein du PS. Ce chiffre de 10 % peut paraître médiocre quand on évoque la parité revendiquée aujourd'hui. Il parut néanmoins, en son temps, comme véritablement révolutionnaire.

sans jamais irriter Mitterrand : il est vrai qu'elle ne prône pas la « cause des femmes », pour lesquelles elle n'a guère d'indulgence.

Nous faisons donc notre numéro avec Michèle André ; puis Édith Cresson reste sur place et nous regagnons Paris. Charles Hernu est mort et enterré.

25-26 janvier

Nous nous sommes envolés hier pour Bucarest avec Patrick Poivre d'Arvor pour une émission en direct, plus d'un mois après la chute de Ceaucescu. À notre arrivée dans le petit avion que Francis Bouygues a mis à notre disposition, il fait nuit. Nous rejoignons l'hôtel Intercontinental, puis décidons d'aller dîner. C'était aller vite en besogne : les rares restaurants ouverts sont complets et, le plus souvent, il n'y a plus rien. Nous avons rejoint à Bucarest l'équipe technique de TF1 qui est déjà là depuis plusieurs jours et qui a pris son parti des difficultés qu'éprouve la capitale roumaine à simplement donner à manger aux journalistes nombreux dans la ville. Nous finissons par trouver un caboulot qui a encore de la bière et une sorte de ragout.

Dans la journée du lendemain, nous nous promenons à la télévision roumaine, celle-là même qui a montré au monde entier, en décembre, les émeutes dans Bucarest et le départ du président roumain. Si la grand-place est assez belle, si, plus loin, le palais que Ceaucescu était en train de faire construire paraît démesuré, gigantesque, incongru, tout – les rues maussades, la pauvreté, les charrettes traînées par des mulets étiques – nous ramène au Moyen Âge. Dans le centre-ville, les façades encore marquées par les coups de feu de la « Révolution » évoquent les mouvements populaires qui, ici plus violemment qu'ailleurs, ont fait tomber le régime. Les couloirs de la télévision sont bruyants et animés comme si, à tout moment, les intellectuels roumains pouvaient risquer à nouveau une manifestation, et que des tireurs restés dans les parages étaient encore prêts à abattre les fauteurs de troubles.

Patrick enregistre une émission tant bien que mal, dans ce climat électrique, tandis que je flâne à l'extérieur, l'après-midi de ce dimanche, en prenant le pouls de la population, dont la majeure partie parle français avec aisance. À entendre les habitants, tous sont soulagés, heureux de la chute du tyran et de sa femme. Les plus attentifs nous conseillent cependant de faire attention aux chauffeurs de taxi, soupçonnés d'appartenir tous à la fameuse Securitate.

Il neige tellement, lorsque nous retournons dans un épais brouillard à l'aéroport, que le pilote refuse de décoller. Nous voici contraints de revenir à l'Intercontinental, bâtiment fatigué de l'ère stalinienne qui nous paraît néanmoins, dans ces conditions, un havre de chaleur et de paix.

Nous partons le lendemain aux aurores, pas fâchés de quitter ce pays misérable dont nous ne connaissions rien et dont nous nous demandons, en décollant, comment il va pouvoir s'adapter au monde tel qu'il est. Autant, en Tchécoslovaquie surtout, en Hongrie aussi, j'ai senti presque physiquement que la démocratie pouvait s'installer ou plutôt se réinstaller en retrouvant en l'espace de quelques semaines la situation politique qui était la sienne avant le communisme, autant je me demande ce matin non sans angoisse comment ce pays trouvera demain sa place parmi les pays développés d'Europe.

29 janvier

Il est une heure du matin et je viens juste de terminer ma soirée à l'Élysée dans des circonstances peu banales : Guy Béart était invité par Mitterrand à un dîner officiel et il m'avait demandé de l'accompagner. Pour m'amuser, j'avais dit oui.

Raconter la stupeur qui a été celle de Mitterrand lorsqu'il m'a vue, au moment où les invités lui étaient présentés, en compagnie de Guy Béart, est hilarant. Il m'a dit bonjour avec gentillesse, a congratulé Guy. Le dîner a eu lieu, sans intérêt particulier. Puis, lorsque les invités ont commencé à partir, quelqu'un – Danielle Mitterrand, je crois – a demandé à Guy Béart de chanter.

Mitterrand s'est approché de moi en murmurant quelque chose du genre : « Et un chanteur, maintenant ! » J'ai éclaté de rire, assez ravie de mon effet ; il a hoché la tête en prenant un air dépassé, comme si, vraiment, il ne comprenait rien aux femmes. Roulant !

Guy Béart a chanté près d'une heure, tout le monde reprenant en cœur *Le Bal chez Temporel* et *L'Eau vive*. Soirée inattendue...

5 février

Dîner chez Simone et Antoine Veil dans leur grand appartement près des Invalides. Je découvre que, chez elle, c'est Antoine qui dirige les opérations. J'approche Simone Veil depuis longtemps, en fait depuis que je l'ai accompagnée en Israël en 1974. C'est la première fois que je la vois dans son intimité familiale. Là, elle n'est plus l'ancienne ministre de la Santé qui a légalisé l'IVG. Elle n'est plus la première présidente du Parlement européen. Elle parle à peine, d'une voix basse et harmonieuse ; ce qu'elle dit, sans excès, sur les gens et sur les choses, me paraît toujours vrai, aigu. Comme tout le monde, son passé me touche. Ce dont je suis sûre ce soir, c'est qu'elle a un avenir.

11 février

Aux assises du RPR, aujourd'hui, règlement de comptes magistral entre Chirac et Pasqua. Depuis un mois que les conjurés, Pasqua et Séguin, ont lancé leur opération au sein du mouvement gaulliste, Chirac, comme je le prévoyais, est redevenu Jacques Chirac. Il n'a rien épargné aux deux conjurés de janvier : tandis qu'Alain Juppé, Nicolas Sarkozy et Jacques Toubon montaient sans arrêt au créneau dans tous les journaux, les radios, les télévisions, Chirac s'est remis à faire ce qu'il fait le mieux : le tour de France des podiums, en volant une partie de ses arguments au tandem Pasqua-Séguin – l'identité nationale, la place de la France dans le monde, la place du RPR dans l'État, la régulation de l'immigration, etc.

Nicolas Sarkozy s'était occupé avec efficacité de « composer » la salle, largement acquise au maire de Paris. Alain Juppé avait plaidé depuis des semaines contre le putsch et les deux putschistes ; Jacques Toubon l'avait fortement aidé à victimiser Chirac. Bref, lorsqu'ils sont entrés dans la salle, Pasqua et Séguin ont tout de suite senti que ceux-là mêmes qui les exhortaient hier à l'affrontement avec Chirac étaient prêts à les laisser tomber. L'extraordinaire talent d'orateur de Séguin n'est pas parvenu à retourner les militants. Quant à Pasqua, était-il ému, était-il hésitant à porter l'estocade ? Il a prononcé un discours écrit qu'il a lu sans émotion ni passion, sans faire place à la moindre improvisation.

Conclusion : Chirac a gagné haut la main. Sa motion a obtenu plus de 65 % des voix. Pasqua et Séguin ont eu le reste. Et le RPR s'est retrouvé comme si rien ne s'y était passé depuis un mois.

Si, j'oubliais, il s'est passé quelque chose : Chirac est sorti de son blues. De quoi remercier ses adversaires !

16 février

Le hasard, qui fait bien les choses, comme on sait, fait que j'ai déjeuné jeudi 15 avec Lionel Jospin au ministère de l'Éducation nationale, et le lendemain avec Laurent Fabius à la présidence de l'Assemblée nationale. Jospin avait invité toute la rédaction politique de TF1 : nous n'étions pas moins de six. Chez Fabius, en revanche,

nous n'étions que deux journalistes.

À l'évidence, l'un et l'autre commencent à agencer leurs relations publiques en vue du prochain congrès de Rennes. Ces deux-là ne se sont jamais aimés. C'est encore plus vrai aujourd'hui que le comité directeur de janvier dernier a comptabilisé sept motions, dont celles de Laurent Fabius, de Mauroy et de Jospin.

Il y aura donc bien, selon toute probabilité, bataille de motions à Rennes. D'après Jospin, la motion de Fabius n'a aucune chance d'arriver en tête. D'après Fabius, il n'y a aucune raison qu'elle ne le soit pas. En attendant, ils fourbissent leurs armes par rédactions interposées.

15 mars

Je n'ai pas eu le temps de faire le point sur le congrès de Rennes où je me rends demain. Il n'a pas encore eu lieu que déjà tout le monde se déchire. Je résume ici les épisodes précédents tels qu'ils apparaissent à l'issue du vote des fédérations socialistes, le dimanche 11 mars :

Fabius avait donc fini par déposer une motion et – surprise ! – Jospin et lui sont sortis au coude à coude[1] du vote des militants socialistes. Du coup, ceux-ci ont placé Jean Poperen (7,1 % des man-

1. Selon la direction du Parti, la motion Mauroy-Jospin a 9 mandats d'avance sur un total de 7 197. Pour les amis de Laurent Fabius, c'est leur motion « Égalité » qui est en tête avec 17 mandats d'avance.

dats) et Jean-Pierre Chevènement (8,5 %) en position d'arbitres dans le duel qui oppose les frères ennemis. Les deux hommes ont donc fait l'objet de démarches pressantes de la part de Fabius, de Jospin et de Mauroy, tout au long de la journée de dimanche où l'ensemble des représentants du PS s'est retrouvé à la Maison de la Chimie. C'est un endroit commode pour un parti divisé, car la multiplication des salons, grands et petits, offre à chacun des groupes la possibilité de se réunir en l'absence des autres !

« C'est tout juste, m'a dit Jean-Pierre Chevènement avec le ton corrosif qu'on lui connaît, si, pour rallier les signataires de ma motion, ils ne signeraient pas les uns et les autres un texte contre l'Europe des Douze ! »

Et Rocard, qu'est-ce qu'il fait là-dedans ? Il en fait le moins possible. Les rocardiens se sont placés dans un rôle d'observateurs en affirmant – et c'est vrai – qu'ils tiennent à rester en dehors de ces imbroglios. Une seule chose est certaine : c'est que Michel Rocard ne veut pas laisser le Parti à Fabius. Il est donc, qu'il le clame ou le taise, favorable à Mauroy.

D'ailleurs, Pierre Mauroy n'a aucune envie de quitter la direction du Parti : « J'ai été élu au premier secrétariat contre Mitterrand : si celui-ci me demande aujourd'hui de me retirer pour laisser la place à Laurent Fabius, je dirai non ! » me confie-t-il au téléphone, malheureux comme les pierres à l'idée que le parti dont il assume la direction arrive tout cabossé au congrès de Rennes. Il reste pourtant optimiste sur son issue : il pense qu'il parviendra à réaliser la synthèse entre les différents courants. Je pense qu'il y arrivera : après tout, Jospin + Mauroy + Rocard (même si celui-ci est contraint de rester prudent), cela doit bien faire une majorité !

Quant au Président, il est carrément partie prenante dans le futur congrès : il a reçu Laurent Fabius le 8 mars à 15 h 30 après avoir vu Pierre Mauroy le mardi 6. Pour corser les choses, la polémique s'est immédiatement engagée sur ce qu'a dit Mitterrand aux deux protagonistes principaux du congrès. L'entourage de Mauroy a fait savoir que François Mitterrand était partisan du maintien de celui-ci à la tête du Parti, ce que l'intéressé n'a voulu ni confirmer ni infirmer. Vives protestations des amis de Laurent Fabius, du genre : « Mauroy et les siens veulent donner le sentiment qu'ils ont gagné le congrès après l'avoir perdu ! » Ou encore : « La motion Mauroy-Jospin a perdu, mais essaie de gagner en faisant de la désinformation. Il est clair qu'on ne choisira pas un premier secrétaire sur la liste qui a perdu ! »

Clair, effectivement, ça l'est !

Samedi 17 au matin (notes prises sur des feuillets séparés au fil des heures)

La commission des résolutions s'est réunie hier soir. Tous les auteurs de motions ont retiré leur texte. Michel Rocard, qui a rencontré Mitterrand avant de partir pour Rennes, insiste pour que le texte Mauroy-Jospin-Chevènement, pourtant arrivé en tête, ne serve pas de base à la discussion générale.

Il rencontre l'appui de Louis Mermaz, lui aussi sans doute dûment chapitré par Mitterrand, et celui de Claude Estier, qui, selon son expression, ne veut pas que « Mauroy soit enfermé dans une seringue avec Chevènement ».

Je viens de rencontrer Jean Poperen, qui s'est finalement allié à Laurent Fabius (je ne sais ni pourquoi, ni sur quoi). Il m'a dit que, du coup, la voie est maintenant déblayée pour la synthèse, à la condition que Pierre Mauroy abandonne le secrétariat du Parti. Je note, quoiqu'il m'assure du contraire, que Jean Poperen serait bien candidat à ce poste s'il apparaissait que la nomination de Fabius crée trop de problèmes et de remous.

De fait, il apparaît que Mauroy n'est soutenu positivement par personne :

– ni, naturellement, par Laurent Fabius et Jean Poperen ;

– ni, finalement, par Mermaz et Estier, qui ont trouvé (ou font mine de trouver) que le texte additif de Jean-Pierre Chevènement à la motion Mauroy allait trop loin ;

– ni même par Michel Rocard à qui, me dit André Laigniel, le président de la République a dit ce matin, en le regardant au fond des yeux, que « le Premier ministre devait jouer son rôle, mais pas plus que son rôle ». Rocard a conclu de cette consigne, mitterrandienne s'il en est, qu'il lui fallait pour le moment ne pas pousser l'un ou l'autre des combattants.

Je pose la question directement à Pierre Mauroy dans les coulisses du congrès : quelle est sa marge de manœuvre ? Va-t-il, comme on le lui demande avec insistance, abandonner le secrétariat du Parti ? Réponse claire de Mauroy : « Je ferai tout pour sauver l'union et assurer la synthèse. » Il ajoute quelques secondes plus tard : « Je ferai tout, certes, mais pas hara-kiri ! » Formule dont je conclus qu'il mettra tout en œuvre pour empêcher que Fabius arrive aux commandes de la rue de Solferino[1].

Je tombe sur Chevènement qui arpente lui aussi les travées de l'immense salle où se tient le congrès. Toujours amateur de formules, il stigmatise ce qui se passe ici – ce à quoi lui aussi, au demeurant, contribue : « Le choc des ambitions, la fermeture de l'huître, l'appétit de requins ! » Il me révèle, ainsi qu'au petit groupe de journalistes qui s'est agglutiné autour de lui, que Mitterrand a dû intervenir directement sur Michel Rocard pour qu'il ne signe pas le texte Mauroy-Jospin-Chevènement.

Claude Estier passe par là : « Le problème, me dit-il, ce n'est pas seulement le secrétariat du Parti, c'est la composition de la direction du Parti. » Que veut-il dire ? Qu'il accepterait de voir Mauroy quitter la direction du Parti à condition que ses amis, dont il fait partie, y restent ? Un peu fort de café, tout de même !

Au déjeuner, dans la multitude des tables où les congressistes se restaurent, je me retrouve avec Jean-Luc Mano[2], du service politique de TF1, et Gérard Carreyrou – car nous avons tous fait le voyage pour ne pas manquer l'événement – en compagnie de Marcel Debarge, sincèrement bouleversé par la bataille rangée dont ce congrès donne l'aspect. Bien que, pour le moment, les couteaux ne soient pas vraiment sur la table, il prévoit une division du Parti à l'issue du week-end.

Je réconforte Françoise Castro, la femme de Fabius, qui se plaint amèrement : le service d'ordre lui a refusé l'entrée du congrès car elle n'avait pas le bon badge. Elle ne doute pas que ce soit là une mauvaise manière faite à son mari.

Bref, il appert que Laurent Fabius s'oriente vers l'entrée dans une minorité d'opposition, c'est-à-dire qu'il refusera toute synthèse et donc prendra la responsabilité de l'éclatement du Parti.

Pourtant, autour de lui, beaucoup de ses partisans hésitent : Bastien Leccia, par exemple, m'assure que les choses n'iront pas jusque-

---

1. L'installation du Parti socialiste rue de Solferino date de 1981.

2. Ancien communiste, Jean-Luc Mano est entré à TF1 en 1981, dans la foulée de l'élection de François Mitterrand. Il est devenu reporter au service politique en 1983. Il suit le président de la République dans tous ses voyages et deviendra chef du service politique de TF1 avant d'être directeur de l'information d'Antenne 2 en 1994.

là, qu'on évitera la rupture. Debarge, tout à l'heure, pensait manifestement le contraire. Jean Poperen, paraît-il, serait d'accord pour faire monter la pression, certes, sans aller toutefois jusqu'au schisme. Daniel Vaillant, proche de Lionel Jospin, que je croise au sortir de la commission de validation des mandats, se demande tout haut ce que veut et cherche Fabius.

Samedi après-midi, j'intercepte Fabius pour lui demander d'intervenir dans le journal télévisé de 20 heures. Après tout, d'une certaine façon, c'est le héros inattendu de la fête ! Il me dit : « Je suis crevé. Et, en plus, je ne sais pas où on va ! » S'il ne le sait pas lui-même...

Questions en coulisses : que fait Rocard ? Quand arrivera-t-il ? Son directeur de cabinet, Jean-Paul Huchon, est déjà là : Fabius l'a croisé dans le parking de la salle des congrès.

Huchon passe. Les journalistes l'entourent.

« Tu t'actives ? lui demande-t-on.

– Eh, une synthèse, ça ne se fait pas tout seul !

– Tu y arriveras ?

– Ça m'étonnerait... »

Puis nous écoutons Louis Mermaz à la tribune, plein de bonnes intentions : « Il faut, dit-il, un parti uni, renforcé, rassemblé ! » Il faut « débattre, et non pas en découdre ». « Je suis, ajoute-t-il, favorable à une synthèse qui rassemble, et hostile à une synthèse qui exclue qui que ce soit ! »

Je ne sais pas ce qu'est une synthèse qui exclut : dans ce cas, ce n'est plus une synthèse, il me semble. Enfin, bon, puisqu'il le dit, ça doit exister !

Il est le premier, je crois, à dire à la tribune que Michel Rocard et Mitterrand, tous deux absents au moment où il s'exprime, sont favorables à cette synthèse. « Nous ne transformerons pas, conclut-il sans originalité, le Parti les uns contre les autres, mais tous ensemble ! »

C'est au tour de Pierre Bérégovoy de parler. Il est nettement en service commandé, cela s'entend dès les premières minutes : « C'est un congrès difficile, commence-t-il, mais c'est un beau congrès. Il fallait ouvrir le débat, et Laurent Fabius, dans sa motion, a eu raison de le faire. » Il continue alors que tout le monde a compris de quel côté il se range : « Nous sommes unis sur l'essentiel, mais il nous faut moderniser le Parti. » Pour quoi faire ? « Il nous faut, rappelle-t-il à l'assistance qui l'a complètement oublié, gagner les élections de 1993 ! » Dans la fin de son propos, toujours favorable à Laurent

Fabius (« qui incarnait et incarne toujours l'espoir du rassemblement et la volonté de modernisation »), il s'abrite au maximum derrière François Mitterrand dont chacun, ici, pense qu'il est le porte-parole. Il cite même la fameuse phrase de Mitterrand : « Pour voir juste, il faut voir loin », et espère lui aussi une synthèse. Derrière Fabius ?

C'est à ce moment que Lionel Jospin monte à la tribune. Il souligne les deux questions fondamentales qui, selon lui, se posent au Parti socialiste. La première : comment concilier la gestion nécessaire et la transformation souhaitée ? La seconde, plus compliquée : qu'est-ce qui fait notre identité socialiste ?

L'atmosphère se charge alors d'électricité. Pendant que Jospin parle, le silence ne s'est pas établi dans la salle. D'une travée à l'autre, une partie des congressistes hurle sans discontinuer le nom de Fabius. Une autre partie répond en criant le nom de Jospin. Spectacle insolite, désorientant, car on me demanderait ce qui, sur le fond, sépare Laurent Fabius, Pierre Mauroy et Michel Rocard, je serais bien incapable de répondre. En revanche, je vois bien que Lionel Jospin et Chevènement essaient de s'appuyer sur les congressistes les plus à gauche, ceux qui, en leur temps, ont participé à l'aventure du Programme commun et à la liesse, bien oubliée aujourd'hui, de 1981.

Tout cela est affaire de nuances : je ne vois pas qu'il y ait ici, à Rennes, des gens qui veulent d'un socialisme plus ouvert que d'autres. Ni de militants prêts à abandonner le socialisme démocratique. Je vois bien, en revanche, tout ce qui, sur le plan des idées en tout cas, rapprocherait Laurent Fabius de Michel Rocard. S'ils sont séparés aujourd'hui, c'est tout simplement qu'ils regardent tous deux dans la même direction : la succession de Mitterrand.

Ce que je retiens de Lionel Jospin, en l'écoutant bien, c'est qu'il est le premier à avoir envisagé que le congrès de Rennes ne débouche pas sur une synthèse, mais sur une division. Il dit, je le note au détour d'une phrase : « Dans la synthèse, ou, s'il le faut majoritairement... » Il ajoute néanmoins : « Je crois à la synthèse, ne la refusez pas ! Quant à moi, j'y consacrerai toutes mes forces. »

Il reste qu'il a été le premier orateur à envisager que le congrès se termine sans accord général, et à en prendre son parti.

Suit Oscar Lafontaine, le social-démocrate allemand. Puis le socialiste chilien. À peine celui-ci a-t-il fini de parler qu'une suspension est demandée. La commission de vérification des mandats en profite pour faire savoir que la majorité Mauroy-Jospin-Chevènement, à laquelle se sont joints les rocardiens, dispose de sept mandats de plus que les amis de Fabius.

Édith Cresson, envoyée, comme Roland Dumas, par le Président lui-même qui en a fait ses observateurs privilégiés au congrès, sort de la salle, écœurée, en fin d'après-midi.

Georges Fillioud, qui a rallié Fabius, me prend à part : il souligne le fait que Lionel Jospin, dans son discours au congrès, n'a parlé à aucun moment de Mauroy, ni n'a rendu hommage à son action. Il y voit le signe avant-coureur de son « largage » : la synthèse entre Fabius et Jospin passerait, selon lui, sur le cadavre de Pierre Mauroy.

Je fonce dans un couloir vers Claude Estier qui apparaît. À ma question : « Faut-il croire les rumeurs sur le largage de Pierre Mauroy ? », il répond : « Ne crois pas les rumeurs ! » Allez savoir...

Justement, Lionel Jospin passe par là : « Pas question d'abandonner Mauroy, m'assure-t-il. Nous sommes tous deux... » Il ne dit rien, mais fait un signe : il me montre ses deux mains jointes. Traduction facile : Mauroy et lui collent l'un à l'autre.

Nous quittons la salle de congrès pour aller dîner en ville avant que ne se réunisse une fois encore – la dernière ! – la commission des résolutions. Le hasard des choses fait que nous nous retrouvions, Carreyrou, Mano et moi, avec Michel Charasse, mitterrandien s'il en est, et Philippe Barret, le conseiller privilégié de Jean-Pierre Chevènement. L'atmosphère entre les deux est courtoise, plutôt chaleureuse même. À cet instant, le congrès est loin, l'antagonisme Jospin-Fabius, effacé. Instant de grâce dans le déroulement du congrès, qui ne durera que le temps de l'excellent dîner que nous prenons ensemble.

Tandis que j'accompagne Philippe Barret, qui doit rejoindre Jean-Pierre Chevènement à la commission des résolutions, vers 22 heures, les convives se dispersent, les uns pour sonder Rocard dont la présence a été signalée dans un hôtel de la ville, et qui, Premier ministre, ne participera pas à la commission des résolutions, les autres avec Michel Charasse pour prendre le pouls des fabiusiens.

Au bout de quelques minutes, sur la place de Rennes où s'est réunie ce soir la commission, Philippe Barret ressort, furieux, et me retrouve. Il est hors de lui, persuadé que tout ce tapage ne sert plus à rien, que le PS est en morceaux, que tous les efforts de Chevènement pour sauver une ligne politique ne servent plus à rien.

Dimanche matin

Congressistes et journalistes se retrouvent au congrès. La commission des résolutions, qui n'est pas terminée, s'est transportée, pour continuer les négociations, dans une salle voisine. Un technicien de TF1 vient me chercher : « Tu veux écouter quelque chose de drôle ? me dit-il. Viens avec moi dans le car-régie... »

Je le suis. Et j'entends – car les micros sont restés branchés dans la salle où Mauroy, Jospin et les rocardiens rendent compte des résolutions votées, ou plutôt non votées, la veille – l'intégralité des propos échangés entre les rapporteurs et les militants. Bientôt tous les journalistes, alertés, entourent le car où ils écoutent le compte rendu apocalyptique que fait Mauroy. Les militants réclament alors, presque sur l'air des lampions, de ne « pas se coucher devant Fabius ». « Synthèse ! synthèse ! » clament-ils, tout en maintenant leurs exigences. « Trois points, estime Mauroy, ne sont pas négociables : le poste de premier secrétaire, le secrétaire aux fédérations et le trésorier. »

Les militants lui font une ovation.

Lionel Jospin prend alors la parole. Il répète avec force son refus d'accepter que le Premier secrétaire ou le secrétariat chargé de la coordination entre les fédérations changent de main. « Nous avons dit non, ils en ont pris acte. Moi, personnellement, j'ai dit non, et je resterai sur ma position ! » Quelques interjections s'élèvent : « Vote ! Vote ! On passe au vote ! » Jospin continue : « Nous n'avons rien en poche. Je fais une proposition – si le premier secrétaire est d'accord, naturellement... Nous vous consultons tout de suite : vous votez sur la nature du mandat que vous nous confiez. Pour une synthèse générale ? »

Aucun bruit dans la salle.

« Pour une synthèse partielle ? »

Bruits divers.

Jospin reprend (c'est toujours lui qui mène l'affaire, pas Pierre Mauroy) : « Je comprends que les camarades sont pour la synthèse générale, mais à nos conditions ? »

C'est bien cela, apparemment, que nous comprenons, toujours entassés dans le car-régie, sans voir la scène.

Pendant ce temps-là, la commission des résolutions continue ses travaux. Je m'y rends. Interdiction d'entrer pour les journalistes, à l'exception notable de Serge Moati qui, réalisant un film sur le congrès de Rennes, est seul autorisé à pénétrer dans le saint des saints.

Je reste donc dans l'antichambre où Roland Dumas et Édith Cresson sont venus aux nouvelles dans le but de tenir au courant Mitterrand, resté à l'Élysée mais à l'écoute de Rennes.

Roland Dumas résume à mon usage la bagarre interne : « C'est le Cambodge plus le Liban ! »

Édith Cresson est plus nette encore : « Tout est de la faute de Laurent, me confie-t-elle. Le fils de Dieu, me dit-elle, évoquant Fabius, ça ne marche pas. On ne fait pas n'importe quoi sous prétexte qu'on est le fils de Dieu ! Fabius est un monstre politique ! »

J'en conclus que Mitterrand s'est débrouillé pour envoyer deux observateurs au congrès, l'un favorable à Fabius, l'autre contre. Même dans le choix de ceux qui présentement sont ses représentants politiques, il continue de dresser un camp contre l'autre !

Dumas me raconte qu'il a rencontré tout le monde, mais que Lionel Jospin est le plus dur (plus que Mauroy, en effet, on s'en était aperçu !).

Arrive Huchon : « Ça va bouger ! » Il assure que le vote sera proposé sur trois textes : le premier, Mauroy-Jospin ; le second, Michel Rocard ; le troisième, Chevènement.

Et Fabius ? Il n'en sait rien.

Dumas soupire d'aise : « Tout était fait, m'explique-t-il, pour éviter que Michel Rocard ait en main l'organisation du Parti. S'il y avait eu un rapprochement entre Jospin et Rocard, si, avec Mauroy, ils avaient obtenu la majorité contre Fabius, le Président aurait perdu. Les fédérations restent dans la main de Mauroy et de Jospin, pas de Rocard : c'est mieux que rien ! »

À noter – il prend soin de me le dire lui-même – que le Premier ministre est venu à Rennes, qu'il est resté dans sa chambre d'hôtel, qu'il a laissé Huchon combattre seul, et qu'il n'a pris parti pour personne.

Lorsque je retourne dans la grande salle où le congrès doit maintenant achever ses travaux en séance plénière, Pierre Mauroy attend, seul à la tribune, une rose rouge à la main, la reprise. Il est lugubre, comme sa rose, qui, fatiguée elle aussi, penche vers le sol.

Pendant que chacun rejoint sa place, il prononce son discours aux militants. Des paroles empreintes d'un enthousiasme que personne, pas même lui, ne partage réellement. Il parle interrogations fondamentales, unité, passion, tempêtes... Et, finalement, annonce que la synthèse – celle, dit-il, « qui correspondait à notre histoire de socialistes depuis 1971 », est repoussée, que les congressistes sont appelés à voter à la proportionnelle sur les textes qui leur seront présentés.

Il a beau s'être réjoui de ce que le Parti socialiste ait trouvé une unité dans le débat idéologique, il faut convenir que celui-ci est loin de l'avoir trouvé dans les faits. Les clans sont plus vivaces que jamais.

On a l'occasion de s'en apercevoir dès le début des explications de vote : c'est un chahut inouï, les gens s'invectivent d'une travée à l'autre pendant que les orateurs principaux se succèdent.

TF1 retransmet cette séance à partir de 13 heures, en direct dans le JT. Carreyrou, Mano et moi nous nous sommes répartis dans la salle, chacun dans un camp, pour essayer de rendre compte de l'éclatement prévisible du PS. Ce qui n'était pas prévisible, car seuls les impératifs d'horaires l'imposent, c'est que tout cela se passe en direct, devant des millions de téléspectateurs stupéfaits par ce charivari.

Le JT terminé avec quelques minutes d'antenne supplémentaires – ravageuses pour l'image du PS dans l'opinion –, je reprends ma voiture et regagne Paris.

Franchement, j'en ai assez vu.

Lundi 19 mars

Je comprends mieux ce que m'a dit brièvement Roland Dumas. C'est Gilles Martinet qui, à sa manière, avec son acuité ironique et son vocabulaire sans détour, met à mon intention les points sur les i : si Mauroy, Jospin et Rocard avaient mis leurs forces en commun dans ce congrès, ils auraient pris la majorité. Pendant une bonne partie de la nuit, Michel Rocard, enfermé dans sa chambre d'hôtel, a hésité : devait-il défier Mitterrand, lequel lui avait demandé expressément de rester à l'écart de la bagarre Jospin-Fabius ? Devait-il au contraire ajouter ses suffrages et ceux de ses amis à ceux de Jospin et de Mauroy ?

« Dans ce cas, Rocard avait le Parti, Laurent Fabius passait dans l'opposition, et Mitterrand avait perdu : il n'avait plus prise sur le PS. »

Moi, pendant les trois jours qu'a duré le congrès, je n'ai vu et décrit dans ces cahiers que le combat Fabius-Jospin. Tout cela amplifié par les journaux télévisés qui n'ont cessé de donner la parole à l'un puis à l'autre, à l'autre puis à l'un. En réalité, il y avait un autre duel en coulisses, et beaucoup plus important, entre Mitterrand et Rocard pour le contrôle du Parti. Roland Dumas était l'œil de Mitterrand sur le congrès. S'il m'a paru détendu quand je l'ai rencontré en marge de la commission des résolutions finissante, c'est que Michel Rocard n'avait pas rallié Lionel Jospin.

Je demande à Martinet quel a été le rôle de Pierre Mauroy dans tout cela.

« Il a tout fait pour éviter que le Parti se casse entre partisans de Rocard et de Jospin d'un côté, militants de Fabius de l'autre. Il a même été, me dit Martinet, un de ceux qui ont conseillé à Rocard de ne pas bouger. Avec cet argument : si Rocard, Jospin et Mauroy s'unissaient sur la même motion, ils avaient la majorité. Fabius, Bérégovoy, Poperen étaient du coup dans l'opposition : la moitié des ministres auraient été dans le camp opposé au président de la République, l'autre moitié dans le camp opposé à la direction du Parti – et au Premier ministre. Mitterrand se serait débarrassé de Rocard illico ! »

Je demande :

« Rocard y était-il prêt ?

– Il l'est toujours, à l'heure qu'il est », m'assure Gilles Martinet.

21 mars

La montagne de Rennes a accouché d'une souris : Pierre Mauroy est réélu premier secrétaire du PS. Mardi soir, j'ai dîné avec Pierre Bérégovoy chez André et Liliane Chadeau[1] : le maintien probable de Mauroy lui paraissait un moindre mal.

Michel Rocard n'a pas franchi le Rubicon. Encore que Pierre Bérégovoy laisse entendre que c'est surtout Lionel Jospin qui, au dernier moment, hier, n'a pas osé aller jusqu'au bout – jusqu'à rompre avec François Mitterrand. Michel Rocard, assure-t-il, y aurait été prêt. Nous ne saurons peut-être jamais exactement ce qui a fait reculer l'un ou l'autre. L'important est pour Mitterrand que Rocard ne soit pas aujourd'hui premier secrétaire d'un parti et chef d'un gouvernement divisés. Pour l'Élysée, Mauroy est aujourd'hui un moindre mal...

1. Ancien préfet du Nord, André Chadeau était le directeur de cabinet de Pierre Mauroy à l'hôtel Matignon en 1981, avant de devenir président de la SNCF jusqu'en 1985. Par la suite, après un passage dans le privé chez Francis Bouygues, il rejoindra le groupe d'André Rousselet à la tête des taxis G7.

C'est ainsi que se termine la tragi-comédie de Rennes. Question : Mitterrand pardonnera-t-il ses hésitations à Michel Rocard ? Lui pardonnera-t-il d'avoir un instant seulement osé le défier, en dépit des consignes qu'il lui avait prodiguées à la veille du congrès ? Oubliera-t-il que, pendant quelques jours, Michel Rocard a menacé son autorité ?

25 mars

Mitterrand à « 7 sur 7 », vêtu – c'est rare – d'une chemise presque violette.

Sur les quatre-vingt-cinq minutes que dure l'émission – qui, pour lui, déborde de l'horaire habituel –, il parle environ trois quarts d'heure du congrès de Rennes. J'éprouve quelque chose comme une gêne à l'entendre évoquer longuement, trop longuement, l'historique du PS, en proie, dit-il, à des discussions très vives depuis Épinay, en 1971, et Metz, en 1989. Il tente de se placer au-dessus des clans et des camps en affirmant qu'il n'a pas de « poulain », et que, d'ailleurs, sa succession n'est pas à l'ordre du jour.

Mais enfin, on sent bien qu'il ferait bien de Laurent Fabius ce poulain qu'il dit ne pas exister ! Il est plus loin, beaucoup plus loin de Michel Rocard dont il dit, avec un éclair de défi dans le regard – je résume un peu brutalement –, qu'il est Premier ministre, et que c'est déjà bien assez[1]. Et que c'est à lui de « redistribuer la prospérité française » et de gagner les élections de 1993. Sous-entendu : s'il les perd, moi je serai toujours là, pas lui.

Coup de pied de l'âne : il ajoute, faussement benoît, une phrase sur le PS, « très riche en hommes capables, éventuellement, d'occuper le poste de Premier ministre ». Que Rocard se le tienne pour dit !

Pas un mot, ou alors j'ai été distraite, sur Lionel Jospin...

Je me pose depuis quelque temps déjà le problème des relations entre celui-ci et Mitterrand. C'est à Mitterrand que Lionel Jospin, alors jeune, doit son ascension dans le Parti. Ils étaient, m'a-t-il semblé, toujours assez proches quand Mitterrand lui a confié, à sa place, avant d'entrer à l'Élysée, les clefs du parti socialiste, en 1981. Ils n'étaient pas opposés lorsque Mitterrand et le gouvernement

1. François Mitterrand dit cette phrase : « Je suis président de la République, Michel Rocard est Premier ministre, c'est déjà fort bien, c'est conforme à ses qualités. Le reste lui appartient, si toutefois l'Histoire est bienveillante... »

Rocard ont donné à Lionel Jospin, alors ministre de l'Éducation nationale, les moyens, considérables, de réformer, et surtout de calmer élèves et professeurs.

Alors, pourquoi, depuis plus d'un an déjà, les rapports entre eux se sont-ils compliqués ? À cause de Michel Rocard vers qui Jospin était suspecté de faire mouvement ? Parce que Mitterrand critiquait et même parfois condamnait sa politique à l'Éducation nationale ? Tout cela à la fois, peut-être. Je n'en sais trop rien, mais les deux hommes le savent-ils ?

Je termine sur les propos de Mitterrand à « 7 sur 7 » concernant la réunification de l'Allemagne depuis la chute du Mur. Il approuve cette unité – que, soit dit en passant, Helmut Kohl lui a imposée sans lui demander son avis – à condition, dit-il, que les Allemands s'engagent à respecter les frontières en Europe, et qu'ils s'engagent « de façon précise » dans la Communauté européenne.

Phrases qui traduisent bien son angoisse face à la réunification : il craint que les Allemands ne veuillent jouer seuls leur partie en Europe de l'Est (ou anciennement de l'Est), et que, du coup, ils abandonnent les autres pays européens. C'est la première fois que je mesure quelles sont ses préventions par rapport à l'Allemagne réunifiée. Au fond, il est resté sur la position que François Mauriac, dans les années 1960, exprimait ainsi avec son humour corrosif : « J'aime tellement l'Allemagne que je préfère qu'il y en ait deux ! »

25 avril

Avec la discussion sur la loi d'amnistie que Michel Rocard défend à l'Assemblée nationale, le moins qu'on puisse dire est qu'il n'est pas à la fête. On le comprend. Il est, de ce point de vue, au-dessus de tout soupçon : personne ne l'a jamais mis en cause dans quelque dossier que ce soit, il répugne même à l'idée que les hommes politiques puissent toucher à l'argent, que les partis démarchent leurs commanditaires. En décembre, les députés avaient une première fois adopté en pleine nuit l'amnistie de toutes les infractions commises avant juin de la même année sur le financement des partis politiques[1].

1. Le texte proposait l'amnistie « pour toutes les infractions commises avant le 15 juin 1989 en relation avec le financement direct ou indirect de campagnes électorales ou de partis et groupements politiques ».

Aujourd'hui, rebelote ! Il s'agit d'aller plus loin dans un pardon collectif qui ne peut pas faire oublier que les socialistes ont été le plus souvent, depuis 1988, pris la main dans le sac. Lui, Rocard, était plus que réticent : d'après Gilles Martinet, c'est Pierre Mauroy qui a plaidé auprès de lui la nécessité de cette amnistie : « Tu ne te rends pas compte, lui a-t-il dit, si nous ne prenons pas cette décision-là, tous les jours tu entendras dire d'untel ou d'untel qu'il est pris dans une affaire dont tu ne sauras rien. Pour la paix politique, il est urgent d'inscrire dans la loi une amnistie plus large. »

Je rencontre à l'Assemblée nationale André Lajoinie[1] qui compte intervenir contre le texte de loi gouvernemental qui a finalement été déposé.

« Tous les partis sont certes responsables de leur "auto-amnistie", me dit-il, mais la faute en revient en premier lieu aux socialistes. Les hommes politiques seront amnistiés s'ils ont mis la main sur des fonds publics. Il y a là-dedans une complicité totale de tout le monde avec tout le monde... à l'exception du Parti communiste qui n'a jamais trempé dans des magouilles de ce genre. S'il ne tenait qu'au PC, personne ne serait amnistié pour avoir mis la main dans la caisse... »

Cela, Michel Rocard pourrait le dire aussi. La situation chez les élus du PS est si mauvaise qu'il est contraint de défendre ce qui lui répugne. Et Mauroy aussi, qui, de l'intérieur du PS, sait fort bien qui a fait quoi et où.

9 mai

Motion de censure sur l'amnistie.

La situation s'inverse : la droite a crié à la manœuvre contre le texte gouvernemental. Les communistes, en position d'arbitres, peuvent renverser le gouvernement s'ils s'allient à la droite[2]. Un comble : Rocard renversé sur une amnistie dont il n'a, lui, aucun besoin !

Le même Lajoinie, qui se plaignait du PS il y a quelques jours, voit le danger et craint que Mitterrand ne dissolve l'Assemblée ou

1. Président du groupe communiste à l'Assemblée nationale.

2. La motion de censure est adoptée si 289 députés sur les 577 que compte l'Assemblée nationale la votent. L'opposition, UDF, RPR et centristes, réunit 260 députés. Quelques non-inscrits et les communistes peuvent, s'ils le veulent, faire l'appoint et renverser le gouvernement.

ne se débarrasse de Rocard en cas de censure. Du coup, il met la même vigueur à dénoncer aujourd'hui l'opération de la droite qu'il en mettait la semaine dernière à condamner le PS et ses chefs !

Rocard menacé par l'amnistie et dont le sort est aujourd'hui entre les mains des communistes ! On aura tout vu[1] !

10 mai

Terrible ratage de TF1 au Festival de Cannes ! Ratage n'est peut-être pas le mot juste : la seule chose que n'avait pas prévue et que ne pouvait pas prévoir Pierre Géraud, rédacteur en chef du 20 heures et *deus ex-machina* de la chaîne au Festival, est que le matin de l'ouverture les tombes juives du cimetière de Carpentras seraient profanées[2].

Tombeaux ouverts, pierres tombales déplacées, stèles renversées. Pis : un cadavre, celui de Félix Germon, peut-être transpercé par le mât de parasol trouvé auprès de lui, témoignage de la barbarie dont ont fait preuve les profanateurs. Et cela dans la ville, Carpentras, qui abrite la plus ancienne synagogue de France et revendique sept siècles de traditions de tolérance ! Dès que la profanation a été connue, le matin, l'émotion a été considérable dans la France entière. Les témoignages d'indignation se sont multipliés un peu partout, tandis que les Juifs de France, où qu'ils soient, usaient de la même phrase ou avaient la même pensée : « Ça recommence ! »

Ce jour-là, le JT de 20 heures devait être diffusé en direct de Cannes, Patrick Poivre d'Arvor accueillant dans les premières minutes du journal, sur le ponton d'un grand hôtel de la Croisette, Alain Delon arrivant au Festival par mer. Pourquoi Delon ? Parce qu'il est la vedette inattendue du film de Jean-Luc Godard, *Nouvelle Vague*, qui figure dans la compétition officielle. Difficile d'ouvrir le journal sur Delon alors que le monde politique se demande avec stupeur ce que signifie l'acte de barbarie perpétré à Carpentras. Fallait-il renoncer au projet d'arrivée spectaculaire de la star française ?

1. Finalement, la motion de censure est repoussée, n'ayant obtenu que 262 suffrages.

2. Dans la nuit du 8 au 9 mai 1990, 34 sépultures juives ont été profanées. Les faits n'ont été connus qu'au matin du 10 mai, personne n'ayant pénétré dans le cimetière le 9. Le cercueil de Félix Germon, décédé quinze jours auparavant, est sorti de sa tombe, il repose nu face contre terre sur une tombe voisine. Un mât de parasol est retrouvé près de lui, sans doute après un simulacre d'empalement.

Apparaîtrait-il sacrilège aux téléspectateurs ? Le faisions-nous depuis Cannes, ce journal, ou pas ?

Nous nous sommes finalement décidés pour une demi-mesure : en ouverture du journal, les caméras de TF1 montreraient rapidement l'image d'Alain Delon débarquant de sa vedette rapide, puis, depuis Paris, la plus grande partie du JT porterait sur Carpentras et les réactions unanimes des hommes politiques, à l'exception bien sûr de Jean-Marie Le Pen.

Il y avait néanmoins comme un couac, ce soir, entre Alain Delon et Carpentras. Une de ces situations qui font rentrer sous terre les journalistes : un choc de l'actualité.

12 mai

Je reviens sur l'extrême agitation qui s'est emparée, depuis avant-hier, des milieux politiques, gauche et droite mêlées. L'affaire est devenue énorme : Pierre Joxe[1] a tout de suite dit que les coupables seraient retrouvés et châtiés ; Mitterrand s'est rendu hier chez le grand rabbin Sitruk pour partager, a-t-il dit, ce « deuil » avec lui. Charles Fiterman a appelé les Français à « stopper cette gangrène ». « Atroce », « inacceptable », a dit Gérard Longuet. Raymond Barre a parlé d'acte « ignominieux ». Les quotidiens parisiens titrent sur « le cauchemar », « la France souillée », « le retour des barbares ».

Seul Jean-Marie Le Pen se démarque une fois de plus de l'ensemble du monde politique, de gauche comme de droite : « Cet acte ignoble doit être observé avec beaucoup de prudence », a-t-il lâché comme s'il craignait une manœuvre contre le Front national.

Lequel Front national s'est trouvé au centre des accusations. Non pas directement, rien ne prouvant que l'extrême droite ait ordonnancé le sac du cimetière. Indirectement, plutôt, en soulignant qu'à une « Heure de vérité » précédente, Le Pen avait laissé échapper que « les Juifs avaient beaucoup de pouvoir dans la presse » ; ou qu'en une autre occasion, il avait mis sur le même plan de Gaulle et Pétain, ce qui était une façon de réhabiliter les collaborateurs français entre 1940 et 1944. Bref, c'est la conclusion de nombre de journalistes : Le Pen a ouvert une porte aux révisionnistes. Il est en quelque sorte un « coupable intellectuel » de ce qui s'est passé.

1. Pierre Joxe est ministre de l'Intérieur du gouvernement Rocard.

C'est sans doute vrai. Je suis pourtant presque gênée de ce que, faute de savoir qui a fait ça, on tombe à bras raccourcis sur Le Pen. Scrupule imbécile, peut-être...

14 mai

J'ai regardé cet après-midi, sur les rushes rapportés par les journalistes-cameramen, les images du formidable défilé qui a réuni, de la République à la Bastille, tous les mouvements politiques, toutes tendances confondues. Pierre Bérégovoy côtoie François Léotard. Méhaignerie et Lajoinie sont à quelques mètres de distance. Mgr Decourtray, président de l'assemblée des évêques de France, est aux côtés du grand rabbin Sitruk. Et puis, surprise, à 19 h 15, alors que je suis retournée dans mon bureau, j'apprends que François Mitterrand lui-même s'est joint à la manifestation. C'est la première fois depuis la Libération qu'un président de la République française se joint à une manifestation publique. Il a eu cette phrase, hier : « Le respect des vivants passe par le respect des morts. »

À 20 heures, je vois, dans le « direct » de Paul Amar, sur Antenne 2, place de la Bastille, arriver Simone Veil, robe noire et blanche. Elle déplore – ce que personne ne sait encore et que les journalistes n'ont d'ailleurs pas vu – que des militants antiracistes se soient laissés aller, sur le parcours, à quelques dégradations plus que regrettables. « Il faut, a-t-elle dit simplement, dénoncer les extrémistes, où qu'ils soient... »

Quant à savoir qui a fait le coup de Carpentras, on n'en est pas encore là. Un groupe organisé, un commando, sans doute. Mais agissant pour le compte de qui, dans quelles intentions ? Pas de réponse.

19 mai

L'unité nationale aura été de courte durée. Je n'ai pas d'informations spéciales sur ce qui a conduit Jacques Chirac à sortir de l'état d'unanimité dans lequel nous baignons depuis une semaine. Il a craint, me dit Toubon, que cette atmosphère ne contribue à faire de François Mitterrand le seul rempart, politique et moral, contre l'extrême droite. Du coup, il vient aujourd'hui de mettre dans le même panier Jean-Marie Le Pen et Mitterrand. Comment ça ? « Le Pen, a-t-il dit, est dangereux pour la paix civile, dangereux pour l'unité nationale, les valeurs chrétiennes et humanistes. » Puis il a ajouté une lourde charge contre François Mitterrand : c'est lui qui, assure-t-il, a tout fait pour provoquer et culpabiliser les Français. Je retrouve la dépêche pour m'assurer de l'exactitude absolue de ses propos : « Ceci, ajoute-t-il, pour permettre au Front national de s'imposer et escompter, par le même mouvement, l'affaiblissement de la droite ! »

L'assaut est rude...

Pour faire bon poids, Chirac soutient la même thèse devant les militants RPR du Val-de-Marne, dans la soirée : « Pourquoi l'idéologie de Jean-Marie Le Pen s'est-elle développée ? » demande-t-il. Réponse : parce que Mitterrand en dénonçant Le Pen, en culpabilisant les Français, s'est volontairement servi du Front national pour diviser l'opposition.

Cela me rappelle les discussions au sein de la Haute Autorité, il y a presque sept ans, avec Gabriel de Broglie. Nous avions reçu un jour – je ne me rappelle pas bien quand, mais c'était dans les années 1983-1984 (avant les élections de 1986, en tout cas !) – une lettre de Le Pen renvoyée par l'Élysée : le leader du FN y demandait un droit de parole pour son parti et ses idées. Nous avions eu une délibération très tendue pour savoir si, oui ou non, il fallait accorder un temps de parole à Le Pen. J'avais répondu oui, car, à partir du moment où le FN n'était pas interdit par le pouvoir, ce n'était pas à nous, Haute Autorité, de lui refuser un temps de parole que nous comptabilisions pour les autres.

« Mais enfin, m'avait dit, hors réunion, Gabriel de Broglie, ne voyez-vous pas que la stratégie de Mitterrand vise à diviser durablement l'opposition de manière à rester plus longtemps au pouvoir ? »

J'avais répondu que, même si c'était le cas, ce n'était pas à nous de définir la stratégie politique de l'un ou de l'autre. Le FN était-il interdit par le pouvoir ? Non. Le Front national avait-il un groupe à l'Assemblée nationale ? Oui, depuis 1986[1]. Comment envisager de lui réserver un traitement spécial et exorbitant du droit commun ? Si le législateur voulait que les choses soient différentes, il pouvait toujours changer la loi.

Les mêmes arguments, qui me semblent aujourd'hui devoir être pris en considération, sont maintenant ceux de Jacques Chirac.

1. Aux élections législatives de 1986 au scrutin proportionnel, le Front national a obtenu 9,73 % des voix et dispose, du coup, d'un groupe parlementaire de 35 députés.

Mitterrand a-t-il fait exister le FN ? La Haute Autorité y a-t-elle aidé ? Je ne le pense pas.

30 mai

Rocard-Mitterrand : rien ne va plus ! Jean-Paul Huchon[1] s'est, dit-il, vu fortement reprocher par les proches du chef de l'État de s'être comporté, à Rennes, comme un chef de courant, et d'avoir dirigé la manœuvre des amis du Premier ministre. Il a confié hier à Gérard Carreyrou que, du coup, les portes de l'Élysée se ferment ou ne font plus que s'entrouvrir devant lui. Mais, au fait, de qui l'Élysée, de qui Mitterrand sont-ils proches, aujourd'hui ?

Pas de Michel Rocard, donc. Pas davantage de Lionel Jospin, depuis le congrès de Rennes et sans doute bien avant. Pierre Bérégovoy ? Il y a comme un problème, non dit, entre Mitterrand et lui. Mauroy ? Bof...

À vrai dire, en dehors de Fabius, Mitterrand est seul. Mais Fabius, qui dira qui il est, ce qu'il éprouve vraiment ?

Sur le fond, on voit bien que, dans le jugement que Mitterrand porte sur Rocard, compte beaucoup le personnage politique que celui-ci est devenu au fil du temps. Quoi qu'il dise, quoi qu'il fasse, qu'il se déclare le simple exécuteur des ordres de Mitterrand ou davantage, Rocard a une image bien à lui : celle d'un socialiste modéré, un socialiste d'ouverture, capable, s'il le faut, d'être soutenu – et élu – par le centre. Un socialiste qui passe son temps à dire qu'il ne faut pas faire des promesses de Gascon, que le SMIC ne peut être augmenté à tour de bras, que la France ne peut pas accueillir toute la misère du monde, etc. Un socialiste qui privilégie la croissance pour lutter contre le chômage, etc.

Je ne dirais pas qu'il est une sorte de Raymond Barre de gauche, parce que Rocard est un militant politique depuis toujours, et qu'il est à l'aise, finalement, dans ce monde qu'il connaît par cœur. Ce que je veux dire, c'est qu'il est évident qu'il se fiche du tiers comme du quart des « 110 propositions » sur lesquelles Mitterrand a été élu. Il se sent libre vis-à vis d'elles : c'est la distance que Michel Rocard met entre les promesses de Mitterrand et les siennes qui insupporte le Président.

1. Directeur de cabinet de Michel Rocard.

Mitterrand a toujours pensé qu'il y avait un monde entre le socialisme et les tenants de la « deuxième gauche ». Il le pense plus que jamais au bout de deux ans de compagnonnage avec son Premier ministre.

Pourquoi le garde-t-il ? Parce que le mythe Rocard existe toujours dans l'opinion publique et que lui, Mitterrand, n'a pas entamé sa popularité. En le nommant, il voulait, disent certains, « lever l'hypothèque Rocard », ce qu'il pensait facile : dans son esprit, moins d'une année suffirait pour que Rocard lâche les rênes. Aujourd'hui, il lui paraît impossible de s'en débarrasser : Mitterrand pense sans doute que, s'il le congédiait aujourd'hui, c'est lui qui en pâtirait et perdrait. Il attend donc un moment plus propice.

Je n'ai pas d'interlocuteur précis en tête, mais je ne cesse de rencontrer des proches de l'un et de l'autre qui m'assurent, les premiers que Michel Rocard « creuse les inégalités », qu'il est prêt à caler sur les réformes sociales nécessaires pour être en mesure, le moment venu, de s'allier avec les centristes (à mettre en relation avec le double reproche qui lui a été fait de ne pas vouloir abolir la loi Méhaignerie sur le logement[1] ou de ne pas désirer réellement rétablir l'impôt sur la fortune) ; les seconds, que François Mitterrand est le tenant d'un socialisme archaïque, incompatible avec la modernité et incompatible avec l'harmonisation européenne.

1er juin

Écouté, réécouté plutôt, les phrases les plus célèbres du général de Gaulle. Derrière les mots, alors même qu'il était encore à la tête de l'État, quel éreintement de la classe politique : dérision des partis politiques, animateurs de « pagaïe » ; charge contre les innombrables « machins » et « trucs » dans lesquels s'incarne la volonté de pouvoir de quelques-uns ; ironie vis-à-vis des grands, glorification des petits... Aujourd'hui, qui tient encore ce langage ?

En tout cas, rien de pareil ne se dit à l'Élysée : plutôt que de parler quarante-cinq minutes du congrès de Rennes à Anne Sinclair, l'autre jour, Mitterrand aurait mieux fait d'ironiser sur les combats picrocholins au sein du PS !

À Le Pen seul la critique des élites dirigeantes, la charge contre les partis politiques et les hommes publics !

1. Cette loi a entraîné une forte hausse des loyers dans Paris.

Ce qui manque aujourd'hui, ce n'est pas tant quelqu'un qui « voit loin » que quelqu'un qui fustige les grands !

De Mitterrand, que restera-t-il ? Un journaliste allemand que je croise à l'occasion d'une émission de télévision me raconte qu'un de ses proches a récemment demandé à Kohl : « Qu'aurait fait de Gaulle au moment de la chute du mur de Berlin ? » Helmut Kohl a hésité quelques instants, puis répondu : « Il serait venu avec moi sur le Mur et aurait prononcé un formidable discours qui aurait fait oublier le mien ! »

Du social, faire du social, ne faire que cela ! dit aujourd'hui Mitterrand. Façon de contrer le Premier ministre, qui, selon lui, recherche exagérément le consensus au lieu de regrouper la gauche derrière lui.

Débat classique : c'est Pierre Juillet qui disait à Jacques Chaban-Delmas, sous Pompidou : « Vous allez perdre vos électeurs sans arriver à débaucher l'opposition. »

De cette irritation que l'on sent chez Mitterrand contre Rocard, qui aujourd'hui pourrait douter ? Ce qui lui déplaît le plus, chez celui-ci, c'est qu'il ait existé et continue d'exister.

Cet homme n'aime les autres qu'à l'article de la mort.

3 juin

Je regarde, depuis mon bureau, les images vidéo de l'ascension de la roche de Solutré. La promenade est devenue, au fil des présidences de Mitterrand, un pèlerinage, un rite. La cérémonie, car c'en est une, s'est déroulée comme à l'habitude : habillé style campagnard (pull-over et pantalon beiges), Mitterrand a gravi à son pas la colline sans que Jack Lang, de rose vêtu, le lâche d'un millimètre. Puis, arrivé à la petite auberge du sommet, il s'est fait un peu prier, pas trop, pour répondre aux questions des journalistes qui avaient fait le voyage. Naturellement, après la semaine au cours de laquelle Mitterrand n'a cessé de parler de la nécessité d'un virage social, l'un d'eux a demandé s'il pensait que Michel Rocard était un obstacle. Pas du tout, a assuré Mitterrand, « je n'ai aucun désaccord avec le Premier ministre ».

La presse, sans doute, a une fois de plus tout inventé !

A suivi une parfaite illustration de la complexité, ou, plus exactement, de l'ambiguïté de Mitterrand lorsqu'il parle de Michel Rocard.

Il a décerné quelques bonnes notes à son Premier ministre au moment où tout le monde s'attendait à ce qu'il lui assène une ou deux critiques bien senties sur sa résistance au virage social.

Non, non, pas du tout, les journalistes avaient tout faux : lorsqu'il a mis en cause récemment les bas salaires, il ne visait pas Rocard, mais le patronat. C'est avec Jacques Chirac, de 1986 à 1988, que les inégalités se sont creusées. Voilà pour le soutien à Rocard !

Pourtant, ce qui a suivi n'est tendre ni pour le Premier ministre, ni pour le PS et son premier secrétaire. Mitterrand est revenu sur la loi d'amnistie : « C'est une malheureuse initiative, a-t-il précisé comme s'il n'y avait pris aucune part. Mais ce n'est plus mon affaire[1]... »

Comme si Rocard, de son propre mouvement, avait proposé à l'Assemblée nationale d'aller plus loin dans le pardon des fautes ! Quand on sait qu'il ne voulait pas proposer ce texte d'amnistie, qu'il est allé devant le Parlement à reculons, qu'il ne l'a fait que contraint et forcé par le PS, surtout par Pierre Mauroy, soucieux de ne pas voir les dirigeants socialistes attaqués du matin au soir, lui en faire porter la responsabilité est tout de même assez culotté ! Je voudrais bien voir la tête de Rocard, ce soir...

Je résume : une phrase pour soutenir Rocard, une autre pour douter de lui. Qui dit mieux ?

6 juin

Livre de Régis Debray, assassin, paraît-il, pour Mitterrand. Là aussi, la mode joue, et joue contre Mitterrand, puisque même lui, Régis, mêle sa voix à celles des autres. Le livre, selon Serge July, pose une question : c'est quoi, un grand homme ? Régis Debray répond en substance : « En tout cas, pas Mitterrand ! »

Je pense à ces jours de 1982 où, chargé de la culture à l'Élysée, Régis Debray s'en prenait à Bernard Pivot dont il dénonçait la « dictature » sur la vie intellectuelle. Pivot lui avait répondu qu'il trouvait choquant de voir le politique s'en prendre à la télévision, et outrageants les mots employés pour fustiger son émission « Apostrophes » : « dictature », « monopole », « arbitraire », etc. !

---

1. Effectivement, François Mitterrand s'était opposé au texte sur l'amnistie, jugeant que c'était une initiative politique inutile et se démarquant ainsi de la position de Pierre Mauroy.

13 juin

Pierre Mauroy, que je rencontre ce matin au petit déjeuner, raconte assez drôlement le congrès de Rennes. Il évoque ce que je savais déjà, mais avec une grande liberté de parole. Il parle notamment du « dérapage » de Michel Rocard, le dimanche au petit matin, lorsqu'il a envisagé un moment de conquérir complètement le Parti avec Jospin, sans Laurent Fabius, donc sans Mitterrand !

« D'accord, lui a dit Mauroy, mais alors, fais ta valise !

– Et pourquoi pas ? » lui a répondu Rocard, bravache.

Quelques heures après ces belles paroles, vers 10 heures du matin, le Premier ministre était introuvable... et décidait de rester à la tête du gouvernement.

Le problème, pour lui, est d'ailleurs aujourd'hui d'en sortir. Peut-on préparer soi-même sa sortie lorsqu'on est Premier ministre ? Sûrement pas, dit Mauroy qui en a fait l'expérience cuisante, il n'y a rien à faire, impossible de préparer quoi que ce soit !

De François Mitterrand, il (Mauroy) donne une image curieuse : attaché à Fabius, et de quelle façon, au congrès de Rennes, puis, aujourd'hui, faisant mine de n'avoir avec lui que des liens de façade : « Plus personne aujourd'hui, deux mois après Rennes, ne défend Fabius à l'Élysée ! » ironise-t-il.

Même flottement sur le système électoral à propos duquel il décrit un Mitterrand à côté de ses pompes.

Bref, curieuse impression d'un Président parfois dépassé. Impression qu'accentue d'ailleurs un lapsus commis par Mitterrand à Solutré, l'autre jour : il a parlé des difficultés à se loger à Paris pour 50 000 francs par mois[1] ! A-t-il confondu 5 000 francs et 50 000 francs ? A-t-il perdu le sens de l'argent et retrouvé un chiffre qui avait cours lorsqu'il avait 40 ans ?

Mauroy aborde maintenant le « tournant social » demandé par Mitterrand à Michel Rocard. Il parle de ce dernier avec un curieux mélange de spontanéité et de distance : il est clair, dit-il, que Rocard pense à son avenir, que son avenir passe par l'attraction qu'il exerce sur une fraction des électeurs de droite, des centristes à coup sûr, et qu'il laissera donc au patronat du temps, beaucoup de temps avant de « virer au social ».

1. L'équivalent de près de 8 000 euros d'aujourd'hui.

« Trois ans, tout de même[1], c'est beaucoup. Je ne vois pas comment il pourrait tenir tout ce temps-là, suppute Mauroy. Il faudra que je lui pose la question. »

Pour le reste, il pense que le PS va plutôt mieux, que les remous se sont atténués. Au moins jusqu'au prochain congrès...

27 juin

Traditionnelle garden-party chez Michel Rocard à Matignon. Lui est en pleine forme tandis que le gouvernement se traîne. Morosité, morosité, quand tu nous tiens !

Comme d'habitude lucide et d'une extraordinaire franchise que ne bride pas, en privé du moins, son appartenance au Conseil constitutionnel[2], Maurice Faure dit à Tony Dreyfus[3] : « Ce dont Rocard a besoin maintenant, ce serait d'un grand remaniement qui lui redonne du souffle, et pour longtemps. Un petit remaniement de rien du tout ne lui vaudrait aucune stabilité. Un grand remaniement réglerait son problème jusqu'aux législatives ! »

« Facile à dire ! me dit Dreyfus en rigolant dès que Faure a tourné le dos. Moi, dans un grand remaniement, je suis le premier à sauter. Tu parles, un ministre sans portefeuille ! »

Avant de rejoindre, dans le parc de Matignon, d'autres interlocuteurs, Maurice Faure a eu le temps d'énumérer les ministres qui n'ont pas de vrai département ministériel et ne sont là que pour la galerie : parmi eux Thierry de Beaucé, Alain Decaux, Jacques Mellick...

Auparavant encore, avant que Tony Dreyfus ne nous rejoigne, il m'avait dit que François Mitterrand, depuis le livre que Franz-Olivier Giesbert lui a consacré[4], lui faisait moins de confidences : « Remarquez : je l'ai accompagné dans l'océan Indien et je me suis aperçu

1. Le temps qui reste à courir jusqu'à la prochaine échéance électorale : les législatives prévues en 1993.

2. Maurice Faure a été nommé au Conseil constitutionnel par François Mitterrand en 1989.

3. Ce rocardien de la première heure, avocat, a été nommé secrétaire d'État dans le gouvernement Rocard en 1988. Ministre sans portefeuille, il quittera le gouvernement avec lui en 1991.

4. *Le Président*, Le Seuil, 1990. Le premier ouvrage de Franz-Olivier Giesbert sur François Mitterrand, *François Mitterrand ou la tentation de l'Histoire*, avait été publié en 1977.

que pas grand monde ne lui parlait : il est en réalité très isolé, tout le monde a peur de lui... »

Françoise Giroud, elle, l'a rencontré il y a quelques jours et l'a trouvé particulièrement agressif avec la presse : « Ils sont toujours à mes basques, a-t-il fulminé, mais, sur le fond, ils ne veulent pas m'entendre, ils ne m'entendent pas ! »

Elle le trouve sur une pente grise, presque noire : « Tout peut arriver, me dit-elle, je crains le pire ! »

Tout le monde, dans cette garden-party, sait maintenant que Mitterrand déteste Rocard, qu'il le garde uniquement parce qu'il ne peut pas faire autrement. « Il me semble, dit encore Françoise, que cela ne lui réussit pas mal, au petit Rocard, cette relation conflictuelle avec Mitterrand : ça le dope, ça l'émoustille ! »

C'est peut-être vrai. Peut-être bien que Rocard viendra à bout de la montagne Mitterrand. Tout de même, quel gâchis !

Vu Raymond Barre la semaine dernière, le 22. Il m'a semblé plutôt plus aimable avec Mitterrand qu'avec les autres.

Que les Français n'investissent pas en Europe centrale, à son sens ce n'est pas un problème : « Qu'on laisse les Allemands investir ! me dit-il. Pour le moment, personne n'y gagne rien ! Inutile de se lancer dans des investissements non rentables ! »

Autrement dit : laissons, comme dirait le Marius de Pagnol (ou bien est-ce César ?), « mesurer les autres », et attendons que ces pays soient devenus civilisés avant de mettre notre argent là-bas !

Mitterrand, selon lui, est voué désormais à l'immobilisme. Il a finalement fait campagne sur ce thème, en 1988. Il a été élu pour cela : pour ne toucher à rien. Et, aujourd'hui, il se complaît dans cette attitude. « Il ne fera plus rien », a conclu Barre dans un ricanement.

3 juillet

Dîner avec Michel Debré. Il se retire progressivement de la vie politique. Il sent bien qu'il n'y a pas – ou plus – sa place. Ce qu'il a toujours craint se réalise aujourd'hui : un mouvement gaulliste divisé, un Parti socialiste au pouvoir, et dans quel état ! Par-dessus tout, à gauche et à droite, des hommes chez qui il ne sent pas de volonté politique, qui se laissent porter par les événements plutôt qu'ils ne les font. Et Chirac survolant tout cela, se contentant d'égrener quelques mots chaleureux aux militants, quelques phrases rigolotes aux journalistes.

Plus de rôle en politique ? Peut-être, dit-il tristement. Au demeurant, depuis qu'il s'est présenté, sans aucun succès, à l'élection présidentielle de 1981, il n'a pas retrouvé sa place dans la vie publique, il en convient aisément, non sans mélancolie.

Aurait-il dû alors, se demande-t-il, accepter la présidence du Conseil constitutionnel lorsque Olivier Guichard, mandaté par Georges Pompidou, lui en avait transmis la proposition, il y a bien longtemps ?

Il m'a conté à cette occasion cet épisode que je ne connaissais pas : Georges Pompidou avait en effet pensé un moment lui confier cette présidence du Conseil constitutionnel après le départ de Gaston Palewski, programmé pour le début mars 1974. Pourquoi ? En partie évidemment parce que le rôle de gardien d'une Constitution que Michel Debré avait voulue et en partie rédigée lui aurait convenu à merveille. Mais aussi, me dit Debré, parce que ses critiques, devenues permanentes, de la politique extérieure et économique de Georges Pompidou faisaient de l'ombre à celui-ci et semaient l'inquiétude parmi les gaullistes.

Ne voulant pas s'exposer lui-même à un refus, Pompidou lui avait donc envoyé Guichard que Michel Debré avait interrompu dès la première phrase : si Pompidou voulait l'éloigner, très bien, mais pas comme ça, pas en l'isolant dans une cage dorée avec interdiction d'intervenir dans le débat politique.

Olivier Guichard était reparti désolé.

L'autre soir – seize ans plus tard –, Debré s'interroge : a-t-il eu tort de refuser la proposition ? Peut-être aurait-il connu un autre destin, moins cruel. Il avait à l'époque épuisé une grande partie de la joie d'occuper des postes ministériels. Il aurait pu se mettre quelques années dans la peau d'un sage. Quitte à en sortir : après tout, Pompidou lui-même l'avait fait[1]...

Finalement, Michel Debré n'aime pas la sagesse. On ne se refait pas. C'est Roger Frey qui fut désigné en 1974.

1. Georges Pompidou avait en effet été nommé au Conseil constitutionnel en février 1959 par le général de Gaulle. Devenu Premier ministre en 1962, il avait alors démissionné de ce Conseil.

8 juillet

Je l'ai échappé belle : je devais me rendre mardi dernier au colloque organisé par Olivier Stirn[1] avec Michel Durafour et d'autres participants, dont Jack Lang et Jean-Pierre Chevènement, sur les valeurs de la gauche aujourd'hui. Chargé plus ou moins d'en assurer le retentissement, mon vieil ami Marc Paillet m'avait demandé de « couvrir » la séance du matin dans l'espoir que TF1 consacrerait un des sujets du 20 heures à cette réunion.

J'avais promis de le faire, mais, au dernier moment, le comité du mardi[2] se terminant plus tard que d'habitude, j'y ai renoncé.

Le lendemain, émotion considérable dans la presse : les organisateurs du colloque, de peur qu'il n'y ait pas assez de monde, ont fait la retape de gens qui passaient dans la rue ou d'étudiants en quête de quelques sous. De sorte que le colloque a eu lieu devant des figurants ! Pas de quoi fouetter un chat ? Peut-être bien. Chacun imagine que ce n'est pas Olivier Stirn lui-même qui est allé démarcher les passants ! L'effet produit est néanmoins catastrophique pour lui ! Il paraît qu'il songe à démissionner. En politique, le ridicule tue.

14 juillet

Comme d'habitude, nous sommes une ribambelle de dirigeants ou de journalistes d'Antenne 2 et de TF1 à nous retrouver à l'occasion de la traditionnelle interview du président de la République. Cette fois, Christine Ockrent et Patrick Poivre d'Arvor officient. Costume sombre, Mitterrand paraît moins pâle que d'ordinaire. Il fait beau, l'interview a lieu dans le fond du parc, tandis que les invités à la garden-party de la fête nationale font grand bruit. Parquée sur un côté du jardin comme les autres responsables de chaînes, je n'entends que des bribes de ce que dit Mitterrand.

Assez, cependant, pour comprendre qu'il ne procédera pas tout de suite à un remaniement – alors que la rumeur d'un départ imminent de Michel Rocard court dans les rédactions depuis plusieurs jours. Olivier Stirn, seul, sera sans doute remplacé après l'épisode de la semaine dernière.

1. Olivier Stirn, député RPR du Calvados en 1970, a créé en 1984 l'Union centriste et radicale. Réélu dans la Manche, cette fois en 1986, il est nommé en 1988 ministre du Tourisme dans le gouvernement de Michel Rocard.

2. Le comité de direction de TF1 se réunit tous les mardis matin à 8 heures.

Est-ce partie remise ? Le Président en convient : « Dans quelque temps, on verra s'il faut redistribuer les choses. »

Redistribuer les richesses, aussi : car, fait surprenant, alors qu'il est président depuis maintenant neuf ans, François Mitterrand trouve que « le partage n'est pas assez juste ».

Avertissement sans frais au Premier ministre : « Il convient d'y travailler », dit-il fermement, comme si Michel Rocard ne faisait pas d'efforts suffisants et qu'il fallait le rendre responsable du déficit social de l'actuelle majorité !

Mitterrand traite au fond Rocard comme s'il s'agissait d'un Premier ministre de cohabitation qui lui aurait été imposé par une majorité qui n'est pas la sienne. Quand Jacques Chirac était à Matignon, il refusait de signer les ordonnances ou désapprouvait certaines mesures. Aujourd'hui, il enjoint à Rocard – comme si lui, Mitterrand, était étranger à la politique suivie – d'aller plus vite dans la réduction des inégalités !

Je résume à grands traits la fin de l'interview. Grande nouvelle : le service militaire sera ramené de douze à dix mois. Ouverture : les écologistes font du bon travail. Grand dessein : l'Europe. Quant à la Russie soviétique, il faut aider Gorbatchev pendant qu'il en est encore temps. Est-il encore temps ?

9 août

Je suis en vacances lorsque, en plein été, un bruit de bottes retentit. Le 2, le Koweït a été envahi par les troupes irakiennes. Il s'agit d'un acte d'agression caractérisé à l'égard de ce petit pays voisin de l'Irak. Je ne vais pas entrer dans l'analyse des causes qui ont amené Saddam Hussein (« mon ami Saddam », disait il y a encore quelques années Jacques Chirac) à commettre cet acte de guerre : de la guerre Irak/Iran au prix du baril de pétrole, la presse est aujourd'hui pleine d'informations, de commentaires, de chiffres et de considérations sur le leader irakien.

Nous voici, près de Vaison-la-Romaine où notre habituelle petite troupe d'amis prend ses vacances, plongés dans des atlas, à relire tous les textes qui, depuis quelques mois, laissaient présager un affrontement entre l'Irak et les pays occidentaux.

De mes multiples conversations sur le sujet avec Paul-Marie de La Gorce, je retiens trois choses.

La première est que les pays dits occidentaux ont été très contents quand Saddam Hussein a envoyé ses troupes contenir l'expansion iranienne. Les Français, les Britanniques, les Américains ont armé ce régime auquel ils avaient confié la bonne garde de leurs intérêts au Moyen-Orient.

La deuxième est que l'Irak est le seul pays laïc du Golfe, ce qui me paraissait un gage d'évolution. Je sais que la démocratie n'y règne pas, qu'on y tue pour des raisons politiques, mais il me semble qu'en Iran et en Arabie saoudite aussi.

La troisième est que, pour se faire entendre, mieux eût valu que Saddam Hussein prenne une autre initiative que celle d'envahir un autre pays, de défier les résolutions de l'ONU et le droit des peuples à disposer d'eux-mêmes.

Désigner l'Irak comme seul responsable de la crise me paraît aller un peu trop vite en besogne. De toute façon, le gouvernement, le Président, je l'espère, ne comptent pas instaurer la censure comme avant la guerre de 14-18 ou celle de 39-40 ?

À noter, pour la petite chronique politique, que Rocard était en vacances, début août. Mitterrand ne l'a pas rappelé à Paris pour l'occasion, pas mécontent de montrer que le président de la République est le patron de la politique extérieure de la France, son domaine réservé.

La dernière chose que je retiens, c'est que moi, je dois rentrer au plus vite. Ce que je fais.

10 août

Le patron, Mitterrand l'est à coup sûr : il a donné aujourd'hui sa première conférence de presse. Il a annoncé l'engagement des troupes françaises aux côtés des États-Unis et de la Grande-Bretagne. Il faut dire, pour situer les choses, que de très nombreux ressortissants français sont en ce moment au Koweït et en Irak : difficile pour le Président de ne pas en tenir compte. C'est à cela, d'ailleurs, qu'il a consacré une grande partie de son intervention.

Il m'a paru à la fois ravi de retrouver le devant de la scène et sérieusement préoccupé de l'avenir.

11 août

Philippe Barret, qui est au cabinet de Jean-Pierre Chevènement, me raconte qu'un déjeuner a eu lieu au ministère de la Défense, il y a deux ou trois jours. Autour de la table, le ministre, ses collaborateurs et le patron de la DGSE, Claude Silberzahn. Celui-ci leur a démontré patiemment que la guerre avec l'Irak était inévitable. Pourquoi ? Parce que Israël estime – et fait savoir depuis longtemps – qu'une fois l'Irak tenu en laisse, on aurait la paix au Moyen-Orient pour trente ans.

« Les États-Unis feront la guerre », a affirmé Silberzahn, « et les pays européens, dont la France, suivront » conclut Philippe Barret.

Dans l'après-midi qui a suivi ce déjeuner, Philippe Barret me dit qu'il a envoyé une note à Chevènement, du genre : si tu veux démissionner, c'est le moment ! Il paraît que Chevènement avait déjà pensé le faire au printemps dernier, lorsque le budget militaire a été rogné par les Finances avec l'autorisation de Rocard – et le mutisme de Mitterrand.

25 août

J'ai peu écrit depuis le début du mois à cause de la vive agitation qui s'est emparée des médias et du monde politique.

Ces premières semaines me laissent une impression complexe : est-on en guerre ou ne l'est-on pas ? Certes, l'ONU a bien décrété un embargo frappant l'Irak. Certes, les ressortissants étrangers sont considérés à Bagdad et au Koweït comme des « boucliers humains ». Dans la capitale irakienne, ils restent cependant – sous bonne garde, il est vrai – dans leurs hôtels. Par ailleurs, des personnalités officielles occidentales se rendent à Bagdad : c'est donc qu'on n'a pas coupé les ponts. Si donc on n'est pas en guerre, je ne vois pas pourquoi on pourrait nous interdire d'envoyer des journalistes là-bas. Pourquoi ne donnerait-on pas la parole aux Irakiens, notamment à l'ambassadeur d'Irak en France ? Mais si on est pour de bon en guerre, il faut qu'on nous le dise : au fait, y a-t-il eu déclaration de guerre ? Où et quand ?

Il n'y a pas de guerre pour le moment, même si le gouvernement français se comporte comme s'il y en avait une en essayant d'empêcher les télévisions de faire leur métier.

J'écris cela en sortant aujourd'hui d'une réunion – je devrais écrire d'une convocation – de Michel Rocard à l'hôtel Matignon.

Pourquoi ? Parce que Patrick Poivre d'Arvor, rentré d'Irak le 21, veut retourner à Bagdad pour interviewer Saddam Hussein. Soit dit en passant, je ne sais pas comment Rocard le sait : par les écoutes ? Par une indiscrétion de la rédaction... ou de la direction de TF1 ?

Mieux vaut ne pas trop se le demander. L'idée de se rendre à Bagdad ces jours-ci ne me paraît pas folle, pour un journaliste ! Ou alors nous sommes tous fous : à l'heure qu'il est, pas moins de 300 journalistes ont demandé à rencontrer le chef de l'État irakien !

Ce qu'on reproche en réalité à Poivre – et, de ce point de vue, je le lui reproche aussi – est d'avoir profité de ce déplacement journalistique pour ramener clandestinement à Paris un jeune enfant qu'il avait dissimulé dans un grand sac de voyage. Pour moi, le geste – généreux, peut-être – est de nature à compliquer considérablement les relations entre TF1, l'Élysée et les Irakiens. Donc à rendre impossible, éventuellement, la collecte des informations pour TF1. C'est un geste chaleureux sans doute, mais irresponsable.

D'autant que, même si Poivre ne l'a pas voulu, les photographes de presse l'attendaient à sa descente d'avion. J'ajoute qu'un membre de l'équipe de reportage a pris une photo souvenir du « sauvetage » de l'enfant. Je suis immédiatement convaincue que cette photo se retrouvera sous peu à la une d'un hebdomadaire ou d'un quotidien français.

Une fois que j'ai dit cela, il a bien fallu que je me préoccupe de la suite des événements, et surtout de la possibilité, pour les journalistes de TF1, de continuer à suivre l'information sans risquer de représailles de la part des autorités irakiennes.

La suite à demain. Il est trop tard pour ce soir.

26 août

Je reprends le récit là où je l'ai arrêté.

Ce que personne ne sait, sauf Étienne Mougeotte, Carreyrou et Patrick, à qui je l'ai dit, c'est que j'ai eu avec l'ambassadeur d'Irak en France, le matin du 22 août, une conversation téléphonique difficile, dont je me disais au surplus qu'elle était écoutée par les renseignements militaires français.

« Voyons, m'a-t-il dit, vous n'imaginez pas que tout cela ait pu se passer sans que les services secrets irakiens aient été au courant ? Sans que les autorités aient laissé faire ? Poivre d'Arvor n'a pas libéré un enfant, c'est nous qui l'avons laissé partir. Si vraiment vous tenez à ce que cela se sache ! »

Je n'ai jamais su si l'ambassadeur me servait un boniment bien ficelé pour éviter de passer, lui et ses services secrets, pour des imbéciles !

Il a ajouté *in fine* que si personne ne voulait d'ennuis, surtout pas le père de l'enfant, resté en Irak, mieux vaudrait ne pas claironner que Patrick l'avait fait échapper au nez et à la barbe des militaires de l'aéroport de Bagdad.

D'où les consignes de discrétion que nous avons tous décidé d'observer.

Donc, lors du point de presse que nous tenons sur le retour de Patrick Poivre d'Arvor, pas un mot de cette histoire de gamin enlevé aux autorités irakiennes.

À la fin, toutefois, n'y tenant plus, Poivre d'Arvor laisse entendre à tous nos confrères, qui ne sont venus que pour entendre parler d'Irak, qu'il a sous le coude une « histoire merveilleuse » dont il ne veut pas parler.

Cette « histoire merveilleuse » risque bien, pour le coup, de compromettre nos relations avec tout le monde : avec l'Élysée et Matignon, qui ne souhaitent pas que nous tendions le micro aux Irakiens, et surtout pas à Saddam Hussein ; et surtout avec les Irakiens dont je crains qu'ils ne nous laissent plus jamais faire notre métier, c'est-à-dire qu'ils empêchent nos envoyés spéciaux de pénétrer à nouveau à Bagdad.

En tout cas, après ce point de presse de Patrick, j'ai rappelé l'ambassadeur d'Irak pour lui dire que la conférence de presse s'était bien passée, que nous n'avions pas parlé du gamin, et que personne, à la direction de TF1, n'avait voulu ridiculiser les Irakiens. J'insiste : donc, dis-je, pas de raison pour que nos équipes ne retournent pas à Bagdad.

L'ambassadeur, sur ce point, reste évasif.

Après m'être assurée que, malgré tout, il n'y aurait pas de veto définitif de Bagdad aux équipes de TF1, il nous reste à affronter le gouvernement français.

Rocard nous a donc priés de passer le voir, PPDA, Carreyrou et moi, pour nous passer un savon.

La veille, à la surprise générale, il avait invité dans un communiqué officiel « les journalistes, particulièrement dans l'audiovisuel, à s'interroger sur leur rôle » dans la couverture des événements du Golfe.

Apparemment, c'est nous qu'il visait, et sans doute aussi la Cinq qui avait organisé quelques jours auparavant un duel entre la mère d'un ressortissant français retenu en Irak et, je crois, l'ambassadeur de Saddam à Paris[1].

Lorsque les huissiers nous ont fait entrer, Rocard était près de la fenêtre donnant sur le jardin de Matignon, arborant un visage fermé que je ne lui connaissais pas. Il a pris la parole avec vigueur pour affirmer sa position et contester la nôtre. J'étais littéralement sidérée. Je ne m'attendais pas à voir Rocard dans ce rôle de père fouettard qui m'aurait fait rigoler en d'autres circonstances. Aujourd'hui, aucun de nous ne rit, car nous avons l'impression d'être dans un mauvais film des années 1950. Il doit le sentir lui-même, car il ne nous interdit rien, et notamment pas d'envoyer des journalistes en Irak. Il fulmine, simplement, contre notre attitude irresponsable et peu compréhensive.

L'entretien dure trois quarts d'heure, sur un ton que je trouve à la limite du grotesque. « Un dialogue de sourds » : c'est ce que nous nous disons entre nous en le quittant. Tous trois, nous sommes sous le choc : face au torrent de paroles du Premier ministre, nous avons fait front avec plus de surprise que de conviction. Au nom de quoi devrions-nous dès aujourd'hui nous abstenir de donner la parole à Saddam et à ceux qui le représentent ? Pour ne pas risquer d'être manipulés ? Parce que plus personne en France ne doit désormais écouter la parole de Saddam Hussein, devenu l'ennemi n° 1 du monde entier ? Le gouvernement nous croit-il, et les Français avec nous, assez naïfs pour croire les yeux fermés à ce que nous dirait le raïs irakien ? Le seul point de vue à proposer aux Français est-il celui de George Bush ?

« Il nous aurait demandé de ne pas envoyer de journalistes au Moyen-Orient, tempère Carreyrou, qu'on lui aurait dit non. Après tout, il ne nous l'a pas demandé ! »

Je hasarde néanmoins une interprétation politique de l'intervention tendue du Premier ministre : il a été exclu par Mitterrand de la décision. Peut-être se rattrape-t-il aujourd'hui et en fait-il trop pour marquer sa présence ? Du coup, il accepte de faire ce que Mitterrand ne ferait pas : dissuader la presse de faire son boulot.

---

1. Les conversations avec l'ambassadeur d'Irak ont été, je l'ai appris bien après, enregistrées en extrême urgence et envoyées à l'Élysée, où l'attitude de TF1 avait été jugée proche de la haute trahison.

Voilà pourquoi PPDA a eu notre « feu vert » pour partir en Irak. Il n'en avait nul besoin : il serait parti de toutes les façons. Maintenant, au moins, nous sommes d'accord !

27 août

J'ai eu pour la première fois une impression de gêne atroce en regardant les images émanant de Saddam Hussein, diffusées aujourd'hui sur les télévisions du monde entier : on l'y voit, tout sourire, rendre visite, dans l'endroit où ils sont confinés, aux otages britanniques retenus à Bagdad. Il dit bonjour, parle avec eux, puis attire à lui un petit garçon anglais, lui demande paternellement s'il a bien eu du lait, ce matin. Le cameraman irakien filme bien sûr sans rater une seule seconde de la scène. Ce qui est terrible, c'est l'air épouvanté du gosse, qui, paralysé de trouille, ne dit mot, ne bouge pas tandis que Saddam Hussein continue de sourire largement.

Voilà qui prouve bien que les images ne manipulent pas forcément ceux qui les regardent. La volonté de Saddam Hussein était à coup sûr celle-là : montrer qu'il était gentil, que ce n'était pas le chef d'État inhumain décrit par la presse occidentale. C'est tout le contraire qui est apparu aux téléspectateurs du monde entier : l'Ogre et le Petit Poucet.

29 août

Ça y est : Poivre d'Arvor a eu son interview avec Saddam Hussein. Nous l'avons diffusée ce soir. Très intéressante, parce que c'est la première fois que celui-ci s'exprime vraiment. Patrick lui pose toutes les questions qu'on a envie et qu'on doit lui poser. Avec un réel courage : après tout, il aurait très bien pu déraper et se retrouver lui-même en tôle !

La position de Saddam est offensive, il n'apparaît pas du tout comme craignant la guerre ou ayant peur d'une opération militaire. S'il défie aujourd'hui le monde entier, il dénonce surtout l'attitude de la France, qui, dit-il, a « toujours été son amie. » Il fait mine de ne pas comprendre comment elle a pu rejoindre le camp de ses ennemis. Au fond, il affirme lui en vouloir pour cette raison, davantage qu'aux États-Unis et à l'Angleterre. Sur son prétendu désir de dominer le Moyen-Orient, il réplique en mettant directement en cause

Paris : « Lorsque M. Mitterrand propose des projets pour l'Europe, vise-t-il par là la domination de l'Europe ? »

Il rappelle que c'est le Koweït qui a déclenché les hostilités en refusant l'augmentation du cours du pétrole qu'il lui demandait. Pourquoi en avait-il besoin ? Parce qu'il avait acheté aux Occidentaux des armes pour lutter, à leur demande, contre l'Iran. Il conteste l'embargo décrété contre lui, demandant pourquoi personne n'a fait de même lorsqu'Israël a refusé d'appliquer toutes les résolutions des Nations unies depuis 1967. Il affirme que tout le peuple irakien est uni derrière lui pour se défendre contre l'injustice de la position occidentale ; il dit qu'il ne veut pas la guerre, mais que, s'il est attaqué, il se défendra.

L'agression contre le Koweït, a plaidé Patrick, a choqué les Fran-
1990 çais, car, après tout, Hitler n'a-t-il pas commencé comme cela, en annexant l'Autriche et la Tchécoslovaquie ? En entendant évoquer Hitler, Saddam marque tout de même un temps d'arrêt. Puis, sans s'émouvoir, il enchaîne en disant que l'opération visant le Koweït n'était le début de rien, puisque, il le répète, le Koweït avait en réalité voulu fomenter un complot contre l'Irak, et que celui-ci n'avait fait que riposter.

Évidemment, pendant qu'il dit cela, je pense à la colère prévisible de nos gouvernants : Patrick ne peut pas être jugé un seul instant complice des propos tenus devant lui, et pourtant Saddam peut exprimer sa propre version des choses pour la première fois sur les antennes, et pas seulement celles de TF1, mais sur celles du monde entier. « Les États-Unis, termine-t-il, en déclarant qu'un conflit mondial est évitable, veulent faire croire qu'ils ne sont pas des anges de la Mort[1] ! »

Pas un mot – du moins n'en ai-je pas le souvenir – sur Gorbatchev ni sur l'URSS, qui s'est rangée immédiatement dans le camp de l'Occident.

Tout le temps qu'a duré l'interview – un bon quart d'heure –, le mot « exclusif » était affiché en haut à gauche de l'écran. Cela répon-

1. Saddam Hussein a fait également la démonstration suivante, qui, au moment où je retranscris ces lignes (mai 2009), paraît prémonitoire : « Pour gagner, démontre-t-il, les États-Unis ont besoin de vaincre sur trois points : ils devront vaincre l'armée irakienne, écraser l'économie irakienne et abattre le régime. Remporter une seule de ces trois victoires ne leur suffira pas. »

Par là, Saddam Hussein a donné aux États-Unis leur feuille de route et leurs objectifs pour la deuxième guerre du Golfe...

dait-il à une volonté de mettre l'accent sur le « scoop » de TF1 ? Oui, évidemment, et je vois bien qu'on va nous le reprocher.

L'interview n'était pas la seule information intéressante du JT. Ce que PPDA a révélé, en duplex depuis Amman, c'est-à-dire après être sorti d'Irak et avoir assuré ses arrières, c'est qu'il avait eu beaucoup de difficultés, après avoir fait parler Saddam Hussein, à remettre la main sur les enregistrements que lui avait finalement confisqués pendant huit heures le ministère de l'Information irakien. Il a retrouvé les bandes amputées d'une seule question : PPDA avait interrogé le président irakien sur les otages qu'il détenait encore à Bagdad et lui avait demandé s'il n'y avait pas une certaine lâcheté à prendre des « boucliers humains ». Question et réponse avaient disparu.

1er septembre

Vrai, ça tombe comme à Gravelotte ! Je m'attendais à ce que TF1 reçoive une volée de bois vert à l'occasion de cette interview ; je ne m'attendais pas à ce qu'elle nous vienne de la presse écrite, qui se déchaîne depuis deux jours. En dehors de Franz-Olivier Giesbert dans *Le Figaro*, *Le Monde* et *Libération* n'y vont pas avec le dos de la cuillère : nous n'aurions fait cela que pour stimuler l'audience de la chaîne ! Il faut dire que celle-ci a été considérable : plus de deux fois l'audience habituelle du journal.

Malgré toutes ces protestations, je n'arrive pas à comprendre en quoi ni pourquoi le fait d'interviewer Saddam Hussein était en soi condamnable. Même si ce qu'il dit peut l'être, il s'agit tout de même d'un document inappréciable pour l'Histoire !

À la question posée sur la manipulation dont Patrick aurait pu être éventuellement victime, j'avoue que je ne vois pas ce dont on parle. Saddam Hussein a parlé. Le ministère de l'Information a censuré une seule question-réponse, certes. Mais la France entière l'a su, puisque Poivre d'Arvor l'a souligné à l'antenne après avoir quitté l'Irak. Où serait la manipulation ? À moins que le seul fait de laisser Saddam Hussein s'exprimer soit en lui-même une manipulation, pour la bonne raison qu'il ne donne pas la même version des choses que le camp occidental ? Cela me paraît naturel : on ne voit pas comment il défendrait le point de vue opposé au sien !

J'écris longuement et le plus précisément possible sur cette atmosphère du mois d'août : le monde entier sera peut-être en guerre dans quelque temps. Ça vaut la peine, je pense, d'en consigner les prémices.

Je reviens ce soir sur les déclarations de Jacques Chirac, le 27 août dernier. Il était intervenu après le débat sur l'Irak qui avait eu lieu à l'Assemblée nationale. Je comprends bien qu'il ait jugé utile de réagir le plus vite possible, car ses propos datant d'il y a maintenant près de quinze ans – sur son « ami Saddam » – risquaient de lui nuire. D'où son désir de venir faire une mise au point : oui, il avait engagé alors une action pour nouer des relations avec l'Irak ; personne alors n'en avait pris ombrage, au contraire, car les résultats avaient été très positifs pour la France ; non, il n'a pas revu Saddam Hussein depuis 1976 ; oui, il avait parlé d'« ami personnel », mais c'était dans le cadre d'un voyage officiel de Saddam Hussein à Paris, et les choses, depuis lors, ont bien changé : c'est la vie.

Sur le fond, je l'ai trouvé très bon : il a manifestement des réserves à formuler sur la politique suivie par le gouvernement mais ne juge pas le moment opportun pour déclencher une polémique. Il a surtout été intéressant dans son analyse de l'avenir.

Quant à Fabius, présent dans le même journal, il a parlé de « gangstérisme international » pour définir la politique irakienne.

Il me semble que, dans le consensus dont tout le monde parle, les réticences de Jean-Pierre Chevènement commencent à être perçues : Chirac y a fait une brève allusion et Fabius a insisté sur le démenti apporté par le ministre de la Défense. Cela ne fait qu'enfoncer le clou : il n'y a pas de fumée sans feu. Pour qu'il y ait démenti, il faut bien que Chevènement ait formulé (quand, comment ? en Conseil des ministres ? en Conseil restreint ?) des réserves.

Pour moi qui connais la réalité des choses le concernant, le démenti ne fait guère illusion. Mais il est trop tard – j'y reviendrai demain.

10 septembre

Je n'y reviens qu'aujourd'hui parce que je n'ai pas arrêté une seconde depuis lors. Je pense – et Philippe Barret, qui ne me dit pas tout, m'a tout de même parlé de cela, car il est en proie aux mêmes affres – que Chevènement est plus que réservé. D'abord, les militaires ne sont pas chauds du tout. Avec cet argument : par deux fois déjà, depuis la IVe République, disent-ils, les socialistes nous ont forcés à faire la guerre, en Indochine puis en Algérie, sans parler de Suez, et cela s'est toujours terminé par notre mise en accusation par les Français, qui ont fini par nous dénoncer à peu de chose près comme des fascistes ! Mais c'est surtout l'équilibre du monde que Chevènement et ceux qui le suivent estiment en péril : l'Irak est un pays clé pour la paix au Moyen-Orient. Son armée est forte, il y aura beaucoup de morts, de sérieux dangers d'enlisement, de déstabilisation de cette partie du monde. Même si l'Irak a commis une faute majeure en entrant au Koweït et en refusant d'en partir, le péril que ferait courir une opération internationale est sans commune mesure avec cet acte-là.

J'ajoute que, pour Jean-Pierre et les siens, il s'agirait alors d'une guerre américaine, pour les intérêts de l'Amérique et uniquement pour elle.

Peut-être – c'est ce que je pense – toutes ces interrogations seront-elles balayées assez rapidement, car, après tout, l'embargo empêche les Irakiens de vendre leur pétrole, et même, dans un avenir assez proche, va les priver de médicaments et de nourriture.

Après tout, il serait facile à Saddam Hussein, maintenant qu'il a réussi son coup, de se retirer du Koweït.

15 septembre

Une fois de plus, la Fête de *L'Huma*. L'interview annuelle de Georges Marchais prend toute son ampleur en pleine affaire du Golfe. Sauf qu'il en parle peu, pour ainsi dire pas. Blouson bleu, chemise rayée, face à la caméra il dénonce la politique du gouvernement. En l'état actuel des choses, les communistes ne voteront pas le budget.

Lorsque je lui demande s'il ne trouve pas que le moment – c'est-à-dire la crise internationale – est mal choisi pour marquer ses distances avec le pouvoir socialiste, il me dit avec sa gouaille habituelle qu'on ne la lui fait pas : l'austérité avait été décidée avant, elle était naturellement envisagée pour les salariés, pas pour le grand capital.

Je lui fais tout de même remarquer que l'actualité est lourde. Il minimise :

« Nous ne sommes pas en 1939. Les événements sont graves, mais que l'on ne nous fasse pas le coup de dire aux Français qu'il faut tout accepter ! »

Bref, tel qu'il est, le PC ne votera pas le budget.

Un coup de patte à Alain Duhamel : celui-ci vient d'écrire que Georges Marchais appartenait à une espèce en voie de disparition, et qu'il démissionnerait sans doute en décembre. Marchais rigole avec ostentation :

« On ne jette pas la pierre au palmier stérile ! S'il m'attaque, c'est qu'il a conscience que le PC est bien vivant ! »

Pas de réponse, donc, sur un éventuel départ. Et pas un mot, ou pas grand-chose, sur la guerre du Golfe.

Pendant qu'il parle, Roland Leroy est dans l'axe de la caméra, juste derrière lui. Les deux éternels rivaux à la tête du PC apparaissent ainsi de longues minutes, tout le temps que dure l'interview, sur la même image, comme liés par un sort commun.

31 septembre

Après avoir fait saccager la résidence de l'ambassadeur de France en Irak[1] – ce qui a entraîné l'envoi par la France de 4 000 hommes, accompagnés de tout ce qu'il faut d'avions de combat et de chars –, Saddam Hussein vient d'annoncer qu'il ne renoncera pas au Koweït. J'avoue que je ne comprends rien à sa stratégie. Pense-t-il faire reculer tout seul les grandes puissances ? Croit-il être en mesure d'imposer sa loi au reste du monde ? Il est évident qu'il est soit mégalomane, soit suicidaire. Ou les deux.

2 octobre

Édith Cresson quitte volontairement le gouvernement. Pas n'importe comment. En expliquant *urbi et orbi* qu'avec Rocard, elle parlait dans le vide lorsqu'elle était ministre des Affaires européennes, qu'elle ne pouvait pas rester plus longtemps dans un gouvernement manquant à ce point d'énergie et de volonté. Bref, une charge nette et rude contre Michel Rocard.

J'en parle avec Maurice Faure à qui je demande si, à son avis, elle a agi avec l'aval de Mitterrand. Il rigole : la réponse, pour lui, est évidente. Édith Cresson ne fait pas grand-chose sans avoir recueilli au préalable la bénédiction de Mitterrand.

En même temps qu'elle, *exit* Pierre Arpaillange, qui doit quitter

1. Le 14 septembre.

le ministère de la Justice. Ce qu'il paie, lui, c'est d'avoir mal géré – ou pas géré du tout – les affaires Urba-Graco sur le financement du PS[1].

31 octobre

La notion de « peuple corse » est retenue par le Conseil des ministres. Michel Debré, au téléphone, consterné : est-ce le moment, vraiment, de parler de peuple corse ?

3 novembre

Après le discours de Mitterrand aux Nations unies[2], et, faut-il ajouter, compte tenu de la folle attitude de Saddam Hussein, les voix se font plus rares pour contester l'intervention militaire. Celle de Claude Cheysson reste de celles-là. Il est venu tout à l'heure à TF1 exprimer publiquement sa position : il pense que l'attitude de Bush, qui veut en réalité abattre le potentiel irakien, est « inacceptable » ; que les raisons invoquées par lui lorsqu'il menace l'Irak d'une intervention militaire relèvent purement des intérêts américains et ne tiennent aucun compte des intérêts européens. L'action militaire en elle-même est, selon lui, également inacceptable.

Nous parlons longuement, après sa prestation au JT, de la position qu'il vient d'exprimer :

« Pourquoi, se demande-t-il, ne disons-nous pas, comme les Soviétiques, que nous sommes hostiles à toute forme d'intervention ? Cela ferait réfléchir George Bush.

– Tout de même, l'attitude de Saddam Hussein vis-à-vis du Koweït ferme le jeu. »

Il en convient tristement. Ce qui ne l'empêche pas d'être de toutes ses forces opposé à ce qui, selon lui, se prépare.

---

1. À la fin octobre paraît le livre de l'inspecteur Antoine Gaudino, *L'Enquête impossible*. Son récit a déjà été partiellement publié dans *Le Canard enchaîné* et *Le Monde*. Il remet les affaires de financement du PS et de truquage des marchés publics à la une de l'information.

2. Le 24 septembre, François Mitterrand dit à la tribune de l'ONU : « Il n'y aura pas de compromis tant que l'Irak ne se ralliera pas aux vues du Conseil de Sécurité. »

15 novembre

L'atmosphère inouïe de cet automne, le sentiment que le monde est suspendu à la volonté de Saddam Hussein qui peut, à son gré, déclencher un affrontement planétaire, n'a pas empêché 100 000 lycéens de défiler dans Paris pour réclamer de meilleures conditions de travail, plus d'argent et plus de sécurité.

Des manifestations sans grande originalité qui ont revêtu une importance exceptionnelle lorsque le Président a reçu à l'Élysée les leaders de la Coordination lycéenne, et cela, tandis de violentes bagarres opposaient casseurs et CRS, en marge du cortège, sur le pont de l'Alma.

On ne saura sans doute jamais ce que Mitterrand leur a dit réellement. Toujours est-il que les jeunes sont sortis en résumant ainsi la teneur de l'entrevue : le Président est d'accord avec nous. Rocard n'a plus qu'à prendre ses responsabilités.

On imagine la joie qui règne à Matignon, et aussi rue de Grenelle[1] ! D'autant que Rocard n'est pas là – il est au Japon pour le couronnement de l'empereur !

Pour un court-circuitage, c'est un court-circuitage ! On revient au problème permanent depuis trois ans : Mitterrand veut-il se débarrasser de Rocard ? Attend-il la fin de la crise du Golfe pour s'en défaire ?

Quant à Lionel Jospin, il paraît qu'il ne décolère pas. Si Rocard était à Tokyo, lui était bel et bien à Paris : Mitterrand ne l'en a pas convoqué pour autant. On dit qu'à une question posée par un de ses jeunes interlocuteurs : « Qu'est-il advenu des milliards de crédits accordés à l'Éducation nationale ? », Mitterrand aurait répondu : « Je me le demande, moi aussi ! »

19 novembre

Et voici que par-dessus le marché, l'opposition a déposé avant-hier une motion de censure contre le gouvernement Rocard. Il s'agit, dans le cadre de la discussion de la loi de finances, de contrer le projet de contribution sociale généralisée (CSG). Décidément, les temps sont durs pour le Premier ministre : à Mitterrand le rôle essentiel, celui du combattant pour la paix. À Michel Rocard la part la

1. Siège du ministère de l'Éducation nationale.

plus ingrate, celle de la vie quotidienne. J'ajoute qu'au moment précis où le débat a lieu au Parlement, un sommet de 34 États, dont l'URSS et les États-Unis, est réuni à Paris pour évoquer tout à la fois les problèmes européens et ceux du Moyen-Orient.

Le vote de la motion de censure a été l'occasion d'une volée d'attaques contre Michel Rocard. On a l'impression que, ne pouvant aujourd'hui s'en prendre à Mitterrand pour cause de crise du Golfe, les parlementaires de l'opposition ont décidé de tomber à bras raccourcis sur le Premier ministre. Leurs arguments sont assez clairs : la CSG (qu'Adrien Zeller, l'orateur de l'UDF, appelle « carence sociale globale ») complique le système fiscal français, et le gouvernement n'a pas assez informé les Français sur ce nouvel impôt.

Le problème est que, cette fois encore, comme à l'occasion de la loi d'amnistie du printemps, les communistes, plus hostiles, si possible, à la CSG qu'ils l'étaient il y a quelques mois, dénoncent pêle-mêle la volonté du gouvernement socialiste de remettre en cause la sacro-sainte Sécurité sociale, de vouloir toucher aux acquis de la Libération, de faire un cadeau aux entreprises, que sais-je encore ? Voici Rocard en quelque sorte coincé entre la droite, qui lui reproche un nouvel impôt, et les communistes, qui l'accusent de complaire au grand patronat. Et cela alors que la guerre menace, et, au surplus, au moment de la tenue à Paris d'un sommet capital ! Je suppose qu'il se serait aisément passé d'un tel débat.

Difficile débat, le plus dramatique, aussi, puisque, pour la première fois, quatre des cinq groupes de l'Assemblée ont annoncé leur volonté de renverser le gouvernement, et que le PS n'y a que la majorité relative. Rocard fait front avec pas mal de classe, je trouve, en parlant des prix, maîtrisés malgré la guerre du Golfe, de la croissance, maintenue à un niveau élevé, mais aussi en distribuant équitablement coups de griffe à l'opposition et encouragements aux députés socialistes.

Beau discours, vraiment, bien meilleur que celui qu'il avait prononcé il y a plus de deux ans, à l'occasion de son arrivée à Matignon.

Chacun a remarqué qu'en plein discours de Rocard, Chirac s'est levé et a quitté l'hémicycle, ce qui ne se fait pas. Geste étonnant d'un ex-Premier ministre vis-à-vis d'un Premier ministre en place avec lequel, au demeurant, il s'entendait assez bien lorsqu'ils se sont remplacés.

Tout cela s'est terminé dans un mouchoir de poche : quelques députés UDF et trois députés d'outre-mer ont fait la différence. Le gouvernement n'a pas été mis en minorité. Chirac n'a pas voté.

20 novembre

Nouvelle conférence de presse de Mitterrand sur le Golfe. Les choses ne progressent guère.

23 novembre

Alerte pour Michel Rocard. Pour la première fois depuis des années, sa cote dans les sondages est négative : 40 % des Français pensent qu'il ferait un bon président de la République, contre 48 % qui estiment le contraire. *Le Nouvel Obs*, qui publie le baromètre présidentiel de la Sofres, note que Michel Rocard n'a pas perdu à gauche chez les militants socialistes : il a perdu du terrain chez les sympathisants communistes et surtout parmi l'électorat UDF et RPR, payant ainsi sans doute pour la contribution sociale généralisée.

Jacques Delors, qui, à gauche, le suit de près dans les sondages, obtient un meilleur score chez les centristes que parmi les socialistes.

Les circonstances font que Rocard n'occupe plus depuis trois mois le devant de la scène : l'Irak a remis le Président en selle.

30 novembre

Question qui court Paris : le moment est-il venu pour Mitterrand de changer de Premier ministre ? Je pense que si nous n'étions pas dans une conjoncture aussi belliqueuse, le sort de Rocard serait déjà scellé. Pourquoi ? Parce qu'il ne paraît plus intouchable dans l'opinion. Parce qu'il ne fait pas ou plus l'unanimité des socialistes, ainsi que l'a montré l'accueil qui lui a été réservé aux journées parlementaires socialistes, à l'automne. Et surtout parce que, depuis près de six mois – depuis le mois d'août, en tout cas, et l'invasion du Koweït par Saddam Hussein –, l'agitation au sein de ce qu'on appelle la communauté internationale a replacé François Mitterrand en première ligne. Chacun sait que Rocard a été à peine consulté – et encore, je n'en suis pas sûre – sur l'engagement de la France dans le conflit. Ce n'est pas qu'il n'ait pas été d'accord, c'est qu'on ne le lui a pas demandé !

Il suffit de passer quelques minutes à Matignon pour se rendre compte que le cabinet de Rocard est tout entier dressé contre l'attitude du Président, jugée plus que méprisante envers son Premier ministre.

3 décembre

Après l'ultimatum de l'ONU à Saddam Hussein et l'envoi de 400 000 soldats américains en Arabie saoudite, on a vraiment l'impression que rien n'empêchera plus la guerre. Jean-Pierre Chevènement a été interrogé aujourd'hui sur la Cinq par Pierre-Luc Séguillon. Je sais à quel point, jour après jour, il s'inquiète : non parce que, comme le murmure le milieu politique et comme l'écrit la presse, l'armée irakienne est la quatrième du monde. Simplement parce qu'il imagine déjà les milliers de morts de part et d'autre, l'anéantissement de l'Irak, le désordre régnant au Moyen-Orient. D'ailleurs, une partie de ses amis politiques – Max Gallo, Dominique Jamet, etc. – vient, dans une déclaration qui a fait du bruit, de demander le retrait des forces françaises d'Irak. Comment douter que, n'exerçant pas les responsabilités du ministre de la Défense, ils expriment au moins partiellement ses réticences ?

Ce soir, à la télévision, Chevènement avance que le « compte à rebours » – c'est le terme qu'il emploie – a commencé. « Les chances d'une solution pacifique semblent s'éloigner », constate-t-il.

J'ai noté rapidement une phrase à la fin de son face-à-face avec Séguillon. Non sans quelque solennité, il ajoute : « Ceux qui souhaitent la guerre, aux USA et ailleurs, se trompent. Il y a toujours des gens qui ne réfléchissent pas jusqu'au bout. S'il y a une chance d'éviter la guerre, il faut la saisir. »

Il n'y croit plus lui-même.

9 décembre

Je ne le dis pas souvent aussi clairement, mais là, vraiment, je trouve que l'opposition passe les bornes : ils ont été 101 à déposer une nouvelle motion de censure contre Rocard, cette fois pour mépris des droits du Parlement, ou quelque chose de ce genre. En ce moment ! Alors que des milliers de soldats partent pour l'Arabie saoudite !

C'est du harcèlement.

Avec la même sanction : la motion de censure ne recueille pas les voix nécessaires pour faire sauter le gouvernement[1].

Mi-décembre

Je sais aujourd'hui que Jean-Pierre Chevènement a offert sa démission à Mitterrand. Celui-ci, d'un ton grave, lui a demandé d'attendre : après tout, il est possible qu'il n'y ait pas de vraie guerre et que tout reste en l'état : des troupes de tous pays envoyées en Arabie saoudite, escortées, surveillées par une meute de journalistes internationaux qui ne voient que ce que les Américains – ou les Français, en ce qui nous concerne – veulent leur montrer.

Problème, évidemment, de la source des images que nous diffusons. Mano, Volker, Patrick Bourrat, Catherine Gentile, Isabelle Baillancourt, Marine Jacquemin, tant d'autres, tous sont dans le Golfe, en Arabie saoudite ou à Amman, en Israël ou en Libye. Ils ne voient pas grand-chose, assistent aux points de presse des militaires, interrogent des diplomates. Tout cela, si j'ose dire, l'arme au pied, sans bouger, en participant à des entraînements bidon sous le contrôle des représentants du SIRPA français.

À noter le nombre de filles journalistes qui sont sur le terrain, correspondantes de guerre pour la première fois. Au début, j'ai eu comme une réticence à les envoyer là où je n'allais pas. Puis je me suis dit que, justement parce qu'elles étaient des filles, je devais accepter, et apprécier qu'elles se portent volontaires. Pour l'heure, cela ne porte pas à conséquence : chacun, chacune attend.

Accordons-nous trop d'importance à ce qui se passe au Moyen-Orient ? Dramatisons-nous à l'excès, à l'aide de pauvres images chichement distillées par les forces armées ? Ce n'est pas un problème français, mais un problème international : toutes les télévisions d'information continue de par le monde ont envoyé une multitude de correspondants en Arabie saoudite pour le cas où la guerre commencerait. Je ne vois pas comment nous pourrions être absents de ce

1. La motion de censure a obtenu 218 suffrages, la majorité requise étant de 289.

théâtre d'opérations, couvert – sur-couvert, devrais-je écrire – par CNN.

Au moment de Timisoara, la presse – toute la presse : télévisée, parlée, écrite – avait certainement eu tort de s'emballer trop vite sur l'affaire des cadavres décrits comme horriblement mutilés par le régime de Ceaucescu. Aujourd'hui, seule la télévision est mise en question, ainsi que le principe même de l'information en continu. Je n'ai aucune réponse à donner à nos donneurs de leçons de la presse écrite, sauf que nous tentons de faire au mieux notre boulot avec le peu d'images qu'on veut bien nous donner.

1991

9 janvier

Les conférences de presse de Mitterrand se suivent et se ressemblent. Même les vœux du Président aux journalistes, il y a quelques jours, n'ont été consacrés qu'au Golfe. Au Golfe et, je dois dire, aussi à Michel Rocard. La question le concernant n'a pas été posée tout de suite. La coutume veut qu'après les propos officiels du Président délivrés à la presse française et internationale, quelques journalistes triés sur le volet soient attirés dans un salon plus exigu, voisin de la salle des fêtes, pour bénéficier d'autres confidences, plus pointues, de Mitterrand.

C'est justement pendant cette sorte de petite cérémonie adjacente aux vœux que la question a été posée : Rocard n'a-t-il pas intérêt à quitter Matignon dès maintenant ? Mitterrand a répondu par une pirouette : si Rocard veut partir, alors, bien sûr, le Président le laissera faire. Il n'a qu'à le lui demander.

J'étais dans un coin du salon où Mitterrand a fait cette confidence, et je n'ai pas tout entendu. Le ton était plus parlant que les mots : il a ironisé, sans défendre une seconde le Premier ministre.

Je reviens au Golfe. Maintenant, le terme de cette guerre des nerfs est connu : l'ultimatum de l'ONU est fixé au 15 janvier. D'ici là, Mitterrand occupe le terrain.

Hier, il a reçu le secrétaire d'État américain, James Baker, pendant une heure et demie, avant que celui-ci ne rencontre, à Genève, Tarek Aziz[1]. « Nous sommes sur la même longueur d'onde », a-t-il

1. Seul chrétien en charge d'un ministère au Moyen-Orient, Tarek Aziz est ministre des Affaires étrangères de Saddam Hussein.

résumé : l'évacuation du Koweït doit se faire avant le 15 janvier, dans le cadre de la stricte application de la résolution de l'ONU.

Point de presse à l'Élysée aujourd'hui, le huitième depuis le début des opérations. Enfin, je ne devrais pas dire le « début des opérations », puisqu'elles n'ont précisément pas commencé.

Lorsque Mitterrand parle, la rencontre Tarek Aziz/Baker se poursuit à Genève. Le Président consacre quelques minutes à expliquer qu'il est tenu au courant minute après minute de ce qui s'y passe. Mais, comment dire, on a l'impression qu'il « meuble », qu'il parle pour parler. Il évoque des « événements d'importance » qui peuvent se produire ; de la nécessité d'informer l'opinion ; il compte sur ses doigts les jours qui nous séparent du 15. Il laisse entendre que, « d'ici là, il peut y avoir des évolutions ». Un seul point irréductible : le Koweït doit être évacué : le délai accordé à Saddam Hussein ne saurait être repoussé au-delà du 15 janvier.

Il en a assez dit pour que, d'un coup, une rumeur coure dans les rédactions : une initiative française serait imminente. Laquelle ? Motus et bouche cousue. Ce que l'on souligne, c'est que Michel Vauzelle[1] est parti pour Bagdad en passant par Amman au tout début de l'année. Il a expliqué dans une déclaration qu'il n'était chargé d'aucune mission officielle, mais qu'il comptait jouer « un rôle exploratoire utile[2] ».

De là à imaginer qu'il peut sortir de son chapeau la solution miracle à la crise, il n'y a qu'un pas !

Je sais qu'à l'heure qu'il est, au ministère de la Défense, tout le cabinet – le ministre aussi – pense que l'opération américaine, à laquelle se joindront les Européens, et même quelques pays du Golfe, est inéluctable.

---

1. Avocat au barreau de Paris, Michel Vauzelle a été chargé de mission auprès de Jacques Chaban-Delmas de 1969 à 1972. Il a adhéré au Parti socialiste en 1976 à Arles. En 1981, il a été nommé directeur adjoint du cabinet de François Mitterrand. De 1981 à 1986, il est porte-parole de la Présidence de la République.

2. En réalité, on le saura plus tard, il n'en est rien. Reçu par Tarek Aziz, puis par Saddam Hussein, Vauzelle a eu le sentiment, au bout de quatre heures de discussions, que Saddam Hussein était décidé à la guerre et qu'il était prêt à accepter le sacrifice de son peuple. Recevant Vauzelle après son retour d'Irak, le 6 janvier, pour entendre son compte rendu, François Mitterrand lui aurait dit alors : « On savait qu'on allait faire la guerre ; maintenant, on sait pourquoi ! »

14 janvier

Depuis la dernière conférence de presse de Mitterrand, nous n'avons cessé d'enquêter, Dominique Bromberger et les journalistes du service étranger en tête, bien sûr, sur les propositions de paix recherchées par la France. Existent-elles vraiment, ces propositions ?

L'ambassadeur irakien en France[1], que j'ai continué à rencontrer depuis l'automne dernier malgré les mises en garde répétées de l'Élysée et de Matignon, me dit que la seule initiative efficace qui pourrait arriver serait que Roland Dumas s'en aille rencontrer Saddam Hussein à Bagdad. Pauvre ambassadeur : il me semble terrifié par la guerre, car, pour lui, ce serait le retour obligé en Irak et le départ de Paris où il se sent si bien – et à l'abri !

Je me rappelle la conversation téléphonique que j'avais eue avec lui (conversation qui devait être écoutée et dans laquelle il se livrait à de fausses confidences) après le retour de Poivre d'Irak avec un garçonnet dans ses bagages. Je n'ai jamais su si l'ambassadeur ne me servait pas un boniment bien ficelé pour éviter de passer, lui et les services secrets irakiens, pour des imbéciles !

Aujourd'hui, il me sert peut-être un autre boniment en me laissant entendre que la solution de paix passe par la France et par Roland Dumas.

Et puis, finalement, tout cela a l'air de tourner court : Dumas n'est pas parti pour Bagdad. Et maintenant il est trop tard. Le terme de l'ultimatum est fixé à demain.

Pendant tout ce temps, la France s'est préparée à la guerre : depuis l'été dernier, elle n'a cessé d'augmenter ses forces dans le Golfe, étape après étape[2]. Nous voici donc à la veille de l'expiration de l'ultimatum. Rien n'est arrivé qui puisse arrêter la machine.

Nous pensons donc que l'opération militaire se déclenchera dans la nuit.

Nous décidons, dans ce cas, de prendre l'antenne et de ne pas la

1. Abdul Razzak al-Hachimi.

2. Plusieurs étapes dans le processus : envoi du *Clemenceau* en mer Rouge au début de l'été 1990, déploiement de la Force d'action rapide en Arabie saoudite le 14 septembre, après le coup irakien contre l'ambassade de France à Koweït City. En novembre, après l'adoption de la résolution 678 de l'ONU autorisant l'usage de la force contre l'Irak, modification de la stratégie : on passe de la posture défensive à la posture offensive. Enfin, le 8 décembre 1990, accroissement des effectifs combattants à la demande des États-Unis.

lâcher. Après tout, c'est un événement mondial. Aurions-nous des hésitations que CNN les balaierait.

Donc, nous avons préparé le générique des émissions spéciales « Tempête du désert », puisque c'est ainsi que s'appelle l'opération prévue. Comme CNN, et comme toutes les chaînes de télévision au monde. Et nous prendrons l'antenne en direct : ce sera la première guerre de ce genre.

Fin janvier

D'une manière sourde et insidieuse se poursuivent les remous de l'affaire Urba. Malgré les coups de boutoir de la droite, notamment de Philippe de Villiers depuis plusieurs mois, le parquet d'Aix-Marseille continue à attendre les instructions de la Chancellerie pour ouvrir une enquête, ou, au contraire, fermer les yeux. Le gouvernement ne pourra pas persévérer longtemps dans sa stratégie de l'autruche : ne rien voir, ne rien faire, la tête dans le sable. De tous côtés, l'affaire des fausses factures émerge : à Marseille, l'inspecteur Gaudino a mis la main sur les carnets de Joseph Delcroix, un militant du PS qui consignait soigneusement les opérations plus ou moins louches, et l'affaire Urba enfle de jour en jour.

Tout cela vient certes de la difficulté à financer des campagnes politiques. Mais à cette échelle, tout de même ! On n'attendait pas des socialistes qu'ils soient fascinés, démolis, tourneboulés à ce point par l'argent. À tort ou à raison, les mêmes choses, venues de députés ou d'hommes politiques de droite, auraient moralement moins de retombées. Peut-être est-ce le fait d'avoir passé vingt-trois ans dans l'opposition : il est évident que, lorsqu'ils sont arrivés au pouvoir, les socialistes n'ont eu de cesse que de vouloir y rester. Terrible nature humaine – qui est peut-être uniquement celle de l'homme... pas de la femme ! On n'a pas vu encore de femmes élues (il y en a) mettre la main dans le tiroir-caisse.

15 janvier

Rien à signaler, comme disait Louis XVI juste avant la Révolution. L'ultimatum est dépassé, pas d'opération militaire aujourd'hui. Cela veut-il dire que le processus s'est enrayé, ou bien que la guerre est pour demain ?

17 janvier

Dans la nuit, décalage horaire aidant, nous avons su que les opérations commençaient. J'ai donc rejoint TF1 pour prendre l'antenne avec Gérard Carreyrou vers 6 heures du matin. Pour nous, le choix de cette heure matinale présente l'avantage de laisser les ténors de l'antenne, Jean-Pierre Pernaut et Patrick Poivre d'Arvor, à leur horaire habituel. À 6 heures, donc, nous commençons. Pas la moindre image de l'opération en cours. Dominique Bromberger fait des prodiges avec le peu qu'il a. Il n'a pas son pareil pour mettre les choses en perspective tout le temps nécessaire pour que nous puissions assurer les liaisons avec les correspondants en poste au Moyen-Orient.

19 janvier

Giscard, qui était resté discret jusqu'à maintenant, intervient : il demande vigoureusement que les forces armées françaises ne se bornent pas à évacuer le Koweït et portent le conflit armé sur le territoire irakien. « Est-il légitime, a-t-il demandé aujourd'hui sur l'antenne d'Antenne 2, de frapper l'agressé et d'épargner l'agresseur ? » Il a posé la question : comment aurait réagi les Français libres, en dehors ou sur le sol français (il n'a pas prononcé le nom de De Gaulle), si les forces américaines avaient reçu l'ordre de frapper la France et pas l'Allemagne ? Selon lui, l'intervention en Irak même est nécessaire : il faut aller détruire sur leurs sites, dit-il, les fusées, les armes chimiques et peut-être même les armes atomiques de Saddam.

Évidemment, il s'agit là d'une intervention destinée à mettre le doigt sur les contradictions internes de la politique du pouvoir en place, et à opposer Jean-Pierre Chevènement, qui a limité au Koweït l'intervention française, à Mitterrand, qui, dans sa récente conférence de presse, n'a pas exclu d'aller au-delà.

27 janvier

L'amiral Jacques Lanxade à « 7 sur 7 ». L'Élysée a jugé utile d'envoyer à l'antenne, devant les Français, un militaire en grand uniforme, et pas n'importe lequel : le chef d'état-major particulier du président de la République, plus convaincu de la nécessité de faire la guerre à Saddam Hussein que ne l'est Jean-Pierre Chevènement.

L'intervention de Lanxade a pour objet de mettre un terme à la polémique ouverte la semaine dernière par Giscard : la France envisage-t-elle ou pas, dépassant l'objectif de la libération du Koweït, d'envoyer ses forces, aux côtés des Américains, en Irak ? Avec lui les choses sont claires : oui, les troupes françaises pourront pénétrer en Irak ; oui, la phase aérienne se continuera par une phase terrestre.

Dépêcher un officier général pour parler de problèmes stratégiques et politiques, c'est un camouflet infligé au ministre de la Défense, ou je ne m'y connais pas.

1991 *29 janvier*

Ça y est : Jean-Pierre Chevènement a démissionné. Je m'y attendais depuis quelques jours, surtout depuis avant-hier. Je pensais même qu'il le ferait plus tôt, au début des opérations.

Terrible, pour un ministre de la Défense, de démissionner au moment de la guerre ! Je pense qu'il aurait dû le faire en décembre, lorsqu'il a dit à Mitterrand qu'il en avait l'intention, et ne pas laisser ce dernier choisir à sa place le moment de son départ. Dans l'opinion, cela va faire un foin du tonnerre dont il risque de ne pas se relever.

Sa lettre de démission est courte, paraît-il – trois paragraphes –, et commence par ces mots : « Une certaine idée de la République m'amène à vous demander de bien vouloir me décharger des fonctions... » Je n'en sais pas plus.

Tout son cabinet l'a suivi. Philippe aussi, évidemment.

On me dit que si Mitterrand suit les Américains, c'est qu'il craint que la France, autrement, soit exclue du règlement de l'après-crise[1]. C'est ce qu'il avait expliqué en Conseil des ministres à la mi-décembre dernier : « Si nous sommes absents des engagements, avait-il alors déclaré, nous serons absents du règlement du conflit. » Je suis sûre qu'il y a eu là un élément déterminant dans la stratégie de Mitterrand.

Pour Chevènement et ses proches, ce n'est là qu'un prétexte. Mitterrand colle aux Américains parce qu'il est pro-américain, voilà tout. Le reste, pour eux, n'est qu'un habillage.

1. Ce qui sera pourtant le cas.

Mitterrand a décidé de rencontrer régulièrement, jusqu'à la fin des opérations, des journalistes par fournées à l'heure d'un petit déjeuner tardif, vers 9 h 30. Je note ici le compte rendu rédigé à la fin de notre entretien.

La guerre, selon lui, devrait se terminer fin mars. Le plan initial de bombardement, révèle-t-il, prévoyait trois semaines à un mois de combat. « Nous sommes encore, dit-il, dans ce schéma. »

Sur la polémique ouverte par Giscard autour des buts de guerre, Mitterrand est clair : « Je n'ai jamais compris, dit-il, la position de Chevènement. La différence qu'il introduisait entre le Koweït et l'Irak m'a toujours paru vaine et arbitraire. S'il s'agit de libérer le Koweït, comment ne pas s'en prendre à l'armée irakienne ? L'objectif est donc d'abord la libération du Koweït, mais il faut également, par la suite, que jamais plus aucune menace de l'armée irakienne ne pèse sur lui. »

Sur l'éventualité d'une médiation de l'Iran, Mitterrand est plus que sceptique : « Je ne crois pas, dit-il, à une médiation avant la défaite. Je pense que l'Iran gardera jalousement sa neutralité. Rafsandjani[1] me téléphonera aujourd'hui ou demain. C'est pour se placer plutôt que pour tenter réellement une médiation.

« Évidemment, a-t-il poursuivi, si Saddam Hussein disait "Pouce, je rentre chez moi, j'accepte un contrôle", bref, s'il reprenait mon plan (sourire), tout serait pour le mieux. Mais je n'y crois pas. »

Quelques phrases sur les relations avec les États-Unis : « Ça va très bien, Bush me téléphone beaucoup ; moi, je suis un peu moins "téléphoneur". Ils me tiennent très au courant : un amiral américain est venu hier me présenter les photos de leurs bombardements. Leurs tirs sont d'une précision incroyable. »

Sur Saddam Hussein et les pays arabes : « On me fait le reproche de rompre avec le monde arabe ! Pour moi, ceux qui ont gazé 5 000 Kurdes ne sont pas des héros du monde arabe ! La France retrouvera très facilement ses relations avec les pays arabes. Bien sûr, nous prenons des risques ! Et alors ? Si nous n'en prenions pas, nous serions la Suisse ! »

Pour ce qui est des armes chimiques : « J'ai toujours pensé que Saddam Hussein les emploierait. C'est un homme qui ne lésine pas sur les moyens. La France sera très exposée dans la bataille terrestre.

1. Président de la République islamique d'Iran.

Nous n'utiliserons pas d'armes de cette nature. C'est le comportement spécifique des grandes démocraties. »

Enfin, un mot sur Chevènement : « J'ai longtemps pensé qu'il valait mieux avoir une équipe gouvernementale unie, et c'était possible dès lors que Jean-Pierre Chevènement appliquait les consignes. Sa lettre est comme un faire-part, a-t-il poursuivi. J'aime mieux qu'il ait quitté le gouvernement à la fin janvier que trois semaines plus tôt, à la veille de la guerre. »

Sa conclusion : « Il y aura des jours difficiles, je vais préparer l'opinion en parlant aux Français jeudi soir, car, dans quelques semaines, il y aura une période très serrée, et il faudra beaucoup de résolution, notamment avec les premiers morts français. »

1991

6 février

J'écris vite tout ce que je n'ai pas eu le temps de coucher sur le papier pendant ces quinze derniers jours.

Pierre Joxe a remplacé Jean-Pierre Chevènement. Ironie du sort – et perversité de Mitterrand : il a nommé à la Défense celui qui partageait, en septembre dernier, une bonne partie des analyses de Chevènement ! Comme je le pensais, la presse entière a vilipendé l'ex-titulaire de la Défense qui ne veut pas faire la guerre. Françoise Giroud a écrit dans le *Nouvel Obs* un papier terrible. Pour reprendre la formule qu'elle avait employée elle-même il y a des années, elle a « tiré sur une ambulance ».

La veille du conflit, le 16 janvier, Mitterrand – ce qui prouve qu'il savait que le conflit ne serait pas déclenché le 15 – avait fait convoquer le Parlement. Michel Rocard obtint le soutien de tous les partis de l'Assemblée à l'exception de 43 élus, dont les communistes et quelques députés de l'opposition, parmi lesquels Jean-Louis Debré, le fils de Michel, et Jean de Gaulle[1]. Même chose ou presque au Sénat où les parlementaires semblaient moins soulevés d'enthousiasme à l'idée de l'entrée en guerre des alliés, dont la France, au Moyen-Orient. Ils ont néanmoins fini par voter comme un seul homme, tant la pression morale – plus que politique – est grande.

1. Le texte gouvernemental a obtenu 523 voix ; 43 députés ont voté contre. Jacques Chirac, président du RPR, a voté pour le gouvernement, mais a refusé de « donner son blanc-seing pour l'ensemble de la France dans la crise ».

Au PS, trois refus de vote : deux jeunes députés et un sénateur[1] qui partagent – ils l'avaient plus ou moins fait savoir à Chevènement – ses analyses sur la guerre.

Jacques Chirac a pris ses distances : il a voté le texte du gouvernement et il a eu en même temps une phrase pour dire qu'il faisait des réserves sur son action.

Le soir même, Mitterrand a prévenu les Français à la télévision que les armes allaient parler.

Deux jours après le déclenchement du conflit, les envoyés spéciaux de toutes les rédactions à Bagdad ont été obligés de déguerpir. L'armée française a invoqué une ordonnance de 1944 qui, pour leur sécurité, interdit aux journalistes le périmètre des combats. Pas d'images de l'intervention militaire : les journalistes pouvaient certes téléphoner ; ils n'ont pas pu intervenir dans la zone des combats, mais uniquement dans un lieu choisi – et surveillé – par l'armée.

Une seule consolation : les télévisions du monde entier en sont réduites aux mêmes expédients – à l'exception notable de CNN dont la correspondante a pu rester à son poste à Bagdad et qui dispose manifestement de plus d'images que nous.

Pendant toute la période où nous avons diffusé en information continue, les animateurs ont discouru à perte de vue devant une carte du Golfe, montrant de temps en temps des images de CNN à Bagdad et interrogeant des experts militaires, généralement des généraux à la retraite dont les commentaires ont été très mal accueillis par l'Élysée.

À intervalles réguliers, les journalistes du monde entier faisaient le tour des capitales : que se passe-t-il à Bagdad, à Tel-Aviv, à Washington, à Moscou, à Riyad ? Une guerre sans images.

Je ne sais plus quand, la semaine dernière ou il y a dix jours, le CSA est intervenu pour demander à toutes les rédactions de spécifier, par une mention « incrustée » en permanence à l'écran, que les images diffusées étaient soit des images visées auparavant par les services d'information des Armées, soit des images d'archives.

Je continuerai demain, il est trop tard pour cette nuit !

1. Il s'agit de Jean-Luc Mélenchon, Julien Dray et Marie-Noëlle Lienemann.

7 février

Nouvelle intervention de François Mitterrand : il répond sur toutes les chaînes aux questions posées par Dominique Bromberger, Georges Bortoli et Jean-Marie Lefebvre. Il prépare les Français à une seconde phase de l'opération : la guerre terrestre. « Nous entrons dans une phase difficile », dit-il.

C'est Jean-Marie Lefebvre qui a posé la question que tout le monde attendait sur l'emploi éventuel des armes chimiques par Saddam Hussein en cas d'entrée sur le territoire irakien des armées alliées.

« Ce que fera l'Irak, je le sais ! », a répondu Mitterrand, qui a ajouté : « Saddam Hussein n'a pas caché son intention. »

Il laisse donc entendre une fois de plus, cette fois sans le dire tout en le disant, que Saddam emploiera les armes chimiques. Quant à la France, précise-t-il, elle n'en utilisera pas.

Qu'est-ce qui pourrait marquer la fin de la guerre, a demandé Bortoli : la libération du Koweït ou bien l'anéantissement du régime irakien ? Réponse claire de Mitterrand : pour lui, il s'agit que le Koweït soit complètement évacué et que l'armée irakienne ne soit plus en mesure de le menacer, un point c'est tout. La France n'ira pas au-delà.

8 février

Il faut dire les choses telles qu'elles sont : une sorte de frénésie nous emporte tous à l'idée de cette guerre en direct dont nous ne retransmettons pas la réalité. Le seul problème, à mon sens, est non pas l'absence d'images, mais le souci de ne pas nous faire piéger par la propagande. En fait, s'il y a une propagande, elle est en quelque sorte négative : pas d'images, et surtout, ce qui me gêne davantage, pas de points de vue discordants.

J'essaie, sans illusion, d'inviter Chevènement à l'antenne : sans succès, et sans même pouvoir le joindre directement.

Je m'adresse plusieurs fois à Claude Cheysson dont la position n'a jamais été favorable aux opérations militaires contre l'Irak, et qui me le redit en privé à la fin janvier ; il refuse néanmoins d'en parler à la télévision, arguant que la France est en guerre et que, désormais, il ne dira plus un mot.

Je vais vite, car je n'ai guère le temps d'écrire la nuit, et que de surcroît, vu les heures auxquelles je travaille au petit matin, je m'endors dès 10 heures du soir.

Que dire, sinon que le tapis de bombes américaines sur l'Irak continue, tandis qu'en Israël chacun s'attend à voir une pluie de SCUD s'abattre sur Tel-Aviv. De temps en temps, nos correspondants en Israël et en Arabie saoudite font état de tirs de roquettes en provenance d'Irak. Nous n'avons aucune information sur les opérations de guerre. Où sont les armes chimiques ? Les Irakiens comptent-ils s'en servir pour riposter, mais quand ?

Nous avons fini par interrompre l'antenne en direct. Le problème a été de ne pas abandonner les premiers et de ne pas laisser la Cinq[1] seule sur le créneau de la guerre. Dans tout cela nous nous sommes faits sérieusement rappeler à l'ordre pour un reportage assez réjouissant de Patrick Bourrat qui rompait singulièrement – mais, je trouve, assez judicieusement, quoi qu'on m'en ait dit – avec la grand-messe de la guerre. Il a trouvé, à quelques encâblures du territoire irakien, quatre militaires français adossés à leur camion immobilisé dans les sables. Ces pauvres types ne savaient rien des opérations en cours, ils se demandaient ce qu'ils faisaient là et râlaient, en bons bidasses, parce qu'ils étaient seuls en plein désert.

Le CSA – à l'instigation, je le sais, de l'Élysée – m'a convoquée pour me dire qu'en temps de guerre, cela ne se faisait pas ! *Le Figaro*, jamais en reste, a consacré un article au reportage de TF1 en disant qu'il était scandaleux. Moi, je trouve que le scandale aurait été de ne pas le diffuser.

Au milieu de tout cela, je suppose que nous avons laissé passer des erreurs. Je ferai le compte après. Ce que je ne supporte pas, c'est l'attitude de ceux qui me disent, depuis plusieurs jours, qu'il ne faut pas donner la parole aux ennemis de la France, qui condamnent FR3 parce que ses journalistes ont invité à l'antenne, fin janvier, des représentants de la communauté musulmane de Paris, craignant que des propos favorables à Saddam Hussein dressent les communautés les unes contre les autres.

Le vrai problème est autre : aurions-nous dû prendre l'antenne en direct ? Comment ne pas le faire, quand le monde entier s'y employait ? En tout cas, les Français étaient à l'écoute. Tous en train

1. La cinq est une chaîne généraliste de télévision privée qui a commencé à émettre en 1986. Elle est détenue jusqu'en 1987 par Silvio Berlusconi et Jérôme Seydoux.

de râler, tous en train de critiquer l'absence de reportages ou d'images de guerre : mais tous pourtant devant leur petit écran.

14 février

J'ai une interprétation complètement personnelle de la visite que Michel Rocard a effectuée hier, accompagné de Pierre Joxe, aux militaires de la division Daguet. Si je lis la presse – et je la lis –, je constate qu'on décrit un Rocard ignorant tout de l'armée, confondant un porte-char et un camion de transport, demandant : « Qu'est-ce que ce tuyau ? » en désignant un lance-roquette. Je ne crois pas un seul instant que Rocard ne voie pas la différence entre un tuyau et un lance-roquette, différence qu'un enfant de dix ans percevrait sans difficulté. Non, je pense qu'il l'a fait exprès : c'est une façon de montrer qu'il n'est pas un va-t-en-guerre, qu'il est resté le militant PSU combattant jadis la guerre d'Algérie, les civils qui l'ordonnaient et les militaires qui la faisaient. Il a voulu se démarquer de Mitterrand dont il a toujours condamné la réaction lorsque, ministre de l'Intérieur au moment de la guerre d'Algérie, sous la IVe République, il a dit : « L'Algérie, c'est la France. »

Peut-être que je me raconte des histoires et que Michel Rocard a été pris, en allant voir la division Daguet, d'une irrésistible envie de se renseigner sur la chose militaire...

15 février

Les frappes se poursuivent contre l'Irak. Avec des conséquences terribles : à Bagdad, quatre cents civils ont été tués dans le bombardement d'un abri anti-aérien. On nous a parlé de la précision des tirs américains, des bombes « intelligentes », etc., etc. N'y avait-il que des civils dans cet abri, ou bien était-ce un PC militaire déguisé ? Où est l'armée irakienne ? Enterrée, comme on le dit, dans des souterrains creusés à cet effet depuis des années ?

Les sondages montrent que les Français sont dans leur grande majorité favorables à la guerre. Même chose dans tous les pays qui participent aux opérations contre l'Irak. Difficile, pourtant, de ne pas déplorer qu'on en soit arrivé là. C'est l'entêtement de Saddam Hussein qui nous a amenés à cette situation alors qu'on lui a donné, depuis août dernier, largement le temps de réfléchir.

Je n'arrive pourtant pas à me réjouir des succès de l'aviation alliée. Alors que l'Irak ne parvient pas à mettre un avion au combat, je n'arrive pas à comprendre la stratégie de Saddam : si c'est pour ne pas pouvoir répliquer, ne devait-il pas évacuer le Koweït avant le déclenchement des hostilités, au lieu d'attendre, comme il l'a fait aujourd'hui, pour le proposer ?

19 février

Nouvelle rencontre du Président avec les journalistes à 9 heures du matin. L'impression générale est que Mitterrand est embarrassé par le plan Gorbatchev[1]. Il est très méfiant et craint un coup fourré. Au fond, il préférerait que la guerre suive son cours, qu'après la période de bombardements se déroule une offensive terrestre qui irait jusqu'à la défaite complète de Saddam Hussein.

« Le plan Gorbatchev, dit-il, m'a été apporté hier soir personnellement par l'ambassadeur d'URSS. Normalement, les Irakiens doivent répondre aujourd'hui, et nous prendrons position le jour même. De toute manière, nous sommes dans la période du compte à rebours, et je suis seul en France à être informé de la date de l'offensive terrestre. Si Saddam accepte le retrait maintenant, ce ne sera pas encore la fin de la guerre. Je me méfie des faux-semblants d'un homme qui agit toujours aux marges de la duperie. Beaucoup de ses manœuvres sont faites pour gagner du temps et attendre la saison chaude, ce qui redouble ma méfiance. »

Un temps, puis : « Je ne serai pas complaisant avec l'Irak. Saddam est un homme d'un cynisme absolu, d'une brutalité inouïe. Pour la paix du cœur et de l'esprit, il vaudrait mieux qu'il s'exile dans le fin fond de l'Indonésie. »

De là à dire que Gorbatchev, lui aussi, fait tout pour gagner du temps et attendre la saison chaude, comme Saddam Hussein, et peut-être pour lui permettre de trouver une issue, il n'y a qu'un pas.

1. Le plan de paix proposé par Mikhaïl Gorbatchev prévoit le retrait sans conditions des troupes irakiennes du Koweït en échange de non-saction infligée à Saddam Hussein.

20 février

Déjeuner à la Défense chez Pierre Joxe, nouvellement arrivé dans les lieux. Extraordinaire de voir la rapidité avec laquelle ces gens s'adaptent à leurs nouvelles fonctions : il a l'air d'être ministre de la guerre depuis des années alors qu'il vient à peine de s'installer sous les lambris de l'hôtel de Brienne, rue Saint-Dominique.

Joxe est, d'emblée, décidé à ne pas se laisser aller à la moindre confidence : pas question de poser des questions indiscrètes sur la conduite des opérations ; chacun sent qu'il se ferait sérieusement envoyer aux pelotes au moindre faux pas. D'ailleurs, je ne m'attendais pas à ce qu'il parle sans retenue.

Il a quelques mots pour sous-entendre que Chevènement est allé trop loin et qu'il a fusillé sa carrière (il ne le dit pas dans ces termes, je traduis globalement le sens des courtes phrases qu'il prononce sur son prédécesseur). Lui, Pierre Joxe, a incontestablement su mettre un terme, à temps, à ses interrogations de septembre dernier. Il faut dire que l'autisme de Saddam Hussein, depuis des mois, a de quoi faire réviser tous nos jugements sur la paix et la politique arabe de la France.

Il n'est pas commode, Pierre Joxe, ou alors très impatient de voir ce déjeuner s'achever : il ne l'a accepté que pour complaire aux désirs de son fidèle collaborateur, Guy Perrimond, chargé entre autres de la communication. Il s'irrite de la lenteur avec laquelle les serveurs, qui sont tous de jeunes appelés, passent les plats, leur demande d'ouvrir la fenêtre parce qu'il a trop chaud, puis de la refermer parce que j'ai froid.

Rien d'étonnant à cela : il est né dans le creuset de la politique, a connu de Gaulle tout petit ; son père a été ministre une longue partie de sa vie. La différence entre Pierre Joxe et bien des socialistes, c'est qu'il n'a pas, lui, attendu 1981 pour découvrir ce nouveau monde, les dorures des palais et la vie dans les ministères.

26 février

Résumé rapide, ce soir encore, des chapitres précédents. Un nouvel ultimatum américain a été lancé à Bagdad vendredi de la semaine dernière : l'offensive terrestre en Irak serait déclenchée dimanche (le 24) par les alliés si le Koweït n'est pas évacué dans les vingt-quatre heures. Saddam a émis un communiqué sidérant, trouvant « choquant » – c'est le terme employé – l'ultimatum américain et proposant une évacuation en vingt et un jours, tandis que Tarek Aziz, depuis Moscou où il était le soir même, s'est dit disposé à accepter – trop tard –, au nom de l'Irak, le plan de paix de l'URSS.

Rien de cela n'a marché : les Américains ont refusé la proposition que leur faisait Saddam Hussein d'évacuer le Koweït lentement, trop lentement : vingt et un jours ! Et l'offensive terrestre a commencé le 24. Nous avons pris l'antenne à 4 heures du matin pour la garder sans interruption pendant trente-six heures.

Américains et Saoudiens ont fait mouvement vers Koweït City. Les Anglais ont ciblé Bassora et, refermant le dispositif, les Français de la division Daguet se sont dirigés vers la base aérienne d'As-Salman pour prendre en tenaille les troupes irakiennes.

Les troupes alliées n'ont nulle part rencontré de résistance. Où est l'armée irakienne ? Mystère ! Il n'y a eu que Saddam pour affirmer dans un communiqué à la radio qu'il avait la situation en main.

Ce matin, le Raïs a annoncé qu'il retirait ses troupes du Koweït. Cette après-midi, qu'il acceptait en bloc toutes les résolutions de l'ONU si le cessez-le-feu était immédiat.

Tout cela n'a aucun sens : les troupes alliées ont mis à peine plus de deux jours pour atteindre leurs objectifs.

27 février

Les Américains ont rejeté la proposition de Saddam Hussein : ils continuent la guerre. Leurs chars attaquent les blindés de la Garde irakienne.

28 février

Reddition sans condition de Saddam Hussein. Des milliers de victimes en Irak, sans doute, sous les bombardements, pour une guerre qui s'achève piteusement. Une guerre inutile.

Au Koweït, les puits de pétrole brûlent, on a l'impression que le Moyen-Orient tout entier part en fumée, une fumée noire qui envahit tout l'écran. Je me demande si la vie va pouvoir redevenir normale, là-bas, si ce spectacle d'enfer diffusé sur tous les écrans du monde va s'arrêter.

Et puis, aussi, dans quel état sont les civils et même les militaires irakiens ? Après tout, on nous dit qu'ils n'ont pas résisté. La vérité est que nous ne sommes même pas en mesure de savoir si c'est vrai ou pas. Ont-ils détalé ? Ont-ils combattu ?

1er mars

Et puis, stupeur : pourquoi les Américains ne sont-ils pas allés jusqu'à Bagdad ? Pourquoi, au moment où la voie était libre, n'ont-ils pas poursuivi leur course ? Parce que tel n'était pas le mandat de l'ONU ? Parce que leurs alliés – la France, par exemple – leur ont demandé d'arrêter ? Mitterrand a dit, l'autre jour, que le but des opérations militaires, pour lui, était l'évacuation du Koweït, et pas la destruction de l'Irak. Ou bien est-ce Bush lui-même qui ne veut pas liquider l'Irak ? Craindrait-il de déstabiliser le Moyen-Orient, de rompre l'équilibre Irak/Iran ? Sans doute tout cela à la fois. Et puis, il y a le chef d'état-major des armées Colin Powell qui, dit-on, a beaucoup pesé dans la décision d'arrêter les frais.

En tout cas, pour la presse, pour moi, c'est le moment de dormir ! Non sans ressentir une sorte de sentiment de frustration – non, une impression d'absurde, plutôt : « Tout ça pour ça », je n'arrête pas de retourner dans ma tête ces quatre mots.

5 mars

La guerre du Golfe aura au moins cet effet qu'elle a jeté un voile, pendant plusieurs mois, sur les affaires, notamment Urba, autrement appelée l'« affaire des fausses factures » du Sud-Est. Dès que les engagements en Irak ont été terminés, les affrontements sur le sujet ont repris illico. L'ouvrage d'Antoine Gaudino, *L'Enquête impossible*[1], a ouvert la voie à toutes les conjectures : fausses factures pour financer partis politiques et campagne présidentielle, tout y est. Le pire est à craindre.

12 mars

Michel d'Ornano, l'ancien lieutenant de Giscard, est mort il y a quelques jours d'une manière tragique : il a été fauché par une voiture en sortant d'un bureau de tabac, à Saint-Cloud. J'ai assisté à la céré-

1. Albin Michel, 1990.

monie, à Deauville dont il était le député. Il a toujours été, avec moi, un interlocuteur intelligent, comme Ponia le fut de 1974 à 1981, et même après.

Évidemment, il avait très mal supporté sa défaite, son élimination aux élections à l'hôtel de ville de Paris en 1977, et plus mal supporté encore que ce soit Jacques Chirac qui le batte et devienne ainsi le premier maire de Paris. Il faut dire que si d'Ornano n'a plus jamais, par la suite, occupé le devant de la scène politique, on ne peut en dire autant de Chirac que cette campagne parisienne avait sérieusement remis en forme après son passage à Matignon, et auquel elle a donné depuis lors un rôle incontournable, celui du maire de Paris qu'il est resté.

Tout Deauville et tous les giscardiens étaient là. Pas beaucoup de chiraquiens, moins encore de socialistes à l'exception des élus locaux.

15 mars

Dans la série que F.L., H.M. et moi[1] préparons sur les Premiers ministres de Mitterrand, nous avons déjà interrogé Jacques Chirac, et nous interrogeons aujourd'hui Michel Rocard.

Il nous reçoit dans le petit bureau qui jouxte la salle à manger de l'hôtel Matignon, non sans avoir auparavant salué les techniciens comme de vieux amis – qu'ils ne sont pas. Il nous parle une heure durant de François Mitterrand, de la répartition du travail entre eux deux, de l'estime qu'il a pour le Président, des grands objectifs qu'ils partagent : réduire les inégalités, instaurer la justice sociale. Avec, cependant, quelques bémols, notamment quand nous lui demandons pourquoi il n'est jamais devenu un intime de Mitterrand. Pourquoi, par exemple, n'a-t-il jamais rejoint le président de la République à Solutré ? À entendre cette question il a pratiquement un haut-le-cœur. Visiblement, l'idée de gravir la pente de Solutré en chemise rose, comme Jack Lang le fait chaque année, lui donne la nausée. Il répond d'une phrase compliquée, à la Rocard, que Mitterrand a une réelle fidélité en amitié, mais qu'il la distribue chichement. Il ne fait pas partie des heureux élus.

---

1. Il s'agit de François Lanzenberg et Henri Marque avec lesquels je viens de terminer le documentaire sur le septennat de Valéry Giscard d'Estaing, *Le Pouvoir et la Vie*.

Arrivé au terme de son exposé, il s'arrête, nous remercie, demande si la caméra tourne encore. Je lui réponds que non, sachant bien que tout cameraman qui se respecte continue de filmer dans ce genre de situation.

Et là, d'un coup, quel torrent ! Comme je ne prends pas de notes, je ne retiens de cette conversation finale, presque entre parenthèses, qu'une charge féroce contre Mitterrand qui l'exclut de certains domaines, qui ne le laisse agir qu'au compte-gouttes, qui exerce sur lui une contrainte de tous les instants, n'hésitant pas de temps à autre à se livrer sur lui à une véritable campagne d'intidimidation, en l'inondant de coups de téléphone – c'est le cas en ce moment, précise-t-il – sur un point précis à propos duquel lui, Rocard, finit par céder.

Rocard n'a plus son sourire de boy-scout. L'irritation, le ras-le-bol rendent son débit plus saccadé que jamais. Je ne l'ai jamais vu comme cela. Je me demandais l'autre jour pourquoi Mitterrand ne le « démissionnait » pas. Je me demande aujourd'hui pourquoi il reste. Pour les mêmes raisons que Mitterrand le garde, sans doute : il existe, il a une image presque intacte après plus de deux ans passés à Matignon, malgré la guérilla permanente que lui livrent – ou plus exactement que lui livraient avant la crise du Golfe – des ministres comme Jack Lang, Roland Dumas ou Lionel Jospin. Tous portent le même jugement sur Michel Rocard, comme s'il leur avait été soufflé par Mitterrand, et c'est sans doute le cas : selon eux, Rocard appelle son gouvernement à la rigueur, à l'effort, aux économies. Il le fait trop souvent pour un Premier ministre socialiste, quitte, accusent-ils, à renoncer aux objectifs sociaux.

Il reste qu'avec son personnage réellement sympathique, Rocard est plus indispensable que le Président ne le pense.

De là à lâcher, devant des techniciens qu'il ne connaît pas et des journalistes qu'il ne connaît pas très bien, une telle salve contre Mitterrand ! Nous en restons sans voix. Moi, j'ai l'impression de faire du voyeurisme politique. C'en est presque gênant. J'espère qu'il ne nous reprochera pas, lorsqu'il repensera à cette scène, de s'être ainsi laissé aller devant nous. Ce serait le comble : le moins qu'on puisse dire est qu'on ne l'a pas sollicité !

J'allais oublier le ton sur lequel il s'est épanché : amer, ironique, aussi violent qu'il peut l'être, aigre, et aussi, je dois le dire, fatigué.

Je n'ai aucun moyen de savoir, ce soir, ce qu'il en est de cette bande qui vaut de l'or, dans les mains de qui elle est, ce que deviendra la fin de l'enregistrement qui n'était pas destinée à la diffusion. Peut-être, dans des années encore, moisira-t-elle dans les archives de TF1 ?

Rocard est-il arrivé en fin de parcours ? C'est ce que croient tout son cabinet et ses proches. Et aussi ceux qui ne le sont pas, comme Jean Poperen qui me l'a confié aujourd'hui. Quant à ceux qui ne le croient pas, ils le souhaitent : comme Laurent Fabius, à l'extérieur du gouvernement, ou même Pierre Joxe, en son sein.

20 mars

Avant-hier, conférence de presse de Philippe Marchand qui a remplacé Joxe à l'Intérieur pendant la guerre du Golfe. Antoine Gaudino a été révoqué de ses fonctions dans la police nationale : c'est le ministre de l'Intérieur fraîchement nommé qui l'annonce et doit affronter la tempête. Raison officielle et sans doute réelle : il a été limogé pour violation du secret professionnel et manquement grave à l'obligation de réserve[1].

Il fallait voir le pauvre Philippe Marchand, barbu, mal assuré, blafard, lisant de près ses papiers de peur de commettre une faute. Il y a des conférences de presse qui permettent d'éloigner les problèmes. Il y en a d'autres, au contraire, qui enfoncent le clou. Celle de Philippe Marchand est de celles-là !

Du coup, le lendemain, l'ex-commissaire Gaudino a tenu lui-même une conférence de presse : comme il est dégagé de tous ses devoirs envers le pouvoir, il y va carrément. Il renvoie au livre écrit par Jacques Derogy et Jean-Marie Pontaut sur *Les Ripoux de la Côte* et ajoute, perfide, une phrase du genre : « Je constate que même le nom de celui qui me sanctionne – c'est-à-dire le ministre de la Justice, Henri Nallet – est cité comme intervenant dans l'affaire Urba. On ne peut pas, conclut-il, être juge et partie. »

Tout cela sent très mauvais, d'autant plus que l'opposition s'en empare avec un plaisir extrême. La gauche n'aurait vraiment pas dû

1. Dans l'affaire Urba, l'inspecteur Antoine Gaudino a levé le lièvre de l'affaire des fausses factures du Sud-Est, révélant un lien entre l'attribution de marchés publics et le financement du Parti socialiste. Écarté, muté par l'Intérieur, finalement dessaisi du dossier, il a écrit un livre, devenu rapidement un best-seller, *L'Enquête impossible* (Albin Michel), basé sur les cahiers Delcroix, du nom de ce militant du PS marseillais qui avait noté avec application dans des cahiers toutes les réunions d'Urba et les sujets qui y avaient été traités.

céder à ses mauvais penchants. On me dit là-dessus la vraie pensée de Mitterrand : après tout ce que la droite a fait pendant les années où elle était au pouvoir, jamais la gauche n'en fera autant. Je ne suis pas sûre que l'opinion publique puisse partager ce point de vue. Les Français auront dès lors l'impression que la gauche et la droite, c'est du pareil au même. Peut-être même penseront-ils aussi ce que j'ai tendance à penser : la gauche est encore plus répréhensible, car elle trahit ses propres valeurs, celles sur lesquelles elle a été portée au pouvoir : honnêteté, probité, refus de l'argent-roi.

Je sais bien que tout cela a été provoqué par l'obligation de financer des campagnes et des partis politiques au moment où leur financement n'était pas assuré. Je sais aussi qu'il ne s'agit pas forcément de détournements à des fins d'enrichissement personnel. Tout de même, c'est impardonnable !

Si j'étais Rocard, je n'attendrai pas que Mitterrand me fiche dehors, je profiterai de ce climat exécrable pour partir. Il ne veut sans doute pas abandonner le navire ; mais c'est le navire qui l'abandonne.

1er avril

La Krajina vient de proclamer son rattachement à la Serbie. La doctrine du maintien du tracé des frontières – position qui est toujours celle de Mitterrand – est battue en brèche : l'Europe a accepté l'indépendance de la Croatie à la demande de l'Allemagne. Aujourd'hui la Croatie, demain la Slovénie. Le respect des frontières, tu parles !

9 avril

J'ai rencontré Thierry Jean-Pierre aujourd'hui pour la première fois dans un restaurant chinois de la rue Pierre-Charron où il a ses habitudes. Thierry Jean-Pierre, c'est le jeune juge d'instruction rouquin qui vient d'être dessaisi du dossier Urba. Quelle erreur !

Je ne suis pas sûre de tout comprendre dans cette histoire, et je m'aperçois que, du coup, je n'en parle guère ici. Pourtant, son importance grandit de jour en jour dans la vie publique. On pourrait même dire qu'elle la mine.

Après son dessaisissement, Thierry Jean-Pierre, considéré désormais comme l'ennemi numéro 1 du PS, ne baisse pas les bras ; il tient à s'expliquer auprès des journalistes et j'ai voulu le rencontrer seule.

Je vais vite : l'affaire a été mise au jour pour la première fois dans le Sud-Est par l'inspecteur Gaudino (voir plus haut). Après son semi-enterrement, c'est Thierry Jean-Pierre qui, me dit-il, tout à fait par hasard (parce qu'une dalle de béton s'est effondrée, faisant des victimes), a mis le doigt sur les liens entre l'attribution de certains marchés publics, l'établissement de fausses factures à des sociétés intermédiaires, et, au bout de tout cela, le financement du Parti socialiste. Il a interpellé et inculpé un responsable d'Urba. Apprenant que celui-ci avait prévenu son supérieur national, le dirigeant socialiste d'Urba, Gérard Monate, Thierry Jean-Pierre a pris le risque de partir pour Paris et de perquisitionner les locaux d'Urba-Graco, ce que la procédure ne l'autorisait pas à faire. C'est pourquoi il a été dessaisi sur-le-champ.

Une fois de plus, quelle maladresse, quelle erreur aussi : le petit juge, écarté, risque de créer plus de mal qu'il n'en aurait fait s'il était resté en charge du dossier ! Il est devenu en quelques mois l'ennemi n° 1 du Parti socialiste. L'amnistie est encore l'objet de polémiques. L'opposition a trouvé son héros : un jeune juge qui passera bientôt pour un martyr.

12 avril

Petit déjeuner à l'Élysée avec les confrères habituels depuis des années : Elkabbach, Duhamel et consorts. Je trouve Mitterrand en pleine forme. Cette guerre du Golfe l'a fait remonter dans les sondages, les Français ont dans leur majorité approuvé son action. Il a dirigé les choses tout seul, sans ou presque sans Premier ministre. Il a parlé aux plus grands – Bush, Gorbatchev – d'égal à égal. Il a envoyé des émissaires aussi différents politiquement que Jean Lecanuet ou Claude Cheysson aux quatre coins du monde, façon à lui de faire l'unité nationale dans une telle période. Au fond, la guerre lui a profité.

Aujourd'hui, le voici confronté à d'autres urgences. Et notamment celle des affaires. Je m'attendais à le voir s'irriter contre les socialistes qui alimentent les enquêtes de police avant d'être poursuivis par la justice. Je me trompais. Il en a surtout contre l'opposition : « C'est un motif de scandale intérieur, dit-il, que de voir les partis de l'opposition, hier majoritaires, qui avaient alors les poches pleines, exploiter aujourd'hui les affaires. C'est moralement abominable ! »

La phrase rejoint la pensée qu'il exprimait l'autre jour : jamais la gauche n'en fera autant que la droite.

« À droite, continue-t-il, ils sont beaucoup plus habiles !

Nous l'interrogeons sur l'indépendance de la justice. « J'ai hérité, nous répond-il, d'un Conseil supérieur de la magistrature qui me venait de Giscard. J'ai eu de bons rapports avec tout le monde, avec ceux que j'ai nommés comme avec ceux que j'ai trouvés en arrivant. C'est un roman de dire que le président de la République nomme tous les magistrats. Je nomme les plus importants, sur proposition du garde des Sceaux. »

Hier, il a écouté l'intervention de VGE sur TF1. Il ironise : « Giscard dit qu'il n'est jamais intervenu sur un magistrat. Moi non plus. J'ajoute qu'en plus, cela ne servirait à rien, sinon à déclencher des catastrophes ! »

Sur les fameux « cahiers Delcroix », qui ont tant servi à l'inspecteur Gaudino, il ironise encore : « Mon nom n'y est pas ! Un coup de chance ! C'est un miracle, puisque je connaissais bien Monate. À un seul moment, on voit apparaître le nom de Jean-Claude Colliard[1]. C'est tout. Un miracle ! »

Un passage de la conversation vaut son pesant d'or : il s'agit de son jugement sur les leaders du Parti socialiste. « Moi, dit-il, je suis bien avec chacun d'entre eux. C'est eux qui sont mal entre eux ! »

Selon lui, « un nouvel élan » est nécessaire. Il est même urgent.

Nous lui demandons si Michel Rocard peut être, à Matignon, l'homme de ce nouvel élan.

« Oui, pourquoi pas ? » répond-il sans en faire trop, en restant plutôt évasif. Rien, pas un mouvement du visage, pas un éclair du regard ne montre ce qu'il entend faire, ni ce qu'il pense vraiment à cet instant précis.

Nous parlons enfin de la conférence internationale sur la paix qui doit se dérouler à l'automne : celle-ci a pour objet, au sortir de la guerre du Golfe, d'engager un processus de paix au Moyen-Orient. Mitterrand l'avait souvent dit pendant la guerre du Golfe : sa présence aux côtés des armées alliées dans l'offensive contre Saddam

1. Professeur de droit, Jean-Claude Colliard a été directeur adjoint, puis directeur du cabinet de François Mitterrand à la Présidence de la République, avant de devenir directeur de cabinet de Laurent Fabius, président de l'Assemblée nationale.

Hussein valait ticket d'entrée à cette conférence. Aujourd'hui, la présence de la France autour de la table de négociations n'est pas assurée, Israël et les États-Unis ne voulant pas de la présence exigée par la France de représentants de l'OLP autour de la table.

« Je ne crois pas, dit Mitterrand, qu'on réglera le problème de la Palestine sans les Palestiniens, voilà tout. Donc, à propos de cette conférence régionale sur le Moyen-Orient, je serai très content d'être absent d'une conférence qui échouera. J'ai dit : Faites donc et assumez l'échec ! Quant à Arafat, je n'en fais pas un problème personnel. Mais Arafat c'est l'OLP, et l'OLP a encore, que je sache, Arafat à sa tête ! »

Une fois sortis, nous constatons qu'à propos du « nouvel élan », nous avons différemment interprété ses propos. Moi, après la scène avec Rocard d'il y a quelques jours, et ayant vu de près, sans filtre, la colère qui était la sienne lorsqu'il parlait en privé de Mitterrand, je ne pense pas qu'il en ait pour longtemps. D'autres de mes confrères n'ont trouvé, dans les propos de Mitterrand, aucune condamnation de Michel Rocard, ce qui donne à penser qu'il sera l'homme du rebond.

Je connais assez Mitterrand pour savoir qu'il lui arrive de temporiser en attendant, comme disait Edgar Faure, que les choses aillent encore plus mal pour prendre une décision qu'il remet depuis un moment.

17 avril

Anniversaire de la privatisation de TF1 en 1987. C'est dur, TF1 privatisé, mais au moins les choses sont claires : si ça ne marche pas, on gicle ! Ce qui vaudra aussi pour moi !

27 avril

Pendant toute cette semaine, il n'a été question que d'une chose : des relations entre Rocard et Mitterrand. Je schématise : d'un côté, tous les mitterrandistes continuent de reprocher à Rocard son absence de préoccupations sociales, son entêtement à parler de rigueur et à ne pas prendre les mesures nécessaires. De l'autre, tous les proches de Rocard doutent désormais de la longévité du Premier ministre et dénoncent la pression qu'exerce sur eux l'Élysée.

Je ne sais pas comment cela se passe lorsqu'ils sont en tête à tête, avant le Conseil des ministres du mercredi, par exemple. Peut-être ne se disent-ils rien, ou, au contraire, se dressent-ils l'un contre l'autre dans le secret du bureau présidentiel.

Un exemple : Mitterrand est intervenu aujourd'hui dimanche, dans le cadre du journal de TF1, à 20 heures, pour parler des récents événements de Mantes-la-Jolie, précédés de ceux de Sartrouville en mars, donc des banlieues et de la politique de la ville. En principe, ce n'est pas à lui de le faire, mais évidemment au Premier ministre. Eh bien non : Mitterrand a tenu à évoquer lui-même les conditions d'existence de ces banlieues où s'accumulent désordre et chômage. Il

1991

a parlé de « devoir de l'État » en la matière[1].

Je me trompe peut-être : le connaissant, et sachant qu'il n'aime pas à descendre au niveau des cages d'escalier, je suis convaincue que son intervention est une manière de dire à Michel Rocard qu'il faut traiter les problèmes sociaux avant qu'ils ne vous sautent à la figure. Qui plus est, parlant de la ville, des violences, des inégalités, des banlieues, Mitterrand ne peut pas ignorer qu'il s'agit là de thèmes chers à Rocard, à propos desquels il a entrepris une réflexion depuis l'été 1989, lorsqu'il a annoncé qu'il ouvrait un chantier de première importance : celui de l'Île-de-France. Il prend sans doute un plaisir particulier à montrer qu'il n'est pas lui-même indifférent à la situation calamiteuse de la banlieue.

Peut-être y a-t-il aussi un autre élément : je sais que beaucoup de mitterrandistes reprochent à Michel Rocard d'avoir dit, l'année dernière, à l'occasion de je ne sais quelle réunion interne du PS, que les gouvernements modernes devaient avant tout rechercher l'« appui de l'opinion[2] ».

Que n'avait-il dit là ! Rechercher le quitus de l'opinion, c'est rechercher le consensus, c'est donc vouloir se rapprocher des cen-

1. François Mitterrand a dit ce jour-là : « Il faut une politique de la ville pour modifier les conditions d'existence de ces banlieues où s'accumulent toutes ces misères, la laideur et le désordre, et où nos jeunes éprouvent les plus grandes difficultés à trouver un emploi... Le devoir de l'État est de parvenir à compenser l'énorme mouvement démographique de la population vers la ville avant que celle-ci ait pu s'organiser. » À noter qu'il n'a pas parlé de l'immigration.

2. Il s'agissait d'une réunion du bureau exécutif du PS, à Joué-lès-Tours, où les ministres avaient été conviés à préparer le nouveau projet socialiste.

tristes, souhaiter les inclure dans la majorité. Et puis, avec cette ode à l'opinion publique, Michel Rocard suggère que le Parti socialiste ne dispose pas de solutions toutes faites à tous les problèmes qui se présentent à lui. Qu'il ne faut pas tenter de faire le bonheur des Français contre et malgré eux.

Propos iconoclastes qui lui avaient valu l'animosité et peut-être la démission d'Édith Cresson, alors ministre des Affaires européennes[1], et qui, six mois plus tard, continuent de lui être reprochés.

Toujours est-il que cette intervention de Mitterrand, un dimanche de surcroît, ne me dit rien qui vaille sur l'avenir de Michel Rocard à Matignon. C'est d'ailleurs ainsi que l'apprécient la plupart de ses collaborateurs.

25 avril

Le voilà, le piège contre Rocard : le « trou » de la Sécurité sociale ! Il est vrai qu'il se creuse, que Claude Évin[2] fait semblant de penser qu'il n'y a là qu'une affaire de trésorerie. Depuis plusieurs mois, on lui reproche une trop grande rigueur. Aujourd'hui, Mitterrand lui reproche son laxisme. Le front Bérégovoy-Rocard – tous deux d'accord pour lutter contre le déficit en 1990 – s'est maintenant désuni. On peut faire confiance au premier pour enfoncer le second auprès de Mitterrand.

Cela étant, je suis sûre qu'il y a chez Rocard, qui se sent fragile, la volonté de ne pas perdre l'électorat populaire dont il aura besoin en 1995, s'il se présente à l'élection présidentielle – et franchement, je ne vois d'ailleurs pas ce qui l'empêcherait de se présenter, cette fois.

1. Édith Cresson, proche de Mitterrand, avait démissionné en octobre 1990, jugeant que le Premier ministre ne « réagissait qu'aux desiderata de l'opinion » : « J'ai toujours pensé, continuait-elle, que la politique doit guider l'opinion, et non pas la suivre. »

2. Ministre de la Santé, Claude Évin est, avec Tony Dreyfus, le ministre le plus proche de Michel Rocard.

15 mai

Ça y est : Rocard a été « démissionné ». Chacun le sait, de toute façon, cela ne pouvait plus durer. Personne n'ignore plus qu'en privé, Mitterrand ne loupe pas une occasion de tempêter contre lui. Le trou de la Sécurité sociale est la goutte d'eau qui a fait déborder le vase.

Évidemment, ce n'est là qu'un prétexte. Je crois que ce qui énervait le plus Mitterrand, c'est que Rocard ait gardé une image intacte dans la presse : cela ne date pas d'hier, il s'énervait de même au congrès de Metz, en 1979, lorsque quotidiens et télévisions dressaient de Rocard des portraits plus que flatteurs.

Mitterrand apparaît à la télévision le soir même depuis l'Élysée. Il annonce le départ de Michel Rocard, sans, contrairement à la coutume, dire un seul mot favorable à l'action passée de son ex-Premier ministre. Il a donc nommé, dit-il, sérieux et solennel, Édith Cresson. Il le dit en moins de trente secondes, ajoutant, selon la formule consacrée, que le gouvernement qui sera nommé dès demain va se mettre au travail.

Terrible, ce choix de Cresson !

D'abord parce qu'elle n'a cessé de clamer, depuis qu'elle a démissionné en octobre dernier de son ministère, que Michel Rocard était l'homme de l'immobilisme et de la non-volonté politique. Sa nomination est une gifle à Rocard.

Ensuite, parce que le choix surprend. Qu'a donc fait, dit, Édith Cresson pour être nommée à Matignon ? Pas grand-chose : elle est en quelque sorte le contraire de Rocard, voilà tout. Aussi offensive que Rocard a semblé depuis plusieurs mois prudent. Aussi peu « centriste » dans son comportement et ses options politiques que Rocard est volontiers œcuménique. J'ajoute qu'elle figure dans le premier cercle du Président, tandis que Rocard ne sera jamais parvenu, en trente ans de vie politique, à se rapprocher véritablement de lui. À noter également que, depuis des années, son langage, sa pugnacité, son côté « anti-techno » séduisent le Président. Est-ce suffisant ?

On verra bien. En tout cas, une chose est sûre : une femme à Matignon, pour la première fois dans l'histoire de la République, cela fera couler assez d'encre pour faire oublier le fond des choses. Donc, à demain pour la composition du gouvernement.

16 mai (notes prises en fin de journée dans la voiture, en quittant mon interlocuteur)

J'avais, depuis quelques jours déjà, pris rendez-vous avec Tony Dreyfus pour le sonder sur les relations Mitterrand/Rocard, et surtout pour lui demander si l'équipage tiendrait longtemps. Toutes questions que la décision de Mitterrand et la démission de Rocard ont rendues inutiles.

Donc, au moment où chacun se préoccupe de la composition du gouvernement Cresson, je suis rue de Bellechasse où Dreyfus garde pour quelques heures encore son bureau ministériel. Je le trouve abattu, ce que l'on peut comprendre. Il est surtout triste : il entendait bien, autour de lui, les bruits de la ville, qui comptait les jours de Michel Rocard à Matignon. Il n'y croyait pas, il ne voulait pas y croire. Il pensait que la situation, même difficile, pouvait se prolonger, qu'elle devait se prolonger pour le plus grand bien de tous.

Lorsqu'il est arrivé au Conseil des ministres, hier, il a bien vu tout de suite, à la mine de Rocard, que les jeux étaient faits. D'autant que, le matin même, sur Europe 1, Jacques Séguéla, toujours du côté du manche, avait laissé entendre qu'il était urgent de changer de Premier ministre. Une phrase que chacun a eu le temps de méditer avant le Conseil des ministres de 10 heures.

Comme d'habitude, Mitterrand et Rocard avaient eu, juste avant, leur entretien en tête à tête. Rocard avait dit la veille aux ministres rocardiens qu'il les tiendrait au courant, par un signal convenu (je ne sais lequel), de la situation : il prendrait tel ou tel dossier selon que le Président allait annoncer ou non la démission du Premier ministre.

Il ne l'a pas fait ? Ce n'était pas nécessaire : à sa tête, et après les gentillesses de Séguéla le matin même, tout le monde avait compris.

On imagine la scène : d'un côté, Rocard et ses amis, plongeant la tête dans leurs dossiers ; de l'autre, Mitterrand et ses proches, Joxe, Bérégovoy, se réjouissant sans le dire – ou encore attendant de prendre sa place.

L'après-midi, ce mercredi-là, me raconte Dreyfus, il s'est retrouvé, sans même y penser, à l'Assemblée nationale pour la séance habituelle des questions orales. Un huissier, surpris, lui a signifié que, ce jour-là, les questions orales étaient supprimées.

Hier[1], un dîner intime a réuni à Matignon, pour la dernière fois, Rocard et ses collaborateurs les plus proches, Huchon, Carcassonne,

1. Le 15 mai.

Petitdemange, Colmou, avec, bien sûr, Tony Dreyfus. À noter que ce n'était pas Michèle Rocard qui accueillait ses hôtes, mais une jeune femme nommée Iléana, dont Dreyfus me dit qu'elle est psychanalyste et israélienne. Sa présence était, paraît-il, déjà connue de certains depuis quelques semaines ou quelques mois. De là à la voir à Matignon pour cette fin de partie... Cela donne une idée de la pression que subissait Michel de la part de Michèle : celle-ci avait trop souvent le rôle de l'épouse revêche, surtout lorsqu'elle n'hésitait pas à le rabrouer en public, comme lorsqu'elle le trouvait trop mou, par exemple, à l'égard de Mitterrand. La marmite Michèle/Michel a donc explosé ces derniers jours : il a quitté les deux à la fois, Mitterrand et sa femme. Passons !

Je reprends le récit de Tony Dreyfus.

1991 Aujourd'hui, tous les ministres rocardiens, auxquels s'étaient joints Jean-Paul Huchon, Alain Richard et Michel Sapin[1], ont déjeuné rue de Babylone. Pas très en forme. Tristesse de cette dernière fois.

Je m'étonne à ce récit : « Tout de même, dis-je, n'aviez-vous pas vu venir le coup ?

– On en entendait parler depuis longtemps sans y croire tout à fait.

– Enfin, le cabinet de Rocard manifestait depuis longtemps sa mauvaise humeur vis-à-vis de Mitterrand, au moins autant que le cabinet du président de la République à son endroit !

– Peut-être, mais nous avions l'impression que nous avions encore beaucoup de choses à faire ensemble. L'attelage Mitterrand/Rocard était très populaire depuis 1988. Il l'était encore hier. »

Et maintenant ? Il ne discerne pas encore bien les choses.

Néanmoins, lui dis-je, après l'échéance législative de 1993 viendra la présidentielle de 1995 ?

C'est ce qui leur permet, il en convient, de ne pas trop céder à la mélancolie. Tout est ouvert pour Michel Rocard qui n'aura pas, la fois prochaine, à craindre la statue du Commandeur Mitterrand.

Tony Dreyfus a reçu deux coups de téléphone de condoléances. Le premier émanait de Michel Charasse : celui-ci, proche de Mitterrand, et qui ne passe pas pour mâcher ses mots, a néanmoins assuré Dreyfus de la joie qu'il avait eue à travailler avec lui. Le second était

1. Respectivement directeur du cabinet de Michel Rocard, rapporteur général du Budget et président de la commission des lois.

plus inattendu encore : il venait de Pierre Joxe, qui, dans les semaines précédentes, s'était fortement démarqué de Michel Rocard.

Deux coups de téléphone au bout de trois ans. C'est peu. Ingratitude de la politique, etc. On peut indéfiniment broder là-dessus.

16 mai (dans la nuit)

Le premier commentaire public de Jacques Chirac est intéressant : il connaît bien Édith Cresson, il l'apprécie, elle a organisé un ou deux dîners pour rapprocher Mitterrand de Chirac au moment de l'élection présidentielle de 1981. Toutes choses qu'il ne peut évidemment pas dire. Il a donc prononcé, sur TF1, une phrase assez élégante, sans préjuger de ce que va être sa politique, pour se féliciter qu'une femme soit Premier ministre. Il s'agit d'un événement qu'il qualifie d'important et même d'historique – il a employé ce mot.

À noter que les réactions dans les milieux économiques sont bonnes. Les industriels, notamment, ont gardé un très bon souvenir du passage de Cresson au ministère du Commerce extérieur et du Redéploiement industriel de 1984 à 1986.

17 mai

Pendant que je m'entretenais avec Tony Dreyfus, le nouveau gouvernement était constitué. Sur les 29 ministres nommés hier, 5 seulement sont nouveaux, dont Jean-Louis Bianco, qui quitte donc l'Élysée [1], et deux femmes jeunes, Martine Aubry, au Travail, et Frédérique Bredin, à la Jeunesse et aux Sports. À noter au passage que ce sont deux « filles de... » : Frédérique Bredin, fille de Jean-Denis Bredin, merveilleux avocat, radical de gauche de surcroît, et Martine Aubry, fille de Jacques Delors.

Quatre ministres d'ouverture et les amis de Rocard quittent en revanche le gouvernement. C'est le signe qu'une fois Rocard parti, on n'en est plus du tout à l'ouverture. Je trouve cela paradoxal, car à moins de deux ans des élections législatives, il vaudrait mieux ouvrir que fermer.

Pour le reste, la garde rapprochée de Mitterrand est là et bien là, même si Édith Cresson a essayé d'en évacuer quelques éléments, et

1. Pour le ministère des Affaires sociales et de l'Immigration.

non des moindres. Mitterrand a fait de la résistance, et, comme il est le patron, il a gagné : Pierre Bérégovoy hérite d'un énorme ministère[1] que ne voulait justement pas lui confier Édith Cresson. Gérard Carreyrou, qui connaît bien Béré, me confirme ce que toute la presse écrit aujourd'hui : Bérégovoy s'attendait en fait à être Premier ministre. Il s'était opposé à Rocard dans la période récente à propos du déficit de la Sécurité sociale, et comptait bien en recueillir les fruits. Est-ce pour le consoler que Mitterrand lui a confié un ministère « à la MITI », comme on dit en évoquant le modèle nippon ? Il n'empêche : voir Matignon lui passer sous le nez lui est insupportable. Je ne donne pas longtemps avant qu'il n'entre en conflit avec Cresson.

Pour le reste, je trouve qu'une femme Premier ministre, cela a de la gueule. Elle en a sans doute plus qu'une autre : son côté grande bourgeoise lui donne de l'aisance. Elle a montré, dans les différents ministères où elle est passée, qu'elle avait de l'autorité et même de l'autoritarisme. Enfin, son indéfectible proximité avec Mitterrand, depuis des années, lui confère un brevet de fidélité.

Je regrette Rocard, mais je préfère le choix de Cresson à ce qu'aurait été celui de Bérégovoy dont la tête enfle, me dit-on, de jour en jour.

Un bémol : Édith Cresson est seule au sein du Parti socialiste. Elle se garde depuis des années de s'enrégimenter dans un courant, on l'a bien vu au congrès de Rennes où elle était l'observatrice envoyée par Mitterrand pour surveiller et Rocard et Jospin. Elle n'a pas vraiment d'amis parmi tous ceux qui ont occupé des postes de pouvoir depuis 1981, et personne ne lui est redevable de quoi que ce soit. Souvent cassante, elle ne s'est pas imposée chez les anciens Premiers ministres, et n'est bien vue, finalement, qu'à l'Élysée et dans certains milieux industriels qui lui sont reconnaissants de son soutien et de son action ministérielle.

Si je fais la liste des grands leaders du Parti, Pierre Mauroy ne croit pas en elle ; Lionel Jospin n'en a que faire, l'essentiel pour lui est de garder le ministère de l'Éducation nationale au gouvernement et l'intégrité de son courant au sein du Parti[2] ; Fabius juge qu'elle ne

1. L'Industrie, le Commerce extérieur, la Poste, les Télécommunications, le Commerce et l'Artisanat sont rattachés au ministère de l'Économie.

2. À cette occasion, Lionel Jospin s'est violemment heurté à Édith Cresson en refusant le ministère des Affaires sociales, qu'il jugeait être un cadeau empoisonné. Il s'est opposé le lendemain à François Mitterrand lui-même lorsque celui-ci a

l'a jamais soutenu (elle l'aurait plutôt combattu, comme on l'a vu au congrès de Rennes), et lui a préféré Mauroy à la tête du PS en 1988. Quant aux ministres ou anciens ministres proches de Mitterrand (Roland Dumas, Robert Badinter), qui ne sont pas des chefs de courant, qui gardent simplement une relation amicale avec lui, ils ont fait savoir plus ou moins clairement qu'ils doutaient de la carrure d'Édith Cresson dans les circonstances et le moment où elle devient Premier ministre, deux ans avant les législatives.

19 mai

Dès aujourd'hui, Édith Cresson est à « 7 sur 7 ». Franchement, elle n'est pas mauvaise du tout. Plutôt bonne lorsqu'elle parle de méthode de gouvernement, et de la nécessité, sur tout sujet important, de se fixer une sorte de calendrier. Elle est très maquillée, très apprêtée – boucles d'oreilles et collier ; elle donne néanmoins, ce qui n'est d'ailleurs pas contradictoire, l'impression d'un grand dynamisme, d'une envie de changer les choses, de parler à l'opposition. Assez sûre d'elle-même, elle n'hésite pas, ne cherche pas ses mots. Elle n'a pas l'air non plus trop « Kapo », comme disait d'elle Pierre Mauroy. Elle est, à mon avis, juste comme il faut.

À la télévision du moins : car l'interview qu'elle a donnée ce matin au *Journal du dimanche* est nettement moins « classe » : « La Bourse, j'en ai rien à cirer », a-t-elle répondu lorsqu'on lui a demandé si la réaction de la Bourse à sa nomination l'avait choquée. On a beau dire – lorsque de Gaulle a dit la même chose en 1966 – « La politique de la France ne se fait pas à la corbeille ! » –, c'était quand même en termes plus élégants !

Pour le moment, l'opinion publique lui est largement favorable. Plus de 70 % des Français se félicitent de la nomination d'une femme à Matignon.

22 mai

Il était autour de 16 heures, cette après-midi, quand Édith Cresson est montée à la tribune de l'Assemblée nationale. Habillée d'une

refusé l'entrée de Claude Allègre au gouvernement au poste de secrétaire d'État chargé des Universités.

veste noire et blanche à damiers, cheveux courts, je l'ai trouvée assez pugnace, mais un peu ennuyeuse, dans un long discours dont on sent qu'il doit beaucoup à Mitterrand. Car il prend d'abord toutes les distances attendues à l'égard de la politique de Michel Rocard.

D'accord, elle reconnaît à son prédécesseur, sans citer son nom, qu'il laisse un bilan économique équilibré, « fruit d'une politique vertueuse ». C'est pour ajouter aussitôt que tout cela manquait d'imagination et d'énergie[1].

Le reste manque un peu d'ampleur : encouragement à l'épargne pour les petites et moyennes entreprises, rétrécissement des délais de paiement inter-entreprises, objectif tenu du doublement du nombre d'ingénieurs de 1990 à 1993, malaise lié à l'insécurité, grande ambition agricole, réconciliation de l'économie et de l'écologie... Le tout est trop long, veut embrasser tous les problèmes, et du coup les survole.

Pour être juste, le discours de politique générale de Rocard, en 1988, en manquait aussi, puisqu'on l'avait accusé de descendre au niveau des cages d'escalier. L'exercice est difficile. Si l'impétrant parle des idées, on lui reproche d'être abstrait. Et s'il est trop concret, on souligne le manque d'élévation de ses propos ! S'il touche à tout, il est trop rapide. S'il privilégie certains objectifs, on lui reproche d'oublier les autres.

Cresson parle d'une voix trop haut perchée : je sens que mes confrères hommes, serrés dans la tribune de presse pleine à craquer, le lui reprocheront demain dans leurs articles. Se préoccupent-ils de la voix des hommes politiques dont quelques-uns ont une voix de fausset ? Non. Chez une femme, évidemment, ils trouvent cela choquant.

À noter le long passage consacré à l'action européenne de la France : sur ce point surtout, on sent l'influence de Mitterrand.

Opinion d'ensemble : discours assez vague, catalogue de bonnes intentions, prononcé sur un ton énergique et combattant – un peu court, néanmoins : pas dans le temps, dans les perspectives.

Ce qui est drôle, c'est qu'en dehors de quelques députés mal élevés qui ont ricané à certains passages de son discours, les hommes poli-

1. Édith Cresson dit à cette occasion : « Pourtant, nous sentons tous que ce que la communauté financière salue du beau nom de *vertu* doit s'allier à l'imagination, au dynamisme et à la volonté d'atteindre nos deux grands objectifs : muscler davantage notre appareil de production et renforcer notre cohésion sociale. Être vertueux, puisque tel est le vocabulaire, n'interdit pas d'être audacieux. »

tiques sont en général restés prudents. Ils se gardent bien de critiquer publiquement Édith Cresson tant ils ont peur d'apparaître comme s'opposant aux femmes. Tel Giscard qui vient, avec beaucoup de tact, de redire, comme l'avait fait Chirac, qu'il est content qu'une femme ait été nommée Premier ministre.

Venant de lui qui a été le premier président de la République à nommer autant de femmes au gouvernement, on peut supposer que l'éloge ne ment pas.

23 mai

Pluie de commentaires sévères dans la presse sur la prestation d'Édith Cresson. Je trouve cela nettement exagéré. Ou plutôt prématuré.

4 juin

Le déficit de la Sécurité sociale – c'est Édith Cresson qui l'annonce – est de 23 milliards de francs : une grosse pierre lancée dans le jardin de Rocard. La décision a été prise en Conseil interministériel de relever les cotisations sociales : + 0,9 %.

D'un coup, l'atmosphère vire au noir. Les communistes protestent, les leaders syndicaux aussi : leur défilé commence à Matignon. Marc Blondel dit, en sortant, qu'il en parlera à Pierre Bérégovoy – de cela et d'autre chose, comme l'augmentation du SMIC par exemple. Pas sûr que ce soit la meilleure façon d'amadouer Édith Cresson. « Elle n'a pas de liberté de manœuvre, ajoute-t-il. Cela ne pourra pas durer longtemps, car alors, pourquoi avoir changé de gouvernement ? »

Pour tout arranger, le « sang contaminé » refait surface avec la mise en accusation des médecins. C'est à Jean-Louis Bianco qu'il revient de s'expliquer sur TF1. Justice sera faite, dit-il lorsqu'on lui demande de mettre en cause les médecins qui n'ont rien fait, en 1984, pour épurer les lots de sang contaminé.

12 juin

Moi qui écrivais l'autre jour que Chirac était disposé à ménager Cresson ! Le débat à l'Assemblée, aujourd'hui, sur l'immigration, après la mort d'un jeune beur au Val-Fourré et la mort d'une femme gardien de la paix la semaine d'après, a démontré le contraire.

Je n'y étais pas, j'ai regardé simplement le reportage et les images rapportés par Françoise Hug[1]. J'ai été consternée par la vigueur du débat, et surtout par le fait que c'est Édith Cresson qui, par une agressivité déplacée, a eu droit à une inutile bronca.

La situation en banlieue aurait peut-être valu une séance de questions moins houleuse et plus intelligente. Franchement, je ne trouve pas que Chirac ait cherché la bagarre : il a demandé à Édith Cresson, en termes vifs mais classiques, si elle était déterminée à décourager le flot croissant de l'immigration. Édith Cresson l'a violemment contré en le comparant à Le Pen[2].

Sans doute a-t-elle voulu rassurer le Parti socialiste, mais elle n'était pas pour autant obligée de répliquer à Chirac avec cette inutile verdeur.

18 juin

Les débuts d'Édith Cresson se révèlent plus difficiles que prévu. Elle n'a pas eu un seul jour d'état de grâce. Quant à Bérégovoy, le bruit de sa démission court à plusieurs reprises : il a beau le démentir lui-même, sa mauvaise humeur donne de la crédibilité à la rumeur. Quelques mots de part et d'autre sont colportés, ce qui nuit à la sérénité de chacun. Il paraît que, parlant de Bérégovoy, Cresson l'a appelé « l'Enflure ».

20 juin

Il y a quelques jours, je trouvais qu'en comparant Chirac à Le Pen, Édith Cresson allait trop loin. Il faut dire que Chirac lui a donné raison *a posteriori* en dénonçant, hier, « le bruit et l'odeur[3] » des

1. Journaliste politique à TF1.
2. Édith Cresson a dit ce jour-là : « J'ai eu l'impression de ne pas entendre Jacques Chirac, mais Jean-Marie Le Pen. »
3. Phrase exacte de Jacques Chirac : « Le travailleur français qui habite à la Goutte d'or et qui voit sur le palier à côté de son HLM une famille avec un père, trois ou quatre épouses, une vingtaine de gosses, qui touche 50 000 francs de prestations sociales sans travailler, si vous ajoutez à tout cela le bruit et l'odeur, ce travailleur français, il devient fou ! »

immigrés dans les immeubles de banlieue où ils côtoient des Français bien sous tous rapports. Le bruit et les odeurs ! Celles du méchoui, des merguez, des moutons égorgés dans les salles de bains, sans doute ?

Cela prouve que les électeurs du RPR ne plaisantent pas sur le sujet. Selon la formule célèbre : Chirac est leur chef, il faut bien qu'il les suive ! Voilà qu'il s'est mis à les précéder.

Édith Cresson n'a pas lâché le morceau. Elle a ironisé en enfonçant le clou : « Le langage de Chirac ressemble beaucoup à celui de Le Pen, nous a-t-elle dit ; j'ai dit cela il y a quelques jours, aujourd'hui tous les journalistes disent la même chose. »

27 juin *1991*

Je n'arrive même pas à comprendre comment, en si peu de temps, la situation s'est autant dégradée pour Édith Cresson. Les sondages rendus publics hier sont très inquiétants pour elle. Le premier, Louis Harris/*L'Express*, montre que 40 % des Français désapprouvent le Premier ministre ; ils sont 42 % dans le sondage *Paris Match*-BVA : au bout d'un mois, c'est beaucoup !

Et François Mitterrand, comment va-t-il dans tout cela ? Très bien. Il devance, et de loin, son Premier ministre. Cela le change de Michel Rocard !

Qu'a-t-elle donc fait ? Je n'arrive pas à suivre. Peut-on penser que les Français sont mysogines ? Ce serait aller vite. Explication d'Édith : elle a été obligée de sauver la Sécurité sociale, d'augmenter les cotisations, de trouver 23 milliards, ce qui n'est pas rien, cela ne plaît pas aux Français auxquels elle prédit au surplus une situation difficile dans les mois à venir !

« C'est la bourrasque, a dit Jean-Pierre Soisson. Après, la pluie viendra le soleil ! » Méthode Coué de la part d'un homme qui, passé du giscardisme au mitterrandisme, sait que tout retour en arrière lui est interdit !

Quant à elle, je la rencontre aujourd'hui, lors d'un cocktail avec quelques journalistes à Matignon. Elle est sereine ou feint de l'être. Elle n'est pas femme à fuir au premier coup de mousqueton. Pour le moment, elle est tellement sûre d'elle-même qu'elle a l'air plutôt contente d'avoir à affronter la bagarre.

J'en profite pour demander à Abel Farnoux, l'homme de confiance d'Édith Cresson, qu'il m'explique comment, par quel miracle Mitterrand a sorti Édith Cresson de son chapeau pour Matignon. Il me répond que, comme toujours avec Mitterrand, tout était prémédité. Il a rencontré Édith Cresson plusieurs fois depuis qu'elle a quitté le gouvernement Rocard, et il lui a progressivement laissé entendre qu'elle pourrait, le cas échéant, se retrouver à Matignon. Comme Édith connaît très bien son fonctionnement, elle savait qu'il avait forcément plusieurs fers au feu. Donc, elle n'y a pas vraiment cru, jusqu'au dernier moment.

Curieux homme, cet Abel Farnoux ! Franc-maçon affirmé, il semble exercer sur Édith une influence énorme, comme s'il était pour elle une sorte de gourou. Il est inconnu du grand public : il a pourtant été un grand résistant, sa femme a été déportée à Auschwitz, il a toujours été à gauche. Quand est-il devenu l'homme-miracle d'Édith Cresson, son éminence grise ? Quel rôle joue-t-il auprès d'elle ? Qu'y a-t-il entre eux deux ? Il paraît qu'il n'est pas rare qu'à Matignon Abel demande à Édith de lui apporter un café. Elle pourrait refuser ou simplement faire mine de ne pas entendre. Au contraire, elle se lève, remplit une tasse, la lui apporte.

Je comprends fort bien cette attitude : elle veut montrer qu'elle ne craint pas de servir à boire, même devenue Premier ministre. Il n'empêche : ce sont des images qui choquent le monde politique, et le monde tout court. Homme ou femme, un Premier ministre ne sert pas un de ses conseillers, même par gentillesse.

Tout cela nourrit une sorte de légende noire autour d'Abel Farnoux, qui dit lui-même exercer une immense influence sur Édith. Il me fait penser à ces conseillers en communication qui croient servir la personnalité pour laquelle ils travaillent en ne pouvant s'empêcher de dire que celle-ci leur doit tout : stratégie, tactique, comportement. C'est le pire service à rendre à celui ou celle qui les emploie.

Pour l'instant, je ne partage tout de même pas l'état d'esprit des Français vis-à-vis de leur Premier ministre. Ce n'est pas une réussite, non, je n'irai pas jusqu'à penser cela. Est-ce déjà un échec ? Je n'en suis pas si sûre.

8 juillet

Avant de commenter l'interview ahurissante accordée par Édith Cresson, il y a huit jours, à Gérard Carreyrou et Franz-Olivier Giesbert, et diffusée aujourd'hui, un mot sur la nouvelle émission qu'Étienne Mougeotte vient de confier à un quatuor des anciens d'Europe 1, « Le Droit de savoir ».

Je ne me fais aucune illusion : c'est évidemment un moyen de me marginaliser. Je m'occupe de la rédaction, des problèmes techniques et matériels, des ego des uns et des autres, tandis que l'émission d'information la plus importante de la chaîne m'échappe. Pour l'heure, je dois à un équilibre précaire de ne pas avoir à quitter mon poste : ni Le Lay ni Bouygues ne veulent laisser le champ complètement libre à Étienne Mougeotte. Mon maintien est lié à une lutte au sommet que je pressens, à laquelle je ne participe pas et dont je ne sais rien. Je reste donc à mon poste jusqu'à ce que j'y voie plus clair.

Dans le cadre de cette émission, donc, Gérard Carreyrou et Franz-Olivier Giesbert sont allés rencontrer la semaine dernière Édith Cresson, vêtue d'un pull-over blanc, souriante, dans sa maison de campagne du Tertre, en Anjou. L'entretien a été enregistré le 30 juin, soit le jour où Jean-Louis Bianco, en charge des problèmes d'immigration, lors d'un passage au JT, avait prudemment convenu que les reconduites de clandestins n'étaient pas assez exécutées.

Une semaine plus tard, donc, l'interview de Cresson vient d'être diffusée dans le journal de 20 heures et j'imagine déjà, demain, ses retombées fracassantes. Comment ses adjoints, ses collaborateurs, ses chargés de presse et tutti quanti l'ont-ils laissée parler de sujets aussi importants sans préparation, sans même qu'elle en mesure l'impact ! Comment elle-même s'est-elle précipitée dans un tel piège ?

D'autant qu'elle a eu le temps, elle l'a dit, de visionner l'interview accordée, et qu'elle n'y a rien trouvé qui fasse problème. Entre le 30 juin et le 8 juillet, beaucoup de ministres et de dirigeants du PS, alertés sur l'existence d'une interview d'Édith Cresson par de multiples indiscrétions, avaient tordu le nez devant l'annonce de ces « vols spéciaux ». C'est du moins ce que m'a confié, ce soir, Jean Poperen, ministre chargé des Relations avec le Parlement, qui s'attendait, dès la semaine dernière, aux réactions « contrastées » des députés.

L'entretien accordé par Édith Cresson est d'une inutile brutalité qui lui aliène en quelques phrases le PS et la droite à la fois.

D'abord, la Sécurité sociale : le déficit a augmenté de 10 milliards en 1990. C'est trop. Elle affirme avoir dû prendre les mesures nécessaires – sous-entendu : celles que Rocard n'avait pas osé prendre. Voilà pour solder l'héritage de l'ancien Premier ministre.

À propos, il y a très peu de ministres proches de Rocard dans son gouvernement. Pourquoi ? Carreyrou lui pose la question. Elle s'exclame d'une voix qui monte vers les hauteurs : « Ces histoires de courants ne m'intéressent pas du tout ! » Il est vrai qu'elle a pris garde, depuis qu'elle est au PS, de n'appartenir à aucun de ses clans, hormis à celui de Mitterrand qui est, somme toute, hors compétition.

Son gouvernement est-il un gouvernement de transition, son existence sera-t-elle de courte durée ? Elle commence à s'énerver, s'emporte contre les « bavardages intello-médiatiques », affirme qu'on ne l'a pas choisie pour chauffer la place de Jacques Delors. En profite pour faire une tirade sur les gens qui, comme Chirac, veulent à tout
1991 prix être populaires. « Ce n'est pas une façon de gouverner », dit-elle du haut de ses deux mois d'exercice du pouvoir.

Jusque-là, l'interview est classique, tout au plus un peu rêche. C'est sur l'immigration clandestine, en revanche, qu'elle commet sa première grosse erreur politique : celle de déplaire sciemment, volontairement, presque avec hauteur, à son propre électorat. En guise de commentaire à quelques images d'une expulsion mouvementée, elle entame une grande péroraison sur les charters. Quoi ? Les charters de Charles Pasqua ? Elle s'explique sans prendre de gants : oui, il faut raccompagner chez eux les immigrés clandestins. Oui, s'il faut en raccompagner dix, vingt, elle le fera. Non, on ne peut pas à proprement parler user du mot *charters*, car – je cite la dépêche de l'AFP que j'ai sous les yeux – « ce ne sont pas des charters, car les charters sont des vols à tarif réduit pour des gens qui partent en vacances ». Il s'agira plutôt, explique-t-elle, d'avions spéciaux, spécialement affrétés à cet usage, donc gratuits, pour ramener chez eux les étrangers en situation irrégulière. Sa déclaration d'intention est claire, si les moyens proposés ne le sont pas. C'est une façon de mécontenter tout le monde : les électeurs de la gauche socialiste, parce qu'ils ne sont pas d'accord avec ces propos musclés ; les électeurs de droite, parce qu'ils se disent qu'en plus, pour les reconduire, les contribuables français paieront la facture !

Ma surprise est d'autant plus grande en l'entendant qu'elle avait, il y a quelques jours, violemment reproché à Jacques Chirac d'utiliser le langage de Jean-Marie Le Pen. La voilà qui, à son tour, passe du tout-préventif au tout-répressif, sans aucun égard pour son électorat socialiste.

Encore une fois, c'est la manière qui choque plus que ce qu'elle dit. Son côté bourgeois et son ton, lorsqu'elle parle de ces sujets délicats. À l'opposé, sa façon de dérailler parfois jusqu'à la vulgarité. Michel Rocard avait dit avant elle que la France ne « pouvait pas accueillir toute la misère du monde ». C'était autre chose que cette déclaration brutale sur un problème compliqué, douloureux, au cœur de la vie politique. En choquant ses partisans qui avaient hurlé lorsque Pasqua avait réexpédié chez eux une centaine de Maliens en situation irrégulière, je pense qu'Édith Cresson n'a pas gagné une voix à droite. Et qu'elle en a, en revanche, perdu pas mal sur sa gauche.

Il me semble qu'elle a commis là une erreur politique majeure. J'en viens à penser, selon l'expression de Françoise Giroud, qu'« elle n'a pas la manière ».

9 juillet

On pouvait s'y attendre : le bruit que fait dans le Landernau politique l'interview d'Édith Cresson est considérable. Au point que certains, ici et dans les autres rédactions, se posent la question : Carreyrou, ami de Bérégovoy, Giesbert, du *Figaro*, ont-ils délibérément fait tomber Édith Cresson dans un piège, l'un pour démontrer que Bérégovoy aurait été un meilleur Premier ministre, l'autre pour affaiblir la gauche ? Selon la presse, qui s'en fait l'écho, c'est là la thèse de l'Élysée. Pourtant, Édith Cresson, si piège il y avait, y est tombée toute seule. Quoi de plus naturel que la question de l'immigration lui soit posée ? Quoi de plus irresponsable, lorsqu'on est un Premier ministre socialiste, que d'y répondre de cette manière !

13 juillet

Les réactions ont continué toute la semaine : ricanements de l'opposition et embarras de la majorité. Raymond Barre, le plus raisonnable, se borne à s'étonner des mots employés par le Premier ministre. Le Pen en profite pour dénoncer l'inconséquence des hommes et des femmes politiques « qui sont, dit-il, responsables de la situation actuelle sur le plan de l'immigration ». Pasqua se tait mais n'en pense pas moins. À gauche, beaucoup de membres du gouvernement « rament », tels Bernard Kouchner, secrétaire d'État à l'Action humanitaire, qui essaie de trouver la meilleure façon de désavouer Cresson tout en donnant l'impression de la soutenir, ou Jack Lang, porte-parole du gouvernement, qui parle de la « maîtrise de l'immigration » du Premier ministre. De plus, sans le vouloir, sans même s'en apercevoir, Édith Cresson a coupé l'herbe sous le pied de son nouveau ministre des Affaires sociales et de l'Intégration, Jean-Louis Bianco, qui, deux jours après cette interview, devait présenter ce dossier en Conseil des ministres.

Qui a poussé Édith Cresson à commettre une aussi lourde faute ? Abel Farnoux, les membres de son cabinet ? J'aurais compris, et même souhaité, qu'en matière de sécurité et d'immigration, le Parti socialiste prenne depuis longtemps davantage conscience du vrai problème posé par les clandestins. Mais le faire avec cette brutalité,

moyennant un changement de cap à 180°, j'ai du mal à me l'expliquer.

Mitterrand va-t-il y revenir demain ?

14 juillet

Oui, il y est revenu. Comme il faisait beau, l'interview traditionnelle a eu lieu dans le parc. Mitterrand a passé une bonne demi-heure sur l'immigration et sur Édith Cresson. Sur la reconduite des clandestins à la frontière, Édith Cresson, selon lui, n'est pas allée plus loin que ce qu'il dit lui-même depuis des années : que les clandestins doivent rentrer chez eux.

A suivi une ode, littéralement, au Premier ministre : après des années de technocratie, explique Mitterrand, il est sain d'avoir le même langage que le peuple ; ça fait du bien d'avoir enfin quelqu'un de concret et de bon sens[1].

Je n'ai jamais entendu Mitterrand en faire autant pour qui que ce soit.

Édith Cresson, il l'a choisie, il la maintiendra. Voilà qui devrait pour quelques mois – ou quelques semaines – faire retomber la pression.

1. « Le peuple a une langue vivante, a dit François Mitterrand, et Mme Cresson, elle, a une langue vivante. Il est important que le Premier ministre soit une femme de courage, pratique, ayant le sens du concret, du bon sens, de l'énergie et de l'action. » Il a ajouté avec un plaisir manifeste : « Mme Cresson dérange. Il y a pas mal de gens qui sont contre, et moi, je suis pour ! »

19 juillet

Eh bien, non ! Car, dans son registre décidément inouï – je n'ai pas dit innovant... –, le Premier ministre ne sait pas quoi inventer pour susciter la polémique.

Voilà qu'elle a accordé à Chris Wallace, de la chaîne américaine ABC, une interview diffusée dans le monde entier et qui est revenue en boomerang en France : elle y a parlé des relations amoureuses entre hommes et femmes politiques en répliquant à son interviewer qu'aux États-Unis les aventures extraconjugales existaient aussi – visant par là John Kennedy. Elle a comparé les Japonais aux fourmis qui travaillent jour et nuit : « Nous ne voulons pas vivre comme cela » ! Et, pour faire bon poids, elle est revenue sur des propos plus anciens, datant du mois de juin, je crois, pour appuyer sa thèse sur l'homosexualité des Britanniques !

J'ai tendance à penser que ce n'est pas très grave. Sauf que ces propos donnent d'Édith Cresson une image déconnectée du rôle qu'elle occupe dans la politique française. Un Premier ministre ne parle pas ainsi. C'est peut-être stupide, conventionnel, tout ce qu'on voudra, mais c'est ainsi. Ces phrases, prononcées dans un anglais impeccable, accentuent au contraire le côté « amateur » d'Édith Cresson, son côté non professionnel. En cela, son image est écornée.

Peut-être pense-t-elle que, les Français étant un tantinet xénophobes (pour rester dans les stéréotypes nationaux !), ces propos leur plairont ? Pas sûr !

2 août

Je déjeune avec Michel Debré que la situation politique accable de plus en plus. Il trouve la stratégie du gouvernement illisible, ne se préoccupant pas des vrais problèmes, se noyant dans des propos contradictoires. Il ne trouve pas non plus que Jacques Chirac soit dans une position de nature à le ramener au pouvoir.

Il n'en va pas ainsi de sa vie politique à lui, Michel Debré, dont il dit qu'elle est derrière lui, pour différentes raisons, à la fois politiques et personnelles. Il y va de ce à quoi il croit encore, seul, de plus en plus seul dans son désert.

Sur la stratégie politique et sur l'image d'Édith Cresson, la presse publie justement, aujourd'hui, des sondages contradictoires. Les

Français ne savent trop quoi en penser. Parmi les ministres, c'est Jack Lang qui est au sommet, Bérégovoy et Dumas dans le creux.

C'est moi qui tombe à mon tour dans le creux des vacances...

20 août

Une nouvelle fois, c'est pendant les vacances, tandis que l'actualité française se repose, que l'actualité internationale a pris le dessus. À Moscou, un coup d'État a renversé Mikhaïl Gorbatchev pendant qu'il était en congé dans sa datcha sur la mer Noire.

On imagine ce 19 août dans le monde, l'animation des chancelleries, les coups de téléphone entre chefs d'État, les interrogations sur le sort de Gorbatchev et les chances de réussite des putschistes. Personne ne savait, hier, comment les choses allaient tourner. Pour Mitterrand, qui a passé la journée à l'Élysée, pendu au téléphone, cela n'a pas été une surprise. Je le sais parce que, pendant la guerre du Golfe, je l'ai entendu dire, au cours d'un petit déjeuner avec les journalistes, dont j'étais, qu'il mesurait la fragilité et la solitude de Gorbatchev, que celui-ci allait sans doute trop vite dans sa quête de démocratie et qu'il risquait de sauter sous la pression des conservateurs.

Dans un premier communiqué, en milieu d'après-midi, Mitterrand, s'adressant aux conjurés, leur a seulement demandé solennellement de préserver la liberté et la vie de Gorbatchev. Pas un mot de condamnation du putsch.

Il semblerait qu'il ait mis tous ses efforts à préparer l'interview télévisée qu'il a immédiatement annoncée pour le soir même [1].

22 août

Il a été difficile pour moi de trouver *Le Monde* ; je ne l'ai trouvé en gare de Naples que deux jours plus tard, lorsque le putsch avait déjà échoué.

On retiendra donc qu'en lisant à la télévision, comme il l'a fait le 19, la lettre qui lui avait été envoyée par Guennadi Ianaev, le meneur

1. L'entretien a été réalisé le 19 août au soir : selon une formule inaugurée par le Président pendant la guerre du Golfe, il a répondu aux questions de 4 journalistes des chaînes télévisées : Dominique Bromberger pour TF1, Gilles Schneider pour la cinq, Georges Bortoli pour Antenne 2 et Paul Amar pour FR3.

du coup d'État, François Mitterrand a semblé ne condamner le putsch que du bout des lèvres. Il a paru surtout convaincu, avant la fin des événements, de la fragilité, de la fin même de Gorbatchev. En donnant lecture publiquement, ce soir-là, de la dernière lettre que Gorbatchev lui ait adressée, il a laissé entendre que celui-ci s'attendait lui-même à rencontrer de graves difficultés. En citant enfin la lettre qu'il venait tout juste – dans l'après-midi du 19 – de recevoir du nouvel et éphémère homme fort soviétique, Guennadi Ianaev, il a pris acte du coup d'État, et, d'une certaine manière, l'a légitimé.

Tout cela n'est pas totalement compréhensible : Mitterrand s'attendait-il tellement à l'échec de Gorbatchev qu'il s'y est résigné dès les premières heures du putsch ? A-t-il voulu ménager le nouveau pouvoir russe ?

Une seule certitude : pour la première fois depuis 1981 sur un sujet de politique internationale, Mitterrand a paru dépassé. Pis : il a flotté[1].

C'est Boris Eltsine qui, à la fin de cette brève période – quelques heures seulement –, a raflé la mise[2].

De toute façon, pour moi, les vacances se terminaient.

26 août

Voilà quelqu'un qui n'a fait qu'un bref séjour dans un monde audiovisuel spécial, celui de la publicité : déjeuner avec Christiane Doré. Elle avait été bombardée présidente des régies publicitaires d'Antenne 2 et de FR3 alors qu'elle ignorait tout de la pub. Elle me raconte qu'elle a vite déplu au PS en refusant ce qu'avaient coutume, dit-elle, de faire ses prédécesseurs : redistribuer une partie des bénéfices de la Régie aux socialistes. Elle a donc dû vite laisser son poste et s'est retrouvée le bec dans l'eau.

---

1. Dans ses Mémoires, faisant allusion au putsch d'août 1991, Gorbatchev a écrit amèrement : « François Mitterrand devait m'appeler (à Poros, pendant sa brève détention), il ne l'a pas fait. »

2. Rival déclaré de Mikhaïl Gorbatchev, président de l'Union soviétique, Boris Eltsine est à l'époque président de la République fédérative de Russie.

27 août

La réaction de Chirac à la mise à l'écart de Gorbatchev m'indigne : « Il n'a jamais voulu trancher, dit-il, entre la coalition stalinienne et les forces démocratiques. » J'aurais voulu l'y voir ! Gorbatchev n'a pas été écarté parce qu'il est allé trop lentement, mais bien parce qu'il a été trop vite. Et aussi, comme dit Paul-Marie de la Gorce, parce qu'il a soulevé le couvercle politique en même temps que le couvercle économique, contrairement aux Chinois qui ont choisi, eux, de libéraliser l'économie sans lâcher la bride à la démocratie politique.

La réaction de Giscard a visé directement Mitterrand. Comme s'il s'agissait pour lui de répliquer, dix ans plus tard, au fameux « petit télégraphiste[1] ». Il a déploré à son tour que le Président ait lu publiquement la lettre de Ianaev, et qu'il ait ainsi passé un peu trop rapidement Gorbatchev par pertes et profits.

Quelles que soient les prises de position de l'opposition, toujours marquées par des considérations de politique intérieure, il restera de ces jours-ci l'impression que Mitterrand a donné, peut-être sans s'en rendre vraiment compte, une sorte de quitus à ceux qui avaient tenté d'abattre Gorbatchev.

11 septembre

Nouvelle conférence de presse de François Mitterrand.

Autour de lui quelques ministres, pas tous : Roland Dumas, Lionel Jospin, Pierre Bérégovoy, Michel Delebarre et Jack Lang. J'ai à peine le temps de m'étonner de ne pas voir Édith Cresson : alors que Mitterrand a déjà commencé à parler, je la vois arriver en retard, veste blanche et corsage mauve, et prendre place en tête de ses collègues.

Arriver à l'Élysée après le début d'une intervention présidentielle, c'est la première fois que je vois cela. Cela n'a d'ailleurs aucune importance : on a l'impression que Mitterrand lui passe tout !

Cette conférence de presse est qualifiée de « généraliste », parce que le Président touche à tout. À la Russie d'abord, à propos de

1. Le 16 mars 1981, au cours de l'émission « Cartes sur tables », François Mitterrand a ironisé sur la visite faite par Valéry Giscard d'Estaing à Leonid Brejnev au moment de l'invasion de l'Afghanistan par les soviétiques au mois de mai précédent. Il a dit : « Le sort de la paix est en jeu, et tout à coup, arrive le petit facteur, le petit télégraphiste, c'est Valéry Giscard d'Estaing. »

laquelle il évoque longuement la fin du communisme et, plus largement, la fin des empires en Europe. Il décrit un double mouvement : d'un côté, la résurgence des aspirations nationales en Europe centrale et en Russie lui paraît inévitable ; de l'autre, il sent, dans les pays ex-communistes de l'Est, un désir de faire mouvement vers l'Europe.

Sur la forme que pourrait revêtir aujourd'hui une « confédération européenne » avec les pays ex-communistes, qui lui paraît « plus que jamais nécessaire », sur les initiatives qu'il faudrait prendre, sur la permanence des liens entre les différentes républiques ex-soviétiques dont il pressent que la tendance sera à l'éclatement, c'est un Mitterrand peu sûr du monde extérieur qui nous apparaît, pour la première fois depuis la guerre du Golfe dont il n'a jamais donné l'impression de douter du bien-fondé.

Là, quoi qu'il dise, il navigue à vue.

Sur le plan intérieur, en revanche, il ne s'interroge à aucun moment sur les capacités de son Premier ministre. Au contraire : que de fleurs ! On lui demande si Jacques Delors va prochainement la remplacer à Matignon. C'est l'occasion d'affirmer en une phrase que Delors est un « expert incomparable », mais qu'Édith Cresson remplit très bien son rôle, qu'il a confiance en elle. Les gouvernements, ajoute-t-il, s'essoufflent au bout de trois ans. Ce n'est pas le cas aujourd'hui. Je ne l'ai jamais entendu aussi empressé auprès de Michel Rocard, cela va de soi, ni même de Pierre Mauroy.

Pour le reste, deux annonces : d'abord, la possibilité, pour accroître l'investissement, de l'entrée des capitaux privés dans les entreprises publiques. C'est tout simplement la fin du dogme mitterrandiste du « ni-ni » (ni privatisation, ni nationalisation). Une bombe qu'il jette comme si de rien n'était.

Ensuite, un plan d'aide aux petites et moyennes entreprises qui devra être mis en œuvre prochainement.

Une pirouette sur l'usure du pouvoir : « On ne s'use que si on s'en sert, bien que j'observe de plus en plus que ceux qui ne servent pas s'usent beaucoup ! »

La conférence de presse a duré, il me semble, moins longtemps que d'habitude. À noter que les journalistes de la télévision, spécialistes ou non de politique, sont les seuls désormais à poser des questions à Mitterrand. Pour deux raisons, il me semble : la première est que pour exister à la télé, il faut être connu du public. Quoi de plus spectaculaire qu'une conférence de presse du Président, suivie en direct par des millions de personnes, pour assurer sa propre existence ? Et puis, deuxième raison : dans la foule des journalistes présents, Mitterrand ne remarque, ne regarde, ne parle que pour les journalistes de télévision.

Télévision et pouvoir : qui est le miroir de l'autre ?

Une anecdote comique sur Bérégovoy qui m'intercepte avant la conférence de presse : « D'où est-ce parti, l'affaire Delors ? » me demande-t-il, faisant allusion aux articles de presse qui, depuis plusieurs jours, parlent d'un éventuel remplacement d'Édith Cresson par Jacques Delors, rumeur à laquelle Mitterrand – voir plus haut – va tordre le coup pendant sa conférence. Je lui dis que je n'en sais rien. Arrive Alain Duhamel : « Et vous, lui demande Bérégovoy au comble de l'inquiétude, vous avez des sources particulières sur Delors à Matignon ? – Non, pas la moindre », lui répond Duhamel.

Il est évident que Bérégovoy ne pense qu'à Matignon : il y pensait avant qu'Édith Cresson soit nommée, il y pense après. D'où sa crainte de voir surgir un outsider.

13 septembre

Qui a convaincu Mitterrand d'abandonner son dogme quasi fondateur, celui du « ni-ni » ? Et d'autoriser les capitaux privés à entrer dans les entreprises publiques, c'est-à-dire permettre leur privatisation partielle ? Pierre Bérégovoy, dont c'était un cheval de bataille ? Édith Cresson, plus ouverte que le président de la République au monde des affaires ? Dominique Strauss-Kahn, devenu ministre de l'Industrie ?

Peut-être tout simplement Mitterrand a-t-il remisé son « ni-ni » sous l'empire de la nécessité. Car, dans cette période de vaches maigres, Édith Cresson a pu lui démontrer sans trop de difficulté que l'ouverture – mesurée – à ces capitaux privés allait permettre de financer des dizaines de milliers de nouveaux emplois en faisant rentrer de l'argent non prévu dans les caisses de l'État. Pauvre Rocard qui a passé sa vie à Matignon sous le règne du « ni-ni » et qui n'était pas parvenu à faire changer là-dessus Mitterrand d'un pouce !

14 septembre

C'est devenu une coutume : j'ai interviewé en direct Georges Marchais à la fête de *L'Humanité*. Cette année, l'entretien prévu de longue date tombait bien : après le coup d'État et l'effondrement de ce qui restait d'Union soviétique.

Il en faut plus que cela, apparemment, pour l'émouvoir. Oui, ce qu'il appelle pudiquement les « derniers événements en URSS et dans les pays socialistes » peuvent poser problème, cela n'empêchera pas les communistes de faire la fête. Comment cela ? Parce « qu'ils sont communistes et entendent le rester ». Parce que « le capitalisme n'a pas d'avenir » ; parce que « ce que veulent les Français, c'est une société socialiste à la française ». Parce que « le PC s'est affaibli, mais il va remonter ».

Il ne manque pas de punch, même si on entend dire de temps à autre qu'il va être remplacé à la direction du Parti, et même si la contestation interne au PC, qui s'exprime parmi les membres du comité central, le vise en premier lieu. Personne d'autre n'aura jamais cette gouaille et ce culot, ce bonheur d'expression et cette foi du charbonnier. Cette résistance, aussi.

Lorsqu'il a terminé, nous passons comme d'habitude, pour déjeuner sous une tente, à deux pas de la foule, avec Roland Leroy et une partie de l'équipe dirigeante du PC. Je trouve Marchais beaucoup plus soucieux, en privé, et pour lui et pour le Parti. Lui aussi navigue à vue...

2 octobre

Pour la première fois, je ne me rends pas à l'Assemblée nationale pour la cérémonie de la rentrée parlementaire. Si Édith Cresson a l'air plus sereine qu'en juin dernier, son problème, il me semble, se situe à l'intérieur de sa majorité. Les ministres socialistes ont été les premiers à protester, cet été, lors des différents arbitrages qui ont été rendus sur leur budget par Matignon et par Bercy. En tête des récalcitrants, Pierre Joxe, qui n'a pas caché son exaspération envers Édith Cresson, en juillet dernier, quand il a été question de rogner sur les crédits militaires. Il en a tant fait, m'a raconté Guy Perrimond, en mobilisant avec un foin du tonnerre tant de parlementaires et de dirigeants socialistes, qu'il a fini par avoir gain de cause et par gagner sur Bercy.

Le bonheur des uns faisant le malheur des autres, c'est Pierre Bérégovoy, dont l'arbitrage sur le budget de la Défense avait été mis à mal, qui s'est senti désavoué et a menacé une nouvelle fois de démissionner.

La liste des ministres critiques à l'égard d'Édith Cresson ne cesse d'augmenter : Philippe Marchand, ministre de l'Intérieur, est de ceux-là, et puis Roland Dumas, qui compte davantage dans l'entourage de Mitterrand.

Dans cet univers politique qui lui fait reproche de ne pas être du même monde, Édith Cresson ne peut compter vraiment que sur Martine Aubry qui a son franc-parler, connaît ses dossiers et sait mettre en garde le Premier ministre contre les entourloupes de Bercy. Mais si déterminée que soit la ministre du Travail, elle ne suffit pas à changer l'atmosphère de suspicion qui entoure Édith Cresson.

Si les sondages étaient bons, au moins ! Ce n'est pas le cas.

20 octobre

J'avais été tentée, il y a quelques jours, d'écrire ici que le Premier ministre se « normalisait » ; qu'elle s'était assagie et était rentrée dans le rang, depuis l'été.

Et puis, ces derniers jours, quelle cacophonie dans le gouvernement ! Une manifestation d'infirmières mal réprimée, des mouvements d'agriculteurs comme toujours plus violents que les autres, ont fait apparaître plus que des divergences : des cassures au sein de l'équipe gouvernementale.

Je dois dire que je n'avais encore jamais assisté à cela : c'était il y a trois jours, au cours d'une manifestation assez importante des infirmières autour du ministère de la Santé, rue de Ségur. Quelques meneuses (et meneurs) de la coordination ont annoncé leur intention de faire mouvement vers l'Élysée. De peur de voir le palais présidentiel envahi, le préfet de police a envoyé contre elles (et eux) canons à eau et grenades lacrymogènes. Les images télévisées ont consterné la France. C'est alors que le ministre de la Santé, Bruno Durieux, a exigé de son confrère de l'Intérieur qu'il diligente une enquête sur l'origine de l'incident. Refus tout net de Philippe Marchand, qui, en termes vifs, lui a conseillé de balayer devant sa porte, et d'abord de négocier avec les infirmières. Ces altercations publiques entre deux ministres soulignent, au-delà des revendications de telle ou telle catégorie de Français, le manque d'autorité d'Édith Cresson sur ses ministres. On n'imagine pas Rocard, ni Mauroy, ni Fabius devant une telle indiscipline.

Comme si cela ne suffisait pas, des agriculteurs en colère ont investi vendredi le cloître où se déroulait, sous la présidence de ce pauvre Jean-Michel Baylet[1], un dîner très chic sur l'excellence des arts de la table. Là encore, les images sont assassines : je viens juste de revoir, au JT, les plans montrant Jean-Michel Baylet, ministre de la République, au milieu de cohortes d'agriculteurs furieux, quitter précipitamment les lieux, protégé par ses officiers de police, tandis que volaient les plats, l'argenterie fine et la plus belle vaisselle, dit-on, d'Europe.

Ce dîner, a expliqué un agriculteur qui n'a d'ailleurs été ni inquiété ni retenu par la police, restée placide dans la tempête, « était de la provocation, compte tenu de ce que le monde agricole souffre » !

22 octobre

Une fois n'est pas coutume : comme le général de Gaulle au moment du putsch, comme s'il trouvait que l'heure était grave, François Mitterrand a choisi la radio pour s'exprimer. Il a répondu ce matin aux questions d'Ivan Levaï. Autant le gouvernement semble impuissant face à la violence des agriculteurs, autant Mitterrand plaide l'autorité nécessaire de l'État face aux bandes qui ne cessent de détruire et de casser. Du manque d'autorité de l'État, il n'a pas l'air de rendre Édith Cresson responsable, puisqu'il conclut en parlant d'elle : « Gouverner, ce n'est pas plaire. J'aime mieux quelqu'un qui assume l'impopularité. »

C'est la première fois, vraiment, depuis 1988, que Mitterrand descend dans l'arène comme s'il était lui-même Premier ministre. C'est vraiment curieux : on a l'impression qu'il se sent plus proche d'Édith Cresson que de n'importe qui d'autre, que de Laurent Fabius par exemple. Comme s'il ne se rendait pas compte que c'est à elle, Premier ministre, de « protéger » le président de la République, et pas l'inverse !

J'espère pour lui qu'en ce qui concerne la nécessaire impopularité

1. Élu du Tarn-et-Garonne, Jean-Michel Baylet est alors ministre du Tourisme dans le gouvernement Cresson.

d'un Premier ministre, il ne sera pas entendu au-delà de ses espérances !

24 octobre

Les choses n'ont pas traîné : motion de censure sur le budget. Classique !

5 novembre

Incroyable et pourtant vrai : Robert Maxwell, le Robert Maxwell à qui le pouvoir socialiste avait confié la cinquième chaîne, avec son

copain Berlusconi, Robert Maxwell, qui s'était embarqué derrière Francis Bouygues à TF1 en 1987, et que le même Bouygues avait immédiatement neutralisé, vient de disparaître : il est tombé par-dessus le bastingage de son bateau, le *Lady Guislaine*. Ainsi s'achève l'aventure de cet homme qu'on nous a si souvent présenté comme un empereur de la presse anglo-saxonne et qui lui-même se fixait pour objectif de créer la plus grande société de communication du monde. A-t-il été frappé par une crise cardiaque ? Comment se fait-il que, sur le moment, personne à bord ne s'en soit aperçu ? Le fait qu'il ait fini la guerre comme agent des services spéciaux britanniques, qu'il ait été par la suite suspecté de faire partie des services israéliens, ajoute à sa mort une dimension de roman policier. Il avait des dettes, dit-on, et son sort financier pouvait tourner d'un moment à l'autre. S'est-il suicidé ?

7 novembre

Sous prétexte de décentralisation, Édith Cresson veut-elle tuer l'ENA ? Exerce-t-elle, contre les technocrates, une sorte de vengeance qui ne veut pas dire son nom ? Elle a peut-être raison quand elle dit que les fonctionnaires coûtent moins cher en province qu'à Paris ; il reste que décentraliser l'ENA à Strasbourg est une hérésie : même si les élèves, bien obligés, iront résider dans le Bas-Rhin, les chargés de cours et autres professeurs ne le feront pas ! Ils ne traverseront pas la France pour parler, comme je l'ai fait moi-même il y a quelque temps, des rapports compliqués entre télévision et pouvoir, ou comme d'autres, patrons, chefs d'entreprise ou représentants de la société civile, le font sans arrêt gratuitement.

Quant aux professeurs, je ne les vois pas passer cinq à six heures dans le train pour Strasbourg, et encore moins résider là-bas. Beaucoup le feraient, certes, mais à condition que ce ne soit pas au bout du monde !

Installer l'ENA à Strasbourg, c'est prendre son parti d'une baisse de niveau de son enseignement, d'une baisse de niveau de ses enseignants.

Plus j'y pense, plus je suis convaincue qu'il s'agit là d'une sorte de vengeance sous couvert de bons sentiments girondins.

Pour le reste, la décentralisation passe globalement bien, et localement le plus souvent mal, les élus trouvant naturellement, à quelques exceptions près, qu'ils ne sont jamais assez bien servis.

10 novembre

Le piège s'est refermé sur Mitterrand : à force de défendre Édith Cresson, il est lui-même entraîné dans l'impopularité. J'ai pris ce matin un petit déjeuner avec Jean Poperen, navré par la dégradation des choses : selon lui, les socialistes n'ont jamais été aussi divisés. D'abord parce que les députés, me dit-il, ont peur de ne pas être réélus dans un an et demi. Plutôt que de se remettre en cause, ils flanquent tout sur le dos du gouvernement, de ses contradictions, de son manque d'autorité. Ensuite parce que Mitterrand ne parvient pas à redresser la situation. Il s'est débrouillé pour assumer tous les échecs, les bévues, les hésitations de Matignon. Il paraît qu'il lui arrive d'être furieux et d'exprimer sa colère à certains des ministres ou des leaders socialistes qu'il juge faibles ou manipulés. Et aussi à Édith Cresson, peut-être ? Poperen ne me répond pas.

Je lui demande s'il est vrai que, comme on le dit, certains élus socialistes pensent que Mitterrand va démissionner, qu'il va laisser la place libre à un des chefs de courant – pourquoi pas à Michel Rocard dont, par comparaison, la cote n'a jamais été aussi haute ? Poperen me dit que la chose est possible, en effet.

Je le trouve un peu perdu, cachant derrière son humour une réelle inquiétude sur l'évolution politique. Il faut dire que, ministre chargé des Relations avec le Parlement, il connaît les députés, mesure leurs craintes mieux que personne, et sait que leur solidarité avec le pouvoir est fragile dès lors que ce pouvoir lui-même est menacé.

11 novembre

Je vois assez bien comment les choses se sont passées : Mitterrand, menacé maintenant lui aussi par les sondages, Mitterrand que la presse ne cesse de décrire comme au bout du rouleau, usé par le pouvoir, a essayé de prendre de court tout le monde en parlant, à Elkabbach, dans l'émission de 19 heures, pour la Cinq et Europe 1, de façon assez imprécise d'ailleurs, de révision de la Constitution « dans le domaine législatif, judiciaire, exécutif ».

Le référendum, arme qu'il veut employer aujourd'hui comme en

1984, semble avoir une vertu thérapeutique : sur le gouvernement, sur l'opposition, sur le peuple et peut-être sur lui-même.

Peut-être, comme en 1984 également, ce référendum ne verra-t-il jamais le jour. En attendant, l'opposition fait semblant de croire au raccourcissement possible du mandat présidentiel.

Giscard, réélu ce week-end à la tête de l'UDF, triomphe : le quinquennat, dit-il, attend depuis dix-huit ans. Mitterrand, lui demande-t-on, serait-il obligé de se l'appliquer à lui-même ? Légalement non, mais politiquement oui, répond Giscard.

Quant à la réforme du mode de scrutin, Mitterrand a prévu un système mixte alliant scrutin majoritaire et scrutin proportionnel. Ce qui ne trompe personne : il ne penserait pas à changer le mode de scrutin si le PS était assuré de gagner en 1993 !

11 novembre

Échange inattendu à l'Assemblée nationale. Mitterrand a parlé imprudemment, hier, de l'« étouffement » du Parlement. Gêne visible d'Édith Cresson lorsqu'elle a eu à affronter sur ce terrain les parlementaires. Chirac en a profité pour faire tout un plat sur la dérive monarchique et autoritaire du pouvoir. Raymond Barre a au contraire semblé soutenir le Premier ministre. Tandis que Giscard a donné la recette : qu'on cesse d'appliquer l'article 49.3 !

Les faux pas ou les contradictions ne sont pas l'apanage de la seule majorité.

17 novembre

Chevènement à « L'Heure de vérité » sur Antenne 2. Après une difficile période d'éloignement, le revoici sûr de lui, de ses analyses politiques. Sur le Golfe, notamment, il dit tout haut ce que beaucoup de Français aujourd'hui pensent tout bas : on pouvait faire l'économie de la guerre, puisque rien n'a changé. Saddam est toujours là et rien n'est réglé au Moyen-Orient.

Lui non plus n'a pas changé d'un pouce depuis janvier dernier. Comme si les dures critiques, à la limite de la diffamation, dont il a fait l'objet en début d'année avaient glissé sur lui comme sur les plumes d'un canard. C'est étonnant de le voir ainsi, inaltéré après son exil.

Pour finir, un hommage inattendu à Édith Cresson, « femme courageuse qui donne de bonnes impulsions à la politique industrielle ».

Il est vrai qu'il a toujours beaucoup aimé Édith Cresson, ses propos iconoclastes, sa remise en cause perpétuelle des pensées uniques, sa défiance aussi vis-à-vis des inspecteurs des Finances et de cette énarchie qu'il a lui-même été le premier à dénoncer[1]. D'ailleurs, je crois me souvenir que lorsqu'il s'est représenté à son poste de député, après sa démission du gouvernement, Édith Cresson était venue le soutenir. Ils ne devaient pas être nombreux à se précipiter pour le faire.

Soutenir Édith Cresson aujourd'hui est devenu un acte de courage politique.

26 novembre

Déjeuner chez Philippe Marchand au ministère de l'Intérieur. Autour de lui, tous les chefs de la police : drogue, répression du banditisme, police nationale. Marchand est curieusement indifférent, ou plus exactement absent. Lui-même met sur le tapis, là, devant tout son petit monde, ce qui le turlupine : c'est le changement du mode de scrutin présenté par François Mitterrand, mêlant donc proportionnelle et majoritaire – ce qui amènerait à augmenter le nombre total d'élus. « J'ai dit à Mitterrand, clame-t-il, que je refusais de por-

1. Dans l'ouvrage écrit en 1967 sous le pseudonyme de Jacques Mandrin avec Alain Gomez et Didier Motchane : *L'Énarchie ou les mandarins de la société bourgeoise*, La Table ronde.

ter la responsabilité de l'élection de 60 députés supplémentaires à l'Assemblée nationale. Je ne serai pas ce ministre de l'Intérieur-là ! »

À tous les dignitaires de la police présents, il confirme : « Vous m'entendez bien ? Si l'ordre m'en est donné, je ne serai plus là pour l'exécuter ! »

En aparté, il me glisse : « Vous avez vu les sondages ? Quelle catastrophe ! »

Il pense déjà à reprendre son métier d'avocat lorsqu'il sortira d'ici. « Le problème, dit-il à la cantonade, c'est que je ne pourrai plus plaider aux assises. Vous me voyez, volant dans les plumes du ministère public ou de la police, lors d'un procès ? »

Il juge « nulle » la politique de la France en Afrique, tandis que sa femme demande ingénument « comment tous ces présidents africains sont encore en vie... ».

Pour finir, il déplore qu'en suggérant le passage du septennat au quinquennat, François Mitterrand ait en réalité fixé la date de son départ. Il fait le même raisonnement que Giscard : légalement, Mitterrand ne serait pas tenu de s'appliquer à lui-même la règle du quinquennat ; politiquement, il y serait contraint en partant du principe que si on pense qu'une réforme est bonne, on doit l'appliquer sans tarder. « C'est irréversible ! » conclut-il.

Dans la soirée, Philippe Alexandre me dit que, d'après ses informations, Marchand va être débarqué dans les semaines qui viennent. Cela ne m'étonne guère.

Émission « Médiations [1] » sur l'abstention. Nulle part, dans aucune autre émission je n'ai senti jusqu'à présent une telle haine de la part du public, soigneusement choisi pour expliquer leur refus de voter, contre les quatre hommes politiques de toutes tendances présents sur le plateau. Au milieu de l'écran, sous le déluge d'exclamations, presque d'injures, ils ont l'air d'oiseaux blottis les uns contre les autres sur un fil électrique. La violence des propos, le ton, à la limite de l'hystérie, suffoquent les hommes politiques et dépassent le présentateur.

Signe d'un grand malaise de la société politique. Mais aussi de la

1. « Médiations » est une émission de TF1 animée de 1988 à 1992 par François de Closets.

société médiatique qui, si elle n'y prend garde, sera emportée par la même haine.

27 novembre

Vu Fabius à l'hôtel de Lassay[1]. Il est plus irrité que fatigué. Costume gris, pochette bleu vif, cravate bleue. Juste ce qu'il faut de décontraction, sans un iota de plus. Il commence à parler assez bas, comme Mitterrand le fait parfois, avec dans la voix une sorte de brisure, ce léger voile que j'aime bien.

« Cette histoire de scrutin, me dit-il, est stupide. Changer le mode de scrutin, très bien, mais pourquoi, comment ? Avant de rendre publique cette annonce qui n'en était pas une, Mauroy, dont c'était l'idée, aurait dû organiser un minimum de confrontations, de concertations. Il ne fallait pas mettre ce débat sur la table avant d'avoir une réponse à apporter, une solution à formuler. Même un enfant de chœur pourrait comprendre qu'opter pour la représentation proportionnelle aujourd'hui, c'est aller à contre-courant des choses : au moment où les Français se déchaînent contre les partis, il est aberrant de ne pas jouer, au contraire, le scrutin majoritaire. C'est dans le cadre de sa circonscription que chaque député, dans la proximité avec son électorat, a son jeu à jouer. »

Il ajoute, sur le même ton un peu las :

« Cette affaire a été menée n'importe comment depuis le début jusqu'à aujourd'hui. »

Il enchaîne : « Et allez faire le congrès du PS les 14 et 15 décembre ! De quoi parler ? D'autre chose ? On nous accusera de noyer le poisson. En parler ? Non, puisque Mauroy a dit que, finalement, nous n'en parlerions pas.

– Mais, lui dis-je, c'est le Président qui a voulu changer le mode de scrutin, c'est lui qui a mis la question à l'ordre du jour en annonçant son projet de référendum ! Mauroy n'a pas foncé sur ce sujet tout seul, il a agi sur ordre !

– Pas le moins du monde, m'assure-t-il. Le Président ne supporte pas, au contraire, d'avoir été mis en première ligne alors qu'il ne le souhaitait pas. »

Comme il s'est payé le luxe de faire front commun, pour la première fois, avec Rocard et Jospin contre le mode de scrutin, il préfère

1. Laurent Fabius est président de l'Assemblée nationale de 1988 à 1992.

croire que Mauroy a agi sans le feu vert du Président. Je ne crois pas la chose possible. Peut-être ai-je tort...

Restent les affaires. Manifestement, il ne comprend pas comment les socialistes ont pu à ce point tomber dans le piège de l'argent. Il s'irrite à l'idée de tant de maladresses, de tant d'abandons.

« Moraliser, trouver une façon de reprendre l'initiative sur le terrain, oui, c'est cela qu'il faudrait faire », murmure-t-il. Il s'exaspère devant un tel gâchis.

2 décembre

Jack Lang, lui, est proportionnaliste. Il défend l'idée d'un exécutif fort, flanqué d'un Parlement élu à la représentation proportionnelle qui apparaîtrait donc comme une photographie de la société politique.

Permettre à Le Pen d'avoir un groupe parlementaire à l'Assemblée ?

« Aucune importance, me dit-il. Après tout, il est parlementaire européen, et cela ne crée pas de problème, sauf que cela fait désordre. De toute façon, vous, les médias, vous faites bien, dès aujourd'hui, une place permanente au Front national, alors franchement, qu'est-ce que cela changera ? »

Mais Mitterrand, il le croit, a plus d'un tour dans son sac. Il se battra jusqu'au bout, sortira de nouvelles ficelles, finira par trouver la trouée dans les nuages.

Tout cela est bel et bon : Jack Lang ne voit toutefois pas comment faire adopter par cette Assemblée, par les parlementaires qui la composent, une réforme du scrutin. Encore moins la proportionnelle intégrale.

En utilisant l'article 49.3 [1] ? Ancien professeur de droit constitutionnel, il n'y croit guère : il juge impossible d'utiliser le 49.3 pour la ratification d'un mode de scrutin quel qu'il soit. Peut-être après les élections de mars, lorsqu'il sera devenu évident, pour les élus

1. L'article 49.3 de la Constitution autorise le Premier ministre à engager la responsabilité de son gouvernement sur un texte de loi. Les députés peuvent, en ce cas, déposer une motion de censure contre le Premier ministre. Le texte est considéré comme adopté si la motion de censure n'est pas déposée ou si elle n'est pas acceptée.

socialistes, qu'ils ne sortent pas tous indemnes de la campagne des régionales et des cantonales.

« Pour le moment, soupire-t-il, chacun a la certitude d'être réélu : ce n'est pas le bon moment psychologique pour leur demander de changer de loi électorale ! »

Je lui pose une question sur Jacques Delors, qui, lors de son récent passage à « 7 sur 7[1] », n'a pas exclu, répondant à une question d'Anne Sinclair, d'accepter Matignon si Mitterrand le lui offrait.

Lang ne comprend pas bien pourquoi (c'est mon expression, qu'il reprend à son compte) il est « sorti du bois » en répondant à la question sur son éventuelle acceptation des fonctions de Premier ministre.

« Que Delors bénéficie de l'avantage de l'éloignement, commente Lang, c'est bien certain, et c'est sans doute son atout le plus grand. Peut-il pour autant entrer dès maintenant dans le débat politique français ? Non, sauf s'il ne peut pas y résister. »

Il réfléchit quelques instants, puis :

« C'est toutefois un homme qui maîtrise parfaitement son expression. S'il a parlé ainsi, ce ne peut être par hasard. »

Mais il balaie cette réflexion d'un geste désabusé de la main :

« De toute façon, il ne peut qu'être emporté par le reflux de la gauche, si reflux il y a. Comme Michel Rocard le serait lui-même. »

Je lui demande si, par exemple, Rocard et Delors étaient tous deux candidats à la présidentielle de 1995, de quel côté lui-même pencherait. Il hésite, dit qu'à Dieu ne plaise, puis noie le poisson en parlant d'une éventuelle bagarre entre deux candidats de droite (sans doute ne veut-il pas parler de deux candidats à gauche) : « Dans ce cas, dit-il, Mitterrand pourrait toujours soutenir le moins mauvais ! »

Extraordinaire : il préférerait qu'un candidat de la droite – c'est à Raymond Barre qu'il pense – prenne le pouvoir plutôt que Rocard ou Delors ? Ai-je bien compris ? J'ai bien compris...

2 décembre dans l'après-midi

Jérôme Jaffré et Olivier Duhamel, avec lesquels nous préparons nos émissions sur les élections cantonales et régionales de mars prochain, me confient les chiffres des prochains sondages : Mitterrand est à 31 %, chiffre le plus bas qu'ait jamais atteint la Sofres depuis

1. Le 1er décembre. Jacques Delors est alors président de la Commission européenne.

qu'elle procède à ce genre d'enquêtes. Et Édith Cresson est au bas de l'échelle, là où était Pierre Mauroy le jour de son départ de l'hôtel Matignon, en 1984. À titre de comparaison, Valéry Giscard d'Estaing était à 39 points dans la dernière ligne droite précédant l'élection présidentielle de 1981.

3 décembre

À moins d'une semaine du Conseil européen de Maastricht, Mitterrand a reçu à l'Élysée, ce mardi, tous les responsables politiques français, c'est-à-dire, dans l'ordre, Pierre Mauroy, Jacques Chirac, Raymond Barre, Georges Marchais, Pierre Méhaignerie pour le CDS et Gérard Longuet pour le Parti républicain.

Il est drôle d'observer le comportement des hommes politiques dans ces circonstances.

Conformément à son habitude, Raymond Barre n'a pas dit un mot en sortant de sa conversation, qui a duré une heure, avec le Président.

Mauroy a souligné à la sortie que « la partie n'était pas jouée d'avance » : « Ce que nous espérons, a-t-il ajouté, c'est qu'on ne puisse pas revenir en arrière sur la construction d'une Europe forte, sûre d'elle-même. »

Jacques Chirac a abondamment fait savoir qu'il avait fait part à Mitterrand de « son indignation face à la lâche passivité de l'Europe et aussi de la France dans le drame qui se déroule en Yougoslavie depuis six mois. L'Europe des riches, des nantis, a-t-il ajouté, ne peut pas être indifférente à la situation de l'Europe de la misère ».

Georges Marchais a dit qu'il était hostile aux projets de traités européens, car « au nom de l'union économique et budgétaire, il s'agit en réalité de placer la politique française sous la tutelle de l'Allemagne et des banques. Pour le PCF, c'est non, non et non ! » a conclu vigoureusement Marchais.

4 décembre

Déjeuner avec Alain Carignon[1]. Son analyse de la crise de la société politique :

1. Alain Carignon a été député de l'Isère de juin à novembre 1988. Il a démissionné à cette date pour se consacrer à la mairie de Grenoble.

– dans des domaines de plus en plus nombreux, la décision appartient de plus en plus aux individus. Sauf dans le domaine politique où, dans un mouvement de sens inverse, la décision est réservée aux hommes politiques sans concertation ni sanction. C'est ce paradoxe qui explique le désir des citoyens d'exercer une part croissante de responsabilités sur la décision publique.
– le champ clos des partis politiques de droite et de gauche : « L'air, dit-il, ne passe plus. »
– la multiplication des élus. Il cite le nombre des élus locaux, nationaux, européens, en Isère par exemple. Il arrive à un chiffre astronomique : 6 000 élus locaux, 17 députés, je ne sais combien de sénateurs. Tous ces élus se mêlent indifféremment de tous les problèmes : éducation, logement, environnement, etc. « Il faudrait, dit-il, mettre tout cela à plat, diminuer le nombre de députés et de sénateurs – et ne pas les augmenter, comme je l'entends proposer par le parti majoritaire. Il faudrait sinon changer la Constitution, du moins la revoir. »

Rien de tel ne se fera, inutile de le dire.

La crise, ajoute-t-il, est une crise d'autorité d'un bout à l'autre de la pyramide sociale.

Cette crise, termine-t-il, risque d'englober la société médiatique. Encore que la télévision et, de façon plus générale, la presse laissent un espace au débat. « Ce sont les derniers remparts de ce point de vue, dit-il. Pourtant, ils risquent d'être atteints à leur tour par la contestation générale de l'ordre et des hiérarchies établies, et surtout par cette idée que la politique appartient à tout le monde, qu'elle a été confisquée au peuple et qu'il va falloir la lui rendre. »

Alors, l'avenir ? En dépit de son air juvénile, Alain Carignon n'est pas un débutant. Il s'est fait connaître comme maire de Grenoble en 1983 en chassant le socialiste Hubert Dubedout. Il a continué en faisant partie l'année dernière de ces rénovateurs du RPR qui ont mis à mal, un temps, l'autorité de Jacques Chirac avant que celui-ci ne reprenne le contrôle des opérations. Il n'aime pas Mitterrand, certes, tout en ne raffolant pas, c'est un euphémisme, de Chirac.

Pour lui, François Mitterrand n'a pas vraiment conscience de tous ces mouvements de révolte, de rébellion, de remise en cause de la politique. Carignon l'a rencontré en mai dernier à je ne sais quelle occasion, et lui a parlé de toutes ses angoisses d'homme politique qui, en dépit de ses efforts, se sent de plus en plus contesté par ceux auxquels il consacre sa vie. Par parenthèse, je trouve assez drôle qu'ancien ministre de Jacques Chirac[1] pendant la cohabitation, il soit allé ouvrir son cœur à François Mitterrand ! Néanmoins, celui-ci lui a répondu : « Détrompez-vous, il n'y a là rien de plus naturel. Il en a toujours été ainsi. Les périodes où les hommes politiques sont honorés sont rares. La règle, c'est le contraire : ils sont honnis, vilipendés, contestés. Pour moi, les choses ont toujours été ainsi. »

Mitterrand, donc, ne croit pas à la crise de la société politique, et n'y croyant pas, il a tendance à rendre responsables la presse, la télévision surtout, des actuelles secousses de la vie politique. Tout s'explique évidemment, et surtout son irritation à l'égard de TF1 ou d'Antenne 2, s'il croit que nous inventons tout de toutes pièces dans le seul désir de lui nuire.

1991 Sur ce point, Mitterrand lui semble « sinon dépassé, du moins absent, enfermé dans un monde dont il croit avoir fait le tour ».

Le ton du déjeuner, autrement, est morose. L'avenir, selon Carignon ? Une classe politique médiocre, puisque les jeunes aujourd'hui refusent de s'engager. Une classe politique composée de retraités et de nantis :

« Faites donc des reportages sur les députés qui choisissent de ne pas se représenter. C'est instructif. Qu'ont-ils à gagner à la vie politique d'aujourd'hui ? Prendre de la distance, c'est essentiel. Nous en prendrons bientôt tant qu'il faudra nous rattraper. »

Il s'en va faire une série de conférences en Europe :

« Je vais annoncer à mes électeurs que je les quitte une semaine par mois. Il y a quelques années, ils m'en auraient tenu rigueur. Aujourd'hui, ils m'applaudissent. »

La voilà, la prime d'éloignement chère à Jacques Delors !

Après ces envolées sur l'avenir de la politique, Alain Carignon m'explique pourquoi il a abandonné l'idée de se faire une place plus grande dans la région Rhône-Alpes. Pour, dit-il, ne pas avoir un conflit artificiel avec Michel Noir. Car le vrai conflit dans la région, c'est entre Jacques Chirac et Michel Noir qu'il se noue. Jugeant son combat secondaire par rapport à celui-là, Carignon s'efface. Pour cela... et peut-être pour d'autres choses qui se murmurent, moins avouables...

1. Il y était secrétaire d'État à l'Environnement.

Nous nous rappelons en riant, pendant le déjeuner, quelques phrases d'Edgar Faure[1]. Notamment cet échange superbe en réponse à quelques électeurs qui lui faisaient grief de ne pas être né à Port-Lainé, lorsqu'il s'y est présenté pour la première fois.

« C'est vrai, leur a-t-il dit, je ne suis pas né ici. C'est vrai, je n'y ai pas vécu. Mais j'y serai enterré ! »

Et cette autre, en réponse à un jeune élu qui lui demandait conseil : « Vous ne savez pas par quel bout prendre votre problème ? C'est simple, internationalisez-le ! » Autre version de son adage favori : « Lorsqu'un problème est compliqué, on peut toujours le compliquer davantage. »

Parmi les composantes de cette crise, je place, moi, sinon en premier, du moins en bonne place l'émergence d'une nouvelle valeur forte : le fric, l'argent.

1991

Je constate que personne n'en parle, qu'il s'agit d'un vrai tabou. Cela explique bien sûr les « affaires » et les multiples scandales qui empoisonnent la vie publique. Cela explique aussi le sentiment des autres, des hommes de la rue, des « obscurs, des sans-grade », qui en ont marre des inégalités, qu'ils ressentent avec moins de soumission que lorsqu'ils allaient à la messe et croyaient en la vie éternelle.

C'est en cela, je pense, que notre société médiatique va être elle aussi atteinte. Lorsque les gens sauront (les hommes politiques le leur diront) combien nous touchons pour écrire ou parler sur les « conneries » des autres, nous serons foutus à poil !

Je me rappelle Michel Noir, à un dîner, au printemps dernier, lorsqu'il faisait reproche à je ne sais quel président d'une grande banque de soutenir le festival lyrique d'Aix-en-Provence et de ne pas donner un sou pour Vaulx-en-Velin : « Vous allez voir, disait-il, un jour les gens en colère ravageront le théâtre de l'Archevêché[2]. Et ce sera bien fait pour nous ! »

1. Edgar Faure est mort en mars 1988.
2. Où sont représentées la plupart des œuvres lyriques du festival d'Aix-en-Provence.

Belle déclaration de Michel Rocard, dans l'après-midi, sur le sujet que nous avions justement abordé avec Alain Carignon à déjeuner. Après avoir affirmé que « la morosité ne se justifie pas dans un pays comme la France, qui a de réels atouts », il explique[1] que si « nous vivons une véritable crise politique, cela tient à ce que nous n'avons pas encore mis en œuvre une démarche forte et concrète qui permette à la fois aux intérêts des catégories sociales de s'exprimer tout en laissant jouer les mécanismes indispensables à la recherche de l'efficacité économique ». Il conclut : « Il faut redonner du sens à l'action collective dans notre société ; cela passe évidemment par le courage politique, l'affirmation intransigeante de valeurs face à tous ceux qui cultivent la démagogie. »

Pendant que je lis et annote cet édito dans ce carnet, la fronde éclate au groupe parlementaire socialiste de l'Assemblée nationale au moment d'accepter le projet de loi sur le « sang contaminé ». Il s'agit de faire financer l'indemnisation des transfusés contaminés par le sida par une taxe sur les polices d'assurances, donc par les assurés. La décision a été adoptée en Conseil des ministres la semaine dernière.

La mesure est maladroite et même franchement insupportable, puisqu'elle fait payer par l'assuré les erreurs de nos gouvernants. Depuis le début de l'après-midi, les députés socialistes refusent de la voter.

Au moment précis où j'écris ces lignes, dans la salle des Pas-Perdus de l'Assemblée nationale, j'apprends que la nouvelle vient de tomber sur le fil de l'AFP : le texte a finalement été retiré après qu'on a vu tout l'après-midi Édith Cresson, Jean-Louis Bianco et Jean Auroux[2] s'enfermer pour de longs conciliabules. « On n'en parle plus, voilà tout », a dit Auroux sur Antenne 2 en sortant justement d'une brève entrevue avec le Premier ministre. « Nous pensons, a-t-il ajouté, que l'État peut ici et là faire un certain nombre d'économies qui permettront de financer le fonds dans de bonnes conditions. »

Je suis stupéfaite devant une telle maladresse du gouvernement. Il s'agit d'une décision grave, sur un problème capital. Prise sans concertation avec son groupe parlementaire, sans tenir aucunement compte de l'opinion publique ! Et le Premier ministre y renonce de

1. Éditorial du bulletin rocardien *Convaincre*.
2. Président du groupe parlementaire socialiste.

la même façon, sans crier gare, en quelques minutes après une discussion houleuse ! De deux choses l'une : ou bien cette taxe était une bonne chose, et il fallait la maintenir et convaincre les parlementaires socialistes ; ou c'était une mauvaise chose, et il ne fallait ni la défendre ni l'accepter en Conseil des ministres.

Comment se plaindre, après cela, du manque d'autorité du gouvernement ?

5 décembre

J'ai repris avec plus d'attention et de temps la rédaction de ces carnets. Je ne les ai jamais tout à fait abandonnés, bien que la quantité de travail et de décisions à prendre, de conférences à tenir, soit considérable à TF1. Depuis quelques jours, je sens que nous sommes arrivés dans une terrible période de déliquescence de la gauche, parallèle à la remise en cause de l'autorité gouvernementale et de celle de l'État. Je veux désormais être sur le terrain, et pas seulement derrière mon bureau, et consigner quotidiennement par écrit la crise d'aujourd'hui, que je pressens devoir durer jusqu'aux législatives de mars 1993. « Chroniques d'une mort annoncée » : c'est ainsi que j'intitule le nouveau cahier que j'entame aujourd'hui.

6 décembre

François d'Orcival a rencontré Mauroy au « Club de la Presse », cette semaine. Il l'a trouvé déboussolé, « démoli » – c'est son mot. Il ne reconnaît pas le Parti et jure ses grands dieux qu'on ne l'y reprendra plus. Pour lui, le salut, comme toujours, c'est Lille.

Dans un entretien à paraître dans *Le Figaro* de demain, dont l'AFP cite les phrases les plus importantes, Giscard commente, avec des mots d'une rare violence, les baisses de popularité de Mitterrand et du Premier ministre : il s'agit pour lui d'un « effondrement sans précédent ». Pour qu'on le comprenne bien, il ajoute : « La situation politique présente est plus détériorée qu'elle ne l'a jamais été sous aucun des présidents antérieurs. »

Il l'explique par « l'épuisement du message socialiste », « la situation de corruption » et « la crise morale ».

Quant aux changements institutionnels en cours, c'est peu de dire qu'il leur est hostile : « Le régime qu'on nous prépare, dit-il, la proportionnelle intégrale pour l'Assemblée nationale et le mandat de sept ans non renouvelable pour le président de la République, c'est la monarchie absolue. » Un seul mode de scrutin, donc, pour l'opposition : le système majoritaire. Et une hâte : le passage du septennat au quinquennat en 1992.

Plus important que tout, dans le contexte actuel où l'opposition s'attend à une victoire aux prochaines législatives, Giscard prend date. Il n'entend sans doute pas voir Chirac s'installer une fois encore à Matignon dans une douillette cohabitation. Il abat ses cartes : « Je suis, dit-il, pour l'alternance franche. Nous n'accepterons pas de compromis autre que le choix politique voulu par les Français en 1993. »

Contrairement à ce qu'avait dit Mitterrand à propos de Giscard avant 1981, j'en conclus que si l'opposition gagne, et surtout si l'UDF précède à cette occasion le RPR, Giscard n'entend pas « garder » Mitterrand.

7 décembre

Roland Dumas m'explique comment il a réparé une bévue – ou semi-bévue – de Mitterrand. À Bonn, la semaine dernière, interrogé sur la réaction des pays occidentaux au terrorisme libyen, le Président a répondu d'une phrase sibylline : « Nous en saurons peut-être plus lundi. » Tout le monde comprend que les États-Unis enverront quelques avions sur Tripoli pendant le week-end.

« C'est que Mitterrand le croyait. Rien ne s'étant passé pendant le week-end, j'ai dû, précise Roland Dumas, donner une autre version aux journalistes. J'ai raconté que j'avais reçu l'ambassadeur libyen dimanche pour lui tirer les oreilles, et que c'était à cette visite que Mitterrand faisait référence lorsqu'il avait dit imprudemment : attendez lundi ! »

9 décembre

Mitterrand annonce qu'il participera à « 7 sur 7 » sur TF1. Édith Cresson ayant royalement été entendue, dans une émission précédente sur la Cinq, par 3,6 % des téléspectateurs, autrement dit par très peu de monde, Mitterrand a jugé plus efficace, pour se faire mieux entendre, d'effacer le contentieux avec TF1 – contentieux nourri, depuis la guerre du Golfe et mes conversations avec l'ambassadeur d'Irak, par l'interview d'Édith Cresson par Giesbert et Carreyrou, l'été dernier. Le président de la République pouvait-il longtemps refuser d'apparaître sur la première des chaînes françaises ? Réponse : non.

10 décembre

Déjeuné avec Jean-Pierre Soisson. Il me dit que Mitterrand se plaint de ce que la vie politique « s'écoule entre ses doigts comme du sable ».

Depuis quelques semaines, le Président ne parle plus que de Maastricht. Au point de planter là tout le monde en plein Conseil des ministres pour s'en aller parler à Kohl.

Maastricht suffira-t-il à faire oublier tout le reste aux Français ? Soisson en doute : l'Europe, pour les Français, demeure lointaine. Le concret n'est pas là. Quant à la ratification du traité européen, ce n'est pas une mince affaire. Si le Parlement est consulté, il est à craindre que des députés de l'opposition (Pierre Mazeaud est de ceux-là, selon Jean-Pierre Soisson) crient à l'anticonstitutionnalité du projet et ne réclament un référendum que le Conseil constitutionnel leur accordera.

« Mieux vaut prendre les devants, me dit-il. Un référendum sur les accords européens serait préférable, à tout prendre, à un référendum sur le passage au quinquennat, qui tournerait à l'obligation, pour Mitterrand, de se démettre en 1993 ! »

Curieux homme que ce Soisson ! Comment a-t-il fait pour trouver son chemin, de Giscard à Mitterrand, ministre de l'ouverture du second, compagnon de route du premier ? Présent dans le gouvernement Chirac de 1974 à 1976, il l'a été également dans les gouvernements Barre I, II, et III, pour enchaîner, après une brève interruption, dans le gouvernement de Michel Rocard. Et encore, j'oubliais d'écrire qu'il avait commencé sa carrière comme conseiller d'Edgar Faure avant 1974 !

Une grande continuité dans les méandres de la vie politique, dont je me demande à quoi il la doit : obédience philosophique ou habileté politique ? Les deux, peut-être, après tout.

Il y a quelques années, il m'avait invitée à venir le voir chez lui, à

Auxerre dont il était (est toujours) le maire. Il y connaissait tout le monde, tenait meeting à tous les coins de rue, sans négliger de goûter les bourgognes dont il est un des meilleurs connaisseurs. Il avait été au lycée avec Guy Roux, l'entraîneur du club de foot d'Auxerre, et avait gardé avec lui des rapports de potache. À aucun moment de sa vie politique, à aucun de ses changements de cap les Auxerrois n'ont manifesté d'étonnement : il est maire sans interruption depuis 1971[1] !

Aujourd'hui, pour revenir à notre conversation, il pense qu'un nouveau gouvernement sera nommé après le mois de mars. Manifestement, il trouve que c'est déjà bien tard, que beaucoup de dégâts auront été faits d'ici là par Édith Cresson. Il lui reproche son manque d'autorité, recouvert par un autoritarisme inutile, et met en cause jusqu'à sa compétence. Il énumère ces quelques chiffres qu'il trouve significatifs :

« De 1978 à 1981, me dit-il, Raymond Barre ne m'a pas appelé une seule fois. De 1988 à 1991, Michel Rocard m'appelait une fois par semaine, et Jean-Paul Huchon tous les jours. Elle, elle m'appelle directement, à tout propos, trois ou quatre fois par jour. C'est trop, beaucoup trop ! Un agenda de travail d'un Premier ministre, à ce rythme, est ingérable ! »

Et le centre, dans tout cela ? Il ne va pas bien : il aurait besoin lui aussi d'un scrutin à la proportionnelle, pour exister aux prochaines législatives.

« Et puis, peut-être aurait-il fallu ne pas porter un coup d'arrêt à l'ouverture, comme l'a fait Mitterrand en juillet 1988, pour découvrir maintenant que le Parti socialiste n'est pas en ordre de marche derrière le Président et son Premier ministre. »

Il lutte contre le pessimisme tout en pointant les erreurs commises. Cela va être dur pour lui, après Mitterrand !

11 décembre

Ça y est, j'ai repris le rythme : après plusieurs mois où j'écrivais peu – pas quotidiennement, en tout cas –, je prends à nouveau le temps de voir des gens, de consigner tout dans ces cahiers sur lesquels je veille comme sur la prunelle de mes yeux de peur qu'on me les dérobe, à TF1.

---

1. Il le restera jusqu'en 1998.

Aujourd'hui, donc, déjeuner avec Élisabeth Guigou, blonde et faussement frêle, devenue ministre délégué aux Affaires européennes[1], qui est rentrée dans la nuit de Maastricht où elle a accompagné Mitterrand. Après un hymne au couple Mitterrand-Kohl, elle raconte que le Premier ministre britannique, John Major, s'est battu jusqu'au bout contre le volet social du texte. C'est Jacques Delors qui a mené le plus vigoureusement le combat contre les menaces du « dumping » anglais.

François Mitterrand, nous dit-elle, avait déjà envisagé avec Helmut Kohl une formule où la Grande-Bretagne aurait été « dehors-dedans », par une sorte de statut spécial où elle aurait été à la fois dans l'Europe et pas tout à fait : cela avait été bouclé entre le Président et le Chancelier lors de la dernière interruption de séance, le lundi à 20 heures.

1991

Élisabeth Guigou décrit Mitterrand comme ayant mobilisé son énergie depuis des semaines, des mois en vue de cette réunion de Maastricht. Elle le montre à l'affût, toute son attention tendue pour arriver à une issue positive – allant, à un moment donné de la journée, entre midi et 14 heures, jusqu'à menacer ses partenaires, s'ils n'allaient pas assez loin dans son sens, de refuser de signer purement et simplement le traité. Jouant au poker, prêt à risquer le tout pour le tout pour arriver au résultat escompté.

Reste, maintenant, la ratification. Il va de soi que la Constitution, sur certains points, devra être modifiée : sans doute, selon Guigou, sur la citoyenneté, sur la monnaie unique, peut-être aussi sur la restriction des pouvoirs du Parlement national. Comment ? Par le référendum direct prévu par l'article 11 de la Constitution, ou par le vote des deux assemblées réunies à Versailles (article 89). Celui-ci pourrait d'ailleurs, le cas échéant, être suivi d'un référendum.

« Car Mitterrand, ajoute Guigou, a dit que le texte de Maastricht devrait être ratifié par le plus grand nombre possible de Français : on peut donc considérer comme certain qu'il y aura un référendum ! »

Désormais, quand j'entends parler de référendum avec Mitterrand, moi, après avoir vu au moins deux de ces annonces se noyer dans les sables, je suis sceptique.

D'ailleurs, interviewé plus tard au JT d'Antenne 2, à 20 heures – il parle en ce moment où j'écris –, Mitterrand reste prudent.

---

1. Élisabeth Guigou a remplacé à ce poste Édith Cresson lorsque celle-ci démissionna en octobre 1990.

Édouard Balladur, qui, lui, est sur le plateau de TF1, me dit en quittant l'antenne, vers 20 h 30 :

« S'il croit que l'opposition va se diviser sur Maastricht, il se trompe. Le référendum, s'il a lieu, se situe dans la même problématique que les précédents : ce sera pour ou contre Mitterrand ! »

Il était très fatigué, visiblement, Mitterrand, sur Antenne 2. Sa peau, moins tendue, est plus ridée, hachurée de petites stries parallèles.

14 décembre

Congrès socialiste à la Défense. En venant du dehors, dans cet univers de cauchemar, rien ne permet de trouver la salle du congrès : pas une banderole, pas une flèche, pas un bandeau. On dirait un congrès clandestin.

On pousse une porte et enfin, au milieu d'une multitude de jeunes en survêtements qui attendent la flamme olympique en partance vers la Savoie où auront lieu dans peu de temps les J.O. d'hiver, on débouche sur une salle ultra-moderne avec une tribune, curieusement de biais.

Brrr... Sinistre !

Michel Rocard parle quand j'arrive. Discours volontairement ennuyeux, car il ne veut rien dire tout en se trouvant obligé de prendre la parole.

Quelques minutes avant lui, Jospin, paraît-il, a été plus « politique ».

Le plus curieux, le plus surprenant, le plus inquiétant pour la suite, aussi, est que pas une fois le nom de Mitterrand n'a été applaudi au cours de cette journée !

À propos de Balladur, Philippe Alexandre, que je retrouve à ce congrès socialiste, me raconte que Jacques Attali, désormais à la Banque européenne d'investissement basée à Londres, est allé rendre visite à Édouard Balladur à son hôtel, au cours d'un séjour de celui-ci dans la capitale anglaise. Il l'a reçu, paraît-il, comme un chef d'État.

23 décembre

Daniel Bernard me raconte le mot d'André Santini, député UDF des Hauts-de-Seine (qui vient tout juste de créer le Club des parlementaires amateurs de cigares, ce qui n'a rien à voir avec ce qui suit), à propos d'Édith Cresson : « Elle descend si bas dans les sondages qu'elle va finir par découvrir du pétrole ! »

24 décembre

Démission annoncée de Mikhaïl Gorbatchev pour demain. L'année finit aujourd'hui pour cet homme à qui nous devons beaucoup : la liberté, et les revers de la liberté.

26 décembre

Pierre-André Wiltzer[1] raconte cette scène qui s'est passée au Sénat la semaine dernière. Le ministre de l'Intérieur d'Édith Cresson, Philippe Marchand, défendait mollement un projet de réforme de son ministère (je ne sais pas lequel, et cela n'a d'ailleurs pas d'importance). À la première difficulté avec l'opposition, il propose à celle-ci de déposer une question préalable : « Comme cela, explique-t-il en séance aux sénateurs médusés, le projet qui, je vous l'assure, ne m'enthousiasme pas, sera repoussé aux calendes grecques, en tout cas à la prochaine session. Et moi, je ne serai plus là ! »

C'est dire l'état de démotivation de ce gouvernement.

Philippe Marchand n'est pas un petit secrétaire d'État : il est ministre de l'Intérieur !

29 décembre

En raflant la quasi-majorité des sièges lors des élections législatives algériennes, le Front islamique du salut (FIS) fait une démonstration évidente : la haine envers les pays occidentaux a fait un bond en Algérie après la guerre du Golfe. Et le FLN, totalement dévalué, a été balayé. La répression du mois d'août dernier a été inefficace : peut-être même a-t-elle profité aux leaders islamistes.

1. Pierre-André Wiltzer est député UDF de l'Essonne depuis 1988.

La France découvre les « barbus ». Avec stupeur ou crainte, peu importe. Sans doute tout cela profite-t-il à Jean-Marie Le Pen. Encore que, concernant l'évolution des forces politiques en Algérie même, sa position est paradoxale : « Tant qu'ils sont chez eux, ils font ce qu'ils veulent ! »

1992

1992

1er janvier

Hier soir, à 20 heures, vœux de Mitterrand aux Français.

Toute l'histoire de l'année évoquée en quelques minutes : la guerre du Golfe, l'écroulement de l'Empire soviétique, la guerre en Yougoslavie entre peuples « hier encore associés sous un même drapeau », la multiplication des revendications nationalistes en Europe centrale, avec la crainte d'une contagion à l'Est et l'espoir que « le droit à l'indépendance ne se confonde pas avec l'anarchie des tribus d'autrefois ».

Dans ce désordre général, faisant oublier par là son demi-pas de clerc du mois d'août, Mitterrand tire un ultime coup de chapeau à Gorbatchev « par qui tout fut possible : la fin de la guerre froide, le désarmement, l'approche de la démocratie sur cette terre brûlée par des siècles de despotisme ».

Heureusement aussi, l'Europe est là, après la réunion de Maastricht, avec ses promesses : la monnaie commune, l'amorce d'une diplomatie et d'une défense européennes, « bientôt 350 à 360 millions d'Européens solidaires sur la scène du monde ».

On sent, à je ne sais quelle vibration dans la voix – fatiguée – de Mitterrand, qu'Élisabeth Guigou a raison : tout ce qu'il lui reste d'énergie politique est mobilisé pour ce grand rêve européen, d'autant plus fort que l'autre Europe, celle de l'Est, vacille sur ses bases.

Le reste, c'est-à-dire la crise politique française, il la baptise « crise de langueur », économique certes, psychologique surtout. Et pourtant la France s'en tire mieux que les autres, elle agit, elle travaille : « Elle demeure l'un des quatre premiers pays du monde, l'un des mieux préparés à la reprise de la prospérité. »

Un mot, enfin, vague encore, sur la réforme des institutions qu'il entend proposer avant la fin de l'année. Les quelques minutes d'allocution du Nouvel An se terminent par ces souhaits pour les Français : « Santé, sécurité, joie d'aimer et d'être aimé » – tout ce qu'il se souhaite sans doute à lui-même pour l'année qui vient.

Hier, à midi, rencontre avec Pierre Mauroy à Lille. Vieilli par ces trois années et demie passées à la tête du PS, plus lourd et plus lent. Son optimisme légendaire s'est évanoui. Il n'est pas malheureux de se retrouver aujourd'hui plus proche de Mitterrand qu'en 1988, lorsque, passant outre le désir du Président, il avait été désigné premier secrétaire du Parti. Tout en répétant que, depuis l'origine, il « ne faisait pas partie de sa famille – « contrairement à Laurent Fabius, à Lionel Jospin », martèle-t-il.

Il a néanmoins retrouvé un dialogue avec Mitterrand, et c'est à cela qu'il est le plus sensible. Ce qui ne l'empêche pas, sur le fond, de voir les choses en noir.

Édith ? Elle baptise tous ses ministres, qu'elle déteste, de « noms d'oiseaux » : « Impossible, même, de redire les sobriquets dont elle les affuble ! »

Par parenthèse, il me raconte que Jean-Michel Rosenfeld[1] marchait l'autre jour aux côtés de Bérégovoy près de l'hôtel Matignon, qu'il connaît bien, et pour cause, puisqu'il y a été longtemps conseiller quand Mauroy était Premier ministre. Passe une fille que Rosenfeld connaît de vue. Celle-ci adresse un signe de tête amical en direction des deux hommes : « Tu vois, lui dit Béré, partout on me reconnaît, et on me respecte ! »

Jospin, Rocard, Fabius, ce trio infernal empoisonne la vie de Mauroy depuis trois ans. Le scrutin à la proportionnelle ? Si Fabius a fait la fine bouche, c'est parce qu'il ne voulait pas désavouer les députés membres de son courant, qui sont vent debout contre un changement de système électoral. « Chez moi aussi, s'emporte Mauroy, le scrutin

1. Jean-Michel Rosenfeld a été conseiller auprès de Pierre Mauroy à l'hôtel Matignon de 1981 à 1984. Il est aujourd'hui maire adjoint du XXe arrondissement de Paris.

touche les élus du Nord. On ne fait pas une politique nationale de cette façon ! »

Lionel Jospin ? Il a tué le père – Mitterrand – et perdu du même coup son centre de gravité.

Michel Rocard ? « Trop pressé. » Il ne pense qu'à l'immédiat, et pourtant, estime Mauroy, il serait battu dans la conjoncture actuelle. Il me révèle que Rocard enrage de voir Jacques Delors caracoler dans les sondages – et dans le cœur de certains socialistes – et qu'il s'indigne de voir l'intelligentsia socialiste enfourcher ce cheval de bataille.

« Mais quoi, dit Mauroy, si Delors était Premier ministre, ce serait le seul moyen aujourd'hui de remonter la gauche ! Rocard en profiterait lui-même : Delors serait cuit en 1993-1994. Pourquoi Rocard se lamente-t-il ? Pourquoi est-il si pressé ? La victoire viendra, pour peu qu'il sache attendre. »

La vérité, j'en ai l'intuition, est que Pierre Mauroy, sur la fin du septennat, est redevenu totalement solidaire de Mitterrand, comme il l'était en 1981 : il m'avoue qu'il compte démissionner dans les semaines qui viennent et proposer lui-même que Fabius lui succède au premier secrétariat du Parti. Si Jospin ne le souhaite pas, si Rocard s'y oppose, alors il laissera la place à Michel Delebarre.

C'est dire que, par lassitude ou par faiblesse, il choisit maintenant de se ranger aux vœux de Mitterrand : il a combattu Fabius en 1988, il est prêt aujourd'hui à lui laisser la place. Il devrait le faire savoir dans quelques jours.

S'il hésitait, son traditionnel séjour à Latche, autour de la Saint-Sylvestre, l'aurait conforté dans sa décision : Mauroy ne me le dit pas, mais je suis pourtant convaincue, à la façon dont il me parle de Mitterrand, qu'il n'en est plus, avec lui, à la période du désamour. Et donc que Mitterrand, auquel il ne pouvait pas ne pas parler d'un éventuel départ, lui a donné raison.

2 janvier

Mitterrand remonte de quatre points, selon le baromètre *Figaro*-Sofres. Édith, elle, continue sa dégringolade. *Quousque tandem*...

6 janvier

Le plan que Mauroy m'avait révélé a été immédiatement mis en œuvre. Il réunira en janvier un comité directeur[1]. Apparemment, aujourd'hui, c'est Fabius qui tient la corde. Jospin a décidé de laisser faire.

Fabius, lui, aurait cette fois passé un accord avec Michel Rocard : leur ennemi commun, c'est-à-dire leur ciment, c'est Jacques Delors dont ils craignent tous deux que Mitterrand ne l'appelle à Matignon et qu'à partir de là, loin de s'essouffler, il ne finisse par s'imposer comme candidat à la présidentielle de 1995. J'ajoute que leur commune opposition, à l'automne dernier, à la représentation proportionnelle les a rapprochés.

Le changement de Premier ministre est-il à l'ordre du jour ? Mauroy m'avait laissé entendre en effet que l'élection d'un nouveau premier secrétaire coïnciderait avec la démission d'Édith Cresson. Apparemment, ce n'est pas le cas.

En attendant, la démission de Mauroy n'est plus un mystère pour personne. D'autant que sa mère, Adrienne Mauroy, qui était restée complètement discrète tout le temps que son fils était Premier ministre, qui n'avait jamais fait parler d'elle, vient d'accorder une interview au *Parisien* : « Je le sais depuis longtemps. Il me l'a annoncé la semaine dernière. Il m'a dit qu'il en avait assez. Il est fatigué. »

Oui, il est fatigué, Pierre Mauroy. Fatigué des socialistes. Les « éléphants » du PS, tous anciens énarques, ont eu raison de ce fils d'instituteur, petit-fils de bûcheron, qui se disait lui aussi élève de l'ENA en précisant en souriant qu'il s'agissait de... l'école nationale d'apprentissage !

Trop de bagarres, trop d'ambitions, trop de rivalités !

8 janvier

Petit déjeuner avec Mauroy et quelques journalistes. Notes griffonnées sur le moment et parachevées ensuite dans ma voiture.

« Depuis quand ai-je vraiment pris ma décision ? À vrai dire,

1. Issu du congrès de Rennes, le comité directeur du PS compte 131 membres, parmi lesquels 39 « fabiusiens », 39 « jospinistes », 33 « rocardiens », 9 « poperénistes » et 11 « chevènementistes », dont 5 l'ont quitté dans les mois qui ont suivi la guerre du Golfe. Si donc les jospinistes n'accordent pas leurs voix à Laurent Fabius, celui-ci, pour être élu, pourrait se contenter de l'appoint des voix rocardiennes.

depuis l'été dernier, avoue Pierre Mauroy. Depuis que j'ai commencé à parler de congrès et qu'on m'a tout de suite fait remarquer que ce ne devait pas être un congrès ordinaire. Une convention, peut-être, tout au plus ; ou alors un congrès extraordinaire.

« Ce qui m'a énervé, poursuit-il, ce sont les rumeurs qui ont commencé à courir quarante-huit heures avant le congrès de décembre, rumeurs confirmées par les amis de Jospin qui accréditaient l'idée que Michel Rocard devait prendre ma place. Alors, à la tribune du congrès, j'ai interpellé les partisans de Fabius et ceux de Jospin : "Dites donc, leur ai-je dit, la famille mitterrandiste, c'est vous, pas moi ! Lorsque vous serez dans le trou pour des années, après vous être divisés et exterminés, vous aurez tout le loisir de vous réinventer une mythologie mitterrandiste, mais vous aurez perdu le pouvoir !" »

Quand a-t-il parlé de tout cela avec Mitterrand ?

« Avec lui, vous savez, la conversation est incessante. Il ne m'a jamais demandé de démissionner. Nous continuons de passer une heure par semaine à parler, à vagabonder. Je lui ai dit : "Je vais m'en aller, je vais proposer Fabius ; mais je ne suis toujours pas sûr que les autres le veuillent."

« "Pour que les autres le veuillent, et notamment pour que Michel Rocard l'accepte, ai-je dit à Mitterrand, il faut que nous avancions sur son cas... Aujourd'hui, s'il y avait une élection présidentielle, vous le savez, Rocard serait désigné candidat par le Parti. Ce sera la même chose dans un an. Même si Jacques Delors est très bien, Michel apparaîtra plus à gauche pour les socialistes." »

Bref, si j'ai bien compris, il a convaincu Mitterrand que si celui-ci voulait faire accepter la nomination de Fabius comme premier secrétaire, il fallait que Rocard soit en quelque sorte le candidat virtuel du Parti.

« François Mitterrand m'a donné raison, résume-t-il, et il m'a chargé d'un message verbal, dans ce sens, pour Michel Rocard. »

Rocard était alors en Polynésie. Il est rentré le dimanche 5 au soir, s'est immédiatement rendu au bureau de Pierre Mauroy, avenue Bosquet, là où nous nous trouvons en ce moment.

Mauroy reprend son récit :

« Je lui ai dit avec un peu d'émotion : "Peut-être est-ce ce soir que nous allons ensemble décider que tu seras président de la République." »

Mitterrand poussant à la fois Laurent Fabius au secrétariat du

Parti et acceptant, pour ce faire, que Rocard soit le candidat socialiste à la prochaine présidentielle ? J'avoue que je suis sceptique. Mitterrand échange, j'en jurerais, Laurent Fabius premier secrétaire tout de suite contre Michel Rocard candidat après-demain – c'est-à-dire, dans son esprit, un autre jour, peut-être jamais.

Enfin, un *deal* est un *deal* !

Pierre Mauroy revient maintenant sur le scrutin à la représentation proportionnelle que, contrairement à Fabius et à Rocard, il croit nécessaire pour le pays :

« On en reparlera, du système majoritaire, quand, après les régionales, on s'apercevra que les quatre formations politiques les plus importantes réunissent moins de 50 % des voix ! Que les écolos ne sont pas représentés, que les petits partis ont disparu ! Le mal vient de ce que, dans la crise actuelle du politique, on laisse dans l'ombre ceux qui ont les faveurs de l'opinion ! »

L'un d'entre nous – je ne me rappelle pas qui – interroge : « Et le Front national ?

– Tant qu'on ne le fera parler que de l'immigration, répond Mauroy, le Front national sera valorisé. Il faut qu'on lui demande aussi de parler de l'école, de l'Europe, et on verra si ses représentants élus tiennent le choc ! »

Sur quel programme de gouvernement la gauche pourrait-elle se réunir et convaincre ?

« On peut trouver un programme honorable, juge-t-il, sur la base de l'Europe. Mais si les socialistes le veulent, ils peuvent aussi choisir d'être dans l'opposition. Le socialisme n'a plus de mystique, il a besoin d'éthique collective. Ça demande du temps... »

Le plus important, il le garde pour la fin : « Je veux, dit-il, accompagner Mitterrand jusqu'à la fin de ce septennat. C'est moi qui suis allé le chercher en 1971, je tiens à ce que ces vingt ans se terminent bien. Je ferai tout pour pérenniser le socialisme. » Puis il lâche, songeur : « Au fond, mon gouvernement aura été le dernier gouvernement socialiste du XXe siècle. »

9 janvier

Formidable lapsus de Mitterrand lors de sa réception de début d'année avec les corps constitués : il parle de « fin du sexe » au lieu de « fin du siècle » ! Ça ne s'invente pas... Éclats de rire, vite réprimés, d'Édith Cresson. Regard noir du Président sur sa Premier ministre.

Sans oublier un autre lapsus, celui de Laurent Fabius arrivant au comité directeur qui devait le nommer premier secrétaire : « C'est avec un certain Rocard », commence-t-il. Il voulait dire : « Un certain regard. »

13 janvier

Une nouvelle fois, communication ratée de Mitterrand sur Maastricht. Il a fait aujourd'hui une intervention attendue au Palais des Congrès, où Élisabeth Guigou a réuni « les Rencontres nationales pour l'Europe ». Foule très nombreuse, enthousiasme désordonné, prises de parole corporatistes. D'un côté, il affirme « ne mêler en rien la délibération nationale sur le traité de Maastricht avec aucun des problèmes propres à la politique intérieure française ». Là-dessus il ajoute : « Je considérerais un refus de Maastricht comme un drame national ! »

Qu'est-ce que cela veut dire ? Qu'il se retirera s'il n'a pas la majorité à un éventuel référendum sur l'Europe ?

Une fois de plus, ce projet de référendum ne se referme-t-il pas sur Mitterrand ? Lorsqu'il avait envisagé le référendum sur la durée du mandat présidentiel, l'opposition avait déjoué le piège : O.-K., avait-elle dit, à condition que vous vous appliquiez le quinquennat, si quinquennat il y a, à vous-même !

Aujourd'hui, même réponse de l'opposition sur le nouveau traité européen : O.-K. pour Maastricht, à condition que le vote des étrangers ne soit pas toléré. Sinon, nous voterons contre.

Si Mitterrand lie son sort au succès du référendum, son compte est bon.

13 janvier

Édouard Balladur, dans son bureau, comme depuis des années, à l'heure du thé.

À propos de Maastricht, il pense que Mitterrand aurait pu négocier l'exception française sur le vote des étrangers aux élections locales. « D'ailleurs, ajoute-t-il, les élections locales en France sont légion. Tout est élection locale, sauf les législatives et la présidentielle. »

Non, dit-il, Mitterrand ne devait pas accepter cela « en douce », sans aucune concertation ni préparation.

« Je ne demande qu'à voter les accords de Maastricht – conclut-il de sa voix flûtée –, qui, entre nous, ne me paraissent pas révolutionnaires. Je ne voterai pas le droit de vote aux étrangers. C'est la première fois, en France, qu'on ne lie pas citoyenneté et vote. »

Puis il parle de Mitterrand et de la situation difficile que traverse le pouvoir socialiste : « Je crois néanmoins à ses capacités de résistance. Et à sa volonté de rebondir. Que fera-t-il ? À mon avis, en ce qui concerne Maastricht, il ne choisira pas la voie du référendum. Il choisira sans doute la voie parlementaire : il peut avoir une majorité
1992 à l'Assemblée nationale et aussi au Sénat. Ce serait pour lui la meilleure solution. »

Et l'opposition, comment se porte-t-elle ? Elle est divisée, certes, dans chacun des camps : François Léotard, le moine-soldat, contre Giscard, à l'UDF ; Pasqua et Séguin, au RPR, contre Chirac.

« C'est Chirac qui a suscité Léotard, et VGE a répondu par Pasqua. Pensez-vous, demande-t-il, que VGE ait encore une chance auprès des électeurs ? Je ne le crois pas. Je crois en revanche que les Français pensent confusément que maintenant, c'est au tour de Chirac d'être élu à l'Élysée. »

Le voit-il toujours, Chirac ?

Un peu moins, convient Balladur. Mais il lui est fidèle, contrairement à Charles Pasqua dont il souligne l'incroyable virage, en début d'année dernière, et – il emploie le mot – « la trahison ».

« Même si l'un et l'autre font semblant d'avoir oublié, c'est faux, souligne-t-il. Les deux s'en souviennent. Et s'en souviendront toujours ! »

Ensuite il parle de lui-même. Pour l'élection de 1995, il envisage de se présenter à des primaires au sein de l'opposition, qu'il conçoit comme une élection par de grands électeurs désignés d'un commun accord entre le RPR et l'UDF.

« Pourraient être candidats, dit-il, VGE, François Léotard, Pasqua, Chirac et peut-être moi. Chirac arrivera donc en tête. Ce qui donnera une élection Chirac contre Rocard. Cela aurait une certaine allure, murmure-t-il ; nous n'aurions pas à en rougir. »

16 janvier

Avant-hier, perquisition du nouveau juge chargé de l'affaire Urba au siège du PS. Au moment même où Fabius, tout juste élu premier secrétaire, emménageait dans les locaux.

« C'est un lynchage », commente en privé, le lendemain, Jack Lang.

Le même qui, le matin, sur un poste périphérique, avait rendu hommage à l'indépendance de la justice.

Le coup porté à Fabius, le retentissement de cette perquisition est considérable. Le PS vit un enfer.

Hier, 15 janvier, dîner chez Jean-Pierre Chevènement. Une sorte de complicité me lie à lui depuis nos années de Sciences Po. Avec nostalgie et vacherie à la fois, ironique et admiratif, il raconte pêle-mêle ce qu'était son Mitterrand, et l'aventure qu'il a vécue à ses côtés, aventure qui l'a transporté – et tué.

Il parle de Laurent Fabius, « charmant dans la vie quotidienne », brutal dans la vie politique. Et cite la phrase d'Edgard Pisani à son propos : « La tête et les jambes, oui, mais rien entre les deux ! »

Il revient sur la guerre du Golfe. Parlant des pays arabes, par exemple, dans les premiers jours de la crise irakienne, Mitterrand écoute, agacé, l'argumentation de Chevènement. Celui-ci lui dit : « N'en doutez pas, il y aura une solidarité arabe contre l'Europe. – Les Arabes ? lui réplique Mitterrand. Ils sont incapables de s'unir, ils sont naturellement divisés, ils seront battus à plate couture ! »

Ce qui surprend, c'est, malgré leur conflit récent sur le Golfe, l'indulgence qu'il garde pour Mitterrand. Il le voit conservant en main tous les atouts, malgré les bruits du Tout-Paris de la politique, et affirme qu'il a encore plus d'un tour dans son sac. Mais il n'en insiste pas moins sur le côté tordu – je dis « noir » – du personnage. « Avant le congrès de Pau[1], raconte-t-il, il m'a dit : "Si vous faites 20 % des voix, je vous garde. À 25 %, je vous balance !" Au moins, c'était clair. Dur, mais clair ! »

Et il rit à ce souvenir.

Même rigolade lorsqu'il évoque un trajet en voiture avec Mitterrand, en route, dans une 4 CV Renault, vers Suresnes pour un

1. Le Congrès socialiste s'est tenu à Paris du 31 janvier au 2 février 1975. Jean-Pierre Chevènement y a obtenu 25,4 % des voix, François Mitterrand 68 %.

congrès ou une convention. Mitterrand lui met la main sur le genou et lui susurre : « J'ai beaucoup d'affection pour vous, vous savez ! »

Il insiste : « À titre personnel, bien sûr ! Pas à titre politique ! »

Chevènement conte longuement la saga de Mitterrand avec indulgence et amusement. C'est sa jeunesse, après tout.

Un mot enfin sur Jacques Chirac : Chevènement nous révèle – en demandant la plus grande discrétion – qu'après l'appel de Cochin, Chirac lui aurait proposé une alliance contre Giscard d'Estaing. Ainsi pensait-il, à l'époque où il dénonçait « le parti de l'étranger », qu'il y avait quelque chose à tenter entre gaullistes et chevènementistes. De là date chez Chevènement une sorte de complicité avec Marie-France Garaud.

1992

23 janvier

Cote la plus basse de Mitterrand et du Parti socialiste : Jérôme Jaffré décrit dans *Le Monde* la dégringolade. Dans ce contexte, dîner du Siècle. Guillaume Pépy (directeur de cabinet de Martine Aubry), pourtant si drôle et volontiers disert, ne dit mot pendant tout le repas. La dernière bouchée avalée, il me prend à part, sans doute pour excuser son humeur sombre, et se plaint, presque avec brutalité, de la façon dont Édith Cresson gouverne :

« Il suffit que quelqu'un passe dans le couloir avec une idée loufoque pour qu'immédiatement, tous les programmes de travail soient bouleversés ! »

Je dis pour voir :

« C'est bien. Ça donne de l'imagination, du mouvement, non ?

– Non, parce que, pendant qu'on évite les bêtises, on ne fait rien ! »

Je n'ai jamais vu un directeur de cabinet d'un ministre s'exprimer avec autant d'irritation. Venant de la part d'un homme jeune, sympathique, dont je connais depuis longtemps les capacités d'imagination et de travail, ce témoignage me paraît de nature à faire réfléchir sur la « gouvernance » d'Édith Cresson.

Autre conversation significative : celle que Jean-Luc Mano a eue avec Michel Charasse, hier. Selon lui, il n'est plus question pour le gouvernement d'imposer quoi que ce soit à des magistrats. Ceux-ci ne sortent, n'analysent, n'instruisent que les dossiers mettant en cause la gauche et le Parti socialiste. Ils ne sortent pas un dossier visant une personnalité de droite. Ce qui, en clair, traduit le fait que le gouvernement n'a plus aucune autorité sur la magistrature, assise ou debout.

Ni d'ailleurs sur les infirmières, qui continuent leur mouvement depuis plusieurs semaines. Ni sur les médecins, ni sur les enseignants, etc.

Le plus extraordinaire est que cette chute d'influence, cet embrouillamini d'affaires et d'argent, cette remise en cause globale des hommes et du système, se passent dans un second septennat qui, *dixit* Jaffré dans *Le Monde*, n'a refait aucune des erreurs du premier. Aujourd'hui, les partis de gauche arrivent péniblement, PC compris, à 30 % des intentions de vote, alors que 35 à 36 % des Français interrogés se disent à gauche. L'explication : Édith Cresson et Mitterrand ont perdu de tous les côtés. Au centre, à droite, bien sûr, mais aussi dans cette gauche qui, désormais, ne se reconnaît pas en eux.

La fille de Mitterrand... Il y a quelques années (elle doit avoir aujourd'hui 18, 19 ans), alors que personne ne savait que Mitterrand était son père, un de ses professeurs suggère ce sujet de rédaction : « Quel est le métier de votre père, et auriez-vous envie de faire le même ? »

La gosse rend un devoir sur le métier de président de la République ; elle conclut que c'est un métier où il faut travailler trop dur, et qu'elle n'a pas envie de faire le même. Le professeur convoque la mère de Mazarine, Anne Pingeot, et lui parle avec ménagement de la mythomanie de sa fille. « C'est que, dit la mère en rougissant (elle a tendance à rougir beaucoup), c'est que c'est vrai ! »

Tête du prof.

24 janvier

Mitterrand a invité un nouveau groupe de journalistes à venir prendre le petit déjeuner à l'Élysée. Le compte rendu qu'en fait Gérard Carreyrou est succulent. Le Président a lu avec intérêt et amusement le livre *La Haine tranquille* que Robert Schneider, du *Nouvel Observateur*, vient de consacrer à ses relations avec Michel Rocard.

« Je n'ai aucune haine envers Michel Rocard, précise-t-il. Je l'ai gardé trois ans à Matignon, et je n'ai pas voulu profiter de la guerre du Golfe pour procéder à un changement de Premier ministre : cela n'aurait pas été correct. Je n'ai pas commis, en nommant un autre Premier ministre, un acte d'hostilité innommable à son égard. Il faut bien changer de gouvernement de temps en temps. Je comprends qu'il soit amer, car il est parti tandis que je suis resté. Je pense même lui avoir rendu service, car c'était le moment pour lui de prendre des mesures difficiles et impopulaires. »

Mitterrand n'a pas caché à ses interlocuteurs que Rocard est en situation d'être désigné par le PS comme candidat « virtuel ». Il n'y a aujourd'hui, selon lui, que Jacques Delors qui pourrait également y prétendre.

Et Laurent Fabius ? Réponse du Président : « Il a autre chose à faire pour l'instant que de se préoccuper de sa propre candidature ; il a à assumer la direction du PS, c'est bien suffisant. »

Ces propos rejoignent ceux que Mauroy m'avait tenus en début d'année. Dont acte. C'est peut-être à tort que j'étais sceptique.

Enfin, entre les deux candidats potentiels, quel sera son choix ?

« Si Rocard gagne, assure Mitterrand, je serai ravi de laisser la place à un autre candidat socialiste. On peut avoir un souhait intime, mais les données objectives sont plus importantes. C'est une entreprise vaine que de vouloir soit nommer son successeur, soit diriger sa politique. Je ne m'y risquerai pas ! »

Malgré tout, Édith Cresson garde son appui. Le doute, cependant, s'est instillé chez lui : « J'espère qu'elle réussira, dit-il, je lui avais dit qu'elle devrait accepter d'être impopulaire. »

Elle l'est.

27 janvier

Double échec du PS pendant le week-end. D'abord une défaite électorale retentissante à l'élection législative partielle du Nord. Le candidat socialiste a été éliminé dès le premier tour en n'obtenant que 12 % des voix là où il en avait obtenu 31 % la dernière fois. Une chute libre, donc, une condamnation sévère, un rejet même, puisque les deux candidats écologistes recueillent à eux deux plus de voix que le candidat socialiste.

Et puis autre échec, beaucoup plus significatif celui-ci : à la manifestation antiraciste, samedi, qui défilait entre la Bastille et la Nation, ne s'exprimait qu'un seul racisme – le racisme antisocialiste ! Passe encore que les leaders socialistes aient défilé à la fin du cortège qu'on les accusait de vouloir récupérer : cela peut être interprété comme une habileté. Qu'ils soient en revanche comme séparés de la foule par un cordon sanitaire, qu'ils s'y fassent chahuter de belle manière par les associations de gauche, voilà qui, pour les dirigeants et les militants du PS, apparaît comme la plus cuisante des défaites, un désaveu de l'opinion publique, plus spécialement de l'opinion de gauche.

Qu'est-ce que cela prouve ? Que c'est avec la gauche que le PS éprouve aujourd'hui les plus grandes difficultés. Quels que soient ses efforts, il n'arrive plus à animer, à galvaniser à son profit les associations de jeunes issus de l'immigration, les différents mouvements de gauche informels qui avaient fait la victoire de la gauche en 1981, et qui le rejettent aujourd'hui. C'est un peu ce que voulait expliquer Mauroy, la semaine dernière, lorsqu'il disait que l'opinion allait vers les petits partis dont il faudrait bien un jour ou l'autre tenir compte.

Sans doute le PS est-il atteint gravement par une maladie connue, celle du parti majoritaire, à la fois tenu pour responsable d'une politique gouvernementale qu'il ne choisit pas, et pourtant contraint d'en être solidaire. Surtout, il n'est plus aujourd'hui porteur de valeurs morales ou humanitaires, il apparaît plutôt comme compromis par l'exercice du pouvoir, et, en même temps, plus gravement encore corrompu par les « affaires ».

J'en reviens au résultat du Nord : le PS n'est plus le rempart idéologique contre le Front national. Il est contraint, au moins dans cette 4e circonscription du Nord, de laisser la droite affronter, en champion de l'antiracisme, Jean-Marie Le Pen.

29 janvier

Édith Cresson vient vendre, sur le plateau du 20 heures, le rapprochement industriel entre Bull et IBM. Elle répond aux questions de PPDA avec application. Manifestement, pourtant, le cœur est ailleurs : lorsqu'elle quitte le plateau et revient dans le salon de maquillage de Cognacq-Jay, le silence est à couper au couteau. Pas un mot, pas un geste, pas un sourire. Pour essayer d'établir un soupçon de dialogue, je lui demande si elle a eu le temps de dire ce qu'elle voulait, et tout ce qu'elle voulait.

« Non, me répond-elle, je n'ai pas dit : y en a marre ! »

31 janvier

Pas un jour sans sa crise.

Hier, c'était la crise Habache[1]. Celui-ci, malade, est arrivé à Paris dans un avion de la Croix-Rouge. Georges Habache à Paris ! Mitterrand n'était apparemment pas au courant. Mais comment soutenir que ni François Scheer, secrétaire général du Quai d'Orsay, ni Bernard Kessedjian, son directeur de cabinet, n'aient prévenu leur ministre, Roland Dumas ? Comment le directeur de cabinet du ministre de l'Intérieur, Christian Vigouroux, n'a-t-il pas davantage cherché à mettre Philippe Marchand au courant ?

Claude Cheysson, que j'ai eu tout à l'heure au téléphone, ne voit pas comment, ni qui d'autre que Roland Dumas aurait pu prendre la responsabilité de l'atterrissage de l'avion d'Habache. Il me dit que celui-ci est en effet très malade, et s'indigne devant la « lâcheté » – c'est son mot – de Dumas, qui laisse condamner ses collaborateurs sans mot dire.

Il souligne deux erreurs grossières commises par son successeur au Quai d'Orsay. La première est que personne n'a cherché à vérifier si, oui ou non, Habache était mourant : c'est ce qu'on a dit. Il aurait fallu savoir dans quel état Habache avait quitté, au Bourget, l'avion qui l'avait amené à Paris[2]. La seconde est que personne ne se soit

1. Georges Habache est le fondateur du Front populaire de libération de la Palestine (FPLP), qui se définit lui-même comme un mouvement armé palestinien, nationaliste et marxiste. Né à Lydda, devenue aujourd'hui la ville israélienne de Lod, nationaliste intransigeant et tribun d'un grand charisme, il était opposé à tout processus de paix avec l'État hébreu tel qu'il avait été engagé par Yasser Arafat. Le FPLP de Georges Habache a engagé parfois des actions terroristes, notamment contre des appareils d'El Al, des attaques des ambassades d'Israël partout dans le monde, et de multiples détournements d'avion.

2. Il semblerait que Georges Habache ait bien été victime d'une attaque cérébrale sérieuse.

assuré, avant de lui donner l'autorisation d'atterrir en France, qu'aucune instruction en cours ne se déroulait contre lui.

« François Scheer, convient-il, a certes été léger dans cette affaire. Dans ce cas, c'est néanmoins au ministre de présenter sa démission. »

Cette affaire montre à quel point les rouages de l'État fonctionnent mal. Une fois de plus, le Premier ministre n'a même pas été mis au courant.

« Tout cela, ajoute Cheysson, pose aussi le problème de la responsabilité de Mitterrand. Celle d'Hubert Védrine, aussi. »

Pourquoi Védrine ? D'une voix aigre, Cheysson se montre inexplicablement sévère à son endroit, sans que je sois en mesure de savoir si ce qu'il m'a dit est fondé ou pas. Il le rend responsable de trois erreurs majeures de Mitterrand. La première, l'été dernier, a été le jugement porté par Mitterrand sur le putsch de Moscou, et la précipitation avec laquelle le Président a reconnu l'existence et presque la légitimité du putsch. La deuxième a été le télégramme de remerciements envoyé au roi du Maroc après la libération de prisonniers politiques détenus depuis quatorze ans ! « La troisième bourde, conclut Cheysson en raccrochant, est celle-ci. »

François Mitterrand était en voyage à Oman où il a appris, semble-t-il, la nouvelle. Fureur : une heure de retard au dîner du soir. Et, en plus, une scène de ménage avec sa femme parce qu'il avait invité au dîner officiel la blonde Suédoise qui le suit partout...

3 février

À Oman, avant que la France s'énerve à propos de l'affaire Georges Habache, Mitterrand (Jean-Luc Mano, qui le suivait pour TF1, me le dit aujourd'hui) était déjà au comble de la mauvaise humeur.

Inutile de dire que lorsqu'il apprend que Georges Habache est à Paris, sa mauvaise humeur se change en violente irritation. Il chasse Jean Musitelli[1], porteur de la malencontreuse nouvelle, d'un geste exaspéré de la main. Puis les journalistes le voient, de loin, engueuler – il n'y a pas d'autre mot – Dumas et Joxe, tous deux muets, pâles, au garde-à-vous.

1. Conseiller d'État, Jean Musitelli a été conseiller diplomatique (1984-1989), puis porte-parole du président de la République de 1991 à 1995.

Tout cela est entrecoupé de gags inouïs dans le déroulement des spectacles offerts au président de la République française par les Omanais : char à la Ben-Hur qui se renverse avec ses quatre occupants devant la tribune officielle ; amiral omanais – oui, cela existe ! – qui tombe dans un bassin lors de l'inauguration de l'ambassade de France.

Derrière les vitres de sa voiture, on voit Mitterrand accrocher durement Danielle, puis ébaucher un sourire crispé lorsqu'il se sent regardé.

Pourtant, dans sa conférence de presse jeudi après-midi, à Mascate, il n'a pas semblé s'offusquer outre mesure de l'hospitalisation d'Habache à Paris. Il a souligné qu'il n'y avait pas de mandat d'arrêt contre lui et que si la justice avait des questions à lui poser, il y répondrait volontiers.

Lorsqu'il est rentré à Paris, en revanche, changement de ton, tandis qu'Édith Cresson fait tomber quatre têtes : Georgina Dufoix, présidente de la Croix-Rouge française, François Scheer, Bernard Kessedjian et Christian Vigouroux.

Reste le fond du problème. L'irresponsabilité aujourd'hui est de règle. En dix ans de pouvoir, le système Mitterrand a abouti, selon lui, à la dilution de toute définition claire de la responsabilité. C'est vrai qu'il a érigé en loi absolue la protection de quelques-uns, dont Édith fait partie. Qu'il soutient, au-delà du raisonnable, du possible et du souhaitable, ceux dont il juge qu'ils lui sont fidèles et qu'ils ne lui ont jamais « manqué ». Pas de responsabilité, pas de culpabilité politique, donc, pour ceux qui sont marqués de son sceau ; pas de faute pour les proches et les amis à condition qu'ils fassent acte d'allégeance absolue ; pas d'erreur politique pour les anciens camarades de combat ou de jeu. Pas de sanction pour ceux qui n'ont pas déplu.

À cela s'ajoute la confusion des fonctions, qu'il entretient à plaisir : Georgina Dufoix est présidente de la Croix-Rouge (celle qui a amené Habache sur le sol français) et elle continue d'avoir un bureau à l'Élysée. Christian Nucci est interpellé dans l'affaire du Carrefour du développement, et il est chargé de mission chez Laurent Fabius, etc.

Personne ne sait plus qui est qui, qui fait quoi, qui porte quelle casquette. La politique des « tiroirs secrets » a longtemps été pour Mitterrand une règle de vie, une condition de la discrétion, une garantie des mécanismes affectifs et politiques dont il détenait la clef.

Cette même politique est responsable de la confusion générale des gens et des fonctions.

Une chose est certaine : que les fonctionnaires, seuls, aujourd'hui, soient remerciés, qu'ils soient qualifiés, comme Mitterrand l'a fait, de « fous », ou simplement considérés comme des incompétents, cette condamnation apparaît à la classe politique, et sans doute aux Français, comme profondément injuste ou insuffisante.

4 février

Déjeuner avec Jean Poperen. Nathalie, sa femme, est là. Tous deux ont pris dix ans en quelques mois. La plus émouvante est Nathalie, les larmes aux yeux, qui évoque les splendeurs passées du socialisme et sa médiocrité actuelle. Toute sa vie, on le voit, est remise en cause par les quelques mois de décadence qu'ils viennent d'affronter, ou plutôt de subir, car, franchement, aucun des deux n'y est pour rien.

C'est la fin du siècle – la « fin du sexe », comme dirait Mitterrand – et un peu la fin de leur commune aventure à tous deux qui ne se sont jamais quittés, au Parti socialiste pas plus que dans les ministères. Elle sent que tout cela ne durera plus que quelques mois.

Cela étant, Jean Poperen raconte l'affaire Habache à sa manière qui en vaut d'autres, pas plus, pas moins. C'est le « lobby palestinien », d'après lui, ou plus exactement l'ambiance propalestinienne du Quai d'Orsay (on comprend tout de suite que tel n'est pas l'état d'esprit de Poperen), ou d'un certain nombre de militants du PS du type Georgina Dufoix, qui a amené les responsables de ce dérapage à considérer comme naturel qu'un homme comme Georges Habache vienne se faire soigner à Paris. Partant, personne n'a rien dit à personne, n'a prévenu personne, puisque tout allait de soi.

Reste que Mitterrand a décidé de parler aujourd'hui à la télévision. Poperen me prévient de façon presque solennelle, un peu comme s'il prévenait l'intéressé en personne : « Si Mitterrand, aujourd'hui, adopte la stratégie dite de la tortue, s'il adopte l'attitude du général de Gaulle au moment de l'affaire Ben Barka en 1965 [1], il ne sera pas compris. Il faut un acte, ajoute-t-il. Les Français attendent l'acte. S'il n'a rien à dire, conclut-il, qu'il se taise ! »

1. Mehdi Ben Barka, président de l'Union marocaine du travail, avait été enlevé en France, à Paris, devant la brasserie Lipp, par des policiers inconnus. Le général de Gaulle avait « couvert » dans cette affaire les services secrets français.

En réalité, le Président lui a dit samedi soir sa crainte principale : être amené à lâcher Marchand, puis Roland Dumas, puis Édith Cresson... puis lui-même !

D'où les conseils fermes qui ont été donnés à Laurent Fabius, à la tête du PS, de ne pas demander la moindre sanction.

Cela explique sa fureur lorsque Michel Rocard, à « 7 sur 7 », dimanche dernier, a déclaré à propos de l'affaire Habache : « Cet homme ne devait pas mettre les pieds sur le territoire français, c'est une faute ! » Et plus encore lorsqu'il a eu cette phrase : « Ou bien les ministres étaient au courant, auquel cas c'était à eux de payer le prix du risque pris, ou ils ne l'étaient pas, et, d'une certaine façon, c'est pire ! »

Bon, alors, et après ? Qui remplacera Édith, puisque nous avons la certitude que ce n'est plus qu'une question de jours ? Jean Poperen émet l'hypothèse d'un gouvernement Bérégovoy. Il n'évoque pas l'hypothèse Badinter, dont j'entends parler depuis quelques jours. Bérégovoy, pour lui, ne serait pas plus mal qu'un autre, puisque, de toute façon, « tout gouvernement fera mal ».

Suit un couplet sur le thème : regardez le président américain George Bush, il est monté si haut dans les sondages, il est descendu encore plus vite !

De toute façon, après les futures élections cantonales et régionales, le nouveau paysage politique sera radicalement différent. Le PC stoppera sa baisse, ou même, pense-t-il, verra augmenter ses voix. Le Parti socialiste perdra à peu près 10 % de ses suffrages. Jacques Chirac attendra ce moment pour se manifester.

Au passage, Poperen donne un coup de chapeau à Chirac, « qui sait attendre ».

Lequel Chirac m'appelle dans l'après-midi, sans doute pour tester ma réaction. Il me dit qu'il n'a aucune envie de réagir aux propos que tiendra le Président tout à l'heure.

« Que va-t-il dire ? » me demande-t-il.

Je lui parle de la stratégie de la tortue et de son désir de tourner au plus vite la page, de clore l'affaire dès aujourd'hui.

« Oui, c'est aussi ce que je crois, acquiesce-t-il. Je n'ai donc aucun intérêt à parler. Je ne suis pas pressé, je n'ai aucune raison de me bousculer ! »

C'est la première fois depuis que je le connais qu'il parle sur ce ton, avec cette sérénité. Il faut dire que je ne vois pas ce qu'il gagnerait à se mettre, en criant avec les loups, les Palestiniens sur le dos.

« Je crois, conclut-il en détachant bien ses mots pour que le responsable des écoutes téléphoniques du ministère de l'Intérieur n'en perde pas une miette, qu'*il* devient sénile. Oui, ce doit être de la sénilité ! »

Même jour, 21 h 30

Mitterrand répond, depuis la bibliothèque du palais de l'Élysée, aux questions de Patrick Poivre d'Arvor et d'Henri Sannier pour Antenne 2. Il a sa tête des mauvais jours et trouve manifestement que la hâte des deux interviewers à vouloir lui faire dire s'il était ou non au courant du séjour de Habache à Paris est exagérée. Il coupe les questions, qui fusent simultanément, d'un « Laissez-moi parler » impératif, rare lorsqu'il s'agit d'une interview du Président... qu'on laisse en général parler ! Arrête Patrick d'un « Pas vous ! » aussi intrigant que désagréable. Puis il commence, tendu à l'extrême, par rendre « l'amour du sensationnel » des médias responsable de la polarisation de toute la vie politique, depuis six jours, autour de l'affaire Habache. Il nie enfin avoir été informé, parle des hauts fonctionnaires responsables qui ont commis, dit-il, une « erreur de jugement ». C'était un problème politique, les fonctionnaires l'ont traité comme un problème administratif.

Quand on lui demande si Georges Habache n'était pas sous le coup d'une procédure judiciaire en cours, il fait l'historique de l'affaire, évoque l'action du juge Bruguière[1] et précise : « Il n'y a pas contre Habache de mandat d'arrêt national ou international, ni de demande d'extradition. »

S'il n'a donc pas jugé bon de sanctionner les ministres des Affaires étrangères et de l'Intérieur, c'est, dit-il, parce que « l'affaire n'est pas

1. Jean-Louis Bruguière est spécialisé dans la lutte contre le terrorisme. Nommé à Paris en 1976 après avoir instruit des affaires relevant du droit commun, dont celle du réseau de call-girls animé par la fameuse Mme Claude, il devient spécialiste des affaires de terrorisme en France en 1986. En 1992, il a notamment instruit les affaires de la fusillade de la rue des Rosiers, d'Action directe, de l'explosion du DC10 d'UTA.

grave ». Il répète : « C'est une erreur de jugement que j'ai sanctionnée. Il n'y a plus d'affaire Habache : il est rentré à Tunis. »

Il ne peut s'empêcher de dire, parce qu'il le pense fortement, qu'il s'agit, derrière ce faux procès, d'un véritable guet-apens politique de ses adversaires. Il en voit une preuve dans la précipitation avec laquelle Valéry Giscard d'Estaing en a profité pour demander des élections législatives anticipées.

Il est en revanche prêt à accepter la proposition d'Édouard Balladur, qu'il dit être également la sienne, de convoquer le Parlement, vendredi prochain, en session extraordinaire. Le gouvernement fera une déclaration, si l'opposition le veut elle n'a qu'à le renverser par une motion de censure !

Abandonnant Georges Habache et son hospitalisation, Poivre et

Sannier mettent sur le tapis les réformes constitutionnelles qui, proposées par Mitterrand à l'automne dernier, ont animé et animent encore la vie politique en France. Il répond qu'il n'a jamais été favorable à la proportionnelle intégrale, que celle-ci avait été proposée et défendue par d'autres que lui.

Poivre d'Arvor s'accroche : « Et le scandale de la transfusion sanguine ? » demande-t-il, question qui n'a plus grand-chose à voir avec l'affaire Habache. Le Président réplique, sans aller plus loin, que la France n'est pas seule à avoir été touchée, que le problème a été le même dans tous les pays.

Pendant l'émission, il réprime souvent son indignation devant les questions posées. L'interrogation finale d'Henri Sannier, qui n'est pourtant pas faite pour embarrasser le Président, mais plutôt pour lui ouvrir une porte de sortie en fin d'émission, se heurte à une réplique « à la Mitterrand ». Sannier lui demande – j'ai oublié les termes exacts – s'il ne souffre pas trop de la solitude du pouvoir. « Je ne souffre pas de cette maladie-là », répond-il seulement, en soulignant que la solitude du pouvoir est une expression romantique, c'est-à-dire plus journalistique que réelle.

« Il n'y a pas d'affaire Habache. Ce sont les journalistes qui l'ont inventée ! » dit-il à la sortie aux dirigeants de chaînes, Hervé Bourges, Patrick Le Lay, Étienne Mougeotte et moi, qui, comme d'habitude, ont escorté les interviewers à l'Élysée.

Je me crois obligée de défendre ma corporation, ce qui l'énerve au plus haut point.

« Admettons, dis-je, qu'il y ait un effet de loupe.

– Oui, c'est cela, répond-il. Mais si vous avez un microscope, vous pouvez voir n'importe quoi sur vous !... Sur moi aussi, d'ailleurs », ajoute-t-il après un silence.

Il voit bien, dit-il, ce que ses adversaires ont derrière la tête : « C'est moi qui leur pose problème, martèle-t-il, c'est moi dont ils veulent la place ! »

On lui dit qu'il a eu un mot gentil pour Balladur. « Eh oui, réplique-t-il, il est de mon avis. C'est donc à lui que j'ai donné raison. »

Pour le reste, je suis surprise de son teint, non pas livide, comme souvent, mais brouillé, parcheminé, avec de profondes ridules au creux des joues. De profil, il a gardé cette arête aiguë, incisive, du nez et du menton.

À la fin de notre rencontre, il a tenu à s'asseoir par deux fois, mais, par deux fois, Bourges et Le Lay sont restés debout.

Il pique une brève mais réelle colère :

« Ah, dit-il, on leur sortira tout, au cours du débat à l'Assemblée, tout sur les ministres assassinés [1] sans que l'enquête ait jamais abouti, sur les terroristes qu'ils ont remis en liberté et qui ne sont pas à la retraite, sur les scandales politico-financiers, et tout le reste ! »

Il s'est mis dans une colère noire, mêlant dans la même indignation les hommes politiques de l'opposition et les journalistes, tous supports confondus ! Sa lèvre supérieure ne tremble pas, comme je l'ai vu au cours du débat télévisé de l'entre-deux-tours, lors de la présidentielle de 1988, mais l'œil étincelle.

J'allais oublier l'hommage rendu, pendant les quelques minutes de conversation qui suivent son intervention, à Édith Cresson : « courageuse » et tout et tout...

7 février

Le débat à l'Assemblée nationale se déroule pendant que j'écris ces lignes. Édith Cresson parle, égale à elle-même, sans talent mais avec

1. François Mitterrand évoque sans le dire l'assassinat jamais élucidé de Joseph Fontanet, le 2 février 1980. Élu et réélu en Savoie, Fontanet, homme politique du centre droit, plusieurs fois ministre sous Georges Pompidou, a été abattu dans la rue par des hommes qui n'ont jamais été retrouvés. Quant aux terroristes libérés, il fait allusion à la polémique qui l'avait opposé à Jacques Chirac, en 1988, sur la libération des frères Abdallah.

conviction. Puis vient François Léotard, éloquent, qui traite le Premier ministre de « Cosette » – ce que je trouve bien misogyne. Enfin, Édouard Balladur, qui parle en ce moment.

Évidemment, tout le monde enfonce le clou : rien ne va, le chômage est en hausse, l'investissement en baisse, le système de formation est inadapté au monde moderne.

« Vous n'avez, dit Édouard Balladur, ni les moyens financiers ni les moyens politiques de résoudre les problèmes. »

Fabius, à l'aise, se débrouille bien.

10 février

1992 Ouverture des Jeux olympiques d'hiver à Albertville, samedi (le 8). Spectacle inouï, dans la montagne, pendant que les derniers rayons du soleil couchant illuminent les versants à l'ouest, et que l'est est déjà plongé dans l'obscurité. Imagination, création, esprit, humour : tout est mêlé dans le spectacle monté par Decouflé. Rien ne manque au rendez-vous de ces J.O.

Mitterrand est là. Il entre dans le stade dans un manteau bleu marine qui lui bat les talons. Lorsqu'on annonce sa présence, les trente-cinq mille spectateurs présents dans la nuit tombée se taisent. Pas de sifflets, pas de mouvements, un silence pesant de quelques secondes, jusqu'à ce qu'éclatent les applaudissements... pour Michel Barnier et Jean-Claude Killy, co-organisateurs de ces Jeux. Dur moment !

Puis déferlent les vagues, les « ola » qui soulèvent les gens, bras levés, de travée en travée. Mitterrand, qui ne comprend pas, et qui, comme moi, n'a jamais vu cela, laisse passer la première vague. Puis se lève à la seconde. Hurlements de joie du public, retourné, qui ovationne le Président.

Dimanche à midi, chez Mitterrand où Laure K. a déjeuné avec son mari, il n'a été question que de Rocard : pourquoi a-t-il dit cela, pourquoi ? Ce n'est pas habile, puisqu'il s'est coupé de toute une partie du PS. Il est toujours le premier à manquer à la solidarité, il a lui-même redonné corps à l'hypothèse Delors, etc.

Je pense à ma dernière conversation avec Pierre Mauroy : selon lui, Mitterrand avait alors accepté l'idée que Rocard soit le « candidat virtuel » des socialistes en 1995. Je pense qu'il a sauté sur son intervention, la semaine dernière, pour revenir sur sa position.

13 février

Autour de la table, hier soir, une pléiade de hauts fonctionnaires. Des anciens ministres, directeurs de cabinet, des présidents de banque, le reste à l'avenant.

La conversation tourne autour du maintien d'Édith à Matignon. Chacun pense que sa longévité est mesurée. « Quarante jours au maximum, dit l'un. De grâce, pas quatre cents ! »

L'allusion vise ce que le Premier ministre a dit à l'Assemblée nationale la semaine dernière : elle serait encore là pour quatre cents jours, a-t-elle affirmé, c'est-à-dire jusqu'après les élections législatives de 1993.

Un autre parle d'Abel Farnoux, le gourou d'Édith, qui bouleverse toutes les hiérarchies internes et externes au sein du cabinet du Premier ministre. Anecdote savoureuse : Mitterrand n'a jamais voulu ni voir ni parler, depuis des années, à Abel Farnoux. Lorsque celui-ci accompagne Édith Cresson à l'Élysée, ce qui lui arrive de temps à autre pour gagner du temps quand ils ont à parler, il reste donc dans la voiture, avec le chauffeur, pendant que Mitterrand et Édith Cresson se disent ce qu'ils ont à se dire, et dont Édith Cresson fait ensuite le compte rendu à Farnoux. Tous sont d'accord pour souligner le désordre qui règne dans le cabinet du Premier ministre sans qu'on sache jamais qui y fait quoi et pour combien de temps.

Spectacle de hauts fonctionnaires démobilisés quand ils étaient socialistes, ou redevenus agressifs lorsqu'ils ne l'ont jamais été.

À cela s'ajoutent les sondages catastrophiques pour le PS aux régionales qui doivent avoir lieu le 22 mars. Un point de moins que le Front national en région parisienne (16 % contre 17 %) ; 19,5 contre plus de 30 % obtenus aux dernières élections régionales en Auvergne. Par ailleurs, tous les sondages font état d'un tassement RPR-UDF et d'une percée concomitante du Front national.

17 février

Victoire du Front national au premier tour de l'élection cantonale de Nice : 38 % des voix sont allées à Jacques Peyrat. À vrai dire, cela ne m'étonne pas : c'est de loin le plus sympathique des candidats, beau parleur, l'accent à peine aillé, c'est aussi le mieux implanté localement. Nous avons affaire là à un Front national à visage humain, beaucoup plus humain que Le Pen, donc peut-être électoralement plus dangereux.

Pour le reste, Bernard Tapie sévit, c'est bien le mot. En brassant scandale sur scandale, en suscitant les uns, en montant en épingle les autres. Rien à faire : c'est dans sa nature.

1992

Déjeuner, vendredi 14, avec Jean-Bernard Raimond, devenu conseiller d'un groupe pharmaceutique. Il doute fort de Jacques Chirac, qu'il ne voit presque plus, dont il ne sait plus rien et qu'il trouve insaisissable. En revanche, il voit souvent Édouard Balladur qui a, me dit-il avec conviction, de « grandes ambitions ». Il insiste, voyant que je ne bronche pas : « Vous me comprenez : la plus haute ambition ! »

Je lui dis d'être sans crainte : j'ai bien compris ce qu'il voulait dire.

Nous reparlons de l'affaire Habache : il juge comme moi et comme tous les Français qu'Habache ne pouvait pas être en France sans que le ministre de l'Intérieur soit au courant.

Solidaire du ministre des Affaires étrangères, car il l'a été lui-même avant lui[1], J.-B. Raimond ajoute (par corporatisme ministériel ?) : « Ce n'est sans doute pas le cas de Roland Dumas. »

Vu aujourd'hui Yves Michalon, toujours proche de Michel Debré. Je mets du temps à comprendre où il en est de ses pensées, de ses convictions. Il en est là où en sont beaucoup d'autres. Là où en sont Chevènement, Séguin, tous hors courant, qui ne se reconnaissent plus, ou mal, dans leurs partis respectifs.

La France, me dit-il – et je reconnais là le langage de Michel Debré –, ne peut plus continuer à fonctionner comme cela, avec une pyramide sociale sur la tête, un système de médias qui écarte les opinions dissidentes – la pensée unique –, un statut des fonctionnaires qui exclut, à peu de chose près, d'augmenter le salaire d'un

1. Pendant la première cohabitation.

professeur sans augmenter celui du balayeur. Une France des corporations dans une Europe faussement unie !

Michel Charasse hier au téléphone. Éructant, furibard. De quoi s'agit-il ? Il a refusé d'entrer à l'église pour la messe d'enterrement d'un douanier abattu par un malfrat. Il s'indigne de la façon dont il a été traité par la presse quotidienne et la télévision qui lui ont fait – il a raison de le dire – un procès en sectarisme.

« La tradition républicaine, dit-il, c'est justement cela : pouvoir ne pas aller à l'église, comme Félix Faure ou Vincent Auriol ! »

Était-ce pourtant le moment de relancer ainsi, sur le corps d'un douanier mort, la querelle de la laïcité ? Ne vaut-il pas mieux être moins ostentatoire, moins provocant, au moment où le pouvoir, justement, ne veut pas déclencher d'hostilités sur le terrain ? Tout peut être dit, en particulier à moi qui n'ai pas de convictions religieuses. Le dire ainsi, sur ce ton, c'est plus qu'insultant : c'est inutile.

Quant à l'agressivité, l'hostilité qu'une partie du gouvernement montre aujourd'hui envers la presse, et plus nettement encore à l'égard de la télévision, que dire, sinon qu'elle est à son paroxysme et qu'elle reflète, bien sûr, d'autres déséquilibres et d'autres carences que celles, hélas bien réelles, de certains journalistes !

24 février

Déjeuner avec Marcel Debarge[1] et Évelyne Dassas dans un des meilleurs restaurants de Seine-Saint-Denis, à deux pas de la jolie petite mairie du Pré-Saint-Gervais dont il est le maire. Habillé d'une robe violette, turban assorti et bijoux mauves, chemisier jaune fluo, elle attire l'attention de toute la salle ; lui a commencé à manger comme un ogre, sorte de nounours dont je constate en un clin d'œil qu'il est aujourd'hui rouge de colère. Il sort d'une discussion avec Laurent Fabius qui a bien accepté de venir le soutenir au Pré-Saint-Gervais pour les élections locales, tout en fixant la date et l'heure de son intervention : dimanche prochain à 13 h 30.

1. Marcel Debarge est sénateur socialiste de Seine-Saint-Denis depuis 1977. Il est maire du Pré-Saint-Gervais depuis la même date. Secrétaire d'État au Logement du 15 mai 1991 au 31 mars 1992, il sera ministre délégué à la Coopération et au Développement du 2 avril 1992 au 28 mars 1993 (gouvernement Bérégovoy).

« Dis-moi que tu ne veux pas venir, ne me dis pas que tu crois sincèrement qu'il y aura du monde à cette heure-là, en banlieue, dans une circonscription populaire ! »

Fabius l'a mal pris.

En réalité, cette conversation tendue avec Fabius reflète un malaise politique : aujourd'hui, tout secrétaire d'État qu'il est, Marcel Debarge est, au Pré-Saint-Gervais, derrière le candidat communiste (14 % contre 16 %), et loin derrière celui du Front national. « Et ne disons pas, dit-il, que ce sont les communistes qui votent FN : ce sont les nôtres, les déçus du socialisme ! »

Déçu, il l'est, lui aussi. Il aurait dû, dit-il, prétendre au poste de premier secrétaire du Parti, mais c'était défier Mitterrand, ce qu'il n'a pas osé faire. Il aurait dû être ministre, pas secrétaire d'État, mais
1992 il n'a pas su résister à Mitterrand qui le lui a demandé. Il aurait dû être numéro 2 du Parti socialiste : cette fois, Lionel Jospin, qu'il avait pourtant aidé auparavant en je ne sais quelle occasion, s'y est opposé. « Pourtant, cela ne m'a pas rendu fabiusien ! » m'assure-t-il alors que je croyais dur comme fer qu'il l'était.

En l'écoutant, on mesure à quel point les luttes de clans ont dévasté les rangs socialistes : en banlieue ou à Paris, à Marseille ou dans le Nord, ce sont les chefs de courant qui se sont malmenés, qui ont ravagé ce qu'il restait de l'organisation du PS.

Il ne le dit pas, il le suggère : beaucoup d'erreurs ont été commises. Jospin était trop solitaire, Pierre Mauroy trop désavoué par Mitterrand en 1988. Édith Cresson, qu'il aime bien, est trop désorganisée pour être Premier ministre. François Mitterrand est trop présent, trop rancunier quand on lui a déplu. Debarge était – et il est toujours – très proche de Michel Pezet, qui aurait été, selon lui, le meilleur maire de Marseille : il aurait fallu ne pas dire qu'il était responsable de la mort de Gaston Defferre, et ne pas inventer Vigouroux.

Qui l'a inventé, Vigouroux ?

« Tout cela, explique Debarge, parce que Pezet ne s'est pas décidé à voter Fabius au secrétariat du PS, en 1988. Il l'a payé ! »

Pour finir : « Moi, je n'ai pas touché un rond, dit-il, contrairement à d'autres ! »

Hier, cet homme était rond et convivial. Aujourd'hui, le voici au bord du désespoir. Tout cela parce que son avenir politique est compromis par les petits 14 % que lui accordent les sondages.

À ce propos, lui aussi est favorable à un changement du mode de scrutin législatif : il propose de l'aligner sur le mode de scrutin municipal.

Nice, au second tour des cantonales partielles, donne 88 voix d'avance à la candidate centriste, devant Jacques Peyrat. Les quartiers populaires ont voté pour lui, la bourgeoisie niçoise contre lui.

25 février

Dîner avec Henri Weber[1], ami et collaborateur très proche de Laurent Fabius, et Jérôme Jaffré. Nous essayons, Jérôme Jaffré et moi, de percer les intentions de Fabius. Les voici telles que nous les dessinons :

Jacques Delors arrive à Matignon, c'est urgent, dans la semaine suivant les élections régionales ; en un an, peut-être deux, il est usé par le pouvoir ; il ne peut pas se présenter à l'élection présidentielle de 1995. Michel Rocard, le « candidat virtuel » (c'est ainsi qu'on l'appelle maintenant), se présenterait donc. Comme son image est complètement liée au PS, il se plante. Jacques Chirac est donc élu. Dans ce cas, Fabius a tout le temps qu'il faut pour « refonder » le Parti socialiste.

Le passage par l'opposition, Weber ne nous contredit pas sur ce point, est un *must* obligatoire pour cette stratégie que je baptiserai, moi, « Horizon 2002 ».

À propos de Mitterrand, le doute planant sur ses chances, son énergie, s'insinue partout. Il en faut, en effet, pour qu'Henri Weber ose se poser tout haut la question : « Pensez-vous qu'aujourd'hui Mitterrand soit toujours opérationnel ? »

Nous répondons que oui, il l'est, moyennant cependant un doute d'autant plus grand qu'il l'exprime lui-même, lui qui est le collaborateur et ami le plus proche de Laurent Fabius. Et si celui-ci, justement, manifestait à nouveau un certain « trouble » (mot qu'il avait utilisé naguère à propos de l'invitation à Paris du Polonais Jaruzelski par le chef de l'État) vis-à-vis des capacités de Mitterrand à gouverner ?

1. Henri Weber, ancien leader de la Ligue communiste révolutionnaire (trotskiste), a adhéré au Parti socialiste en 1986. Conseiller technique au cabinet de Laurent Fabius à l'Assemblée nationale de 1988 à 1991.

Pour changer de sujet, Weber dit qu'il ne pense toujours pas que Jean-Marie Le Pen, d'ici 2002, justement, représentera un vrai danger pour la France ; nous parlons de la montée du Front national dans la région Provence-Alpes-Côte d'Azur comme s'il s'agissait d'une verrue sur la carte électorale française. Mais si ce n'était pas le cas ? Si le Front national atteignait partout ailleurs les scores qui sont les siens sur la Côte ?

26 février

Dîner avec Lionel Jospin chez Jean-Luc Mano. Assez sympathique, finalement, quand on a passé le premier cap et qu'il ne vous considère plus comme capable de l'agresser. Volontiers susceptible, finalement chaleureux dès qu'il se sent en sécurité.

Il campe à l'aile gauche du PS. Il est par exemple outré qu'on ait laissé (qui ça, on ? Mitterrand ? Édith Cresson ?) Bernard Tapie, candidat à Marseille, devenir le *deus ex machina* de la gauche dans la région. Pour lui, Tapie n'a rien de commun avec le socialisme ; pourquoi, au nom de quoi, par quelle légitimité est-il devenu le « patron » de Marseille ?

Il est outré de ce parti qui oscille entre l'ouverture et la fermeture. « Atterré » – c'est son mot – par le passage de Pierre Mauroy au premier secrétariat du Parti, il rappelle que c'est lui, et personne d'autre, qui s'est opposé à la montée de Bernard Tapie et au bannissement de Michel Pezet.

Il ne reparle plus du congrès de Rennes, sinon pour rappeler, avec pas mal d'élégance, que Mitterrand n'aurait pas dû intervenir autant qu'il l'a fait, en cette occasion, dans la vie interne du Parti : « Je le lui ai dit lors du petit déjeuner qui a suivi ! »

Pendant qu'il parle, je me demande un instant s'il est en mesure de s'adresser à Mitterrand sur ce ton, s'il n'est pas comme tous ces proches de Mitterrand qui, lorsqu'ils le voient en petit comité, ne peuvent jamais – ou n'osent jamais – rien lui dire, tout en affirmant aux autres, absents de la conversation : « Qu'est-ce que je lui ai balancé ! »

Eh bien, non, je suis assez vite convaincue que Jospin lui parle carré, qu'il n'a pas peur de lui. Après tout, son ascension ultra-rapide à l'intérieur du Parti socialiste, depuis qu'il y a adhéré, il ne la doit qu'à Mitterrand qui en a fait le numéro 2 dès 1979, puis le numéro 1 en 1981. Oui, sans doute, le congrès de Rennes a altéré leur relation. Jospin est néanmoins homme à résister, et il a su résister.

Je ne sais si cela durera longtemps, si Mitterrand ne le bannira pas, à un moment donné, comme il l'a déjà fait.

Comme s'il avait lu dans mes pensées, ce qui n'est sûrement pas le cas, Lionel Jospin continue :

« Plus jamais je ne ferai pour quelqu'un d'autre ce que j'ai fait pour Mitterrand pendant des années. Plus jamais je ne préparerai une candidature ni pour Michel Rocard ni pour personne d'autre. »

Eh bien, pour quelqu'un dont on dit qu'il ne se confie pas ! Quel aveu, et, derrière cet aveu, quelle ambition !

Il raconte que François Mitterrand lui a envoyé un petit mot sur son livre[1], pendant un Conseil des ministres, à l'automne dernier, du genre : « Je n'ai pas encore lu votre livre, mais je vais m'y mettre. » *1992*
Puis plus rien, plus un mot pendant des semaines. Que s'est-il passé ? Mitterrand a en fait été choqué par une phrase de Jospin dans ce livre. Je ne l'ai pas retenue intégralement. Le sens en était : Mitterrand a fait le Parti socialiste autant que le PS l'a fait.

Le Président a trouvé cette appréciation sacrilège et fausse, explique Jospin.

Un jour, tout de même, beaucoup plus tard, il a fini par en parler à Lionel Jospin sans cacher sa mauvaise humeur :

« Hé quoi, lui a-t-il reproché, c'est moi qui ai fait le PS. Sans moi il n'était rien, je l'ai reconstruit de mes mains !

– J'ai voulu dire, lui a expliqué Jospin, que l'un et l'autre, vous vous étiez appuyés, étayés. »

Avec un geste d'agacement, Mitterrand, glacial, a mis fin à l'échange.

Sur la réforme de l'éducation et de l'université, commencée si tard, il considère que, pour le bien de tous, elle doit passer. Il ne calera pas.

Sur la Haute-Garonne où il se présente, il a bon espoir pour les régionales.

S'il refuse de participer au débat électoral de TF1, où nous l'avons invité, c'est qu'il veut rester « local », ne pas reprendre l'étiquette nationale : « J'ai déjà beaucoup donné ! » dit-il.

Je reviens sur ses relations avec Mitterrand. Il raconte qu'il s'est opposé à lui, comme premier secrétaire, à deux reprises.

---

1. Il s'agit de *L'Invention du possible*, publié en août 1991 chez Flammarion.

Une fois, mineure, à propos du budget Champagne-Ardennes, quand il a demandé que les socialistes ne le votent pas, mais s'abstiennent. Il entendait faire ainsi la preuve que la droite ne pouvait faire passer son budget sans les voix de Le Pen. Mitterrand pensait le contraire. Jospin a été mis en minorité au sein du bureau politique.

Deuxième opposition un peu plus grave : dans le cas de Christian Nucci et du Carrefour du développement[1], il a demandé que la justice suive son cours.

De façon générale, s'exprimant sur les « affaires » qui émaillent la vie politique de la gauche, il est plus que remonté contre tous ceux qui ont profité de leurs fonctions pour s'assurer un enrichissement personnel. Il cite le cas de Jean-Michel Boucheron :

« Chaque fois, depuis 1988, dit-il, j'ai été combattu par Pierre Mauroy. Sous le prétexte que la justice n'avait pas encore tranché, il jugeait impossible que le Parti prenne l'initiative de se séparer de qui que ce soit. Tout cela nous a amenés là où nous en sommes », soupire-t-il.

Dans la liste, que je soupçonne d'être plus longue qu'il ne le dit, de ses conflits petits ou grands avec Mitterrand, il n'a rien dit, ce soir, de la colère exprimée par lui, Jospin, lorsque Mitterrand a refusé de nommer Claude Allègre secrétaire d'État à l'Enseignement supérieur au moment de la constitution du gouvernement Cresson.

27 février

Rentrée à la maison, après avoir résumé pour ne rien en perdre – ou pour en perdre le moins possible – les propos de Lionel Jospin, je me suis plongée une petite heure dans ce livre qui provoqua l'irritation de François Mitterrand. Je n'y trouve pas – ou peut-être ai-je lu trop vite – la phrase incriminée : « Mitterrand a fait le Parti socialiste autant que le Parti socialiste l'a fait. » J'y trouve en revanche d'autres jugements allant dans ce sens, du genre : « Cet homme, François Mitterrand, s'il s'est servi du Parti socialiste, l'a servi tout autant. » Je me demande si Mitterrand n'a pas été choqué par une dimension de ce livre : le « nous » y apparaît sans cesse (« nous » avons rebâti une organisation nationale, « nous » avons imposé dans les rues et sur les murs notre sigle, le poing et la rose), de sorte que l'aventure

1. Ancien ministre de la Coopération, Christian Nucci avait été mis en cause dans le financement du Carrefour du développement.

du pouvoir ne se limite pas à sa conquête par François Mitterrand, de 1965 à 1981, mais s'étend à l'action de toute la génération qui y a contribué.

Les pages sur les « affaires », dans le livre de Jospin, sont au moins aussi intéressantes, car elles émanent d'un dirigeant socialiste que personne n'a jamais soupçonné de manquer de rigueur, à un moment où nul, à gauche, n'ose en analyser les causes. Elles sont au nombre de trois, selon lui : le coût croissant des campagnes électorales, publicité politique comprise : là est la « cause essentielle, voire exclusive, du recours à des modes de financement venant par exemple des entreprises. La deuxième raison tient aux effets néfastes de la décentralisation, qui rend plus fréquentes les tentations auxquelles sont soumis les élus. La troisième, enfin, vise la responsabilité plus particulière des socialistes, qui, au pouvoir, ont agi de la même façon que ceux qui les y avaient précédés.

Je comprends mieux l'attitude sévère de Lionel Jospin face à l'idée que le Parti socialiste ait tant de mal à condamner, en son sein, les brebis galeuses : « J'avais préconisé, écrit-il, beaucoup plus de sévérité, et une claire prise de distances vis-à-vis des défaillances personnelles. Je n'ai pas été suivi, les arguments de la solidarité ayant été apparemment les plus forts. »

3 mars

Déjeuner avec Georges Fillioud, hier. Il a vu Mitterrand cette semaine. Ensemble ils se sont interrogés sur les raisons de la chute du PS. Conclusion commune : « C'est le congrès de Rennes qui a été catastrophique. »

Fillioud pense comme moi – et comme Jospin – que tout a commencé en 1988. Il sait que c'est Mitterrand qui a commis l'erreur capitale en n'empêchant pas Pierre Mauroy de foncer à la place de Fabius. C'est son ambiguïté, sa façon de dire : « Faites ce que vous voulez », au lieu de dire clairement les choses et d'abattre ses cartes. Quitte à tout faire, après coup, pour se prouver qu'il avait raison de ne pas vouloir untel ou untel à tel ou tel poste !

Je remarque que dans l'analyse que font les uns et les autres de la chute de popularité du PS – et du président de la République –, personne ne dit jamais ou n'ose même penser : « C'est parce que nous nous sommes trompés de politique. »

De fait, à entendre Pierre Bérégovoy annoncer qu'il met sur le marché 2,5 % des actions d'Elf Aquitaine, je me demande ce qui sépare le Bérégovoy d'aujourd'hui du Balladur d'hier, celui de la « cohabitation ». Sauf, peut-être, la conviction avec laquelle Balladur défendait le « capitalisme populaire », et la résignation de Bérégovoy à l'idée d'ouvrir le capital d'une société publique...

11 mars

Sondage fourni par Philippe Marchand au déjeuner d'hier résultant des (sondages RG et autres) :

PC : 8,9 %
PS : 21 %
RPR : 36 %
Écolos Lalonde : 6 %
Écolos Waechter : 7 %
Front national : 12 %

Dans ce cas, évidemment, le Front national pourrait être considéré comme en baisse, ou en très sérieuse stagnation. Et le PS, dont nous signalions tous l'effondrement, résisterait mieux que prévu.

De Pierre Mauroy que j'ai eu dans la journée au téléphone, ce nouveau principe d'Archimède : « Tout pouvoir plongé dans la durée subit une poussée proportionnelle au temps passé dans l'exercice du gouvernement. »

De Pierre Sudreau[1], au téléphone également : « Je ne reconnais pas Mitterrand, depuis un an. »

Simulations éclairantes du *Figaro* :

Le maintien du scrutin uninominal majoritaire se traduirait, aux législatives, par un raz de marée RPR-UDF : 387 députés sur 555 en métropole.

Un système mixte donnerait la majorité absolue, plus 66 sièges au RPR-UDF.

1. Résistant de la première heure, ancien déporté, Pierre Sudreau a été plusieurs fois ministre du général de Gaulle, puis de Michel Debré et de Georges Pompidou. Il a été élu député centriste Progrès et démocratie moderne en 1967.

La proportionnelle intégrale, seule, empêcherait l'UDF-RPR de disposer d'une majorité.

Dans ce cas, avec ses 54 élus, le Front national deviendrait le troisième groupe de l'Assemblée nationale.

12 mars

Nouveau dîner du Siècle avec cette question posée par toute la table en début de repas : quand Édith Cresson abandonnera-t-elle Matignon ?

La majorité des convives présents pense que Mitterrand ne voudra pas changer de Premier ministre dans la foulée des régionales. Leur argument : le Président ne cesse de dire qu'il s'agit d'élections locales ; difficile, pour lui, d'en tirer la conclusion qu'il faut renouveler l'équipe gouvernementale.

Ce n'est pas l'avis d'Hubert Védrine. Son argument : le calendrier pousse à un changement rapide, car les législatives sont pour demain.

Le calendrier s'annonce en effet chargé : le Président a saisi le Conseil constitutionnel de la ratification du traité de Maastricht : doit-on ou non réformer la Constitution avant de solliciter l'avis des Français ou des parlementaires sur l'accord ?

Il aura la réponse début avril. Après quoi, il faut qu'il sache s'il veut faire adopter le traité par les Français, donc procéder à un référendum, ou par la voie parlementaire, c'est-à-dire en réunissant le Congrès.

Au Congrès qui, peut-être, refuserait de le voter ? Quelle sera, en effet, l'attitude des membres du RPR ? Seront-ils tentés de s'abstenir, ou même de manifester leur hostilité, ne serait-ce qu'en se réfugiant derrière les idées du Général sur l'Europe ? Certains ont l'air de douter qu'une majorité constitutionnelle des 3/5 puisse se dégager au Congrès.

Donc, référendum. Quand cela ? Avant l'été ? Pas forcément, selon Védrine ; on peut aussi l'organiser un peu plus tard dans l'année, par exemple à l'automne.

Et puis il y a aussi cette histoire de changement de mode de scrutin pour les législatives. On n'y comprend rien, chacun des dirigeants socialistes y allant de sa proposition. Peut-on concevoir qu'un tel changement se fasse en quelques jours, voire en quelques heures, à la sauvette ? Cela paraît impossible.

Nous revenons au début de notre conversation : à quand le changement de gouvernement ?

En septembre, il sera bien tard.

« À moins, conclut Jacques Rigaud[1], que Mitterrand ne change pas de Premier ministre jusqu'en 1993 ! »

Nous voilà retournés à la case départ.

13 mars

Je n'ai pas parlé de la conversation que j'ai eue, hier, avec Robert Badinter.

Sa préoccupation essentielle, c'est Le Pen. Pourquoi cet épanouissement du Front national ? se demande-t-il. Qui en est responsable ? Et d'évoquer une sorte de maladie française, celle de la tentation de l'extrême droite, d'une extrême droite honteuse, qui n'ose pas dire son nom, celle de Drieu La Rochelle[2] qui a écrit cette phrase inquiétante : « Le fascisme est en chacun de nous » :

« En Allemagne, le mal a été exorcisé par les dirigeants politiques allemands eux-mêmes après la guerre. En France, poursuit Badinter, le père de Gaulle a remis le couvercle sur les Français, et le mal est resté. »

Quel mal ? Le mal vichyste, déjà, me dit-il, ressorti avec Valéry Giscard d'Estaing ; le mal des magistrats signant, à l'exception d'un seul d'entre eux, le serment de fidélité au maréchal Pétain ; celui des intellectuels à la botte des chefs allemands.

Pour le reste, il est toujours très proche de Mitterrand. Sur le mode de scrutin, notamment, son horreur de Le Pen n'empêche pas qu'il soit partisan de la représentation proportionnelle.

Pierre Joxe aujourd'hui, avec Albert Du Roy, à Antenne 2.

Incroyable mais vrai : il souffre d'être ministre de la Défense. Montrant du doigt le merveilleux jardin de l'hôtel de Brienne, il me dit : « Vous voyez, l'Assemblée nationale est là, au bout du jardin !

---

1. Jacques Rigaud est délégué de la CLT en France et numéro un de RTL.

2. Écrivain, essayiste, Pierre Drieu La Rochelle, se disant à la fois socialiste et fasciste, a adhéré en 1936 au Parti populaire français de Jacques Doriot. Devenu sous l'Occupation directeur de la *NRF*, il prend le parti de la collaboration avec l'Allemagne.

Pourtant, ici, aujourd'hui, j'appartiens à un monde différent, complètement différent. »

Les militaires ne sont pas sa tasse de thé. La vie politique seule le passionne, et à temps plein, s'il le pouvait. Nous parlons donc de ce qui l'intéresse au plus haut point : le Parti socialiste. Il rend Jospin responsable de la dégradation du Parti, et s'irrite un peu, me semble-t-il, de l'inertie de Fabius depuis le mois de janvier. Il faut dire qu'il est en campagne pour les régionales, et que cela prend du temps.

Lui-même, Pierre Joxe, fait-il campagne ?

« Oh, me répond-il, je n'ai pas l'intention d'être président d'un conseil régional, comme Alain Juppé ; alors je n'en fais pas autant ! »

Épisode comique avec Albert Du Roy qui, croyant le caresser dans le sens du poil et pensant que seul Chevènement pouvait être un ministre de la Défense hostile à la guerre, lui demande avec un soupçon de reproche dans la voix : « Pourquoi les troupes alliées ne sont-elles pas allées jusqu'à Bagdad ? »

Joxe, dont je sais quelles réticences étaient les siennes en août 1990, rigole carrément :

« Ah oui, très bien, on aurait pu aller jusqu'à Bagdad et en faire le siège, comme au Moyen Âge ! Et puis rechercher Saddam Hussein dans la ville, au milieu de 30 000 soldats et gardes du corps ! Et les pays arabes nous auraient tous suivis à coup sûr !

« De toute façon, conclut-il, redevenu sérieux, Mitterrand n'aurait pas bougé. Les Américains auraient dû y aller tout seuls. Non, c'était injouable ! »

Nous repassons vite à la politique : il est spontanément hostile à une trop large ouverture politique. Il la considérerait pourtant comme possible, envisageable, si elle était pratiquée par le PS, autour du PS, dirigée uniquement par le PS. Comme s'il attendait des régionales et des législatives – et surtout de la représentation proportionnelle, dont il est partisan – une majorité certes composite, mais dont le Président et un Premier ministre socialiste continueraient d'avoir la clef.

Pas un instant il n'imagine le PS dépossédé du pouvoir en 1993. C'est cela, la foi !

13 mars

Débat électoral à TF1. Nous avons choisi la région PACA et organisé un quadruple débat.

Bruno Mégret, qui représente Le Pen, parle de Tapie en ces termes : « Bernard Tapie, à Marseille, nous l'appelons Pinocchio, tant il est menteur. À cette différence près que lui, quand il ment, ce n'est pas son nez qui grossit, c'est sa tête ! »

En combattant Le Pen comme il a osé le faire il y a plusieurs mois, Tapie est devenu l'ennemi numéro 1 du Front national. Joli coup !

1992

17 mars

En voiture avec Jacques Chirac vers un meeting à Aulnay-sous-Bois. J'écris mal pendant qu'il parle, que son chauffeur émérite le conduit à toute allure vers la banlieue est, et que Robert Pandraud, le local de l'étape, tente à plusieurs reprises de lui rappeler le déroulement de la soirée qui vient.

Ce que me dit Chirac :

1. Il ne gouvernera pas si le RPR et l'ensemble de l'opposition n'obtiennent pas la majorité absolue en 1993. En revanche, il ne voit pas bien comment il pourrait éviter Matignon, si c'est le cas.

2. Il est persuadé que Mitterrand changera le mode de scrutin le plus vite possible. Il commencera par proposer un scrutin majoritaire mitigé d'une part de proportionnelle. Le Conseil constitutionnel le refusera. Mitterrand optera donc (et le PS aussi, bien obligé !) pour la proportionnelle intégrale.

3. L'année qui vient est une année difficile. Pour lui, Chirac, d'abord, qui restera fidèle à son choix de combattre le Front national et de refuser tout accord avec lui. « Quand on a une idée, me dit-il, il faut s'y tenir. »

Il s'attend donc à perdre des régions au profit des socialistes, ce que son électorat ne comprendra pas, plutôt que de s'allier avec Jean-Marie Le Pen. Les militants risquent fort de ne pas le comprendre non plus. Du moins les plus vieux d'entre eux. Car il y a, parmi les nouveaux adhérents du RPR, ceux qui adhèrent aujourd'hui, des adversaires déterminés de Le Pen, qui adhèrent essentiellement pour lui faire barrage.

« La France aussi, ajoute-t-il, connaîtra une année difficile, ballottée qu'elle sera entre la réforme constitutionnelle annoncée, le débat sur le vote des étrangers, la ratification des accords de Maastricht – une plaisanterie ! –, le référendum sur les cinq ans, que je ne peux pas ne pas voter, puisque je l'ai toujours demandé. Tout cela, dans un pays divisé par le Front national. »

4. Pourtant, dit-il, les chances de la France étaient grandes face à une Allemagne à laquelle la réunification pose des problèmes graves. Les experts prévoient qu'il faudra dix ans à l'Allemagne de l'Est pour arriver au niveau de celle de l'Ouest.

« Je suis persuadé qu'ils se trompent. Les Allemands de l'Est n'attendront pas dix ans sans broncher, il y aura des mouvements sociaux, des grèves. Les syndicats allemands, ce sont des vrais, des durs. Ils réclameront des 11 et 9 % de revalorisation, et le gouvernement leur accordera des 9 % et 7 %, mais ils finiront par gagner ! Cela affaiblira l'Allemagne. » *1992*

En marge de ce portrait d'une Allemagne affaiblie, il fait un détour en évoquant, parlant de l'ex-Allemagne de l'Est, une conversation qu'il a eue récemment avec Helmut Kohl, lequel lui aurait dit que la police politique est-allemande, la STASI, était quatre ou cinq fois plus importante que la Gestapo !

Il poursuivit sa démonstration sur les atouts de la France face aux autres pays européens :

« Quant à l'Angleterre, Margaret Thatcher partie, elle retombera dans ses défauts : l'allergie au travail. Il n'y a guère dans l'avenir que l'Italie et l'Espagne qui, avec leur génie propre, peuvent nous concurrencer. Et c'est tout cela que rate Mitterrand ! »

Si je comprends bien son discours, je m'aperçois qu'il est hostile, dans le fond, au traité de Maastricht dont il m'a dit, sans que j'aie eu le temps d'aller chercher le fond de sa pensée (peut-être n'y serait-il d'ailleurs pas allé !) que c'était « une plaisanterie ». Il pense que la France a assez d'atouts pour ne pas accepter de sombrer dans les difficultés des autres.

5. Il parle maintenant de Mitterrand. Sa vraie constante, me dit-il, lui qui pourtant « a bougé comme les petits pois en train de bouillir », c'est l'antigaullisme. « Dans cette perspective, continue-t-il, Mitterrand ne craint rien, ou pas grand-chose, de Le Pen qui pour lui, comme sous la IVe République, reste une partie de la droite, une partie à la droite de la droite, certes, sans qu'il y voie un danger fasciste.

« On l'a oublié, reprend-il pour étayer son propos : à l'élection présidentielle de 1965, Jean-Louis Tixier-Vignancour, candidat de l'extrême droite, s'est désisté en faveur de Mitterrand. Qui a rendu public ce désistement ? C'est Jean-Marie Le Pen, alors directeur de campagne de Tixier. Et pourquoi l'a-t-il fait ? Par pur anti-gaullisme ! »

D'ailleurs, Jacques Chirac est persuadé qu'il y a des contacts entre Le Pen et Mitterrand : « Pas directs, assure-t-il, bien sûr, mais ils existent ! »

Je n'en ai jamais entendu parler, je le lui dis, mais, après tout, je l'ai moi-même observé : entre Mitterrand et certains vieux de la vieille de la IVe République, il y a effectivement une ancienne complicité, comme avec Edgar Faure par exemple. De là à ce que cette complicité aille jusqu'à le Pen... Je n'en sais rien.

6. Chirac poursuit sa démonstration en constatant que je note fébrilement tout ce qu'il me dit. Je ne l'ai pas vu, en effet, en tête à tête ou avec d'autres journalistes depuis quelques semaines. J'en profite pour faire le point de ce qu'il pense, et lui aussi. Est-il possible – je lui pose la question – d'imaginer que Mitterrand quitte le pouvoir en 1993, s'il s'applique le référendum à lui-même, ou en 1995 s'il ne le fait pas, en ayant favorisé la création d'un groupe de 100 députés Front national à l'Assemblée nationale ?

Réponse : « Mais il s'en fout ! Il s'en fout complètement ! »

À propos, il est persuadé que Mitterrand ne partira pas en 1993, même s'il a fait voté le quinquennat dans l'intervalle. « Tu parles ! Il ne fera pas grâce de dix minutes de pouvoir ! »

7. Question sur le parti unique RPR-UDF. Commentaire : « C'est la torpille sous la ligne de flottaison ! Je crois que, maintenant, l'idée en est enterrée. » Traduction facile : il n'a jamais voulu, lui, d'une fusion entre les deux mouvements, qui n'aurait pu se faire qu'à son détriment. Il ne pouvait pas la refuser quand l'UDF le demandait. Lentement mais sûrement, il a tordu le cou au projet, dont il apparaît finalement que personne n'en veut autour de lui : ni Pasqua, ni Pandraud, ni Juppé, ni Toubon notamment.

8. Prenant en compte l'attitude critique qui est la sienne sur le traité de Maastricht et l'orientation qu'il donnera à l'Europe, je lui demande s'il n'envisage pas d'éventuels regroupements gauche/droite des antimaastrichiens. Non, il n'y croit pas du tout : aucune volonté d'ouverture vers la gauche quelle qu'elle soit, sur aucune idée, sur aucun projet, aucun désir de gagner, hors du pré carré, ceux qui

hésitent ou désespèrent de la gauche. Il ne croit pas que ce soit possible, il ne croit même pas que ce soit envisageable un seul instant.

C'est sa limite, à n'en pas douter. J'ai la faiblesse de croire que c'est ce qui lui manque. Aucun changement, donc, dans ses idées : le RPR seul est et restera le moteur de son aventure politique.

Son comportement, en revanche, a beaucoup changé. Il me paraît plus serein, moins nerveux. Pourquoi le serait-il ? Les échéances essentielles ne sont pas pour demain.

Il faut le voir, immense, pataud, dans la cour de l'Hôtel de Ville, allant enlever la « petite laine » qu'il avait mise sous sa chemise parce qu'il avait eu très froid la veille. Sympathique, faussement enjoué, serrant des mains. Là aussi, il n'a pas changé.

Dans la voiture qui nous a amenés à Aulnay, sa fille Claude l'a appelé. Elle est déjà sur place, dans la salle, comptant les gens, lui conseillant de ne pas arriver trop tôt, d'attendre un peu pour que la foule soit plus dense. Rapports inédits avec cette jeune femme qui, physiquement, lui ressemble tant, et qui lui consacre sa vie. Impression qu'il ne peut se passer d'elle, que l'idée d'aller à un meeting sans qu'elle ait vérifié que tout était prêt lui est insupportable. Il lui parle comme il le ferait à une fidèle collaboratrice, sans allusion personnelle, sans inflexion de voix particulière. Il lui suffit qu'elle soit présente.

Je pense aussi, quoiqu'il n'en parle jamais, à son autre fille, Laurence. A-t-il d'autant plus besoin de l'une qu'il a des craintes pour l'autre ?

Je continue d'écrire cependant qu'avant le meeting je fais honneur – Chirac aussi – aux merveilleux sandwiches cornichons-pâté préparés par les militants. Je le trouve tout de même, Chirac, presque aussi remonté contre le Front national que contre les socialistes. Il reste ferme avec les présidents de conseils régionaux qui seraient tentés, à l'occasion, de faire un petit bout de chemin avec le FN. Il me dit qu'il leur a envoyé une note pour éviter des grenouillages, leur disant expressément de ne rien faire qui puisse faire élire un membre du Front national. Les consignes sont claires : se maintenir partout où on le peut ; se retirer sans désistement ailleurs. Et cela, même lorsqu'un communiste reste en piste seul contre le Front national.

Le meeting se déroule. Avant Robert Pandraud, François Bayrou parle. Pour la deuxième fois au cours de cette campagne, j'entends un orateur se faire applaudir, ovationner même, en condamnant le geste de Michel Charasse refusant d'entrer dans une église pour la messe d'enterrement d'un fonctionnaire ou d'un inspecteur des Douanes. Il fait un véritable tabac.

Sur le fond, je me demande, en écoutant d'abord Pandraud, Chirac ensuite, comment ils différencieront leurs militants de ceux du Front national. Tous les thèmes, ou à peu près, sont les mêmes : hôpitaux bondés d'immigrés, contestation de la politique inefficace dans la reconduite aux frontières, sécurité dans les banlieues. À peine y a-t-il, dans le discours difficilement compréhensible de Pandraud, qui avale toutes les syllabes, une allusion à l'extrême droite et à son archaïsme. L'essentiel des attaques porte sur François Mitterrand qui devrait, dès le 25 mars, si les socialistes perdent les élections régionales, dis-
1992 soudre l'Assemblée nationale ou démissionner.

De façon générale, chez les orateurs qui ont précédé Chirac, si les thèmes développés reprennent, sans le dire, nombre de thèmes du Front national, il n'y est guère fait allusion au mouvement de Jean-Marie Le Pen lui-même.

Jacques Chirac parle en dernier.

Sur le style, a-t-il changé depuis 1988 ? Pas tellement. Les mêmes mots sans relief, les mêmes mouvements du bras gauche, la même raideur. L'homme public est aux antipodes de l'homme privé : je ne sais pas pourquoi il n'arrive toujours pas, au bout de tant d'années passées en politique, à faire coïncider les deux.

Il aborde les enjeux des élections : il faut un autre souffle pour la France. Il évoque la morosité générale, le rejet du politique. Puis il attaque les communistes, dominants en Seine-Saint-Denis. Sur le même ton que tout à l'heure dans la voiture, il dénonce « la honte et l'immoralité » qu'il y a, pour les socialistes, à accepter des voix communistes. En forçant le trait, il affirme que « la défaite des communistes est d'abord une question de morale et d'honneur ».

Après un couplet sur la dégradation de la sécurité, il aborde plus largement la responsabilité collective des socialistes dans le « laxisme gouvernemental ». Pour finir, il met en garde son électorat contre les dangers du vote Front national, qu'il explique par « l'esprit de démission de ceux qui gouvernent », auquel il faut néanmoins résister.

La grande nouveauté – je m'en aperçois en suivant de près le texte du discours tel qu'il a été rédigé et remis aux journalistes présents –, c'est qu'il ne lit pas son discours, ne porte pas son regard sur les feuillets qu'il a posés devant lui, et pourtant il le dit au mot près. Je ne trouve l'explication qu'au bout de quelques minutes : il a un prompteur[1], ou plutôt un double prompteur, presque invisible, sur le côté gauche et le côté droit de la tribune. D'où son mouvement de tête de la droite à la gauche de l'assistance, puis de la gauche à la droite, et sa légère inclinaison du buste lorsqu'il passe d'un appareil à l'autre. Renseignements pris : le président des États-Unis, George Bush, était l'adepte de ce prompteur, il en a vanté l'efficacité à Chirac, qui, détestant les prises de parole en meeting, s'y est immédiatement converti. Il a dû en prendre des leçons pour arriver à cette maîtrise du prompteur !

20 mars

Hier, déjeuner avec Simone Veil et dîner avec Marie-France Garaud.

Elles se connaissent en réalité beaucoup mieux et depuis plus longtemps que je ne le pensais. Entre elles, il y a eu une sorte de chassé-croisé. Lorsque Simone Veil était plus jeune, elle avait la passion de la justice et de la magistrature, pas celle de la politique. Marie-France, elle, a toujours voulu faire de la politique, ou, à défaut, conseiller un homme politique. C'est ce qu'elle a longtemps fait avec Jacques Chirac.

De sorte que, pendant des années, Simone Veil a écouté son mari, Antoine, et Marie-France parler politique, souvent sans lui demander son avis. Par la suite, c'est elle qui a fait de la politique.

Nous revenons, avec Simone Veil, sur l'affaire Habache. Selon elle, elle a été suscitée par Mitterrand lui-même, après sa réaction exaspérée, visible de tous, à Oman, lorsqu'il a appris l'arrivée de Habache sur le sol français.

Raymond Barre ? Jacques Delors ? Qui va arriver à Matignon après les cantonales ? Elle hésite : elle redoute, je le vois bien, beaucoup plus Barre que Delors.

1. Un prompteur est un dispositif permettant à un orateur de lire un texte défilant sur un écran placé dans l'axe de la ou des caméras qui le filment. Les présentateurs de télévision en ont, dans leur très grande majorité, adopté l'usage.

Après avoir longtemps condamné le communisme sous toutes ses formes, Marie-France Garaud, tailleur noir Chanel, chignon strict, éclatante, stigmatise aujourd'hui l'Allemagne et le traité de Maastricht. Elle travaille elle-même, avec René de Lacharrière, à un livre collectif sur l'Europe, ou plutôt nettement contre.

23 mars

Hier, élections régionales[1] : PS autour des 20 %, comme prévu. Le RPR et l'UDF sont largement devant, sans toutefois faire un score historique. L'événement est la double émergence du Front national et des Verts[2].

Au premier tour des cantonales, concomitant à l'unique tour des

régionales, la défaite de la gauche est encore plus rude.

Et surgit donc, ou plutôt resurgit, le problème du changement de mode de scrutin. Les projections de la Sofres montrent à quel point le système majoritaire favorise désormais l'opposition, et comme la représentation proportionnelle favorise... l'ingouvernable !

Le jeu se resserre pour Mitterrand, lequel ne dit rien, ce soir. Peut-être ne tirera-t-il aucune leçon de cet échec, qu'il pressentait, du PS. Si leçon il y a, le renouvellement du gouvernement me semble s'imposer : de Jospin à Joxe, de Bianco à Guigou en passant par Édith Cresson elle-même, les ministres sont tous en mauvaise posture aux cantonales.

Le moral est à zéro du côté du pouvoir. Mais aussi, je m'en aperçois, du côté de l'opposition. Je rencontre Alain Juppé dans le salon de maquillage : il a dû renoncer à ce qu'il désirait, en ce moment, le plus violemment au monde : la présidence de la région Île-de-France. Explication : le RPR et l'UDF n'ont pas obtenu assez de sièges, des négociations seront donc nécessaires avec tout ce que l'opposition compte de divers droite ou de modérés. Chirac juge que le secrétaire

---

1. Les élections régionales coïncident avec le premier tour des élections cantonales. Les élections régionales ont lieu à un seul tour, au scrutin proportionnel, dans le cadre départemental, tandis que les élections cantonales se déroulent au scrutin uninominal majoritaire à deux tours, comme le scrutin présidentiel.

2. Les résultats font apparaître le PS et les autres listes Majorité présidentielle à 20,5 % ; le PC est à 8,1 % ; les listes d'union RPR-UDF obtiennent 32,9 %, le Front national monte à 13,6 %, la liste Génération Écologie a obtenu 7 % des voix, et la liste des Verts, 6,8 %.

général du RPR n'est pas bien placé pour conduire les tractations avec les élus régionaux, qu'il ne peut surtout pas se permettre de se faire battre. Voilà pourquoi il a demandé le retrait de sa candidature à la présidence de l'Île-de-France, et a avancé la candidature de Michel Giraud[1].

Alain Juppé en paraît très affecté. En bon soldat, il est tout de même venu sur le plateau de TF1, la mort dans l'âme, dire que la décision avait été douloureuse à prendre, certes, mais qu'il l'avait prise tout seul.

23 mars

De l'autre côté de l'échiquier politique, à gauche, l'atmosphère est trouble, faite de lamentations et de trahisons. L'heure, pour le second tour des cantonales, n'est pas à la mobilisation contre l'adversité ou les adversaires ; elle est au contraire à un règlement de comptes généralisé. Chacun y va de son petit mot assassin pour liquider l'autre.

Bérégovoy se plaint : « C'est notre amie Édith Cresson qui nous a amenés là ! » – comme s'il ne savait pas que la dégringolade avait commencé bien avant. Il faut dire qu'elle n'a rien arrangé.

Le Président n'a cessé, en regardant la soirée électorale, dimanche – Jack Lang me le dit –, de s'irriter contre le Parti socialiste.

Strauss-Kahn demande à passer à l'antenne, puisque Lionel Jospin, en difficulté en Haute-Garonne, n'est pas en mesure de le faire.

Au soir du premier tour des cantonales et du tour unique des régionales, Édith Cresson, sur TF1, a lancé avec entrain des appels à l'unité de tous et au caractère de chacun.

Pourtant, Jean-Louis Chambon[2], que j'appelle pour savoir si elle sera présente aussi sur le plateau pour le second tour, me répond d'une phrase sibylline : « Je ne suis pas sûr qu'après le deuxième tour des cantonales, le débat ne soit pas d'une autre nature ! »

Autrement dit, après les cantonales, elle devra peut-être s'en aller...

Interrogation, dans le milieu politique, sur l'avenir de Le Pen. François Léotard quitte le plateau lundi soir après un débat avec

1. Maire du Perreux-sur-Marne depuis 1971, député du Val-de-Marne (5e circonscription), Michel Giraud a déjà été président du conseil régional d'Île-de-France de 1976 à 1988. Il le redevient en 1992.

2. Chargé des relations d'Édith Cresson avec la presse.

Juppé et Lang. Il me fait part, dans les couloirs, de sa certitude : Le Pen a fait 14 % des voix dans un scrutin où il avait le plus de chances de draîner tous les mécontentements.

« C'est clair, dit Léotard, il ne montera plus. La décadence commence. »

Voilà un point de vue original.

Jack Lang, au contraire, est sur un petit nuage. Depuis le soir des élections, il est transporté de bonheur :

« J'ai été élu dès le premier tour des cantonales avec 30 % des voix. Cela ne veut pas dire que la défaite du PS et de mes petits camarades m'indiffère, mais tout de même, je suis content ! »

Il quitte l'antenne au moment où on affiche les projections de la future Assemblée nationale selon qu'elle serait élue, avec les chiffres obtenus aujourd'hui par les partis, à la proportionnelle ou au scrutin majoritaire :

« Je ne veux pas avoir à commenter cela », me souffle-t-il avant de s'esbigner.

En réalité, me dira-t-il le lendemain, il s'est rendu toutes affaires cessantes à l'Élysée pour suivre les seuls commentaires qui l'intéressent : ceux de Mitterrand. Le Président a-t-il déploré le score socialiste ?

« Oh, répond Lang, cela fait longtemps qu'il en a pris son parti. Cela ne lui fait pas un réel déplaisir ! »

D'où la blague qui court les salles de rédaction dès que l'attitude de Mitterrand est rapportée par tel ou tel : le Président aura la courtoisie de rendre le Parti socialiste dans l'état où il l'a trouvé !

25 mars

Michel Rocard estime devant le service politique de TF1 que « la gifle est assez forte pour servir de défouloir ». Autrement dit : les électeurs se sont assez défoulés au premier tour des cantonales. L'avertissement aux socialistes ayant été donné, ils peuvent retrouver le chemin de la gauche au second tour.

Pendant ce temps-là, Jean-Louis Chambon m'appelle depuis Matignon et me confie qu'hier, Pierre Joxe, au cours d'un dîner avec plusieurs membres du gouvernement, a ouvert la chasse au Premier ministre. C'est son expression. Il ajoute : « D'ailleurs, tout le monde a ouvert la chasse. C'est très à la mode ! »

26 mars

Extraordinaire journée politique. Tout commence par la réunion du bureau exécutif du Parti communiste, ce matin. Première décision des dirigeants communistes : maintenir aux régionales leurs candidats contre Michel Delebarre, ministre socialiste, et Jacques Legendre, maire RPR de Cambrai. C'est-à-dire faire battre Delebarre. Est-ce un chantage de dernière heure en vue de négocier on ne sait quelles vice-présidences de région ou de département ? En tout cas, à ce niveau où le sort d'un ministre socialiste est en jeu, la décision a été prise à l'échelon national.

Un peu plus tard dans la journée, même micmac du côté de l'opposition : en Bourgogne, Dominique Perben, RPR, s'est maintenu contre l'UDF Marcel Lucotte. Le combat du jeune contre le vieux ? Peut-être. En tout cas, Giscard ne plaisante pas : il considère que Chirac, qui laisse faire Perben, porte atteinte une fois de plus à l'unité de l'opposition, et il lui envoie immédiatement un poulet furibond.

Dans l'affaire, la balle perdue est pour Charles Pasqua. Lucotte est sénateur : si le RPR le défie en Saône-et-Loire, il risque fort, par mesure de rétorsion, de ne pas apporter sa voix à Pasqua lorsqu'il se présentera à la présidence du Sénat.

Restent les socialistes : tandis que rocardiens et jospinistes s'entendaient pour faire battre Pierre Joxe[1] à la présidence du groupe socialiste d'Île-de-France, les éléphants tirent à boulets rouges contre Édith Cresson, sans même attendre le second tour des cantonales. Michel Rocard parle ouvertement de son incompétence, tandis que Jean-Marc Ayrault[2] demande carrément son départ.

Édith contre-attaque, ce soir, en invitant à dîner, non sans courage, à l'hôtel Matignon des ministres auxquels elle reproche en privé d'avoir trop vite cherché à l'éliminer. Sont donc conviés Pierre Bérégovoy, Lang et Joxe, Jean-Pierre Soisson, Michel Delebarre, Brice Lalonde et Martine Aubry – laquelle a longtemps été un des soutiens les plus efficaces du Premier ministre, et qui a fini par baisser les bras. Aux uns et aux autres, nul doute, la connaissant, qu'elle dira leur fait en termes vigoureux.

1. Après avoir été longtemps député de Saône-et-Loire, Pierre Joxe s'est présenté aux élections municipales de Paris en 1989 et a été élu au conseil régional d'Île-de-France en 1992.

2. Jean-Marc Ayrault est maire de Nantes depuis 1989 ; il est député de Loire-Atlantique depuis 1986.

Pendant ce temps, les instances du PS se réuniront pour répliquer aux mauvaises manières des communistes et décider des départements dans lesquels des représailles seront envisageables.

J'ajoute, pour faire bonne mesure, que Pierre Mauroy demande la démission de Brice Lalonde du gouvernement. Il l'accuse d'avoir trop vite oublié que le Parti socialiste l'avait fait roi, et de revendiquer aujourd'hui, un peu vite, son indépendance vis-à-vis de lui.

26 mars

Dîner chez Bernard Volker avec le nouveau directeur du cabinet de Roland Dumas, Daniel Bernard, après le départ du précédent dans les conditions que l'on sait. Il raconte avec drôlerie comment, quelques jours après l'affaire Habache (il était directeur de cabinet depuis deux jours), un des anciens Premiers ministres afghans, la mâchoire cassée, demande à se faire rafistoler la tête à Paris. Tout le monde accepte : Dumas, Védrine, l'Élysée. Lorsqu'Édith Cresson est consultée, son sang ne fait qu'un tour. L'Afghan vole déjà vers Paris, *via* Moscou où il doit faire escale. Édith Cresson file chez Mitterrand et insiste tellement qu'elle finit par l'emporter : pas de Premier ministre afghan à Paris en ce moment !

Daniel Bernard doit appeler en catastrophe l'ambassadeur de France à Moscou pour qu'il retienne l'Afghan à la tête cassée dans la capitale russe où un médecin français est dépêché d'urgence.

27 mars

Les Verts sont au centre de toutes les attentions, les dirigeants socialistes rampent à leurs pieds. Brice Lalonde leur tient la dragée haute. Pitoyable !

L'opposition, elle, ne transige pas dans son refus d'alliance avec le Front national. Les consignes de Chirac sont respectées à la lettre. Une demi-bavure dans le Rhône, vite sanctionnée. Pour le reste, jusqu'à maintenant, pas d'alliance en sous-main, pas de faux discours. Attendons, ce soir, l'élection des présidents de région.

La journée a commencé en effet par le refus des élus UDF d'élire le président du conseil en Haute-Normandie. Laurent Fabius attendra lundi prochain. Quant à Giscard d'Estaing, il vient d'être élu triomphalement en Auvergne. On signale quelques incidents à Marseille où Jean-Marie Le Pen déplore que la « violence se substitue au discours démocratique ». Parfaitement !

À noter, parce que ce n'est pas indifférent dans le climat de cette journée, que Mitterrand n'a jamais gardé au gouvernement un ministre titulaire d'un siège et qui aurait été sanctionné par ses électeurs. Il accepte de garder ceux qui, ayant essayé de ravir un siège à l'opposition, n'y sont pas parvenus. Nuance.

Chacun, au gouvernement, sait donc que sa place est en jeu.

Dans l'après-midi, coup de téléphone de Claude Cheysson, bouleversé. Il me raconte, la voix brisée, comment Mitterrand a mis lui-même un terme aux activités de l'Arche de la Défense et de la Fondation des droits de l'homme. Déjà, il y a quelques mois, c'est contre l'avis du gouvernement que Nelson Mandela est venu visiter l'exposition de l'Arche sur l'immigration ou les discriminations, je ne me rappelle plus. À peine croyable : la voiture officielle qui le conduisait s'est arrêtée aux frontières de Paris, avant Neuilly ! Mandela a poursuivi sa route dans la voiture des organisateurs de l'exposition. Puis, au mois de décembre, Cheysson s'est vu signifier que le loyer de l'Arche étant trop élevé, mieux valait abandonner la Fondation des droits de l'homme. C'est Cheysson qui a plaidé auprès de Védrine les inconvénients qu'il y aurait à abandonner d'un coup, spectaculairement, ses activités, tout en soupirant que l'Élysée lui avait porté là un coup fatal. Décision a été prise d'éteindre « en biseau » les missions de la Fondation en organisant une ou deux expositions avant de mettre la clef sous la porte.

Celle qui se prépare sera donc la dernière. Cheysson parle avec désespoir de Mitterrand qui ne lui a pas accordé d'entretien, et qu'il n'a pas revu. Depuis quand, au fait ? Depuis la guerre du Golfe.

En veut-il à Mitterrand ? Se sent-il aujourd'hui répudié, en quelque sorte, après avoir cru en lui ? Il me raconte quelque chose de grave, que je note aussitôt. Il y a de cela plusieurs années, lorsque Claude Cheysson a annoncé à Mitterrand que Klaus Barbie pourrait être récupéré en Amérique du Sud, à l'escale de Cayenne où il était signalé, Mitterrand a commencé par s'y opposer. Il trouvait que le temps n'était pas venu, que la capture de Barbie présenterait plus d'inconvénients que d'avantages. Cheysson remet le sujet sur la table quinze jours plus tard. Mitterrand s'emporte : « Au poste où vous êtes, je ne peux pas vous empêcher de faire cela. Mais ne m'en parlez plus jamais ! »

Il n'en a plus jamais reparlé.

Pendant que j'écris ces lignes, arrive, tandis que tombe la liste des présidents de région élus, la stupéfiante nouvelle : Jean-Pierre Soisson en Bourgogne et Jean-Marie Rausch en Lorraine ont été élus. Ahurissant : l'arithmétique montre qu'ils n'ont pu l'être qu'avec l'apport des voix du Front national. Pour deux ministres dits d'« ouverture », la chose ne manque pas de sel !

Rausch plaide le premier : non, il n'a pas eu les voix du FN. Au contraire, le FN local avait appelé à voter pour Gérard Longuet. L'annonce a fait fuir, *dixit* Rausch, les élus UDF, qui, quittant Longuet, ont préféré voter pour lui, Rausch. Passe pour cette explication, appuyée par les élus du FN qui jurent eux-mêmes n'avoir pas voté Rausch.

Pour Jean-Pierre Soisson, dans la région Bourgogne, l'affaire est impayable : il ne s'est présenté qu'au troisième tour, prenant la place du socialiste André Billardon. Dominique Perben, RPR, n'a pas perdu une seule voix entre le deuxième et le troisième tour de scrutin. Au troisième tour, Jean-Pierre Soisson réunit l'ensemble des voix socialistes, verts, gauche modérée, etc. *plus* deux voix ! D'où peuvent venir ces deux voix ? De deux élus du Front national. Soisson nie les faits : il fait valoir qu'il est tout à fait possible que deux électeurs de Perben aient voté pour lui, Soisson, au troisième tour, et que deux élus du FN aient voté Perben dans le même temps et sans se concerter.

Difficile à croire !

Une première fois, vers 19 heures, Édith Cresson demande que « partout où subsiste un doute, il soit procédé à un nouveau vote ».

Soisson s'accroche d'autant plus qu'il sent la gauche condamnée et le gouvernement sur sa fin. Il dit qu'« il y va de son honneur ».

28 mars

Édith Cresson a mis fin à la polémique avec Soisson : elle l'a débarqué du gouvernement. Elle voulait faire la même chose avec Rausch : c'est Mitterrand qui l'en a empêchée. Il est vrai qu'en Lorraine, les choses sont moins claires.

Lundi 30 mars

Lendemain d'élections (second tour des cantonales) pénible. La gauche se lève avec la gueule de bois. Mitterrand est, paraît-il, accablé. Hier soir, dimanche, au moment où, vers 20 heures, Jean Poperen quitte l'Élysée où il est venu prendre ses consignes pour s'en aller faire un tour dans les médias, il demande à Mitterrand s'il doit revenir après son passage sur les écrans.

« Non, lui répond Mitterrand, j'ai une réunion de famille. »

Un instant, Poperen – c'est lui qui me le confie, ce matin – pense que Mitterrand va consulter Danielle et Christine [1] sur une éventuelle démission ! Mais il n'a pas retenu longtemps cette éventualité...

Ce matin, il a rencontré Édith Cresson et celle-ci ne lui a pas caché que son propre départ était imminent. Qui la remplacerait ? Hier, on parlait de Jack Lang ; aujourd'hui, ce serait plutôt Bérégovoy qui tiendrait la corde. En tout cas, les choses ne se passeront pas dans l'après-midi, plutôt demain dans la matinée. *1992*

Béré est donc le favori. Quant à Lang, c'est Jean-Louis Chambon qui colporte l'histoire, et la rumeur de son arrivée à Matignon court toujours.

Pendant ce temps-là, pas de président élu dans la région Nord ni en Haute-Normandie.

31 mars

La soirée de lundi à mardi a été le point culminant de la débâcle. En Haute-Normandie, Antoine Rufenacht a finalement été élu contre Fabius avec les suffrages des élus du Front national, qu'il a immédiatement récusés. Ce qui donnait, dans le décompte final, abstraction faite des voix des élus du Front, égalité absolue entre Fabius et lui.

Rufenacht a alors fait valoir le bénéfice de l'âge. Le voici donc président de Haute-Normandie. Laurent Fabius apparaît devant les caméras, tout de suite après la désignation de son adversaire, blanc comme un linge, les yeux cernés, pour contester l'élection. Il demande un nouveau vote que lui refuse Rufenacht.

1. Il s'agit de Danielle Mitterrand et de sa sœur, Christine Gouze-Raynal.

Cette nuit, la comédie a continué dans le Nord. Face à la volonté des communistes de se maintenir, Michel Delebarre a choisi de se retirer pour la candidate des Verts, une Verte bon teint, verte jusqu'au bout des ongles, militante depuis des années, Marie-Christine Blandin, professeur de collège de trente-neuf ans. La première prestation de cette petite bonne femme, sympathique au demeurant, venant bafouiller à la radio : « C'était hors de propos, hors de propos, mon élection », fait un drôle d'effet.

31 mars (suite)

J'écris pendant qu'Édith Cresson vient de remettre sa démission au président de la République. Pas de confirmation officielle, cependant, du départ de Cresson. L'entretien a duré quarante-trois minutes.

Pourquoi Jacques Delors[1] a-t-il refusé le poste ? Pascal Lamy, son collaborateur fidèle, me l'explique depuis Bruxelles où je l'ai appelé au téléphone : il juge que la situation est bloquée. « Rien ne peut bouger, rien ne bougera », me dit-il. Les centristes sont hors de portée, les écolos, je le cite, « sont en train de se tirer en empochant les dividendes de leurs actions », le PC ne vote plus pour les socialistes. Résumé : il n'y a pas de majorité possible aujourd'hui autour de Delors. Rien ne peut être recomposé avant d'éventuelles législatives.

« Jacques Delors, ajoute-t-il, sait très bien que sa popularité en France vient du fait qu'il est en poste à l'étranger. »

Ce qu'il ajoute pour finir est le plus important : « On a, me dit-il, les institutions qu'on a. Je pense que le président de la République ne peut pas se mettre tout nu. S'il appelle Delors tout de suite, il n'a plus aucun atout dans sa manche. C'est sa dernière cartouche. Ce serait un mauvais service à lui rendre que de lui enlever toute marge de manœuvre. »

Il s'agit en quelque sorte, à l'entendre, d'un refus négocié entre Delors et Mitterrand !

1. Jacques Delors est alors président de la Commission européenne à Bruxelles.

Mardi 31 mars, 16 heures

Au tour de Jean-Luc Mano de participer à la bourse collective d'informations. Il vient d'avoir Édith Cresson au téléphone. Elle lui confirme avoir remis sa lettre de démission à Mitterrand tout en lui proposant un gouvernement restreint, celui qu'elle avait déjà, il y a quelques semaines, cherché à obtenir de lui.

« Un gouvernement restreint, lui aurait dit le Président, de toute façon il y en aura un, avec vous ou avec Bérégovoy ! Revoyons-nous demain avant le Conseil des ministres, à 9 heures du matin.

« Bérégovoy, aurait poursuivi Mitterrand, j'entends bien qu'on en parle, mais pas comme un homme qui puisse véritablement mettre la barre à gauche. »

Selon Édith, l'analyse de Mitterrand est celle-ci : les voix communistes ne se sont pas reportées sur les candidats socialistes au second tour des cantonales. Il faut corriger cette dérive-là, et donc nommer à Matignon un homme nettement favorable à l'union de la gauche. *1992*

« Votre vrai problème, a-t-il également dit à Édith, c'est que, désormais, le groupe socialiste et le Parti ne vous soutiendraient plus : Laurent Fabius me l'a dit. »

Le scénario rappelle celui de 1983 au moment où Mitterrand avait envisagé sérieusement de se séparer de Pierre Mauroy. Hésitation entre plusieurs lignes, plusieurs stratégies, plusieurs hommes.

Édith à peine sortie du bureau de Mitterrand, le ballet reprend à l'Élysée : Dumas croise Mauroy, Bérégovoy succède à Fabius. Lang, après une visite de l'exposition *Les Vikings*, quitte Paris pour Blois où il échappe aux journalistes.

20 h 30

La journée s'achève sans que la décision soit prise. La réunion du Conseil des ministres reste maintenue pour demain. Bérégovoy est virtuellement Premier ministre. Pourtant, Édith Cresson l'est encore.

20 h 35 : j'ai écrit trop tôt, trop vite ! Le Conseil des ministres vient d'être annulé ! Il semblerait que le balancier soit reparti du côté de Delors. Pourquoi ? Tout à l'heure, Édith Cresson aurait mis en garde le Président contre son idée de nommer Bérégovoy, en énumérant une bonne fois toutes les peaux de banane que celui-ci avait mis sous ses pas depuis l'année dernière. Pierre Mauroy aurait abondé dans son sens.

1er avril

Je suis tellement fascinée par ce qui se passe, par cette tragi-comédie dont je ne vois pas la fin dans l'immédiat, que je me suis mise à noter fébrilement les événements en direct, si j'ose dire.

Le ballet continue. À 9 h 30, ce matin, Édith Cresson est revenue chez Mitterrand. On attend la sortie. La presse de ce matin est à la fois hostile et ironique. Dans *Le Figaro*, Alain Peyrefitte parle du « sacrifice d'Iphigénie » pour rendre un hommage inattendu à Édith Cresson dont il dit aujourd'hui qu'elle n'avait pas tous les défauts, que la situation dont elle avait hérité n'était pas facile. Que n'a-t-il écrit cela plus tôt !

Il semble (cela vient d'André Gauron, ancien collaborateur de Pierre Bérégovoy, aujourd'hui au CSA) qu'Édith soit bien entendu disposée à partir. Elle insiste simplement pour ne pas être remplacée par Bérégovoy. Panique à Bercy !

Après Cresson, Lionel Jospin est entré à l'Élysée, puis Pierre Joxe. Jean Poperen me confirme au téléphone la position d'Édith Cresson : elle est profondément hostile à l'idée d'être remplacée par celui qui l'a le plus combattue. « De toute façon, résume Poperen, qui ne lâche pas Édith en cette période difficile, elle n'a pas le choix : nous n'avons plus d'alliés. » Il n'est pas trop inquiet sur son sort personnel, quoiqu'il ait été « enterré » par *Libération* ce matin !

11 h 45

Bérégovoy a l'air d'y croire maintenant, bien qu'à Matignon on le désigne ouvertement comme le vrai « saboteur » d'Édith Cresson.

12 h 45

Coup de téléphone de Jean-Louis Chambon depuis Matignon. Non, me jure-t-il, Édith Cresson ne barre pas la route à Bérégovoy. Au contraire, elle a dit à Mitterrand non sans quelque impatience, il est vrai : « Prenez-le si vous le voulez, cela fait dix ans qu'il attend ça ! »

Joxe, Mermaz et Jospin ont, sans doute, plaidé contre la nomination de Pierre Bérégovoy. Tous trois se seraient vigoureusement élevés contre ce qu'ils ont appelé le « putsch fabiusien » qui verrait Béré, flanqué de Quilès et Auroux, arriver à Matignon.

D'où l'appel réitéré par eux à Jacques Delors, qui reste sur ses positions.

Les socialistes, même dans les circonstances graves, ne savent décidément qu'étaler leurs divergences.

13 h 10

Arrivée de Michel Vauzelle à l'Élysée. C'est un fabiusien à qui Mitterrand confierait bien les Affaires étrangères. Cette arrivée conforte l'idée que Mitterrand serait en train de jouer le clan Fabius sans l'assentiment des autres chefs de guerre du PS, et en l'absence d'accord avec Jacques Delors. Joxe et Mermaz, partisans de Delors, partiraient dans l'après-midi pour Bruxelles dans le but de tenter une nouvelle fois de le convaincre.

17 h 15

Le doute, toujours le doute !

Tandis que le groupe parlementaire socialiste se déchaîne, à l'Assemblée, contre Édith Cresson, *Le Monde* et l'AFP titrent sur l'incapacité de Mitterrand à choisir.

Pierre Bérégovoy m'appelle au téléphone, demande que TF1 mette la pédale douce sur son éventuelle nomination : Édith Cresson est toujours là, lui-même n'a constitué aucun gouvernement, il ne s'est pas permis d'arriver à l'Élysée avec sa liste de ministres. Je traduis son coup de téléphone : il s'est fait engueuler par Mitterrand pour avoir parlé trop tôt, et il craint d'avoir irrité le Président.

L'erreur, à mon avis, est qu'il aurait dû laisser Édith Cresson à Matignon le temps de changer le mode de scrutin. Car le prochain Premier ministre ne l'aura peut-être pas, ce temps-là. Dans ce cas, il doit déjà préparer sa sortie.

17 h 45

Bernard Tapie, au téléphone, m'annonce comme certaine la nomination de Bérégovoy à Matignon. Et son entrée, à lui, au gouvernement ! Dans un poste interministériel, sans doute au ministère de la Ville.

18 h 15

Gilles Ménage a essayé, depuis l'Élysée, de joindre Delors. Il n'y est pas parvenu. Il doit le rappeler à 18 h 30.

18 h 45

J'appelle à nouveau Pascal Lamy à Bruxelles. Son ton a quelque peu évolué. Delors a-t-il changé d'avis ? Sa décision est-elle prise ? Accepte-t-il Matignon ?

« Ne parlons pas de décision, me dit-il. Contentons-nous d'une analyse. Effectivement, beaucoup de gens à Paris ont pris contact avec nous. On est copains, quand même, on peut les écouter. Delors n'attend rien pour lui. Simplement, nous voyons, comme tout le monde, que Cresson a vidé son sac, ce qui ne doit pas être triste, que Bérégovoy a soufflé trop fort, comme le petit cochon de l'histoire enfantine : du coup, la maison s'envole !

« De toute façon, il n'y a pas d'un côté le président de la République qui dit oui à Delors, et de l'autre Delors qui lui dit non. Les choses sont plus compliquées. »

Autrement dit : si Mitterrand insiste vraiment...

Voilà : j'ai raconté, heure après heure, une crise gouvernementale et les hésitations présidentielles.

Ce soir, en tout cas, Cresson est toujours à Matignon.

2 avril, 9 heures du matin

La dépêche tombe : Bérégovoy remplace Édith Cresson. Il est le sixième Premier ministre de Mitterrand depuis 1981. Le gouvernement sera sans doute nommé dans la matinée. Nous attendons.

La matinée se traîne. À 10 h 30, Édith Cresson réunit une dernière fois son cabinet. À 11 h 10, Bérégovoy arrive à Matignon où il s'entretient quarante-cinq minutes avec Cresson. Rien ne filtre.

Mon frère (Alain Cotta) me dit que beaucoup de choses, hier, ont tourné autour de la présence de Michel Charasse au gouvernement. Mitterrand voulait l'imposer à Bérégovoy qui résistait. Pourquoi ? Parce que Mitterrand, qui veut une relance de l'économie, voulait que Charasse en soit le garant. Ce que Bérégovoy, hier, n'acceptait pas.

Donc, Bérégovoy la rigueur contre Charasse la relance ?

À 11 h 40, les communistes annoncent qu'ils n'accorderont pas leur confiance à Bérégovoy. À 12 h 40, les Verts annoncent leur décision de ne pas participer au gouvernement. À 16 h 40, le nouveau Premier ministre, seul au banc du gouvernement, ouvre la session de printemps de l'Assemblée nationale. À 17 heures, la Bourse est en hausse (+ 0,72).

19 heures

Coup de téléphone de Poperen, effondré : il vient d'apprendre qu'il ne fait pas partie du prochain gouvernement.

« C'est un gouvernement Fabius, me dit-il. Je ne pars pas, on me vide ! C'est ainsi que certains organismes se suicident. Nallet, Marchand, Jospin, Mermaz, Delebarre et moi, c'est sûr, nous partons ! »

Il ajoute : « Édith Cresson pense que Mitterrand a changé. Pas du point de vue intellectuel, non, mais il montre moins de résistance à Fabius ! »

Comme si c'était une maladie, une sorte d'Alzheimer rampant dont le symptôme serait la non-résistance à Fabius ! !

Poperen ajoute après un silence : « Mais Fabius, lui, n'a pas changé. Et surtout pas de méthodes ! »

Les rocardiens eux-mêmes seraient « bordurés » dans la prochaine combinaison gouvernementale.

Toute différente est ma conversation avec Jack Lang. Il affirme qu'il ne sait rien du mouvement en cours, sauf qu'Édith Cresson lui a confirmé le départ de Poperen.

« Que voulez-vous, on a retenu les meilleurs ! » ajoute-t-il sans grande modestie.

Le gouvernement Bérégovoy, me dit-il encore, aura à sa tête un homme rassurant, qui tiendra l'État : « À côté de lui, il y aura des novateurs au premier plan, au front ! »

Inutile de se demander où il se place lui-même. En tout cas, il sera dans le gouvernement.

Seul moment comique et inattendu de la journée, cette dépêche tombée à midi pile. « Les médias et les hauts fonctionnaires japonais expriment leur satisfaction. » Ils n'avaient pas oublié, depuis des mois, qu'Édith Cresson les avait comparés à des fourmis !

3 avril

La composition du gouvernement tombe à 22 h 30. Un gouvernement dit de combat, composé du dernier carré, de Bérégovoy à Mermaz, « sauvé » par Mitterrand, et des quelques personnalités « médiatiques » ayant survécu à la dernière année. Un gouvernement réduit à sa plus simple expression, sans centristes, hormis Jean-Marie Rausch, et sans écologistes.

Comment expliquer que ce gouvernement de combat soit amputé

de toute une frange, celle des jospinistes ? N'est-ce pas l'affaiblir que d'en avoir chassé l'« éléphant » Jospin ?

Ah, le syndrome de Sigmaringen : chacun tente d'affaiblir l'autre alors que l'intérêt de tous serait dans l'union !

Édith Cresson s'en va, plutôt digne et courageuse, assez ravagée aussi. Comment se sortira-t-elle de ce rapide passage à Matignon ? Quel est son état d'esprit vis-à-vis de Mitterrand, ce soir ? Elle lui en veut, semble-t-il, de ne l'avoir à aucun moment soutenue, en tout cas depuis les élections régionales. Pouvait-il la soutenir plus longtemps ? c'est au contraire la question que l'on peut se poser. Et n'a-t-elle pas elle-même précipité son malheur ?

Libération comparait ce matin sa lettre de départ à celle de Jacques Chirac en 1976 ; pas grand-chose de commun, en réalité, sauf dans l'esprit : vous ne m'avez pas donné les moyens d'exercer ma mission. C'est ce qu'avait écrit Chirac. C'est ce que Cresson pense, et ce qu'elle disait avant-hier soir.

Voici donc Bérégovoy à Matignon, et son gouvernement constitué. On ne peut s'empêcher de penser que Mitterrand aurait pu gagner du temps en le nommant dès l'année dernière.

Pour conjurer les rumeurs, Michel Charasse jure, aujourd'hui 3 avril, que Bérégovoy n'a jamais cherché à se débarrasser de lui.

7 avril

Bérégovoy a décidé de prononcer son discours demain à l'Assemblée nationale – où il ne dispose pas d'une majorité[1]. L'opposition annonce qu'elle ne déposera pas de motion de censure contre lui. Elle n'en affûte pas moins ses armes.

1. Les 577 députés de l'Assemblée nationale dont la session de printemps s'ouvre sont répartis en 5 groupes, 24 députés n'étant inscrits dans aucun groupe. Voici les effectifs de ces cinq groupes : PS : 271 membres dont 17 apparentés. Groupe RPR : 126 dont 3 apparentés. Groupe UDF : 90 dont 10 apparentés. Groupe UDC : 40 dont 4 apparentés. Groupe PCF : 26 dont 1 apparenté. Le PS n'a donc pas à lui seul la majorité absolue.

8 avril

Premier discours de Bérégovoy, tout à l'heure, à 15 heures, au Palais-Bourbon. En attendant, le premier Conseil des ministres, qui s'est terminé il y a quelques instants, a été à la fois médiatique et féminin. Ce sont les femmes qui ont posé devant les photographes pour bien montrer qu'Édith Cresson partie, d'autres restaient : Ségolène Royal et Marie-Noëlle Lienemann ont donc pris la pose. Bernard Tapie n'a pas dit un mot et a monté les marches de l'Élysée en courant.

On se retrouve à l'Assemblée nationale à 15 heures. Emmanuelli préside, bien sûr, en complet veston, pas en jaquette comme nombre de ses prédécesseurs. Il annonce qu'un débat suivra la déclaration de politique générale de Pierre Bérégovoy.

Celui-ci monte à la tribune non sans une certaine solennité. Il envisage ce moment depuis si longtemps ! Pour lui, c'est évident, ce jour est et restera unique. Le bout d'un long chemin, pour ce syndicaliste monté d'étape en étape jusqu'au sommet de la vie publique. Qu'importent les difficultés, il est manifestement décidé à les affronter, et cela se sent.

Je note ses propos au fur et à mesure qu'il les prononce.

Un chahut de l'opposition accueille ses premières phrases où il définit son gouvernement comme un « gouvernement d'action ».

Il n'y va pas par quatre chemins et parle d'entrée de jeu des législatives, dans onze mois seulement. « C'est court, dit-il, onze mois pour décider, expliquer, convaincre ! » Il convient sans détour que le PS a été battu aux consultations locales. Mais la droite, ajoute-t-il aussitôt, ne les a pas gagnées.

Nouveaux sifflets lorsqu'il évoque l'expression, employée dans la presse, ce matin, de « dernier carré » de Mitterrand : « Faut-il en rougir ? » demande-t-il sous les hurlements de l'opposition.

Difficiles débuts. Il n'a pourtant pas l'air tellement décontenancé.

D'emblée, il parle de l'Europe (« mon ambition est simple, dit-il, faire l'Europe sans défaire la France ») en annonçant une révision constitutionnelle préalable à la ratification des accords de Maastricht, en milieu d'année. Pour le reste, le gouvernement annoncera rapidement ses décisions sur le chômage (« la première des urgences »), la sécurité, la corruption.

Sur le premier point, il proclame la nécessité d'une croissance plus créatrice d'emplois, la réduction du chômage de longue durée, le renforcement du volet « insertion » du RMI.

La lutte contre l'insécurité urbaine est la deuxième de ses urgences : « J'ai demandé à Bernard Tapie de donner une nouvelle impulsion à cette action et de bousculer les habitudes. »

La lutte contre la corruption, enfin : il aborde le sujet avec un certain courage, avec sévérité même, dans l'atmosphère houleuse de l'Assemblée. « Les décideurs, assure-t-il, n'ont pas failli, je les sais honnêtes, mais, dans nos sociétés d'argent, les tentations sont fortes, et dans nos sociétés d'information, la transparence est nécessaire. » Quoi qu'il en soit, « les coupables doivent être châtiés. Dans tous les cas, la justice doit passer ». Il ajoute : « S'il est des dossiers qui traînent sur tels ou tels bancs de cette Assemblée, ils ne traîneront plus. »

Enfin, il annonce un texte de loi qui obligera à la publication et au contrôle du patrimoine et des revenus des élus, et qui modernisera en outre le régime des incompatibilités.

Là-dessus, à ma grande surprise, et à celle de tous, il agite un dossier qu'il pointe comme une arme vers les députés qui l'écoutent et ajoute : « Comme je suis un homme prudent, j'ai amené ici une liste de personnalités ! »

Il est interrompu par une véritable bronca. La moitié des parlementaires de l'opposition, se disant insultée et menacée, sort en faisant le plus de bruit possible, tandis que Béré enchaîne sans tenir compte des réactions qu'il a inutilement provoquées : « Ce sont des personnalités extérieures à cette Assemblée, bien sûr. »

Il est trop tard. Le mal est fait. À partir de maintenant, tout ce qu'il dit n'a plus d'importance. Pierre Mazeaud, qui, dans les travées, est le maître incontesté des chahuts en tous genres, l'interrompt, le sommant de rendre publique sa liste !

Comment Bérégovoy a-t-il pu commettre une telle erreur ? Pourquoi, à l'occasion de ce premier discours qui porte le nom de discours de politique générale, a-t-il choisi la polémique sur les affaires ?

Il tente de s'expliquer : il n'a pas voulu polémiquer, il ne souhaite pas évoquer les affaires en cours d'instruction.

« Mais, ajoute-t-il, vous savez comme moi de qui il s'agit.

– Non, non ! hurle Mazeaud, relayé par ses collègues de l'opposition restés dans l'hémicycle.

– Comment, non ? insiste Bérégovoy. Je vous demande de croire que chaque fois qu'il y aura défaillance d'un homme public, je serai de la plus grande fermeté ! »

Après cet échange d'une dureté inutile, Bérégovoy continue son discours sans être véritablement écouté : à droite, le chahut continue. Du côté de la majorité, ministres nouvellement nommés et parlementaires s'interrogent, atterrés, sur l'écho que recevra, ici et ailleurs, la liste exhibée par Bérégovoy devant tous les députés, et perdent le fil du discours.

Moi aussi, qui ne note ici que sa dernière phrase : « Une partie n'est jamais perdue d'avance, il suffit d'avoir la volonté de convaincre, la volonté de gagner. Oui, j'ai confiance dans l'avenir du gouvernement ! »

Cette liste, tout de même, quelle maladresse ! Qu'est-ce qui a pu le décider à commettre pareille erreur ? A-t-il été irrité par les noms d'oiseaux dont l'affublaient, pendant qu'il parlait, les inévitables Mazeaud et Vivien ? Pourquoi l'avait-il en main ? Était-ce pour disposer de munitions en cas de polémique avec l'opposition ?

Peu importe pourquoi. La réalité est qu'il a donné de lui une image contraire à celle qu'il souhaitait afficher : il se voulait ouvert, consensuel, chaleureux. Il est apparu comme un accusateur public. Il s'est fait procureur alors qu'il se voulait enjôleur.

C'est d'autant plus contre-performant que ses propos étaient intéressants : arrêt des essais nucléaires, révision constitutionnelle et consultation sur Maastricht, annonce que le gouvernement ne changera pas le mode de scrutin pour les prochaines législatives – donc, pas de représentation proportionnelle.

Tout cela, balayé par un geste inutile ! Demain la presse ne retiendra que cela de son discours.

14 avril

François Mitterrand répond aux questions de journalistes sur TF1 et Antenne 2, de 19 heures à 20 h 30. Les journalistes ? Pas n'importe lesquels : Christine Ockrent et Anne Sinclair, toutes deux femmes de ministres en exercice (je les sais libres toutes deux, mais redoute le sort qui leur sera réservé dans la presse écrite), auxquelles s'ajoutent Jean-Pierre Elkabbach et Ivan Levaï.

Il parle de Maastricht, son grand dessein, et lance à son tour une véritable polémique. Constitutionnelle, d'abord : peut-il solliciter dans un premier temps l'accord des deux assemblées, et, s'il ne l'obtient pas, consulter les Français par référendum ? Ou bien est-il obligé, conformément à l'article 11, de demander d'emblée un référendum ? Il semblerait que l'article 89 n'autorise à faire un référendum *qu'après* avoir obtenu un accord de l'Assemblée nationale et du Sénat, et l'interdise si on ne l'a pas obtenu.

Les juristes s'emparent de l'affaire tandis que Jacques Chirac, arguant que les modifications constitutionnelles sont trop importantes pour passer par la voie parlementaire, réclame un référendum immédiat. Pour Giscard, qui voit bien le danger d'un référendum sur l'Europe avant les législatives, le vote du Parlement paraît préférable.

21 avril

Inattendue, cette prise de position de Rocard sur Maastricht : « Les accords sont très imparfaits. »

22 avril

Apparemment, pas de vagues sur la consultation Maastricht. Le Conseil constitutionnel a donné son avis à toute allure. Le Conseil d'État n'a pas vu d'obstacle au projet de loi gouvernemental ; le Conseil des ministres l'a adopté ce matin et Pierre Bérégovoy a confirmé tout à l'heure à l'Assemblée la voie choisie.

23 avril

Petit déjeuner avec Roland Dumas. C'est donc le grand déploiement sur Maastricht. Trois ministres suivront l'affaire en permanence : Michel Vauzelle, pour les aspects juridiques, Élisabeth Guigou et lui, pour les aspects politiques. La concertation a commencé : Roland Dumas a vu Édouard Balladur et s'est rendu hier chez VGE, rue de Bénouville.

Avec Giscard, me dit-il, l'accord est presque complet, à ceci près qu'il semble estimer que le Sénat élaborera une contre-proposition au texte gouvernemental sur la révision constitutionnelle.

Quant à Balladur, il se serait montré plus souple, plus diplomate que Jacques Chirac – ce qui n'est pas une prouesse. Dumas parle d'ailleurs des contacts que Balladur lui a dit avoir sur le sujet avec les centristes.

Je demande à Roland Dumas si Giscard lui a parlé de Jacques

Chirac. Dumas refuse de me répondre pour, dit-il, ne pas jeter de l'huile sur le feu entre eux deux. Ce qui, en soi, est une réponse ! Je crois comprendre néanmoins que Giscard a parlé de la rapidité avec laquelle Chirac, l'autre jour, a évoqué la nécessité d'un référendum sur un sujet aussi grave, et de la non moins grande vélocité avec laquelle il y a partiellement renoncé.

Le calendrier et la tactique, Bérégovoy les a révélés au JT : premier passage à l'Assemblée nationale début mai ; au Sénat, début juin. C'est à ce moment-là qu'on verra si le texte peut être adopté à la majorité des 3/5. S'il s'avérait que c'était impossible, le gouvernement choisirait la voie du référendum. Quand cela ? Avant l'été ? Difficile.

29 avril

La discussion sur Maastricht a commencé. Devant les 73 députés de la commission des lois d'abord, hier mardi.

Transfert de compétences ou transfert de souveraineté ? Y a-t-il ou non subsidiarité des pouvoirs ? Le débat porte sur le fond, avec des clivages qui dépassent tous les partis : il y a des pro-Maastricht forcenés dans l'opposition, des anti-Maastricht au RPR, des pro-Maastricht tièdes chez les centristes.

Au-delà des discussions en commission, les dés sont jetés : Mitterrand et le gouvernement mènent le jeu.

Chirac, en tout cas, a dit oui à Maastricht. Un oui sans enthousiasme, un oui quand même ! Il m'avait déjà à peu près tenu ce discours avant les élections : Maastricht ne fait pas peur (« c'est une plaisanterie »), ce n'est pas la grande affaire dont parle Mitterrand, pas la peine de faire des vagues.

À côté de lui, Philippe Séguin, lui, ne recule pas d'un poil : il est contre le traité de Maastricht depuis sa signature, et il le demeure.

Manifestement, Chirac sacrifie tout à l'union de l'opposition. Il ne rompra pas sur ce sujet avec Giscard et les centristes. Comme Mitterrand, en son temps, avait agi vis-à-vis des communistes...

Débat mardi.

30 avril

Alors, l'effet Bérégovoy ?

Après l'erreur du premier débat à l'Assemblée, le nouveau Premier ministre, contrairement à Édith Cresson, fait preuve d'un sens aigu de la communication. Un bon personnage, et ce que j'appellerais un « immobilisme nuancé ». Claude Estier, qui ne passe pas pour critique à l'égard de tout gouvernement socialiste, a cette formule dans *Libération* : « Bérégovoy pense que toute réforme qui peut aujourd'hui susciter la controverse est plutôt malvenue. »

Tout un programme !

2 mai

Hier, François Mitterrand a parlé une nouvelle fois aux Français à l'occasion du 1er mai. Idéal pour s'adresser à sa majorité, à ce fameux « peuple de gauche », comme s'il y avait entre Pierre Bérégovoy et lui une sorte de répartition des rôles, ou plutôt des cibles politiques.

Après les débuts que l'on sait au Parlement, Pierre Bérégovoy a remonté le courant. Il bénéficie néanmoins aujourd'hui, d'après les sondages, d'un mini-état de grâce. Il rassure les Français, il cajole les patrons, il réussit une percée chez les électeurs du centre. C'est aux autres, au « peuple de gauche », donc, que François Mitterrand s'est adressé hier pour leur dire que la barre des trois millions de chômeurs ne serait pas franchie, que l'Europe de Maastricht n'était pas encore, à son avis, assez « sociale », mais qu'elle le deviendrait. Il donne également raison, au passage, à la ministre du Travail, Martine Aubry, dans le conflit qui l'oppose au patron de Peugeot, Jacques Calvet.

Mitterrand a recouvré, cela s'entend à sa voix, un certain optimisme. Pourquoi ? Parce que l'accord, *grosso modo*, entre la majorité et l'opposition sur la ratification du traité de Maastricht empêche – ou remet à plus tard – tout accrochage, toute polémique de politique intérieure. D'autant qu'il est resté assez flou sur la perspective d'un éventuel référendum constitutionnel à l'automne.

C'est donc avec une sérénité retrouvée qu'il a ironisé sur son propre départ : en février 1995, peut-être, au lieu de mai 1995 ; pas avant !

4 mai

Dîner avec Jean-Pierre Chevènement, hier soir. Drôle, détendu après son intervention à « 7 sur 7 ». Toujours cette distance avec Mitterrand : longue complicité et désaccord absolu. Avec lui, son ami Didier Motchane, qui vient d'écrire un livre sur la politique extérieure de Mitterrand, intitulé drôlement *L'Atlantisme à la charentaise*.

Chevènement raconte en riant cette réunion, déjà ancienne, juste avant le congrès d'Épinay, en 1971, où il avait convaincu, sur l'Europe, les États-Unis, une poignée de partisans de Mitterrand de la suivre, lui, Chevènement, de contrer donc la politique de celui qui allait devenir (avec son aide, d'ailleurs) le premier secrétaire du PS. Mitterrand s'était approché de lui, dents serrées, en lui disant : « Si nous étions au pouvoir, je vous ferais emprisonner ! »

Chevènement n'est pas loin de penser que Mitterrand a toujours été ainsi : ne croyant à rien, sauf à l'Alliance atlantique hors de laquelle, pour lui, point de salut !

Il nous annonce qu'il lance un parti, un mouvement, un rassemblement, que sais-je, où il ne rassemblera peut-être que lui-même, et il égrène ses arguments anti-Maastricht, assez convaincants, mais pas à la mode, qui tombent à contre-courant et que les journalistes chassent, comme ils l'avaient fait naguère avec ceux de Michel Debré, d'un revers de la main. Il parle de la démission des politiques, de la monnaie unique qui, en fait, échappera à la volonté du peuple ; il dénonce la « croissance lente » imprimée à l'Europe par ceux qui la gouvernent, et parle du taux de chômage à deux chiffres tel qu'il sévit partout en Europe.

Qui l'écoute ?

5 mai

Dîner, hier soir, chez Tony et Françoise Dreyfus avec, entre autres, Michel Sapin et Jean Peyrelevade. Philippe Alexandre et moi sommes les seuls journalistes présents. Pour la première fois depuis de longs mois, un vent d'optimisme souffle autour de nous pendant le repas.

Nous parlons de Bérégovoy dont Mitterrand a annoncé, le 1er mai, qu'il resterait à Matignon au-delà de 1993. Personne d'entre nous n'y croit. Chacun, pourtant, a le même sentiment : il aurait dit la même chose le mois dernier, il aurait été accueilli par des éclats de rire. Donc, succès de Bérégovoy, au moins dans cette première phase.

Le Premier ministre fera-t-il quelque chose ? Assurément non. Il n'a que onze mois devant lui et paraît bien désireux de ne rien tenter d'intempestif.

Mitterrand aussi est dans une phase de réussite : celle qui entoure le référendum sur Maastricht. L'opposition a intérêt à évacuer le débat le plus vite possible, car il s'agit d'un sujet où elle se sent mal à l'aise et sur lequel la victoire du Président est d'ores et déjà, d'après les sondages, évidente.

Jacques Chirac n'a donc pas intérêt à relancer et compliquer le débat, quoi qu'il pense du texte du traité. Le Sénat peut-être le fera-t-il, puisqu'on lui prête l'intention d'entrer dans des astuces de formulation retardatrices et alambiquées. C'est le seul obstacle, désormais, qui peut freiner le dessein de François Mitterrand.

Même si les choses allaient très vite, disons-nous, la modification constitutionnelle, puis la ratification prendront tout de même quelques semaines, c'est-à-dire jusqu'à l'été. D'ici là, Mitterrand a largement le temps de remonter dans les sondages, de redevenir, à défaut d'être populaire, moins impopulaire.

Peu d'illusions, pourtant, autour de la table. Comme Philippe Alexandre et moi le rappelons, la gauche est divisée, encore plus peut-être que la droite. Tous les commentateurs ont certes mis l'accent sur les hésitations de Jacques Chirac à propos de l'Europe. Personne, en revanche – ce qui prouverait que l'Élysée n'est pas dépourvue d'influence sur la presse –, n'a même relevé qu'entre les communistes et les socialistes, et entre les socialistes eux-mêmes, la fracture existe entre ceux qui croient en l'Europe de Maastricht et ceux qui ne veulent pas de cette Europe-là.

Dans l'avenir, quelle stratégie alors pour Mitterrand ? Michel Sapin pense qu'il choisira de faire un référendum sur le quinquennat à la rentrée. Je me récrie : pour quoi faire ? En quoi a-t-il besoin de ce quinquennat s'il ne compte pas se l'appliquer à lui-même ? Il aura engrangé une première victoire, dès maintenant annoncée, avec la ratification de Maastricht ; pourquoi organiserait-il une nouvelle consultation ? À force de trop en faire, il risque de perdre, à l'automne, à l'occasion d'une nouvelle tentative de modification constitutionnelle, l'embellie qu'il aura sans doute enregistrée au printemps.

« Pas du tout ! répond Michel Sapin. Il a besoin d'entretenir un suspense sur son éventuel départ. Il a besoin de pouvoir quitter le pouvoir en mai prochain, s'il perd d'ici là les législatives. »

Mais, dans ce cas, il devra forcément se l'appliquer à lui-même, ce raccourcissement du mandat présidentiel, s'il l'a fait voter à l'automne : il aura donc levé le suspense. Qu'y gagnerait-il ?

Les deux camps formés dans le cours de cette discussion restent sur leurs positions : Sapin et Peyrelevade d'un côté convaincus du référendum sur le quinquennat, de l'autre Philippe Alexandre, Françoise Dreyfus et moi, convaincus du contraire.

Une grande discussion sur Bernard Tapie a précédé cet échange, avec, là aussi, deux thèses tout à fait opposées : l'un décrit Tapie comme une sorte de Robert Maxwell contraint de vendre Adidas pour se faire de l'argent liquide, criblé de dettes, fragilisé par l'Olympique de Marseille (c'est Peyrelevade qui parle). L'autre, comme un homme finalement plus « réglo » que bien d'autres, et qui n'a pas commis une seule erreur depuis sa nomination. Philippe Alexandre assure que Bernard Tapie ne figurait pas sur la liste initiale du gouvernement telle que l'avait dressée Pierre Bérégovoy, et que c'est le président de la République qui y a ajouté son nom. Cela paraît plausible à la plupart d'entre nous. Au point que l'un de nous hasarde cette hypothèse : Mitterrand aurait nommé Tapie au gouvernement dans le seul but de montrer aux socialistes son mépris à leur endroit.

Ce qui domine ce type de conversation, pour résumer, c'est qu'un mois après les cantonales et les régionales qui ont fait émerger les Verts et confirmé l'implantation du Front national, les partis traditionnels ont repris le dessus comme si de rien n'était.

À la question que je pose : pourquoi Le Pen s'est-il si peu réjoui du score du FN aux dernières élections (14 %, ce n'est pas rien), la réponse de Philippe Alexandre est d'ordre privé : Le Pen vient de se remarier et sa nouvelle femme l'éloignerait de la bataille quotidienne. Interprétation dont je n'ai pas confirmation et que je lui laisse.

6 mai

Mitterrand part pour Bastia, à Furiani plutôt, où une tribune s'est effondrée, hier, lors d'un match de football, faisant de très nombreuses victimes : 700 blessés, 20 morts, 60 blessés graves. Bernard Kouchner est arrivé sur place dès la fin de soirée. Le préfet annonce la création d'une commission d'enquête. Tout le monde en prend pour son grade : du président du club au préfet en passant par la commission départementale de sécurité, ils sont plusieurs dizaines à avoir construit ou autorisé ces tribunes.

Le mandat présidentiel. On y revient à l'occasion d'une double interview.

Celle de Laurent Fabius dans le *Nouvel Obs* : en une phrase pesée soigneusement, il dit que, dans les faits, sinon en droit, François Mitterrand serait obligé de s'appliquer à lui-même la réduction du mandat présidentiel s'il était approuvé par les Français[1].

Quant à Mitterrand, il s'exprime une fois encore dans *Paris Match* : « Je remplirai, dit-il, la mission qui m'a été renouvelée en 1988. »

Question : « Donc, vous restez ? »

Réponse : « La République a ses lois, je m'y conformerai. »

Deuxième réponse du Président, plus directement, sur le quinquennat : « Cinq ans, dit-il, c'est bien court, plus court que le mandat des maires de nos communes. Quatorze ans, en cas de réélection, c'est bien long. Il faut trouver un moyen terme. »

Alors, sept ans, après tout, ça n'est pas si mal. Se prononce-t-il pour un septennat non renouvelable ? Le flou, toujours le flou !

Pendant ce temps, l'opposition se divise sur Maastricht : 50/50 au RPR. La gauche aussi, même si on en parle peu. Il est de bon ton de considérer que Jean-Pierre Chevènement n'existe pas. Philippe Séguin existerait-il davantage dans l'opposition que Jean-Pierre Chevènement dans la majorité ? J'ai l'impression que oui. Allons, l'opposition est donc plus libérale que la majorité !

7 mai

Philippe Séguin à la télévision : brillant, convaincant, avec une sorte de sourire de chat, celui d'*Alice au pays des merveilles*. Il va falloir que Chirac apprenne à compter avec lui, désormais.

Le débat sur l'Europe se complique apparemment au sein de l'op-

1. La phrase exacte de Laurent Fabius est : « On voit mal comment on pourrait voter le mandat à cinq ans sans qu'il en soit tiré des conséquences, disons, plus actuelles ! » « Juridiquement, a-t-il dit encore, rien ne l'y obligerait, mais, politiquement... »

position. D'abord parce que la victoire, relative mais réelle, de Séguin devant le groupe parlementaire RPR a légèrement modifié les choses. En défendant d'emblée sa motion d'irrecevabilité, il a trouvé des sympathisants. Assez (58 sur 126) pour prouver à Chirac que les opposants à Maastricht existent bien au RPR, et qu'il est disposé à se faire entendre. Ce qui prend Chirac à revers, puisqu'il s'est cru obligé d'approuver le traité européen. Que fera-t-il si les gaullistes le rejettent ? Il est vrai qu'il a dû faire ses comptes : 58 sur 126 parlementaires, c'est beaucoup, ce n'est pas suffisant.

Mitterrand sent également le danger : celui de ne pas pouvoir recueillir la sacro-sainte majorité des trois cinquièmes nécessaire. Si les choses se compliquent à l'Assemblée, elles risquent de se compliquer davantage encore au Sénat. D'où sa phrase, hier, sur FR3 : « Il est bon, de temps à autre, que ce soit le peuple lui-même, sur des questions simples et fortes, qui choisisse. »

Il se prépare déjà au référendum.

Tout le monde autour de moi parle de piège pour l'opposition. Je n'en suis pas si sûre, car :

Primo, la majorité aussi est divisée, pas seulement du fait de Chevènement, mais parce que pour bien d'autres socialistes se posent des questions, tel Michel Pezet[1] évoquant ce matin dans *Le Figaro* « le déficit démocratique de l'Europe de demain » ; et pour les communistes aussi.

Secundo : la campagne référendaire sur l'Europe risque d'être plus dangereuse pour le pouvoir que pour l'opposition. Pourquoi ? Parce que celle-ci a moins à y perdre. Même si Chirac, après avoir conseillé de voter oui, constate que les Français se prononcent en sens contraire, il ne sera pas le premier battu. Mitterrand, qui s'est aujourd'hui totalement investi dans la défense du traité de Maastricht, serait dans ce cas le grand perdant.

Si Mitterrand gagne la bataille européenne, Chirac ne l'aura pas perdue. Si Mitterrand la perd, Chirac ne l'aura pas davantage perdue. C'est le pari de Pascal à l'envers.

Pendant ce temps, Philippe Séguin fait un parcours difficile, et le fait admirablement. Son assistante à l'Assemblée nationale, que je viens d'avoir au bout du fil, me dit que les lettres et les appels téléphoniques pleuvent depuis ce matin.

1. Avocat, ancien adjoint de Gaston Defferre à Marseille, ancien président du Conseil régional PACA.

11 mai

À l'émission « L'Heure de vérité », Pierre Bérégovoy précise le calendrier futur, autant qu'on puisse le prévoir. Si on le suit bien, les Français pourraient avoir à se prononcer à trois reprises par référendum dans l'année ! Cela paraît nettement exagéré. Toutefois,

1. Si on admet que Mitterrand et Bérégovoy disent avoir une préférence pour la voie parlementaire pour ce qui concerne la révision constitutionnelle préalable à la ratification du traité de Maastricht, mais qu'ils n'excluent pas d'avoir à recourir à un référendum ;
2. Bérégovoy laissant ouvert le choix entre la procédure parlementaire ou la procédure référendaire pour la ratification elle-même : « Un référendum, a-t-il dit tout à l'heure, est possible, mais n'est pas indispensable » ;
3. Et comme il a marqué sa préférence pour une modification du septennat, et non pour sa réduction : il est favorable, lui, à un seul septennat non renouvelable,

on en arriverait donc à l'éventuelle perspective – pas à la certitude, j'en conviens – de trois référendums dans l'année ! Qui peut y croire ? Et, surtout, qui peut croire au troisième ? On voit bien ce qui, dans cette brusque défense par Bérégovoy du septennat non renouvelable, relève de la pure tactique politique. Un septennat non renouvelable, c'est tout à fait acceptable par Mitterrand qui en a déjà fait deux ! En outre, cela ne l'obligerait pas à s'en aller dès 1993. La ficelle est un peu grosse...

Quelques mots sur l'émission elle-même : Bérégovoy y est apparu très à l'aise dans son rôle, parlant de la monnaie et du déficit budgétaire (moins de 2 %) avec autorité, rassurant sur l'état de la France et de la société française. Il aborde sans effets de manche la question du financement des partis politiques : la justice suivra son cours, avec sérénité. « S'il y a eu telle ou telle erreur, précise-t-il, alors il faut être implacable. » Des erreurs, pas de liste de coupables ou présumés tels brandie devant les caméras ! Avec, au passage, en réponse à une question de Jean-Marie Colombani sur Tapie et le football, une appréciation plus qu'élogieuse sur le président de l'OM : un « gagneur » comme il y en a peu.

Il répond aux journalistes sans se laisser mener par eux, il sait fort bien où il doit aller et ne se laisse pas détourner de ses démonstrations.

J'ajoute que la plupart des ministres – les jeunes, surtout – sont présents dans le studio, de Ségolène Royal, vêtue de rose, sage dans son coin, à Martine Aubry, en bleu, aux côtés de Bernard Kouchner et de Frédérique Bredin, de la turbulente Marie-Noëlle Lienemann à Dominique Strauss-Kahn, approbateur lorsque Bérégovoy évoque la grande victoire qu'est pour lui la victoire remportée sur l'inflation.

Si on ajoute que la femme de Pierre Bérégovoy est elle aussi présente sur le plateau, on a l'impression globale qu'autour de lui, famille et gouvernement font bloc. Changement appréciable par rapport au cabinet précédent...

Nous voici donc à une autre phase de la « mort annoncée ». L'optimisme est revenu, l'agonie recule. La mort reste pourtant présente. C'est l'embellie de la fin, l'ultime sourire, la toute dernière cigarette.

L'opposition, pendant ce temps, n'en perd pas une. Faute d'avoir pu trouver un accord sur l'Europe, la voilà qui reparle des primaires ! On apprend en effet qu'à la suite d'une réunion secrète entre Giscard et Chirac, le RPR et l'UDF se seraient mis d'accord sur la procédure des candidatures.

Question de Balladur : « Comment, aujourd'hui, pourrions-nous parler sans ridicule de candidatures différentes aux élections législatives, et d'une candidature commune à la présidentielle ? »

Hier, samedi soir, au Festival de Cannes où son ami, le maire Michel Mouillot, le recevait, Michel Noir s'est livré devant les journalistes à l'un des exercices préférés des hommes politiques – et des sondeurs –, celui de la prévision. Il voit pour les prochaines élections législatives le PS à 23 %, le PC à 8 %, les écologistes ralliés au gouvernement à 10 %. Le Front national, selon lui, sera à 14 %, avec nombre de candidats qui se maintiendront au second tour. Ce qui donne un bloc de gauche à 41 %, un Front national divisé au second tour, et un bloc de droite de 48 à 49 % des voix.

Tout est donc possible pour la majorité socialiste actuelle qui peut au moins limiter les dégâts. Noir a inscrit ses pronostics sur une feuille de papier que je subtilise au passage.

11 mai, suite

Vu Édouard Balladur à 17 heures. Au groupe RPR, demain, il compte s'abstenir sur Maastricht. Solution qui, pour n'être pas glorieuse, a au moins le mérite de ne pas diviser le RPR :

« Qui se souvient aujourd'hui, dit-il, de la position du Parti socialiste sur l'entrée de la Grande-Bretagne dans le Marché commun[1] ? »

Et s'il se retrouve minoritaire ? Les opposants au traité de Maastricht comme Philippe Séguin, et ceux qui y sont favorables, comme, finalement, Chirac et d'autres, pourraient ne pas retenir la solution de prudence balladurienne.

Ses pronostics ? Mitterrand n'aura pas la majorité des 3/5 au Congrès, car les sénateurs ne voteront pas le texte, encore moins dans la version conforme à celle de l'Assemblée nationale.

On ira donc, pense-t-il, au référendum. Quand, comment ? L'intérêt de Mitterrand, dit-il, est évidemment de faire durer les choses, de diviser au maximum le RPR et l'opposition, d'empêcher la polémique sur le retour du chômage.

« Oh, soupire-t-il, on voit bien ce que tente Bérégovoy : il camouflera les 900 000 chômeurs, publiera un communiqué en septembre pour dire qu'il y en a 600 000 de moins, sans tenir compte à ce moment-là des nouveaux venus de la rentrée dans les statistiques... »

D'un autre côté, il sent le RPR coincé et n'est pas sûr de sa victoire en 1993. Il reprend avec moi les chiffres de Michel Noir, que je lui montre. Il n'est pas d'accord : il donne 25 % et non pas 23 % au PS, 10 % aux écologistes, 8 % au PC, soit 43 % et non pas 41 pour le bloc de gauche. Tout, selon lui, reste encore ouvert.

Avant ce « 5 à 7 » avec Balladur, j'ai déjeuné avec Martine Aubry. Elle montre une extraordinaire assurance que lui a donnée, je suppose, le fait d'être née dans le chaudron politique. Et aussi sa connaissance réelle des dossiers sociaux, qu'elle suit depuis qu'elle est sortie de l'ENA. Il paraît qu'elle a mauvais caractère, disent les uns ; du caractère tout court, assurent les autres.

Pendant que nous déjeunons toutes deux dans son bureau, sur une petite table, elle m'apparaît aussi carrée, aussi volontaire que son père l'est peu. Elle parle, sans faire de phrases, du problème des chômeurs de longue durée, combiné à celui des jeunes ; du RMI, du temps de travail. Elle démonte la mécanique Cresson, qu'elle a longtemps

1. Il s'agit du référendum du 23 avril 1972, sur l'entrée de la Grande-Bretagne dans les Communautés européennes. Le PS avait décidé de s'abstenir.

soutenue : un mélange d'interventionnisme permanent et d'agitation, une absence totale de hiérarchie des urgences ; pourtant, beaucoup de volonté politique, d'opiniâtreté, et une certaine tendance à trancher sur des questions auxquelles elle ne comprenait rien du tout.

On ne s'ennuie pas avec Martine Aubry, elle est bavarde comme une pie, pas toujours indulgente, souvent drôle. Elle me raconte par exemple comment, lors des dernières questions orales au gouvernement à l'Assemblée nationale, elle a calmé Bernard Tapie qui, sans expérience parlementaire, voulait, pour je ne sais quoi, monter sur ses grands chevaux. Tapie, du coup, prend la parole, n'ose pas en faire trop, en fait plutôt pas assez. « J'ai été nul ! » dit-il lorsqu'il se rassoit à son banc. « Pas tellement, lui dit Martine Aubry, tu n'as rien dit : c'est cela, une bonne réponse parlementaire ! »

12 mai

Début du débat sur Maastricht à l'Assemblée nationale. Jacques Chirac était à l'étranger – au Japon, je crois – pendant le week-end. Il est rentré ce matin. Balladur, présent hier, convient que le groupe RPR, dans sa majorité, est plutôt hostile au traité, et que le vote de la question préalable en faveur de Séguin, il y a quelques jours, était tout autant destiné à contrer Jacques Chirac qu'à gêner Mitterrand.

En marge des débats, Olivier Guichard me raconte qu'il a profité de la diffusion du film *La Baule-les-Pins*, sur Antenne 2, pour faire une campagne de promotion de La Baule, dont il est l'élu. « Hélas, me dit-il, les enfants du pays ont compris qu'il s'agissait de La Baule et de ses pin's ! »

L'« embellie », c'est le mot à la mode, généralement suivi de commentaires sur le talent de Mitterrand pour se sortir de situations inextricables, sur son génie à trouver des parades. En réalité, il me semble que les choses sont à nuancer. Il est vrai que Mitterrand a eu la bonne idée de nommer Bérégovoy qui est en passe de réussir ses premières semaines au gouvernement. Il faut dire que la comparaison avec le précédent gouvernement ne peut que jouer en sa faveur. Vrai aussi que Mitterrand a su enfermer l'opposition dans ses contradictions à propos de Maastricht. Le piège a fonctionné à merveille.

C'est aussi que Jacques Chirac l'a beaucoup aidé. Dans la conversation que j'ai eue avec lui, à Aulnay-sous-Bois, pour un de ses meetings, je m'étais bien aperçue de son flottement : il a d'abord pensé qu'il ne fallait rien faire pour empêcher l'accord européen, qu'il a fini par approuver, puis il a découvert les réticences à l'intérieur de son propre mouvement au moment où il « exigeait » un référendum sur le sujet. Aujourd'hui, plus l'opposition fait durer le débat, plus elle se divise, et plus cela sert Mitterrand.

L'embellie n'est pas due à Mitterrand : elle l'est largement plus à Pierre Bérégovoy, à la personne même de Bérégovoy, comme le montrent les sondages, et non pas à sa politique qui ne repose pas sur une réduction réelle du chômage, de nouvelles lignes directrices, de nouveaux objectifs de développement.

Peu importent ces considérations : l'effet recherché est aujourd'hui

obtenu. Qui aurait pu le croire, après les régionales et les cantonales récentes ?

Il est 16 heures : le débat commence. Roland Dumas et Michel Vauzelle défendent la position gouvernementale. Face à eux, la plupart des gaullistes, assez remontés : Nicole Cathala, de rouge vêtue, changée en pasionaria, Michèle Alliot-Marie, virulente et nette, Jacques Toubon. C'est Georges Hage, vice-président communiste, qui assure la présidence du débat. Giscard d'Estaing a fait dans *Le Monde* étalage de son opposition à la position abstentionniste défendue par une partie du RPR. Il recommande de voter pour l'Europe en acceptant l'interprétation que donne le gouvernement sur le vote des étrangers : pourront voter uniquement les ressortissants des pays de la Communauté.

Le débat se poursuit comme si l'échange de balles se faisait entre Giscard et le gouvernement, face à un public composé de quelques individualités gaullistes qui grognent et ronchonnent. Le gouvernement accepte plusieurs amendements des giscardiens comme si, déjà, sur l'Europe, une volonté commune les liait.

La discussion se prolonge dans la nuit.

13 mai

Déjeuner avec Michel Giraud, rival heureux de Juppé au conseil régional d'Île-de-France. Il a passé la nuit à l'Assemblée nationale. Il fait partie, lui, des RPR favorables au traité de Maastricht. Le vote a finalement été acquis ce mercredi matin : le traité a été ratifié à l'Assemblée par 398 voix contre 77 et 99 abstentions à l'issue d'un débat-marathon de vingt-cinq heures[1]. Mais le vote de l'Assemblée ne suffit pas : le texte devrait être examiné au Sénat à partir du 2 juin[2].

Au groupe RPR de l'Assemblée, le mot d'ordre d'abstention, c'est-à-dire celui d'Édouard Balladur, a été suivi par 88 parlementaires, dont Jacques Chirac ; 31 sur 126 ont voté contre, tandis que 5 seulement ont voté pour.

La surprise est venue de la réunion des groupes RPR du Sénat et de l'Assemblée, avant le débat. C'est lors de cette réunion que les adversaires de Maastricht se sont révélés bien plus nombreux et plus convaincus que Chirac ne le pensait. De toute façon, les parlementaires RPR sont de mauvaise humeur, car ils se sentent bousculés, pris à contrepied, divisés. Mauvaise humeur attisée par la position d'Alain Juppé qui a affirmé hier, haut et fort, contrairement à Chirac, qu'il était, en son âme et conscience, décidé à voter non en cas de référendum. Est-ce le contrecoup de sa non-élection à la présidence de la région Île-de-France, qu'il n'a pas digérée ? Il a dit à Chirac, sidéré, me raconte Michel Giraud : « Moi, je suis au-delà du seuil d'indigestion ! »

Quant à Balladur, il a bien joué son coup : il a fait partager à Chirac sa position sur l'abstention, puis marqué sa vraie présence au cours du débat parlementaire :

1. Le groupe RPR, qui avait appelé à l'abstention, s'est divisé au moment du vote : 31 des 126 députés RPR ont voté contre ; 88 d'entre eux, dont Jacques Chirac et Édouard Balladur, se sont abstenus. Les 26 députés communistes ont tous voté contre ; 5 socialistes se sont joints à eux, notamment Jean-Pierre Chevènement. 263 socialistes ont voté pour, alors que 3 d'entre eux s'abstenaient. Enfin, une forte majorité en faveur du projet de loi s'est dessinée à l'UDF, seuls 7 députés ont voté contre, et 5 se sont abstenus. Les centristes de l'UDC ont approuvé le traité à l'exception de Christine Boutin qui a voté contre. Sur 574 votants, il y a eu 475 suffrages exprimés.

2. Pour être adopté, le texte doit d'abord être voté « en termes identiques » par les deux assemblées, des « navettes » étant nécessaires jusqu'au vote d'un texte semblable par les deux chambres. Cette étape franchie, le Président choisira entre la voie référendaire et la voie parlementaire, c'est-à-dire la réunion du Parlement en Congrès à Versailles où une majorité des 3/5 est requise.

« Mais il ne s'opposera jamais à Chirac, me dit Giraud, répondant à une question que j'allais lui poser. Il ne lui donnera jamais aucune occasion de se sentir menacé ! »

Pourtant, nous tombons tous les deux d'accord : il se fixe une haute ambition, sans doute d'arriver à Matignon en cas de nouvelle cohabitation. Autour de lui travaille une sorte de *shadow cabinet* dont Michel Giraud m'avoue être membre. Il y est chargé des questions d'aménagement et d'équipement.

Je lui demande quelle est l'attitude de Pasqua dans ce débat européen et ses chances d'être élu à la présidence du Sénat. Giraud est réservé vis-à-vis de Pasqua, qui, lors de l'élection à la présidence de la région Île-de-France, était favorable à la candidature d'Alain Juppé.

« Je suis convaincu qu'il sera battu à la présidence du Sénat s'il tient à s'y présenter », m'assure-t-il.

Il juge que les distances prises entre Pasqua et Chirac sont aujourd'hui considérables. Quant à la stratégie de Philippe Séguin, elle lui paraît claire : Séguin est un homme seul, qui se veut tel et qui réagira en homme seul. Peut-être, s'interroge mon interlocuteur, a-t-il dès le début misé sur un référendum européen à l'issue duquel les « non » l'emporteraient ? Ce qui rebattrait les cartes et ferait de lui le chef incontesté du RPR. Il s'agit donc, pour lui, de reprendre le leadership du mouvement gaulliste, leadership que lui avait enlevé Chirac aux Assises du Bourget. Inutile de dire que, dans ce petit monde, le rapprochement entre Philippe Séguin et Marie-France Garaud alimente bien des rumeurs : quelques ennemis de Séguin vont jusqu'à prêter à la plume de Marie-France Garaud le discours prononcé par Séguin à la tribune de l'Assemblée nationale, comme si celui-ci n'aurait pas su l'écrire tout seul !

Je reviens, après avoir quitté Michel Giraud, à la crise du RPR : y a-t-il, derrière la fronde, une contestation de la manière dont Chirac gouverne le parti ? Le juge-t-on trop antidémocratique, trop prompt à évacuer les problèmes sans en parler ?

14 mai

Hier, vu Chirac avant son passage au JT de TF1. Je l'ai trouvé certes préoccupé, pourtant moins contracté, plus ouvert : lorsque je suis arrivée, il était affalé dans la cabine de maquillage, avec sa fille toujours présente. Il me dit avec un mélange d'agacement et de surprise :

« Mais si je n'avais pas été là, ce seraient 80 députés RPR qui auraient voté contre, et pas une petite trentaine ! » « Voter "non", dira-t-il au cours de l'émission, était, je pense, mauvais car je ne veux pas isoler la France, voter "oui" signifiait que nous estimons que le texte était parfait. »

Donc il avait bien sous-estimé le phénomène anti-Maastricht dans ses rangs ! Je lui demande : référendum ou pas référendum ? Il espère que Mitterrand lui-même en aura peur. Ce qui lui permettrait, à lui Chirac, de garder l'opposition unie, et de ne pas avoir à tout recommencer de zéro.

Mitterrand lui fera-t-il ce cadeau ?

Dans une interview à *Libération*, Alain Juppé[1] reconnaît que « l'opposition a gâché sa victoire » (celle des cantonales et des régionales). Il en rend coresponsables Valéry Giscard d'Estaing et Philippe Séguin. À VGE il reproche d'avoir fait preuve d'une intolérance systématique vis-à-vis du RPR : « Depuis plusieurs mois, dit-il, les progrès de l'union de l'opposition ne profitaient pas à Giscard ; il a donc décidé de casser la mécanique et il a choisi l'occasion offerte par Maastricht. » Quant à Séguin, il a « exagérément passionné le débat ».

Alain Juppé en profite pour dire ce qu'il a sur le cœur : assez de grands chefs, de petits chefs, de nouveaux chefs qui, tous, préparent leur campagne présidentielle !

Il pense surtout à Philippe Séguin, à l'origine du désordre généralisé et qui s'est mobilisé, c'est évident, pour recouvrer sa popularité au sein du RPR.

15 mai

Quelle année ! Un changement de Premier ministre, des élections cantonales et régionales, un référendum en perspective, qui divise à la fois la gauche et la droite : ça n'arrête pas ! Si je prends tant de notes, c'est que j'ai l'impression que l'année des législatives à venir sera capitale. L'année en cours n'est déjà pas si mal !

1. Toujours secrétaire général du RPR.

De Roger Chinaud, au moment où le traité de Maastricht arrive devant le Sénat : « La question du droit de vote accordé aux immigrés vient beaucoup trop tôt dans le processus européen. Tant qu'il n'y a pas de nation, il n'y a pas de citoyens, donc pas de droit de vote. Aujourd'hui, l'Europe est à l'état de nourrisson. On lui met un chapeau-claque alors qu'elle a besoin de couches Pampers ! »

20 mai

Calme plat. Cohésion gouvernementale retrouvée, incohérence de l'opposition perpétuée.

La bagarre sur Maastricht commence au Sénat. Avec, en filigrane, la bataille pour sa présidence. René Monory aurait aujourd'hui les plus grandes chances d'être désigné par ses pairs. Pourquoi ? Parce qu'il serait soutenu, contre Charles Pasqua, par une partie du groupe socialiste. Le mot d'ordre est : pas de Pasqua, à aucun prix ! Jean François-Poncet, en piste, paraît, depuis la guerre du Golfe, trop lié à Mitterrand. Et Pierre-Christian Taittinger, trop peu gagneur pour s'imposer.

21 mai

Dîner avec Jean-Pierre Soisson que je n'avais pas rencontré depuis son élection au Conseil régional de Bourgogne. Il avait vu Bérégovoy la veille, et décrit avec un œil allumé la mine gourmande de celui-ci en apprenant que les sondages le créditaient de 56 % d'opinions favorables, et sa mine allongée à l'idée que le président de la République puisse lui en tenir rigueur[1]. Bérégovoy lui a dit : « Je m'étais mis tout à fait dans la peau d'un Premier ministre, et je n'ai pas été surpris par ce rôle. Fasse le Ciel que je ne commence pas à me mettre dans la peau d'un président de la République ! »

Ahurissante confidence en forme de déni psychanalytique... Un homme politique a dit – Pompidou, je crois – que dès qu'un Premier ministre gravissait le perron de Matignon, il pensait déjà à celui de l'Élysée !

1. Sondage Louis-Harris réalisé pour *Profession politique* : le Premier ministre ferait un très bon ou un bon président de la République pour 60 % des Français. Chez les sympathisants de gauche, les opinions favorables s'élèvent à 81 %.

Les propos les plus intéressants de Soisson tiennent surtout à l'aide que Mitterrand, assure-t-il avec force, lui aurait apportée pendant le week-end où lui, Soisson, entreprit de conquérir la présidence de son assemblée régionale dans des conditions difficiles entre droite, gauche et Front national. « Êtes-vous sûr de votre victoire ? lui a demandé Mitterrand au moment où Soisson l'a consulté sur la marche à suivre. Si vous en êtes sûr, foncez, on ne vous tiendra pas longtemps rigueur de l'étiquette des gens qui ont voté pour vous ! Mais vous ne pouvez pas vous permettre d'échouer. »

Traduction : l'essentiel est de se faire élire, peu importe comment !

D'où la surprise de Soisson, dit-il, lorsque, dès son élection, Édith Cresson lui a demandé de démissionner du gouvernement.

Ce qui prouve – mais avait-on besoin de preuves ? – que Mitterrand ne porte pas de jugement moral sur le phénomène Le Pen : il n'a qu'un jugement politique. Il pense que les électeurs qui votent Le Pen ne lui appartiennent pas, qu'il s'agit de les lui reprendre, si on s'en sent capable.

Se peut-il qu'il ne ressente pas de la même manière que d'autres les dangers, les poisons du Front national ?

Toutes interrogations qui n'existent que si Jean-Pierre Soisson dit vrai !

Chez Paul Lombard, à déjeuner, Roger Thérond raconte cette petite histoire : hier, dans un dîner, un convive pose à Édouard Balladur cette question : « Pourquoi le RPR est-il entré dans le piège de Maastricht, comment s'est-il divisé ? » Réponse de Balladur, mi-citron, mi-orange : « Que voulez-vous, nous nous haïssons ! »

24 mai

Hier, samedi 23, à 21 h 18, Bernard Tapie a démissionné du gouvernement. Il aura été ministre cinquante-deux jours. Son inculpation, qui devait lui être signifiée lundi et qui a été reportée de quelques jours, est maintenant acquise.

Pierre Bérégovoy a pris cette décision vendredi soir. Quand en a-t-il prévenu Bernard Tapie ? Quand Mitterrand a-t-il été mis au courant ?

Un directeur de chez Bouygues me dit qu'il a déjeuné avec Tapie vendredi après-midi, le 22 mai. Celui-ci était déjà, paraît-il, abattu, nerveux.

Trois événements ont précipité la décision de Bérégovoy. Le premier est l'inculpation elle-même. Apparemment, le Premier ministre ne savait pas qu'elle était pendante dans l'affaire Toshiba[1]. Le deuxième est la montée au créneau des socialistes au comité directeur de samedi : Laurent Fabius a estimé que la convocation de Bernard Tapie par le juge Édith Boizette, mercredi prochain, posait un problème dont, ajouta-t-il, « nous avons tous conscience ». Un peu plus tard, devant les journalistes, Pierre Mauroy l'a lâché d'une phrase : « Tapie n'est pas ma tasse de thé ! » Troisième épisode, enfin : la réaction à l'interview de Bernard Tapie, la veille, dans l'émission « Objections ». Il y a mené une violente charge, une mise en cause des juges – du juge Boizette notamment – qui ont indigné les magistrats.

25 mai

Vu Bernard Tapie chez lui, en survêtement. Ému, bouleversé, presque les larmes aux yeux, il me dit que, lorsqu'il est entré au gouvernement, l'affaire était au point mort, que Tranchant avait abandonné la partie. L'affaire a été, me dit-il, relancée non par l'opposition, mais par le Parti socialiste lui-même. La juge Boizette est certes, selon lui, de droite, mais c'est Pierre Truche, plus proche de la gauche, qui a relancé les choses.

À l'en croire, c'est Fabius qui a mené l'attaque au sein du PS, parce qu'il tient à récupérer la fédération des Bouches-du-Rhône et veut donc aujourd'hui liquider Tapie, trop indocile (et dangereux) à ses yeux.

« C'est injuste. J'ai essayé de trouver des idées, je me suis défoncé, personne n'avait de projets pour la ville, je me suis remué, j'ai convaincu les grands industriels – pour rien ! C'est ça qui me fout par terre ! »

Très affecté par sa démission forcée, il prédit : « Dans un mois – comme cela, vous vous rappellerez que je l'ai dit –, trente-neuf

1. Bernard Tapie et Georges Tranchant auraient constitué, en 1982, la société Nippon Audiovisuel System, rachetée en 1985 par la firme Toshiba à la suite d'une négociation menée par Bernard Tapie. Georges Tranchant a accusé Bernard Tapie de ne pas lui avoir rétrocédé la part qui lui revenait à l'issue de cette négociation.

députés socialistes seront inculpés. Alors, faudra-t-il les faire tous démissionner ? C'est une grave erreur d'avoir exigé que je le fasse ! »

Lorsqu'il interroge les autres et lui-même, en demandant, comme il le fait aujourd'hui devant moi : « Pourquoi tant de haine ? », il oublie les menaces constantes dont il assortit ses propos aux gens qui lui résistent, journalistes ou joueurs de foot. Il oublie, sans doute de bonne foi, sa morgue, pour ne retenir que son enthousiasme, son énergie ou ses passions. Il est là devant moi, le front barré par sa mèche rebelle, dans le superbe hôtel particulier qu'il occupe. Comment pourrait-il ne pas susciter la jalousie des uns, l'inimitié des autres ? La sympathie aussi, parfois : la preuve, je suis là.

La différence qu'il fait entre Bérégovoy et Mitterrand ?

« Bérégovoy, il m'a demandé de partir pour lui, pour son propre intérêt. Mitterrand, il l'a fait pour me protéger. »

Comment opère-t-il ce distinguo subtil ?

Mitterrand l'a invité chez lui, rue de Bièvre. Et Tapie de préciser : « Il a ajouté : "Venez donc, c'est très public, tout le monde sera au courant !" »

27 mai

Invité au JT de TF1, hier, Pierre Bérégovoy me raconte que c'est le samedi à 14 heures qu'il a pris la décision de se séparer de Bernard Tapie. Il en dit d'ailleurs quelques mots navrés. Il apparaît très sûr de lui, et m'assure, alors que je ne lui ai rien demandé, qu'il ne se présentera pas à l'élection présidentielle. Devant ma mine dubitative, il insiste : « Non, vous le verrez bien, je ne me présenterai pas en 1995 ! »

Aujourd'hui, inculpation officielle de Bernard Tapie par le juge Boizette. Jean-Pierre Berthet, qui a assisté à son entrée dans le cabinet du juge, me l'a décrit de fort mauvaise humeur. Après son départ, Édith Boizette a reçu Berthet : « Il a vraiment beaucoup de charme, ce Tapie, convient-elle. Énormément de charme. Je comprends qu'il soit aimé ! »

2 juin

Censure à l'Assemblée nationale. Le coup est passé très près : trois voix ont manqué à l'opposition pour renverser Bérégovoy : celles de Raymond Barre, de Guillain de Bénouville, vieux complice de Mitterrand, et celle d'Alain Peyrefitte, qui prétend s'être trompé de vote !

À l'issue du Conseil des ministres, annonce d'un référendum, en France, sur la ratification du traité de Maastricht. La révision constitutionnelle, elle, passera par la voie parlementaire. Un peu compliqué[1].

Explication orale d'Hubert Védrine que je rencontre sitôt après cette annonce :

« De deux choses l'une : ou la révision constitutionnelle va jusqu'à son terme, c'est-à-dire jusqu'au Congrès, après un texte voté dans le même état à l'Assemblée et au Sénat ; ou bien ce processus tourne court, parce que le Sénat y met un terme, ou parce que le Président s'aperçoit qu'il n'obtiendra pas les 3/5 des voix, et, dans ce cas, le Président proposera un référendum sur la révision, ce qu'il ne souhaite pas. En tout état de cause, il y aura un référendum pour la ratification de Maastricht. »

C'est bien ce que j'avais compris.

Pendant ce temps-là, on apprend que le Danemark a rejeté par référendum le traité de Maastricht.

Tout le monde a l'air content : les pro-Maastricht parce qu'ils estiment que le rejet danois amènera les Français à prendre conscience de la nécessité d'adopter le texte du traité, les anti-Maastricht parce que le « non » danois va les faire réfléchir.

Plus tard dans l'après-midi. Les choses vont si vite que je peux à peine les suivre !

L'Angleterre ajourne son propre débat parlementaire sur Maastricht, arguant du fait que le rejet danois change beaucoup de choses.

Léo Hamon, que je rencontre, vieux gaulliste indélébile, âgé

1. « Si on ne devait pas convoquer le Congrès, faute d'en avoir réuni les conditions, il appartiendra au peuple de décider », a ajouté le Président. Traduction : si la majorité des 3/5 n'est pas réunie sur la révision constitutionnelle préalable à l'adoption du traité de Maastricht, il y aura peut-être, sur ce sujet, un autre référendum.

aujourd'hui plus de 80 ans, me lance, ravi : « Alors, ils l'ont dans le cul, hein ! »

De son côté, Philippe Séguin, réjoui lui aussi, me confie que le Sénat risque bien, mardi prochain, d'ajourner définitivement le débat sur le traité européen.

Passant à l'antenne au 20 heures, pendant que je résume mon après-midi sur ce cahier, Giscard prend ses distances avec le RPR : il confie que cette Europe, celle du traité, est la sienne – libérale, interdisant toute nationalisation. Je pense à la tête de tous les socialistes qui l'écoutent.

Au fond, il est ravi, Giscard. Il ne demandait pas le référendum, et il feint de regretter que Mitterrand ait pris le risque de soumettre un projet aussi capital au pays par la voie référendaire. Lui, en réalité, est tranquille, puisque l'Europe qu'on lui propose est la sienne. Si le référendum passe, sa position aura été claire de bout en bout. Il en aura au surplus profité pour « bordurer » Chirac, Pasqua, Juppé, Séguin et consorts. S'il ne passe pas, ce ne sera pas sa défaite, mais celle de Mitterrand.

5 juin

Inauguration, hier soir, du grand cinéma Gaumont Place d'Italie. Chirac préside la cérémonie. Surprise : il entame son discours par une phrase liminaire qui laisse l'assistance sans voix : « Du haut de mon incompétence... », dit-il, qu'il fait immédiatement suivre d'un hommage à Beineix, qu'il appelle Benêt !

Cette anecdote, qui me fait rire aux larmes, est révélatrice de l'absence de réelle motivation de Jacques Chirac en ce moment. De son absence de réflexion, aussi, du peu de temps qu'il passe à élaborer ses textes et à justifier ses avis. Maastricht, à propos de quoi aucun travail préalable n'avait été entrepris à l'intérieur même du RPR, est, si j'ose dire, dans la ligne de « Benêt ».

Le maire de la capitale aurait tout de même pu se renseigner sur la prononciation du nom de Jean-Jacques Beineix !

Mitterrand a choisi de parler de l'Europe à Sciences Po, cette après-midi. Façon de mobiliser les jeunes autour de la future consultation. On imagine le déploiement des forces de sécurité, rue Saint-Guillaume, l'agitation chez les professeurs et les élèves, l'entassement dans la salle Émile-Boutmy, et puis son arrivée, assez simple, dans l'amphithéâtre où un silence attentif plus que respectueux s'installe d'un coup.

Il a, pour commencer, une phrase qui plaît aux étudiants : « J'ai choisi le référendum parce que c'est risqué. C'est risqué pour l'Europe, et c'est risqué pour le président de la République. » Ses thèmes : la continuité de la politique française, l'insuffisance de l'Europe des marchands, le poids du duo France-Allemagne dans la construction européenne. Et, pour finir, il dit sa conviction : « Cette grande cause est plus importante que le gouvernement ou que le Président ! »

J'écris « conviction », car, de plus en plus, je me rends compte que sa seule ambition, son grand dessein, celui de toute sa vie politique, est la construction de l'Europe. De cela aussi les étudiants de Sciences Po, l'ayant entendu, sont convaincus.

8 juin

Le Mouvement européen, présidé par Jean François-Poncet, organise une série de réunions publiques à deux têtes – UDF et PS – sur l'Europe. Ainsi Giscard accompagnera-t-il Élisabeth Guigou, ainsi Raymond Barre devrait figurer sur la même tribune que Pierre Mauroy. Certains autour de moi s'en indignent. Je ne vois pas, moi, où est l'offense à la morale politique. Le clivage gauche/droite se résorbe ou se déplace souvent dès que l'on touche à la politique extérieure.

En revanche, l'idée que, quelques semaines seulement après avoir harangué les foules sur les mêmes tréteaux, Mitterrand et Giscard s'opposent lors des élections législatives est intéressante à explorer...

9 juin

... D'autant plus que le RPR s'indigne, hier en fin de soirée, de voir Giscard participer au meeting de Sélestat aux côtés d'Élisabeth Guigou. Le RPR parle d'une « atteinte grave à l'union de l'opposition ».

Les meetings « à deux têtes » ont été condamnés par Jacques Chirac à l'issue d'un dîner à la Mairie de Paris où étaient conviés, autour de lui, Alain Juppé, Jacques Toubon, Robert Pandraud, Nicolas Sarkozy, Pasqua, Pons, Balladur et Perben. L'état-major au grand complet, donc, qui a refait son unité sur le dos de Giscard.

Déjeuner avec Dominique Strauss-Kahn. Lui non plus, à l'instar de son directeur de cabinet, qui s'est joint à nous, ne se déclare pas convaincu par Maastricht, ou plutôt, pour être honnête, par l'opportunité d'un débat sur Maastricht.

« Rien n'obligeait Mitterrand, dit-il, à consulter les Français aujourd'hui sur ce qui doit se passer en 1999. L'Europe se fait en marchant, au gré de son mouvement naturel. Point n'était besoin de hâter artificiellement le pas ! »

10 juin

Le débat-meeting de Sélestat a été sans histoires : Giscard est arrivé à 20 h 39, il a pris place dans la rangée des convives, à l'extrémité opposée de l'endroit où était installée Élisabeth Guigou. Il a passé son temps à feindre de dédramatiser le débat en ponctuant son discours de vannes à l'endroit du RPR.

Pendant ce temps-là, au Sénat, et malgré ce que m'avait affirmé Philippe Séguin l'autre jour, la majorité des sénateurs décide de poursuivre l'examen du projet de loi constitutionnelle.

18 juin

André Bellon, président de la commission des affaires étrangères à l'Assemblée nationale, que je viens de rencontrer à l'issue d'une séance difficile entre majorité et opposition sur la révision constitutionnelle préalable au référendum européen, me dit qu'à son avis, la montée en Europe de l'opposition à Maastricht est autrement plus importante que les escarmouches parlementaires : le chancelier Kohl vient, contre toute attente, de critiquer la bureaucratie de Bruxelles. De là à ce que les onze pays européens concernés par Maastricht veuillent finalement renégocier le traité, contrairement à ce que Mitterrand a toujours dit, il n'y a qu'un pas. C'est ce à quoi s'attend la commission.

19 juin

Dans la nuit, le calme revient au Parlement. Rien, désormais, ne devrait empêcher la révision constitutionnelle d'être adoptée par les 3/5 des députés et des sénateurs réunis à Versailles le 23.

23 juin

Congrès à Versailles. Une salle carrée où l'on a rajouté à la hâte des sièges rouges. De chaque côté du président de séance – qui n'est pas encore assis –, deux immenses pendules dorées. Au mur, la grande fresque représentant les trois ordres – noblesse, clergé et tiers état – réunis en États généraux.

Dans la cour, en arrivant, je croise Lecanuet, amaigri, presque chauve, pour tout dire méconnaissable – ce qui dit, hélas, ce que cela veut dire. Il nous raconte néanmoins, dans son style, ses précédentes visites à Versailles pour un Congrès. Il était déjà là lorsque René Coty a été élu président de la République en 1953 !

André Rossi, parlementaire centriste, se déclare farouchement opposé à Maastricht, « bouillie fédéraliste ».

Michel Barnier votera « oui ». Chirac a sous-entendu hier que des difficultés financières expliqueraient ce vote inconditionnel. « C'est méprisable ! » siffle Barnier en guise de réponse à Chirac.

Depuis les travées sous les combles, réservées aux journalistes, je regarde entrer l'un après l'autre ceux qui, perdus, cherchent où s'asseoir. Ils sont placés par ordre alphabétique : Chirac à côté de Roger Chinaud, Balladur voisin de Balkany.

Au banc du gouvernement, Bérégovoy, Lang, Vauzelle, Dumas, Guigou.

10 h 30 : le bureau s'installe, Henri Emmanuelli s'assied, chausse ses lunettes et lit le décret de convocation du Congrès.

À peine en a-t-il fini la lecture qu'il suspend la séance pour permettre aux groupes de se réunir. Tout juste assis, donc, tous se relèvent. La reprise est prévue pour 11 h 15. D'ici là, les parlementaires font la queue au bureau de poste du Congrès où on vend des pins's et des cartes postales qu'ils enverront à leurs électeurs.

La séance reprend à 11 h 25. Un coup d'œil sur les travées : je m'aperçois que Chirac et Balladur ne sont pas revenus siéger. Ils ont laissé leur siège vide avant que le Premier ministre ne prenne la parole. Le vote aura lieu sans eux.

Bérégovoy prend la parole. Un discours fait de phrases banales, courtes, efficaces, qu'il prononce sans émotion aucune, sans aucun souffle : « L'Europe, c'est la paix ! » « L'Europe c'est l'union, et l'union c'est la force ! » « Parce que nous serons plus européens, nous n'en serons pas moins français ! » Plus audacieux : « Il faut être plusieurs pour préserver les acquis de notre modèle social ! »

Il ne pouvait pas être plus discret. « Qui va nous faire vibrer ? » demande, près de moi, à la tribune de presse, Christine Clerc, désappointée par tant de froideur.

Pendant que Claude Estier, puis Jacques Barrot, puis Georges Marchais prennent à leur tour la parole, je remarque que députés et sénateurs ne prêtent qu'une oreille distraite aux propos prononcés à la tribune : la plupart rédigent leurs cartes postales ou lisent les journaux du matin. Claude Estier est tout pâle, Jacques Barrot essaie sans aucun succès de faire entrer un peu de solennité européenne sous les lambris de Versailles. « La France, assure-t-il, ne se dissout pas, elle se fortifie ! »

Centristes, giscardiens et socialistes disent au fond la même chose : hors de l'Europe, point de salut ! Refuser Maastricht, c'est faire un bond en arrière.

Le communiste Lederman rompt le cours monocorde de ces bonnes paroles. Il secoue les travées en évoquant le « non » courageux du peuple danois. On l'a compris assez vite : le Parti communiste ne votera pas la révision constitutionnelle, pas plus qu'il ne dira oui, plus tard, au traité de Maastricht.

Je reviens en passant sur le « 7 sur 7 » de Jacques Delors, dimanche dernier. Il faut dire ce qu'il en est : lui, quand il parle de l'Europe, il est convaincant ! De son passage à la télévision je retiens aussi l'opération de politique intérieure. Il a proposé, en fin d'émission – ou, plus exactement, il n'a pas exclu –, qu'au-delà du consensus sur l'Europe tel qu'il va se dessiner après le vote de Maastricht, le gouvernement puisse s'ouvrir à d'autres qu'à des socialistes. Sans parler de recomposition générale, il envisage une recomposition ponctuelle des pro-européens autour de lui. Pour quoi faire ? Matignon, l'Élysée : quel est son but ?

À Versailles, les discours continuent sur un mode attendu, jusqu'au moment où Laurent Fabius, de gris clair vêtu, avec une chemise au col trop large, monte à la tribune. Lui, il attaque sans précaution, bille en tête, le RPR qui a changé de position sur l'Europe. C'est pour mieux montrer tout ce qui, sur le fond, unit la majorité de cette assemblée.

« Le traité, insiste-t-il, n'est ni libéral ni socialiste. Il appartient à tout le monde et ne préjuge pas des convictions de chacun. »

Et il finit par citer Victor Hugo dans son discours inaugural du Congrès de la Paix, en 1849 : « Un jour viendra où la guerre nous paraîtra impossible... Un jour viendra où les morts seront remplacés par les votes... La chimère commence à devenir réalité ! »

Quelle extraordinaire citation de Victor Hugo, venue à point nommé, et qu'elle a été bien placée ! On peut tout dire sur cet homme, sauf qu'il n'a ni talent ni culture. Au milieu des paroles insipides, il relève le niveau.

Suivent Georges Marchais et Charles Millon. Tout est dit, je peux m'en aller.

24 juin

Hier, vu Pierre Bérégovoy. Calme, pondéré, il n'a l'air ni fatigué ni surmené. Il éprouve – et ne le cache pas – un vrai bonheur à être à Matignon. Comment imaginer qu'il puisse rester dans l'ombre, laissant dans un an Michel Rocard ou Jacques Delors caracoler devant les Français ? Je ne suis pas sûre qu'il soit le meilleur ; il est, aujourd'hui, le plus qualifié.

Il est heureux d'avoir franchi le cap du Congrès. Il ne paraît pas inquiet à la perspective d'un référendum sur Maastricht. « On peut perdre, évidemment », dit-il, mais sans y croire.

29 juin

Gros succès personnel de Mitterrand, qui, en pleine réunion du sommet de Lisbonne, quitte la capitale portugaise pour se rendre à Sarajevo. Son initiative, inattendue, est couronnée de succès, puisque le lendemain – aujourd'hui – le drapeau de l'ONU flotte sur Sarajevo. Dans sa chronique du *Figaro*, Alain Peyrefitte évoque ce matin cette initiative « à la de Gaulle », ce de Gaulle « qu'il (Mitterrand) a tant admiré sans le dire et tant haï sans le cacher ». Tout le monde salue, et s'incline, sans trop souligner que Mitterrand, chantre de l'Europe et de la politique étrangère commune, n'a pas prévenu – et pour cause ! – ses partenaires européens. Giscard seul ne se prive pas de le faire, et, ce faisant, passe pour mauvais joueur.

Un mot sur François Léotard, lui aussi emporté, cette semaine, par la tourmente des « affaires ». Il vient d'être accusé d'ingérence, trafic d'influence et corruption dans le cadre de l'aménagement de Port-Fréjus. Une heure après que son inculpation lui a été signifiée, il a abandonné tous ses mandats, celui de maire de Fréjus et de député de la 5e circonscription du Var, pour, selon la formule, permettre à la justice de suivre son cours. Parmi les reproches qui lui sont faits également, celui de la construction de sa maison, proche de Fréjus, qu'il aurait indûment modifiée et embellie.

De tous les quadras, François Léotard me paraît assurément le plus doué. Son physique, son caractère, son côté « moine-soldat », comme on l'appelait, en ont fait le patron incontesté des jeunes républicains indépendants qui ont grandi sous Giscard et se sont émancipés de lui par la suite. Il parle bien, écrit mieux encore.

Le voilà empêtré dans des histoires financières !

Une fois de plus, je ne peux m'empêcher de me demander de qui cette affaire fait le jeu. Je ne sais pas encore s'il y a eu ou non trafic ou malversations dans le Var – encore que beaucoup des élus locaux RPR m'aient affirmé à plusieurs reprises, depuis des années, que les giscardiens du Var et des Basses-Alpes en prenaient à leur aise. Dans une région où l'argent abonde, où beaucoup paieraient des fortunes pour disposer d'une villa ou amarrer un bateau, il est hélas envisageable qu'il y ait eu et qu'il y ait encore des abus. Pour l'heure, je ne sais pas exactement ce qui est reproché à Léotard. Je sais simplement que beaucoup, à droite, dans son propre mouvement, ne seraient pas fâchés qu'il ait des ennuis durables.

J'énumère : Giscard lui en veut d'avoir choisi Chirac à une certaine période de sa vie. Au point que François Léotard, qui briguait la présidence du groupe parlementaire UDF de l'Assemblée, s'est vu préférer[1] Charles Millon : le carré des fidèles de Giscard l'a laissé tomber au dernier moment. Chirac le considère depuis longtemps comme un concurrent sérieux dans la course à l'Élysée. Barre lui reproche d'avoir saboté en sous-main sa campagne de 1988, Simone Veil sa compagne européenne de 1989. Il a donc déplu à beaucoup de monde, et son ambition a fait peur à certains.

1. Le 25 septembre 1989.

Sans préjuger de la suite et de la réalité de ce qui lui est reproché, on peut se demander si les juges agissent vraiment en leur âme et conscience, ou s'il leur arrive d'être manipulés. Encore qu'on dise que les « petits juges » d'instruction tapent plutôt sur la gauche que sur la droite.

8 juillet

Bouleversement, que dis-je, séisme dans la vie politique française ! Qui sème, depuis quelques jours, la discorde dans la société ? Qui la menace d'explosion ? On s'attendait à ce que Maastricht coupe la France en deux camps irréductiblement opposés. Eh bien non, ce sont les camionneurs qui, en se mobilisant contre le permis à points, font trembler pour la première fois le gouvernement de Pierre Bérégovoy ! Inouï, le spectacle de la France paralysée par quelques gros bras en tricots de corps, maîtres des routes et des péages. Bérégovoy fait appel à la troupe pour dégager les grandes voies. Il a confié hier à Carreyrou : « Le soir où j'ai requis la force armée, je n'en menais pas large... »

Cela évoque pour moi une anecdote que m'avait racontée, il y a très longtemps, François Mitterrand. Jules Moch, ministre de l'Intérieur socialiste en 1947, au moment des grandes grèves ouvrières, avait fait appel, lui aussi, aux militaires, et rédigé un communiqué de victoire du style : « Les forces de l'ordre ont fait plusieurs prisonniers. » François Mitterrand était alors un de ses proches collaborateurs. Il a repris le texte et l'a transformé de façon moins guerrière : « Les forces de l'ordre ont procédé à plusieurs arrestations. »

Oubliées, donc, les pages du traité de Maastricht dans ce conflit qui menace le gouvernement et dépasse les partis : celui des camionneurs. Dans ce contexte, André Gauron, du CSA, me téléphone. Il me parle des difficultés entre TF1 et le CSA. (Je jure que les lignes que j'écris là, en ce moment, sont, au mot près, la réalité !) Difficultés ? Quelles difficultés ? TF1, me dit-il, n'a pas respecté les obligations de fiction exigées par le cahier des charges. En quoi cela me concerne-t-il ? Je suis directrice de l'information, pas de la fiction. Il insiste :

« Je suis partisan, moi, contrairement à d'autres, d'une compensation. L'idéal serait que vous arrêtiez les attaques contre le gouvernement, à propos des camionneurs. »

Je fais mine de ne pas comprendre :

« C'est tout à fait un autre secteur, je n'ai rien à y voir !

– Non, répète-t-il comme si j'étais un peu simple d'esprit. Il y a beaucoup de réactions, autour de moi, contre le journal. Je ne pourrais pas plaider la cause de TF1, si cela continue. »

Je lui dis qu'il peut infliger toutes les amendes qu'il veut à TF1 pour n'avoir pas respecté ses obligations en matière de création originale, mais que cela ne changera rien à la couverture par les journalistes du conflit des camionneurs.

Il raccroche, furieux. Moi aussi.

Un des pires moments des relations entre le politique et l'audiovisuel ! Décidément, les choses n'ont pas changé ! Encore que je me sois habituée depuis très longtemps à cette réalité : ce ne sont pas les pressions exercées sur les médias qui sont anormales, c'est le fait qu'on leur résiste...

Déjeuné, aujourd'hui, avec Laurent Fabius, soit trois jours avant le congrès socialiste prévu pour la fin de la semaine :

« Certains, m'a-t-il dit, ont demandé le départ de Chevènement. Je ne suis pas d'accord. Je ne peux pas, demain, essayer de changer le Parti, l'ouvrir à d'autres courants, les radicaux, par exemple, ou les écolos, et commencer par exclure Chevènement. Cela n'aurait de sens que s'il menaçait la cohésion interne du Parti, ce qui n'est pas le cas. »

Il a poursuivi : « Bien sûr, il ne fera aucune déclaration, il ne développera pas son opposition à Maastricht dans la campagne officielle. Il devrait accepter la loi du Parti, se taire. Le fera-t-il ? »

Jusqu'où va l'ouverture, aujourd'hui ? Jusqu'à Jean-Pierre Soisson ? Réponse sèche de Fabius : « Il faut tout de même qu'il ait une stratégie et qu'il s'y tienne ! »

Alors, jusqu'à Waechter ? Elle ne va pas bien loin, dans ce cas...

Le Monde a sorti dans l'après-midi la pré-inculpation d'Henri Emmanuelli sous forme de rumeur : on dirait, quelqu'un a dit, quelqu'un a su, que le juge Renaud Van Ruymbeke va inculper le président de l'Assemblée nationale, ex-trésorier du PS, pour fausses factures.

9 juillet

Pierre Bérégovoy est venu parler au JT de 20 heures du conflit des camionneurs, qui se tasse après qu'il a fait intervenir l'armée. Impossible d'imaginer, tellement il est aimable avec Patrick Poivre d'Arvor, avec Gérard Carreyrou et moi, qu'il ait pu lui-même « actionner » quelqu'un pour nous demander de nous abstenir de passer tous les jours, à la moindre occasion, des images de la France paralysée ! C'est cela aussi, le pouvoir : on fait faire par les autres les tâches dont on rougirait de s'acquitter soi-même.

Tout au plus, pendant le quart d'heure que dure son intervention, se permet-il de faire, sur un ton ferme sans être agressif, quelques mises au point du genre : « Permettez-moi de vous dire que ce n'est pas tout à fait exact », ou : « Je voudrais aller jusqu'au bout de mon propos. » Il le fait bien, c'est-à-dire avec rondeur.

À l'antenne, il est parfait, souriant, beaucoup plus humble que lorsqu'il était ministre des Finances. Surtout, il donne de son action à la tête du gouvernement une image d'autorité et, ajoute-t-il, de détermination.

Depuis bien longtemps, le terme « autorité » n'avait plus guère été employé par un Premier ministre socialiste. Pas plus que la décision de faire appel aux militaires pour déblayer les grands axes routiers bloqués. Loin de s'en défendre ou de s'en excuser, Bérégovoy revendique au contraire sa volonté de faire respecter l'ordre. Le droit de grève doit demeurer intouché, explique-t-il sans se départir de son sourire, le droit de manifestation également, mais « l'entrave à la circulation est un délit ». « L'autorité de l'État, termine-t-il, ne se décrète pas, elle s'exerce. » Tout cela sans mouvement du menton, avec calme, sans aigreur ni agressivité.

Après plusieurs jours, sinon plusieurs semaines de désordre, je trouve ce langage assez roboratif.

Lui-même, en revanche – il le dit en quittant le plateau –, commence à ressentir, au bout de quelques mois seulement, une certaine fatigue. Quelle disponibilité, pourtant, quelle maîtrise dans son expression, tout cela sans effort apparent...

13 juillet

Le mouvement des camionneurs arrêté, sinon brisé, la discussion sur Maastricht réenvahit toute l'actualité politique. Le référendum brouille les cartes. Jacques Chirac, donc, est tombé de cheval, au moins pour l'instant. Mitterrand a les cartes en main : il ne va pas se priver de diviser l'opposition en attisant l'éternel conflit Giscard/Chirac.

Tout cela, pourtant, ne fait pas remonter le Parti socialiste. Samedi et dimanche, à Bordeaux où se tient le congrès du PS, Laurent Fabius n'a pas pu réunir les socialistes autour d'un projet commun, il n'a pas su faire l'unité de son parti : Lionel Jospin n'a pas marché, et Jean-Pierre Chevènement, hué, a joué les Cassandre sur l'Europe et sa monnaie unique.

Deux enseignements à tirer de ce congrès socialiste : d'abord, que le couplet de la vertu outragée face au complot des juges a, comme d'habitude, bien marché. Applaudissements, salle debout, succès assuré. Le second est que le Parti a choisi Rocard contre Delors. Décidément, les socialistes ne reconnaissent pas celui-ci comme un des leurs. Et Rocard, avec ses hauts et ses bas, sa nouvelle femme psychanalyste et son « parler-vrai », son faux enthousiasme et sa bonne perception des vrais problèmes de la société française, reste tout de même le meilleur candidat « virtuel ».

14 juillet

Intervention télévisée de Mitterrand. Entretien excellent dans la forme, assez inexistant par le fond. Avec ce tour de passe-passe, ou presque, qui consiste, pour lui, à soutenir d'un côté que le référendum sur l'Europe est bien, à ses yeux, l'événement majeur du septennat, et, de l'autre, dans le même temps, qu'il n'aurait aucune raison de quitter l'Élysée si le « non » l'emportait au référendum.

Son message essentiel tient donc en peu de mots : il ne quittera pas le pouvoir si le « non » à Maastricht est vainqueur le 20 septembre prochain. Est-ce à dire qu'un désaveu du chef de l'État sur l'Europe serait sans importance ? Non, dit-il, puisqu'il s'agirait alors de casser l'Europe et d'enterrer quarante-cinq ans de politique étrangère, notamment onze ans de sa politique étrangère à lui. Important serait donc le « oui » à Maastricht, mais pas au point de le contraindre à donner sa démission en cas d'échec.

On est loin de la position du général de Gaulle en avril 1969 !

Celle de Mitterrand est tout bonnement réaliste : il sait que les référendums se transforment souvent en machines à abattre celui qui y a recours. Eh bien non : le refus de l'Europe de Maastricht ne sera en aucun cas un moyen immédiat et efficace de se débarrasser de lui. « Je ne veux pas m'approprier le “oui” », a-t-il dit en substance, ce qui est un moyen de suggérer à ses ennemis politiques de ne pas s'approprier le « non »...

Cela s'appelle prendre les devants. Je suppose que Laurent Fabius avait cette préoccupation en tête lorsqu'il m'a dit, lors de notre déjeuner de la semaine dernière, « que la présence effective de Mitterrand, à ce stade de la campagne, ne lui paraissait pas souhaitable ».

Mitterrand n'apparaîtra qu'au tout dernier moment, pour ne pas
1992 donner prise, avant, à ses adversaires politiques.

15 juillet

Vu Jean-Noël Jeanneney. Il est sensible, comme moi, à la dualité de Mitterrand : d'un côté, impérial, superbe, navigant sur les crises, toujours prompt à rebondir, à l'affût de son adversaire ; de l'autre, presque « minable », irrité et irritant.

16 juillet

Déjeuner chez Michel Vauzelle, au ministère de la Justice. Vraiment sympathique, toujours prêt à rire et vidant avec rapidité la bouteille de tavel rosé qui, grâce à lui, a fait son entrée place Vendôme.

Vrai, quel ministère ! Il ne s'attendait pas à ce que, dès le début, l'affaire Tapie lui prenne 50 % de son temps ! Il savait tout, en réalité, de Bernard Tapie. Tout le risque qu'il y avait – sans préjuger de l'issue des actions intentées contre lui – à en faire une personnalité politique de premier plan. Il ne comprend pas pourquoi le Président et Pierre Bérégovoy l'ont appelé au gouvernement. Dès que Tapie s'est senti mis en péril par l'affaire Toshiba, il a commencé à appeler Vauzelle deux fois par jour, à appeler lui-même tous les magistrats en les traitant à sa manière, du genre : « Je vous ferai casser, moi, mon brave, vous finirez à Pétaouchnoque ! »

C'est vendredi dernier au soir qu'avec Dumas et Kiejman, Mitterrand est convenu qu'il valait mieux laisser tomber, ne pas se battre pour Tapie. Ce jour-là, il a aussi décidé que Bérégovoy devait obtenir sa démission.

Béré s'est exécuté, la mort dans l'âme, dès le samedi après-midi.

Dans ce rappel des faits, Vauzelle ne peut se retenir de rire en me racontant, au passage, cette anecdote électorale sur Bernard Tapie. Venu le soutenir, lui, Vauzelle, dans la région d'Arles, Tapie lui demande ce qu'il doit faire.

« Sois naturel, lui dit Vauzelle en vieil habitué des meetings, parle de l'OM. Ici, tout le monde adore l'OM. Parle des banlieues, de tout ce que tu fais ! »

Tapie va boire un coup dans un bistrot. Au mur, de grandes affiches de corridas.

« Quoi, tuer des taureaux ! s'exclame Tapie. C'est dégueulasse ! Comment peut-on faire des choses pareilles ? »

1992

À la sortie du café, Michel Vauzelle le met en garde : « Tu sais, ici, ils adorent les corridas. C'est une religion lourde.

– Bon, dit Tapie, je ne le dirai plus. Qu'est-ce qu'on fait, maintenant ?

– On va à la sortie d'une usine.

– Ça alors, je déteste ! »

Les choses pourtant se passent assez bien, sauf que les ouvriers, qui ne le connaissent pas, sont terrorisés par sa façon directe de les aborder.

Vauzelle et Tapie remontent en voiture. Destination : le meeting de fin de soirée, où Tapie est excellent.

Je reviens au récit de l'éviction de Bernard Tapie. La chose était donc prévisible, y compris que Michel Vauzelle, élu des Bouches-du-Rhône, serait nommé ministre de la Justice au moment même où deux personnalités essentielles du même département allaient être inculpées : Michel Pezet et Bernard Tapie ! Les deux à la fois...

Voilà donc Michel Vauzelle simultanément en butte à deux accusations : la première est de tout faire pour activer les poursuites contre deux de ses rivaux potentiels dans la région ; la seconde, à l'inverse, d'empêcher la bonne marche de la justice dans son propre département ! Il pense, comme me l'a dit Tapie l'autre jour, que les inculpations s'égrèneront jusqu'aux élections de 1993. Véritablement, que peut-il faire ? Sanctionner des magistrats lorsqu'ils parlent ? Quelle preuve a-t-il qu'ils ont parlé ? que ce n'est pas le greffier ou le planton qui a fait ses confidences à la presse ? Comment démontrer que les magistrats sont des ennemis politiques alors que les « petits juges » sont considérés comme apolitiques par les journalistes ?

Hier, le juge Jean-Pierre, dans un article paru dans *Le Monde*, a traité le ministre de la Justice de « criminel ». Du coup, dans l'après-midi, il a été accablé de coups de téléphone de Jack Lang et de Roland Dumas lui conseillant de répondre à cette accusation, façon de lui reprocher de ne rien faire. Que répondre, et comment sanctionner ? Pour délit d'opinion ?

Il n'en est pas pour autant favorable à l'indépendance de la magistrature, au moins des procureurs : qu'elle n'ait plus aucun rapport avec le politique serait, à ses yeux, une mauvaise chose. Il cite l'exemple de la drogue : il faut bien que ce soient les politiques qui fixent les grands axes à suivre. Impossible de laisser chaque magistrat agir à sa guise : sanctionner ici, autoriser là.

Pour l'heure, il ne peut ni ne veut sévir contre des juges d'instruction pour des propos qu'ils auraient tenus. Le remède serait pire que le mal.

Ce dont il souffre beaucoup, c'est de l'attitude du cercle restreint qui entoure Mitterrand, toujours prompt à convaincre « François » que les autres n'en font pas assez. Les noms de Roland Dumas et de Georges Kiejman reviennent à de nombreuses reprises dans ses propos.

Quant à lui, il préférerait démissionner plutôt que d'accepter une action qu'il jugerait, dans son for, ni opportune ni souhaitable.

Il a beaucoup ri, en revanche, dans une vie antérieure, lorsqu'il préparait les discours et les voyages de Mitterrand. Il raconte le jour où, à bord de l'avion présidentiel, Attali a renversé son plateau-repas sur le costume de l'amiral de Gaulle. Tout en s'excusant, le conseiller spécial reprend son attaché-case qui, mal fermé, s'ouvre sur les pieds de l'amiral...

Inculpation de François Léotard, cette fois !

18 juillet

Hier, dans *Le Monde*, article de Jack Lang : celui que n'a pas voulu écrire Michel Vauzelle. Lang répond à l'article publié par Thierry Jean-Pierre l'avant-veille, dont m'avait parlé Vauzelle.

« L'article de Thierry Jean-Pierre, accuse Jack Lang, donne le fâcheux sentiment que certains magistrats, heureusement minoritaires, ne craignent plus de se transformer en justiciers politiques pour régler des comptes personnels... Un certain fanatisme idéologique n'est pas compatible avec la sérénité de la justice. »

Il est vrai que la question peut être posée. Car ce sont les juges qui téléphonent aux journalistes, j'en sais quelque chose ! Ce sont eux qui dénoncent le pouvoir en place ! Le font-ils uniquement parce qu'ils savent que, s'ils n'en parlaient pas eux-mêmes, les affaires seraient bien vite étouffées ? Le font-ils hors de toute conviction politique ? J'en doute...

Étrange procès, tout de même, que celui fait à François Mitterrand à l'occasion du 50e anniversaire de la rafle du Vel' d'Hiv. On l'accuse en quelque sorte de ne pas présenter lui-même ses excuses à la communauté juive. Je ne vois pas pourquoi ce serait à lui de le faire ! *1992*

En revanche, il me semble qu'on ne peut pas considérer Vichy comme une parenthèse dans notre histoire : après tout, c'est la Chambre issue du Front populaire qui a donné les pleins pouvoirs à Pétain.

Une autre dimension, en réalité, vient alourdir le débat : lorsque le Président parle de Vichy, de Bousquet, de tous ses copains de la Cagoule, de François Dalle à Eugène Schueller, on ne peut s'empêcher d'éprouver un sentiment plus qu'ambigu.

Pour le reste, je trouve inadmissible cette espèce de terrorisme verbal visant à obtenir qu'il s'excuse. Je dis ici avec des mots anodins ce que Robert Badinter a hurlé, l'autre jour, après que Mitterrand eut été hué au Vel' d'Hiv.

À l'antenne, tout de suite après cette cérémonie houleuse, Simone Veil parle du Vel' Juif au lieu du Vel' d'Hiv !

20 juillet

Je reviens tardivement sur le 14 Juillet dernier. Après son interview télévisée, Mitterrand nous a parlé de la Yougoslavie. Il n'est pas mécontent de son coup à Sarajevo, et se paie le luxe, une fois n'est pas coutume, de féliciter le grand reporter de TF1 qui l'a accompagné, Maurice Olivari. « Quel cran, dit-il, il était debout, sur l'aéroport bombardé, très grand, très en vue. Moi, au moins, j'étais protégé ; lui, pas du tout ! Il n'a pas bronché, il m'a fait peur, savez-vous ! »

Nous lui demandons son avis sur la situation à Sarajevo.

« Il n'y a rien à faire, nous dit-il, ils boivent comme des trous. Et ils ont des armes. Alors, ils tirent ! D'ailleurs, ajoute-t-il, ils ne savent même pas pourquoi, ni contre qui ils tirent. Pensez : qui donc attaquait l'aéroport, pendant que j'y étais ? Les Bosniaques ? c'est pour eux que j'étais là. Alors... » (Geste fataliste.)

21 juillet

Simone Veil, avec qui je déjeune place de la Madeleine, réagit vivement quand j'évoque l'initiative prise par Mitterrand après la chute du mur de Berlin : celle de faire, avec les pays tout juste sortis du rideau de fer, une « grande confédération ».

« C'était stupide, me dit-elle. Voué à l'échec, le type même de la mauvaise idée ! »

Elle est en revanche favorable à l'adoption du traité de Maastricht qui lui paraît être « l'accompagnement politique minimum de l'Acte unique, essentiellement d'ordre économique. »

22 juillet

Pierre Bénichou[1], du *Nouvel Obs*, me raconte cette histoire, qui date d'une vingtaine d'années, sur Mitterrand. Il avait été invité à Latche quelques jours seulement après que Willy Brandt se fut agenouillé devant une stèle aux martyrs victimes des nazis. La photo avait fait le tour du monde.

« Quelle image, lui dit Mitterrand, quelle émotion ! Quel courage ! » Il s'interrompt un court instant, puis : « Et quelle bonne idée ! »

Tout Mitterrand est dans ces phrases : avec l'action, le calcul.

1. Journaliste, fils d'un professeur de philosophie d'Oran, Pierre Bénichou est le neveu de Georges Dayan.

27 juillet

Je n'ai pas encore parlé ici du « procès du sang contaminé », qui se déroule en ce moment, contre les quatre médecins mis en cause, qui tous plaident qu'ils ne peuvent être tenus pour responsables de négligences alors que la maladie était inconnue.

Je ne connais pas l'affaire : ce que m'en a dit Simone Veil hier ne suffit pas à m'éclairer. Elle met en cause l'extrême complication des règles administratives plus que les politiques définies au sommet. J'ai rencontré souvent le professeur Garretta, que j'ai connu à l'occasion d'un de ses passages sur TF1. J'en donnerais ma main au feu : ce qu'il a fait, n'importe qui, à sa place, l'aurait fait, dans l'incertitude où il était sur la nature de la maladie, et étant donné les consignes qui lui avaient été données.

Le CSA vient de demander l'annulation de la campagne officielle du gouvernement sur le référendum européen telle qu'elle a été réalisée par Séguéla. Coût : 25 millions. Jacques Boutet[1] fait valoir (qui, mieux que moi, peut comprendre l'état dans lequel il doit être ?) que la publicité politique est interdite. Il a manifestement raison de penser qu'il ne s'agit pas d'une de ces campagnes d'intérêt général sur la Sécurité sociale ou le nouveau Code de la route. Il s'agit bien de publicité, de propagande politique, de surcroît, à la veille du référendum.

Dans un premier temps, le gouvernement a choisi de retirer lui-même sa campagne. Deux jours plus tard, les juristes ayant parlé – on sait qu'ils parlent souvent dans des sens contradictoires –, des voix s'élèvent pour trouver infondé le verdict du CSA. J'imagine le nombre de coups de téléphone, de menaces, engueulades et autres mises en cause qui s'abattent en ce moment même sur le CSA et son président !

Michel Vauzelle, avec qui je dîne, hier, chez Dominique Bromberger, est décidément très drôle, quoique peut-être pas pour tout le monde. Il raconte qu'à la fin de la réunion des ministres pour la fondation d'un Comité pour le « oui », certains se sont demandés à qui envoyer un bulletin d'adhésion. Vauzelle a cru malin de répondre : « À Van Ruymbeke, peut-être ? »

« Bide. Bide terrible ! » commente-t-il.

---

1. Président du CSA.

Les sondages font état d'une baisse continue de la cote de Mitterrand : ni le combat pour l'Europe ni son escapade à Sarajevo ne l'ont fait remonter. Curieux et presque incompréhensible.

Simultanément, les enquêtes d'opinion font état d'une montée continue du « non » au référendum sur Maastricht.

19 août

Je rentre en France après un séjour aux États-Unis. Le sondage de *L'Événement du jeudi* fait la rentrée. Dans le calme de l'été, les « non » sont montés à 47 %, les « oui » redescendant à 53 %. Les deux courbes, désormais, se rapprochent.

Mitterrand et les partisans du référendum n'ont pas de chance. Deux affaires leur empoisonnent la vie.

La première est idiote, secondaire, minable même, et néanmoins significative : quelques camions allemands sont arrêtés par les douanes françaises à la frontière. Pourquoi ? Parce que les Allemands transforment l'Alsace en décharge publique, se débarrassant chez nous de leurs déchets alimentaires et médicaux. Dont des poches de sang contaminé ! La désinvolture germanique choque les esprits.

La deuxième affaire est plus sérieuse, encore que je ne sois pas sûre que la première ne touche pas davantage les Français : il s'agit de l'affrontement en Yougoslavie. Au moment où le gouvernement français mobilise en faveur du traité européen de Maastricht, l'Europe se révèle incapable d'arrêter la guerre entre les Serbes, les Croates et les Bosniaques.

Certains pro-européens convaincus, Jean-François Deniau par exemple, en sont à se demander s'il ne vaudrait pas mieux repousser le référendum. Il me l'a dit hier dans mon bureau où je l'ai trouvé bien fatigué, ayant du mal – plus de mal que d'habitude – à se déplacer. Face à lui, Bernard Kouchner a plaidé le contraire : « Il faut plus d'Europe, lui a-t-il dit, plus d'Europe tout de suite, face aux conflits qui se préparent ! »

Ne faudrait-il pas trouver auparavant des terrains d'entente, entre les pays qui la composent, sur les grands problèmes de politique étrangère ? Sinon, c'est mettre la charrue avant les bœufs.

21 août

La panique (fausse ou vraie) saisit le gouvernement. La montée du « non » autorise toutes les ouvertures, toutes les mains tendues. On entend Bérégovoy, sur Antenne 2, appeler Jacques Chirac à l'aide. Tandis que Balladur, qui plaidait hier les vertus de l'abstention à la révision constitutionnelle, n'ose pas vanter les mérites du « oui » mais insiste, dans *Le Monde*, sur les dangers du « non ». On est jésuite ou on ne l'est pas.

Élisabeth Guigou ouvre ses bras à l'opposition et demande à VGE de montrer plus d'entrain dans la campagne. À ce jeu-là, on sent l'opposition bien gênée : comment voler au secours d'un gouvernement lorsqu'on est à quelques mois des législatives, et pourquoi le faire au moment où les électeurs français restent de glace ?

Jack Lang me téléphone hier : « Vous savez, les socialistes, ils ne font pas grand-chose pour Maastricht : je préfère faire appel à d'autres pour soutenir le "oui", des vedettes, des industriels... »

Quel aveu sur le peu d'empressement de ses camarades !

23 août

Ça y est, c'est le vrai début de la campagne. Hier, les déclarations de Philippe Séguin contre l'Europe. Aujourd'hui, Marie-France Garaud, en noir et blanc, à « L'Heure de vérité », sur Antenne 2. Quel punch, décidément, auquel Albert Du Roy, François-Henri de Virieu et Jean-Marie Colombani, pourtant gagnés à la cause européenne, ne résistent pas ! Elle parle, avec autorité, du fédéralisme et des dangers du « oui », tout comme Balladur a parlé des dangers du « non ». En quelques phrases, elle expédie les centristes, qu'elle accuse de se rallier pour quelques maroquins. Et déplore que Jacques Chirac, qui a eu une bonne intuition, celle de s'abstenir sur l'Europe, soit si mauvais dans le calcul politique.

Il faut dire que le conflit en Yougoslavie donne à ce débat un arrière-fond dramatique. Comment croire à l'Europe quand on sait que la position allemande, favorable à la Croatie, l'a emporté sur la position française, hostile, entraînant finalement le conflit ?

25 août

Nouveau sondage : le « non » est à 49 %. Hier, Élisabeth Guigou, qui reçoit un certain nombre d'entre nous, ne cache pas qu'elle se fait du souci : « Si c'est le "non", nous dit-elle, j'en tirerai, en ce qui me concerne, des conséquences immédiates en démissionnant. »

Et Mitterrand ?

Elle hésite. A-t-il bien fait d'accepter un débat télévisé avec Philippe Séguin, le 3 septembre prochain ? Elle se méfie de ce débat dans lequel, en outre, elle voit légitimer celui qui a été tout l'été son principal adversaire. Et, en plus, sans que Mitterrand la prévienne !

Une qui a été prévenue tardivement qu'un débat aurait lieu le 3 septembre sur TF1, c'est moi... Tout a été arrangé directement, pendant les vacances, entre l'Élysée et la direction de la chaîne. Un producteur extérieur, un animateur extérieur ont été choisis, inutile de demander par qui : par Mitterrand.

26 août

Giscard d'Estaing : « Moins Mitterrand apparaît, dit-il, et mieux cela vaudra pour le "oui". » Il parle d'or : en matière d'impopularité, il est orfèvre !

Mylène Descamps, sa proche collaboratrice, déplore que la campagne du « oui » ait été confiée à Jack Lang : « C'est une hérésie ! me dit-elle. Pour l'électorat socialiste et l'électorat jeune, c'est parfait. Mais ceux-là étaient acquis. C'étaient les électeurs de droite qu'il fallait convaincre. Pour ceux-là, Lang n'est pas le meilleur. »

Les sondages tombent les uns après les autres : 51/49 pour le « oui » (Sofres), et aussi, en sens contraire, 51/49 pour le « non » (BVA), et même (Ipsos *Le Point*) 52/48.

1er septembre

Cette année me fascine. Nous avons eu droit à tous les rendez-vous politiques : remplacement du Premier ministre, affaires, révision constitutionnelle, référendum. J'écris, j'écris : c'est un signe ! La direction de l'info me pèse, d'autant que mon rôle essentiel, aujourd'hui, en dehors d'écrire dans ce cahier, consiste à organiser le déménagement de TF1 de la rue Cognacq-Jay à Boulogne. Je m'occupe de la décoration, de la couleur des studios, trop sombre au goût de Le Lay, de celle du marbre de l'entrée, sur quoi Bouygues me consulte. Et surtout des multiples ego des journalistes qui se trouvent tous malmenés parce que leur futur bureau n'est pas aussi grand, pas assez bien placé, trop sombre, que sais-je ? Ma popularité dans la rédaction fond comme neige au soleil.

Tandis que le « non » progresse, les partisans du « oui » s'affolent : à gauche, c'est le temps des anathèmes, tandis qu'au RPR, Sarkozy, Balladur ouvrent les bras, dans l'éventualité d'un « non », aux opposants. Ils restent favorables au « oui », certes, mais on ne sait jamais... J'en soupçonne plus d'un d'être content de voir Séguin et Pasqua défendre leur position hostile au texte de Maastricht.

Jean-Pierre Chevènement, beaucoup plus isolé à gauche que Philippe Séguin ne l'est au RPR, ironise sur le fameux slogan : « La droite revient ! », en disant sur un ton suppliant : « Reviens, la droite ! »

Philippe Séguin m'appelle hier dimanche au téléphone après l'éditorial de Jean-Luc Mano dans le JT de 20 heures. « *Archaïque, vieux*, me dit-il, rappelant les adjectifs qui l'ont ainsi dépeint ; tout de même, il y va fort ! Il peut tout dire, votre propagandiste, à condition d'être correct ! »

Je tente de le calmer en lui parlant de l'émission dans laquelle, jeudi prochain, il va porter la contradiction à François Mitterrand. C'est un choix qui le valorise : Mitterrand l'a ainsi désigné comme l'adversaire principal, et le plus jeune, du traité de Maastricht.

« À la place de Mitterrand, je ne l'aurais pas fait. Il faudra qu'il me tue pour m'empêcher de parler, et encore ! »

2 septembre

Le « oui » remonte : 53/47 dans le sondage réalisé pour France 2.

Tout de même, quelle curieuse configuration politique : tandis que Pierre Bérégovoy nous souffle de ne pas trop insister sur le rôle de Giscard dans la remontée du « oui », Giscard lui-même, et l'opposition tout entière souhaitent que Mitterrand échoue, demain, dans son émission animée par Guillaume Durand. L'ensemble des partis dits de gouvernement tire néanmoins dans le même sens, vers le « oui ».

Un « non » à Maastricht serait un tel désaveu de la classe politique qu'il représenterait, de fait, un danger.

Les innombrables croche-pieds des hommes politiques : Fabius se plaint de ne pas avoir été invité à un 20 heures. Que lui dire ? Que c'est Jack Lang, directeur de la campagne, qui a désigné Kouchner, qu'il trouve meilleur ?

Georges Marchais hurle et, parlant de Francis Wurtz, dont il souhaite la présence au « 7 sur 7 » exceptionnel du 13 septembre, me dit : « Je vous ai même envoyé son pedigree. » Il veut dire : sa biographie...

Charles Pasqua proteste : il veut un 20 heures, lui aussi, et ne se contente pas du « 7 sur 7 ». Je lui rappelle qu'il est passé à l'antenne, à 20 heures, le 14 août. Il l'avait oublié.

Un mot sur Gauron. Je n'imaginais pas qu'un membre du CSA puisse être aussi spectaculairement – et avec moi ! – le représentant de l'hôtel Matignon. Il réagit violemment à l'invitation de Jean-Pierre Chevènement dans le JT :

« Comment, me dit-il, mais c'est aux partis politiques de désigner leurs représentants ! »

Je lui réponds qu'il doit se tromper ; ce qu'il dit est vrai pour la campagne officielle, pas pour les journaux télévisés. Pour me faire bien comprendre, j'insiste :

« Vous sortez de votre rôle, là !

– Oui, c'est un peu vrai », convient-il.

Extraordinaire : l'expression du « non » devrait-elle être interdite à la télévision ? Toujours cette tentation des hommes politiques de censurer ceux qui ne sont pas de leur avis...

2 septembre.

Jacques Chirac à la télé, aujourd'hui.

Il est toujours trop solennel face à la caméra à laquelle il a décidément du mal à s'habituer. Son message, au début, passe néanmoins. Il est sur le mode : « Si c'est moi qui vous le dis, vous pouvez me suivre », ou encore : « Je ne passe pas pour brader les intérêts de la France, alors vous pouvez faire ce que je vous dis ! »

L'argumentation est assez bien construite. Pourtant, tout à coup, il dérape sur un lapsus phénoménal qui laisse sans voix techniciens et journalistes qui l'écoutent :

« Je dis un "non" qui, je le répète, assène-t-il avec force, est celui de la raison et de la responsabilité ! »

« Non » à la place de « oui » !

Je réprime mal un cri de surprise, n'osant en croire mes oreilles. Cet homme, il ne le sait pas, a son inconscient en bandoulière ! Il a dit « non » parce qu'il pense à tous ceux qui souhaiteraient qu'il le dise. Il a dit « non », sans s'en rendre compte, pour être gentil avec tous les « compagnons » dont il ne voudrait pas se couper. Le « non » lui échappe enfin parce que c'est un non à Giscard, qui l'a entraîné dans ce maelström, un non à Mitterrand dont il a envie de se débarrasser le plus vite possible et dont il doit au contraire, aujourd'hui, suivre la position.

Gentiment corrigé par Poivre d'Arvor, Chirac ne cille pas.

L'erreur est énorme, mais il semblerait qu'il ne s'en aperçoive pas. À croire qu'il l'a fait exprès !

L'émission terminée, il nous parle, dans la cabine de maquillage, du RPR. Selon lui, 80 % des militants et la grande majorité des dirigeants sont favorables au « non ». Quant à Charles Pasqua, dit-il, il a longtemps hésité ; il n'a décidé de se lancer dans la campagne du « non » que lorsqu'il s'est rendu compte qu'il ne serait pas élu à la présidence du Sénat.

« Le plus grave pour moi, me confie-t-il au moment de prendre congé, ce serait que le "oui" l'emporte avec 50,01 % des voix : le RPR ne comprendrait pas que j'aie donné le coup de pouce décisif ! »

Il attend avec impatience le 21 septembre, lendemain du référendum, pour s'engager à fond contre Mitterrand dans la campagne législative de 1993.

Que fera-t-il si le « non » passe ? Oh, il ne se sent pas particulièrement menacé, car, dit-il, il reste populaire chez les siens. Il remettra pourtant son mandat en jeu.

3 septembre

Le « show » Mitterrand débute à 20 h 50 dans le grand amphithéâtre de la Sorbonne, bondé. Au centre, un immense plateau a été construit. Je prends ces notes pendant que l'émission se déroule.

Mitterrand commence par un monologue volontairement professoral : je le trouve vieilli, ses rides accusées. Il est moins bon, dans ce rôle de précepteur, que Giscard.

Guillaume Durand se montre particulièrement déférent, ce qui n'est pas dans ses habitudes. Peut-être est-ce la solennité des lieux qui l'y incite : il s'excuse plusieurs fois, « sincèrement », d'avoir à poser des questions, ce qui est somme toute assez naturel pour un interviewer. L'intervention de Mitterrand, ce soir, fera-t-elle progresser le « non » au référendum ?

« N'y aurait-il d'interdit que pour moi ?, réplique Mitterrand avec hauteur. Je serais le seul à ne pas pouvoir m'exprimer ? »

Remercie-t-il Giscard et Chirac de l'avoir aidé dans sa démarche européenne ? Il remercie tout le monde, convenant que la gauche, qui a exercé le pouvoir pendant dix ans, connaît une certaine usure. « Un référendum est capital sur ce point, c'est une façon de réconcilier les Français et de discuter avec le peuple. »

Que fera-t-il si, le 21, le « non » l'emporte ? Réponse sobre : « Je lutte, mais je n'ai pas à examiner les conséquences d'une victoire hypothétique du “non”. »

La réponse ne lui paraît pas assez forte. Il y revient quelques phrases plus tard : « Si c'est le “non”, ce sera un très grave dommage causé à la France. »

Changement de décor dans l'émission : Mitterrand fait face maintenant à quatorze personnes. Le premier, un professeur, annonce qu'il va voter « non ». Il a trouvé la campagne « tardive et insuffisante ». Peut-on espérer que Maastricht permette d'unifier les temps de travail des salariés en Europe ? Réponse : « Maastricht ne répond pas à cette question. Pour le moment. »

Un gaulliste de 62 ans, agressif et clair, pose sa question sur le coût de l'Europe et de la bureaucratie bruxelloise. « Avec Maastricht, le pouvoir est transféré au Conseil européen. Ces douze personnes décident. La technocratie, assure Mitterrand, recule. »

Le troisième, un jeune chômeur qui essaie de fonder sa propre entreprise, interroge Mitterrand sur les étudiants et la citoyenneté européenne. Le Président répond en le renvoyant aux programmes Érasmus et Comète.

Une femme, franco-allemande, le questionne sur l'éducation et les lycées européens.

Puis, questions sur l'harmonisation de la fiscalité européenne, la monnaie unique, les protections élevées par l'Europe face à l'invasion des produits japonais.

Un agriculteur évoque le désespoir du monde rural. Il cite Mitterrand qui, en 1981, avait baptisé Giscard « président du chômage » parce que la France comptait alors plus d'un million de chômeurs. « Aujourd'hui, la France en compte 3 millions. Où en êtes-vous ? »

Réponse maussade de Mitterrand sur les slogans et les phrases de campagne qui ne permettent pas, en effet, de répondre aux réalités.

Un cadre commercial proche de l'UDF lui demande ce qu'il fera si le « non » l'emporte : « Si c'était le "non", je prendrai les responsabilités qui m'incombent. » Il ne dit pas qu'il restera en tout état de cause, mais ne dit pas non plus le contraire.

Sur l'existence de la Banque centrale, il n'est pas pessimiste, dit-il, parce que les peuples – ce qui est très contestable – se feront entendre.

Finalement, ces quatorze Français ne sont pas, dans leur ensemble, très enthousiastes à propos de l'Europe. Je ne suis pas sûre que Mitterrand soit très satisfait de la manière dont les choses se sont passées.

Troisième séquence : une sorte de « Club de la presse » avec Gérard Carreyrou, Serge July, Jean d'Ormesson. Questions de bon sens, réponses classiques : « Lorsqu'il y a une menace pour l'Europe, la réponse ne peut être qu'européenne. » « Les conflits s'annoncent à côté de nous : la Yougoslavie, par exemple. On ne pourra les enrayer que par des mesures européennes. »

« Partirez-vous si c'est un "non" ? » lui demande-t-on encore une fois.

Réponse imprécise : « Je passerai cette bourrasque avec un comportement utile à la France. »

Jack Lang est à côté de moi quand Mitterrand prononce cette phrase, et me dit : « Mitterrand n'a pas changé d'idée sur ce point. Simplement, la proximité du scrutin aidant, il préfère se donner le temps d'examiner les conséquences éventuelles d'un "non". »

Quatrième séquence, enfin : le débat avec Philippe Séguin.

Celui-ci attend longtemps, en scène, que Mitterrand, sorti du plateau après son entretien avec les journalistes, revienne. Guillaume Durand meuble le vide en posant des questions à Philippe Séguin sans que le public, dans l'hémicycle, prenne conscience de ce retard imprévu de l'acteur principal.

Mitterrand finit par reparaître. Séguin pose une première question sur la technocratie européenne, puis une deuxième sur la monnaie unique. Mais peu importent les questions : j'ai l'impression d'assister à l'intronisation médiatique d'un leader politique. Séguin est calme, puissant, beaucoup plus maître de lui que ne le laissent entendre ses adversaires. Il parle sans hausser le ton, digne, sans chercher la polémique. Peut-être est-il un ton en dessous de ce qu'attendaient les partisans du « non » ? Il a voulu, me semble-t-il, ne pas porter atteinte à la fonction présidentielle. Je pense que ses amis lui en tiendront rigueur.

4 septembre

La pause de Mitterrand avant son duel avec Philippe Séguin ? Son médecin, Claude Gubler, a demandé, au moment de l'interruption, quatre minutes à Étienne Mougeotte qui se trouvait en coulisses. Sans doute pour lui administrer un dopant ou quelque chose comme cela. C'est trop, lui a dit Étienne qui ne pouvait interrompre l'émission que deux minutes. Mitterrand est resté néanmoins absent du plateau beaucoup plus longtemps.

Succès audimat de l'émission qui a pourtant duré très longtemps : 50 % des Français ont regardé les débats.

4 septembre (suite)

Les temps ont changé pour les communistes : c'est la fin d'une époque. Georges Marchais arrive seul pour son passage au 20 heures. René Piquet se joint à nous quelques minutes plus tard. Le secrétaire général du Parti communiste n'a pas grand-chose à dire, sinon qu'il passe sur TF1 pour la première fois depuis le début de l'année. À l'antenne, il annonce que la fête de *L'Huma*, l'année prochaine, sera « sous-traitée ». Roland Leroy, apparemment, en a assez de jouer les Monsieur Loyal d'une fête à laquelle il ne croit plus et qui ne lui rapporte plus rien.

7 septembre

Simone Veil, Charles Pasqua et Jean-Pierre Chevènement s'attardent sur le plateau, à la fin de l'émission « 7 sur 7 – spécial référendum ». Ils sont les uns et l'autre convaincus, chacun dans un sens différent. Leur dialogue reste agréable, presque amical.

En quittant le studio, Simone Veil me confie qu'elle s'angoisse, depuis l'été, à la perspective que le « non » l'emporte. Quant à Charles Pasqua, il me confie que c'est lui qui a dit à Chirac : « Si le non est à 50,01 %, tu seras jugé responsable d'avoir donné le coup de pouce décisif à Mitterrand. »

Tout le monde autour de moi trouve que Philippe Séguin a été bien gentil avec Mitterrand, l'autre soir, trop courtois, pas assez convaincant.

Séguin, lui, me dit-il, s'est trouvé assez bon ; en tout cas, il a évité de se heurter de front à Mitterrand, combat du jeune contre le vieux dans lequel il n'aurait pas, dit-il, été à son avantage. Je le crois ; je pense que, pour son image future, il a eu raison.

Anne Sinclair m'a raconté qu'après son émission à la Sorbonne, Mitterrand a appelé Guillaume Durand pour lui dire : « Vous avez sauvé l'Europe ! »

Pour le vieux grognard gaulliste et chahuteur Robert-André Vivien, le débat Mitterrand-Séguin, « c'était Ramsès II sans bandelettes, et Astérix sans potion magique » !

10 septembre

Discussion collective sur l'Europe, au Siècle, hier soir, avec Hubert Védrine, Pierre Rosanvallon et d'autres. Un « non » à Maastricht serait, pour la classe politique, un désaveu majeur. De toute façon, si les résultats sont ceux que prédisent les sondages, cette campagne référendaire aura été, pour la classe politique, un échec. Aucun leader n'est arrivé à mobiliser pleinement son électorat. Pour le Parti socialiste, ce sera de toute façon, au mieux, une semi-réussite : Fabius n'est pas apparu, Lang a été « exécrable dans la flagornerie », dit l'un des convives. Quant à l'effet Mitterrand, après son émission du 3, « il s'est affaissé comme un soufflet ».

En sortant, Védrine me retient quelques instants : il s'étonne de l'omniprésence de Jack Lang dans la campagne télévisée. Je tombe des nues : Lang n'est-il pas le responsable officiel de la campagne ? Lui-même m'a dit l'autre jour au téléphone que le Président – *sic* ! – lui « avait remonté les bretelles, parce qu'il était trop absent des débats télévisés ! ». En réalité, d'après ce que je comprends, il y a eu rupture, dix jours avant l'émission, entre l'Élysée (Védrine et Pilhan) et Jack Lang. Mitterrand voulait une émission sérieuse, réfléchie, documentée. Lang restait dans un registre « paillettes ». C'est Pilhan qui aurait demandé à Mitterrand d'être, pour une fois, clair et net, et de signifier à Lang qu'il n'était pas en charge de l'émission. Ce que le Président, paraît-il, a fait. Petite guerre pour grands enjeux.

Dans un autre registre, c'est Mitterrand lui-même, à en croire *Le Monde*, qui aurait demandé, exigé même que les grandes entreprises n'aient plus le droit de financer les partis politiques. Ce qui a créé de sérieux remous au sein du PS. De Fabius, d'abord, qui voit mal comment, avec les militants qui restent au PS, il pourrait pour l'heure financer la moindre action. De Lionel Jospin, ensuite, s'étonnant que les partis n'aient pas été consultés avant ce codicille au projet de loi sur le financement. De Rocard et de ses amis, enfin, qui perdent l'espoir d'un financement assuré.

Au fait, Mitterrand n'aurait-il pas voulu justement priver Michel Rocard de cette facilité-là ?

11 septembre

Mitterrand opéré de la prostate, ce vendredi matin. Il est à Cochin.

Élisabeth Guigou à son ministère. Son moral est à zéro. Pas seulement parce que Mitterrand est à Cochin. Elle n'a pas de mots assez durs pour les socialistes qu'elle est à peine parvenue à mobiliser lors de ses déplacements. En revanche, elle trouve que Giscard a été formidable dans la campagne. Sur l'Europe, rien ne la sépare de lui.

Cela annonce-t-il une recomposition ? Je dirais que les ministres socialistes seraient peut-être tentés, aujourd'hui, par un rapprochement entre le PS et l'UDF. C'est l'opposition, en revanche, qui va le refuser. Le tour de France de Giscard et de Chirac, à l'occasion de cette campagne référendaire, leur aura montré, à tous deux, l'ampleur du rejet actuel dont pâtissent les socialistes.

Comment les socialistes sont-ils devenus si impopulaires ? Que s'est-il passé ?

Devenus gestionnaires, ils n'offrent plus d'espérance. Et, en même temps, ils paraissent moins rassurants que les hommes de droite pour garantir les grands équilibres économiques et financiers. Comme si, décidément, au bout d'années et d'années de pouvoir, dans l'esprit d'une partie de l'électorat français la gauche était toujours illégitime !

Et puis il y a les « affaires » qui ont fait un mal fou, dont on ne mesurera jamais la puissance dévastatrice.

Peut-être aussi faudrait-il revenir sur le septennat : quatorze ans, c'est trop, beaucoup trop. Le quinquennat paraît, de ce point de vue, préférable, même si, d'un autre côté, il rabaisse la fonction présidentielle en alignant la durée de son mandat sur celle des députés.

13 septembre

Hier, j'ai fait la tournée des « non ».

D'abord, dans la journée, la fête de *L'Huma* où, pour la première fois depuis longtemps, je n'interviewe pas Marchais : à la veille du référendum, cela risquerait de mettre TF1 dans l'obligation de compenser un déséquilibre des temps de parole. Roland Leroy, apparemment en mauvaise forme, ne m'en tient pas rigueur, puisque je suis, comme les années précédentes, invitée à déjeuner sous la tente où se retrouvent les leaders du Parti communiste. Marchais, œil et veste bleu-vert, revient d'Amérique, qu'il a trouvée en crise. Il n'a passé que trois heures avec le vieux Guss Hall, secrétaire général du PC américain. Pour le reste, il a flâné dans les rues de San Francisco et de New York, il a traversé Harlem où les gens l'ont reconnu parce qu'il venait d'enregistrer une émission sur la télévision locale. Il n'est pas fâché que l'Amérique soit en crise alors que l'URSS a disparu.

Ils savent bien, Roland Leroy et lui, qu'ils peuvent au mieux conserver le PC comme il est aujourd'hui, dans cet état rabougri, quasi désespéré, mais que leur mort est inéluctable, que le XXe siècle est fini, que leur cause est perdue.

Je les trouve tous deux si intimement liés, amis/ennemis depuis les années 1950, aujourd'hui confrontés à la même réalité, celle de l'agonie du Parti communiste français, qu'ils ne peuvent même plus s'accuser l'un l'autre d'avoir perdu.

Le soir, au Zénith où se déroule le meeting commun de Villiers-Pasqua-Séguin, incroyable enthousiasme des troupes de Jacques Chirac derrière Pasqua. Le plus populaire, c'est lui. Philippe Séguin, ils l'aiment bien, ils lui sont très reconnaissants d'avoir, le premier, pris son bâton de pèlerin, cet été, en faveur du « non ». Villiers, lui, est un très bel orateur de meeting : il a un art de la scène et de la salle que je ne lui connaissais pas.

Que fera Chirac de Pasqua après le référendum ? Si la moitié des électeurs du RPR sont derrière Chirac, l'ensemble des militants, eux, sans conteste, sont derrière Pasqua. Je pensais jusqu'à présent que le 20 au soir, ou le 21 au matin, le RPR recollerait les morceaux sans difficulté. Je me demande aujourd'hui si ce sera vraiment possible. Je regardais, ce soir, la tête de Pasqua, ovationné comme il ne l'a jamais été. Comment pourrait-il être le même Pasqua après qu'avant ? Comment les militants (devant qui personne n'ose ici prononcer le nom de Jacques Chirac, de crainte d'un énorme chahut) pourraient-ils être identiques, après ?

Ce qui frappe aussi, c'est l'hostilité de la salle à Mitterrand. À intervalles réguliers, derrière moi, un homme se lève et crie, au milieu des rires de l'assistance : « Il va crever ! » Pour les militants du RPR présents, l'idée de voter Mitterrand est insupportable, quoi qu'en disent Chirac et Giscard. Ils ne s'y font pas.

14 septembre

Simone Veil s'irrite à l'idée qu'avec ce référendum, Mitterrand ait pris le risque de tuer l'Europe pour des raisons de politique intérieure ; à l'idée que Jacques Chirac reste aussi timoré, et qu'il se soit en réalité rangé dans le camp de ceux qui n'ont pratiquement pas fait campagne, dans le camp des « mous ». « Ludique », enfin, c'est son mot pour définir la campagne Pasqua-Séguin :

« Dans une fête d'enfants, les mauvais petits garçons qui viennent chambouler le jeu sont toujours joyeux, forcément ! »

Bérégovoy, de passage au JT, nous dit que Mitterrand souffrait depuis plus d'un mois. Il pensait cependant pouvoir attendre le référendum sans encombre. Il parle également d'un sondage donnant 51/49 en faveur du « oui ».

16 septembre

Annonce, ce matin, de lésions prostatiques cancéreuses chez Mitterrand. Un communiqué à la froideur pseudo-médicale – il fait état de « lésions adéno-carcinomateuses » – tombe à 10 h 26. Il émane du porte-parole de l'Élysée et annonce que le Président sortira mercredi de l'hôpital Cochin pour reprendre ses activités.

Malgré tout, même si on s'y attendait un peu, c'est un choc, et quel choc !

Voilà qui modifie tout. D'abord, quant au lien qui unit les Français à leur président ; ce lien est si ténu, si bizarre qu'il peut virtuellement être cassé par une annonce de ce genre. À moins qu'au contraire la maladie, le rendant plus vulnérable, ne le rende aussi plus proche d'eux.

Aussi parce qu'elle est irréversible. Quelques minutes seulement après le communiqué élyséen, toutes les rédactions parlent déjà d'élection présidentielle. Comment endiguer ce flot ?

Un peu plus tard dans la journée, vers midi, Bernard Debré, chef du service d'urologie où François Mitterrand a été hospitalisé, répond aux questions de la presse sur sa maladie : il confirme que le chef de l'État est bien atteint d'un cancer de la prostate, maladie, a-t-il dit, qui touche 30 % des hommes à partir de 70 ans. « L'espérance de vie, souligne-t-il, est très longue dans ce cas : elle peut être de quinze à vingt ans. »

Il a beau vouloir rassurer sur l'état de santé du Président, Bernard Debré a une phrase qui alimente les interrogations : il précise qu'il n'y a pas « une grosse diffusion de métastases ». Y en aurait-il une petite ?

De toute façon, les calendriers sont bouleversés. L'hypothèse d'un départ avant mars prochain, ou sitôt après le référendum, ne peut plus être exclue.

À ce moment de la journée, je pense que ce départ est même l'hypothèse la plus probable.

Dans l'après-midi

Bulletins de santé sur bulletins de santé.

Oui, c'est irréversible. Que Mitterrand le veuille ou non, qu'il ait envisagé ou non toutes les conséquences de son aveu, la mécanique politique fait que le processus de son départ est engagé.

En moins de trente ans, la France aura donc eu deux présidents de la République frappés par la maladie au cours de leur mandat. Je n'oublierai jamais cette après-midi – dont j'ai d'ailleurs consigné le détail dans un cahier précédent – où Mitterrand me dit : « Les hommes de ma famille ne dépassent jamais 75 ans. » Alors qu'il s'interrogeait sur l'éventualité de se représenter en 1988, je lui avais répondu : « De ce point de vue, ça ne change rien ! Mourir pour mourir, mieux vaut mourir à l'Élysée ! »

Serait-ce déjà la fin des « années Mitterrand » ?

17 heures

Conversation de Mitterrand avec les journalistes, dont Arlette Chabot et Jean-Luc Mano, à sa sortie de Cochin. Mano lui dit qu'il est content de le voir.

« Moi aussi, Monsieur Mano, moi aussi je préfère encore vos questions impertinentes aux infirmières !

– Ça dépend pour quoi, dit Mano.

– Évidemment, mais je pense à la conversation ! »

Sur le fond, il répond qu'on ne lui a pas encore enlevé un lobe du cerveau, qu'il est en pleine forme, et qu'il continuera. « C'est un combat avec moi-même, conclut-il, mais ce n'est pas inintéressant. »

La classe, tout de même !

17 septembre

Philippe Alexandre me raconte que Bernard Debré, l'urologue du Président, fils de Michel Debré, était à l'aéroport de Marseille pour un meeting en faveur du « non » lorsqu'il a été appelé pour raisons médicales par l'Élysée. Il revient immédiatement à Paris voir le Président.

« Vous étiez en meeting, lui dit Mitterrand sans faire la moindre allusion à l'engagement de son interlocuteur dans le camp du "non".

Pardon de vous avoir obligé à revenir ! C'est très bien d'aller voir les militants ; vous avez bien raison ! »

Plus tard, à l'hôpital, Bernard Debré se trouvait dans la chambre du Président lorsqu'on annonce la venue de Pierre Bérégovoy.

« Ah, je suis sûr que vous ne l'aimez pas, celui-là ! dit Mitterrand à Debré.

– C'est-à-dire que..., bégaye Debré.

– Oui, oui, je vois bien que vous ne l'aimez pas. Eh bien, on va le faire attendre un petit peu. »

Il l'a laissé attendre près d'une demi-heure dans le couloir.

21 septembre

Tout petit « oui » au référendum. Un « oui » si faible que seuls les sondages ont pu, à 20 heures, le déceler. Jusqu'à 22 h 30, les résultats partiels qui nous arrivent sont négatifs. La tendance ne commence à s'inverser progressivement qu'en fin de soirée.

Ce que j'en retire, en allant vite :

1. Le recul de tous les partis dits de gouvernement : Giscard + Chirac + Mitterrand ne réunissent qu'à peine plus de 50 % ;
2. L'efficacité de la campagne du « non » : sur le thème « Oui à l'Europe, non à Maastricht », il a dominé la campagne. C'est Pasqua qui, finalement, a empoché la mise ;
3. Ce traité, personne ne l'a lu, et personne ne voulait le lire. Ceux qui ont voté « oui » ont voté pour une certaine idée de l'Europe et pour une espérance en un monde meilleur. Le seul qui voulait vraiment Maastricht, c'est celui qui l'a négocié : François Mitterrand ;
4. En ce qui concerne la politique française, deux partis sortent exsangues de la campagne, à quelques nuances près : le PS et le RPR. Le PS parce qu'il n'a pas existé, ne s'est pas mobilisé, est apparu, à l'image de Jack Lang, emphatique, ou, à celle de Laurent Fabius, peu convaincu, et qui, du coup, n'a su ni réunir ni mobiliser. Le cas du RPR est plus complexe. Il s'est divisé, Pasqua étant manifestement le leader du « non », majoritaire au RPR, tandis que Philippe Séguin a fait une percée spectaculaire dans la vie politique. Si tenants du « oui » et tenants du « non » savent se réunir pour les législatives, additionner leur capital, ratisser large,

surmonter leur clivage actuel, alors ils seront forts, très forts pour les législatives.

Commentaire du « Bébête Show[1] » pendant la soirée électorale : « Le “oui” a pris un bide et le “non” a perdu. »

24 septembre

Hier, déjeuner avec Pierre-Christian Taittinger. Il est outré par la campagne de Charles Pasqua sur le « non ». Il affirme que le 2 juin dernier, Pasqua avait confié à quelques sénateurs qu'il allait se prononcer pour le « oui ». Plus tard, sans doute à l'instigation de Marie-France Garaud, il a voulu exploiter le « marché du “non” ». D'après Taittinger, Pasqua ne se serait déterminé qu'après que les sondages l'eurent convaincu que le « non » disposait bien d'un capital de voix en France. Et surtout, toujours selon Taittinger, il n'a décidé de se mobiliser pour le « non » que lorsqu'il a su que Chirac allait faire campagne pour le « oui ». C'était, pour Pasqua, une façon d'exister face à lui. « Chirac aurait voté “non”, qu'il se serait prononcé pour le “oui” », conclut Taittinger, résumant ainsi le réel manque de convictions de l'ancien lieutenant de Chirac.

Quant aux futures législatives, il me raconte que Mitterrand a conclu un accord avec Pasqua, encore lui, alors ministre de l'Intérieur, sur un découpage tel qu'il permettrait que la gauche garde au minimum 170 députés. D'après les sondages, on en est loin : 170, ce serait la Terre promise !

Pour le reste, il sera candidat à la présidence du Sénat : il s'attend à ce que Pasqua lui mène la danse. Peut-être la perspective d'une bagarre au Sénat explique-t-elle les sorties de Pierre-Christian Taittinger, généralement si courtois, contre Pasqua ?

---

1. Le « Bébête Show » est une émission satirique française créée par Jean Amadou, Stéphane Collaro et Jean Roucas. Diffusée à partir de 1983, l'émission dure jusqu'en 1995. Ce n'est qu'en 1988 qu'elle devient quotidienne, de 19 h 50 à 20 heures. Cette émission, inspirée du *Muppet Show* anglais, mettait en scène sous forme de marionnettes les hommes – et les femmes – politiques français. Elle est devenue au fil du temps très largement politique. Mitterrand y était représenté par une grenouille (Kermitterrand), Michel Rocard en corbeau, Jacques Chirac en aigle à plumes bleues surnommé Black Jack, etc.

24 septembre

Revue de la presse européenne, en vrac : Felipe Gonzalez affirme en Espagne que la politique économique ne changera pas. Le Danemark revotera. Les députés conservateurs anglais créent au Parlement un club antieuropéen. Le président du Conseil italien dit qu'il faut renégocier le traité de Maastricht. Le chancelier Kohl rentre en Allemagne après une visite en France et propose un préambule additionnel au traité.

Envie de rire, et révolte : rien n'était négociable, nous disait-on, et tout le redevient. Absurde comédie !

Pendant ce temps, Mitterrand se soigne. La ZDF[1] parle de son « traitement quotidien », dont la presse française n'a pas dit un mot. Ce qui est sûr, c'est qu'il ne cesse d'alléger son emploi du temps et de remettre ses rendez-vous : Pierre Bérégovoy sera à sa place, la semaine prochaine, à la Sorbonne, et le sommet africain se passera de la présence du président français. Motif invoqué : celui-ci ne peut supporter ni la chaleur ni l'humidité.

De sources différentes (Robert Namias, Roger Stéphane) on me dit que c'est très grave. Serge July me le confirme. Il parle d'ailleurs, dans l'émission que nous faisons ensemble sur TF1, d'une rencontre « prochaine », qu'il situe dans l'Au-delà, entre de Gaulle et Mitterrand.

Je l'interromps : « Comment ça, prochaine ? »

Il se reprend : rien à voir avec le cancer de Mitterrand ; compte tenu de son âge, plus simplement.

Pourtant, chacun estime qu'il ne pourra pas terminer son mandat. Cela me rappelle douloureusement, étrangement, l'approche de la mort de Pompidou. Je ne peux oublier Denis Baudouin, son porte-parole, me jurant les yeux dans les yeux qu'il n'avait rien. Et Xavier Marchetti, et Marie-France Garaud, et Chirac...

Mitterrand, pourtant, contrairement à Pompidou, a choisi la clarté. L'annonce d'une telle maladie bouleverse le calendrier politique. Le regard de tous les Français a changé, mais aussi celui de tous les présidentiables.

1. La deuxième chaîne de télévision allemande.

27 septembre

Jacques Chirac a, le premier, énoncé le principe : le Président doit partir s'il perd la majorité aux élections législatives de l'année prochaine.

Crime de lèse-majesté ? Peu importe, tout le monde emboîte le pas. *Le Figaro Magazine* pose la question d'une présidentielle anticipée, et le *JDD* polémique sur le départ de Mitterrand.

Inévitable : un Président politiquement affaibli, de surcroît malade, l'est encore plus.

3 octobre

Tant de choses, depuis une semaine, que j'ai peine à tout écrire.

Sur Mitterrand, d'abord. Son goût du secret. Il n'a prévenu de son opération ni sa femme ni ses enfants. La veille de son entrée à l'hôpital, il petit-déjeunait avec Danielle, rue de Bièvre, et l'a interrogée, comme si de rien n'était, à propos du voyage qu'elle s'apprêtait à faire en Colombie :

« Alors, quand pars-tu, que vas-tu y faire ? »

Ce n'est qu'après son hospitalisation qu'il a autorisé sa fidèle secrétaire à prévenir sa famille.

La rumeur : elle enfle, se repaît de tout. Du fait que je sois, comme souvent, de permanence au bureau aujourd'hui, par exemple : la rédaction en conclut que quelque chose d'important va se passer pendant le week-end !

Par-delà la rumeur, les précisions, qui n'en sont pas toujours, apportées par les uns et les autres aux communiqués de santé : Roger Hanin, vedette de *Navarro* et beau-frère de Mitterrand, dîne avec Étienne Mougeotte : « Nous serons fixés, lui dit-il, le 20 octobre. Nous saurons à ce moment si le traitement hormonal est efficace ou pas. »

Georges Fillioud, à qui j'en parle, nie énergiquement que Roger Hanin sache quelque chose à ce sujet. Quant à la date du 20 octobre, évoquée pour marquer la fin de la période d'incertitude, c'est la date de la première séance des débats sur la partie 2 de la loi budgétaire, celle du dépôt éventuel d'une motion de censure de l'opposition ! La motion a-t-elle des chances d'être adoptée ? Personne n'a intérêt à presser le pas : le monde politique s'enfonce dans un édredon. L'opposition a besoin de temps pour se retrouver après le référendum, et elle ne souhaite pas faire campagne immédiatement contre un chef d'État à qui elle vient, tant bien que mal, de donner raison. Les communistes, eux, aspirent à retrouver une place au sein de la gauche en profitant de l'affaiblissement politique et idéologique du PS ; il leur faut un peu de temps pour exploiter les faiblesses de la social-démocratie. Giscard ne souhaite pas davantage brusquer les échéances : l'UDF est toujours distancée par le RPR ; il souhaiterait avoir le temps de changer la donne. D'autant plus qu'il peut très bien, alors, se retrouver Premier ministre de la « cohabitation ».

Quant aux socialistes, apeurés par l'avenir, incapables de définir une tactique et d'ouvrir une nouvelle voie, divisés plus que jamais au moment où le bateau coule, ils attendent, en courbant la tête, que le couperet tombe. Ils n'aspirent, disent-ils, qu'à une cure d'opposition dont ils assurent qu'elle leur fera le plus grand bien.

Beaucoup espèrent que Michel Rocard sera leur sauveur, comme Mitterrand l'avait été en 1971. Est-il sûr que Rocard résiste au rejet du PS ? Il a même peur, aujourd'hui, de ne pas être réélu, en 1993, à Conflans-Sainte-Honorine ! Si l'élection présidentielle a lieu immédiatement après les élections législatives, Rocard sera balayé. Et la cure d'opposition, style week-end à la thalasso, chez Bobet, en Bretagne, se transformera en années de bagne !

Deux mots sur les clans au sein du PS. Il suffit que Laurent Fabius se rapproche de Rocard pour que Jospin, pourtant le plus circonspect de tous les « éléphants » du PS à l'égard de l'Europe, se rapproche... de Delors. D'un Delors très remonté contre le vide « sidéral » à la tête de l'État.

Il a dénoncé aujourd'hui, à Lorient où il avait réuni ses fidèles, la situation en ces termes : « Une France ombrageuse, désenchantée, une vie démocratique pleine de rides, un État empêtré et contesté, une cohésion sociale en miettes. » Diable ! Et il n'est pas candidat à la présidentielle ? Qu'est-ce que ce serait s'il l'était !

Pierre Bérégovoy à « 7 sur 7 ». Je le regarde à mon bureau tandis que j'écris ces lignes. Son contentement éclate : il n'est pas satisfait de la situation, il l'est simplement d'être là, à la place où il est. Lui aussi joue, comme Delors il y a quelques heures, à donner des coups de pied dans la fourmilière politique. Est-il, Premier ministre, le plus habilité à le faire ? Pas sûr...

D'un revers de main, il écarte les sondages. Pourtant, la réalité est là : à l'heure actuelle, ni Joxe ni Quilès ne trouvent de circonscriptions sûres. La plupart des ministres pensent avoir perdu leur siège : parmi eux, Guigou et Bianco. Jean Poperen a déjà renoncé dans le Rhône où il pensait se représenter. Au milieu de tout cela, Fabius parle d'exclure Chevènement et de désigner un candidat à Belfort contre lui.

Béré est interrogé sur le remaniement d'avant-hier : car revoici Jean-Pierre Soisson, au ministère de l'Agriculture cette fois. Ce qui authentifie les propos qu'il me tenait il y a quelques semaines sur ses relations, au beau fixe, avec le président de la République. Cela prouve aussi que c'est Édith Cresson et pas Mitterrand qui, pour des raisons morales plus que politiques, avait obtenu son précédent départ du gouvernement, après la lamentable histoire du conseil régional de Bourgogne.

Soisson aurait-il eu raison en acceptant les voix du Front national ? demande Anne Sinclair. Bérégovoy le conteste : les vice-présidents de l'assemblée régionale, dit-il, ont été élus contre le FN, ce qui prouve bien que Soisson n'a pas été élu à la présidence grâce à lui. Démonstration laborieuse...

« Et puis, conclut Bérégovoy avec un geste fataliste, il fallait bien un centriste au gouvernement ! »

Soisson est-il encore centriste ? Cela reste à vérifier.

7 octobre

Périgot, le patron des patrons, se lamente. Mitterrand a commis, selon lui, une grande erreur en se lançant dans la bataille du référendum. C'est lui qui, en dramatisant les échéances, a créé un malaise européen, et donc déstabilisé le système monétaire européen. Ah, si seulement il était passé par la voie parlementaire, si seulement il n'avait pas procédé à une consultation populaire...

Je m'insurge : valait-il mieux ne pas consulter les Français, les mettre une fois de plus devant le fait accompli – l'Europe accomplie, plutôt –, aggraver, ce faisant, le fossé entre la classe politique et les citoyens ? Comment plaider que c'est la forme choisie, le référendum, qui a créé le malaise, alors que c'est sur le fond, c'est-à-dire sur l'Europe de Maastricht, que les Français se sont divisés ?

Plus tard dans la conversation, il reconnaît que, sur le fond, précisément, l'erreur que tous les partisans du « oui » ont commise est de ne pas reconnaître que l'Europe de Maastricht reposait sur un abandon de souveraineté des douze pays qui la composent. Auraient-ils obtenu 51 % des voix s'ils avaient revendiqué cet abandon ? Tout le problème est là.

12 octobre

Plus rien, plus un mot sur l'état de santé du Président.

16 octobre

Mitterrand au sommet de la CEE, en Angleterre. Vers 16 heures, dépêche : il a été pris d'un malaise, et évacué.

Agitation, coups de téléphone à l'Élysée, puis démenti : c'est une femme, employée de la mairie de Birmingham, qui a trouvé quelqu'un qui a dit qu'il avait vu quelqu'un qui...

Plus tard dans la soirée, coup de téléphone, dans ma voiture, de la rédactrice en chef de permanence à TF1 : l'escorte qui venait chercher Mitterrand à Villacoublay a fait demi-tour. Mitterrand n'a pas pu quitter la Grande-Bretagne. Il est, assure-t-on autour d'elle, « au plus mal ».

En fait, renseignement pris, l'avion de Mitterrand, avec Mitterrand à son bord, se serait envolé directement pour Berlin où auront lieu, dans quelques heures, les obsèques de Willy Brandt.

Rumeurs, rumeurs : laissons-les courir ! dit, paraît-il, Mitterrand.

« La rumeur, dit-il encore joliment, ça vole, ça vole, on peut lui mettre du sel sur la queue, comme aux oiseaux, c'est sans effet. Les rumeurs, laissons-les courir ! »

18 octobre

VGE à « 7 sur 7 ». Deux éléments à en retenir

D'abord, son hostilité à toute éventuelle cohabitation. Elle ne serait possible qu'à trois conditions : « Il faut avoir la durée, que le Président soit au moins neutre, et que la situation ne soit pas trop grave. » Conditions dont il affirme aussitôt qu'« à l'heure actuelle, elles ne sont pas réunies ». Autrement dit, pas question de l'envisager.

Ensuite, il est évident qu'il rêve d'être candidat à la future présidentielle. Il n'a pas pris sa décision, dit-il, mais enfin, tout laisse croire qu'il se fera une douce violence. Pour cinq ans seulement, et pour faire l'Europe. Sacré Giscard ! Au moment où Chirac ouvre la campagne des législatives, il ouvre, lui, celle de la présidentielle.

Son calendrier ? Il demande à Mitterrand de se souvenir opportunément de la promesse qu'il a faite aux Français d'un référendum sur la durée du mandat présidentiel. Puis, dit-il, il lui reste à s'appliquer à lui-même la règle du quinquennat, à obtenir, par une loi organique, la possibilité de reculer la date des législatives d'un mois, et de procéder auparavant à l'élection présidentielle.

À la fin de l'émission, il s'attarde un moment. Je lui demande s'il croit possible que Mitterrand accepte son calendrier. Il n'y croit pas. Il trouve cependant cette chronologie politique préférable à celle qui, à ses yeux, est hélas prévisible : des élections suivies d'un cafouillage, puis d'une dissolution.

« Je ne vois pas ce que la France y gagnerait » – telle est sa réponse à ma question.

Croit-il à des élections primaires qui permettraient de départager les électeurs de l'actuelle opposition ? Il ne croit pas cela possible : « Il faudrait tout de même une loi, ou un semblant d'organisation. De l'argent, aussi », note-t-il.

19 octobre

Pierre-André Wilzer me dit aujourd'hui que tous les députés socialistes de sa connaissance lui font part de leur désir de voir les choses s'arrêter vite. Comme s'ils étaient pris de terreur à l'idée de ce qui peut encore leur tomber dessus. Que craignent-ils au juste ? Une fausse facture de plus, une grève de plus, un mouvement social de plus ? Ou bien la maladie, et même la mort du Président, qui les laisserait orphelins et démunis ?

Beaucoup, parmi les socialistes, commencent, paraît-il, à accuser Mitterrand : de quoi ne serait-il pas capable ? s'interrogent-ils, le plus souvent devant des journalistes. Il a tué le PC, imposé sa loi au PS, et, irrité de voir sa loi contestée par les socialistes, il a aussitôt contribué à son éclatement. Ceux-là ont peur que Mitterrand exerce contre eux sa violence. En finir : tel est le vœu général.

Dans ce climat, il n'est pas étonnant que 26 députés socialistes décident de leur propre chef de ne pas briguer les suffrages des électeurs en mars prochain. Et cela, alors même que la droite n'est pas unie : Alain Juppé parle de 128 primaires entre UDF et RPR. Et encore, précise-t-il, si un accord est signé en bonne et due forme entre les deux formations.

20 octobre

Bagarre, toute la journée, entre UDF et RPR sur les propos tenus dimanche par Valéry Giscard d'Estaing. Le spectacle qu'ils offrent est navrant de ce côté-là aussi. Et François Bayrou a dit cela, et Juppé, et Sarkozy lui répondent que... Les Français devraient éclater de rire devant le spectacle que leur offrent les politiques.

Au-delà des protestations, admonestations et autres indignations, le problème se résume à cette seule interrogation : VGE, que les Français, selon les sondages, ne veulent pas voir élu à la Présidence, peut-il ne posséder qu'un pouvoir de nuisance, celui de ne pas faire élire Chirac ?

22 octobre

Rocard, paraît-il, n'a qu'une crainte : celle d'être battu à Conflans-Sainte-Honorine en mars prochain. Comment aborder l'élection présidentielle après un tel échec ? Quant à la perspective d'une élection présidentielle anticipée, elle ne le rassure pas non plus : il est, en ce moment, loin dans les sondages, et affirme qu'il préférerait avoir du temps.

Au Conseil des ministres, Mitterrand insiste sur la bonne santé... de la France. Il m'étonnera toujours !

Et puis voilà que Marie-Noëlle Lienemann estime, dans je ne sais quelle interview, que « le PS a fait son temps » ! Cela ressemble à un sauve-qui-peut. Pas bien élégant ! D'autant que beaucoup de ceux qui ont été hissés au pouvoir par Mitterrand et qui lui doivent leur carrière n'hésitent pas à décliner, à leur façon, le jugement de Lienemann.

À l'exception de Lionel Jospin qui déclare aujourd'hui sur une radio : « Le PS n'a pas d'autres ressources que de se souder au gouvernement, même si beaucoup de socialistes – et je suis de ceux-là – pensent qu'il faut tirer toutes les leçons du passé, et faire des propositions nouvelles pour la période qui vient. »

26 octobre

Anniversaire de Mitterrand dans une atmosphère politique incertaine.

Les socialistes se conduisent de plus en plus comme si Mitterrand était leur principal adversaire ! Évolution inattendue d'un système qui lui doit tout.

Après Marie-Noëlle Lienemann, c'est Alain Richard qui s'est élevé avec force, au Parlement, contre un amendement budgétaire. C'est suffisant pour que l'on crie que le gouvernement est en péril.

Quelques étapes du chemin de croix de Pierre Bérégovoy avec le PS :

11 août : Laurent Fabius demande au gouvernement d'en faire plus sur la Yougoslavie. Il se fait agonir d'injures par Pierre Bérégovoy et Roland Dumas.

9 septembre : le projet de loi anticorruption, adopté par le Conseil des ministres, est condamné par le bureau politique du PS qui refuse l'interdiction faite aux entreprises de financer les campagnes électorales.

2 octobre : Soisson revient au gouvernement après en avoir été chassé six mois auparavant par Édith Cresson. Pierre Bérégovoy a-t-il été contraint de le prendre dans son équipe ? Le PS affirme que Mitterrand ne le lui a même pas demandé.

13 octobre : le gouvernement est furieux : les députés socialistes ont refusé le contrôle du patrimoine des élus.

22 et 23 octobre : protestation des élus socialistes qui se disent de plus en plus mal compris par le gouvernement...

27 octobre

Une fois de plus, motion de censure repoussée. L'abstention des communistes a fait la décision. Quelles négociations ont permis cet accord ? Je n'en sais rien, mais la une de *L'Humanité* est révélatrice : « Les députés communistes, y lit-on, n'ont pas voté une censure qui aboutirait à arrêter la discussion, à arrêter la possibilité d'obtenir des améliorations et à renforcer la pression de la droite. »

Pour en avoir obtenu autant des communistes en ce moment, chapeau, Bérégovoy ! Lequel a fait un remarquable discours sur le budget, à sa manière sérieuse mais talentueuse.

Béré, chef de campagne ? Ou bien Fabius ? À quelques années de distance, le combat Premier ministre/premier secrétaire du Parti rebondit : après Fabius/Jospin en 1986, Bérégovoy/Fabius en 1993.

Dans *Libé*, ce matin, cette formule signée Rocard : « Le mitterrandisme, c'est un certain mépris des citoyens, un rapport parfois douteux avec l'argent, une idée très clanique de la politique. »

Il me semble que Michel Rocard devrait une fois pour toutes résoudre son problème et déterminer une fois pour toutes les distances qu'il compte prendre avec Mitterrand. Aujourd'hui, en distillant ces phrases assassines, il perd sur tous les tableaux. Il colle publiquement à Mitterrand, puisqu'il reste persuadé que, pour accéder à l'Élysée, il faut rester dans le sillage de son prédécesseur. Dans le même temps, les propos qu'il tient en privé deviennent de plus en plus provocateurs, désagréables, parfois même outranciers. Le résultat ? L'image que donne de lui le « Bébête Show » : l'hypocrite Zorro, à la fois thuriféraire et assassin.

Bérégovoy hier : il est en campagne, persuadé que la meilleure des défenses, c'est l'attaque. Petit, râblé, parfois sympathique, plutôt moins vaniteux qu'il ne l'était en arrivant à Matignon, il est toujours à l'heure, toujours disponible. Son attitude sereine, même si elle n'est peut-être que de façade, montre qu'il domine assez bien son emploi du temps et des contraintes que beaucoup, à sa place, jugeraient intolérables. C'est un bon point.

Autrement, quelle violence cachée, quelle irritabilité, quelle volonté de revanche ! Contre qui, contre quoi ? Contre ses propres troupes, ses propres amis, contre l'échec collectif.

2 novembre

Le sang contaminé[1].

Garretta est coupable, peut-être. Pourtant, l'opinion publique, qui se pourlèche déjà les babines, ne se contentera pas d'un lampiste. Garretta ne portera pas sur lui tous les péchés du monde : une fois de plus, le monde politique est atteint. En premier lieu, Georgina Dufoix et Edmond Hervé. Et, après eux, Laurent Fabius.

Celui-ci demande la constitution d'un jury d'honneur dans l'attente d'une modification constitutionnelle qui autoriserait la justice ordinaire à connaître des actes des anciens ministres et secrétaires d'État.

---

1. Longue et compliquée, l'« affaire dite du sang contaminé » s'étire sur plusieurs années. Le drame éclate en avril 1991 lorsque la journaliste Anne-Marie Casteret écrit dans *L'Évènement du jeudi* un article démontrant que le Centre national de transfusion sanguine avait sciemment distribué, de 1984 à 1985, des produits sanguins susceptibles d'être contaminés par le virus du sida aux hémophiles. L'opinion publique n'est alertée qu'au milieu de l'année 1985, quand le Premier ministre lui-même, Laurent Fabius, annonce le dépistage obligatoire des donneurs de sang à partir du 1er août. L'utilisation par les hémophiles de produits sanguins chauffés, débarrassés du virus HIV, paraissait indispensable au printemps 1985. Malgré cela, des stocks de produits non chauffés ont été laissés en circulation. L'ampleur du drame a été connue en août 1986 par la publication d'un rapport du Centre national de transfusion sanguine. En résumé, entre la fin de l'année 1984 et la fin de l'année 1985, plusieurs dizaines d'hémophiles ont été contaminés. Toute l'affaire du sang contaminé concerne en réalité cette période d'une année qui sépare la connaissance du virus du sida et la mise en place du dépistage.

En 1992, quatre médecins – l'ancien directeur du Centre de transfusion, Michel Garretta, Jean-Pierre Allain, son adjoint au CNTS, Jacques Roux et Robert Netter – sont jugés pour tromperie. Le verdict est lourd pour le professeur Michel Garretta, condamné à quatre ans, et pour Jean-Pierre Allain, condamné à la même peine d'emprisonnement. Jacques Roux est condamné à quatre ans avec sursis, le docteur Netter est relaxé.

L'affaire monte d'un cran lorsque les avocats de la défense citent comme témoins Georgina Dufoix, ministre des Affaires sociales et de la Solidarité nationale du gouvernement Fabius de 1984 à 1986, Edmond Hervé, rattaché auprès d'elle comme secrétaire d'État, ainsi que le Premier ministre Laurent Fabius. Cette demande de témoignage se transforme bientôt en mise en examen.

Les trois anciens ministres comparaîtront en février et mars 1999 seulement devant la Cour de justice de la République pour homicides involontaires. Laurent Fabius et Georgina Dufoix seront relaxés, la Cour de justice soulignant que l'action de Laurent Fabius « a contribué à accélérer les processus décisionnels ». Seul Edmond Hervé a été condamné pour manquement à une obligation de sécurité et de prudence.

Il a écrit un long papier dans *Le Monde*, que je qualifie, au JT de 20 heures, de courageux. Invité le lendemain, dimanche 1er novembre, sur TF1, il arrive tout seul, en forme, désireux d'affronter l'opinion publique.

Seulement voilà : le sujet qui précède son interview, qui donne la parole aux associations d'hémophiles, le met en cause. Aux accusations de Jacques Roux, ancien directeur général de la Santé à l'époque, qu'il entend pour la première fois alors qu'il attend, dans la cabine de maquillage, de passer à l'antenne, je le vois blêmir : « Le salaud ! » dit-il. Il ajoute : « Et personne ne dit d'où ça vient ! »

Il voulait suggérer que Roux, communiste, le mettait en cause précisément parce qu'il était communiste, peut-être sur ordre. C'est sûr : le procès du sang, le rôle qu'il y joue, ou plus exactement celui qu'une partie de l'opinion lui fait jouer, explique son relatif éloignement de la politique, cette discrétion et aussi cette sorte de dépression qui l'a envahi, semble-t-il, depuis plusieurs semaines.

Tout me convainc que cette histoire ne fait que commencer : hier, Fabius demandait un jury d'honneur ; aujourd'hui, c'est Edmond Hervé. Depuis New York où il est en déplacement, Bernard Kouchner lâche spectaculairement celui qui était alors ministre de la Santé.

Tout cela tourne à la confusion, bientôt au drame.

Comment avoir le temps de tout écrire : le dégoût vient aux lèvres à l'idée des innombrables complots, coups, contre-coups qui marquent chaque semaine, que je pressens plus que je ne les connais. Qui sait pourquoi Fabius est aujourd'hui tout seul, entouré de la peur de ses amis d'il y a quelques jours ? Qui sait, par exemple, qui a sorti le nom de Charles Mérieux[1], dans l'affaire du sang contaminé ? Est-ce la gauche, pour « mouiller » le RPR ? Est-ce Michel Noir, pour se débarrasser de Meyrieux à Lyon ? Y a-t-il eu, entre majorité et opposition, une conversation de ce genre : lâchez-nous les baskets, sinon nous lâchons nos chiens ?

4 novembre

Élection de Bill Clinton à la présidence américaine.

C'est Giscard, le premier, qui a prédit la victoire de Clinton. L'élection du jeune président américain ne lui fait pas craindre d'être

1. Docteur en médecine lyonnais, proche de Jacques Chirac, chercheur et auteur d'un livre sur le sida (*Le Virus de la découverte*, Robert Laffont, 1988).

ringardisé. Il faut l'entendre plaider que, dans certains cas, l'expérience est plus nécessaire que l'innocence...

5 novembre

Léotard une nouvelle fois dans la tourmente : renvoi en correctionnelle ou non-lieu ? Son avocat, Patrick Devedjian, assure qu'il bénéficiera d'un non-lieu. En attendant, Léotard est à la une de tous les journaux.

Carreyrou déjeune avec André Gauron.

« Les journalistes comme toi sont-ils protégés ? lui demande-t-il.

– Oui, pourquoi ?

– Parce qu'il est possible que le fils aîné de Francis Bouygues, celui qui a été évincé, revendique sa part d'héritage, et que TF1 soit donc vendu. »

À qui ? « À Suard[1] », affirme Goron.

En réalité, aucune chance ! La structure de l'actionnariat et le nombre d'actions détenues par Francis, par sa femme et par Martin Bouygues, empêchent toute spéculation de ce genre. Colporter de ces fausses nouvelles auprès des journalistes salariés par TF1 revient à coup sûr à rechercher une déstabilisation interne.

En tout cas, je n'arrive pas à comprendre comment ni pourquoi, avec le temps, TF1 est devenue l'ennemi numéro 1 du pouvoir. On me dit que le 24 octobre, Pierre Bérégovoy aurait assuré : « De toute façon, c'est la guerre avec TF1 ! »

Mitterrand : neuf points de moins. Bérégovoy, moins 11 dans le sondage Sofres-*Figaro Magazine* de demain ; 34 % seulement des personnes interrogées font confiance à Mitterrand, contre 43 % en octobre. Pour la première fois depuis sa nomination à Matignon, la cote de Bérégovoy est négative.

Réformer la Haute Cour[2] par voie parlementaire, l'autoriser à

1. Pierre Suard est alors président du groupe Alcatel-Alsthom. Il contrôle également *L'Express* et *Le Point*.

2. Au titre IX de la Constitution de la Ve République, l'article 67 concerne la Haute Cour de justice. Elle est composée de membres élus en leur sein, en nombre égal, par l'Assemblée nationale et le Sénat après chaque renouvellement général ou partiel de ces assemblées. Elle élit son président parmi ses membres. La Constitu-

juger les actes accomplis par les ministres, ou bien uniquement les cas de haute trahison ? En admettant que la Haute Cour n'ait à se prononcer que sur ces derniers cas, faut-il faire relever les autres actes de ministres des tribunaux ordinaires ?

Le Parlement est pris à contre-pied. Fabius, le premier, a demandé la réforme de la Haute Cour pour y être jugé, et Pierre Bérégovoy l'a soutenu : ce sont les élus RPR qui n'en veulent pas, craignant sans doute qu'on leur applique à eux, plus tard, cette modification constitutionnelle. À moins qu'ils ne redoutent qu'en étant déférés devant la Haute Cour, Fabius, Georgina Dufoix et Edmond Hervé n'en profitent pour échapper tout simplement à la justice ? Chassés-croisés d'intentions malignes et de procès non dits.

9 novembre

Laure Debreuil[1] me raconte le traditionnel dîner avec Mitterrand, hier soir dimanche. Il arrive avec une heure de retard, assez fatigué par deux heures de conversation avec Laurent Fabius. Manifestement, il est très préoccupé par l'affaire du sang contaminé : il a tendance à charger les médecins, persuadé que les « mandarins » retiennent le plus longtemps possible l'information.

Les journaux de la semaine ont mentionné que Garretta avait obtenu la Légion d'honneur du pouvoir en place. Mitterrand met en cause le professeur Dausset[2] : « C'est lui qui a insisté, je lui ai fait confiance, voilà tout ! »

On ne peut, semble-t-il, plus rien lui dire, car il doute de tout et de tout le monde. Plus attaché que jamais à diviser le monde en deux, ceux qui sont « fiables » en toute circonstance et ceux qui ne le sont pas, c'est-à-dire les inconditionnels et les godillots d'un côté, les observateurs et les ennemis politiques, de l'autre.

Sur le plan physique, il était, paraît-il, assez fatigué hier soir, plus qu'il ne l'était la semaine dernière, sans doute à cause de la reprise de ses déplacements en province et par l'extrême tension de la

---

tion renvoie à une loi organique la composition de la Haute Cour, ses règles de fonctionnement ainsi que la procédure applicable devant elle. Le président de la République n'est responsable des actes accomplis dans l'exercice de ses fonctions qu'en cas de haute trahison.

1. Épouse de Georges Kiejman et journaliste à TF1.
2. Prix Nobel de médecine, mort en 2009.

période actuelle. Était-il indigné par la campagne politique qui se développe à partir de l'affaire du sang contaminé ? Non, semble-t-il, plus irrité, énervé, horripilé, qu'indigné.

Il intervient ce soir, sur les antennes de TF1 et de France 2, interrogé par Ruth Elkrief et Arlette Chabot.

16 heures, même jour

Le parquet fait appel du jugement Garretta. Pourquoi ? Argument officiel : parce que le docteur Allain, seul parmi les quatre, a interjeté appel. Le parquet n'a pas voulu qu'il connaisse un traitement différent des autres, notamment qu'il soit seul traduit en cour d'assises, et pas les trois autres.

Dans le milieu politique, surtout chez les socialistes, la conviction s'installe : les Français veulent que les ministres soient jugés. On n'y échappera pas.

L'intervention de François Mitterrand, à 20 h 15, a lieu en direct de ses appartements privés du palais de l'Élysée. La première question porte évidemment sur sa santé, dont il assure qu'elle est maintenant satisfaisante, quoique, comme des milliers de Français, il lui ait « fallu trois semaines, un mois avant de retrouver une aisance pour la vie quotidienne ». Il avoue avoir beaucoup souffert, avec une accélération du mal, en août dernier. Il voulait attendre la date du référendum, le 20 septembre. Il n'a pas pu le faire : il n'a tenu que jusqu'au 3 septembre, date de la fameuse émission avec Guillaume Durand. Ce qui explique – officiellement, cette fois – les longues minutes pendant lesquelles Philippe Séguin l'a attendu sur le plateau, pendant que le docteur Gubler était confronté à une brusque recrudescence du mal.

Cela ne l'empêche pas d'assurer aujourd'hui : « Ça va, je fais mon travail, j'espère le faire du mieux possible, n'en parlons plus ! »

Un passage sur l'élection de Bill Clinton pour se réjouir de l'arrivée d'une nouvelle génération à la tête des États-Unis. Quelques minutes sur la dépression économique mondiale où la France s'est mise dans la situation de « saisir toute nouvelle perspective de croissance qui s'offrirait à elle ». Une précision sur les négociations du GATT où il juge qu'« un accord commercial mondial est non seulement utile, mais nécessaire, à condition qu'il soit global et équilibré ». Et on en arrive au sang contaminé.

Mitterrand ne nie pas qu'il s'agit d'un épouvantable drame pour lequel il parle de « dysfonctionnements de l'État » ; il insiste sur la solidarité de la Nation tout entière avec les victimes hémophiles.

Puis il aborde un domaine plus complexe, celui de la Justice et de la responsabilité des uns et des autres.

Il commence par prendre acte de ce que des médecins ont déjà été sanctionnés, et ne nie pas que soit évoquée la responsabilité des politiques. Ce n'est pas à lui de décider qui est responsable et qui ne l'est pas. « Je peux, en revanche, dit-il, admettre des défaillances, des dysfonctionnements dans le fonctionnement de l'État, et, dans ce cas-là, il faut les corriger. »

On lui pose une question sur la Haute Cour de justice. Faut-il traduire les ministres devant ce tribunal d'une nature spéciale ? Il se lance dans un cours de droit constitutionnel d'où il résulte que les deux articles de la Constitution concernés, les articles 67 et 68, sont « boiteux, mal fichus, bâtards ». Ils recouvrent à la fois la haute trahison et le complot contre la sûreté de l'État. Restent les crimes et délits des gouvernants, qui relèvent du droit commun. Bref, « la réforme de la Haute Cour est indispensable » : elle s'impose si on veut définir exactement son domaine de compétence. Mitterrand souhaite donc réformer la Constitution dans ce sens. « Avant les législatives ? » lui demande-t-on.

Il ne répond pas précisément à la question, ajoutant simplement que tant que la Haute Cour n'est pas réformée, il faut faire fonctionner le système. « Les Assemblées accuseront qui elles voudront, et ces personnes se défendront. » Puis il refuse de répondre à une question sur Laurent Fabius.

Restent les autres pans de la réforme de la Constitution telle qu'il la prévoit : réforme du mandat présidentiel et de sa durée : « 5, 6, ou 7 ans : je ferai connaître mes propositions aux présidents des deux Assemblées, ainsi qu'au Conseil constitutionnel. » Il souhaite, dans ce sens, la mise sur pied d'un Comité consultatif constitutionnel composé de juristes et de parlementaires à installer le plus tôt possible. Et précise d'une phrase, à la fin de son développement : « Il faut nettoyer la Constitution et l'équilibrer par une révision de la Haute Cour de justice. »

Suit, pour conclure l'entretien qui a duré près d'une heure, une batterie de questions sur la cohabitation.

« La cohabitation, dit-il, a fonctionné. Je n'ai jamais empêché le gouvernement de l'époque d'exercer ses fonctions. J'ai refusé de signer les ordonnances. Telle est ma disposition d'esprit aujourd'hui. »

Quel serait le Premier ministre ? Réponse nette :

« Mon choix est tout à fait libre. »

Édouard Balladur ?

« Vous êtes d'une curiosité ! » Il ajoute : « Rien n'est jamais joué. »

Participera-t-il à la prochaine campagne législative ?

« Je vais voir ça. Je dirai quelles sont mes préférences. »

Comme d'habitude, nous sommes quelques-uns à le retrouver après sa prestation télévisée. Il semble ravi d'avoir refilé le bébé du sang contaminé aux parlementaires, députés et sénateurs. Il a par ailleurs donné, dit-il, du travail aux constitutionnalistes. Pendant qu'il parle, le doyen Georges Vedel est déjà à l'antenne pour parler de ce Comité consultatif dans lequel, apparemment, sa place est prévue.

« Vous voyez, raille Mitterrand en aparté, je lui ai donné des ailes ! »

Le toilettage de la Constitution ? Manifestement, il n'est pas pressé. Ce qui l'intéresse, c'est d'avoir éloigné le tir. Les parlementaires, s'ils le veulent, jugeront des responsabilités dans l'affaire du sang contaminé. Quant à la révision du texte fondateur de la Ve République, elle peut attendre. De toute façon, il n'a jamais aimé cette Constitution, ou plus exactement il ne l'a aimée que dans la mesure où il s'en est servi.

Mon impression est qu'il ne croit plus à grand-chose, hommes ou idées. Qu'il n'envisage son action qu'en réaction, selon ce mécanisme que Serge July, une fois pour toutes, a analysé il y a déjà quelques années : dans la lutte il est génial, dans les propositions il reste flou.

Depuis les dernières élections régionales, il vit d'expédients – un référendum, un Congrès, une élection –, dans une sorte de fuite en avant. À chaque question, à chaque nouvelle étape il invente un contre-feu.

13 novembre

Mitterrand pensait-il avoir éloigné le couperet de Laurent Fabius ? Ou bien ai-je mal compris ? Le seul fait d'avoir dit dans son allocution télévisée que la Haute Cour, même dépassée, pouvait juger qui elle voulait apparaît au contraire comme un lâchage. Les fabiusiens,

Fabius lui-même le prennent ainsi. Le PS peut-il aller aux élections avec Emmanuelli inculpé, Fabius menacé de Haute Cour ? Difficile !

Parmi les (rares) défenseurs du Premier ministre de 1985, interrogée par TF1, Michèle Barzach, ancien ministre RPR de la Santé[1], médecin elle-même, disculpe Fabius avec talent. Elle devrait être candidate dans le Loiret à condition d'obtenir l'investiture de l'UDF. Le seul fait qu'elle défende un tant soit peu Fabius lui aliène le RPR tout entier : ainsi Jean Tiberi me parle-t-il de Michèle Barzach, hier soir, sur un ton de colère qui me stupéfie.

La réforme constitutionnelle proposée par Mitterrand se révèle, trois jours après son intervention, être un flop. Après Raymond Barre, ce sont Chirac et Giscard qui n'en veulent pas. On ne leur refera pas deux fois le coup du référendum de Maastricht, qui les a obligés à voter dans le même sens que le président de la République !

Malgré tout, pour Giscard qui a réclamé à « 7 sur 7 », il y a quelques jours, la réforme que propose aujourd'hui Mitterrand, le refus est plus difficile à notifier. Il s'abrite derrière la création du Comité consultatif constitutionnel : il est favorable à toutes les réformes que propose Mitterrand, mais pas au Comité !

Chirac, plus carré, dénonce le piège tendu une nouvelle fois à l'opposition.

Les deux, en tout cas, sont d'accord sur un point : la réforme de la procédure de jugement devant la Haute Cour est nécessaire.

Il reste qu'auparavant, c'est la Haute Cour telle qu'elle est qui doit juger Fabius, Georgina Dufoix et Hervé.

16 novembre

Fabius, l'autre soir, avait demandé un jury d'honneur ; il a fini par accepter la Haute Cour. Il paraît sûr de son bon droit, et ne transforme pas sa certitude en agressivité. À la question : « Le Président vous a-t-il lâché ? », il répond en deux temps. En public, il est mesuré, habile. Le Président, affirme-t-il, a eu raison de dire ce qu'il a dit. Mais, citation exacte : « Pour le reste, sur telle ou telle phrase présente ou absente, vous me permettrez de garder tout cela pour moi. »

Plus tard dans l'émission, lorsqu'il est interrogé sur le dépôt par

1. De 1986 à 1988, dans le gouvernement Chirac.

François Mitterrand d'une gerbe sur le tombeau du maréchal Pétain, il souhaite pudiquement que ce geste ne se renouvelle pas.

Il ne peut certes aller plus loin. Mais à moi, au moment de quitter TF1, il glisse : « Vous le savez bien, tout cela est plus compliqué... »

Pense-t-il qu'il lui faut continuer le plus longtemps possible à « coller » à Mitterrand ? Pense-t-il qu'avouer avoir perdu le soutien du Président est pire, pour lui, que toute autre chose ? Ou bien pense-t-il que, s'agissant d'un autre, il aurait lui-même recommandé à Mitterrand de prendre ses distances ? Se rappelle-t-il en ce moment ses interventions auprès de Mitterrand pour que celui-ci lâche Hernu afin de n'être pas entraîné avec lui par le fond avec le *Rainbow Warrior* ?

« C'est plus compliqué. »

Il cite Léon Blum plusieurs fois dans la conversation que j'ai avec lui. Blum auquel il s'assimile maintenant, plus qu'à Mitterrand, avec son chapeau à larges bords imitant celui du président du Conseil du Front populaire.

Un mot au passage sur Garretta. Certes, l'Élysée, à la demande de Jean Dausset, a bien insisté auprès de Claude Évin, alors ministre de la Santé, pour qu'il obtienne la Légion d'honneur. C'est toutefois un RPR qui la lui a remise, et pas François Mitterrand.

Jérôme Jaffré : il prévoit un raz de marée de la droite en mars prochain. Non que les électeurs se précipitent en masse sur le RPR et l'UDF. Leur refus du PS se conjugue à une prise de distances vis-à-vis du Front national. Conséquence : le RPR et l'UDF seraient les grands vainqueurs de l'aventure. Cela donnerait, si on votait aujourd'hui, plus de 400 députés UDF-RPR, pas plus de 6 à 7 députés écologistes, une vingtaine de communistes, donc seulement près d'une centaine de députés socialistes.

18 novembre

Édith Cresson, que je rencontre hier dans son nouveau bureau du boulevard Exelmans, en veut beaucoup à TF1 à cause du fameux « Droit de savoir » sur les charters, et à cause du « Bébête Show ». Elle déverse un flot de ressentiment contre Laurent Fabius, sur certains technocrates qui ont voulu sa peau, sur la presse qui a réagi avec hostilité parce qu'elle est une femme.

Pas un mot sur Mitterrand.

Elle est persuadée que, de toute façon, le PS est fichu ; que personne n'a réussi à réformer l'appareil d'État, à casser la technostructure, à trouver une autre façon de gouverner. Elle non plus, la malheureuse !

Elle répète : « C'est une poignée de journalistes qui dit aux Français ce qu'ils doivent penser ; nous, les politiques, n'arrivons plus à nous faire entendre ! »

Les choses vont à toute allure : les socialistes ont accepté la Haute Cour tandis que l'opposition a fait bon accueil à la demande de création d'une commission d'enquête sur ce qu'on savait exactement, à l'époque, sur le sida, pour éviter d'avoir un regard rétroactif sur un danger qui a été longtemps inconnu du grand public et des professionnels de santé partout dans le monde. *1992*

Échange de bons procédés : il reste que Fabius sera bel et bien entendu par la Haute Cour, ce qu'il a tout fait pour éviter.

Mitterrand et TF1 : à Jean Boissonnat qu'il a reçu récemment, il a confié : « Mon échec, c'est de ne pas être parvenu à renationaliser TF1 ! »

Tout est dans cette phrase. Et dans ce que m'a dit Édith. S'ils croient l'un et l'autre qu'une poignée de journalistes fait ou défait l'opinion, il faut évidemment abattre cette poignée de journalistes.

Haute Cour, suite : le texte de la mise en accusation, tel qu'il a été élaboré par le Sénat, pose problème. Impossible de l'accepter pour le PS qui souhaiterait une rédaction plus neutre. Est-il trop tard ? Tout cela, de toute façon, ne débouchera pas sur une conclusion avant les élections de mars prochain.

Nouvelle affaire : l'affaire Botton[1]. TF1 étant le média le plus

1. Né à Lyon en 1955, Pierre Botton, à la tête d'une entreprise familiale spécialisée dans l'agencement de pharmacies, a fait la connaissance de Michel Noir, alors idole montante du RPR. Entreprenant de créer un réseau de soutien à celui dont il veut faire l'élection à Lyon d'abord, en France, si possible, après, Botton, sitôt Michel Noir élu à Lyon, veut profiter de sa situation pour régenter les marchés publics de la ville. Le juge Courroye, chargé de l'enquête, démonte le système : Botton écopera de deux ans de prison. Le réseau de connaissances qu'il a constitué

important, le plus influent, le plus haï aussi du pouvoir, il est hélas naturel que les représailles politiques s'exercent en priorité contre cette chaîne. Torrent de boue contre TF1 !

21 novembre

Jacques Toubon est sûr que c'est Michel Charasse qui aurait laissé filer le nom de PPDA parmi les amis de Pierre Botton. Ce qui est certain, c'est que, jeudi soir, le 19, Charasse, très ennuyé parce que son nom avait été cité comme principal auteur des attaques visant TF1, a essayé de remonter le courant. Il a vu Patrick Le Lay, auquel il a assuré n'être pour rien dans la boue déversée sur la chaîne. Pendant ce temps-là, Jean-Louis Chambon, son ami, ancien collaborateur d'Édith, m'a appelée pour me seriner la même chanson : surtout ne pas croire que l'Élysée est pour quelque chose là-dedans, etc. Pilhan lui-même m'a appelée le lendemain matin. Mais je ne l'ai pas eu : j'étais en voyage de noces !

D'ailleurs, cet épisode Botton éclabousse de tous côtés : les proches, ce sont Noir, ce grand crétin, qui plaide sur le ton « Je ne pense qu'à ma fille [1], si malheureuse », et puis le maire de Cannes, Michel Mouillot – ami de longue date, soit dit en passant, de Michel Charasse.

26 novembre

Les agriculteurs sont dans la rue : ils s'opposent à la signature de l'accord du GATT, auquel s'oppose également le gouvernement français. Et, pour ce faire, ils s'en prennent pêle-mêle à des restaurants MacDonald et à des supermarchés. Absurde !

Climat effroyable : les journalistes sont contestés, les politiques déconsidérés, le gouvernement déstabilisé, l'opposition prise à revers.

Je ne peux m'empêcher de penser qu'il est contradictoire, pour Mitterrand et le gouvernement, d'avoir fait voter en faveur de Maastricht puis de refuser, quelques semaines plus tard, l'accord sur le GATT, négocié depuis Bruxelles, à Washington, par deux commis-

pendant des années comprend plusieurs journalistes, dont Patrick Poivre d'Arvor. Quant aux marchés publics de Lyon, beaucoup sont attribués à l'époque à l'entreprise Bouygues, dont le chantier du contournement de la capitale des Gaules.

1. Qui a épousé Pierre Botton en 1986.

saires européens et qui reprend à peu de chose près la PAC. De deux choses l'une : ou bien l'on croit à la nécessité d'une Europe unie et on en accepte les conséquences, ou bien on croit à l'Europe des nations et on ne soumet pas le traité de Maastricht au pays.

Pierre Bérégovoy obtient la confiance de l'Assemblée nationale sur le volet agricole de l'accord GATT : 251 députés de l'opposition votent pour la motion de censure, 301 députés socialistes et communistes votent contre. Sur le fond, tout le monde est d'accord : Bérégovoy affirme vouloir défendre l'agriculture française, l'opposition ne va pas s'inscrire en faux contre cet engagement. Mais les lois de la politique parlementaire veulent que l'opposition refuse sa confiance au gouvernement tandis que la majorité lui amène ses voix.

Il aura fallu à l'opposition deux réunions plénières de l'intergroupe UDF-RPR pour arriver à définir une position commune (voter contre tout en pensant que le gouvernement a raison). Chirac, Millon et Pons ont plaidé en faveur du « non » sur le thème : aucune confiance à accorder à ce gouvernement-là. Quelques autres, à l'intérieur de l'opposition, étaient favorables à l'abstention ou à la non-participation. Cinq députés de l'opposition seulement ont fini, malgré les consignes de l'intergroupe, par s'abstenir. Dont Raymond Barre.

Étonnante après-midi d'hypocrisie politique ! Personne n'aborde le problème des paysans auxquels il faudra bien finir par répondre quelque chose. L'opposition vote contre la position qu'elle réclame, tandis que la majorité feint de croire qu'il est possible de continuer à faire l'Europe avec les agriculteurs français contre les autres pays européens.

Quant aux agriculteurs, ils continuent de manifester dans la rue, jetant sur les flics des barrières en métal sans qu'à aucun moment il ne leur en soit tenu rigueur. Et pas un éditorialiste qui ne pose le problème de la classe politique, incapable de régler le problème paysan sans recourir à la démagogie.

29 novembre

Pierre Moscovici attire mon attention sur le fait que bien peu de leaders du PS étaient présents à la Convention socialiste sur les investitures. Comme s'ils s'étaient donné le mot pour laisser Fabius gérer seul la campagne électorale. Entre les ministres qui ne souhaitent pas être candidats et ceux qui, l'étant, souhaitent qu'on leur fiche la paix, on ne se bouscule pas.

Quant à Lionel Jospin, j'éprouve à son endroit ce que je ressens à l'égard des dirigeants communistes. Ceux-ci s'efforcent de sortir du moule, de la gangue dans laquelle ils sont enfermés. Ils ont l'impression d'accomplir des efforts considérables, comme ils l'ont fait par exemple pour montrer qu'ils abandonnaient le dogme de la dictature du prolétariat, et qu'ils ont donc changé. Ceux qui sont extérieurs au Parti trouvent ces abandons dérisoires et ne retiennent pas la longueur du chemin qu'il lui a fallu parcourir avant d'y arriver. De la même eau, je trouve, est Lionel Jospin. Il est apparu aux yeux de certains socialistes comme ayant fait acte d'héroïsme parce qu'il a dit, à propos de la couronne de fleurs à Pétain, que Mitterrand s'était trompé. La belle affaire ! Il a aussi laissé entendre qu'il était prêt, dès demain, à assurer la relève de Laurent Fabius à la tête du PS. Je ne me sens nullement bouleversée – qui l'est, d'ailleurs ? – par cette révélation.

L'affaire Botton prend des proportions inimaginables. Le juge Courroye veut faire inculper des journalistes, dont PPDA, mouillés dans des déplacements en avion payés par Botton. PPDA a aggravé son cas en disant à l'antenne qu'il s'agissait d'une affaire politique. « Nous, politiques ? » s'est insurgé le juge de Lyon. Il resterait que des journalistes « auraient fait partie de l'industrie Botton » !

2 décembre

La révision constitutionnelle proposée par Mitterrand est décidément un retentissant échec. Pourtant, il n'avait pas en tête que des idées tordues : celle, par exemple, de forcer une fois de plus l'opposition à voter pour lui. Il propose de réformer des tas de pratiques, d'articles et de dispositions constitutionnelles qui font depuis longtemps problème : la durée du mandat présidentiel, la saisine directe du Conseil constitutionnel, la Haute Cour, le Conseil de la magistrature. Certes, c'est bien, c'est très bien. Mais n'est-ce pas un peu tard ? Même chose pour la modification de l'article 49.3, pour le rôle des députés dans l'élaboration du budget social de l'État. Tout cela sent le fagot, si j'ose dire. En outre, parce que le pouvoir est dans la dernière ligne droite avant les législatives, il est aisé, pour ses adversaires, de crier à la manœuvre. Donner, par exemple, à un Comité consultatif la mission de rendre ses conclusions en février, à quelques jours du scrutin de mars prochain, ce qui, en soi, n'est pas une mauvaise idée, apparaît à l'opposition comme un piège plutôt grossier.

L'opposition s'est déjà fait hacher menu par le référendum sur l'Europe, elle ne tient pas à recommencer de sitôt. Elle vient de décider, à l'unanimité cette fois, de ne pas participer au Comité consultatif constitutionnel.

Morale de cette histoire ? Il y a peut-être, et même sûrement, de très bonnes idées dans le texte de Mitterrand, établi après consultation de Robert Badinter, Jean Kahn et Michel Charasse. Des idées partagées par Giscard et bien d'autres à l'intérieur de l'opposition. Seulement voilà : celle-ci prête à Mitterrand tant d'intentions malignes que, désormais, quoi qu'il fasse, toutes ses initiatives seront pulvérisées. On ne prête qu'aux riches...

Quant à Michel Rocard, il prend ses distances faiblement, en trouvant qu'il n'y a pas, dans la discussion constitutionnelle en cours, de réelle urgence. Timide, peut-être efficace, néanmoins, pour bloquer la balle.

5 décembre

Jeudi soir, après la projection de son film, *Le Grand Pardon II*, Roger Hanin raconte cette histoire : il s'agit d'une femme enceinte qui avait reçu une décharge de chevrotine. Quelques années plus tard – elle a eu des triplés –, ses trois enfants n'arrivent pas à trouver le sommeil. Le premier fait pipi, expulse des plombs de chasse, a peur, questionne sa mère qui lui donne l'explication du phénomène. Quelques minutes après, même interrogation du deuxième enfant, même réponse. Le troisième enfant hurle alors : « Maman, maman, je me suis masturbé et j'ai tué le chien ! »

Je ne raconterais pas cette histoire idiote si Roger Hanin n'avait enchaîné comme suit :

« Bof, ça, ce serait impossible à faire avec un cancer de la prostate ! »

Christine Gouze-Raynal s'étouffe. Je plonge le nez dans mon assiette.

« Bon, dit Roger Hanin, il est temps de partir, non ? »

Rentrée de François Léotard qui, visiblement, n'en peut plus d'attendre un non-lieu qui ne vient pas. Tant de foin pour avoir quitté la vie politique quelques semaines, je n'en reviens pas...

Les élections primaires au sein de l'opposition ? Il n'y croit pas. La cohabitation ? Il sera impossible de ne pas l'envisager : comment solliciter un mandat des électeurs et refuser de l'assumer ?

Le plus intéressant, c'est ce qu'il ne dit pas. Sur lui, sur son inculpation : il se défend avec, au fond des yeux, un air tragique, fragile, malheureux, qui le fait, d'un coup, ressembler à son frère.

1992

14 décembre

Départ de TF1. Je suis incapable d'en parler aujourd'hui. Plus tard, peut-être, quand mon émotion et ma colère seront retombées...

15 septembre

Édith Cresson à nouveau : je suppose qu'elle a voulu me revoir après mon départ, sachant à quel point tout départ est douloureux.

Lorsque j'arrive, Abel Farnoux prend congé et nous restons seules dans la pièce ultra-moderne où elle travaille aujourd'hui.

Quelques mots pour me signifier, en ses termes, qu'elle est avec moi face à ceux qui m'ont éliminée. Je lui dis que je ne sais rien de cette histoire, et n'en veux rien savoir. Suis-je allée trop loin en demandant, sur ordre de Le Lay et de Mougeotte, à PPDA de prendre du recul lorsque viendra l'affaire Botton (cela, sans présumer de l'issue du procès) ? Étais-je, ces derniers mois, devenue inutile : c'est-à-dire sans appuis politiques, sans valeur ajoutée au sein d'une rédaction organisée en baronnies ? La tristesse passée, je me dis qu'après tout, je n'avais plus grande envie, au bout de cinq années, de continuer à rechercher des équilibres incertains entre les ego des uns et la jalousie des autres. Bon, je n'avais plus rien à faire là. D'ailleurs, aurais-je écrit autant, pendant cette dernière année, dans mes cahiers si je n'avais pas préféré ces chroniques politiques à l'organisation de la rédaction ? À vrai dire, depuis le déménagement à Boulogne, que j'ai organisé et qui m'a pris trop de temps, je ne me sentais plus en phase avec la machine. TF1, je le sais, est un endroit où les états d'âme sont interdits.

D'autant qu'après sa volte-face à propos de PPDA, dont Martin Bouygues a refusé l'éloignement, même temporaire, Le Lay m'a proposé de rester à TF1 pour m'occuper des futures chaînes câblées du groupe. J'ai refusé ce placard doré et suis partie sur-le-champ, avec mon amie Danielle de la Gorce. Nous nous sommes retrouvées sur le parvis de TF1 avec deux sacs-poubelle pleins d'objets hétéroclites, et un chèque confortable d'indemnités en poche. Voilà : l'aventure TF1 est terminée. Il y a une vie après TF1.

J'explique tout cela, ou à peu près, à Édith en lui suggérant que mon éviction a été somme toute moins difficile à vivre que la sienne. *1992*

Elle m'écoute. Puis d'un coup, c'est sur Mitterrand qu'elle se concentre :

« Je ne le verrai plus jamais », me dit-elle.

Suit son récit : entre elle et lui, il y avait un contrat. C'est le Président qui lui avait demandé de prendre Matignon, de s'investir, de bouger, de changer, de surprendre, de réformer. Quitte à faire du bruit.

« Il aurait pu ne pas me proposer ce contrat-là. J'aurais peut-être alors refusé Matignon. En tout cas, c'est sur quoi nous étions d'accord. »

Et puis, dès le départ, la négociation sur le gouvernement avec Fabius. Et puis, tous les courants du PS y allant, à tour de rôle, de leur couplet contre elle. Et puis tous les ministres se plaignant de ne pas être reçus à Matignon. Un mercredi, à l'occasion du tête-à-tête traditionnel avant le Conseil des ministres, Mitterrand lui a fait le reproche de ne pas leur accorder assez de temps. Le mercredi d'après, toujours avant le Conseil, elle ramène, comme à un professeur, les statistiques précises : nombre de visiteurs, nombre de ministres reçus, comparaison avec ses prédécesseurs.

« Un calvaire », dit-elle : tous les jours, toutes les semaines, dénoncée à l'Élysée par les uns, vilipendée par les autres. Avec un Mitterrand sévère, de plus en plus désagréable, de plus en plus cassant. « Avec son Fafa » qui a toujours quelqu'un à proposer pour un poste vacant. Avec Bérégovoy cherchant toutes les occasions de lui nuire. Elle est écœurée par ce qu'ils lui ont fait, plus encore écœurée par ce qu'il lui a fait, lui, à qui elle faisait une confiance absolue. Les socialistes, elle n'en a plus rien à cirer !

« Entre un socialiste et Jacques Chirac, me dit-elle, la prochaine fois je choisirai Chirac ! Il y a d'ailleurs beaucoup de socialistes qui, en privé, me disent qu'ils feraient la même chose. »

Elle raconte encore longuement qu'après son départ de Matignon, Mitterrand a tout fait pour la revoir. Il lui a proposé de l'emmener en voyage officiel en Espagne, ce qu'elle a refusé. Les socialistes, le Parti, la politique, elle ne veut plus en entendre parler.

De la mairie de Châtellerault elle ne me dit pas un mot. Pourtant, elle semble toujours attachée à cette ville dont elle déclare que les habitants, eux, lui ont toujours été fidèles.

Elle a, me dit-elle, raconté tout ce qu'elle vient de me dire, et d'autres choses encore, à Élisabeth Schemla qui fait un livre sur elle. Édith Cresson n'autorisera la sortie de ce livre qu'après les élections de mars : « Il ne manquerait plus qu'on m'accuse d'avoir fait battre ou contribué à faire battre des socialistes ! »

Le soir même, dîner chez Tony et Françoise Dreyfus avec Bérégovoy et Rocard. J'aurai rencontré trois Premiers ministres en une même journée !

Rocard est volontairement souriant, presque mondain. Il est, me confie-t-il néanmoins, dans une phase très dure avec Mitterrand. D'ailleurs, à la convention du PS qui a eu lieu la veille, il a dit qu'il lui fallait prendre ses distances, ce qui est une façon de reconnaître qu'il y en a, des distances, entre Mitterrand et lui !

Bérégovoy, lui, est décontracté. Carcassonne, présent, ne m'en dit guère plus : il est persuadé que Michel Rocard sera président de la République et que Jacques Chirac n'est plus menaçant.

Dernier dîner de la Ve République de gauche avant les élections.

Pas de regrets. Moins encore de remords. L'impression que rien d'autre n'est possible qu'un abandon provisoire du pouvoir.

Avec, en perspective, l'élection attendue de Michel Rocard, qui apaise bien des inquiétudes.

Fabius et la Haute Cour : *in extremis*, il a choisi de ne pas y être déféré et de disjoindre son cas de celui d'Edmond Hervé et de Georgina Dufoix.

Est-ce une bonne solution ? Au cours du dîner, Tony Dreyfus me confie que les socialistes lui en veulent beaucoup de sa décision.

Dimanche, à la convention du PS, c'est Rocard qui a été ovationné, et Fabius boudé.

18 décembre

À n'y plus rien comprendre !

Hier matin, les socialistes, réunis au siège du Parti, refusent de déférer Georgina Dufoix et Edmond Hervé devant la Haute Cour parce que Fabius a dit qu'il n'en serait pas. Voilà ce pauvre Fabius accusé à la fois de lâcheté et de saloperie ! Décidément, quoi qu'il fasse, c'est mal.

Coup de tonnerre dans l'après-midi : Fabius change à nouveau de décision. Il se soumettra donc à la Haute Cour avec les deux autres. L'Assemblée et le Sénat revotent à la hâte.

On peut retracer sans difficulté la chronologie de cette douloureuse histoire. Fabius est le premier à dire qu'il veut être jugé, mais que la Haute Cour ne lui semble pas le lieu adapté. Mitterrand dit le contraire à la télévision après en avoir longuement parlé avec Fabius : ce n'est peut-être pas ce qu'il faut, la Haute Cour, il faut certes la réformer, mais, pour l'heure, la Haute Cour existe et il n'y a pas mieux.

Donc Fabius, le premier surpris et dérouté, accepte le lendemain de s'y soumettre. Puis, le Sénat hésitant, il saute sur « son absolution » pour renoncer à comparaître. Et c'est alors que les socialistes se déchaînent contre lui !

En fait, les choses sont simples : Fabius a toujours été mal aimé par les socialistes. Ce n'est pas parce qu'il est le plus intelligent d'entre eux, comme dit Mitterrand, ni parce qu'il réinvestit l'une après l'autre les fédérations dont il change les premiers secrétaires fédéraux qu'il est aimé.

Commentaire d'Hubert Védrine, que je rencontre à l'Élysée le lendemain : « Le PS est devenu ingouvernable. Personne n'est capable d'élaborer une stratégie, personne n'est capable de s'y tenir. Autant d'individus, autant de volontés différentes. Pas de sens de l'intérêt général, pas de réflexion commune. »

De Pierre Bérégovoy, il dit qu'il est comme « un chirurgien qui opérerait un malade avec toute la famille présente dans la salle d'opération, le chef de file des infirmières, le représentant syndical du personnel, et tout cela sous les caméras de la télévision ! »

Il trouve le Premier ministre « courageux et sympathique ». Il convient avec moi qu'il a eu la tête un peu enflée lorsqu'il a été aux Finances, mais que les choses se sont arrangées à Matignon.

Hubert Védrine a débuté à l'Élysée à ses côtés en 1981. Bérégovoy[1] lui avait confié la lecture des premiers télégrammes de félicitations des chefs d'État étrangers à l'occasion de l'élection de Mitterrand. Par la suite, ce sont les problèmes internationaux qu'il a le mieux maîtrisés et qu'il a le plus suivis – alors, dit-il avec humour, qu'il lui arrive de n'avoir jamais mis les pieds dans tel ou tel pays.

22 décembre

Je suis revenue hier soir, avec Henri Weber, sur le raisonnement qui a guidé Laurent Fabius. Ce sont Robert Badinter et Olivier Duhamel qui lui ont démontré que le procès allait durer quatre ans, que l'opposition d'aujourd'hui en serait maître demain, et qu'il serait, lui, entre les mains de ses ennemis politiques. Ils prévoyaient tout à fait une solide bronca dans la presse, pendant quelques jours : à tout prendre, selon eux, cela valait mieux que quatre années de drame !

Ils ne prévoyaient pas que le groupe parlementaire socialiste ne les suivrait pas, qu'il refuserait de voir juger les deux ministres sans le premier d'entre eux.

« Cinq ans de perdus ! » soupirait Henri Weber. Peut-être pas ; l'opinion est versatile : si Fabius sait apparaître comme une victime expiatoire, ce qu'il est, il peut la retourner.

Un peu plus tard, nous refaisons les calculs électoraux pour l'élection de mars : plus de 400 députés de l'opposition actuelle, 65 à 100 députés socialistes, une gauche à reconstruire, l'absence totale de militants pour coller des affiches ou distribuer des tracts, plus de sections, si ce n'est squelettiques.

---

1. Du 21 mai 1981 à juin 1982, Pierre Bérégovoy est secrétaire général de l'Élysée, avant de devenir ministre des Affaires sociales dans le gouvernement Mauroy de 1982 à 1984.

Sorti de l'ENA en 1974, Hubert Védrine a rejoint l'Élysée en 1981. Il y est, pendant le premier septennat, conseiller à la cellule diplomatique. Après un passage au Conseil d'État pendant la première cohabitation, il est porte-parole de la Présidence. De 1991 à 1995, il est nommé secrétaire général de la Présidence de la République.

25 décembre

Claude Cheysson, que je rencontre hier, me demande :

« Avez-vous eu une fois une conversation avec Mitterrand sur l'audiovisuel ? »

Je lui réponds que non.

« Moi non plus, je n'ai jamais pu aller loin sur le fond, me dit-il ; sur le Moyen-Orient, par exemple ! »

À son sens, Mitterrand a un blocage sur le monde arabe. Dû à quoi ? À l'indépendance de l'Algérie et aux guerres coloniales de la IVe République.

« Il y a un autre peuple qu'il déteste encore plus que les Algériens, me confie-t-il, ce sont les Indochinois ! »

30 décembre 1992-3 janvier 1993

Voyage à Moscou pour la fin de l'année.

C'est l'après-guerre. Comme la guerre était froide, c'est une après-guerre froide. On se prostitue, on se prosterne devant le dollar, l'Amérique est la terre promise, des bandes de jeunes nous agressent à l'entrée du Kremlin devant des policiers qui ne bougent pas. La ville entière sent mauvais, et dans ces latrines générales, quelques survivants de l'ancien régime sont réduits au silence, dans la désolation. Pas même la rage au cœur de voir, en quelques mois, l'état dans lequel se trouve la capitale soviétique.

On a dit aux Russes, pendant des années, qu'ils travaillaient pour la société, pour la collectivité. Aujourd'hui, la seule valeur à laquelle ils croient, c'est eux-mêmes. À tirer leur épingle du jeu dans l'éclatement du communisme.

Les églises, superbes, ne sont même pas pleines. Non. Tout est vide, sauf les endroits où on a une chance de gagner un sou. Nous assistons, sous le porche du Bolchoï, à une bagarre en règle entre revendeurs de places au marché noir. Les uns ont investi les lieux, délogeant les quelques misérables qui essaient, seuls, de revendre un siège. Pis : la représentation d'*Eugène Onéguine*, à laquelle nous assistons, est sans éclat : costumes vieillis, décors pauvres, chanteurs comme à bout de forces.

En sortant, notre ami Guy Sitbon, correspondant du *Nouvel Observateur* à Moscou, nous emmène dans une boîte de nuit sur la place du Bolchoï. Les hommes de notre groupe se voient entourés d'un essaim de très belles femmes blondes, prêtes à tout pour sortir de Russie.

Dans les rues, ils et elles sont légion à avoir faim.

La mort de l'Union soviétique, certes, qui peut la regretter ? Mais à quel prix pour les Russes !

1993

1993

4 janvier

Retour en France.

Laurent Fabius dans la tourmente. Les socialistes se conduisent comme s'ils voulaient à toutes forces, et le plus vite possible, s'en débarrasser. L'un me dit qu'il ne peut pas rester premier secrétaire jusqu'aux élections ; l'autre, que c'est en réalité Mitterrand qui sonne l'hallali.

Je n'y crois pas une seconde. La peur de ne pas être réélus explique seule le comportement des députés socialistes.

Jusqu'où iront les exclusions de tel clan par tel autre, de telle cellule du clan par telle autre cellule du même clan ? Fascinant de voir qu'il y a toujours quelqu'un pour épurer quelqu'un d'autre !

7 janvier

Vœux de Mitterrand à l'Élysée, hier. Il parle de la crise de confiance de l'opinion... à l'égard des journalistes, sans jamais se départir de l'ironie féroce dont il les accable. Il se réjouit d'avoir étendu la liberté de la presse à la télévision et à la radio, et, en même temps, s'exaspère à l'idée que les journalistes, selon lui, en abusent.

Puis il se livre, assis sur un canapé bleu passé, dans le salon qui jouxte la salle des fêtes. On l'interroge sur sa santé. Il répond longuement, franchement, parlant de son cancer comme si ce n'était pas le sien, dissertant sur son dernier bulletin médical.

« Pas de métastases, dit-il, mais le cancer n'en est pas pour autant terminé. »

Il avance des chiffres de référence : les marqueurs ne doivent pas être supérieurs à 5. Quand on l'a opéré, ils étaient à 75. Aujourd'hui, ils sont retombés à 25.

Y a-t-il là pour lui, se demande-t-il, de quoi se réjouir ? Il ne se répond pas.

Il vit depuis longtemps, ajoute-t-il, avec l'idée de la mort, et n'en est pas effrayé.

Assez parlé de la maladie : nous passons à la politique. Comment concilie-t-il sa certitude d'une future défaite de la gauche et la nécessité d'apparaître, lui, comme le rempart de la gauche ?

Il commence à parler des acquis sociaux : il s'opposera à ce qu'on y touche. Il dit – cela paraît purement formel – qu'il n'est pas sûr de la victoire de l'opposition en mars prochain.

Nommera-t-il Balladur ?

« Attendez ! » proteste-t-il.

Ou bien Chirac, ou encore Giscard ?

Nouvelle protestation, nouvelle demande : « Attendez ! »

18 janvier

Une heure passée avec Édouard Balladur que je vais interroger boulevard Saint-Germain.

« Il ne serait pas raisonnable, susurre-t-il, d'accepter le poste de Premier ministre aujourd'hui.

– Pas raisonnable, mais vous le feriez ?

– Je ne devrais pas. D'ailleurs, je ne suis aucunement sûr de l'être. »

J'en conclus que si on le lui demande, il ira à Matignon. Sans méconnaître les risques. Il se met, du coup, à envisager ce qu'il ferait « si », et quelle serait alors sa marge de manœuvre. D'abord, pas question de réduire dès cette année le déficit budgétaire. Pas de remède non plus à attendre sur le chômage : les mesures à prendre ne porteront leurs fruits que dans quelques mois.

Et avec Chirac, comment ça va ?

« Très bien. Il sait que nos éventuelles mésententes ne pourraient profiter qu'à nos adversaires. Je lui ai dit l'autre jour : Jacques, calmez votre entourage ! »

Le problème de la cohabitation, pour lui, se pose en des termes assez simples : si l'opposition actuelle obtient 450 sièges, il lui sera très difficile de ne pas demander la démission de Mitterrand. Il y a des excités auxquels on ne pourra faire entendre raison. Si les députés UDF-RPR sont en nombre inférieur à 400, la cohabitation est possible, Mitterrand restant à l'Élysée.

22 janvier

Petit déjeuner avec Jean Poperen. Il me confirme que Mitterrand a donné mission à Pierre Bérégovoy de conduire une campagne politique, en marge de celle du PS, ou plutôt parallèle à celle-ci. Il ne veut sans doute pas que Laurent Fabius, en difficulté, se sente lâché par lui. La seule solution est donc de demander à Bérégovoy de reconquérir, si cela est encore possible, les électeurs déçus du Parti socialiste qui trouveraient dans l'action du Premier ministre, dans sa manière ferme de diriger le gouvernement, de quoi les convaincre de rester à gauche.

« Bérégovoy, me dit Poperen, a pris cette proposition de Mitterrand comme un honneur. Il est confiant. »

À partir de maintenant, Bérégovoy recevra donc tous les mardis un petit noyau formé de quelques ministres et de ses conseillers politiques pour déterminer des angles d'attaque contre les adversaires politiques du PS : le RPR, l'UDF, certes, mais aussi ceux dont la courbe menace clairement, depuis peu, les socialistes : les écologistes.

28 janvier

Les sondages placent aujourd'hui le PS en dessous de 20 %. L'un d'eux (CSA) le met même à 17,5 %, soit deux points de plus que les écologistes.

Brice Lalonde se crêpe le chignon avec Laurent Fabius, hier, sur France 2 : « Ton univers s'écroule, lui dit-il, tu le vois bien ! »

Que serait Lalonde sans les socialistes ? Pas grand-chose. Qu'est-il aujourd'hui ? Un important rival potentiel à gauche.

Bernard Tapie sera candidat à Marseille. Bien sûr, mais où ? Il pense à la circonscription dont Guy Hermier (PC) est le député. Il y bénéficierait, paraît-il, d'une avance de cinq points. Mais, s'il est candidat, dans ces circonstances, partout ailleurs en France les communistes risquent de ne pas se désister au second tour pour les socialistes qui seront arrivés avant eux au premier. Le sort de Tapie peut-il mériter cela ?

Jérôme Jaffré me dit qu'à partir de maintenant, il semble que les écologistes aient fait le plein des voix venues des « déçus » de la gauche. Désormais, ils sembleraient commencer à engranger des voix venues de la droite où la guerre des chefs ne séduit pas tout le monde. Dans ce cas, la progression des Verts est assurée, avec le danger, pour les socialistes, de les voir s'envoler, eux, au-dessus des 20 %.

1993 *10 février*

Pour un long reportage commandé par Arte sur la campagne qui commence, je retrouve aujourd'hui Jacques Chirac en Bourgogne. Il commence en effet sa tournée à Nuits-Saint-Georges. Robert Poujade, député-maire de Dijon, accompagné par le candidat RPR local, l'accueille sur le petit aéroport où l'avion de Chirac s'est posé parmi les vignes.

Jacques Chirac débarque, ravi, après une tournée à Marseille et à Gap. Il demande à Poujade s'il sent, dans la région, un fort courant en faveur du RPR. Franchement, Poujade ne sent rien. Il mesure très fort, en revanche, le rejet des socialistes, rejet qui ne se traduit pas forcément par un enthousiasme débordant pour le RPR.

De fait, lorsqu'on est ici, en Bourgogne, mieux vaut appartenir à l'opposition qu'à la majorité : Hoover a brutalement fermé ses portes, il y a quelques jours, aux employés bourguignons pour se délocaliser en Écosse. Philips licencie à tour de bras dans la région, et je ne sais quelle autre boîte remercie 300 salariés.

Chirac en profite pour foncer tête baissée contre l'actuel pouvoir, responsable du chômage qui monte.

J'ajoute que la loi Évin[1] sur l'alcool et le tabac, dans cette région qui vit du vin, ne contribue pas à rendre le PS sympathique aux petits exploitants qui écoutent Chirac et applaudissent quand celui-ci rappelle qu'il n'a pas voté la loi portant le nom du ministre socialiste.

1. La loi Évin, du nom de son auteur, Claude Évin, ministre socialiste de la Santé, vise, le 16 janvier 1991, la lutte contre l'alcool et le tabagisme. Elle interdit notamment la publicité pour les boissons alcoolisées.

Dans la salle où il répond maintenant aux questions, je note qu'il appelle les intervenants : « Cher Monsieur », et pas « Cher compagnon », comme on le fait dans les assemblées gaullistes.

Les paysans mettent en cause la paperasserie des eurocrates – les technocrates de Bruxelles. Chirac en profite pour se lancer dans un petit couplet antitechnocratique. Florilège :

« Nous avions notre réglementation, puis les technocrates de Bruxelles, en bras de chemise dans leurs bureaux climatisés, se sont intéressés à la viticulture.

« Nous sommes, poursuit-il, les seuls à subir ces contraintes. Si encore tous les viticulteurs avaient les mêmes obligations, on rouspéterait, mais il n'y aurait pas d'injustice ! Mais chaque fois que Bruxelles réglemente et que Bruxelles impose l'application de ces mesures, nos partenaires ne le font pas, et alors, naturellement, notre compétitivité décroît ! »

À l'entendre, impossible de penser qu'il a finalement voté le traité de Maastricht ! Ce soir, il apparaît même comme son principal opposant.

Il parle du revenu agricole, sujet sur lequel il est incollable, puis de la fiscalité, pour réentonner le couplet sur la technocratie : celle de Bruxelles et de ses institutions. Puis un petit couplet sur l'invasion des vins étrangers. Il parle, fait-il remarquer, de protection (et pas de protectionnisme, nuance importante !) contre les vins de qualité inférieure venant d'autres pays que de ceux de la Communauté. « Nous aurons besoin d'un ministre de l'Agriculture musclé », précise-t-il à l'évocation de tout ce qui attend les viticulteurs du coin.

Posant une question sur la forêt, un interlocuteur reparle de la loi Évin et de ses réglementations sur la publicité.

« Ah ça, reprend Chirac, la loi Évin, c'est une loi typiquement socialiste ! »

Pourquoi ? D'abord parce qu'elle aboutit à des contradictions, comme celle d'avoir récemment interdit à Robert Poujade de faire de la publicité pour la foire internationale de Dijon. « Absurde, évidemment ! »

« Cette loi, poursuit Chirac est tellement tordue, irréaliste, qu'elle se heurtera d'une part à Bruxelles, et de l'autre à la réalité du terrain. Donc, elle ne marchera pas ! »

Il enchaîne sur une grande tirade sur le thème de la « fatalité » : « Pas de fatalité de l'échec, pas de fatalité de la décadence ! » Pour ce qui est du chômage, il stigmatise les 400 milliards de francs que cela coûte à l'État, et trouve pour la première fois – du moins est-ce la première fois que je l'entends – un slogan d'un évident bon sens : « Il vaut mieux payer un peu pour que les gens travaillent que payer beaucoup pour les mettre au chômage ! »

J'abandonne un moment les thèmes de son discours pour parler avec Lydie Gerbaud, sa fidèle chargée de presse. Elle me confie que Chirac n'ira pas à Matignon cette fois-ci, qu'il en reste à son idée de proposer le poste à Balladur. Dans ce cas, que deviendra Chirac ? Président de l'Assemblée nationale ? Qu'y gagnerait-il par rapport à la Mairie de Paris ? Rien : le mieux serait qu'il reste à l'Hôtel de Ville.

Question à laquelle personne pour le moment n'a de réponse : comment s'organisera la concertation entre Jacques Chirac et Édouard Balladur ?

Deuxième digression : Lydie me parle du conflit qui gronde entre Jean-Jacques Servan-Schreiber et Jacques Chirac. De quoi s'agit-il ? J.-J. S.-S. fait dans son dernier livre allusion à un dîner impromptu avec Chirac où celui-ci serait venu, en 1974, lui proposer un complot contre Giscard. Chirac était à Rennes lorsqu'il a appris que *Paris Match* s'apprêtait à publier les bonnes feuilles du livre. J.-J. S.-S. n'a d'ailleurs pas attendu la publication des bonnes feuilles pour en parler, hier ou avant-hier, sur TF1.

Émoi, fureur, dénégation, trahison !

Franchement, je vois mal Chirac s'inviter un beau jour à dîner chez Jean-Jacques Servan-Schreiber. Qui ment ? Les deux en sont capables. Sur le fond, Chirac et Giscard n'ont plus grand-chose à entendre l'un sur l'autre. Le problème est que, cette année, ils font campagne ensemble : la révélation d'un complot ourdi par Chirac en 1974 (avant, donc, de lui donner le coup de pouce des 40 parlementaires RPR qui se sont ralliés à VGE) ferait mauvais effet.

Je reprends mes notes sur le déplacement de Chirac. Nous voici maintenant à la Maison des associations où Chirac rencontre les syndicalistes de Hoover, entreprise américaine qui vient de délocaliser en Écosse les activités de son usine bourguignonne. Il leur prodigue des conseils que ceux-ci écoutent avec beaucoup d'attention. Il leur faut, leur dit-il, exiger du gouvernement qu'il négocie un plan social sérieux avec les salariés. « Les Américains, dit-il au grand plaisir de son auditoire, se sont conduits comme des gougnafiers ! C'est le seul domaine dans lequel le gouvernement peut exiger quelque chose : il faut être féroce sur le plan social. Aucune pitié avec ces gens-là, ajoute-t-il pour faire bon poids. Il faut faire tout ce qui est possible pour les faire payer ! »

La tournée continue. On lui pose n'importe quelle question à laquelle il répond avec une égale bonne grâce : le GATT, les écolos, la réforme de l'Éducation et même la liaison Rhin-Rhône.

Nous voici repartis pour le dîner qui a lieu dans un restaurant renommé de Dijon. Nous avons quelques minutes, dans la voiture où il m'a conviée à l'accompagner, avec le cameraman d'Arte, pour parler de « cohabitation ». Si Mitterrand l'appelle, que fera-t-il ? Réponse vague : « Je verrai bien comment s'engage la conversation. » *1993*

Je sens pourtant que sa décision est prise : il laissera Édouard Balladur gouverner. En se réservant d'imposer sa volonté dans quelques domaines : « L'accord du GATT, que je trouve exécrable, en est un.

– Si je comprends bien, dis-je, vous vous réservez le droit de ne pas signer quelques ordonnances du Premier ministre !

– Oui, me répond-il, c'est cela, la comparaison est assez bonne ! »

Renversons le problème : à qui accepterait-il que soit dévolu le rôle de Premier ministre ? À Raymond Barre ?

« Je ne serais pas le seul, dans ce cas : toute l'opposition le refusera. »

René Monory ? La réponse de Chirac est inattendue :

« Il est très bien. Quand Raymond Barre, alors Premier ministre, demandait à ses ministres de ne pas donner un sou à la Corrèze, il a été le seul à refuser. Ce serait un excellent Premier ministre. »

Et Léotard ? Pas de réponse. On verra. Il répète : « Nous nous réunirons, nous verrons. »

Le dîner qui suit est exquis. Je note avec amusement, parce que Robert Poujade, toujours acide, me le fait remarquer, que, de tous les convives, Chirac est le seul à ne pas boire de vin. Posée par terre à côté de son siège, une bouteille d'une bière que je ne connaissais pas, la Corona, qu'il n'ose tout de même pas mettre sur la table, à Dijon, capitale des vins de Bourgogne !

14 février

La chronique de la défaite est si rapide, elle va tellement plus loin que ce que j'imaginais, que je n'arrive pas à en suivre quotidiennement le détail.

Dernier épisode, à cinq semaines des élections : Pierre Bérégovoy est entraîné à son tour dans une histoire incompréhensible[1]. Il s'agit d'un prêt, dont on craint que ce soit un don pur et simple, que lui aurait consenti Roger-Patrice Pelat il y a quelques années, pour lui permettre d'acquérir un appartement dans le XVIe arrondissement de Paris.

Où ira l'affaire, je n'en sais trop rien. Comme toujours, dans un premier temps, elle s'est cantonnée au *Canard enchaîné*. Puis les quotidiens s'y sont mis, puis les radios, puis les hebdomadaires. Quelle accumulation, tout de même ! Laurent Fabius, premier secrétaire du Parti, empêtré dans le « sang contaminé », le calcul de Mitterrand consistant à donner un rôle important dans la campagne à Bérégovoy se justifiait. Voilà que c'est lui qui, à son tour, est touché !

J'ai tendance à croire que cela peut ne pas être grave. C'est idiot, voilà tout. Il n'est pas question de fausses factures, ni d'enrichissement personnel. Juste un prêt pour l'achat d'un appartement. Le problème est que le personnage que s'était peu à peu construit Bérégovoy était celui d'un ancien ouvrier, venu du syndicalisme, monté à la force du poignet, dont la vie était en quelque sorte celle de tous les Français. C'est parce qu'il paraissait le plus honnête que cette incartade, ce coup de canif, marquent davantage l'opinion.

Toujours est-il qu'il lance sa campagne à Nevers. Les plans de la télévision montrent une assistance figée, sans un sourire. Même les

1. Le 3 février, *Le Canard enchaîné* affirme dans son numéro hebdomadaire que Pierre Bérégovoy a bénéficié en 1986 d'un prêt d'un million de francs qui lui aurait été consenti sans intérêts par Roger-Patrice Pelat, ami de longue date de François Mitterrand. Le prêt devait servir à acheter un appartement de 100 m^2 rue des Bellefeuilles, à Paris. Encore une fois, c'est le juge du Mans, Thierry Jean-Pierre, qui aurait fait cette découverte dans le cadre d'une enquête menée sur des fausses factures d'une société du centre de la France. Dans un premier temps, l'affaire du prêt de Patrice Pelat reste limitée au *Canard enchaîné* et à quelques journaux. Assez vite, pourtant, le fait que Pierre Bérégovoy ait accepté un prêt d'un homme mort au mois de mars 1989 alors qu'il était inculpé de délit d'initié dans l'affaire Péchiney attire l'attention et la critique des éditorialistes. Surtout lorsque ceux-ci insistent sur les conditions de la vente de Vibrachoc, société possédée par Pelat, en 1982, à un prix exhorbitant. À noter que Pierre Bérégovoy n'était pas, à ce moment, ministre des Finances, mais secrétaire général de l'Élysée.

fleurs – des roses, bien sûr – sont fanées. Et Bérégovoy, avec un air accablé, lève une rose qui incline piteusement la tête.

18 février

« Big-bang » de Michel Rocard à l'occasion d'un meeting à Montlouis – le fief de Michel Debré –, près d'Amboise.

Big-bang, qu'est-ce que cela veut dire ? Rocard emploie volontairement cette expression, dans son discours, pour illustrer ce qu'il attend maintenant : une explosion qu'il compare volontairement à celle qui a engendré le monde. Quelque chose qui change, qui bouleverse, qui révolutionne la vie publique en France. Qui déplace les clivages, qui aille au-delà du Parti socialiste, qui marque l'ouverture aux autres composantes de l'univers politique.

L'expression est bien choisie pour marquer sa volonté d'imaginer, au-delà du PS, la création d'un plus vaste rassemblement autour des valeurs de la social-démocratie.

Complémentarité entre François Mitterrand et Michel Rocard, ou au contraire antagonisme ?

Acte de décès du mitterrandisme, plus sûrement, à mon sens. Et de Mitterrand, condamné pour avoir promis « monts et merveilles » et pour n'avoir pas su endiguer le cours des « affaires ». En accentuant ses échecs, en anticipant sa défaite, Michel Rocard aura-t-il hâté, en réalité, la fin d'un Parti socialiste qui ne lui a jamais fait sa place ?

Rocard fait un pari sur l'avenir. Pour moi, c'est évident. Ce big-bang est une rupture, pas une continuité. « Une rupture, dit-il, pour accomplir une renaissance ! »

Tandis que les socialistes s'interrogent tout en minimisant le terme « big-bang » employé par Rocard, l'opposition reste circonspecte. À l'exception de François Léotard qui risque une phrase qui fait mouche : « C'est drôle, dit-il, d'avoir choisi le terme désignant la naissance du monde pour illustrer la mort du socialisme ! »

Question posée à Laurent Fabius : Michel Rocard a-t-il employé cette expression pour donner un coup de main au PS, ou au contraire pour l'écraser ? Fabius, qui assistait au meeting de Montlouis, dit qu'il n'a pas ressenti cette phrase comme un assassinat. « Plutôt comme un coup de main », me dit-il après réflexion. « C'est une rénovation » dit-il encore tandis que Mitterrand, lui, a suggéré à Michel Rocard de rénover ses idées avant de songer à rameuter des troupes.

Fabius n'en doute pas : « Michel s'est déterminé pour 1995. »

19 février

Meeting de Jean-Pierre Chevènement. Petit cinéma de banlieue, décor bleu, blanc et rouge. Il m'a donné rendez-vous au Café de la Gare, dans une arrière-salle sinistre qui change, à n'en pas douter, du restaurant dijonnais Le Cèpe où j'ai dîné la semaine dernière avec Robert Poujade et Jacques Chirac.

La salle est pleine. Je pensais qu'elle risquait de ne pas l'être.

Il est simple, grave, en ces temps qu'il sent difficiles. Il est sans doute d'autant plus chaleureux, ce soir, qu'il sait la partie perdue. « Si c'était à refaire, me dit-il avant le meeting, en évoquant tout ce temps passé tant bien que mal aux côtés de Mitterrand, je le referais. Quelles qu'aient été les déceptions, je n'ai jamais pensé à renoncer. »

Entre les déclarations de Rocard avant-hier et celles de Mitterrand hier, il doit se montrer assez imaginatif pour faire une synthèse. Il s'y efforce pourtant : « Je suis d'accord, dit-il, avec le discours que François Mitterrand et Michel Rocard pourraient tenir ensemble, de façon complémentaire. Je ne suis pas d'accord avec le discours qu'ils tiennent séparément. »

Il n'est pas né celui qui obligera Mitterrand et Rocard à parler d'une même voix !

Lorsque Jean-Pierre Chevènement se tait, Max Gallo prend la parole. Alors que Chevènement s'est gardé de mettre en cause Mitterrand, Max Gallo ne prend pas de gants : son attaque du chef de l'État sous-tend tout son discours, dans une sorte d'antimitterrandisme sournois : il sait qu'il est difficile de faire, devant ce public de gauche qui l'écoute, le procès de Mitterrand sans faire celui de la gauche.

Pas d'enthousiasme dans la salle. Des applaudissements à la fin du discours de Jean-Pierre Chevènement. Quelques-uns, aussi, quand Gallo termine par une citation terrible du philosophe politique Éric Weil[1] :

« L'homme politique est aussi un technicien. Ni la bonne volonté, ni la volonté du bien ne suffiraient à un médecin qui ne guérirait aucun malade. Ce qui compte, c'est le résultat d'une politique. »

1. Éric Weil est un philosophe politique d'origine allemande (il est né dans le Mecklembourg en 1904) qui a fui l'Allemagne après l'arrivée de Hitler à la Chancellerie en 1933. Ayant obtenu la nationalité française en 1938, il fonde, avec Georges Bataille et Alexandre Koyré, la revue *Critique* et entre à l'École pratique des hautes études après la guerre.

On sent l'auditoire désarçonné, perdu entre ces personnalités de la gauche – Rocard, Mitterrand, Chevènement –, tous tenant un discours différent, et tous parlant d'union !

25 février

Jean Lecanuet est mort. Pour moi, il restera une énigme : comment cet homme intelligent, brillant, habile, cultivé, direct, sympathique, beau de surcroît, s'est-il volontairement cantonné, après sa candidature de 1965, dans un rôle secondaire ? Président de l'UDF, certes, mais aux ordres de Giscard qui n'avait pourtant pas certaines de ses qualités ; ministre de la Justice, certes, mais il s'est beaucoup ennuyé place Vendôme, sans jamais monter plus haut : que lui manquait-il ? La détermination, l'envie, la volonté de briguer à nouveau la présidence de la République ? Alors, pourquoi l'avait-il fait en 1965 ? À moins que cette expérience, pourtant capitale dans sa vie, lui ait laissé un souvenir détestable ?

2 mars

Curieuse, paradoxale campagne ! Caractérisée par une complète absence de suspense.

Depuis des semaines, les sondages émettent les uns après les autres des diagnostics analogues. Les fourchettes oscillent entre 350 et 450 députés pour l'actuelle opposition, sur les 577 qui s'assiéront dans l'hémicycle de l'Assemblée nationale. Les vaincus potentiels, pour ne pas dire les futurs vaincus, sont à maints égards ravis d'abandonner le fardeau. Grâce au big-bang, ils ont l'impression ou plutôt l'espoir que leur exil ne durera que deux ans. Aucun d'eux ne met pourtant en doute l'échec de la gauche aux législatives : tous paraissent pressés de se décharger du poids, devenu trop lourd, du pouvoir.

Les vainqueurs désignés, eux, sont plus angoissés. Ils savent qu'ils n'auront pas le temps, en un an, deux ans, de voir se modifier la conjoncture économique. Le déficit ne sera pas résorbé, la reprise de l'activité sera encore incertaine dans le meilleur des cas, et le chômage n'aura pas amorcé une décrue significative. Comment pourraient-ils ne pas entendre, dans leur propre camp, les mises en garde de Charles Pasqua et de Philippe Séguin : le franc fort, les hauts taux d'intérêt interdisent tout optimisme. Mais ce n'est pas assez pour détourner du pouvoir ceux qui, en 1981 et 1988, ont tant souffert de le perdre.

Apparemment, les autres questions sont réglées : le Premier ministre sera choisi dans les rangs du parti majoritaire, et le nom d'Édouard Balladur est celui qui est le plus souvent cité. Avantage : il convient à tout le monde.

Pour que le big-bang marche, me dit Tony Dreyfus, toujours proche de Rocard, il faudrait que le mode de scrutin soit modifié : pas de ralliement du centre sans représentation proportionnelle. Le *hic* est que Michel Rocard a démissionné du gouvernement, il y a quelques années, parce qu'il lui était hostile[1].

« Enfin, Paris vaut bien une messe... », ironise Dreyfus.

1993

15 mars

Pour parfaire mon tour de France des leaders, j'ai suivi à Brest Valéry Giscard d'Estaing, charmeur et acharné comme s'il s'agissait de sa première promenade législative. Je l'ai retrouvé dans la minuscule permanence de l'UDF, à grignoter des petits fours avec des militants flattés de le voir de si près. Autour de lui, une toute petite équipe, dont une très jeune femme – j'allais dire jeune fille – blonde, efficace et autoritaire, qui a l'air de faire marcher les cadres de l'UDF à la baguette[2]. La clef des déplacements provinciaux de Giscard ? Il ne fait campagne que dans les circonscriptions où une primaire oppose un candidat UDF à un RPR. Le but ? Que le nombre de députés UDF élus soit le plus élevé possible, qu'il dépasse même celui des élus RPR pour que Giscard, éventuel chef du mouvement le plus important de l'opposition après mars, soit en mesure d'être Premier ministrable.

Aujourd'hui, je suis en campagne avec Michel Charasse[3], dans le Puy-de-Dôme. Il m'accueille dans sa maison de Puyjudeau, jolie bâtisse rurale entourée d'un jardin. Les sondages continuent à déverser leurs chiffres : le Front national n'est pas au mieux de sa forme, le PS tourne autour de 19 %, l'UDF tend à se rapprocher du RPR.

---

1. Le 4 avril 1985. Michel Rocard était alors ministre d'État, chargé du Plan.
2. Il s'agit de Marielle de Sarnez.
3. Michel Charasse est sénateur du Puy-de-Dôme de 1981 à 1988. Il le redevient aux élections sénatoriales de 1992.

Bérégovoy patauge dans l'affaire de son emprunt d'un million de francs et accuse sérieusement le coup : il ne doit pas supporter que toute son action à la tête du gouvernement depuis un an, à la tête du ministère des Finances de 1988 à 1992, soit revue à la baisse à travers ce prisme. Parce qu'il a reçu de l'argent de Pelat, quel rôle exact a-t-il joué dans le rachat de Vibrachoc, quelle connaissance avait-il de l'affaire Péchiney, pourquoi Samir Traboulsi était-il invité à son anniversaire de mariage ? Et le reste à l'avenant... Dès que le Premier ministre apparaît en province pour mener campagne, les pancartes sortent : toutes affichent des phrases assassines sur le prêt Pelat à 0 %.

À un moment donné, comme beaucoup, j'ai pensé que les Français – enfin, un certain nombre de Français qui n'appartiennent pas tous à son camp politique – seraient sensibles au fait qu'à plus de soixante ans, un Premier ministre de gauche, ancien ajusteur, n'ait pas eu assez d'argent pour se payer un appartement. C'est tout le contraire qui s'est passé : comme eux, il n'avait pas d'argent, mais lui, contrairement à eux, le plus souvent obligés de faire de l'acrobatie pour obtenir un prêt des banques, il en a trouvé de l'argent, et sans intérêt encore !

À mon avis, le coup porté au PS n'est pas mesurable. Et il n'y a aucune parade à envisager. Michel Charasse, avec qui j'évoque le sujet, ne me contredit pas[1]. Cela ne l'empêche pas de penser que l'opposition, qui va devenir la majorité, va « foutre à la porte des salopards pour les remplacer par des bons à rien » !

Dans les mairies de ces villages et bourgades baptisés de jolis noms comme Yronde et Buron, Issoire ou Parent, quelques dizaines de personnes se sont déplacées pour écouter Jean-Pierre Bacquet, socialiste, médecin local, que Charasse, quoique sénateur du Puy-de-Dôme, est venu soutenir. « Le monde a changé », répète-t-il à ces petites poignées de fidèles. Dans la campagne qui se déroule, dire « Le monde a changé » signifie en réalité, comme Mitterrand l'a déclaré l'autre jour sur France 3[2], que l'on n'y peut rien, que la crise frappe indifféremment tous les pays, qu'elle n'est ni le fait de la

1. Encore qu'il soit pour quelque chose dans la défense avancée dans les premiers jours par Bérégovoy et les enfants de Patrice Pelat : il y aurait eu, de la part du Premier ministre, un remboursement partiel sous forme d'objets d'art. Lesquels ? Pierre Bérégovoy ayant refusé de répondre à la question, l'argument n'a convaincu personne.

2. François Mitterrand a eu cette phrase : « Ni vous ni moi n'y pouvons rien ! »

gauche, ni celui de la droite. C'est le thème que reprend Charasse dans les réunions villageoises : les réformes importantes ont été faites – la retraite à soixante ans, le RMI, la Sécurité sociale étendue, la loi sur l'environnement. Pourquoi ces réformes passent-elles inaperçues des Français ? Parce que le problème de l'emploi obscurcit tous les enjeux, brouille toutes les perspectives.

Dérive du système présidentiel, distances prises avec la classe politique : les questions que je lui pose pendant que nous passons d'un bourg à un autre, Charasse les écarte d'un geste. « Les choses ont toujours été ainsi, rien n'a changé sous le soleil de la politique. Il n'y a pas de "monarchisation" du pouvoir, mais, simplement, l'exercice du pouvoir. »

À l'occasion d'une rencontre avec les électeurs, l'inévitable question sur les « affaires » est posée. Réponse du candidat socialiste, approuvé par Charasse : il faut distinguer l'argent recueilli pour les partis politiques et l'enrichissement personnel. « Il faut les séparer, et punir sévèrement ceux qui en ont profité pour s'enrichir. » Il ajoute même : « Il faut être plus sévère avec les socialistes qui ont failli qu'avec les autres ! »

Il n'a pas fini sa phrase que la salle applaudit déjà.

18 mars

Mitterrand a écrit à Jean-Paul Huchon[1] une lettre en réponse à l'envoi de son livre, *Jours tranquilles à Matignon*. Il l'y félicite chaleureusement pour cet ouvrage qu'il a lu, assure-t-il, avec grand plaisir. Il a ajouté : « Et avec surprise aussi, car, manifestement, nous n'avons pas vécu les mêmes événements. »

19 mars

Je reviens sur le meeting de Conflans-Sainte-Honorine dont Michel Rocard et Pierre Bérégovoy étaient les orateurs, mercredi ou jeudi dernier. J'avais rendez-vous à 17 heures à la permanence parisienne de Michel Rocard. J'arrive, je sonne : Rocard m'ouvre, il écarquille les yeux, comme surpris de me voir là, et prend la fuite, mécontent. Plusieurs minutes passent. Guy Carcassonne vient dans l'entrée me prodiguer quelques bonnes paroles. Puis Rocard part seul

1. Ancien directeur de cabinet de Rocard à Matignon de 1988 à 1991.

avec son chauffeur et son officier de police pour Conflans. Je suis sa voiture à grand-peine à bord de mon Austin, jusqu'à la mairie.

Là, même scénario : il se barricade dans son bureau, sans m'adresser la parole, pendant que je « planque » dans le hall. Au moment où je commence à me poser des questions sur son accueil, il sort de son bureau et vient s'excuser. Il avait un travail urgent à finir, il est désolé. On n'en parle plus. Le temps pour lui de dire quelques mots à la télévision, nous partons pour le meeting où Pierre Bérégovoy le rejoint à la tribune.

Pauvre meeting, sinistre salle où cinq cents personnes sont venues faire de la figuration. Rocard est d'une nervosité insensée, brûlé, dévoré par l'angoisse. Son discours est bon, court, mais étrangement distant. Même tonalité chez Pierre Bérégovoy, visiblement au bout du rouleau. Un dîner doit les réunir, sitôt après la réunion publique, dans un petit restaurant des bords de Seine, le Relais Sainte-Honorine. J'y parviens à grand-peine, perdant sans cesse mon chemin dans la nuit. D'autres journalistes m'y ont précédée. Bérégovoy et Rocard sont déjà dans la salle du restaurant, car ils ont abandonné au plus vite leurs auditeurs.

Atmosphère tendue, à couper au couteau. Personne ne nous offre un coup à boire, encore moins un sandwich pour la route. Notre seule présence importune au plus haut point. Pourquoi ? Qu'avons-nous fait ? Nous sommes là, c'est tout. Nous assistons à la déroute, nous en sommes les témoins : c'est suffisant pour qu'on nous renvoie. Les journalistes, ils en ont tous les deux par-dessus la tête. Inutile d'attendre quelque analyse de la situation que ce soit, ce soir.

J'en ai assez vu : je remonte dans ma petite voiture et regagne Paris.

Climat bien différent quand j'ai suivi Charles Pasqua, le 17 mars, dans le Tarn, puis à Nice. Son art oratoire est d'un genre nouveau, « pagnolesque », pas seulement par l'accent, mais aussi dans la façon de dire les choses. Il est de surcroît efficace, car il soutient l'attention en faisant alterner les rires et les applaudissements enthousiastes des militants dont le cœur, on le sait, lui est gagné.

Dans l'avion, il m'a confié qu'il se verrait bien ministre de la Défense : c'est ce qu'il a dit directement à Balladur, le matin même, lorsqu'il l'a accompagné dans une réunion, dans la proche banlieue parisienne. Il me confie avoir fait le tour du ministère de l'Intérieur et se montre sceptique sur l'efficacité des services de renseignements, français ou étrangers. À un collègue américain tout étonné des résultats obtenus par les services français en matière de terrorisme et qui lui demandait quel était son secret, il a répondu, me raconte-t-il en se tapotant le nez et *avé* l'accent : « *The nose !* »

Je reviendrai plus tard sur ce que m'a dit Pasqua de la suite des opérations.

21 mars. Premier tour des élections législatives

Bien qu'on l'ait vue venir, et de loin, l'ampleur de la défaite de la gauche est stupéfiante. Car ce n'est pas tant le RPR et l'UDF qui gagnent, que le PS qui s'effondre[1], et, avec lui, toute la gauche, d'ailleurs, puisque le PC ne franchit pas le cap des 10 % et que les écolos, à la surprise générale, ne sont pas près d'obtenir le nombre de suffrages que leur prédisaient les sondages.

À l'intérieur de l'opposition, qui deviendra largement majoritaire après le second tour la semaine prochaine, les électeurs se sont prononcés : malgré les efforts de Giscard, le RPR devance l'UDF. Le mouvement de Jacques Chirac est la première formation politique de la droite. Le Premier ministre de la seconde cohabitation sera choisi dans ses rangs.

Suspense : Balladur ou Chirac ? Pour moi, il ne fait aucun doute que l'accord est déjà passé entre les deux. Chirac ne voulant pas rééditer l'expérience de 1986, ce sera Balladur. Cela n'empêche pas que Mitterrand peut nommer qui il veut. Enfin non, pas tout à fait : s'il lui venait l'envie de prendre Raymond Barre et que les deux formations de la nouvelle majorité refusent de soutenir le nouveau chef du gouvernement, ou de déposer – et voter – une motion de censure contre lui, ce serait une crise de régime. Et Mitterrand serait peut-être contraint de partir.

Attendons tout de même la semaine prochaine...

1. La coalition RPR-UDF remporte 44,12 % des suffrages, soit un recul d'un point par rapport à son résultat de 1986. Le RPR, avec 19,83 % des voix, devance l'UDF (18,64 %). Les autres partis de droite sont crédités de 4,5 %. Le PS obtient 17,40 % des suffrages, tandis que les radicaux et autres partis de gauche obtiennent moins de 3 % des voix. Le PC dépasse de peu les 9 %. La surprise vient également des écologistes à qui les sondages promettaient 15 % des voix, et qui, divisés, n'en obtiennent que la moitié dans les urnes. Le Front national obtient son meilleur score législatif, avec 12,5 % des voix. Avec 30,8 % des voix, la gauche connaît son plus mauvais résultat depuis 1958.

Pour la première fois depuis des années, je ne suis pas devant ou derrière les caméras pendant une soirée électorale. Je ne me sens pas trop exclue du jeu, parce que mon ami Hervé Bourges vient de me confier une émission hebdomadaire sur France 2. À sa demande, Pascal Josèphe, son directeur des programmes, a trouvé pour moi une « niche » inespérée : une revue de presse le samedi à midi. Bourges a fait cela à toute allure, parce qu'il redoutait que le changement de majorité rende impossible mon installation sur une antenne du service public... et son propre maintien à la tête des chaînes publiques. Je commence début avril : l'émission est déjà annoncée dans les journaux de télé.

23 mars

Voyage avec Édouard Balladur en Ille-et-Vilaine. Depuis le premier tour, son personnage a pris de l'envergure. Cela fait des mois que Jacques Chirac ne cache plus à personne qu'il ne souhaite pas revenir à Matignon si l'opposition gagne et si le RPR se retrouve en tête. Il y a été une première fois de 1986 à 1988, cela ne lui a pas réussi. Il me l'a confié à Dijon, en février, de manière à peine voilée. Il est resté depuis lors dans cet état d'esprit.

Je sais que des gens comme Charles Pasqua ont mis plusieurs fois en garde Chirac contre Balladur. Je crois que les recommandations de « Charles » ont eu le contraire de l'effet recherché. Chirac n'oublie pas son « lâchage » des années passées, lors de la campagne de Maastricht ; il se méfie à coup sûr beaucoup plus de lui que de Balladur. Ce n'est d'ailleurs pas encore le moment de poser le problème : après le premier tour, il y en a un second. Au premier, l'opposition a gagné la partie. Beaucoup de choses dépendent encore de l'ampleur de sa victoire au second.

Dans ce contexte, j'ai appelé hier Balladur pour qu'il m'autorise à le suivre, toujours avec le cameraman d'Arte. Il a accepté tout de suite, ce qui, en cette période, à quelques jours de son éventuelle nomination à Matignon, est, pour un journaliste, un inestimable cadeau.

Nous faisons donc chemin vers l'Ille-et-Vilaine. Quelques phrases recueillies dans l'avion qui nous y emmène :

« Il faudra préserver la dignité de la France » – à propos du rôle du président de la République en cohabitation.

« Raymond Barre Premier ministre, pourquoi pas ? Mais, au fait, où en est-il, de la cohabitation ? » – allusion à la position de Barre, hostile, quelques semaines avant les élections, à la cohabitation. Sous-entendu : a-t-il changé d'avis, est-il prêt à être le Premier ministre de Mitterrand ? Il n'en croit rien.

Je lui dis que, dans l'attente de ce qui se passera d'ici à quelques jours, et de sa nomination éventuelle à Matignon, les minutes qu'il passe là, dans cet avion, sont peut-être pour lui le dernier moment de tranquillité. Comment résiste-t-il à la pression ?

Réponse : « De ce côté-là, pas de problème : mes nerfs vont très bien ! »

Plus tard, à l'arrivée, à l'occasion d'une conférence de presse devant des journalistes locaux : « Nous ne sommes pas la lumière, leur dit-il, et nos adversaires ne sont pas l'ombre. Vous n'avez pas à craindre de nous la moindre intolérance. »

Il insiste sur le fait que les problèmes – éducation, chômage... – étant graves, ce n'est pas le moment de se diviser. Les journalistes, eux, n'ont en tête qu'une interrogation : y aura-t-il en France, dans quelques jours, une nouvelle cohabitation ?

« Le problème, répond Balladur de sa voix flûtée, est d'une simplicité biblique. Ou bien le Président tire les conséquences du désaveu des Français ; ou bien il estime que ces élections ne le remettent pas en cause, et, dans ce second cas, nous prendrons nos responsabilités. » Pas celles d'une crise, évidemment. Celles de la cohabitation.

Pourtant, je comprends qu'en fait, si Édouard Balladur a tenu à se rendre en Ille-et-Vilaine, fief d'Alain Madelin et de Pierre Méhaignerie, c'est qu'il ne lui déplaît pas de venir soutenir les centristes et les UDF qui vont y être élus. Car il a plus que jamais besoin de l'UDF : face à Chirac, l'UDF peut être demain, pour Édouard Balladur, une garantie d'union, et, qui sait, une source de légitimité.

Pendant que Balladur répond aux questions de France 3, Alain Madelin, qui l'attendait à la descente de l'avion, me confie qu'il craint une rentrée sociale épouvantable, à l'automne prochain : « La récession vient de commencer, m'assure-t-il, elle n'est pas encore arrivée à son terme. Nous n'atteindrons le fond que dans six mois seulement. Et alors, que dirons-nous à nos électeurs ? »

Faut-il changer de politique ? Il ne le cache pas, persistant et signant : « Il faudrait découpler le franc et le mark. À moins qu'une politique alternative ne conduise à une baisse concertée des taux d'intérêt. »

Il est 19 h 15, Alain Madelin[1] prend la parole en tant que régional de l'étape. Il parle chômage et exclusion, regrette que le lien entre le mark et le franc « bride la société française ». Il est vigoureux, avec sa tête de boxeur qui, paraît-il, plaisait beaucoup aux filles, quand, tout jeune, il était un militant de mouvements plus « durs » que l'UDF, en lutte farouche contre le communisme et l'indépendance de l'Algérie.

Après lui, Pierre Méhaignerie[2] se fait applaudir en convenant devant la salle que si l'Europe ne procure aucune sécurité aux Français, ils s'en détourneront. Il parle, centriste parmi les centristes, de l'échec du big-bang de Rocard qui a fait un flop au premier tour. Je me dis qu'en lançant, au moment où il l'a fait, cet appel aux centristes, Rocard n'avait pas la moindre chance d'être entendu. Sur le moment, j'ai cru que c'était possible. Et puis, ce soir, en voyant Méhaignerie « coller » à Balladur, je mesure toute la distance qu'il y a entre le centre et le socialisme, même incarné par Michel Rocard.

Peut-être, dans une tout autre conjoncture, si le PS avait par exemple eu le vent en poupe, les choses auraient été plus envisageables. Pas en 1993. Les résultats du premier tour l'ont bien montré : le big-bang n'a pas rapporté une seule voix aux socialistes.

J'écris ces lignes en attendant Balladur et m'interromps au moment où il prend la parole.

« C'est, dit-il, un moment singulier, comme finalement il s'en produit assez peu dans la vie d'un homme. Il dépend de vous – dit-il à ceux qui l'écoutent – que la fin de quelque chose soit le début d'autre chose. Ce qui compte, c'est ce que nous allons construire sur les décombres du socialisme... »

Édouard Balladur n'est pas un orateur de congrès. Il est pourtant, lorsqu'il dit ces phrases, convaincant, parce que pénétré du fait que c'est son propre destin qui, sans doute, basculera d'un coup dans quelques jours.

Le reste est plus classique : « Il faut changer de politique pour

1. Alain Madelin, UDF, a été député d'Ille-et-Vilaine de 1978 à 1986 et de 1988 à 1992. Pendant la première cohabitation, il est ministre de l'Industrie, des PTT et du Tourisme dans le gouvernement Chirac de 1986 à 1988. Il retrouve son siège de député d'Ille-et-Vilaine en 1988.

2. Pierre Méhaignerie, centriste, député d'Ille-et-Vilaine également, a battu, lui, un candidat sortant RPR en 1973. Il a sans cesse été réélu, depuis, en 1978, 1981, 1986, 1988, 1993, chaque fois au premier tour. Il est toujours, aujourd'hui, élu d'Ille-et-Vilaine.

rénover notre pays », « Il faudra changer dans la tolérance et le respect des autres », « Y a-t-il une autre politique pour lutter contre le chômage ? Y a-t-il un décret divin qui nous condamnerait à avoir un nombre de chômeurs double de celui de l'Allemagne ? ».

Après un rappel de la nécessité de relancer la croissance grâce aux baisses des charges, notamment celles qui pèsent sur le travail, un passage sur la sécurité, un autre sur l'interdiction de l'immigration clandestine, et cette phrase que je n'arrive pas vraiment à décrypter : « Tout ceci, dit-il, peut-il être fait en deux ans ? Non, mais en cinq ans, oui ! » Pense-t-il avoir devant lui cinq ans, si Mitterrand reste, ou bien plutôt s'il ne reste pas ?

Je rentre d'Ille-et-Vilaine dans la nuit pour entendre que Jacques Chirac, qui était allé prêcher la bonne parole, lui, dans le Pas-de-Calais, a tenu des propos aussi provocants qu'inutiles, à ce stade, à l'égard de Mitterrand. Il a dit en substance que si le second tour était aussi clair que le premier, Mitterrand devrait démissionner[1].

Pourquoi maintenant, à quelques heures du verdict du second tour ? Chirac et Balladur se sont-ils répartis les rôles, l'un jouant le bon, l'autre le méchant ?

24 mars

Gorges nouées, ce mercredi, à l'occasion du dernier Conseil des ministres. Cette fois, Mitterrand n'adresse pas un au revoir à ses ministres. C'est un adieu. Car, quel que soit son état de santé, l'âge a fait son office : il ne se représentera plus.

« Privé de vous, leur dit-il, je me sentirai seul. »

Il leur confirme ce que chacun des ministres sait : qu'il a l'intention de rester, de ne pas démissionner.

« À qui devrais-je remettre mon épée de général vaincu ? a continué Mitterrand. À Jacques Chirac, à Giscard, à Francis Bouygues, à Poivre d'Arvor ? »

Lorsqu'on me rapporte cela, je crois d'abord que c'est une plaisan-

1. La phrase exacte de Jacques Chirac est : « Si le second tour confirme le message du premier, le président de la République devrait en tirer toutes les conséquences. Ce serait de l'intérêt de la France que de ne pas rester, vis-à-vis de ses partenaires étrangers, dans une certaine ambiguïté. Son intérêt serait sans doute que M. Mitterrand démissionne, et que nous ayons une nouvelle élection présidentielle. »

terie : Chirac ou Giscard, je comprends. Que Mitterrand pense que la défaite peut venir de TF1 me paraît impossible.

Mais oui, il a bien dit cela ! Je note que mon départ de TF1 n'aura pas arrangé les rapports entre l'Élysée et les médias...

Au-delà de TF1, parmi les raisons invoquées de la défaite, la chute du mur de Berlin, le mouvement du monde, certes, mais aussi le mode de scrutin. Le regret de Mitterrand, il le dit, est de n'avoir pas réussi à convaincre ses deux Premiers ministres, Michel Rocard et Édith Cresson, de le changer.

Lorsqu'il a serré la main de tous les ministres, longuement, avec une extrême gentillesse, un ministre femme, me dit-on (je ne sais s'il s'agit d'Élisabeth Guigou ou de Ségolène Royal), a éclaté en sanglots. Les hommes, eux, retenaient tant bien que mal leur émotion.

Je reviens sur le déplacement avec Charles Pasqua, le 17 mars dernier. À peine l'avion a-t-il décollé du Bourget qu'il demande, comme Chirac, à boire et à manger. Il me dit que l'attitude de Chirac l'inquiète :

« Si Chirac refuse d'aller à Matignon, il ouvre le jeu à un autre Premier ministre. S'il est sûr que c'est Balladur, si Mitterrand lui en a donné l'engagement formel, alors c'est jouable. Sinon, c'est trop dangereux ! »

Évidemment, imaginer que si Chirac décline le poste Giscard serait l'occupant naturel de Matignon ne dit rien qui vaille à Pasqua.

Chirac ? « Nous le savons, vous et moi, me dit-il en me faisant complice de ses pensées : notre problème à tous, c'est Chirac lui-même. Mais il est incontournable. »

Je lui réponds qu'effectivement, beaucoup de Français aujourd'hui pensent et disent : « C'est son tour » – son tour d'être président.

« Oui, opine-t-il, vous avez raison. Cela relève de l'irrationnel. Il n'y a rien à faire contre cela. »

Un verre de cognac après le déjeuner, et hop ! on atterrit à Toulouse d'où nous partons en hélicoptère pour Lavaur, dans le Tarn. Le soleil pendant le trajet est radieux. Au cours de la réunion publique, il fait rire la salle en mettant en cause Michel Rocard : il raille le « commandant en second mettant en premier son canot par-dessus bord, quand le bateau coule ! ». Il parvient même à faire applaudir Mitterrand en disant : « Moi, je préfère le capitaine qui s'attache au mât du navire pendant qu'il coule... » De Rocard, il se gausse encore en déclarant qu'il le fait penser à ceux qui disent : « Passe devant avec la lampe, je te suis avec le revolver ! »

Pasqua est le seul homme politique que je connaisse à penser que c'est Michel Rocard qui a tué Mitterrand, et pas le contraire.

24 mars, suite

Rebondissement : après les propos de Chirac réclamant son départ à l'issue du second tour, Mitterrand a fait parvenir au RPR, paraît-il, par des messagers publics ou privés, ses exigences : il entend qu'un démenti soit apporté à Jacques Chirac ; sinon, il se réserve de renverser la table de jeu, déclenchant, s'il le faut, une crise.

Balladur a senti le danger. Il a même été, disent ses proches, inquiet lorsqu'il a lu les termes exacts employés par Chirac : il a craint que Matignon n'échappe au RPR, donc à lui. Il n'a pas été long à donner à Mitterrand la réponse que celui-ci attendait. Dans l'Aisne où il est allé soutenir le médecin Cabrol, il a répété publiquement ce qu'il m'avait dit en privé lors du voyage en Ille-et-Vilaine. Très jésuitique, le raisonnement : le président de la République, a-t-il dit, pourrait certes quitter le pouvoir, mais, s'il ne le faisait pas, il faudrait bien que la nouvelle majorité assume les responsabilités du pouvoir. Il a dit là l'exact contraire de ce qu'avait déclaré Jacques Chirac, tout en laissant croire qu'il lui donnait raison.

Pour que l'Élysée comprenne encore mieux qu'il respectera les institutions, il réitère son propos le lendemain – aujourd'hui – au Mans. J'ai noté sa phrase mot pour mot : « Nous avons le droit de dire que mieux vaudrait que chacun tire les conséquences du vote de dimanche prochain. Les réponses doivent respecter les institutions. »

La première phrase ne désavoue pas Chirac, la seconde a de quoi rassurer Mitterrand. Qui dit mieux ?

Ce faisant, il a sans doute sauvé son poste de Premier ministre.

29 mars

Et voilà : 52 députés socialistes[1] ! Et plus de 470 députés pour la nouvelle majorité. Jamais le groupe parlementaire socialiste n'aura

1. Au second tour, le PC obtient 4,61 % des voix, le PS, 29,80 %. Le RPR, avec 27,85 %, devance l'UDF, 25,12 %.

été aussi réduit. Les communistes, proportionnellement, s'en sortent mieux : ils ont 22 députés.

La déroute ! On la sentait venir, Dieu sait ! Mais pas à ce point-là. Je comprends aujourd'hui l'angoisse de Michel Rocard : il n'est pas réélu à Conflans. Pas plus que Jospin ne l'est en Haute-Garonne.

Pierre Bérégovoy a dès ce matin présenté sa démission, tandis qu'Édouard Balladur se préparait, tout en faisant semblant de penser à autre chose : il a déjeuné au Plaza Athénée, à la table qui lui est habituellement réservée, à droite de la porte d'entrée ; il a rencontré Simone Veil et Alain Juppé, a visité l'exposition Aménophis III au Grand Palais.

En réalité, jamais il n'aura été aussi heureux que dans l'avion, mardi dernier : il avait, à ce moment, toutes les raisons de se réjouir d'être Premier ministre, et aucune encore de le déplorer. Depuis des semaines déjà, Balladur, dans sa tête, s'est installé à Matignon. Il l'est officiellement en fin d'après-midi – en début de soirée, plutôt, aujourd'hui.

Je me demande ce soir ce que signifie le fait que François Mitterrand ait annoncé la nomination du nouveau Premier ministre à la télévision sans avoir consulté personne, sans même apparemment avoir consulté ce dernier, puisqu'on ne l'a pas vu à l'Élysée. C'est une première sous la Ve République. Je sais bien que le téléphone existe, qu'Édouard Balladur et François Mitterrand n'ont pas besoin du rituel ballet télévisé – voitures dont les pneus crissent sur les graviers du palais présidentiel, montée des marches du perron, arrivée dans le bureau au premier étage, descente des marches du perron sous les flashes des photographes et des cameramen – pour tomber d'accord.

Et puis, il y a eu sûrement des émissaires de part et d'autre. Ce soir, je ne sais pas qui a servi d'intermédiaire, mais il y en a eu forcément un [1].

C'était Hubert Védrine, comme cela sera connu quelques jours plus tard.

En écoutant Mitterrand à la télévision, ce soir, s'exprimer gravement, de façon rapide (moins de quatre minutes), costume et cravate sombres, j'ai pensé qu'il n'était pas fâché de montrer que, pour nommer Balladur, il n'avait eu besoin d'aucune consultation avec quelque parti ni quelque leader que ce soit. Quelques phrases lui ont suffi

1. Le messager principal a été en réalité Hubert Védrine, qui a pris contact, le lundi matin, avec Nicolas Bazire, futur directeur de cabinet d'Édouard Balladur à Matignon. Hubert Védrine a rencontré Édouard Balladur lui-même dans une suite de l'hôtel Plaza Athénée, avant son déjeuner.

pour prendre acte de la volonté de changer de majorité exprimée par les Français dimanche, pour remercier Bérégovoy, je note, pour « son grand mérite personnel[1] », pour assurer qu'il se conformerait aux devoirs et aux attributions que la Constitution lui confère, et pour nommer enfin Balladur, quatorzième Premier ministre de la Ve République, à Matignon[2].

Quelle affaire : deux fois en deux septennats, Mitterrand a dû installer, et vivre, une cohabitation !

Cette fois, il me paraît bizarrement moins atteint qu'en 1986. Son visage est à peine marqué par l'émotion, sauf lorsque, dans une phrase, en fin d'allocution, il parle du jugement de l'Histoire sur l'œuvre accomplie par la gauche. Je pense que la grande différence est qu'en 1986 il croyait encore au Parti socialiste, qu'il avait créé.
1993 Là, en 1993, il a senti que le PS évoluait sans lui, il a même pensé qu'il lui était parfois hostile. Aujourd'hui, il distingue sans doute ses amis, ceux qu'il a en estime, comme Pierre Bérégovoy ou Laurent Fabius, et ceux dont il n'a rien à faire et dont l'avenir le laisse indifférent, comme Jospin ou Rocard.

Il faut attendre une bonne heure avant d'entendre s'exprimer Édouard Balladur : celui-ci est arrivé à l'Élysée après 20 heures, après sa nomination officielle, il s'est entretenu avec Mitterrand et il fait une première déclaration, encore plus courte que celle du Président, sur le perron de l'Élysée.

Il a accepté l'honneur qui lui est fait, dit-il, dans une période difficile – façon de signifier qu'il aurait pu refuser. Il annonce que son équipe ministérielle sera restreinte afin qu'il y règne cohérence, efficacité et solidarité.

Je ne connais pas le jeune homme, Nicolas Bazire, qui est à ses côtés sur le perron et qui sera sans doute nommé directeur de son cabinet. Je ne l'ai jamais rencontré lors d'un de nos « goûters » avec Balladur. Je le trouve un peu raide, bien jeune pour occuper ce poste.

1. Le texte exact de François Mitterrand est : « J'ai reçu et accepté ce matin la démission de Pierre Bérégovoy, auquel j'ai exprimé mes remerciements pour l'œuvre accomplie par son gouvernement, et dont j'ai constamment apprécié le grand mérite personnel. » Il a ajouté : « À la majorité qui s'en va, et qu'accompagnent mes pensées fraternelles, je dis qu'au-delà des difficultés du moment, viendra le temps du jugement serein sur la période qui s'achève. J'ai confiance en celui de l'Histoire. »

2. Concernant la nomination d'Édouard Balladur, il a dit : « Je confie dès ce soir la charge de Premier ministre à M. Édouard Balladur, [...] non seulement parce qu'il apparaît comme le plus apte à rassembler les différentes composantes de la majorité, mais aussi en raison de ses compétences. »

Avec sa présence, inhabituelle dans des circonstances analogues, Balladur entend signifier d'emblée que son plus proche collaborateur ne sort pas tout armé de la rue de Lille ou de la Mairie de Paris. Il n'est pas connu pour être un chiraquien, ni même un RPR de choc. Il est nouveau dans la galaxie politique. Il faudra en savoir davantage sur lui.

30 mars

Les choses n'ont pas traîné. Paradoxe de la cohabitation : Hubert Védrine a lui-même lu la liste des ministres d'Édouard Balladur sur le perron de l'Élysée. L'apparente facilité avec laquelle les choses se sont passées montre que le Premier ministre avait longuement réfléchi à la composition de son gouvernement. Lorsqu'on compare avec les longues délibérations, les allers et retours d'Édith Cresson ou de Pierre Bérégovoy entre l'Élysée et Matignon, on imagine ce que va être la façon de travailler de Balladur. Déjà, aux Finances, rue de Rivoli, il n'apparaissait jamais débordé, mais toujours disponible. C'était la preuve d'une grande organisation en amont.

Il nous a souvent dit, à Catherine Nay et à moi, lorsqu'il nous recevait, qu'il avait horreur d'être en retard, qu'il quittait son bureau avec une précision d'horloger, tous les soirs à 20 heures. Je me demande s'il va garder à Matignon le même rythme tranquille. Il serait bien le premier.

Quatre ministres d'État : Simone Veil, Charles Pasqua, Pierre Méhaignerie et François Léotard[1]. Et puis Alain Juppé au Quai d'Orsay, François Bayrou à l'Éducation nationale, Jacques Toubon à la Culture, Nicolas Sarkozy au Budget : le gouvernement ne me semble pas aussi restreint qu'annoncé hier.

Balladur avait-il discuté de la liste du gouvernement avec Jacques Chirac ? Il dit que non. Cela me paraît difficile à croire. En tout cas, le RPR y est minoritaire. Je pense néanmoins que Chirac a imposé Toubon à la Culture, car Balladur ne l'aurait pas décidé seul.

Ce qui est certain, c'est que Chirac n'a pas « fait » le gouvernement. Il a été mis au courant, sans doute, mais il n'a pas joué dans sa composition de rôle moteur. Si tant est qu'il n'en ait pas été écarté.

---

1. Simone Veil, première dans l'ordre protocolaire, est ministre des Affaires sociales, de la Santé et de la Ville. Pasqua est ministre de l'Intérieur et de l'Aménagement du territoire. Pierre Méhaignerie est ministre de la Justice, François Léotard, ministre de la Défense.

1er avril

Les jeunes ministres de feu le gouvernement Bérégovoy ont décidé de se réunir à midi, aujourd'hui, pour envisager un mouvement, préparer un sursaut après l'échec de la gauche. La rencontre a lieu chez Élisabeth Guigou, boulevard du Montparnasse. L'ancienne ministre des Affaires européennes ouvre sa porte à Martine Aubry, Jean-Noël Jeanneney, d'autres encore. Il s'agit de s'organiser pour faire front devant le désamour des Français. C'est une génération qui craint pour son avenir. Les autres, les vieux, les compagnons de Mitterrand, n'ont plus rien à craindre : derrière le président de la République, ils ont passé des années au pouvoir, à la une des journaux, à défendre ce à quoi ils croyaient, et même, pour certains d'entre eux, ce à quoi ils ne croyaient pas.

Les jeunes, anciens ministres ou pas, qui sont présents et que j'interroge, n'ont pas envie de tourner la page à 40 ans. Tout de même, ce matin, ils sont sonnés ! Il s'agit davantage de partager la défaite au cours d'une sorte de cérémonie – je n'ose parler de veillée funèbre, puisqu'il est midi !

D'un coup, le salon voit entrer caméra, cameraman, journaliste – ils sont trois ou quatre à précéder de quelques instants Ségolène Royal. Celle-ci arrive, embrasse ses camarades, sourit, prononce quelques phrases qui s'adressent moins à eux qu'à la télévision. Elle ne reste qu'un petit quart d'heure, puis s'en va, invoquant une autre obligation. Martine Aubry et Élisabeth Guigou me regardent avec un sourire contraint : tout en l'excusant presque, elles ont l'air de penser que Ségolène Royal est coutumière du fait, qu'elle est à la fois désinvolte, pressée, « mangeuse de caméras », comme on parle d'une mangeuse d'hommes. Jeanneney lui-même, pourtant généralement apaisant et apaisé, a l'air quelque peu choqué.

Après le départ de Ségolène Royal, la petite bande se met au travail. La journaliste que je suis est gentiment priée de partir.

2 avril

Philippe Séguin est élu président de l'Assemblée nationale.

Avant le vote, j'ai rencontré à midi Pierre Mauroy, qui a maintenant ses bureaux avenue Paul-Doumer où il anime la Fondation Jean-Jaurès. Il est à la fois heureux et soulagé de ne pas être premier secrétaire du PS en ce moment, et navré de l'échec de mars. Il craint surtout que le PS ne se délite en d'inextinguibles bagarres internes.

3 avril

Première émission « Revue de presse » sur France 2, que j'anime. Puis déjeuner avec Pierre Desgraupes que je n'ai pas vu depuis un temps fou, à la campagne, chez François-Henri de Virieu, son ancien directeur de l'Information. Il a beaucoup maigri, l'inactivité lui pèse, sa vie privée le déprime par sa trop grande simplicité. Il y a là tous ses anciens lieutenants d'Antenne 2 : Dutoit, Wiehn, Philippe Belingard...

En réalité, nous sommes tous atterrés par l'état de Pierre Desgraupes. Il n'a pas supporté son injuste éloignement de la télévision en 1985. Sa voix, bourrue, s'est éteinte. Il ne supporte pas d'avoir été mis à la retraite alors qu'il se sentait si jeune. Voilà pourquoi, d'un coup, il est devenu vieux.

Il est modérément content de revoir tous ceux avec lesquels il a travaillé, non parce qu'il ne les aime pas, mais parce qu'il n'a plus rien à leur dire.

Nous prenons, les uns et les autres, congé de notre hôte, François-Henri de Virieu, tandis que l'un de nous raccompagne Desgraupes chez lui[1]. Nous sommes tous tristes, sans pouvoir le lui dire : il ne supporterait pas d'être pris en flagrant délit de faiblesse.

4 avril

Le Parti socialiste implose : dans la nuit de samedi à dimanche, Michel Rocard, aidé des jospinistes, met Laurent Fabius en difficulté, puis en minorité. Mauroy refuse de se joindre à eux ; Chevènement démissionne. Rocard devient président par intérim du comité fondateur des États généraux de la gauche. Fabius parle, sur France 2, le soir, de « démarche présidentielle autoproclamée ».

Je me demande pourquoi Rocard a décidé d'y aller à la hussarde. Pour assurer sa future campagne présidentielle ? Il sera difficile pour lui de refaire l'unité du Parti d'ici à 1995. Lui feront toujours défaut les fabiusiens, organisés, soudés autour de leur chef, qui détiennent

1. Pierre Desgraupes est mort en août 1993.

de très nombreuses fédérations socialistes, parfois les plus puissantes, comme celle des Bouches-du-Rhône. Lionel Jospin est sans doute toujours prêt à se ranger derrière Rocard. *Quid* du reste du Parti ?

8 avril

Discours de politique générale de Balladur à l'Assemblée nationale.

En l'attendant, je pense aux événements qui l'ont amené là où il est aujourd'hui. Il lui a fallu, mine de rien, triompher de bien des obstacles. Deux, surtout : d'abord persuader Chirac qu'il ferait mieux de réserver ses chances pour la présidentielle, donc de rester à l'Hôtel de Ville. J'exagère : il fallait plutôt être celui à qui Chirac proposerait, en cas de victoire du RPR, de devenir Premier ministre à sa place. Le second obstacle à surmonter était sa propre image dans l'opinion publique. Je me souviens, comme tout le monde, de cette caricature de Plantu qui le représentait en talons Louis XV dans sa chaise à porteurs. De Marie-France Garaud et de Pierre Juillet le baptisant, du temps de Pompidou déjà, lorsqu'il était secrétaire général adjoint de l'Élysée, « le Chanoine », ou pis, « Ballamou ».

Trop tard pour faire son portrait : il commence son discours à 16 heures pile.

À l'entendre, on a l'impression que la maison est à refaire de la cave au grenier, que rien n'a jamais marché en France depuis 1981 : l'économie ne va pas, tous les clignotants sont au rouge, la crise morale sévit partout. Ainsi, dès le début, il inscrit son discours – clin d'œil au professeur de lettres que fut son maître Georges Pompidou – sous le signe de Marc Aurèle : « L'obstacle, cite-t-il, est matière à action. »

Il faudra aux Français du temps, de la patience et des efforts. Et même, il ose le mot, des « sacrifices ».

D'abord, un gros effort sur le budget, avec un collectif budgétaire qui devrait permettre d'économiser 20 milliards de francs. En ce qui concerne la lutte contre le chômage, il n'est pas d'une grande originalité, car s'il le dénonce, il n'annonce pas de mesures destinées à rétablir la situation. Il la constate, voilà tout, en se fixant un objectif, sans le chiffrer : sa stabilisation à la fin de l'année 1993, et sa décrue ensuite.

En revanche, il énumère longuement les mesures à prendre pour les entreprises : allègements de charges, aides, redémarrage de l'immobilier en panne. Il annonce enfin des privatisations.

Son discours est d'une vraie tenue : il arrive à ne pas trop se noyer dans le détail, évitant de parler des « cages d'escalier[1] » et arrivant à esquisser à la fois des perspectives et des espoirs.

Pour les journalistes, et sans doute pour quantité de députés présents, ce discours emprunte beaucoup au discours sur la « Nouvelle Société » qui avait été présenté par Chaban-Delmas, Premier ministre de Georges Pompidou, en 1969. Il évoque la création d'un nouveau modèle social, de nouvelles formes de contrats de progrès. Il prône aussi la participation, thème gaulliste s'il en est, « à la gestion des entreprises, à leur capital et à leurs profits ».

Pour les connaisseurs, cette allusion à la « Nouvelle Société » de Jacques Chaban-Delmas a de quoi faire sourire : Georges Pompidou et son cabinet, dont Balladur faisait partie, n'avaient pas vraiment, à l'époque, apprécié la liberté de ton qu'avait prise Chaban par rapport à l'électorat conservateur pompidolien. Passons, c'était il y a longtemps...

Le temps de faire cette digression, j'ai perdu le fil de son discours. Je résume : il arrive à concilier d'une manière assez convaincante la nécessité des privatisations avec le rôle régulateur de l'État, « garant de l'ordre et de la solidarité », la volonté de réformes avec l'annonce d'une vaste concertation avec les acteurs sociaux.

Il est très applaudi par la majorité, dans les rangs du RPR comme dans ceux de l'UDF. Les socialistes, dans l'état où en est réduit leur groupe, ne font pas grand bruit.

L'examen de passage est réussi.

11 avril

Dans l'ensemble, bonnes, très bonnes réactions au discours de Balladur à l'Assemblée nationale. Aucun bruit ne vient de l'Élysée, pourtant attentif à tout éventuel dérapage du Premier ministre : si personne ne dit rien, c'est qu'il n'y en a pas. Les prérogatives du chef de l'État n'ont pas été contestées, sa fonction a été respectée. Les acquis sociaux ne sont pas remis en question. Malgré ses réticences

1. Au moment du discours de politique générale de Michel Rocard, le reproche lui avait été fait de trop entrer dans le détail des affaires du pays. Le même reproche avait été adressé à Édith Cresson. Quant au discours de politique générale de Pierre Bérégovoy, il avait été gâché lorsque le Premier ministre avait brandi une liste des députés et des hommes politiques possiblement compromis dans des « affaires ».

de départ, Balladur a plaidé la nécessité de l'Europe, de la parité franc-mark et du couple franco-allemand, gage d'une baisse des taux d'intérêt.

Certes, Balladur a promis d'engager des privatisations. En 1993, cette annonce n'a plus la même charge provocatrice qu'elle a eue auprès de la gauche en 1986. Un peu comme si personne, finalement, au PS, ne croyait plus que les nationalisations soient la panacée.

Aucune voix hostile au discours de Balladur ne s'élève non plus au sein du Parti socialiste. Laurent Fabius ne veut pas faire de procès d'intentions, il jugera le gouvernement à ses actes. Jean-Pierre Chevènement me dit même qu'il ne voit pas, dans le texte prononcé, de vraie rupture avec la politique de Pierre Bérégovoy. Jack Lang l'a trouvé très bon dans la forme.

De toute manière, en l'état actuel des choses, Édouard Balladur n'a pas d'opposition : socialistes à la portion congrue, communistes qui ne valent pas mieux, Giscard qui s'est réjoui de sa nomination et de ses premières prises de position, sondages d'opinion en forte hausse : on peut difficilement rêver d'un meilleur début.

La question, pour l'heure, porterait sur la définition de ses relations avec Jacques Chirac davantage qu'avec François Mitterrand. Un exemple : Balladur a décidé d'inviter à déjeuner les principaux dirigeants de la majorité tous les mardis. Jacques Chirac l'avait fait lui aussi de 1986 à 1988. La différence est que cette réunion se fera, cette fois, non sous l'autorité de Chirac, mais sous celle de Balladur. Elle aura lieu à Matignon, pas à l'Hôtel de Ville. La première a eu lieu le 6 avril dernier, et Jacques Chirac n'y était pas. Autour de Chirac, lorsque celui-ci était Premier ministre, il y avait foule : une bonne vingtaine de personnes. Balladur a restreint le nombre des membres de cette sainte famille. Il y a trois jours, Giscard était là avec les présidents des deux composantes principales de l'UDF. Il y avait aussi Charles Pasqua et Alain Juppé, d'autres encore, pourtant moins nombreux que du temps de l'Hôtel de Ville.

Un mot sur la raison de l'absence de Jacques Chirac à la réunion du 6 : son gendre, Philippe Habert, s'était donné la mort la veille, et on l'a enterré le 8 en l'église Saint-Gervais, deux heures avant le discours de politique générale de Balladur. Il était maître de conférences à Sciences Po et directeur des études politiques du *Figaro*. Je n'ai pourtant jamais eu l'occasion de le rencontrer : les responsables d'instituts de sondage comme Jérôme Jaffré, des sondeurs comme Gérard Le Gall, le connaissaient et l'appréciaient. Son mariage avec

Claude Chirac, il y a quelques mois[1], l'avait fait entrer dans une famille, et surtout auprès d'un beau-père dont il ne partageait souvent ni les analyses ni les objectifs politiques.

Garder son indépendance d'esprit était sa grande préoccupation. Et, plus encore, démontrer que ce n'était pas parce qu'il avait épousé Claude Chirac qu'il était devenu le porte-parole de Chirac. Il lui était cependant difficile de trouver la bonne distance entre provocation et sens de la famille.

À ce propos, il avait proféré, le 4 février dernier, une appréciation désagréable pour Balladur. Il avait déclaré sur France 3 que Balladur incarnait à ses yeux la « République bourgeoise », l'accusant de « non-représentativité sociale ». Ce qui avait horriblement embarrassé Chirac dont personne ne voulait croire qu'il n'avait pas téléguidé son gendre...

Apparemment, les relations entre les jeunes mariés, dont je ne sais rien, étaient fortement marquées par l'implication personnelle de Claude auprès de son père. D'ailleurs, c'est elle qui avait démenti les propos de son mari sur Édouard Balladur, quinze jours plus tard, par l'intermédiaire d'un journal, les qualifiant d'« immatures et déplacés[2] ».

Tout de même, je me dis qu'assister à l'enterrement de son gendre, devoir consoler sa fille – même si le mariage battait apparemment de l'aile après l'explication de février dernier – et affronter les questions des journalistes, doit être plus que pénible à Chirac au moment précis où il met lui-même en piste Édouard Balladur.

Ne pas souhaiter aller à Matignon est une chose. Envoyer quelqu'un à sa place, le voir applaudi, fêté, félicité, en est une tout autre.

16 avril

Quel calme, d'un coup, dans la vie politique française, si heurtée depuis deux ans ! Les réunions se succèdent à Matignon dans un ordre parfait. Les délégations se croisent, tout le monde a l'air d'être content en sortant. Pas croyable !

Et puis, quelques petits signes, aussi, qui aèrent les esprits, même

1. Claude Chirac et Philippe Habert se sont mariés en septembre 1992, soit sept mois avant la mort de ce dernier.

2. Claude Chirac a répondu le 24 février dans *Globe-Hebdo*. Elle a dit, après un éloge de Balladur, que « celui-ci n'avait pas pu penser un seul instant que cela puisse être prémédité. Pour ma part, j'ai trouvé cela déplacé et immature ».

si, à certains égards, ils peuvent paraître relever de la démagogie. Je pense par exemple aux mises en garde faites aux ministres sur l'utilisation systématique des avions du GLAM. Balladur leur recommande de prendre, dans la mesure où leur travail n'en serait pas affecté, les avions de ligne d'Air France. Même chose lorsqu'il recommande – j'ai oublié en quels termes exacts – d'alléger les menus gouvernementaux. Un plat, un dessert : ça suffit !

Plus symbolique que réellement nécessaire ? Peut-être. Pourtant, l'opinion est plus que favorable à tout ce qui restreint le train de vie des ministres, surtout à un moment où la France compte trois millions de chômeurs et deux millions au moins de travailleurs précaires.

1993

17-18 avril

Je me suis plongée ce week-end, pour rédiger ma chronique du *Nouvel Économiste*, dans la lecture du dernier livre d'Édouard Balladur, le *Dictionnaire de la réforme.* Je dis le dernier, parce qu'il a été publié en octobre 1992, mais je ne suis pas sûre qu'il n'y en ait pas eu un autre depuis lors, ou en même temps. Car cet homme aime écrire : c'est son sixième livre publié depuis le premier, *L'Arbre de mai*, chronique de Mai 1968 vu depuis Matignon. En octobre dernier, j'avoue que j'ai parcouru distraitement ce « Dictionnaire ». Aujourd'hui que son auteur est Premier ministre, je le relis ou plutôt je le lis d'un œil différent. À l'article « Capitalisme populaire », que je crois être capital dans la pensée politique de Balladur (il nous en a beaucoup parlé de 1986 à 1988), je trouve : « Bon exemple de réforme progressive. Sur une génération, elle peut conduire à un changement des mentalités, pour peu que soient surmontés le scepticisme ou l'obstruction de ceux qui se résignent au statu quo ou qui ont intérêt à le voir se perpétuer. » À l'article « Maastricht », écrit donc quelques semaines après l'adoption ric-rac du traité, je lis : « Objectif louable, servi par trop de complications et de prétentions technocratiques. »

Je note au fil de la lecture son plaidoyer pour la concertation, afin de « faire évoluer sans à-coups les structures de la société », son scepticisme vis-à-vis du consensus (« Au-delà d'un accord minimum sur l'organisation de la société, il n'y a pas de consensus »), et puis, surtout, parce que cela revient souvent dans son livre sous des formes différentes, cette idée que la réforme prend du temps, que « le jugement populaire doit être suffisamment différé pour qu'elle puisse être appréciée », que les réformateurs qui échouent sont en général ignorants de l'Histoire, « myopes sur l'avenir, étrangers aux aspirations de leurs concitoyens ».

À l'article « Rêve », je lis : « Si nul n'espère que les choses peuvent aller mieux qu'elles ne vont, à quoi bon parler de changement ? »

D'un livre à l'autre, je note qu'il se construit un personnage différent de celui, mondain, qu'a décrit pendant la première cohabitation une partie de la presse, et pas seulement *Le Canard enchaîné* : un homme qui réfléchit, qui écrit et s'y complaît, un homme convaincu derrière des allures de dilettante. Un homme persuadé qu'on peut réformer la France à condition de ne pas brusquer les Français : *Patience et longueur de temps* : c'est le titre d'un livre-interview réalisé avec Jean-Pierre Elkabbach en 1989. Un leader politique de droite qui croit dans la nécessité d'un État régulateur, tout en revendiquant la primauté de l'individu[1].

Je lis tous les portraits de lui publiés par tous les hebdomadaires. J'y trouve beaucoup de choses sur son comportement, son côté toujours tiré à quatre épingles, même à l'autre bout du monde. J'y lis la confirmation de son amour des cigares, de la montagne, de la famille, de la ponctualité. J'y lis l'analyse de la métamorphose de cet homme longtemps resté dans l'ombre, dans celle de Pompidou, puis dans celle de Chirac, aujourd'hui en pleine lumière. J'y apprends ou réapprends que le premier article jamais écrit par Édouard Balladur dans *Le Monde* avait trait justement à la « cohabitation », mot qu'il a en quelque sorte inventé[2]. Si ce n'était pas de la prédestination, c'était de l'intuition.

La lecture de ses livres me permet d'affirmer, à l'issue de ce week-end studieux, qu'Édouard Balladur s'est préparé depuis longtemps à être un acteur important, sinon capital, de la vie publique. Il l'a fait avec méthode et presque préméditation : il ne se serait pas donné autant de mal pour écrire s'il n'avait pas voulu donner un cadre, et surtout un écho à sa réflexion.

1. *Je crois en l'homme plus qu'en l'État*, Flammarion, 1987.
2. Dans *Le Monde* du 16 septembre 1983.

18 avril

Très bon sondage (IFOP-*Journal du dimanche*) pour Édouard Balladur. Il enregistre une popularité qu'aucun Premier ministre avant lui n'a atteint : il devance largement celles de Pierre Mauroy et de Michel Rocard à l'époque de leur nomination, et enfonce Jacques Chirac : il obtient 20 points de plus que lui en 1986 à l'issue du premier mois à Matignon.

La Sofres explique pourquoi[1] : les électeurs de gauche ont été en grand nombre – un tiers environ –, séduits par la déclaration de politique générale de Balladur. Le sondage est réalisé avant l'émission « 7 sur 7 » dont le Premier ministre est ce soir l'invité.

Je remarque d'abord, comme sans doute la grande majorité des téléspectateurs, la superbe veste rouge d'Anne Sinclair, encore plus étincelante que d'habitude. Les choses ont beaucoup changé depuis les années 1970 : tout se passait alors à l'Assemblée nationale. Aujourd'hui, tout se passe à la télévision, qu'il s'agisse de « L'Heure de vérité » ou de « 7 sur 7 ».

Balladur paraît mal à l'aise au début, presque intimidé, comme si c'était la première fois qu'il participait à une émission de ce genre, ce qui n'est évidemment pas le cas. Sa gêne ne dure pas. Dès les premières phrases, il redevient lui-même, à l'aise, sinon expansif.

Non, il ne flotte pas sur un petit nuage rose, comme le lui demande Anne Sinclair, il est heureux d'être Premier ministre, mais surtout anxieux, pénétré de la responsabilité morale qui lui incombe. Vers qui se retourneraient les Français qui ont voté pour la nouvelle majorité s'il échouait ?

Le plus intéressant est la définition qu'il donne de lui-même : il n'aime pas « les disputes », il est néanmoins « attaché à ses convictions », ce qui n'est pas incompatible en période de cohabitation.

À propos de celle-ci, il pense qu'elle implique certes une répartition des tâches nouvelles entre le Président et le Premier ministre, que l'essentiel est cependant de veiller à ce que les images de l'un et de l'autre soient préservées.

Pas beaucoup de gaullistes dans le gouvernement, pourquoi ? lui demande-t-on. Réponse de Balladur : il se dit gaulliste, donc très attaché à l'idée de rassemblement. Le gouvernement tel qu'il est équilibré, dit-il, procède d'un large rassemblement. Toutefois, ajoute-t-il, « je suis assez continu dans mes opinions : le gouvernement n'est

1. Sondage réalisé pour « 7 sur 7 ».

certainement pas aux ordres des états-majors des partis ». Cela vaut pour l'UDF, certes, mais aussi pour le RPR, dont il est issu.

Autre réponse intéressante, celle qu'il donne à propos d'une de ses phrases qui revient souvent dans son discours depuis qu'il a été nommé à Matignon : il dit que l'action du gouvernement s'inscrit dans une durée de cinq ans. Pourquoi cinq ans alors que la présidentielle a lieu dans deux ans ? Les députés ont été élus pour cinq ans, explique-t-il, et puis, « on n'aura pas fini de redresser la France en deux ans ». Entend-il dès maintenant rester à Matignon en 1995 si Chirac est élu ? Oui, pourquoi pas cinq ans ?

Le reste de l'émission est consacré à la Bosnie, au chômage, à la retraite, ainsi qu'aux critères retenus pour la désignation des futures entreprises à nationaliser. En fin d'émission, Balladur met l'accent sur les efforts qui seront demandés aux Français : ceux-ci doivent s'attendre à une augmentation des impôts.

Il a parlé de Mitterrand avec respect tout en disant qu'en période de cohabitation, un Premier ministre était forcément « émancipé » face au chef de l'État. Cela doit convenir à Mitterrand. Pas d'accroc pour le moment...

22 avril

Dîner avec Jean Poperen à la veille du comité directeur du PS. Il vient de publier un livre qui tombe à pic : *Socialistes, la chute finale ?*

Nous en parlons longuement. Ce n'est pas tant contre Michel Rocard qu'il en a aujourd'hui, que contre Mitterrand et le PS dans sa majorité, qui ont toujours fait, malgré leurs engagements, du social-libéralisme au lieu de mettre en œuvre un vrai socialisme démocratique.

Pour lui, la gauche au pouvoir depuis 1981 a été en réalité celle de l'establishment technocratique et médiatique, dit-il ; pas du tout celle d'une rupture avec le capitalisme. Elle paie aujourd'hui d'avoir agi en sens contraire aux aspirations des électeurs qui avaient porté Mitterrand à l'Élysée.

Ce disant, Poperen a au moins le mérite de ne trahir personne : il a toujours milité à l'aile gauche du Parti ; a toujours lutté contre les déviations qu'il appelait – et appelle toujours – « bourgeoises » ; a toujours eu, de ce point de vue, des divergences avec Mitterrand qui n'appréciait pas du tout de se voir donner des leçons de socialisme.

Leur notion du socialisme n'est pas la même. Au fond, ce qu'il reproche à Mitterrand ainsi qu'à Bérégovoy, c'est d'avoir fait du Rocard sans Rocard. Maintenant que Rocard est le premier dirigeant du PS, Poperen commence à se demander ce qu'il y fait lui-même. Il a choisi d'y rester et déposera une motion pour le futur congrès.

Je note sa formule, terrible quand on y songe : « Les socialistes avaient annoncé la rupture avec le capitalisme. La rupture a eu lieu entre les socialistes et le pays. »

1er mai

Minuit. J'écris ces notes alors que Pierre Bérégovoy vient de mourir. Il s'est suicidé en fin d'après-midi sur le canal du Nivernais, sans doute avec l'arme de service de son garde du corps. On l'a transporté à l'hôpital de Nevers, puis, à 21 h 30, au Val-de-Grâce. Il était mort en arrivant.

Une mort terrible, qui confère une dimension tragique à l'aventure mitterrandienne, et, au-delà, à toute la gauche.

Je pensais que mes deux derniers cahiers, que j'avais intitulés, depuis 1992, « Chroniques d'une mort annoncée », allaient se terminer par un désastre collectif, pas par le suicide d'un homme.

Jean Poperen m'avait dit la semaine dernière à quel point Bérégovoy était mal dans sa peau depuis son départ de Matignon. Je n'évaluais pas à sa juste mesure le poids que faisaient peser sur lui l'échec de la gauche et les attaques de la presse. Il n'a jamais été mon ami, je n'ai jamais éprouvé pour lui aucune sympathie particulière. Il n'empêche : ce suicide est à glacer les sangs.

Le Val-de-Grâce est à côté de chez moi. Je me suis rendue devant le porche de l'hôpital vers 22 h 30. Une foule de gens attendaient sous une pluie battante. Je n'ai su qu'en retournant chez moi, une demi-heure plus tard, que François Mitterrand et Laurent Fabius attendaient eux aussi depuis plus d'une heure l'arrivée de l'hélicoptère. Ils attendaient Bérégovoy encore vivant, ils ne l'ont revu que mort.

2 mai

Il est temps, ce soir, de se demander pourquoi Bérégovoy s'est suicidé.

Pas grand-chose, a-t-il cru au départ. Une somme d'un million acceptée de la main de Patrice Pelat. Un million pour acheter un appartement dans le XVIe arrondissement. Une petite somme pour la plupart des ministres, habitués à brasser des montants auxquels ils s'habituent et qu'ils n'ont pas toujours. Une somme énorme pour tous les Français qui, jusqu'alors, reconnaissaient Bérégovoy comme un des leurs, modeste, presque pauvre, inchangé après son ascension, et qui en ont éprouvé d'autant plus de colère à son encontre.

Pierre Bérégovoy n'était pas encore Premier ministre, mais secrétaire général de l'Élysée lorsque la valeur de Vibrachoc a atteint un montant astronomique juste avant que Pelat ne la vende à Alsthom. S'il a donné son accord, ce ne pouvait être que sur ordre.

Plus tard, devenu ministre des Finances, il avait au contraire protesté auprès de son Premier ministre à l'idée qu'un prêt de la Coface fût accordé à une société proche de Pelat qui souhaitait faire construire un hôtel en Corée du Sud. Ni le chef du gouvernement ni la Coface n'avaient tenu compte de son avis négatif.

Le prêt sans intérêt fait en 1986 à Pierre Bérégovoy par Roger-Patrice Pelat ne posait en réalité qu'une seule question : y avait-il eu contrepartie à cette largesse, et laquelle ?

Ce qui est incompréhensible, c'est que Bérégovoy se soit si mal défendu, si maladroitement : des explications venues trop tard, et d'ailleurs peu crédibles, l'évocation d'un remboursement partiel du prêt Pelat par la vente d'objets d'art et d'éditions rares dont personne n'a jamais retrouvé trace, et, point d'orgue, l'instruction écrite, émanant de la Chancellerie, interdisant au juge Jean-Pierre de poursuivre son investigation sur le prêt Pelat. Et puis, tout autour de lui, ces amis tellement à l'affût des secrets d'initiés, tels qu'ils sont apparus au moment du rachat de Triangle par Péchiney en 1988[1]. Des amis à qui il devait beaucoup, et peut-être, beaucoup trop.

Ce qui a tué Bérégovoy, c'est l'estime qu'il avait de lui-même, sa conception populaire de l'honneur et du déshonneur. Son sentiment de voir, pour une grosse bêtise, certes, sa vie basculer, son image d'intégrité et d'honnêteté se défaire pour laisser place à une sorte de

1. En ce qui concerne l'affaire Péchiney, Alain Boublil, alors directeur de cabinet de Pierre Bérégovoy, l'homme d'affaires libanais Samir Traboulsi, et Max Théret (ex-garde du corps de Trotski), tous amis ou relations proches de Pierre Bérégovoy, ont été poursuivis pour délits d'initiés. L'audience était fixée en juin, soit un mois après le suicide de Pierre Bérégovoy.

Jean-Charles Naouri, également ancien directeur de Pierre Bérégovoy de 1984 à 1986, et Samir Traboulsi ont été également poursuivis dans le cadre de l'affaire du raid sur la Société générale en octobre 1988.

« Monsieur Le Trouhadec » saisi non par la débauche[1], mais par la réussite.

A compté aussi, sans doute, l'échec tonitruant de la gauche aux législatives. Mais comment a-t-il pu croire qu'il était seul concerné par cette défaite collective, prévisible et prévue avant même qu'il ne devienne Premier ministre ? Sa vanité, dont j'ai souvent parlé ici, mais dont personne n'ose parler ce soir dans les différents commentaires – et sans doute n'est-ce pas le moment –, lui a joué le pire des tours : c'est parce qu'il était si content de lui qu'il n'a pas supporté de se décevoir lui-même.

À la télévision, Pierre Mauroy a trouvé les mots justes pour parler de Pierre Bérégovoy. Il a dit aujourd'hui à quel point il est difficile d'être fragile, lorsqu'on est à Matignon. Le réflexe est de se blinder. Et puis, lorsqu'on quitte le pouvoir, il arrive qu'on perde en même temps sa carapace. Ce qui est supportable quand on est en fonction devient insupportable quand on ne l'est plus.

Mauroy pense – il l'a dit tout à l'heure publiquement – que ce ne sont pas vraiment les attaques personnelles, ni celles de la presse, qui l'ont atteint. La cause principale de son suicide, selon lui, c'est ce qu'on *n'a pas dit* de sa gestion : depuis la fin mars, le projecteur a en effet été braqué par la majorité actuelle sur ce qui ne marche pas en France. Bérégovoy avait été l'homme du franc fort, il avait muselé l'inflation. De tout cela, pas un mot. Ne restait de son action, telle que décrite par la nouvelle majorité, que le chômage et la baisse de la croissance.

3 mai

De l'enterrement de Pierre Bérégovoy à l'église de Nevers je n'ai vu que les images telles que les a diffusées la télévision. Saisissantes, comment en irait-il autrement, tant elles sont le symbole non seulement de la mort d'un homme qui a fait ce qu'il a pu, le moins mal possible, mais aussi celui de la fin d'une époque.

Ce qui m'a le plus bouleversée, comme tout le monde, d'ailleurs, c'est l'allocution prononcée, à côté de l'église, par Mitterrand. Ç'a été sûrement un moment effroyable pour lui que certains accusent déjà de n'avoir pas apporté tout le réconfort nécessaire à Bérégovoy lorsqu'il en était encore temps. Je fais juste une parenthèse, ici, pour dire

1. Titre d'une pièce de théâtre de Jules Romains, publiée en 1923.

que ce procès intenté à Mitterrand me paraît injuste : il a eu, lors de son dernier Conseil des ministres, des mots très chaleureux pour Bérégovoy. En annonçant la désignation de Balladur, le lendemain, il a également trouvé une phrase pour le remercier. Publiquement, il ne pouvait rien faire de plus.

En privé, fallait-il l'inviter à Latche ? Aller déjeuner chez lui ? S'afficher dans un restaurant avec le Premier ministre déchu, alors que lui, Mitterrand, restait le Président ? Pouvait-il penser que l'ancien hôte de Matignon était si fragile, alors que lui-même l'est si peu ? Mitterrand n'avait eu personne pour lui tenir la main après l'affaire de l'Observatoire, en 1959. D'ailleurs, je pense que l'explication de sa violence, dans le discours qu'il a prononcé cet après-midi, tient au fait qu'il ne supporte pas qu'on lui reproche d'avoir abandonné Bérégovoy depuis la fin mars. Il ne supporte peut-être pas non plus de n'avoir pas su déceler chez ce dernier une telle faiblesse, ou de ne l'avoir pas empêchée.

À Nevers, aujourd'hui, la cérémonie, telle que la montre la télévision qui l'a diffusée en direct, a été particulièrement émouvante. Pas seulement parce que tout le monde politique était présent, de Giscard à Georges Marchais, de Philippe Séguin à Charles Pasqua. Pas seulement parce que la *Chanson de Lara*, musique du film *Le Docteur Jivago* interprétée dans l'église par l'orchestre de Nevers, tira les larmes de l'assistance. À l'intérieur de la cathédrale, deux mille cinq cents personnes, dont tous les représentants de la classe politique, serrées les unes contre les autres, et aussi des anonymes qui avaient pu prendre place au fond de la nef. Les rues adjacentes étaient également noires de monde. Hommes et femmes, ceux qui l'avaient veillé toute la nuit précédente, étaient aujourd'hui derrière les barrières, silencieux, graves, tristes. À Nevers en tout cas, personne ne semble avoir été atteint par le doute : ils n'ont jamais pensé, eux, que Bérégovoy avait failli en acceptant le million de Patrice Pelat. Les Nivernais mettent en cause le milieu politique qui a infligé cela à leur maire, ainsi que les socialistes, pourtant tous présents aujourd'hui, qui, selon eux, ne l'ont pas assez soutenu. Ils parlent aussi de la presse, principale responsable, selon eux, du calvaire enduré par Pierre Bérégovoy.

C'est manifestement ce que pense Mitterrand dont le visage aujourd'hui est d'une gravité sans pareille : pour lui, le suicide de Pierre Bérégovoy n'est pas seulement douloureux parce qu'il met fin à un compagnonnage, sinon une amitié, de presque vingt ans. Il est inacceptable parce que les journaux, parce qu'une campagne de dénigrement politique en sont les principaux responsables. Dans la mort de son ancien Premier ministre, Mitterrand trouve la démonstration, qu'il attendait, des manquements et des injustices de la presse. Il les dénonce depuis plusieurs années. Il a aujourd'hui, par la « mort voulue » de Bérégovoy, la justification tragique de la colère qu'il exprime depuis plusieurs mois, plusieurs années, contre les journalistes.

Colère est le mot : lorsqu'il évoque ceux qui ont « livré aux chiens l'honneur d'un homme et finalement sa vie », sa voix se voile d'une indignation qu'il peut à peine contrôler.

Il est indigné aussi, peut-être dans une moindre mesure, par la façon dont l'actuelle majorité a défiguré l'action économique de Pierre Bérégovoy. Celui-ci, dit-on aujourd'hui, craignait beaucoup la publication du rapport Raynaud, sorte d'audit qui avait été demandé par le gouvernement à un conseiller d'État. Les chiens, ce sont donc peut-être aussi, pour Mitterrand, ses adversaires politiques. Il profite de la cérémonie de Nevers pour rendre un hommage public, appuyé, à son dernier Premier ministre de gauche[1].

Sur place, l'émotion devait être considérable. À la télévision, elle est au moins aussi forte, parce que les acteurs semblent plus proches. Combien de ceux qui ont entendu, sur place, le discours de Mitterrand n'ont pas vu son visage ? Les téléspectateurs l'ont vu, eux, ils ont sûrement mesuré son chagrin et surtout, je le répète, sa colère.

Si j'écris si longuement, en ce moment, dans ce cahier, c'est que je n'écris pas assez ailleurs : je me défoule...

4 mai

La polémique a bien été lancée par Mitterrand : la presse est-elle responsable de la mort de Bérégovoy ? Quitte à passer pour corporatiste, et après y avoir bien réfléchi, cette nuit, je dirais que non.

---

1. Évoquant la personne de Pierre Bérégovoy, le Président a dit : « Je parle au nom de la France quand j'exprime le chagrin que nous cause la mort d'un homme dont chacun connaît la qualité rare. La France a perdu un de ses meilleurs serviteurs... Ses amis pleurent un homme bon. »

Voici sa phrase exacte sur la calomnie véhiculée par la presse : « Toutes les explications du monde ne justifieront pas que l'on ait pu livrer aux chiens l'honneur d'un homme et finalement sa vie au double manquement de ses accusateurs aux lois fondamentales de notre République, celles qui protègent la dignité et la liberté de chacun. »

Même si une certaine presse s'est montrée cruelle, même si la dénonciation du prêt Pelat a pu passer pour de l'acharnement, je ne pense pas que la presse seule soit arrivée à ce sinistre résultat. Comme l'a dit Jean d'Ormesson avec mesure et gravité, il n'y a pas véritablement eu de « chasse à l'homme » : la télévision, par exemple – j'en parle d'autant mieux que je n'y ai plus de responsabilités –, a donné un traitement plutôt *soft* de cette affaire. Ce qui est vrai, c'est qu'après avoir voulu publiquement lutter contre la corruption, être un « chevalier blanc », comme le dit d'Ormesson, la confrontation entre ce qu'il voulait être et sa faiblesse révélée a été ressentie comme meurtrière.

Je me rappelle, pour faire une comparaison, la façon dont Mitterrand a été traité au moment de l'affaire de l'Observatoire, en 1959, la haine qu'il a suscitée, la levée de son immunité parlementaire, son humiliation, sa radiation de la vie politique : avec le recul, ce traitement me paraît beaucoup plus cruel que celui qui a été infligé à Pierre Bérégovoy.

Mitterrand a non seulement su résister, mais il a rebondi, il est revenu dans le jeu politique, il est même devenu président. Bérégovoy n'avait sans doute pas la même résistance, le même pouvoir d'encaisser, comme font les boxeurs. Il venait d'un milieu social différent, il avait surtout – je l'écris à nouveau ici – une si haute idée de lui-même qu'il n'a pas supporté la tempête. Je ne dis pas qu'il est facile de supporter quotidiennement les expressions de dénigrement, je dis que la presse n'est pas seule responsable : il y a aussi les adversaires politiques, les échecs douloureux, la personnalité de celui qui se sent accablé.

10 mai

Déjeuner en compagnie de cinq ou six confrères et consœurs avec Édouard Balladur à Matignon. Il nous reçoit alors que l'activité politique, la semaine passée, a repris, après la mort de Bérégovoy, à un rythme d'enfer : annonce par le Premier ministre d'un plan gouvernemental qu'il va du reste rendre public tout à l'heure, conférence de presse sur le collectif budgétaire le 5, réforme du Code de la nationalité à l'Assemblée nationale, préparation, avec les pêcheurs et les agriculteurs, le 7, du Conseil européen des affaires sociales à Bruxelles. Est-ce affectation, est-ce réalité ? Édouard Balladur nous apparaît frais comme une rose, alors que nous nous attendions à le voir déjà marqué par ses nouvelles occupations.

La table à feuilles d'or de Jacques Chirac est restée en place dans le salon depuis 1988. Il paraît qu'il en a fait faire une copie à l'Hôtel de Ville. Dans la salle à manger où j'ai vu avant lui Mauroy, Fabius, Rocard et Bérégovoy, Balladur, qui, il est vrai, connaît la maison depuis 1962, est comme chez lui. Il a déjà changé les tableaux accrochés aux murs. Il y a maintenant un Monet, un Matisse qu'il n'aime pas, que je trouve néanmoins très beau – il paraît qu'il se trouvait dans le bureau d'Édith Cresson –, un Kandinsky qui n'est pas celui qu'il préfère, et, je crois, un Chagall. « Vous savez, me dit-il de peur que je note la somptuosité des œuvres d'art dont il dispose, cela ne coûte rien de faire changer les tableaux : tous appartiennent
1993 au Mobilier national ! »

Matignon, affirme-t-il, ne l'absorbe pas tout entier. Il continue de lire romans et essais le matin, de 5 heures à 6 h 30 : le dernier livre dont il ait fait la lecture est un *Judas* présenté comme un agent spécial de Rome pour infiltrer les apôtres. Lisant cela, il en a immédiatement interrompu la lecture. Il se demande si la salle de cinéma de Matignon est en état de marche, et s'il pourra s'y faire projeter *Louis XIV, l'enfant-roi*.

Son directeur de cabinet, Nicolas Bazire, est avec nous. Balladur commence par évoquer ses premières difficultés. Elles sont, nous dit-il, au nombre de trois : « La situation économique, la guerre dans le Golfe... euh, en Yougoslavie, et la cohabitation. »

Il écarte d'un revers de main les premières questions sur l'opposition entre Simone Veil, ministre des Affaires sociales, et Charles Pasqua, ministre de l'Intérieur : « L'affaire, dit-il, a été montée en épingle par *Le Figaro*. C'est le directeur de cabinet de Mme Veil qui a dit n'importe quoi. J'ai demandé son départ. »

Balladur continue : « À propos des élections européennes, je l'ai dit aux dirigeants de la majorité qui étaient tous, il n'y a pas longtemps, aux places que vous occupez : j'ai proposé un changement du scrutin électoral, et notamment un scrutin régional pour éviter justement l'affrontement entre les deux composantes de la majorité. L'UDF l'a refusé. Je resterai donc en dehors de la campagne électorale et je demanderai aux ministres d'en faire autant l'année prochaine. S'il y a deux listes, l'une RPR, l'autre UDF, je ne me donnerai pas le ridicule de soutenir une liste plutôt qu'une autre aux élections européennes, et ce, un an avant la présidentielle. »

Il se place donc, au bout de quelques semaines, au-dessus du mouvement gaulliste, et se veut aussi proche de l'UDF que du RPR. Est-ce à dire qu'il considère que Chirac et Giscard, aujourd'hui, sont plus ou moins sous ses ordres ? Qu'il est seul, en tant que Premier ministre, garant de l'unité de la majorité ? Je suis étonnée, en tout cas, de la distance qu'il met, dans ses propos et dans son attitude, avec Chirac. Mais enfin, ce doit être en accord avec lui.

L'état du pays, maintenant. Est-il si catastrophique que cela, lui demandons-nous en gardant en tête le souvenir de Bérégovoy, terrorisé par la perspective du rapport Raynaud ? « Si je ne faisais rien, assure Balladur, le déficit serait de 400 milliards l'année prochaine. Ce que je redoute, ajoute-t-il, c'est une brusque flambée, l'irruption de l'irrationnel. Une société ne peut pas vivre avec autant de chômeurs. Je ne peux pas croire que cela puisse durer. Quand, comment, cette flambée ? je ne le sais pas. Tout cela est d'une fragilité extrême. Le nihilisme et l'agressivité, voilà le danger. »

Pessimiste, Balladur l'est assurément, avec ou sans rapport Raynaud. Assis sur un volcan : c'est ainsi qu'il se voit donc aujourd'hui.

Il insiste sur le chômage : « Il faut essayer d'inverser le mouvement, mais celui-ci continuera jusqu'à la fin de l'année, au mieux. Nous savons déjà que la relance américaine est une fois de plus différée. Si la crise mondiale continue, ou si elle s'aggrave, alors la situation deviendra encore plus préoccupante ! »

Avant, c'étaient les socialistes qui s'abritaient derrière la crise mondiale pour expliquer ses contrecoups sur la politique française. Au bout de quelques semaines de pouvoir, la nouvelle majorité fait de même. Éternel ballet du bipartisme...

Le gouvernement élabore un plan de redressement. Balladur n'a pas personnellement tenu Mitterrand au courant de ses dispositions. Il a, nous dit-il, laissé faire Bazire et Védrine. La longévité de la cohabitation passe donc, à Matignon, par Nicolas Bazire, qui acquiert par là même un rôle quasiment institutionnel. Hubert Védrine est à l'Élysée depuis des années maintenant, on le sait rompu aux exercices d'équilibre. De ce point de vue, Bazire a ses preuves à faire. Il n'a pourtant pas l'air de douter de ses capacités. Il a l'air aussi tranquille que Balladur, malgré la lourdeur du poste qu'il occupe. Être directeur de cabinet du Premier ministre, Robert Lion, alors qu'il occupait cette fonction auprès de Mauroy, m'avait dit un jour que c'était infernal : tout passe par lui, tout arrive sur son bureau, c'est à lui de faire le tri entre l'affaire insignifiante, dont il ne faut pas parler au Premier ministre, et l'affaire pour laquelle il faut déclencher un branle-bas général. C'est la raison pour laquelle l'importance prise en quelques jours par Nicolas Bazire en a surpris plus d'un, dont moi.

J'ai fait là une digression. Je reprends le cours de la conversation avec Balladur. Nous parlons maintenant des privatisations : les choses devraient aller très vite. La loi passera dans quelques jours, les privatisations commenceront dès l'automne.

Par le biais de l'Europe et du sort que les autres pays réserveront au traité de Maastricht, Édouard Balladur touche maintenant à la politique internationale. Ce n'est sûrement pas un hasard. Il s'est placé tout à l'heure au-dessus de Chirac et de Giscard ; il se place maintenant tout naturellement sur le terrain de Mitterrand. Façon de nous dire qu'il peut toucher, sans provocation, au « domaine réservé » : « Je ne vois pas, dit-il, quel intérêt auraient les Anglais à ne pas voter le texte de Maastricht. Ils ont échappé aux dispositions sociales qui ne leur convenaient pas, ils se sont installés dans une position de plaque tournante commerciale, ils sont rétribués sur les échanges. Leur économie reste pourtant délabrée. »

Il se plaint enfin du comportement des Allemands au sujet du GATT : « Les dirigeants allemands sont dans une indifférence absolue vis-à-vis du GATT. Je n'arrive pas à comprendre comment ils ont autant d'œillères à ce sujet. À moins que leur seul souci soit de plaire aux Américains ? »

« J'irai au prochain sommet européen, prévient-il encore, puisqu'on y parlera essentiellement de politique intérieure. »

Ainsi donc, les voyages à deux sont près de recommencer. Sans doute Balladur y mettra-t-il davantage de formes que Jacques Chirac en 1986. Les journalistes vont coller aux pas du Président et du Premier ministre pour guetter la première mauvaise manière, le premier accroc à la cohabitation : « Cela n'arrivera pas », nous dit Balladur sans s'attarder.

À retenir : il a imposé un plat unique dans les menus de tous les ministères. « Et si j'ai accepté d'y réintroduire le fromage, que j'avais supprimé, c'est à la demande de Jacques Chirac, précise-t-il, qui a fortement protesté au nom des paysans français ! »

Sur le plan du comportement, je note un léger changement. Il est plus irritable lorsqu'on lui fait part des critiques des uns et des autres au sujet de son action. « Ah oui, demande-t-il avec agacement, quelles autres solutions me proposent-ils, quelles idées ont-ils ? » Sous-entendu : pas la moindre.

13 mai

Je connais mal, sinon pas du tout, Nicolas Sarkozy. Son intervention dans l'affaire baptisée « Human bomb » vient aujourd'hui de changer son image. Ce qui marquait chez lui, c'était son ascension politique : jeune militant fougueux dans les années 1970, devenu maire de Neuilly en profitant de l'éloignement momentané de Charles Pasqua qui briguait le poste, puis principal collaborateur, avec Alain Juppé, de Jacques Chirac au RPR et à la Mairie de Paris, ministre du Budget du gouvernement Balladur depuis la fin mars : un jeune homme dont les canines rayent le parquet. Un homme qui ne manque non plus de courage et qui sait l'importance, dans une circonscription, de la présence permanente sur le terrain.

Je ne vais pas raconter le fait divers en long et en large[1] : c'est dans tous les journaux. C'est son intervention sur place en tant que maire qui a été le point d'orgue de ces trois jours de terreur et de folie.

28 ou 29 mai

Avec Hubert Védrine, dans l'Élysée moins triste qu'en 1986, nous parlons de la cohabitation. Pour le moment, elle est idéale : « Dire que les choses se passent bien, me confie-t-il, c'est en deçà de la réalité. Il ne faut pas trop le dire, car si on commence à raconter que le Président et le Premier ministre n'ont aucun mal à cohabiter, les deux vont avoir des ennuis de part et d'autre. »

Il précise : dans le domaine partagé, il voit une conjonction absolue d'intérêts entre les deux hommes. Il oppose d'emblée la seconde cohabitation à la première : « La première cohabitation, me raconte-t-il, était un pugilat permanent. Pour Jacques Chirac, l'élection de

1. Le 13 mai, un homme armé a pris en otage une classe maternelle du groupe scolaire Commandant-Charcot à Neuilly-sur-Seine. Dans la journée du jeudi, quinze enfants ont été libérés par petits groupes. Six enfants et l'institutrice sont restés la journée de vendredi détenus par cet homme cagoulé qui assurait être porteur de bombes. Nicolas Sarkozy a mené sur place les négociations avec le preneur d'otages. L'individu a fini par être abattu.

François Mitterrand a toujours été un accident historique dû à son habileté diabolique, et, surtout, à la maladresse de Giscard. Jacques Chirac, poursuit-il, n'avait aucune considération pour Mitterrand. À peine eut-il mis un pied à Matignon qu'il essayait déjà de couper Mitterrand du maximum de sources d'information. Mitterrand a rendu coup pour coup. Jean-Louis Bianco et Maurice Ulrich[1] étaient courtois l'un envers l'autre, sans plus. Le conflit était permanent. Il s'agissait d'une cohabitation dure, dont Mitterrand est sorti vainqueur. »

Rien de comparable, m'assure-t-il, avec ce qui se passe aujourd'hui, et ce, pour plusieurs raisons. L'essentielle est que François Mitterrand n'est plus candidat, et qu'il n'est plus ressenti comme un dangereux adversaire potentiel. « En 1986, il y avait deux rivaux, deux hommes de caractère différent qui cherchaient l'affrontement de part et d'autre. Ce n'est pas le cas aujourd'hui : Balladur n'est pas candidat, Mitterrand ne le sera plus. L'intérêt national est prioritaire. »

1993

La seconde raison est qu'entre les deux hommes il n'y a pas de cadavre, pas de passé, pas de vieille lutte historique.

Tertio : Édouard Balladur est naturellement courtois, maître de lui. « Il a réfléchi, m'assure Védrine, sur la période de 1986 à 1988 : il a analysé les erreurs commises pas Jacques Chirac. Il ne les reproduira pas. D'ailleurs, les Français condamneraient aujourd'hui sévèrement toute sorte de pugilat au sommet. »

Et puis le fait qu'Édouard Balladur connaisse bien, de l'intérieur, la mécanique de l'Élysée est important. C'est pour cette raison qu'il respecte la fonction présidentielle : il ne veut pas casser la machine. Il ne se lancera pas dans des guérillas stupides, pas plus que dans des manœuvres conjoncturelles qui risqueraient de la menacer.

Quant à l'information entre l'Élysée et Matignon, Védrine se félicite aussi de sa bonne marche, qui passe par une relation constante avec Nicolas Bazire. « Bazire est un homme très agréable, me dit Védrine. Il est libre d'esprit, sans langue de bois. » Les deux hommes s'appellent quatre ou cinq fois par jour. Il me cite comme exemple de bon fonctionnement de la cohabitation le récent voyage de Balladur à Bonn, le 22 avril : « Le Premier ministre s'est rendu à Bonn, me dit-il. Dès le lendemain, nous avions le compte rendu de sa visite. »

1. Respectivement secrétaire général de la présidence de la République et directeur de cabinet de Jacques Chirac.

Même entente à propos de la négociation sur le GATT[1] : il n'y a pas, sur ce sujet, de divergences entre gauche et droite. Ce qui compte, ce sont les intérêts français. » À ce sujet, le mémorandum élaboré par Matignon n'a été envoyé qu'après avoir été soumis au Président. Selon mon interlocuteur, « la cogestion du domaine partagé est sans précédent ».

Dans le secteur international, les liens entre Matignon et l'Élysée sont organisés et systématiques : Thierry Berr, de l'Élysée, est en contact permanent avec Thibault de Silguy, de Matignon, sur l'Europe. Bruno Delaye, faubourg Saint-Honoré, et Bernard de Montferrand, rue de Varenne, échangent également leurs informations et se tiennent au courant de tout ce qui concerne l'Afrique. Pour les sommets, Anne Lauvergeon, du cabinet présidentiel, est associée à toutes les réunions qui se déroulent à Matignon. Le conseiller diplomatique de l'Élysée est en liaison constante avec le cabinet de Juppé et celui de Léotard. Le général Queneau, chef d'état-major particulier du Président, travaille avec les chefs des cabinets militaires de Balladur et de Léotard.

Égale harmonie à l'occasion du Conseil restreint qui se tenait traditionnellement, depuis plusieurs mois, à l'issue du Conseil des ministres du mercredi. François Mitterrand a dit qu'il souhaitait le maintenir. Il réunit donc chaque semaine, autour de lui, le Premier ministre, François Léotard et Alain Juppé[2], Alain Lamassoure, le général Lanxade[3], les chefs des cabinets militaires, des conseillers diplomatiques comme Boidevaix, et aussi évidemment Hubert Védrine. Autres réunions hebdomadaires à l'Élysée : les tête-à-tête avec François Léotard et Alain Juppé. Quant aux rencontres

1. Le *General Agreement on Tariffs and Trade*, GATT, accord général sur les tarifs douaniers et le commerce, a été signé en 1947 par 23 pays pour harmoniser les politiques douanières entre ces pays. De 1986 à 1994 se déroule l'un des derniers cycles de négociations, baptisé Uruguay Round, qui aboutit à la création de l'Organisation mondiale du commerce. C'est essentiellement les problèmes de l'agriculture française qui expliquent les difficultés de la négociation. L'accord baptisé Blair House, du nom d'une résidence située à côté de la Maison-Blanche, négocié avec les États-Unis en 1992 par deux commissaires européens, plafonnait à cinq millions d'hectares les superficies de terres européennes pouvant être consacrées à la culture du colza, du tournesol, du soja et autres graines, ce qui accentuait la dépendance en protéines végétales vis-à-vis des États-Unis.

2. Respectivement ministre de la Défense et ministre des Affaires étrangères.

3. Celui-ci, chef d'état-major particulier du président de la République de 1989 à 1991, est devenu, à cette date, chef d'état-major des armées.

hebdomadaires entre le Président et le Premier ministre, elles se passent à huis clos : personne n'en fait le compte rendu.

Une règle s'impose à Hubert Védrine : « À l'extérieur, le Président ne doit jamais être mis en position, devant nos partenaires, d'être lâché par le gouvernement. Ce serait un péché mortel. »

Pour le reste, c'est-à-dire pour tout ce qui ne touche pas au secteur réservé, c'est-à-dire l'économique, le social, le politique, « le gouvernement, assure Hubert Védrine, mène sa politique. Le Président n'a rien à dire. Il ne dit donc rien : cela ne veut pas dire qu'il approuve tout. Il n'y a pas de confusion entre les deux domaines ».

Résumé de la sorte, ce petit bréviaire de la cohabitation me paraît idyllique. Védrine a raison : il ne faut pas que l'Élysée le claironne trop haut ; les socialistes, les anciens ministres surtout, restés sur le bord du chemin, pourraient en prendre ombrage.

« Tout cela, conclut Védrine, place Balladur dans une situation en or : il a aujourd'hui beaucoup plus de pouvoirs que s'il était Premier ministre de Jacques Chirac. Quant à François Mitterrand, il est stimulé : pour lui aussi, c'est un nouveau challenge. J'avoue que la situation est originale. »

La cohabitation mode d'emploi... Tout va donc pour le mieux dans le meilleur des mondes ! Lorsque je quitte le bureau d'Hubert Védrine à l'Élysée, j'en suis à me dire que c'est peut-être cela, le mode de gestion idéal du pays : un Président de gauche, un Premier ministre de droite, ou vice versa, les deux travaillant dans un climat de cohésion parfaite, main dans la main. Ah, j'oubliais : il faut aussi que les entourages soient décidés à ne pas glisser des grains de sable dans la machine. « Nous ne devons pas, nous, membres du cabinet présidentiel ou du Premier ministre, insiste Védrine, permettre que le Président et le Premier ministre arrivent à un sommet avec des divergences qui soient de notre fait. Nous devons tout faire pour éviter que les autres pays profitent de nos différences. »

Au fond, la cohabitation nécessite les mêmes vertus qu'un mariage de raison : il faut penser à l'autre, ne pas lui faire ce qu'on n'aimerait pas qu'il nous fasse, en y mêlant un peu d'intelligence et de considération.

Le lendemain

Faute de temps, je n'ai pas tout raconté dans les notes qui précèdent de ma journée d'hier. En sortant du bureau d'Hubert Védrine, j'ai rencontré Maurice Bennassayag, un proche du Président venu des milieux de gauche, qui est en quelque sorte l'antenne de Mitterrand au PS et ailleurs, dans les différents clubs et mouvements qui se cherchent après l'échec de mars dernier. Il voit très souvent Mitterrand, me dit-il, et lui a fait récemment quelques notes sur l'évolution des socialistes. Mitterrand a interdit aux membres de son cabinet d'assister aux différentes réunions des courants. Ils peuvent en revanche assister aux séances du comité directeur. « Pour le moment, me dit-il – et, j'en suis sûre, Mitterrand pense comme lui –, le Parti socialiste n'est pas audible... Il faut une nouvelle légitimité à Michel Rocard[1]. »

Il pense que l'équation de Rocard est à la fois simple et compliquée. Ou bien Rocard, donc, retrouve une légitimité et devance Jacques Delors dans les sondages, et il peut être candidat en 1995. Ou bien Rocard ne parvient pas à décoller, et le Parti désignera Delors pour la présidentielle.

Quittant la politique intérieure, je le questionne sur la cohabitation pour savoir s'il partage le même sentiment qu'Hubert Védrine sur l'harmonie qui règne au sommet. Oui, il est tout à fait du même avis.

« Je n'espionne pas le Parti socialiste pour le compte de Mitterrand, me dit-il encore, je veux simplement éviter que la cohabitation aille se briser pour des queues de cerise. Dans le domaine partagé, le Président et le Premier ministre ont décidé de présenter un front uni. Pas question que le PS aille gripper la machine ! » D'autant moins que les problèmes internationaux qui se profilent obligent la France à la cohésion. « Mitterrand, confie-t-il, pense que la situation en Bosnie est une douce plaisanterie par rapport à ce qui nous attend au Caucase, au Kosovo, en Macédoine. Il veut parfaire l'Europe, seul rempart contre les dangers qui s'accumulent. C'est son premier enjeu, le plus important. »

Il me confirme que, pour tout ce qui n'est pas du domaine partagé, le Président n'ira pas au-delà du rôle que lui prête la Constitution. À ce propos, Mitterrand a reçu très longuement Philippe Séguin, président de l'Assemblée nationale, au sujet de la réforme de la Constitution. Ils ont parlé, entre autres choses, des pouvoirs du Parlement, et, bien sûr, de la réforme de la Haute Cour.

Le Président continue donc à se tenir au courant, par ses conseillers, ainsi que par les interlocuteurs qu'il invite lui-même à l'Élysée.

1. Devenu premier secrétaire du Parti socialiste après Laurent Fabius.

Bennassayag me décrit son état d'esprit en ces termes : « Aujourd'hui, le Président a une œuvre à parfaire : l'Europe. Il aimerait que ce soit un véritable homme d'État qui lui succède. S'il avait le choix, Raymond Barre ou Édouard Balladur, c'est certain, lui conviendraient mieux que Jacques Chirac. »

Je ne peux me retenir de poser la question : « Et si la gauche gagne ? Mitterrand ne retient-il pas cette possibilité ? » Un peu embarrassé, Bennassayag se hâte de me dire qu'il la retient parfaitement, qu'il préférerait même, évidemment, que ce soit le candidat de gauche qui l'emporte : il pense, dans ce cas, à Jacques Delors et à Michel Rocard.

« Tout dépendra de beaucoup de choses, ajoute-t-il : Balladur peut demain s'écrouler dans les sondages. Giscard n'a pas renoncé à être

candidat, c'est pour cette raison qu'il ne veut pas, comme l'a proposé Balladur, de liste commune pour les futures élections européennes. Si la gauche n'est pas en position, personne n'empêchera Giscard de se présenter ; il ne pourrait pas, dans ce cas, être accusé de faire le jeu de la gauche en divisant la majorité. »

J'ai rencontré également – troisième rendez-vous à l'Élysée en une après-midi : qui dit mieux ? – Anne Lauvergeon[1]. Jeune (elle n'a que 34 ans), carrée, les cheveux courts châtain foncé, elle me dit en riant, pour commencer, lorsque je la questionne à son tour sur les coulisses de la cohabitation : « Védrine est amoureux de Bazire ! » Elle aussi me raconte le rythme de travail à l'Élysée, autour des Conseils des ministres, des Conseils restreints, des visites hebdomadaires des ministres de la Défense et des Affaires étrangères. Le vendredi après-midi, le secrétaire général du gouvernement, Renaud Denoix de Saint Marc, communique par téléphone l'ordre du jour prévisionnel. Il le confirme le lundi après-midi et encore le mardi soir. Dans l'intervalle, Mitterrand accepte ou non que tel ou tel point soit présenté au Conseil. L'ordre du jour devient définitif le mercredi matin, après la rencontre entre le Premier ministre et le chef de l'État, de 9 h 30 à 10 heures, 10 h 15.

1. Née en 1959, Anne Lauvergeon est entrée à l'École normale supérieure en 1978. Agrégée de sciences physiques, elle devient ingénieur des Mines, une des premières femmes dans le corps, avant d'entrer au cabinet du président de la République en 1990. Elle est, depuis 1991, secrétaire générale adjointe de l'Élysée. Sherpa du Président, elle prépare à ce titre les sommets et les réunions internationaux les plus importants.

Je lui parle de la différence entre le domaine partagé – défense, politique étrangère, Europe, coopération –, dans lequel Mitterrand est le patron, et le domaine purement gouvernemental, où Balladur a les coudées franches. « Oui, c'est bien cela, me dit-elle, à cette nuance près qu'il y a beaucoup de zones grises. Ainsi beaucoup de sujets revêtent un aspect européen : la réforme du statut de la Banque de France, par exemple. »

Je lui pose une question que j'avais oublié de poser à Védrine : au fait, quand Balladur a-t-il annoncé à Mitterrand qu'il allait lancer un emprunt ? Elle réfléchit une seconde : « Le 24, lundi au matin. Le message a été transmis par Bazire à Védrine. C'était tardif, mais convenable. » L'emprunt a été lancé le lendemain [1].

Le prochain sommet franco-allemand se tient dans quelques jours, mardi et mercredi, à Beaune, dans les fameux Hospices. Elle l'a préparé avec ses homologues de Matignon. Il me semble, à je ne sais quelles inflexions de sa voix, qu'elle est moins conquise que d'autres à l'Élysée par la personnalité de Balladur. Ou plus exactement qu'elle le soupçonne de desseins plus complexes. Elle voit chez lui un homme plus calculateur qu'on ne le croit. « Il a le souci de rafler la mise, me dit-elle. À la place de Chirac, je me méfierais... » Oui, décidément, elle n'est pas conquise par Balladur.

Se méfier ? Pourquoi le ferait-il ? Balladur lui doit tout, non ? Est-ce suffisant ? La question est là.

3 juin

Simone Veil, que j'ai vue aujourd'hui pour lui demander comment elle voyait la cohabitation, elle qui n'a pas une passion débordante pour Mitterrand – c'est là un euphémisme –, me révèle qu'à sa connaissance Mitterrand n'a émis que deux protestations depuis le

1. Dans son livre *Ce que je sais*, t. 2 (Paris, Le Seuil, 2008), Charles Pasqua explique cet emprunt par le fait que le premier plan de redressement économique présenté par Édouard Balladur en même temps que le collectif budgétaire avait suscité un tollé chez les syndicats et une partie de la majorité parlementaire qui « lui reprochait de privilégier l'assainissement des finances publiques à la relance de la croissance ».

« Cela, écrit Pasqua, amena le Premier ministre à présenter un plan complémentaire visant à renforcer la croissance. Le Plan Balladur II prévoyait un certain nombre de mesures financées par un emprunt national de 40 milliards de francs. »

L'emprunt remportera un vif succès et rapportera 100 milliards de francs.

début du gouvernement Balladur, dont l'une sur le remplacement du directeur des Affaires criminelles et des Grâces, Franck Terrier, « pour des raisons de fidélité, selon elle, à Pierre Bérégovoy ».

17 juin

Président de l'Assemblée nationale, Philippe Séguin a lancé un énorme pavé parmi la majorité balladurienne. Cet homme est décidément inattendu. Rien ne laissait prévoir une sortie pareille. En un seul discours, prononcé à l'occasion du « Forum du futur[1] », il vient de s'approprier la scène politique que Balladur occupait seul jusqu'à présent. Il vient de réveiller les antagonismes et d'imposer le débat.

Il a prononcé hier quelques phrases fortes qui marqueront les esprits ou feront grincer les dents. Tout ce que ce frondeur aime, en somme : un discours tonitruant, non pas dans la forme, car sa voix est toujours la même, basse, sombre, mais sur le fond ; il a appelé à « un renversement complet des valeurs et des choix fondamentaux » en faveur de l'emploi, en dénonçant au passage le culte de l'orthodoxie monétaire. Il a suggéré la disparition du GATT, qualifié au passage d'« ersatz », a condamné la politique du franc fort, dénoncé « le conformisme étroit et mou », « le prêt-à-penser triste, morne et proprement dictatorial », et « stigmatisé le libre-échange qui ligote l'agneau européen ».

S'il approuve la future loi quinquennale proposée par le gouvernement sur l'aménagement du temps de travail, il n'en a pas moins qualifié, au terme de son discours, de « Munich social » la politique du gouvernement Balladur. Pourquoi Munich ? Parce que, comme en 1938, « nous retrouvons – ma citation est exacte au mot près – les mêmes éléments : aveuglement sur la nature du péril, absence de lucidité et de courage, cécité volontaire sur les conséquences des décisions prises ».

J'ajoute quelques considérations sur l'État, la Nation, l'Europe, l'identité de la France. Eh bien, quelle charge ! Et ce, à quelques jours du sommet des pays industrialisés qui doit se réunir à Copenhague. Choisir ce moment pour proposer une autre politique pour la France, il fallait le faire !

1. Présidé par Jacques Baumel, député des Hauts-de-Seine.

18 juin

Philippe Séguin, le provocateur, l'empêcheur de gouverner en rond, a donc fait entendre sa musique. Et quelle fanfare ! Celle d'une fraction importante des gaullistes qui s'inquiètent aujourd'hui de la politique menée par Édouard Balladur avec le concours des ministres UDF. Celle des anti-maastrichtiens de tous les camps, qu'il retrouve aujourd'hui comme en 1992, au moment de la campagne du référendum. Celle, enfin, des députés RPR de la commission des affaires sociales de l'Assemblée qui, avant-hier, ont dit leur malaise à l'occasion de l'examen en commission du projet de loi sur le développement de l'emploi et de l'apprentissage, qu'ils ont trouvé timoré. Les mêmes avaient déjà qualifié de « coquille vide » la politique sociale défendue par Michel Giraud[1].

Les propos de Séguin ont cloué de stupeur et d'indignation l'équipe de Matignon qui ne s'attendait pas à être mise en cause par sa propre majorité : le président de la République apaisé, le Parti socialiste muet, les sondages au zénith, Balladur pensait avoir bien plus de temps devant lui. En outre, il est d'un tempérament ombrageux. Il était à Lyon, hier, il a eu une première phrase distante : « C'est de la politique. » Il a ajouté qu'il ne fallait pas affaiblir la confiance des Français[2]. En revanche, il a fait donner la troupe : Gérard Longuet a parlé du « contresens historique » de Philippe Séguin, le reste des ministres multipliant les prises de position choquées par les propos du président de l'Assemblée nationale.

Même si, dans sa manière d'être et de réagir, Balladur est resté d'un laconisme très anglo-saxon, je parierais qu'il ne pardonnera pas de longtemps à Philippe Séguin d'avoir gâché ses premiers pas de Premier ministre.

22 juin

Je vois Séguin aujourd'hui à l'hôtel de Lassay, dans son bureau d'où, comme une araignée dans sa toile, il ne sort guère, sauf pour présider les séances. Il me parlera plus tard, me dit-il, de ce qu'il entend réformer dans le travail parlementaire. Visiblement, aujour-

1. Michel Giraud est ministre du Travail et de l'Emploi dans le gouvernement d'Édouard Balladur.

2. « Que ceux qui ont un rôle dans la société réfléchissent bien avant d'affaiblir par leurs propos la confiance des Français. »

d'hui, ce n'est pas ce qui le préoccupe le plus. Il veut justifier son discours d'avant-hier et insiste auprès de moi sur l'urgence absolue : la lutte contre le chômage, dont il ne pense pas que le niveau soit longtemps tolérable en France.

« Ce qui est l'élément nouveau, dit-il, gravissime, la vraie gangrène, c'est que le chômage produit des effets cumulatifs : les salariés qui ne sont pas chômeurs ont la trouille de le devenir. Le système de protection sociale implose : des cotisations en moins, des prestations sociales en plus. L'appareil éducatif se bloque : lorsque les parents sont au chômage, les enfants sont livrés à eux-mêmes. Et enfin, nos banlieues, où se concentre la majorité des chômeurs, deviennent les lieux géométriques de tous nos échecs. »

Je me demande en l'écoutant, si convaincu, pourquoi il a déclenché cette offensive. Pourquoi, moins de cent jours après l'intronisation d'Édouard Balladur, a-t-il fait cette sortie ? Parce qu'il est persuadé que le gouvernement emprunte un mauvais chemin ? Certes. L'homme qui, avec acharnement, a jeté tout son poids dans la campagne du « non », l'année dernière, puise dans la politique suivie – ou plutôt annoncée – le besoin de réaffirmer son refus de la France mitterrando-balladurienne.

Tout de même, il doit aussi poursuivre son chemin personnel. Au perchoir de l'Assemblée nationale, on a beau dominer les députés, on ne dessine pas les perspectives politiques. Grandeur française, protection nécessaire de ce qui fait sa spécificité, modèle social à préserver : il me paraît que, s'il a choisi de rompre la solidarité de la majorité, c'est pour réaffirmer des valeurs auxquelles il croit, il l'a montré, mais qui sont aussi en quelque sorte son fonds de commerce. Il ne pense pas pouvoir ni devoir « capitaliser » dans l'immédiat sa prise de position.

Je lui demande, au détour d'une phrase, s'il a consulté Édouard Balladur avant de lancer sa bombe. « Sûrement pas ! » s'exclame-t-il.

En réalité, Charles Pasqua, mis au courant, lui, par Séguin avec lequel, depuis Maastricht, il a gardé une relation permanente, a prévenu *in extremis* le Premier ministre du discours qu'allait prononcer le président de l'Assemblée chez Jacques Baumel.

Séguin prend date, j'en suis sûre, pour demain. Ce qui est aussi une façon de contester Jacques Chirac. En y réfléchissant mieux : ou bien Philippe Séguin, et ce serait assez dans son personnage, n'a pas consulté Chirac avant de dénoncer le « Munich social », et, dans ce cas, c'est parce qu'il entend être le troisième homme, jouer dans la même cour que Balladur et Chirac ; ou bien il a agi de manière concertée avec Chirac, et, dans ce cas-là, Balladur ne peut faire autrement que de demander des comptes au maire de Paris. Parce que si c'est cela, la cohabitation, si cela consiste à ce que, depuis la Mairie de Paris ou l'Assemblée nationale, on puisse tirer à vue sur le Premier ministre, cela change tout !

Pour la petite histoire, Philippe Séguin a parlé à Mitterrand, au cours d'une de leurs conversations, de sa volonté de remettre en cause la société productiviste. Qu'a répondu Mitterrand ? « Qu'il était étonné que ce soit moi qui le fasse », indique-t-il.

Sur le bureau de Philippe Séguin, grand lecteur de livres de toute nature, je remarque un tome du *Verbatim* de Jacques Attali : preuve que l'Élysée n'est jamais trop loin de ses pensées.

Quelques minutes après lui, je rencontre, toujours à l'hôtel de Lassay, son conseiller spécial, Henri Guaino, grand et sombre, qui est la plume ou plutôt la première plume des discours de Séguin, puisque celui-ci ne prononce jamais un discours qu'il n'ait pas discuté avec ses collaborateurs, annoté puis remanié. Un exemple : c'est lui qui a tenu à maintenir l'expression « Munich social » dans sa dernière harangue, tandis que Guaino hésitait en se demandant si cela n'était pas inutilement provocateur.

Je ne l'avais encore jamais vu, ce Guaino : il paraît que ce conseiller spécial a, aux côtés de Nicolas Baverez, une grande importance à l'intérieur du cabinet de Séguin. Il est encore plus pessimiste, si c'est possible, que son patron. Il insiste sur la gravité de la crise qui frappe aujourd'hui l'Europe et le monde. « Édouard Balladur, m'indique-t-il, a bien dit – et le redit souvent – qu'il s'agit de la crise la plus grave depuis 1944. Mais il n'en a pas tiré toutes les conséquences. En réalité, nous sommes dans la situation la plus grave depuis 1930. Il est clair que la mécanique du chômage est mortelle. »

Les remèdes : la baisse de 2 ou 3 points du niveau des taux d'intérêt nominaux, et cela sans se préoccuper des conséquences que cette baisse peut avoir sur la monnaie. La réforme de l'impôt sur le revenu est le volet essentiel de l'action qu'il propose, avec la nécessité d'équilibrer les revenus du capital et ceux du travail. Et, au surplus, il faut faire vite : « Chaque mois perdu détruit le tissu social français ! »

Il dit encore, et je m'arrête là dans mon compte rendu : « Édouard Balladur a très mal pris le "Munich social", expression qui ne s'adressait pas à lui. »

Balladur, c'est un fait, l'a pris pour lui, d'autant plus que la presse en a tiré la conclusion que, désormais, la seule opposition crédible au Premier ministre était dans la majorité !

30 juin

Si je reviens en quelques phrases sur le mois de juin dans son ensemble, c'est pour souligner que Balladur n'a pas chômé et que la majorité parlementaire, malgré la sortie de Séguin, l'a soutenu sans faiblir : projet de loi sur les privatisations[1], réforme du Code de la nationalité – au sujet duquel Mitterrand n'a pas bougé –, projet de loi sur l'immigration, réforme des retraites avec la durée de cotisation passant sans grand bruit de 150 à 160 trimestres...

Je veux bien qu'on parle d'immobilisme. Je trouve pour ma part qu'il est allé vite ! Maintenant, peut-être va-t-il ralentir le mouvement.

11 juillet

À son camarade de lutte anti-Maastricht, Philippe Séguin, Charles Pasqua, ministre de l'Intérieur, donc, à ce titre, membre de l'équipe Balladur, a conseillé aujourd'hui, par RTL interposé : « Laissons le gouvernement gouverner. »

Quand on pense que Pasqua a passé son temps, depuis 1988, à recommander à Chirac de ne pas installer Balladur au gouvernement ! Maintenant qu'il y est, lui, voici que, par solidarité ministérielle, et sans doute parce que Balladur le lui a demandé, il remet Séguin dans ses buts (métaphore footballistique qui irait fort bien à Séguin), mais il le fait avec une formidable économie de vocabulaire...

15 juillet

Intéressante interview d'Édouard Balladur à la presse régionale après que le Président a parlé, la veille, de la cohabitation vue de son côté. Déconcertante plus qu'intéressante, d'ailleurs. Il a évoqué les

1. Les sociétés privatisables les plus importantes sont : Renault, Aérospatiale, Air France, la banque Hervet, la BNP, le Crédit Lyonnais, Péchiney, Rhône-Poulenc, AGF, UAP, etc.

élections européennes en disant, contrairement à ce qu'il a déclaré depuis quelques semaines, qu'il était prêt, pour l'unité de la majorité, à conduire une liste commune de la droite. Pourquoi ce changement ? Pour éviter l'éclatement entre une liste Giscard, ultra-européenne, et une liste Séguin, réservée, pour le moins, à l'égard de la construction européenne ? Question analogue à celle posée plus haut : Balladur a-t-il prévenu Chirac de son intention ? Ou bien est-ce la réponse au silence assourdissant de Chirac vis-à-vis de Séguin ?

19 juillet

Révision constitutionnelle à Versailles, la sixième de la Ve République. Cette fois, on consulte les deux assemblées pour modifier la Haute Cour et le Conseil supérieur de la magistrature. C'est bon enfant, désordonné, plus sympathique qu'au Palais-Bourbon. Les parlementaires se sentent perdus dans les grands couloirs. Jacques Chirac, arrivé seul, cherche désespérément la salle où est réuni le groupe RPR. Balladur arpente les couloirs, accompagné par son épouse, Marie-Josèphe, tous deux suivis par une nuée de photographes. Quel contraste entre la solitude de l'un et l'accueil réservé par la presse à Balladur ! Jack Lang converse avec Philippe de Villiers. Béatrice Séguin passe en nous présentant sa fille de 13 ans, celle, donc, de Philippe Séguin, qui vient pour la première fois à un Congrès que préside son papa.

Roger Chinaud m'invite à déjeuner, Jean-Pierre Soisson s'arrête quelques instants à la table que nous occupons, égal à lui-même, c'est-à-dire souriant et ambigu, faussement rond. Pendant ce temps-là, tous les hauts responsables de la majorité, à l'exception de Giscard, retenu à l'étranger, ont décidé de déjeuner ensemble à la préfecture des Yvelines, réquisitionnée à cet effet. Autour de Balladur et de Chirac, il y a là Méhaignerie, Pasqua, Bernard Pons, Charles Millon ainsi que Roger Romani et Pascal Clément[1].

La révision constitutionnelle n'étant qu'une formalité, je repars pour Paris sitôt après le déjeuner.

1. Respectivement ministre de la Justice (UDF-CDS) et ministre de l'Intérieur (RPR) ; Bernard Pons est président du groupe RPR à l'Assemblée nationale, et Charles Millon son homologue UDF. Roger Romani est ministre délégué aux Relations avec le Sénat et Pascal Clément son homologue auprès de l'Assemblée nationale.

21 juillet

À Versailles, je ne l'apprends qu'aujourd'hui, le spectacle n'a pas été dans l'hémicycle, mais à la préfecture des Yvelines. Il y a eu, pendant le déjeuner, un échange acidulé entre Jacques Chirac et Balladur. Entre les deux hommes, l'ombre de Philippe Séguin était là.

Résumé des épisodes précédents : après la sortie de Philippe Séguin en juin, Balladur attendait, paraît-il, un soutien de Chirac. Je trouve Bernard Pons, que je suis allée voir aujourd'hui à l'Assemblée, tout émoustillé, une lueur amusée dans son regard très bleu. Il m'a raconté comment les choses se sont dégradées au RPR après le discours de Séguin. Balladur s'attendait à ce que Jacques Chirac le soutienne face aux attaques du président de l'Assemblée. Il s'est senti attaqué, Chirac ne l'a pas défendu, Balladur en a été blessé.

Est-il vrai que Balladur ait dit à Chirac, il y a quelques jours, comme l'a écrit *Le Monde* aujourd'hui : « Je considère que vous auriez dû condamner les propos de Philippe Séguin » ? Qu'il l'ait dit ou pas, on n'a entendu de Jacques Chirac aucune condamnation des propos de Séguin, aucune rectification, ni aucun encouragement à Balladur. Susceptible comme l'est ce dernier, il semblerait que le silence de Chirac ait été pris comme une sorte de lâchage. Ce qui explique la déclaration de Balladur, le 15. Le Premier ministre en a conclu que Philippe Séguin et Jacques Chirac ont finalement agi de concert. Il a rendu coup pour coup.

« C'est vrai, confirme Bernard Pons, Édouard Balladur a été convaincu de la complicité entre Séguin et Chirac. De vous à moi, a-t-il tort ? »

Si ce n'est pas de la complicité, me fait-il encore remarquer, c'est tout au moins un intérêt commun qui rapproche les deux hommes. Car en proposant une autre politique aux Français, Séguin sait qu'il n'embarrasse pas Chirac, mais qu'il renforce plutôt la position de ce dernier vis-à-vis du Premier ministre : il lui permet de démontrer que le RPR n'est pas un mouvement monolithique, que la présence du maire de Paris est nécessaire pour sauvegarder le rassemblement, qui a fait la force du mouvement gaulliste, entre les différentes tendances – souverainiste, sociale, libérale – du RPR.

Retour, après ce résumé de la période qui précède, sur ce qui s'est passé pendant le déjeuner du 19 juillet. D'après le récit qui m'en est fait, la conversation entre les convives de la majorité a d'abord trait à la suppression des IUFM[1] telle qu'elle figurait dans le programme du RPR en 1993. De fil en aiguille, Jacques Chirac a embrayé sur les réformes à faire : il les trouve trop lentes, il a demandé à Balladur d'accélérer le rythme. « Il ne faudrait tout de même pas, a-t-il lancé devant tous les convives, qu'on dise : Balladur et Bérégovoy, c'est la même chose !

– Je vous en prie, Jacques ! », aurait alors simplement répondu, du ton dont on rétorque « Laissez tomber ! », le Premier ministre, choqué et vexé par les paroles du chef du RPR.

Lorsqu'on connaît la susceptibilité d'Édouard Balladur – et Chirac la connaît bien –, on ne lui parle pas ainsi devant les leaders de la majorité. En tête-à-tête, peut-être, et encore...

23 juillet

L'« incident », comme on dit pudiquement, entre Chirac et Balladur a fait un foin du tonnerre. Du coup, Chirac effectue un rétropédalage à grande vitesse. Il me téléphone, comme, je suppose, à une bonne dizaine de journalistes, pour dire qu'il s'agissait d'une conversation détendue entre professionnels de la politique, rien de plus. Il m'assure que, la prochaine fois, il se contentera de parler de la pluie et du beau temps. Et puis, me dit-il, perfide (je n'ai pas retenu l'expression exacte, mais son sens), comment pourrait-il faire un coup pareil à Édouard Balladur qui, sans lui, n'aurait jamais franchi les portes de Matignon ? Ce n'est pas pour saboter son action maintenant, non ?

6 août

Il est vrai que la crise du franc, qui a marqué la dernière quinzaine de juillet, a été brutale, difficile. Les politiques monétaires allemande et française évoluant de façons diamétralement différentes, Bonn relevant ses taux pour stopper l'inflation, Paris ayant besoin d'abaisser les siens, ces divergences amènent à une spéculation monstre sur le mark contre le franc, spéculation que beaucoup, dans le camp balla-

1. Instituts universitaires de formation des maîtres, qui avaient remplacé les écoles normales d'instituteurs.

durien, ont imputé en partie, non sans une certaine mauvaise foi, aux propos tenus par Séguin sur l'« autre politique », en juin dernier.

Pendant quelques jours, Chirac est resté coi. Il s'est donné le temps d'intervenir. « Après tout, me dit Jacques Toubon, c'est lui, le futur candidat à la présidence de la République. Il n'a pas à intervenir sur-le-champ lorsqu'une crise monétaire se déclenche. Tout ce qu'il dit sera retenu contre lui. C'est précisément pour cette raison qu'il n'a pas voulu aller à Matignon : pour ne pas avoir le nez dans le guidon, ni être pris dans la quotidienneté de l'actualité politique et économique. On ne peut pas lui reprocher d'avoir pris son temps avant de publier son communiqué ! »

Car Chirac a bien publié, au moment choisi par lui, un communiqué de soutien à la politique d'Édouard Balladur. Un peu tardif,

certes. Un peu conventionnel. Il y fait néanmoins « personnellement confiance au Premier ministre pour conduire l'œuvre de redressement déjà bien engagée ».

12 août

Suite et fin annoncée, « en sifflet », de la crise monétaire[1]. Comme chaque été, Édouard Balladur est parti en vacances dans son chalet de Chamonix. De sa terrasse d'où il voit la mer de Glace, il répond aux questions de Paul Amar pour France 2. Chamonix, cela veut dire, assure Paul Amar, le lieu aux « versants raides ». Très bonne transition pour Balladur, qui reprend le thème des « versants raides » pour qualifier la situation de l'économie française. Il explique qu'il a dû prendre des mesures difficiles, impopulaires, dont la réforme d'une partie du régime des retraites. Les Français, assure-t-il, ont très bien compris qu'il fallait remettre de l'ordre, que l'avenir de la protection sociale était en jeu. Il promet qu'il n'y aura pas d'autres augmentations l'année prochaine. Il espère, dit-il, qu'il pourra avancer sur la réforme de l'impôt sur le revenu et alléger les charges qui pèsent sur les ménages. Il annonce avec méthode son calendrier : réunion le 17 août sur la loi quinquennale sur l'emploi ; réunion le 23 août pour passer à la deuxième phase de son action ; conférence de presse le 24 ; réunion le 6 septembre avec les organisations syndicales.

Puis il parle du chômage : il ne considère pas que sa politique en est responsable, puisqu'il existait avant lui. Il sait néanmoins que la

1. Par un élargissement des marges de fluctuation des monnaies européennes.

France ne pourra supporter longtemps 10 % de chômeurs. « On me dit : le chômage, vous n'y pouvez rien[1]. Je ne peux m'y résoudre. La finalité du pouvoir n'est pas d'y rester, mais d'améliorer les choses... Notre devoir impérieux est d'avoir une gestion qui mette le pays à l'abri des grands risques de ce monde : la dépression et le chômage. »

Sa préoccupation est de conjurer la crise monétaire sans détruire la protection sociale française. À propos de cette crise, il regrette que les spéculateurs aient choisi d'affaiblir le système monétaire européen[2].

Sur ses relations avec Chirac, il fait mine de s'étonner. Tout Paris bruisse de la dégradation de leurs rapports après la crise monétaire. Elles sont bonnes, elles sont excellentes, assure Balladur. D'autant qu'il sera, lui, en dehors de la compétition présidentielle jusqu'à la fin de 1994. Je me demande la signification exacte de cette phrase : cela veut-il dire qu'après décembre 1994, il se sentira libre de faire ce qu'il veut ?

Interview très intéressante, que je ne peux que résumer sommairement ici. Enfin, l'essentiel y est : Édouard Balladur est méthodique, organisé, volontaire. Quand Chirac l'a poussé à être Premier ministre à sa place, mesurait-il toutes ses qualités ?

16 août

Il doit vraiment rigoler, François Mitterrand, au spectacle de Philippe Séguin, muet comme une carpe après avoir lancé son engin explosif, de Jacques Chirac essayant de trouver sa place, dans une situation qu'il a lui-même voulue, entre Mitterrand et Balladur.

Le Président a choisi le quotidien *Sud-Ouest*, en pleines vacances, pour s'exprimer pour la première fois sur la crise monétaire que traverse l'Europe. Comme Balladur, il en rend responsables les spéculateurs qui procèdent à coups de milliards et bouleversent la vie

1. Allusion à la phrase prononcée par Mitterrand à l'occasion du 14 Juillet : « Le chômage ? On a tout essayé. »

2. Il dit aussi, à propos de la crise, qu'il s'agit d'un « excès de la liberté, qui doit être coordonnée et partagée ».

Il dit encore, sur un ton presque « séguiniste » : « L'Europe a déçu, elle n'est pas prête à prendre ses responsabilités, en Yougoslavie par exemple. C'est en Europe que la croissance est la plus faible. Elle a déçu également parce qu'elle n'est pas en mesure de prendre en main sa propre défense. »

matérielle de centaines et de centaines de milliers de citoyens européens. Bref, en quelques phrases, il donne raison à Édouard Balladur dans la gestion de la crise, l'assurant de son entière solidarité et jugeant le compromis de Bruxelles comme la « moins mauvaise des solutions ». S'il émet quelques critiques, comme sur la privatisation d'Elf Aquitaine, on retiendra néanmoins avant tout son soutien au Premier ministre.

On voit la perversité : Chirac a mis des jours pour déclarer son soutien à Balladur, Séguin a déclenché les hostilités contre Matignon dès le mois de juin sur la façon de mener les choses ; Mitterrand tranche en appuyant le Premier ministre et apparaît ainsi comme le juge de paix de la majorité.

Et le Parti socialiste, dans tout cela ? Mitterrand n'a pas du tout l'air de s'en soucier.

18 août

François Bayrou dans son bureau au ministère de l'Éducation nationale. Intelligent, lisse, peut-être secret. Un visage carré, taillé à gros traits. Je ne sais pas par quels autres adjectifs le qualifier, donc je m'abstiens. Il me parle de Giscard à qui le lie une complicité réelle, assez rare.

« Giscard pense, me dit-il, qu'il a été élu trop tôt à la présidence de la République. Il dit que la bonne décennie, pour être député, c'est la trentaine ; la quarantaine, pour être ministre ; cinquante ans : l'âge idéal pour un Premier ministre. Pour la présidence de la République, c'est la soixantaine. »

Telle qu'il la décrit, la situation est assez simple : si Édouard Balladur réussit, pas de problème ; Giscard préférera Balladur à Chirac. Au fond, dit-il, pas grand-chose ne le sépare de Balladur. Il est irrité par son penchant naturel à dire que rien n'a été fait en France avant lui depuis vingt ans, mais ce n'est pas si grave.

En revanche, si Balladur échoue, VGE pense qu'il a, lui, toutes ses chances. Pour Bayrou, dans tous les cas de figure, Jacques Chirac est coincé.

25 août

Pour des raisons de place, la conférence de presse de Balladur a eu lieu au centre Kléber et non à Matignon. Les ministres d'État sont autour de lui sur la tribune : Simone Veil, Charles Pasqua, François Léotard, Pierre Méhaignerie. Ils ne disent pas un mot ; leur seule présence vaut soutien, appui, acquiescement. Le plaisir que prend Balladur à parler aux journalistes, qu'il soigne tout particulièrement, et à les voir s'écraser pour l'écouter, le plaisir qu'il éprouve à être en première ligne, lui qui a toujours été dans l'ombre de Chirac, est évident. Que dis-je, il est monumental !

Deux grandes parties dans la conférence de presse d'Édouard Balladur aujourd'hui : comment rendre l'État plus efficace et comment retrouver la croissance pour soutenir l'emploi.

Sur l'efficacité de l'État, le Premier ministre annonce une modification constitutionnelle portant sur l'alinéa 4 du préambule de la Constitution, un meilleur plan d'aménagement du territoire, un livre blanc sur la défense.

Retrouver la croissance, c'est moins facile. Balladur annonce la discussion, à partir du 6 septembre, de la loi quinquennale sur l'emploi, et souligne qu'il n'entend pas opposer progrès économique et solidarité sociale. De bon ton, pour les syndicats à l'affût.

Dans les autres domaines, culture, environnement, formation professionnelle, Coupe du monde de football 1998, télé éducative, allègement de l'impôt sur le revenu, déblocage du PEP[1], loi programme sur la justice... – le gouvernement est au four et au moulin.

Quant aux négociations sur le GATT, elles offrent à Édouard Balladur l'occasion d'afficher sa résistance aux volontés américaines : « Nous ne nous satisferons pas, assure-t-il, d'un pseudo-accord qui demande à l'Europe de produire moins, d'exporter moins et d'importer davantage. Nous n'avons pas l'intention de dire oui. Les concessions ne sauraient nous être demandées unilatéralement. »

Une indication, en fin de conférence, sur sa présence en tête de la liste européenne : la pression de ses amis « va, dit-il, diminuant » sur sa candidature aux élections européennes. Il ne sera donc pas candidat. Qui le souhaitait vraiment ? Pas même lui, sans doute, après s'être rendu compte qu'il avait plus à risquer qu'à gagner.

« Petite conférence de presse pour rien, me dit à la sortie Philippe Alexandre, toujours caustique, *pour faire le Président.* »

---

1. Plan d'épargne populaire.

À ce propos, je note la petite phrase de Balladur à Alexandre, que celui-ci me transmet à son tour : « Lorsque je passe une heure avec François Mitterrand, lui a dit Balladur, je m'amuse beaucoup plus qu'avec Giscard d'Estaing. »

26 août

Dans l'avion qui nous conduit à Bonn où Édouard Balladur va rencontrer Helmut Kohl au sujet des négociations sur le GATT, le Premier ministre rend visite, à l'arrière de l'appareil, à la meute des journalistes qui l'accompagnent à l'étranger pour la première fois. Nous lui demandons s'il sera ferme sur le GATT et sur Blair House.

« Oui, nous répond-il ; dans la vie, il y a des moments où on ne peut pas rester dans le vague. Le calendrier nous presse... Nous n'acceptons pas, martèle-t-il, le pré-accord de Blair House, négocié par la Commission sur un mandat vague datant de 1990, qui n'a jamais été entériné par le Conseil des ministres des Douze. »

Voilà ce qu'il va dire à Kohl tout à l'heure.

Tandis qu'il continue à se prêter à nos questions, il laisse entendre (« Mais surtout ne le mettez pas dans ma bouche ») qu'Alain Juppé serait la meilleure tête de liste pour les européennes de 1994. Les raisons ? 1) Il conduit, pour le compte du gouvernement, la politique européenne de la France ; 2) L'alternance entre RPR et UDF serait respectée : la dernière fois, Valéry Giscard d'Estaing a été candidat ; cette fois, il serait bien que le candidat soit RPR ; et 3) Il est le mieux perçu par les gaullistes, évidemment.

Quant à la réforme constitutionnelle sur le droit d'asile, elle est rendue nécessaire par la décision du Conseil constitutionnel de censurer une partie de la loi votée en juillet. « La question, dit-il, est de savoir si nous pouvons formuler la loi autrement, pour éviter l'écueil. Les juristes me disent que c'est impossible. Donc, il faut bien en passer par une révision de la Constitution. Enfin, j'aurai un texte lundi sur mon bureau, on verra bien. »

Existe-t-il un conflit possible avec le Président sur ce sujet ? « Je dirai que je ne le souhaite pas. » Petite phrase bien dans le style Balladur.

Je le trouve très critique, très caustique à l'égard de Jacques Chirac. Quand je lui demande comment celui-ci a pensé à Alain Juppé pour les élections européennes, il ne résiste pas au plaisir de me répondre que c'est lui, Balladur, qui l'a proposé, pas Chirac ! « Il est tout à fait d'accord, naturellement. Il m'a même semblé qu'il a dit, quelques semaines plus tard, que c'était son idée. »

Et que se sont-ils dit, Chirac et lui, lors de la cérémonie pour le 49e anniversaire de la libération de Paris, à l'Hôtel de Ville ? Réponse : « Nous ne nous sommes pas parlé. Je lui ai demandé le nom d'un acteur qui lisait un des textes sur la Libération, et il a trouvé moyen de se tromper ! »

À 14 h 15, conférence de presse de Kohl et de Balladur à la Chancellerie allemande. Après avoir évoqué les convergences entre Français et Allemands, Kohl en arrive assez vite au GATT. Il n'est pas hostile à un compromis et attend les propositions du Premier ministre français. « L'Europe doit se doter d'un instrument de politique commerciale, souligne Balladur. Nous allons y travailler ensemble. »

Cela ne mange pas de pain. La seule chose certaine, c'est que la rencontre ne s'est par terminée en un claquement de porte.

Dans l'avion du retour, le Premier ministre ne cache pas sa bonne humeur. Sur le fond des conversations franco-allemandes, Balladur a ce communiqué de victoire : « Vous venez d'assister, dit-il, à l'acte de décès de l'intangibilité des accords de Blair House ! » Pourquoi cela ? Parce que, nous dit-il, le chancelier allemand est convenu, au cours de leur rencontre, de maintenir que « le préaccord de Blair House comporte certains problèmes ». Balladur pense non sans contentement que les paroles de Kohl sont de bon augure. C'est un premier pas qu'il s'enorgueillit de lui avoir fait faire.

« Je commence à être un expert en cohabitation, lui a dit Kohl en plaisantant, à un moment donné de leur conversation ; je pourrais donner des conférences sur le sujet ! »

27-29 août

Au séminaire UDF à Toulouse, le jeune chargé de mission de François Bayrou à l'Éducation nationale me murmure qu'entre nous, Balladur lui semble dire n'importe quoi à propos des élections européennes : « Il demande à ses ministres de ne pas parler d'Europe, puis il en parle en laissant entendre, par exemple, à la presse quotidienne régionale, qu'il serait candidat ou pourrait l'être. Puis il recule en disant que, maintenant, c'est sûr et certain, il ne dira plus un mot sur le sujet. Tout cela pour lancer finalement le nom de Juppé ! »

J'en conclus que la candidature unique d'Alain Juppé pour conduire la liste de la majorité requiert encore quelques discussions...

Je croise Hervé de Charette : « Si Chirac avait mieux connu Balladur, dit-il en riant, il ne lui aurait pas laissé sa place. »

Ce séminaire ne sert pas à grand-chose, sauf peut-être à redonner du moral à Giscard. Il est en effet – ce qui, pour lui, doit être inconfortable – dans une position d'attente : il attend que Balladur échoue ou n'échoue pas, que Chirac soit candidat ou ne le soit pas. Il a peu de cartes en main, en définitive.

Cela ne l'empêche pas de brosser, samedi matin, une formidable fresque de l'évolution de l'Europe après la chute du mur de Berlin : l'unification allemande, l'effondrement du rideau de fer et l'émergence des pays de l'Est, la dislocation yougoslave, enfin, mettent

aujourd'hui en péril l'union de l'Europe. L'affaiblissement progressif du SME et la montée du chômage en Europe font que nombre de Français et sans doute d'Européens ne croient plus à l'Europe. Conclusion : la raison d'être d'une UDF unie est « l'intense volonté de la sauver ».

Dans l'après-midi, François Bayrou affirme la « totale harmonie entre l'UDF et le gouvernement ». Jean-Louis Bourlanges parle de « rénovation nécessaire ». Jean-Claude Casanova affirme que la construction européenne reste populaire, comme le montrent la plupart des sondages : « Nous aurons raison parce que nous avons raison » – ainsi achève-t-il son propos.

À noter que Simone Veil et François Léotard ne sont pas venus.

Fin août

Étrange et ambiguë université d'été du RPR. Balladur n'a finalement pas jugé nécessaire de s'y rendre, arguant du fait que, Premier ministre, il ne pouvait assister à toutes les universités d'été de toutes les composantes de la majorité. Pas plus à celle du RPR qu'à celle de l'UDF ou du CDS. En réalité, le Premier ministre aurait risqué d'apparaître comme un personnage secondaire de la pièce qui se jouait à Strasbourg, Chirac y jouant naturellement les jeunes premiers. Il ne l'a pas souhaité. Ce qui est aussi une façon de marquer sa différence. À Chirac, le RPR. À lui, la majorité entière !

Balladur n'était donc pas là. Philippe Séguin en a profité pour appeler Chirac à s'engager dans « la bataille la plus décisive et la plus positive », et Alain Juppé a demandé aux jeunes de se mobiliser autour de Jacques Chirac. Nicolas Sarkozy et Charles Pasqua, tous deux membres de l'équipe gouvernementale de Balladur, qui avaient fait le déplacement, ont été, comparés à eux, d'une discrétion criante, si je peux user de cette alliance de mots.

Ils ont en tout cas paru pour le moins réservés. Auraient-ils peur de voir la campagne commencer si tôt ? Je pose la question à Jacques Toubon qui me répond, lui, sans précautions : « Nicolas a empêché toute manifestation de soutien collective à Chirac, me répond-il. Sa crainte était que les organisateurs de ces journées ne profitent de l'absence de Balladur pour les transformer en manifestation de soutien à Jacques Chirac en vue des présidentielles. » Il ajoute qu'à ses yeux, dans la sourde rivalité qui oppose Balladur à Chirac depuis l'été, c'est-à-dire depuis le déjeuner de Versailles et la crise monétaire, il est certain que Nicolas Sarkozy a choisi son camp : celui de Balladur. Jusqu'à présent, il naviguait entre Matignon et la Mairie de Paris, et apparaissait comme un trait d'union entre les deux. « Désormais, assure Toubon, on ne peut plus croire cela : il a pris ses distances avec Chirac. »

Si vite ? Moins de six mois auraient donc suffi pour éloigner Balladur de Chirac ? Il n'y a que ce dernier, apparemment, malgré ce que lui serinent ceux de ses conseillers restés proches de lui, pour ne pas s'en rendre compte. À moins qu'il fasse comme si... ?

2 septembre

J'interroge Jacques Rigaud sur la personnalité d'Édouard Balladur qu'il connaît depuis longtemps : deux promotions les séparaient à l'ENA.

Balladur avait eu, tout jeune, des problèmes de santé et avait pris du retard. « Il était déjà solennel, presque gourmé. On n'avait pas envie de lui taper sur le ventre ! »

« Il est véridique, ajoute-t-il. Il paraît d'une grande sincérité et d'une grande honnêteté. Ce que ne traduit pas toujours la platitude de son discours politique. »

Rigaud a rencontré pendant l'été Claude Pompidou[1]. Celle-ci lui

1. Claude Pompidou est l'épouse du président défunt Georges Pompidou. La nomination à Matignon d'Édouard Balladur, dernier collaborateur du Président défunt, apparaît à beaucoup comme une consécration posthume de son mari.

a dit avoir reçu des centaines de lettres de félicitations lors de la nomination de Balladur.

« Il n'a pas le côté granitique, terrien, de Pompidou, continue Rigaud ; pourtant, il a lui aussi un vrai besoin d'enracinement. On peut lui reconnaître aussi une préoccupation sociale. Certes, il ne fait pas rêver les Français : c'est que leurs rêves sont devenus des angoisses. »

Jacques Rigaud me raconte son dîner à Matignon avec tous les présidents de chaînes de radio et de télévision publiques et privées, le 2 août, c'est-à-dire en pleine crise, après le week-end monétaire catastrophique de la fin juillet. Il pensait que l'invitation allait être annulée, elle fut finalement maintenue. « Je m'attendais, me dit Rigaud, à un dîner morose, ou à pas de dîner du tout. Il ne m'a pas fallu longtemps pour me rendre compte que Balladur avait gardé intacts son humour particulier, sa distance avec les événements. Il était disert, disponible. »

Il dit encore : « Contrairement à Édith Cresson et à Jacques Chirac, il sait distinguer l'accessoire de l'essentiel. »

Il ajoute, parlant de la génération Balladur qui est aussi la sienne : « Nous appartenons à la même génération. Trop jeunes pour nous engager dans la France libre, trop jeunes aussi pour 1958. Trop âgés, déjà installés, dix ans plus tard, pour 1968. Nous appartenons à la génération des rendez-vous manqués. Pas la moindre épopée dans notre vie ! Nous sommes une génération perdue, et pourtant celle qui, tout compte fait, aura voulu, accompagné la modernisation de la France. »

Globalement, le portrait qu'il trace de Balladur est celui d'un homme méthodique, organisé, qui a beaucoup réfléchi sur l'exercice du pouvoir, contrairement à Jacques Chirac qui pense d'abord et avant tout à sa conquête.

Un collaborateur de Chirac, j'ai oublié lequel, m'avait dit il y a quelques années que Balladur manquait de sens politique et peut-être même de caractère ! Assez mal vu, il semblerait, d'après le témoignage de Rigaud.

En marge de cette conversation sur la personnalité du Premier ministre, Jacques Rigaud, toujours aigu et drôle, me rapporte une phrase terrible de Mitterrand. Le Président a dîné en juillet avec Louis-Guy Gayan[1].

1. Louis-Guy Gayan est membre du syndicat patronal de la presse quotidienne régionale, directeur de *Sud-Ouest*.

« Tout de même, lui dit Louis-Guy, n'avez-vous pas été injuste en traitant les journalistes de "chiens", pendant les funérailles de Bérégovoy ?

– C'est vrai, lui répond Mitterrand. Le soir, lorsque j'ai vu mes chiens, je me suis dit que j'avais été injuste envers eux. »

8 septembre

Une nouvelle révision constitutionnelle se prépare au sujet du projet de loi Pasqua relatif à la maîtrise de l'immigration et au droit d'asile dans le cadre des accords de Schengen, loi adoptée en juillet 1993 mais retoquée partiellement par le Conseil constitutionnel le 13 août. Pasqua a protesté contre cette décision, le gouvernement a saisi le Conseil d'État. Celui-ci a jugé qu'il fallait, pour accepter l'entrée en vigueur en France des accords de Schengen et ses conséquences sur le droit d'asile, réviser la Constitution. Le gouvernement a donc engagé une révision constitutionnelle qui doit voir le jour dans les prochaines semaines, après passage devant les deux assemblées[1].

Nous nous demandons, au cours d'un dîner du Siècle, pourquoi Mitterrand a laissé faire le gouvernement sur un sujet aussi « sensible », à gauche, que l'immigration et le droit d'asile.

« Cela prouve tout simplement, dis-je, que Balladur et Mitterrand préfèrent ne pas rompre leur tête-à-tête.

– Est-ce si sûr ? » dit Jacques Friedman, qui pense au contraire qu'à ce sujet, Édouard Balladur a « eu » Mitterrand. Car le Premier ministre a certes accepté de passer par le Conseil d'État, mais en formulant la question de telle façon qu'elle appelle une révision de la Constitution.

1. L'exposé des motifs de la loi constitutionnelle commence par cette phrase : « La convention de Schengen attribue aux autorités de l'État qui a pris la plus grande part de responsabilité dans l'entrée d'un demandeur d'asile provenant d'un pays tiers, compétence pour statuer sur sa demande. La suppression des contrôles aux frontières prévue par cette convention rend nécessaire une telle mesure afin de prévenir l'immigration clandestine... Le présent projet a donc pour objet d'affirmer dans la Constitution les principes posés par ces accords afin de les rendre applicables à notre pays dans les mêmes conditions qu'aux autres États européens, et de rendre possible une coopération avec des États liés à la France par des engagements identiques aux siens en matière d'asile. »

La convention de Schengen promulgue l'ouverture des frontières entre les pays signataires.

9 septembre

Décidément, Balladur plaît au moins autant, sinon davantage, à l'UDF qu'au RPR. J'en retiens pour preuve ma conversation avec Hervé de Charette[1], avec qui j'ai longuement parlé de la crise du logement. Après avoir fait le plein de considérations sur le trop grand nombre de bureaux à Paris, la fiscalité qui assassine les propriétaires, la panne de l'accession à la propriété, nous parlons du Premier ministre. Charette me dit combien il est agréable de travailler sous son contrôle. Tout de même, s'attendait-il à cette incroyable montée de Balladur dans les sondages ? s'attendait-il à ce que l'état de grâce dure jusqu'à l'automne ? « Balladur, me répond-il, réussit au moment où on attendait un homme incarnant une autorité. Il y avait en France cinquante millions de Français qui, comme Diogène, cherchaient la lumière. Il est tombé au bon moment. »

La cohabitation ? « Entre Édouard Balladur et François Mitterrand, me dit-il, il n'y aura pas de fin heureuse. C'est Mitterrand qui a besoin de Balladur, pas l'inverse. »

Dans un autre registre, celui des élections européennes, il me fait, en lieutenant fidèle, un vibrant plaidoyer en faveur de Giscard : il est indispensable, selon lui, que VGE prenne la tête d'une liste unique de la majorité. « Qui va conduire la campagne vis-à-vis de l'opinion publique ? Il est normal que Giscard, le premier européen de France et même d'Europe, le fasse. Notre intérêt commun est qu'il joue un rôle éminent dans cette campagne. Dans la crise que traverse l'Europe, qui montre une forte tentation de détruire en quelques jours ce qu'on a mis vingt-cinq ans à construire, en ce moment stratégique, il faut concevoir une Europe nouvelle, poser de nouveaux principes. Il y faut une nouvelle volonté franco-allemande. Pour toutes ces raisons, Giscard est le plus qualifié. »

10 septembre

Nouvelle entrevue à l'Élysée avec Hubert Védrine. Nous reprenons notre conversation sur la cohabitation et sur la France de Balladur.

« Le monde était stable, me dit-il, les clivages étaient simples : gauche/droite, Est/Ouest. Tout cela est tombé par terre avec la chute

1. Hervé de Charette est ministre du Logement dans le gouvernement d'Édouard Balladur.

du mur de Berlin, et nous nous trouvons aujourd'hui dans un magma mondial. Tout est devenu anxiogène. Les Français en ont soupé, des rêves, des illusions ! Ils exigent un minimum de sécurité, de confiance. Balladur, tel qu'il est perçu aujourd'hui, est en phase avec ce désir-là. Comme Mitterrand, d'ailleurs. L'actuel phénomène Balladur ne serait pas aussi fort si un bon climat ne régnait pas entre les deux hommes. C'est comme s'il y avait en ce moment – car les choses peuvent changer – un pompidolien de gauche et un pompidolien de droite... Balladur, conclut-il, tire beaucoup de sa relation avec Mitterrand. »

Je lui pose la question de la révision constitutionnelle sur le droit d'asile. Commentaire : « C'est comme s'ils s'étaient trouvés dans un champ de mines et qu'ils en soient sortis tous les deux en se tenant par la main. »

La seule personne qui pourrait gêner Balladur aujourd'hui, selon Védrine, c'est Jacques Chirac, « qui ne peut pas rester les bras ballants... ».

11 septembre

Védrine n'avait pas tort. Chirac ne peut pas rester les bras ballants. L'absence de Balladur à l'université d'été du RPR a été commentée comme elle devait l'être : dans le marigot RPR, il n'y a pas place pour deux crocodiles !

Du coup, ce matin, pour éviter que les choses aillent trop loin et qu'elles finissent par se retourner contre les deux, Chirac s'est fait abondamment photographier à Matignon où il a pris soin d'aller rendre visite à Balladur. Deux heures de conversation, ont annoncé leurs services de presse respectifs. Peu importe ce dont ils ont parlé : si c'était pour régler un malentendu, ils auraient pu aussi bien se téléphoner. Non, l'essentiel était qu'ils se montrent ensemble. « Se réconcilier ? a dit Balladur à l'issue de la visite de Chirac. Il aurait fallu être fâchés. » Il devient décidément un as de la communication !

Je reviens tout de même, ce soir, sur la détérioration, finalement rapide, de leurs relations. Balladur, c'est certain, n'a pas pardonné à Chirac d'avoir manqué de solidarité avec lui au moment du « Munich social » de Séguin. De ce point de vue, en voyant à Strasbourg, l'autre jour, Séguin si proche de Chirac, le suivant à quelques pas tout au long de la rencontre avec les jeunes RPR, on comprend que le Premier ministre ait pensé que le président de l'Assemblée ne s'était pas lancé dans cette vibrante critique de la politique gouvernementale sans y être encouragé par Chirac, ou du moins qu'il l'ait fait sans en avoir été empêché par lui.

En sens inverse, les proches du maire de Paris disent que celui-ci a été choqué, beaucoup plus tôt, dès les premières semaines, par l'indépendance revendiquée par Balladur, par exemple par sa façon de ne consulter Chirac que du bout des lèvres sur la formation du gouvernement ou sur l'emprunt.

La vérité est sans doute qu'aucun des deux n'avait pris la mesure de ce qu'impliquait la présence de l'un à Matignon et le retrait de l'autre dans son bunker de l'Hôtel de Ville. Chirac considère sans doute qu'ayant fait Balladur roi, celui-ci lui doit tout. Tandis que

Balladur, devenu Premier ministre sans l'avoir quémandé, entend être Premier ministre à part entière.

Naïf, Chirac ? Plutôt nul en psychologie, même élémentaire. Cela dit, je n'arrive pas à croire que les relations entre les deux hommes soient aussi dégradées qu'on le dit. Irritation, certes, agacement, regrets de l'un, réussite de l'autre, peut-être. Affrontement ? Pas sûr.

12 septembre

Nouveau déjeuner de notre petite bande de journalistes à l'hôtel Matignon. Dans le salon, peu de changements depuis trois mois, hormis un nouveau Kandinsky (« le plus grand peintre de sa génération », selon le Premier ministre) et un Sisley. Dans la salle à manger, avant de passer à table (un plat, un dessert : la consigne est strictement suivie par le cuisinier), Édouard Balladur me montre un très beau Matisse. Je l'avais déjà vu en mai dernier ; il me fait remarquer qu'il est encadré différemment, et beaucoup mieux.

Sur le fond, quelques réflexions de nature plus politique qu'économique.

Il est d'abord évident que, malgré l'entente affichée l'autre jour à Matignon entre les deux hommes, ses relations avec Chirac restent tendues. Ou plus exactement distantes, détachées, parfois narquoises. Plusieurs illustrations à cela.

Quand on lui demande si l'intervention de Séguin, en juin dernier, a contribué à dégrader la crise monétaire entre la France et l'Allemagne, il répond non, mais ajoute aussitôt : « Les rapports ont été dégradés par le silence de quelques-uns. » Plutôt qu'à Séguin, allusion au silence de Chirac. Décidément, Balladur est rancunier. Il n'oubliera jamais.

« Vous l'avez dit à Chirac ?

– Oui, et bien avant notre déjeuner à Versailles.

– Quelle raison a-t-il invoquée pour expliquer ce silence ?

– L'unité de la majorité.

– Et vous avez été convaincu ?

– Oui, j'ai été convaincu qu'il s'exprimait en chef de parti et non en homme d'État. »

Même tonalité sur les élections européennes : « Je ne dirai plus un mot là-dessus », prévient-il. Après quoi, il se montre prolixe. Il tient à ce que la majorité présente une liste unie. Sinon, il exigera que les ministres n'y participent pas. Sur ce point, il est en conflit avec les deux leaders de la majorité, Giscard et Chirac, qui tous deux envisagent des listes séparées. Balladur assure qu'il ne changera pas d'avis et s'opposera à la présence de ministres sur deux listes différentes de la majorité. Il ira, s'il le faut, jusqu'à proposer sa démission. « Vous savez, une démission à quelques semaines des élections, c'est une menace qui compte. »

Même distance vis-à-vis de Chirac seul, cette fois, à l'occasion de la préparation des journées parlementaires à La Rochelle : « Chirac voulait parler le samedi, je ne pouvais pas être là, ce qui apparemment lui posait problème. Nous avons donc décidé que Chirac parlerait le dimanche matin, en ouverture de la journée, et moi en fin de matinée. Tout s'est arrangé. »

Plus que la teneur des paroles, c'est le ton qui me paraît confirmer la distance qui s'est installée entre Chirac et Balladur.

Je reviens au récit du déjeuner. Balladur parle maintenant de la cohabitation. Cela se passe bien, assure-t-il. À propos de la réforme constitutionnelle sur l'asile politique à l'intérieur de la zone de Schengen, il confirme en revanche qu'un affrontement l'a opposé à Mitterrand sur la formulation de la question posée. Il a dû dire au Président que c'était au Premier ministre, et pas à lui, de soumettre au Conseil d'État la question qu'il souhaitait poser. « D'ailleurs, la question qu'il voulait poser lui était pratiquement conseillée par Badinter[1].

– Et comment l'a-t-il pris ?

– Bien. D'ailleurs, j'avais fait moi-même beaucoup de chemin. Je lui ai évité le référendum, puis j'ai sauvé le préambule. Moi aussi, j'ai une majorité à respecter, et il le sait.

« Tout, continue-t-il, vient d'une bourde du Conseil constitutionnel qui a refusé le projet de loi alors qu'il avait déjà déclaré Schengen compatible avec la Constitution. C'est alors que nous avons bien dû consulter le Conseil d'État sur l'opportunité de la révision. Si le Conseil d'État dit qu'il faut y procéder, s'il propose de rédiger un nouveau projet de loi, nous le ferons. Si le Conseil constitutionnel la

condamne à nouveau, alors nous irons au-devant d'un gros problème politique. »

Il s'agit là d'une condamnation à mots couverts de Robert Badinter : Balladur pense que le Conseil constitutionnel est sorti de son rôle en condamnant le texte gouvernemental, que, juridiquement, sa position ne tient pas, étant contraire à l'accord déjà donné au traité de Schengen deux ans auparavant. Nul doute que si le Conseil constitutionnel « retoque » le futur projet de loi, il y aura un clash majeur avec l'Élysée.

Nous parlons de la Corse : il a trouvé l'atmosphère sur l'île plutôt sympathique. Les hôteliers indépendantistes ou autonomistes se plaignent beaucoup de ce que le tourisme aille mal. « Alors, plaisante le Premier ministre, j'attends une accalmie du côté du terrorisme corse... »

Sur le terrain international, il est très pessimiste. S'il se réjouit des accords entre Israéliens et Palestiniens, il s'attend néanmoins à beaucoup d'actes de terrorisme : « Il y aura un terrorisme kurde, de plus en plus important, et aussi un terrorisme bosniaque. Il y a tellement de lieux de conflits de par le monde ! »

Il parle de l'Allemagne avec une grande liberté. Selon lui, les Allemands ont un sens aigu de leur ego (il ne dit pas l'« impérialisme allemand », mais l'« égotisme allemand »). « Avant une élection, explique-t-il, Kohl demande des sacrifices à tout le monde. Imaginez qu'en France on fasse une campagne électorale sur le sacrifice ! C'est cela, la différence essentielle entre Allemands et Français. »

1. Alors président du Conseil constitutionnel.

Sur le GATT, il n'est toujours pas décidé à céder, tout en n'attendant pas de geste spectaculaire de l'Allemagne. Son contact avec Kohl a été, il le dit, une première brèche ; il n'attend rien de plus. Et si les Américains ne cèdent pas ? « Eh bien, il n'y aura pas d'accord. Comme en ce moment. Finalement, on peut s'en passer. »

« La société française est fragile, dit-il en guise de conclusion. On ne peut pas faire n'importe quoi. Ce que vous appelez ma "prudence" est dicté par cette considération. » Il n'y aura donc pas, pour cette raison, de réforme fiscale avant l'élection présidentielle. Ce qui ne l'empêche pas d'insister sur le terrain déjà parcouru : les retraites, les négociations avec les syndicats... Manifestement, l'accusation d'immobilisme, le mot « modération » employé à propos de sa politique – relayé par ses propres amis politiques, pas seulement par l'opposition –, l'irritent au plus haut point. Il se dépeint lui-même comme un homme essentiellement pragmatique, qui ne tire pas de plans sur la comète, qui essaie simplement de trouver des solutions aux problèmes. Exactement ce que veulent les Français aujourd'hui.

14 septembre

La dépêche de l'AFP est tombée il y a quelques instants : « Le président François Mitterrand a été victime d'un malaise, mardi, à Séoul, au début d'une visite officielle en Corée du Sud. »

Détail terrible, toujours d'après la dépêche AFP : le Président a vomi après avoir signé le registre des hôtes d'honneur de la Maison bleue, la résidence de ses homologues sud-coréens. On imagine la scène. Les images à la télé ont été caviardées. Mitterrand s'est ensuite reposé une demi-heure, puis a continué son voyage. Pour la première fois, l'AFP fait état que son aide de camp, le capitaine de frégate Yann Tainguy, l'a soutenu pendant qu'il montait les marches conduisant à l'intérieur de la Maison bleue.

19 septembre

La paix entre Israël et la Palestine : l'annonce tombe au moment où personne ne s'y attendait. Formidable Arafat, changé en « chef de paix », et merveilleux Shimon Peres, artisan du rapprochement que Rabine a accepté ! Quelques protestations, somme toute assez faibles, de part et d'autre. Quelques assassinats aussi, sans doute, dans les jours à venir. L'Histoire va vite.

Marie-France Garaud, rencontrée à l'occasion d'un dîner : « Balladur ? dit-elle. Vous avez raison, il va durer. La France aurait besoin de passer au-dessus de la haie. Il se débrouille pour que les Français passent au-dessous. Idéal, véritablement ! »

Elle a trouvé le titre du livre qu'elle va écrire contre l'Europe et contre Balladur : *Non*.

26 septembre

Journées parlementaires à La Rochelle. Cette fois, Balladur s'est déplacé ; Chirac aussi. Elle est là, l'explication de leur rencontre de deux heures, l'autre jour : il s'agissait de mettre au point le scénario de La Rochelle. Rien de ce qui se dit n'a d'importance. Tout le monde se fiche de ce que ces pauvres parlementaires ont à dire. En revanche, les phrases de Jacques Chirac à la tribune, les réponses de Balladur, tout cela est disséqué, analysé, répercuté avec un soin infini.

« Les relations entre Édouard Balladur et moi ? dit Chirac. Ceux qui s'inquiètent à l'idée que la discorde pourrait s'introduire entre lui et moi peuvent être rassurés. Ceux qui s'en réjouissent ou s'en réjouiraient seront déçus. »

Balladur surenchérit : « Chacun ici connaît les liens qui sont les nôtres depuis longtemps. » Après quoi, il remercie Chirac d'avoir enfin dit, vis-à-vis du gouvernement, ce qu'il attendait qu'il dise (et ce qu'il aurait dû dire, selon lui, depuis longtemps !).

À l'applaudimètre, Balladur fait un tabac. Cela aussi, comment Chirac ne l'a-t-il pas prévu ? Les parlementaires ont davantage besoin d'un Premier ministre que d'un chef de parti.

Alors ils peuvent bien se promener ensemble longuement sur le port de La Rochelle, échanger devant les photographes quelques phrases aimables en espérant que les clichés seront bons : les commentaires restent inchangés. C'est « je t'aime, moi non plus ».

28 septembre

Mitterrand : tant bien que mal, sa cote remonte. Sa stratégie n'a pas varié : le dos rond lorsque les éléments sont contre lui. Puis il remonte au feu quand les choses sont redevenues plus calmes. En se limitant, puisque cohabitation oblige, à des interventions humanitaires, ou sociales, quotidiennes. Ainsi va-t-il à Saint-Dié, aujourd'hui, poser la première pierre d'un institut pour enfants handicapés. Ou bien il s'adresse aux pauvres, aux « petits » : on l'a vu à Lille féliciter le cinéaste Claude Berri et toute l'équipe qui tourne *Germinal*, de Zola, dans les corons du Nord.

Il a également repris contact avec les dirigeants socialistes : Lionel Jospin a avoué hier, au « Club de la presse », qu'il avait été reçu par le Président le 20 ou le 21 septembre, au petit déjeuner. Auparavant, vendredi 3, Laurent Fabius avait été reçu discrètement à Latche pour assister à la rencontre entre Mitterrand et Shimon Peres. Henri Emmanuelli a été convié à l'Élysée le 22 septembre. À quand Michel Rocard ?

À propos de Mitterrand et de son voyage à Séoul, Bernard Volker, qui suivait le voyage pour TF1, me donne une tout autre version du malaise qui l'a saisi publiquement. Les détails ne sont peut-être pas appétissants, ils me paraissent néanmoins importants : juste avant l'atterrissage, Mitterrand avait commandé une omelette au moment de ce qui, décalage horaire aidant, devait être l'heure de son petit déjeuner. Il a donc avalé son omelette trop vite. Quelques minutes plus tard, l'avion s'est posé, le Président est sorti sur la passerelle. Il faisait sur le tarmac une chaleur épouvantable, 40 °C, alors que l'avion était climatisé. Le contraste a fait qu'il s'est senti mal, ce qu'a perçu son entourage rapproché, mais il était trop tard : les officiels coréens l'avaient déjà embarqué à bord d'un véhicule pour se rendre à la Maison bleue. C'est là qu'il a été pris de vomissements. Cela n'a donc rien à voir avec son cancer.

Sacré Balladur ! On attendait de vives critiques de la part de la majorité, cette après-midi, à l'Assemblée, sur la loi sur l'emploi, en discussion aujourd'hui au cours de la session extraordinaire. Que fait-il ? Il monte à la tribune pour dire qu'il acceptera tous les amendements : « Notre conception de la République, explique-t-il, exige, sur un pareil sujet, de prendre en compte tous les amendements. »

Du coup, le climat se détend aussitôt dans la majorité. Le débat s'apaise. Et lui gagne en image personnelle ce que le pauvre Michel Giraud perd en soutien parlementaire. Comme disait Edgar Faure à Mitterrand en 1981, il n'est pas interdit d'être populaire. C'est tout de même un comportement de ce genre – où Balladur, y compris en reculant, joue la cohésion et l'unité de la majorité derrière lui – qui fait penser à certains que Balladur ne cédera pas si aisément la place, en 1995, à Jacques Chirac...

7 octobre

Angoisse au RPR : et si Alain Juppé se plantait sur le GATT ? Ministre des Affaires étrangères, il est chargé en première ligne de la négociation. S'il échouait, qui pourrait alors conduire la liste commune aux élections européennes ? La négociation s'annonce difficile, car la majorité – le RPR, surtout – s'est embringuée, derrière Chirac, dans un soutien inconditionnel aux agriculteurs. Les États-Unis ne reculent pas, tandis qu'à Matignon, Balladur commence à se demander s'il ne faut pas trouver quelque moyen de concilier les vues de tout le monde. Juppé s'exprime ce matin dans *Libération*.

Dîner avec Roland Leroy, hier, chez Paul-Marie de la Gorce. Maintenant, enfin, des années plus tard, il raconte. Qu'il y avait bien, en 1968, une ligne Waldeck Rochet-Leroy contre les autres, dont Marchais. Comment ils sont allés à Moscou protester lorsque Khrouchtchev a dû quitter le pouvoir. Comment Souslov[1] leur a présenté Brejnev, muet comme une carpe, en leur faisant l'article du nouvel élu qui leur est apparu engoncé, enfoncé dans une sorte de torpeur. À cette évocation il se lève, mime Souslov. Il parle également de Thorez pendant la guerre, de la rupture entre la Chine et la Russie. Passionnant !

La cohabitation va porter sur des dossiers lourds : emploi, nucléaire, GATT. Le jeu est d'autant plus difficile qu'à l'intérieur du RPR, Balladur n'a pas que des amis, et que les groupes de pression, souvent conduits par Jacques Chirac, interviennent pour jeter de

1. Mikhaïl Souslov, promu au Politburo soviétique en 1952, fut le principal acteur de la mise à l'écart de Khrouchtchev et de son remplacement par Leonid Brejnev en 1964.

l'huile sur le feu. Face à cela, Mitterrand se montre on ne peut plus compréhensif : manifestement, il comprend que la seule chance de Chirac serait d'aller vite en besogne, et donc il ralentit le mouvement. Il le fait sans pour autant abandonner le terrain à Balladur. À ce jeu subtil, il est passé maître. On raconte même qu'après son malaise en Corée, il s'est interrogé à haute voix, devant les ministres qui l'accompagnaient, sur sa succession : « Si j'étais mort aujourd'hui, leur a-t-il dit, Chirac aurait eu ses chances. Mais demain ? »

12 octobre

Le congrès socialiste a lieu dans quelques jours, le 24 octobre. Je n'ai pas parlé du Parti socialiste ici depuis la mort et les obsèques de Pierre Bérégovoy. C'est que l'échec colossal du printemps dernier l'a rendu muet. Ou plus exactement inaudible, et que le subtil équilibre de la cohabitation m'a paru bien plus intéressant à étudier. J'ai décidé de faire en quelques jours le tour des leaders pour tenter de comprendre où en est le PS, six mois après son échec, six mois après que Michel Rocard en a pris la tête.

On ne peut pas dire que les choses aillent vite. Nulle part je ne sens le moindre frémissement en sa faveur. Les États généraux de la gauche, organisés par Michel Rocard à Lyon en juillet dernier, avaient pourtant constitué un véritable succès. Après sa prise de pouvoir à la hussarde en avril dernier, la nouvelle équipe, autour de lui, a donné la parole aux militants et aux sympathisants sur le bilan, le projet, la stratégie. Cette volonté de faire sa place à la base a été ressentie comme une réussite : d'ailleurs, les fédérations socialistes avaient envoyé 2 358 délégués, pas moins, à Lyon. Le rapport final a été accepté à l'unanimité. Je me demande si c'est arrivé une seule autre fois dans l'histoire du Parti socialiste depuis sa création en 1971. Que Michel Rocard soit arrivé à réunifier le parti, à le remobiliser, c'était ce qu'on pouvait croire cet été. Pourtant, depuis cette date, j'ai l'impression que tout s'est de nouveau ossifié. D'où l'intérêt du congrès qui va se tenir au Bourget.

J'ai commencé par rencontrer aujourd'hui Jean-Paul Huchon, toujours proche de Rocard, pour lui demander s'il voyait, pour le PS, la sortie du tunnel. « Les socialistes sont de retour », me dit-il avec optimisme. Le projet socialiste a avancé : sur le temps de travail, le partage des revenus, le rôle des services publics en matière d'emploi. Le but est de présenter un nouveau contrat social aux Français.

Certes, mais le mouvement est bien lent ! Michel Rocard avait annoncé à Lyon, l'été dernier, l'ouverture à l'automne de rencontres avec les syndicats dans le but de mettre sur pied les Assises de la transformation sociale. Mais, depuis juillet dernier, rien ne s'est passé. Pourquoi ? C'est ce que je demande aujourd'hui à Jean-Paul Huchon. Il m'explique qu'en juillet les États généraux ont abouti à un *mea culpa* général : la catharsis a été faite, et bien faite.

Raison de plus, après juillet, pour parer au plus pressé, c'est-à-dire sauvegarder l'unité. Il a fallu arranger les rapports avec les fabiusiens, « qu'on ne pouvait tout de même pas, me dit Huchon, repousser du pied ». Il faut « aborder l'année qui vient sans ennemis à l'intérieur ». Le fait que deux autres motions aient été déposées, par Jean Poperen et Louis Mermaz, ne remet pas en cause l'unité. Elles additionnent toutes deux 15 % des voix : elles n'entraînent derrière elles qu'une maigre fraction du parti.

Bref, pour arriver à une majorité confortable, le texte de la motion Rocard a ouvert le choix à des options sur la réduction du temps de travail, la protection européenne contre le commerce international, le dépassement du traité de Maastricht, les institutions et le mode de scrutin. « Nous croyions, me dit-il, que le débat sur ces options allaient faire l'essentiel du congrès. Il ne semble pas. Pourquoi ? Parce que notre texte a été rédigé avec tellement de prudence que les militants ne s'y retrouvent pas. »

Ce qui est évident, c'est que les enjeux du congrès ne sont pas tous idéologiques. La priorité est qu'il désigne Rocard patron du PS. Il faut qu'il apparaisse légitime et non pas comme celui qui a conquis le pouvoir à la faveur d'un putsch. Autour de lui, l'équipe doit être renouvelée pour mieux l'entourer. Enfin, le problème le plus important est celui de l'emploi. « Nous allons avancer, me dit Huchon, deux ou trois idées neuves comme le partage du travail, la semaine de quatre jours, le partage des revenus... »

Enfin, il va falloir – c'est le dernier enjeu du congrès – que le PS se préoccupe de la relance européenne. Michel Rocard a rencontré récemment les dirigeants du PS espagnol ainsi que ceux d'autres pays européens : tous sont d'accord pour proposer une politique de grands travaux.

Il reste qu'à son avis – c'est donc aussi celui de Rocard –, le PS est loin d'avoir retrouvé son crédit. « Tant que les socialistes sont dans cet état, me dit-il, Balladur peut se permettre de tenir n'importe quel discours, il peut se permettre n'importe quel dérapage. Sa stratégie est de tenir un an, car il estime que la reprise est pour la fin 1994. »

Voilà pourquoi Rocard pense qu'il est grand temps d'attaquer de front Balladur. Les sujets, me dit mon interlocuteur, ne manquent pas. Les dossiers ne sont pas tous bien traités, encore que Matignon prétende le contraire. À propos du GATT, de la durée du travail, du déficit, aucune solution n'est apportée. Conclusion de Jean-Paul Huchon : « C'est à nous, socialistes, de définir la mise sur pied d'une société nouvelle, de relancer les forces de rénovation sociale, d'en appeler à des personnalités extérieures au Parti, aux communistes qui le veulent, aux Verts, d'organiser des rencontres thématiques ouvertes à la gauche sur l'Europe, l'emploi, la démocratie. »

Parlant de Mitterrand, il n'y va pas par quatre chemins : « Il faut que la page Mitterrand soit tournée. Car lorsqu'il dit que Balladur est le meilleur, comme il le fait en ce moment, il contribue à dérouter les militants. »

Je lui demande ce que sera le choix de Mitterrand pour la prochaine présidentielle. Il réfléchit deux secondes seulement : « Si Chirac est candidat, il se prononcera pour Rocard. Si Édouard Balladur est candidat, je n'en sais rien. Il faudra tout de même bien qu'il dise quelque chose ! »

Mitterrand soutenant publiquement Balladur : apparemment, pour les rocardiens, c'est une hypothèse qu'on ne saurait écarter. Énorme !

À propos d'élections, Rocard sera-t-il tête de liste socialiste aux prochaines européennes de 1994 ? Il y a beaucoup de raisons pour qu'il le soit, et notamment celle-ci, selon Huchon : les européennes constituent une répétition de ce que sera, un an plus tard, la présidentielle.

14 octobre

Après Huchon, me voici avec Lionel Jospin. Il ne cherche pas à me dorer la pilule, ce n'est d'ailleurs pas dans sa nature. Il convient que le PS reste dans une situation difficile. Je le trouve même assez pessimiste : « Ce n'est pas Michel Rocard qui est en panne, ajoute-t-il, c'est le PS qui a eu un accident. Les États généraux ont certes été une réussite, mais c'est parce que nous étions au fond de la piscine : ç'a été notre coup de talon pour remonter. Le PS est revenu à la surface, c'est tout. Nous ne pouvons pas changer d'un coup de baguette magique la situation dans laquelle nous sommes. Il va falloir se battre, être présent. Pour le moment, personne ne se tourne vers nous pour nous proposer le pouvoir. »

Et les élections européennes ? « Je ne demande rien, dit-il tout de suite comme pour empêcher une question que je n'ai pas encore posée. Si Rocard est tête de liste, le problème sera réglé. S'il ne l'est pas, il y a trois ou quatre personnes qui peuvent y prétendre. »

Il figure, je pense, parmi ces trois ou quatre personnes-là, mais je ne lui tire pas un mot à ce sujet. En revanche, il me dit qu'il s'engagera dans cette bataille, à condition que le discours socialiste soit cohérent. Il compte sur le congrès pour ouvrir officiellement une réflexion collective à ce sujet.

« Le congrès, conclut-il, doit être le congrès de l'opposition à Balladur, un congrès qui pose les vrais problèmes et ouvre des perspectives sur la politique économique et sociale, l'Europe d'après Maastricht, et le fonctionnement du pays. »

Il parle, sans que je l'y pousse vraiment, du socialisme. Jospin est un homme de convictions. Rien à voir avec Mitterrand ni même avec Rocard. Il pense au socialisme avant de penser au pouvoir. « Ce n'est pas parce que le communisme s'effondre, me dit-il, que l'idée d'un changement graduel de la société par rapport au capitalisme s'effondre également. Le problème du capitalisme demeure. Il est en crise, en récession. Les socialistes ne sont désormais plus coincés entre la défense d'un système communiste et la soumission au capitalisme : nous allons pouvoir nous battre, enfin, pour nos idées ! »

Quelle foi ! Les années de pouvoir ne l'ont pas atteint, celui-là. Il est déterminé, ardent presque. Je ne l'ai jamais vu comme cela. Je me sens sceptique, usée, devant lui. En même temps, je me dis que les hommes comme lui réhabilitent la politique, parce qu'ils croient encore qu'elle peut changer le monde.

Notre conversation a duré très longtemps, plus longtemps que ces lignes de résumé ne le laisseront penser. D'autant qu'il s'est lancé, après sa recherche d'une définition du socialisme, sur une vibrante attaque de Balladur, désormais ennemi numéro 1 de la gauche. « Balladur, un centriste ? Non. Il est aujourd'hui sur une tonalité mesurée. Vous verrez, cela ne durera pas. Il se dit régulateur du capitalisme, sauveur du service public, attentif au monde du salariat : on s'apercevra qu'en réalité, c'est un libéral, qui remet en cause le service public, et qu'il reviendra sur les acquis sociaux. »

Conclusion : « Pour le moment, les Français ne veulent pas se déjuger par rapport à leur vote de mars dernier. La majorité bénéficie d'une défaite massive, d'une démobilisation du PS. C'est son socle, mais ce n'est pas une rente de situation pour plusieurs années ! »

Édouard Balladur, devenu l'adversaire principal des socialistes, candidat à l'élection présidentielle ? Lentement l'idée s'impose depuis l'automne. Il n'y avait aucun doute, en avril dernier : Chirac serait candidat, et Balladur n'était à Matignon que pour lui permettre de se préparer au combat suprême.

Et puis, aujourd'hui, je m'aperçois que, du côté de l'opposition, chez Jospin en tout cas, la candidature de Balladur, donc le conflit de celui-ci avec Chirac, est plus qu'envisageable. Jospin est bien de cet avis : « Si Jacques Chirac est candidat, me dit Jospin, l'actuelle popularité de Balladur ne se transférera pas sur lui. Si Balladur est candidat, ce sera la crise à droite. » Il considère donc l'hypothèse Balladur comme probable.

Et à gauche ? Rocard ? « C'est l'hypothèse la plus vraisemblable », me répond-il, laconique. Delors ? Moue de Lionel Jospin : « Il est trop à l'écart. Il est très loin, il n'est pas sûr que le PS soit prêt à se donner à quelqu'un qui vient de l'extérieur. »

Je lui demande avant de le quitter comment s'est passée sa rencontre, la première depuis longtemps, avec Mitterrand, rencontre qu'il a lui-même rendue publique, l'autre jour, au « Club de la presse ». « Nous avons parlé de tout, me dit-il, sans revenir sur mon départ forcé du gouvernement en 1992. Même si la cohabitation est un obstacle, il faut s'y faire, on ne peut pas y échapper. Je comprends la position de Mitterrand, différente de celle qui était la sienne entre 1986 et 1988. Aujourd'hui, il est obligé de sortir du septennat par le haut, de ne pas se mêler de trop près de la politique. Ma position est claire : pour le PS, la rupture avec François Mitterrand n'aurait pas de sens. À condition de ne pas se soumettre aux obligations qui sont les siennes en matière de cohabitation. ».

Il est loin, sur ce sujet, d'être sur la même longueur d'onde que Jean-Paul Huchon, donc que Michel Rocard.

15 octobre

Le lendemain de cette conversation, je file chez Pierre Mauroy. Il est rentré avec Michel Rocard de Berlin où ils sont tous deux allés se recueillir sur la tombe de Willy Brandt, un an après sa mort[1]. Selon lui, la stratégie de Rocard est simple : il lui faut rassembler la gauche et ouvrir sur la droite. Pour le moment, malheureusement, Édouard Balladur occupe le terrain du centre droit et du centre gauche.

« Aujourd'hui, donc, le PS ne peut bouger qu'en faisant le rassemblement à gauche. Les difficultés de Michel Rocard tiennent à ce qu'il a tout fait, ces dernières années, pour se mettre au centre, à la place que Balladur occupe aujourd'hui. Il y a donc une sorte de décalage entre l'image de Rocard et son poste de premier secrétaire du PS. »

A-t-il eu raison, dans ces conditions, de prendre la tête du PS ? Réponse de Mauroy : « J'étais contre le coup de revolver, me répond-il, contre sa stratégie de meurtre au Parti socialiste... »

Seul bon point : les États généraux de la gauche en juillet dernier. Depuis, la situation de la gauche, selon Mauroy, s'est à nouveau dégradée. « Celui qui avait annoncé le big-bang devait d'abord l'opérer au PS. Il devait aménager autrement la vie dans le Parti, il fallait rebattre les cartes. Rocard, finalement, n'a pas voulu. Fabius a fait allégeance. Jospin a marché derrière lui. Rocard a choisi le confort, il n'a pas voulu aller plus loin. Quand on pense qu'il a même repris, pour former le comité directeur, le décompte des tendances tel qu'il avait été fixé par le congrès de Rennes : 58 représentants de Fabius, 58 pour Jospin et 58 pour Rocard. J'en ai réclamé vingt pour mon courant : je pense ne pas avoir été trop audacieux ! »

Rocard s'est donc lié les mains au lieu de conquérir sa liberté vis-à-vis du Parti. Le climat est au surplus exécrable, puisque les divisions qui ont suscité les affrontements à Rennes sont toujours là. « Fabius, qui dispose du quart du comité directeur, se tient en embuscade, Jospin et les rocardiens se surveillent. Le PS devrait se donner aux militants plutôt que de comptabiliser les courants. Il aurait fallu innover : élire, par exemple, un délégué au comité directeur par circonscription, désigner un millier de militants, un peu moins peut-être, qui, réunis trois fois l'an, formeraient une sorte de parlement du Parti. Celui-ci aurait élu Michel Rocard premier secré-

1. Willy Brandt est mort le 8 octobre de l'année précédente.

taire. Une centaine de délégués en son sein auraient formé le comité directeur permanent, et tout aurait été changé. Les États généraux de la gauche n'auraient pas été réunis pour rien. Michel Rocard a dit non. Je pensais qu'il allait animer, incarner le changement. Il a eu, au contraire, une réaction d'appareil, la plus facile. »

Je ne dis pas à Mauroy qu'il aurait pu le faire, cela, puisque lui-même a été aussi à la direction du parti pendant quelques années. Sans doute me répondrait-il que les temps étaient différents, que la France n'était pas en cohabitation, que les liens avec le Président empêchaient un chamboulement des cartes.

Je retiens simplement que Michel Rocard n'a rien fait qui puisse amener le PS à rebondir. Il l'a reconstruit tel qu'il était avant lui. Cela ne change rien à l'issue du congrès. Mauroy est certain que Rocard sera élu au premier secrétariat, car « Jean Poperen, me dit-il, ne représente plus rien, et Mermaz mène un combat incompréhensible ».

Et Mitterrand, dans tout cela ? « Rocard pensait tuer le mitterrandisme avec son big-bang. Je lui ai dit de ne pas rompre avec Mitterrand. D'abord parce que ce n'est pas le moment : Balladur occupe le terrain. Ensuite parce que aujourd'hui, le Parti a besoin de la liaison avec le Président. Cela, il l'a compris et il a donc adouci son propos. »

Croit-il lui aussi que le Président soit prêt à prendre le parti de Balladur contre Rocard ? « Non, me dit-il, ce n'est pas vrai. Mitterrand demande simplement à Rocard et au Parti socialiste de ne pas l'humilier. Il sait que le mitterrandisme se termine. Mais le roi n'est pas encore mort ! »

Je mesure à ces phrases à quel point Mauroy est, au Parti socialiste, le seul véritablement attaché à Mitterrand. Rocard s'en débarrasserait à l'instant ; Jospin pense à ce qu'il adviendra après Mitterrand du socialisme et de lui par la même occasion. Mauroy seul plaide pour celui qui a porté le Parti socialiste au pouvoir.

20 octobre

Intéressant, très intéressant déjeuner avec Jean-Louis Debré[1]. Ce qu'il dit m'éclaire. Après avoir soutenu le contraire en juillet dernier, il ne croit pas, aujourd'hui, que la rupture entre Balladur et Chirac puisse être évitée. Il me livre deux anecdotes allant dans ce sens.

1. Alors secrétaire général adjoint et porte-parole du RPR.

La première concerne l'élection d'Étienne Garnier lors des législatives partielles de Loire-Atlantique, le 19 septembre dernier[1]. En début de campagne, les sondages ne lui donnaient aucune chance. Balladur, qui ne veut pas prendre de risques, annonce donc qu'il ne se dérangera pas pour soutenir un candidat dont il est certain qu'il sera battu. Jacques Chirac se mobilise pour Étienne Garnier, sans rancune, sans tenir compte du fait que celui-ci, ancien collaborateur de Jacques Chaban-Delmas, a eu à son endroit quelques phrases assassines. Charles Pasqua ne ménage pas sa peine, lui non plus. J'avais assisté, avec Garnier et lui, à une sorte de banquet champêtre où son élocution méridionale avait fait un tabac.

Et puis Étienne Garnier est finalement élu. Jean-Louis Debré raconte : « Immédiatement, que dis-je, le soir même, un de mes collaborateurs, rue de Lille, reçoit un coup de téléphone d'un membre du cabinet d'Édouard Balladur. Que comptez-vous faire, lui demande-t-il, comment allez-vous communiquer sur cette victoire ? On lui répond que, bien entendu, le RPR va s'en féliciter officiellement. Pourriez-vous, lui suggère-t-on aussitôt, dire à Jean-Louis Debré qu'il laisse entendre que le Premier ministre et sa politique ne sont pas étrangers à ce succès ? » Averti, Jean-Louis Debré refuse de le faire. Balladur lui a fait dire qu'il s'en souviendra. Et Chirac, qu'a-t-il dit ? « Il a rigolé ! »

Deuxième anecdote. Georges Broussine, rédacteur en chef vieillissant du journal du RPR, *La Lettre de la Nation*, est à l'hôpital. La *Lettre* cesse sa publication pour quelques jours. Puis, au bout d'une semaine, elle reparaît : pour assassiner Philippe Séguin. Renseignements pris, m'assure Jean-Louis Debré, Matignon avait dépêché quelqu'un à l'hôpital, au pied du lit de Broussine, pour lui dicter quasiment sa condamnation de Séguin.

Lorsqu'il a raconté cela à Chirac, celui-ci a commencé par ne pas y croire. Puis il a bien vu que c'était vrai, que Balladur travaillait d'abord pour lui-même. « La guerre entre eux deux a commencé », me dit Jean-Louis Debré.

Il me parle également de façon plus cursive de la fédération RPR des Alpes-Maritimes dans laquelle tout un chacun, du secrétaire au sous-fifre, est inculpé pour différentes raisons, la plupart immobilières. Il y a mis bon ordre en débarquant tout le monde. Il espère

1. L'élection d'Étienne Garnier à Saint-Nazaire, en mai 1993, avait été annulée par décision du Conseil constitutionnel le 8 juillet 1993.

que Jacques Toubon prendra la relève à Nice et s'y présentera. Pour l'heure, je le sais, Toubon hésite. Je ne pense pas, moi, qu'il accepte d'y aller. Il m'a dit l'autre jour que, pour aller à Nice, il lui faudrait un gilet pare-balles. L'expression nous a fait rire. Il la replacera.

21 octobre

Conseil national du RPR. Au programme, l'aménagement du territoire. Jacques Chirac, à l'aise, parle de la politique en la matière avec un lyrisme inattendu. « C'est une mystique, dit-il, qui, comme la République, est une et indivisible. »

C'est sur les négociations du GATT qu'il veut surtout axer son message : celles-ci ne peuvent se réduire à quelques ratios statistiques. Il se taille un franc succès en poursuivant : « Il y a bel et bien une exception territoriale française. On ne négocie pas une identité comme on négocie une marchandise ! Il s'agit de rester maîtres de notre destin, il s'agit de rester maîtres de nous-mêmes ! »

Applaudissements assurés.

Ils le sont moins, beaucoup moins lorsque Jacques Chirac raconte, sur le ton de la confidence, qu'il vient tout juste de rencontrer Arafat. Celui-ci lui a montré un pendentif, une croix de Lorraine qui lui a été offerte par le général de Gaulle en 1970. Les députés n'apprécient pas du tout ce rappel historique.

23 octobre. Congrès du PS au Bourget

Au premier coup d'œil, je note que le service d'ordre a complètement changé. L'encadrement aussi. Même chose du service de presse, des secrétaires, des sténos. D'où viennent-ils ? Du PSU, d'avant 1974 ?

J'arrive samedi en début d'après-midi après que Mermaz et Huchon ont pris la parole et au moment où Pierre Mauroy monte à la tribune. Il est très applaudi lorsqu'il parle de l'injustice de la défaite, de sa confiance dans le bilan que fera, en appel, l'Histoire.

Pour le reste, il exhorte les socialistes à se montrer plus combatifs, leur disant que l'heure est venue de marquer le temps de la contestation par des choix de fond, « sans nous tromper ni sur la stratégie, ni sur le projet politique ».

Il conclut en faisant applaudir, dans une grande envolée, 1936 et Épinay, la Résistance et François Mitterrand.

Dans les coulisses, Georges Frèche, maire atypique de Montpellier, dit à mon confrère Philippe Reinhart : « Quel bal de faux-culs ! »

De son côté, Jack Lang me confie qu'il serait très heureux de conduire – si Rocard ne le faisait pas – la liste socialiste aux européennes. Il n'est plus ministre de la Culture. Il ne le regrette pas trop, car il est aujourd'hui considéré dans le monde entier comme un ambassadeur extraordinaire en la matière. « Je vais où je veux, me dit-il, je refuse ce que je veux. Je suis plus connu que Rocard ou Balladur ! » Il est hostile à la signature des accords du GATT, pour des raisons, me dit-il, universelles et mondialistes. Je n'en apprendrai pas davantage. Il est vrai que le congrès ne s'y prête pas.

En dehors de Georges Frèche dont le caractère a l'air de faire l'unanimité contre lui, ce congrès ne se déroule pas trop mal. Il est assez plat, mais c'est tout de même celui de l'« anti-Rennes ».

Sur le coup de 18 heures arrive Felipe Gonzalez[1] que le congrès, debout, applaudit follement. Mauroy, pour finir l'après-midi en beauté, donne les résultats du vote pour l'élection du premier secrétaire : pour la première fois, les militants et non leurs représentants au comité directeur du Parti ont voté. L'élection a eu lieu à bulletins secrets, au suffrage universel, au sein du PS. La victoire de Rocard n'en est que plus écrasante : il a obtenu plus de 80 % des voix[2].

À la tribune, Rocard fait timidement le V de la victoire avec ses deux mains. Il remercie le congrès. Il a obtenu ce qu'il voulait : la légitimité.

Dimanche 24

Pierre Moscovici lit aux congressistes le rapport de la commission des résolutions dans une indifférence absolue. Il parle des relations nécessaires entre le socialisme et l'écologie. Il a raison, mais personne ne l'écoute. Pas plus qu'on n'écoute, après lui, le rapporteur de la

1. Député socialiste, à la tête du PSOE en exil depuis 1974, Felipe Gonzalez est alors président du gouvernement espagnol. Il n'était rentré dans son pays qu'après la mort de Franco.

2. Trois motions avaient été déposées pour ce congrès. La motion Rocard, intitulée « Refonder », obtient 83 % des voix, la motion Poperen, 11 %, la motion Mermaz, 6 %.

commission des conflits. Le congrès est gagné depuis la veille par l'équipe Rocard.

Le moment est venu pour Michel Rocard de prononcer son premier grand discours de premier secrétaire à la place et à l'heure (dimanche en fin de matinée) qu'avait choisies François Mitterrand avant son élection à l'Élysée. Corne de brume, cor de chasse, crécelles – le rituel, quoi ! – accueillent son arrivée au micro. Le discours qu'il prononce est très construit, très préparé, avec trois passages clés.

Sur le chômage, il propose ce qui lui tient à cœur depuis longtemps : une organisation différente du travail, c'est-à-dire une baisse massive de la durée du travail. En contrepartie, il se prononce pour une baisse des revenus consécutifs à cette baisse. La condition est que la baisse des revenus n'affecte pas les bas salaires. Elle doit affecter – il est très précis sur ce point, sans que la salle proteste – *tous* les autres. Il propose donc, sous les applaudissements, une remise à plat de l'ensemble des revenus, ceux du capital par le biais d'une réforme des impôts, et ceux du travail. Il insiste sur la nécessité de répartir justement les efforts.

Deuxième terrain : celui de l'égalité. « Une égalité continue des chances, précise-t-il, et pas seulement une égalité à l'école. » Il propose, en ce sens, une « charte de l'égalité continue des chances ».

Il s'attaque enfin à l'Europe, « malade » d'avoir en son sein dix gouvernements sur douze dirigés par la droite. Ce qui n'interdit pas de garder espoir : « Les dirigeants européens de la droite ne sont pas éternels, pas plus que le gouvernement Balladur. » Succès assuré.

Il propose, selon le vœu de Jean Poperen, « un grand rassemblement des socialistes européens ». La salle comprend que Rocard ouvre le Parti à Poperen dont la motion a recueilli la veille moins de 11 % des voix. Les applaudissements qui saluent cette ouverture à l'une des motions minoritaires redoublent de force et de volume lorsque Rocard annonce *in fine* qu'il sera tête de liste aux élections européennes de 1994. Avec cette volonté : respecter la parité hommes-femmes, c'est-à-dire désigner sur la liste, pour la première fois en France, autant de femmes que d'hommes, et, plus novateur encore, alterner les deux de façon à ne pas reléguer les candidates en fin de liste.

Discours réussi, même si le congrès n'a eu d'autre sens que de porter Michel Rocard à sa tête. Ce qui, pour un PS aussi dévalué qu'il l'était et l'est encore, n'est déjà pas si mal.

25 octobre

Le lendemain de la victoire de Michel Rocard, François Mitterrand est longuement interviewé, en début de soirée, dans « L'Heure de vérité », par les habituels protagonistes de l'émission. Pour lui éviter un déplacement, l'enregistrement a lieu dans la bibliothèque de l'Élysée. Derrière lui, la reliure rouge des livres brille, éclairant les rayonnages de bois brun.

Il apparaît, pâle, assez en forme, pourtant, à la veille des 77 ans qu'il aura le lendemain.

François-Henri de Virieu commence par la désormais traditionnelle question sur sa santé. Mitterrand le prend assez bien, avec légèreté, même : « Je trouve que ce n'est pas mal, d'arriver à cet âge. C'est plutôt mieux que la moyenne. Si je dois remercier quelqu'un, ce sera mes parents. »

Suit un immense tour d'horizon auquel rien ne manque, où aucun aspect n'est laissé de côté. C'est dire que son état de santé connu n'a rien à voir avec la façon dont il continue d'exercer son mandat.

Il se fait sérieux sur le GATT, lorsqu'il commence par dénoncer la dureté des États-Unis dans la négociation commerciale, leurs « diktats » insupportables. L'objectif fixé : préserver certains points forts qui font la puissance française. L'agriculture en fait partie. Pas question d'abandonner les paysans français. Un coup de patte aux dirigeants européens qui manquent souvent « d'énergie et de cohésion », et une conclusion qui rejoint celle qu'a exprimée Édouard Balladur il y a quelques semaines, lors de notre déjeuner : « Il faut continuer la conversation. »

Suit un passage sur l'après-Maastricht et la demi-déception qui est la sienne, aujourd'hui, à propos de l'Europe : « On a joué de malchance, convient-il, il s'est passé beaucoup d'événements depuis deux ans – psychologiques, économiques, des guerres aussi. L'Europe n'est pas ce qu'on attendait d'elle. » La Communauté n'en est pas pour autant en danger : « C'est une affaire de volonté, on veut faire l'Europe.

– Qui ça, on ? demande Jean-Marie Colombani.

– En tout cas, répond Mitterrand, moi, je le veux ! »

C'est assez rare de voir un homme que chacun sait affaibli exprimer à ce point sa volonté. Il énumère les grandes dates qui vont bientôt marquer l'Europe : institut monétaire, amorce de la future banque européenne, tous les rendez-vous avec l'Allemagne de Kohl, qui doivent harmoniser la situation, y compris monétaire, entre les deux pays. Il en profite pour remettre la Grande-Bretagne à sa place : il ne souhaite pas qu'une éventuelle ouverture vers Margaret Thatcher se fasse « au prix, dit-il, d'une brisure de l'amitié franco-allemande, ni de l'Europe ».

Voilà pour la politique internationale. Il se garde bien d'en rester là et prend un infini plaisir à parler longuement de politique sociale. Inutile de dire qu'il est loin de défendre celle de Balladur. La réduction du temps de travail ? Il se range à la proposition de réduction du temps de travail à 32 heures ou à quatre jours par semaine. « Ça a le mérite d'être clair, d'être parlant. » Avec réduction de salaire ? Oui, mais pas pour ceux qui gagnent moins de 7 000 francs par mois.

La retraite ? « Je suis un fervent partisan de la retraite à 60 ans. »

Les privatisations ? Il ironise : « Certains ont plutôt fait une bonne affaire. Je parle de ceux qui sont devenus actionnaires de la BNP ! » *1993*

Sur la cohésion sociale, enfin, il redevient sérieux avec ces phrases en guise d'avertissement au gouvernement : « Je ne prête pas au gouvernement actuel des intentions meurtrières à l'égard des droits sociaux. Je dis simplement : attention ! »

J'imagine Édouard Balladur pendant que Mitterrand joue ainsi la statue du Commandeur, juge sa politique, distribue des bons et des mauvais points en le mettant en garde d'aller trop loin !

Je m'apprête à cesser de prendre des notes, car je n'arrive plus à écrire assez vite, lorsque Mitterrand aborde, en réponse à une question d'Alain Duhamel, la délicate question de la cohabitation. Réponse : « Je ne suis pas un théoricien de la cohabitation, je la vis. » Différence entre la première et la seconde cohabitation ? « On a un peu caricaturé cette première cohabitation, dit-il. Je ne veux pas plaisanter sur ce sujet. Cela s'est gâté, surtout à la fin, après une grande difficulté au départ, celle des ordonnances. » Il n'empêche que Mitterrand, dit-il, a toujours reconnu les qualités de Chirac : « Travailleur, compétent, un homme qui aime le service public. » Et Balladur, alors ? Mitterrand emploie des termes pesés au trébuchet : « Il a un tempérament qui lui permet d'aborder les problèmes en des termes qui ne sont pas forcément antagoniques. Ça durera ce que ça durera. » En tout cas, c'est « un homme d'État, un honnête homme, qui défend ses idées. L'intérêt général doit être notre obligation ».

Le meilleur vient à la fin ; il reste en effet une seule personne dont il n'a pas encore parlé : Michel Rocard. Celui-ci a-t-il les qualités d'un premier secrétaire ? « Oui, je le crois absolument. » Puis il ajoute : « Je n'ai pas d'hostilité à l'égard de Michel Rocard. »

Pyramidal ! Il a dit des tas de gentillesses sur Balladur et même sur Chirac, et de Rocard, ce qu'il trouve tout simplement à dire, c'est qu'il n'éprouve pas d'hostilité à son égard. Terrible déni !

26 octobre

Ayant longuement écrit sur l'émission avec Mitterrand, hier, je n'ai rien dit de ma rencontre avec Jacques Chirac. Il m'a reçu dans son immense bureau de l'Hôtel de Ville où il a, en ce moment, tout loisir de contempler la photo de Georges Pompidou qui le suit de bureau en bureau depuis 1969, ainsi que celle du général de Gaulle. « Vous voyez, m'explique-t-il en me montrant une fenêtre ; pour haranguer d'ici la foule de la Libération, le général de Gaulle avait grimpé en 1944 sur un des balcons de ce bureau. Et ses lieutenants, pour l'empêcher de tomber, le tenaient aux chevilles, au second plan, sans que personne les voie d'en bas, sur la place. »

Après cette introduction sur de Gaulle, c'est de Balladur qu'il veut me parler. Il lui a fallu du temps, mais il a fini par comprendre : Édouard, c'est terminé. Dans le meilleur des cas, ce sera un rival courtois ; au pire, un concurrent acharné.

Il y a plus : la rupture avec Balladur remet en cause tout le processus de conquête du pouvoir par Chirac. En refusant d'aller à l'hôtel Matignon pour une seconde cohabitation, Chirac comptait sur un dispositif sans faille. Il tablait d'abord sur la présence d'un Premier ministre plus gestionnaire que politique, capable de préserver une certaine qualité de rapports quotidiens avec François Mitterrand – ce dont lui-même ne se sentait plus capable. Une sorte de brillant second, doublé d'un ami sûr. Chargé de tenir la maison, tandis que le président du RPR battrait les tribunes.

« C'est stupide, me dit-il. La stratégie que nous avons élaborée ensemble, sur laquelle nous étions tombés d'accord, était imparable. La victoire nous aurait été donnée sur un plateau. La gauche aurait été battue à plates coutures. Elle n'aurait pas eu le temps de relever le nez. Moi, candidat à la présidentielle, lui Premier ministre, assuré de le rester après 1995, c'était, sans rupture, sans division, le plan le plus sûr pour gagner. »

Il ne parle pas d'un pacte passé avec Balladur. Élaborer une stratégie n'est pas signer un pacte. Il n'empêche : hier, il me semble que Chirac en avait gros sur la patate.

En mars 1993, à la veille du second tour des élections législatives, il avait évoqué avec Balladur, me dit-il, le raz de marée anti-socialiste auquel il s'attendait pour le lendemain. Il avait alors tenu, d'une phrase, à s'assurer de l'accord d'Édouard. Il aurait ajouté – du moins est-ce la version qu'il me donne : « On ne peut exclure qu'installé à Matignon, vous bénéficiiez d'une popularité extraordinaire. Dans ce cas, évidemment, nos accords peuvent être remis en question. Si vous changez d'avis, dites-le-moi !

– Jacques, lui aurait répondu Édouard, vous êtes blessant pour moi. Je vous demande de retirer cette phrase. »

Ni plus, ni moins. Est-ce suffisant pour parler de pacte ? *1993*

Quand je suis sortie de l'Hôtel de Ville, le soir était tombé. J'étais, je suis encore stupéfaite de ce que j'ai entendu.

29 octobre

Déjeuner avec Margaret Thatcher dont les Mémoires viennent d'être traduits en français. Plus charmante, moins pâle, moins bien coiffée que je ne l'imaginais. Et aussi plus passionnée, plus accrocheuse. Nous sommes plusieurs journalistes autour d'elle, elle ne sait évidemment pas à quel journal nous appartenons, mais peu importe : c'est une dame qui ne se préoccupe pas beaucoup des autres.

Quelques phrases d'elle, sur l'Europe. Elle commence par regretter que Mitterrand préfère depuis longtemps l'Allemagne à l'Angleterre. « L'Europe a commencé, dit-elle en joignant le geste à la parole, lorsque la France était là (elle désigne le plafond) et l'Allemagne ici (elle montre le plancher). Aujourd'hui, tout a changé : l'Allemagne est là (plafond) et la France ici (plancher). » Elle ne tarit pas de propos désagréables sur Jacques Delors : la technocratie a pris tous les pouvoirs à Bruxelles, la Commission ne tient aucun compte des positions et des difficultés des différents pays.

« Pourquoi ne l'avoir pas dénoncé auparavant ? » lui objecté-je.

Elle me foudroie du regard. Elle en veut beaucoup aux différents gouvernements de ne pas l'avoir assez tenue au courant de l'évolution de l'Europe, de Maastricht, de l'unité, de l'élargissement. Elle ne pensait pas inéluctable l'évolution vers plus d'Europe qu'ont imposée Mitterrand et Kohl. Aujourd'hui, elle juge inexorable cette avancée à marche forcée dont elle ne voulait pas.

Antidémocratique, l'Europe est aussi, selon elle, inefficace : « Il aurait été possible, affirme-t-elle, comme l'a demandé le président Clinton, d'intervenir en Yougoslavie et de "bomber" *(sic)* des positions militaires. Chacun sait que Mitterrand était pro-serbe, et Kohl pro-croate. Voilà ce qu'elle a donné, l'Europe ! »

Mêmes violentes critiques à propos de l'Europe de l'Est : « Notre principal ennemi, dit-elle, était à mes yeux le communisme. Pourtant, quand le communisme est tombé, nous n'avons tendu la main à aucun pays de l'Est ! » Elle continue : « J'avais sous-estimé la haine des Allemands de l'Est pour les Allemands de l'Ouest, qui avaient
1993 profité de la vie pendant qu'eux souffraient de la dictature. Et sous-estimé aussi la colère des Allemands de l'Ouest contre ceux de l'Est, qui leur coûtent cher aujourd'hui et qu'ils accusent d'avoir hier plié sous le joug. »

« De toute façon, dit-elle, pleine d'ironie vis-à-vis d'elle-même, je ne peux ni ne veux prédire l'avenir. Tout ce qui m'est arrivé d'important pendant mes douze années de pouvoir, je ne l'avais pas prévu. Je n'avais pas prévu que les Russes envahiraient l'Afghanistan. Pas prévu que l'Irak et l'Iran se feraient la guerre. Pas imaginé non plus la guerre des Malouines. Et pas davantage la destruction du mur de Berlin. On ne prévoit jamais ce qui est le plus important. »

Les premières paroles de Margaret Thatcher m'avaient paru abruptes. Le reste ne manque pas de vérité. Elle a dit tout cela sur un ton tranquille, *so british*, et l'on sent qu'elle a dit la même chose directement, dans les mêmes termes, à Mitterrand, à Kohl et aux autres.

Je comprends ce qu'en a dit un jour Mitterrand : devant lui, quelqu'un, j'ai oublié qui, a déclaré qu'il la trouvait assez revêche. Mitterrand a répondu : « Détrompez-vous, elle a un charme fou ! » J'avais alors pensé que, décidément, on ne referait jamais Mitterrand dès lors qu'une femme, y compris celle-là, passe à sa portée... Aujourd'hui, je comprends mieux ce qu'il voulait dire. Je ne lui trouve certes pas un « charme fou », plutôt une présence, et, oui, une belle simplicité, quelque chose de très direct, sans détour, dans la façon dont elle s'exprime.

15 novembre

Le temps se gâte pour Balladur : les sondages se font moins bons. L'initiative prise par François Bayrou, au nom du gouvernement, de modifier la loi Falloux est diversement appréciée – mal, notamment, par les syndicats enseignants qui annoncent leur mobilisation contre le projet, lequel figurait pourtant au nombre des engagements pris par l'actuelle majorité lors de la campagne électorale.

Pour le reste, il y a une telle différence entre la situation de 1986 et celle d'aujourd'hui que rien n'est comparable. Mitterrand ne se représentera pas, mais il a une réelle volonté et un véritable intérêt à effectuer son mandat jusqu'au bout. Autant dire qu'il ne veut ni susciter ni même exploiter le moindre dérapage, le moindre piège contre Balladur.

C'est une différence plus qu'appréciable : Mitterrand ne veut en aucun cas reprendre la main.

Vu longuement, une fois de plus, hier à l'Élysée, Maurice Bennassayag. À quelques phrases, je comprends que l'état de grâce dont Balladur a joui auprès de Mitterrand commence à s'effriter. « Balladur, me dit-il, c'est Philippe Noiret. Il peut jouer dans de mauvais films, tout en restant populaire. Il sait, poursuit-il, que 52 % des électeurs de gauche ont une bonne opinion de lui, parce qu'il n'attaque pas le Président. Il doit donc à Mitterrand une cote de popularité qui, sans lui, serait inférieure à celle de Jacques Chirac. »

Cette appréciation émane directement, à mon avis, du Président lui-même, qui a dû faire partager son analyse à ses conseillers.

J'en viens donc à la question : Mitterrand pense-t-il aujourd'hui que Balladur sera candidat ? Mon interlocuteur n'hésite pas une seconde : « Si Balladur avait envie de faire élire Chirac, il aurait hâté les échéances. Par exemple, il aurait proposé un référendum sur le droit d'asile. Il s'en est bien gardé... La France, soupire-t-il drôlement, est une divorcée de 55 ans qui s'est donnée à un notaire de province. »

Oui, à l'Élysée, le ton vis-à vis de Balladur a nettement changé. Je m'interroge sur les raisons de cette évolution. Mitterrand, tel qu'on le connaît, n'a pas du tout apprécié que Balladur envoie directement une lettre à Clinton au sujet du GATT. C'est le premier « cactus » depuis neuf mois entre le Président et le Premier ministre dans le domaine « co-géré ». C'est assez pour que Mitterrand juge que Balladur a franchi la ligne jaune et qu'il peut à tout moment la franchir une nouvelle fois. À partir de maintenant, il l'a à l'œil.

Vis-à-vis des ministres du gouvernement Balladur, Mitterrand n'est pas monolithique. Il en aime beaucoup certains, il en apprécie moins d'autres. Il trouve qu'Alain Juppé fait un excellent ministre, le meilleur sans doute qui pouvait être désigné à ce poste : « Il n'a pas son pareil pour nommer à des postes diplomatiques des agrégés de lettres classiques. » Ce qui n'est pas pour déplaire à Mitterrand, on s'en doute.

Comment, ici, à l'Élysée, juge-t-on Charles Pasqua ? « Il a plus de plaisir aujourd'hui à réussir lui-même qu'à assassiner les autres. C'est un vieux parrain : il considère que l'Élysée leur appartient, à eux, les gaullistes. Mais il ne favorisera jamais plus l'élection d'un candidat de gauche pour barrer la route à un candidat de droite dont il ne veut pas, comme il l'a fait à deux reprises : volontairement, avec Valéry Giscard d'Estaing, la première fois, en 1981, et par maladresse, la seconde, en 1988. Il a changé : il est devenu républicain. Comme le prouve d'ailleurs la composition de son cabinet, politiquement hétéroclite : avec Abitbol, qui vient de la droite, Pierre Bordry, qui vient du centre, et Mécheri qui n'a pas son pareil pour savoir ce qui se passe dans les banlieues. »

Bennassayag tire de tout cela une conclusion politique dont je n'imagine pas qu'elle soit différente de celle de Mitterrand : « Si Pasqua bascule du côté de Balladur, si Juppé reste neutre, si Roussin, qui connaît tout et le reste sur la Mairie de Paris, passe dans le camp Balladur, alors Balladur cherchera à se présenter. À condition qu'il garde dans l'opinion la cote la plus haute. »

Et Rocard ? Il semblerait, à la réponse qu'il me fait, que Rocard ait « normalisé » ses rapports avec Mitterrand. Ne reste, pour éventuellement lui faire de l'ombre, que Jacques Delors. « Rocard est à l'heure actuelle en passe de rattraper son retard dans l'opinion vis-à-vis de Delors. Il devrait donc être investi sans problème par le Parti socialiste. » D'autant que, toujours suivant mon interlocuteur, il va réussir ses « Assises de la transformation » où une partie des écologistes va faire mouvement vers le PS. Puis viendront les élections européennes : « Rocard était mal barré, à cause de la possibilité d'une liste Tapie et d'une liste Kouchner. Mais il n'y aura pas de liste Tapie, et Kouchner acceptera de figurer sur la liste Rocard. Il suffira à Rocard d'obtenir 20 % des voix pour qu'on dise que le PS remonte. »

Mitterrand a donc donné son aval à Michel Rocard.

Le Président, me dit Bennassayag, aurait sans doute préféré que le PS ait un autre candidat. « Il préfère cependant que ce soit un candidat de gauche qui lui succède. Il n'aime pas Rocard, mais il aime encore moins Chirac. En cas de duel, il fera tout pour faire battre Chirac. »

Nous revenons en fin de conversation sur Balladur : « Balladur et Mitterrand sont comme deux augures à Rome, me dit mon interlocuteur ; ils ne peuvent se croiser sans rire. Balladur ne fait en ce moment que de la politique. Je me demande quand il a le temps de travailler. »

17 novembre *1993*

Bernard Pons, toujours président du groupe RPR à l'Assemblée, m'avait déjà raconté avec délectation le fameux déjeuner de Versailles, celui au cours duquel Chirac avait bousculé Balladur d'une phrase : « Il ne faudrait pas qu'on dise que Bérégovoy et Balladur, c'est la même chose. » Phrase qui avait horriblement vexé le Premier ministre.

Il me raconte aujourd'hui l'orage qui a suivi l'université d'été des jeunes RPR, à Strasbourg, en août dernier.

Il y a donc eu là une grande explication entre Chirac et Balladur. « Ils ont fait table rase, me dit Pons, en mettant tout sur la table. »

Tout, quoi ? Les petites phrases, les grandes intentions, les non-dits.

Et alors ?

« Pas grand-chose, me répond Pons, sauf que j'ai l'impression que l'humeur de Chirac est meilleure, depuis... Cela ne durera pas, affirme-t-il. Enfin, il n'y a rien à faire pour le moment, rien d'autre à faire qu'attendre. »

Autre sujet qui le tourmente : l'interview de Pasqua au *Monde*, hier ou avant-hier. Il ne fait aucun doute à ses yeux que Charles Pasqua est en train de basculer dans le camp de Balladur. Cela ne m'étonne pas. Je me rappelle la phrase qu'il m'a dite un jour : « Notre problème, c'est Chirac. » Pasqua ne croit plus, depuis 1988, que Chirac puisse être élu président de la République. Ce qui est inattendu, c'est qu'après avoir tant fait pour séparer Chirac de Balladur, dans les années qui ont suivi le second échec de Chirac à la présidentielle, il se rapproche aujourd'hui du second. Une seule explication : il n'a pas recouvré la foi en Chirac, et, après tout, puisque Chirac a voulu que Balladur soit à Matignon, il n'y a pas de raison d'être plus royaliste que le roi. « Pasqua a déjà choisi son camp, me répète Bernard Pons. Il n'y a que Jacques Chirac qui ne s'en aperçoive pas. »

Puis il fait le point sur ceux qui sont restés fidèles au maire de Paris et sur ceux qui s'apprêtent à prendre le large. « Jacques Toubon est fidèle à Chirac, me dit Bernard Pons en me quittant, mais (sourire ravi) moins que moi ! »

23 novembre

Du rapprochement entre Balladur et Pasqua je vois une illustration criante aujourd'hui : les deux hommes ont présenté ensemble aux parlementaires le projet d'aménagement du territoire cher au cœur du ministre de l'Intérieur, projet dont il dit qu'il dominera les vingt prochaines années. Dans son intervention, que je trouve d'ailleurs bien ficelée, le Premier ministre insiste sur l'« ouverture », sur la nécessité, pour la majorité, de tenir sa légitimité non pas de quelques-uns, mais de tous. Traduction facile : pour établir sa légitimité à lui, le Premier ministre n'a pas seulement besoin d'avoir derrière lui, uni, le RPR, mais il doit s'ouvrir à tout le reste de la majorité, donc centristes et UDF compris.

Étant donné le parterre qui l'écoute, au premier rang duquel Jacques Chirac, ce discours est assez courageux. À peine Balladur a-t-il fini de parler que Jacques Chirac se lève et s'en va, laissant les parlementaires dans l'incertitude, sinon dans la désolation.

Je crois comprendre pourquoi. Il s'agit en effet pour lui de quelque chose de grave que personne dans la salle n'a peut-être perçu : le discours de Balladur n'est plus celui d'un Premier ministre. À partir du moment où il définit lui-même les contours de la majorité, il devient présidentiable.

L'attachée de presse de Chirac, Lydie Gerbaud, me dit : « Il a été bon, très bon. » C'est de Balladur qu'elle parle ainsi, la mort dans l'âme. Meilleur il est, plus grande est, chez les chiraquiens, la consternation.

En revanche, Michel Noir, que je rencontre tout de suite après le discours du Premier ministre, me dit qu'il a beaucoup d'estime pour lui : il a travaillé à ses côtés de 1986 à 1988. Il me décrit longuement le personnage qu'est à ses yeux Édouard Balladur. Il m'en fait en peu de mots un anti-portrait de Jacques Chirac : Balladur est un homme qui « vit dans la durée, pas dans l'agitation », et qui réfléchit avant d'agir. Un homme d'union entre le RPR et l'UDF. « En quelques semaines, il est parvenu à imposer son personnage : douceur de la voix, rondeur, jamais de stress, un calme absolu, le symbole de la sérénité et de la sécurité. »

Le phénomène Balladur va-t-il durer ? Réponse enthousiaste : « Cela durera. Les réponses qu'il apporte sont durables. Sa popularité aussi. Une solution a été trouvée entre Chirac et Valéry Giscard d'Estaing : entre eux, désormais, il existe un troisième homme : Édouard Balladur. »

Suit toute une explication de l'affaire Botton qui, me dit-il, est en train de « foutre en l'air sa carrière » à Lyon et à Paris. « Je n'avais pas en tête ma carrière lorsque, en 1989, j'ai lancé le mouvement de rénovation au RPR. Je n'en avais pas besoin pour me faire connaître. J'ai été propulsé très haut, constate-t-il avec tristesse. Aujourd'hui, je suis dans les basses eaux. » Il est plus qu'abattu à l'idée de ce qui l'attend : les juges (il y en a huit) vont enquêter sur les comptes de la campagne électorale lyonnaise. Tandis que sa famille est directement atteinte par les accusations de son gendre, Pierre Botton. « Pas un instant, dit-il, je ne souhaite à quelqu'un de vivre ce que je vis. »

Comme toujours, j'ai beaucoup de mal à comprendre, dans ce genre d'affaires, si l'homme qui parle est sincère ou s'il se raconte des histoires à lui-même. Il me dit que Pierre Botton a juré sa perte, que 98 % de ce qu'il raconte est faux, que les juges ne l'aiment, lui, Michel Noir, pas parce qu'il est fils d'ouvrier, que certains d'entre eux éprouvent une sorte de jouissance à l'idée de voir ses relevés de comptes, qu'il faudrait reprendre la procédure à zéro. A-t-on voulu l'abattre ? Qui ça : Chirac ? Sa réponse n'en est pas une, mais je comprends qui il accuse sans le dire :

« Chirac ? J'ai toute la piste. J'ai tout décortiqué, tout analysé. Peu importe : maintenant, les dégâts sont faits...

– Vous encaissez bien ?

– Oui, mais faut pas trop gratter. »

Tout de suite après, déjeuner avec Roland Dumas qui a rencontré Mitterrand dans la matinée. Il confirme entièrement l'analyse que m'a faite Bennassayag : Mitterrand ne fera plus rien pour barrer la route à Michel Rocard dont il pense l'investiture par le PS à peu près assurée. Il respecte Balladur, il approuve son habileté, ce qui ne l'amène pas pour autant à partager certains de ses choix.

Mon ami Paul Guilbert, qui aime beaucoup Chirac et « couvre » son actualité, me fait dans la soirée un récit des visites de musées qu'effectuent ensemble Mitterrand et Balladur lorsqu'ils sont en déplacement. « Il faut les voir, dit-il, commentant un même tableau pendant plusieurs minutes, faisant l'un et l'autre étalage de culture. » Comme pour montrer que ce n'est pas avec Chirac que Mitterrand aurait pu converser ainsi...

28 novembre

1993

J'ai suivi Jacques Chirac à Marseille où il avait rendez-vous avec les élus locaux des Bouches-du-Rhône. Flanqué de Jean-Claude Gaudin d'un côté, de Jean-Bernard Raimond de l'autre, face au vieux port illuminé par le soleil, il s'est entretenu avec eux pendant plus d'une heure. Comme si toute sa vie politique, tout son avenir dépendaient d'eux.

Je ne sais pas à quoi il pense quand il entend interminablement les doléances des uns et des autres, leurs problèmes électoraux, leur rivalité avec des candidats UDF. Jamais autant que dans ce genre de réunions je ne prends conscience que la politique est un métier.

Ici c'est le cas de Salon-de-Provence qui lui est posé ; le RPR local demande la création d'une commission de conciliation. On va éclaircir la situation, répond Chirac, qui sait fort bien, même s'il veut se donner du temps, de quoi il retourne. En l'occurrence, il ne le dit pas, mais je le sais : il est favorable au maire en place.

Le maire de La Ciotat expose longuement les difficultés de la ville : les chantiers navals ont des problèmes depuis six ans, le risque politique est que la ville choisisse un maire communiste. Peut-on trouver, demande-t-il, des solutions économiques pour rétablir la suprématie du RPR ? « Aucun doute, répond Chirac, il le faut ! »

Olivier X (je n'ai pas entendu son nom en entier) assure que dans le département, Istres et Martigues sont « prenables ». Il faudrait que les ministres viennent sur place soutenir les efforts des militants et cadres RPR. « J'en ai pris bonne note », dit Chirac, que je vois mal aujourd'hui être en mesure d'imposer cela aux membres du gouvernement d'Édouard Balladur !

Raymond Thuillier, le fameux restaurateur des Baux-de-Provence, est inquiet : est-il vrai que Robert Vigouroux[1], l'actuel maire de gauche à Marseille, ainsi que quelques sénateurs socialistes, aient gagné le cœur de Chirac ?

Celui-ci, la main sur le cœur, d'autant qu'il ne sait pas d'où vient ce bruit : « J'ai vu Vigouroux une seule fois, je l'ai salué, il m'a salué courtoisement : voilà tout. »

Je prends des notes sans arrêt tant je suis fascinée par l'attention que Jacques Chirac, au bout de tant d'années de carrière, apporte encore à ces rencontres. Lui que l'on décrit comme impatient, et qui l'est, dispose d'un trésor de courtoisie, de disponibilité et de temps pour ces micro-débats locaux.

Voici enfin qu'un interlocuteur pose le problème des jeunes qui ne se reconnaissent pas dans les instances traditionnelles du RPR. Chirac y voit à juste titre l'occasion d'une tirade attendue sur la jeunesse : « Il faut aller au-devant des jeunes, à leur contact, ce qu'on ne fait jamais assez. Il n'y a chez les jeunes aucun rejet de la politique. Il y a même une certaine curiosité, une ouverture. Je ne cesse de dire à nos amis députés et sénateurs de discuter, de dialoguer avec les jeunes... Et puis, continue-t-il, ce qui est plus angoissant, c'est que nous essayons de leur parler avec des méthodes et des instruments dépassés. Il faut essayer au contraire de perdre nos traditions, nos habitudes de langue de bois. »

Le maire d'Arles croit alors nécessaire de mettre son grain de sel : « Il y a deux sortes de jeunes... », commence-t-il.

Chirac l'interrompt : « Oui, les garçons et les filles ! »

Les autres questions fusent : les associations – leurs moyens doivent être augmentés ; les femmes – « à Paris, dit-il, 40 % de femmes ont été élues au conseil municipal ; on peut encore progresser... ».

Il commence à trouver le temps long, regroupe les questions, puis prend poliment congé. Chacun a l'air content de s'être vu consacrer du temps.

« Vous voyez, me dit Jacques Chirac en remontant dans sa voiture, les hommes politiques commettent souvent la même erreur. Ils passent quelques minutes quelque part, détalent ailleurs, et ne se rendent pas compte que ça ne sert à rien. Les gens veulent qu'on leur consacre

1. Né en 1923, Robert Vigouroux, professeur de médecine, est maire socialiste de Marseille où il a succédé à Gaston Defferre, de 1989 à 1998, et sénateur des Bouches-du-Rhône.

du temps, pas qu'on les expédie entre deux portes. Ils en veulent à ceux qui filent dès qu'ils le peuvent. C'est pourquoi il faut rencontrer les Français longuement, même lorsqu'il n'y a pas d'élections, lorsqu'on peut le faire. »

Dans l'avion du retour, je reviens sur la rivalité possible avec Balladur : alors, que va-t-il se passer entre eux, qui sera candidat ? les deux ?

Il me cite Malraux qui disait des gaullistes, il y a longtemps, en 1947 : ce sont des loups qui s'entre-égorgent, mais qui chassent en meute. S'entre-égorger : c'est donc ainsi qu'il ressent la lutte, sans doute maintenant inévitable, entre Balladur et lui.

Où sont ses alliés au RPR ? Pasqua ? « Oh, me dit Chirac, lui, il ménage la chèvre et le chou. Il s'est réconcilié avec Balladur. C'est
1993 une réconciliation factice, parce qu'il sait très bien que Balladur l'éliminera, s'il gagne. »

La position de Philippe Séguin ? « Il pense, lui, que Balladur n'osera pas se présenter ».

Celle d'Alain Juppé ? Aucun doute pour Chirac : il est à ses côtés. Sa position au gouvernement explique seule son silence. Chirac ne doute pas un instant de lui.

Les autres ? En dehors des proches, ils attendent d'où va souffler le vent. Chirac ne me dit pas les choses comme ça, mais c'est ce que je comprends. Il fait mine de prendre toute cette agitation, qui n'est encore que de l'agitation, avec philosophie, et même parfois amusement. Mais parlerait-il des ralliements des uns ou des autres à Édouard Balladur, de la fidélité que lui manifestent tels ou tels, s'il ne pensait pas à un affrontement inéluctable ? Si c'était le cas, Chirac irait-il quand même jusqu'au bout, quitte à se présenter en même temps ou contre Édouard Balladur ? Je n'en doute pas un seul instant.

Il bifurque – montrant ainsi que la discussion sur Balladur est terminée – sur les négociations du GATT, qui ne tournent pas aussi bien, pour le moment, que le souhaiterait Matignon. « Ah, ah, dit-il avec son air potache, le GATT, ça se gâte !... Je ne crois pas que les Américains vont céder quoi que ce soit, dit-il plus sérieusement. Si les propositions sont convenables, je m'en réjouirai. La question se pose de savoir ce que feront les Allemands : jusqu'où nous soutiendront-ils, notamment s'ils attendent en retour que Francfort soit choisie comme siège de la future Banque européenne, et ce que fera le Conseil européen du 2 décembre.

– Et la position de Balladur ?

– Il est convaincu que la France ne peut pas céder sur tous les terrains : sur l'agriculture, sur la production européenne, sur les services... Il craint évidemment une agitation paysanne dans les mois qui viennent.

– Et vous ?

– Je pense profondément – et là, d'un coup, il ne plaisante plus du tout sur "le GATT qui se gâte" – que la réflexion européenne, telle qu'elle est exprimée par la réforme de la PAC ou par l'accord de Blair House, est mauvaise. Mauvaise parce qu'elle est basée sur un réflexe malthusien : il s'agit de dominer la production au point de la geler artificiellement, par les fameuses jachères, par exemple, parce qu'il y a surproduction à un moment donné. Si on regarde plus loin que le bout de son nez, on voit qu'il y a aujourd'hui de par le monde 5 milliards d'hommes et de femmes qui mangent à leur faim, et un milliard d'hommes et de femmes qui connaissent la sous-nutrition et la famine. En 2018, dans vingt-cinq ans, il y aura 8 milliards d'hommes sur la Terre. Si on n'augmente pas dès maintenant la production agricole, il y aura 4 milliards d'hommes qui mourront de faim. Notre problème est donc rigoureusement inverse : il faut augmenter maintenant et non réduire la production agricole ! On nous dit que l'agriculture est un marché insolvable. On peut parler de marchés solvables ou insolvables pour d'autres productions, mais pas pour la production alimentaire ! Il faudra bien, pour toutes sortes de raisons, humaines, morales, politiques, rendre la demande solvable. »

Il plaide pour l'agriculture française comme il plaiderait s'il était Premier ministre, comme il parlerait à la place d'Édouard Balladur.

Pour la première fois, je suis convaincue, au moment où il parle, et tandis que je prends frénétiquement des notes, qu'il regrette d'avoir laissé à quelqu'un d'autre le soin de défendre la position française sur le GATT. C'est la première fois, j'en suis sûre, qu'il regrette vraiment de ne pas être à la tête du gouvernement.

Nous arrivons à Paris. Il interrompt son exposé et me parle de sœur Emmanuelle. Il y a eu en effet, dans la journée, un moment où Chirac a disparu. J'étais loin de penser qu'il s'en était allé rendre visite à sœur Emmanuelle dans sa maison de retraite de Caillon, dans le Var. « De quoi avez-vous parlé ? – Des pauvres, des bidonvilles, et de l'expression moderne de la foi. »

Lorsqu'il a pris congé, la sœur lui a dit – c'est lui qui me le rapporte : « Jacques, je prierai pour toi à condition que tu pries pour moi : c'est donnant-donnant. »

Début décembre

Simone Veil est comme à son habitude extrêmement lucide. Elle ne se paie pas de mots, ignore la langue de bois et nous raconte longuement, au cours d'un déjeuner dans la salle à manger, au dernier étage de son ministère, ce qui marche et ce qui ne marche pas, à ses yeux, dans son propre ministère et au gouvernement.

Ce qui marche, selon elle, c'est l'interministériel. Les ministres ont entre eux de très nombreuses rencontres, beaucoup de concertation pour évaluer les problèmes sous tous leurs aspects. Généralement, Balladur tranche le mardi matin.

Ce qui marche très bien aussi, c'est le contact avec Balladur. Elle le décrit elle aussi comme quelqu'un de toujours disponible, de toujours courtois, toujours intéressé par les choses, toujours ouvert.

Certaines réformes, en revanche, ne vont pas assez vite ; certaines sont mal ficelées, mal présentés. Elle cite comme exemple le projet de loi sur la concentration des hôpitaux, ou la réforme de l'allocation logement pour les étudiants.

Elle déplore surtout que la politique de la Ville n'existe pas, bien que le budget alloué soit considérable, mais il est mal utilisé. Elle s'efforce de changer tout cela. Il lui faudra plus de temps qu'elle ne le pensait.

Après cette description sans complaisance et sans autocongratulation (le fait est assez rare chez les autres ministres pour que je le souligne), elle raconte sa seule entrevue avec François Mitterrand depuis qu'elle est au gouvernement. Ils se sont rencontrés à l'occasion d'un dépôt de gerbe dans un lieu historique (est-ce le Mémorial juif ? j'ai omis de la prier de me le préciser). Mitterrand lui a demandé pourquoi les victimes des camps d'extermination nazis avaient attendu si longtemps, après la guerre, pour oser parler d'Auschwitz, de Birkenau et autres antichambres de la mort. Simone Veil lui a répondu ce que lui avait dit le grand rabbin de Strasbourg : « C'est pour cela que Moïse a attendu quarante ans avant d'accéder à la terre promise. »

2 décembre

Tout arrive : Mitterrand a reçu Rocard à l'Élysée aujourd'hui. Est-ce la normalisation ? Normalisation difficile, alors : entre le moment où Rocard a laissé entendre qu'il allait peut-être rencontrer à son tour le président de la République et le petit déjeuner pris par les deux hommes à l'Elysée, ce matin, six semaines se sont écoulées !

15 décembre

À l'Assemblée nationale, discours de Balladur sur la négociation du GATT où un accord a finalement été trouvé.

Les observateurs s'écrasent dans les tribunes. Les travées réservées à la presse sont bondées. L'hémicycle est comble.

La gauche est déchaînée à cause des initiatives de François Bayrou sur la loi Falloux et de la discussion d'hier au Sénat[1].

Balladur estime avoir remporté beaucoup de succès dans la négociation sur le GATT. Il est parvenu à faire évoluer dans le sens souhaité par les Français les accords de Blair House. Je note que son discours à lui évolue aussi : il emploie le mot « je » à toutes les pages, plusieurs fois, pour indiquer que c'est lui qui a indiqué au président Clinton, lui qui, lui dont... *1993*

Une partie seulement des objectifs a été atteint, mais, dit-il, « c'est le lot de toute négociation ». « La fermeté de la France a mis un terme, ajoute-t-il, à la dérive des institutions. »

Ce qu'il dit est moins important que l'image qu'il donne de lui, celle d'un homme assez fier sinon de lui-même, du moins d'avoir réussi à sortir par le haut d'une affaire aussi mal engagée que celle du GATT. Au moment où il parle, il doit penser à tous ceux qui l'ont trouvé trop mou, pas assez déterminé, sans doute aussi à Chirac dont il est, en matière de négociations, le contre-exemple, aussi souple que l'autre est monolithique.

Il attaque aussi durement la gauche dont il juge les critiques pauvres et dépourvues de crédibilité, sur le mode : ils n'ont rien vu venir, ont laissé en place une machine bouillant à gros bouillons, et en plus, la négociation maintenant terminée et assez bien terminée, ils hurlent !

1. François Bayrou, comme les engagements pris par la nouvelle majorité pendant la campagne législative l'y incitaient, a décidé de modifier le financement de l'école privée par les collectivités territoriales. Le projet de loi est discuté au Sénat le 13 et adopté le 14 décembre 1993. Il suscite, le 16, une grève de l'enseignement public à l'initiative de la FSU. Les élus de gauche saisissent alors le Conseil constitutionnel qui rend son avis le 13 janvier 1994.

Dans l'hémicycle, je vois Chevènement, qui trouve insuffisant l'accord auquel Balladur est parvenu, s'époumoner. Séguin ne lui donne pas la parole et la passe à Laurent Fabius, désigné par le groupe socialiste. Mais il envoie aussitôt un mot à Chevènement, dont il se sent proche sur les problèmes européens et sur le GATT, en s'excusant : le temps de parole est limité à quatre orateurs et il a dû appliquer le règlement. « Mais, ajoute-t-il avec humour, je vous fais confiance pour retrouver votre temps de parole dans les couloirs. »

Quelques minutes après 18 heures, Balladur répond avec vivacité à ceux qui l'ont critiqué. Il redit que ç'a été le meilleur accord possible pour notre pays. On en reste là. Résultat : vote triomphal de confiance au Premier ministre. Il aura montré en sept mois qu'il dominait cette majorité que tout le monde annonçait comme difficile à gérer, parce que trop large. La démonstration est faite de son ascendant, davantage à l'UDF d'ailleurs qu'au RPR où subsistent quelques irrédentistes anti-américains.

20 décembre

Cela n'a pas tardé : les grandes manœuvres commencent !

Hier, Simone Veil et François Léotard, tous deux ministres d'État, ont lancé un appel à la candidature d'Édouard Balladur à la présidentielle. Au cours de l'émission « RTL/*Le Monde* », Léotard a estimé que Balladur avait toutes les qualités requises pour se présenter devant le peuple[1]. Pour Simone Veil, « Balladur ferait un formidable président de la République ». Elle a profité de « 7 sur 7 », diffusé après « RTL/*Le Monde* », pour appeler elle aussi Balladur à faire acte de candidature : « Il a pris une telle dimension internationale, a-t-elle appuyé, c'est une qualité formidable pour un Premier ministre : un Premier ministre qui a naturellement une stature de chef d'État devient nécessairement un présidentiable. »

Ont-ils reçu tous deux l'aval de Balladur pour lancer cet appel inspiré ? Le Premier ministre avait demandé à ses ministres de rester en dehors de la campagne présidentielle jusqu'à la fin de 1994. Celle-ci n'a pas encore commencé que deux de ses plus proches ministres font l'exact contraire !

---

1. La phrase exacte de François Léotard est celle-ci : « Je crois que M. Balladur a les qualités requises pour se présenter tout seul devant le peuple et pour dire : j'ai l'intention de continuer ce que j'ai commencé à faire. »

Aujourd'hui, Simone Veil explique qu'elle s'est contentée de dire tout haut ce qu'elle pense tout bas du Premier ministre, ce qu'elle m'avait d'ailleurs dit la semaine dernière : un homme qui a mené à bien la redoutable négociation sur le GATT ne peut faire qu'un bon président de la République. Qu'elle n'ait pas sollicité, avant de parler, l'avis de Balladur ne m'étonne pas : Simone Veil ne se « téléguide » pas.

Reste François Léotard. Lui, ses objectifs sont sûrement plus politiques. Édouard Balladur est pour lui le « troisième homme », celui qui permettrait – à la fois à lui et à sa bande, la « bande à Léo » –, de se débarrasser des deux hommes qui, depuis des années, obscurcissent leur champ de vision : Chirac et Giscard.

Quant à Balladur, avec tout cela, il a avancé d'une case dans le jeu de l'oie de la présidentielle.

1994

30 décembre 1993-3 janvier 1994

J'essaie de faire le point sur l'année qui vient de s'écouler et sur l'état exact du rapport de force entre Balladur et Chirac quelques jours après que Simone Veil et François Léotard ont vanté les mérites du premier. Chirac a été fou ou bien naïf de le laisser s'installer à Matignon et, plus encore, de l'avoir encouragé à y aller. Les ministères, les arbitrages budgétaires, la gestion du quotidien, mais aussi la préparation de l'avenir, sans compter les hochets à distribuer à ceux qui ne lui veulent pas que du bien, la façon de gouverner de Balladur, aussi, accessible à tous et toujours serein, lui ont permis de devenir, en quelques mois, le numéro 1 de la majorité. Les sondages – phénomène qu'il n'attendait pas, que personne n'attendait – l'ont convaincu de ses chances d'être le meilleur candidat.

Chirac s'est aperçu très vite, à mon avis, qu'il avait commis une grosse bourde. Il pensait à une répartition des rôles entre le Premier ministre et lui pour conquérir ensemble le pouvoir. Il s'est trompé : il l'a peut-être compris assez vite, mais trop tard pour revenir en arrière.

En un an, mis dans l'obligation de faire un choix entre Balladur et Chirac, certains ministres ont pris du champ vis-à-vis du maire de Paris. C'est vrai au moins de deux d'entre eux : Nicolas Sarkozy a délaissé depuis l'automne dernier les réunions hebdomadaires à l'Hôtel de Ville autour de Jacques Chirac. Il l'a plus ou moins reconnu publiquement, en octobre dernier, lorsqu'il a dit dans une émission télévisée[1] que le Premier ministre ayant recommandé à ses ministres

1. Au « Grand Jury RTL », *Le Monde* du 24 octobre 1993.

de s'occuper de leur département ministériel, il ne se préoccuperait pas, auprès de Jacques Chirac, de campagne présidentielle [1]. Déclaration vraie et fausse à la fois. C'est vrai : il ne s'occupera pas de celle de Jacques Chirac. C'est faux : il est l'organisateur de celle de Balladur.

Deuxième défection : celle de Michel Roussin, littéralement débauché par Édouard Balladur alors qu'il était directeur de cabinet de Chirac. Ancien militaire, mi-ange gardien, mi-garde du corps du maire de Paris, Michel Roussin a certes grandi – politiquement, s'entend – dans l'ombre de ce dernier. Sans doute en avait-il assez d'un tel rôle : « Il est temps que Jacques Chirac comprenne que j'ai d'autres ambitions que de sortir le chien l'après-midi », avait-il confié un jour, l'année dernière, à Paul Guilbert. Devenu ministre, accédant ainsi, grâce à et auprès de Balladur, à un statut que ne lui avait pas accordé Chirac, il a rompu les amarres, assez brutalement et assez tôt, me dit-on.

Reste autour de Chirac le dernier carré : Jérôme Monod et Maurice Ulrich, les plus anciens, Jacques Toubon, Jean-Louis Debré, et François Baroin, le benjamin [2]. Quoique ministre du gouvernement Balladur, Alain Juppé n'a pas abandonné Jacques Chirac : son ancien directeur de cabinet, Patrick Stefanini, est resté à l'Hôtel de Ville. Dernier venu, le plus jeune, un énarque de 33 ans, Jean-Pierre Denis, recruté en 1992, est responsable des études et de la réflexion.

Cet état-major suffit-il à un homme qui aspire à être président de la République ? N'est-ce pas lui qui, au bout de la ligne droite, devra abandonner la partie ? Les moyens d'un Premier ministre, joints à la servilité des dirigeants à son égard, sont-ils surmontables ?

1. Il confiera plus tard, dans ses conversations avec Michel Denizot, *Au bout de la passion*, publié en février 1995, qu'il avait abandonné tout rôle politique auprès de Chirac à l'été 1993. Dans son livre *Libre*, publié plus tard, il déclare longuement avoir loyalement averti Jacques Chirac de son ralliement à Balladur. En octobre 1993, Sarkozy est resté notablement plus flou dans sa prise de position d'alors qu'il ne l'a été, des années plus tard, dans son livre.

2. Jeune député de l'Aube et fils de Michel Baroin, ami de Jacques Chirac, patron de la FNAC et haut dignitaire du Grand Orient, mort dans un accident d'avion en Afrique.

5 janvier

Vœux de Mitterrand à la presse. Dans la rue, devant l'Élysée, je retrouve Laurence Soudet qui me confie avec excitation : « Ça y est, c'est reparti ! »

De tous les collaborateurs et collaboratrices du Président, Laurence Soudet est sans doute, chronologiquement, la première. Elle l'a connu il y a très longtemps, alors qu'elle était, dans l'ombre de Pierre Mendès France, responsable de la publication du mensuel mendésiste *Les Cahiers de la République*[1]. Mitterrand collaborait à cette revue. Il en était membre du comité de direction. Pourtant, les relations entre François Mitterrand et PMF étaient devenues, à partir de 1954, des plus compliquées. Ministre de l'Intérieur de Mendès France, alors président du Conseil sous la IVe République, Mitterrand, comme tout le monde, respectait l'homme. Mendès, lui, appréciait l'intelligence de Mitterrand, tout en se méfiant de son ambition et de ses facilités. Puis ce fut, en 1954, l'« affaire des fuites », où Mitterrand fut longuement mais silencieusement suspecté d'avoir transmis des documents confidentiels aux communistes. Mitterrand n'a jamais pardonné à Mendès de l'avoir fait surveiller, lui, son ministre de l'Intérieur et ami politique, par des services qui, de surcroît, étaient placés sous son autorité à lui, Mitterrand, sans jamais avoir osé l'interroger directement sur les faits reprochés, sans même le prévenir avant plusieurs semaines des soupçons qui pesaient sur lui. Disculpé par la suite, Mitterrand n'a jamais pardonné.

Puis vint de Gaulle : Mitterrand et Mendès dénoncèrent ensemble, à l'Assemblée nationale, le « coup d'État » qui, selon eux, avait porté le Général au pouvoir. Rejetés dans l'opposition, c'est également ensemble que les deux hommes, avec la presque totalité des autres leaders de la gauche républicaine, votèrent contre la modification constitutionnelle instituant l'élection du président de la République au suffrage universel.

À cette nuance notable près qu'après avoir voté « non » au référendum de 1962, François Mitterrand se décida rapidement à prendre le général de Gaulle au mot en faisant acte de candidature à la première élection du chef de l'État au suffrage universel, en 1965. Ce à quoi PMF – du moins en 1965 – renonça.

C'est à ce moment que Laurence Soudet a rejoint Mitterrand.

Elle en a donc vu, Laurence Soudet, depuis trente ans ! Depuis

1. Qu'animaient notamment l'historien Claude Nicolet et le juriste Pierre Avril.

la création de la Convention des institutions républicaines[1], jusqu'à aujourd'hui, à l'Élysée depuis treize ans, elle a vu passer hommes – et femmes ! – dans l'entourage de Mitterrand, elle a servi d'agent de liaison, elle sait tout, voit tout et ne dit que ce qu'elle veut bien dire. Elle n'ignore rien, depuis le début de leur liaison, du roman qui unit depuis des années Mitterrand et Anne Pingeot, elle sert au besoin de couverture, et commente avec une grande liberté de ton les frasques de Mitterrand et ses actes de bravoure. C'est une « groupie » éclairée.

Donc, qu'est-ce qui est *reparti* ?

« Tu sais bien que son premier objectif a toujours été de lutter contre son Premier ministre. Eh bien, ça recommence : il est fou de rage contre Édouard Balladur ! »

1994

Fou de rage parce que « Balladur a rencontré par deux fois le juge Jean-Pierre depuis que celui-ci a changé de poste, et le rapport de celui-ci sort précisément dans la presse aujourd'hui. Mitterrand ne peut pas croire à une coïncidence !

« En fait, ajoute-t-elle, le plus pressé d'entrer à l'Élysée aujourd'hui, c'est Balladur et pas Chirac, qui, entre nous, face à Balladur, est un enfant de chœur. C'est donc lui, pense Mitterrand, qui a intérêt à sortir les documents Pelat... »

Dernière phrase avant de s'engouffrer sous le porche : « Charasse lui avait dit : "Thierry Jean-Pierre ne nuira plus. Je me suis entendu avec Pasqua." Tu parles, Pasqua ! »

Mitterrand rejoint les journalistes à 17 h 15 dans la grande salle Napoléon III, au rez-de-chaussée de l'Élysée. Il leur parle sur le ton nostalgique qui est le sien depuis la révélation de sa maladie, encore qu'il apparaisse aujourd'hui assez guilleret. « Chaque âge, dit-il, apporte son lot de bonheur qui s'appelle l'harmonie, l'harmonie intérieure. Souvent, je vois ou je lis qu'on parle de moi en disant : *le vieux*. Essayez donc, je vous le souhaite ! »

« Remplir sa vie au mieux, constate-t-il devant nous, ça, c'est un privilège ! »

Après ces considérations humaines, il parle politique. Et je comprends que Laurence Soudet a raison : l'époque du flirt avec Édouard Balladur est terminée. Il aborde le problème de la loi Falloux : « Je ne m'y attendais pas, dit-il aux journalistes, mais vous non plus. Le comte de Falloux ne voulait surtout pas que les subventions

1. Voir le tome 1 de ces *Cahiers*.

à l'école privée dépassent les 10 %, c'est dans le deuxième volume de ses Mémoires. En voulant faire mieux, on risque de faire pire ! »

Avertissement sans frais au Premier ministre. Il continue :

« En 1984, nous aussi, nous avions connu une bourrasque sur la question de l'enseignement privé. Je le rappelais récemment au cardinal Lustiger. Nous étions arrivés à une solution qui fut certes critiquée... » Façon discrète de laisser entendre qu'il a gardé des contacts avec les autorités religieuses. « Mais nous nous étions séparés en nous disant : nous sommes tranquilles pour vingt ans. Fragilité des prévisions ! »

Pour le reste, il va bien. Il sera là, assure-t-il, l'année prochaine. « Je voudrais pouvoir en dire autant à chacun d'entre vous ! » ajoute-t-il. Nous rions jaune.

Et puis, dernière réflexion qui montre à quel point le juge Jean-Pierre l'obsède toujours : « J'aurai été le seul chef d'État à ne poursuivre personne en justice. Il m'arrive d'en crever d'envie. Je ne fais pas, moi, appel à ces lois, même si j'estime qu'elles sont nécessaires... »

Puis il met fin à cette première partie de l'entretien en parlant encore, de façon détournée, de sa santé : « J'en suis à ma onzième heure debout, nous dit-il. Ce qui prouve que j'ai encore des jambes ! »

Il a, face à la maladie et à ce qu'il sait que nous savons de sa maladie, une sorte d'humour macabre surprenant, que je ne goûte qu'à demi, dont il fait une sorte de défi au mauvais sort. Il s'assied donc et continue la conversation en répondant aux questions.

A-t-il été informé par le gouvernement de la libération des deux Iraniens ? « J'ai été informé sans aucun doute, mais après. Pas avant... » Il n'en fait pas un problème : « C'est, ajoute-t-il aussitôt, dans l'ordre normal des choses, cela relève de l'ordre public et c'est donc du ressort du gouvernement. Donc, je n'accuse pas. Je réponds simplement à votre question. »

Sur la Bosnie et ce qui se passe là-bas entre Serbes et Bosniaques, quels mots emploierait-il ? Lancinant, décourageant ? « Tout à fait, dit-il avec gravité, lancinant et décourageant. L'horrible répétition d'un drame humain devient épouvantable. »

La célébration du 50e anniversaire du débarquement aura lieu en juin. Court la rumeur insistante d'une invitation faite par le gouvernement au président de la république d'Ukraine. « Je n'en sais rien, je connais l'essentiel de la liste des chefs d'État conviés à célébrer le débarquement. Je serai sûrement mêlé à l'examen de la réponse. » Les

Allemands en feront-ils partie ? « Les Allemands ont connu depuis cinquante ans les atroces moments d'une guerre perdue. Ils en ont subi les conséquences collectivement, et ils peuvent s'étonner aujourd'hui de rester en dehors d'une cérémonie faite pour célébrer ce grand événement. »

Un courageux se lance : « Crevez-vous d'envie de poursuivre les journalistes qui, commentant le rapport de Thierry Jean-Pierre, parlent, vous concernant, de cadeaux et de largesses ? » Réponse acide : « Si on considère comme un cadeau le fait qu'il y a vingt ans j'ai reçu des honoraires ! Ce ne sont pas des cadeaux, je ne suis pas amateur de cadeaux, et j'ai donné tous ceux que j'ai reçus. »

On passe aux choses sérieuses et qui fâchent moins : la présidentielle de 1995. Qui soutiendra-t-il ? Il ne prononce même pas le nom

de Michel Rocard. « Mes vœux iront vers celui-ci plutôt que vers celui-là. » Il ne dira rien de plus aujourd'hui : « Ce n'est pas de circonstance, ce n'est pas le moment. »

Florence Murraciole pose la question, attendue, sur la cote de popularité d'Édouard Balladur. Il fait mine de ne pas vouloir répondre. Puis il lâche sur un ton uni : « M. Balladur a des mérites. Le peuple les reconnaît. Mais il est un homme suffisamment expérimenté pour connaître la fragilité de ce genre de choses. L'opinion est souvent versatile. Laissez faire les choses, on verra bien. »

Dire que ses propos sont chaleureux serait trop dire. C'est le premier coup de patte public du président à l'adresse d'Édouard Balladur. Ce qui confirme que Mitterrand est désormais sûr que le Premier ministre va se présenter à la présidentielle. Dans l'équilibre que les deux hommes avaient su établir depuis le printemps dernier, les choses changent. De toute façon, assure Mitterrand, la cohabitation dure ou douce, « c'est une invention de journaliste. Quand je ne suis pas d'accord, je le dis, voilà tout ».

7 janvier

Vœux d'Édouard Balladur à la presse. Dehors le ciel est noir. À l'intérieur, il y a presque davantage de monde qu'il n'y en avait avant-hier chez Mitterrand. Il est vrai que l'un finit sa carrière, quand l'autre la commence. On se bouscule au voisinage de buffets fournis. Le Premier ministre passe d'un salon à l'autre, saluant tous ses invités, rassurant et souriant.

De ce qu'il dit je retiens qu'il s'engage personnellement dans la lutte contre le chômage, et qu'il demande à être jugé sur ses aptitudes à y parvenir.

Tout a changé en quelques jours pour lui. Hier encore, avant les déclarations de Simone Veil et de François Léotard, Édouard Balladur était sur un petit nuage ; les sondages étaient un peu moins bons qu'il y a quelques mois, mais beaucoup néanmoins s'en seraient satisfaits ; les députés RPR étaient certains, les pauvres, que Chirac et lui marchaient la main dans la main ; certes, ils ressentaient une légère irritation, mais jamais exprimée en public, du fait de la pression exercée sur lui par Chirac. Avec le silence bienveillant du président de la République, tout baignait dans l'huile.

Il a suffi que sa candidature soit soudain dans l'air du temps pour qu'une véritable coalition se constitue aussitôt contre lui. François Mitterrand a condamné très clairement la loi Bayrou avant-hier. Jacques Chirac, qui présentait lui aussi ses vœux à la presse à l'Hôtel de Ville, a soutenu l'école publique agressée. Philippe Séguin y a été de son ode à la laïcité. Michel Rocard, qui ne parle pas beaucoup, ces temps-ci, a recouvré assez de voix pour qualifier de « duplicité et de brutalité » l'action du Premier ministre.

Au fond, peut-être qu'il s'en fiche, Balladur. Les sondages remontent : il progresse de trois points dans le baromètre *L'Express*-Gallup France.

Je reviens un instant sur les vœux de Chirac, hier. Quelle différence avec ceux de Balladur ! On ne s'écrasait pas chez lui, nous n'étions que quelques-uns – Paul Guilbert, Elkabbach, Levaï, Philippe Alexandre, Catherine Nay – à avoir répondu à l'invitation du maire de Paris. Quelle foule, par contraste, à Matignon ! En revanche, le discours de Chirac m'a paru assez vide. Admettons qu'il se réserve pour la campagne.

10 janvier

Léotard, comme l'escargot, pousse sa feuille de salade : le meilleur président serait à ses yeux Édouard Balladur. Il ajoute qu'il se présentera lui-même si celui-ci ne le fait pas. Voilà qui donne raison aux préoccupations de Charles Pasqua : s'il n'y a pas de primaires au sein de la majorité, cela va être la foire d'empoigne ! Encore que, plus j'y pense, moins je vois comment on pourrait contraindre Balladur ou

Chirac à se soumettre à la décision de quelques-uns exprimée, on ne sait au juste comment, à l'occasion d'élections primaires internes à la majorité. Chirac m'a dit l'autre jour qu'il ne l'acceptera jamais, et je vois mal Édouard, si susceptible, si attaché à sa propre personne, se soumettre au jugement, fût-ce exprimé au suffrage universel, des adhérents des deux partis majoritaires.

J'ai dîné aujourd'hui avec Jean Poperen qui m'a fait rire à gorge déployée en me racontant comment, dans la querelle de l'école laïque, il avait fait intervenir l'archevêque de Lyon, le cardinal Ducourtray.

Vieux militant de la laïcité, ancien communiste, sans doute franc-maçon encore qu'il ne m'en ait jamais parlé, redevenu député de Meyzieu, dans l'Ain, proche de Lyon, Poperen a eu l'idée de préparer un numéro spécial de sa revue, *Vu de gauche*, sur l'abrogation de la loi Falloux. Un peu comme Mitterrand l'avait fait lors de ses vœux, en s'abritant derrière une conversation qu'il avait eue en 1984[1] avec le cardinal Lustiger, Jean Poperen a eu l'idée de demander à Ducourtray de publier un texte dans sa revue. À sa grande surprise, celui-ci a accepté d'écrire quelques lignes qui ont dépassé les espérances de Poperen : « J'aurais aimé, écrit le prélat, que soit étudiée plus paisiblement la question, simple en elle-même, mais piégée dans le contexte politique actuel. »

Poperen se frotte les mains : il est ravi de son coup.

Il est moins ravi, en revanche, de l'évolution du Parti socialiste. Il juge, comme Pierre Mauroy, que le big-bang de Rocard a tourné court, que la lutte des courants est plus vive que jamais, même s'il y participe. Là est bien le paradoxe de tous ces socialistes : ils sont les premiers à dénoncer les clans, les courants, les tendances, et les premiers à vouloir être chefs de bande !

Ah, nous parlons avec Poperen des temps bénis du monolithisme communiste ! Comme cela devait être commode, de tenir un parti ! Il est vrai que, même chez les communistes, le monolithisme n'existe plus...

1. Période de crise également sur l'école entre le ministre de l'Éducation nationale, Alain Savary, et l'opposition. La loi fut également retirée, coûtant son poste au ministre. Le Premier ministre, Pierre Mauroy, se solidarisant avec Savary, fut remplacé à Matignon par Laurent Fabius.

13 janvier

Il s'est passé avant-hier, dans l'indifférence générale, quelque chose de grave entre Balladur, ou plus exactement Michel Roussin, ministre de la Coopération, et Jacques Chirac. Les chefs d'État et de gouvernement de la zone franc ont décidé de dévaluer de 50 % la parité du franc CFA par rapport au franc français. Je n'aurais même pas remarqué cette dévaluation, annoncée en présence du ministre français, Michel Roussin, et du directeur général du FMI, si Jacques Toubon ne m'en avait parlé aujourd'hui : « En acceptant que Roussin prenne la Coopération, Chirac était convenu avec lui que le franc CFA ne serait pas dévalué. Il y était personnellement hostile. En outre, il avait pris cet engagement auprès d'un certain nombre de chefs d'État africains. Cela n'a pas empêché Michel Roussin de signer sans même en parler à Jacques Chirac. »

Du coup, Chirac va devoir avouer aux présidents africains vis-à-vis desquels il s'était engagé que la chose a été faite sans son accord. Il est furieux.

Je comprends que Chirac s'irrite, mais est-il réellement concevable qu'un accord de ce genre, conclu un an auparavant, résiste à la pression internationale ? On voit mal Roussin dire au FMI : « Pardon, mais j'ai promis à Chirac de ne pas signer… »

17 janvier

Je suis à l'hôtel Matignon, dans le bureau de Nicolas Bazire, voisin de celui de Balladur. Nous reparlons de la loi sur l'école libre[1] modifiant la loi dont le Conseil constitutionnel vient de censurer l'article 2, et surtout de la manifestation monstre des partisans de l'école laïque, hier dimanche.

Le malaise dans l'Éducation nationale, pour Bazire, ne vient pas

1. Une proposition de loi a été déposée par le député Bourg-Broc en octobre 1993. Elle est discutée en décembre 1993 et adoptée le 14 décembre. L'adoption de la loi entraîne un important mouvement de grève le 16 décembre. Les parlementaires de gauche, de leur côté, déposent un recours au Conseil constitutionnel. Celui-ci a rendu sa décision le 13 janvier 1994. Il a considéré qu'un financement plus libre des établissements privés par les collectivités territoriales serait contraire au principe d'égalité, et qu'il aboutirait dans certaines communes à mettre l'enseignement privé dans une situation plus favorable que celle de l'école publique, ce qui serait contraire au principe de laïcité. Il a en conséquence censuré l'article 2, le plus important du texte de loi.

simplement de l'actuel texte amendant la loi Falloux. « Ce malaise ne date pas, me dit-il, d'il y a six mois. Tous les gouvernements qui se sont succédé depuis vingt ans sont collectivement responsables. Il est toujours facile de dire après coup que c'est une mauvaise idée. Nous nous en serions bien passés ! »

De toute façon, assure-t-il, rien n'est rompu : le ministre François Bayrou prend contact avec les syndicats et les parents d'élèves. Jeudi, tous les problèmes seront sur la table ; on verra bien.

Ce qui l'irrite – enfin, autant qu'un homme si bien élevé peut être irrité –, c'est l'abandon en rase campagne de nombre de dirigeants de la majorité. Cela fait des mois que, chaque semaine, un député ou l'autre se prononce pour une réforme de la loi Falloux : « Pas une réunion du groupe parlementaire depuis l'année dernière sans qu'un député ne nous réclame la révision de cette loi. Pas un déjeuner des chefs de la majorité depuis dix mois où l'on n'ait appelé le chef du gouvernement à la fermeté. »

Quand Jacques Chirac, par exemple, à l'occasion de ce fameux dîner de la majorité, à Versailles, me dit-il, a reproché à Balladur de freiner les réformes, de ne pas aller assez vite, il faisait allusion précisément à la réforme de l'école. Quant à Valéry Giscard d'Estaing, il a le premier dénoncé l'attentisme du Premier ministre lorsque, en juillet 1993, François Mitterrand a donné un coup d'arrêt à la réforme de l'enseignement en refusant de l'inscrire au menu de la session d'été extraordinaire du Parlement.

Même sous le gouvernement Bérégovoy, ce n'est un secret pour personne que Jack Lang, ministre de l'Éducation nationale, préparait une réforme de l'enseignement privé qui allait dans le même sens que la loi actuelle. « Toute la majorité d'alors était pour. Alors il aurait fallu ne pas le faire ? »

Il est sincèrement indigné. Novice en politique, il ne comprend pas – ou fait semblant de ne pas comprendre – l'attitude de l'opposition, qui se mobilise aujourd'hui contre un projet de loi qu'elle aurait pu hier déposer et défendre. Il me semble qu'il s'indigne plus encore du silence gêné, voire, plus encore, de la débandade des dirigeants du RPR au sein de la majorité.

Et nous voici bifurquant sur la future élection présidentielle. Édouard Balladur fait mine, en public, de ne rien en savoir, et de n'avoir été pour rien dans les déclarations de ses deux ministres d'État en sa faveur, en décembre dernier.

J'interroge Bazire à ce sujet sur le face-à-face qui avait opposé, le lendemain, Édouard Balladur au groupe RPR de l'Assemblée. Certains avaient alors demandé une explication sur ses intentions au Premier ministre. Cela n'avait pas impressionné outre mesure Balladur – pas plus que Bazire, d'ailleurs, aujourd'hui. Je m'étonne de ce calme apparent : je m'aperçois vite que les proches du Premier ministre sont persuadés que Jacques Chirac n'ira pas, qu'il ne pourra pas aller jusqu'à la candidature. Il lâchera prise : telle est l'hypothèse de travail de Matignon.

À l'appui de cette thèse, la médiocre performance, toujours, de Chirac en 1988, et la certitude qu'il est aujourd'hui replié sur le RPR alors que Balladur, Premier ministre RPR, qui, à ce titre, pense bénéficier des voix d'une large partie du mouvement gaulliste, est, lui, soutenu en outre par une grande partie de l'UDF.

Sans que j'aie besoin de trop insister, Nicolas Bazire me parle des derniers sondages. Son commentaire est sans surprise : pour plus de la moitié des Français, Balladur serait un meilleur président de la République que Jacques Chirac. Il serait élu sans problème s'il était candidat unique de la majorité. Tout, dans ce qu'il me dit, traduit l'affrontement – la guerre, même – avec Jacques Chirac. Ainsi la stratégie qui va être celle d'Édouard Balladur est rigoureusement l'inverse de celle du maire de Paris. Celui-ci dispose de l'appui du RPR ; il lui faut conquérir des centristes. Édouard Balladur a derrière lui, sans difficulté, le centre ; il lui faut gagner des appuis à droite.

De ce point de vue, l'abandon ou la mise au rencart de la réforme Bayrou, envisagée, selon mon interlocuteur, avant le 16 janvier[1], risque de lui coûter des points à droite. S'il ne peut faire autrement que d'en passer par là, il trouvera de quoi, d'ici à l'année prochaine, aller à la rencontre de cette opinion-là.

Si je ne consigne pas tous les propos de Bazire entre guillemets, c'est que j'en ai retenu l'esprit plutôt que la lettre. Je suis sûre de ne pas me tromper sur le debriefing général que m'a fait, avec fort peu de digressions, le directeur de cabinet du Premier ministre.

Pour mon édification, je recherche si, oui ou non, il y a eu, entre Édouard Balladur et François Mitterrand, des contacts, l'an passé, avant l'écrasante défaite de la gauche aux législatives. Je pose la

1. Date de la grande manifestation laïque prévue contre la réforme de la loi Falloux.

question à Nicolas Bazire qui m'en fait le récit sans me cacher le moindre épisode. Si, entre 1988 et 1992, Mitterrand et Balladur ne se sont jamais rencontrés, il me révèle qu'en réalité les deux hommes ne s'étaient pas complètement perdus de vue. Roland Dumas, qui possède un appartement à Chamonix, avait rencontré Balladur à une ou deux reprises pendant l'été, en 1991 et 1992, c'est-à-dire bien avant que Chirac ne pense à laisser Balladur s'installer à sa place à Matignon. Puis ce fut André Bettencourt, vieil ami de Mitterrand, qui fit savoir à Balladur, en 1992, que « le Président avait beaucoup d'estime pour lui ». Enfin, à la fin février 1993, Patrick Devedjian, député des Hauts-de-Seine et proche d'Édouard Balladur, avait organisé, chez sa belle-sœur, rue de Rivoli, un petit déjeuner avec Hubert Védrine.

Lui, Bazire, a revu Védrine au bar du Lutétia entre les deux tours. Après les résultats du second tour en 1993, Mitterrand n'a joint ni Chirac ni Balladur au téléphone. Ce n'est que le lundi 11 au matin que Védrine a appelé Bazire en lui indiquant que Mitterrand n'avait pas encore pris sa décision, qu'il avait auparavant quelques questions à lui poser. Pas question, évidemment, pour des raisons de discrétion, que le Président pose directement des questions à Édouard Balladur. Rendez-vous est donc alors pris entre Bazire et Védrine dans une chambre de l'hôtel Plaza Athénée. Détail rocambolesque : pour le rejoindre à l'intérieur de l'hôtel, Védrine passe par les cuisines afin de déjouer d'éventuels suiveurs, puis il règle les derniers détails avec Nicolas Bazire. « Mitterrand n'a jamais pris contact avec Jacques Chirac à ce moment-là, insiste Bazire. S'il l'avait appelé, il aurait accepté le poste de Premier ministre, quoi qu'il en dise aujourd'hui, Il n'en a pas eu l'occasion. »

À travers ce témoignage de quelqu'un qui est loin de lui vouloir du mal, l'opération Balladur apparaît comme ayant été préparée de longue date. Lorsque Mitterrand a désigné Balladur, Chirac a cru que c'était lui qui l'avait en quelque sorte imposé à Mitterrand. Nous l'avons tous cru. En réalité, si tout ce que dit Bazire est vrai, Balladur et Mitterrand sont des stratèges de génie. Après tout, qu'y a-t-il de plus subtil et difficile à faire que d'imposer ses vues en laissant croire à l'autre qu'elles sont imposées par lui ?

« La gauche va remonter, conclut Nicolas Bazire après ce rappel historique, et il faudra bien savoir qui est le mieux capable de gagner l'élection et qui est le mieux capable d'exercer la fonction. »

Il n'a aucun doute là-dessus, à l'évidence. Et les européennes, qui auront lieu en juin prochain ? Il n'exclut pas qu'Alain Juppé soit tête de liste pour la majorité.

Quant à la récession, il est formel : elle est derrière nous. Ce contexte n'est pas indifférent pour l'issue de la présidentielle : il lui paraît clair que, dans ce cas, si le chômage, aujourd'hui problème numéro 1 d'Édouard Balladur, vient à baisser, le Premier ministre sera le premier à en bénéficier.

En attendant, à Matignon, malgré l'irritation liée à l'épisode de la révision de la loi Falloux, la tranquillité règne. Bazire me cite cette phrase de Nicolas Sarkozy qui est en quelque sorte son alter ego en balladurie : « Tant qu'il n'y aura pas d'autre politique crédible que celle menée par Édouard Balladur, toutes les initiatives oppositionnelles seront des feux de paille. »

25 janvier

Pour Georges Marchais, le 28e congrès du PC, qui s'ouvre aujourd'hui à Saint-Ouen, est aussi le dernier. Il avait dit en septembre dernier qu'il désirait abandonner ses responsabilités à la tête du PC. Beaucoup étaient sceptiques. Il l'a fait. Je ne vais pas ici retracer sa vie, revenir sur ce qui aura empoisonné sa carrière politique : la polémique sur son départ, volontaire ou pas, pour travailler en Allemagne. J'ai écrit tout cela dans *Le Point* il y a longtemps. Ce que je retiens, c'est qu'il laisse le Parti à son étiage. Lui-même, en 1981, avait fait un tout petit score. Il faut convenir qu'une élection présidentielle n'est pas le scrutin où le PC est le plus compétitif. Hélas pour lui, tous les autres résultats ont confirmé, depuis cette date, un déclin durable. Le PC d'aujourd'hui n'est plus le parti tout-puissant, le plus nombreux, qui, pour entrer dans la vie politique démocratique, décida, en 1965, de soutenir le candidat unique de la gauche.

Il faut bien convenir que Mitterrand l'a mangé tout cru. Il voulait faire du PS le premier parti de gauche en France : il y est parvenu. À sa manière : en entraînant d'abord les communistes dans le Programme commun auquel Marchais a longtemps résisté de peur d'y perdre son âme. Une fois le Programme commun signé, il s'est servi de l'union de la gauche à son seul profit. Il n'a pas à le regretter : s'il n'avait pas fait cela – attiré puis « borduré » le PCF –, il n'aurait jamais pris le pouvoir, puis ne l'aurait jamais conservé.

Deuxième étape de la chute : celle du mur de Berlin, les « rénovateurs » qui en ont profité pour avancer leurs idées, la façade unie qui a explosé, et, surtout, surtout, l'échec patent, éclatant, du modèle communiste dans le reste du monde.

Reste Marchais avec sa gouaille, sa maîtrise naturelle de la communication, sa façon d'écorcher la langue française, son accent parigot, ses rires sonores et ses grosses colères. Je garde plusieurs images de lui, plus ou moins glorieuses. L'une à Berlin-Est, en plein congrès de l'eurocommunisme, où il a fait mine de baisser son pantalon en disant au journaliste qui l'interviewait : « Est-ce que je vous demande la couleur de votre slip ? » Et puis, bien sûr, sa fameuse joute verbale avec Jean-Pierre Elkabbach. Encore que, pour la petite histoire, il n'ait jamais dit : « Taisez-vous, Elkabbach ! » Il a dit : « Écoutez, Elkabbach... », ce qui est bien différent, quoique moins propice à la caricature. Il n'importe, le « Taisez-vous, Elkabbach » – qui a été inventé en réalité par mon copain Pierre Douglas, journaliste, devenu l'imitateur de Marchais – a fait le tour de la France et valu aux deux hommes – à Marchais comme à Elkabbach – une renommée inattendue.

Je le revois aussi dans les meetings, les réunions, les congrès, parlant d'une voix forte, alternant menaces et rires. Ses premiers pépins cardiaques ont commencé il y a quelques années. Il avait laissé un certain temps le Parti sans secrétaire général, puis repris le collier sous surveillance médicale. Il s'en va à 74 ans ; c'est sage, pour une véritable force de la nature touchée au cœur.

Le problème est qu'il confie le Parti à un moment de grande faiblesse et qu'il le remet à quelqu'un dont on ne sait rien : si Robert Hue avait les épaules pour remonter ce parti dont le déclin me semble définitivement inscrit dans l'histoire de France, on aurait déjà dû s'en apercevoir avant ! Je crois bien avoir été la première à avoir entendu prononcer son nom. C'était à la fête de *L'Humanité*, l'année dernière. Leroy m'avait laissé entendre ce jour-là que Marchais allait passer la main. Ce qui fut fait quinze jours plus tard. C'est la femme de Leroy qui me cita en confidence le nom de Robert Hue comme étant l'homme auquel Leroy et Marchais avaient ensemble décidé de laisser les clefs du PC. Pour tout dire, sur l'instant, je ne l'ai pas cru, tant je trouvais extravagante l'idée de laisser le Parti à un inconnu. Alain Bocquet, Charles Fiterman, ce dernier surtout, pourquoi pas ? Le maire de Cormeilles, qui jusque-là n'avait jamais fait parler de lui, non, je n'y ai pas cru. Voilà comment j'ai raté un scoop, l'année dernière. Je n'avais pas même jugé bon de le noter dans ces cahiers.

Pourquoi cette proposition a-t-elle été faite d'un commun accord avec Leroy ? Parce que Marchais savait bien que si Roland Leroy ne pouvait plus occuper sa place pour des raisons d'âge ou d'énergie, nul ne la prendrait sans obtenir sa neutralité bienveillante. Je crains que les deux ne se soient mis d'accord sur quelqu'un qui ne ferait d'ombre ni au trop populaire Marchais, ni au trop intellectuel Leroy.

27 janvier

Dans tout le tohu-bohu qui a entouré le retrait de la loi Bayrou, je retiens simplement que le programme électoral de la majorité, avant 1993, incluait bien la réforme de la loi Falloux, et une plus grande ouverture à l'école privée. Ce qui n'a pas empêché le tollé quand Bayrou puis Balladur en ont parlé pour la première fois.

Je retiens aussi que Bayrou, qui a maquillé *in extremis* la reculade en annonçant une vaste concertation lancée dans toute la France, s'en sort plutôt mieux que le Premier ministre. Il réussit à passer, à la fin d'une agitation désordonnée, pour un ministre qui veut écouter les uns et les autres avant de trouver une solution consensuelle. Il était temps !

Paradoxe n° 1 : l'école privée risque d'être la grande perdante de cette révision avortée. La loi votée par le Sénat, amputée de sa partie essentielle par le Conseil constitutionnel, ne sera pas promulguée. Et sa remise en chantier n'est pas pour bientôt. Cette bataille pour le financement des équipements du privé par les collectivités locales se termine par les Assises de l'enseignement public annoncées par Matignon et l'Éducation nationale.

Paradoxe n° 2 : cet échec du gouvernement sur la révision de la loi Falloux n'est pas dans la manière de Balladur. Je ne comprends pas comment il a géré cette affaire. Lui qui ne cesse de parler de concertation, qui la pratique au demeurant sur bien d'autres sujets, qui plaide pour le dialogue et la politique des petits pas, pourquoi a-t-il adopté, pour l'enseignement privé, une stratégie « à la hussarde » ? Pour montrer à Mitterrand que le Premier ministre, en période de cohabitation, pouvait interdire au chef de l'État de se mettre, par un artifice de procédure, en travers d'une réforme jugée essentielle par la nouvelle majorité ? Balladur voulait-il profiter de la réussite de sa négociation sur le GATT pour montrer qu'il était le patron ? Tout cela en même temps, je pense. C'est raté.

Question : est-ce le début d'une contestation politique d'Édouard Balladur ? Pas pour le moment : les récents sondages continuent de le montrer distançant largement Michel Rocard, élu même dès le premier tour et largement préféré à Jacques Chirac comme candidat unique de la majorité.

Cette affaire laissera néanmoins des traces : entre le Président et le Premier ministre, le premier ayant choisi son camp depuis le début et se réjouissant sans doute de sa conclusion ; entre Chirac et Balladur, également : je me rappelle l'indignation de Nicolas Bazire à l'idée que Chirac ait désavoué Balladur, en janvier 1994, alors qu'il l'avait au contraire pressé d'agir en juillet dernier !

1994

30 janvier

Du séminaire gouvernemental d'aujourd'hui sort un catalogue de mesures populaires annoncées par les ministres concernés eux-mêmes dans tous les médias. Pour une organisation, c'est une organisation ! Toubon a été invité à « 7 sur 7 », Sarkozy était à 20 heures sur TF1 ce soir, tandis que Gérard Longuet est intervenu sur France 2. Michel Giraud a eu droit à la 3. Édouard Balladur se réserve demain pour Franz-Olivier Giesbert à la radio.

Ces mesures sont pour la plupart autant de bonnes nouvelles pour les Français à qui on annonce la relance de la consommation. Prime de 5 000 francs pour ceux qui se débarrassent de leur vieille voiture, allègements de l'impôt sur le revenu poursuivis l'année prochaine, remise à plus tard des économies sur la Sécurité sociale, pas de baisse du livret A : tout baigne ! Le sang et les larmes, ce sera pour la prochaine fois...

3 février

Flash sur Pierre Méhaignerie[1]. Il a décidé, ce que n'a jamais fait aucun garde des Sceaux avant lui, de laisser faire le juge Van Ruym-

1. Pierre Méhaignerie est alors garde des Sceaux. Il est député d'Ille-et-Vilaine depuis 1973 et préside le Centre des démocrates sociaux (CDS) jusqu'en 1994.

beke, lequel est en train d'enquêter sur le financement du Parti républicain, l'une des composantes – comme le CDS qu'il préside – de l'UDF. On s'aperçoit à cette occasion que les « affaires » ne connaissent pas de trêve. Quand le PS était au pouvoir, les foudres judiciaires s'abattaient sur lui. Aujourd'hui, le RPR et l'UDF sont aux commandes et c'est à leur tour de recevoir les juges.

Il a bien du courage, Pierre Méhaignerie, derrière ce qui peut passer, quand on ne le connaît pas beaucoup, comme moi, pour de l'indolence, voire de l'indifférence. Les dirigeants de l'UDF sont stupéfaits, et furieux de son attitude. Quoi, un garde des Sceaux qui accepte l'indépendance de la Justice, qui ne s'oppose pas à une enquête diligentée contre un parti dont il a été – est toujours – un dirigeant ? Où va-t-on, je vous le demande !

Le trésorier du PR devra donc s'expliquer sur l'origine des 30 millions de francs remis en liquide sur les différents comptes bancaires du PR, sans oublier une commission de 4 millions de francs en marge de je sais quel accord avec Pont-à-Mousson. Il me semble que tout le monde devrait féliciter Méhaignerie d'avoir pris cette décision. Chez ses amis de la majorité, on lui ferait plutôt la tête... Comme quoi, malgré l'expression toute faite, un centriste n'est pas forcément un « ventre mou »... Je ne suis pas sûre qu'on lui en sache gré dans les milieux politiques.

4 février

Coup de tonnerre là où ne l'attendait pas : les marins-pêcheurs entrent en rébellion contre le gouvernement. Quand je dis « rébellion », je veux dire que la violence a été extrême dans les rues de Rennes. Personne, en tout cas pas à Matignon, ne s'attendait à ce que les choses dégénèrent aussi vite, d'autant moins que Balladur avait fixé rendez-vous dans la semaine aux meneurs pour une négociation sereine. La méthode Balladur, ça n'est donc pas pour les marins-pêcheurs.

5 et 6 février

Les Assises de la transformation sociale ont eu lieu ce dimanche à la Maison de la Chimie. Elles s'inscrivent à la toute première place dans la stratégie de Michel Rocard pour la présidentielle de 1995. Il s'agit aujourd'hui de fédérer la gauche, de redonner non seulement le moral, mais aussi un contenu idéologique aux grands perdants de 1993.

Ce n'est pas par hasard ni par commodité que leur organisation a été confiée à Lionel Jospin[1] dont c'est le retour dans les instances dirigeantes du PS. Lionel Jospin incarne la gauche du parti. Il a au surplus la conviction qu'il faut trouver à la gauche d'autres partenaires que les communistes : ainsi les Verts, plus modernes, les organisations situées plus à gauche, comme la Ligue communiste révolutionnaire, sans oublier les mouvements féministes et autres associations revendicatives.

De ce point de vue, Jospin s'est démené : les Assises sont une réussite. Venus d'horizons différents, ils sont arrivés tôt, le dimanche matin, pour participer aux débats dans une salle nue que la table centrale, recouverte de gris, paraît assombrir davantage encore. Je croise Claude Poperen, communiste, frère de Jean, un peu égaré dans cette sorte de kermesse de la gauche qui doit le changer des congrès communistes ; Olivier Stirn, très à l'aise ; André Lajoinie, qui s'irrite en entendant l'un des orateurs parler de l'union politique de l'Europe. D'autres encore apparaissent par vagues successives en fin de matinée : le radical François Doubin[2] ; Harlem Désir[3] ; Henri Emmanuelli fait son apparition vers 11 heures, suivi de Louis Mermaz et de Jean Guidoni[4], proche de Chevènement. Enfin, Michel Rocard apparaît à 11 h 30 et s'assied modestement dans un coin de la salle.

Les Assises sont réussies puisque tous les courants de la gauche sont là, des communistes jusqu'aux radicaux.

Les orateurs se succèdent à la tribune. Beaucoup de paroles, beaucoup de mea culpa : tous dénoncent la sclérose des organisations de gauche, la faillite du « socialisme réel » qui n'a pu réaliser ses objectifs fondamentaux, le manque de conviction dans le combat contre le

1. Lionel Jospin a quitté les instances du PS après le congrès de Rennes. Il a publié ses réflexions dans son livre *L'Invention du possible*. Ce n'est que pour organiser les Assises qu'il accepte la proposition de Michel Rocard.

2. François Doubin, secrétaire national, puis président du MRG de 1985 à 1988, a été ministre délégué chargé du Commerce et de l'Artisanat dans le gouvernement Rocard de 1988 à 1992.

3. Harlem Désir est en 1992 porte-parole de SOS Racisme. Il rejoint en 1994 le courant de la gauche socialiste et entre au conseil national du PS en 1994.

4. Pierre Guidoni, membre du Ceres, n'a pas suivi Jean-Pierre Chevènement lorsque celui-ci a pris ses distances avec le PS en créant le Mouvement des citoyens en 1991. Il est resté néanmoins un proche de Chevènement.

catéchisme libéral. Le représentant de la LCR, interminable, déplore que « la gauche n'ait pas été assez à gauche », exhorte à faire table rase du passé, à la réglementation plutôt qu'à la déréglementation. Il lui reste une vingtaine de feuillets lorsqu'il est rappelé à l'ordre par le président de séance. Il conclut à vive allure en appelant à changer les choses à gauche avant de songer à battre Balladur. Harlem Désir affirme que « le citoyen aujourd'hui se sent dépossédé de la lisibilité de notre système démocratique », et que « le temps n'est plus au scepticisme, mais à l'audace ». Après lui, Henri Weber, venu lui aussi du gauchisme avant d'avoir rejoint Laurent Fabius au PS, appelle à relancer l'initiative européenne de croissance par un emprunt, convaincu que « l'Europe est l'espace d'une politique social-démocrate ». L'écologiste Yves Cochet, voix grave, yeux très bleus, plaide pour la parité entre hommes et femmes – celle des résultats et pas seulement celle des chances – et la solidarité avec les pays de l'Est. Poperen, le communiste (pas Jean, le socialiste), parle de travailler à une alternance au libéralisme ; il constate que si la conception du « Grand Soir » a fait faillite, la conception social-démocrate n'a pas mieux résisté, et il conclut tristement que « les vieux partis ont épuisé leur force d'attraction ».

L'après-midi, Rocard parle à 15 h 30 au milieu des autres orateurs, sans chercher à attirer l'attention. J'ai l'impression, au contraire, qu'il fait tout pour se banaliser, pour n'apparaître que comme l'un des protagonistes de la rénovation, pas davantage. Il la joue modeste, volontairement. Du coup, je ne retiens rien de son propos.

En revanche, les remous causés par l'intervention de Lionel Stoléru réveillent l'assistance qui s'était un peu assoupie après le déjeuner. Il a en effet la particularité d'avoir été à la fois secrétaire d'État de Chirac et de Barre sous Giscard, et de Rocard sous Mitterrand. Apparemment, la salle qu'il a devant lui n'est pas mûre pour accepter un tel itinéraire politique... « Réformer, comment ? » demande-t-il aux militants de gauche présents. « J'ai vécu, continue-t-il, la méthode Rocard... » « Giscard ! Giscard ! » crie le public. Stoléru est quelque peu dérouté, car ayant été en effet ministre de Rocard, il croyait avoir gagné ses quartiers de noblesse à gauche. Eh bien non, apparemment. Il termine rapidement son intervention par cette belle phrase de Sénèque qui, ici, fait un flop, mais que je note néanmoins : « Il n'y a pas de bon vent pour celui qui ne sait pas où il veut aller. »

J'écoute après lui Marie-Noëlle Lienemann[1], porte-parole de la Gauche socialiste, que je n'avais jamais entendue à la tribune. Elle est éloquente, avec une puissance dans l'art oratoire assez rare chez une femme, en énumérant les cinq objectifs concrets qu'elle propose : la réduction du temps de travail à 35 heures, la taxation du capital, le renforcement de l'État, un nouveau mode de développement, un blocage de la pesée technocratique.

Jean-Louis Bianco est sévère pour ceux qui ont exercé le pouvoir – Rocard y compris – de 1981 à aujourd'hui : « Il me semble, dit-il, que les idées de ceux qui étaient au pouvoir étaient inadaptées à la réalité de la crise : crise du sens, crise économique... » Pour un ancien collaborateur du président de la République, je trouve cette constatation assez tardive !

En revanche, je trouve plutôt fondée cette phrase d'un orateur d'extrême gauche que je ne connais pas : « Le PS a cru conquérir le pouvoir d'État, c'est l'État qui l'a absorbé ! »

Je retiens de ces multiples prises de parole, en somme assez masochistes, que toute la gauche est venue participer à cette rencontre. En ce sens, je le répète, c'est une réussite. Pour les propositions concrètes, en revanche, il faudra attendre la prochaine fois.

8 février

Rencontré Guy Carcassonne chez Michel Rocard. Depuis qu'il est premier secrétaire, ce dernier s'est fixé trois priorités. D'abord ressouder les socialistes, ce qui a été fait au congrès du Bourget, l'année dernière. Réveiller la gauche : c'était le sens des Assises de la transformation. Tout cela pour « donner des ailes » à sa future campagne présidentielle.

Pour Rocard, ces Assises n'étaient donc qu'une étape. « Importante, me dit Carcassonne, parce qu'il y a six mois encore, ces gens-là se crachaient à la figure. » Une simple étape, néanmoins : la mobilisation doit suivre, avec des comités de pilotage, des séminaires, des rencontres, partout en France, sur des questions concrètes comme l'école publique, par exemple, ou la présence du social dans la politique. Cela, autour de Rocard, contrairement à ce qui s'est passé au cours des Assises de la transformation qui n'ont pas été faites pour

1. Marie-Noëlle Lienemann, ancienne député de l'Essonne (elle a été battue en 1993), a été ministre de Pierre Bérégovoy de 1992 à 1993.

l'adouber, mais pour réunir les différentes composantes de la gauche, le temps d'une journée.

Je ne trouve pas Carcassonne très optimiste sur les différentes élections qui doivent avoir lieu dans l'année : « Les cantonales, m'explique-t-il, seront particulièrement ardues. Car les chiffres obtenus par la gauche en 1988 étaient très élevés. La comparaison avec ceux que nous obtiendrons en mars 1994 sera donc d'autant plus ingrate. Nous sommes certes sortis du purgatoire, ajoute-t-il, la chute est enrayée, mais nous sommes encore très loin des marches du paradis. »

Son analyse est que Balladur n'est pas sur le déclin et ne le sera pas avant le mois de septembre. « Pour le reste, les Français sont malins. Ils nous ont "jetés" en 1993, parce que nous nous sommes mal conduits. Mais cela ne les conduit pas pour autant à penser que la gauche est foutue. »

Nous parlons des européennes qui seront, à n'en pas douter, l'épreuve de vérité pour Michel Rocard au printemps prochain. Bernard Tapie est décidé à se présenter, quoi qu'il arrive. Bernard Kouchner se tâte. « Il a un capital de départ, certes. Il n'est pas dit que, dans la compétition, le jour du scrutin, il progresse beaucoup : il part à 8 %, il risque d'arriver à 5. Ce n'est pas le cas de Le Pen qui part avec un petit capital, certes, mais qu'il peut faire fructifier, car il a derrière lui un parti et des militants. »

Je lui demande ses pronostics sur ces européennes. Il imagine un total droite (RPR-UDF-FN) de 51 à 53 %, un total gauche (PS-PC) en deçà de 35 %, et 15 % pour les autres petites listes. Il hésite, puis finit par me livrer sa prévision pour le PS : Rocard se fixe le chiffre de 20 %. « Au-dessous, c'est un échec. Au-dessus, c'est le bonheur. » Et après ? « Cela dépend du score. Si nous atteignons l'objectif des 20 %, la feuille de route est claire : l'élection de 1995. »

Et si cet objectif n'est pas atteint ? Pas de réponse à cette question démobilisatrice. On verra alors ce qui se passera.

À propos des thèmes de la campagne, fait important : il prend le contrepied absolu de l'Europe telle que l'a voulue Mitterrand. « Toute la politique européenne que Mitterrand a conduite, m'explique-t-il, a été l'alignement sur les pays les plus libéraux des Douze. Chaque pas en avant de la Communauté était payé par une renonciation à des thèmes socialistes et même sociaux-démocrates. Il nous faut maintenant dire qu'une autre Europe est possible. »

Reste la présidentielle au bout des dix-huit mois qui viennent. Que Chirac soit seul candidat à droite ou que Balladur et lui soient en même temps candidats de la droite, pour Carcassonne cela ne change pas grand-chose : « La droite a toujours été divisée ; mettons que nous gagnerions deux points au premier tour en cas de division. »

Martine Aubry, numéro 2 sur la liste européenne ? « Cela ne dépend que d'elle, à condition qu'elle se relooke un peu sur l'Europe où, pour beaucoup de Français, elle incarne Maastricht, qui n'est pas la nouvelle Europe que nous voulons construire. »

Et Jack Lang, qui amorce une remontée en flèche : ira-t-il jusqu'aux européennes, envisage-t-il la présidentielle ? Carcassonne lève les bras au ciel. « *Quousque non ascendet* », dit-il, fataliste et rigolard à la fois.

1994

16 février

Deux mots pour comparer les pronostics de Bazire à ceux de Carcassonne. Chacun aborde les choses à sa manière en commençant par son propre camp.

Calcul de Bazire : la liste Chasse et Pêche obtiendra aux alentours de 5 % des voix, Le Pen de 12 à 15 %, ce qui, additionné, représente dans les 20 % des voix. Restent 30 % à se partager à droite. « Moins de 30 %, conclut-il, ce n'est pas un bon score. S'il y a au surplus deux listes, l'éparpillement des voix à droite sera encore pire. »

Calcul de Carcassonne pour la gauche : « La droite plus le Front national : 52 à 54 % des voix. Les autres listes totalisent 15 % des suffrages. Reste 35 % pour le PS et le PC. En deçà de 20 %, Rocard aura échoué. »

17 février

Déjeuner à l'Élysée avec le général Guignon. Sur l'ultimatum serbe[1], Guignon dit des choses très intéressantes. D'abord, les plans de l'artillerie serbe dont disposent les alliés sont bons, mais peuvent être dépassés en une nuit. « Pendant la guerre du Golfe, raconte-t-il, Saddam Hussein ne s'est pas donné beaucoup de mal pour camoufler

1. Le 9 février, un ultimatum de l'OTAN était signifié à la Serbie : il exigeait le retrait des armes lourdes à 20 kilomètres de Sarajevo, et fixait le délai au 21 février.

ses scuds : il les a placés sous les ponts des autoroutes. Eh bien, pas un seul SCUD n'a été détruit par un avion allié ! »

Secundo : il y aura de la casse chez nous, car les Serbes sont en mesure d'abattre des avions de l'OTAN : « Je me souviens, raconte-t-il, des premiers raids aériens en Irak, et de la tête qu'ont fait les pilotes lorsqu'ils ont vu, au retour, leurs avions criblés d'impacts de balles ! Donc, si les Serbes attaquent nos avions – et ils en ont la possibilité, car ils ont gardé toutes leurs armes d'artillerie lourde –, je peux vous garantir qu'ils feront des dégâts ! » Conséquence : les pilotes auront la réaction qu'ils ont eue en Irak ; ils monteront à plus haute altitude, et leurs frappes seront moins précises.

Tertio : les Serbes peuvent se livrer, à terre, à des représailles contre les forces de l'ONU. Et celles-ci sont dix fois inférieures en nombre à ce qu'il faudrait pour mener une opération de ce genre. « Nous sommes un là où il faudrait être dix. Il faudrait décupler nos effectifs, ce dont personne ne veut assumer la responsabilité. »

« Dites-vous bien, explique-t-il, que, pour mener ce genre de combats, guerre civile et autres affrontements de rue, lorsque les Anglais envoient des militaires pour six mois, ils isolent leurs troupes quatre mois avant leur départ afin de les mettre en condition. Et, après leurs périodes d'engagement de six mois, ils les font décompresser quatre mois encore avant de les renvoyer à leur base d'origine. C'est dire la lenteur de la rotation de troupes ! »

Conclusion du général : lorsque Giscard dit, à l'occasion d'un déjeuner-débat de la *Revue des Deux Mondes*, que « la frappe militaire est facile », qu'il « n'y a pas d'armée serbe », mais « simplement des brigands dans les montagnes », il se trompe lourdement !

Après ces considérations du général Guignon, un peu plus tard au cours du déjeuner, le gros conseiller qui, à l'Élysée, suit les problèmes de la pêche revient sur le fort mouvement des marins-pêcheurs qui a éclaté la semaine dernière. Il révèle qu'une semaine avant que le conflit éclate, Mitterrand et lui ont rencontré dans un port de Bretagne les représentants des marins-pêcheurs. Ils ne l'ont pas ébruité de peur que la presse ou la majorité ne fassent reproche au Président d'avoir attisé le débat. Selon lui, l'erreur de Balladur a été de donner rendez-vous aux marins-pêcheurs à Rennes en leur laissant un délai de trois jours : « Cela leur a donné le temps de s'organiser sérieusement. À partir de là, les choses devenaient immaîtrisables. » Ce sont des commandos rassemblant quelque neuf cents personnes qui ont organisé l'émeute de Rennes. « Car c'était bien une émeute, une révolte d'une violence inouïe : les neuf cents casseurs n'étaient pas dans la manifestation, ils agissaient parallèlement à elle ; c'est cela qui a fait leur efficacité. »

Ce récit me laisse sans voix : pourquoi Mitterrand est-il allé rencontrer les marins-pêcheurs au moment – un peu avant ou un peu après – de l'échec de leur concertation avec Balladur ? Il n'y est certes pas allé pour son plaisir personnel ! Dans l'idée d'apaiser le conflit ? Alors, il aurait fallu le faire savoir. Non, il y est allé plus probablement pour montrer que Balladur et lui, en matière sociale, ça n'était pas pareil. Pour se différencier de son Premier ministre. Il ne peut s'empêcher d'agir comme s'il était encore candidat la prochaine fois !

1994

18 ou 19 février

Je n'ai pas écrit la semaine dernière sur le séisme qui vient de ravager Canal +. Je ne suis pas une experte des grands pactes financiers, mais je sais par qui ils sont le plus souvent conçus : par les responsables politiques en général, et, dans ce cas particulier, par Matignon puisqu'il ne peut s'agir de l'Élysée. Donc, un pacte a été scellé derrière le dos d'André Rousselet entre Havas – où lui-même avait mis en place il y a des années Pierre Dauzier –, la Société Générale et la Générale des Eaux du puissant Guy Dejoigny. Stupéfait que le complot ait été monté contre lui sans que personne ne l'en prévienne [1], Rousselet a claqué la porte en quittant la réunion du conseil d'administration de Havas. Il savait que, ce faisant, il serait bientôt obligé d'abandonner son enfant chéri, Canal +.

L'opération lancée contre lui remonte à plus longtemps, semble-t-il dire. Les ministres de la Culture et de la Communication Jacques Toubon et Alain Carignon étaient, depuis leur nomination, favorables à une reprise en main de la chaîne cryptée qui, après des débuts difficiles, était devenue un beau succès. Jacques Friedmann avait été chargé par le Premier ministre, dès son arrivée à Matignon, d'être

1. Par la suite, beaucoup des protagonistes de cette opération diront avec plus ou moins de mauvaise foi qu'ils avaient essayé, au contraire, de mettre André Rousselet en garde, mais que celui-ci était resté aveugle et sourd à leurs avertissements. Tel est le cas de Guy Dejouany qui a dit avoir tenté de lui annoncer le pacte signé entre Havas, la Société Générale et la Générale des Eaux au cours d'un déjeuner précédant la réunion du conseil d'administration de Havas ; ou de René Thomas, contraint d'obéir aux consignes venues de Matignon.

le messager auprès de Rousselet. Le prétexte invoqué – vouloir construire autour de Havas un grand groupe audiovisuel international – n'avait été avancé que pour l'éliminer. Pis : Rousselet m'a raconté aujourd'hui au téléphone qu'il était lui-même, il y a quelques semaines, parvenu à mettre sur pied une alliance audiovisuelle avec des partenaires américains et européens qui aurait fait de son groupe le premier groupe européen et peut-être même mondial. Refus de Balladur, qui a dit à Nicolas Sarkozy : « Quoi, un regroupement de ce genre, autour de Rousselet, à six mois des élections ? Vous n'y pensez pas ! Pourquoi pas directement autour de Mitterrand ? »

Ce qui me paraît surprenant, c'est que la BNP, petit actionnaire de l'ensemble, a fini par marcher dans la combine : or René Thomas, compagnon de Laurence Soudet, est à sa tête ; il n'aurait jamais joué ce tour pendable à Rousselet, donc à Mitterrand, s'il avait pu faire autrement. Quelle pression a été exercée sur lui, si ce n'est la menace de son limogeage ?

Aujourd'hui, André Rousselet publie dans *Le Monde* un article intitulé : « Édouard m'a tuer », allusion à l'inscription « Omar m'a tuer [1] ». Article sec comme un coup de trique, écrit sous le coup de la colère – on serait ivre de rage à moins –, que je cite tant il dénonce en termes directs Édouard Balladur : « Cet homme, écrit-il, jour après jour tisse sa toile, plaçant aux commandes des plus grands groupes une quinzaine d'hommes [2] triés sur le volet de leur fidélité à sa seule personne, évinçant systématiquement tous ceux qui ne relèvent pas de la même obédience... [3] »

Au-delà de cet épisode avec Rousselet, je suis stupéfaite que Balladur ait osé déclencher une bataille de ce genre avec quelqu'un dont la France entière sait qu'il est l'ami intime du Président depuis de longues années. Il s'agit bien, si on voit les choses ainsi – et je les

1. Le titre de l'article a été choisi par Rousselet lui-même, par référence à l'affaire Omar Raddad : jardinier d'une riche héritière, Ghislaine Marchal, Omar Raddad était accusé de l'avoir tuée. Avant de mourir, sa victime aurait écrit avec son sang sur le mur de la cave où le cadavre fut découvert : « Omar m'a tuer. » L'énormité de la faute d'orthographe avait fait douter que ce soit Ghislaine Marchal qui ait écrit cette phrase accusatrice.

2. Parmi cette quinzaine d'hommes, André Rousselet dénonce précisément Jean-Marie Meissier, ancien collaborateur de Balladur aux Finances où il avait suivi de près les privatisations. Il est devenu le numéro 2 de la Générale des Eaux en 1994 et a succédé à Guy Dejouany deux ans plus tard avant d'amorcer une carrière météorique... et catastrophique par la suite pour son groupe.

3. Dans son livre *Le Pouvoir ne se partage pas* (Fayard, 2009), Édouard Balladur dément formellement avoir été responsable de l'éviction d'André Rousselet.

vois ainsi –, d'un formidable accroc à la cohabitation. Plus qu'un accroc : une véritable déclaration de guerre à Mitterrand.

23 février

Charles Millon me raconte comment le déjeuner de la majorité, hier mardi, a, comme celui de Versailles l'été dernier, tourné au vinaigre. Au menu, après le plat unique, qui était un cassoulet, l'arrêt des essais nucléaires. Chirac n'a pas pris directement à partie Balladur, mais François Léotard, lui reprochant d'avoir manqué du courage nécessaire pour imposer à Mitterrand la reprise des essais nucléaires. Édouard Balladur y a vu une remise en cause de son attitude, jugée trop complaisante à l'égard du chef de l'État. Il est devenu livide, me dit Charles Millon, et a fait front : « C'est moi qui suis responsable, a-t-il dit ; François Léotard n'a été en l'occurrence qu'un exécutant. »

La colère de Balladur était d'autant plus grande – quoique, comme toujours, il ait conservé son extrême maîtrise de soi face à Chirac – que, depuis des mois, il est en conflit avec Mitterrand sur ce sujet : en réalité, depuis le début de la cohabitation. C'est Pierre Bérégovoy qui, en 1992, avait annoncé la suspension des essais nucléaires dans le Pacifique[1]. Depuis lors, Balladur et Léotard sont dix fois, cent fois remontés au créneau, mais Mitterrand n'a jamais voulu reprendre les essais qu'il avait interrompus.

À moins de provoquer une crise majeure de la cohabitation, dont on ne sait à qui elle aurait profité, le Premier ministre ne pouvait, en matière de Défense, et quels que fussent ses efforts, qu'accepter la décision sans appel du Président. En s'attaquant en la circonstance à la faiblesse du Premier ministre face au chef de l'État, Chirac cherchait donc à mettre en difficulté Édouard Balladur davantage que François Mitterrand lui-même. Cela n'a évidemment pas échappé à Balladur, pas plus, qu'à son ministre de la Défense et allié, François Léotard.

Millon me dit que l'atmosphère était ce qu'on imagine : atroce. Les dirigeants présents avaient le nez sur la pointe de leurs chaussures. Je ne sais qui a dit en sortant que, désormais, il faudrait peut-

1. Dans son discours de politique générale du 8 avril 1992, Pierre Bérégovoy avait annoncé que le Président lui avait « donné instruction de suspendre cette année les essais nucléaires de la France dans le Pacifique ».

être des « casques bleus » aux déjeuners du mardi. Charles Millon me rapporte également que Chirac s'en est irrité : « À quoi servent ces déjeuners si on ne peut rien y dire ? Je n'irai plus ! » Puis il a finalement décidé de continuer d'y participer, mais sans y souffler mot. On verra s'il arrive à faire durablement la gueule.

1er mars

Vu Jacques Calvet[1] pour un entretien du *Nouvel Économiste*. Entre des considérations économiques sur la bonne marche du groupe PSA, qu'il anime, il me parle d'Édouard Balladur en des termes inattendus :

« Balladur est un bon juriste, me dit-il : c'est sa formation. Il est un excellent spécialiste des affaires sociales : il a fait un apprentissage remarqué chez Georges Pompidou en 1968, lorsqu'il était au secrétariat général de l'Élysée. Il est un bon diplomate et suit de très près les relations extérieures de la France dans le monde. Il serait sans doute furieux de ce que je vais vous dire, mais tant pis : il ne connaît rien aux affaires monétaires. »

Il poursuit, ravi de son effet : « Le comité de la Banque de Paris est composé d'intégristes. Deux dangers menacent le monde : l'intégrisme islamique et l'intégrisme monétariste. »

Eh bien !

5 mars

Nouveau cafouillage autour du « Contrat d'insertion professionnelle » (CIP). Petites causes, grands effets. À la base, la préoccupation essentielle du gouvernement, le chômage des jeunes. Au point de départ, un amendement suggéré par la Confédération générale des cadres (CGC) à un décret d'application de la loi quinquennale sur l'emploi. Avec une maladresse de taille : en réservant aux bac +2 la possibilité de trouver un emploi rétribué à 80 % du SMIC, le gouvernement a touché à un tabou, celui du salaire minimal et de la dévalorisation de toute une filière universitaire, celle qui, justement,

1. Ancien collaborateur de Valéry Giscard d'Estaing aux Finances, Jacques Calvet a pris la direction de la BNP en 1979 avant de devenir P-DG du groupe Peugeot-Citroën. Il restera aux commandes de la firme automobile jusqu'en 1997.

avait été créée pour permettre aux jeunes d'accéder à l'emploi. Résultat : le 10 mars, réunification à peu près parfaite des syndicats, divisés depuis des années.

Encore une fois, et d'une façon que je n'arrive pas bien à comprendre, le gouvernement a procédé de la même manière que pour l'école privée : en instaurant par décret, en marge de la loi quinquennale sur l'emploi, un CIP, il a donné l'impression de vouloir prendre tout le monde par surprise, et, par un tel biais, de revenir sur le montant et l'existence même du salaire minimum.

Je ne pense pas que Balladur ait pensé un seul instant à supprimer le SMIC, je pense qu'il a fait cela au détour de la loi quinquennale, sans consulter personne, et que c'est cela, surtout, qui lui est reproché. Depuis des années, tous les gouvernements ont donné des coups de canif au salaire minimum, des stages Barre aux TUC de Laurent Fabius en passant par les CES. Balladur n'est et ne sera ni le premier ni sans doute le dernier à vouloir lutter contre le chômage des jeunes. Seulement, voilà : on a trop vanté la méthode Balladur, on en attendait trop, et la déception a été à la mesure de l'attente.

16 mars

Petit déjeuner de presse avec Raymond Barre. Égal à lui-même, il n'essaie pas de plaire, il n'élude ni n'atténue ses propos. Il en accentue au contraire les arêtes, met le doigt où ça fait mal, remue le couteau dans la plaie. Nous parlons, lieu commun, de la difficulté qu'éprouve tout gouvernement en France à imposer ses réformes. Il balaie cette affirmation d'un geste : « Pour débloquer la France, dit-il, il faut simplement un nouveau Président, une assemblée élue pour cinq ans, l'utilisation des ordonnances et de l'article 49.3. Il faut également, dans ce cas, que le Président élu ne puisse l'être qu'une fois, qu'il ne puisse pas se représenter à la fin de son mandat. Il faut choisir entre l'Histoire et l'électorat. »

Le mandat unique de sept ans, tel qu'il le défend, est peut-être nécessaire à la gestion sans concession et sans démagogie d'un pays. Mais quel pouvoir aurait un président de la République au cours de ses dernières années de mandat alors que la France entière s'attendrait à ce qu'il soit remplacé ? Sûrement davantage, nous explique-t-il, que s'il était frappé d'immobilisme à l'idée de ne pas être réélu...

Selon lui, la société française est encore loin d'être débloquée[1] : les conservatismes restent forts, ces mêmes conservatismes qui, dit-il, « étaient prêts à renvoyer de Gaulle à Colombey dès 1962 ».

« La France, assure-t-il encore, est dans un cocon, coupée des grandes forces de ce monde. Tout ce qui peut constituer des fausses solutions réapparaît. »

Ce disant, il part d'un rire sarcastique.

Mais c'est pour redevenir immédiatement sérieux, et même sévère. Les problèmes à traiter demeurent : l'enseignement où il faudra bien, à un moment, trouver un équilibre ; les rigidités du marché du travail ; enfin la protection sociale. Il conclut d'une phrase en condamnant « le conformisme et la courtisanerie de la France ».

On ne le changera pas. J'ajoute : c'est peut-être comme cela qu'on l'aime.

Après ce petit déjeuner avec Raymond Barre, déjeuner avec Dominique Baudis. Très intéressant : maire de Toulouse, mais peu présent sur la scène politique nationale, il parle sans user de la langue de bois, ce qui le rend particulièrement attrayant pour un journaliste[2]. J'essaie de retenir ce qu'il nous a dit, anecdotes et informations en vrac.

Giscard et Chirac ont donc, selon lui, passé un accord en vue de la présidentielle. Il y aura deux candidats. Chirac n'a pas encore pris sa décision du côté RPR. Du côté de l'UDF, sera-ce Giscard ? Difficile, pour la majorité, de présenter à nouveau les deux compères et rivaux de 1981. « Pourquoi pas ? », se dit Giscard tandis que René Monory, lui, attend, veille et espère.

« Balladur aurait fait un bon candidat que les centristes et l'UDF auraient pu accepter. Sera-t-il aussi bon dans les mois qui viennent ? C'est le problème. » J'en conclus, même s'il ne le dit pas, que Giscard ne veut à aucun prix de l'élection d'un Balladur avec les voix UDF qui, dans ce cas, ne lui appartiendraient jamais plus. D'où le pacte contre nature, il faut l'avouer, entre les deux adversaires de 1981.

Dominique Baudis est surpris, en revanche, par la constitution du duo Balladur-Pasqua. Lorsque les deux hommes sont venus à Toulouse, ces jours derniers, Pasqua a déclaré sans ambages aux élus de la majorité qui posaient la question de la candidature Chirac : « Ceux

1. La « Société bloquée » est l'expression forgée par le sociologue Michel Grozier dans un essai consacré à la société française.

2. Baudis le fut lui-même à la télévision à l'époque de la RTF.

qui ont choisi de ne pas aller à Matignon n'ont pas de leçons à nous donner aujourd'hui. Balladur gouverne, il faut être derrière lui. » Il l'a redit aussi nettement le lendemain devant les militants.

L'Europe ? Baudis reste européen, fédéraliste et maastrichtien, contre vents et marées. Toutefois, l'élargissement de l'Europe au détriment de son approfondissement lui pose problème. Il fait partie de ceux qui auraient plutôt été hostiles à l'élargissement.

Il est parfois surpris par l'ardeur intempestive du gouvernement. Ainsi le préfet de Haute-Garonne lui a-t-il proposé d'organiser à Toulouse une vaste confrontation publique sur l'emploi, avec les patrons et les élus, concertation dont il ne veut absolument pas entendre parler. Il s'indigne à l'idée que ce soit au préfet que le gouvernement ait demandé cela, et pas à lui directement.

Autre anecdote : hier soir, dans le taxi qui le ramène chez lui, à Paris, il évoque avec sa femme une bagarre insignifiante – il ne me précise pas à quel sujet – au sein du CDS entre Bernard Bosson et Pierre Méhaignerie. Lorsqu'il arrive devant son domicile, le chauffeur se tourne vers lui : « Monsieur Baudis, vos histoires de CDS, c'est bien beau, mais vous feriez mieux de vous occuper du chômage ! »

Traumatisé, le Baudis !

21 mars

Le premier tour des élections cantonales, hier, est indéniablement un succès pour Édouard Balladur. D'autant plus qu'il s'agissait d'élections intermédiaires qui servent d'habitude de défouloir aux électeurs. Avec 44,5 % des voix, la majorité n'a pas subi d'érosion depuis l'année dernière. Le fait que la gauche ne soit pas parvenue, en un an, à reprendre des couleurs l'a sans doute servie. D'un autre côté, si elle n'est pas arrivée à recouvrer des couleurs, c'est que Balladur continue de plaire aux Français.

Un cadeau au gouvernement d'autant mieux venu que, depuis le début de cette année, la « machine Balladur » commençait à souffrir. Le 16 janvier, les Français sont sortis dans la rue en rangs serrés contre la révision de la loi Falloux. Puis est venu le « limogeage capitalistique » d'André Rousselet, fomenté contre un ami de longue date de Mitterrand par un ami de non moins longue date d'Édouard Balladur. Le 4 février, ce furent les marins-pêcheurs et la mise à sac du centre de Rennes. Point d'orgue : le Contrat d'insertion professionnelle. 44,5 % : la messe est dite !

Ce matin, j'arrive à Matignon où j'ai rendez-vous avec Nicolas Bazire et je tombe sur Édouard Balladur qui sort faire un tour et demande à son aide de camp « un manteau et une écharpe ». Une petite promenade rue de Varenne ou boulevard Saint-Germain lui paraît préférable à une sortie dans le parc. Costume fil à fil à la coupe impeccable, chaussettes vaticanes, il accorde beaucoup d'importance à son apparence, car il sait qu'une cravate desserrée, une pochette de travers, un veston affaissé en disent long sur l'état de fatigue ou de fraîcheur de celui qui les porte. Donc, pas de négligé chez Balladur, pas de vestons tombés, de manches retroussées pendant les réunions de travail. Ici, on se tient.

Nous sommes dans le vestibule, au premier étage de l'hôtel Matignon. Il me consacre quelques instants avant sa balade matinale. Il ne cache pas la joie que lui procure son succès aux cantonales. D'autant qu'il a l'impression, me dit-il, de ne pas avoir été aidé dans cette bataille : « Seul ? J'y suis habitué, vous savez. J'ai eu contre moi la gauche, ce qui est normal, mais aussi les états-majors de la majorité. Pas les militants, les états-majors. Après le résultat des élections, hier soir, Chirac n'a pas dit un seul mot. Giscard a émis un couplet sur l'UDF. Aucun des deux n'a dit que le gagnant, c'est le gouvernement. »

« Mes sondages ont baissé, certes, ajoute-t-il avant que je lui pose moi-même la question. Mais eux s'en contenteraient bien ! »

Alors, le bilan ? Sourire : « J'ai fait beaucoup de choses importantes, non ? » Il met à part le CIP (« c'est un amendement parlementaire, comme du reste la loi Falloux »). Le plus important, c'est que l'économie, selon lui, a redémarré. « La reprise est là, tous les indices le confirment. La consommation est en train de reprendre, le maintien du franc, la négociation du GATT ont été des succès, l'hiver dernier. J'ajoute que l'autorité de l'État a été restaurée. »

Je lui demande ce qui ne va pas bien : « Ce qui continue d'aller mal ? L'emploi, même si la courbe du chômage croît cinq fois moins vite qu'il y a un an. Les problèmes de société : les villes, les banlieues. Et la politique. »

Que veut-il dire par : « Et la politique » ?

« Allons, répond-il avec son sourire de Joconde, vous savez bien ce que je veux dire ! » Pas de doute : un an après son arrivée à l'hôtel Matignon, c'est la majorité qui le préoccupe, beaucoup plus que l'opposition. Une majorité divisée non par des idées, mais entre des hommes qui s'inscrivent tous, désormais, dans la perspective de la présidentielle. La faute à qui ? Qui pourra un jour raconter à quel instant précis deux si vieux amis se sont ainsi heurtés de front ? Oui, Chirac a été bien imprudent...

Bon, décidément, il va se promener. « Je ne sors pas dans le jardin, précise-t-il, parce que je m'y sens enfermé. » Dans la rue, les gens qu'il rencontre et qui le reconnaissent sont discrets avec lui, ils respectent sa solitude et n'interrompent pas sa marche.

Tout de même, avant de me quitter, il a le temps de me faire remarquer que la majorité a fait un point de mieux aux cantonales de 1994 qu'aux législatives de 1993. Il redit : « La gauche est contre moi, c'est naturel. Mitterrand, lui, est très correct. »

Je continue à parler près d'une heure avec Nicolas Bazire. Sa complicité avec Balladur m'intrigue. « Cela fera six ans en juillet que je travaille avec lui, m'explique-t-il. Avant, nous travaillions sur la théorie. La pratique est plus rude. Nous avions par exemple mal mesuré les réalités de la récession. Ça, ç'a été une surprise. Nous avons pris conscience de ce que la richesse du pays était moindre en 1993 qu'un an auparavant, en 1992. »

Durs débuts, donc. « Mais, continue-t-il, cela est déjà derrière nous : la croissance est repartie ; on n'en voit pas encore les conséquences, on les ressentira dans l'année. »

Hier soir, à Matignon, pour se réjouir du score de la majorité au premier tour des cantonales, il y avait foule : une quarantaine de personnes dans le fumoir, devant la télévision. Un buffet était servi à côté, dans la salle à manger. Je demande qui était là, car je pensais qu'il s'agissait du carré des fidèles de Balladur qui avaient choisi de passer la soirée à Matignon et non pas à l'Hôtel de Ville. Il y avait bien Charles Pasqua, Michel Roussin, Michel Barnier, Hervé de Charette, ainsi que Santini et, bien sûr, Nicolas Sarkozy. Bernard Pons et Alain Juppé ne firent que passer.

23 mars

À 68 ans, Jacques Delors, que je rencontre cette semaine boulevard Saint-Germain, au siège de la Commission européenne où il est passé en coup de vent, est tout sauf un retraité. C'est un rare plaisir, un privilège que de pouvoir converser avec lui, de l'entendre parler de sa voix légèrement voilée. Des convictions, certes, il en a à la pelle ! Mais aussi, encore plus, des réticences, des interrogations, des doutes qui affectent la confiance qu'il a en lui-même. Il n'a pas changé : il affiche toujours un mélange de découragement feint et de pugnacité rentrée qui déroute son interlocuteur. Le 31 décembre prochain, il abandonnera la présidence de la Commission européenne qu'il occupe depuis 1984.

Pour lui est donc venu le temps du bilan, celui de son action à la tête d'une Europe aujourd'hui en crise : les Européens voient dans leurs pays respectifs le chômage repartir en flèche alors que le Marché unique annonçait la croissance. Le SME se porte mal au moment où l'Union économique et financière est programmée pour 1997. Quant à l'évocation d'une Europe plus politique, elle se heurte aux divergences franco-allemandes manifestées à Sarajevo.

Il fait état de toutes ces critiques, qui sont celles d'une grande partie du milieu politique, avec un mélange d'irritation et de tristesse.

Irritation parce qu'il s'énerve à l'idée que ces critiques émanent de gens qui ne savent rien des difficultés que rencontre l'Europe à se construire. Alors que, plaide-t-il, s'il n'y avait pas eu d'Union européenne, les tensions auraient été insupportables entre l'Allemagne et la France. Et que, si la Grèce n'était pas entrée dans l'Union, la guerre ravagerait les Balkans.

Tristesse parce qu'il est lucide : il sait mieux que d'autres ce qui marche et ce qui ne marche pas. Par exemple, il me confie qu'il n'est pas un inconditionnel de Maastricht dont la mécanique a été montée en dehors de lui par les gouvernements, pas par la Commission. Qu'il regrette les conséquences de l'élargissement de la Communauté aux pays nordiques ; que les différents gouvernements n'ont pas su mobiliser les peuples, qu'ils n'ont pas su leur démontrer que construire l'Europe était le seul moyen d'éviter son déclin ; que les Douze ne se rendent pas compte que leur première priorité devrait être de trouver des solutions aux problèmes des pays de l'Est.

« Nous vivons sur un volcan », s'afflige Delors, qui rêve d'une Europe « puissante et généreuse » : « L'idée de François Mitterrand d'une grande fédération était géniale, dit-il, mais il n'a pas su la vendre. » Lui-même réfléchit en ce moment à des projets moins ambitieux, mais plus réalistes.

Je pose la question qui me brûle évidemment les lèvres – et qu'il n'aurait pas compris que je ne lui pose pas : que fera-t-il, fin 1994, de sa liberté recouvrée ? Sera-t-il candidat à la présidentielle ? Il me jure que non, simplement parce qu'il n'en a pas envie. Il est néanmoins ravi de s'entendre demander ses intentions, et plus encore qu'on lui prête les plus hautes. Preuve qu'après tout, si on le lui demandait vraiment, si on insistait beaucoup, il ne dirait peut-être pas non...

29 mars

Patatras : Matignon avait triomphé trop tôt ! Le second tour a sérieusement corrigé le verdict du premier. Le 20 avait marqué un deuxième souffle pour Balladur. Le 27 montre une certaine renaissance de la gauche. Allez savoir... En attendant, Édouard Balladur a

mis le CIP entre parenthèses : il avait profité du succès de la majorité au premier tour des cantonales pour publier le décret sur le Contrat d'insertion professionnelle dans une version édulcorée ; il a sauté sur les résultats du second, moins satisfaisants pour la majorité, pour en retarder la mise en application. Douloureux recul pour un homme sensible à son rang et à l'importance de sa fonction.

Il n'avait pas le choix : l'agitation étudiante, qui n'a jamais faibli, a gagné la province ; Giscard a déploré qu'on – qui ça, on ? – « désespère une génération de jeunes Français » ; Chirac a regretté que la réforme soit « mal expliquée » ; Simone Veil et Pierre Méhaignerie ont proposé de limiter l'expérimentation du CIP à une ou deux régions, pas davantage. Et puis, il y a eu ces sacrés sondages : 60 % des Français demandaient son retrait.

À noter le rôle essentiel qu'ont joué, dans la chronologie de ce retrait, Nicolas Bazire et Nicolas Sarkozy qui ont entamé, depuis le début mars, des négociations secrètes avec les organisations lycéennes et étudiantes pour éviter tout clash. De la part de Nicolas Bazire, quoi de plus naturel : un directeur de cabinet de Premier ministre est fait pour cela. Pour ce qui est de Sarkozy, ministre du Budget, son intervention sur le CIP, en revanche, est la marque de son influence sur Balladur. Il a été omniprésent sur ce dossier, tandis que Michel Giraud était dépassé, Alliot-Marie muette, et François Fillon absent[1].

1. Michel Giraud est ministre du Travail, Michèle Alliot-Marie est ministre des Sports, et François Fillon ministre de l'Enseignement supérieur.

À propos de Jacques Chirac, je l'ai vu aujourd'hui. Plus que des cantonales, plus que d'Édouard Balladur, il préfère me parler, vingt ans après sa mort, de Georges Pompidou. Ce soir, dans son fauteuil bleu sombre, devant la grande cheminée de marbre de son bureau de l'Hôtel de Ville, il évoque non pas tant l'action de Pompidou que le personnage qu'il a pris pour modèle depuis ses débuts en politique. J'ai peut-être l'esprit mal tourné, mais je trouve qu'il le décrit en fait comme une sorte d'anti-modèle d'Édouard Balladur.

Il dépeint Pompidou avant tout comme un homme attentif aux inégalités : « Sur le plan social, dit-il, il ne fallait pas être conservateur pour vouloir la mensualisation. Je me souviens de Georges Pompidou disant qu'il n'était pas admissible que certaines personnes soient payées par chèque régulièrement, tous les mois, tandis que d'autres étaient obligées de faire la queue à un guichet pour recevoir une enveloppe mal fermée, avec des pièces de monnaie qui tombent quand on la saisit du mauvais côté... »

Un homme simple : « C'était un sage, qui avait une vie intellectuelle, une vie personnelle importante. » Un homme ouvert aux autres, ouvert aux jeunes : « La première fois que j'ai été élu en Corrèze, me raconte-t-il, je suis allé à Matignon, j'ai croisé M. Pompidou dans l'escalier et il m'a dit : "Chirac, je viens de faire approuver le gouvernement par le Général, sa composition sera publiée demain, vous aurez un strapontin." Puis il a posé la main sur mon bras et a ajouté : "Chirac, je ne sais pas quelle sera votre carrière politique, mais n'oubliez jamais ceci : ne vous prenez par pour un ministre." C'est un précepte que je me suis toujours efforcé de respecter. »

Au moment où il prononce cette phrase, je suis sûre qu'il aurait envie de dire à Balladur : « Édouard, ne vous prenez pas pour un Premier ministre ! »

En quittant Jacques Chirac, je tente une dernière fois ma chance pour le faire parler de Balladur et de leurs intentions présidentielles respectives : s'ils étaient deux à se présenter, si aucun des deux ne reculait devant cette hypothèse à peine croyable il y a six mois ? « Faux problème, me répond Chirac en feignant de ne porter aucun intérêt à l'éventualité d'une candidature Balladur. Tout est sur les rails, et rien de ce que vous imaginez ne se passera. Vous verrez bien, conclut-il dans un grand rire, que je serai élu ! »

1er avril

Je reviens aujourd'hui sur l'extraordinaire émission de Michel Field diffusée en direct sur France 2, le 28 mars. Deux heures et quart d'émission sur la politique sociale du gouvernement Balladur, notamment sur le CIP, avec en invité vedette Alain Madelin, très courageux face à la multitude de jeunes présents sur le plateau. Franchement, ç'avait de la gueule ! Une sorte d'assemblée générale de l'UNEF, au moment de Mai 1968, devant laquelle se sont présentés successivement ou simultanément Jean-Louis Borloo, maire de Valenciennes, Dominique de Calan au nom du patronat, un représentant du Syndicat de la magistrature, Valéry Turcey, la socialiste Marie-Noëlle Lienemann, sans oublier Bernard Tapie. Pour animer ce bastringue, il fallait être Michel Field, avoir été habitué au mouvement des lycéens dont il fut autrefois un dirigeant, ne pas craindre de couper la parole aux jeunes anti-CIP présents dans ce gigantesque décor. Je n'ai jamais vu autant de monde, et surtout autant de monde facilement incontrôlable, dans une émission télévisée.

Sur le fond, tout a tourné autour de la politique vis-à-vis des jeunes, du SMIC et du CIP : d'un côté, les jeunes et les hommes (et femme) politiques de gauche, très remontés ; de l'autre, Alain Madelin faisant front, se battant pied à pied, sans jamais faiblir : lui aussi devait se souvenir à cette occasion de ses débuts dans un mouvement politique musclé qui ne craignait pas la contestation, même lorsqu'elle était physique [1].

Je me demandais ce qu'en a pensé Édouard Balladur. À mon avis, il a dû le prendre comme un acte de guerre du service public. Je sais qu'autour de lui ses conseillers ont manifesté leur incompréhension et que certains, plus proches du Premier ministre, ont fait directement connaître au président de France Télévision, Jean-Pierre Elkabbach, leur fureur. Or, me raconte aujourd'hui Michel Field, au lendemain de l'émission, au moment où il se demandait quelles seraient les réactions de Matignon et où il apprenait qu'elles étaient glaciales, il a reçu un coup de téléphone qui l'a laissé sans voix – et ravi : c'était Jacques Chirac qui le félicitait pour son audace. Cela en dit long...

À noter qu'à la fin de son émission, Field avait envoyé quelques images des « Guignols de l'info » l'émission vedette de Canal +, devenue la plus populaire de la télé française. On y a vu comme d'habi-

1. Il s'agit du mouvement de droite Occident dont Alain Madelin fut membre dans sa jeunesse.

tude un Chirac en train de se morfondre, et un Balladur en grand hypocrite. Ces « Guignols » sont les meilleurs agents électoraux, les plus efficaces en faveur de Jacques Chirac.

8 avril

La malédiction de la rue du Faubourg-Saint-Honoré... Hier, François de Grossouvre, un des amis les plus proches de Mitterrand, ou plus exactement un des plus anciens, s'est donné la mort dans son bureau. Je n'aimais pas Grossouvre, depuis longtemps. Je comprenais peu son rôle, à l'exception des services privés qu'il rendait à Mitterrand comme complice de ses frasques, puis, plus tard, de ses amours avec Anne Pingeot. François Mitterrand, qui sait si bien mettre ses amis dans des tiroirs séparés, pour qu'ils ne soient pas en mesure de faire des recoupements, avait placé Grossouvre dans le rayon « Chasse et femmes », ce qui est souvent la même chose.

Depuis quelque temps, je le savais, Grossouvre souffrait d'être devenu la cinquième roue du carrosse. Il se plaignait en outre – manifestation classique d'une paranoïa récente – de l'entourage de Mitterrand, qui, disait-il, lui faisait prendre des vessies pour des lanternes. Marginalisé, il souffrait de sa relégation dans son bureau au premier étage de l'Élysée, et le faisait savoir avec insistance aux journalistes qu'il savait les plus réticents vis-à-vis de Mitterrand. C'est à Catherine Nay, par exemple, qu'il a le plus souvent confié son désespoir. Il était hostile aux amis de Mitterrand, inquiet sur sa vie privée, furieux d'avoir été mis sur la touche.

Tout de même, un suicide à l'Élysée ! Il paraît, détail sordide, que le coup de pistolet qu'il s'est tiré a projeté du sang et de la cervelle sur tous les murs. Il n'a pu choisir de se tuer dans ce lieu que pour désigner Mitterrand et les siens comme principaux responsables de sa mort. Comme un homme se suicide dans l'appartement, dans la chambre même de celle qui l'a abandonné. Que de morts, tout de même : Pelat, Bérégovoy, maintenant Grossouvre...

12 avril

Roger Stéphane, mon ami, s'est donné la mort à son domicile, dans la nuit de samedi à dimanche, après avoir bu une bouteille de champagne et confié son chien à Daniel Rondeau. Il était malade, encore que l'on n'ait jamais su de quelle gravité était son mal ; il n'avait plus d'argent, ou du moins pas assez pour continuer à recevoir là où il voulait, quand il le voulait, les gens qu'il voulait.

Il n'y a rien à dire sur cette mort, pas plus que sur d'autres. Sauf que celui-ci vivra, comme ceux-là vivent aussi en moi. Tant que quelqu'un sur cette terre se souviendra d'eux, ils ne seront pas tout à fait morts.

15 avril

Je reviens sur la semaine écoulée qui a été l'une des plus agitées qu'ait eu à traverser le gouvernement Balladur. Le couac médiatique autour de l'affaire de Canal + et de l'éviction de Rousselet, la rentrée parlementaire compliquée par la menace d'une scission de l'UDF, le 8 avril, la morosité qui s'est abattue sur les députés, simplement parce que c'en est fini, et bien fini, de l'état de grâce de Balladur, l'action revendicatrice permanente des jeunes, même si le CIP a été mis entre parenthèses, tout cela, d'un coup, a changé l'atmosphère.

Plus qu'elle ne s'inquiète de la résurgence de la gauche, qui d'ailleurs ne profite pas à Michel Rocard[1], la majorité doute à nouveau d'elle-même. Comme si l'ombre protectrice du Premier ministre ne suffisait plus à assurer sa tranquillité.

La raison en est évidente : Chirac et Balladur ne sont pas encore, il est vrai, entrés en conflit ouvert, leur bataille n'a pas commencé, et peut-être ne commencera-t-elle jamais. Le duel pourtant cristallise la vie politique du côté de la majorité. La candidature commune de Baudis aux européennes ne modifie pas la donne, car d'autres fissures apparaissent : qu'y a-t-il de commun, par exemple, entre Séguin et Pasqua d'un côté, et les libéraux de l'UDF, Alain Madelin et Gérard Longuet, de l'autre ? Ou bien entre les ministres giscardiens comme Hervé de Charette, qui ne veulent pas que Balladur vole la préséance à Giscard auprès d'une partie des troupes de l'UDF, et les pro-balladuriens grand teint ?

Chef de la majorité parlementaire, le Premier ministre devait être le ciment de toutes ces composantes animées d'une force centrifuge.

1. Le sondage Sofres/*Nouvel Économiste* réalisé du 1er au 6 avril fait apparaître la liste conduite par Michel Rocard à 19 %, celle de Bernard Tapie à 10 %, tandis que la liste RPR-UDF conduite par Dominique Baudis atteint 32 % des intentions de vote.

Édouard Balladur peut-il l'être encore, alors qu'il s'est placé dans une compétition aiguë avec Jacques Chirac ? En affichant son ambition présidentielle, il est le premier responsable de la dégradation du climat interne à la majorité. « Mais que pouvait-il faire ? disent ses amis, dont évidemment Nicolas Bazire. Ce qui a été, dès mars 1993, un bouleversement dans l'ordre des choses, entre Balladur et Chirac, c'est la popularité inattendue, inouïe, du Premier ministre et son installation de façon durable au sommet des sondages. »

Peut-être bien. Mais les résultats des sondages, puisqu'après tout ils revêtent tant d'importance dans les calculs des uns et des autres, commencent justement à décliner. Au fond, je me dis que le CIP, ou plus exactement sa gestion maladroite, marque un tournant dans l'existence du gouvernement Balladur. Un peu comme l'avaient été, à l'hiver 1986-1987, les manifs et les grandes grèves qui avaient affecté l'action de Jacques Chirac alors à Matignon.

17 avril

La gauche reprend espoir. Bonnes performances du PS au second tour des cantonales, bonne tenue du PC, proposition d'un pacte unitaire de ce brave Robert Hue : tout cela redonne du moral aux troupes de Rocard. « On s'achemine vers un rapport de force 52/48 au moment où démarrera la campagne, m'a confié Gilles Martinet qui le tenait de sondeurs. Tout peut alors se jouer au moment du scrutin présidentiel. »

Ce à quoi Jean Glavany[1] ajoute : « Depuis quelques mois, nous étions tous inhibés par la cote de Balladur. Aujourd'hui, nous nous remettons à intéresser nos électeurs. Il y a un an, personne ne reprenait nos arguments, personne ne les entendait même. Aujourd'hui, nous recommençons à être écoutés. »

3 mai

Glavany péchait par excès d'optimisme. Je suis bien incapable de dire ce qui se passera à la présidentielle dans un an, mais je vois ce qui se passe pour les européennes de juin prochain. Je ne sais pas bien quel jeu joue l'Élysée.

1. Jean Glavany, mitterrandiste, a suivi Michel Rocard en acceptant d'être le porte-parole du PS.

D'un côté, Mitterrand s'étonne – il a réuni ses principaux collaborateurs pour le leur dire – qu'on puisse prétendre qu'il « sabote » la liste Rocard[1]. Il célèbre le premier anniversaire de la mort de Bérégovoy, à Nevers, avec Michel Rocard à ses côtés. C'est Mitterrand lui-même qui a insisté pour poser avec lui devant les photographes.

De l'autre, Bernard Tapie, dont la liste est toute fraîche, est reçu à l'Élysée. Mitterrand trouve absurde la décision de Michel Rocard d'accorder sur la liste européenne du PS autant de places aux femmes qu'aux hommes dans une liste qu'on baptise à l'Élysée du nom de « mille-feuille ». Et puis, surtout, les principaux protagonistes de la liste Tapie racontent dans tout Paris, en s'en vantant, qu'ils ont été désignés par l'Élysée pour y figurer.

Deux fers au feu, comme toujours, Mitterrand ? Ou un pot de fer Tapie pour abattre le pot de terre Rocard ?

1994

5 mai

Pas écrit cette semaine sur le fait que Chirac et Giscard sont tombés d'accord sur la tête de leur liste commune aux européennes : ce sera Dominique Baudis, qui présente le triple avantage d'être maire d'une grande ville, Toulouse, de connaître par cœur l'usage de la télévision, puisqu'il y a été présentateur pendant des années, et surtout de ne pas risquer de concurrencer Chirac, ni même – après tout, pourquoi pas ? – Giscard à la présidentielle.

Les calculs présidentiels ne sont jamais loin, pour les uns comme pour les autres : Jacques Chirac a accepté que la tête de liste et son numéro 2 soient UDF. Pourquoi ? Parce que, s'il se présente en 1995, il aura besoin des électeurs UDF au second tour. Et qu'il veut pouvoir les enlever à Édouard Balladur, qui, dans les sondages, a leurs faveurs.

1. Il aurait réuni son état-major le 30 avril. Il s'est à l'occasion indigné du rôle qu'on lui a attribué dans la presse : il saboterait Rocard et soutiendrait Tapie. « Comment de telles rumeurs peuvent circuler ? aurait demandé le Président. Ma position est claire, aurait-il ajouté, je ne fais pas campagne pour Tapie, j'approuverai tous les candidats européens de gauche. À la présidentielle, mon candidat sera le candidat du PS. »

Même jour

Je pose à Tony Dreyfus la question qui me turlupine : quelles certitudes ont les rocardiens du double jeu de Mitterrand vis-à-vis de Tapie ? Ne sont-ce là que des racontars, ou bien ont-ils des preuves des coups bas élyséens ?

Mon interlocuteur m'assure que les soupçons rocardiens sont au contraire tout à fait fondés, que la liste Tapie a été constituée sous le contrôle de Michel Charasse, dans son bureau, au premier étage côté droit de l'Élysée. Que Rocard en est certain. D'ailleurs, il me le dit, les choses en sont à un point tel qu'il est allé lui-même, il y a quelques jours, rendre visite à Michel Charasse pour tenter de mettre les choses au point[1]. Il a plaidé auprès de son interlocuteur que l'appui de Mitterrand à Rocard était une chose indispensable, qu'attendait le PS. Sa phrase exacte a été d'appeler Mitterrand à une « solidarité nécessaire » avec le candidat socialiste à la future présidentielle. Qu'est-ce que cela sous-entend, une « solidarité nécessaire » ?

Cela veut dire que si Mitterrand faisait battre Rocard, s'il contribuait à installer un candidat de droite à l'Élysée en 1995, il porterait une lourde responsabilité devant l'Histoire. Et devant nos concitoyens.

Résultat : la démarche a l'air d'avoir fait son effet, puisque, dès le lendemain, Charasse et Bennassayag ont fait le déplacement au QG de Rocard pour l'assurer du soutien présidentiel dans la campagne européenne. Dont acte...

9 mai

Je ne l'ai appris qu'aujourd'hui : il semblerait que Charles Pasqua ait mis sa démission dans la balance, avant-hier, au cours d'une séance de travail à huis clos avec Édouard Balladur et Nicolas Sarkozy, pour soutenir sa loi sur l'aménagement du territoire. Nicolas Sarkozy était l'un des plus hostiles à la réforme Pasqua, d'autant plus qu'il tient les cordons de la bourse et que l'ambition de Pasqua était grande. Eh bien, Pasqua ne s'est pas dégonflé : il a menacé de quitter le gouvernement. Sa décision avait l'air sincère, d'où l'arbitrage de

1. Le 11 avril.

Balladur en sa faveur. Ce qui renforce encore ma quasi-certitude aujourd'hui : si Balladur n'avait aucune, mais alors aucune envie de se présenter en 1995, il se serait passé sans difficulté de son ministre de l'Intérieur. S'il a calé, c'est parce qu'il a besoin de lui.

11 mai

Giscard insiste beaucoup auprès de Balladur pour que celui-ci inscrive à son ordre du jour, le plus vite possible, le passage du septennat au quinquennat. Cette insistance irrite au plus haut point Édouard Balladur, qui pense avoir des tas de choses plus pressées à accomplir. Au cours de la réunion des députés RPR, aujourd'hui, il a laissé percer un agacement certain : « Giscard me demande de faire en trois mois ce qu'il n'a pas su faire en sept ans ! » a-t-il protesté à la grande joie des parlementaires gaullistes qui apprécient toujours que l'on s'en prenne à Giscard. C'est ce qu'il leur reste de la campagne de 1988.

À l'Assemblée, nous continuons à échafauder des hypothèses sur le duel Chirac-Balladur. « Si Balladur a 15 points d'avance sur Chirac à l'automne, personne ne pourra l'empêcher d'y aller », me dit une nouvelle fois Charles Millon. Il voit néanmoins une double possibilité en cas de conflit social grave : « Si la situation est explosive, alors Raymond Barre ou René Monory seront peut-être candidats. »

Il me dit que le président du Sénat se sent pousser des ailes. Quelqu'un lui a demandé il y a quelques jours s'il pensait que Balladur était un homme d'État. Il a fait une légère moue : « Oui, a-t-il dit, à condition de lui ajouter un petit quelque chose. »

13 mai

Un jour, il y a près de vingt ans, Jean-François Deniau, qui venait de publier un essai sur l'Europe[1], plaisantait de lui-même en se flattant de n'en avoir vendu aucun exemplaire. Il exagérait, certes, mais à peine. « L'Europe, m'avait-il dit, ça emmerde tout le monde ! »

Eh bien, à moins d'un mois de l'élection du 12 juin, les Français donnent rétrospectivement raison à Jean-François Deniau : 53 % d'entre eux ne se déplaceront pas pour aller voter ; les chiffres des

1. Il s'agit de *L'Europe interdite*, publié au Seuil en 1977.

derniers sondages sont formels. En Angleterre, c'est une vérité connue : moins il y a d'Europe, et plus les Anglais sont contents. En Italie, les gens ont toujours d'autres chats à fouetter. L'Allemagne voit dans l'élection qui va avoir lieu un test national sur la popularité d'Helmut Kohl.

Le conflit en Yougoslavie montre que l'Europe n'empêche pas les guerres. L'ex-Yougoslavie n'appartient certes pas au périmètre de la CEE, mais il n'a échappé à personne qu'au début du conflit, l'Allemagne et la France étaient en désaccord, la première soutenant la Croatie, puis la Bosnie, la seconde étant historiquement plus proche de la Serbie. L'impuissance de l'Europe à régler le problème a porté un sacré coup aux convictions européennes des Français. De même, sans doute aussi, que la récession économique qui n'a épargné aucun pays européen. Je repense à Jacques Delors qui m'avait confié, il y a quelques semaines, lorsque nous nous sommes rencontrés : « Sur les trente-sept années que compte la construction européenne, douze années ont été des années de dynamisme et vingt-cinq ans des années de stagnation. » Il avait ajouté – je n'avais pas eu le temps de tout noter : « Ce n'est là qu'une crise de croissance : chacun se demande où va l'Europe, certes, mais personne ne dit qu'elle va craquer. C'est déjà un succès. »

Ce que les derniers sondages révèlent, c'est que les petites listes ont du mal à percer, que Michel Rocard ne dépasse pas la barre des 17 %, tandis que – surprise ! – la liste Tapie est créditée de plus de 8 %, et ce, au moment même où il subit un contrôle fiscal pour son yacht le *Phocéa*, et où d'autres affaires le menacent. Eh bien, tout cela n'a aucune importance : Tapie est aujourd'hui le seul à décoller. Au détriment de Michel Rocard...

Je me demande si, au contraire, Bernard Tapie ne prend pas, auprès des Français, une image sympathique parce que c'est le « petit » contre les « gros », le self-made-man à la française contre les crânes d'œuf de l'ENA. Plus on l'attaque, plus les Français semblent l'aimer.

30 mai

Nouveau clash au sein de la majorité, de l'ordre du ridicule, vraiment ! C'est *L'Express*[1] paru il y a quelques jours qui a été le détona-

1. Le 26 mai 1994.

teur d'une affaire cloche-merlesque et pourtant symbolique. Jean-François Probst, proche de Chirac, joyeux drille et actuellement directeur du cabinet de Michèle Alliot-Marie, s'est laissé aller la semaine dernière à quelques confidences intempestives. Il a dit que Chirac était le seul à pouvoir constituer autour de lui une majorité populaire, ce qui n'était pas le cas de Balladur. Il aurait ajouté : « Balladur est libre de rompre le pacte de fidélité, de s'aventurer à être candidat à l'Élysée comme Michel Jobert, Michel Debré ou Marie-France Garaud. »

Ces propos, on s'en doute, n'ont pas été ignorés de Matignon qui a exigé le départ de Probst du ministère de la Jeunesse et des Sports. Je ne sais pas, à l'heure qu'il est, le résultat de la pression exercée sur Michèle Alliot-Marie. Je ne me fais pas d'illusion : Chirac lui-même préférera qu'Alliot-Marie, ministre RPR, reste au gouvernement. Probst s'en ira.

31 mai

Psychodrame autour de Bernard-Henri Lévy et de Léon Schwartzenberg. BHL, qui condamne durement la politique française dans l'ex-Yougoslavie, avait été tenté, il y a quelques jours, de déposer une « liste Sarajevo » aux élections européennes de juin. Léon Schwartzenberg avait envisagé de le suivre. Depuis son départ du gouvernement Rocard, le grand cancérologue n'a pas voulu abandonner la vie publique, pour laquelle il faut bien avouer qu'il n'est pas fait. Le projet avait suscité un intérêt très vif chez d'autres courageux partants, dans des genres aussi différents que l'amiral Antoine Sanguinetti ou André Glucksmann. La question, hier, était de savoir si BHL maintiendrait sa liste aux européennes. Finalement, Bernard-Henri Lévy et Glucksmann ont plaidé pour le retrait de la liste. Antoine Sanguinetti, lui, était décidé à aller jusqu'au bout : « Je suis amiral, disait-il, je ne m'arrêterai pas en chemin ! » Pascal Bruckner et Daniel Rondeau sont restés cois.

Marina Vlady, l'actrice, compagne de Léon Schwartzenberg, demeurée jusque-là silencieuse, s'énerve. Elle trouve que retirer la liste est une preuve de faiblesse, que BHL et Glucksmann sont des pusillanimes. « Tes mains, dit Léon Schwartzenberg, à Bernard-Henri Lévy, lui reprochant ses réserves vis-à-vis de l'action politique, ne sont faites que pour écrire... » « Les mains, coupe Marina, très remontée, ça n'est rien, c'est qu'il n'a pas de couilles ! »

Confusion générale[1].

1er juin

Déjeuner avec Martine Aubry. Je la connais peu, car elle ne se livre guère. Je trouve, parmi les femmes qui comptent au PS, que c'est une des plus « professionnelles ». Elle connaît vraiment les problèmes sociaux puisque, depuis sa sortie de l'ENA, en passant par le ministère du Travail, elle a suivi à fond ces dossiers. Elle est bavarde, assez sûre d'elle, et surtout tonique, faisant montre d'un mélange d'énergie et d'optimisme. Un seul défaut dont elle n'a pas conscience et qui lui crée beaucoup d'ennemis : les vacheries, parfois assez drôles, dont, de façon naturelle, elle émaille le moindre de ses propos.

Aujourd'hui, elle se mobilise à peu près entièrement sur sa fondation contre l'exclusion. Des quartiers nord de Marseille aux quartiers sombres d'Angoulême, elle visite tout, atterrée par l'état de déstructuration de certains de leurs habitants, souvent très jeunes, par la drogue, le sida, le chômage des cités ouvrières. Avec une mention toute particulière pour les Hauts-de-Seine où semble se concentrer le « mal-vivre » des jeunes – Pasqua lui a au demeurant demandé l'aide de son association.

Pour le reste, elle parle de Michel Rocard en se montrant loyale, certes, mais sans chaleur ni enthousiasme. Elle a refusé la deuxième place sur la liste européenne, car, me dit-elle, « elle ne sentait aucune politique se dégager derrière les propos de Rocard ». Elle se présentera aux prochaines municipales dans un endroit qu'elle a déjà choisi, sur lequel elle a demandé et obtenu l'avis favorable du président de la République. Elle ne m'en dit pas plus long sur ce sujet, qui, pour le moment, n'est important que pour elle[2].

Elle continue à me parler de Michel Rocard, « encore trop étriqué, trop fluet ». « Les Assises, le congrès se sont bien passés. À aucun moment, pourtant, il n'a poussé ses avantages. Il est immédiatement retombé dans les courants et les tendances, alors qu'on l'attendait pour parler autrement de la politique, pour organiser autrement les

1. À la suite de quoi, Léon Schwartzenberg maintiendra sa liste, sans BHL.

2. Ce sera Lille, en second derrière Pierre Mauroy ; la nouvelle sera officielle quelques jours plus tard.

travaux du PS. Il n'en a rien fait. Moi, ajoute-t-elle en plaidant en fait pour une attitude rigoureusement inverse de celle de Rocard, je tente au contraire de réunir des maires socialistes, des élus locaux, des anciens ministres qui n'ont jamais eu, à qui on ne donne jamais l'occasion de se retrouver et de discuter ensemble. »

Le PS donc, continue d'éclater en plusieurs tendances : celle de Laurent Fabius qui attend, en 1995, la défaite de Michel Rocard pour courir sa chance ; celle de Jospin, assez isolé ; les anciens du courant Jospin, Dominique Strauss-Kahn et Pierre Moscovici, plus attentistes ; sans oublier la fraction de gauche, Emmanuelli et André Laignel.

« Lionel Jospin conseille à Rocard de prendre du champ pour se consacrer à l'élection présidentielle, me dit Martine Aubry. C'est certes l'intérêt de Jospin, qui serait alors premier secrétaire entre 1994 et 1995. Je suis convaincue que Rocard tentera de prendre du champ, certes, mais qu'il n'entend pas pour autant abandonner la direction du Parti avant 1995. »

3 juin, vendredi matin

Rencontré Jean-Claude Trichet dans son austère et somptueux bureau de la Banque de France : meubles Louis XVI, tapisseries des Gobelins aux murs. Il m'apparaît aujourd'hui assez optimiste sur la reprise économique. Les chefs d'entreprise recommencent à investir, ils affirment que les carnets de commandes se remplissent. « Ça repart, me dit-il, la capacité de rebond économique est assez forte en France et dans la plupart des pays européens. »

D'ici à 1995, les choses peuvent-elles changer ? Il ne voit pas la tendance à la reprise s'inverser : « Nous n'avons pas intérêt, me dit-il, pour la croissance et pour l'emploi, à jouer un franc moins fort. Nous sommes installés aujourd'hui dans une relation franc-mark extrêmement confortable. L'apaisement est évident : les taux courts allemands ont été abaissés, l'inflation allemande s'est rapprochée de l'inflation française, autour de 2 points. Les croissances allemande et française convergent. Cette stabilité ne peut pas être remise en cause dans les mois qui viennent. Le couple franc-mark est meilleur que jamais », conclut-il.

Voilà qui va conférer plus de sérénité à la campagne européenne, et peut-être plus d'arguments aux pro-européens.

7 juin

En voyage officiel en France pour le 50e anniversaire du débarquement, après avoir traversé un Paris bloqué par un embouteillage, Bill Clinton est reçu aujourd'hui en grande pompe à l'Assemblée nationale par Philippe Séguin. Après le roi d'Espagne, le voici donc face aux députés. Il est entré dans la salle précédé par des gardes du corps grands comme des armoires à glace, portant d'énormes valises ; le code atomique, sans doute, qui ne le quitte pas, ou bien les panoplies de ses agents spéciaux...

Comme il est bronzé, Bill Clinton, quel visage épanoui, sans une ride ! Il monte à la tribune à pas comptés. Devant lui, l'hémicycle est bondé. Socialistes, gaullistes, libéraux, Georges Marchais lui-même, tous les députés sont présents pour écouter le président américain.

Il commence, de sa voix légèrement voilée, reconnaissable entre toutes, par remercier François Mitterrand de son invitation en France : « Ce que j'ai vu hier en Normandie[1], dit-il, ce sont des souvenirs pour toute ma vie. ».

Il évoque ensuite, dans une sorte de fresque, les problèmes de sécurité, la limitation des armements, la coopération entre les États, en Bosnie, notamment, où il se félicite que le conflit ne se soit pas étendu et espère que les protagonistes parviennent au plus vite à un accord. Il termine sur les vertus de la démocratie, et par une invitation à « reprendre la tâche qui nous a réunis il y a cinquante ans ».

Lorsqu'il a fini de parler, les députés de tous bords se lèvent pour une standing ovation. Ce n'est pas tant ce qu'il a dit que la façon dont il l'a dit, la force qui émane de lui, son énergie, que l'on applaudit dans les travées ou dans les tribunes réservées au public, où Anne-Aymone Giscard d'Estaing côtoie Isabelle Juppé. Joli coup de pub pour Philippe Séguin !

Ce matin, Hillary Clinton, accompagnée de Simone Veil, avait accueilli pour un petit déjeuner chez Laurent, aux Champs-Élysées, quelques journalistes françaises. Quand elle est arrivée, elle me semblait tout à fait quelconque : ensemble vert pomme d'une facture terriblement américaine, visage sans éclat – une femme que l'on croiserait sans la remarquer sur la Cinquième Avenue. Dès qu'elle parle, sans forcer la voix ni le sourire, avec une vitalité inouïe, elle devient

1. Bill Clinton a visité la pointe du Hoc et fait, la veille, une partie du circuit du débarquement.

rayonnante. Ses ennemis, dit-elle, ce sont d'abord les lobbies, celui des médecins, celui des assurances, surtout, toutes-puissants quand on veut comme elle s'attaquer aux problèmes de santé publique.

Bill Clinton et elle, nous a-t-elle raconté « entre femmes », ont vu le pape sans arriver une seule seconde à le faire changer d'attitude sur le contrôle des naissances. L'étonnement du président américain et de son épouse sur le sujet nous étonne...

Avant elle, Simone Veil, qui s'est rendue hier aux fêtes du débarquement, m'a raconté la cérémonie en Normandie avec la reine d'Angleterre. Elizabeth est arrivée toute habillée de rose, avec un extraordinaire imperméable Burberry jeté sur les épaules, et puis une cape avec des épaulettes. On présente à la reine le préfet qui se flatte de représenter le gouvernement. « Ah, mais pardon, dit Simone, le gouvernement ici c'est moi qui le représente ! D'accord, je suis une femme, mais tout de même ! »

La misogynie va se nicher partout. Quel goujat, ce préfet !

13 juin

« Pire que prévu[1]. » Hier dimanche, au siège du PS, l'expression est sur toutes les lèvres. Sur les lèvres décolorées de Michel Rocard lorsqu'il est apparu, visage défait, sur le petit écran. Sur celles de ses fidèles, impuissants et désolés. Évidemment aussi sur celles de ses adversaires.

Comment dire : si Rocard avait obtenu 19 % des voix, ou même 18 %, tous ses adversaires, au PS, seraient déjà en train de demander sa peau. Là, l'échec est si grave que plus personne n'ose l'attaquer. Chacun est presque effrayé par l'ampleur de la défaite. 14 % : jamais, depuis la présidentielle de 1969[2], le PS n'était descendu aussi bas. De quoi décourager ses ennemis politiques au sein du PS d'envoyer des exocet sur une ambulance !

Je rencontre ou je joins par téléphone tous les leaders du PS, ou

1. Dominique Baudis a obtenu 25,58 % des voix, Michel Rocard, 14,49 %. Bernard Tapie et Philippe de Villiers – ce dernier hostile à l'Europe dite de Bruxelles – talonnent le PS avec plus de 12 % des voix. Jean-Marie Le Pen obtient plus de 10 %, le PC atteint près de 7 % ; les Verts, divisés, arrivent à un total de 5 % environ. Jean-Pierre Chevènement recueille 2,54 % des suffrages.

2. Et les élections législatives de 1971, avant le congrès d'Épinay, donc avant Mitterrand.

presque, dans la nuit de dimanche à lundi : aujourd'hui, chacun est accablé, personne n'ose même sonner l'hallali. Roland Dumas parle en sage : « Son entourage, me dit-il, va essayer de lui remonter le moral. Pendant quelques jours, il va penser pouvoir continuer, et puis il sentira le sol se dérober sous ses pas. »

Je ne tire de Laurent Fabius, peu ou même pas du tout sollicité par Rocard durant la campagne, aucun propos qui puisse lui nuire. « Une seule question, me dit-il simplement : que faire ? Nous sommes au-delà des procès faits aux hommes ! Que va-t-on faire sur le fond, que proposer ? Là est la question. »

Il n'est pas jusqu'à Pierre Mauroy, le juge de paix du Parti, qui ne convienne devant moi que « si l'on ne change rien, la gauche risque d'aller tout droit dans le mur ». Elle y est déjà, je trouve !

Quelles fautes ont été commises, et par qui ? Par Michel Rocard, sûrement. Sa campagne a été si terne que je n'en ai pas retenu un seul mot, une seule phrase, un seul slogan. Il a semblé hésitant, presque inconsistant, comme, par exemple, lorsqu'il a changé d'avis sur la levée de l'embargo imposé aux Bosniaques, ou lorsqu'il a paru accepter l'oukase des intellectuels regroupés pour un temps autour de Bernard-Henri Lévy. Comment le « parler-vrai » de Rocard s'est-il ainsi transformé en « parler-flou » ? *1994*

Son échec, néanmoins, est aussi celui du Parti socialiste. Il n'a pas su le réorganiser, certes, mais les dirigeants des différents courants auraient pu, de leur côté, s'amender. Réfléchir à ce qui allait leur arriver si, un an après l'échec terrible de 1993, ils ne se reprenaient pas en main. Le Parti aurait tout de même pu « capitaliser » sur les erreurs commises par la majorité, qui n'ont pas manqué depuis le début de l'année : CIP, réforme de la loi Falloux. Tout cela leur est passé sous le nez, ils n'ont saisi aucune occasion, n'ont rebondi sur aucune faute de leurs adversaires. Et puis ils ont aussi poussé dehors Chevènement, perdant ainsi le petit pourcentage des voix qui leur aurait évité de passer en dessous du seuil des 15 %.

Le pire, pour Rocard et le PS, c'est que l'homme qui a « parlé vrai » (ou été jugé comme tel), celui qui est arrivé à passer pour la victime de la droite, pour David contre Goliath, celui qui a dénoncé le système politique, c'est Bernard Tapie ! Et cela, malgré les déménagements dans la nuit de meubles et de tableaux de prix, malgré la mise en cause de cinq ou six juges différents connus pour être coriaces, malgré l'intervention outrée du président du Crédit Lyonnais. Toutes ces offensives sont apparues comme autant de complots politiques ourdis pour le déstabiliser. Pour près de 12 % des Français, Bernard Tapie est devenu le symbole de la lutte contre l'establishment politique et financier. Arsène Lupin préféré à Tintin ? Misère !

14 juin

Après une telle contre-performance, Michel Rocard peut-il sérieusement être le candidat de la gauche, l'année prochaine ? Non, cela ne marchera pas, il ne pourra pas, en moins d'un an, se relever de ce désastre.

Au bout d'un an de gouvernement Balladur, alors que la droite se divise ou s'apprête à se diviser, la gauche est encore plus bas qu'en 1993. Alors, je sais bien qu'on va dire au PS que Mitterrand a aidé

Tapie et qu'il a saboté la candidature Rocard. Oui, certes. Mais si Rocard avait résisté, s'il avait fait une bonne campagne, s'il avait dénoncé avec vigueur, et en étant écouté, le gouvernement Balladur, en serait-il là aujourd'hui ? Mitterrand ne l'a pas aidé, mais il ne s'est pas aidé lui-même. Il a voulu faire comme Mitterrand en 1971 : construire le Parti ou plutôt le reconstruire. Il n'en avait pas le temps. Confronté à la petite vie de la rue de Solferino, il s'est enfermé dans le PS alors qu'il aurait dû au contraire en sortir. Les Français n'ont à peu près jamais entendu sa voix depuis 1993, même lorsque le vacarme dans la rue était assourdissant, au moment du CIP...

Je me souviens que, porté à la tête du PS à titre provisoire après avoir débarqué Fabius du premier secrétariat, il avait eu, le 3 avril 1993, quelques phrases grandioses : « Ce que nous avons à faire, avait-il dit, est d'une ampleur, si je peux oser le mot, gigantesque[1]. ». « Fou, fantastique et peut-être exaltant » : c'est par ces mots qu'il avait résumé son désir et son espérance.

Rocard, que nous avons tous connu enthousiaste, théoricien du socialisme moderne, s'est transformé en apparatchik. La mécanique du PS les broie tous les uns après les autres : après Mauroy, Fabius. Après Fabius, Rocard. Pourquoi ces putsches, ces bagarres, ces abordages à la hussarde qui laissent des morts de tous côtés ? Pour 14 % !

1. Il avait poursuivi : « J'ai la conviction qu'une chance nous est offerte de refonder la pratique de la transformation sociale dans le monde moderne avec une liberté d'innovation, de création et de reconstruction comme peu de responsables politiques en ont eu avant notre nouvelle direction. Fou, mais fantastique et peut-être exaltant ! »

Bernard Tapie n'avait pas de ces pesanteurs-là. Il en avait d'autres, judiciaires, plus paralysantes encore. Il a fait une campagne excellente, voilà tout, sur le terrain et à la télévision, comme s'il avait fait sienne l'énergie que Rocard a perdue rue de Solferino.

Fin juin

Le livre s'appelle *Une nouvelle France-réflexions.* C'est Jacques Chirac qui l'a écrit. Personne n'en savait rien : il avait bien annoncé, le mois dernier, qu'il louait une maison de campagne près de Paris, à Montfort-l'Amaury, pour y réfléchir tranquillement. Le fruit de la réflexion est là : un petit livre bleu de cent quarante et une pages. Le plus important a été le secret. L'éditrice, Nicole Lattès, a su jusqu'au bout, ce qui est une prouesse, garder le secret, allant jusqu'à cacher le nom de l'auteur à l'imprimeur. La surprise a été totale. Chirac, qu'on accuse parfois de ne pas savoir tenir sa langue, n'en a parlé à personne, hormis à sa fille Claude, bien entendu. Nous sommes deux à avoir été prévenus, et encore, le dimanche précédant la sortie du livre le lendemain. Le second a été Paul Guilbert, parce qu'il réalisait ce jour-là une interview du maire de Paris destinée à être publiée les jours suivants. Chirac a dédicacé ainsi, en manière de plaisanterie, son livre à Guilbert : « Et pourtant, il pense. Enfin, n'exagérons rien : il réfléchit. »

Nul doute que le livre doive une grande partie de son contenu au travail de Jean-Pierre Denis, qui, depuis des mois, incitait Jacques Chirac à préciser sa pensée dans un ouvrage. Une phrase en exergue résume le propos : « C'est le déclin quand l'homme dit : "Que va-t-il se passer ?", au lieu de dire : "Que vais-je faire ?" » Il fait, en quelques pages, l'éloge du volontarisme politique, seul capable d'assurer un retour, partiel mais significatif, à l'emploi.

L'effet de surprise y est pour beaucoup. On le croyait à terre : Jacques Chirac marque par son livre le début du dernier été avant l'élection présidentielle.

Fin juillet-début août

Avant que je ne parte en vacances, Bernard Pons me raconte que par une fin d'après-midi ensoleillée de ce début d'été, dimanche dernier, il s'en est allé rendre visite à Chirac à l'Hôtel de Ville. C'est le dimanche, désormais, que le maire de Paris reçoit amis et confidents – enfin, ce qu'il en reste... Tous les autres jours de la semaine ou presque, il court la France. Maurice Ulrich et le jeune Jean-Pierre Denis font marcher la machine quand il n'est pas là. Le dimanche, Chirac se pose : en pull-over l'hiver, en manches de chemise l'été, il accueille ses visiteurs avec amitié et affabilité. Il faut dire qu'en ce moment il n'y en a pas beaucoup, de visiteurs. Parmi les journalistes, il n'y a guère que Franz-Olivier Giesbert, Paul Guilbert et moi qui l'approchons, toujours ce jour-là.

En un an, de juillet 1993 à juillet 1994, Jacques Chirac n'est pas remonté dans l'opinion publique ; il est à 15 points derrière Édouard Balladur. Il est vrai qu'il affecte le plus grand détachement à l'égard des sondages, et qu'il doute des études commandées par Matignon. Il ne se prive pas d'ironiser – c'est un de ses morceaux de bravoure – sur le fil direct qui relie l'universitaire Hugues Portelli, membre du cabinet de Balladur, et Jérôme Jaffré, directeur de la Sofres.

Pourtant, Pons a attaqué bille en tête : « Jacques, il faut s'y faire : je crois que vous allez être élu Président l'année prochaine. » Au moment où il le dit, me raconte-t-il, il pense être le seul, ou à peu près, à croire encore dans les chances de Chirac. Celui-ci, en revanche, n'en doute toujours pas. Il lui répond avec calme : « Ah bon ? Pour tout vous dire, je le crois aussi. Mais qu'est-ce qui vous fait être aussi certain de la victoire ? »

Pons énumère : Balladur est finalement plus fragile qu'on ne le croit à Matignon ; le RPR, fidèle dans sa majorité à Chirac, survivra au départ éventuel de Charles Pasqua qui ne peut que marcher derrière Balladur ; enfin, le PS ne se relèvera pas de son dernier échec. La conviction de Bernard Pons, il le dit à Chirac, est que Jacques Delors ne sera pas candidat.

Que lui a répondu Jacques Chirac ? Que c'était son avis, que Delors n'irait pas à la bataille. Bernard Pons était très remonté par cette conversation. Il part en vacances, sans doute dans le Lot, regonflé à bloc.

23 août

Vu Alain Juppé, retour d'Italie, hier. Ce n'est pas de politique étrangère qu'il veut parler ce matin à RTL où je l'interroge. Il arrive chargé d'un message du Premier ministre : la privatisation de Renault est virtuellement abandonnée. Il est là, manifestement, pour plaider que la gauche avait certes commencé à vendre Renault par petits bouts, et que l'actuel gouvernement, au contraire, compte bien en garder la majorité. Je traduis : nouvelle reculade du Premier ministre qui ne veut pas risquer un conflit social en cette fin d'été.

Juppé n'est pas le messager du gouvernement, en revanche, quand il parle de Pasqua : « Il fait le coup tous les ans, me dit-il, le micro sitôt fermé. Il prend quinze jours de vacances en juillet, au moment où tous les ministres continuent à travailler. Puis il revient en août pour montrer qu'il est seul à la barre pendant que tout le monde se la coule douce ! »

Question sur le duel Chirac-Balladur. Quand lui, Alain Juppé, choisira-t-il entre le président du RPR et le Premier ministre ? Quand fera-t-il savoir de quel côté penche son cœur ? La situation pour lui est-elle vivable ? Il répond : « Pour moi, le choix est clair. Qui a écrit, demande-t-il, qu'il ne fallait pas que le même homme soit à la fois Premier ministre et candidat à la présidentielle ? Ce n'est pas moi, c'est Édouard Balladur. »

Aujourd'hui, c'est Nicolas Sarkozy qui est au micro, à la place occupée hier par Alain Juppé, à 7 h 50. Il annonce un budget social : contre l'exclusion, pour les créations d'emplois. Façon de couper l'herbe sous le pied de Jacques Chirac.

Déterminé, énergique, tel qu'il m'apparaît aujourd'hui, Sarkozy s'est tout entier jeté dans la campagne présidentielle. Il raconte en quelques mots sa stratégie, je veux dire : celle d'Édouard Balladur. Il s'agit de démontrer dès les prochains jours que, contrairement à ce que l'on dit, le Premier ministre n'est pas isolé au sein du RPR. Que Jacques Chirac n'y est plus seul maître à bord, en tout cas pas chez les parlementaires RPR.

Balladur ne se rendra pas à l'université des jeunes RPR. Il sera en revanche bien présent aux journées parlementaires de Colmar, fin septembre. « Après tout, appuie Sarkozy, il est le chef de la majorité parlementaire. Il est naturel qu'il vienne prononcer un discours à Colmar. » Sans doute pense-t-il que de ces journées parlementaires sortira un appel à la candidature Balladur, ou quelque chose d'approchant. Balladur fera mine de s'offusquer, de se plaindre de cette initiative intempestive dont on saura par ailleurs qu'elle est entièrement fabriquée. Puis, jusqu'au mois de janvier, on fera de la figuration intelligente avant le sprint final.

La baisse des impôts – il s'agit tout de même de 19 milliards pour 1995 – laisse Robert Hue indifférent. Il énumère au micro, ce matin, en lisant sur une fiche des chiffres écrits en rouge et en noir, les autres ponctions opérées sur le portefeuille des contribuables : impôts indirects, taxes multiples, CSG, etc. Et rouspète devant la supercherie qu'il y a à parler de baisse d'impôts alors que les prélèvements ne cessent de progresser.

Dans l'après-midi, Chirac me reçoit à l'Hôtel de Ville pour me parler d'abord des cérémonies du 50e anniversaire de la libération de Paris, qui doivent avoir lieu ce soir et qui seront, assure-t-il, grandioses. Et puis nous évoquons pendant plus d'une heure sa stratégie. Comment lutter contre Balladur ? Les moyens, l'influence, le pouvoir sont à Matignon ; Jacques Chirac est, si j'ose dire, payé pour le savoir. Comment sauvegarder l'unité du RPR dont les parlementaires sont démarchés chaque jour par les envoyés du Premier ministre ? Comment y imposer sa loi alors que Balladur est structurellement le chef de la majorité ? Hier, les deux hommes auraient conquis le pouvoir en un tournemain. Désunis, qui dira les haines, les procès, les crocs-en-jambe qui les opposeront, et opposeront leurs amis dans les mois qui viennent ?

La détermination de Chirac est entière, pourtant. Il affecte de croire qu'Édouard Balladur ne se présentera pas : « Non pas pour des raisons morales, souligne-t-il, perfide, non, cela, je ne le crois plus. » Il croit que si Balladur se heurte à une volonté plus forte que la sienne, il préférera se retirer plutôt que de l'affronter. En outre, il le dit sans fard, il pense, comme il l'a d'ailleurs déclaré à plusieurs reprises à Charles Pasqua depuis 1992, qu'« Édouard ne sera pas candidat tout simplement parce qu'il est incapable de faire campagne ». Je tombe des nues : comment ça, incapable de faire campagne ? Parce qu'il n'a pas l'habitude de serrer les mains sur les marchés, de faire du porte à porte, d'entrer dans un magasin pour aller glaner deux ou trois voix supplémentaires. « Et puis, surtout, me dit Chirac, parce qu'il a été trop gâté par la vie politique, qu'il a tout eu sans rien risquer. »

Il s'est tout de même fait élire dans le XVe arrondissement, non ? Réponse immédiate : « Il ne connaît même pas la rue Saint-Charles.

S'il la connaît un peu, c'est parce que je l'ai faite avec lui. Il a été élu parce que je l'ai fait élire. N'importe qui, à sa place, aurait été élu ! »

Le poste de ministre d'État, ministre des Finances ? « À qui le doit-il, sinon à moi ? » Matignon, en 1993 ? « Si je n'avais pas gagné les élections législatives, si le RPR n'avait pas été le premier parti de France, si j'avais voulu être Premier ministre, aurait-il été nommé ? »

Je comprends mieux avec quels sentiments, dont il n'a jamais parlé et que nous, journalistes, n'avons pas même imaginés, Chirac a laissé Mitterrand nommer Balladur. Il ne dit pas, mais suggère que le caractère et le sens politique d'Édouard Balladur ne sont pas à la hauteur du destin présidentiel qu'il ambitionne. C'est parce qu'il le pensait faible, de caractère fragile, et pas le moins du monde charismatique, qu'il l'a placé en première position pour occuper Matignon...

Le malentendu entre les deux hommes est complet : alors que les balladuriens peaufinent un plan de bataille dont l'objectif essentiel est le retrait de Chirac, celui-ci, au même moment, pense que Balladur ne se présentera pas.

Quoi qu'en pensent les deux Nicolas, Bazire et Sarkozy, sa candidature à lui, il me le répète pour que je n'en doute pas un seul instant, est acquise. Pour qu'elle ait de vraies chances de succès, il faut réunir deux conditions.

La première est qu'il ne soit pas écrasé par Balladur dans les sondages. Il ne l'est pas pour le moment. Distancé, oui ; écrasé, non. D'autant qu'il ne croit pas que la gauche se relèvera d'ici au printemps prochain. Dans ce cas, Balladur ne pourra pas apparaître comme le seul sauveur de la majorité face à une opposition qu'il qualifie de « frétillante ».

Seconde condition : l'existence d'un candidat UDF. Si Balladur est ce candidat, alors la victoire de Chirac deviendra aléatoire. Mais, autrement, si un candidat bloque sur lui au moins une moitié des voix de l'UDF, elle devient largement possible. Qui serait ce candidat UDF ? Giscard ? « Non, dit Chirac, il ne pourra pas se présenter. » Qu'est-ce qui l'en rend si sûr ? « Il veut rester dans la vie politique, donc il ne va pas vouloir assumer l'échec que lui prédisent les sondages. »

Alors, qui ça ? Léotard ? Jacques Chirac y avait bien sûr pensé, mais c'était au moment où les deux hommes étaient proches. Depuis lors, Léotard a choisi son camp, celui de Balladur. Monory ? Chirac ne dit pas non. Ce serait son favori : il me rappelle que Monory a été le seul à ne pas lui tourner le dos lorsqu'il a démissionné du gouvernement, en 1976. « Les crédits de la Corrèze n'ont jamais eu à en souffrir, car, aux Finances, il y a veillé personnellement. »

Je lui demande si le rapprochement entre Alain Madelin et lui a valeur de symbole. Il me répond de façon évasive qu'il a prévu, à la fin septembre, une rencontre « purement technique » sur la politique industrielle, ainsi que sur les petites et moyennes entreprises, mais qu'il ne faut surtout pas en tirer immédiatement de conclusion politique. J'en tire immédiatement une : attirer à lui un des leaders du mouvement républicain, c'est faire le pendant de ce qu'a réussi à faire Balladur avec Léotard. Diviser l'UDF est toujours bon à prendre, même et surtout s'il souhaite la présence d'un de ses candidats en 1995.

« De toute façon, achève-t-il, si je ne suis pas élu, je ne me roulerai pas par terre ! » C'est la première fois depuis 1993 que je l'entends douter ainsi de sa victoire. Preuve que la façade est en train de se lézarder, même en échafaudant ces considérations stratégiques.

Je lui demande si, à son avis, Édouard Balladur a enterré toute réforme, ou s'il n'en fera plus d'ici le mois de mai prochain. « Oh, il en fera, dit-il, si la Sofres, après expertise, lui dit qu'il peut les faire. Si la Sofres dit non, il ne bougera pas. »

Incidemment, Chirac me révèle à cette occasion qu'il a, lui, arrêté de commander des sondages à la Sofres. Son commentaire : « Je veux bien que Jérôme Jaffré vive, mais je ne veux pas lui donner d'argent. »

Il s'attend effectivement à ce que Balladur, peut-être par l'intermédiaire de Sarkozy, livre un premier combat à l'occasion des prochaines journées parlementaires. « Je n'en ai pas encore parlé à Bernard Pons », dit-il de façon laconique – ce qui laisse présager la mise au point d'une contre-attaque.

Passons à la gauche. Chirac se montre très sceptique sur l'éventualité d'une candidature Delors : « De toute façon, s'il se présente, je lui donne quinze jours avant de connaître une formidable désillusion. Sa fille Martine, elle, aurait des chances : elle est une vraie candidate de gauche, avec des soutiens à droite. Elle est intelligente, elle a du charme, elle est compétente, et elle a les patrons à ses pieds. Ce serait la meilleure candidate que la gauche puisse trouver. »

Je garderai longtemps dans mon souvenir ces cérémonies commémorant la libération de Paris. Chirac avait raison, elles sont extraordinairement émouvantes. La plus importante a été organisée à la nuit tombée à l'Hôtel de Ville, là où, il y a cinquante ans, mon ami Roger Stéphane, un des plus jeunes héros de la Résistance, s'illustrait, les armes à la main, en risquant sa vie. Difficile, impossible même de ne pas penser à lui ce soir.

Deux tribunes se font face sur la place de l'Hôtel de Ville, dans le sens de la largeur. Je suis dans la tribune opposée à celle où sont installés Chirac, Mitterrand, Balladur et Simone Veil. Derrière eux, aux places d'honneur, les combattants encore vivants qui participèrent à la libération de la capitale, dont Maurice Kriegel-Valrimont, bouleversé. La reconstitution des événements d'août 1944 est grandiose. Vraiment à couper le souffle ! Des rues voisines, du Bazar de l'Hôtel de Ville, des quais de la Seine, surgissent les 12 CV Citroën des FFI, les chars de la 2e DB, les autobus à impériale des années 1940, et cette foule, surtout, venue de tous côtés, vrais figurants ou Parisiens anonymes, à pied ou à vélo. Non, jamais je n'oublierai ces images-là.

La cérémonie a commencé, comme il se doit, par les discours. À la tribune officielle, il y a aussi place pour l'émotion. D'abord parce que personne, parmi les présents, n'avait imaginé que la foule serait aussi enthousiaste, aussi émue, aussi patriote qu'elle l'est ce soir. Dans son discours, Édouard Balladur parle d'une période, celle de la collaboration, où le pays manqua singulièrement « de cohésion et d'unité ». Jacques Chirac est éloquent, ému : après avoir récité, devant les assistants triés sur le volet, un poème de René Char, il a quelques phrases gaulliennes sur l'esprit de la Résistance, la détermination de quelques-uns, la volonté qui peut faire des miracles, déplacer les montagnes, libérer les peuples asservis...

Mitterrand, après lui, parle de l'unité des Français, de leur détermination, de leur victoire. Un discours sobre et grave : ce qu'il fallait ce soir. On n'est pas là pour parler de la France divisée de 1940, des résistants et des collaborateurs, de la police de Vichy ou de la rafle du Vel'd'Hiv.

Plusieurs observations en marge de cette grande soirée. Juste avant que les milliers de figurants prévus n'envahissent la place, Chirac a conduit Mitterrand dans son bureau à l'intérieur de l'Hôtel de Ville.

Leur absence ne devait durer que quelques minutes. Je me suis demandé, au début, quelle conversation fut celle des deux hommes pendant le long chemin qui sépare la place du bureau du maire de Paris. J'ai même pensé que le président de la République devait éprouver un malicieux plaisir à « tromper » son Premier ministre avec Jacques Chirac, à montrer qu'il pouvait exister, entre eux deux, une autre connivence. Et puis l'absence des deux hommes s'est prolongée à tel point que je me suis demandé si Mitterrand n'avait pas eu un malaise : cela m'a fait évidemment penser à ce jour où, à la Sorbonne, Mitterrand avait abandonné interminablement Philippe Séguin sur le plateau de TF1 pendant que son médecin, Claude Gubler, lui administrait je ne sais quelle potion magique pour le mettre en état de reprendre le cours de l'émission.

Pendant tout ce temps qui n'en finissait pas, le Premier ministre est resté immobile dans son fauteuil tendu de rouge, figé dans le recueillement, sans que son visage trahisse impatience, étonnement ou inquiétude. Il n'en menait pas large, pourtant, imaginant sans doute le pire, comme nous le faisions tous.

Et puis Mitterrand est revenu comme il était parti, pâle, très pâle et solennel. Aucune explication, bien sûr, n'a été donnée à son absence.

Deuxième observation, plus politique. Les anciens résistants communistes, donc, avaient été conviés à participer à la commémoration de ces jours où ils avaient, eux, les armes à la main. Geste éminemment symbolique et politique. Il y a toujours eu, depuis la Résistance, un lien particulier entre les communistes et les gaullistes, comme si les combats de la guerre restaient, entre eux, une sorte de lien, tacite mais solide, au-delà du temps et des antagonismes politiques. Les anciens combattants communistes ne sont pas là par hasard, ou parce que Jacques Chirac serait gentil avec eux. Ils sont là parce qu'au second tour de l'élection présidentielle, et même peut-être dès le premier, ils feront la différence entre Chirac et Balladur. L'interprétation politique de l'ouverture de Chirac aux communistes a tout de suite sauté aux yeux perspicaces de Simone Veil qui a un instant pensé – me dira-t-elle après la cérémonie – s'en aller.

27-28 août

Jacques Delors et tous les siens sont à Lorient pour la rencontre annuelle des « transcourants », baptisés ainsi parce qu'il s'agit des amis de Jacques Delors appartenant à tous les courants du PS. Cette année, il y a évidemment foule, puisqu'après l'échec de Michel Rocard, tous les espoirs socialistes vont vers le président de la Commission de Bruxelles.

Pourquoi Lorient, pourquoi dans le port qui voit chaque année partir la course des monocoques à destination de Saint-Barthélemy ? Parce que la première réunion deloriste date de 1984. Yves Le Driant était, parmi les « transcourants », le seul alors à être maire d'une ville importante. Il a proposé aux partisans de Jacques Delors de se réunir chez lui. Par la suite, Lorient a été acceptée comme le lieu fondateur du delorisme. Lorient deviendra-t-elle, pour les socialistes deloristes, comme le Solutré de Mitterrand ? C'est la question que tout le monde se pose, gratin socialiste et journalistes, en se retrouvant dans le train, puis en arrivant, samedi, dans la cité du Morbihan. « Il n'y a ici que deux étages à monter, et pas une colline ! plaisante Le Driant en nous accueillant dans la salle de réunion située dans une petite bâtisse proche de la mer. Ce n'est pas un exploit ! »

On dit à juste titre que les courants divisent le Parti socialiste. Aujourd'hui, pourtant, se retrouvent ici les représentants de toutes les tendances qui s'étripent à d'autres moments rue de Solferino. En quelques minutes, je croise Jack Lang et Henri Weber (tendance Fabius), Line Cohen-Solal et Michel Delebarre (tendance Mauroy), François Hollande et Ségolène Royal (tendance Delors, les premiers même des deloristes), sous l'œil bienveillant de Maurice Bennassayag, venu depuis l'Élysée jeter un coup d'œil.

Arrivent en lever de rideau Martine Aubry, qui fuit les photographes, et Pascal Lamy, principal lieutenant, à Bruxelles, du président de la Commission européenne.

Jacques Delors n'entre dans la salle que vers 18 h 15, vêtu de son vieux blouson marron, quelques minutes après Jack Lang, pantalon noir, veste de couleur parme très clair. Les deux font un tabac.

Monique Lang, qui accompagne son mari, me dit d'un air convaincu que Delors ne pourra pas résister à la pression de ses amis. « Mais si Delors n'y va pas, me demande-t-elle, pourquoi pas Jack ? Lui au moins a montré qu'il savait faire campagne, et bien ! Avec des idées et des caméras, avec des jeunes pour bouger, et des vieux pour regarder... »

Jacques Delors est en très bonne forme. Au fond, toute cette agitation, cette bousculade même ne sont pas pour lui déplaire, même s'il affecte de s'en étonner.

Les journalistes s'agglutinent autour de lui, d'autant plus qu'ils ont tous lu, dans le train, l'article d'Élisabeth Schemla dans le *Nouvel Observateur* de cette semaine : « Peut-il ne pas être candidat ? » À cette question, Élisabeth répond : « Il cédera. Au début de l'année 1995, Jacques Delors se déclarera candidat à l'élection présidentielle. Les socialistes n'ont pas d'autre champion à mettre en lice. » Elle décrit très bien le paradoxe de cet homme qui n'aime pas le pouvoir pour le pouvoir, qui est placé dans une situation sans précé-

dent sous la Ve République : « Il a des chances de l'emporter, et pourtant, c'est sous la contrainte qu'il participerait au tournoi présidentiel. »

J'ai soigneusement annoté, comme tous mes confrères, le papier du *Nouvel Observateur* dans le train. Et voilà donc pourquoi, aujourd'hui, nous sommes tous là.

Je m'amuse, à partir de maintenant, à relever, dans deux colonnes séparées de mon cahier, toutes les phrases lancées par Jacques Delors aux journalistes, toutes ses attitudes et déclarations qui, à mon sens, traduisent sa volonté de plonger dans la bataille présidentielle, d'un côté, et, de l'autre, celles qui l'en éloignent.

En faveur de l'engagement dans le combat, notes prises en vrac :

– Le fait qu'il ménage Bernard Tapie, qui n'est pourtant pas sa tasse de thé. Il se rappelle à coup sûr ce qu'a dit Tapie en juin dernier : « Si Rocard est candidat du PS à la présidentielle, je me présenterai. Pas si c'est Delors. »

– Son attitude à l'égard des journalistes : il passe beaucoup de temps avec eux, leur fait des demi-confidences, et biche lorsqu'il les voit se précipiter pour en faire une dépêche. Il les rudoie aussi par moments avec ironie : « Vous avez dans la tête, nous dit-il, un *homo politicus* prédéterminé. Et vous analysez la politique comme vous le feriez d'une comédie de boulevard ! »

– Ses considérations sur le PS : s'il ne va pas au combat, le PS, dans l'état où il est, ne peut que péricliter.

– Le ton polémique, nouveau, qui est le sien : il est déjà dans la bagarre politique. Notamment lorsqu'il dit à propos de Balladur ou de Chirac : « Il y a des gens qui n'ont jamais parlé du social, qui font mine de trouver aujourd'hui que c'est important pour la France, alors qu'ils ne s'y intéressaient pas quand moi je m'y intéressais. C'est un grand tort d'avoir raison trop tôt... »

En revanche, il nous a tous prévenus : il ne faut pas compter sur lui pour dire un mot sur sa propre candidature. Il n'est cependant question que de cela : il donne l'impression de ne pas avoir du tout envie de se lancer dans la campagne présidentielle quand il hasarde cette analyse : « La problématique politico-électorale n'a pas changé depuis le club Jean Moulin et les analyses de Defferre à Horizons 80. » Autrement dit : il n'y a rien à faire pour ouvrir la gauche socialiste. Ou lorsqu'il parle de lui en ces termes : « Je comprends que des gens naissent avec des ambitions, mais je ne suis pas fabriqué comme ça. »

Bref, je passe toute la journée à hésiter, à peser, soupeser, disséquer ses paroles. Sans succès : je ne sais absolument pas, au bout de ces heures passées à l'écouter, s'il veut ou pas être candidat.

27 août au soir

Nous sommes une vingtaine à peu près à qui des émissaires ont fait savoir en fin d'après-midi que si nous n'avions pas autre chose à faire ce soir, Jacques Delors serait ravi de dîner avec nous. À l'heure dite, nous nous retrouvons dans un restaurant sur la jetée.

Étonnant dîner. Delors est en forme, manifestement, avec une sorte de gaieté, voire de jubilation plutôt rares chez lui. Qu'en conclure ? Sa conversation du soir ne me renseigne pas plus que celle de l'après-midi.

Il en ressort néanmoins :

– Que Balladur est, à ses yeux, sûr d'être élu, et qu'il est le meilleur pour l'Europe, car c'est un homme d'État. « On ne peut pas en dire autant de Chirac », souligne Delors, ni, rétrospectivement, de Bérégovoy qui, « par son acharnement gestionnaire et sa vanité, a mis la gauche dans l'état où elle est aujourd'hui ».

– Que Mitterrand a certes envie qu'il se présente, et qu'il le lui a fait savoir. Il ne peut néanmoins s'empêcher de dire, en une sorte de boutade qui n'en est pas une : « Il a envie que je me présente, mais pas forcément envie que je gagne ! »

– Que, d'ailleurs, la droite étant majoritaire, et Balladur étant ce qu'il est, lui, Delors, n'a aucune chance d'être élu.

Mais, lui objectons-nous en essayant de l'acculer dans ses retranchements, si lui, Delors, arrivait à réunir 49 % des suffrages, ne serait-il pas néanmoins le sauveur de la gauche ? « J'ai assez fait pour la gauche, nous répond-il, j'ai assez donné. J'ai derrière moi cinquante ans de travail politique. Ça suffit ! »

Les maires socialistes, la puissance municipale socialiste, celle que représente ce soir Yves Le Driant, n'ont-ils pas besoin de quelqu'un de crédible pour les défendre, porter leurs couleurs ?

« Ce n'est pas mon problème. »

Autres phrases que j'entends sans qu'apparemment certains, peut-être assis plus loin de lui au cours du dîner, les entendent ou les retiennent, mais que je note soigneusement : « Pourquoi, à 69 ans, après cinquante ans de vie professionnelle, m'engagerais-je dans un quinzième métier ? » Et encore : « Je comprends que des gens naissent avec des ambitions, mais je ne suis pas comme cela. » Je ne pense pas que ce soient là des coquetteries.

Les jugements qu'il porte sur les gens sont très sévères, méchants même sur certains. Sur Bérégovoy, j'en ai parlé plus haut. Il y reviendra plusieurs fois tout au long du dîner. Michel Rocard est son ami, certes, mais il lui a « emprunté » les analyses de la « deuxième gauche », il a détourné à son profit l'idéologie politique dont Delors était l'inventeur. Mauroy ? « Il n'a qu'à se présenter lui-même ! » Il le dépeint dans son département du Nord comme un tueur, « un bouffeur d'enfants », ce qui ne manque pas de sel lorsqu'on sait que Martine Aubry va être numéro 2 pour les municipales de Lille... Fabius ? « Il sera le premier, si j'échoue, à dire que j'ai fait une mauvaise campagne, et il en profitera pour assassiner ma fille. »

À propos des équilibres internationaux et européens, il parle longuement de Helmut Kohl et de la situation allemande, pour regretter que la France ne prenne pas le même chemin que l'Allemagne, que les syndicats ne soient pas, en France, ce qu'ils sont en Allemagne. Pour lui, « la vérité est que l'Europe est le fruit des gouvernements sociaux-démocrates d'une certaine époque. Cette Europe-là est entrée en crise ; la social-démocratie aussi.

– Mais les Anglais ? demande Jean-Noël Jeanneney.

– Peut-être s'en sortiront-ils.

– Et les Allemands ?

– Ils ont la chance, eux, d'avoir un leader social-démocrate intéressant. »

Donc, aucune chance à ses yeux pour une social-démocratie française, et notamment pas de chance d'instaurer, entre les syndicats et le Parti socialiste, une coopération à l'allemande.

Lorsque le dîner se termine, nous nous retrouvons à quelques-uns à nous interroger sur son dessein. Pour certains d'entre nous, sa candidature ne fait plus aucun doute : c'est le cas d'Élisabeth Schemla qui, après l'avoir pensé hier, en est aujourd'hui encore plus convaincue. Pour d'autres, dont je suis, Delors ne sera pas candidat, essentiellement parce que les conditions de sa victoire ne sont pas réunies à ses yeux. C'est Mitterrand qui a dit à propos de lui, je ne sais plus qui l'a rapporté : « Delors, il ne veut pas être élu à la présidence de la République, il voudrait y être nommé. »

30 août

Jacques Attali ne veut rien me dire des activités de la « cellule élyséenne » sur lesquelles les journaux réclament aujourd'hui des explications. En revanche, c'est après l'émission qu'il se montre le plus disert. Il croit que Jacques Delors va finir par se présenter, mais juge, avec d'autres socialistes, qu'il ne faut pas le supplier de le faire. Si Delors ne se décide pas, ce sera sans doute à Pierre Mauroy que reviendrait la tâche. Ou alors Jack Lang, toujours prêt.

« Si tout continue comme maintenant, dit-il, c'est naturellement Édouard Balladur qui a le plus de chances. Il ne fera donc plus rien avant l'élection. Reste la possibilité, toujours réelle, d'une crise monétaire. »

Balladur, raconte-t-il, n'est pas aimé dans les milieux financiers internationaux, parce qu'il a creusé le déficit plus que n'importe quel autre Premier ministre de la Ve République ne l'a fait. « Il aurait dû depuis longtemps baisser les taux d'intérêt, et alors le déficit aurait été presque rentable pour les finances et l'économie françaises. Il ne l'a pas fait. »

Les chances de la gauche pour 1995 ? « Il est vrai que la droite est majoritaire en France ; la gauche n'a de chances de gagner que si la droite est divisée et se heurte à des problèmes économiques. Cela a été le cas en 1981 et 1988. Alors, tout peut arriver. »

1er septembre

Jean-Marie Le Pen au palais des congrès de la Baule où le Front national vient de se réunir. Après son interview, toujours difficile (ou bien on est trop agressif avec lui, et on passe pour un interviewer inutilement partial, ou bien on l'interroge comme on le ferait d'un homme politique ordinaire, et dans ce cas on est complaisant), il m'assure, assez content de son effet : « Je vais vous dire qui sera le candidat socialiste en avril prochain. Ni Rocard, ni Delors. Je vous l'annonce aujourd'hui : ce sera Lionel Jospin. » Pourquoi Jospin ? « Parce qu'il a une bonne tête, qu'il est intègre, et qu'en plus, cela se voit ! »

1994

Sondage exclusif CSA pour le *Nouvel Économiste*[1] : les Français continuent, après des hauts et des bas, à plébisciter Balladur. Sur tous les thèmes – croissance de l'économie, lutte contre l'insécurité, santé du franc, lutte contre le chômage, maintien de la cohésion sociale, place de la France dans le monde, maîtrise des déficits publics, impartialité de l'État –, Balladur arrive en première position. Chirac aura fort à faire pour remonter la pente. D'autant que, chez les sympathisants du RPR aussi, Balladur le devance très nettement. Quant à l'électorat UDF, n'en parlons pas !

Les experts ont beau dire que Balladur a laissé filer les déficits de l'État, que Jacques Chirac a beaucoup plus allégé les impôts que l'actuel Premier ministre, qu'il a également beaucoup plus déréglementé l'économie, rien n'y fait. Balladur jouit d'une formidable popularité dans la majorité, et l'opposition a perdu pied.

2 septembre

Les universités d'été des jeunes RPR – ce sont les douzièmes – ont lieu cette année à Bordeaux. Mauvaise date pour moi, alors que c'est la rentrée des médias et que je dois assurer une présence quotidienne sur RTL. Je suis donc cela de loin, à travers les déclarations des uns et des autres à la radio et à la télévision.

Une absence remarquée : celle de Balladur.

Il n'y a plus aucune ambiguïté sur l'attitude d'Alain Juppé. Celui-ci est le premier, à ma connaissance, à lancer à Chirac un appel

1. Sondage réalisé les 31 août et 1er septembre.

solennel, follement ovationné par les deux mille jeunes présents dans la salle : « Vous vous demandez, leur dit-il, avec qui vivre votre passion ? Que Jacques Chirac nous montre le chemin ! »

Cela vaut pour le moins l'appel de François Léotard à Balladur en décembre dernier. Égalité...

Pendant ce temps, universités d'été socialistes à La Rochelle. À gauche toute derrière Emmanuelli[1] ! Une politique de gauche prônée par le nouveau premier secrétaire du Parti socialiste qui ne se préoccupe pas le moins du monde de la candidature de Jacques Delors. On marche sur la tête : tout est fait pour rebuter ce dernier alors qu'il est le seul à avoir une chance d'être élu. C'est à n'y rien comprendre !

On verra, dit Emmanuelli, en janvier prochain. J'espère pour eux qu'ils n'attendront pas, pour décider de leur candidat, le lendemain de l'élection présidentielle !

5 septembre

Décidément, ce sont les grandes manœuvres pré-présidentielles. Pour ne pas être en reste, le Parti républicain s'est également réuni hier à Carcans-Maubuisson. Confortés par les sondages dans leur ardeur à se prononcer pour Balladur, une ribambelle d'intervenants ont exprimé le souhait d'une candidature unique de la majorité en 1995 – celle, évidemment, du Premier ministre.

À deux exception près : celle d'Alain Madelin, qui semble pencher pour Chirac, et celle de Charles Millon, qui plaide inlassablement pour une candidature UDF séparée. J'avoue ne pas comprendre comment il peut camper sur cette position : François Léotard a ouvert la voie à la fin 1993, ses amis le suivent ; que peut faire le petit Millon, complètement isolé dans son camp ? Et pourquoi une candidature UDF qui, face à Balladur et à Chirac, serait d'emblée marginalisée ?

Pour Léotard et ses amis, Balladur est incontournable.

1. Henri Emmanuelli a été désigné premier secrétaire du PS, à la place de Michel Rocard en juin 1994.

12 septembre

Intervention télévisée de Mitterrand sur France 2, ce soir. Terrible ! D'abord parce qu'il a l'air visiblement très touché par le ou les traitements anticancéreux dont il est l'objet. Son apparence diaphane, sa peau livide et translucide, tout cela est révélé de manière cruelle par les caméras dont on ne se méfie jamais assez. Ensuite parce que le livre de Pierre Péan [1] qui vient de paraître sur sa jeunesse et son passage par le Vichy du maréchal Pétain jette sur lui une lumière trouble, presque glauque, qu'il n'est pas parvenu, tout à l'heure, à dissiper.

Je savais, sur cette période de sa vie, ce qu'il m'en avait raconté il y a longtemps : qu'il était passé par Vichy en revenant de captivité ; que, très vite, il avait décidé de retourner à Paris où il avait créé et animé le Mouvement des prisonniers de guerre, ce qui lui avait valu de participer, à la Libération, à ce qu'on a appelé le gouvernement des secrétaires généraux. Je savais, parce que j'avais lu, comme beaucoup – le livre fut un best-seller –, *Le Noir et le Rouge*, de Catherine Nay, la plupart des faits mis en scène par Péan. De là à ce que celui-ci fasse avec son autorisation le récit de son passage par Vichy !

Un livre de Pierre Péan aurait pu être contesté par d'autres historiens, par d'autres connaisseurs de la vie de Mitterrand, par d'autres témoins peut-être. À partir du moment où il a été autorisé, où Péan a vu plusieurs fois le Président, rien à dire, sinon à considérer comme vrai ce qui est écrit. Encore une fois, cela n'ajoute rien à ce que beaucoup d'observateurs connaissaient déjà. Ceux qui ont travaillé sur la collaboration et Vichy savent que, de 1940 à 1943, c'est-à-dire jusqu'à la bataille de Stalingrad, l'Histoire n'était pas toujours écrite en noir et blanc, mais en gris.

En tout cas, le trouble est considérable, pas seulement chez ceux des Français qui, lui étant depuis toujours hostiles, trouveront dans les pages de Péan de quoi nourrir leur antipathie, mais encore plus chez les socialistes dont bon nombre font semblant de découvrir intégralement l'itinéraire de Mitterrand, bien prudent au sortir d'une longue captivité et de plusieurs évasions, au début des années 1940, puis engagé du bon côté dans les années qui ont suivi.

Au surplus, dans cette émission pathétique, il poursuivait sans doute deux objectifs : montrer que la vérité d'un homme est toujours plus complexe qu'on ne croit. En disant à l'antenne que le régime de

1. *Une jeunesse française*, Paris, Fayard, 1994.

Vichy était « essentiellement condamnable », le moins qu'on puisse dire est qu'il a employé un euphémisme qui est loin d'être du goût de tout le monde. Le second objectif de ce passage, j'allais écrire aux aveux, de Mitterrand, était de montrer que, malgré sa maladie, il était en mesure de terminer son mandat. Après cette émission, malheureusement, le doute n'est pas levé. Qu'il dispose de l'intégrité de sa tête et de sa réflexion, c'est évident. Que, physiquement, il soit en état de supporter toutes les fatigues de la présidence, surtout à la veille d'assumer la présidence française de l'Europe, de cela personne n'a été convaincu ce soir. J'en souffrais presque pour lui.

22 septembre

Les voilà, dans la jolie petite ville de Colmar, les fameuses journées parlementaires du RPR tant attendues : par Chirac pour réaffirmer son leadership sur le parti gaulliste, par Balladur pour démontrer son emprise sur les parlementaires. Résultat : une première journée Chirac, une seconde journée Balladur. De quoi faire perdre leur latin aux parlementaires que leurs réflexes de prudence amènent tout naturellement à ménager le chou et la chèvre (qui est le chou, qui la chèvre ?)

Première journée, donc, que Philippe Séguin a placée sous le signe de l'exclusion en redisant avec force, en ouverture, que la lutte contre le chômage est aujourd'hui la priorité de la nation. L'impératif, pour lui, est l'« exclusion zéro » ! Il insiste sur le fait que le chômage continue de croître indépendamment de la situation économique et de la croissance. Qu'il se propage en se diffusant à tout le corps social comme – c'est la métaphore qu'il emploie – cinq enfants à la traîne perturbent une classe entière.

Chirac est venu à Colmar avec Alain Juppé. Il sait qu'il a le soutien de la plupart des parlementaires RPR dont celui, essentiel, du président de l'Assemblée nationale. Il est remonté comme une pendule, décochant dans son intervention quelques flèches au curare à Balladur, sous prétexte de condamner « les approches strictement gestionnaires », vantant les beautés de la promotion sociale, s'inscrivant dans la filiation gaulliste. Très applaudi.

Après lui, Édouard Balladur, plus modéré, plaide la nécessité d'une méthode souple face aux difficultés du moment, et met en garde les élus contre les dangers d'un repli sur eux-mêmes.

L'un est volontariste, l'autre pragmatique. À vrai dire, ils se complètent – ou plutôt se complétaient – assez bien. Appartenant au même parti, et pourtant opposés l'un à l'autre, derrière leurs airs de ne pas y toucher ils déroutent les parlementaires qui les écoutent et qui voudraient bien que les deux hommes se donnent la main. Ce ne sera pas pour cette fois.

Chacun s'en rend compte : viendra un moment où eux, les élus, seront bien obligés de choisir leur camp, ce qui empoisonne par avance l'année présidentielle.

Je déjeune à côté de Philippe Séguin et l'entends parler, à propos de Mitterrand et du livre de Pierre Péan, de Vichy en des termes proches des miens, disant que l'histoire n'en a pas été en noir et blanc, mais en gris, devant des journalistes plus jeunes que moi qui ouvrent de grands yeux. Sur le chômage, l'Europe, le franc fort, Séguin n'a pas varié d'un pouce. Il l'a dit avec force, tout à l'heure. Son autre préoccupation, plus politique celle-ci, est de maintenir contre vents et marées l'unité du RPR, menacée par un duel éventuel entre Balladur et Chirac. Rien de moins commode. Il pense que c'est une nécessité si l'on veut éviter que le parti gaulliste souffre d'un échec de l'un d'entre eux.

« Il ne faut pas que le RPR se perde, si Chirac perd, me dit-il. Mais il faut tout de même lui permettre de tenter sa chance. »

L'idéal, pour lui, serait qu'un débat s'instaure à l'intérieur du parti gaulliste entre Chirac et Balladur. Deux voies resteraient alors ouvertes au RPR qui échapperait ainsi à l'antagonisme entre les deux hommes.

Je lui souhaite bien du plaisir...

Dans l'après-midi, Alain Juppé est plus explicite en prônant pendant plus d'une heure l'unité du parti gaulliste : « Il ne faut pas pratiquer la politique de l'autruche, dit-il, mais regarder la réalité en face ; dans la perspective de l'élection présidentielle, il y aura plusieurs candidats dans nos rangs. Le mieux serait que se dégage une candidature d'union. Comment ? Des primaires ? Nous y sommes prêts, mais la balle est dans le camp des candidats potentiels. »

Autrement dit, ces primaires n'auront pas lieu.

Ces journées parlementaires sont destinées à gagner du temps : sans préjuger de l'avenir, tout le monde – Chirac, Balladur, Séguin, Juppé – a joué l'attentisme. Condition pour que, comme le Veau d'or, le RPR reste encore debout.

À noter qu'un proche de Séguin m'a raconté, à un autre moment du déjeuner, quand et à l'occasion de quoi Charles Pasqua s'était véritablement mis à douter de Chirac. Cela ne date pas tant de son échec à la présidentielle de 1988 que de son refus de condamner Maastricht. Séguin, qui écoute le récit qu'on me fait, approuve du chef. Pasqua était persuadé que si Chirac avait osé dire non à Maastricht, il aurait obligé Mitterrand à s'en aller dès 1992, et qu'il serait depuis cette date président de la République. On ne refait pas l'Histoire...

Seul moment de détente dans une atmosphère nouée : nous nous échappons en fin d'après-midi pour aller visiter le joli petit musée de Colmar sous la houlette du conservateur, requis par Jacques Toubon[1].

Ont suivi les journées parlementaires UDF à Vittel. Force est de reconnaître que Balladur a été mieux récompensé à l'UDF qu'au RPR. Il est venu, accompagné de plusieurs ministres. Il a vu quelques députés désemparés en quête de réconfort. Il a vaincu : Édouard Balladur a fait un véritable tabac. Pourtant, l'atmosphère était tristounette à l'intérieur du palace désuet de la ville d'eaux, après la mise en cause par le juge Van Ruymbeke de Gérard Longuet et du financement du Parti républicain dont il est le président.

Eh bien, Balladur a soutenu Gérard Longuet[2] devant le Parti républicain, tordant le cou au passage à la jurisprudence Bérégovoy selon laquelle tout ministre mis en examen doit quitter le gouvernement avant que la Justice ne se prononce. Il a gagné, ce faisant, et pour longtemps, le cœur de Longuet et des dirigeants du PR. Et il est parvenu en même temps à déjouer les plans de ceux qui, comme VGE ou Charles Millon, souhaitaient présenter un candidat à eux à la présidentielle. Bref, une réussite sur tous les plans.

Sauf, peut-être, sur celui de l'opinion publique : il faut voir ce que deviendra cette victoire tactique et politique d'Édouard Balladur lorsque plusieurs de ses ministres, et non des moindres, seront à leur tour mis en examen. Car, évidemment, l'affaire baptisée « Longuet » porte en fait sur le financement occulte du Parti républicain. Elle a pour origine une commission versée, depuis des années, en espèces

1. Ministre de la Culture.
2. Président du Parti républicain, Gérard Longuet est ministre de l'Industrie, des Postes et des Télécommunications du gouvernement Balladur depuis 1993.

à un certain René Trager par la société Pont-à-Mousson. Et puis, comme souvent, l'enquête a dévié sur un examen exhaustif du patrimoine et des revenus de Gérard Longuet, faisant ainsi peser sur lui un soupçon d'enrichissement personnel.

Longuet a décidé de se défendre : il ne quittera pas le gouvernement, et donc, Balladur lui a aujourd'hui donné raison. Il faut dire que l'enjeu est de taille : le Premier ministre a besoin du soutien d'une partie de l'UDF, donc du Parti républicain, s'il se présente en 1995. Ce n'est pas le moment de le voir exploser.

À l'issue des deux journées parlementaires de la majorité, rien n'a bougé, aucun des deux candidats putatifs n'a fait un pas en arrière. Et pas davantage de pas en avant. Le suspense continue.

3 octobre

Aparté entre l'UDF Philippe Vasseur[1] et Bernard Tapie dans les salons proches de l'hémicycle, à l'ouverture de la session parlementaire, aujourd'hui. Je demande à Vasseur, quelques instants plus tard, ce que les deux hommes se sont dit. Tapie aurait mis Vasseur en garde : « Sais-tu, lui a-t-il demandé, qui Jean Peyrelevade a pris pour le seconder ?

– Non.

– Pascal Lamy. Et qu'est-ce qu'il va faire, Pascal Lamy ? Aider Delors. Donc, le Crédit Lyonnais[2] va aider Delors. Si vous ne m'aidez pas à me débarrasser de Peyrelevade, je vous le dis, vous serez foutus ! »

10 octobre

Rencontré aujourd'hui Philippe de Villiers qu'on appelle, depuis sa campagne anti-européenne, « le Le Pen chic ». Après son succès[3],

1. Cet ancien journaliste est député UDF du Pas-de-Calais depuis 1986. Il a été réélu en 1988 et 1993.

2. Depuis 1992, un conflit oppose Bernard Tapie au Crédit Lyonnais à propos de la vente d'Adidas. La transaction avec le groupe de racheteurs a été réalisée par le Crédit Lyonnais. Or une filiale du Crédit Lyonnais fait partie des racheteurs. C'est le début d'une interminable bataille financière qui s'est soldée en 2008 au bénéfice de Bernard Tapie.

3. Où il a obtenu 12 % des voix. Philippe de Villiers est député de Vendée.

il se sent, à droite, devenu incontournable. L'âge glisse sur lui comme l'eau sur les plumes d'un canard. Sur son visage étroit, aigu, sous sa chevelure abondante, il a gardé le même air d'adolescent grandi trop vite, jamais en retard d'une vacherie ni d'un bon mot, l'air d'un potache auquel la politique fait depuis toujours les yeux doux. Non, il le sait, il n'a pas la moindre chance d'être élu à la présidentielle : il se fixe à lui-même, pour me démontrer sa lucidité, le cap de 3 à 4 % des suffrages. Pas du tout assez pour être au second tour. Assez pour être présent lors de la redistribution des cartes qui suivra.

12 octobre

Long entretien avec Bernard Bosson [1] au sujet des éventuelles candidatures de Jacques Delors et d'Édouard Balladur. L'entretien a lieu alors que – le fait n'est pas indifférent – pour la première fois, cette semaine, Delors précède d'un petit point Édouard Balladur dans les sondages. Je demande à Bosson si Delors est plus attrayant que Balladur aux yeux des démocrates sociaux. Après tout, Delors est catholique, démocrate et social : il pourrait sans difficulté séduire les troupes centristes.

« Soyons clairs, me répond-il. Je suis un ami de Delors, sans doute le plus proche qu'il ait au CDS. Mais il est candidat de l'autre camp. Je ne suis pas de ceux qui choisiront l'autre camp. Donc, je serai son adversaire, derrière Balladur si Balladur est candidat. »

C'est aussi le sentiment de Jacques Barrot, lui aussi CDS : « Nous avons la chance, me dit-il, de pouvoir figurer dans cette élection, non pas directement, nous autres centristes, mais avec un candidat qui est plus partisan de l'Europe que Chirac. Je ne vois pas en quoi on devrait investir quelqu'un d'autre. Personne ne serait crédible, et d'ailleurs personne ne veut y aller. Charles Millon ? Ce serait catastrophique pour l'idée qu'on défend. Nous démontrerions que le candidat de l'UDF ne peut recueillir qu'une petite minorité des suffrages. Et puis, se rallier à Balladur tout de suite après son élection, à vingt heures une ? Après avoir fait semblant de ne pas être des siens jusqu'à vingt heures ? Ce serait d'un ridicule ! » Au reste, ajoute-t-il en révélant le fond de ce qu'il pense, « peu importe : Jacques Chirac est plus loin de nous que Balladur ».

1. Secrétaire général du CDS de 1991 à décembre 1994.

Et si Delors gagne ? « On verra bien. Ce sera une nouvelle cohabitation. » Il songe déjà que, de toute façon, si Delors est élu, il sera possible, pour les centristes, de se rattraper aux branches, avec l'un d'eux, si besoin est, à Matignon.

« L'atout véritable de Delors, aux yeux des centristes, me dit-il encore, c'est véritablement l'Europe et sa proximité avec Helmut Kohl. Pour les centristes, la chrétienté et l'Europe, oui, ce sont bien des cartes maîtresses. »

Si j'ai bien compris, les centristes voteront Balladur au premier tour, et ils espéreront en la victoire de Delors. Je crains fort que, pour Jacques Delors, cet engagement-là ne soit pas suffisant.

1994 *20 octobre*

Le rythme s'accélère. Avant-hier mardi, Édouard Balladur a convoqué de bonne heure Alain Juppé, tout juste rentré d'un voyage dans le Golfe. La présence et le rôle d'Alain Juppé, ministre de Balladur, dans le comité de soutien de Jacques Chirac avaient l'air de poser problème au Premier ministre. Pas une once de courroux, pourtant, dans la voix d'Édouard Balladur, pas le moindre couteau sous la gorge d'Alain Juppé. Arrivé le premier dans le bureau de Balladur, celui-ci a eu la surprise d'être rejoint par Charles Pasqua, puis, quelques instants après, par François Léotard. À tous trois, Balladur a tenu le même langage qui pourrait se résumer en une phrase : tant que je suis à Matignon, vous faites ce que vous voulez, mais je reste le patron.

Tout cela est bel et bon, et on peut comprendre que Balladur ne laisse pas son gouvernement partir en quenouille. Mais, franchement, à force de nier que Chirac et Balladur sont tous deux candidats, n'avons-nous pas atteint l'extrême limite de l'hypocrisie ? La réalité est celle-ci : le RPR n'est pas seul à être divisé par la double candidature. L'UDF aussi : Valéry Giscard d'Estaing sent bien que Balladur empiète sur son espace politique et qu'au sein de son mouvement, de plus en plus nombreux sont ceux qui prennent position pour lui dès le premier tour. Alors, que va-t-il faire, Giscard ? Laisser filer les élus, les dirigeants UDF vers Balladur, sans broncher, en en prenant son parti ? Va-t-il susciter une candidature UDF sans aucun espoir de succès ?

Pour l'heure, lui aussi gagne du temps : il s'efforce de garder ses troupes, ou ce qu'il en reste, assemblées autour de lui, même si François Léotard a depuis longtemps fait savoir que Balladur serait le meilleur président de la République pour la France. Quant à Alain Madelin, isolé dans son Mouvement républicain, il vient de lancer un rassemblement autonome, baptisé « Idées-action ». Lors du premier dîner de cette association, auquel avaient été invités tous les leaders de la majorité, Alain Madelin a montré de quel côté penchait son cœur. En disant que la société française était en panne, que l'ascenseur social ne fonctionnait plus, il a désormais semblé plus proche de Chirac que de Balladur.

Pauvre UDF, en miettes plus encore que le RPR ! Entre Giscard qui laisse entendre qu'après tout, pourquoi pas ?, Raymond Barre, qui se ferait une douce violence, Charles Millon qui piaffe, qui peut penser que l'un d'entre eux, n'importe lequel, aurait quelque chance face au duo Balladur-Chirac ? Balladur a volé le fonds de commerce de l'UDF, voilà la réalité. Je comprends que Giscard en soit déconfit.

25 octobre

Jean-Jacques de Peretti, proche collaborateur d'Alain Juppé, me rapporte aujourd'hui seulement la conversation que François Mitterrand a eue avec celui-ci pendant l'été 1993, il y a plus d'un an, alors que Balladur était à Matignon depuis quelques semaines seulement. À la fin de juillet, Juppé a déjeuné chez des amis communs, à Hossegor, avec le président de la République. Jean-Jacques de Peretti était lui aussi convié.

« L'avenir ? Si j'avais aujourd'hui le cœur qui lâchait, a dit Mitterrand, ce serait Chirac qui me succéderait. Mais il devrait faire attention à Balladur. On ne va pas à Matignon pour aller à Matignon. Croyez-moi, on va à Matignon pour aller à l'Élysée ! »

Il a ajouté avec malice : « Je vous dis cela, mais moi, je n'y suis jamais allé... »

Juppé avait-il rapporté ces phrases de Mitterrand à Chirac ? Elles prouvent en tout cas que le duel entre Chirac et Balladur pour la Présidence de la République était dès le début prévisible, sauf par Chirac lui-même qui ne voulait alors rien voir ni entendre.

26 octobre

Hier, mercredi 26, jour de son anniversaire, François Mitterrand a eu un malaise en Conseil des ministres. Alain Lamassoure, qui remplaçait Juppé, en déplacement, faisait une interminable communication sur la politique internationale. Tout à son sujet, il est le seul à n'avoir rien vu. Michel Barnier m'a raconté que Mitterrand, comme transpercé par la douleur, s'est replié sur lui-même, le souffle coupé. Puis il a sorti de sa poche un cachet qu'il a mis dans sa bouche sans dire un mot. Mais il a eu alors un second malaise : Bernard Bosson, qui présentait à son tour une communication, l'a achevée en deux minutes.

Au bout de quelques minutes supplémentaires au cours desquelles l'assistance est restée littéralement pétrifiée, Mitterrand est sorti de sa prostration. Il a adressé la parole au ministre qui était le plus proche de lui, Charles Pasqua, en lui murmurant une phrase du genre : « C'est dur d'avoir plus de 75 ans... » Pasqua l'a réconforté de quelques mots. Le Conseil a alors repris, les ministres achevant à vive, très vive allure leurs travaux.

Tout le monde en est sorti bouleversé.

30 octobre

Dans cette majorité, on joue le divorce permanent. Ou à tout le moins des scènes de ménage qui opposent deux à deux des couples au bord de la crise de nerfs. Le couple Juppé-Pasqua, par exemple, bat de l'aile. Tout sépare en ce moment le ministre des Affaires étrangères de celui de l'Intérieur. Ils ne sont plus d'accord sur rien, notamment pas sur l'attitude à avoir avec les islamistes. Juppé a émis à leur sujet une condamnation très sévère[1] dont Pasqua aurait aimé, pour des raisons de sécurité intérieure, qu'elle soit adoucie. Depuis quelques mois – les choses se savent –, Pasqua mène en effet sa propre diplomatie vis-à-vis de l'Algérie, en arguant des rapports compliqués entre ce qui s'y passe et les retombées sur l'immigration maghrébine en France.

Dernier accroc en date : le visa accordé par l'Intérieur à plusieurs

1. « Nous ne ferons pas preuve de complaisance, a dit Alain Juppé, avec des mouvements politiques dont les valeurs, les objectifs, les buts sont exactement en contradiction avec tout ce à quoi nous croyons. Nous n'avons rien à gagner à faire preuve d'indulgence vis-à-vis de l'islamisme politique. »

personnalités irakiennes, dont un conseiller de Saddam Hussein, qui devaient participer à une rencontre franco-irakienne au Sénat. Le Quai n'a été prévenu que la veille du colloque...

Le torchon brûle aussi, au Parti républicain, entre François Léotard, le premier des balladuriens, et Alain Madelin, qui se rapproche chaque jour un peu plus de Chirac. De son côté, Gérard Longuet, tout entier absorbé par son affaire, reproche au ministre de la Justice, Pierre Méhaignerie, non seulement de n'avoir rien fait pour l'aider, mais d'en avoir – c'est son mot – « rajouté ».

Évidemment, ces combats entre hommes sont tous, peu ou prou, liés à la rivalité Chirac-Balladur. Désorientés, mal à l'aise, redoutant plus que tout d'avoir à choisir trop tôt, au moment où la victoire de l'un ou de l'autre ne sera pas encore assurée, les élus, sénateurs ou députés, sont séduits par l'absentéisme. C'est ce que m'a dit hier Pierre Mazeaud, toujours aussi caustique : « Le climat actuel conduit les députés les plus vulnérables à rester chez eux et à y serrer la main de leurs électeurs. »

Le dernier combat singulier au sein de la majorité, en revanche, n'a rien à voir avec le conflit Chirac-Balladur : c'est celui qui oppose, pour la présidence du CDS, Bernard Bosson et François Bayrou.

2 novembre

Je demande à Jean-Pierre Denis, que je rencontre aujourd'hui, quand Nicolas Sarkozy a choisi Édouard Balladur. Il me répond que le rapprochement entre Sarkozy et Balladur a précédé la nomination de ce dernier à Matignon. Il le date au moins d'octobre 1992. Sarkozy a beaucoup fait pour persuader Chirac de proposer la nomination de Balladur par Mitterrand. Il ne pouvait, une fois celui-ci devenu Premier ministre, que se rallier à lui, ce qu'il a fait très tôt, m'assure-t-il : trois semaines environ après l'entrée de Balladur à Matignon.

De juin 1992 à juin 1993, Chirac, qui sentait le danger d'un éloignement de Sarkozy, a tout fait pour le garder près de lui. Il y a eu d'ailleurs, m'assure mon interlocuteur, une explication à la loyale entre eux deux. L'essentiel est qu'elle ait eu lieu, ce qui nuance le terme « trahison » qu'on emploie régulièrement dans la presse pour parler de la défection de Sarkozy vis-à-vis du maire de Paris.

Même jour

Déjeuner avec Bernard Pons et mon ami Étienne Garnier, bouillant député de Saint-Nazaire, qui s'est rangé dans le camp de Chirac. Bernard Pons est encore persuadé que Balladur ne se présentera pas. « Il calera, je vous dis qu'il calera ! » Grande tirade d'Étienne Garnier sur le risque qu'il y aurait à élire Balladur, à cause de son immobilisme : « Le défi de l'an 2000, dit-il, serait à coup sûr perdu pour la France. » C'est d'ailleurs à peu de chose près ce que Giscard a balancé l'autre jour contre Balladur. Qui dit que la campagne n'a pas commencé ?

1994

3 novembre

Balladur, qui m'a invitée aujourd'hui avec une dizaine de mes confrères et consœurs à déjeuner à Matignon, dément formellement le récit que m'a fait Barnier du malaise de Mitterrand, mercredi dernier. Pourtant, ce matin, avant le Conseil des ministres qui se tenait exceptionnellement un jeudi, Alain Lamassoure m'a dit, après la désormais traditionnelle interview du matin sur RTL : « François Mitterrand n'est pas en état d'exercer la Présidence européenne. »

Édouard Balladur, lui, ne dit rien de tel. Il a parlé avec Mitterrand ce matin. Il n'a pas évoqué de problème de santé, mais s'est ému de l'agression dont le Président a été l'objet de la part de *Paris Match* qui a publié les photos de sa fille Mazarine.

Ces photos, je les découvre en même temps que la France entière : on y voit Mitterrand, assez en forme, ma foi, malgré l'alerte de la semaine dernière, sortir du restaurant Le Divellec (où j'imagine qu'il a dû dévorer une bourriche entière d'huîtres) avec une très belle jeune femme dont on reconnaît au premier coup d'œil qu'elle est sa fille. Ces photos ont-elles été volées ? Au contraire, Mitterrand est-il content que ce secret, essentiel, sur sa vie de famille complexe soit enfin levé ? On me dit que Roland Dumas a fait jouer sa qualité d'avocat pour demander au patron de *Paris Match*, Roger Thérond, de ne pas les publier. Je sais que c'est vrai. Il n'empêche : comme André Rousselet que j'ai appelé au téléphone, je pense que Mitterrand n'est en réalité pas mécontent du sort réservé à ces photographies. Sans doute voulait-il qu'elles soient connues. Comme s'il était en train de solder en quelque sorte sa vie avant sa mort. Vichy, sa fille, ses familles, ses femmes, ses enfants : il révèle tout de son vivant, comme pour savoir dès maintenant ce qu'on dira de lui après qu'il ne sera plus. Je ne parviens pas à écrire les choses exactement comme je les ressens : en fait, je pense qu'il ne veut rien laisser aux historiens qui se pencheront sur sa vie après sa mort. Il veut pouvoir dès maintenant savoir à quelle oraison funèbre il aura droit, et quelle place y tiendra sa vie secrète, personnelle.

4 novembre

Ouf, ça y est ! Chirac est enfin officiellement candidat. Il a fait acte de candidature à Lille, patrie du général de Gaulle, le jour de la Saint-Charles. Par quel moyen ? Par une interview au quotidien *La Voix du Nord*. Au milieu d'autres considérations, il y fait savoir, ce matin, en quelques lignes : « L'hypocrisie qui affecte le débat politique actuel offense le civisme et entretient un climat malsain. J'ai donc décidé de clarifier la situation en annonçant dès aujourd'hui que je suis candidat[1]. »

Inutile de dire que l'information est immédiatement reprise par l'AFP, puis par France 3 local, et, enfin, par tous les médias.

Pourquoi *La Voix du Nord* ? Je suppose que c'est une façon de marquer son indifférence envers une presse écrite nationale qui l'a toujours méconnu, et une télévision qu'il considère comme inféodée à Édouard Balladur. Une façon de marquer que, contrairement aux autres hommes politiques, il parle à la France « profonde ». Il a choisi de s'exprimer – je suis sûre que cela a compté dans sa décision – dans une région où le taux de chômage est le plus important de France, et les problèmes sociaux le plus aigus.

Après lecture de l'interview de Chirac, j'ai passé ma journée à poser par téléphone des questions à la plupart des gens de son entourage, au RPR et à l'Hôtel de Ville[2], pour reconstituer le fil

1. Il ajoute : « Entre les risques d'une rupture qui sèmerait le désordre et le confort d'une tiédeur léthargique, la nécessité d'un changement s'impose à la raison. »

2. J'ai eu au téléphone ce jour-là et dans les jours qui ont suivi : Claude Chirac, Jacques Toubon, Maurice Ulrich, Jean-Louis Debré, Jean-Pierre Denis, Bernard Pons, Lydie Gerbaud.

de ces trois ou quatre derniers jours où il a pris la décision d'annoncer ainsi sa candidature. Voici ce que j'en ai obtenu sans qu'il me soit possible de créditer tel ou tel interlocuteur de telle ou telle phrase.

Pourquoi Chirac a-t-il accéléré le mouvement ? Longtemps, il a été convaincu qu'il lui fallait annoncer sa candidature le plus tard possible. Il craignait l'usure de ses arguments, voire la sienne si sa campagne durait trop longtemps. Alain Juppé, le premier, sentit le danger qu'il y aurait à attendre davantage. C'est pourquoi il lança cet appel à la candidature de Chirac au cours des universités d'été des jeunes RPR à Bordeaux. Appel clair auquel Jacques Chirac avait immédiatement répondu : « Que personne ne doute de ma détermination ! »

1994 D'abord partisan de ralentir au maximum le mouvement, Chirac a donc été convaincu qu'il lui fallait au contraire hâter le pas. Peut-être, me dit Paul Guilbert, Mitterrand lui-même lui aurait-il suggéré de le faire, lorsqu'ils se sont isolés sous prétexte de signer le livre d'or de l'Hôtel de Ville, le 25 août dernier, à l'occasion des fêtes commémoratives de la Libération.

Il s'est donc jeté le premier dans la bataille. Pour des raisons qui tiennent d'abord aux autres candidats, toujours non déclarés : ceux-ci – Édouard Balladur, Jacques Delors – occupent la place et risquent en quelque sorte de le marginaliser. Il suffit de lire les journaux : on voit bien que le débat se noue entre les deux premiers, Jacques Chirac jouant pour le moment le rôle du troisième homme qui n'a aucune chance d'arriver au second tour. Si quelqu'un en doutait, les sondages quasi quotidiens le démontreraient à l'envi. Si Chirac ne se lance pas officiellement dans la bataille, il risque d'être poussé de côté, puis oublié.

Et puis Chirac sent, à plusieurs indices, que son action patine, depuis quelques jours. Tout montre qu'il ne profite pas, aujourd'hui, des difficultés que connaît le gouvernement avec la mise en examen de Longuet ou le départ du ministre de la Coopération, Michel Roussin. Même lorsque, pour une période toujours courte, Édouard Balladur baisse un peu dans les sondages, Jacques Chirac n'en bénéficie pas. C'est Jacques Delors, en revanche, qui tire les marrons du feu. Situation qui devient dangereuse pour Chirac si sa candidature demeure virtuelle.

Et puis, troisième raison : même s'il affiche de ne pas y croire, il craint le battage fait par Charles Pasqua autour des primaires[1]. Il préfère prendre les devants. De deux choses l'une : si, comme il le pense, l'idée des primaires fait un flop, il n'aura pas attendu la permission de l'un ou de l'autre pour être candidat ; si elles avaient eu quelque chance de pouvoir être organisées, il aurait annoncé son intention d'être candidat, mettant ainsi un terme à l'inlassable combat de Charles Pasqua.

Il est trop tard : je reviendrai demain dans le détail sur la façon dont Chirac a préparé le coup de *La Voix du Nord*...

5 novembre

Je reprends la chronologie de la candidature de Chirac ; j'irai demain seulement au congrès des Radicaux de gauche où l'élection présidentielle figure également à l'ordre du jour. *1994*

Jacques Chirac est rentré du Japon lundi dernier. Alain Juppé, lui, rentrait d'un déplacement au Maroc. C'est lui que Chirac a averti le premier, dès son arrivée à Paris, qu'il comptait faire acte de candidature en fin de semaine. Il avait imaginé le scénario : il devait se rendre à Lille dans quelques jours, le 4, c'est là qu'il a décidé de rendre publique sa décision de se lancer dans la bataille.

Mercredi, il a reçu à l'Hôtel de Ville le correspondant parisien de *La Voix du Nord*. Celui-ci s'attendait à recueillir une interview sur les problèmes de santé, sous prétexte que Chirac allait visiter les principaux établissements hospitaliers et le CHU de Lille. Il s'était donc

1. Le souhait de l'institution d'élections primaires avait été formulé la première fois par Charles Pasqua en 1989. Le 12 juin 1991, les dirigeants de l'UDF et du RPR avaient fini par signer un accord : pas de candidature multiple dans ce qui est devenu, depuis le printemps 1993, la majorité. En 1994, Pasqua, toujours lui, a remis les primaires à l'ordre du jour. Il propose alors un projet de loi pour départager les candidats de la majorité. Le texte de loi comprend 19 articles. Ceux qui souhaitent l'ouverture d'une procédure de ce type doivent se faire connaître au ministère de l'Intérieur ; les électeurs de gauche ou de droite, même sans carte de parti, seraient invités à se rendre dans leurs bureaux de vote habituels pour voter pour le candidat de leur choix. La gauche est défavorable au projet. L'UDF également, car il paraît à VGE qu'il s'agit là d'une façon d'imposer Balladur. Chirac, pour sa part, a toujours été hostile à l'organisation de primaires. Il ne peut cependant le reconnaître publiquement, car il apparaîtrait comme mauvais joueur. La décision est prise, dans le camp Chirac, de ne pas s'y opposer, mais de traîner les pieds. Adoptée jusqu'au jour de la déclaration de candidature de Jacques Chirac, la tactique a fait ses preuves : les primaires ont été *de facto* enterrées.

fait accompagner par la spécialiste scientifique du quotidien lillois[1]. Le correspondant de *La Voix du Nord*, me dit Lydie Gerbaud, avait envisagé de poser des questions politiques à la fin de la rencontre. Elle l'en a dissuadé, lui disant que Chirac ne souhaitait pas aborder le sujet.

L'interview est donc recueillie sur les problèmes de santé le 2 novembre par les deux journalistes qui la font parvenir à leur rédaction. C'est seulement au moment du bouclage, toujours selon Lydie, que Chirac rappelle le journaliste de *La Voix du Nord* et lui dit qu'il veut procéder à quelques corrections.

Tu parles de corrections ! Chirac a rajouté par fax l'annonce de sa candidature.

Je me demande tout de même, ce soir, s'il n'est pas une autre raison à la hâte de Jacques Chirac : c'est l'état de santé du Président. Il ne le dit pas, bien sûr. Mais je suis sûre que c'est une dimension qu'il a à l'esprit au moment où les ministres et la presse se répandent sur le malaise de Mitterrand, le 26 octobre, en plein Conseil. 26 octobre, 2 novembre : entre ces deux dates, Chirac a pris sa résolution. Je veux bien que les deux choses, malaise et candidature, ne soient pas du tout liées. Du moins le sont-elles dans la chronologie. Au surplus, si Mitterrand était contraint de renoncer au pouvoir, ou s'il disparaissait brutalement, ce que n'exclut pas le milieu politique, Édouard Balladur serait largement favori avec la cote de popularité qui est la sienne ; il aurait la légitimité la plus grande pour passer tout naturellement de Matignon à l'Élysée.

En tout cas, à Lille, il y avait foule, pendant la visite du CHU. Pierre Mauroy, qui était là comme premier magistrat de la ville, m'a dit qu'il avait, feignant la surprise, posé la question à Chirac, hier : « Comment se fait-il qu'il y ait autant de monde ? – Devinez ! » lui a répondu Chirac, goguenard.

4-5-6 novembre

Congrès radical du Bourget. La salle est bleue et jaune. Derrière l'estrade, une affiche majestueuse : « Demain la gauche », y lit-on pour que tout le monde sache de quel côté penche le Parti radical. Lequel parti a pourtant choisi de profiter de ce congrès pour ôter

1. Jean-François Peumery, de *La Voix du Nord*, est accompagné de Catherine Roy, spécialiste des problèmes de santé dans le même journal.

le G du MRG et s'appeler Mouvement des radicaux, et non plus Mouvement des radicaux de gauche. Volonté politique ou médiatique ? Jean-Michel Baylet[1] était hostile à ce changement de nom, mais il a fini par l'accepter. Le mot « gauche » a donc changé de place : il est sur l'estrade, mais ne qualifie plus les radicaux.

Dimanche matin, Jean-Michel Baylet préside. Bernard Tapie est finalement présent depuis 11 heures du matin. Il n'a pas voulu assister à toutes les journées du congrès, seulement à la dernière matinée. Sans doute faut-il voir là la trace d'un désaccord avec Jean-François Hory[2], mais lequel ? Je le cerne mal : Hory serait partisan d'une candidature Tapie à la présidentielle ; Tapie, lui, ne le souhaiterait pas ou plus. Il craint sans doute d'obtenir moins de 10 % à la présidentielle. D'autant, expliquent certains des radicaux qui lui conseillent la prudence, que si Jacques Delors se décide, il peut recoller autour de lui toutes les nuances de la gauche, radicaux compris. Dans le cas où Tapie ne serait pas présent dans la campagne, Hory envisagerait de se présenter : cela, en revanche, aurait de quoi surprendre, car les chances de Hory et du Mouvement des radicaux seraient alors équivalentes à zéro.

Dans la salle, de très nombreux observateurs socialistes – Maurice Bennassayag, Claude Bartolone... – suivent de près les travaux du congrès de ces radicaux qui ne sont plus « de gauche ». Autant l'Élysée, donc Mitterrand, souhaitait que Tapie fasse acte de candidature aux européennes, autant il lui demande d'être prudent et d'attendre encore pour la présidentielle.

7 novembre

Ce matin, Patrick Devedjian a jugé que la candidature de Chirac était un non-événement : « C'est surtout, a-t-il ajouté, une manière de refuser les primaires dont on voit bien qu'elles l'inquiétaient. » Même volonté de minimiser les choses chez Charles Pasqua : « Il y a déjà un premier candidat, me dit-il ; je ne doute pas qu'il y en ait d'autres. » Façon de ramener la candidature de Chirac à celle d'une candidature à la candidature.

Dans la presse, Raymond Barre trouve encore mieux pour la rame-

1. Jean-Michet Baylet, fils du directeur de *La Dépêche du Midi*, maire de Valence-d'Agen, ancien secrétaire d'État, a été président du MRG en 1983.

2. Jean-François Hory est président du MRG depuis 1992.

ner en dessous du niveau de la mer : « Il y a déjà six candidats, dit-il, cela en fait un de plus. »

La presse reste dans l'ensemble sceptique : face à Balladur, pour la plupart des éditorialistes, Chirac ne fait plus le poids.

Hier, le mot « primaires » était sur les lèvres de tous les adversaires de Chirac. Aujourd'hui, Balladur, en déplacement à Pau, a affirmé encore que « s'il est possible d'organiser des primaires en janvier pour choisir un candidat d'union de la majorité, il faut le faire ». Il continue de penser que Chirac se retirera ou se retirerait si des primaires organisées à la va-vite avaient lieu. Je suis convaincue que non. Comment ne l'est-on pas également du côté de Balladur ?

J'appelle au *Figaro* Paul Guilbert qui a été, parmi tous les journalistes, le premier dans la confidence. Je lui demande son avis sur les chances de Chirac. Lui, sans surprise, y croit. Il voit Balladur plonger dès qu'il sera candidat, et Jacques Chirac monter, au contraire, dans les sondages qui portent aujourd'hui Balladur aux sommets. Il est un des seuls à penser cela. Moi, j'ai depuis longtemps le sentiment que Jacques Chirac a une force vitale, une force politique, aussi, une détermination sans égale. Je n'arrive pas à penser que tout cela puisse se traduire par un « non-événement[1] ».

La même réaction d'incrédulité générale a prévalu, hier soir, après le passage de Jacques Chirac à « 7 sur 7 ». Chirac y paraît moins agressé par les caméras, qu'il n'aime guère d'habitude, plus souriant aussi. « Ne craignez-vous pas qu'on dise : "Encore Chirac" ? » lui demande Anne Sinclair. La réponse de Chirac est enjouée : « J'espère que l'on va dire : "Enfin Chirac !" »

Sur le fond, ses arguments sont ceux qu'il développe depuis maintenant plusieurs mois : la situation de la France nécessite des changements, la politique des « petits pas » chère au Premier ministre est inefficace, la lutte contre le chômage doit être prioritaire, le pays a besoin d'un deuxième souffle. Ces thèmes-là ne rencontrent pas davantage d'écho.

1. « Son obstination, pour Gilles Bresson dans *Libération* du 5 novembre, n'a d'égale à ce jour que le scepticisme qu'elle rencontre chez les Français. » Jérôme Jaffré fait remarquer dans *Le Monde* que Jacques Chirac est candidat « au moment où sa crédibilité présidentielle est la plus faible chez les Français ». Paul Guilbert, dans *Le Figaro*, parle plus prudemment de « pari sur la simplicité ».

8 novembre

Où l'on retrouve Charles Millon...

Il vient de déclarer à mon micro de RTL sa propre candidature à l'élection présidentielle. En réalité, la nouvelle ne sera connue que demain, car, exceptionnellement, l'émission, pour des raisons d'emploi du temps de Millon, a été enregistrée aujourd'hui en fin d'après-midi. Quand j'écris : l'émission, je devrais plutôt écrire les émissions, car nous avons recommencé plusieurs fois l'enregistrement.

Millon a eu beaucoup de mal à finir le premier enregistrement, de sept minutes à peu près, comme chaque matin sur RTL. Sa voix, enrouée par l'émotion, était à peine audible. Il était visiblement submergé d'angoisse à l'idée de se déclarer candidat, comme ces « grands » dont il sait bien ne pas faire partie.

À peine l'interview était-elle « dans la boîte », à 20 h 10, qu'on m'apporte, alors que nous étions encore dans le studio, une dépêche de l'AFP : elle fait état d'une déclaration de Léotard plaidant, au JT de France 2, pour une candidature unique. Ce qui condamne l'initiative de Millon. Je ne sais pas si Léotard se doutait de quelque chose ; en tout cas, Charles Millon demande à recommencer son enregistrement, qui, forcément, est dépassé par ce nouvel appel à Balladur.

À la deuxième prise, Millon est bien meilleur qu'à la première. Il maintient, malgré Léotard, sa candidature. Sa voix ne tremble plus, son émotion est maîtrisée. Je lui demande s'il a tenu Chirac au courant de son initiative. Il m'assure que non, qu'il ne l'a appelé au téléphone que quelques minutes avant cette émission, et qu'il n'est pas parvenu à le joindre. Je n'en crois rien. D'autant qu'il m'a raconté lui-même, avant d'entrer dans le studio, que Jacques Chirac l'avait prévenu, lui, cinq jours avant son entretien à *La Voix du Nord*. Je vois mal Chirac prévenant Millon, et Millon ne pas prévenir Chirac...

Personne ne croit autour de moi que Charles Millon ira jusqu'à la candidature en 1995. Moi, je suis tentée de penser de même ; toutefois, le fait qu'il ait été si ému, hier, me laisse supposer qu'il s'est peut-être mis à croire qu'il accomplissait, hier, un pas irréparable. Deux hypothèses, donc :

Ou bien il « chauffe la place » pour un autre candidat UDF. Qui cela ? Giscard ? Barre ? Quelle place leur serait réservée entre Chirac et Balladur ? La portion congrue.

Ou bien – deuxième hypothèse –, justement parce que Giscard et

Barre n'ont aucune chance et qu'ils le savent, ils ont demandé à Millon de jouer les kamikazes.

13 novembre

Je prends ici le temps de résumer ce qui s'est passé ces trois derniers jours, depuis que, le 10, Philippe Séguin a fait défection à Chirac au moment précis où celui-ci s'apprêtait à lancer sa campagne dans une de ces grandes kermesses dont le RPR a le secret, sur la pelouse de Reuilly, le 11. Ce qui est inattendu, c'est que c'est par une lettre signée conjointement par Pasqua et lui qu'il a annoncé sa défection au nom de ceux qui refusent la cassure du RPR. Il ne pouvait ignorer que, pour Chirac, c'est un double coup de couteau dans le dos.

Intronisation : c'est l'idée qui a opposé Chirac à Séguin. Chirac a-t-il voulu demander aux membres du RPR leur investiture, comme il l'a laissé croire à « 7 sur 7 » ? A-t-il voulu seulement faire approuver sa candidature par les « compagnons » ? Il a laissé planer là-dessus une sorte de flou artistique. En tout cas, Séguin ne voulait pas – il me l'avait d'ailleurs dit, la dernière fois que je l'ai rencontré, à Colmar, je crois – qu'on casse le RPR. Apprenant que Chirac allait demander un vote, il a refusé de lui apporter sa caution, le 11. Quitte à plomber le départ de la fusée Chirac et sa mise sur orbite.

Dans l'après-midi du 10, au moment où une dépêche venait d'annoncer que Séguin n'irait pas à Reuilly, qu'il ne participerait donc pas à l'ouverture de la campagne de Jacques Chirac, j'ai joint ce dernier au téléphone. Je m'attendais à le trouver abattu. Au contraire, il fait bonne figure. Il encaisse le refus de Séguin de venir à Reuilly en semblant passer ce ratage par profits et pertes : « C'est une péripétie », me dit-il brièvement sans vouloir s'étendre dessus.

De toute façon, il ne veut ni ne peut accepter la position de Séguin : il a besoin, lui, de la légitimité du RPR tout entier. Il ne la partagera pas avec un autre candidat, même pour faire plaisir à Séguin.

Après lui, j'ai appelé Philippe Séguin. Il m'a rappelée un quart d'heure plus tard. Il s'explique de sa belle voix grave, avec son vocabulaire enrichi de quelques mots qu'il n'emploie pas d'habitude mais qui ne me surprennent pas dans l'état d'énervement où je l'imagine. Il me dit qu'il a demandé plusieurs fois à Chirac de ne pas casser le

RPR, et rappelle que deux jours plus tôt, le 9 novembre, Balladur et Chirac ont été incapables d'aller à Colombey-les-Deux-Églises s'incliner sur le tombeau du général de Gaulle. « Il faut arrêter ces conneries, me dit-il. La prochaine étape, ce sera un vote à Reuilly. Ça fait des mois que Chirac pense à le réclamer, ce vote, des mois que je lui dis que je suis contre. Quand on me dit que ce n'est pas un vote d'investiture, on me prend pour un imbécile ! »

Pour se faire mieux comprendre, il ajoute : « Il prend des coups parce qu'il a cherché à en donner. La prochaine étape, c'est ce putain de vote au congrès que j'essaie d'éviter depuis plusieurs mois. S'il annonçait, là, tout de suite, qu'il fait annuler ce vote, j'irai au congrès le 12.

« La vérité, conclut-il, est que Chirac et Balladur sont en train de se tuer l'un l'autre. Et Jacques Delors est en train de se construire, grâce à eux, une belle victoire par défaut. »

Il répète pour finir : « Il faut cesser ces conneries !

– Je comprends, lui dis-je, mais vous avez cassé la dynamique Chirac.

– Ah bon, parce que vous avez trouvé qu'il y en avait une ? » répond-il, cinglant. Il reprend : « Si j'ai fait perdre un point à Jacques Chirac, je m'en fous. La seule chose importante, c'est qu'il soit capable de porter un projet.

Il redit néanmoins : « S'il annonçait demain sa décision d'annuler le vote, j'irais au congrès extraordinaire. »

Je raccroche, perplexe. Comment Séguin pense-t-il de toute manière laisser le RPR à l'écart de la confrontation Chirac/Balladur ? Je comprends l'argument suivant lequel un candidat gaulliste, par nature au-dessus des partis, n'a pas à demander précisément son investiture au parti dont il est issu. Je comprends donc que Séguin soit hostile à un vote. Ce qui m'a surprise, en revanche, durant la conversation que j'ai eue avec lui – mais je me suis peut-être trompée –, c'est que son hostilité semblait maintenant viser Chirac. Or, ce n'est sûrement pas le cas ! Séguin et Chirac auraient pu, il me semble, se mettre d'accord sur un compromis, une désignation solennelle, sans vote, ou un vote de pure forme, je n'en sais rien. La rupture entre eux me semble aujourd'hui de très mauvais augure.

J'en ai trop écrit ce soir ; je continuerai demain.

14 novembre. Suite du récit

Ce que n'a pas mesuré Chirac à ce moment-là, ou ce qu'il a feint de ne pas mesurer, c'est que la défection du président de l'Assemblée nationale transformerait ce qui devait être une fête en cérémonie funèbre. Réunis le matin sous une tente blanche et sous une pluie battante, les militants gaullistes sont déconcertés. L'absence de Charles Pasqua ne les surprend pas. Ils ont compris depuis longtemps qu'il n'est plus dans le camp de Chirac. Ils comprennent mal, en revanche, que le champion de la « nouvelle politique » soit absent au moment précis où le maire de Paris lance sa campagne. Dans son discours, Jacques Chirac a beau essayer de leur remonter le moral en distinguant les « vrais amis » des courtisans « qui dépendent du vent et de la mode », l'atmosphère demeure sinon morose, du moins

incertaine.

Pendant le déjeuner qui a réuni militants et journalistes, il a été à peine question du discours de Chirac. C'est la défection de Séguin qui a alimenté toutes les conversations. Certains l'accusent de trahison, tandis que du côté des chiraquiens, la consigne a été passée de minimiser l'événement.

On a l'impression, sur place, d'assister non pas au départ d'une campagne, mais à son enterrement. Le 12, la presse parle d'ailleurs de « week-end meurtrier ».

Le congrès extraordinaire du RPR a eu lieu dans la foulée. Philippe Séguin n'y assiste pas davantage. Jacques Chirac prononce pourtant un discours auquel il ne trouverait pas un mot à ajouter ni à retrancher : dix feuillets nourris sur les trois défis à relever par la France et par le candidat qui se présente aux suffrages des Français : la lutte contre le chômage et l'exclusion, la restauration de l'État républicain, la rénovation de l'Europe. Il donne une tonalité très sociale à ses propos, et l'expression « changer de cap » revient à plusieurs reprises comme une critique subliminale de la politique balladurienne. Enfin, il connaît parfaitement son auditoire et se présente devant lui simplement[1], « au nom des dix-huit ans de combats menés en commun ». Y a pas à dire : il sait leur parler, Chirac, à ses compa-

1. « Vous connaissez tous mon allergie aux épanchements, dit-il. Pourtant, aujourd'hui, j'ai envie de vous dire que l'émotion me serre le cœur. Dix-huit ans, que de combats menés en commun, gagnés ou perdus, mais toujours avec la même conviction de servir un idéal, l'idéal gaulliste ! »

gnons, avec les références qu'il faut, les phrases chères à leur oreille. C'est parce qu'il connaît bien leurs sentiments qu'il leur fait approuver *de facto* sa candidature tout en disant que « l'investiture d'un candidat par un parti politique est contraire à l'esprit de nos institutions ». Car il a trouvé la parade : il lui suffit de démissionner de son poste de président du RPR. Redevenu un homme indépendant des partis, il peut solliciter l'accord des militants sans qu'il s'agisse pour eux de le désigner. S'il était présent, Séguin n'aurait rien eu à dire !

En l'absence de Balladur, de Pasqua et de Séguin, Chirac fait voter et obtient 98,5 % des voix !

Jacques Toubon me parle de Séguin qu'il soupçonne en réalité de ne pas vouloir choisir entre Chirac et Balladur : « Le grand écart, me dit-il, quand on est lourd et gros comme lui, c'est difficile ! »

Au déjeuner qui suit, Jean-Jacques de Peretti me donne au contraire du geste de Séguin une explication que je crois fondée : Chirac avait bien prévenu Séguin de la rencontre de Reuilly, mais sans lui dire qu'il comptait réclamer un vote. Donc, à la demi-vérité de Chirac a répondu la défection de Séguin.

15 novembre

Je note ici brièvement qu'en marge du congrès RPR, Paul Guilbert me dit qu'il a vu Delors. L'attitude de Mitterrand pousse celui-ci à se porter candidat. Mitterrand passe en effet son temps à dire aux socialistes qu'il reçoit que Jacques Delors n'aura pas le courage d'aller à la bataille. Delors a donc envie de faire la démonstration du contraire.

Selon Guilbert, Delors se fixe trois critères pour sa prise de décision. Le premier est son mal de dos persistant. « Donc, premier critère négatif », lui a dit Delors en plaisantant à demi. Deuxième critère : les conditions de la campagne. Il est resté flou sur ce que cela voulait dire. Troisième critère : la majorité de gouvernement. En existe-t-il seulement une à gauche ? Il se décidera dès qu'il aura répondu à ces trois questions.

En revanche, le jour où Guilbert me parle de la candidature de Delors, qu'il croit maintenant assurée, Alexandre Adler appelle Denis Jeambar – c'est celui-ci qui m'en fait part le lendemain. Il était à

Vienne où il a accompagné Delors, et a déclaré à Jeambar : « Delors n'est pas candidat. Aujourd'hui, j'en suis sûr. »

Il va partir à la bataille, dit l'un ; il ne prendra pas le départ, dit l'autre.

Décidément, aucun virtuose de la communication politique n'aurait pu inventer un tel suspense : battus les Séguéla, enfoncés les Goudard et autres Thierry Saussez ! Du grand art : Jacques Delors est un Hitchcock politique. Au départ, au printemps dernier, un non de principe à la candidature. À la fin du mois d'août, une interrogation relayée par ses proches : qu'est-ce que j'irais faire dans cette galère ? Et puis l'énumération de tout ce qui pourrait le dissuader de tenter l'aventure : l'Europe, qui a encore besoin de lui ; le Premier ministre qui, tout compte fait, est un bon Premier ministre ; les socialistes, qui ne l'ont jamais vraiment aimé ; sa famille, qui voudrait bien le récupérer ; et enfin cette douleur lancinante dans le dos, qui ne le quitte plus, et le repos auquel il aurait bien droit.

Alors que j'étais convaincue qu'il ne se présenterait pas, le voici, cette semaine, devant micros et caméras, et à la une du *Monde* ! Est-ce pour lever l'ambiguïté, pour dire oui ou non au destin présidentiel ? Pas du tout : il s'agit de présenter un gros livre-interview, mi-Mémoires, mi-réflexions, qui révèle celui qu'il est devenu aujourd'hui, inquiet des fractures sociales, indigné par l'exclusion – dont je note que, dans cette campagne, elle indigne tout le monde –, révolté surtout par la résignation à l'exclusion.

Au-delà de cette valse-hésitation, si j'étais à la place de Delors, je me poserais effectivement la question de l'orientation actuelle du PS autour d'Henri Emmanuelli. Le premier secrétaire a beau dire qu'il n'a pas de couteau entre les dents, qu'il accepte l'économie de marché, il n'en souligne pas moins la défaite électorale des socialistes dits « modernes » comme Michel Rocard. Il ne le clame pas, mais tout le monde comprend : derrière Rocard, il y a Delors. Est-ce le moment, vraiment, de donner un coup de barre à gauche toute, quand il n'existe plus qu'un seul candidat socialiste capable d'être élu à la présidentielle et que celui-ci joue au centre gauche ?

18 novembre

Longue conversation avec Philippe de Villiers qui m'assure que Charles Pasqua est aussi dans les starting-blocks. Le ministre de l'Intérieur pense en effet, m'assure Villiers qui le connaît bien depuis leur campagne anti-Maastricht, que les deux candidats en piste, Chirac et Balladur, finiront épuisés par leur course. Il pense alors avoir une chance. « Dans ce cas, me dit Villiers, je ne me présenterai pas, et même je roulerai pour lui. Et s'il n'y va pas, j'irai ! »

Il me raconte que le 3 novembre dernier dans l'après-midi, il était à l'arrêt en plein dans un embouteillage, à Cholet, lorsque Chirac l'a appelé dans sa voiture. C'était à la veille de son interview au journal *La Voix du Nord* pour lui faire part de sa candidature. Quelques instants plus tard, alors qu'il avait parcouru à peine quelques mètres, Nicolas Bazire l'a appellé à son tour. « Avec la candidature de Chirac, le rythme va s'accélérer à partir de maintenant, dit Villiers à son interlocuteur.

– Ah bon ? lui dit Bazire en éclatant de rire. Parce que vous y croyez ? C'est de l'intox ! » *1994*

Toujours sarcastique, Villiers ajoute cette anecdote à propos de Michel Roussin. « Croyez-vous à une inculpation de Roussin ? » demande Villiers. « Pas le moins du monde, répond Bazire. Pas avant plusieurs mois. » Roussin a été mis en examen deux jours plus tard.

Coïncidence : après Villiers, j'ai rendez-vous avec Nicolas Bazire à Matignon. Nous parlons de qui ? De Chirac, pour changer. À vrai dire, les difficultés entre Chirac et Balladur ont commencé beaucoup plus tôt que je ne l'avais pensé. Dès le lendemain de la formation du gouvernement, en 1993, le maire de Paris a protesté contre le choix de tel ou tel ministre. Il avait bien été informé, au début, des démarches préludant à la constitution du gouvernement, mais, par la suite, Balladur n'a pas jugé bon de l'informer des impossibilités des uns et des autres, donc des changements inhérents à tout exercice de ce genre.

Cela s'est vu, m'assure Bazire, dès le premier dîner offert par Chirac et son épouse à l'Hôtel de Ville au couple Balladur, après la nomination de ce dernier à Matignon. « Chirac faisait déjà la tête parce qu'il n'avait pas été assez consulté. Il avait même pensé annuler le dîner. Nicolas Sarkozy a dû appeler Claude Chirac pour arranger les choses. Il est vrai – je l'ai entendu moi-même – qu'il téléphonait tous les jours à 20 heures au Premier ministre. Et puis il s'est lassé. »

Nous parlons de la conjonction, nouvelle, à l'occasion des petits déjeuners de la majorité, entre Chirac et Giscard : « Ils ne sont d'accord sur rien, mais ils sont tous deux hostiles à une candidature Balladur. C'est leur seul point de réelle concordance. »

18-19-20 novembre

Congrès du Parti socialiste à Liévin. Symbole : François Mitterrand vient pour la dernière fois adresser un salut aux congressistes. Il est avec le maire et quelques fidèles compagnons sur la place de l'Église, et non dans la salle même du congrès, et leur dit en guise de prologue : « Je vous souhaite un beau congrès. À l'équipe qui va être désignée de maintenir son unité pour la victoire qui sera celle de vos, de nos idées [...], la victoire des classes et des forces socialistes dont vous êtes les interprètes et qui, sans vous, seraient abandonnées. »

Dernier message de Mitterrand au Parti. Émouvant parce qu'il est là, familier et lointain à la fois, comme lorsqu'il n'était pas encore président de la République, entouré par la petite troupe qui ne craint plus son départ du pouvoir, mais sa mort prochaine. Personne ne le dit, mais pas un qui ne l'ait en tête.

Lorsque je pénètre dans la salle, assez sinistre, où se tient le congrès, c'est pour entendre Laurent Fabius parler d'un « redémarrage de l'espoir ». Il dit dans une assez jolie phrase que « le futur est à nouveau ouvert... car, à travers toutes les échéances qui viennent, se profile le grand futur de notre pays et de notre société... ».

Martine Aubry prend longuement la parole après lui. Le fait qu'elle soit la fille du prochain éventuel candidat de la gauche lui confère un statut particulier. Elle déborde notamment, et de plusieurs grosses minutes, le temps de parole imparti à tous les orateurs du congrès, sans prêter attention aux signes que lui adresse le président de séance. Elle est l'événement de Liévin, elle le sait et en profite. Tous les photographes affluent vers la tribune. Elle sait faire vibrer le congrès en parlant de la mise en accusation d'Henri Emmanuelli, qui tombe mal en effet. Elle s'en solidarise avec adresse et affection.

Après elle, vient Lionel Jospin, qui, lui, respecte son temps de parole en étant, il est vrai, beaucoup moins gêné par les flashes des photographes. Il est concis, sans esbroufe ni fioritures. Il se prononce sans ambiguïté pour la candidature de Jacques Delors, « parce qu'elle redonne de l'espoir, parce qu'elle réveille les aspirations des socialistes ».

Après lui, Poperen, plus réservé sur Delors. Et d'autres encore, pour et contre. À vrai dire, c'est un congrès pour rien : un congrès d'attente.

29 novembre

J'interroge à l'antenne Charles Pasqua. Il arrive au dernier moment, genre boute-en-train, escorté, comme c'est souvent le cas en ce moment, de William Abitbol et de Jean-Marie de Morand, tous deux membres de son cabinet, auxquels se sont joints quelques flics. Il pointe ses deux doigts dans le dos du présentateur, comme un pistolet, avant d'aller s'asseoir devant son micro.

Après l'émission, nous poursuivons la conversation. Il commence par parler des primaires, sans vraiment y croire : « Les gens qui foutront en l'air les primaires, dit-il, le paieront cher. »

Selon lui, VGE s'est déjà résolu à une victoire de Delors. Séguin aussi, ce qui lui permettrait de prendre le contrôle du RPR.

« Chirac a eu beaucoup de chances, continue-t-il, mais il n'a pas su les saisir. Il a commis bien des erreurs. La première : ne pas avoir abandonné la présidence du RPR en 1988, après sa défaite. Il aurait dû capitaliser les 46 % des voix obtenues par lui au second tour, au lieu de se lamenter sur les 20 % du premier. Et il aurait acquis une autre dimension. Sur l'Europe, ensuite : s'il s'était prononcé contre le traité de Maastricht, il serait aujourd'hui président de la République. Après les élections législatives de 1993, qu'il a gagnées, il aurait dû aller à Matignon. Mais non, il s'est débrouillé pour condamner Mitterrand d'une façon brutale, entre les deux tours, et Mitterrand ne lui a pas proposé Matignon. »

Quelle que soit son analyse, il reste que Balladur, dans ce cas, serait lui aussi responsable de l'éventuel échec de la majorité. Pasqua écarte cet argument d'un geste : « Si Balladur était derrière Chirac, Chirac serait de toute façon battu. Les électeurs n'aiment pas les tickets. Et Balladur ne savait pas lui-même, lorsqu'il est entré à Matignon, quel impact il aurait sur l'opinion publique. Je vous rappelle qu'il avait quitté la rue de Rivoli, en 1988, avec une image déplorable dans cette même opinion. Comment voulez-vous qu'il ait pensé à jouer les sondages contre Chirac dans ces conditions ? »

Il n'a vraiment pas le moral, aujourd'hui, Pasqua. Il soupire : « L'électorat va finir par être écœuré. La majorité ne remontera plus la pente à partir de ce moment-là. Les Français penseront que nous sommes indignes de gouverner. Qu'ils aillent se faire foutre, diront-ils, et ils auront raison ! » Un temps, puis : « Delors, lui, ne fait peur à personne. »

Il reprend : « Certains bons esprits, dans l'entourage du Premier ministre (il parle de Nicolas Sarkozy), lui demandent de ne se déclarer qu'en février. Je leur dis : en mai, tant que vous y êtes, ce serait beaucoup mieux ! Non, en réalité, conclut-il, s'il se déclare après le 15 janvier, il peut rester à la maison. Car c'est maintenant que l'opinion est en train de se faire. Si Balladur ne se déclare pas, il sera trop tard. »

Je ne résiste pas à lui poser cette question : si Balladur est à l'Élysée, Pasqua sera-t-il à Matignon ? Mais c'est un trop gros poisson pour mordre à l'hameçon.

1994

« À moins que je ne sois ambassadeur à Washington ? » plaisante-t-il.

Serait-il néanmoins candidat au poste de Premier ministre ? « Je serai candidat, oui, mais à la présidence du conseil général des Hauts-de-Seine. »

Il s'en tire par une pirouette, mais ne pense qu'à cela.

Je me rappelle ce que m'a dit Philippe de Villiers, l'autre jour : que Pasqua aurait en réalité envie de rouler pour lui, c'est-à-dire de risquer la candidature à l'Élysée. Je n'y avais pas cru. Aujourd'hui, pourtant, je constate que derrière sa bonhomie, sa rondeur, il est en train de devenir une sorte de super-star de la politique. Il joue d'ailleurs à merveille de son personnage haut en couleur, de son accent à la Fernandel, de son talent oratoire méridional mais incontestable. Résultat : les téléspectateurs l'adorent, ou du moins le regardent, l'audimat en fait foi. Les vieux gaullistes le considèrent comme un des leurs, certes un peu trop populiste mais qui, à propos de l'Europe, a dit tout haut, en 1992, ce qu'ils pensaient tout bas. La preuve : quoiqu'absent pour cause de balladurisme, il a été ovationné sur la pelouse du parc de Reuilly, il y a quinze jours, par les fans de Chirac qui ont compris – et pardonné – ses raisons. Son image diffusée en même temps que celle des autres dirigeants gaullistes (l'état-major de Chirac n'avait pas eu le temps de faire refaire le film) a été saluée par des tonnerres d'applaudissements, alors que celle de Philippe Séguin, absent lui aussi, a été accueillie par un silence de plomb.

Une raison supplémentaire, me semble-t-il, de cette popularité, il est vrai surtout marquée à droite : en plaidant jusqu'au bout pour des primaires entre les différents candidats de la majorité – peut-être sans y croire lui-même depuis belle lurette –, il est apparu comme le symbole et la garantie du mouvement gaulliste. Quoi qu'il arrive, il sera, l'automne prochain, celui qui aura mis Chirac et Balladur en garde contre la division du RPR. Il sera aussi celui qui, si Jacques Delors est élu, pourra toujours dire que c'est la faute à ceux qui ont divisé la majorité.

J'ajoute qu'au surplus, il amuse à gauche. Il fallait le voir, la semaine dernière, à l'anniversaire de la création du *Nouvel Obs*, à la Pyramide du Louvre, où il s'est payé le luxe de saluer Taslima Nasreen à laquelle il avait refusé l'entrée en France, quelques jours auparavant.

À propos de gauche, juste une information dont je n'ai pas encore vérifié la valeur : un soir de ce mois-ci, Jacques Chirac a été l'invité d'un club d'intellectuels situés plutôt à gauche, qu'anime Régis Debray. L'association porte le beau nom de « Phares et balises » et se réunit une fois tous les deux ou trois mois. Chirac en a profité pour se lancer dans un couplet très anti-élitiste, à la limite de la provocation. Régis Debray lui a du coup parlé d'une note, provocatrice elle aussi, rédigée par un jeune sociologue, Emmanuel Todd (à moins que celui-ci n'ait été présent, ce que je vais chercher à découvrir), pour la Fondation Saint-Simon. Une note qui situerait Chirac largement plus à gauche que Balladur. Une aubaine pour Chirac, qui, ayant été deux fois battu, en 1981 et 1988, pour avoir été jugé trop à droite, sent aujourd'hui que sa seule stratégie payante serait de contourner Balladur par la gauche...

11 décembre

J'ai beau en avoir vu, des choses, depuis que je suis l'actualité politique et que je regarde agir les politiques. Mais cela, jamais encore je ne l'avais vu. J'écris quelques instants à peine après que Jacques Delors a annoncé à la France entière qu'il ne serait pas le candidat de la gauche en 1995. Je suis encore sous le coup. Bien sûr, depuis longtemps, tout le monde savait qu'il hésitait : oui ou non, y va, y va pas – depuis la fin du mois d'août, je serais bien incapable de faire le recensement des articles écrits sur le sujet. Tout le monde, les hommes politiques aussi bien, a certes le droit d'hésiter. Mais qu'il mette ainsi en scène son refus, qu'il fasse monter le suspense, depuis le début du « 7 sur 7 », en véritable pro de la télé, pour, presque au terme de l'émission, dire finalement que les choses sont trop compliquées, que la France n'est pas l'Allemagne, qu'il n'aurait pas la majorité nécessaire pour mettre en œuvre sa politique, qu'il préfère donc renoncer à sa candidature, je ne croyais pas cela possible !

Accepter l'émission-phare de la première chaîne de télévision, maintenir le secret sur ses intentions, accepter, avant même d'avoir fait connaître sa volonté, le ralliement des uns, la sympathie des autres, créer chez ses compétiteurs de la majorité autant de craintes, tout cela pour dire non, c'est monumental ! Comment dire ? Ce qui me stupéfie encore plus, dans tout cela, c'est la mise en scène...

13 décembre

Il y a des gens à qui l'on pardonne tout, et puis ceux à qui l'on ne fait grâce de rien. Jacques Delors est des premiers. Je me rappelle ce qu'en disait en 1982 Simon Nora qui avait appartenu, comme lui et en même temps que lui, au cabinet de Jacques Chaban-Delmas : « Chaque fois que Jacques Delors annonce une nouvelle dévaluation, le Tout-Paris financier s'écrie : "Pauvre Delors !" » Connaissez-vous, demandait encore Nora, un autre ministre des Finances, socialiste de surcroît, à qui notre petit monde si cruel manifeste une aussi grande tendresse ?

C'est qu'il est toujours quelque part entre remords et contrition. Il a toujours l'art – et l'air – de souffrir : des hommes tels qu'ils sont, ou tels qu'ils devraient être. De la vie qui, souvent, n'a pas été aussi tendre avec lui. Des combats sociaux qu'il n'a pas tous gagnés. Même les combats électoraux devant lesquels il a reculé par le passé sont tous portés à son crédit. Dimanche soir, la magie a encore joué. « Pauvre Delors, pauvre Delors ! » a-t-on murmuré dans les chaumières lorsqu'il a sorti son petit papier devant les caméras pour dire « non ». Comme si nous pensions qu'un homme qui a résisté à une telle pression conjuguée de l'opinion publique, de ses amis politiques, des appareils et de la presse, ne pouvait le faire que par noblesse ou désintéressement. Par vertu plutôt que par faiblesse.

Cela ne résiste pourtant pas à l'analyse. D'abord parce que Jacques Delors n'a pas été innocent dans la récente fabrication de son propre mythe : depuis le retrait de Michel Rocard en juin dernier, tout ce qu'il a dit, tous ses textes, toutes ses interventions ont été préparés, relus, pesés pour être interprétés comme un pas de plus vers la candidature. S'il est vrai qu'il a eu la force de caractère de résister à la pression, il faut convenir qu'il a été tout à fait maître dans l'art du suspense.

Et puis, je me dis que les arguments qu'il a exposés à Anne Sinclair l'autre dimanche ne sont ni nouveaux ni convaincants. Élu, a-t-il dit, il n'aurait pas la majorité nécessaire pour faire passer les réformes auxquelles il tient. C'est méconnaître une des constantes de la Ve République : le Président nouvellement élu entraîne justement une nouvelle majorité.

Ce qu'a dit Delors dimanche, maintenant que la surprise est passée, c'est tout bonnement que personne, parmi ses amis politiques, ne serait jamais en mesure de faire quoi que ce soit.

Ou plutôt non, il n'a pas dit, dimanche dernier, le plus important. Il pensait que sa candidature allait d'emblée séduire les centristes. J'avais bien compris, au cours de ma récente rencontre avec Bernard Bosson, que tel ne serait pas le cas. Après sa victoire, peut-être ; avant, pas question !

Il pensait également que les socialistes se mettraient comme un seul homme en ordre de bataille derrière lui. À partir du moment où, à Liévin, Henri Emmanuelli se prononçait en faveur d'un virage à gauche, même si, à la tribune, le même exhortait Delors à « faire son devoir », les socialistes eux aussi risquaient de faire défaut.

De là à renoncer sans combattre, il y a un monde. Chirac et Mitterrand avaient raison : l'un ou l'autre n'ont jamais cru à la candidature Delors. Il leur a semblé, à l'un comme à l'autre, que Delors manquait de la détermination farouche nécessaire à une campagne présidentielle. Après tout, peut-on vraiment lui en vouloir ? Personne n'est obligé d'avoir attrapé le virus de la politique.

Voilà qu'à mon tour je me mets à penser : « Pauvre Delors... »

14 décembre

Sans tarder, les états-majors, sonnés par la retraite de Delors et plus encore par sa mise en scène, reprennent leurs esprits. Les leaders de l'UDF se remettent à espérer jouer un rôle. Pour Chirac, officiellement candidat, la défection de Delors ne change pas la donne. Tout au plus cela lui redonne-t-il un peu d'air. C'est Édouard Balladur, je pense, qui doit être le plus soulagé. Au début, l'évocation de la candidature Delors lui permettait de montrer à la majorité qu'il était son vrai rempart, et que Chirac apparaissait, dans ce cas, comme un diviseur. Ça, c'était à l'automne dernier. Mais il a commencé à avoir peur que l'UDF, surtout les centristes, soient séduits par le personnage Delors, l'Europe de Delors, la démocratie chrétienne à la Delors. Cela ne l'amusait plus du tout. Au total, c'est un sentiment de soulagement qu'ont dû éprouver le Premier ministre et ses conseillers. Ils ne le diront jamais, mais je mettrais ma main à couper que j'ai raison.

C'est au Parti socialiste que la confusion est la plus grande. Au fond, l'équipe d'Emmanuelli n'avait rien préparé. Le premier secrétaire ne voulait sans doute pas de Delors, mais il n'a avancé, à Liévin, aucun autre nom. Les deloristes – Ségolène Royal, François Hollande, Jean-Pierre Mignard – se sentent orphelins : ils sont surtout les dindons de la farce, si tant est que cette non-candidature en soit une. Quand on pense que, depuis des semaines, ils analysent le comportement électoral de Mitterrand au cours des dernières batailles, qu'ils sollicitent et prennent des concours politiques et financiers, qu'ils réunissent dans leur petit local de Saint-Germain groupes d'experts et économistes distingués ! Tout cela pour que Delors leur ait caché ce qu'il allait dire, dimanche, chez Anne Sinclair, et plus encore à quel moment de l'émission il le dirait.

Restent les éléphants qui reprennent espoir : après tout, leur tour est peut-être venu. Mais qui ?

Juste un mot sur ce que vient de nous dire Mitterrand aujourd'hui. La rédaction et la direction du *Nouvel Économiste* lui a audacieusement décerné, au moment où, malade, il s'apprête à quitter le pouvoir, le prix de l'homme politique de l'année. Comme il ne voulait pas se déplacer jusqu'au Sénat où la petite cérémonie avait lieu, il nous a tous reçus à l'Élysée. Il nous a surtout fait la surprise d'un discours improvisé sous la forme d'un extraordinaire autoportrait. Je ne peux pas citer ici l'intégralité du texte, fort beau. Je n'en ai noté au passage que quelques phrases, étant donné que le discours entier a bien entendu été enregistré et que je suis en train de le relire. Je retiens : « On dit de moi que je suis opportuniste, malin. Mais, pendant vingt-quatre ans, entre 1957 et 1981, je suis resté complètement en dehors des allées du pouvoir. Je ne suis pas allé une seule fois, pendant ces années-là, à la préfecture de Nevers, je ne suis jamais allé à la sous-préfecture de Château-Chinon ! Je n'ai jamais participé à une cérémonie officielle, je ne suis jamais allé dans un palais, dans un ministère. Je me permets de vous le dire : peut-être avais-je quelques convictions ! » Et encore : « Vous savez, un homme qui aura passé un demi-siècle dans la vie politique, s'il a une passion, c'est celle-là, la politique, ce n'est pas une autre. On pourrait dire d'un joueur de casino (ce que je ne suis pas) : quelle triste passion que de vouloir gagner l'argent de cette manière ! Non, il ne cherche pas à gagner de l'argent, il en perd. C'est le goût du jeu pour le jeu. Mais le pouvoir, c'est-à-dire le moyen d'agir sur la société qui est la mienne, oui, cela m'intéresse... »

22 décembre

Si l'abbé Pierre n'existait pas, il faudrait l'inventer. Dimanche, il avait pris la tête d'un commando de sans-logis qui ont investi à Saint-Germain-des-Prés un immeuble de la Cogedim. Avec sa cape et son béret, il les y a installés avant de repartir comme il était venu.

Quel ramdam, monseigneur ! Faire cela en plein début de campagne électorale, et à quelques jours de Noël, c'est assurer à son action le plus grand retentissement possible. L'abbé Pierre est, comme Delors, un grand communicateur. Dans la semaine, tout le monde s'est précipité pour faire des offres aux sans-abri et à leur bon pasteur. Édouard Balladur a reçu l'abbé à Matignon, Chirac a annoncé son intention d'engager une procédure de réquisition des logements inoccupés de la capitale, tout en précisant que les propriétaires privés n'avaient rien à craindre, puisque seuls étaient concernés les immeubles appartenant à de grands groupes, banques ou assurances.

La course à gauche toute a commencé. À peine Delors jetait-il l'éponge que Chirac a tenu à montrer qu'il était plus à gauche que Balladur, tandis que le Premier ministre a publié dans *Le Monde* une longue tribune pour parler d'une « société tracassée par le chômage », et lui proposer ses remèdes de bon docteur.

29 décembre

Le scénario du pire. Depuis des mois, les islamistes algériens ont déclaré la guerre à la France : celle-ci, en effet, aide en sous-main le gouvernement algérien qui leur est hostile. Des Français ont été assassinés au printemps dernier ; le conseil a été donné aux ressortissants français dont, selon la formule consacrée, « la présence n'est pas indispensable », de regagner la France. Depuis longtemps, le gouvernement et le Président le savent, les services ont prévenu que des attentats étaient à redouter dans les villes françaises. C'est dans ce contexte qu'un commando du GIA a pris en otage un Airbus A300 d'Air France sur l'aéroport d'Alger.

Cinquante-quatre heures de cauchemar. Deux passagers sont exécutés dès les premières heures du détournement. Craignant que les forces algériennes ne donnent l'assaut, mettant ainsi en danger certain les passagers, au moins autant que le commando, le gouvernement français est arrivé à obtenir que l'Airbus quitte la capitale algérienne et se pose, pour escale technique, à Marseille. Où il est resté.

Heureusement, les choses se sont bien terminées : la DGSE a joué son rôle, les gendarmes du GIGN ont fait merveille, le personnel d'Air France a été impeccable, et le gouvernement, à la fois déterminé et efficace, quoiqu'il y ait eu apparemment un certain tirage entre Pasqua et Juppé. À quatre mois des élections, nul ne doute que cette opération réussie ne soit portée au crédit de Balladur.

1995

3 janvier

Plus les jours passent et plus le jeu se complique pour les socialistes d'où personne ne voit rien venir.

Emmanuelli candidat ? Il ne fait déjà pas l'unanimité au sein du PS, pourquoi la ferait-il chez les Français ? Et puis, il est convoqué par le juge à Saint-Brieuc, début mars, à propos du financement du PS : sans présumer de ce que la justice a ou n'a pas à lui reprocher, on voit mal le candidat en tournée s'arrêter chez le juge avant de tenir un meeting.

Alors, qui ? Mitterrand est logé à la même enseigne que nous tous : il ne sait pas. Lorsqu'il a présenté ses vœux aux Français, le 31 décembre, il leur a certes parlé du « rendez-vous essentiel que la France se donne à elle-même », mais il serait bien en peine de révéler le nom de celui qui relèvera le défi en avril prochain. C'est la sixième campagne présidentielle dont je suis les grandes manœuvres depuis que j'ai entamé ces cahiers, et je ne m'habitue pas à ce qu'on ne sache rien, qu'on n'ait même aucune idée du nom du « champion » qui portera les couleurs de la gauche.

Les candidats naturels du PS ? Tous sont, pour une raison ou une autre, hors d'état de se présenter.

Rocard aurait été tenté d'y aller après la défection de Delors ? Consulté, son lieutenant le plus proche, Guy Carcassonne, proteste : « Comment ça ? Il a été descendu par les autres dirigeants socialistes en mai dernier, le croyez-vous assez fou pour l'avoir oublié ? »

Pierre Mauroy, que j'ai rencontré cette semaine, tient à être réélu à la mairie de Lille. Cela exclut l'Élysée : il y a contradiction absolue entre la campagne qu'il devrait faire s'il était candidat à la magistrature suprême et celle dans laquelle il devrait se lancer quelques semaines plus tard dans le Nord. Candidat à l'Élysée, il devrait adopter une position très à gauche pour faire le plein des voix socialistes dès le premier tour. Candidat à la mairie de Lille, il est tenu à une position modérée. « À un an d'intervalle, m'explique-t-il, un changement de pied aurait été possible. Mais les municipales suivent de quelques semaines seulement la présidentielle : trop peu de temps pour changer de braquet. »

Laurent Fabius, tenté, craint une exploitation par ses adversaires de l'affaire du sang contaminé. Claude Bartolone m'a dit tout à l'heure : « Il a beaucoup souffert d'une campagne aussi odieuse et injuste, il craint de rouvrir la plaie. »

Lionel Jospin, lui, bizarrement, ne dit plus un mot, ce qui tendrait à prouver qu'il y pense peut-être. Je n'en ai aucune certitude.

J'énumère les outsiders possibles : Robert Badinter et Pierre Joxe[1]. Badinter a décliné avec énergie ce cadeau empoisonné pour lequel il ne se sent pas d'appétit. Contrairement à Delors, il l'a fait savoir tout de suite. Le Président a posé la question à Pierre Joxe qu'il a reçu en début d'année. Celui-ci a fait la fine bouche : « Si vous m'aviez nommé à la place de Cresson en 1991, peut-être aurais-je été en situation. Aujourd'hui, c'est non. »

Jack Lang est le mieux placé dans les sondages : formidable popularité chez les jeunes, dans les milieux intellectuels et artistiques. Mais les secrétaires fédéraux du PS boudent son éventuelle candidature.

Alors Martine Aubry, dont je n'oublie pas que Chirac m'a parlé en me disant qu'elle serait bien meilleure que son père ? À retenir en sa faveur : elle bénéficie comme par transfert de la popularité de Jacques Delors. Elle est en ce moment en vacances au Vietnam et m'a dit avant de partir qu'il lui serait difficile d'être en quelque sorte candidate par procuration. En 2002, peut-être... Aujourd'hui, c'est prématuré.

Reste Henri Emmanuelli. Il était à Latche pour le réveillon de la Saint-Sylvestre. Mais Claude Estier me dit que Mitterrand lui a conseillé de rester à l'écart de cette joute. Certes, il est populaire parmi les socialistes, il est très bien élu dans sa circonscription, avec

1. Robert Badinter est président du Conseil constitutionnel, et Pierre Joxe de la Cour des comptes.

un score à faire rougir ses concurrents ; on ne s'improvise cependant pas présidentiable à quelques semaines d'un scrutin.

Dans ce qui perd gagne général, c'est à se demander qui décrochera le pompon.

4 janvier

Mes interrogations d'hier sont dépassées. Le Parti socialiste ne s'y attendait pas, moi non plus : à la stupeur générale, Lionel Jospin a fait aujourd'hui acte de candidature à la candidature. Il paraît qu'il n'a prévenu qu'hier Henri Emmanuelli de sa décision. Il est vrai qu'il est bien seul, aujourd'hui, au sein du PS : il lui reste deux lieutenants fidèles, Daniel Vaillant et Dominique Merchez. C'est peu pour faire campagne, si c'est assez pour se présenter.

11 janvier

Avant-hier, Laurent Fabius, en retrait donc de la présidentielle, a fait dans *Le Monde* un portrait sur mesure de Robert Badinter en insistant sur la nécessité de présenter une personnalité parée de toutes les vertus morales et républicaines. On me dit qu'il a dîné hier avec Robert Badinter pour tenter une fois encore de le convaincre. Cela aurait de la gueule, c'est sûr ! Les sondages n'ont pas encore retenu cette hypothèse. Tandis que Jospin, lui, est déjà sur la ligne de départ devant les socialistes, qui doivent se prononcer à l'occasion de primaires... enfin, à condition qu'il y ait, au sein du PS, quelqu'un d'autre pour se mesurer à lui !

12 janvier

L'éloignement dans lequel notre petite communauté politique – journalistes et dirigeants dans le même panier – tient Chirac me stupéfie. À 62 ans, après avoir baigné trente ans dans la vie publique, après avoir été par deux fois Premier ministre, une ribambelle de fois ministre, après avoir fait la preuve qu'il savait conquérir un mouvement politique et le garder, je n'arrive pas à comprendre comment il reste à ce point caricaturé. Qu'on le trouve peu intellectuel, qu'il n'aime pas débattre indéfiniment des faits de société et des révisions constitutionnelles, qu'il n'apprécie pas les caméras de télévision, qu'il passe son temps à dire qu'il déteste la littérature et la musique, que les romans policiers sont la seule lecture qu'il apprécie, bon, c'est un compte. Mais enfin il a un parcours, une longévité, une carrière, quoi, qui mériteraient peut-être qu'on ne le considère pas uniquement comme étant le Poulidor de la politique.

C'est pour cette raison, me dit-il aujourd'hui, qu'il va publier dans quelques jours le deuxième tome de ses « réflexions », une fois encore chez Nicole Lattès. Après en avoir instamment été prié par ses partisans, il veut y montrer qu'il n'est pas seulement l'« homme pressé » que décrivent ses détracteurs, qu'il a certes commis beaucoup d'erreurs, mais pas tellement plus que les autres. Il se décrit – non sans difficulté, parce qu'il n'aime pas parler de lui – comme un homme qui déteste les idéologues, sans être totalement fermé à la réflexion ; qui dresse le constat d'une France qui va mal ; qui veut enfin démontrer que seuls comptent la volonté et l'élan politiques.

Je me demande tout de même si, en dénonçant l'establishment, la technocratie de Bruxelles et d'ailleurs, en appelant les Français au changement plus qu'à la continuité, à la rupture plus qu'à la résignation, il ne va pas finir par leur faire peur.

Évidemment, quand on est installé à Matignon, on est plus à l'aise.

12-13 janvier

Je suis venue en Vendée dès hier soir pour interviewer, ce matin, Philippe de Villiers, lui aussi candidat à la présidentielle. Il a décidé d'exploiter les résultats qu'il a obtenus l'année dernière aux européennes. Il me semble que c'est bien imprudent, car il recueillera, dans cette élection, moins de voix qu'il n'en a obtenu en 1994. Campagne électorale oblige : il n'a pas eu le temps de venir à Paris. Nous enregistrons donc en direct, pour RTL, depuis le studio de Radio-Alouette, radio locale que dirige un de ses frères. Arrivé quelques minutes avant de passer à l'antenne, il me parle d'abord des sondages : « Tous truqués : je l'ai compris lors des élections européennes. Rappelez-vous : à un moment, notre liste a très nettement fléchi dans les enquêtes. Jimmy Goldsmith[1] m'a dit : "Je m'en occupe."

1. Ancien patron de *L'Express*, Jimmy Goldsmith figurait sur la liste européenne de Philippe de Villiers.

Il a lâché un million, et d'un seul coup notre liste est repartie en flèche ! »

Au moment de commencer l'émission, il entend la phrase que Balladur a prononcée la veille : « Je dispose d'une batterie de soutiens. » Il ricane : « Tu parles, une batterie de casseroles, oui ! » Puis il se reprend : « Je ne peux pas dire cela : les Français ne veulent pas de polémiques, pas de dérapage. Tout rond, il faut être tout rond ! Je serai donc tout rond, pendant la campagne... »

Il dispose de 4 % dans un premier sondage, de 8 % dans celui qui sera publié demain. Il compte monter jusqu'à 10-12 %. Il me semble que sa candidature n'a qu'un but : compter ses voix et participer au futur gouvernement. Je lui demande, pour vérifier cette hypothèse, s'il acceptera un poste gouvernemental. « Je n'y ai peut-être pas tout de suite intérêt, convient-il. Dans le deuxième gouvernement, peut-être. » Avec tout ce qu'il balance sur les accords du GATT et sur l'Europe, je souhaite bien du plaisir à celui qui le prendra dans son gouvernement, fût-ce dans le deuxième !

18 janvier

Balladur candidat : on ne peut pas dire que l'annonce surprenne. Il aurait préféré attendre encore un peu, ses amis l'ont persuadé qu'il valait mieux forcer l'allure.

Y penser toujours, n'en parler jamais : telle est, depuis près de deux ans, l'attitude d'Édouard Balladur. L'affaire, il faut en convenir, a été de bout en bout remarquablement menée. Pas une erreur de parcours depuis la victoire de la majorité en 1993. De la nomination à Matignon, adoubé par Chirac, jusqu'à cette candidature, aujourd'hui, en passant par les appels adressés à point nommé par Simone Veil et François Léotard, sans oublier le dernier SCUD de la lettre de Charles Pasqua à Jacques Chirac, pas une fausse note ! Tout a été calculé, pesé, millimétré, peut-être depuis plus d'années qu'on ne le croit. Depuis, sans doute, si on retrace son parcours, son arrivée au ministère des Finances, pendant la première cohabitation. Ce qui n'était pas prévu, en revanche, c'est qu'au moment d'entrer en campagne, son état de grâce soit miraculeusement intact, ou presque. Il n'a jamais connu, comme la plupart, les abîmes des enquêtes d'opinion après en avoir habité les sommets. Ni le chiffre du chômage, resté à peu près le même qu'en 1993, ni la querelle sur le SMIC jeunes, ni la guerre scolaire un instant seulement rallumée, il est vrai, ni les « affaires » qui ont atteint ses ministres, surtout Alain Carignon, prestement remplacé à la Communication par Nicolas Sarkozy, rien ne l'a fait plonger dans les sondages. Pas davantage les hausses du prix de l'essence, survenant à la veille de sa candidature, que l'annonce de l'extension de la CSG.

La chance a joué, sans doute : quelques semaines avant la présidentielle de 1988, Chirac avait dû affronter la tragédie de Nouméa. L'affaire de l'Airbus d'Air France à Alger aurait pu se muer en catastrophe ; son heureux dénouement ne peut qu'être porté au crédit du Premier ministre et de son gouvernement.

Les jeux sont-ils faits pour autant ? Les campagnes présidentielles ont toujours été marquées par de soudains renversements : de Gaulle en 1965 ne s'attendait pas à sa mise en ballottage ; en 1969, la gauche a disparu ; en 1974, Giscard, qui n'avait pas derrière lui les gros bataillons gaullistes, a vaincu Chaban-Delmas ; en 1981, le même Giscard, dont tout le monde prédisait la reconduction, a été battu de plusieurs longueurs par François Mitterrand.

Et puis, Barre est encore silencieux. S'il se présentait, l'équation de Balladur ne serait évidemment plus du tout la même : il perdrait ses appuis à l'UDF. Je sais bien que Millon est, lui, officiellement candidat UDF, mais le pauvre n'est pas Raymond Barre...

19 janvier

Déjeuner avec Balladur à Matignon au lendemain de sa déclaration de candidature. Il a, pour une fois, quelques minutes de retard. Nous sommes une bonne dizaine de journalistes autour de la table. Il paraît assez excédé par nos questions mais répond néanmoins à la plupart d'entre elles.

Sur le pacte entre le maire de Paris et lui : avait-il ou non conclu avec Chirac un accord – Matignon à l'un, l'Élysée à l'autre ? « Il n'y a pas eu de pacte, affirme-t-il. Cela aurait été inconvenant, car nous aurions préjugé de l'attitude des Français. Jacques Chirac m'a au contraire répété ce qu'il m'avait souvent dit : le moment venu, celui d'entre nous qui sera le mieux placé sera le candidat. »

C'est la première fois que j'entends cette version de la bouche de Balladur, mais, d'un autre côté, je n'ai jamais entendu ce qu'ils se sont réellement dit, je n'étais à l'évidence pas témoin de la scène.

« Interrogez Chaban-Delmas et Messmer si vous le voulez, ajoute-t-il ; ils vous le confirmeront. »

Nous parlons de la cohabitation. Il est plutôt élégant avec Mitterrand : « J'ai vécu la cohabitation, dit-il, dans des conditions particulières, Mitterrand étant malade et en fin de mandat. Franchement, cela ne doit pas être très agréable d'avoir eu le pouvoir et d'en être privé tout en restant en place, comme il l'a fait. »

Il reprend : « Finalement, au cours de cette cohabitation, il y a eu de petits frottements. Mais comme nous étions convenus de ne pas nous surprendre, cela s'est plutôt bien passé. Il ne m'a surpris qu'une fois, à propos du moratoire sur les essais nucléaires. Nous avons eu une explication, et il n'a jamais recommencé. »

C'est là une façon toute personnelle de présenter les choses, car, après tout, Mitterrand, en l'affaire, a gagné sur toute la ligne : toutes les tentatives de Balladur et de Léotard pour le faire changer d'avis, puis pour tenter de l'obliger à le faire, se sont heurtées à un refus absolu. Si quelqu'un a gagné, en l'occurrence, c'est bien Mitterrand ! *1995*

Je note que Balladur ne parle pas du deuxième accroc qui, selon l'Élysée, avait irrité à un suprême degré Mitterrand : la fameuse interview que le Premier ministre accorda au *Figaro* le 30 août dernier, titrée par le quotidien : « Notre politique étrangère. » Mitterrand est loin d'avoir pardonné à Balladur ce qu'il considère comme étant l'un des manquements importants à la règle du jeu entre les deux responsables de l'exécutif[1]. C'est à cette occasion que la « cohabitation de velours » est devenue une cohabitation en tôle ondulée ! Je crois même que c'est à ce moment précis que Mitterrand a qualifié son Premier ministre d'« étrangleur ottoman ». Balladur n'a pas l'air, lorsqu'il en parle, de s'en rendre compte : j'en connais un, à l'Élysée, qui ne l'oublie pas...

Je rapporte à Balladur, pour voir sa réaction, ce que François Mitterrand dit en privé aujourd'hui : « Si j'avais vingt ans de moins, je saurais comment les battre. » Il me répond en levant à peine l'œil : « Si ça lui fait plaisir de le croire... »

Lorsque l'un de nous essaie de lui en tirer davantage sur Jacques Chirac, il s'irrite dès la première question. C'est dans cette partie de

1. Devant la conférence des ambassadeurs réunie à l'Élysée au début septembre 1994, François Mitterrand a répliqué : « Les Affaires étrangères sont, parmi les fonctions qui sont les miennes, parmi les plus importantes et les plus clairement définies par la Constitution. J'entends préserver exactement les différentes répartitions des tâches de l'exécutif. »

la conversation qu'on le sent à la fois le plus vulnérable et le plus concerné. Quelle a été la première crise survenue entre eux ? Il n'hésite pas une seconde : la crise monétaire de l'été 1993 a servi de révélateur.

Nous n'en tirerons rien de plus pour aujourd'hui.

Vendredi 20

Pasqua arrive sur le coup de 7 h 30 à RTL en me confiant qu'il a eu une insomnie pendant la nuit. Je me rends effectivement compte qu'il n'est pas dans son assiette. Il vient sans doute de comprendre qu'il s'est officiellement rallié à Édouard Balladur sans en tirer aucun bénéfice, qu'il a renoncé à se présenter lui-même parce qu'il n'avait

pas les atouts en main, bref, qu'il n'a rien gagné à faire mouvement vers Balladur, ni pour son image personnelle, ni pour son avenir. Je lui demande s'il a ou non négocié un poste de Premier ministre. Manifestement, il n'a obtenu aucun engagement de la part du candidat. « De toute façon, je ne crois pas aux promesses », répond-il, l'œil triste.

22 janvier

Raymond Barre à « 7 sur 7 ». Quand a-t-il pensé que Balladur allait se lancer dans la bataille présidentielle ? Réponse : « Quand j'ai vu la composition de son gouvernement en 1993, je me suis dit qu'il avait des arrière-pensées. » Traduction : lorsqu'il a vu notamment que le nombre de ministres issus de l'UDF était légèrement supérieur à celui des ministres RPR, et que Balladur se lançait donc dans une vaste opération de séduction auprès de l'UDF.

J'ai pris peu de notes, car, depuis longtemps déjà, je pense que les chances de Raymond Barre sont passées, qu'il n'aurait aucun intérêt à s'immiscer dans la course présidentielle, entre Édouard Balladur et Jacques Chirac qu'il n'aime ni l'un ni l'autre. On me dit que lui-même y a en revanche beaucoup songé. Balladur lui a tiré le tapis sous les pieds. Plus d'espace pour Raymond Barre !

24 janvier

Avec François Hollande, nous cherchons quand, à quel moment on a pu penser que Balladur allait jouer la présidentielle. Il me raconte que le jour même de la constitution du gouvernement Balladur, François Mitterrand a dit à quelques amis, dont il était : « Balladur ne pense qu'à une chose : être candidat. Eh bien, il le sera. » La perspective d'une rivalité Chirac-Balladur le réjouissait d'avance.

25 janvier

Déjeuner avec Valéry Giscard d'Estaing. Très intéressant pour comprendre ce qui restera longtemps une interrogation politique majeure, historique presque : entre Balladur et Chirac, le malentendu, la double méprise, la trahison de l'un, la naïveté de l'autre... Tout cela mettant le monde de la majorité cul par-dessus tête, parce que la situation oblige à ce qu'aucun parlementaire, aucun élu, aucun ministre n'aime faire : choisir. *1995*

Valéry Giscard d'Estaing raconte que lui aussi a essayé de mettre en garde Chirac : la scène se passait le 23 janvier 1993, donc bien avant les législatives et alors que les relations entre l'ex-Président et son ancien Premier ministre s'étaient tant bien que mal arrangées, la rancune de 1981 étant allée à la rivière.

Ce jour-là, Jacques Chirac a confié à VGE son intention de ne pas aller à Matignon. Giscard l'a alors mis en garde : « Votre stratégie est absurde ; si le gouvernement réussit, le Premier ministre sera candidat. S'il échoue, vous serez entraîné dans sa perte. » Réponse de Chirac, toujours la même : « Vous avez tout à fait raison, mais vous ne connaissez pas Balladur. »

Ce qui est piquant, dans cette conversation, c'est que Giscard, quelques semaines avant l'échec de la gauche en 1993, donc quelques mois avant cette conversation avec Chirac, se serait bien vu, lui, à Matignon. Et qu'on peut en être sûr : il n'aurait pas « chauffé la place » pour Chirac. Les résultats électoraux en ont décidé autrement : l'UDF a eu, aux dernières législatives, moins d'élus que le RPR ; Matignon revenait donc au parti majoritaire au sein de la majorité. Mais il s'en est fallu d'un cheveu.

27 janvier

Jean-Louis Debré me raconte son dernier petit déjeuner avec Nicolas Sarkozy, le 12 janvier au matin. À Bercy, naturellement. Voici sa version. Nicolas Sarkozy lui aurait parlé sans détour, les yeux dans les yeux : « Balladur a gagné, lui a-t-il affirmé en toute certitude, comme si le vote avait déjà eu lieu. C'est bouclé : l'alliance politique que nous allons mettre au point va des centristes au Front national. Simone Veil et Pierre Méhaignerie protesteront, je m'en fous ! Philippe Séguin, il est mort. Il vous a craché à la figure, à Reuilly, et il ne nous a pas léché les bottes. Pasqua, c'est terminé. Nous allons donc reprendre le RPR. Je ne te demande pas de te rallier à nous. »

À ce moment de son récit, Debré ouvre une parenthèse : « D'ailleurs, ajoute-t-il, il m'avait dit en préalable : "Nous avons déjà récompensé ton frère." »

1995

Lorsqu'on sait les sentiments ambigus qu'éprouvent les jumeaux Debré l'un envers l'autre, on mesure que la nomination de Bernard Debré en remplacement de Michel Roussin[1] n'a pas dû causer un extrême plaisir à son frère ! Passons.

Suite de la conversation Sarkozy-Debré : « Je ne te demande donc pas de te rallier, aurait poursuivi Sarko, toujours dans la version de Jean-Louis Debré. Mais, au RPR, j'aurai deux problèmes. Le premier, c'est Alain Juppé. Je pense toutefois qu'étant ministre, il n'en fera pas trop jusqu'en mai. Le second, c'est toi. Tu es en sursis. Je sais que tu as visité environ 70 fédérations RPR depuis le début de la campagne. Si tu veux continuer à faire de la politique, pas de déclaration intempestive, et pas de tournée ! »

Jean-Louis Debré m'a raconté tout cela hors antenne. Il ne s'en est peut-être pas aperçu, mais il en dit quand même une bonne part en direct, notamment sur l'alliance politique allant des centristes à Le Pen.

Dans l'après-midi, donc, coup de téléphone pas furibard, mais plutôt sec de Nicolas Sarkozy : « Debré ment, m'affirme-t-il avec force. Vous pensez que je serais aller parler à Debré d'une alliance avec Le Pen ! Je ne suis pas fou tout de même ! Je ne prendrai pas la peine de démentir ni de polémiquer avec lui. Je tenais simplement à ce que vous le sachiez. »

1. Au ministère de la Coopération au moment où Michel Roussin a dû quitter le gouvernement.

Même date

Parti socialiste, suite... L'acharnement que tous manifestent à se détruire sans comprendre que c'est le sort de chacun d'eux qui est en jeu me paraît ne pas faiblir. Il y a une quinzaine de jours, le 4, Lionel Jospin a dit le premier qu'il était candidat à la candidature. Que n'a-t-il pas fait là ! Des contre-feux, de tous côtés, se sont allumés : notamment celui de François Mitterrand, qui condamne depuis longtemps le « droit d'inventaire » réclamé par Jospin, et encore plus la condamnation que celui-ci porte sur son passage à Vichy. Mitterrand n'avait déjà pas beaucoup de candidats socialistes à pousser à l'exception de Laurent Fabius, qui, on le sait, ne veut pas tenter le sort. Que celui de tous les dirigeants du parti qu'il aime le moins soit le premier à profiter du vide n'est pas fait pour le satisfaire. Leurs relations, c'est un euphémisme, ne sont pas vraiment bonnes depuis plusieurs années déjà[1]. Depuis 1992, quand Mitterrand ne l'a pas reconduit au ministère de l'Éducation nationale. Et plus encore depuis le commentaire de Lionel Jospin sur le livre de Pierre Péan[2].

Lorsque je l'ai interrogé sur ses intentions, Mauroy m'a raconté que Jospin avait rencontré Mitterrand en décembre. J'ignorais que c'était pour lui annoncer son éventuelle candidature. En tout cas, celle-ci n'a pas l'air de faire un immense plaisir au chef de l'État : tous les bruits en provenance de l'Élysée et des mitterrandistes le confirment. Jack Lang, par exemple, le mieux placé à gauche dans les sondages, est instrumentalisé pour porter la première estocade à l'impétrant, ouvrant ainsi la porte à Henri Emmanuelli qui sera lui aussi candidat.

Je n'ai nulle envie de rire ou d'ironiser sur les soubresauts du pauvre PS. Voilà un parti qui a été sanctionné par l'électorat de gauche, et

1. Elles n'ont pas toujours été ainsi. Pour la petite histoire, c'est Lionel Jospin qui, le 10 mai 1981, avait appelé François Mitterrand à Château-Chinon pour lui dire que, d'après les estimations de la Sofres, il était élu. Ce sont des moments que l'on n'oublie pas. Installé à l'Élysée, Mitterrand confia à Jospin la direction du PS. C'est dire la confiance que le nouveau président de la République lui manifestait. Beaucoup de choses, par la suite, ont fait que la situation s'est dégradée : l'antagonisme avec Laurent Fabius, le fils préféré, le « droit d'inventaire » invoqué par Jospin à l'égard de Mitterrand (voir, dans ces *Carnets*, l'année 1992).

2. Dans *Le Point* du 10 septembre 1994, Jospin a déclaré, parlant du livre *Une jeunesse française* : « On voudrait rêver d'un itinéraire plus simple et plus clair pour celui qui fut le leader de la gauche française de 1970 à 1980. Ce que je ne peux comprendre, c'est le maintien, jusque dans les années 1980, de liens avec des personnages comme Bousquet. »

de belle façon, en 1993 ; qui a vu dans les quelques mois précédant sa défaite ses belles idées fondre comme neige au soleil dans l'enfer des prétoires ; dont le rêve humaniste s'est brutalement heurté à la réalité de l'effondrement du monde communiste et à la remise en question, partout dans le monde, des principes essentiels du socialisme ; sur lequel s'est abattu de plein fouet la crise économique et morale de nos sociétés développées. Ces épreuves ont été telles qu'elles ont conduit un ancien Premier ministre battu à se suicider au bord d'un canal, dans la Nièvre, par un 1er mai ensoleillé. Et qu'elles ont, dans les vingt mois qui ont suivi, conduit Michel Rocard à jeter l'éponge et Jacques Delors à refuser l'engagement.

Après tout cela, l'heure était peut-être venue de réfléchir. En tout cas, de cesser le feu. C'est le contraire : tout le monde brandit son arme, et les couteaux sont loin d'être restés au vestiaire.

Je me pose encore la question à laquelle je n'ai pas de réponse (mais qui l'a ?) : même si je le sais hostile à la candidature éventuelle de Lionel Jospin, Mitterrand est-il en mesure de réagir ? A-t-il encore son mot à dire ? On ne m'ôtera pas de l'esprit que s'il avait reçu Delors quand il le fallait, celui-ci aurait peut-être pris une tout autre décision. Ou bien préfère-t-il que ce soit quelqu'un de droite qui lui succède ? Il aura alors démontré que dans ce monde chaotique de la gauche, il aura été, au XXe siècle, le seul à réussir à s'imposer ?

C'est peut-être ainsi qu'il convient d'interpréter l'arrivée, dans le camp de Chirac, de l'ex-communicateur en chef de Mitterrand, Jacques Pilhan. Il fallait bien qu'il vive, certes, mais tout de même... chez Chirac !

4-5 février

Offensive chiraquienne dans le pré carré choisi par Balladur. À l'issue de son comité directeur, le CNI, dont je croyais qu'il n'existait plus depuis des années, s'est rallié à Chirac.

Pour la première fois, au congrès de l'UDF réuni à Marseille, Jean-Pierre Raffarin prend le parti du maire de Paris contre le Premier ministre. Il a dit : « La grande question de la campagne est de savoir si Édouard Balladur se met dans le camp du changement ou dans celui du conservatisme. »

Je ne suis pas à Marseille, puisque réquisitionnée dimanche par l'émission « RTL/*Le Monde* », à laquelle je participe et dont l'invité est Charles Pasqua. L'occasion est évidemment trop bonne pour ne pas lui mettre la citation de Raffarin dans les pattes. Il s'irrite et essaie d'appeler le RPR à une unité bien compromise : « Dans ce pays, le vrai débat, dit-il, il est entre les socialistes et nous, il n'est pas entre Chirac et Balladur, entre Raymond Barre et Édouard Balladur, entre Valéry Giscard d'Estaing et Édouard Balladur ! Dire qu'il y a un choix de société entre Édouard Balladur et Jacques Chirac, c'est prendre les Français pour des imbéciles. »

8 février

Primaires à gauche entre Jospin et Emmanuelli lors du congrès extraordinaire du PS. Il n'y a pas eu photo : les militants ont été consultés démocratiquement – un homme (ou une femme) = une voix. Ils ont accordé 65 % des voix à Jospin. Pourquoi celui-ci a-t-il gagné ? Les sondages ont fait leur œuvre, là aussi. Impossible de sortir de là : à quelques semaines de l'élection, les militants ont voté pour le plus efficace. Jospin n'a pas été désigné parce qu'il était un ancien lieutenant de Mitterrand, encore moins avec le soutien de François Mitterrand et de ses amis ; il a été, avant même le vote des militants, désigné par les sondages d'opinion qui, dès son entrée en lice, en janvier, lui ont accordé des scores inattendus. D'autant que, dans ces mêmes enquêtes, Henri Emmanuelli, premier secrétaire rogue et peu complaisant avec la presse, n'a jamais brillé.

Donc, Jospin a gagné. Parce que c'était le plus déterminé. Parce que, derrière sa volonté, il a su faire oublier aux militants, en déclenchant presque de l'enthousiasme dans leurs rangs, leur double frustration, encore cuisante : l'abandon forcé de Rocard et l'abandon volontaire de Delors.

L'entrée en campagne de Jospin change tout, même s'il est candidat presque par défaut. Et d'abord deux choses :

À un moment donné, et encore tout récemment, j'ai pensé que cette élection se jouerait entre Balladur et Chirac, faute de candidature crédible à gauche. Qu'on allait retrouver la configuration de 1969 entre Poher et Pompidou. Même si Jospin n'est pas « charismatique », il a du métier et du courage. La gauche va donc peut-être remonter sur le ring.

La seconde chose est que je me rappelle les prévisions de Jean-Marie Le Pen, dès l'été dernier : à un moment où personne ne prononçait ce nom-là, Le Pen m'avait dit que Lionel Jospin serait le candidat socialiste. Comment l'a-t-il su, ou du moins subodoré ? Quel signe a-t-il décelé, et quand ?

Ce que je ne sais qu'aujourd'hui, c'est qu'il semblerait bien que Lionel Jospin, muet depuis plusieurs mois, pensait bien pouvoir briguer la candidature. Philippe Barret tient de la bouche de Chevènement une information importante : ce dernier et Jospin ont déjeuné ensemble au mois de juillet dernier. « Tu devrais te présenter, lui a dit Jean-Pierre Chevènement qui voyait sans enthousiasme se profiler la candidature Delors. Dans ce cas, je te soutiendrai. »

Lionel Jospin n'avait pas dit oui, pas davantage non. Il était évident que, pour lui, le moment n'était pas encore venu. Dès qu'il a entrevu le passage, il a foncé. Le voilà candidat de la gauche.

1995

11 février

Balladur en campagne chez Patrick Devedjian, à Antony, devant des lycéens, des étudiants et des élèves des grandes écoles. Il les appelle « mes amis », partage une tranche de jambon de pays avec l'un d'eux. Bref, il fait un effort. Mais son emploi du temps l'oblige à quitter trop vite les jeunes balladuriens. Il traverse à vive allure le bâtiment où déjeunaient les quatre cents élèves qui n'avaient pu trouver place dans le chapiteau. « Il ne va quand même pas se casser tout de suite ! » lâche un petit groupe en le voyant disparaître sans répondre aux questions.

13 février

Conférence de presse d'Édouard Balladur. Il n'a pas de chance : la chambre d'accusation de la cour d'appel de Paris vient d'annuler, à la demande de Jean-Pierre Maréchal, les « écoutes téléphoniques » réalisées par des policiers à l'occasion de la souricière qui lui avait été tendue. Autrement dit, le Premier ministre sait déjà quelles questions vont lui poser les journalistes. Ce qui risque de reléguer l'annonce de son programme au deuxième plan.

Dans la salle, le ban et l'arrière-ban des ministres : du radical André Rossinot à Charles Pasqua, de Simone Veil au président du CDS François Bayrou, en passant par François Léotard. Très à l'aise avec les journalistes, Nicolas Bazire les accueille : ils sont très nombreux.

À l'arrière-plan de la tribune, une lumière rose tamisée, et, en énormes lettres bleues : « Croire en la France. »

Je prends des notes pendant que le Premier ministre parle très, très longuement ; je résumerai ce soir pour mon usage personnel.

En réalité, ses propos sont très largement conçus pour se dégager des deux reproches qui lui sont faits par les partisans de Chirac : l'immobilisme et l'absence de préoccupations sociales. Tout ce qu'il dit aujourd'hui répond à ces deux objections. « La France doit changer, dit-il d'entrée de jeu, et changer plus profondément. »

De ce point de vue, être Premier ministre, assure-t-il, n'est pas la panacée. Réponse à tous ceux qui disent qu'en le laissant aller à Matignon, Chirac lui a fait un cadeau insensé. « Le Premier ministre est tenu pour responsable de tout ce qui se passe, et l'opposition ne manque pas d'évoquer tous les incidents de notre vie quotidienne. »

Après avoir évoqué l'égalité des chances, la liberté, l'Europe, Balladur ne pouvait manquer d'évoquer la réforme : « Oui, la France doit changer. J'ai mesuré depuis deux ans les difficultés du changement, mais aussi sa nécessité. Peut-on réformer ? Oui, à quatre conditions : il faut la durée nécessaire, l'unité du pouvoir, l'esprit d'équité qui doit inspirer chacune des réponses proposées, tout cela en suivant la seule méthode moderne, le dialogue. »

Là encore, il répond à une critique qui lui est faite par le clan chiraquien : « Le temps passé à écouter, dit-il, à expliquer, à se remettre en cause, n'est jamais du temps perdu, mais du temps gagné pour l'action. Cela s'appelle la participation. Elle était au cœur de la pensée du général de Gaulle. »

Il s'assigne enfin six objectifs essentiels[1], dont naturellement celui de retrouver le chemin de l'emploi par la mobilisation de tous, et celui de conforter le « modèle français de protection sociale ».

Les premières questions, il fallait s'y attendre, portent sur la réforme des « écoutes téléphoniques », qui une fois encore empuantissent la campagne. Le Premier ministre est d'ailleurs obligé de revenir plus longuement qu'il ne l'aurait souhaité sur l'affaire Schuller-Maréchal, avec la phrase rituelle : « Pasqua vient de demander des

1. Autres objectifs : réconcilier l'État et le citoyen, lutter contre la déshumanisation de notre société, construire une Europe forte et respectueuse des intérêts fondamentaux de la France, faire de la France un acteur majeur de la stabilité dans le monde.

comptes au garde des Sceaux, le ministère de la Justice est saisi, je n'ai rien à dire sur le sujet[1]. »

Un dernier mot qui ne s'imposait ni à cet endroit, ni à ce moment, pour réprimander Jacques Toubon. Celui-ci a critiqué je ne sais quel point du gouvernement en matière de politique universitaire. Balladur le rappelle à la règle du jeu : « Chacun fait connaître ses préférences légitimes, dit-il, mais la solidarité doit être respectée. » Les propos de Jacques Toubon sont « contraires à la règle du jeu », mais le Premier ministre ne le forcera pas à démissionner. Cela obligerait tous les ministres chiraquiens – il y en a tout de même ! – à démissionner avec lui, ce qui ouvrirait une crise majeure au sein du gouvernement. Ce n'est assurément pas le moment.

D'autant moins qu'un ministre, balladurien celui-ci, pose un
1995 redoutable problème au chef du gouvernement. C'est le ministre de l'Intérieur, tout juste pris dans l'étau de l'affaire Schuller-Maréchal. J'y reviendrai. Toujours est-il que, pour quelques jours, peut-être quelques semaines, Charles Pasqua risque d'embarrasser Balladur au moment où il eût été capital de l'aider. L'affaire Schuller-Maréchal alourdit Édouard Balladur. Car, en cette période surtout, les attaques convergent : la gauche est bien décidée à affaiblir le Premier ministre,

1. L'affaire a commencé le 13 décembre 1994 : ce jour-là, le juge Halphen perquisitionne au journal électoral de Didier Schuller dans le cadre de l'affaire des fausses factures des HLM d'Île-de-France. Quelques jours plus tard, M. Schuller porte plainte contre le docteur Jean-Pierre Maréchal, beau-père du juge Halphen, qu'il accuse de lui avoir offert, moyennant une somme d'argent importante, d'intervenir auprès du juge, son gendre, pour arrêter l'action en cours. Avec l'accord du parquet, le directeur central de la Police judiciaire, Jacques Franquet, a décidé de monter un piège pour prendre Jean-Pierre Maréchal en flagrant délit, c'est-à-dire au moment où il accepterait la valise de billets obligeamment offerte. Maréchal nie les faits, se dit victime d'une machination visant à déstabiliser son gendre, le juge Halphen. Celui-ci demande dans un premier temps à être dessaisi, puis se ravise et affirme pouvoir continuer son enquête. François Mitterrand, lui, pense qu'il s'agit d'une manœuvre inacceptable pour sauver le RPR d'investigations dangereuses. Il convoque à l'Élysée Balladur et le garde des Sceaux, Pierre Méhaignerie. Il leur fait part de son hostilité au dessaisissement du juge Halphen. Méhaignerie lui donne semble-t-il l'assurance que le juge ne sera pas immédiatement dessaisi. Quelques instants après le départ des deux hommes, une dépêche AFP annonce que le procureur Burgelin vient de dessaisir le juge Halphen. Quelles que soient les dénégations d'Édouard Balladur, Mitterrand considérera à partir de ce moment-là que le Premier ministre l'a trompé. À Anne Lauvergeon, il dira ce jour-là : « Balladur, c'est terminé », avant de saisir le Conseil supérieur de la magistrature qui donnera raison au Président en janvier 1995 : Halphen ne sera pas dessaisi.

tandis que Jacques Chirac et les siens en rajoutent pour souligner les faiblesses du camp adverse. Or celle-là en est une.

Quant à tous ceux qui, dans le camp balladurien – François Léotard, François Bayrou, tous deux présents à la conférence-programme de Balladur cette semaine –, envisageaient de se retrouver à Matignon après sa victoire, ils ne sont pas mécontents de voir Pasqua pris à son propre piège au ministère de l'Intérieur.

14 février

Tout de suite après la conférence de presse de Balladur, j'embarque à bord de l'avion de Nicolas Sarkozy qui doit prendre la parole à Bordeaux à l'occasion d'un symposium des ministres de la Culture et de la Communication. Occasion pour lui de retrouver Jacques Toubon qui vient d'être spectaculairement tancé par Balladur.

Tout, dans les propos de Nicolas Sarkozy, traduit l'exaspération, sinon la détestation de Jacques Chirac et des siens. Si je le comprends bien, même s'il tente de ne parler qu'à demi-mots, en cas de victoire de Balladur, il n'y aura de place pour un chiraquien ni au gouvernement, ni dans les instances dirigeantes du RPR.

Je lui demande si Balladur a déjà choisi son Premier ministre. « Non, assure-t-il. Mon conseil a été de lui dire de ne rien promettre à personne. Ce n'est que dans les derniers jours de la campagne qu'apparaîtront les besoins : ou bien un centriste, ou bien peut-être un gaulliste. »

Je suis rentrée à Paris dans la nuit. Revenu lui aussi de Bordeaux, Jacques Toubon m'appelle ce matin de bonne heure. Le Premier ministre lui a en effet envoyé une lettre salée. Toubon s'en fiche : « De toute façon, me dit-il, ils ne prendront aucune sanction. Pour l'heure, le Premier ministre fait des moulinets. »

Sans date (entre le 13 et le 17 février)

Retour sur Charles Pasqua.

Pasqua est tout sauf un imbécile. On peut croire à son bon sens, par exemple lorsqu'il dit n'avoir aucun intérêt dans les Hauts-de-Seine à voir dessaisir le juge Halphen. Un autre juge aurait fait et fera la même chose que lui, avec la même curiosité. On peut aussi croire le directeur central de la Police judiciaire, Jacques Franquet, lorsqu'il dit avoir prévenu le parquet de Paris et son procureur avant même de se rendre dans les Hauts-de-Seine, le 19 décembre, à la demande de Didier Schuller. Il dispose même, assure-t-il, de tous les fax et correspondances échangés entre le parquet et la PJ pendant toute la durée de son investigation. On peut aussi croire que le parquet de Paris soit aujourd'hui assez pusillanime pour ne pas reconnaître les faits. Et croire aussi, enfin, si on a beaucoup d'indulgence pour la nature humaine, qu'il n'y a pas eu, qu'il n'y a jamais eu, entre le tonitruant ministre de l'Intérieur et le gentil, si gentil ministre de la Justice, Pierre Méhaignerie, la moindre divergence de vues à propos de l'affaire Schuller-Maréchal. Il n'empêche : on ne prête qu'aux riches ! Et Charles Pasqua aujourd'hui ne remplit plus, auprès d'Édouard Balladur, les fonctions auxquelles son ralliement semblait le destiner. Car enfin, Pasqua était, dans le dispositif présidentiel du candidat Édouard Balladur, un des atouts maîtres de celui-ci. Leader aimé et reconnu du mouvement gaulliste, il s'était fait le chantre de l'unité des Français et du RPR. Et, on le sait, avait rencontré un véritable écho auprès des militants, qui ne voulaient à aucun prix d'un affrontement fratricide entre les deux « fils » de Georges Pompidou.

Inlassablement, pendant des mois, le ministre de l'Intérieur a estimé possible d'organiser une vaste consultation de la base du RPR, des « primaires » à l'américaine. Qui dira d'ailleurs s'il n'a pas pensé un instant remporter lui-même, à cette occasion, la victoire dans le cœur des militants ? En tout cas, Pasqua avait laissé croire à tous les cadres et tous les militants du parti gaulliste qu'un choix tragique pouvait leur être évité. L'échec des primaires ruina cette stratégie. Dès lors, il avait choisi d'accrocher son destin à celui d'Édouard Balladur, dans le souci de lui apporter à la fois, sur sa gauche, la caution populaire du gaullisme, et sa propre caution sécuritaire à droite.

Pour se tailler un costume de Premier ministre à défaut de celui de Président auquel ses collaborateurs aspiraient pour lui – ils me l'ont souvent dit –, Pasqua avait fait, depuis 1993, un parcours sans faute. À l'Intérieur, il s'était entouré d'une équipe pluraliste et ouverte, avec des hommes venus de la gauche mitterrandiste, comme Jean-Claude Barreau, premier prêtre défroqué et marié ; de collaborateurs venus de chez Philippe Séguin, comme Henri Guaino, ou encore de milieux centristes, comme Pierre Bordry. Sans oublier son fidèle William Abitbol, venu, lui, des milieux de la droite plus dure.

Pasqua avait élargi son domaine en ne s'occupant pas seulement de police et de sécurité, mais aussi d'aménagement du territoire, projet auquel Balladur avait rogné un peu les ailes mais qui, malgré cela, avait nourri son ambition et sa croyance en une France républicaine, « décentralisée dans la centralisation », comme aurait dit Edgar Faure. Président du conseil général des Hauts-de-Seine qu'il ne voulait abandonner pour rien au monde, même pas, comme on le lui demanda souvent, pour la mairie de Nice-la-Belle, il a su faire de son département un laboratoire.

Bref, il était, en cas de victoire à la présidentielle, un des premiers-ministrables de Balladur, idéal surtout pour liquider les chiraquiens ou ce qu'il en resterait au sein de l'état-major du RPR. Il aurait été capable de faire du réformisme musclé, capable de fédérer, malgré les hurlements certains de la gauche, Français de droite et réformateurs sociaux. Il n'aurait pas ouvert à la gauche, non, mais il aurait misé sur le soutien populaire.

Seulement voilà : l'affaire Maréchal-Schuller est intervenue à point nommé pour bousculer ce beau plan de carrière. Même si la bonne foi et surtout le bon sens doivent créditer sa défense, il semble bien que Charles Pasqua, pour les jours qui viennent, soit plus un poids, pour le candidat Balladur, qu'un moteur auxiliaire.

17 février

Grand-messe de Jacques Chirac à la porte de Versailles tandis que, le matin même, Valéry Giscard d'Estaing venait de lui donner un coup de pouce. Dans une lettre ouverte à Édouard Balladur, Giscard a en effet écrit, vachard : « Je n'ai pas vu dans ce que vous avez présenté (le 13 février) d'actes forts de gouvernement. »

Le meeting de la porte de Versailles tombe d'autant mieux pour Chirac que Balladur, lâché par une partie des soutiens qu'il attendait à l'UDF, n'est plus, pour la première fois, le roi des sondages. Il perd 7 points dans le sondage IFOP /*L'Express* de cette semaine et la Sofres enregistre de son côté, avec TF1 et RTL, une baisse de 3 % de celui qui menait jusque-là la course en tête. Certes, il devance encore Chirac, mais l'écart se resserre entre les deux hommes. Et surtout Jospin, que l'on n'attendait pas il y a quelques jours, devance au premier tour les deux candidats de la majorité.

La chute de Balladur profitera-t-elle à Chirac ? C'est dire l'importance de la réunion d'aujourd'hui. Au style « super Premier ministre » qui est celui de Balladur, Chirac a préféré le style « Président au-dessus de tout cela ». Vingt mille personnes dans la salle, alors qu'on n'en attendait que dix mille. Un embouteillage monstre à l'entrée des parkings. Pour la première fois, Chirac a des accents véritablement populaires qu'accueille avec enthousiasme la foule venue par car, train, voiture, métro, tout ce qu'on voudra. Il entend réduire – c'est une des premières fois qu'il emploie ces termes – la « fracture sociale », c'est-à-dire les inégalités, les déséquilibres dans la France d'aujourd'hui. C'est un beau mot, « fracture », dont il se sert pour dénoncer son contraire : l'immobilisme, qui est, selon lui, celui de Balladur. Avec Chirac, Philippe Vasseur et Alain Madelin, preuves vivantes que le maire de Paris n'est plus tout seul, sont ovationnés par la foule comme ils ne le seront sans doute jamais plus dans toute leur vie politique.

Les deux discours des candidats de la majorité ne sont pas fondamentalement différents. À deux grandes nuances près : Chirac met l'accent sur le « social » d'une façon plus engagée, plus forte que Balladur ; de surcroît, il est plus convaincant quand il en parle. Seconde différence de taille : l'intervention de Chirac est volontariste. Les « Je ne permettrai pas », « Je n'accepterai pas », s'opposent au plaidoyer pour la souplesse et la concertation, ainsi qu'au réalisme de Balladur.

Aujourd'hui, dans cette grand-messe, Chirac, c'est avant tout un ton, un sourire, une énergie. Une image bien plus qu'un programme.

Je pense, ce soir, en rentrant de la porte de Versailles – et je ne suis pas la seule, tous les journalistes font de même –, à l'ascendant qu'a pris Emmanuel Todd sur l'esprit de Chirac. Je ne connais évidemment pas les dates ni la fréquence de leurs rendez-vous, en tout cas, lorsque les deux hommes se sont vus pour la première fois, l'année dernière, Emmanuel Todd était en train d'écrire *Le Destin des immigrés*. Sa conviction, après une longue étude du comportement électoral français depuis 1981, est que la structure de la société française n'est pas consensuelle, qu'elle oppose deux groupes quantitativement comparables : une classe moyenne relativement diversifiée, un monde populaire homogène par ses aspirations et son niveau. De façon assez schématique, on peut traduire cette réflexion en termes électoraux clairs : à Balladur la classe moyenne divisée, à Chirac les classes populaires. Chirac avait besoin de trouver sa voie de passage par la gauche de la droite pour ne pas se laisser enfermer une fois de plus, comme en 1981 et 1988, dans un électorat de droite tandis que son concurrent ouvrait au centre. Emmanuel Todd a fourni à Jacques Chirac les arguments sociologiques d'un changement de discours.

Dans la salle, succès assuré.

18 février

Nous sommes samedi après-midi. J'ai rendez-vous avec Charles Pasqua au ministère de l'Intérieur désert. Il n'a aucune envie de parler stratégie. Il est le nez dans le guidon – celui des « écoutes téléphoniques » Schuller-Maréchal : « On est toujours rattrapé par l'Intérieur, soupire-t-il. J'ai voulu m'occuper d'aménagement du territoire : cela ne sert à rien. C'est pour cette raison qu'en 1993 je ne voulais plus revenir place Beauvau. »

Le Monde vient aujourd'hui de sortir l'histoire des « écoutes téléphoniques » autorisées par Matignon dans l'affaire Maréchal. Un palier est donc franchi dans la polémique qui dure depuis plusieurs semaines : de l'Intérieur, l'attaque est montée d'un cran, sur Matignon. Pasqua a eu Balladur au téléphone. Celui-ci était furieux, car il doit passer à la télévision demain et il sent bien que toutes les questions vont tourner autour de cette sale affaire.

« Mais comment Matignon a-t-il pu donner son autorisation ? Je n'en savais rien ! aurait déclaré Balladur.

– Et moi donc ! lui aurait répondu Pasqua. Mais que voulez-vous que nous fassions : ou bien nous sommes des menteurs, ou bien nous sommes des incompétents. »

J'écris cela au conditionnel, car je n'ai pas moi-même écouté la conversation entre Balladur et Pasqua qui venait d'avoir lieu juste avant que je ne pénètre dans le bureau. Mais enfin, Pasqua m'avait l'air assez accablé pour me laisser comprendre que les choses s'étaient mal passées entre Balladur et lui.

D'ici à ce que Pasqua doive démissionner, il n'y a qu'un pas. Car Balladur est obsédé par la bêtise, la stupidité – la connerie, dirait Pasqua – qui lui feraient tout perdre au dernier moment. Il faut dire qu'en l'occurrence il est servi !

Pasqua, lui, s'attend à une nouvelle baisse de Balladur dans les sondages.

Suite dimanche

C'est donc un préfet qui, à Matignon, a signé la demande d'écoutes téléphoniques administratives. Sans savoir que Maréchal était le beau-père du juge Halphen...

Cette histoire ira loin : car c'est Jacques Franquet qui, contrairement à ce qu'il m'avait dit hier, a demandé la mise sur écoute dès le 15, et non pas le 17 ou le 18. Et le problème Pasqua se pose bien dans les termes où il l'a lui-même posé : soit il est contraint de démissionner (« ou menteur ou incompétent », comme il le dit lui-même), soit il reste, et une bonne partie de la campagne contre Balladur se fera contre Pasqua.

1995

20 février

Bruno Durieux me confie que Helmut Kohl aurait appelé Giscard pour le dissuader de se présenter. L'argument : ancien président de la République, il ne peut prendre le risque de n'avoir que 16 % des voix au grand maximum.

Il ne dit pas si ce coup de téléphone a irrité Giscard ou l'a convaincu.

20 au 23 février

Mitterrand savait-il, lorsqu'il demandait le 22 décembre dernier au Conseil supérieur de la magistrature de se pencher sur l'affaire Schuller-Maréchal et sur le dessaisissement du gendre de Maréchal, le juge Halphen, qu'il posait une mine sous le talon de son Premier ministre ? On ne m'ôtera pas de l'idée qu'il savait qu'en ciblant le ministre de l'Intérieur, il atteindrait Balladur. C'est ma conviction personnelle, je n'en ai aucune confirmation, mais, au bout de tant d'années, je crois être assez experte en mitterrandisme...

Réflexions factuelles : dimanche soir, le 19, Édouard Balladur affirmait qu'il n'y avait eu, dans le processus d'écoutes téléphoniques administratives demandées et obtenues par le directeur central de la Police judiciaire, Jacques Franquet, rien que de conforme à l'usage, sinon à la lettre de la loi en la matière. Quelques heures plus tard, le lendemain matin, Matignon estime avoir été abusé par la PJ. Exit donc Franquet, démissionné. Vérité dimanche, mensonge lundi... Franquet a-t-il menti aussi à Charles Pasqua ? Ou est-ce celui-ci qui a menti à Balladur ? Dans ce cas, que va faire Pasqua ?

Cause ou conséquence : le candidat Balladur est en baisse par rapport au Premier ministre Balladur. Tout ce qui passait pour une force tant qu'il n'était que Premier ministre passe désormais pour autant de faiblesse. Balladur, qui a transformé le repli élastique en art de gouverner, saura-t-il parer les coups ? Déjà, devant les caméras de France 2, dimanche dernier, il apparaissait vulnérable, touché, plus qu'au moment du CIP. « Ne craignez rien, j'ai de la réserve », m'a-t-il néanmoins confié en quittant le studio.

23 février

C'est la semaine clé de la campagne électorale. Pour la première fois, un frémissement favorable à Chirac se lit dans les sondages. Coup sur coup, BVA et Ipsos font état de la chute de Balladur qui s'accentue d'un jour à l'autre. Et de la progression concomitante de Jacques Chirac. Celui-ci est aujourd'hui à 21,22 % et gagne donc un à deux points par rapport à son « noyau dur » de 17 à 18 %. Ce qui change tout, évidemment.

Si on ajoute à cela que le radical Jean-François Hory a décidé de déclarer sa candidature, ce dont il brûlait d'envie et qui enlève quelques points à Jospin, et que Charles Millon s'est retiré il y a quelques jours en faveur de Chirac, celui-ci a désormais l'espoir de se trouver en deuxième position, voire, pourquoi pas, en première.

Inutile de décrire la mine longue de ceux qui viennent d'abandonner Chirac pour Balladur. De ceux qui se sont précipités, qui ont joué des coudes pour arriver en premier dans le camp du Premier ministre, et qui le voient aujourd'hui distancé par le maire de Paris !

Le Premier ministre encaisse mieux qu'on ne croyait, mais il paie sa non-expérience des campagnes politiques, le cafouillage de son gouvernement, tiraillé, comme il fallait s'y attendre, entre pro-chiraquiens et pro-balladuriens. Il paie aussi l'affaire des Hauts-de-Seine, l'extraordinaire histoire des écoutes téléphoniques et surtout celle, non élucidée, de la provocation de Schuller à l'égard du beau-père du juge Halphen.

Du coup, Jacques Chirac se sent pousser des ailes. Son équipe, minuscule au demeurant, n'en croit pas encore ses yeux. Lui fait semblant de n'avoir jamais douté, mais son chauffeur, Lhomond, que j'ai rencontré l'autre jour dans les couloirs du congrès extraordinaire du RPR, m'a dit en confidence que, périodiquement, lorsqu'ils étaient seuls dans la voiture, Chirac l'interrogeait : « Lhomond, ça va passer ? » Angoisse qu'il ne se permettait donc que devant lui.

Depuis 1993, Chirac n'a pas reçu le soutien des milieux d'argent ; il n'a pas eu davantage celui de la technocratie qu'il a superbement ignorée, sinon raillée ; ni celui des économistes de la pensée unique ; ni celui du Siècle et autres clubs Vauban ou Jean Moulin. La franc-maçonnerie, peut-être, et encore...

27 février

1995

Donc, on retiendra de cette semaine, les choses se confirmant, qu'elle a tout changé. Et tandis que Chirac se fait « rond », comme disait Philippe de Villiers, les deux Nicolas, Bazire et Sarkozy, montent au niveau supérieur de la polémique.

Qu'est-ce qui aura coûté à Balladur, qu'est-ce qui l'aura coulé, s'il appert qu'il est coulé ?

Je m'étonne moi-même : je démontre depuis des mois dans ce cahier que Chirac a eu tort de laisser sa place à Matignon à Balladur, que celui-ci a donc les plus grandes chances d'être élu ; et puis, aujourd'hui, parce que les sondages en sa faveur faiblissent, voici que je vais m'employer à tenter d'analyser les raisons de sa chute...

D'abord, il y a la résistance de Chirac. Il passait, dans les milieux politiques, depuis 1988, pour s'effacer derrière l'avis de celui qui avait parlé en dernier, pour ne pas avoir de convictions, pour manquer de consistance, pour avoir perdu de son énergie et de son charisme. Pourtant, au moment où il était laissé pour mort sur le bord de la route, il a recouvré toutes ses forces pour lutter contre l'« ami de trente ans », partout présenté à tort ou à raison comme l'ayant trahi. Chirac est resté Chirac, même sans Balladur. On pourrait même soutenir que Chirac est redevenu Chirac sans ou à cause de Balladur.

Et puis il y a eu la campagne et les combattants. Sur le terrain, Chirac est à l'évidence le plus à l'aise des deux. À la télévision, Balladur est meilleur. Mais c'est sur le terrain que les observateurs, peut-être à tort, jugent les candidats.

Ceux qui combattent à leurs côtés sont des gros calibres. Du côté de Balladur, Nicolas Sarkozy est, à 40 ans, un des hommes politiques les plus brillants de sa génération. Chirac l'avait d'ailleurs repéré dès l'âge de 20 ans. Il connaît le RPR, mais est trop jeune pour y avoir imprimé sa marque. Il n'est pas parvenu à détacher la formation gaulliste, en tout ou partie, de Jacques Chirac. De l'autre côté, trois poids lourds. Fort en thème, mais élu et bien élu, Alain Juppé a le premier appelé à la constitution de comités de soutien à Chirac. Philippe Séguin, après sa bouderie de novembre dernier, a rallié Chirac en janvier, en lançant dans la bataille son sens politique, son talent oratoire, ses idées sur la lutte contre le chômage et les inégalités. C'est un poids lourd comme il en existe peu. Alain Madelin, enfin, joue sa partition dans les petites et moyennes entreprises depuis l'automne. Il a au surplus grandement contribué à diviser l'UDF, à rabattre un certain nombre de ses membres dans le camp Chirac. Je parle là des lieutenants sans vraiment croire que, dans une élection présidentielle, leur rôle soit capital. Important, oui, essentiel, non.

Et puis il y a aussi les « affaires ». Autant la libération des otages de l'Airbus avait porté la popularité de Balladur au pinacle, autant la fragilité de ses ministres l'a affaibli depuis trois mois : Alain Carignon, Gérard Longuet, Michel Roussin[1] coup sur coup, cela fait beaucoup ! Encore que je ne sois pas sûre que ces mises en examen, qui n'ont pas fait de vagues en octobre-novembre, en feraient davantage maintenant que Balladur est candidat.

Reste l'affaire du dessaisissement du juge Halphen et des écoutes téléphoniques des Hauts-de-Seine, qui atteint à la fois l'Intérieur et Matignon. Et aussi le coup porté – cette fois directement – à Balladur sur son salaire à la CSI[2].

Le plus important est à mon avis le nouveau discours de Chirac sur la « fracture sociale », les inégalités, le changement nécessaire, la

1. Alain Carignon a été mis en examen fin août 1994 et emprisonné le 12 octobre. Gérard Longuet, inquiété à propos du financement de son parti et même pour enrichissement personnel, a été, malgré le soutien d'Édouard Balladur, contraint à démissionner le 14 octobre. Michel Roussin, ministre de la Coopération, mis en cause dans une affaire de fausses factures, a dû abandonner le gouvernement en novembre.

2. Entre 1977 et 1986, Édouard Balladur a été président de la CSI, une des principales sociétés de services informatiques, filiale de la Compagnie générale d'électricité. Actionnaire de la société, il en détient à la fois des actions et des options. Devenu ministre de l'Économie, il privatise la CGE, tandis que la CSI est revendue à son personnel. Édouard Balladur, redevenu simple député en 1988, retourne à la CSI et perçoit un salaire. C'est ce salaire que ses adversaires mettent en cause.

rupture attendue. Bref, le virage à gauche (surtout dans un moment où le PS, précisément, se tait) fonctionne...

28 février

Je ne comprends rien à la stratégie de Jospin. Voilà plus de quinze jours qu'il a été désigné par le PS, et il continue de se taire ! Il m'a dit cette semaine qu'il ne se sentait pas prêt à se lancer dès le mois de février dans la campagne. Il n'a pas participé, m'a-t-il expliqué, à l'élaboration de la plate-forme du PS mise en forme par Julien Dray – dont, par parenthèse, il se méfie beaucoup, je ne sais pourquoi – et il ne veut pas accepter comme texte de référence un programme qu'il n'a pas choisi. Il a besoin d'un minimum de temps pour rédiger, seul ou presque, les thèmes qu'il défendra et les engagements qu'il prendra auprès des électeurs. Cela part d'un bon sentiment, mais n'aurait-il pas fallu préparer les choses un peu en amont ? Non, me répond-il, c'était impossible avant d'avoir été officiellement désigné. Ce retard affaiblit-il ses chances ? On peut plaider, ce que fait sa très petite équipe, que plus il se tait, moins il dit de choses, moins il mécontente et plus il gagne de voix. Certes, mais cela ne peut durer longtemps...

En attendant, il a choisi ses locaux dans un immeuble moderne dans la rue du Cherche-Midi et les a fait repeindre, tâche nettement insuffisante pour gagner des voix ! Il a changé de lunettes et de manteau, endossé un pardessus blanc cassé, sans doute pour donner raison à ses communicants qui disent : « Avec Jospin, c'est clair » ! Il a aussi révélé l'étroitesse de son patrimoine, qui se limite à une Renault 19, rêve du jeune homme qu'il a été. Pour le reste, donc, rien : pas ou presque de prestations télévisées, si ce n'est au lendemain de sa désignation pour demander qu'on le laisse reprendre ses esprits, comme s'il les avait perdus. Pas de grand meeting. Il ne veut pas se dépêcher et a repoussé au 7 mars sa conférence de presse « fondatrice », repoussé aussi l'interview qu'il devait confier cette semaine à *Libération*.

Je pense néanmoins qu'il a commis une erreur : en laissant tout le mois de février à Balladur et à Chirac, il a perdu une occasion de substituer au débat droite/droite, qui domine la campagne, le débat droite/gauche, plus simple pour les Français et plus valorisant pour lui, Jospin.

Pendant ce temps, les balladuriens rigolent devant le programme de Chirac qu'ils jugent, au choix, ou simpliste ou démagogique. Ils le chiffrent à 500 milliards : refus de maîtriser les dépenses de santé, coût des contrats initiative-emploi. Les chiraquiens, eux, évaluent à 45 milliards les mesures nouvelles proposées par leur candidat. Oui, rétorquent-ils, le retour à l'emploi coûte, mais moins cher que le chômage !

28 février encore

Réunion d'urgence Bazire-Sarkozy au QG de la rue de Grenelle. Résultat : il faut que Balladur se mobilise davantage. Au lieu des cinq ou six meetings prévus, il devra en faire une trentaine. L'objectif : récupérer dare-dare l'électorat gaulliste et, si possible, l'électorat populaire.

1er mars

J'étais sévère avec Jospin. En réalité, me dit aujourd'hui Pierre Moscovici, si Jospin se tait, il en profite pour mettre sur pied une équipe et mettre au point son état-major de campagne : une partie des anciens de son courant, Moscovici, Dominique Strauss-Kahn, l'ont rejoint dans la semaine ; Claude Allègre se rallie à eux. Les partisans de Pierre Mauroy, de Michel Rocard et même de Jacques Delors, convergent vers la rue du Cherche-Midi. À noter qu'Emmanuelli et Laurent Fabius n'en font pas partie. Une preuve de plus, s'il en fallait, que Mitterrand ne soutient pas la candidature Jospin.

4 mars

Je ne fais qu'écrire ici, pour faire le point, ce qui est commenté par toute la presse. Deux études d'opinion réalisées par CSA et par Louis Harris confirment aujourd'hui la tendance de la semaine dernière. Tous les instituts enregistrent une baisse constante du Premier ministre : 10 points pour CSA, 7 pour la Sofres et l'IFOP, 5 pour Ipsos. Dans le même temps, Chirac est partout en hausse : 6 points pour CSA, un point, dans l'hypothèse la plus basse, pour la Sofres.

L'effritement d'Édouard Balladur est réel chez les chefs d'entreprise et les commerçants, il est également sensible parmi les sympathisants de l'UDF, tandis que Chirac, ancré dans le RPR, progresse au sein de l'UDF. En janvier dernier, il y a quelques semaines à peine, Balladur devançait Chirac de deux points (46 contre 44) au sein du RPR. Selon CSA, le pourcentage d'électeurs favorables au RPR prêts à voter Balladur a chuté de 35 % le 6 février, puis de 27 % à la fin du mois, le 28. Dans le même temps, toujours selon *Le Monde*, Chirac est passé à 50 %, puis à 52 % au sein du RPR. Et il a grimpé de 9 à 22 % dans l'électorat UDF. Mêmes chiffres, à peu de chose près, chez Louis Harris.

7 mars

1995

Conférence de presse de Lionel Jospin au Palais des Congrès de la porte Maillot. J'ai presque envie de dire : « Enfin ! », tant il a tardé à entamer sa campagne. Programme nettement axé à gauche, premier tour oblige : le candidat socialiste veut « retrouver un meilleur équilibre entre les salaires et les profits ». Il propose, comme d'ailleurs la plupart des candidats, d'alléger nettement les charges sociales sur les bas salaires et d'étendre la CSG à l'ensemble des revenus du capital, mais aussi une fiscalité plus juste, l'instauration d'une taxe de 1 pour 1 000 sur le mouvement des capitaux, les 37 heures de travail hebdomadaires sans réduction de salaires. Le tout est un poil ennuyeux, un peu trop long, mais cela étant, l'art est difficile : si on en dit trop, on dresse un catalogue ; pas assez, on est creux...

La couleur choisie par l'équipe de Jospin est la couleur bleue (Balladur, c'est la couleur pêche). Au premier rang, côte à côte derrière une haie de photographes, Dominique Strauss-Kahn, bronzé (il revient de vacances avec Anne et les enfants), Martine Aubry, Claude Estier – le seul mitterrandiste, toujours là. Dans la salle, tous les journalistes entassés.

Même si j'ai trouvé cela un peu lent, la gauche est de retour. Et puis, dans le malstrom Balladur-Chirac, Jospin survient au bon moment pour faire passer un peu d'air frais. Il a beau être associé depuis des années à la vie du Parti socialiste français, il en arriverait presque, à l'heure qu'il est, à apparaître comme un homme nouveau. D'autant plus qu'il est, pour le moment, premier dans les sondages ! Cela n'a rien d'étonnant, puisque la droite est divisée. Seulement voilà : qui l'aurait dit, au début de l'année ?

8 mars

Barre a renoncé à être candidat. Le jour d'après, ç'a été au tour de Giscard qui a choisi TF1 pour le faire savoir. Une émission où il a été de bout en bout éblouissant. Avec un humour qu'on ne lui connaissait pas sur sa propre personne et sur son influence politique, qu'il juge lui-même médiocre. Ce qui ne l'empêche pas de se moquer de la politique du Premier ministre en matière d'emploi. Édouard Balladur a fait figurer dans son programme son intention de remettre au travail 200 000 chômeurs par an pendant cinq ans. De trois millions, le chiffre du chômage passerait ainsi à deux millions. Exclamation féroce de Giscard : « Vous parlez d'un programme ! »

Charles Millon, après avoir retiré sa candidature, le fait savoir aujourd'hui : il se rallie à Chirac. C'était un secret de polichinelle. Il n'empêche : son ralliement fait du bruit.

« Il n'y a plus de gouvernement », me dit Alain Madelin ce matin. À l'avant-dernier Conseil des ministres, le 1er mars, aucun texte n'était présenté, hormis un texte sur les pompiers ! Inutile de dire que Mitterrand y a été de sa petite phrase sur le « texte rescapé de la campagne présidentielle »...

Je demande si, aujourd'hui, puisque le Conseil des ministres a lieu dans une heure, il pense que d'autres textes vont être discutés. « Pas que je sache », me répond-il.

Il cache à peine la sorte de jubilation qui s'empare de lui à l'idée que Chirac, pour lequel il s'est engagé lorsqu'il était dans un creux abyssal, se retrouve en tête aujourd'hui.

« Ils ont commis l'erreur de croire que les ralliements allaient leur apporter des voix. Au contraire, plus la classe politique allait du côté du manche, plus Balladur perdait des voix ! Nous leur avons mis dans les pattes la querelle sur les élites, sur les technostructures, sur l'immobilisme. C'est la revanche des professionnels sur les amateurs ! »

8 mars au soir

Anecdotes glanées dans un dîner.

Le ministre dont on dit qu'il serait allé faire des ronds de jambe à Chirac, c'est François Bayrou. Source sûre...

Pierre Rosanvallon me raconte l'audition de Jacques Chirac au club

Saint-Simon, audition encore plus amusante que ce qu'on m'en avait rapporté. Il ne s'est adressé, au milieu de tous les intellectuels et politiques présents, qu'à Alain Minc, sur un ton volontairement populaire, l'appelant quasiment Môsieur Minc : « Le postier de Garges-lès-Gonesse, vous ne savez pas où c'est, vous, Môsieur Minc, Garges-lès-Gonesse ? » Et le reste à l'avenant.

9 mars

Balladur s'est déplacé aujourd'hui dans la Sarthe. Première étape de son voyage : la visite d'une association de réinsertion professionnelle. Il y a là une vingtaine de personnes, pour la plupart au SMIC, qui retapent des réfrigérateurs endommagés pour apprendre le métier de réparateur en électroménager.

Lorsqu'Édouard Balladur arrive en tenue de campagne, Barbour vert et cravate en maille, le sénateur Jacques Chaumont et François Fillon[1] l'entraînent serrer la main d'une petite dame sur le pas de sa maison. Il s'y prête de bonne grâce, sans montrer un goût immodéré pour ces effusions forcées. Puis il écoute de longues minutes le président de l'association parler de ses activités. Il s'ennuie modérément, pose des questions de bon ton, sans en faire trop. Il quitte les réfrigérateurs pour passer au rayon cuisinières. Ballets de caméras derrière les appareils ménagers. Balladur a quelques mots bien venus pour parler de deuxième chance et de la société du gaspillage. Tout le monde applaudit.

Arrivée au musée de l'Automobile cher au cœur de François Fillon, amateur de formule 1, et, bien sûr, du circuit voisin des Vingt-Quatre heures du Mans. Déjeuner au Technoparc après quelques phrases de bienvenue de Fillon, maître des lieux.

À table, je suis assise à côté de Roland du Luart[2], qui me raconte comment il s'efforce depuis plusieurs mois de diviser l'UDF pour qu'aucun candidat autre que Balladur ne puisse en émerger, pour que l'UDF renonce à présenter un candidat, et donc qu'elle se range peu ou prou derrière Balladur. Symétriquement, nous parlons de l'échec de la stratégie de Sarkozy qui a été – qui est toujours – dans l'incapa-

1. François Fillon, président du conseil général de la Sarthe depuis 1992, est député de la Sarthe et ministre de l'Enseignement supérieur et de la Recherche ; Jacques Chaumont est sénateur RPR de la Sarthe depuis 1977.

2. Roland du Luart est conseiller général et sénateur de la Sarthe.

cité de faire éclater le RPR et de briser la résistance, qu'il a sous-estimée, de Jacques Chirac.

Le ralliement de Charles Millon à Chirac choque profondément l'autre député UDF de la Sarthe, Pierre Hellier : il m'assure que Millon doit démissionner de la présidence du groupe UDF. « Autrement, menace-t-il, les députés qui soutiennent dès maintenant Balladur finiront par créer leur propre groupe, autonome, à l'Assemblée. » Intéressant : j'étais sûre que Balladur trouverait l'essentiel de ses supporters à l'intérieur de l'UDF, qu'il en entraînerait derrière lui un maximum, comme l'avaient laissé penser les premiers ralliements, ceux de Léotard et de Simone Veil ; je ne pensais pas qu'il y aurait une telle division, grosso modo entre une partie des jeunes Républicains indépendants, gagnés à la cause de Balladur, et Giscard, Charette et Millon, qui lui sont hostiles.

Pendant le déjeuner, le Premier ministre vient s'asseoir quelques instants près de moi : il plaisante sur les voitures de sport, qu'il n'aime pas vraiment, et sur le sport, qu'il aime encore moins. Nous parlons ensemble de sa campagne : « J'ai toujours su que ce serait dur, me dit-il. Rappelez-vous : de Gaulle, en 1965, est descendu à 35 % dans les sondages. Georges Pompidou a dû faire campagne, en 1969, pour remonter l'avance prise par Alain Poher. »

Je lui demande si, à son sens, il est plus facile de commencer sa campagne en dernier que le contraire. « Oui, sûrement, répond-il avec humour, encore que je n'en sache rien. J'en suis à ma première expérience. La prochaine fois, je commencerai le premier. Mais l'important, c'est d'arriver le premier à la fin ! »

Je lui trouve assez de caractère dans l'adversité ; il est même plutôt moins crispé que ses amis politiques.

À la fin du déjeuner, François Fillon – RPR, lui, mais pas du tout chiraquien – prononce quelques phrases habiles pour rendre hommage « à la détermination et au courage » du Premier ministre, sans préjuger de ses choix politiques futurs[1].

Balladur, après lui, annonce au département une aide de 75 millions de francs pour les sports mécaniques. Ce qui montre au passage qu'il est bien difficile, pour ne pas dire impossible, de dissocier, en Balladur, le Premier ministre et le candidat ! Il parle de la croissance

1. « Ici, dans la Sarthe, dit François Fillon, nous avons pu mesurer votre détermination et votre courage. Nous vous disons merci, quels que soient nos choix politiques. »

retrouvée, de la prospérité durable de l'économie, de sa façon de faire de la politique : « La politique moderne, c'est la souplesse, le dialogue, mais aussi la vérité. » À bon entendeur – c'est-à-dire à tous ceux qui l'accusent de reculer sans cesse sur les grands desseins du RPR – salut ! Sans complaisance, il décrit ensuite plus précisément les risques qui attendent les Français : risque de l'archaïsme, risque de la facilité et de la démagogie. « Tout ne sera pas possible, poursuit-il, tout ne sera pas facile. Il nous reste beaucoup d'efforts à faire pour que notre pays aborde le XXIe siècle dans de bonnes conditions. »

Tandis que la visite reprend – dans la ville de Sablé, cette fois –, Jacques Chaumont, à qui je demande son diagnostic politique sur l'humeur des gaullistes sarthois, me dit que les cadres et une partie des élus RPR de la Sarthe sont restés dans l'orbite de Chirac. C'est d'ailleurs ce dont convenait devant moi Charles Pasqua, la semaine dernière.

François Fillon, lui, donne dans les rues de la ville une leçon de politique sur le terrain : comment couper un ruban et en distribuer de petits bouts au public. Joignant le geste à la parole, il déroule le ruban sur un mètre et y donne une dizaine de coups de ciseaux, puis distribue les morceaux autour de lui.

« Formidable ! Quelle bonne idée ! » s'exclame Balladur.

« C'est que je suis ministre de la Recherche », rétorque Fillon en plaisantant.

Tandis qu'il parcourt les rues, escorté de quelques journalistes qui, au demeurant, l'isolent de la foule à laquelle il est venu rendre visite, Édouard Balladur me dit qu'il s'attendait au choix de Charles Millon en faveur de Chirac.

« Que pensez-vous de ceux qui, comme Delors, Barre, Giscard, ont abandonné la partie parce qu'ils disent ne rien pouvoir faire ? » La réponse fuse : « Que cela prouve le courage de ceux qui vont à la bataille ! »

Croit-il que la déclaration de candidature de Lionel Jospin modifie la donne politique ? Moue dubitative : « Il n'y a rien dans son programme de franchement novateur », répond-il. Il a en tête, comme moi, le premier commentaire de Nicolas Sarkozy après la conférence de presse de Jospin : « Je partage son avis, a-t-il dit, ironique, lorsqu'il refuse la crise, les catastrophes naturelles et les inondations ! »

Balladur ne dira pas un mot de plus sur le candidat socialiste, auquel il n'accorde pas, en vérité, la moindre importance. On le sent sinon irrité, du moins agacé par la volonté des journalistes de l'opposer, quoi qu'il fasse, à Jacques Chirac, par leur volonté de dramatiser l'affrontement entre eux deux. Il y revient à plusieurs reprises : « Vous ne vouliez pas vous ennuyer pendant la campagne, vous vouliez qu'il y ait du suspense, eh bien, vous êtes servis ! »

« Amusez-vous bien, dit-il encore en nous quittant. – Vous aussi ! » lui répondons-nous, sceptiques.

Il a un petit signe de la main et un curieux sourire en coin : il s'amuse quand même un peu moins qu'à la fin de l'année dernière.

10 mars

Anecdotes :

Pierre Bergé, le patron de Saint Laurent, assure qu'à la fin de la visite de l'exposition du pavillon de Tunisie, pour laquelle Frédéric Mitterrand servait de cicérone, le président de la République a dit avec un sourire à ses amis : « Hein, qui aurait dit que nous allions voter Chirac ? » Pierre Bergé, qui déteste Jospin, publie aujourd'hui un point de vue dans *Le Monde* pour plaider qu'à droite, Chirac est à coup sûr le moins mauvais.

Édouard Balladur n'a pas pu se promener aujourd'hui à Poissy où il tenait une réunion ; il s'est contenté de faire quelques pas, dit la dépêche de l'AFP, puis, parvenu dans une zone dangereuse, a dû battre en retraite. Rien ne lui sera épargné...

Une violente contestation du programme de Lionel Jospin a eu lieu au dernier bureau exécutif du PS : Julien Dray a reproché à Jospin de ne pas avoir assez parlé des problèmes d'exclusion. « Marginal », me commente Claude Estier. Force est de constater que beaucoup d'amis et de fidèles de Mitterrand, dans cette campagne, se disent plus proches de Chirac que de Jospin.

Retournements de veste à gauche : Pierre Bergé est en tête, mais il s'explique, je trouve, assez bien dans *Le Monde* : ses propos sont mesurés ; il ne s'agit pas tant d'un ralliement que d'une condamnation de la politique Balladur. Mais que ce soit des jeunes de l'ancien mouvement d'Harlem Désir qui brandissent les pancartes du candidat radical Jean-François Hory, cela aussi montre bien le peu de soutien apporté par les amis du Président au candidat Jospin. D'autant que ce pauvre Jean-François Hory obtiendra sans doute moins de voix à l'élection présidentielle qu'il n'a eu de soutiens, le jour de son congrès, des quelques figurants qui l'y ont applaudi. Le peu qu'il obtiendra, néanmoins, ce sera autant de suffrages en moins pour Jospin.

15 mars

Après s'être livré à une défense et illustration d'Édouard Balladur, Philippe Douste-Blazy[1] en convient : « C'est vrai, il fait une mauvaise campagne, mais les choses s'améliorent, je vous assure. Les débuts étaient terribles. Il disait, en saluant une femme dans la rue : "Bonjour, Madame la ménagère." »

Je lui indique que dans la Sarthe, Balladur n'a rien fait de tel, qu'il m'a paru beaucoup plus à l'aise avec les Français qu'il a croisés sur sa route.

« Justement, il a appris. Il commence... C'est par pudeur qu'il ne se livre pas. Moi, ministre de la Santé, j'ai appris par une indiscrétion qu'il présidait une association d'enfants handicapés. » Cela me rappelle Charles Pasqua qui, accompagnant Balladur à Nice, le 6 mars, plaisanta en signalant aux journalistes : « Regardez et racontez-le : Balladur serre des mains, il est capable de serrer des mains ! »

Il paraît que l'autre jour, Balladur, auquel son état-major demandait d'en faire plus, a répondu, mi-figue, mi-raisin : « Pourquoi, vous trouvez que je ne fais pas assez le trottoir ? »

Pierre-Marie Christin, mon complice du petit matin à RTL, me raconte qu'il y a quelques années, allant déjeuner au journal *Le Point*, alors rue de Rennes, Balladur s'était étonné qu'il y eût tellement de monde dans la rue. « Hé quoi, une manifestation ? » avait-il demandé. « Non, lui avait-on répondu, ce sont les magasins Tati. – Tati, qu'est-ce que c'est ? » avait interrogé le futur Premier ministre.

Même date

Kohl a recommandé à Jospin, avant-hier, me dit Claude Estier, de faire un maximum de réunions publiques : « J'étais perdu, moi, a dit le chancelier allemand, lorsque j'ai décidé de faire une centaine de réunions publiques. Mes conseillers n'en voulaient pas, parce que ce sont des fainéants. C'est avec les meetings que j'ai fini par gagner la partie. »

1. Philippe Douste-Blazy est ministre délégué à la Santé auprès de Simone Veil dans le gouvernement Balladur. Il est maire de Lourdes.

16 mars

Conférence de presse de Jacques Chirac sur l'Europe à l'hôtel Méridien, à 10 heures du matin. Brouhaha sympathique. Alain Juppé est là, bien sûr, et, cette fois, Philippe Séguin, définitivement réconcilié avec le maire de Paris depuis l'esclandre de Reuilly. Tous les ralliés sont au grand complet : Madelin, Charette, Millon. Vers 9 h 50, on voit même arriver, costume et visage gris comme de coutume, Pierre Suard[1].

J'interroge Jean-Pierre Denis : la préparation du discours sur l'Europe, avec Alain Juppé et Philippe Séguin, n'a pas dû être une tâche facile. Il me répond que pas du tout, qu'il n'y a pas eu de problème pour mettre au point ce discours. « Séguin aurait pu faire les corrections de Juppé, et vice versa. » Le discours est en effet, dans le genre, un modèle, une référence absolue : Chirac est arrivé à trouver une cohérence entre Séguin, Juppé et lui-même. Au surplus, tout le monde est servi. Giscard se voit proposer une Présidence européenne, Séguin voit réaffirmer le rôle des Parlements nationaux... Je ne sais pas quelle Europe ça donne, mais tout le monde est content.

Un mot encore pour dire que le spectacle auquel auront droit les Clermontois, demain, en surprendra plus d'un. Lorsque Jacques Chirac apparaîtra à la tribune dans la capitale de l'Auvergne, VGE viendra modestement s'asseoir au premier rang. Le président d'honneur de l'UDF assistera à un meeting du président du RPR : ça, c'est un événement rare ! C'est surtout, derrière la nouveauté, le terme d'un processus de rapprochement entre les deux hommes, ces grands « pros », l'aboutissement d'une stratégie méditée et concertée de longue date.

Édouard Balladur avait misé depuis deux ans sur un soutien de l'UDF dans sa quasi-totalité et sur la division du RPR. Jacques Chirac et VGE, voisins sur les mêmes tréteaux : c'est la stratégie inverse qui a prévalu. Le RPR, dont seules quelques franges se sont détachées, est resté uni, résistant aux assauts de Charles Pasqua et de Nicolas Sarkozy. Et c'est l'UDF qui s'est divisée, la formation restée fidèle à VGE, les clubs Perspectives et Réalités, optant, contrairement aux autres familles du mouvement, pour Jacques Chirac. De la réussite de ce processus, le meeting de Clermont est le symbole.

Car Chirac et Giscard, avec leurs différences, sont de la même race d'hommes qui savent « jeter la rancune à la rivière » lorsque leurs

1. Pierre Suard, PDG du groupe privatisé en 1987, devenu en 1991 Alcatel-Alsthom.

propres intérêts sont en cause. L'intérêt de Chirac est évident. Celui de Giscard ? Il est à la fois simple et compliqué. Peut-être, sur le plan des idées, serait-il en effet plus proche de Balladur. Mais ce dernier risque de lui voler son électorat, de s'installer comme un coucou dans le mouvement que lui, Giscard, a mis du temps à construire et qu'il a su conserver. L'ancien président de la République ne pardonne pas à Balladur d'avoir tenté une OPA sur l'UDF.

Hervé de Charette, que je vois aujourd'hui, me dit que la première réconciliation entre Chirac et Giscard remonte en réalité à 1983, lors d'un déjeuner chez Drouant. À l'époque, cette rencontre laissa sceptique plus d'un observateur dont, je le confesse, moi-même. Il en était sorti une connivence, celle qui unit deux combattants, sur le ring, au moment où ils comprennent qu'ils pourraient rester des heures à lutter sans qu'aucun des deux ne gagne.

Comme me le dit plaisamment Hervé de Charette, lui aussi gagné, derrière Giscard, à la cause chiraquienne, « la rancune ressemble à un mille-feuille, c'est la dernière couche qui compte. Et, précisément, pour VGE comme pour Chirac, c'est la dernière couche qui compte ».

La vie politique réserve de ces surprises : le bonheur des deux amis de Clermont va faire oublier le couple maudit de l'année 1981.

19 mars

J'ai rendez-vous avec Nicolas Bazire, ce dimanche matin, rue Vaneau, dans un des appartements de permanence de l'hôtel Matignon. Ses propos sont pessimistes. Il ne nie pas que la campagne de Balladur marque le pas. Pourquoi ? Les récents événements y sont sans doute pour quelque chose : les « écoutes téléphoniques », la CSI... Et puis le fait que Chirac soit en campagne permanente depuis deux ans. « Enfin, dit-il, le sentiment que Balladur était élu avant même qu'ils aient voté a découragé ou irrité de très nombreux Français. »

Et maintenant ? Le RPR joue Chirac à 99 %. Avec toute sa logistique. « C'est désagréable, convient Bazire, mais ce n'est pas insurmontable. Un exemple : pour le meeting de Chirac à Dijon, une centaine de cars avaient acheminé sur place les militants RPR. Lorsqu'Édouard Balladur y est allé, ils étaient venus en voiture, voilà tout. »

Je lui demande si Balladur regrette aujourd'hui de ne pas avoir ménagé Giscard, de ne pas avoir tenté de s'en faire un ami. « Ménager Giscard, vous n'y pensez pas ! Ç'aurait été un boulot à plein temps ! Il n'y avait rien à faire : en effet, si Chirac gagne, VGE garde l'UDF, son avenir est assuré ; l'ancienne équipe reste en place. C'est pourquoi il le soutient, contre toute attente. Balladur élu, en revanche, on change de film : Giscard risque de perdre l'UDF, qui choisira Balladur comme nouveau héros. Ce serait un nouvel épisode de Dallas ! »

Alors, en un mot comme en cent, les carottes sont-elles cuites pour Balladur ? À ma grande surprise, après l'analyse qu'il vient de faire, il ne le croit pas du tout. Comment cela ? « Parce que Jospin risque de ne pas être là au deuxième tour. On retrouvera alors Balladur et Chirac l'un contre l'autre. »

Lui aussi me parle de la « pudeur » de Balladur, ce que d'autres appellent sa difficulté à aller à la rencontre des électeurs. « Ce n'est pas de la comédie, m'assure-t-il. S'il ne se jette pas sur les gens, c'est qu'il les respecte. »

Certes. Mais, tout de même, il ne sait pas s'y prendre. Hier, à Fréjus, sur le marché, juste avant le meeting sur les terres de Léotard, Balladur avise une marchande de salades : « Moi, madame, lui dit-il gentiment, je n'en vends pas ! » La marchande de salades n'a pas compris et l'a très mal pris.

21 mars

J'ai vu aujourd'hui Henri Emmanuelli. Mitterrand, me dit-il, n'a plus aucun doute, aujourd'hui, sur l'issue de la campagne. Encore une semaine à ce rythme et Chirac aura gagné.

Dans la soirée d'hier, j'ai regardé à la télévision Jacques Delors, la mine allongée, le visage sombre, répondre aux questions d'un PPDA aphone. Quel drame annonçait-il, quelle tragédie ? Pas du tout : il donnait au contraire les raisons pour lesquelles il avait accepté la présidence du comité de soutien de Lionel Jospin. Il faut l'entendre parler, lugubre, du Parti socialiste, enfin sorti de « ses mauvaises vapeurs », « les éléphants étant partis se promener ». Quant à Lionel Jospin, qui, selon Delors, n'a pas plus « le monopole du cœur que celui de l'invention », il peut se réjouir d'être, lui, à l'image de l'électeur moyen, de se situer à sa hauteur, « sans se situer au-dessus de lui ». Dieu me garde de mes amis, a dû se dire Jospin s'il l'a entendu !

Pendant ce temps, Charles Pasqua réaffirme dans une interview au *Monde* son soutien à Édouard Balladur le jour même où Delors s'exprime en faveur du candidat socialiste. Ce soutien, Balladur ne le trouvera peut-être pas de son goût. Car il y parle des capacités d'entraînement, du dynamisme de Jacques Chirac qui, dans cette campagne, dispose de plus de liberté de mouvement que le Premier ministre (ce qui, soit dit en passant, tendrait à reconnaître que Chirac a eu raison de ne pas accepter Matignon, ce que Pasqua fut le premier à lui avoir reproché). Édouard Balladur ? Il doit incarner la rupture, et non pas la continuité : c'est précisément tout le contraire de la campagne actuelle du Premier ministre. Enfin, il ne devrait pas trop insister, selon Pasqua, pour réaliser la monnaie unique en 1997. Si c'était 1999, ce serait aussi bien. Les Français préféreraient...

Ils ont au moins un point commun, Delors et Pasqua : ils soutiennent leurs candidats avec parcimonie.

Simone Veil, qui n'aime pas Pasqua, accompagnait Balladur, l'autre jour, à Amiens. « Vous auriez dû troquer Juppé contre Pasqua, prendre Juppé et leur donner Pasqua », lui dit-elle en plaisantant. C'est elle-même qui me le raconte aujourd'hui.

27 mars

Ce serait le 3 septembre dernier, en 1994, à Bordeaux, lors des universités d'été du RPR, qu'aurait été conclu, au cours d'un grand dîner réunissant, autour de Chirac, d'Alain Juppé et de Jacques Toubon, les dirigeants UDF non balladuriens (Jean-Pierre Raffarin, Hervé de Charette et Charles Millon), le pacte qui, s'il réussit, portera Jacques Chirac à l'Élysée. Ce pacte prévoyait que si l'UDF n'était pas en mesure de présenter un candidat, tout ce petit monde se rallierait à Jacques Chirac pour la présidentielle. VGE n'était pas présent au déjeuner, mais a cependant donné sa bénédiction à l'opération.

On comprend mieux pourquoi et comment Charles Millon, pour honorer le pacte, a déposé sa propre candidature à la présidence : pour occuper le terrain et ne faire pencher la balance en faveur de Chirac qu'au tout dernier moment. Confirmation : le RPR, dit-on, est prêt à céder à Charles Millon la tête de liste pour les municipales à Lyon, alors que, jusqu'à présent, il était plutôt question de la laisser au RPR Alain Dubernard.

Un mot rapide sur les « affaires » : en ce domaine, la campagne est la plus assassine qu'on ait connue lors d'une élection à la Présidence de la République. Les tirs sont partis de tous les camps, creusant des cratères derrière toutes les lignes. Œil pour œil, dent pour dent : un Pandraud contre un Carignon, un HLM de Paris contre un HLM des Hauts-de-Seine...

Chirac m'a parlé l'autre jour des ralliements à Balladur de ses propres amis, ou de ceux qu'il croyait tels, et du moment où la plupart l'avaient abandonné. Cela, dans une campagne de cette importance, c'est, si j'ose dire, la règle du jeu. Ce qui ne l'est pas, ou l'est moins, c'est qu'à ce jeu-là se soit ajouté celui des mises en cause plus personnelles des candidats : Édouard Balladur a tendance à rendre Jacques Chirac responsable de la publication de ses salaires déjà anciens perçus à la CSI. Chirac, lui, pense que Nicolas Sarkozy, ministre du Budget, n'est pas innocent dans la publicité faite à la vente du terrain appartenant, à la périphérie de Paris, à la famille de Bernadette.

Bref, le Premier ministre débonnaire est devenu un candidat déchaîné, et le challenger pugnace un (presque) tenant du titre.

Si Chirac gagne, ce sera vraiment la victoire de son caractère. S'il perd aussi, d'ailleurs...

31 mars

Du débat public qui vient d'avoir lieu dans le grand amphithéâtre de Sciences Po, je retiens les deux positions différentes de Jérôme Jaffré et Olivier Duhamel. Jérome Jaffré souligne la volatilité de l'électorat entre Balladur et Chirac, comme si les Français passaient indifféremment de l'un à l'autre au gré de leurs humeurs politiques. Olivier Duhamel, lui, soutient au contraire que le duel Balladur-Chirac correspond à un vrai clivage, « celui qui reflète, résume-t-il, le débat Alain Minc-Olivier Todd ».

3 avril

J'accompagne Jacques Chirac à Nice : c'est son 28e grand meeting depuis le mois de décembre. Cela ne peut pas mieux tomber pour moi : c'est le moment ou jamais, maintenant que les choses pour lui se présentent mieux, de procéder avec lui à l'analyse de ce tournant politique.

À l'aller, dans l'avion où, comme à son habitude, il déballe d'un papier argenté des sandwiches confectionnés à l'Hôtel de Ville (il y en a aussi pour les accompagnateurs), il me raconte avec entrain la rencontre avec Balladur qui a eu lieu, ce matin, en l'église Saint-Louis-en-l'Île à l'occasion de la messe anniversaire de la mort de Pompidou.

« L'ordre protocolaire, me dit-il, a fait qu'au premier rang nous étions alignés les uns à côté des autres, Édouard Balladur, Philippe Séguin, Pierre Messmer, moi et Alain Juppé sur un côté de la nef, tandis qu'Alain Pompidou, sa femme et la mienne étaient de l'autre côté. Balladur m'a tendu trois doigts, qu'il a repris aussitôt. Il est parti sans nous dire au revoir. Même pas à Philippe Séguin. Il devient pisse-froid, ce Balladur. Philippe m'a dit après la cérémonie : "J'ai prié pendant toute la messe pour que le prêtre ne nous demande pas de faire le geste symbolique de nous prendre par la main ou d'échanger un baiser de paix !" »

Avec un plaisir qu'il ne dissimule pas, et sur un tout autre ton que Rosanvallon, il raconte aussi sa réception à la Fondation Saint-Simon, il y a quelques jours : « Je croyais que j'allais au club "Phares et balises" de Régis Debray, et je me suis aperçu que je m'étais trompé. Je suis arrivé à Saint-Simon. Je n'ai pas vu Minc, en arrivant, nous étions entassés dans une petite pièce. Et puis, au moment des questions, j'ai entendu, venant de sous une chaise, Alain Minc qui m'interrogeait sur le coût du travail. Je lui ai dit : "Monsieur Minc, vous n'avez jamais approché un chômeur de votre vie. Je vais vous raconter comment cela se passe. Un chômeur de longue durée touche d'abord les Assedic, puis il finit par être expulsé de chez lui, ses enfants sont mis à la DASS. Vous savez combien ça coûte, un enfant à la DASS ? Non, vous ne le savez pas : ça coûte de 500 à 900 francs par mois. Voilà où on trouve des économies, Monsieur Minc : un homme qui travaille coûte moins qu'un chômeur." »

Le plus intéressant est qu'il remonte avec moi le fil du temps. Il revient d'abord longuement sur le premier accroc avec Balladur, à l'été 1993, au moment de la crise monétaire : « L'accusation était préméditée. J'ai bien vu qu'il était en train de nourrir un procès contre moi en prétendant que je ne le soutenais pas. Il a dit que mon communiqué de soutien était tombé trop tard, mais c'est Matignon qui a tout fait pour le retarder. Maurice Ulrich a appelé dix fois Bazire sans que celui-ci le rappelle... »

Comment a-t-il pu croire que Balladur, une fois à Matignon, n'aurait jamais envie de tenter une candidature à l'Élysée ? « Je sais, me dit-il, beaucoup de gens m'avaient dit de me méfier : Bernard Pons, Philippe Séguin, Pasqua, Juppé... Eh bien oui, j'ai été couillonné. Mais à couillon, couillon et demi ! »

Nous parlons des défections et des ralliements autour de Chirac. Pons, qui est avec nous, se joint à la conversation : plus que Chirac, il a en tête la liste de ceux qui ont lâché Chirac quand ils le croyaient fichu. Ainsi Pons me parle-t-il du sénateur Legrand, de la Manche, qui avait toujours été chiraquien, qui a rallié Balladur quelques jours, voire quelques heures seulement avant que les sondages ne basculent. Chirac rit : « Donne-lui le conseil de se chercher un poste de garde-barrière ! » dit-il avant de raconter avoir lui-même reçu une lettre d'un haut dignitaire balladurien (il ne dit pas lequel) : « Je me suis trompé, écrivait ledit dignitaire, je me suis déterminé d'après les sondages. Tout le monde peut se tromper, j'espère que tu n'en tiendras pas compte. » Chirac en rit encore et fait un commentaire bien dans sa manière en citant un proverbe africain que lui avait appris Félix Houphouët-Boigny : « Les antilopes qui s'éloignent de leur mère finissent toujours sur le tam-tam. » À mon avis, cette antilope-là n'aurait pas dû s'éloigner de sa mère. Car si Chirac en rit, aujourd'hui qu'il pense pouvoir gagner, je suppose qu'il se réjouissait moins quand il sentait autour de lui les parlementaires gaullistes prendre le large.

Pourtant, il n'a jamais recherché, m'explique-t-il, des ralliements publics. C'est ce que m'avait expliqué Madelin : les ralliements publics, ça fait magouille, les Français n'aiment pas ça. « Les soutiens, dans cette élection, ne sont d'aucune utilité, au contraire. Quand Jean-Pierre Soisson s'est rallié à moi, je ne lui avais rien demandé, et cela ne m'a rien rapporté. Il s'était, il est vrai, rallié auparavant à beaucoup de monde. J'ai eu toutes les peines du monde à empêcher Olivier Stirn de le faire publiquement, je lui ai même envoyé Romani pour le dissuader. J'avais le souvenir de Stirn, ancien chef de mon cabinet, allant demander une entrevue à François Mitterrand, en 1980-1981. Il a attendu en vain, dans le vestibule, jusqu'à ce que la secrétaire de Mitterrand le reconduise vers la sortie en lui disant : on ferme ! J'ai fait la même chose avec lui. »

Je lui demande à partir de quand il a senti la fin de son purgatoire, à partir de quand il a repris l'initiative dans la campagne. Il répond sans hésiter qu'il a eu le sentiment d'avoir la main gagnante à partir du 17 février. Qu'à compter de cette date, il a été convaincu d'avoir pris les devants sur Balladur. « L'alchimie, me dit-il, est venue après. »

Un mot de l'appréciation qu'il porte sur la campagne de Lionel Jospin : « Jospin commet une erreur de stratégie, me dit-il ; il devrait tous les jours écraser Balladur pour le faire baisser. Il serait alors sûr d'arriver au deuxième tour, et, dans ce cas, il pourrait gagner. » Évidemment, si Jospin concentrait ses coups sur Balladur et l'épargnait, lui, Chirac, je conçois que ce serait plus confortable pour ce dernier. Un peu facile, comme jugement politique...

Nous arrivons à Nice. Sur le cours Saleya, au marché aux fleurs, à quelques mètres de la mer, il fonce parmi les vendeurs et les acheteurs, serrant la main de tous avec effusion. Il s'arrête dans un magasin, le temps de goûter une spécialité locale, la *socca*, puis une deuxième, la pissaladière, et il est déjà temps de rejoindre le chapiteau sous lequel il s'adressera dans quelques minutes aux Niçois, avant le journal télévisé de 20 heures.

Curieusement, c'est la musique des Big Brothers qui l'accueille. Il dispose d'un peu de temps, avant le meeting, pour recevoir, dans un salon voisin, au Palais des Congrès, les élus et les personnalités locales. Je note la présence de très nombreux représentants de l'UDF venus du fin fond de la région. « Il y a un mois, me souffle Pons, ils venaient de moins loin, ou pas du tout ! » Il y a là, qui a fait plusieurs heures de route, le député-maire de Tarascon, celui de Saint-Tropez, Comiti et Muselier qui viennent de Marseille. Et puis les élus niçois, évidemment : Charles Ginésy, Fernand et Jean Icart, Pierre Pasquini.

Nous passons sous le chapiteau. Combien de monde dans la salle ? Beaucoup : cinq, six mille, peut-être. Un public très populaire, qui n'a rien à voir avec celui qui venait applaudir Balladur dans la Sarthe, par exemple. Un public qui manifeste à grands cris sa chaleureuse adhésion au candidat gaulliste. C'est Pierre Pasquini[1] qui ouvre le feu en parlant le premier. Il tutoie Chirac pour bien marquer son

1. Pierre Pasquini est un avocat niçois : son éloquence est bien connue à Nice dont il a été l'élu, jusqu'à ce qu'il se présente en Corse en 1978.

intimité avec lui : « Tu m'as envoyé en Corse en 1978, dit-il en s'adressant à lui. Je l'ai fait et je continue à le faire. Si les Corses sont souvent des gens difficiles, ils ont une qualité, ils sont fidèles. Je viens te promettre, devant quelques milliers de témoins, que tu seras le vainqueur dans ma région et mon département ! » À ces mots, les Corses venus de l'île de Beauté dans la matinée manifestent avec vigueur leur présence.

Lorsque Pasquini a cette phrase : « Tu as vaincu les obstacles de la déception et de la trahison », le public de militants applaudit alors à tout rompre. Oui, je me dis que, dans la remontée de Chirac depuis la fin février, l'effet « Guignols » – Chirac, transpercé de coups de poignard – a compté beaucoup plus qu'on ne pouvait le penser.

Chirac ne fait pourtant pas grand-chose pour conquérir son auditoire plus qu'il n'est déjà conquis. Il reste raide à la tribune, assez différent de celui qu'il était il y a à peine deux heures, dans l'avion, malgré l'habitude qu'il a de ce genre d'exercice. Il ne fait pas un effort pour s'écarter de son texte qu'il a placé sur un pupitre devant lui. Pas un effort pour inventer une nouvelle formule, un autre « truc » destiné à chauffer la foule. Peut-être a-t-il raison : au bout du 28e meeting, si on ne se ménage pas pour ceux qui suivent, on risque de ne pas tenir le coup. C'est ce que m'explique Bernard Pons, toujours attentif, toujours prêt à répondre à une critique encore informulée sur son *líder maximo*...

Cela étant, le texte est efficace. On y retrouve tous les grands axes de sa campagne : l'idée et les valeurs républicaines, le pacte républicain qui s'affaiblit « quand la fracture sociale se creuse », la cohésion nationale qui ne résiste pas au chômage de masse, la volonté politique sans laquelle on ne fait rien (« Je n'accepte pas l'idée selon laquelle nous n'aurions prise sur rien »), l'exclusion qu'il faut combattre. Ce qui me frappe, c'est l'orientation sociale de son discours, qui s'accentue, me semble-t-il, depuis le début de la campagne. Cela lui permet d'attaquer sans le dire son rival à droite, accusé « d'avoir une vision statique et comptable des choses », sans pour autant s'attaquer à Jospin puisqu'il souhaite que celui-ci arrive au second tour.

En ce qui concerne ce programme, il prend soin de dire que ce sera celui de son prochain gouvernement : façon de souligner également sa différence avec Balladur qui est, lui, chef de gouvernement et ne se situe pas au niveau d'un Président. Il énumère : récompense du travail et de l'effort, réforme fiscale pour privilégier « l'argent qui s'investit ». Contrat initiative-emploi pour les chômeurs et les entreprises. Réforme de l'Éducation nationale. Pas de remise en cause du système de retraite par répartition, garantie du pouvoir d'achat des retraités. Rien ne manque, à la fin de ce discours sans chaleur particulière, où le nom de Balladur n'a jamais été prononcé pour ne pas embarrasser les militants gaullistes qui n'aiment pas la division. Un certain nombre de promesses de campagne risquent, plus tard, s'il est élu, de lui créer bien des problèmes ? Il s'en soucie comme de sa première chemise.

À peine Chirac en a-t-il terminé que nous retrouvons, à la sortie, les voitures qui nous ramènent à l'aéroport. Je remarque que, pour dire au revoir à la foule qui commence à quitter le chapiteau au moment où les véhicules démarrent, Chirac sort par la vitre de sa voiture sa grande main en saluant, doigts écartés, ceux qui l'applaudissent.

Nous voici de retour dans l'avion qui décolle en ce début de nuit sans un nuage, toutes les lumières de la Côte d'Azur éclairées. Bernard Pons continue d'évoquer les pas de clerc des uns, les trahisons des autres, l'embarras de tous. Il parle d'un député de Guéret que Chirac a fait élire au Parlement et au conseil général, qui lui a écrit en janvier dernier : « Ma fidélité n'est pas en cause, mais Édouard Balladur a favorisé la construction d'une école dans ma circonscription, alors tu comprends... »

Sans oublier le cas de Pierre Messmer, ancien Premier ministre de Georges Pompidou, qui a donné sa caution gaulliste à Balladur. Ou celui de Jacques Baumel[1], qui s'est découvert balladurien de toujours...

Toute la comédie humaine est dans cette élection.

Chirac, lui, se veut positif : il préfère parler de ceux pour lesquels il n'avait rien fait, ou même contre lesquels il avait, en d'autres occasions, désigné un autre candidat, et qui l'ont rejoint. De toute façon, comme me l'a déjà dit Alain Madelin, les ralliements individuels, dans un sens ou dans l'autre, n'ont guère d'importance politique. Ils ne modifient pas d'un iota les forces respectives des candidats ni le comportement de l'électorat. Il y a bien d'autres raisons à la baisse de Balladur. Les ralliements, eux, n'en sont pas une.

À noter qu'à ma question : que se passera-t-il si Balladur et vous restiez face à face au second tour ?, Chirac m'a répondu : « Deux

1. Ancien résistant, Jacques Baumel est député-maire de Rueil, vice-président de la commission de la défense de l'Assemblée nationale.

thèses, à se sujet. Ou bien on peut considérer que c'est très ennuyeux, car cela accentuera la division du RPR. Mais, deuxième thèse, cela aurait l'avantage de vider l'abcès une fois pour toutes. On peut de toute manière penser que les militants RPR, eux, voteront efficace. C'est-à-dire pour celui qui sera arrivé en tête au premier tour. »

Même maintenant, il ne se fait guère d'illusions sur la nature humaine.

4 avril

Je rencontre aujourd'hui une nouvelle fois Jean-Pierre Denis qui anime le groupe d'experts de la campagne de Chirac. Il me dit qu'ils ont eu tous deux du mal à persuader Chirac, à la fin de l'année 1993, que les comités Théodule avaient quelque utilité pour sa campagne. « À un moment, je lui ai dit : "Monsieur, si vous ne vous impliquez pas dans ces travaux, si vous ne vous intéressez pas à leurs conclusions, cela ne marchera jamais !" Après avoir sorti cette phrase, raconte-t-il, j'ai pensé que j'étais allé trop loin, que ce n'était pas mon rôle. Et puis Chirac m'a rappelé le soir même : "Vous avez raison, a-t-il convenu, allons-y." »

En deux ans, le staff initial n'a pas changé. La réunion du lundi matin a réuni les mêmes fidèles : Claude Chirac, Maurice Ulrich, Stefanini, François Baroin, Jean-Louis Debré, Toubon. Juppé n'est presque jamais présent, ce qu'on ne peut reprocher à un ministre des Affaires étrangères. Contrôle du RPR, suivi des réactions des parlementaires : telles ont été les principales tâches de ce comité qui avait en outre le soin de rédiger les discours du candidat, d'ajuster le tir quand il le fallait, de parer les mauvais coups qui ne manquaient pas.

Nous reparlons de la défection de Nicolas Sarkozy et de Michel Roussin. Jean-Pierre Denis établit une subtile différence dans les rapports que chacun entretenait avec Jacques Chirac : « Dès 1993, Nicolas Sarkozy avait un statut à part auprès de Jacques Chirac. Il était véritablement autonome. Chirac lui reconnaissait, lui recommandait presque un devoir de désobéissance. Michel Roussin n'était qu'un collaborateur : c'est à lui que Chirac en a le plus voulu. »

5 avril

Déjeuner avec Hervé de Charette. Nous parlons évidemment de son ralliement et de celui des giscardiens à Chirac. « Le fond de l'affaire, me dit-il, est que la stratégie choisie par Édouard Balladur était une stratégie anti-Giscard. Il s'agissait d'adopter la stratégie du coucou et de s'installer à sa place au sein de l'UDF. »

En avait-il parlé dès ce moment à Balladur ? « J'ai eu plusieurs fois, dès 1993, l'occasion d'expliquer à Édouard Balladur que la stratégie qui consisterait à s'appuyer sur deux ou trois composantes de l'UDF ne pouvait être ressentie par Giscard que comme une agression. Je lui ai dit que nous ne nous laisserions pas faire. Il fallait prendre l'UDF comme un tout et s'adresser à son chef au lieu de le contourner et de tenter une OPA derrière son dos. »

Balladur, me raconte-t-il, lui avait fait des réponses évasives : « Une fois, se souvient Charette, il m'a dit : "Pardon, c'est Giscard qui ne m'aime pas, et depuis très longtemps ! Comprenez que je ne puisse pas faire autrement que de me passer de lui." »

La réponse de Giscard à cette fin de non-recevoir, que bien entendu Charette lui avait aussitôt rapportée, a consisté à charger Charette de remettre la main sur le Parti républicain qui s'était rangé, lui, du côté de Balladur. Dans l'attente, Giscard ne bougerait pas. « Il n'y a guère que Millon, me dit Charette d'un ton ironique, qui à toutes forces a voulu y aller "pour occuper la place", disait-il. Le dimanche, avant l'émission de Christine Ockrent à laquelle Millon était invité, Giscard ne voulait pas en entendre parler, il trouvait cela ridicule. Il l'a empêché de se déclarer, et puis, deux jours plus tard, comme il n'y avait rien d'autre à faire, Giscard a fini par lui dire : "Allez-y !" »

Et François Léotard, quel jeu a-t-il joué entre Chirac, dont il a paru proche jusqu'à la mi-93, et Balladur ? Réponse vacharde de Charette : « L'idée de François Léotard était avant tout d'éliminer Giscard et de l'empêcher de se présenter. Tant que Chirac paraissait le mieux placé pour être candidat et pour être élu, les dirigeants du PR étaient proches de lui. Quand il est apparu qu'Édouard Balladur était peut-être un meilleur cheval, tout a changé : inutile d'aller chercher ailleurs ! »

Hervé de Charette ajoute – ce qui n'est pas indifférent dans l'évolution de la campagne présidentielle – qu'il n'avait pas attendu Millon, lui, pour aller rendre visite à Chirac avant sa déclaration de candidature : il est allé le voir au moment où tous les observateurs le décrivaient comme absolument isolé et il lui a dit : « Primo, les clubs Perspectives et Réalités seront jusqu'au bout aux côtés de Valéry Giscard d'Estaing. S'il est candidat, nous le soutiendrons, évidemment. Secundo : s'il n'est pas candidat, je te soutiendrai. »

Chirac a été tout aussi direct : « Il faut qu'il y ait un candidat UDF, lui a-t-il dit. N'importe qui : un cheval fera l'affaire ! »

Dîner, le soir, avec Étienne Garnier qui a vu Marc Blondel, la veille, à l'occasion d'un pot de départ à la retraite de – je crois – un secrétaire syndical de Saint-Nazaire. Blondel l'a pris à part avant le dîner : « Chez nous, lui aurait-il dit, on vote Chirac. La gauche au pouvoir, pour nous, cela a surtout marqué la suspension des négociations collectives en 1982. Alors on ne veut pas de Jospin, on votera Chirac. Ce n'est pas comme Nicole Notat qui, depuis le début, joue Balladur. Que dis-je : elle préfère ! Elle *a fait* Balladur ! »

7 avril

Jean-Louis Debré, qui a lui aussi pris des notes sur toute cette période, se rappelle devant moi qu'en octobre-novembre 1993, après un déjeuner avec Balladur dans un restaurant parisien, Le Divellec, Chirac s'est certes finalement convaincu que Balladur allait jouer sa partie, poussé par son entourage et surtout par Nicolas Sarkozy. Il était cependant convaincu qu'il n'irait pas jusqu'au bout.

Pourquoi Giscard a-t-il renoncé à la bataille ? Selon lui, pour trois raisons qui se sont imposées à lui. La première est sa marginalisation dans les sondages. La deuxième est que Balladur allait lui « piquer son parti ». La troisième est que Chirac a mieux résisté que prévu. « Alors, il a bien essayé de reconquérir son électorat et son parti. Quand il a vu que c'était impossible, il a souhaité l'échec de Balladur. Il a souhaité que Barre soit candidat et l'a très fortement incité à y aller, car cela faisait apparaître Balladur comme un diviseur. Et puis Barre a dit non. Ne restait qu'à se rallier à Chirac. »

Pour la première fois, nous parlons du rôle joué dans tout cela par Nicolas Sarkozy.

« Dès le mois de mai 1993, Nicolas Sarkozy, aidé par d'autres – Brice Hortefeux, surtout –, a essayé de prendre le pouvoir au sein du RPR en marginalisant Chirac. Ils ont procédé très habilement, par exemple en pompant le personnel important de la rue de Lille, en leur proposant des places dans les cabinets ministériels. Ou encore en cherchant à établir des contacts directs avec les secrétaires fédéraux. Ou en cajolant toutes celles et tous ceux, parmi les députés, qui pouvaient se porter sur Chirac. Ils ont envoyé 63 parlementaires en mission, tous proches de Chirac, pour essayer de les circonvenir. Le "pelotage" des députés faisait partie de leur stratégie. Et certains qui se disent aujourd'hui à nouveau chiraquiens, comme Françoise de Panafieu ou Pierre Lellouche, n'ont pas été insensibles, à l'époque, au chant des sirènes de Matignon...

« Et puis, poursuit-il, il y a eu aussi, de leur part, une volonté de conférer une légitimité gaulliste à Balladur. C'est pour cette raison que des pressions ont été exercées sur Messmer et sur Chaban. Leur erreur a été d'appuyer leur opération de reconquête des gaullistes sur Charles Pasqua à un moment où celui-ci avait perdu de son influence sur le mouvement.

« Quand j'ai commencé à paraître trop ouvertement favorable à Chirac, ainsi que je vous l'ai déjà raconté, j'ai pris avec Sarkozy trois petits déjeuners de suite à Bercy à partir de septembre 1993. Après le premier, je me suis dit : "Calme-toi, chacun a le droit de faire ce qu'il a envie de faire. Balladur a ses ambitions, c'est normal." Après cela, il a essayé de me faire virer, soit directement, soit indirectement, en demandant ma peau à Alain Juppé. »

Que de coups fourrés dans cette campagne ! J'en viendrais presque à oublier les mois précédant la défaite de la gauche en 1993 où les règlements de comptes prenaient aussi diablement le pas sur la politique.

11 avril

Charme étrange, si éloigné du combat et du climat actuel, du dernier livre que François Mitterrand et Elie Wiesel ont écrit de concert, *Mémoires à deux voix* : sous forme de questions-réponses, le livre donne de Mitterrand, qui quittera le pouvoir dans un mois, une image ambiguë, ce qui ne saurait surprendre ceux qui le connaissent. Mitterrand y apparaît à la fois comme celui qui a la foi et comme celui qui doute, celui qui voulait être écrivain et a fait de la politique, celui qui a peur de la mort et ne cesse d'en parler.

Après la longue conversation que je viens d'avoir aujourd'hui avec Charles Millon et après celle que j'ai eue avec Hervé de Charette, je comprends mieux, beaucoup mieux, le ralliement des giscardiens et de Giscard lui-même à Jacques Chirac. Je retranscris ce témoignage de Millon – légèrement différent de celui d'Hervé de Charette dans sa chronologie des faits – au plus près. Flash-back, donc :

C'est le 19 octobre 1993 que Chirac invite Millon[1] à déjeuner à l'Hôtel de Ville. Le sénateur Henri Torre se joint à eux. « Au moment où nous avons dîné ensemble, raconte Millon, Jacques Chirac était assez serein. Il avait déjà pris sa décision, elle était irrévocable. Ses relations n'étaient plus au beau fixe avec Balladur, mais nous en avons très peu parlé. »

Ce qui frappe Millon, c'est l'apparente sérénité du maire de Paris : « Je ne me préoccupe pas des batailles politiques, lui dit Chirac, je ne m'intéresse qu'à ce que je ferai le 8 mai 1995. Dans ma tête, je suis déjà président. »

Millon aborde alors ce qui est sa préoccupation première : il souhaite un candidat UDF, Giscard aussi ; qui cela pourrait-il être ? Cette position convient évidemment à Chirac, puisqu'elle priverait Balladur d'une partie au moins des soutiens UDF, parti sur lequel le Premier ministre entend s'appuyer. « Le meilleur, dit Chirac, serait un candidat de la nouvelle génération. » Millon croit à ce moment qu'il pense à François Léotard[2]. Chirac ne dit pas de nom. Il ajoute : « Si on ne trouve pas de représentant de la jeune génération, le mieux serait encore René Monory. Pas Giscard : cela ferait *remake* de 1981. »

C'est au cours de ce déjeuner que Millon assure à Chirac que s'il ne trouve pas de candidat UDF de poids, il se ralliera à lui avant le premier tour.

De 1993 à 1994, « ma quête, me dit Millon, n'avance pas vite, même si Giscard est lui aussi convaincu que si l'UDF veut continuer d'exister, il faudrait qu'elle ait un candidat dans la bataille ».

À Carcans-Maubuisson, l'année dernière, aux journées du Parti

1. Président du groupe parlementaire UDF à l'Assemblée nationale, Charles Millon sort d'une longue brouille avec Chirac qui dure depuis le référendum sur Maastricht, en 1992.

2. Cette conversation Chirac/Millon a lieu, rappelons-le, en octobre 1993, c'est-à-dire avant que François Léotard ne se soit déclaré en faveur d'Édouard Balladur.

républicain de Léotard et Longuet, il est pratiquement le seul à soutenir l'idée d'une candidature autonome de l'UDF. Il ne cesse de casser les oreilles de tout un chacun avec son plaidoyer lorsque Jean-Pierre Raffarin lui suggère : « Pourquoi pas toi ? »

L'idée fait son chemin. Dans la première semaine d'octobre 1994, Charles Millon rencontre Giscard rue de Bénouville[1] et évoque sa propre candidature : « Une candidature conditionnelle, précise-t-il, une candidature d'éclaireur. Il s'agit de glisser le pied dans la porte afin qu'elle ne se referme pas. » Un geste qui donne à Giscard ou à Barre, dont Millon est proche, l'occasion de se décider. Giscard n'est pas hostile, mais demande à réfléchir.

Le mardi 8 novembre au matin, il rencontre à nouveau Giscard avec, cette fois, Hervé de Charette et Jean-Pierre Raffarin. Dans
1995 l'intervalle, Chirac a déclaré sa candidature. Millon insiste auprès de Giscard : c'est maintenant qu'il faut un candidat UDF, car, plus tard, il sera coincé entre Balladur et Chirac. « Il vous faut un lièvre, dit-il ; je suis prêt à jouer ce rôle-là. Profitez-en. »

Accord nuancé de Giscard : « Si vous pensez que c'est utile, lâche-t-il, allez-y ! »

Le lendemain 9 novembre, Millon annonce sa candidature au micro de RTL. Il la retire en mars lorsqu'il est devenu évident qu'aucun UDF n'a de chances au milieu du duel Balladur-Chirac, et il choisit, comme Giscard, le ralliement à l'ennemi de 1981. *Sic transit.*

Ces conversations permettent une autre interprétation de la montée de Chirac dans les sondages. Bien sûr, les électeurs de la majorité ne suivent pas les décisions que prennent entre eux, au sommet, les dirigeants, mais enfin, ils ont depuis longtemps compris que l'UDF n'était pas rangée comme un seul homme derrière Balladur, que c'était plus compliqué. Si complot il y a eu, c'est bien entre Chirac, au moment où nous écrivions tous qu'il planait sur son petit nuage, coupé des réalités politiques, et Giscard. Amusant et instructif...

Cela étant, je ne suis pas dupe : Charette et Millon m'auraient-ils raconté leur action en faveur de Chirac il y a quelques mois, avant que celui-ci ait pris la première place dans les sondages ? Qu'auraient-ils fait si leur soutien avait été inefficace et si Balladur avait continué son ascension ?

1. Au domicile de l'ancien président de la République.

20 avril

Dernière ligne droite. Les jeux sont faits. Je m'aperçois qu'obnubilée, comme tous les journalistes, par la rivalité Chirac/Balladur, j'ai peu parlé, dans ces cahiers, de la candidature et de la campagne de Lionel Jospin. Eh bien, finalement, elle a bien marché : les fédérations du PS, après quelques hésitations, se sont mises au travail. Pierre Mauroy a continué à donner de la voix, et, surtout, Jacques Delors a fini par accepter, le 15 février, de présider les comités de soutien de Jospin ; les derniers meetings ont été d'un enthousiasme inouï qui n'a pas été sans rappeler – je ne sais comment Mitterrand le prend – les dernières réunions publiques de 1981, celle de Toulouse surtout.

Rien à noter sur les deux candidats de la majorité, si ce n'est que Chirac, le 18, quatre jours avant la fin de la campagne, s'en est pris à Jean-Claude Trichet[1] en des termes vifs. Il me semble que cela ne peut pas lui nuire. Sa campagne a été si fortement marquée par sa dénonciation des technocrates, banquiers et autres inspecteurs des Finances, pour que sa sortie non fortuite contre Trichet soit plutôt bien accueillie par son électorat.

23-24 avril (dans la nuit)

Soirée électorale passionnante. Elles le sont toutes, ou à peu près. Celle-ci, dans le genre, a été digne d'entrer dans les annales. Tous les sondages annonçaient donc – surtout celui du *Point*, hier – Chirac premier, Jospin deuxième, Balladur troisième. Pas de changement dans les sondages « sortie des urnes » de l'après-midi[2], péremptoires sur l'ordre d'arrivée : Chirac numéro 1 avec 23-24 % des voix, distançant les deux autres. Lorsque nous nous sommes installés derrière nos bureaux de commentateurs, à RTL, bien avant 20 heures, les

1. Jean-Claude Trichet est gouverneur de la Banque de France. Dans son rapport annuel au président de la République, rendu public la semaine précédant le premier tour, il avait demandé que l'on préfère « la création de pouvoir d'achat grâce à des augmentations de revenus mesurées » à « des augmentations apparemment élevées ». Jacques Chirac a protesté contre ce qui lui est apparu comme une ingérence inadmissible dans la campagne.

2. Les sondages « sortie des urnes » sont baptisés ainsi parce qu'ils sont réalisés à chaud à partir de questions posées aux électeurs immédiatement après leur sortie des bureaux de vote.

sondeurs présents nous ont communiqué les résultats des premières estimations qui chamboulaient tous les pronostics : Jospin devançait largement les deux frères ennemis, au coude à coude, que rien n'a paru pouvoir départager pendant près de deux heures d'horloge. Brouhaha, interrogations, exclamations, agitation autour des ordinateurs des instituts de sondage, suspense ! Lequel suspense a duré jusqu'après 20 heures où, timidement, Chirac a fini par se détacher d'Édouard Balladur pour accentuer son avance vers 20 h 15. Résultat : deux points seulement d'écart, 20,73 % pour l'un, 18 % et quelque pour l'autre.

Je passe sur la tarte à la crème : l'erreur des sondages précédant l'élection. En revanche, c'est sur ma propre capacité d'analyse que je m'interroge. Je n'arrête pas, depuis des mois, de me pencher sur la rivalité Chirac/Balladur, de trouver que Jospin a commencé trop tard sa campagne. Malgré les désordres, les scandales, l'impuissance régnant à gauche depuis 1993, je pensais, contrairement à d'autres, que la gauche n'avait pas disparu en France, qu'elle serait présente au second tour, certes, mais je n'avais pas raisonnablement pensé que Jospin distancerait à ce point et Chirac et Balladur.

Première surprise, donc, à propos du score de Chirac : tant de meetings, tant de mains serrées, tant d'atterrissages et de décollages, de voitures prises en courant, tant de sandwiches avalés, tant de monde aussi, tout cela simplement pour quelques petits points de plus qu'en 1988 ! Il y a une sorte de malédiction Chirac, abonné en quelque sorte, d'une élection l'autre, à un chiffre de voix oscillant entre 18 et 20 %. D'accord, il est présent au second tour, et Balladur n'y est pas. Mais les sondages avaient entretenu une telle pression psychologique sur les états-majors qu'avenue d'Iéna[1], la deuxième place du maire de Paris fait figure de défaite.

Voilà. J'ai rédigé ces lignes à toute allure à l'issue d'une soirée passée à l'antenne. J'y reviendrai demain.

1. Le QG électoral de Jacques Chirac a été installé avenue d'Iéna, et non, comme il se doit, à l'Hôtel de Ville, même si Chirac y a la plupart du temps occupé son bureau pendant la campagne.

24 avril

Rue du Cherche-Midi, au QG de Lionel Jospin, hier, il y avait tous ceux qui l'avaient aidé dans sa campagne : DSK, Martine Aubry, Daniel Vaillant, que sont venus rejoindre, à 20 heures, Jacques Delors, Michel Rocard et Pierre Mauroy, puis également Laurent Fabius et Henri Emmanuelli. Lionel Jospin avait commencé à rédiger la déclaration qu'il allait faire à la télévision. Lorsqu'il en a eu terminé, dans un geste de réconciliation, ou plutôt de conciliation, il l'a tendue, me raconte Pierre Mauroy qui assistait à la scène, à Fabius. Celui-ci, souverain, a pris son stylo et changé un mot. « Tu as raison », a dit Jospin, qui ne s'est pas attardé sur la correction, plus formelle que politique.

Je ne peux m'empêcher de me dire ce soir que Jacques Delors et peut-être aussi Michel Rocard ont dû se demander quel score ils auraient fait, eux, à sa place. La question restera éternellement sans réponse.

Balladur était à Matignon. Il s'attendait depuis plusieurs jours à être éliminé ; il ne pensait pas que ce serait de si peu. Il est battu, mais ne s'est pas effondré. D'ailleurs, dans les jours précédant le scrutin, les intentions de vote en sa faveur étaient légèrement remontées au détriment de Chirac qui avait légèrement fléchi. Il est vrai, on en revient toujours là, qu'il s'agissait de sondages qui ont montré, par la suite, le 23, leurs limites.

Sur Chirac, je n'ai pas d'autres informations que celles que rapportent les confrères qui étaient auprès de lui hier : il a pris le premier choc à l'Hôtel de Ville, et est arrivé avenue d'Iéna, à 18 h 20, assez abattu. L'indécision, jusqu'à 20 h 15 a été terrible. Puis il s'est dit que l'essentiel, dans une élection présidentielle, était d'être parmi les deux premiers au premier tour.

Cela étant, ce matin, en lisant la presse, on pourrait croire que Chirac a été battu, tant la faiblesse de son score a surpris.

Rencontre avec Jacques Toubon dans l'après-midi. Comment les choses se sont-elles passées avec Édouard Balladur, ce matin ? Chirac a téléphoné à Matignon à 11 heures. « Balladur, affirme mon interlocuteur, ne lui a rien dit. Et contrairement à ce que rapporte son entourage, Chirac n'a pas demandé à le rencontrer demain. »

Les sept ou huit membres du « comité politique » informel se sont réunis ce matin. Chirac est déterminé à continuer à « rassembler sur sa ligne ». Il n'y aura donc pas de changement : il ne va pas se mettre à faire une campagne modérée parce que son adversaire est socialiste. L'essentiel, a-t-il dit, est de garder « l'élan, la dynamique ».

Il a proposé la fusion, sur le plan local, de ses comités de soutien avec ceux de Balladur, même si cela ne fait pas un plaisir fou, on s'en doute, à ce dernier. Il a envoyé une lettre à tous les parlementaires sur le thème : par pitié, pas trois septennats socialistes ! Argument qui doit les mobiliser. Et enfin, il l'a répété ce matin : « Pas de combinaisons, pas de négociations, cela ne pourrait que nuire. »

Je demande à Jacques Toubon sa propre analyse des résultats d'hier et ses pronostics pour le second tour. Il revient sur le chiffre de Lionel Jospin dont il juge la communication très mauvaise, et le côté boy-scout insupportable. Mais il ajoute paradoxalement : « Plus il

était maladroit, coincé, plus sa campagne paraissait lente, moins il était soutenu par les caciques du PS, plus il est apparu comme un homme de gauche comme on n'en fait plus, et donc susceptible d'effacer les turpitudes de Mitterrand. »

Sur le fond, il juge également que Balladur et Chirac ayant fait en grande partie campagne l'un contre l'autre, et pas contre la gauche, ils ont laissé un boulevard à Jospin.

Je lui demande quel impact ont eu à son avis sur la campagne la polémique avec Jean-Claude Trichet et la controverse sur son appartement de la rue du Bac[1]. « Cela a fait perdre des points, pense-t-il, parmi les catégories supérieures de la population du type lecteurs du *Monde*, encore que je ne sois pas sûr que, de toute façon, ils auraient voté pour nous. »

Reste la question du comportement des électeurs de Le Pen. Ils ne se reporteront pas tous sur Jacques Chirac. Au surplus, Toubon – donc Chirac – pense qu'il y a deux catégories de gens qui ont intérêt à la politique du pire : « Le Pen, le premier, pense avoir beaucoup à attendre d'une crise et de l'élection de Jospin à la Présidence de la République, ce qui lui permettrait d'apparaître comme le seul rempart contre la gauche. Et puis, ajoute-t-il, il y a aussi tous ceux qui espèrent, après l'élection, pour la troisième fois, d'un socialiste à l'Élysée, une recomposition de la droite : c'est le cas de François Léotard, de François Bayrou ou de Nicolas Bazire. Je ne crois

1. Le 29 mars, *Le Canard enchaîné* révèle que Jacques Chirac est locataire d'un logement rue du Bac, à Paris, à des conditions plus qu'avantageuses. L'appartement, depuis 1988, a été racheté par la SGIM possédée à 40 % par la Ville de Paris.

pas que cela ira bien loin, mais enfin, la tentation existe de créer une nouvelle donne de la vie politique. »

Conclusion : « Rien n'est gagné pour Chirac. Jospin a assis sa crédibilité dans la dernière ligne droite d'avril. Chirac en aurait plutôt perdu en fin de campagne. Tout reste ouvert. »

26 avril

Les choses vont si vite et j'ai tant de boulot que je n'ai presque pas le temps d'écrire !

Deux choses, néanmoins : la première est que Balladur a appelé ses électeurs à voter Chirac. Il l'a fait en des termes très clairs, afin de ne pas apparaître, à aucun moment, pour un diviseur face à la gauche. Mais l'ambiance n'est pas folichonne. Finalement, le 25, les deux hommes auraient dû se rencontrer. Chez Chirac, on dit (Toubon, le 24) que c'est Balladur qui sollicitait une entrevue, tandis qu'à Matignon on affirmait que Chirac était demandeur. Chirac a fait savoir à Pasqua qu'il n'était pas disposé à la moindre négociation, et le rendez-vous est tombé à l'eau. Balladur, du coup, a annoncé qu'il partait pour Chamonix.

La deuxième chose est que, la surprise retombée, lorsqu'on fait les comptes, on s'aperçoit qu'en additionnant toutes les voix de droite, on arrive à 60 % des suffrages, puisque Villiers est à 5 % et que Jean-Marie Le Pen atteint les 15 %. Là encore, nous avons tous écrit ou dit que l'élection présidentielle n'était pas, par nature, celle où le président du FN avait le plus de chances de briller. Eh bien, il a talonné Balladur !

La gauche, elle, est à 40 %. Les chiffres de Jospin ne lui permettent pas, en l'état actuel des choses, d'être élu. 23 %, c'est plus que le parti socialiste n'en avait obtenu aux législatives de 1993, mais il s'agissait alors d'un échec historique. C'est plus que ce que Rocard avait recueilli aux européennes, mais Bernard Tapie lui en avait fauché 12 %. En revanche, Mitterrand a fait 5 points de plus en 1981, et 10 points de mieux en 1988...

Jospin a enrayé la chute de la gauche, il s'est imposé dans une bataille décisive, malgré la neutralité absolue, pour ne pas dire l'hostilité relative de François Mitterrand. Quoi qu'il arrive, il sera, dans les mois qui viennent, le numéro un du PS.

28 avril

Je reviens sur l'analyse détaillée du score de Chirac. Je me demandais si cela y avait ajouté quelque chose de se lancer, en direction d'une certaine gauche populaire, à parler de changement, de nouvelle politique, de fracture sociale. Eh bien, oui : Chirac est, de loin, le candidat préféré des jeunes, il améliore son score chez les ouvriers et les chômeurs. Il a augmenté d'un point son capital de voix par rapport à 1988. Un point seulement ? Cela lui a suffi[1].

Cela étant, qu'est-ce qui explique qu'au dernier moment, 2 à 3 % des électeurs aient pu ne pas voter pour lui après avoir déclaré qu'ils allaient le faire ? Toubon a évacué l'histoire de l'appartement de la rue du Bac. L'affaire Trichet et surtout la polémique dont elle a servi de point de départ, sur l'indépendance de la Banque de France et le franc fort, a pu se révéler plus efficace, car Matignon en avait profité pour accuser Chirac de menacer le franc par des déclarations incontrôlées.

J'adore les questions auxquelles l'Histoire n'apportera jamais de réponse : si la campagne avait duré quelques jours de plus, au moment où l'ouverture à gauche de Chirac était contrebattue par la campagne de Jospin, Balladur aurait-il pu arriver second ? Autre interrogation en sens inverse : à combien évaluer le nombre d'électeurs traditionnellement de gauche qui, comme beaucoup autour de moi – si je me souviens des confidences de Mitterrand à Pierre Bergé –, ont voté Chirac dès le premier tour pour barrer la route à Balladur ?

29 avril

Tout de même, ils étaient tous autour de Chirac, ce soir, à Bagatelle. Sous la pluie et dans la boue, tous les chefs de la majorité qui s'entr'égorgeaient depuis deux ans étaient présents. Chirac a dû sérieusement rigoler en voyant autour de lui, derrière lui, cette troupe désaccordée ! Curieusement, Balladur, revenu de Chamonix, a été applaudi par la foule, mais cela n'a rien eu à voir avec les ovations qui ont accueilli les ralliés à Chirac venus de l'UDF : Alain Madelin,

1. Candidat préféré des jeunes : 32 % des 18-24 ans, 23 % des 25-34 ans. Son score s'est amélioré dans l'électorat ouvrier : il obtient 15 % là où Balladur obtient 10 %. Et chez les chômeurs : 24 % d'entre eux ont voté Jospin, 20 % Chirac, 13 % Balladur.

Charles Millon... Jacques Chirac n'a pas infléchi son discours dans le sens balladurien, car il a eu trop peur de paraître faire des concessions, mais, du coup, il n'a rien apporté de neuf à la campagne, si ce n'est un effet de masse.

En revanche, Lionel Jospin, lui, commence une campagne d'enfer pour le second tour. Comme il a créé la surprise au premier tour, la gauche socialiste se sent exister à nouveau. Son électorat aussi. La dynamique est du côté de Jospin, l'arithmétique du côté de Chirac.

3 mai

Rien écrit hier sur le traditionnel face-à-face présidentiel, parce que j'étais occupée par les commentaires à l'antenne. Du coup, cela ne m'a pas été trop pénible de ne pas l'avoir animé. Je ne suis pas très fière de mes sentiments : je sais que j'en ai déjà animé deux, en 1981 et 1988, je sais qu'il faut laisser la place aux jeunes. Reste que je n'étais pas particulièrement contente de laisser ce rôle à d'autres. Je ne dis cela à personne, bien sûr, il n'y a qu'ici que je puis le reconnaître et le confier. 1995

C'est Claude Estier, pour le compte de Jospin, et Jean-Michel Goudard[1], pour celui de Chirac, qui ont eu en charge les délicates négociations avec le CSA et les différentes chaînes. Le débat s'est déroulé au studio 101 de la Maison de la Radio, avec tout le rituel prévu par la loi et la solennité de l'occasion. Je me trompe peut-être, mais les deux candidats m'ont semblé s'être mis d'accord sur le ton à adopter : pas de polémique du type de celle qui avait marqué le face-à-face Mitterrand-Chirac de 1988, pas d'empoignades, pas de coups tordus. Du coup, le débat a été sans surprises. Il n'a pas suscité chez moi, ni chez les autres, un intérêt similaire aux précédents. Je dirais qu'ils ont terminé l'un et l'autre sur un match nul : Jospin n'a pas un instant déstabilisé le bulldozer Chirac, et Chirac n'a pas cherché à déséquilibrer Jospin. Chirac a paru assagi, et Jospin courageux. Pas de quoi bouleverser le rapport de force politique.

Il est un autre sujet sur lequel je suis sûre que les deux candidats sont tombés d'accord, même si leurs représentants affirment le contraire : il n'a pas été question de Le Pen dans le cours du débat. La veille, un drame est en effet venu accompagner la traditionnelle

1. Jean-Michel Goudard est un des publicitaires chargés par Chirac de sa campagne.

parade du 1er Mai de Jean-Marie Le Pen. Un jeune Marocain a été précipité dans la Seine où il s'est noyé, à quelques mètres du passage du cortège du Front national. Sans doute, sur ce point précis, Chirac et Jospin se sont-ils téléphoné. Ou bien leurs proches l'ont-ils fait. La crainte était, pour les deux candidats, de laisser leur débat se polariser sur le thème de l'extrême droite au détriment des autres sujets politiques, économiques et étrangers qui sont inévitablement abordés dans une émission de ce genre.

Quant à se partager les dépouilles du vote Le Pen, pas question, pour aucun des deux, de se disputer ses voix. Tout le monde sait que Le Pen a opposé, depuis janvier dernier, la « courtoisie » de Balladur à l'ostracisme manifesté contre lui par Chirac. Jospin ne veut pas en tirer parti publiquement. Chirac, lui, il sait que le moindre pas en

direction du président du Front national risquerait de lui faire plus de mal que de bien. En tout cas, pas un geste, d'aucun côté, à l'adresse de Jean-Marie Le Pen.

Bon, une certitude : le débat n'a rien changé. L'arithmétique doit gagner sur la dynamique que, pour tout dire, on n'a pas beaucoup ressentie hier chez Jospin.

6 mai

Après le débat, les dés roulent. Jospin a fait encore deux meetings, dont celui de Toulouse où, pour la première fois, il a rendu hommage à Mitterrand, et celui de Bordeaux. Pour la première fois ! On ne peut pas dire que Jospin se soit appuyé sur le chef de l'État avant le premier tour. Au contraire : à aucun moment il ne lui a demandé de lui donner un coup de main, de participer à sa campagne, comme s'il craignait que cela puisse lui nuire. Mitterrand doit trouver cette indifférence – qu'il lui rend bien – assez saumâtre.

À propos de Mitterrand – il est bien temps d'y arriver ! –, je me pose plus de questions que je n'ai de réponses, ce qui, pour un journaliste, est tout de même assez ennuyeux. Je pense qu'on apprendra beaucoup de choses, dans les mois qui viennent, sur l'évolution des rapports entre Mitterrand et Balladur. Je me rappelle la lune de miel des débuts entre les deux hommes. Mitterrand avait l'air d'être ravi des bonnes manières de Balladur, qui le changeaient de la rudesse de ses relations avec Jacques Chirac de 1986 à 1988. La première à m'avoir prévenu d'un changement a été Laurence Soudet au début de 1994. L'occasion en était l'investigation du juge Jean-Pierre qui, avant de ressortir l'affaire du financement du PS, avait été reçu par Balladur à Matignon. Depuis lors, il y a eu beaucoup de motifs d'agacement, dont l'affaire Schuller-Maréchal, les prises de position de Balladur sur le moratoire nucléaire ou la politique étrangère de la France[1]. Joints à un reproche : celui de l'hypocrisie de Balladur à son endroit. J'ai beaucoup entendu à l'Élysée, depuis deux ans, parler d'hypocrisie sans savoir ce qu'il y avait derrière ce terme, ni quels comportements de Balladur cela visait. Je pense de toute façon que n'importe quel Premier ministre aurait exaspéré Mitterrand au bout de quelques mois.

Si Mitterrand avait aimé Lionel Jospin, la cause aurait été entendue : il aurait fait savoir aisément de quel côté penchaient son cœur et ses idées. Il était terriblement agacé par Balladur, surtout à partir de l'année dernière, mais, en même temps, il était hostile au choix de Jospin. Le seul qui a fini par bénéficier sinon de sa sympathie, du moins de sa neutralité a été Chirac. Comme me l'a dit Hervé de Charette à propos de Giscard : la haine, c'est comme un millefeuilles, il n'y a que la dernière couche qui compte.

7 mai

Jacques Chirac élu[2].

Tard ce soir, je repense à sa trajectoire, si tendue vers la victoire depuis plus de trente ans, et en même temps si heurtée. Comme celle de Mitterrand, d'ailleurs : il a été élu à l'Élysée la troisième fois qu'il s'y présentait, il l'a fait en s'appuyant sur un grand parti, sur des militants, une organisation. Ils ont su l'un et l'autre infléchir leur discours politique sous l'empire de la nécessité : Mitterrand a choisi de prendre le pouvoir sur la gauche dès 1971, parce qu'il savait ne jamais pouvoir y parvenir par la droite. Chirac a emprunté, sur sa gauche, le langage de Philippe Séguin, d'Emmanuel Todd et d'Henri Guaino parce que Balladur occupait l'espace à droite.

1. *Cf.* l'interview d'Édouard Balladur au *Figaro* en août 1994.

2. Les candidats au premier tour étaient, en dehors des trois principaux (Jacques Chirac, Édouard Balladur et Lionel Jospin) : Jean-Marie Le Pen, FN, Philippe de Villiers, candidat du Mouvement pour la France, Robert Hue au nom du PC, Dominique Voynet, du parti des Verts, Arlette Laguiller pour Lutte ouvrière, et Jacques Cheminade, du mouvement Solidarité et Progrès. Au second tour, Jacques Chirac a obtenu 52,6 % des voix.

Tant de chemin parcouru depuis qu'il est entré en 1967 dans le gouvernement Pompidou comme secrétaire d'État à l'Emploi ; à la tête d'une petite bande baptisée « jeunes loups » par la presse, il venait d'être élu député de Corrèze. Si, ce soir, je ne prétends pas du tout faire une biographie de Chirac, quelques scènes me reviennent pourtant à l'esprit : la première interview que j'ai faite de lui en Corrèze, en 1970, pour mon premier magazine de télévision. Il était aussi détendu qu'un mannequin de cire, figé devant la caméra, sourire à contretemps et complet-veston sur le plateau de Millevaches.

Je me rappelle aussi son départ de Matignon, à l'été 1976, après deux années de collaboration, qu'il avait rapidement jugées insupportables, avec Valéry Giscard d'Estaing. Sa façon d'avoir repris le RPR – l'UDR, plutôt – aux barons du gaullisme à la fin de cette même année. Et puis son culot, lorsqu'il s'est présenté à la Mairie de Paris, en 1977. Sa solitude, après l'échec de 1988, sa volte-face sur l'Europe en 1992, la confiance faite imprudemment à Édouard Balladur, l'abandon de ses amis, ses doutes sur son avenir politique, en 1993, et finalement sa victoire en 1995.

Trichait-il sur lui-même lorsqu'il se présentait comme à peu près inculte, haïssant la musique, amateur de romans policiers, alors qu'il aimait et connaissait déjà l'Asie comme un sinophile averti ? Sans doute. Pourquoi éprouvait-il le besoin de le faire ? Comme si, faute de se trouver lui-même, il avait voulu égarer les autres, leur montrer celui qu'il n'était pas pour cacher celui qu'il aurait voulu être[1].

Psychanalyse à deux balles...

Cela étant, j'ai toujours pensé – je le pensais déjà en 1986 – que Chirac était un néo-gaulliste d'une génération qui n'a pas vraiment connu le général de Gaulle, un grand radical comme il en a existé sous la IVe République, avec une authentique fibre sociale. Il faut dire que, de ce point de vue, la période 1986-1988 avait davantage montré le libéral qui était en lui – en Balladur, surtout – que le social...

Peut-être me fais-je des illusions, mais je crois que cette victoire révèle de lui son meilleur aspect. En fera-t-il usage à l'Élysée ? À voir.

En tout cas, la France entière ne retiendra de cette soirée électorale

1. François Mitterrand avait écrit en 1976 : « Peut-être cet homme lisse dont le regard s'isole quelquefois va-t-il sortir du rôle où il enferme sa carrière, peut-être va-t-il prendre une autre mesure de ce qu'il est, de ce qu'il peut. »

qu'une longue promenade de Chirac en voiture, toutes vitres baissées, à travers Paris, interminablement filmée de près par Benoît Duquesne et les caméras de France 2 jusqu'à son arrivée, triomphant, au balcon de son QG de l'avenue d'Iéna. Pas beaucoup d'indications politiques dans tout ça. Juste un guerrier victorieux après tant de défaites. Oublié, le premier tour. Il a gagné : son sourire éclatant tient lieu de remerciements à ceux qui l'ont élu.

Lundi 8 au matin (en attendant les fêtes de la Victoire)

Tant de choses à dire aussi au moment où les portes de l'Élysée se referment sur Mitterrand. Je me demande aujourd'hui, la soirée électorale terminée, ce qu'il reste des quatorze ans qui viennent de s'écouler, et ce qu'il m'en reste, en tentant de ne pas trop penser à ce qui m'a gravement opposé à lui du temps de la Haute Autorité, il y a maintenant si longtemps.

Ce qu'il en reste, à mon avis, sans vouloir entamer ici une thèse sur les deux septennats Mitterrand : l'idée que la gauche au pouvoir n'a pas été un simple déjeuner au soleil. Oublié, pour la première fois dans l'histoire du XXe siècle, le tragique destin du Front populaire, depuis l'allégresse populaire qui l'accueillit jusqu'aux caisses vides et à l'impuissance face à la montée des périls internationaux. La gauche a gouverné, elle a eu des ministres des Finances qui ont su défendre les intérêts français, maintenir la monnaie, accompagner les avantages sociaux, entonner l'air de la rigueur ; des Premiers ministres, de Pierre Mauroy à Michel Rocard, qui ont su trouver un juste milieu entre promesses et réalisations ; et un président de la République qui, critiqué comme aux pires heures de 1993, ou encensé comme à l'été 1981, a incarné la France, à l'intérieur comme à l'extérieur, avec une sorte d'élan, de souffle parfois romantique, parfois dramatique. Un homme de culture, amateur d'histoire et de littérature, qui a donné à ces années de pouvoir un lustre, un éclat. Un homme, enfin, qui, dans les derniers moments de son règne, est apparu aux yeux de tous parfois terrassé par la maladie, au point que ses malaises ont été décrits par la presse du monde entier, parfois, au contraire, mystérieusement regonflé, imposant un rythme d'enfer à ses accompagnateurs, épuisant les journalistes autour de lui. Un homme attachant, avec des petitesses – rancune, mépris... – et des qualités uniques.

Cela, c'est le bilan positif, ou sa rapide esquisse. Bilan négatif :

l'acceptation de la position allemande sur la Croatie et l'indépendance des pays qui composaient la Yougoslavie ; l'erreur de jugement sur le départ de Gorbatchev ; son fatalisme vis-à-vis du chômage ; le choix de certains de ses Premiers ministres, l'élimination d'autres que, comme Michel Rocard, il a préféré combattre après les avoir nommés ; la lutte au sein du PS, qu'il a attisée plutôt que calmée, sitôt entré à l'Élysée ; l'échec de la réduction des inégalités, la mise sous le boisseau de certaines réformes nécessaires qu'il a préféré laisser faire aux gouvernements de cohabitation.

Je vais vite et ne parle pas ici des « affaires », car tout le monde, majorité et opposition, est logé de ce point de vue à la même enseigne.

Ce qu'il m'a laissé, à moi, c'est tout bêtement l'amour de la poli-
1995 tique. L'envie de connaître, d'écouter, de juger, de décortiquer la politique. De jauger le poids des hommes sur celui des choses. De comparer les destins individuels et les évolutions collectives. Un goût de l'art oratoire, de la conquête du pouvoir, sinon de son exercice. Je me rappelle, ce soir, ses différentes étapes politiques, dont la plus importante et la plus compliquée fut sans doute la prise du Parti socialiste en 1971. Et puis je retiens son obstination, sa détermination, sa volonté, son caractère en un mot.

Je sais qu'ont convergé à l'Élysée toutes sortes de médecins, authentiques ou parallèles, et je pense que personne ne saura jamais quel Président il aurait été, surtout au cours du second septennat, sans cette maladie. Car, depuis la révélation de son cancer, Mitterrand a donné un sentiment d'épuisement qui a lourdement pesé sur la vie publique.

J'écris tandis qu'après les émissions du matin nous attendons tous, en studio, pour les commenter, les images de la cérémonie du 8 Mai, 50e anniversaire de la fin de la guerre en Europe. Les voici enfin sur le coup de 11 heures. Un spectacle inouï, véritablement, se déroule sous nos yeux. François Mitterrand, président en exercice, puisque la passation des pouvoirs n'a pas encore eu lieu, et Jacques Chirac, président élu, mais pas encore en fonctions, sont côte à côte, accompagnés de leurs épouses, dans la tribune qui fait face à l'Arc de Triomphe. Ils se parlent, se sourient, s'écoutent comme si rien, jamais, ne les avait séparés. Autour d'eux, cinquante-trois chefs d'État et de gouvernement.

De quoi parlent-ils avec une telle complicité ? On ne les entend pas. Chirac fait des gestes naturels, lui si facilement guindé. À un moment, clou du spectacle, l'écharpe de Danielle Mitterrand, toute de jaune vêtue, glisse à terre. Chirac la ramasse d'un geste presque gracieux et la lui tend avec un sourire. Danielle elle-même, qui fait pourtant facilement étalage, en France et à l'étranger, de sa fibre de gauche, le remercie avec chaleur.

Qui a dit que les Français ne savaient pas se montrer aussi fair-play que les Anglo-Saxons ? Je me demande quand même si ce qui lie ce matin les deux présidents, ce n'est tout simplement pas leur victoire sur Édouard Balladur.

17 mai

Passation des pouvoirs à l'Élysée. Le septennat Chirac commence. Mitterrand s'en va. Quatorze années de pouvoir, dont quatre années de cohabitation. Le premier président de la République de gauche quitte l'Élysée accompagné par Jacques Chirac, qui, après un long entretien, le raccompagne avec une courtoisie appuyée jusqu'à sa voiture, dans la cour qui ouvre sur la rue du Faubourg-Saint-Honoré.

En introduisant officiellement Jacques Chirac dans ses fonctions, Roland Dumas, président du Conseil constitutionnel à qui revenait cette tâche, s'est dit « heureusement impressionné par la façon dont ont été transmis les pouvoirs ». Il a même ajouté que les cérémonies avaient « été souhaitées et organisées d'un commun accord ». Quant à Jacques Chirac, sa première intervention est, je trouve, réussie. Il n'est plus raide, ou plus exactement sa raideur s'est transformée, sous les dorures, en élégance. Avec une sorte d'éclat qui contraste, on l'imagine, avec la pâleur et l'air contraint d'Édouard Balladur, au supplice.

Chirac se dit le « dépositaire d'une espérance ». En appelant à l'unité, il a une phrase qui laisse croire qu'il pratiquera l'ouverture sinon en direction du PS, du moins vers le centre gauche[1]. Il reparle, comme il le fait depuis des mois, de l'État impartial dont il se dit le garant, de l'indépendance de la justice, des fractures et des cicatrices qui couturent le pays. Et il dessine en quelques mots sa conception – celle du général de Gaulle, précise-t-il – d'un Président rassem-

1. « L'élection présidentielle, dit-il, n'a pas vu la victoire d'une France contre une autre, d'une idéologie contre une autre. Elle a vu la victoire d'une France qui veut se donner les moyens d'entrer, forte et unie, dans le troisième millénaire. » Il dit encore : « L'emploi sera ma préoccupation de tous les instants. »

bleur, arbitre, dans un juste équilibre entre l'exécutif et le législatif. Reprenant là encore un des thèmes essentiels de sa campagne, il parle de sa volonté de « renouer le pacte républicain » qui unit tous les Français. Il a également une phrase d'hommage au président Mitterrand qui « a marqué de son empreinte les quatorze années qui viennent de s'écouler ».

Dans l'après-midi, Jacques Chirac est monté à l'Arc de Triomphe. Là encore, il a de la veine : il pleuvait, ce matin ; il fait exceptionnellement beau, cet après-midi. Il descend d'une superbe voiture décapotable à bord de laquelle, tout au long du parcours, il n'a pas caché sa joie, sa jubilation. Le vent l'a décoiffé, les revers de sa veste se sont soulevés : gentiment, Philippe Séguin remet de l'ordre dans sa tenue, allant jusqu'à resserrer son nœud de cravate, avant que Chirac ne fasse à nouveau face à la foule. Geste familier et inattendu de Séguin...

Inattendu aussi, ce qui s'est passé au siège du PS. En début d'après-midi, immédiatement après la passation des pouvoirs, François Mitterrand, de son côté, a bouleversé son programme et fait un détour pour s'en aller retrouver la rue de Solferino. Une façon, dit-il, de faire en sens inverse le chemin parcouru en quatorze ans [1].

Dans la cour du PS, les socialistes – dirigeants, permanents, amis – sont venus nombreux ; beaucoup ont les larmes aux yeux, car c'est leur vie qui s'est écoulée au rythme marqué par le président de la République. Et puis, comment dire, après une véritable période de froid entre le PS et l'Élysée, qui a duré, avec des hauts et des bas, depuis le début du second septennat, la visite inattendue de Mitterrand prend une dimension historique en même temps que personnelle. Ils le savent bien, les socialistes présents – les Estier, Jospin, Mauroy, Fabius, Emmanuelli... –, qu'ils ne retrouveront plus un Mitterrand dans leur vie.

Et, en même temps, ils retiennent les phrases de celui-ci qui les appelle à garder désormais dans leur cœur et à l'esprit une double

1. « Chers amis, dit-il, j'ai fait aujourd'hui en sens inverse le chemin parcouru il y a quatorze ans. J'étais allé chez moi, je suis passé par le Parti socialiste, je suis allé à l'Élysée. J'arrive de l'Élysée, je rentre chez moi, et je m'arrête au Parti socialiste. » Il a continué : « J'ai une opinion aussi précise que possible et aussi aiguë que possible sur ce qui a été bien fait et sur ce qui l'a été moins. Je suis d'ailleurs tout à fait disposé à prendre sur moi tout ce qui a bien moins marché, même si... Enfin, c'est une autre affaire ! »

culture, celle d'un parti d'opposition et celle d'un parti de gouvernement. La différence ? « C'est qu'on ne va jamais aussi loin qu'on le voudrait. »

Comme il est trop sérieux et que ses auditeurs sont trop émus, il allège l'atmosphère d'une phrase qui fait rire tout le monde : il se défend de vouloir organiser sa première contre-manifestation, quelques heures seulement après être sorti de l'Élysée[1]. Il est, bien sûr, plus qu'applaudi, longuement fêté, ovationné par des gens qui voient, comme lui et avec lui, l'âge venir et la mort arriver.

Je reviens à Chirac, qui, lui, ne voit pas encore l'âge venir : ce qui me paraît le plus important, à relire ce soir le discours intégral qu'il a prononcé ce matin, c'est la volonté d'ouverture exprimée ; dire qu'il n'y a pas eu, dans sa victoire, de combat entre une idéologie et une autre, c'est, si je comprends bien, dire qu'il n'y a pas les méchants marxistes, socialistes ou communistes d'un côté, et les gentils libéraux de l'autre, mais qu'il y a entre eux une sorte de troisième voie que lui, Chirac, a la volonté d'incarner.

18 mai

Pendant que le gouvernement se compose, se décompose et se recompose tout au long de la journée, j'ai déjeuné aujourd'hui avec Guy Carcassonne. Par parenthèse, il me dit qu'il a mis un bulletin Michel Rocard, donc nul, au premier tour.

Nous revenons ensemble sur un thème qui lui est cher : les relations Mitterrand-Rocard. Quelle en est l'origine ? Pour sa part, Carcassonne en est certain : à l'origine de tout, il y a la guerre d'Algérie. « Spécialement les décrets du 17 mars 1956 transférant les pouvoirs judiciaires aux militaires en Algérie[2]. Mitterrand s'est toujours débrouillé pour tuer politiquement les opposants à la guerre d'Algérie. »

---

1. « Nous sommes, vous êtes redevenus, dit-il, une force politique et sociale capable d'entraîner la France, chaque fois qu'elle en sentira la nécessité, pour plus de justice, pour plus de liberté, pour la mise en place d'une certaine idée de la société qui nous est chère. C'est très agréable de vous retrouver ici comme cela aujourd'hui. Je ne veux pas avoir l'air d'organiser une contre-manifestation (rires et applaudissements). Ce serait mal venu, et, d'autre part, moi, j'achève ma vie politique. Je ne suis pas venu ici pour la recommencer. »

2. François Mitterrand était alors ministre d'État, garde des Sceaux dans le gouvernement de Front républicain de Guy Mollet.

Carcassonne me raconte comment, à plusieurs reprises, Mitterrand l'a barré, simplement parce qu'il était le collaborateur le plus proche de Rocard. Une première fois lorsque Pierre Joxe, alors ministre de l'Intérieur, lui a proposé de prendre la direction d'un comité des libertés publiques. Mitterrand s'y est personnellement opposé. Puis il a été question de Carcassonne pour occuper le poste de ministre des Finances de la petite principauté d'Andorre. Refus de celui qui était, de par ses fonctions présidentielles, le co-prince d'Andorre : François Mitterrand. « Une haine tenace, me dit-il, qui n'a cédé devant rien. »

L'erreur de Michel Rocard, selon lui et comme pour beaucoup, a été de privilégier l'unité du Parti socialiste, sa réunification, par rapport à sa rénovation. « Il a été avalé par le Parti au lieu de l'avaler lui-même. »

1995

Dans l'après-midi suivant ce déjeuner, le gouvernement est constitué autour d'Alain Juppé, comme on s'y attendait.

Un mot, et même plusieurs, sur Alain Juppé. Chirac l'appelle souvent « le meilleur d'entre nous » : cela veut sans doute dire qu'il a la tête bien faite, qu'il est à la fois énarque et normalien, qu'il n'a jamais éprouvé la tentation de trahir Chirac, et qu'il n'affecte pas de lire uniquement des romans policiers. Aux Affaires étrangères, de surcroît, il a laissé un bon souvenir.

Pourquoi Alain Juppé et pas Philippe Séguin qui a engagé à fond son talent, sa puissance de conviction dans la campagne présidentielle ? Je pense que Chirac en a un peu peur, de ce Philippe Séguin qui ne doit rien à personne, qui pense par lui-même et qui résiste aux idées reçues. Alain Juppé, de ce point de vue, est moins imprévisible, plus lisse, davantage « sous contrôle » que le président, jugé souvent caractériel, de l'Assemblée nationale.

Eh bien, il y restera, à l'Assemblée, puisqu'à la fin de l'après-midi, lorsque la composition du gouvernement est connue, il n'y figure pas. Il semblerait que Juppé ait dit : « C'est lui ou moi. » Quarante-deux ministres et secrétaires d'État, dont douze femmes. Le gouvernement le plus nombreux qu'ait constitué la droite depuis les débuts de la Ve République[1].

1. Michel Rocard a fait mieux, avec une équipe gouvernementale de 48 membres, Pierre Mauroy et Laurent Fabius étant à la tête de gouvernements comprenant, comme celui de Juppé, 42 membres.

Contrairement à ce que je pensais, pas beaucoup de symboles d'ouverture dans ce gouvernement. Des amis, des fidèles de toujours comme Jacques Toubon, le premier dans l'ordre protocolaire, à la Justice, ou Jean-Louis Debré, à l'Intérieur. Des ministres qui, à peu d'exceptions près, ont pris parti pour Chirac dès la fin 1994. Des personnalités opportunément ralliées depuis longtemps au maire de Paris, comme Hervé de Charette ou Charles Millon ; des UDF restés prudemment à l'écart et quelques habiles rescapés du gouvernement balladurien précédent, comme François Bayrou.

Dans tout cela, pas de représentants de la gauche modérée, de républicains de progrès, de radicaux. L'ouverture était dans le discours, pas au gouvernement. Les deux seules originalités consistent d'abord dans le nombre de femmes qui en font partie : douze, du jamais vu, mais, surtout, dans la nomination d'Alain Madelin au ministère des Finances.

Que Madelin soit au gouvernement, cela n'a étonné personne, puisqu'il avait vigoureusement pris parti pour Chirac dès 1994, au moment où François Léotard et Gérard Longuet, ses copains de toujours, soutenaient, eux, Édouard Balladur. Mais Madelin aux Finances, voilà qui en surprend plus d'un !

Madelin, c'est un pari. Un pari personnel de Chirac, car Juppé, c'est le moins qu'on puisse dire, n'en est pas fanatique. De par sa formation, sa façon de parler, son allure, sa culture aussi, Madelin ne ressemble à aucun de ses prédécesseurs. Il a tenu sur la parité mark-franc des propos que l'Allemagne n'a pas avalés, et s'affirme volontiers comme un franc-tireur, pour ne pas dire, comme *Le Monde* l'a indiqué hier, un « hérétique ».

23 mai

Discours de politique générale d'Alain Juppé. Auparavant, solide à son poste, Philippe Séguin, qui s'apprête à donner la parole à Juppé et n'en pense pas moins, rend hommage au trublion du RPR qui vient de mourir, cette grande gueule de Robert-André Vivien, auteur de mémorables chahuts au sein de l'hémicycle : « Ni la République, dit-il à ce propos, ni la démocratie n'ont besoin de cœurs tièdes. »

Alain Juppé commence à parler à 15 heures passées de trois minutes. Les ministres sont au banc du gouvernement. Je remarque que François Bayrou est au second rang, comme en pénitence après sa participation au gouvernement Balladur. Interprétation abusive de ma part, sans doute...

Juppé parle de l'espérance qui a marqué l'élection de Chirac : celle d'un pacte républicain contre l'exclusion, pour l'égalité des chances, l'esprit de solidarité et la récompense du mérite. Cette espérance-là passe par la lutte prioritaire contre le chômage, par la croissance et par la réforme de notre système d'éducation.

Il n'est pas chaleureux, mais il parle clairement. Mon seul problème est que j'ai l'impression d'avoir entendu ce discours – sur le chômage et l'éducation, notamment – six millions de fois.

Restent les déceptions et les questions.

Déceptions : je m'attendais à je ne sais quoi, une sorte de petite révolution, un vent nouveau bousculant les immobilismes. Je m'attendais par exemple, comble d'audace, à un éclatement du ministère des Finances, celui qu'on nous annonce depuis des décennies. Rien de tout cela. Au contraire, des ministres dont les attributions semblent se chevaucher, sinon se contredire.

Questions : comment Alain Juppé compte-t-il mettre en musique les réformes qu'il propose et que Chirac propose avec lui ? À quel rythme, financées comment ? Le nouveau Premier ministre a dit, après son discours au Parlement, qu'il n'était pas dans ses intentions de donner des détails sur le collectif budgétaire. Tout de même, ne pouvait-il y faire allusion ?

6 juin

Premier déjeuner à Matignon avec Alain Juppé. La première question qu'on lui pose est sans originalité : quels seront ses rapports avec Jacques Chirac ? La réponse n'étonne pas : « Il n'y aura jamais, dit-il, de problème entre lui et moi. Le jour où nous serons en désaccord, je laisserai le terrain, voilà tout. D'où Bordeaux... » (sous-entendu : c'est pour cette raison que j'ai besoin d'une position de repli).

Sur le déficit menaçant, laissé, dit-il, par les gouvernements précédents, dont celui de Balladur : « La preuve que les choses n'allaient pas comme elles devaient aller, dit-il, c'est que Sarkozy a jugé bon, il y a quelques semaines, au dernier moment, de geler 20 milliards. C'est dire que l'argent filait trop vite. » Il ajoute : « D'où la nécessité de demander à Bercy de savoir où nous allons. » Il lance là une pierre dans un double jardin : celui de Sarkozy, ex-ministre, et celui d'Alain

Madelin, l'actuel. Il attend du second qu'il fasse sans fard la lumière sur l'action du premier. Mais comme il doute de Madelin...

Nous parlons également de la Bosnie, « le piège », selon lui. D'entrée de jeu, l'amiral Lanxade en a fait les frais en même temps qu'il a eu droit, le premier, au langage sans détour de Chirac qui lui a reproché, dès les premiers jours de son mandat, de laisser le contingent français en Bosnie subir sans réagir toutes les provocations des tireurs serbes. « Il n'y a pas eu de véritable conflit entre Chirac et lui, précise Alain Juppé ; il s'agissait pour le Président de mettre les points sur les i : c'est lui qui commande. Jacques Chirac, même s'il ne parle pas, est derrière tout ce qui se fait en Bosnie, y compris bien sûr la constitution de la FRR. »

C'est peu dire que le gouvernement et le Président n'ont pas connu d'état de grâce. La victoire à peine savourée, le gouvernement est rattrapé par le dossier bosniaque, critiqué pour l'absence de chiffrage de ses réformes, notamment de celle du plan-emploi, confronté à une première série de mouvements sociaux et à la recrudescence des « affaires », enfouies pendant la campagne. Alain Juppé n'a pas des débuts faciles.

19 juin

Hier, second tour des élections municipales. Cinq semaines après le second tour de la présidentielle, on a donc revoté en France[1]. Tout le monde est content : les socialistes parce qu'ils prennent six arrondissements dans la capitale[2] ainsi que Grenoble, Nîmes, Rouen et Tours ; les partis de la majorité, parce qu'ils reprennent Le Havre et Marseille, et gardent Lyon.

Le Front national, lui, se réjouit de détenir les mairies de Toulon, Marignane et Orange.

Jean Tiberi garde donc la Mairie de Paris, mais il aura à faire face à une sérieuse opposition. Battu, Valéry Giscard d'Estaing n'arrive pas à arracher Clermont-Ferrand à Roger Quillot, tandis que trois

1. Le calendrier mis au point l'année précédente par Charles Pasqua avait renvoyé les municipales après la présidentielle.

2. À Paris, le IIIe arrondissement passe du RPR Jacques Dominati au socialiste Pierre Aidenbaum. Le Xe est gagné par Tony Dreyfus, tandis que Daniel Vaillant (PS) bat dans le XVIIIe Jean-Louis Debré. Roger Madec (PS) conquiert le XIXe arrondissement. Michel Charzat gagne le XXe arrondissement et Georges Sarre, du MDC, le XIe.

ministres du gouvernement Juppé restent sur le tapis : Colette Codaccioni, Nicole Ameline et... Jean-Louis Debré, défait dans le XVIIIe arrondissement de Paris où il avait tenté de s'établir.

Ce matin, Jean-Pierre Raffarin vient d'annoncer sur RTL qu'il crée, au sein de l'UDF, un nouveau mouvement, le sien. Son but, pas même caché, est de quitter le Parti républicain, qu'il juge profondément antidémocratique, démonétisé, en perte de vitesse et surtout anti-chiraquien. Il faut dire qu'il a eu fort à faire, pendant toute la durée de la campagne, pour diviser le PR et en amener une partie à se rallier à Jacques Chirac. « Aujourd'hui, dit-il, François Léotard veut faire une droite d'opposition ; libre à lui, mais nous, nous pouvons [il veut dire : *moi, je peux*] le contrer, parce que nous sommes les plus proches de Chirac, et nous pouvons en outre être ceux qui distribueront les investitures pour les législatives de 1998[1]. »

Un autre aspect l'incite à la création du nouveau mouvement qu'il annonce : « Le Parti républicain, dit-il comme sans y toucher, est embourbé dans le problème des affaires. Il faut voir comment les choses vont évoluer. » Parlant de l'échec de Valéry Giscard d'Estaing à Clermont-Ferrand, il ironise sur le personnage : « Les décisions altruistes, chez Giscard, sont assez rares. Celle-ci en est une. Je crains, ajoute-t-il néanmoins, qu'il ne s'enferme dans sa défaite. » Je ne sais s'il le craint, mais il l'envisage sans trop de déplaisir.

Charles Millon, avec qui j'ai rendez-vous un peu plus tard, à 11 heures du matin, au ministère de la Défense, conteste, lui, la décision de Raffarin, trouvant plus habile de rester au sein du PR que de l'abandonner à Léotard. Il se veut plus chiraquien que Raffarin, si la chose est possible, et compte aller porter la bonne parole présidentielle au congrès du PR, le 27 au matin.

Lot de consolation, enfin, pour Giscard : il serait chargé, me dit Millon, pour l'Union européenne d'une grande mission ou expertise internationale. Cela devrait être annoncé au sommet de Cannes la semaine prochaine.

1. Les législatives sont en effet prévues cinq ans après 1993, donc en 1998. Elles auront en réalité lieu (voir plus loin) au printemps de 1997.

22 juin

Après les critiques dont son discours de politique générale à l'Assemblée nationale a fait l'objet, Alain Juppé annonce aujourd'hui, un mois plus tard, son plan d'urgence pour l'emploi, qui doit créer 700 000 emplois en un an et demi. En un mois, il a déjà changé ; il paraît plus à l'aise, plus sûr de lui : veste bleu roi, chemise d'un bleu soutenu, voix marquée par un filet d'accent du Sud-Ouest.

Un couplet, pour commencer, sur la situation « calamiteuse » des finances de la France dont le déficit, dit-il, s'établit à 322 milliards de francs. « C'est un constat, dit-il, ce n'est pas un procès. La dérive des dépenses publiques est le fruit d'une longue histoire. » Je ne suis pas sûre, néanmoins, que Sarkozy et Balladur lui pardonnent un jour l'adjectif « calamiteux ».

Pour le moment, Juppé ne s'en préoccupe pas. On lui a reproché il y a un mois de ne pas avoir chiffré ses engagements : aujourd'hui, ceux qui aiment les chiffres en ont à ne plus savoir qu'en faire. L'objet : « Nous allons nous donner la marge de manœuvre nécessaire pour lancer le plan anti-chômage. » Le plan coûte 50 milliards en année pleine, ce qui, vu ce qu'il a dit sur les déficits des finances publiques, est considérable. On me souffle, pendant la conférence de presse, qu'en réalité, Alain Juppé avait préparé un plan à 15 milliards de francs, et qu'il s'est fait retoquer par Jacques Chirac craignant que le plan gouvernemental soit trop décevant par rapport à ses promesses de campagne. Alain Juppé a évidemment obtempéré. Il énumère : contrat initiative-emploi, qui prévoit une prime de 2 000 francs par mois pour l'employeur pendant deux ans et des diminutions des charges sociales. L'allègement du coût du travail est évalué à une vingtaine de milliards de francs, qui porteront sur les salaires allant jusqu'à une fois et demie le SMIC : « Un tel transfert, dit-il, est sans précédent. »

À suivre, une panoplie de mesures contre l'exclusion, dont la revalorisation de 4 % du SMIC et de 2,8 % du minimum vieillesse, des mesures sur l'augmentation des aides à la création d'emploi des petites et moyennes entreprises, et la simplification des procédures administratives pour l'embauche, sans oublier la relance du logement. Tout cela en affirmant la volonté de réduction du train de vie de l'État, de changement de ses structures et de son organisation. Et, en glissant vite sur l'augmentation des impôts rendue nécessaire par ces annonces : deux points de plus pour la TVA [1], surtaxe des impôts sur les sociétés, et le tour est joué. Les patrons d'entreprises, les petits commerçants feront la tête, mais après tout, il faut bien combler la « fracture sociale » que dénonce le chef de l'État depuis 1994.

Juppé est aujourd'hui tout à fait dans le ton de la campagne de Chirac : le chômage, l'exclusion, la justice, la protection sociale, etc. Il est bien meilleur que le mois précédent. Plus optimiste, aussi, me semble-t-il : « Nous avons, conclut-il, toutes les cartes en main pour réussir. »

23 juin

« Pourquoi donc, m'a dit Philippe Séguin que j'ai croisé dans l'après-midi à l'Assemblée nationale, pourquoi diable Chirac a-t-il reçu la semaine dernière les partenaires sociaux ? Pourquoi Gandois [2] ? Il n'arrive pas à trouver sa vraie distance. Il est soit trop extérieur, soit trop impliqué. »

À surveiller, me dit dans la même salle des Pas-Perdus un député chiraquien – j'ai oublié lequel –, l'organisation des balladuriens à l'automne. C'est vrai : la défaite les a fait oublier. Certains ont plaidé auprès de Chirac qu'il serait bon, dans le but de le neutraliser, qu'Édouard Balladur lui succède à la Mairie de Paris, et de refaire une sorte d'unité du RPR autour du pardon. Chirac a refusé tout net. La plaie n'est pas cicatrisée, même si l'intérêt du RPR et de Chirac serait dans l'oubli des offenses. Sarkozy, Bazire, Balladur lui-même, tout ce qui a suscité mon investigation quotidienne pendant deux ans d'affilée a disparu du jour au lendemain. Balladur se trouve à Chamonix, mais les autres ? Ils ne resteront pas longtemps sans s'organiser.

26-27 juin

Au sommet européen de Cannes, qui a eu lieu ce week-end, et surtout au G7 d'Halifax, Jacques Chirac, paraît-il, a fait sensation. Évidemment, son style n'est pas celui de Mitterrand ! On imagine le

1. Qui passe de 18 % à 20,6 %.

2. Jean Gandois, ancien directeur général de Sacilor, puis président-directeur général de Rhône-Poulenc, est devenu président du CNPF (ancêtre du Medef) en 1994.

chancelier Kohl, habitué aux murmures complices de l'ex-Président, confronté à la personnalité de Chirac, qu'il connaît peu et dont le franc-parler, surtout depuis qu'il a été élu, n'a pas d'égal dans les sphères internationales.

Le premier à avoir fait l'expérience du dynamisme de Chirac a été le pauvre Premier ministre néerlandais qui s'est fait houspiller par lui il y a quinze jours sur le thème : « Comprenez-moi bien, l'a-t-il menacé. Ou bien vous vous décidez à lutter contre l'exportation de toutes sortes de drogues en vente libre chez vous, ou bien je ferme nos frontières ! »

Sur la Bosnie, la Serbie, l'éventuelle levée de l'embargo des livraisons d'armes à la Bosnie par les États-Unis, Chirac dit tout haut, en termes fort peu diplomatiques, ce que lui – et beaucoup de Français avec lui – pense tout bas. Je trouve que cela fait passer un peu d'air frais dans ces sommets où tout, dirait-on, y compris le ton, est préparé et façonné par les « sherpas ». Mais j'entends aussi les exclamations désolées de certains membres du corps diplomatique...

10 juillet

Qu'Alain Juppé connaisse dès le départ quelque chose qui ressemble à du désamour, voilà qui n'était pas prévisible. Aujourd'hui, tous les reproches lui tombent sur la tête. Le premier, celui relatif aux logements de la Ville de Paris et à son propre domicile, est le plus spectaculaire, mais c'est aussi peut-être le moins grave, car le milieu politique, toutes tendances confondues, n'a aucun intérêt à gratter trop fort du côté du parc locatif privé de la capitale. Il reste que, par sa modicité, le loyer payé par Juppé pour son appartement de la rue Jacob donne des boutons à bien des Parisiens.

L'affaire du financement du RPR, autre étape obligée du parcours d'Alain Juppé, n'est pas exceptionnelle. Depuis le temps, tout le monde s'y est habitué.

Quant à la reprise des essais nucléaires, qui fait beaucoup de bruit ailleurs qu'en France, elle ne peut lui être reprochée par ses adversaires, puisque c'est à Chirac qu'on la doit.

Chacun de ces griefs, pris séparément, n'est pas un drame. Additionnés, ils deviennent lourds à porter.

25 août

Premier gros accroc à la vie gouvernementale : Alain Madelin vient de démissionner, sans attendre la rentrée, du ministère des Finances. Démission ou vidage ? Les deux, mon général : en parlant prématurément de suppression des avantages en matière de retraite des fonctionnaires, il a poussé, dans le silence du mois d'août, un cri de guerre que le Premier ministre n'a pas apprécié. Qu'il faille se pencher sur les avantages des uns et des autres, surtout au moment où l'on parle de réduction des charges de l'État, n'a rien d'extraordinaire. Le personnage Madelin n'est certes pas sans défaut, mais il n'a jamais mis dans sa poche son mouchoir libéral. Il ne fallait pas compter sur lui, aux Finances, pour se faire le défenseur des fonctionnaires. Seulement voilà : il a parlé trop tôt, ou trop brutalement, ou sans attendre le feu vert de Matignon. Juppé lui a reproché ses propos, Madelin a claqué la porte. Il a ainsi ouvert la voie à un premier remaniement gouvernemental : celui-ci, soit dit en passant, ne déplaît pas au Premier ministre, qui n'était pas, loin de là, un admirateur inconditionnel de Madelin.

Nicolas Sarkozy, que j'ai invité ce matin à l'antenne, n'est pas le moins du monde étonné de cette rupture. Il me raconte au contraire son déjeuner avec Alain Juppé – car ils ont déjeuné ensemble à Matignon – en plein milieu du mois d'août. Sarkozy avait écouté Juppé parler de Madelin, puis, quelques jours plus tard, il avait parlé de Juppé avec Madelin. Il a donc été le premier à comprendre que la collaboration entre le Premier ministre responsable et le ministre hérétique était compromise. Naturellement, il n'en avait rien dit.

Je n'oublie pas également que Dominique Ambiel, ami proche de Madelin qu'il a connu chez les Jeunes giscardiens, m'a parlé, pendant les vacances, le 20 août, du désir qu'éprouvait Madelin de prendre des distances. « Déjà ? » lui ai-je alors demandé, n'en croyant pas mes oreilles.

Le communiqué de Matignon tombe à l'instant précis où j'écris ces lignes, à 19 h 23 : « Le gouvernement veut la justice sociale et ce n'est pas en dénonçant les acquis sociaux que l'on peut réunir les conditions d'une solidarité accrue », y est-il notamment écrit.

Est-ce à dire qu'aujourd'hui, 25 août, le gouvernement, donc Jacques Chirac, a renoncé à mettre de l'ordre dans le système des retraites ?

15 septembre

Je comprends bien le problème d'Alain Juppé. Il lui faut créer une sorte de « sas » entre les promesses du candidat Chirac au printemps dernier et les exigences du budget 1996. Difficile de mettre l'accent sur la résorption des déficits lorsqu'on vient de gagner une élection sur la réduction des charges sociales. De s'indigner contre l'augmentation des dépenses de santé lorsqu'on a prôné pendant des semaines le comblement du trou de la Sécurité sociale par le retour massif des chômeurs à l'emploi – lequel retour massif ne se fait pas. De parler de solidarité et d'augmenter la TVA qui frappe tous les consommateurs français. Et le reste à l'avenant.

Chirac a longuement démontré, dans une phrase qui a fait florès, que « la feuille de paie n'était pas l'ennemie de l'emploi ». Difficile, après cela, de résister aux innombrables demandes de réajustement des salaires !

Deuxième difficulté dont je pense qu'elle n'est pas du fait d'Alain Juppé : Jacques Chirac aurait pu, aurait dû, après sa victoire, recoller immédiatement les morceaux de sa majorité. C'est vrai, les rapports avec Balladur et les siens étaient exécrables, mais c'est précisément parce qu'ils étaient exécrables qu'il fallait au plus vite passer l'éponge (la victoire pouvait y aider) au lieu d'évacuer les combattants à terre.

Charles Pasqua a été le premier à attirer mon attention là-dessus après une interview radiophonique matinale. En mai ou en juin dernier, m'a-t-il raconté, il a tenté d'utiliser le peu de crédit qu'il avait conservé auprès de Chirac pour lui conseiller de ressouder la majorité. C'est de lui, notamment, qu'est partie l'idée de confier la Mairie de Paris, désertée pour cause d'Élysée, à Édouard Balladur.

Sans aller jusqu'à confier son poste au rival d'hier, Chirac aurait pu entrouvrir sa porte aux adversaires de la veille, et, sans même les faire entrer au gouvernement, leur distribuer quelques petits « plaçous », comme on dit en Corrèze, de nature à les calmer. Il n'a pas voulu le faire, et ce qui devait arriver est arrivé : quelques mois seulement après son arrivée à l'Élysée, l'opposition de gauche étant relativement silencieuse, les affrontements se situent à l'intérieur de la droite. Tantôt c'est Raymond Barre qui trouve le gouvernement trop mou dans la réduction des déficits publics, tantôt c'est Léotard qui, tout en jurant de sa loyauté au gouvernement Juppé, parle de l'« intransigeance » du Premier ministre. Sans compter le nouvel exclu de l'Olympe gouvernemental, Alain Madelin, qui plante quelques banderilles : lorsqu'Alain

Juppé explique par exemple qu'il lui faudra deux ou trois ans pour abaisser les impôts, Madelin rappelle opportunément qu'il avait dans ses cartons, au moment de quitter Bercy, le projet de faire baisser de 20 à 25 % en moyenne, dès cette année, l'impôt sur le revenu !

La machine grince, donc, avant même la rentrée au Parlement des anciens ministres balladuriens : Nicolas Sarkozy, par exemple, ne va pas se priver d'ouvrir des brèches dans le dispositif politique de Juppé.

Bref, le Premier ministre doit se donner le temps de voir venir. Il a déjà reçu à déjeuner Sarkozy, ce qui montre qu'il engage des manœuvres de rapprochement. Ce n'est pas suffisant. Et on se trouve aujourd'hui face à un paradoxe éclatant : la victoire de la majorité aux législatives de 1993 a été considérable, et pourtant, deux ans plus tard, Chirac n'a pas, aujourd'hui, la majorité de son cœur. S'il ne fait rien, il ne l'aura pas, au mieux, avant 1998.

3 novembre

Rien écrit depuis quelques jours, tant la préparation éclair de l'émission que je vais présenter sur France 2 à la place de la revue de presse m'a accaparée. Une émission que m'a donnée le nouveau président de France Télévision, Jean-Pierre Elkabbach. Comme quoi, il ne faut désespérer de rien. Au moment où je me demandais s'il n'allait pas me virer en arrivant, vues nos relations peu cordiales à Europe il y a 8 ou 9 ans, c'est tout le contraire : il me confie une émission plus politique, à la place de la prestigieuse « Heure de vérité », qu'il n'a pas souhaité reconduire, la jugeant usée. C'est Patrick Clément à qui je dois, je le sais, cette émission. Il en a eu l'idée le premier. Elkabbach pouvait refuser : il a, au contraire, accepté tout de suite. J'ai eu quinze jours pour mettre au point les choses avec Maurice Dugowson [1], dont j'ai fait la connaissance à cette occasion. J'ai suffisamment râlé contre le sort que m'avait réservé JPE, je le remercie aujourd'hui. Rien n'est jamais définitif, dans notre métier, ni d'ailleurs en politique, ni les amitiés, ni les inimitiés.

1. Maurice Dugowson est réalisateur et scénariste de très nombreux films et documentaires. À la télévision, il a notamment été le réalisateur de « Droit de réponse », présenté par Michel Polac en 1980.

5 novembre

Dans la nuit de samedi à dimanche, assassinat d'Yitzhak Rabin à Jérusalem. Tant d'espoirs, tant d'efforts pour finir ainsi, abattu par un fanatique, après un meeting de paix, son dernier discours à peine terminé. Et quel discours ! Il venait juste de rappeler qu'il existait une chance pour la paix, qu'il ne fallait pas passer à côté, et son message pesait d'autant plus qu'il avait été soldat pendant près de trente ans. Des dizaines de milliers d'habitants de Tel-Aviv l'écoutaient, ils l'ont vu étreindre Shimon Peres, puis chanter avec tous les ministres présents. La dernière image de lui, que diffusent aujourd'hui les télévisions du monde entier, le montre en train de tenir devant lui, bien droite, la feuille sur laquelle il lit les paroles du *Chant de la paix*. Et puis c'est le retour vers la voiture, la bousculade, un assassin qui tire sur lui presque à bout portant.

La nouvelle tombe pendant la nuit, puisque l'attentat a eu lieu juste avant 22 heures (heure locale). Au-delà de l'émotion que chacun, j'imagine, éprouve ce soir, il s'agit d'un événement dont les répercussions mondiales ne sont pas près de cesser de se faire sentir.

Je me suis levée, ce matin, avec crainte et dégoût. Pour la petite histoire journalistique, j'ai dû refaire pendant la nuit mon pannel d'intervenants pour mon émission de midi sur France 2. Ce fut une émission digne, triste et angoissée.

13 novembre

À peine croyable : Juppé vient de procéder à un remaniement inouï dont je ne comprends même pas ce qui a pu le motiver. Son premier gouvernement comptait douze femmes. Elles n'étaient pas toutes exceptionnelles, il y en avait de meilleures que d'autres, des grandes, des petites, des élues, des personnalités qui ne l'étaient pas. Eh bien, il en a vidé d'un coup huit sur douze ! Pour faire bon poids, il a vidé aussi un ministre, le porte-parole du gouvernement, François Baroin, le plus sympathique et le plus irrésistible des jeunes ministres. Le plus fidèle à Jacques Chirac, aussi, puisqu'ils n'étaient pas nombreux, à une époque pas si lointaine, à entourer le maire de Paris !

Quel rôle a tenu Chirac dans ce remaniement ? Comment penser qu'on puisse « jeter » tant de femmes à la fois sans que l'opinion féminine – 52 % du corps électoral ! – s'en émeuve ? Et comment justifier ce vidage collectif ? Parce qu'elles étaient si mauvaises ? Mais alors, il ne fallait pas les prendre au gouvernement en mai dernier, car elles n'ont pas pu devenir mauvaises d'un seul coup ! Je ne suis pas exagérément féministe, pourtant, aujourd'hui, je pense que la France entière n'appréciera pas le départ des « jupettes », même si j'avais trouvé que le nom ainsi donné aux ministres-femmes du gouvernement était affreusement « macho ». Si le pauvre Juppé croit qu'il a marqué ainsi son pouvoir sur son gouvernement, il se trompe : je suis sûre qu'il portera longtemps le poids de ce racisme anti-femmes.

Le plus curieux est que Chirac n'ait pas pipé mot[1].

15 novembre

1995

Le renvoi des femmes, c'est un compte. Mais, aujourd'hui, deux jours plus tard, l'annonce du plan Juppé sonne, d'une certaine façon, le glas des engagements électoraux de Jacques Chirac. Alors que l'atmosphère sociale est tendue[2], que le mécontentement est partout, Alain Juppé vient de rendre public son plan sur les retraites et la Sécurité sociale.

Le problème n'est pas tant qu'il l'ait fait sans concertation avec les syndicats, encore que cela ne va pas arranger les choses. Le problème est que c'est un tournant capital dans le septennat Chirac. Si les revendications syndicales sur la hausse des salaires, le maintien du niveau de vie, celui des régimes de retraite, sont si fortes, depuis l'arrivée de Jacques Chirac à l'Élysée, c'est que les syndicats entendaient exploiter les promesses électorales du candidat, qui, pendant

1. À la suite du remaniement, seules trois d'entre elles ont continué d'exercer leurs fonctions : Anne-Marie Idrac, Margie Sudre et Corinne Lepage. Anne-Marie Couderc, elle, a connu une promotion en passant de secrétaire d'État à ministre délégué pour l'Emploi. Invitées sur France 2, la très grande majorité des femmes exclues du gouvernement se sont retrouvées, le dimanche qui a suivi, sur le plateau de l'émission « Polémiques », que j'animais. Leurs tirs sont allés dans la même direction : Alain Juppé. L'émission fut une des plus regardées de la série.

2. Une grève chez Renault se déroule depuis le printemps 1995. Le 10 octobre, une grève massive – la première grève unitaire dans la fonction publique et le secteur public depuis 1990 – éclate. Une grève de vingt-quatre heures des salariés de la SNCF a lieu le 25 octobre. Le 30 octobre, une plate-forme syndicale unitaire est rédigée pour la défense de la Sécurité sociale. Dans les universités, les grèves sur les conditions budgétaires de la rentrée s'organisent depuis le début de l'automne dans une vingtaine d'universités.

des mois, leur a laissé attendre tout le contraire de la réduction nécessaire du déficit public.

Il y a eu dans *Libération*, ces jours derniers, un article très intéressant de Jean-Paul Fitoussi : deux voies, écrivait-il, s'ouvrent au gouvernement. D'un côté, la voie académique, en quelque sorte : lutte contre les déficits, alignement sur les critères de Maastricht. L'autre, innovante, par la relance du pouvoir d'achat. Chirac avait promis la seconde, Juppé réalise la première.

Cela me fait penser à la première crise du septennat Mitterrand et au retour à la rigueur de 1983.

2 décembre

Juppé a beau se dire « droit dans ses bottes », l'annonce de son plan a réveillé les ardeurs syndicales. L'atmosphère est lourde, les syndicats on ne peut plus déterminés : cheminots en grève, rejoints par la RATP, puis la Poste, les Télécoms. Les syndicats parlent de grève générale et appellent à une journée d'action nationale. C'est la première grande semaine de crise du septennat.

L'actualité immédiate, c'est-à-dire le « flottement », que dis-je, la quasi-paralysie, en ce début décembre, du gouvernement Juppé, m'a fait oublier ce que m'ont dit, depuis quelques jours, certains de mes interlocuteurs. Voici les quelques souvenirs que j'ai, hors crise, de la dernière période :

Vu Valéry Giscard d'Estaing le jour anniversaire de la mort de De Gaulle, le 9 novembre. À méditer, la réaction qui est la sienne devant la fragilité, pour ne pas dire les faiblesses de l'actuel gouvernement : « Dans une majorité, explique-t-il, à un instant donné, il existe un gouvernement, pas deux. C'est pourquoi, après Balladur, avec la même majorité, Chirac a rencontré tant de difficultés à constituer un gouvernement. » Il veut dire aussi : et voilà pourquoi ce gouvernement fonctionne si mal.

Il parle également de la façon dont, la veille, Jacques Chirac a tutoyé Boris Eltsine à la télévision. Il s'en offusque : « Il lui a dit : "C'est à toi !" Comment un président de la République peut-il dire : "C'est à toi" ? » Il a pris très mal, et même encore plus mal que cela, le fait que Jacques Chirac n'ait pas pensé un seul instant à lui proposer de l'accompagner à Jérusalem pour l'enterrement d'Yitzhak

Rabin. Président de la commission des affaires étrangères de l'Assemblée nationale – actuel titre de VGE –, il y aurait eu, pense-t-il, sa place.

Il a joué un rôle important dans l'élection de Chirac, il n'en veut pas à celui-ci de ne pas l'avoir pris au gouvernement, c'eût été trop difficile : il lui reproche tout simplement son manque d'égards.

Déplacement à Bruxelles avec Hervé de Charette, le lundi 20 novembre. Il est beaucoup plus intéressant, beaucoup plus fin que ce qu'on imagine, mais voilà : tout simplement, il n'aime pas la politique étrangère. Il ne me parle pas encore de Jacques Chirac comme je pressens qu'il est à deux doigts d'en parler : avec déception. Il parle du petit parti qu'il vient de créer, le PPDF[1], de l'UDF qui cherche ses marques, de Giscard, des radicaux francs-maçons, etc. Pour entendre parler de politique étrangère, à Bruxelles, il faudra que j'assiste à la formidable conférence de presse de Shimon Peres, charismatique au plus haut degré, chargé de tout le poids du monde, quelques jours après la mort de Rabin.

Encore quelques souvenirs rapides, qui, mis bout à bout avec mes interviews du matin et mes éditos du *Nouvel Économiste*, me permettront, j'espère, de colmater les trous dans ce cahier. Je n'ai pas oublié, par exemple, le jugement de Laurent Fabius me disant il y a quinze jours : « Crois-moi, quand le gouvernement patine, c'est le président de la République qui patine ! »

Édouard Balladur, avec lequel j'ai déjeuné le 1er décembre, m'assure qu'il garde toute sa liberté de parole et ne saurait en aucun cas être rappelé, me dit-il, à un quelconque « devoir de réserve ». Il n'exclut pas d'aller un jour à Matignon. Valérie Bernisse, qui s'est occupée et s'occupe toujours de sa communication, craignant que cette déclaration ne soit interprétée comme une condamnation trop rapide d'Alain Juppé et comme un acte prématuré de candidature, le coupe gentiment : « Ne dites jamais ça ! »

Il reprend : « Dans des circonstances imprévisibles, appuie-t-il, ce qui exclut toutes les circonstances qui ne le sont pas. » Du Balladur pur jus...

De Balladur, encore, cette réflexion : « La seule obsession de Chirac et de Juppé est de ne rien faire aujourd'hui de ce que j'ai fait hier. »

1. Parti populaire pour la démocratie française, fondé en juillet 1995.

La réforme est-elle possible en France ? Il me répond oui, et ne me cache pas que ce qui est grave, c'est qu'Alain Juppé fasse croire le contraire.

Il fera son premier discours au Parlement, depuis la rentrée, le 13 décembre, sur la reprise des essais nucléaires. Cela lui rappellera ses discussions orageuses sur le sujet avec Mitterrand.

Dimanche 3 décembre

Juppé réunit à Matignon quelques ministres alors que la circulation du métro et de la SNCF est paralysée, que les grèves de fonctionnaires se multiplient pour la défense des régimes spéciaux de retraite, que les journées d'action syndicale se succèdent : défense de la Sécurité sociale, des salaires, de l'emploi, tout y passe !

Pendant que Jacques Chirac, depuis Cotonou, au Bénin, invite dans l'indifférence générale les Français « à la confiance », et que Marc Blondel, le secrétaire général de FO, appelle, lui, à l'extension de la grève aux autres services publics, le gouvernement se prépare à la résistance. Il se prépare plus prosaïquement à mettre au point des transports de substitution en Île-de-France : autocars privés et bateaux-mouches. À noter que le ministre des Finances, Jean Arthuis, n'est pas là.

À l'issue de la réunion, Alain Juppé a ces mots : « On va pouvoir en sortir, dit-il. Mais, s'il vous plaît, n'en rajoutez-pas ! »

Il avait à l'esprit, ce disant, les très nombreuses gaffes commises par ses ministres, dont celle, énorme, de Jean Arthuis, qui justifie peut-être son absence aujourd'hui : le ministre de l'Économie avait laissé entendre, le dernier dimanche de novembre, que l'abattement des 20 % dont bénéficient tous les salariés soumis à l'impôt sur le revenu pourrait être supprimé dans le cadre de la réforme fiscale annoncée pour le début de 1996. Bourde ou ballon d'essai, l'effet a été le même : désastreux ! Autre gaffe, d'un ministre qui pourtant n'est pas coutumier du fait, François Fillon, annonçant en Amérique que les Télécoms allaient être privatisés. En pleine grève !

La gaffe médiatique des ministres : Alain Juppé est confronté à cette nouvelle maladie. De deux choses l'une : ou Juppé met les membres de son gouvernement au régime sec, limite leur temps de parole, et il est accusé d'exercer sur eux une insupportable férule ; ou il les laisse parler, les incite même à le faire pour ne pas concentrer sur lui tous les projecteurs, et la glissade s'amplifie.

D'où sa sortie d'aujourd'hui : « N'en rajoutez pas ! »

5 décembre

À l'Assemblée, séance de questions d'actualité, puis discussion sur la motion de censure déposée par la gauche le 2 décembre.

Dans la matinée, le groupe RPR reçoit le Premier ministre. Hurlements unanimes contre les télés et les radios, toutes qualifiées de « Télé CGT » ou de « Radio CGT ». Hurlements que Michel Péricard, porte-parole du groupe, s'empresse de relayer, avec le succès que l'on imagine, devant les journalistes à la sortie de la réunion.

En séance, après les questions d'actualité, le débat sur la motion de censure, assez classique, permet à Franck Borotra, nouveau ministre[1] de l'Industrie, de la Poste et des Télécommunications, de prononcer son premier discours devant la majorité et l'opposition. Un discours musclé où il assure à son auditoire qu'« il n'y aura pas de démantèlement du service public ». Si le service public fait l'objet d'un débat, explique-t-il, c'est à cause du niveau d'endettement qui menace certaines de ses entreprises, de la déréglementation que tente d'imposer Bruxelles, dont, affirme-t-il, le gouvernement ne veut pas, des évolutions techniques qui nécessitent des adaptations, enfin de son état, qui n'est pas reluisant. La teneur de son discours est claire : il faut réformer le service public parce qu'il va mal. C'est également le cas, dit-il, de la sécurité sociale : si on ne la réforme pas, elle est condamnée. Il termine par cette phrase que sa majorité applaudit longuement : « Tous ceux qui prônent l'immobilisme portent des coups mortels au service public ! » Un vrai « tabac » dans l'hémicycle !

Cependant, la grève continue.

6 décembre

Grèves, revendications, manifestations : le désordre continue, et prend même de l'ampleur. Pour illustrer l'indécrottable conservatisme des personnels de la SNCF, Michel Charasse me raconte, avec sa gouaille inimitable, ses lunettes relevées sur le haut du crâne, qu'une

1. Depuis le 7 novembre.

délégation de cheminots, croyant avoir son soutien, lui a rendu visite dans son petit village de Puyguillaume, dans le Massif central, pour lui parler de la nécessité de conserver une petite ligne de chemin de fer desservant deux bleds où personne ne va jamais.

« D'accord », leur a-t-il dit. Il leur a demandé : « Vous avez prévu des kalachnikovs ? »

Des kalachnikovs ? Ses interlocuteurs s'interrogent : « Pourquoi faire, des kalachnikovs ? »

« Hé, pardi, pour obliger les gens à monter dans ce train ! » leur répond Charasse, rigolard.

8 décembre

Franck Borotra me confie ce matin – hors antenne, évidemment – qu'Alain Juppé ne veut pas employer, dans le conflit social en cours, le mot « négociation ». « Les syndicats, me dit-il, préféreraient le mot négociation au mot concertation. Mais il fait là-dessus une véritable fixation. Ce matin, j'ai failli lâcher à l'antenne cette phrase pourtant assez anodine : il faut négocier ce qui est négociable. Eh bien, figurez-vous que je n'ai pas osé ! »

13 décembre

La situation n'est pas facile pour Juppé, abandonné de tous, sauf de Chirac. Malgré l'annonce qu'il a faite, avant-hier, de ne plus toucher à l'âge de départ en retraite des bénéficiaires des régimes spéciaux de la SNCF et de la RATP, gigantesque revirement par rapport à ses positions initiales, la journée d'hier a marqué le point culminant de la revendication depuis la mi-novembre.

Chacun, dans la majorité, y va désormais de son petit couplet anti-Juppé. Hier, c'était au tour de Philippe de Villiers qui a rencontré ces jours-ci Jacques Chirac et s'apprête à être reçu à Matignon : « Chirac est formidablement sympathique, on est attendri, me dit-il, caustique. Mais la vérité est qu'il ne maîtrise plus rien. Je lui ai dit : votre Premier ministre est usé jusqu'à la corde. Je sais qu'il y a des cordes marines qui durent deux cents ans. Pas lui ! » Il s'accorde un temps de réflexion, puis lâche sur un ton définitif : « Mais Chirac ne laissera jamais tomber Alain Juppé. » Villiers a suggéré au Président de faire un référendum autour – c'est son thème de prédilection –

du transfert de la souveraineté monétaire à l'Europe. « Ce n'est pas l'intérêt de la France », a répondu Chirac. Villiers a insisté : « Cela vous redonnera une marge de manœuvre dont vous avez besoin. » Chirac n'a rien répondu.

« Il est conditionné par Juppé, tranche Villiers. Or Juppé se trompe, il "accommode" mal. L'intelligence lui a mangé le cœur et il ne s'en est pas aperçu. Il se trompe sur la détermination des Français. Nous sommes en train de subir un tremblement de terre, et Juppé ne sent rien. » Il ajoute : « Il y a une allergie à Juppé, dans la rue. On croit que ce sont des gaz d'échappement, c'est faux : en réalité, c'est une allergie au pollen Juppé. »

Alain Madelin, que je vois aujourd'hui, a rencontré lui aussi Jacques Chirac. Il l'a trouvé, me dit-il, « un peu perdu », ne sachant quelle ligne politique et économique adopter. Il est d'un avis diamétralement opposé à Philippe de Villiers. Selon lui, Chirac ne défend pas systématiquement Juppé. Mieux, me dit-il, « il en a fait son deuil ». Madelin, qui a été viré du gouvernement pour avoir dit une phrase contre les acquis sociaux des fonctionnaires, doit rire sous cape en voyant que le gouvernement a déclenché, sans lui, un conflit social qui aurait été inimaginable il y a six mois seulement.

Charles Millon, à son tour, me parle du Premier ministre : « Il y a des gens, me dit-il, qui n'ont pas, à certains moments, le charisme nécessaire. »

Émanant de ministres ou de députés de la majorité, l'absence de solidarité est éclatante. Je n'oublie pas, de ce point de vue, la sortie récente de Ladislas Poniatowski : s'il y avait aujourd'hui des élections législatives, a-t-il dit, et si la majorité les perdait, il faudrait que « le Président en tire toutes les conséquences ». C'est-à-dire démissionner ? Déjà ? Tu parles d'une majorité !

Laurent Fabius, que je rencontre à l'Assemblée nationale, est, lui, davantage dans son rôle d'opposant quand il me confie : « Si la situation sociale perdure encore une semaine, Juppé sera obligé de partir. D'ailleurs, ajoute-t-il, on ne l'écoute déjà plus, on sait qu'il va partir. »

Comment sortir de cette nasse ? Une sortie sociale, oui, mais à quel prix ? s'interroge-t-il. « D'autant que le coût des grèves sera considérable, et que le gouvernement, à l'issue d'une éventuel Grenelle, sera obligé de lâcher beaucoup. »

À noter qu'il me fait part de ses interrogations sur l'Europe à construire : « Il faudra trouver un nouveau langage sur l'Europe. Je vais y réfléchir. Il est évident qu'on ne peut plus tenir, sur ce sujet, le même langage qu'auparavant. Je ne suis pas sûr, ajoute-t-il, que l'image de Helmut Kohl soutenant le chef de l'État français comme il le fait ne soit pas contre-productive dans la tête des gens qui ont plus de soixante ans. Il ne faut pas abuser de l'appui de Kohl...

« Si cela dure une semaine de plus, répète-t-il en me quittant, Juppé sera obligé de s'en aller. »

En réalité, on en revient toujours là : le Juppé d'aujourd'hui ne parle plus de fracture sociale, de feuille de paie, du chômage. En lançant son plan, sans doute nécessaire s'il veut entrer dans les clous de Maastricht ou résorber les déficits publics, Alain Juppé n'est pas conforme à ce que la France attendait après la campagne présidentielle de Jacques Chirac. Celui-ci avait peut-être trop promis, mais Juppé n'a pas assez tenu.

14 décembre

On notera que c'est aujourd'hui dans la soirée que le mouvement social a pour la première fois marqué le pas. Au 21e jour de crise sociale, la détermination des salariés de la SNCF et de la RATP commence à fléchir. Dans les transports, la baisse régulière des votes en faveur de la continuation de la grève laisse présager une reprise du trafic à la SNCF. À la RATP, la CFDT a lâché la grève en estimant que les grévistes avaient obtenu gain de cause. C'est que Nicole Notat[1] a donné le ton : elle a appelé hier soir à la reprise du travail et dénoncé la politisation des grèves. Dans la foulée, et également parce qu'elles voyaient faiblir leurs troupes, la CGT et FO ont demandé d'avancer le sommet sur l'emploi prévu pour le 21 décembre, et de l'élargir à la protection sociale. Avec une condition implicite qu'acceptera sans doute le gouvernement, trop content d'en finir : le paiement des jours de grève.

Entre le Premier ministre et les syndicats s'engage désormais le combat sur un autre mode moins antagonique, plus convenu : les syndicats insistent sur le fait que le Premier ministre a mis beaucoup d'eau dans son vin tandis que celui-ci parle d'ouverture, de concertation sociale et de meilleure compréhension des partenaires sociaux.

Dans un registre qui n'appartient qu'à lui, Marc Blondel a pris bonne note de ce qu'on peut appeler les « reculades » du gouverne-

1. Nicole Notat est secrétaire générale de la CFDT, Marc Blondel de FO, Louis Viannet de la CGT.

ment, notamment sur le contrat de plan SNCF, les régimes de retraite de la SNCF, de la RATP, mais il n'a évidemment pas fait allusion à l'effritement du mouvement social. Pour transformer la sortie de crise en victoire, Blondel y est allé, dans sa conférence de presse, de toute sa verdeur de langage : « Le matin, le Premier ministre dit : eh bien, aujourd'hui, je vais être plus généreux. En fait, il baisse culotte, mais il le fait derrière un buisson. Il ne veut pas que cela se voie [1] ! »

Je me demande ce soir pourquoi et comment un tel mouvement social en vient à s'arrêter. Simplement lorsque les combattants des deux côtés sont épuisés ?

1995 *20 décembre*

Deux réactions :

Celle de Jean-Pierre Raffarin, hier, qui me dit, le bon apôtre : « Le vrai problème, c'est de savoir si Juppé n'est pas cassé, s'il peut encore rebondir après un choc pareil. Beaucoup considèrent qu'il est déjà très usé, très fatigué. »

Et celle de René Monory, président du Sénat, au cours d'un déjeuner, aujourd'hui : « C'est à Jacques Chirac de définir la politique à suivre et de ramener la confiance. Mais comment ? Quand il n'y a plus de foin dans le râtelier, les animaux se bousculent. La période qui vient, décrit-il, sera de toute façon difficile à gérer : croissance nulle, ou moindre que les 2,5 % prévus dans le budget 1996. Juppé ne peut pas toucher aux salaires, pas même aux minima sociaux, SMIC et RMI. Majorité divisée : le RPR lui-même est divisé à 50/50 sur Maastricht. Donc, pour faire l'Europe, Chirac aura besoin de l'UDF. Et Giscard, désormais, ne le soutiendra plus. »

Reste qu'en cette fin d'année, le fait que ce soit à Chirac de monter en première ligne souligne à l'évidence, selon Monory, que Juppé n'a plus l'autorité nécessaire. Alors, Philippe Séguin ?

1. Marc Blondel ajoute : « Lorsque nous avons été reçus, pendant une demi-heure, cela s'est à peu près bien passé. Ensuite il s'est fâché en prétendant que nous souhaitions sa démission. Je confirme que c'est le moindre de nos soucis. On s'en fout complètement. Ce que nous voulons, c'est sauvegarder la Sécurité sociale, pas la pseudo-prédominance de FO sur la Sécurité sociale ! »

30 décembre

Pourquoi pas Philippe Séguin, en effet ? Je ne suis pas la seule à y penser. D'autres aussi. Lui, notamment, qui fait ce qu'il faut pour pouvoir, au cas où Chirac penserait à lui, adopter un langage plus souple en matière européenne. Je fais évidemment allusion ici à son discours à Aix-la-Chapelle dont je n'ai pas parlé au moment où il l'a prononcé. Derrière l'« autre politique européenne », et l'acceptation inévitable de Maastricht – démarche républicaine, puisque les Français ont voté « oui » –, il fallait voir, en même temps qu'une prouesse dialectique, une volonté de rentrer dans le rang des « premiers-ministrables » possibles. Léotard ne s'y est pas trompé : il a rendu récemment hommage à Philippe Séguin en des termes qui, paraît-il, ont mis Juppé hors de lui tant ils semblaient faire du président de l'Assemblée nationale l'homme idéal pour lui succéder. Dès maintenant...

Juste quelques lignes encore sur cette fin de la première année de l'ère Chirac : j'en retiens surtout un état paradoxal, en particulier au cours du mois de décembre qui s'achève. D'un côté, les grèves, la paralysie dans les transports, la pagaïe, le mouvement s'effilochant entre un sommet social et les fêtes de Noël. De l'autre, presque aussi spectaculaire, les accords de paix en Yougoslavie qui viennent d'être signés à l'Élysée par les présidents de la Serbie, de la Croatie et de la Bosnie, sous le regard de bonnes fées qui ont noms Bill Clinton, Helmut Kohl, John Major et Felipe Gonzales. D'un côté, dans les rues, sur les rails, sur les routes, la France qui râle. À l'Élysée, la réussite de la ligne Chirac dans le conflit yougoslave.

1996

2 *janvier* 1996

« On ne peut pas dire, comme Alain Juppé : "C'est ma réforme ou le déclin de la France." L'histoire de France est pleine de réformes avortées qui ont été des bienfaits, et de réformes forcées qui conduisent au déclin. »

Qui parle ainsi ? Nicolas Sarkozy, qui reproche en privé à Alain Juppé d'avoir brisé la croissance avec l'augmentation de deux points de la TVA. Il trouve absurde la création du RDS : « Les gens n'ont même pas eu le temps de se familiariser avec la CSG [1] ! » Et d'ajouter en guise de conclusion : « À l'étranger, la France en prend plein la figure. En Chine [d'où il revient], on m'a dit : "Finalement, il vaut mieux vivre en Chine qu'en France. Ici au moins, on est heureux !" »

Pour la première fois, Jacques Chirac a prononcé la traditionnelle allocution de vœux présidentiels. Il souhaite que la France se porte bien, que les Français aillent mieux encore. À la bonne heure ! Il ne manquerait plus qu'il souhaite le contraire ! J'ai senti dans sa voix – ou peut-être l'ai-je inventé – du soulagement à l'idée que la crise, si dure, de novembre-décembre soit terminée.

En réalité, il est face à trois défis dont il n'a pas parlé dans son allocution.

Défi politique : après une fin d'année apocalyptique, il doit impérativement démontrer qu'il y a un pilote dans l'avion. Qu'il peut faire, et lui seul, la synthèse entre ses promesses de campagne et les réalités qu'il offre aux Français. Il ne lui suffit plus de dire que le temps est

1. RDS : remboursement de la dette sociale ; CSG : contribution sociale généralisée.

son meilleur allié. Son capital, au contraire, diminue de jour en jour. Plus important : il doit démontrer dès cette année qu'il a bien la dimension, toutes les dimensions de la fonction présidentielle. Il ne peut plus se payer le luxe d'un conflit social aussi grave que celui de décembre. Il n'a plus droit à l'erreur. Et pas davantage Alain Juppé.

Puis il y a l'économie dont Chirac n'est pas seul à détenir les clefs. La croissance sera-t-elle au rendez-vous de 1996 ? René Monory me le disait l'autre jour : il pense qu'elle n'atteindra en aucun cas les 2,5 % prévus dans le budget. Les pronostics oscillent entre 1 %, pour les plus pessimistes, et 2,4 %, pour les plus euphoriques des conjoncturistes. Chirac pourra-t-il remettre les Français au travail ainsi qu'il en avait exprimé le désir et la possibilité, si la croissance n'est pas au rendez-vous ?

Enfin, comment sortira-t-il la France de son malaise intellectuel (ou moral, comme on voudra) ? De ce désenchantement dans lequel, six ou sept mois seulement après son élection, les Français sont tombés ? Le plan de relance, promis dans la nuit du 21 décembre lors du sommet social, suffira-t-il à les en faire sortir ?

En attendant, les réformes structurelles sur les retraites et la fiscalité sont reportées à des jours meilleurs. Le catalogue qui tient lieu de plan de relance entend provoquer un déclic permettant à la consommation des ménages de repartir. Rien à voir avec le plan Juppé de novembre dernier. Qui croire, alors ? Comment se réjouir quand le gouvernement change si vite de cap qu'on ne peut plus le suivre ?

4 janvier

Sur France 2, Giscard vient de donner un coup de main au gouvernement. Je me souviens d'ailleurs que c'est lui, et non Chirac, qui avait dit, à l'occasion d'élections européennes, que Juppé était « le meilleur ». Il continue à lui manifester son soutien après cette période éprouvante. Son jugement sur la crise sociale de décembre est qu'elle n'a à aucun moment atteint le secteur privé, que le mouvement s'est borné à une crise des transports : pas de quoi transformer cette grève en crise sociale, morale, psychologique et tout le toutim.

Quant au plan Juppé sur la Sécurité sociale, il le dit, « ce plan est un bon plan ». Les Français étaient prêts, selon lui, à accepter la réforme, car ils sont convaincus que le déficit de la Sécurité sociale doit être comblé. Quant à la dernière décision de Juppé, qui date d'hier, imposant la rigueur salariale aux entreprises publiques en fixant aux différents ministres de tutelle un plafond limité à 3,4 % pour l'année, il trouve qu'elle est justifiée et peut être acceptée par les syndicats dont la revendication se borne à ce que les salaires augmentent aussi vite que l'inflation.

Sur l'Europe, en revanche, il souhaiterait que Jacques Chirac s'exprime davantage, qu'il démontre à l'opinion publique, comme lui, Giscard, essaie de le faire aujourd'hui, que, certes, les critères de Maastricht compliquent la lutte contre le chômage en France, mais qu'il faut voir sur la durée, qu'il n'y a pas d'issue sans union de l'Europe. « Jacques Chirac, dit-il, s'est rallié à la monnaie européenne, il faudrait qu'il le fasse savoir davantage. » Je note qu'il a employé le mot « rallié », faisant allusion à ses nombreuses réticences vis-à-vis de l'Europe avant 1992.

Un mot, enfin, sur l'UDF. Il dit assez justement qu'entre le RPR et le Parti socialiste, il n'y a pas place dans la vie politique française pour cinq composantes, cinq partis du centre. Il assure qu'il quittera la présidence du mouvement quand l'unité y aura été réalisée. Il me semble que cela va ouvrir au sein du mouvement un ample pugilat : entre ceux qui veulent se débarrasser de Giscard, comme Léotard, ceux qui sont proches de lui et qui feront tout pour le maintenir, comme Hervé de Charette, ceux encore qui, comme Madelin, entendent développer leurs thèses et disposer d'un parti pour les défendre, sans oublier François Bayrou, en embuscade : on va s'amuser !

8 janvier

Mort de François Mitterrand. André Rousselet, la voix cassée, me raconte au téléphone les dernières vacances qu'ils ont passées ensemble, il y a quelques jours seulement, en Égypte, sur les bords du Nil, dans cet hôtel que Mitterrand adorait : l'Old Cataract. Mazarine et sa mère étaient là, Mitterrand regardait sa fille avec fierté, il parlait à ses amis qui faisaient mine de ne pas remarquer son affaiblissement continu.

Voilà, qu'ajouter d'autre ? J'ai l'impression d'avoir tout dit au cours de cette journée où j'ai commenté sa mort avec Olivier Mazerolle à l'antenne. Cela ne m'empêche pas d'avoir éprouvé presque de la souffrance à l'idée qu'il ait disparu, même si je ne l'avais plus vu depuis décembre 1994. Je ne sais pas quoi évoquer au lendemain de sa disparition. L'amateur de livres, d'Histoire et de femmes ? Le polémiste incisif, le tribun ? Le leader de l'opposition au gaullisme, l'homme de rupture, ou le Président consensuel ? Le rassembleur de la gauche, le parfait manœuvrier politique, celui dont la domination a marqué le Parti socialiste pendant plus de deux décennies ? L'homme sombre, violent parfois, vindicatif ou l'humaniste ? Tout cela à la fois. C'est pour cette raison qu'à gauche je ne vois pas qui pourrait prendre sa place.

Deux souvenirs, ce soir :

1974 : second tour de la présidentielle. Mitterrand a perdu. La soirée s'achève à son QG de la tour Montparnasse. L'un après l'autre, ses lieutenants, navrés, prennent congé. François Mitterrand reste seul avec Laurence Soudet, sa plus fidèle assistante depuis 1958, qui, dès le lendemain, m'a raconté. Elle est accablée par la défaite. « Dommage, murmure simplement Mitterrand, j'aurais fait un bon président. » Quelques instants plus tard, sur le parvis de la tour, en montant dans sa voiture, il la console : « Cela ne fait rien, lui dit-il, je serai élu en 1981. »

1967 : comme je lui demande comment il compte s'y prendre pour déjouer les assauts de Guy Mollet, alors secrétaire général de la SFIO, qui ne veut pas lui laisser le champ libre à gauche, il me répond : « C'est simple, Guy Mollet pense à m'abattre 23 heures sur 24. Il me suffit, à moi, de penser 24 heures sur 24 à être plus fort que lui. » Quelques années plus tard, au congrès d'Épinay, Mitterrand sera élu à la tête du Parti socialiste.

Mitterrand était un combattant politique. Convaincu que les montagnes se renversent. Que rien n'est perdu si on se bat vraiment. Et, surtout, que rien n'est jamais définitivement gagné.

L'intervention télévisée de Jacques Chirac, que je viens de regarder, a été un beau moment de télévision. Et aussi, je pense, un beau moment politique. Jacques Chirac a eu des phrases simples, directes, émouvantes sur Mitterrand. Ce qu'il fallait ce soir et à cette heure-ci. Mais pas seulement : il s'est lancé dans ce qu'on pourrait appeler un portrait politique de Mitterrand qui ne manquait pas d'allure, d'autant plus qu'il émanait d'un adversaire, parlant avec simplicité de la relation particulière, « contrastée mais ancienne », qu'entretenaient les deux hommes qui se sont longtemps combattus.

« Mitterrand, a dit Chirac, c'est une volonté », ajoutant, ce qui est bien vrai, qu'il n'est pas « réductible à son parcours » politique.

12 janvier

Roland Dumas, que je rencontre aujourd'hui, évoque les dernières semaines, les dernières heures de François Mitterrand. Il a travaillé, me dit-il, jusqu'à la fin, le samedi soir. Jacques Chirac a téléphoné avenue Frédéric-Le-Play [1] pour prendre de ses nouvelles ou lui parler à peu près tous les jours depuis plusieurs semaines. Ce qui a touché Chirac, selon Roland Dumas, c'est que Mitterrand l'ait invité, en mai dernier, place de la Concorde, à la cérémonie anniversaire de la victoire de 1945, alors qu'il était tout juste élu mais pas encore proclamé élu. Il a aussi été touché qu'avant son départ de l'Élysée, Mitterrand ait pensé à remplacer, dans son bureau, le meuble moderne sur lequel il travaillait par celui du général de Gaulle qu'il avait fait descendre dans les sous-sols du palais présidentiel en 1981.

Il me confirme ce que Charles Pasqua a écrit à propos des rapports entre Balladur et Mitterrand, dont je pensais qu'ils ne s'étaient dégradés qu'à partir de 1994. Eh bien non, le malaise entre eux a commencé plus tôt : dès l'été 1993, au moment où Édouard Balladur a revendiqué, à l'occasion d'une interview sur RMC, son rôle dans l'élaboration de la politique de défense de la France. Cette interview-là m'avait échappé, je n'avais noté que celle, plus tardive, au *Figaro*, en 1994, sur la politique étrangère. C'est au cours de l'été 1993 que, pour la première fois, Mitterrand s'est plaint à Dumas de ce que Balladur lui avait « manqué ».

Nous parlons de l'évolution de la maladie de François Mitterrand. Dumas confirme qu'il l'avait entendu parler d'un cancer bien avant l'automne 1992, date de son opération au Val-de-Grâce. En août de la même année, donc avant son hospitalisation, Roland Dumas avait trouvé le Président affaibli, très fatigué. « Je me suis levé dix-huit fois dans la nuit », lui avait-il confié ce jour-là. Les dernières volontés écrites de Mitterrand ont été rédigées avant l'opération de 1992, preuve, me dit Dumas, qu'il se sentait déjà très atteint.

Dumas se trouvait dans le Falcon qui amenait en Charente, à Jarnac, pour l'enterrement privé, Danielle Mitterrand et Anne Pingeot.

1. Dernier domicile de François Mitterrand après son départ de l'Élysée. Il y vit ou plutôt s'apprête à y mourir aux côtés d'Anne Pingeot.

Les relations entre les deux femmes ont été difficiles au début, ce qui peut se comprendre. Il a fallu sans doute beaucoup d'intelligence pour arriver à ce que l'une et l'autre acceptent de partager ce deuil. Mais, après tout, elles le connaissaient et l'aimaient comme il était.

Quant à l'enterrement public, il a eu lieu à Notre-Dame en présence de soixante chefs d'État et de gouvernement du monde entier. Fidel Castro, Boris Eltsine, Juan Carlos, Al Gore sont entrés l'un après l'autre dans la nef. Jacques et Bernadette Chirac étaient là, Valéry Giscard d'Estaing aussi, bien sûr, avec tout le gouvernement Juppé, la plupart des anciens Premiers ministres. « Je suis né chrétien et je mourrai sans doute dans cet état. Dans l'intervalle... », avait dit un jour Mitterrand.

1996

12-13 janvier

Déplacement en Corse où Jean-Louis Debré[1] s'efforce, après que soixante-dix attentats en deux mois ont plongé l'île dans le désordre, d'aller prêcher la bonne parole. Je retrouve la préfecture d'Ajaccio, rose et coquette, havre de paix dans cet univers presque hostile, les rues, le port, la mairie sur la place, le musée Napoléon dans la rue perpendiculaire.

Je ne comprends pas très bien pourquoi, en pleine vague de violence, Debré est allé rencontrer les élus corses et, avec eux, les nationalistes. C'est pour comprendre, justement, que j'ai tenu à rejoindre la troupe de journalistes qui a accompagné le ministre de l'Intérieur. Dans la nuit de jeudi à vendredi, cinq cents représentants du FLNC se sont réunis dans le maquis où ils ont été abondamment filmés, encagoulés, faisant étalage d'un arsenal allant du pistolet-mitrailleur au lance-roquette. Ils ont profité de la présence de caméras, dûment sollicitée, pour proposer au gouvernement, du haut de leur arrogance, une trêve de trois mois.

Évidemment, cette démonstration de force a fragilisé, pour ne pas dire ridiculisé la volonté d'ouverture du gouvernement. On peut tout de même se demander comment cinq cents nationalistes ont pu se déplacer dans la nuit, s'organiser pour transporter leur matériel de guerre, avec tout ce que cela représente de trafic nocturne de camions et autres véhicules, comment la télévision a pu déployer ses moyens

1. Alors ministre de l'Intérieur du gouvernement Juppé.

sans que le préfet, la police, la gendarmerie en aient été informés. Complicité, peut-être. Inefficacité, sûrement.

Dialogue, a dit Debré dans son discours officiel, ne veut pas dire compromission ; fermeté n'est pas synonyme d'aveuglement ; et compréhension ne signifie pas complaisance. Il a peut-être raison, et pourtant la façon dont les nationalistes ont accueilli ses propos condamne toute tentative de remise en ordre.

Je me rappelle le statut de la Corse mis au point par Pierre Joxe sous Mitterrand, et ses efforts – vains – pour rétablir l'autorité de l'État.

Si on a vu une autorité en Corse, ces derniers jours, c'est bien celle du FLNC.

Ce que je viens de vivre dans l'île de Beauté m'autorise à bouleverser la programmation de mon émission « Polémiques ». Avec Maurice Dugowson et l'aide du correspondant local de France 2, nous décidons de la faire en Corse même, dès demain. Le maire bonapartiste d'Ajaccio m'a assurée qu'il pourrait mettre à notre disposition les beaux salons de l'hôtel de ville. Quant aux élus de l'île, ils se bousculeraient plutôt pour être sur le plateau.

14 janvier

Passionnante émission au cours de laquelle apparaissent tous les paradoxes corses. D'abord, la beauté de cette île, qui, même en janvier, est une sorte de paradis terrestre : le soleil resplendit, nous traversons le marché dominical, au bord de la mer, les maraîchers se battent pour offrir aux « pinsut » que nous sommes qui du bruccio frais, qui du saucisson d'âne ou du pâté de merle. Le maire a fait briquer la mairie, très napoléonienne, et l'intérieur des salons.

Les assistants de plateau ont installé autour d'une immense table Empire les neuf participants corses à l'émission, que Jean-Marcel Bouguereau, Jean-Marc Leccia[1] et moi allons confronter les uns aux autres. Tandis que le technicien chargé du son fixe ses micros au revers des vestes de nos invités, je le vois avoir un geste de surprise, puis de recul. Il vient me trouver et, me parlant à l'oreille, me signale que certains des participants ont une arme dans la poche intérieure de leur costume, et qu'il ne sait pas bien où agrafer les micros pour qu'ils ne heurtent pas le métal. Que faire ? Je ne vais tout de même

1. Correspondant local de France 2.

pas gourmander ces gens et leur demander de déposer leurs flingues sur la table. C'est donc devant cette cohorte enfouraillée que commence l'émission.

Tout se passe pourtant le mieux du monde. Je n'ai évidemment pas eu le temps de noter les arguments des uns et des autres : tout ce petit monde est en gros tombé d'accord sur la nécessité de la présence française, et, en même temps, sur l'incompréhension des hommes politiques continentaux vis-à-vis des problèmes corses ; tous sont contre le terrorisme, alors que j'ai fortement suspecté certains invités d'avoir participé, les jours précédents, à l'expédition nocturne des encagoulés ; et pour une action positive de la France dans l'île : tout ce qui est investissement d'État est bon à prendre.

Atmosphère presque amicale, complice en tout cas, malgré les divergences entre la plupart des participants, à l'exception du communiste qui ne rigole pas avec les autonomistes, encore moins avec les indépendantistes. Lorsque l'émission se termine, le maire d'Ajaccio, à qui j'ai confié, la veille, que j'aimais les oursins, en fait servir plusieurs dizaines, frais pêchés, à tous ceux qui sont sur le plateau, invités et journalistes, ainsi qu'aux équipes techniques.

Tout le paradoxe de la Corse est apparu ici en concentré : la gentillesse des gens, et, en même temps, leur goût des armes et leurs rancunes tenaces ; leur sens de la palabre, des antagonismes dénués d'importance, leur façon de poser de faux problèmes ; leur envie que la France soit à la fois présente et absente ; leur dissimulation sur leur véritable engagement auprès des nationalistes, sauf pour ceux d'entre eux qui, comme José Rossi ou Émile Zuccarelli[1], interrogés séparément en début d'émission, ont reproché au ministre de l'Intérieur d'avoir légitimé les organisations clandestines en acceptant de parler avec elles.

15 janvier

Comme je le prévoyais, à peine Jean-Louis Debré a-t-il terminé son voyage en Corse que la polémique éclate à l'intérieur de la majorité (l'opposition étant un peu embarrassée, car, sur la Corse, elle a le plus souvent tenté de ménager les nationalistes). L'éventualité de contacts secrets entre des émissaires du ministère de l'Intérieur et

1. Émile Zuccarelli est député-maire radical de Bastia. José Rossi est député, adjoint au maire d'Ajaccio et président du conseil général de la Corse-du-Sud.

les poseurs de bombes ne fait pas, c'est le moins qu'on puisse dire, l'unanimité. Pierre Pasquini[1] rompt la solidarité gouvernementale pour condamner l'erreur que constitue à ses yeux la démarche du ministre ou de ses émissaires engageant des pourparlers avec des militants nationalistes.

François Léotard est – ce qu'on ignore le plus souvent – à moitié corse. Il fait au surplus flèche de tout bois contre le gouvernement, tout en feignant de le soutenir. Voilà qu'il parle aujourd'hui, en exagérant tout de même un peu, d'une « évolution vers le fascisme[2] ». Il n'y a guère qu'Alain Peyrefitte pour soutenir le gouvernement dans sa volonté de parler avec ceux qu'il appelle des « rebelles », pour les amener à prononcer une trêve sans qu'ils perdent la face.

Question : qui, dans l'affaire, a perdu la face ? les « rebelles » ou nous ?

16 janvier

Il fait vraiment tout ce qu'il peut, Alain Juppé, pour paraître sympathique. Je note ses efforts à l'occasion de ses vœux à la presse, aujourd'hui. Oh, il ne se promène jamais le cœur en bandoulière, on ne peut pas dire que ce soit là son registre, mais enfin, tout de même, il pousse l'effort jusqu'à reconnaître qu'il n'est pas facile, certes, que c'est parce qu'il est trop concerné par les choses, qu'il n'est pas assez indifférent à ce que nous écrivons les uns et les autres. Cet homme froid, c'est vrai, est aussi un homme qui doute, qui aspire à convaincre, et s'irrite parfois de n'y pas parvenir[3]. Je ne le trouve pas encore assez serein, assez en paix avec lui-même pour pouvoir trouver le temps de penser aux autres. Aujourd'hui, il est allé, pour nous, le plus loin qu'il pouvait.

---

1. Pierre Pasquini est député de Corse et ministre des Anciens Combattants dans le gouvernement Juppé.

2. Sa phrase exacte est : « Si on s'engage dans cette voie-là, la minorité contre la majorité, la violence contre le droit, eh bien, cela, c'est une évolution vers ce qu'on peut appeler le fascisme que nous avons combattu il y a à peine cinquante ans. Cela, ce n'est pas acceptable ! »

3. Il a dit ce jour-là : « Comme je ne suis pas facile, je peux vous dire que je ne suis pas indifférent à ce que vous êtes et à ce que vous écrivez. L'indifférence, c'est toujours une facilité, finalement. Si je m'en moquais, je vivrais plus tranquille ; eh bien, je ne m'en moque pas et j'y mets sans doute un peu plus de passion qu'il ne serait nécessaire, en tout cas, bon pour ma santé quotidienne. »

Il n'a pas fait que dans le sentiment. Il a parlé d'une triple relance : de l'emploi, de la lutte contre l'exclusion et de l'Europe. Le problème est de savoir si la relance de l'emploi est compatible avec les critères de Maastricht.

17 janvier

Le docteur Claude Gubler a-t-il eu tort ou raison de violer le secret médical en évoquant la maladie de François Mitterrand ? Et, surtout, de le faire si tôt après sa mort ? Une lecture rapide de son livre révèle un mal encore plus terrible que nous ne l'avons tous cru. Il évoque les heures et les heures de prostration, l'appel à toutes les médecines parallèles. Il y indique surtout que le Président, selon lui, n'était plus apte à exercer ses fonctions au cours de la dernière année qu'il a passée à la tête de l'État, et que lui, Gubler, avait été contraint de publier des bulletins de santé mensongers sur la condition de son illustre patient au cours des deux septennats.

Était-ce le moment ? Le médecin aurait pu attendre que le corps de Mitterrand ait refroidi pour faire ces confidences. Le livre aurait fait certes moins de bruit, il se serait moins bien ou plus mal vendu. Ç'aurait toutefois été plus correct pour tout le monde.

Je ne suis cependant pas d'accord avec la famille, qui a immédiatement saisi la justice en référé et obtenu la saisie du livre de Gubler pour violation du secret médical[1]. Un homme d'État n'est pas une personne privée. Même si cela coûte à ses proches, même si elle est cruelle, la vérité médicale est historique. C'était simplement une question de moment.

Longtemps, donc, Mitterrand a fait avec la maladie comme avec la politique : il l'a domestiquée. Elle a été plus forte que lui. Sa mort a eu de la grandeur. Grandeur intime à Jarnac, petite ville bien-pensante où ses deux familles étaient côte à côte autour de la tombe.

1. Le docteur Gubler a été condamné à quatre mois de prison, et son éditeur (Plon) à verser des dommages et intérêts à la famille de François Mitterrand. Claude Gubler a de plus été radié de l'Ordre des médecins. Ces sentences, toutes confirmées par les différents tribunaux français en appel et en cassation, ont été condamnées en mai 2004 par les juges de la Cour européenne des droits de l'homme. Ceux-ci ont noté que l'interdiction pouvait être légitime en référé au moment des obsèques de Mitterrand, mais que la préservation du secret médical ne se justifiait plus neuf mois plus tard, en octobre 1996, quand le tribunal de grande instance de Paris a confirmé le jugement au fond.

Grandeur solennelle à Notre-Dame où tous les Français ont vu Helmut Kohl essuyer ses larmes. L'enterrement de Mitterrand a finalement ressemblé à sa vie avec ses ambiguïtés, sa dualité. Trouvant dans la mort son unité, jusqu'au bout il aura été un personnage de roman.

24 janvier

Jean-Pierre Raffarin me confie le point de vue de Giscard sur la candidature Madelin, effective depuis ce matin, à la tête de l'UDF : « De deux choses l'une, me dit-il : ou bien Madelin, Léotard et Bayrou s'enferment dans leurs antagonismes, n'en sortent pas, et se paralysent mutuellement ; dans ce cas, Giscard peut apparaître comme celui qui, non présidentiable, est le moins gênant à la présidence de l'UDF, et il aura gagné. Ou bien Madelin gagne, et c'est de loin la solution que Giscard préfère à toute autre. C'est cela, Giscard », conclut-il, sibyllin.

Si je comprends bien, quoi qu'il se passe, Giscard voit toujours le bon côté des choses...

25 janvier

Édouard Balladur a installé ses bureaux rue Pierre-Charron. Décor beige et marron, le grand chic.

« Mon problème, me confie-t-il aujourd'hui, c'est que je ne peux plus parler. Un mot sur le tiers provisionnel, et les journaux en font quatre colonnes ; tout le monde, à gauche et à droite, me tombe dessus. Les journalistes ne m'interrogent que sur mes problèmes avec Chirac, avec Juppé, ou, variante, avec Philippe Séguin. Rien d'autre ne les intéresse. Et moi, alors, dans tout cela ? »

Ce qui ne l'empêche pas, sur-le-champ, de me parler d'eux. Il est vrai que c'est un peu pour cela que, moi aussi, je suis là.

Je le cite donc. Sur Alain Juppé : « Le problème, c'est Juppé, qui lui aussi [il veut dire . comme Chirac] change tout le temps d'avis. Un député de la majorité m'a dit tout à l'heure : "Je renonce à éditer un journal dans ma circonscription, le gouvernement me prend toujours à contre-pied." Juppé expose Chirac, ce qui représente un grave danger pour le Président. De toute façon, il n'y a pas d'autre Premier ministre possible pour Chirac.

– Mais il y a toujours d'autres Premiers ministres possibles, lui ai-je objecté.

– Oui, mais un autre peut être pire. Lorsque François Mitterrand a remplacé Michel Rocard par Édith Cresson, il n'a pas gagné au change. Lorsque Georges Pompidou a quitté le gouvernement en 1968 et que de Gaulle a nommé Couve de Murville à Matignon, cela n'a pas été formidable pour le Général... »

Sur Jacques Chirac : « Il aurait dû procéder plus tôt à une réconciliation. C'est ce que je lui ai dit le samedi précédant le deuxième tour, lorsque nous nous sommes rencontrés. Il ne l'a pas fait alors. Maintenant, c'est trop tard. »

Nous parlons enfin de Philippe Séguin qui, lui, prétend qu'entre balladuriens et séguinistes peut exister un axe de rapprochement. « C'est dans son intérêt de le dire, répond Balladur. C'est son jeu à lui, de prétendre qu'il est le seul à pouvoir ouvrir la majorité. C'est son problème, ce n'est pas le mien. »

Et *quid* de Pasqua ? Il feint de s'étonner : « Il est toujours fourré à l'Élysée, non ? »

Après la vie politique dont il est (provisoirement ?) exclu, nous parlons vie privée. Il me dit qu'il lit beaucoup, très tôt, dans son lit, vers 6 heures du matin. Et une heure encore le soir. Des biographies, des livres d'histoire, de préférence. « Hier, dit-il, j'ai regardé à la télévision un film très grossier, avec Steve McQueen. Très grossier, vraiment ! insiste-t-il. Ma femme était choquée ; moi, j'ai tenu trois quarts d'heure. »

28 janvier

Giscard est l'invité de « Polémiques ». Avec lui, hors antenne, avant l'émission, nous parlons de François Mitterrand. « Vous savez, me dit-il, en 1981 j'aurais pu vous dire bien des choses à son sujet...

– Quoi ? qu'il était malade ?

– Non, cela je ne le savais pas à l'époque, mais je savais beaucoup de choses sur lui, bien sûr. Plus tard, j'ai su qu'il était traité, donc malade. Dans ces conditions, c'était un crime de se représenter en 1988. »

Il ajoute : « Vous verrez, des histoires sur les supercheries de Mitterrand, il y en aura des tas, maintenant. Comme il n'a rien fait pendant quatorze ans, il faudra bien qu'on parle de lui. Et on n'en parlera que de cette façon-là. Moi, j'ai créé le Système monétaire européen : on peut parler de ma présidence, la commenter. Sur la sienne, il n'y aura rien d'autre à dire : on parlera de l'homme, pas de ce qu'il a fait. »

À l'antenne, nous parlons[1] de la monnaie européenne. Je lui demande si la France sera en mesure de respecter les dates, et pourquoi les respecter. « C'est simple, me répond-il, parce qu'on s'y est engagé. »

Quant aux critères de Maastricht, VGE les trouve « raisonnables » : si la France dépasse les 3 % de déficit, elle n'a qu'à faire des économies. Il redit à quel point le passage à la monnaie unique est un événement historique : « Il n'y aura jamais eu, insiste-t-il, dans l'histoire monétaire du monde, un tel changement. »

Pendant ce temps-là, Chirac est parti se promener trois jours dans les Deux-Sèvres. Cure poitevine, donc, pour le Président. À coup sûr, le rythme, l'atmosphère, la chaleur de ces tournées provinciales lui manquent. Pourtant, le voyage qu'il vient de faire hier et avant-hier n'est pas seulement, pour lui, une façon de s'aérer. Il s'inscrit dans le droit-fil des conseils que, paraît-il, il a donné aux ministres, le 15 janvier dernier : être sur le terrain, comme il l'a toujours été. « Autrefois, leur a-t-il dit fort justement, il fallait parler. Aujourd'hui, il faut écouter. »

Écouter, c'est donc ce qu'il a fait. On l'a vu au lycée de Bressuire, dans une classe, posant avec une fillette, visitant un atelier du groupe automobile Heuliez. Il a rencontré, veste ouverte, mains dans les poches, des agriculteurs, des syndicalistes plus ou moins bien disposés à son égard. Il a écouté, écouté, écouté encore.

Non, il n'a pas passé trois longues journées en province pour seulement se faire plaisir. Il l'a fait d'abord pour montrer qu'il a vu, à la fin de l'année dernière, les Français en crise. Il est resté silencieux jusqu'au 31 décembre au soir, laissant Alain Juppé en première ligne. Il connaît cependant mieux que personne les causes de leur malaise. Il sait bien ce qu'il a promis et ce qu'il a tenu. Il lui faut, selon sa formule, « se tourner davantage vers les Français que vers le pouvoir ».

S'il a pris la décision de s'en aller lui-même à la rencontre des Poitevins, c'est surtout qu'il mesure, sans le dire, évidemment, la

1. Le journaliste économique Yves Messarovitch est le deuxième interviewer.

fragilité du Premier ministre, lequel se ferait peut-être lancer des tomates s'il allait en ce moment serrer la main des ouvriers. Alors il y va lui-même pour retrouver la proximité avec ceux qui l'ont élu et qui l'ont peut-être trop cru.

Au cours du dîner donné en son honneur à la préfecture, Chirac a rencontré la jeune député socialiste des Deux-Sèvres, Ségolène Royal, ancien secrétaire d'État dans le gouvernement Bérégovoy en 1993, celle-là même qu'à l'occasion du dernier Conseil des ministres du gouvernement socialiste Mitterrand avait gentiment consolée devant les caméras de télévision. Il lui avait dit, autant que les paroles avaient pu être décryptées, une phrase comme : « Votre tour viendra », ou quelque chose d'approchant. De quoi a-t-elle parlé avec bonne humeur à Chirac, pendant ce dîner ? Elle lui a rappelé – m'a raconté son compagnon, François Hollande, porte-parole du PS – qu'en 1992, le président UDF du conseil général avait boycotté, lui, la visite de Mitterrand. Ce qu'elle n'a pas fait, hier.

28 janvier

L'essai nucléaire auquel la France vient de procéder dans le Pacifique, Jacques Chirac lui-même l'a annoncé tout à l'heure, est le dernier. Il était temps : les six essais auxquels la France a procédé depuis l'été 1995 ont davantage empoisonné le climat des premiers mois du septennat que les précédents ne l'avaient fait pour ses prédécesseurs [1]. Les temps changent : l'opinion publique a pris Chirac pour cible bien plus qu'elle n'avait manifesté son mécontentement à l'égard du général de Gaulle, de Georges Pompidou, de Valéry Giscard d'Estaing et de Mitterrand. Le nombre des Français hostiles aux expériences nucléaires a augmenté considérablement ces dernières années, et ce sont les jeunes, surtout, ceux dont Chirac veut attirer les suffrages, qui ont été les premiers à condamner l'abandon du moratoire nucléaire.

À l'extérieur de la France, les pays concernés ont exprimé une mauvaise humeur encore plus affichée. La France a été conspuée en Australie et en Nouvelle-Zélande, ses vins ont été boudés par les Japonais, les Américains ont froncé le sourcil, les représentants italiens à l'ONU ont laissé tomber la solidarité européenne pour déplorer les explosions françaises.

1. Il y en a eu en tout 204...

Mais, au fond, malgré tout cela, on retiendra sans doute que le bilan est loin d'être négatif. D'abord, et c'est naturellement le plus important, parce que Chirac a parfaitement réussi sa démonstration : il avait annoncé sa volonté de reprendre les essais tout le temps que ce serait nécessaire pour assurer la sécurité de la France, et pas au-delà. Il fait preuve à la fois de détermination, puisqu'il a repris les essais alors que l'opinion publique française était favorable à leur arrêt, et de souplesse : le sixième essai est le bon ; plus besoin, disent les techniciens, d'en faire d'autres. Chirac apparaît désormais comme un ardent défenseur du désarmement, et puis, subsidiairement, il a désormais le soutien indéfectible des militaires. Et ce, au moment où le gouvernement affirme vouloir rogner sur les crédits de la défense...

Si je devais donner l'exemple d'une seule vraie réussite de sa politique depuis son élection, c'est celui-là que je retiendrais.

1996

29 janvier

Jean-Pierre Chevènement me raconte aujourd'hui sa dernière conversation avec Mitterrand lorsqu'il l'a rencontré, en novembre 1995. Ils ont tous deux parlé de Lionel Jospin que Chevènement avait soutenu en mai dernier : « N'importe qui, lui a dit Mitterrand, à la place de Jospin aurait obtenu autant de voix que lui ! Ce n'était pas une prouesse ! »

En sens inverse, Jean-Christophe Cambadélis, rencontré hier, me confie cette petite histoire : il avait été interviewé à RTL où il s'était montré très critique vis-à-vis de Mitterrand. Le lendemain, Jospin l'a félicité : « Tu as eu raison. Tu as dit ce que je ne pouvais pas dire. Tu as bien fait. »

Dîner à Matignon, le soir, dans le pavillon au fond du jardin. Feu dans la cheminée, décor chaleureux qui ne reflète pas la tension qui est publiquement celle d'Alain Juppé. Cet homme souffre – au même titre, disent certains, que Laurent Fabius – d'un vrai déficit de communication. Sur le fond, rien de nouveau : sa volonté de réformer, sa fidélité à Chirac, parfois difficile, le sale caractère des Français qui veulent bien la réforme, mais pour les autres...

3 février

Jacques Chirac vient de terminer son premier voyage de chef d'État aux États-Unis. C'est le premier voyage d'un président de la République française outre-Atlantique depuis douze ans. En regardant les images télévisées de ce séjour aux États-Unis, au Capitole à l'occasion de son discours au Congrès, puis hier à Chicago, je me demande si, en s'adressant aux cinq cents chefs d'entreprise américains, il s'est rappelé que c'est à Chicago que Georges Pompidou, son mentor, avait affronté, en février 1970, il y a vingt-six ans, une manifestation d'une hostilité sans précédent au cours d'un voyage d'État[1].

Rien de pareil aujourd'hui. Chirac a à cœur de prononcer son discours en anglais, façon de rappeler qu'il a séjourné aux États-Unis dans sa jeunesse. Il veut aussi apparaître comme un président moderne, qui sait défendre les intérêts des industriels français. Il parle du TGV, de l'Airbus : il a été, révèle-t-il dans une longue interview à Daniel Bilalian enregistrée depuis Chicago, impressionné par la façon du chancelier allemand, du Premier ministre anglais et même du président américain de partout proposer et conclure des marchés. Son message aux Américains est clair : investissez en France, leur dit-il, la France est un pays fiable qui ne vit pas seulement de la mode et du vin. C'est la première fois que j'entends un président se muer en représentant de commerce. Au début, cela choque presque. Et puis je me dis qu'il a bien raison, qu'à force de donner des conseils et de se parer de vertus morales qu'elle n'a pas toujours, la France irrite le monde sans en profiter pour vendre sa salade.

8 février

En regardant aujourd'hui Nicolas Sarkozy répondre sur France 2 à Alain Duhamel et Jean-Luc Mano, je me dis qu'en politique, personne n'est jamais fini. L'ancien accompagnateur-supporter-organisateur-penseur d'Édouard Balladur, qui fut ministre du Budget et

1. Le voyage de Georges Pompidou à Chicago avait coïncidé avec l'annonce de la vente de 100 Mirage français à la Libye. Entouré de manifestants, chahuté, Georges Pompidou, qui s'apprêtait à faire un discours fondateur sur l'environnement, avait pu avec beaucoup de difficultés regagner son hôtel avec son épouse. Il était reparti pour la France dès le lendemain.

de la Communication à la fois, avait tout pour être entraîné dans la chute de Balladur. Il a abandonné Chirac il y a moins de deux ans en lui expliquant, les yeux dans les yeux, qu'il ne croyait plus en lui et qu'il avait choisi son challenger. Le choix lui paraissait évident même s'il devait ses débuts dans la carrière politique à Chirac.

L'élection de ce dernier aurait pu le condamner toute sa vie au silence, ou l'amener à exercer son talent ailleurs qu'en politique. À garder sa vie entière l'image d'un traître, et, qui plus est, d'un traître de comédie, petit Belzébuth décrit par les « Guignols de l'info ».

Eh bien, pas le moins du monde ! D'abord il s'est fait réélire l'année dernière, tout de suite, quelques semaines après l'élection de Jacques Chirac, à la mairie de Neuilly. Puis, en septembre, il a été réélu député des Hauts-de-Seine après la démission dûment sollicitée de son suppléant, poussé vers le Sénat pour laisser le champ libre. Se faire réélire deux fois en quelques semaines, pour celui qui avait été conspué par les militants du RPR avant l'été, ça n'allait pas de soi.

Aujourd'hui, cette émission – je l'écris en prenant tous les paris – marque le début de sa vraie remontée dans la vie publique. Remontée d'autant plus étonnante que Balladur sait bien que ses chances sont derrière lui, même s'il ne le dit pas, et que Nicolas Bazire est désormais à la banque Rothschild, en charge des fusions-acquisitions, sans la moindre envie ou volonté de remettre un pied en politique. Sarkozy est, d'après ce que l'on sait, fidèle à Balladur, il continue chaque semaine de participer au petit déjeuner balladurien, mais il est bien décidé à ne pas disparaître, même si Chirac continue de l'ignorer.

Sa stratégie, telle qu'elle apparaît dans sa première grande prestation télévisée depuis l'élection de Chirac, est simple : il lui faut à la fois s'inscrire dans la mouvance gouvernementale et affirmer en même temps de façon permanente sa différence par rapport à Juppé. Il est dans la ligne d'un nouveau « Oui, mais ». Il a rencontré Juppé dès le mois d'août 1994, ce qui montre que les deux hommes, de la même génération politique, gardent entre eux des relations que leurs aînés, Chirac et Balladur, ont interrompues. Il a affirmé sa solidarité avec le Premier ministre en décembre dernier, il la réaffirme devant ses interviewers, ce soir, en déclarant jouer son rôle dans la majorité et vouloir, comme Édouard Balladur, dit-il au passage, « apporter sa contribution à la victoire de la majorité ».

Cela ne le dispense pas, cela l'oblige, au contraire, à donner de lui une image d'homme libre, qui a des idées, des convictions, même, dont il n'a pas changé depuis des années. Parmi ces idées – dont il n'est pas en reste, semble-t-il, à l'entendre –, il y a la baisse de la ponction fiscale. Selon lui, la croissance est en train de repartir, mais les mesures de relance ne sont pas suffisantes ; il faut diminuer l'impôt sur le revenu, c'est ce qui redonnera confiance aux Français. Il est donc arrivé ce soir à réaffirmer que sa seule famille politique était le RPR, les gaullistes, qu'il soutient le gouvernement sans être devenu un militant aux ordres. À faire oublier son engagement politique contre Chirac, avant la présidentielle, tout en se présentant comme unique au sein de la majorité. Le passage était étroit ; il s'en est mieux que bien sorti. Nous avons tous écouté sa différence.

9 février

1996

Regardant Sarkozy sur France 2, hier, je n'ai pas écouté François Léotard sur TF1. Il s'agissait de sa déclaration de candidature à la présidence de l'UDF. Il y aura donc, pour diriger ce parti, ou plus exactement ce rassemblement, une lutte fratricide entre les deux leaders jadis très proches au sein du Parti républicain, mais aujourd'hui opposés. Pas seulement parce que l'un, Madelin, a soutenu Chirac, alors que Léotard a été le premier à proposer la candidature de Balladur. Pas seulement non plus parce que l'un, Madelin, est un homme solitaire, tandis que l'autre, Léotard, est un homme d'équipe. Mais surtout parce que les lignes politiques choisies sont différentes : Madelin, avec sa « boîte à idées » libérales, est un agitateur, un « hérétique », donc, que beaucoup appellent ultra-libéral sans qu'on sache bien s'il existe des libéraux modérés, des libéraux pas tout à fait libéraux, des libéraux-socialistes... Léotard, cela se voit dès sa première intervention, hier, situe son action dans le registre de la « fraternité[1] » ; il veut redonner « un sens à l'économie », « recréer un lien entre l'économie et l'homme ». Chez François Léotard, ce vocabulaire humaniste, presque social-chrétien, s'explique évidemment par le fait qu'il doit se démarquer de son concurrent. Sans compter qu'il a voulu, avant de relever le défi de Madelin, s'assurer du soutien de François Bayrou : l'humanisme prend donc le pas, au moins dans le discours, sur le libéralisme – l'appui de Bayrou est à ce prix.

1. « Dans un pays qui est en crise, dit-il, avec des Français qui sont inquiets, il faut porter un projet politique, social et de fraternité. Il faut créer de nouveaux liens entre les Français, et cela peut être le vrai message de l'UDF, c'est la raison pour laquelle je suis candidat. »

Je suis sûre que la détermination de François Léotard, aujourd'hui, sa volonté d'être président de l'UDF, et pas seulement le leader de la « bande à Léo », reposent sur deux très fortes, parce que intimes convictions. La première part d'une constatation : depuis 1981, l'UDF n'est parvenue ni à faire élire, ni même à désigner un candidat à la présidentielle qui soit sorti de ses rangs. Qui Léotard tient-il pour responsable ? Giscard, président de l'UDF depuis 1989 ; Giscard, qui, parce qu'il ne pouvait plus se représenter à la présidentielle, a stérilisé toutes les velléités d'autres candidats ; Giscard, que ses relations à géométrie variable avec Jacques Chirac ont amené, depuis vingt ans, à tour à tour condamner et soutenir les ambitions présidentielles du président du RPR ; Giscard, enfin, qui a préféré se prononcer contre Balladur aux dernières élections, de peur de laisser ses troupes le préférer à lui.

Léotard dit aujourd'hui vouloir – je cite la phrase qu'il a employée à TF1 et que je retrouve dans les journaux – « mettre un terme aux querelles qui ont marqué la génération précédente ». Il est paradoxal de voir que cette déclaration de bonnes intentions commence par une autre querelle, de sa génération celle-ci, entre Madelin et lui ! Je ne sais qui va gagner, mais je sais que l'UDF, dans cette bagarre-là, a beaucoup à perdre.

13 février

Dans l'annonce, faite aujourd'hui à la tribune de l'Assemblée nationale par Alain Juppé, d'une table ronde sur la violence à l'école, il faut voir autre chose qu'une simple communication gouvernementale. Je mettrais ma main à couper que, si le chef du gouvernement annonce cette initiative, et pas le ministre de l'Éducation nationale, c'est parce que Chirac trouve que Bayrou traîne les pieds. Juppé lui a aujourd'hui forcé la main. Sans doute pour montrer aux ex-ministres balladuriens qu'ils appartiennent aujourd'hui au gouvernement Juppé, dans le cadre du septennat de Jacques Chirac. Il y aurait, dans la sortie de Juppé, la marque de son irritation contre ceux des balladuriens, restés hors du gouvernement – Léotard, Simone Veil, Nicolas Sarkozy – qui distillent dans les oreilles des journalistes leurs critiques envers le gouvernement que cela ne m'étonnerait pas.

18 février

Michel Rocard est arrivé ce dimanche matin sur le plateau de « Polémiques » tel qu'en lui-même : traits juvéniles, cheveux très noirs, débit volcanique, des projets à revendre. À noter justement une de ses idées, qui paraît faire rebondir le débat sur la réduction du temps de travail. Elle est assez compliquée, mais séduisante. J'en reproduis ici le script intégral de peur de me tromper dans la formulation. Il s'agit « d'abaisser de près de moitié toutes les cotisations sociales sur les 32 premières heures de travail, et d'augmenter à due concurrence – et cela fait 28 francs de l'heure, soit plus du doublement – toutes les cotisations sociales au-dessus des 32 heures de travail ». Car, explique-t-il, « la réduction du temps de travail ne sera pas acceptée si elle est trop coûteuse ». Il espère, grâce à ce système, nous dit-il, faire baisser le nombre des chômeurs d'au moins un demi-million.

S'il a rencontré récemment le président de la République – son vieux copain de l'ENA, il le confirme –, c'est pour lui vendre cette idée-là. Après tout, il ne voit pas pourquoi un gouvernement en place ne pourrait pas « piquer » une bonne idée à l'opposition. Il l'a fait lui-même, reconnaît-il, quand il était au pouvoir.

24 février

Face aux vicissitudes de la vie politique, il est éclairant de voir la différence entre Chirac et Juppé. Pas une différence d'analyse : sans doute les deux hommes ont-ils la même perception de la France et des Français, des réformes à faire et de celles qu'il faut différer. Ni de stratégie : les deux, désormais, ont la même volonté de s'inscrire « dans les clous de Maastricht » tout en plaidant la nécessité de la relance et de la lutte contre le chômage. Non, la différence essentielle entre eux tient au professionnalisme. L'un est un vieux cheval rompu aux jeux de la politique, qui a peu de convictions et beaucoup de savoir-faire. L'autre est exactement le contraire : un jeune Premier ministre qui a beaucoup de convictions et peu de savoir-faire. Qui n'emploie, en tout cas, aucune des ficelles du métier et s'irrite de les voir employer contre lui.

Ce serait un jeu d'enfant d'opposer le professionnalisme madré dont a fait preuve avant-hier Chirac en annonçant la fin du sacro-saint service militaire, obligatoire et égalitaire, et l'impétuosité excessive de son Premier ministre annonçant plan social sur plan social.

Cette suppression du service militaire obligatoire, le Président la concocte depuis plusieurs mois. Il y voit une réforme bien accueillie par la jeunesse, acceptée par les gaullistes, favorables, comme le général de Gaulle, à l'armée de métier, même si elle est combattue, au nom de l'égalité de tous devant la conscription, par la gauche. Mais qui, aujourd'hui, montera au créneau pour défendre le bon vieux service de papa ? Chirac joue sur du velours. Au surplus, il a pris les précautions nécessaires pour que l'idée fasse son chemin, soit relayée par un certain nombre d'experts, et s'impose enfin à l'opinion publique.

C'est à la fin janvier, il y a plus d'un mois, qu'une étude lui a été remise sur la réforme de la Défense nationale. Il avait alors annoncé qu'il étudierait, comme le rapport l'y incitait, la clarification de la position de la France à l'égard de l'OTAN, l'idée d'une force européenne, ainsi que la création de l'armée de métier et l'instauration d'un service national civique. Un mois plus tard, lorsque adversaires et partisans du service militaire ont eu épuisé leurs arguments, Chirac a donc annoncé, à l'issue de son cinquième Conseil de défense, sa décision.

Tandis que la bagarre entre supermarchés et petites épiceries, les choix budgétaires urgents, les hurlements contre l'augmentation de la TVA, les violences à l'école et dans les banlieues, tout cela relève du domaine du Premier ministre. Le domaine du quotidien où Alain Juppé ne quitte un front que pour courir se battre sur un autre.

Résultat : des sondages stables, plutôt à la hausse, pour le Président dont la cote redevient positive pour la première fois depuis septembre, et des études qui montrent au contraire l'affaiblissement continu d'Alain Juppé dans l'opinion publique [1]. Il n'y a rien là que de naturel sous la Ve République, à ceci près qu'une chute du Premier ministre peut, à la longue, rejaillir sur le Président au lieu de le protéger.

Je me dis que les courbes divergentes des sondages sont aussi révélatrices de la différence des tempéraments politiques entre Chirac et Juppé. Le Premier ministre a beau faire des efforts, il ne parvient pas à s'épaissir le cuir, et s'indigne de se voir incompris. Saint Sébastien

1. Selon le sondage Louis Harris publié par *Valeurs actuelles*, la cote de Jacques Chirac redevient positive (50 % d'opinions positives contre 45 % d'opinions négatives), alors que celle d'Alain Juppé reste largement négative (62 contre 33).

transpercé de flèches, il continue à souffrir comme un damné des attaques qui le visent.

Jacques Chirac, lui, est mithridatisé depuis belle lurette. Les coups glissent sur lui. Il est comme Mitterrand : il en a vu d'autres.

3 mars

Il paraît qu'hier, à l'issue du conseil national du PS, Laurent Fabius a incité ceux qui s'expriment au nom du parti à ne pas oublier d'attaquer Jacques Chirac. Il a raison, de son point de vue. Si la gauche n'attaque que le Premier ministre, elle conforte *a contrario* le Président. Il est persuadé, lui – voir plus haut – que si Alain Juppé patauge, c'est que Chirac s'enlise. Sa conclusion est que les attaques des socialistes doivent viser les deux hommes, et pas seulement l'hôte de Matignon. Solidarité d'un ancien Premier ministre à l'égard de l'actuel ? Quelque chose comme cela : pour le coup, Fabius a l'expérience de la chose. Il sait que, sous la Ve République, il est difficile, hors période de cohabitation, de découpler les difficultés d'un Premier ministre et la politique voulue et suivie par le Président.

Autre préoccupation du PS, concomitante : comment trouver la bonne distance vis-à-vis du projet européen présenté par Jacques Chirac ? Comment décélérer sur un terrain où François Mitterrand a longtemps fait fonction de moteur, celui de la construction de l'Europe ? Lionel Jospin a bien perçu le danger. Il craint de voir le PS se couper entre socialistes pressés de retourner à leur culture d'opposition, et ceux qui veulent garder, pensant y revenir bientôt, la culture du pouvoir. Les premiers condamneraient volontiers l'Europe de Jacques Chirac. Les seconds se disent que, s'ils reviennent aux affaires en 1998, il leur faudra gérer les choses, et que mieux vaut ne pas être trop iconoclastes. Résultat : le PS a concocté un texte habile qui « n'accepte pas la réduction de l'Europe au seul marché », et ajoute du social, beaucoup de social, à l'application prochaine du traité de Maastricht.

7 mars

Après les Deux-Sèvres, le Doubs : deuxième voyage du président de la République en province. En manteau long bleu marine, il passe les troupes en revue, profitant de son passage à Besançon pour rassurer ceux des élus qui craignent les conséquences pour l'économie locale de la réforme de l'armée. Le président de la compagnie des bains-douches de Montbéliard lui présente des travailleurs en voie de réinsertion, qui fabriquent des décors de théâtre. Le Président embrasse une jeune fille, il fonce dans la foule ravie, y découvre Dominique Voynet, son adversaire écolo à la présidentielle, et dîne enfin avec les parlementaires de la région. La dernière fois, Ségolène Royal était à ses côtés. Hier soir, c'était au tour de Jean-Pierre Chevènement.

Ce matin, j'ai appelé Chevènement au téléphone pour lui demander l'objet de leur discussion animée telle que les Français ont pu la voir au journal de 20 heures. Il me dit avoir surtout parlé des enjeux locaux, ceux dont Paris se fiche, et qui, pour lui, revêtent tant d'importance, notamment quand ils concernent le chômage et l'emploi dans sa région.

Je remarque que Chirac prend grand soin d'avoir, autour des grandes tables des préfectures, un représentant de l'opposition à ses côtés. Il est le président de tous les Français, que cela se sache ! Il se veut surtout celui d'une classe moyenne, celle qui, d'ailleurs, sur son parcours, lui fait fête : moyenne économiquement, ni trop riche ni trop pauvre. Moyenne politiquement, entre la gauche et la droite. Moyenne géographiquement : celles des villes ni trop grandes ni trop petites. Sociologiquement : Chirac préfère les agriculteurs aux ouvriers, les petites et moyennes entreprises aux grands groupes dont il fait mine de ne pas connaître les patrons. Culturellement, enfin : Chirac n'est pas le président de l'élite, c'est sûr. S'il pensait l'être, *Le Monde* lui rappellerait tous les jours que ce n'est pas le cas.

8 mars

Il s'appelle Philippe Auberger, il est député de l'Yonne et rapporteur général de la commission des finances de l'Assemblée nationale. Il vient d'atteindre, dans le microcosme politique, une célébrité qu'il n'aurait peut-être jamais obtenue autrement en se voyant déchargé, hier, par le secrétaire général du RPR, de ses fonctions de délégué général du mouvement gaulliste. Il se disait lui-même « chiraquien de cœur et balladurien de raison », définition commode dont il pensait qu'elle lui permettait de s'exprimer librement sur les mesures de relance adoptées par le gouvernement. Eh bien, il s'est trompé. Alain

Juppé le lui a rappelé sans précautions. La sanction a eu, sur l'heure, valeur d'avertissement généralisé.

La question est de savoir pourquoi, aujourd'hui, lui tenir rigueur de propos que tiennent, depuis la rentrée parlementaire de l'automne dernier, nombre de députés de la majorité. La réponse est simple : parce que le président de la République vient de conforter à plusieurs reprises ce Premier ministre que tout le monde, dans la majorité, croyait sur le départ. Du coup, Alain Juppé, qui ne se sentait peut-être pas à même de le faire auparavant, a sifflé la fin de la récréation à l'intention de tous ceux qui ne le ménagent pas. Il faut dire qu'il est commode, pour ceux des balladuriens qui sont à l'extérieur du gouvernement, de critiquer le Premier ministre. Plus commode, en tout cas, que de critiquer le président de la République.

1996 À ce propos, je m'amuse à opposer François Bayrou à François Léotard. Unis dans le même combat pour la présidence de l'UDF, ils divergent, au moins publiquement, sur le jugement porté sur le gouvernement pour une seule et bonne raison : l'un est dedans, l'autre est dehors.

9 mars

À trois semaines du conseil national au cours duquel doit être élu le nouveau président de l'UDF, je rencontre aujourd'hui François Bayrou. Il me parle longuement de ses ambitions pour le centre. « Un jour, me dit-il, nous gouvernerons la France, car celle-ci, comme l'a dit Giscard, doit être gouvernée au centre. À ceci près que le centre n'existe pas. Eh bien, je vais le construire ! Cela va prendre dix ans : derrière ce but-là, tout s'efface. »

L'alliance avec Léotard lui convient à merveille. D'abord parce que c'est le seul moyen, c'est clair, d'évincer Valéry Giscard d'Estaing et de tenter de prendre sa place. Ensuite parce qu'il y trouve son compte : il a imaginé un système de présidence tournante de l'UDF. S'il était élu le 31 mars, François Léotard en serait le premier président, sans doute pour une durée de deux ans. Après ce laps de temps, la présidence reviendrait à Bayrou. C'est une solution commode, mais il n'est pas dit qu'une majorité de membres de l'UDF l'accepte. Et puis, une question subsidiaire se pose : dans ce cas, François Léotard serait obligé d'abandonner son poste de président du Parti républicain, puisque le règlement de l'UDF interdit à son président d'être en même temps le chef d'une de ses composantes. Alors Alain Madelin, battu à la tête de l'UDF, hériterait peut-être de ce lot de consolation, c'est-à-dire du Parti républicain.

François Bayrou est de toute façon convaincu qu'Alain Madelin ne réussira pas à créer son propre parti : « Son club, "Idées-Actions", me dit-il, est une prodigieuse boîte à sous, puisqu'elle réunit la plupart des grands patrons du CAC 40, et aussi ceux des moyennes entreprises, mais ce n'est pas un parti, il n'a pas de réseau d'élus et pas de possibilité de le créer, ce réseau. »

Voilà comment Madelin est, avec Giscard, lentement poussé hors de l'UDF.

10 mars

François Bayrou est tout autre, aujourd'hui, à l'antenne. C'est-à-dire professionnel et incollable. J'ai essayé de le placer devant la contradiction entre son appartenance au gouvernement Juppé et son soutien à François Léotard, fortement critique envers le même gouvernement. Il a esquivé comme un vieux de la vieille et répondu que « le Premier ministre est un homme courageux, compétent, honnête, qui fait bien son travail de réformes ». Je ne lui ai pas tiré un mot sur Léotard. Même esquive en réponse à une question sur l'impatience de Chirac à propos de la réforme de l'enseignement supérieur, qui tarde à venir. Jacques Chirac, lui disons-nous, laisse entendre que le système est complètement inadapté et que les choses ne vont pas assez vite. Il répond sans ciller : « Jacques Chirac a dit : c'est une réforme qui prendra entre cinq et dix ans ; il voulait dire que c'est une réforme qui ne peut être vécue qu'avec le temps, et j'ajoute : avec les enseignants. » Cette interprétation *soft* des propos de Chirac, dont on sait qu'il presse son ministre de l'Éducation d'aller plus vite, est habile. Entre Juppé et Léotard, la stratégie de Bayrou tient du grand écart : un mot de trop, et on se casse la figure.

12 mars

Alain Juppé est remonté sur son cheval. Pas question que Chirac change de Premier ministre, il l'a dit et redit, démentant les multiples rumeurs qui en étaient arrivées à paralyser Matignon. Du coup, au cours d'un déjeuner de ministres, il y a quelques jours, il a, revigoré, remonté les bretelles des ministres « balladuriens », François Bayrou, Alain Lamassoure et Jean-Claude Gaudin : « J'en ai marre des critiques de vos amis, leur a-t-il dit. Léotard et Simone Veil m'emmerdent (*sic*). Dites-leur que, désormais, je rendrai coup pour coup. »

Que n'a-t-il parlé ainsi plus tôt ! Cette sortie va lui assurer quelques semaines, ou plutôt quelques jours de tranquillité.

17 mars

À regarder Alain Juppé, tout à l'heure, à « 7 sur 7 », on sent bien que ce n'est plus tout à fait le même homme. Ce qui lui manquait : l'expérience, d'abord, il a commencé à l'acquérir jour après jour, sur le tas, sans avoir eu véritablement le temps de faire ses classes. Il a appris en six mois l'humilité, ou du moins à en laisser paraître un soupçon. Il présente de lui une image moins cassante, reconnaît par exemple ses maladresses passées, l'arrogance (il ne dit pas le mot, mais un autre que j'ai oublié, moins fort) dont il a pu être crédité. On mesure son effort, suggéré sans doute par ses chargés en communication, pour se mettre à la portée des gens, se soucier de leur vie quotidienne. Il assure qu'il est prêt au dialogue, lui qui, il y a quelques semaines à peine, pendant les grandes grèves de décembre, ne voulait pas qu'on emploie le mot « négociation ».

Ce qui lui manquait surtout jusqu'ici, c'est l'expression publique et privée, par le président de la République en personne, du soutien accordé à son Premier ministre. Un soutien dont tout le monde doutait depuis décembre dernier, avec ces interrogations qui couraient dans Paris sur son éventuel successeur. Jacques Chirac a compris qu'il fallait que ce soit lui – et lui seul – qui redonne à Juppé sa crédibilité. C'est fait.

19 mars

François Baroin, que je vois aujourd'hui, est replié à l'Élysée, au cabinet de Jacques Chirac, depuis qu'il a quitté le gouvernement Juppé. L'origine de sa mésentente avec lui : Juppé était persuadé que, porte-parole du gouvernement, Baroin devait prendre la place de chacun des ministres et expliquer pour eux la politique suivie dans chacun des départements ministériels. C'était purement et simplement impossible : en imaginant que Baroin ait été capable de maîtriser tous les problèmes gouvernementaux, outre qu'il aurait mérité d'être Premier ministre, il se serait heurté frontalement à chacun des membres du gouvernement, bien décidés à garder pour eux l'essentiel de leur communication. Baroin pouvait relayer les informations, porter la parole de Juppé, et même, comme il l'a fait avant 1995, celle de Jacques Chirac, mais certainement pas intervenir dans tous les domaines !

C'est ce que n'a pas compris Juppé et ce qu'il a sanctionné aussitôt. Évidemment, les rapports entre les deux hommes ne sont pas excellents. Tout en se défendant de nourrir je ne sais quel ressentiment envers le Premier ministre, Baroin ne laisse pas passer une occasion de lui tailler un costume. Ainsi : « Chirac, me dit-il, veut garder Juppé le plus tard possible parce qu'il travaille bien avec lui et n'aime pas changer ses habitudes, et puis aussi parce que le découplage entre les deux cotes de popularité, la sienne, qui n'est pas mauvaise, et celle de Juppé, qui plonge, ne lui déplaît pas. »

Il reste qu'il s'agit maintenant de gagner les élections législatives de 1998. Baroin ne pense pas qu'en l'état actuel des choses Alain Juppé puisse conduire les troupes à la bataille. Or Chirac, m'assure-t-il, n'a pas envie d'affronter une cohabitation. Il est donc, sur ce point, comme moi, d'un avis diamétralement opposé à celui d'Antoine et Simone Veil qui pensent que Chirac fait tout, au contraire, pour rechercher une cohabitation. Baroin estime, lui, que Chirac ne juge pas possible ni souhaitable de gouverner avec ses ennemis tandis que ses amis politiques seraient au repos : d'abord parce qu'il lui faudrait tenir quatre ans, de 1998 à 2002, et non pas deux, comme l'a fait à deux reprises Mitterrand, en 1986-1988 et 1993-1995 ; ensuite parce que c'est tout bonnement contraire à sa nature. « C'est un être d'enthousiasme, me dit-il, qui souffrirait d'avoir à ménager les uns et les autres, si tant est d'ailleurs qu'il sache le faire. »

Il me décrit aussi les clans qui se sont formés à l'Élysée : Villepin a le sien, dans lequel il compte bien sûr Gourdaud-Montagne, resté, lui, à Matignon auprès de Juppé ; Baroin est plutôt derrière Maurice Ulrich avec Jean-Pierre Denis. Les deux clans coexistent, comme jadis Jobert et Juillet, en s'ignorant ou presque.

Il faudra que je revienne sur Dominique de Villepin, que je ne connais pas et dont le personnage, tel qu'on me le décrit, paraît intéressant : il est, dit-on, aussi enthousiaste vis-à-vis de Chirac que celui-ci l'était vis-à-vis de Georges Pompidou. Avec un physique de jeune premier romantique qui ne gâche rien et une culture politique qui lui a été transmise par son père, président depuis des années de la commission des affaires étrangères du Sénat[1].

20 mars

Conversation avec Hervé de Charette. Matignon, selon lui, aurait intérêt à ce que Madelin préside l'UDF, et pas François Léotard dont, dit-il, « la politique de soutien critique au gouvernement risque de devenir rapidement insupportable ».

Je comprends que, disant cela, il joue au billard à trois bandes. Il sait que Juppé est hostile à Madelin, puisqu'il l'a vidé du gouvernement. Charette s'efforce donc de convaincre ceux qui nous gouvernent que, tout compte fait, pour eux Madelin serait préférable à

1996 Léotard. L'union Bayrou-Léotard, celle dont me parlait François Bayrou la semaine dernière, lui paraît contre-performante ; il me décrit le Parti républicain comme une formation quasi totalitaire qui broie ceux qui ne sont pas de l'avis de Léotard.

« Si l'élection avait lieu au suffrage universel des adhérents, note-t-il, Madelin serait élu sans problème. » Seulement voilà : l'élection ne se déroule pas comme ça. Elle se fait en plusieurs collèges : dans celui des apparatchiks, Madelin n'a aucune chance ; en revanche, chez les parlementaires et assimilés, le vote ayant lieu au scrutin secret, tout est possible.

21 mars

Lionel Jospin s'est rendu en Corrèze dans l'ancien fief du Président, sa chasse gardée pendant nombre d'années, qui est encore en partie le pré carré de sa femme, se rendre compte, selon son expression, de la façon dont « fonctionnait la Chiraquie ». Qui plus est, il y est allé, non sans courage, dans la semaine suivant la condamnation d'Henri Emmanuelli dans l'affaire Urba en tant que grand argentier du Parti socialiste, et en pleine incarcération du président du conseil général du Territoire de Belfort, Christian Proust. Le verdict du procès Emmanuelli est jugé plus que sévère : il a écopé en appel de

1. Il s'agit de Xavier de Villepin, élu en 1988 et 1995 sénateur représentant les Français établis hors de France. En 1993, 1995 et 1998, il est élu président de la commission des affaires étrangères, de la défense et des forces armées du Sénat.

dix-huit mois de prison avec sursis et de deux ans de privation de ses droits civiques. Proust, lui, est en prison depuis plus d'une semaine, et les juges ont demandé qu'il y reste encore un peu, soi-disant pour préserver l'ordre public et pour qu'il ne puisse pas faire pression sur d'éventuels témoins [1].

Jospin doit penser que la seule défense, c'est l'attaque. Il aurait pu faire profil bas pendant que la justice passait. Il a choisi de faire tout l'opposé. Il est vrai que son personnage, simple et volontiers austère, le met à l'abri de tout soupçon de malhonnêteté. C'est inappréciable en politique, par les temps qui courent.

Il n'empêche : je l'imagine en train de flatter la croupe des vaches, de parler aux éleveurs dans une étable de Saint-Jal, et je trouve qu'il n'y avait pas meilleur terrain que la Corrèze pour reprendre l'offensive.

Avec Jospin, pour la première fois depuis quelques mois, on a l'impression que le PS s'est remis au travail : il ne cesse d'aller de colloque en colloque. Et l'opposition est un bon support : dans le Var, par exemple, l'élection législative partielle a donné la victoire à un socialiste alors qu'il n'y avait plus eu, dans ce département, de député socialiste depuis 1988 [2].

30 mars

Je ne comprends pas grand-chose à l'antagonisme féroce qui oppose désormais Madelin et Léotard, si ce n'est qu'il s'agit, encore et toujours, d'une lutte pour le pouvoir, qui prend le pas sur tout. Ainsi, tout le temps qu'ont duré ces primaires – puisqu'on peut les appeler ainsi –, Madelin et Léotard sont apparus de plus en plus antagonistes, hérissés l'un par l'autre comme s'ils avaient oublié tout le chemin parcouru ensemble dans leur vie politique.

L'affrontement entre les hommes se traduit évidemment par la division de l'UDF en au moins deux fractions. Je dis au moins deux parce qu'en plus du match principal, il y a d'autres acteurs, comme

1. Christian Proust, président du conseil général du territoire de Belfort, a été accusé d'avoir mis en place un montage financier en faveur d'un homme d'affaires américano-bulgare. En 2004, il sera totalement blanchi dès le deuxième jour du procès par le procureur.

2. Il s'agit de Maurice Zanetti, élu à Solliès-Pont le 18 mars.

André Rossinot[1], sur la pelouse. Le PR était divisé, il le reste. Les centristes restent unis autour de Bayrou parce qu'ils espèrent qu'il sera président de l'UDF. Hervé de Charette garde le petit parti qu'il a constitué, le PPDF, et Raffarin celui qu'il est en train de créer. Arithmétiquement, Léotard va gagner. La question est : que va-t-il gagner ? Si le vainqueur du 31 mars hérite d'un mouvement en lambeaux, je lui souhaite bonne chance !

Reste le cas Giscard. Il a commenté à la télévision son départ de l'UDF : il a envoyé le 25 mars aux adhérents et aux cadres de l'UDF une lettre amère, car il s'attend à la victoire de Léotard alors qu'il est lui-même favorable à Madelin ; l'échec de celui-ci serait révélateur de sa propre perte d'influence au sein de l'UDF.

1996

Je relis ce soir, pour préparer mon émission de demain, quelques pages du livre que François Léotard a écrit en août dernier sur le 23 avril 1995, jour de l'échec d'Édouard Balladur au premier tour de la présidentielle. Léotard se demande si lui-même, dans cette élection, à la place de Balladur, aurait été en mesure de gagner face à Chirac. « Je sais pourquoi, ajoute-t-il, nous avons fait tout cela : éviter le face-à-face meurtrier et stérile de Giscard et de Chirac, les fausses équipes et les mêmes illusions, les mots truqués, l'habileté comme seule règle, et, de toute façon, tout au bout, l'échec. »

D'où la campagne en primaires pour la présidence de l'UDF, dans laquelle il s'est lancé cette année, sans doute au mépris de sa santé. Il a 54 ans, il a failli mourir[2] en juin dernier ; il pense que c'est sa dernière chance de pouvoir un jour faire acte de candidature à l'Élysée.

31 mars

Léotard est ce genre d'homme qui fait de la politique avec constance, habileté, âpreté même – on vient de s'en rendre compte –, et qui affecte de regretter de ne pas faire autre chose. Il en donne la démonstration aujourd'hui encore alors qu'il vient d'être élu à la place de Giscard à la

1. André Rossinot est président du Parti radical. Dans un premier temps, il a accordé son soutien à François Léotard pour décider, quelques jours plus tard, de faire lui-même acte de candidature, seul moyen de préserver sa neutralité et d'éviter que ses maigres troupes ne se divisent.

2. François Léotard a été terrassé après avoir passé le fameux « test d'effort ». Il a immédiatement subi en juillet 1995 un triple pontage.

tête de l'UDF. Il paraît toujours étonné de tant de bonne fortune, comme s'il était un dilettante. C'est tout le contraire : il est méthodique et volontaire. Pas poète pour un sou, en ces circonstances. Il aime citer Péguy, mais pas quand il se bat pour le pouvoir. Aujourd'hui, à l'issue du conseil national de l'UDF, salle Tony-Garnier, à Lyon, c'est le soldat qui a gagné, pas l'amateur de littérature.

À noter : 1) Que Giscard n'a pas souhaité être là au moment où les résultats, prévisibles, ont été proclamés. Il se juge sévèrement trahi par Léotard et Bayrou, et l'a fait savoir. 2) Que l'ambition de François Bayrou est apparue clairement lorsqu'il a dit – et sa phrase sonnait déjà comme une mise en garde – à Léotard : « Il n'y a ni premier définitif, ni second à jamais. » C'est la définition même de la présidence tournante.

On verra plus tard quelles traces ces primaires vont laisser à l'intérieur de l'UDF. Les premières paroles de Léotard, devenu président de l'UDF, ont été pour la réconciliation. Madelin reste ; Rossinot aussi.

Pour faire quoi ? Tout est là : critiquer Chirac, se borner à harceler le Premier ministre afin de pouvoir un jour le remplacer, entrer au gouvernement à la faveur d'un remaniement en juin, jouer dès maintenant la présidentielle de 2002 ? Évidemment, à partir du moment où Chirac n'a pas voulu se réconcilier avec Édouard Balladur et les siens, il laisse le jeu ouvert sur sa droite. Il sera peut-être le premier à s'en repentir s'il ne parvient pas à stabiliser son septennat.

2 avril

Avec Gilles Martinet chez qui je déjeune aujourd'hui, nous parlons de Lionel Jospin qui est à peu près le seul dirigeant du PS – à l'exception évidemment de Michel Rocard – auquel il voue une grande estime. Depuis le congrès de Liévin, Gilles Martinet a pris ses distances avec le Parti au fur et à mesure que les rocardiens y étaient supplantés. Il continue à participer à des colloques, à donner des conférences en province, mais il ne participe plus au bureau national.

Je lui demande ce qu'il pense de la dernière charge de Lionel Jospin contre Chirac, avant-hier, à la convention nationale de L'Haÿ-les-Roses (le même jour que l'élection de Léotard à Lyon), et, plus généralement, de l'état du Parti socialiste. Dans la même phrase, Jospin dénonce tout ce qui marque la politique du pouvoir :

« Avalanche des prélèvements sur les ménages, recherche systématique de la baisse du coût du travail, fonction publique et service public pris pour cible, choc avec le mouvement social, fin d'une grande politique de l'éducation, menace sur la protection sociale. »

On a beau dire qu'il n'est pas gai, Lionel Jospin, je trouve, moi, qu'il n'en est pas moins parvenu à remettre le Parti socialiste au travail (voir la dernière convention sur l'Europe, et le Forum de la gauche à Bercy aujourd'hui) et à lui redonner une espérance électorale (voir la dernière élection partielle du Var). Et puis, il me semble que les socialistes font moins étalage, depuis quelque temps, de leurs divergences et des luttes internes qui opposent les courants. À défaut d'être une vedette du show-biz, le premier secrétaire tient assez bien son parti. En tout cas, pour ce que j'en vois.

1996 Gilles Martinet en convient, mais cela ne lui semble pas suffisant pour renouveler la réflexion nécessaire des socialistes. Il analyse avec moi, dans une de ces grandes fresques politico-historiques dont il a le secret, les faiblesses de la gauche française : « Le Parti socialiste, me dit-il, n'a jamais voulu analyser ce qui s'était passé entre 1981 et 1983, il n'a jamais donné les raisons qui ont conduit à l'abandon d'un programme de transition vers le socialisme. Certains lui ont tourné le dos ; d'autres font comme s'il pouvait encore être appliqué. Les communistes et les mouvements d'extrême gauche, eux, font comme si le mur de Berlin était toujours debout, comme si le communisme débarrassé du stalinisme était encore l'avenir du monde. Et puis, insiste-t-il, le PS est en retard, systématiquement, sur la prise de conscience et surtout sur l'analyse d'un certain nombre de problèmes : la mondialisation, les transformations intervenues dans le monde du salariat ; il ne se dépêtre pas de la difficulté de proposer des projets rassembleurs au moment précis où les revendications corporatistes sont prédominantes. »

Il ne voit pas, de ce point de vue, que les socialistes aient accompli beaucoup de progrès depuis leur cuisant échec de 1993. Le PS, me dit-il, désabusé, a encore du chemin à faire « avant de revenir au pouvoir et d'y rester ».

Il ne pense pas que les prochaines élections législatives, en 1998, soient gagnables par la gauche, d'autant moins, me dit-il, que le découpage concocté par Charles Pasqua avant 1995 est pénalisant pour elle. En revanche, il croit que si le Parti socialiste revenait au pouvoir à ce moment-là, il vaudrait mieux qu'il approfondisse auparavant sa réflexion sur l'évolution du monde, la démocratie et le marché.

9 avril

Peut-être est-ce la trêve, pour Alain Juppé. La situation politique s'est apaisée depuis l'hiver. La bagarre au sein de l'UDF a polarisé toute l'attention pendant près de trois mois. Du coup, depuis le début d'avril, Juppé rame dans des eaux calmes. Il a montré qu'il savait ne pas ployer sous les attaques, malgré ses airs d'écorché vif. Qu'il savait résister comme, cette semaine, en matière de santé. Et éventuellement retourner les coups, comme dans l'affaire Auberger.

La France entière découvre que Juppé se « chiraquise » progressivement. Comme Chirac, il a entamé une sorte de tour de France. On le voit un jour dans les Ardennes, un autre dans les montagnes, un autre en Guyane et aux Antilles, serrant des mains et embrassant des bébés. Époustouflant ! En bon normalien qu'il fut, en bon élève qu'il est resté, si on lui en laisse le temps, il va apprendre à gérer son comportement et son « look » – terme exécrable employé par les spécialistes de la communication. On sent derrière le nouveau Juppé l'ombre de Chirac et l'autorité de Jacques Pilhan[1].

Et ça marche : les sondages le montrent sortant des profondeurs abyssales où il avait plongé. Avec 42 % des Français qui lui font confiance[2], il atteint son nirvana.

12 avril

Lionel Jospin réussit là où beaucoup de ses prédécesseurs ont échoué : les multiples chefs et sous-chefs du PS se taisent. On ne les entend plus scier la branche sur laquelle ils sont assis, c'est-à-dire, en l'occurrence, poursuivre le jeu de massacre contre eux-mêmes.

24 avril

Alain Juppé a renoué aujourd'hui avec une pratique mise en sommeil depuis plusieurs mois : le déjeuner des dirigeants de la majorité à Matignon. C'est drôle de les voir grimper les marches du perron, chacun à sa manière. Il y a ceux qui les escaladent en courant, ceux

1. Jacques Pilhan, publicitaire, a été conseiller en communication de François Mitterrand à partir de 1983, puis de Jacques Chirac après 1995.

2. Sondage IFOP pour *L'Express*, réalisé les 3 et 4 avril.

qui montent pesamment, ceux qui recherchent l'objectif des photographes, ceux qui les évitent, ceux qui sourient, ceux qui font la tête. Deux n'étaient pas là : Édouard Balladur, qui s'est excusé, disant qu'il avait un rendez-vous impératif avec l'évêque de Chartres, et Philippe Séguin, qui n'a pas fourni d'excuses.

À l'issue du déjeuner, Juppé a annoncé qu'il comptait recommencer le mois prochain. Tout est donc fait pour montrer qu'il restera à Matignon, qu'il conduira la majorité aux prochaines élections législatives de 1998. Ceux qui rêvaient de le remplacer en sont pour leurs frais.

Sur le terrain, les ordonnances sur la santé et la réforme du système hospitalier passent mal chez les médecins, qui ne veulent pas entendre parler de la maîtrise comptable des dépenses de santé. Les conclusions de la commission parlementaire sur l'immigration vont loin dans l'aggravation des lois Pasqua, déjà pas mal répressives. On parle, pour la semaine prochaine, de la réforme des allocations familiales que le gouvernement voudrait subordonner aux ressources des ménages plutôt qu'au nombre d'enfants. Tout cela, pourtant nécessaire, est explosif. Autant que l'annonce d'économies budgétaires pour cause de critères de Maastricht : le contraire de ce à quoi, il y a un an, après le coup de la « fracture sociale », les Français s'attendaient.

Je me dis pourtant que la fin de l'année dernière a été si terrible, sur le plan social, que quelques mouvements sporadiques, quelques grèves paraissent aujourd'hui naturelles, dans l'ordre des choses, pas le moins du monde préoccupantes. D'où l'apparente sérénité de Juppé.

Fin avril

Navrant, il n'y a pas d'autre mot pour évoquer cette lamentable affaire ! Quelle tristesse de voir l'abbé Pierre s'embringuer dans le révisionnisme, sans le savoir, comme M. Jourdain faisait de la prose ! Tant d'ardeur à défendre pendant des années la veuve et l'orphelin, tant de courage mis à aider les Juifs pourchassés à franchir les frontières pendant la guerre, tant de combats pour les droits de l'homme, contre les égoïsmes, tant de discours pour stigmatiser la misère des pauvres et l'arrogance des puissants ! Et puis voilà que notre cher abbé vient de basculer dans l'incompréhensible en affichant ostensiblement son soutien à Roger Garaudy[1].

Si encore c'était pour une cause à sa mesure, noble, farfelue, donquichottesque ! Une phrase de soutien à un ancien communiste attaqué, abandonné de tous et un peu fou, passe encore. Mais l'abbé est allé plus loin : en acceptant de remettre en question les exterminations nazies pendant la guerre, en contestant le nombre des chambres à gaz, en considérant que le « mythe » des 6 millions de Juifs morts appartenait à la propagande israélienne, il est passé de l'autre côté de la ligne rouge. La marque de l'âge ? Une erreur ? J'aimerais le croire, mais il persiste en disant dans *Libé*, ces jours-ci : « Le débat n'est pas clos », en parlant de l'Holocauste comme si la réalité des camps méritait encore une controverse.

L'abbé a voulu refaire l'Histoire. Mais c'est à sa propre histoire qu'il porte un coup fatal.

5 mai

Lors de la convention du RPR qui s'est tenue aujourd'hui au Palais des Congrès, Alain Juppé a eu une phrase qui a intrigué les journalistes présents, dont j'étais. Il a dit : « Il ne s'agit pas de vaincre en 1998, mais de convaincre nos compatriotes. » Veut-il dire qu'il préfère perdre que de ne pas convaincre, ou qu'on peut vaincre sans convaincre, convaincre sans gagner ? Voilà une phrase que Chirac n'aurait jamais prononcée. Ou bien il aurait plutôt dit le contraire : il ne s'agit pas de convaincre, mais de vaincre ! Chasser l'intellectuel chez Juppé, il revient au galop...

Pourtant, pour l'heure, pas le moindre coup de canif au contrat passé l'année dernière entre Chirac et lui. Peut-être est-ce dû à un certain partage des rôles ? À Chirac la scène internationale, les embrassades avec Helmut Kohl, les sommets africains avec ces dirigeants qui l'encensent, les signatures de fin de conflit entre Serbes et Bosniaques. À lui également les mesures populaires. Et à Juppé la

1. Dans un texte paru à la fin 1995 dans la revue négationniste *La Vieille Taupe*, Roger Garaudy reprend à son compte les thèses révisionnistes qui ont valu condamnation à tous leurs auteurs. « Dogme des six millions de juifs », « Shoah business », par allusion au film de Claude Lanzmann, « mythe du procès de Nuremberg », rien n'y manque. Le MRAP a porté plainte, et c'est à l'occasion de ce procès, fixé au 25 avril, que l'abbé Pierre a apporté son soutien à Garaudy.

réforme dans un pays qui lui est majoritairement hostile. Je me rappelle qu'un sondage de *La Tribune*, il n'y a pas si longtemps, indiquait que 60 % des Français n'en voulaient pas. Et pourtant, il faut bien avancer : sur la Sécurité sociale, l'hôpital, les régimes spéciaux de retraite, beaucoup de gens de gauche donnent le plus souvent raison à Juppé. Il n'empêche : il faut prendre des coups pour avancer d'un millimètre.

Eh bien, malgré les bonheurs de l'un et les difficultés quotidiennes de l'autre, rien, jamais, n'a altéré les bons rapports entre ces deux hommes. Pas le moindre propos désagréable entre entourages, pas de signes de la moindre irritation. Une complémentarité, en revanche, l'un avec l'autre, une interaction de l'un sur l'autre et de l'autre sur l'un. On ne devrait, du coup, pas trop se demander, comme le fait régulièrement le petit milieu politique de la majorité, si Juppé va partir de Matignon, et quand. Comme me le disait Édouard Balladur : le problème, quand on change de Premier ministre, est qu'on peut toujours en trouver un pire. Chirac n'a pas voulu de Séguin parce qu'il estimait impossible cette même concorde entre eux deux ; ce n'est pas maintenant qu'il va changer d'avis.

D'autant que Juppé, avec l'appui du chef de l'État, a résisté à tout depuis sa nomination : à son affaire d'appartement, aux grandes grèves, aux tirs groupés des balladuriens. On voit mal ce qui pourrait lui arriver de plus fâcheux. Il tente même, en ce moment, une timide ouverture en direction des balladuriens, dans la perspective des élections législatives de 1998 pour lesquelles il faudra bien que la majorité se ressoude. Plus question de parler de la « gestion calamiteuse » de son prédécesseur. « Beaucoup a été fait de 1993 à 1995 sous l'impulsion d'Édouard Balladur », a-t-il au contraire déclaré aux cadres du RPR lors de cette convention au Palais des Congrès.

7 mai

Je me demandais ce qu'était devenu Madelin depuis sa défaite à la tête de l'UDF. À l'issue du congrès du 31 mars, il avait annoncé qu'il resterait à l'UDF, mais les choses, en réalité, sont plus difficiles qu'il ne le pensait : depuis trois mois, ses anciens amis ne cessent de lui reprocher son comportement. Tantôt il en fait trop en réunissant par exemple son club « Idées-Actions » à des moments où l'UDF réunit son conseil national, comme c'est arrivé l'autre jour. Tantôt il ne s'implique pas assez dans la vie du mouvement, et n'en fait qu'à sa tête.

Il est vrai que je trouve depuis des années qu'Alain Madelin est, en soi, une énigme politique. J'ai eu du mal – j'en ai toujours – à me faire à ses manières brutales, parfois à la limite de la grossièreté. Interviewer Madelin au petit matin, comme je le fais à RTL, relève du sacerdoce : je ne sais jamais s'il arrivera bourru et muet, ou bien prolixe et enjoué. Son itinéraire est, par bien des côtés, paradoxal : issu d'une famille modeste – son père était ouvrier chez Renault –, il a milité, tout jeune, dans les rangs très anticommunistes du mouvement d'extrême droite Occident, pour adhérer, derrière Valéry Giscard d'Estaing, au parti républicain indépendant en 1968. Aujourd'hui, il se veut le leader le plus libéral sur le marché et se défend avec la dernière vigueur de ne pas être social. Homme de la « bande à Léo », il a été le premier à s'opposer à lui en 1994 lorsque celui-ci a choisi Balladur. Madelin, lui, avait déjà choisi Chirac. Il a été l'homme de l'« ascenseur social » dans le mouvement giscardien dont la promotion sociale était le cadet des soucis. Il s'est fait une spécialité de la lutte contre les élites – c'est d'ailleurs ce qui l'avait rapproché de Jacques Chirac – et pourtant les patrons d'entreprises financent son club « Idées-Actions ».

Ces paradoxes ne sont peut-être que de surface : je n'ai aucun moyen d'en juger, puisque c'est un homme qui fait peu de confidences, en général, en particulier à moi.

Toujours est-il qu'il vient de critiquer très sévèrement, dans *Le Figaro* de ce matin, le septennat de Chirac en matière de politique économique et sociale : « Les dépenses nouvelles auraient dû être financées par le redéploiement des dépenses existantes », « les rares marges de manœuvre disponibles auraient dû être investies dès 1996 dans la réforme fiscale », « quant à la création de richesses et d'emplois par la stimulation de forces vives [...], force est de constater que l'on a, à ce jour, davantage poursuivi les politiques d'hier qu'engagé des politiques nouvelles ».

La diatribe de Madelin tombe au moment où un groupe de journaux de province publie un sondage Sofres, réalisé fin avril[1], assez dur pour Chirac : 34 % seulement des Français interrogés considèrent son bilan comme positif, 57 % le jugeant négatif. Pis : les avis les plus négatifs (84 %) portent sur la lutte contre le chômage.

1. Du 23 au 26 avril 1996.

Il y a là comme une malédiction Juppé. Quoi qu'il fasse, ça ne marche pas. Jusqu'à présent, cette année 1996 a été certes plus sereine que la précédente. Il n'empêche, j'ai parfois l'impression que c'est une année pour rien : les sondages fluctuent mais, dans l'ensemble, la cote de Chirac reste mauvaise, celle de Juppé encore pire, la plupart des réformes passent mal, ou pas du tout. Depuis janvier, j'ai l'impression d'écrire la même chose en comptant les hauts et en reprisant les bas, comme dirait Chirac...

21 mai

Dans le tragique feuilleton entre la France et l'Algérie, la mort des sept moines français de Tibérine est sans équivalent[1]. Il est évidemment difficile d'établir une gradation dans l'horreur entre l'institutrice algérienne qui vient d'être abattue par les terroristes parce qu'elle apprenait, sans voile, le français à des enfants, et le cas de ces sept moines dont on apprend aujourd'hui, après deux mois d'angoisse, qu'ils ont été assassinés. Deux mois d'attente, deux mois de communiqués, de démentis, pour en arriver là : à leur mort tragique et inutile. Inexpliquée, de surcroît. Ils ne menaçaient personne : l'Algérie était leur pays.

Y a-t-il eu négociation entre la France et les ravisseurs ? Un émissaire, coutumier des missions humanitaires, s'est-il rendu en Algérie, comme l'a affirmé, puis nié le prieur de l'abbaye d'Aiguebelle ? La polémique sur une éventuelle négociation est dérisoire. Cette affaire montre tout simplement qu'on ne peut pas maintenir la position officielle de la France, faite de confiance absolue aux dirigeants algériens pour assurer la sécurité et la survie des Français qui choisissent de rester en Algérie pour y vivre. Elle démontre au contraire la réelle faiblesse du président algérien face aux intégristes.

1. Sept moines trappistes du monastère de Tibérine, en Algérie, ont été enlevés dans la nuit du 26 au 27 mars 1996, lors de la guerre civile, et séquestrés pendant deux mois avant d'être retrouvés morts le 21 mai. La version d'un assassinat par le GIA sera contestée ultérieurement. Il s'agirait plus sûrement d'une provocation de la Sécurité militaire algérienne. Des années plus tard, le président Nicolas Sarkozy a levé le secret militaire sur cette affaire.

29 mai

Du colloque Balladur sur la croissance et l'emploi, qui vient d'avoir lieu et où j'ai passé une partie de la journée, je retiens deux choses :

La première est qu'Édouard Balladur a réaffirmé ses convictions en faveur de la réduction des dépenses publiques, et qu'il a donc donné raison à son successeur, Alain Juppé, qui la conduit. Réconciliation publique, donc, entre balladuriens et chiraquiens, au moins sur ce thème. Pour la réconciliation totale, le fruit n'est pas encore mûr...

La deuxième tient au discours de Philippe Séguin. Je l'ai écouté, comme d'habitude, de bout en bout : c'est une condamnation totale de tout ce qui a été accompli sous le septennat en cours par le gouvernement Juppé. Il fait du chômage le problème numéro 1 dans la France d'aujourd'hui. Le combattre doit être, dit-il, « non pas *l'une* des priorités, mais *la* priorité de l'action politique ». Je reprends des phrases entières de son propos, griffonnées sur mon carnet au fur et à mesure qu'il parlait : la « rusticité des critères de convergences de Maastricht » nous a interdit « de mener des politiques correctrices : au contraire, on a accentué la récession ». « Le chômage de masse » pèse « autrement plus lourd sur la confiance que la maîtrise des déficits publics ». Il a dénoncé « l'accroissement des inégalités » et affirmé que « les mouvements sociaux de novembre et de décembre derniers doivent nous servir d'avertissement ». Et, pour finir, il a regretté qu'« au nom de la libération des échanges, au nom de cette concurrence érigée en référence suprême de la construction européenne, nos industries traditionnelles aient dû se replier sous les coups de boutoir de la restructuration brutale ; nos services publics doivent aujourd'hui s'adapter ou disparaître ».

Dans l'atmosphère de réconciliation qui présidait plus ou moins à ce colloque, propice à rapprocher les points de vue de Balladur et Juppé, les propos de Séguin ont fait l'effet d'un coup de tonnerre dans un ciel azuréen. Cela n'en rend que plus intéressant, d'ailleurs, ce type de colloque où les intervenants, qui ne sont pas tous des politiques, mais aussi des spécialistes des questions débattues, parlent devant un auditoire plus politisé. Cela nous sort des débats internes aux partis, quels qu'ils soient, sur des thèmes rabâchés, avec un vocabulaire toujours le même et des conclusions connues d'avance.

4 juin

Où l'on parle de la réforme fiscale promise par le gouvernement Juppé depuis son installation à Matignon.

Hier, le Premier ministre en a donné les grandes lignes avant que le projet ne soit discuté au Parlement en septembre. C'est un peu la quadrature du cercle : comment baisser les impôts, ce qu'ont promis Jacques Chirac pendant sa campagne et Juppé à son arrivée rue de Varenne, et réduire en même temps les déficits ?

Juppé n'était pas pressé de s'emparer du dossier. Mais, dans sa propre majorité, il a eu à faire face à l'insistance de quelques poids lourds, dont René Monory, Nicolas Sarkozy et Édouard Balladur, tous trois anciens ministres des Finances ou du Budget, qui lui ont mené un train d'enfer en rappelant que le niveau des prélèvements

obligatoires ne cessait d'augmenter, qu'il atteignait 45 %, seuil au-delà duquel il devient intolérable en régime libéral. Sarkozy avait déjà dénoncé, l'année dernière, la hausse de deux points de la TVA. Le relèvement de la taxe sur le tabac et sur l'essence a encore alourdi le poids des impôts indirects.

Ces ténors de la majorité, qui ne sont pas de ses amis, Juppé a voulu les prendre de vitesse en annonçant une réforme fiscale qui, si j'ai bien compris, subordonne la baisse de la fiscalité à celle des dépenses publiques. Il s'est donc donné cinq ans pour y parvenir. Cela passera essentiellement par une modification de l'impôt sur le revenu, tandis que les impôts indirects, bien commodes, ne sont pas en passe d'être supprimés.

Résultat : une réforme fiscale politique par quoi Juppé essaie de ménager tout le monde – ceux qui demandent une baisse des prélèvements pour relancer la consommation, et certains experts pour qui la réduction du déficit ne saurait en aucun cas être liée à la baisse des impôts directs ou indirects.

Dans tout cela je vois l'influence grandissante, au fil des jours, de Sarkozy. Les idées de cette partie très active de la majorité, ce sont les siennes, celles qu'il développait quand il était au Budget, celles qu'il développe de façon incessante depuis l'élection de Jacques Chirac.

9 juin

Formidable numéro de « Polémiques », aujourd'hui dimanche. Il y a six mois, j'avais reçu, à l'occasion du limogeage collectif de la plupart des femmes du gouvernement Juppé, les ministres éconduites. Six mois plus tard, dix femmes, toutes anciens ministres – parmi lesquelles Simone Veil et Édith Cresson –, viennent de signer, dans *L'Express*, un « Manifeste pour la parité » entre hommes et femmes dans les postes publics.

Comment cela s'est-il passé ? Yvette Roudy a raconté à l'antenne qu'après l'émission de novembre dernier, la plupart de celles qui étaient présentes sur le plateau – dont elle-même, Monique Pelletier et Michèle Barzach, et j'en passe – ont décidé de se revoir. Elles ont appelé à la rescousse Simone Veil et Édith Cresson, et, au bout de quelques réunions, elles ont pondu ensemble le texte qu'elles rendent public aujourd'hui.

À la base, évidemment, des constatations et des chiffres que nous connaissons par cœur : 5 % seulement de députés à l'Assemblée nationale sont aujourd'hui des femmes. Du point de vue de la place faite aux femmes, la France est le dernier pays – 15e sur quinze – en Europe. Elle se situe, au niveau mondial, au 37e rang, après la Turquie. Les chiffres parlent d'eux-mêmes. Il est vrai que nous sommes dans un pays où les révolutionnaires de 1789, partisans du suffrage universel, n'ont pas pensé une seconde à l'étendre aux femmes ! Mais c'est une autre histoire : je ne suis pas revenue sur la Révolution française au cours de l'émission...

Ce qui est révélateur, c'est que, pendant toute la semaine qui a précédé cette émission, j'ai cherché, pour les inviter sur le plateau face à elles, des hommes politiques qui aient quelque chose à dire sur le sujet. Pas un n'a voulu venir : les uns parce que étant d'accord, me disaient-ils, ils n'avaient rien à ajouter ; les autres, qui ne comprenaient absolument pas l'idée d'une introduction forcée des femmes dans la vie politique, ne souhaitaient pas affronter l'opinion publique (le corps électoral en France est composé de 52 % de femmes et de 48 % d'hommes) pour défendre leur point de vue ; certains, enfin, ont fait valoir que la politique des quotas était non conforme au droit constitutionnel, et qu'il n'y avait pas possibilité de l'instituer pour les femmes.

Simone Veil a été formidable, Édith Cresson aussi. Pour la première fois on a vu, je pense, la différence entre la façon de s'exprimer des femmes politiques, beaucoup plus nuancées, pleines d'humour, ne mâchant pas leurs mots, et la façon toujours pleine de sous-entendus ou de motivations cachées des hommes. En tout cas, ceux qui étaient présents sur le plateau, comme ceux qui ont regardé l'émission, ont compris le message : une place de plus pour les femmes sur les listes électorales ou dans les emplois publics de haut niveau, c'est un poste de moins pour les hommes. Nul doute que les députés, sans oser publiquement contrer les femmes, surtout celles qui étaient sur le plateau, ont inscrit cela sur leurs tablettes et tentent par tous les moyens de s'y opposer.

16 juin

1996

L'affaire Tiberi – autant ce qui lui est reproché que la façon dont la majorité gère l'affaire – paralyse les élus parisiens. Ils comprennent mal, comme ceux de l'opposition, le fonctionnement des sociétés d'économie mixte de la Ville de Paris, et ne savent rien du dossier de Jean Tiberi. La menace d'une mise en examen dans l'affaire du logement de son fils s'est éloignée, mais beaucoup de choses demeurent obscures. Pour l'heure, la majorité municipale s'est déclarée solidaire de lui. J'ai même entendu, au Parlement, un représentant de la majorité dire qu'en réalité les socialistes essayaient de détourner l'attention sur les Tiberi pour reléguer au second plan l'affaire Elf : son ancien président, Loïk Le Floch-Prigent, aujourd'hui à la tête de la SNCF, risque en effet prochainement d'être mis en examen. Œil pour œil, dent pour dent ?

Le problème me semble plus grave encore. À qui Jean Tiberi a-t-il succédé ? À Chirac. Qui serait le premier atteint en cas de cafouillage ou de coulage sur les sociétés mixtes ? Chirac, bien sûr.

Difficile de parler de tout cela avec Jacques Toubon, qui esquive le dialogue sur le sujet. Pense-t-il ou non qu'il est urgent de débarquer Tiberi pour épargner Chirac ? Il se dérobe à mes questions.

23 juin

Pour venir à cette émission, sur le plateau de « Polémiques », Jospin s'est fait couper les cheveux. Depuis longtemps il n'avait plus la crinière afro qu'il arborait, plus jeune. Aujourd'hui il a l'air d'un premier communiant ou d'un jeune marié. Costume bleu marine, cravate bleue, chemise bleue, son aspect est un peu conventionnel, mais il semble en forme, l'esprit combatif. Il faut dire que depuis des semaines il ne dit pas grand-chose, même s'il est avéré qu'il est parvenu à remettre le PS au travail. Les « Guignols de l'info » se fichent tout le temps de lui en le présentant comme l'homme politique le plus silencieux de l'arène politique.

Eh bien, cette fois, il parle, et sur un ton très polémique qui correspond parfaitement au titre de l'émission. Alain Juppé a dénoncé la gabegie de la gestion socialiste ? « Parlons-en, riposte Jospin. Le déficit de la Sécurité sociale était de 10 milliards par an lorsque les socialistes étaient au gouvernement ; il est depuis trois ans – il met volontairement dans le même panier le gouvernement Juppé et le gouvernement Balladur qui l'a précédé – de 15 milliards par an. Le déficit budgétaire était de 250 milliards par an, il est depuis trois ans de 340 milliards... La qualité d'un homme d'État, ajoute-t-il fermement, c'est sa bonne foi, son honnêteté intellectuelle. Ce Premier ministre-là n'a pas d'honnêteté intellectuelle. »

Autre angle d'attaque, la maîtrise des dépenses de santé : « Je ne critique pas *a priori* le gouvernement, dit-il, mais cette démarche n'était pas jugée utile par le candidat Chirac, et, à l'époque, le même Juppé défilait contre son principe. »

Question, enfin, sur le tardif réveil des socialistes. « Nous avons été sanctionnés, répond-il, pour nos erreurs de 1993. Les Français sanctionneront la droite au pouvoir. »

Une fois de plus, ce qui frappe chez Lionel Jospin, c'est d'abord son autorité : ce qu'il dit n'est pas frappé au coin du génie, il n'a pas de phrases aussi percutantes que celles de Mitterrand, et pourtant il émane de lui une force évidente. Son grand atout, c'est aussi qu'on ne saurait le soupçonner de mensonge ou de malhonnêteté. Aujourd'hui, c'est la première qualité que les Français demandent à leurs élus.

25 juin

Au Palais-Bourbon, les députés RPR sont sortis accablés de leur réunion de groupe hebdomadaire. Il y a quelques jours seulement, je trouvais que le climat à Matignon et dans la Chiraquie en général était meilleur. Pas euphorique, certes, mais plus détendu. Eh bien, patatras : l'angoisse s'est réinstallée en quelques jours chez les parlementaires qui s'en sont ouverts à Alain Juppé, lui-même assurément plus touché encore.

Deux chiffres ont suffi pour leur mettre le moral à zéro.

Le premier est celui du dérapage des dépenses sociales. On s'attendait à 15 milliards, le « trou » atteint 45 milliards – trois fois plus ! Les dérives continuent et s'accentuent. On ne peut certes en accuser le plan d'Alain Juppé sur la Sécurité sociale, puisqu'il n'a pas encore été appliqué. N'empêche, c'est un rude coup pour ceux qui viennent de commencer à payer le 5 % de cotisation supplémentaire.

Deuxième chiffre, deuxième choc : l'enquête annuelle de l'INSEE indique que le nombre de chômeurs s'est accru de 165 000 entre mars 1995 et mars 1996 ; 12,6 % de la population française est au chômage, sans parler des suppressions d'emplois annoncées un peu partout. Alain Juppé, au supplice, a écouté sans les interrompre (« pour une fois », me dit un des présents) ceux des députés qui se demandaient, iconoclastes ou séguinistes, si les choix du gouvernement étaient les bons, et si même – l'expression a été employée – il n'y aurait pas d'autre politique.

1996

Raymond Barre, que je rencontre dans la salle des Quatre-Colonnes, estime qu'on ne pourra pas indéfiniment faire porter sur les citoyens actifs le surplus de charges engendré par la montée du chômage. Michel Péricard lui-même[1] me parle de « la nécessité de donner à la politique de l'emploi un peu plus de contenu ». Il me suffit de regarder son visage pour mesurer son inquiétude. C'est que tous prennent conscience, en cette fin de session parlementaire, que l'échec est peut-être devant eux.

Conséquence de ces mauvais chiffres : hier, Jacques Barrot a annoncé aux syndicats que la hausse du SMIC se limiterait cette année à sa stricte revalorisation légale, qui est de 0,34 %. En juillet 1995, le gouvernement Juppé avait augmenté le SMIC de 4 %, ce qui n'avait pas eu les effets escomptés sur la consommation.

On a l'impression que, face au chômage, le gouvernement – et le Président – ne sait plus à quel saint se vouer[2].

1. Michel Péricard a été élu en 1995 président du groupe RPR à l'Assemblée nationale, à la place de Bernard Pons, nommé dans le gouvernement d'Alain Juppé. Il sera vice-président de l'Assemblée nationale en 1997.

2. Le SMIC sera finalement augmenté, en Conseil des ministres du lendemain, de 0,5 %.

28 juin

J'ai été hier matin le témoin, ou plus exactement l'instigatrice, sans le vouloir, d'un léger couac gouvernemental. Au micro de RTL, Jean-Pierre Raffarin, ministre du Commerce et de l'Artisanat, défendait le petit commerce face aux grandes surfaces, ce qui est strictement son boulot. Dans les domaines comme la distribution ou l'hôpital, a-t-il insisté, il faut revenir à la dimension humaine. Pourquoi a-t-il dit : l'hôpital ? La contradiction avec Jacques Barrot, ministre du même gouvernement, est évidente : celui-ci ne cesse de tenter de démontrer, sans y parvenir, qu'il faut fermer les petits hôpitaux, qui coûtent cher et dispensent des soins moins efficaces que les grands.

Ce n'était pas là un gros « couac » – un petit, tout simplement. Significatif des difficultés que rencontre un gouvernement quand il veut à la fois soutenir les petits commerçants et rationaliser les structures publiques.

En revanche, un qui ne change pas d'idée, quitte à marteler ses arguments d'un média à l'autre, c'est Nicolas Sarkozy : il vient ce matin, houspillant Juppé, de répéter aux auditeurs qu'il fallait une baisse des impôts, tout de suite, sans attendre !

1er juillet

Et, pour tout arranger, re-voilà les « affaires » ! Il ne manquait plus que cela. Au départ, l'histoire de l'appartement loué par la Ville de Paris au fils du maire, Dominique Tiberi, remis à neuf à cette occasion. Pas de quoi monter au plafond lorsqu'on compare ce que cela a dû coûter aux innombrables « trous » dus à une gestion approximative en d'autres secteurs.

Mais l'affaire est allée bien plus loin : que le juge Halphen ait été empêché de pénétrer au domicile des Tiberi par l'officier de police qui l'accompagnait, que l'ordre de contrecarrer l'action du juge ait été donné par le directeur de la Police judiciaire, Olivier Foll, que l'on s'interroge sur l'identité du supérieur hiérarchique qui a donné cet ordre, ministre ou directeur de cabinet – on est stupéfait en l'occurrence par la maladresse, l'amateurisme des responsables gouvernementaux.

Quant aux magistrats, ils se sont hâtés de classer l'affaire. L'ont-ils fait de leur propre chef, sans intervention du ministère de la Justice ? Peu probable !

Le calvaire de Juppé continue.

8 juillet

Ministre du Travail et de l'Emploi, Jacques Barrot me parle ce matin du travail et de l'emploi. Il le fait avec énergie : « Le malheur, dit-il néanmoins en changeant de ton, comme tant d'autres, en quittant l'antenne, c'est que nous nous sommes trompés de message. L'année dernière, il ne fallait pas parler à ce point du chômage et de l'emploi, mais braquer le projecteur sur les investissements. Nous ne l'avons pas fait, et maintenant il est trop tard. »

Dieu me garde de mes amis ! doit se dire Juppé.

9 juillet

Les anciens ministres UDF d'Édouard Balladur – c'est Simone Veil qui me le raconte – devaient dîner ensemble le soir de l'intervention télévisée d'Alain Juppé sur TF1. Ils étaient donc tous réunis au restaurant La Gauloise, du côté des Invalides, et avaient demandé un téléviseur pour suivre, avant le repas, les propos du Premier ministre. En le regardant, les uns et les autres ont émis quelques petites réflexions assassines, puis ont décidé assez rapidement de passer à table sans attendre la fin.

Quant à Giscard avec qui j'avais rendez-vous ce matin (je ne peux pas croire qu'il participait au même dîner), il n'a pas écouté Juppé, « lequel, me dit-il, n'avait pas grand-chose à dire ».

14 juillet

Le traditionnel rendez-vous télévisé de la fête nationale, aujourd'hui, a montré Jacques Chirac tel qu'il est : pas vraiment décontracté, un peu gauche, d'une gaucherie déconcertante chez un homme qui tient le devant de la scène depuis plus de trente ans, presque une gaucherie de jeune homme qui n'a pas fini de grandir. Direct, sans fioritures de style, jouant à fond la carte de la proximité.

Que voulait-il faire au juste ? Quel était son dessein, aujourd'hui, dans cette figure imposée qu'est l'interview du 14 Juillet, à laquelle aucun changement n'a été apporté depuis plus de dix ans ? Sans doute, parce qu'ils en ont bien besoin, voulait-il rassurer les Français qui, dit-on, attendaient beaucoup de son intervention. Leur donner, ou plutôt leur redonner du cœur à l'ouvrage.

Si c'était cela, c'est un échec. En premier lieu, le message présidentiel est loin d'être limpide. Le principe même d'un entretien de plus d'une heure, entre 13 et 14 heures, pendant que, sur la pelouse élyséenne, les invités attaquent les buffets en rangs serrés, ne contribue pas à la simplicité du propos : à balayer tout le spectre de la politique, de la Corse à la « vache folle » en passant par les « affaires » et la perspective, toujours différée, d'une baisse de l'impôt sur le revenu, le discours perd en clarté. La généralité du propos est inversement proportionnelle à la précision de son contenu.

Donc, pas la moindre annonce fracassante, hormis celle, imprévue mais assez anxiogène, du déménagement des 50 000 enseignants et étudiants de la fac de Jussieu pour cause de désamiantage. Pas d'électrochoc pour sortir de la morosité, donc. Et surtout pas de ligne directrice, pas de voie largement tracée. « Là où il y a une volonté, disait le candidat de 1995, il y a un chemin. » N'y en aurait-il plus en 1996 ? Il est en tout cas plus difficile à tracer : Chirac est conscient de ce que les Français attendent de lui une amélioration sensible sur le plan de l'emploi. « Nous avons été trop longtemps immobiles, il faut remettre la France en mouvement », dit-il en réclamant du temps. Un temps que les Français ne lui accordent peut-être plus. J'ai été frappée, aujourd'hui, par la similitude entre le discours du Mitterrand vieillissant et celui de Chirac au bout d'une seule année de mandat. Mitterrand confessait qu'il avait tout essayé contre le chômage, que rien ne marchait. Je me rappelle alors les exclamations indignées des dirigeants RPR et UDF de l'époque. Eh bien, aujourd'hui, Jacques Chirac a reconnu qu'il n'avait ni baguette magique, ni recette-miracle. Des propos somme toute assez faciles à comprendre, mais bien peu mobilisateurs.

Il confirme qu'il ne tentera pas d'« autre politique » que celle du gouvernement, que le cap demeure la lutte contre le déficit, compatible avec une réduction des impôts et une baisse du chômage. Dans ces conditions, le satisfecit exceptionnel que le Président décerne à Alain Juppé ne surprend pas : le Premier ministre « fait aussi bien qu'il peut », il agit dans le sens des « objectifs définis pendant la campagne présidentielle », et respecte « le cap qui a été fixé ».

Pas de changement à attendre, donc. Et pas de dissolution de l'Assemblée : Chirac ne laisse planer aucune ambiguïté sur le sujet. Sans doute veut-il répondre, sans le dire, à tous ceux, chez les balladuriens et à l'UDF, qui laissent entendre que Chirac est en train de préparer une nouvelle cohabitation. Le démenti présidentiel, aujourd'hui, est catégorique.

Pour résumer mon impression, j'ai senti Chirac conscient de l'attente massive des Français que ronge, au sujet du chômage, une « inquiétude profonde ». Conscient mais n'ayant rien à leur proposer, rien à attendre d'autre que leur patience. Difficile, pour ne pas dire impossible, dans ces conditions, d'espérer des Français un sursaut qu'on n'est pas soi-même capable d'avoir.

18 juillet

Je m'aperçois que je n'ai rien écrit ici de l'affaire qui a secoué le Parti républicain la semaine dernière. Ce pourrait être drôle si cela ne faisait frissonner : les proches collaborateurs de François Léotard auraient été placés sur écoute. Sur ordre de qui ? Du ministre de la Défense. Ahurissant ! C'est *Le Monde*[1] qui l'a annoncé en début d'après-midi, le 8 juillet. A suivi, pendant l'après-midi, une cascade de communiqués exprimant étonnement, protestations, puis dénégations.

À 17 heures, communiqué officiel de François Léotard qui demande des explications au Premier ministre. Matignon répond par un vague texte, avant 18 heures, tandis que Gilles de Robien[2] s'indigne et demande, au nom de son groupe, une « explication franche et loyale ». Une heure plus tard, Donnedieu de Vabres, directeur de cabinet de Léotard, écrase le coup : circulez, rien à voir ! Comment cela ? Ne s'est-il rien passé ? En tout cas, l'ordre tombe des deux côtés – à Matignon et à l'UDF – d'enterrer l'affaire.

Deux explications peuvent être retenues : ni Léotard ni Juppé ne veulent donner un tour pareil aux relations déjà difficiles entre les deux partis de la majorité ; explication plus probable : il s'agissait d'une écoute concernant quelqu'un de parfaitement identifié, sans rapport avec la politique.

En tout cas, je suis restée stupéfaite de la rapidité avec laquelle cette affaire est montée, et de la façon non moins rapide dont elle s'est arrêtée. Je me dis que, dans ces cas-là, les journalistes en sont

1. Numéro daté du 9 juillet 1996.

2. Gilles de Robien est député UDF-PR de la Somme et président du groupe UDF de l'Assemblée nationale.

réduits à regarder les balles s'échanger au-dessus de leur tête. On en saura sans doute plus un jour. Pas maintenant...

22 juillet

Aujourd'hui, Édouard Balladur recevait ses amis, pour la plupart ses anciens ministres, à Chamonix, ou plus exactement au col de Balme, à un peu plus de 2 000 mètres d'altitude. Pour ménager Simone Veil, qui n'était pas en tenue de marche, talons et ensemble gris et blanc de soie légère, il n'avait pas voulu entraîner la petite troupe dans une de ces promenades alpines qu'il affectionne. Il a préféré les pentes de la montagne à vaches aux montées trop rudes. La joyeuse bande, escortée de journalistes et de photographes, a donc pris le télésiège. On y a vu côte à côte, pendant l'ascension dans la même nacelle, Édouard Balladur, Simone Veil et Nicolas Sarkozy. Les autres, dont François Léotard et Ladislas Poniatowski, les suivaient de quelques mètres.

Sitôt arrivés, l'ancien Premier ministre a fait servir à ses convives jambon de pays, pain de campagne et vin de Savoie, en les mettant en garde contre toute prise d'alcool excessive à cette altitude.

L'image, assez joyeuse, a fait la une de tous les journaux, écrits ou télévisés. Je ne sais si les invités d'Édouard Balladur ont pensé un instant que Chamonix était peut-être en train de devenir la roche de Solutré de l'ancien Premier ministre. C'était en tout cas une rencontre plus amicale que politique, ont-ils juré, encore que les deux choses soient ici souvent liées. Toujours est-il que les petites phrases ont été nombreuses, malgré les dénégations de Nicolas Sarkozy, qui, en réponse aux questions des journalistes, a assuré : « Ce n'est pas parce que des gens s'entendent qu'ils ne peuvent s'entendre que sur le dos des autres. »

Il n'empêche – peut-être est-ce le vin servi – qu'Édouard Balladur, en fin de course, a révélé sinon le fond de son cœur, du moins son état d'esprit en demandant au gouvernement « de faire preuve d'un peu plus d'ambition dans la baisse des dépenses et dans celle des impôts ».

« J'approuve les objectifs du gouvernement, a-t-il conclu. Quant aux moyens, ils gagneraient à être plus dynamiques qu'ils ne sont. »

Scènes de vie champêtres...

5 septembre

Après s'être rendu pendant l'été en Corse où il avait affirmé que les terroristes n'avaient pas à attendre la moindre complaisance de la part du gouvernement, Alain Juppé vient de rendre ses devoirs de vacances. Il semble avoir entendu les objurgations alpines de Balladur en juillet dernier, puisqu'il annonce aujourd'hui solennellement une baisse de l'impôt sur le revenu. Il est vrai qu'il ne l'avait pas attendu, puisque c'est en juin qu'il avait confié une mission de réflexion sur la réforme fiscale à Dominique de la Martinière.

Juppé a annoncé cette fois son projet de réforme fiscale dans les règles, après avoir réuni hier les leaders de sa majorité pour les consulter sur son projet. Cela tombait d'autant mieux que les ex-ministres balladuriens et Balladur lui-même avaient continué, pendant les vacances, à sonner la charge, réclamant à la fois baisse d'impôts, baisse des déficits et baisse du chômage. Sur la baisse des impôts, ils ont donc fini par se faire entendre, et c'est apparemment ravi que François Léotard, hier, sur le perron de Matignon, sortant de son entrevue avec Juppé, s'est félicité d'avoir été suivi par le gouvernement dans ce combat.

Juppé vient tout juste de présenter son projet au journal de 20 heures sur TF1 : allant jusqu'à esquisser de temps à autre un léger sourire, il annonce donc une réduction du montant de l'impôt sur le revenu de 75 milliards sur cinq ans. Ce n'est pas rien, souligne-t-il, sur les 300 milliards que cet impôt rapporte à l'État. Pourquoi ne pas l'avoir fait plus tôt ? Parce que avant, la situation financière de la France ne le permettait pas. Pourquoi donc aujourd'hui ? Parce que aujourd'hui, l'État a stabilisé les dépenses publiques : cette baisse d'impôt, il peut donc se la permettre.

Le discours que tient Juppé aujourd'hui est exactement celui que Balladur pourrait tenir à sa place : on baisse les impôts, on redynamise l'économie, on accorde un supplément de pouvoir d'achat aux uns, on encourage l'investissement chez les autres. On fabrique plus de richesses, donc plus de croissance. Tout cela en rééquilibrant la ponction sur les revenus du travail par rapport à celle opérée sur le capital et en entrant dans les « clous » des critères de Maastricht. CQFD.

Quant à l'emploi, dont Chirac avait fait sa priorité en 1995, il n'en est question qu'une fois dans l'intervention de Juppé : pour souligner qu'il baissera lorsque la croissance se refera sentir.

Juppé s'est « balladurisé » pendant les vacances.

Le problème, c'est qu'en matière de baisse fiscale, on n'en fait jamais assez, ou bien on ne convainc pas. À gauche, Dominique Strauss-Kahn, puis Laurent Fabius protestent : il fallait procéder à une baisse de la TVA ou de la taxe d'habitation, qui touchent tout le monde, ou encore baisser les taux d'intérêts. Au sein de la majorité, l'UDF, sitôt après avoir obtenu satisfaction sur la diminution de l'impôt direct, se plaît, mauvaise joueuse, à souligner qu'elle espère que cette baisse sera irréversible et ne sera pas suivie, dans l'année, « par des augmentations de recettes dites de poche, par exemple de la taxe sur l'essence [1] ».

7 septembre

Me voici, pour une journée seulement, à La Baule à l'université d'été de l'UDF où, après son allocution télévisée d'avant-hier, Juppé, en fin de matinée, est venu parler de la rentrée politique, dans laquelle il voit de nombreuses raisons d'espérer : « Depuis mai 1993, dit-il [englobant donc les efforts de Balladur de 1993 à 1995 et les siens depuis un an], le chômage n'a que très peu progressé. » Une constatation qui ne me semble pas vraiment très ambitieuse. « Vous parlez d'un programme ! » avait dit Valéry Giscard d'Estaing lorsqu'Édouard Balladur, dans sa campagne présidentielle, avait parlé de réduire de deux cent mille unités par an le nombre des chômeurs. Je ne sais si les membres de l'UDF s'en contenteront.

Juppé continue : la balance du commerce extérieur va mieux ; il a noté une forte augmentation des permis de construire, des immatriculations de véhicules automobiles. « Tout cela, insiste-t-il, n'est pas aussi catastrophique que je l'entends dire matin, midi et soir. L'économie française n'est pas en récession. » Au fond, il s'adresse d'abord, dans le but de tenter de les convaincre, à ceux dont fusent les critiques les plus féroces contre son gouvernement, ceux qu'il a devant lui, ce matin : les militants de l'UDF, et davantage encore ses dirigeants.

Il leur dit – ce qui n'est pas usuel dans ce genre de réunion – ce qu'il a sur le cœur. On l'accuse de ne pas assez baisser les impôts ? « On ne l'a jamais fait, plaide-t-il, depuis des décennies. On me dit d'en faire plus. Voire ! Je tiens à privilégier le travail et l'emploi. »

---

1. Jean-Pierre Thomas sur TF1, le 6 septembre 1996. Les hausses sur le tabac, l'alcool et l'essence seront annoncées quelques jours plus tard.

Le combat pour la maîtrise des déficits ? Il est, assure-t-il, en passe d'être gagné, les déficits publics et celui de la Sécurité sociale étant en même temps réduits.

Le plus important lui reste encore à dire : c'est une mise en garde adressée à ses auditeurs, parmi lesquels, au premier rang, François Léotard et François Bayrou. J'ai noté son avertissement avec précision : « Je comprends, certes, que vous vouliez et que mes propres amis veuillent faire entendre leur différence et affirmer leur identité. Je considère aussi que les deux formations de la majorité doivent s'efforcer sinon de parler d'une même voix, en tout cas de coordonner avec soin leurs prises de positions et d'éviter autant que faire se peut les discordances. »

Il termine son intervention en proposant, ce qui est assez bien reçu par l'assistance, de « réfléchir à une distinction entre le temps du soutien et le temps de la proposition ».

Lorsqu'il quitte la tribune, il a gagné son pari devant les militants de l'UDF qui souhaitent l'apaisement au sein de la majorité. L'accueil que lui font les dirigeants, en revanche, me semble plus réservé.

Pas grand-chose à retenir d'autre de ces journées, sinon que l'annonce à la une du *Monde*, en ce début d'après-midi, d'une réforme du mode d'élection des députés fait grand bruit dans les travées. D'après le quotidien, le gouvernement voudrait – air connu, marronnier de la vie politique ! – introduire une dose de proportionnelle à l'occasion des prochaines législatives. Contrairement à ce que j'attendais, François Bayrou me dit son hostilité à cette modification du mode de scrutin. Sa position me laisse surprise : je pensais que le centre, ne serait-ce que pour exister dans ce régime devenu depuis 1958 à tendance bipolaire, réclamait au contraire le rétablissement du scrutin à la proportionnelle. « Le centre, m'explique-t-il, devient mou si les élections se font avec ce mode de scrutin. Moi, je veux un centre "dur", émanant du système majoritaire. »

Il souligne qu'au centre, il était seul, avec Raymond Barre, à être sur cette position.

Centre « dur » ou centre « mou », je continue à penser, quoi que m'en dise Bayrou, que le problème, pour le centre, est avant tout d'exister.

8 septembre

Déplacement avec Charles Pasqua à Saint-Nazaire où Étienne Garnier, qu'il avait beaucoup aidé à faire élire en 1993 [1], lui a demandé d'animer une rencontre avec les militants gaullistes du coin. Le chiraquien de la première heure Étienne Garnier et le balladurien de 1995 Pasqua ont en commun leur hostilité à Alain Juppé. Quelques minutes avant qu'il ne s'asseye à la table du déjeuner, Charles Pasqua reçoit un coup de téléphone : c'est Jacques Chirac qui l'appelle. « Tiens, vous êtes tous les deux à Saint-Nazaire ?, fait-il mine de s'étonner. Pardon, je ne voulais pas vous déranger... » Suit un échange bourré de généralités, puis, avant de raccrocher : « Bon, dit Chirac, n'y va pas trop fort. » Sous-entendu : pas trop de critiques envers la politique de Juppé. Que le Président lui-même veille sur son Premier ministre pour lui épargner les coups, c'est un signe des temps. Sous la Vᵉ République, en général, c'est plutôt l'inverse.

Le coup de fil présidentiel laisse de marbre Charles Pasqua, qui se livre, après avoir raccroché, à un éreintage en règle de la politique du Premier ministre : « La route choisie, dit-il, n'est pas la bonne. Elle ne nous conduit ni vers la grandeur de la France, ni vers la prospérité économique, ni vers la justice sociale. » Il ajoute une curieuse métaphore, peut-être inspirée par son passé chez Ricard, afin d'illustrer son propos : « L'équipage le sent, il s'inquiète, et ce n'est pas une double ration de rhum qui changera durablement son état d'esprit ! »

La charge est radicale ; pas le moindre petit bon point accordé au Premier ministre ; une contestation générale, sans nuances, quoique exprimée avec l'accent du Midi qui arrondit toujours un peu les angles. J'ai l'impression que, loin de le calmer, le coup de téléphone de Chirac l'a au contraire incité à en faire plus qu'il n'envisageait.

Pour finir, il retrouve le discours qu'il avait opportunément interrompu aussi longtemps qu'il appartenait au gouvernement Balladur : il faut, développe-t-il aujourd'hui, retrouvant ses accents de la campagne référendaire de 1992, « desserrer la mâchoire Maastricht ». Il faut revenir à l'idée européenne elle-même : « L'Europe n'est pas une monnaie, mais la cohabitation des plus anciens pays du monde. La monnaie n'est pas une fin en soi, elle ne peut être laissée aux seuls caprices du marché. »

---

1. Étienne Garnier, proche d'Olivier Guichard, est député de la 8ᵉ circonscription de Loire-Atlantique depuis 1993.

Au sujet de l'Europe, l'assistance est divisée : il y a là des souverainistes, mais aussi des militants favorables à Juppé et à Chirac, qui ne souhaitent pas voir réémerger les divisions de Maastricht. Ceux-là apprécient modérément la charge de Pasqua. En revanche, il se taille un franc succès lorsqu'il parle des lois qu'il a signées sur l'immigration. Sa formule est très applaudie : « La France a le droit, dit-il, d'accueillir sur son territoire qui elle veut, et non pas qui le veut ! »

« Comment engager les réformes de structure nécessaires ? » lui demande un convive lorsqu'il a achevé son intervention. « La France, répond Pasqua dans une sorte de profession de foi optimiste, est peuplée de conservateurs, de conservateurs de gauche, de conservateurs de droite. Mais, finalement, les Français sont toujours disponibles pour un projet novateur à condition qu'ils sentent la volonté de l'État. » La critique de la présidence Chirac est, là, subliminale : pas assez de volonté, pas assez de réformes, ou des réformes mal engagées.

Le reste de ses réponses est plus classique : vaste emprunt national pour l'investissement et la création d'entreprises, baisse des charges sociales – il avance la panoplie des réformes libérales.

Une fois de plus, après cette soirée, il est évident que la base du RPR – même si c'était ce soir une base huppée, c'était tout de même *la base*... – ne veut pas se diviser. Militants, sympathisants et électeurs du mouvement gaulliste détestent la division : ils ont sans doute beaucoup souffert récemment de l'affrontement entre Chirac et Balladur, et n'ont aucune envie de le voir se perpétuer. Cela n'a pas empêché Pasqua de se « lâcher », mais il n'est pas sûr qu'il ait complètement conquis, ce faisant, son auditoire.

Je mesure aujourd'hui à quel point la culture du RPR est différente de celles des socialistes : les courants, les chapelles, dont la gauche raffole, les gaullistes les détestent. Ce qui oblige les diviseurs, chez eux, à clamer haut et fort la nécessité de l'union. Grand écart nécessaire à qui veut gagner le cœur des militants...

20 septembre

Violente polémique entre Juppé et Jean-Marie Le Pen. Le Pen a sorti, il y a environ trois semaines, une de ces formules dont il a le secret, inutile et choquante, sur l'inégalité des races. C'est son fonds de commerce. Devant les jeunes du RPR, hier, Juppé l'a déclaré « raciste, antisémite et xénophobe ». Colère de Le Pen qui réclame aujourd'hui la démission du Premier ministre.

Cela n'aurait aucune importance si, une fois de plus, je n'avais l'impression que la haine inexpiable entre Chirac et Le Pen condamne la droite dite classique, UDF et RPR, à redevenir minoritaire. Mitterrand avait bien vu quel cadeau il laissait derrière lui à la gauche : il y a quelques jours encore, Jospin disait sur Le Pen l'équivalent de ce qu'a dit Juppé. Le Pen n'a pas bronché, il ne s'est pas attaqué une seule seconde au chef du PS. Il préfère garder ses coups pour le président de la République et, à défaut, le Premier ministre. Attendait-il, il y a quelques années de cela, au moment de Dreux[1], attendait-il de Chirac que celui-ci le comprenne, qu'il admette le Front national au sein de la majorité ? A-t-il espéré que ce soit possible ? Chirac m'a toujours dit qu'il n'avait jamais rencontré Le Pen dans cette perspective. Reste qu'il traînera longtemps encore le boulet du FN.

27 septembre

Les journées parlementaires du RPR au Havre ont été l'occasion d'un grand discours, plus que sceptique, d'Édouard Balladur. C'est du moins l'essentiel de ce que j'en ai retenu : il faut, a-t-il expliqué, qu'en 1998, pour la campagne des législatives, la croissance et l'emploi soient repartis. Manifestement, il n'est pas certain que le gouvernement en prenne le chemin. Alors, au bout du chemin, « que fera le président de la République élu en 1993 ? ». Il se reprend aussitôt : « Euh... en 1995 », mais son lapsus en dit long. Le Président sera-t-il contraint, se demande-t-il, à la cohabitation ? « Elle est parfois inévitable, elle n'est jamais souhaitable », dit-il sur le ton de l'avertissement.

Ce n'est pas un hasard si les balladuriens, Balladur en tête, ne cessent de penser, depuis bientôt un an, que Chirac fait tout pour aboutir à une cohabitation. Leur conviction est que, puisqu'il n'a pas voulu réconcilier balladuriens et chiraquiens dès sa victoire de 1995, le chef de l'État ne peut que souhaiter une autre majorité que celle qu'il a, quitte à déboucher, peut-être non sans soulagement, sur une victoire de la gauche en 1998.

1. À Dreux, aux éléctions municipales de 1983, J.P. Stirbois a été élu en fusionnant sa liste FN avec celle du RPR.

Juppé a finalement clôturé les débats. Il est arrivé en possession d'un mauvais chiffre du chômage, précédé par l'expression du scepticisme d'Édouard Balladur, et fortement mis en cause, la veille, par Pierre Mazeaud, sur la ligne plutôt souverainiste. Il a beau avoir demandé une « adhésion franche et sincère, de l'esprit et du cœur », il n'est pas sûr que les parlementaires la lui donnent, cette adhésion.

En marge de ces journées parlementaires, Gabriel Kaspereit[1], aux côtés de qui je me trouve à déjeuner, me raconte son entrevue avec Chirac, le 22. Il l'a interrogé sur la monnaie unique et l'Europe, dans un sens très « gaulliste », me dit-il. « Cela ne t'embête pas, a-t-il demandé à Chirac, que la Banque européenne ait son siège à Francfort ? – Oui, j'aurais préféré à Bonn », lui a répondu Chirac en rigolant. Il est remonté au créneau sur la monnaie unique : « J'ai besoin de l'euro », lui a dit le Président. « Mais qui décidera que l'euro doit baisser, s'il le faut ? » a demandé Kaspereit. « Les financiers ! » lui a-t-il été répondu. Kaspereit a bougonné : « Tu vois bien qu'il s'agit de donner le pouvoir aux fonctionnaires ; ils font ce qu'ils veulent, tu le sais bien, pourtant ! »

Peine perdue, note tristement Kaspereit : « Maintenant, il poursuivra dans cette voie jusqu'au bout. »

4 octobre

Jean-François Probst[2] me raconte sa version – la bonne, car je l'ai immédiatement recoupée auprès de quelques députés – du déroulement des journées parlementaires du Havre : en réalité, Jacques Chirac est intervenu à de nombreuses reprises auprès de Michel Péricard, président du groupe parlementaire RPR, pour protester contre les prises de positions d'Étienne Garnier et de Pierre Mazeaud, qui avaient dénoncé fermement la politique suivie par le gouvernement. Mazeaud a donné de surcroît à son opposition une forme qui a largement débordé le rassemblement parlementaire du Havre. Il s'est exprimé en termes forts, à son habitude, sur France 2. Gourdaud-

1. Gabriel Kaspereit a été député UNR, UDR, puis RPR de Paris de 1961 à 1997. Il a été secrétaire d'État auprès du ministre du Développement industriel, puis secrétaire d'État à la Moyenne et Petite Industrie de 1969 à 1972. Il a été également maire du IXe arrondissement de Paris de 1983 à 2001.

2. Jean-François Probst a été conseiller d'Alain Juppé à Matignon, puis de Jean Tiberi à la Mairie de Paris.

Montagne a avisé Juppé, qui ne l'avait pas écouté, de la teneur de ses propos. Du coup, clash : le Premier ministre a refusé de se rendre au Havre. Jacques Chirac, comme d'habitude, a pris sa défense et a tancé ce pauvre Péricard, qui n'en pouvait mais. Puis il a appelé Étienne Garnier au téléphone, me raconte celui-ci, pour lui dire à quel point Juppé prenait mal toutes ces attaques, et pourquoi il fallait ne pas lui empoisonner la vie. Après ce happening, Juppé a finalement accepté de s'adresser aux députés, sans doute tout simplement pour ne pas abandonner le terrain à Édouard Balladur.

Suit, cette semaine, le vote de confiance que demande Alain Juppé au Parlement après toutes ces passes d'armes avec l'UDF et, au sein du RPR, avec Pasqua et Mazeaud. La confiance est votée par plus de 450 députés de la majorité. En apparence, c'est un succès pour Juppé. Pourtant, ce vote fait apparaître, derrière une fausse unité, l'existence d'une majorité schizophrène au sein de laquelle les clivages UDF/RPR et balladuriens/chiraquiens sont plus nets que jamais. Il suffit d'entendre, après qu'ils sont sortis de l'hémicycle, les propos ironiques des parlementaires UDF pour s'en rendre compte. Bernard Bosson réclame compréhension et dialogue pour son parti, ce qu'à l'entendre il n'arrive pas à obtenir. Plus tard, Ladislas Poniatowski ricane : « Et maintenant, l'étape suivante, dit-il, c'est de retrouver la confiance des Français ! »

Juppé fait des efforts, il se bat, il est plus rond qu'à son arrivée, il ne s'énerve plus à tout bout de champ à force de trouver les autres idiots, il fait beaucoup d'efforts sur lui-même : peine perdue ! En dehors des partisans déclarés de Chirac, il ne touche pas le reste de la majorité. Au surplus, parmi ceux qui se disent et qui sont peut-être sincèrement favorables à Chirac, de nouvelles voix s'élèvent – celle de Pierre Mazeaud, celle d'Étienne Garnier ; plus bas, celle de Bernard Pons – pour critiquer férocement le Premier ministre.

C'est dans ce contexte que François Léotard vient aujourd'hui de faire sienne et de rendre publique l'idée d'une dissolution nécessaire, ou du moins envisageable, pour y voir plus clair.

8 octobre

Après l'attentat de Bordeaux[1], Jean-Louis Debré s'irrite qu'on l'accuse d'immobilisme en Corse. Il a dû être sérieusement secoué par Juppé.

« Je peux arrêter quelqu'un sur preuves, me dit-il place Beauvau, mais là, pas de renseignements, pas de dossiers. Partout où je peux agir, j'agis. Quelques éléments du SRPJ d'Ajaccio étaient nationalistes ; je les ai fichus à la porte. Savez-vous ce qui s'est passé ? Les politiciens de l'île, toutes tendances confondues, ont menacé de faire grève ! Alain Juppé les a rencontrés : "Ah, vous soutenez la politique du gouvernement ? leur a-t-il dit. Alors, pourquoi rencontrez-vous sans cesse les nationalistes ?" Eh bien, figurez-vous qu'ils l'ont mal pris, autant José Rossi, majoritaire, qu'Émile Zuccarelli, dans l'opposition... Non, conclut-il, en Corse, je ne peux pas m'appuyer sur les notables. »

Le constat, révélateur de la schizophrénie des hommes politiques corses, explique-t-il l'absence de réussite ?

16 octobre

Comment expliquer cette interview accordée par Jacques Chirac à François d'Orcival[2] ? À la fin août, Juppé a parlé d'alléger l'impôt sur le revenu. Bien. Puis est arrivée l'annonce de hausses futures et inéluctables des prélèvements locaux. Aujourd'hui, Chirac revient, sans aucune nécessité liée à l'actualité, sur l'ISF. Il s'est abstenu de toucher à cet impôt au moment de son retour au pouvoir, et maintenant que la croissance n'est toujours pas au rendez-vous, il explique presque négligemment qu'en effet, l'ISF favorise des phénomènes de fuite ou de délocalisation, qu'il faut y être extrêmement attentif, et, « le cas échéant », apporter à l'impôt sur la fortune des modifications qu'il qualifie de nécessaires.

Il est vrai que ce paragraphe de l'interview a été précédé par un discours de Chirac à Poitiers où, pour la première fois, lui qui n'aime

1. Dans la nuit du 5 au 6 octobre, vers 23 heures, un engin explosif de grande puissance a dévasté le rez-de-chaussée de la mairie de Bordeaux, sans faire de victime. La police a immédiatement privilégié la piste corse après le discours de fermeté tenu par Alain Juppé à la fin de l'été 1996.

2. Pour *Valeurs actuelles* daté du 11 octobre 1996.

pas les grands patrons, avait déploré que certains d'entre eux préfèrent quitter la France, parce que « mieux traités » ailleurs.

Au moment où les Français s'interrogent sur la réussite de leur gouvernement, sur le bilan de Jacques Chirac, pourquoi remettre l'ISF sur le tapis ? « Oh, me dit Gilles Martinet avec qui nous nous posons la question, il a dû rencontrer, avant son discours de Poitiers, un grand patron qui lui en a parlé. Avec lui, le dernier qui parle a raison[1]... »

26 octobre

Ce n'est pas ce qui s'est passé au Moyen-Orient où Jacques Chirac a, au contraire, des convictions qui ne sont pas du tout liées à la conjoncture. Il s'était déplacé pour plaider en faveur d'un État palestinien. Il l'a fait sans langue de bois, sans diplomatie. En Syrie où il a commencé son voyage par un discours de paix. Puis en Israël lorsque, au milieu des élèves ingénieurs de l'université de Haïfa, il a abordé, bille en tête, le problème : « Tant que les Palestiniens, leur a-t-il dit, ne pourront pas prendre en main leurs problèmes, tant qu'ils n'auront pas droit à la dignité reconnue à tous les autres peuples, frustration et amertume persisteront[2]. »

Évidemment, après cela, il a été accueilli dans le monde arabe comme un véritable héros. J'ajoute que l'incident[3] qui l'a opposé, dans les rues de la vieille ville de Jérusalem, aux forces de sécurité israéliennes qui repoussaient brutalement la foule composée essentiellement de journalistes, mais aussi d'habitants arabes des vieux quartiers, lui a assuré une popularité sans pareille dans les pays arabes.

---

1. Gilles Martinet ne se trompait pas : Jacques Chirac avait rencontré, avant Poitiers, un grand industriel du Nord sensible aux problèmes posés par l'ISF...

2. Le chef de l'État a ajouté : « Un État palestinien reconnu offrira à Israël un véritable partenaire, et lui seul sera capable de prendre et de tenir les engagements nécessaires à la nécessaire sécurité d'Israël. »

3. Le 22 octobre, tandis qu'il visite la vieille ville de Jérusalem, Jacques Chirac s'est heurté violemment aux services de sécurité israéliens qui repoussaient brutalement les journalistes et la population arabe des vieux quartiers. Cet incident est survenu après une longue série d'affrontements entre les services de sécurité et le chef de l'État français : celui-ci avait refusé d'entrer au monastère catholique Sainte-Anne parce que des militaires israéliens étaient à l'intérieur. S'adressant en anglais aux services de sécurité, il a dit à ceux d'entre eux qui étaient le plus proches : « *What do you want ? Me to go back to my plane, and go back to France ?* »

Après Israël il s'est rendu en Jordanie, puis en Égypte où il a achevé son voyage.

Je me dis qu'un périple comme celui-là porte Chirac au comble du bonheur. Par ce qu'il a dit, d'abord ; et, dans son cas, il s'est exprimé avec sincérité. Il connaît le monde arabe beaucoup mieux que ne le connaît le président américain et maints autres dirigeants européens. Lorsqu'il en parle, on sent bien que cet homme, qui n'a pas beaucoup de convictions, en a une sur le Moyen-Orient : sans État palestinien, pas de paix. De cela il est certain, sans la moindre restriction. Heureux, il l'est aussi du fait de l'écho qu'ont rencontré ses propos, et du succès personnel qu'il a remporté.

C'est évident : si tous les présidents de la République française font tant de voyages, c'est qu'ils connaissent là l'immense plaisir d'aller se faire ovationner à l'étranger quand il leur devient si difficile d'être applaudi en France.

En France, justement, les réactions à ce voyage sont loin d'être unanimes. Les gaullistes ou ce qu'il en reste se réjouissent. Les autres sont moroses[1]. Moi pas.

29 octobre

Corse, suite. François Santoni[2], rentré depuis quelques mois dans la clandestinité, est passé aux aveux dans *L'Est républicain*. Il le fait avec la nette intention de ridiculiser le gouvernement français et surtout son ministre de l'Intérieur.

Santoni révèle aujourd'hui que le gouvernement, en janvier dernier, avant la démonstration de militants en cagoule à Tralunca, dans le maquis, était bel et bien entré en négociations avec les autonomistes. Il cite même le nom des négociateurs : il s'agit, selon lui, de Maurice Gourdaud-Montagne, directeur de cabinet d'Alain Juppé, et de son adjoint, Patrick Stefanini. Si Santoni parle aujourd'hui, c'est, dit-il, que le gouvernement n'a pas tenu ses engagements à l'égard des mouvements nationalistes.

Accusation de première grandeur, encore qu'elle émane d'un

1. À preuve, l'article du *Monde* en date du 26 octobre ; parlant de « diplomatie du mégaphone », le quotidien ajoute : « Aussi longtemps que l'Union européenne sera incapable de parler d'une seule voix sur le Proche-Orient, Jacques Chirac prêchera dans le désert. »

2. François Santoni est secrétaire général du mouvement corse A Cuncolta.

homme en cavale dont la parole peut être mise en doute. Matignon dément, rappelle qu'il n'y a qu'une et une seule politique en Corse, celle du développement économique et de la restauration de l'autorité de l'État.

Il n'empêche : même si ce que dit Santoni dans *L'Est républicain* n'est pas parole d'évangile, on comprend la réunion du 11 janvier dernier, dans le maquis corse, de tous ces indépendantistes qui ont pu se déplacer en pleine nuit sans intervention de la police ou de la gendarmerie. Ce qui s'appelle bénéficier d'un sauf-conduit. À cette nuance près que les nationalistes corses ont cherché à en profiter pour ridiculiser ceux avec qui ils négociaient.

Le plus étonnant, dans tout cela, c'est que les journalistes de *L'Est républicain* aient pu retrouver François Santoni alors que les forces de l'ordre, elles, en sont incapables.

6 novembre

Robert Badinter me reçoit dans son appartement du Ve arrondissement : au fond d'un immense couloir, habituel dans ces vieux immeubles, il occupe un petit bureau envahi par les livres.

Nous parlons de Jean-Louis Debré comme ministre de l'Intérieur au moment où l'agitation en Corse et l'activité des juges lui causent bien des soucis. « Debré ? me dit-il. Ce n'est pas un aigle. Sa qualification pourrait être : juge d'instruction détaché au ministère de l'Intérieur. »

Nous nous interrogeons encore sur l'épisode du juge Halphen et du refus de l'officier de police de l'accompagner au domicile des Tiberi. « Il faut qu'il y ait une affaire particulièrement importante qui se cache derrière cette perquisition. En vérité, j'en suis convaincu, poursuit-il, ce qu'on a voulu empêcher, c'est une autre perquisition, à la Mairie de Paris, celle-ci ! À l'Hôtel de Ville, ils en ont profité pour brûler un certain nombre de dossiers... Imaginez, conclut-il, que tout cela se soit passé en Amérique : je vous garantis que ce n'aurait pas été possible. »

Puis déjeuner avec Jean-Pierre Thomas [1] à qui je pose la question de la cohabitation Léotard-Bayrou au sein de l'UDF. Le ton monte inexorablement, m'assure-t-il, entre les deux hommes, même si une sorte d'équilibre a été dans un premier temps institué. Ainsi, depuis

1. Député UDF des Vosges de 1993 à 1997, trésorier du Parti républicain.

mars 1996, date de l'élection de Léotard à la présidence de l'UDF, la coutume établie veut que François Léotard parle en dernier, et que, juste avant lui, s'exprime François Bayrou : comme pour mettre les deux dirigeants sur un pied d'égalité. « Il y a entre eux, me dit-il, une différence sur la notion même de l'UDF. Pour François Léotard, il s'agit d'une structure confédérale, d'une UDF fusionnée, solidaire. François Bayrou freine le mouvement, au contraire. Il n'est pas rare de voir des députés Force démocrate se désolidariser de l'ensemble du mouvement, prendre leurs propres initiatives, avoir leurs propres réunions. »

Alors, où en est la « tournante » ? Léotard cédera-t-il la place, à la présidence de l'UDF, à François Bayrou comme il s'y est engagé, à la fin de cette année ou de la suivante ? Pour le moment, m'affirme Thomas, l'idée est oubliée au Parti républicain.

« En tout cas, je sens, ajoute-t-il, que cela va chauffer à propos des institutions : Léotard souhaite un référendum sur le cumul des mandats, auquel il est favorable, et, d'une façon générale, sur le système institutionnel. Bayrou est hostile, lui, à toute forme de référendum. »

Le clivage vaut aussi pour l'Europe : François Léotard est européen, mais il ne veut pas de n'importe quelle Europe, d'une Europe à tout prix. « François Bayrou, lui, est "eurolâtre" : son rêve serait de créer un parti commun, une sorte de CDU commune à toute l'Europe. »

Piquant de voir à quel point ceux qui ont fait alliance pour contrer Madelin et, derrière lui, Chirac sont, au bout de quelques mois seulement, au bord de la désunion. Dès qu'il s'agit de partager le pouvoir, les hommes oublient leurs intérêts les plus immédiats.

Étienne Garnier, à qui je parle, en fin de journée, de la petitesse de certains affrontements politiques, me cite cette phrase de Malraux : il faut « se frayer une voie étroite entre le cynisme des uns et le désespoir des autres ».

9 novembre

Conseil national du PS. Les socialistes sont évidemment dopés par les difficultés que rencontre le gouvernement Juppé. Mais il n'y a pas que cela : l'autorité de Lionel Jospin s'affirme de jour en jour. Il a beau n'avoir obtenu que 47,3 % des voix à la présidentielle, il y a un an (pas de quoi se vanter, disait Mitterrand – voir plus haut), il est évident qu'il ne se serait pas aussi bien imposé à la tête du parti s'il n'avait pas reçu l'onction de la candidature et obtenu ce résultat-là.

Je m'en aperçois une fois de plus, ce samedi matin, alors qu'il prend la parole après la discussion générale. Il est parvenu à faire taire, autant que possible, ou du moins à faire passer au second plan les antagonismes et querelles de courants. Il joue précisément sur le fait que, dans la situation du pays et celle de la majorité, l'opposition ne peut plus différer sa mobilisation.

Le texte de Jospin est distribué à la presse au moment où il débute son intervention. Il n'est pas imprimé : le service de presse n'a pas eu le temps de le mettre sur ordinateur ; c'est donc un manuscrit photocopié que j'ai sous les yeux. On y reconnaît l'écriture régulière de Jospin, ce qui prouve qu'il rédige lui-même intégralement ses discours. Je me dis que c'est peut-être pour en convaincre les journalistes qu'on nous distribue ce texte aujourd'hui.

En tout cas, l'exemplaire en ma possession est intéressant. Je ne suis pas graphologue, mais je pense qu'on pourrait aisément l'analyser. Il s'agit d'une écriture facile à lire, précise, sans fioritures, où les alinéas se distinguent bien, leurs titres étant soulignés avec soin. Soin, oui, c'est le mot : voici une écriture soignée.

Deux parties, donc, dans le texte de Jospin : d'abord la peinture noire du pouvoir, puis la description en rose du PS : celui-ci est au travail, les socialistes avancent dans l'unité, la gauche cherche les voies de son rassemblement. « Ainsi, conclut-il cette première partie, nous essayons de répondre à l'urgence tout en préparant la relève, si les Français nous choisissent. »

Deuxième partie : les propositions économiques. Là, il se fait plus vague. Jospin prend soin de remercier, avec un professionnalisme de premier secrétaire, tous les groupes de travail qui ont œuvré, sous la coordination d'Henri Emmanuelli, à mettre au point un texte qu'il qualifie à la fois d'audacieux et de réaliste : progression du pouvoir d'achat, réduction du temps de travail, rééquilibrage du système fiscal, lutte pour la justice sociale. Mais il n'entre pas dans le détail des mesures proposées ; il serait bien en peine de le faire puisque, dit-il, le travail des différents groupes n'est pas encore achevé[1]. Il annonce

1. Quatre groupes ont travaillé et travaillent alors encore à l'élaboration des propositions : Marie-Noëlle Lienemann, Vincent Peillon et Dominique Strauss-Kahn sur les problèmes de la croissance et de l'emploi ; Alain Richard, Christian Pierret, Véronique Neiertz sur l'épargne et la fiscalité ; Élisabeth Guigou, Louis Mermaz, Jean Poperen sur la cohésion sociale et les solidarités territoriales ; Alain Bergounioux, Jean Glavany, Frédérique Bredin sur la culture, l'éducation et la recherche.

d'autres thèmes de réflexion, d'autres groupes de travail pour l'année 1997 : éducation, immigration, écologie, sécurité. La réflexion est donc bien loin d'être terminée.

Tout cela donne néanmoins une image bien plus ordonnée, beaucoup plus « responsable » du PS, auquel Jospin et la plupart des dirigeants socialistes avant lui ne cessent de répéter, au cours de ce conseil national, qu'il doit se tenir prêt à la bataille en 1998. Du coup, cette perspective incite les différents chefs de bande à mettre une sourdine à ce qui les sépare, pour ne retenir que ce qui les réunit.

Chirac et Juppé auront réussi à mettre de l'ordre au PS. Prouesse !

12 novembre

1996

La scène se passe à l'Assemblée nationale. Laurent Fabius interpelle Juppé sur le Zaïre et la possibilité d'une intervention française si la communauté internationale ne veut pas le faire. Sans rien dire, Juppé désigne Hervé de Charette, qu'il charge d'un geste de répondre à sa place.

Une voix ironique crie alors très fort, depuis les rangs de l'opposition : « Il n'y a plus de Premier ministre ! »

La situation est chaque jour plus difficile pour Juppé. Il ne goûte pas, mais alors pas du tout l'ironie de l'intervention du député de l'opposition.

Dans la salle des Pas-Perdus, j'ai une conversation avec Bernard Pons qui reste un des plus proches de Jacques Chirac. Il me raconte le dernier entretien qu'il vient d'avoir avec le Président : « J'ai dit à Chirac quatre choses. La première : ne dis pas qu'il n'y a auprès de toi qu'un seul Premier ministre, Juppé ; il y en a d'autres. Ne dis pas : il n'y a pas d'autre politique ; il est toujours inutile d'annoncer qu'il n'y a rien d'autre à faire. Ne dis pas : il n'y a rien à faire avec Helmut Kohl ; au contraire, il y a des tas de discussions qu'il faut avoir en direct avec lui. Ne dis pas : il n'y a qu'un partenaire social, c'est Nicole Notat ; il y en a d'autres... Sur ce dernier point, ajoute-t-il, j'ai gagné puisqu'il a tout de suite reçu Marc Blondel. »

Je ne le lui dis pas, mais j'imagine la scène : Bernard Pons, médecin du Lot, expliquant à Chirac la marche à suivre... Il doit falloir une énorme dose de gentillesse et de patience, de la part de quelqu'un qui est en politique depuis près de trente ans, et qui a été élu à la Présidence après avoir triomphé de tous les obstacles, pour écouter les mises en garde d'un député qui lui doit son élection. C'est cela aussi, Chirac : il ne traite pas ses amis en président de la République. Je ne suis pas sûre que les amis n'en profitent pas.

Le calendrier ? Bernard Pons prévoit une rupture entre Chirac et Juppé en janvier prochain. Qui, pour la succession ? Jacques Toubon ? Peut-être. Je suggère Philippe Séguin. « Il y en a d'autres », assure Pons. Lui-même ? Dénégation. Alors, un patron proche du RPR. Je demande : « Jérôme Monod ?

– Ce serait bien, me répond Pons, s'il n'avait pas, en ce moment, les casseroles de la Lyonnaise des Eaux. »

Alors Calvet ? François Pineau ?

« Ce qui est certain, m'assure Pons en mettant un terme à notre aparté, c'est que tant que des gens comme Léotard continuent à flinguer Alain Juppé de cette manière, jamais Jacques ne "démissionnera" son Premier ministre. Vous le connaissez : il ne le laissera pas tomber. »

Je change d'interlocuteur : dans la salle des Quatre-Colonnes, cette fois, Pierre Charon[1], que je croise, me révèle que Sarkozy déjeunera demain avec Alain Juppé. Prélude à un remaniement ? Lui en est pratiquement certain.

Jean-François Probst, qui m'a vue converser avec Charon, me prend immédiatement à part : « Pas de remaniement comme cela, pas tout de suite, avec Sarkozy, me dit-il. Celui-ci doit encore souffrir, rentrer par la petite porte, pas par la grande, pour faire oublier à Bernadette et à Claude Chirac son passage chez Balladur. »

Il n'exclut cependant pas qu'un remaniement, incluant l'entrée de Nicolas Sarkozy au gouvernement, ait lieu, mais pas avant le printemps : Jean-Louis Debré reviendrait à la direction du RPR, Devedjian passerait à la Justice. Je demande quel ministère pour Sarkozy. « Les Finances, répond Probst, il en rêverait ! »

13 novembre

Déjeuner avec Pierre Mazeaud qui me parle des liens tout à fait privés, par collaboratrice interposée, entre le procureur d'Évry, Laurent Davenas, et le président du conseil général de l'Essonne, Xavier Dugoin. Intéressant, au moment où Davenas a précisément ouvert

1. Conseiller d'Édouard Balladur en matière de communication, il est devenu à présent très proche de Nicolas Sarkozy et fait partie de son cercle rapproché à l'Élysée.

une enquête préliminaire sur le fameux rapport rédigé par Xavière Tiberi à la demande de Dugoin !

Nous parlons d'Alain Juppé. « Il n'a aucun sens des réalités, m'explique-t-il, parce qu'il a toujours été le premier de la classe, depuis le primaire jusqu'à, plus tard, l'École normale supérieure, et enfin Matignon. Être le premier, il n'y a que cela qui compte pour lui. Il est sûr de ne jamais se tromper. C'est insupportable ! »

Quel autre Premier ministre, alors, s'il partait ?

« Je suis convaincu, me dit Mazeaud, qu'Alain Juppé a offert plusieurs fois sa démission à Jacques Chirac. Chirac ne l'a pas acceptée. Il pense qu'il n'a personne d'autre. Philippe Séguin ? Cela durerait huit jours, il flanquerait sa démission sur la table au bout d'une semaine. Interrogez le personnel du Palais-Bourbon : dans la vie quotidienne, Séguin est insupportable. Il est vrai que, sur le fond, sur l'Europe, il s'amadoue beaucoup, parce qu'il espère toujours aller à Matignon. Mais je n'y crois pas. »

Nicolas Sarkozy ? Réponse de Mazeaud : « Le groupe RPR dans son ensemble ne lui reconnaît pas de légitimité. Ses propres amis, ajoute-t-il, faisant allusion aux autres ex-ministres balladuriens, seraient au surplus jaloux. »

Raymond Barre ? Mazeaud n'y croit pas non plus : « Il n'acceptera pas Matignon. Il voudrait plutôt arrêter là sa vie politique. Sa santé n'est pas parfaite, savez-vous ? »

Je lance le nom de François Bayrou. Curieusement, le gaulliste volontiers antieuropéen qu'est Mazeaud m'en fait grand compliment : « À l'avenir, oui, pourquoi pas ? Je hais les centristes, mais Bayrou est un stratège fin, malin, astucieux, contrairement à François Léotard qui ne vaut pas grand-chose. »

Bon, Juppé est encore là pour longtemps.

14 novembre

Je suis allée aujourd'hui à l'UDF demander à François Léotard pourquoi il parlait si souvent de la nécessité d'une dissolution. Malgré son expérience malheureuse (pour lui) avec Éric Zemmour, qui vient de balancer dans *Le Figaro* des propos « off » que Léotard lui avait demandé de garder pour lui, il me parle de tout, sans restriction. Apparemment, tout ce qu'il dit ce soir peut être répété, et je ne m'en priverai pas. Voici la teneur de la conversation qu'il a eue, lui aussi, avec Jacques Chirac, qui décidément ne cesse de solliciter les avis :

« Je lui ai dit : il y a deux calendriers différents, le calendrier politique et celui de la monnaie unique. Les deux sont contradictoires. Celui de la monnaie unique nécessite la rigueur ; celui de l'élection de 1998 et de ce qui suivra plaiderait au contraire pour plus de souplesse. C'est pourquoi j'ai soutenu, dès avant l'été dernier, qu'il fallait dissoudre l'Assemblée nationale et déconnecter les élections législatives de l'instauration de la monnaie unique. Il ne l'a pas fait. Il pourrait à tout moment le faire, s'il voulait ; il en a encore le temps. »

Il me reparle des « trois boutons » – réminiscence de son passage au ministère de la Défense et allusion au fameux bouton atomique. Il m'assure qu'il a dit à Jacques Chirac, mot pour mot, la phrase qu'il avait prononcée à l'émission « 7 sur 7 », le 27 octobre dernier : pour sortir de la crise, le Président a devant lui trois boutons, la dissolution, le remaniement, le référendum. Il me dit avoir recommandé à Chirac la troisième solution – un référendum sur la modernisation de la vie politique : cumul des mandats, quotas de femmes. Aujourd'hui que la montagne de la modernisation a accouché d'une souris, il faut qu'il trouve autre chose. » Remaniement donc ou dissolution.

Je l'interroge sur le PS. Il trouve que Lionel Jospin « n'est pas mauvais » ; il a compris qu'il fallait parler des problèmes de société, et pas d'économie. « Le PS essaiera de faire rêver, dit-il. Et, forcément, il remontera. Il suffira alors que le Front national remonte légèrement pour que la majorité soit battue. » Cette analyse débouche également, dans l'esprit de Léotard, sur la nécessité d'une dissolution.

Son jugement sur Philippe Séguin : « S'il était Premier ministre, il ferait la monnaie unique, comme Michel Debré a bien été obligé de faire la paix en Algérie. S'il était à Matignon, il préparerait le pays à la cohabitation. Car Chirac-Séguin, ce serait déjà une forme de cohabitation. »

Sur Helmut Kohl, grand maître en politique : « Il nous a dit, à Bayrou et à moi, il y a quelques mois : "Je vois que vous écrivez des livres, tous les deux. Un conseil : n'écrivez pas, faites de la politique !" »

Pour conclure notre conversation, Léotard entame son couplet, déjà beaucoup entendu, sur les mauvais traitements que le RPR fait subir à ses alliés de l'UDF. « Dans aucun pays d'Europe cela ne se passe ainsi au sein d'une coalition. De ce point de vue, la dernière discussion budgétaire a été lamentable. Nos propositions se sont heurtées à des refus permanents. Je veux bien que ceux qui nous dirigent passent plus de temps avec Jean-Pierre Soisson qu'avec l'UDF, mais cela ne me paraît pas très habile ! »

J'ai à peine achevé d'écrire ces lignes, à mon bureau de RTL, que Nicolas Sarkozy m'appelle au téléphone. Il a donc vu Juppé avant-hier. La rencontre a duré deux heures et demie. Il la résume ainsi : « Je lui ai dit qu'il ne pouvait pas se contenter d'un remaniement. Il lui faut des hommes, et il lui faut une politique. S'il n'a pas de politique, à quoi serviront les hommes ? » Frappé au coin du bon sens.

Il ajoute en riant : « Je lui ai dit aussi : pourquoi ne parles-tu pas davantage avec les gens ? Il m'a répondu : parce qu'ils n'y comprennent rien. »

1996

19 novembre

Rencontré Patrick Devedjian qui, quoique ancien avocat de Jacques Chirac, a appartenu et appartient encore à l'équipe balladurienne. Il pense – du moins le lui a-t-on laissé croire – que le remaniement devrait avoir lieu la semaine prochaine. « Nous n'avons, dit-il, aucune certitude ni aucun encouragement. Néanmoins, nous avons posé nos conditions : que ce remaniement revête une certaine ampleur ; qu'il ait un sens politique. Par exemple, qu'il annonce des baisses d'impôt supplémentaires, une politique monétaire plus souple, avec une autre parité de l'euro, un euro égal à un dollar, c'est-à-dire une réévaluation du mark. » Ce qui passe évidemment par un dialogue avec l'Allemagne.

Pense-t-il que Balladur puisse faire sa rentrée au gouvernement ? « Non, m'assure-t-il, mais il accepte que nous entrions avec notre drapeau, et pas honteusement par l'entrée de service. »

Jean-Pierre Thomas me dit avoir vu Léotard après que celui-ci eut rencontré Juppé, puis Chirac. Le président de l'UDF lui a assuré s'être vu proposer Bercy. « Non, pas Bercy, l'a mis en garde Thomas, tu serais un otage de Juppé ! »

20 novembre

Le remaniement éventuel, dont la perspective semble se rapprocher de plus en plus, si l'on se fie aux confidences des proches de Balladur, suscite les sarcasmes d'Alain Madelin. « Allô, Juppé, bobo !

SOS Balladur ! résume-t-il. À quoi bon changer Juppé si on ne change pas de politique ? Ou alors, il faut nommer Nicole Notat à sa place ! » Mais il ne désespère toujours pas de Chirac dont il me dit qu'il a une « capacité de rebond » plus grande que celle des autres.

Quant à une nouvelle négociation avec les Allemands sur Maastricht, lui non plus n'y croit pas une seconde.

28 novembre

Déjeuner avec Jean-François Copé[1], juppéiste pur sucre, qui me raconte comment le secrétaire général de l'Élysée, Dominique de Villepin, a poussé des hurlements lorsqu'il a été question d'un remaniement qui ferait entrer pas mal d'ex-balladuriens au gouvernement. C'est pourquoi le remaniement est brutalement tombé à l'eau. Alain Juppé, lui, était convaincu qu'il fallait le faire, et surtout il ne voulait pas porter la responsabilité d'un refus. « C'est indécent, aurait dit Villepin. Ce n'est pas à Nicolas Sarkozy de constituer le gouvernement ! »

« Notez, plaisante Copé, que Léotard est beaucoup plus direct. Lorsqu'il déjeune avec Juppé, il ne dit pas : "Voilà le gouvernement qu'il faut faire." Il dit tout simplement : "Si vous faites un remaniement, pourquoi pas moi ?" C'est plus clair, non ? »

Nous revenons ensemble sur la joute oratoire qui a opposé, au Parlement, Alain Juppé et Valéry Giscard d'Estaing sur l'Europe. Juppé n'encaisse pas l'attitude de Giscard, qui en a profité pour donner une leçon au gouvernement. « J'ai dit au gouvernement, a expliqué Giscard, surveillez le chômage, car c'est ce qui vous donnera raison ou tort. S'il monte, c'est que le réglage de notre économie est mauvais, et qu'il faut le changer. » Il s'est payé le luxe, au passage, de décerner un coup de chapeau à Séguin, qui, sur la monnaie commune, s'est exprimé, a souligné Giscard, « avec courage et lucidité ». Comme si tout avait été conçu, dans son intervention, pour mettre hors de lui le Premier ministre. Il ne l'avait jamais fait auparavant.

1. Énarque, Jean-François Copé a été élu maire de Meaux à 31 ans en 1995. En juin de cette année-là, il a également été élu député de la 5e circonscription de Seine-et-Marne. Benjamin de l'Assemblée nationale, il sera battu, en 1997, à l'issue d'une élection triangulaire RPR-PS-FN.

Au surplus, Giscard lui a volé la vedette : Juppé était très content de son discours, lequel a été complètement occulté par celui de VGE.

Juppé encaisse encore moins l'attitude de Philippe Séguin qui avait convoqué ses troupes au grand complet, alors que les autres députés RPR fidèles à Matignon ne l'avaient pas été par Michel Péricard. « Au surplus, les séguinistes ont écouté Giscard sans broncher. Ils auraient pu le siffler. Ils s'en sont bien gardés ! »

Bref, aujourd'hui, Juppé est furieux, découragé, prêt à passer la main.

Ce n'est pas le cas de Copé, que je connais peu : je le trouve très pugnace, combatif, très jeune aussi (ceci explique sans doute cela), prêt à combattre pour Juppé plus que celui-ci n'est capable de se battre pour lui-même.

Au passage, dans notre conversation, il m'a brossé un véritable portrait politique de Dominique de Villepin. Il en parle comme de l'âme de l'Élysée, dévoué au Président, moins prêt à pardonner la « trahison » de Nicolas Sarkozy que Chirac lui-même. On en reparlera.

1er décembre

Jospin, qui reçoit les journalistes aujourd'hui, met l'accent sur l'échec de Chirac. Face à cela, il souhaite, dit-il, que « les socialistes puissent représenter un pôle de stabilité ». Il décline les désordres du pouvoir actuel : désordre en Corse, dit-il, où « le gouvernement est passé de la connivence clandestine à un bras de fer dont on ne voit pas sur quoi il débouche ». Désordre de la justice, désordre chez Thomson, pas d'autorité sur les problèmes monétaires. Dans cette situation, dit-il, « il faut un langage de responsabilité... Chaque jour qui passe, assure-t-il enfin, le Parti socialiste est plus prêt ».

2 décembre

Michel Rocard a déjeuné le 25 novembre dernier avec Olivier Mazerolle qui me raconte aujourd'hui ce repas. Il lui a parlé de Jacques Chirac en ces termes : « C'est un homme très sympathique, il est beaucoup moins menteur que François Mitterrand. »

Il a brossé à l'usage de son interlocuteur cette fresque personnelle de l'histoire du socialisme : « Le PS, dit-il, a eu quatre cadavres dans son histoire : le congrès de Tours en 1920 ; le déshonneur, avec le vote des socialistes pour le maréchal Pétain à Vichy en 1940 ; la honte, avec Guy Mollet et l'Algérie en 1956 ; et puis la prise du pouvoir par Mitterrand qui s'est terminée par la honte et le déshonneur. »

Pourquoi diable a-t-il alors participé à cette entreprise ?

4 décembre

À 18 heures, hier soir, une bombe a explosé dans le RER à la station Port-Royal. L'explosion ressemble beaucoup à la précédente, celle de la station Saint-Michel[1]. L'explosion a été meurtrière : deux morts, une centaine de blessés plus ou moins atteints. Et puis, surtout, l'angoisse, une fois de plus, pour des milliers de gens. La piste islamiste, pour autant qu'on puisse le savoir aujourd'hui, est privilégiée. Il semblerait que l'explosif, la manière d'opérer amènent à cette conclusion. La question qui se pose est : pourquoi, pourquoi la France est-elle frappée au moment où ses relations avec les pays arabes sont au beau fixe ? En 1995, les attentats avaient frappé Paris sous des formes différentes, dans le métro ou dans des poubelles, dans les quartiers chics et les quartiers pauvres, de juillet à novembre, jusqu'à ce que l'un des responsables du GIA, Abou Farès, soit arrêté à Londres. Pourquoi donc, un an plus tard, cette explosion dont tout montre qu'elle a été méticuleusement préparée, sans doute par d'autres terroristes ?

Sans attendre la grande émission télévisée qu'il a annoncée depuis quelques jours et qui est programmée pour le 12 décembre, Chirac s'est exprimé le soir même à la télévision, en direct depuis le palais de l'Élysée : « Détermination », « lutte par tous les moyens contre le terrorisme », confiance « dans la nation tout entière », assurance que « rien ne sera négligé pour assurer la défense des Français » – rien n'y manque.

Ce qui m'étonne le plus, dans ces cas-là, c'est qu'au lendemain de l'explosion, c'est-à-dire aujourd'hui, les mêmes gens ont repris la même ligne comme si de rien n'était, avec un courage dont ils n'avaient pas même conscience, semble-t-il.

1. Le 25 juillet 1995.

12 décembre

J'ai déjeuné aujourd'hui avec Bernard Pons, quelques heures avant l'émission, annoncée et attendue, de Jacques Chirac sur TF1. Il est pessimiste sur le front social : la SNCF va mal, l'agitation reprend. Bernard Thibault, le responsable de la CGT-SNCF, a été mis en minorité lorsqu'il a plaidé devant ses troupes en faveur de la création d'un établissement public régional. Coup classique : aujourd'hui, il fait de la surenchère. Les syndicats réclament donc plus de lignes de chemin de fer, plus d'emplois, plus d'État. Le clash est certain. Le TGV-Est, nécessaire pour faire de Strasbourg une capitale européenne, sera construit, mais cela ne modifiera en rien le climat social. Au passage, il me dit qu'Helmut Kohl, l'autre jour, au cours de la dernière rencontre franco-allemande de Nuremberg, a lancé, agacé :

« J'espère que c'est la dernière fois que nous parlons du TGV-Est en séance plénière. »

Paris ne va pas bien non plus : « Non seulement, me dit Pons, Xavière Tiberi a été mise en examen, mais le prestige de Paris est en chute libre. Quelle idée a donc eu Tiberi d'interdire l'accès des banlieusards au périphérique ! C'est une énorme erreur, dont on a vu ce qu'elle donnait. Même chose sur les pistes cyclables, qui sont une concession absurde aux écolos ! »

Ces propos reflètent de manière évidente l'envie qui est la sienne de succéder à Tiberi à la mairie de la capitale. Il s'y prépare, il le cache à peine. Il a déjà un projet pour les quais de la Seine qu'il voudrait rendre aux Parisiens en déplaçant les cimenteries en amont et en aval de Paris, et en développant des lieux d'accueil. Il n'a jamais été, dit-il, ni de près ni de loin mêlé à la conduite des affaires de l'Hôtel de Ville, et compte bien en profiter. Mais quand ? Quand Chirac lui donnera son feu vert.

12 décembre

La longue émission vient de se terminer[1]. Je suis restée perplexe devant mon poste éteint. Je ne sais pas pourquoi, peut-être parce qu'il ne parle pas souvent, les Français, la presse attendaient beaucoup de

1. C'est la douzième intervention de Jacques Chirac à la télévision, mais la cinquième depuis le début de l'année 1996, et la première depuis le 14 Juillet de cette année-là.

cette intervention de Jacques Chirac après des mois d'interrogations, et de mises en cause de l'action gouvernementale par une partie de la majorité. L'émission, présentée par Guillaume Durand, avait été précédée depuis des jours de reportages, d'articles sur le nom des journalistes qui auraient l'insigne honneur d'interroger le chef de l'État, dont Chirac souhaitait qu'ils ne soient pas trop connus, sans être tout à fait des inconnus : il voulait avoir devant lui des têtes qu'il ne connaissait pas.

La roue de la fortune tourne depuis quelques semaines et, finalement, ce sont Marine Jacquemin, Michel Field, qu'on ne présente plus, Alexandre Adler et Emmanuel Chain qui ont été choisis[1]. Ce petit monde s'est retrouvé dans la salle des fêtes de l'Élysée avec un public nombreux, composé de jeunes assis sur des gradins. Les journalistes étaient juchés sur une sorte de podium dans un décor superbement éclairé.

Seulement voilà : une émission, c'est une alchimie, pas uniquement des réponses à des questions différentes posées les unes après les autres par des journalistes de renom. À force d'être trop nombreux, on finit par se gêner les uns les autres sur un plateau. En outre, le stress de ceux d'entre eux qui n'avaient jamais fait de direct était ce soir évident.

Le seul à être encore moins à l'aise, c'était Chirac. Politique intérieure, social, impôts, économie, tout y est passé. Je n'ai pas pris de notes pendant qu'il parlait, tant j'étais fascinée par la mise en scène de l'émission, son côté volontairement sophistiqué, qui n'est pas fait pour plaire à Chirac dont je sais qu'il préfère, au contraire, jouer la simplicité. Je n'ai noté scrupuleusement qu'une réponse, qui m'a paru démobilisatrice. Question d'Emmanuel Chain : « Il va y avoir une baisse des impôts plus importante que celle à laquelle on s'attendait ? » Chirac le coupe : « ... qui sera annoncée quand le gouvernement aura la possibilité de le faire. »

J'en suis comme deux ronds de flan. Cela veut-il dire que Juppé a annoncé trop vite cette baisse d'impôts, qu'il n'en a pas encore la possibilité, qu'il va falloir attendre des jours meilleurs ? Alors, pour-

1. Leur choix n'est pas contestable : Alexandre Adler est reconnu en général comme un des meilleurs spécialistes des affaires internationales, Emmanuel Chain a créé avec succès le magazine « Capital », instructif, documenté, de surcroît attrayant malgré son titre, et Marine Jacquemin, grand reporter à TF1, est une correspondante de guerre reconnue et respectée. Tous ces interlocuteurs patentés étaient encadrés par Guillaume Durand.

quoi l'avoir dit il y a trois mois ? Est-ce un désaveu du Premier ministre, sur ce point précis ? Sûrement pas, puisqu'il lui a plusieurs fois rendu hommage au cours des deux heures d'émission. Bref, les réponses sont de nature à inquiéter les Français plus qu'à les rassurer.

Ce qui est clair pour lui, en revanche, et qui montre définitivement que le Premier ministre est en phase avec lui, c'est que l'Europe est devenue l'une des premières préoccupations du chef de l'État : l'« autre politique » est mise à la poubelle, je ne sais d'ailleurs pas si elle aurait été possible. L'horizon est celui de la monnaie unique en 1999.

Chirac a-t-il atteint son but : rasséréner les Français, leur remonter le moral ? Je pense que c'est tout le contraire : il a davantage parlé des pesanteurs françaises, de tout ce qu'il ne peut pas faire, des réformes auxquelles les citoyens sont hostiles. De quoi infliger une dépression nerveuse à tous les téléspectateurs. Une énorme erreur de communication, jointe à une analyse d'un pessimisme que je ne lui connaissais pas.

Une seule chose est certaine, ce soir : le remaniement, qu'il n'a pas même évoqué, n'est pas à l'ordre du jour.

14 décembre

Quelle activité, ce week-end ! Je passe de la nouvelle convention nationale du PS, le samedi matin, à Noisy-le-Grand, au colloque présidé par Édouard Balladur sur les quais de la Seine, à l'hôtel Nikko, en début d'après-midi.

Dans le fond de la salle, au PS, une grande affiche avec ce slogan : « Pour l'emploi, changer de politique ! » Ce qui est frappant, c'est la tonalité anti-Chirac des débats. Ici on considère qu'il a complètement échoué dans la conduite du septennat en général et dans son intervention télévisée d'avant-hier en particulier, et on enfonce le clou. Juppé est presque épargné : le mot d'ordre est manifestement, après son intervention, d'attaquer directement Chirac. Je retiens l'intervention de Daniel Vaillant, le complice de Lionel Jospin, qui met l'accent sur l'« archaïsme » – c'est son mot, repris de Rocard qui l'appliquait en 1980 à Mitterrand... – que dénoncent deux des orientations de Chirac : la flexibilité, proposée comme un remède au chômage, et le flottement au sujet de l'impôt sur la fortune.

Changement complet à l'hôtel Nikko. Un monde fou : plus de

mille personnes qui s'écrasent dans la salle ou aux portes d'entrée. Incroyable ! Un vrai camouflet pour Chirac. Tous les balladuriens sont là : François Léotard, Simone Veil, Nicolas Sarkozy – que je trouve très pâle, faisant la tête, sans doute après le refus opposé par Chirac au remaniement. Et puis aussi des tas de parlementaires RPR grand teint qui, à d'autres moments, ne se seraient certes pas invités à un colloque balladurien.

Je me fraie un chemin dans la salle au moment où Simone Veil vient de prendre la parole ; elle énumère les causes du désarroi français : chômage, mondialisation, menaces contre le socle des valeurs traditionnelles, surmédiatisation, et surtout « confusion trop grande du processus de décision à une époque où l'exigence de transparence est plus grande qu'elle ne l'a jamais été ».

Comme souvent avec Simone Veil, le fond est en rapport avec la forme : elle ne fait pas de phrases, surtout pas d'effets de manches. Elle parle comme tout le monde, auréolée – le mot n'est pas trop fort – par son passé de déportée, confortée par ses expériences ministérielles. Lorsqu'elle termine son propos par un appel à la démocratisation de la politique, à la décentralisation, au renouvellement des élus, notamment par l'ouverture de la vie publique aux femmes et le non-cumul des mandats, les auditeurs présents lui font un triomphe. Sans doute parce qu'elle a parlé comme si elle était dans l'opposition en regrettant – sans le dire, évidemment – que Jacques Chirac soit à l'Élysée, et non pas Édouard Balladur.

Le point commun entre Noisy-le-Grand et l'hôtel Nikko ? La même lecture de l'enquête de *Libération*, sortie ce matin, sur l'impact, nul, de la prestation télévisée de Jacques Chirac. À Noisy, on était épanoui, convaincu de l'imminence de l'arrivée au pouvoir de la gauche. Au Nikko, on était faussement navré de la contre-performance de Chirac. Dans les deux salles, la même impatience, cependant : prendre sa place.

29 décembre

Je lis avec surprise le livre d'Alain Juppé que je viens de recevoir. Je connaissais seulement le titre qu'il avait choisi, un peu intimiste[1], certes, mais, après tout, pourquoi pas ? Surprise, parce qu'il s'agit, par le ton, le rythme, d'une élégie, d'une sorte de longue plainte sur

1. Il s'agit de livre *Entre nous*, Nil Éditions, 1996.

l'incompréhension qu'il suscite chez les Français, chez les journalistes qui l'avaient pourtant encensé quand il était au Quai d'Orsay. Une sorte de confession, mi-personnelle, mi-politique, sur ses erreurs, sa responsabilité dans son affaire d'appartement de la rue Jacob, par exemple, son côté cassant qui, oui, il en convient, peut passer pour de l'arrogance, son chagrin, presque, à l'idée d'être si mal compris de ceux qu'il voudrait persuader.

J'exagère un peu. Il y a quelque chose de sympathique dans sa démarche, de presque juvénile, de novice en politique, en tout cas : son ambition n'est pas médiocre, écrit-il, il essaie d'en convaincre avec un brin de pathétique.

Le problème est qu'il est Premier ministre, qu'on attend de lui qu'il conduise la politique de la France, et non pas qu'il s'interroge sur son identité. Trop d'introspection nuit à l'autorité. Même si, à la fin de son court essai, il fixe les grandes lignes de son action politique, ce qui reste, une fois le livre refermé, c'est l'image d'un homme blessé par la vie politique.

Je n'imagine pas un instant Chirac écrivant un tel livre. Ni Mitterrand, d'ailleurs.

1997

1er janvier

1997

Jacques Chirac rectifie le tir dans ses vœux aux Français. Il y a quinze jours, il a donné l'impression que la France lui pesait comme un boulet, que tous les conservatismes s'y retrouvaient. Au résultat des sondages, il a mesuré l'effet négatif de ces constatations[1] dans son électorat, lequel s'est demandé à quoi il servait de l'avoir élu ; et aussi parmi les électeurs de Jospin, s'étonnant que la France et les Français fassent l'objet de tant d'incompréhension.

Hier soir, il a mis au contraire l'accent sur la vitalité de la France. La France n'est plus archaïque, elle se modernise. Les Français ne sont pas des veaux, ils se mobilisent. Armée de métier, et non plus service militaire obligatoire, protection sociale plus juste, pacte pour la ville, projet de loi contre l'exclusion, réforme de l'école et de l'université, économie performante et exportations florissantes, baisse des impôts – en dix minutes et cinquante-neuf secondes, un portrait optimiste de la France, avec ce bémol : la croissance a été trop faible cette année pour faire reculer le chômage. 1996 est mort, vive 1997, qui sera « l'année de l'emploi des jeunes » !

Il était temps : il s'en est fallu de quelques minutes pour que le Président ne prononce pas le mot « chômage »...

1. D'après le sondage Sofres effectué du 21 au 24 décembre 1996 auprès de 1 000 personnes, 69 % des Français ont été déçus par l'action de Jacques Chirac ; 69 % jugent de même son action négative.

3 janvier

Ma réaction au petit livre de Juppé était sans doute mauvaise : *Entre nous* est un succès de librairie, il est même en passe de devenir un best-seller. Alain Juppé n'a pas écrit ce livre pour des raisons politiques ou littéraires. Il l'a écrit et publié pour retrouver le cœur des Français. Il a eu raison, et moi tort. Il est vrai que je n'attends pas des hommes politiques qu'ils fassent leur mea culpa. Il suffit de voir la cote de popularité d'un leader monter en flèche lorsqu'il est malade, et encore plus à l'hôpital, pour penser que les Français n'aiment leurs dirigeants que lorsqu'ils souffrent. Dans le cas de Juppé, l'opération a été réussie. C'est moi qui ne comprends rien à l'art de la communication.

1997

6 janvier

J'accompagne Philippe Séguin à Bruxelles où il s'en va prononcer dans le cadre des Grandes Conférences catholiques, association très huppée qui l'a invité, un discours sur la nation, l'Europe et la globalisation. Impressionnant de le voir reçu presque en chef de gouvernement dans la capitale européenne, lui qui a si fort combattu le traité de Maastricht ! Dès les premières minutes de son intervention, il avoue qu'il a souvent, lorsqu'il s'exprime à l'étranger, l'impression qu'on vient l'entendre « comme on va dans un parc zoologique ou à certains spectacles de foire... Il est vrai, plaide-t-il, que j'ai fait campagne contre le traité de Maastricht. Mais je n'ai jamais fait campagne contre l'Europe ».

Je note quelques phrases dans ce discours très structuré de quarante-neuf pages où Séguin développe l'idée de l'Europe telle qu'il la perçoit : les nations ne sont pas un alibi pour le refus de l'Europe, elles sont le fondement de l'Europe, « les briques avec lesquelles se construit la maison... Sans identités nationales, il ne peut y avoir d'identité européenne » – et encore : « Au moment où nous sommes confrontés au défi de la mondialisation, elles sont encore le môle le plus sûr pour préserver notre spécificité et affirmer ensemble un modèle de société européenne. »

Dans l'avion du retour, je lui demande – avec précaution, et en choisissant mes mots, car je me méfie de sa mauvaise humeur légendaire – si sa ligne politique a changé à propos de l'Europe, ou bien s'il s'agit d'une adaptation à la situation politique présente, en somme si c'est à mettre en relation avec le fait que Chirac peut, du jour au lendemain, le nommer Premier ministre. Il s'explique : non, il n'est pas devenu favorable au traité européen ; oui, le traité a été voté par les Français ; un sens élémentaire de la démocratie l'oblige à en tenir compte ; non, il n'est pas motivé uniquement par la perspective de Matignon ; oui, il reste fidèle à ses convictions ; non, il ne cache pas ce qu'il pense au Président, même et surtout lorsqu'il n'est pas d'accord avec lui. Exemple ?

« Chirac entretient des rapports inégalitaires avec les Allemands. Il pourrait très bien, s'il le voulait, appliquer le vrai texte du décret portant création de la Banque de France tel qu'il a été revu après son passage au Conseil constitutionnel. Il ne le fait pas, pour ne pas déplaire à Kohl.

« La monnaie unique, poursuit-il, n'a de sens que si elle est gérée politiquement. Figurez-vous que je suis encore plus européen que les Européens : on peut gérer la monnaie unique pour la stabilité des prix, ou, mieux, pour la stabilité de l'emploi, ou, mieux encore, à la fois pour la stabilité des prix, la défense de l'emploi, et celle de la place de l'Europe dans le monde... »

Sur les autres sujets politiques, notamment les futures élections de 1998, je ne le trouve pas très optimiste : « La majorité actuelle perdra, m'assure-t-il. Les Français ont envie de changer de tête. C'est la seule chose qu'ils peuvent changer. »

Nous évoquons le succès du livre d'Alain Juppé. Il fait la moue : « Une communication, même bonne, n'a jamais réussi à se substituer à l'absence de discours politique. »

10 janvier

Je note, comme beaucoup, que le premier anniversaire de la mort de Mitterrand a été célébré par les socialistes de façon la plus discrète. En revanche, la famille de Mitterrand au grand complet, dans ses branches multiples, s'est retrouvée en Charente.

L'hommage le plus vibrant lui a été rendu à Paris à l'occasion d'un colloque anniversaire organisé en commun par l'Unesco et l'Institut François-Mitterrand. Invités ensemble à la tribune, Yasser Arafat et Shimon Peres ont remercié ensemble le défunt président pour son action en faveur de la paix au Moyen-Orient. Hommage d'autant mieux venu qu'il correspond à d'énormes difficultés dans le processus de paix que le nouveau Premier ministre israélien tente de ralentir de jour en jour.

Pas de voyage de Jospin ni de ses proches à Jarnac. Le droit d'inventaire, toujours...

11 janvier

Dans l'actuel climat politique, Laurent Mauduit l'écrit aujourd'hui dans *Le Monde*, le cafouillage fiscal du dernier trimestre 1996 a joué un rôle considérable. En septembre, une baisse importante de l'impôt sur le revenu a été annoncée avec force par Juppé, avec moins de conviction par Chirac. Quelques semaines après l'annonce de Matignon, les taxes locales ont augmenté, ce qui est apparu comme un recul par rapport à la baisse annoncée. Au moment où les choses se calmaient, Chirac a lui-même soufflé sur les braises en envisageant des modifications de l'impôt sur la fortune. Il l'a fait dans une interview à François d'Orcival où il parlait de la situation économique de la France et où il en a profité pour insister – ce qu'il n'avait jamais fait auparavant – sur les éventuels départs à l'étranger d'entreprises qui seraient « mieux traitées ailleurs [1] ». Pourquoi avoir remis ce sujet à l'ordre du jour à l'automne ? Mystère. D'autant qu'après l'avoir supprimé en 1986, ce dont il s'est repenti en 1988, Chirac n'y avait pas touché à son retour au pouvoir, en 1995. Il a attendu la fin 1996, au moment où la ponction fiscale n'a pas commencé à diminuer [2], où les Français moyens continuent de penser qu'ils paient, malgré les promesses, trop d'impôts, et que les riches n'en paient pas assez, pour ressortir la fin de l'ISF ! Tout cela pour déboucher sur une bataille au Parlement à l'issue de laquelle la refonte de l'ISF est tombée à l'eau.

Un cafouillage qui a fait peur aux contribuables modestes sans mettre du baume au cœur des plus fortunés.

---

1. « L'ISF, a dit Jacques Chirac dans *Valeurs actuelles*, est un impôt dont les effets sont positifs sur la cohésion nationale. Cela étant, si le Parlement considère que certaines dispositions de la loi entraînent des effets pervers, il y a lieu d'ouvrir le débat, et, le cas échéant, d'apporter les modifications nécessaires » (*Valeurs actuelles* n° 3123, 11 octobre 1996).

2. Les prélèvements obligatoires atteignent, en 1996, 45,7 % du PIB, record de la pression fiscale.

20 janvier

Jacques Chirac a présenté aujourd'hui à la télévision les grandes lignes de la réforme de la Justice dont il avait parlé en décembre dernier. Pourquoi avoir attendu plusieurs semaines ? Robert Badinter, que j'interroge à ce sujet, me répond que la présidence de la commission dont Chirac avait annoncé la création avait posé problème. Chirac l'a finalement confiée à Pierre Truche, premier président de la Cour de cassation. « Il a le cœur à gauche, me dit aujourd'hui Badinter. Au moment où Chirac a prononcé son nom, je me suis dit : très bien ! Maintenant, il faut voir dans quel sens et jusqu'où il pourra aller. »

Jacques Toubon était, paraît-il, hostile à ce choix. C'est ce qui a ralenti le mouvement. Longtemps, de décembre à aujourd'hui, Chirac a hésité. Le ministère de la Justice aurait préféré soit Simone Rozès, présidente de la Cour de cassation à la retraite, soit Le Roy Ladurie. Chirac a finalement opté pour ce magistrat que tout le monde s'accorde à trouver d'une grande qualité.

Une réforme de la Justice pour quoi faire ? Le Président a brossé hier les grandes lignes de l'action de la commission : justice plus accessible et plus rapide, indépendance des magistrats, garantie de la présomption d'innocence et des droits de la défense.

Aujourd'hui, il installe la commission : derrière Pierre Truche, des journalistes, des professeurs de droit, peu de politiques, mais d'opinions diverses.

Jacques Toubon avait pris parti, du temps qu'il n'était pas encore ministre, en faveur de l'indépendance du parquet. Je doute que Chirac partage à cent pour cent cette conviction. En tout cas, je vois, parmi les membres désignés pour appartenir à cette commission, quelques-uns, ou plutôt quelques-unes, comme Blandine Barret-Kriegel, qui pensent nécessaire de conserver un lien – peut-être pas celui qui existe, mais un lien tout de même – entre les magistrats du siège et le garde des Sceaux.

Je suppose que tout cela est très intéressant, que cette réforme est importante, qu'il faut rendre la Justice, comme ils disent tous, plus humaine et surtout plus rapide. Question, cependant : est-ce bien le moment de mettre en œuvre cette réforme ? Alors que le pays n'est pas dans sa meilleure forme, que le spectre des « affaires » plane toujours sur la majorité, que le chômage et la croissance sont les premières préoccupations, à juste titre, du pouvoir, qu'enfin on ne peut pas ouvrir un journal sans que l'on parle de remaniement. J'ai l'impression, peut-être fausse, que Chirac veut occuper le terrain : est-ce parce qu'il m'a dit un jour que lorsque le pouvoir n'avait rien à proposer, il mettait sur la table une réforme des institutions ?

Si cohérence il y avait néanmoins à trouver dans son discours, je pense qu'il faudrait la voir dans le fait que Chirac a d'abord ouvert – et même fermé – le dossier sur l'armée de métier et la fin du service militaire obligatoire. Après la Défense, donc, la Justice. Jusqu'à présent, le Président parlait trop peu, on le lui a reproché l'année dernière. Le fait qu'il intervienne aujourd'hui à la télévision, cinq semaines seulement après son émission télévisée du 12 décembre dernier, montre qu'il veut s'engager davantage dans l'année qui vient. Sans doute se sent-il justement obligé de monter en première ligne tandis qu'Alain Juppé, trop exposé l'an dernier, passe à l'arrière ?

22 janvier

En relisant avec soin les deux textes essentiels que Jacques Chirac a consacrés à la réforme de la Justice, en décembre et janvier, je m'amuse à trouver déjà, en un mois, un recul considérable à propos de l'indépendance des magistrats. Cela n'amuse peut-être que moi, mais j'ai noté que le 12 décembre dernier, il a dit trouver « franchement anormal que le parquet dépende de la Chancellerie ». En traçant le cadre de sa mission à Pierre Truche, le 21, il s'est demandé plus modestement si « l'indépendance de l'autorité judiciaire ne pouvait pas être accrue en modifiant, voire en supprimant le lien hiérarchique qui relie actuellement le ministère public au garde des Sceaux ».

Nuance, déjà.

4 février

Rendez-vous avec Dominique de Villepin, ce matin. Au beau milieu de notre conversation, Chirac entre, dit bonjour et se mêle à la discussion comme s'il avait tout son temps. « La droite est moderne, me disait justement Villepin lorsque Chirac a fait irruption. La gauche est conservatrice et médiocre. »

Je vois aujourd'hui Dominique de Villepin pour la première fois. Jusqu'à ce qu'il entre à l'Élysée comme secrétaire général, en 1995, seuls les journalistes de politique étrangère le connaissaient bien : quelques-uns d'entre eux, comme, je crois, Bernard Guetta, avaient fait sa connaissance à Washington où il fut premier secrétaire à l'ambassade de France. D'autres, les plus nombreux, suivent son action depuis qu'il a été directeur de cabinet d'Alain Juppé au Quai d'Orsay de 1993 à 1995. D'autres encore l'ont approché dès 1985 à la Mairie de Paris où il secondait déjà Alain Juppé dans l'élaboration de la plate-forme commune RPR-UDF.

Ce n'est pas un homme tiède, ses propos sur la gauche me surprennent par leur inutile agressivité. Il est grand, mince, le visage aigu, d'une beauté qui n'est pas commune tant elle doit à sa silhouette entière, à sa façon de parler, à sa gestuelle élégante. Voilà quelqu'un, en tout cas, qui ne mâche pas ses mots. Il est encore plus direct que Chirac lorsque ce dernier n'est pas en représentation, avec un bonheur de vocabulaire et d'expression que le Président n'a pas toujours. Il faut dire qu'il a grandi, hors de France, dans le culte que les Français de l'étranger vouent à leur langue. Je sais qu'il aime la poésie depuis son enfance où sa mère glissait dans sa poche quatrains et alexandrins qu'elle composait elle-même. Revers de la médaille : la fréquentation des grands personnages de l'Histoire sur la vie desquels l'interrogeait son père, pendant cette période loin de la métropole, de Napoléon à de Gaulle, lui a donné le sentiment, qu'il exprime souvent, paraît-il, de la médiocrité générale de la classe politique d'aujourd'hui.

Lorsqu'il a été nommé à l'Élysée, beaucoup de mes confrères, qui donc le connaissaient depuis le Quai d'Orsay et le savaient d'un tempérament impétueux, se sont demandés si Chirac et Villepin n'allaient pas additionner leurs impatiences, et lequel des deux, s'il en était besoin, calmerait l'autre. En tout cas, ici et maintenant, il est le seul maître à bord après Dieu. L'un après l'autre, Maurice Ulrich, Jean-Pierre Denis abandonnent la place : difficile, disent-ils, de partager Chirac avec lui.

Je reviens à notre conversation de ce matin, sur laquelle j'ai pris des notes trop rapides. Il me parle de son goût pour le système américain : « Là-bas, seule la capacité de faire compte, pas la volonté de paraître. Ici nous fabriquons des cadres, pas des gens capables de créer des sociétés, de prendre des risques. La société américaine est une société qui crée des chances. Seule la droite le fait en France. » Il ajoute qu'il faudrait, en France, « croiser l'esprit d'initiative et la mobilité du modèle américain avec l'histoire et les traditions françaises ».

Jacques Chirac, je le remarque, écoute parler Villepin avec un plaisir non dissimulé. Visiblement, il aime ses envolées, ses indignations. Il trouve qu'il parle bien, peut-être mieux que lui.

À un moment donné, lorsque Villepin aborde le problème des socialistes, le chef de l'État intervient plus prosaïquement : « Les socialistes sont divisés, me dit-il, beaucoup plus que nous ne le sommes. En plus, Lionel Jospin est bien, mais il n'a pas la classe pour mener une grande campagne. »

À propos d'Alain Juppé dont je lui demande quel sera le sort, il me répond, serein : « Il est au milieu de l'eau, il ressortira de l'autre côté ! »

Nous reparlons quelques minutes avec Villepin après que Jacques Chirac est repassé dans son bureau. Il me parle du « pari optimiste » que fait l'Élysée sur la Justice, de l'exercice du pouvoir, « toujours douloureux, comme le dit Chirac ».

Je note surtout sa réflexion sur le Front national qui, curieusement, ne l'inquiète pas dans la perspective des futures élections législatives : « Le FN, me dit-il, n'est pas dangereux pour nous. Il ne se nourrit que de nos faiblesses. Dès lors que le gouvernement s'attelle aux problèmes de fond, il ne parviendra pas à nous nuire. »

En partant – il se rend à sa réunion du matin avec Chirac –, il me glisse, presque complice, comme si, à coup sûr, j'étais de son avis, la phrase qu'il prête à Chirac : « Le socialisme a été une catastrophe humanitaire ! »

5 février

Nouveau débat, purement électoral, sur lequel se déchaînent les responsables de tous les partis.

En réalité, il y a deux débats :

D'abord, celui portant sur le mode de scrutin aux régionales : l'actuel prévoit l'élection des conseillers à la proportionnelle, sans panachage, dans le cadre du département. Faut-il en changer, étant donné qu'il a abouti à une paralysie complète dans certaines régions, en Île-de-France notamment ? La majorité y est favorable, mais selon des modalités diverses. En gros, trois propositions émergent : la première est l'application aux régionales du scrutin en vigueur pour les conseillers municipaux dans les villes de plus de 35 000 habitants. Dans chaque département, la liste qui obtient au premier tour la majorité absolue, ou celle qui arrive en tête au second tour, se voit attribuer 50 % des sièges, puis participe à la répartition des sièges restants. La deuxième proposition émane de Valéry Giscard d'Estaing qui plaide pour un scrutin à la proportionnelle à un tour au niveau régional, avec prime à la liste arrivée en tête : les gaullistes, attachés au département, y sont hostiles. Troisième proposition, enfin, sur laquelle VGE se replie : on rétablit le département comme circonscription, avec calcul de la prime assis sur le nombre de voix obtenues par chaque liste au niveau régional.

Ouf ! J'ai bien appris ma leçon.

Deuxième débat : le calendrier. Faut-il ou non tenir les élections régionales en même temps que les législatives, en 1998 ? Les élections politiques doivent-elles être regroupées ? Le PS et le RPR y sont favorables. Pierre Mazeaud, que j'ai rencontré ce matin, apporte à cette proposition un additif qui fait l'unanimité contre lui : le couplage, à cette occasion, des financements des deux campagnes. Cela me paraîtrait logique. Les candidats, eux, penseront le contraire. À l'UDF, suivant la position de François Bayrou, la majorité des élus est hostile au couplage : le débat régional, disent-ils, sera occulté si les deux campagnes se déroulent en même temps. Les législatives sont certes un grand rendez-vous national, mais les régions le sont également.

10 février

Daniel Vaillant me fait part le premier de l'avis du Conseil d'État sur la chronologie des scrutins de 1998. « Il ne recommande pas », – merveilleuse formule dont les juristes du Conseil ont le secret – que les trois scrutins (législatives, cantonales, régionales) se déroulent en même temps. Les régionales doivent avoir lieu avant le 13 juin 1998. Les cantonales, à leur date normale.

Voilà qui, je pense, met un terme aux interrogations des uns et des autres. 1998 sera une année électoralement chargée. On votera tous les dimanches !

11 février

Alain Juppé, qui a invité quelques journalistes à déjeuner à Matignon, parle essentiellement, aujourd'hui, avant le sommet « Jeunes » qu'il a convoqué pour demain, du chômage des moins de 25 ans : il considère qu'à l'heure actuelle, 20 % des jeunes qui cherchent un travail restent sur le carreau.

20 %, c'est énorme, évidemment, largement plus que la moyenne du chômage dans le pays. Les remèdes envisagés par le Premier ministre ? Ils sont classiques : mobilisation des préfets dans chaque département, sensibilisation des présidents de région, encouragements aux chambres de commerce pour qu'elles parrainent des jeunes, appels aux grands patrons qui doubleraient le pourcentage des apprentis. Il nous parle également des initiatives locales, ponctuelles, qui laissent une large part à l'imagination : celle d'un maire du Finistère qui a institué une sorte de capital avec actionnaires locaux pour soutenir l'emploi, ou celle de Jean Royer, à Tours, qui recycle des demandeurs d'emploi.

Alain Juppé me paraît assez rodé, maintenant : en près de deux ans, il a tout vu, tout appris, parce qu'il apprend vite. Il partage avec Fabius cette caractéristique d'être détendu, plein d'humour en privé, et largement moins liant, moins libre en public. Cela dit, rien dans l'actualité n'a de quoi le faire rire.

Un mot, après le problème du chômage, sur le scrutin des régionales : il est favorable à une circonscription régionale, pas à l'addition des votes départementaux. C'est-à-dire qu'il est sur la position de Giscard et juge naturel, contrairement à certains gaullistes du RPR, qu'une élection régionale s'inscrive au niveau de la région. C'est simple, il fallait y penser ! Les élites politiques françaises sont si compliquées qu'elles ont accepté un nouveau cadre politique, la région, sans en tirer toutes les conséquences électorales et administratives.

En réponse à nos questions, le Premier ministre évoque maintenant ses relations – ou plutôt son absence de relations – avec le président du Front national. Le fait que Catherine Mégret ait été élue à Vitrolles en remplacement de son mari est inquiétant pour toutes les forces politiques. « Quelle est la bonne stratégie, s'interroge Juppé, face à ce parti qui rêve de nous faire battre par les socialistes pour être en mesure d'apparaître comme la seule alternative à la gauche ?... L'alliance avec le Front national, dit-il en réponse à sa propre question, nous y avons renoncé depuis longtemps, vous le savez, aucun doute là-dessus. Si j'avais la conviction, demain, que le Front national avait quelque chance d'arriver au pouvoir en France, je m'allierais aux socialistes, c'est tout dire ! La stratégie du silence ? Ce n'est pas mieux. Quant à la diabolisation, elle a ses limites. La seule chose à faire, c'est expliquer inlassablement aux Français qui votent Le Pen qu'on les trompe. »

Quant aux nouvelles lois Debré sur l'immigration, qui rendent obligatoire un fichier des hébergeants avec engagement de signaler l'éventuel départ des étrangers résidant en France, il semble hésitant, au moins sur son opportunité politique. Il le sait, c'est un chiffon rouge : « Je vous avoue, dit-il, que je me pose la question. »

Il a entendu comme nous les réactions des metteurs en scène, parmi lesquels Bertrand Tavernier, grande conscience du milieu du cinéma. Il trouve que Debré en fait un peu trop.

Cela est d'ailleurs à mettre en relation avec notre conversation précédente : pour récupérer une partie des électeurs du Front national, faut-il aller aussi loin ? Juppé n'en est pas convaincu. Quant à l'existence de ces étrangers qui ne seraient ni expulsables ni régularisables, c'est la quadrature du cercle. La réponse serait peut-être : un an renouvelable ?

Curieuse loi, tout de même, qui crée des situations sans issue...

13 février

Il n'est pas coutumier du fait. Pourtant, aujourd'hui, Jacques Toubon, avec qui je déjeune, plutôt de naturel optimiste et d'une humeur égale, trouve son métier de garde des Sceaux « impossible » : « 1996 a été une *annus horribilis*[1], et 1997, avec les affaires Tiberi et Giraud, risque de l'être plus encore. »

Nous parlons de la réforme de la Justice, grand dessein de la législature. Il sent des réticences, à l'intérieur de la majorité, sur la séparation de la Chancellerie et du parquet. Il reste convaincu que les citoyens demandent davantage de transparence, que la marche vers

1. À l'occasion du 40e anniversaire de son accession au trône, la reine Elizabeth avait qualifié d'*annus horribilis* (année horrible en latin) l'année 1992 durant laquelle la famille royale avait subi des épreuves difficiles (séparation du duc d'York d'avec Sarah Ferguson, divorce de la Princesse royale, séparation du prince Charles et de Lady Diana en décembre).

l'indépendance du parquet est irréversible. « Les choses se sont passées ainsi, de façon inéluctable, pour l'interruption volontaire de grossesse, dit-il, ou pour la libéralisation de l'audiovisuel.

« Comme le faisait le fameux clown Grock[1], ajoute-t-il en hasardant une métaphore originale, on peut avancer le piano plutôt qu'avancer la chaise. De toute façon, il faudra bien un jour mettre la chaise devant le piano, et ajuster la pratique à l'état de la société... »

Ce matin, à l'issue du Conseil des ministres, Chirac l'a pris à part pour lui dire : « Jacques, ménagez Jean Arthuis[2], il en prend plein la figure, en ce moment... »

Toubon me raconte cela pour conclure d'une phrase : « Il y a deux ministres qui en prennent plein la figure : Arthuis et moi. »

Mais Chirac n'a pas demandé qu'on ménage Toubon.

1997

15 février

Je déjeune justement à l'Élysée aujourd'hui avec Jacques Chirac en compagnie de deux consœurs. Chirac est très enrhumé, ce qui ne l'empêche pas d'être disert. Comme pour nous rappeler le temps de ses gueuletons passés, le menu est pantagruélique : pâté de veau et blanquette, haricots blancs et pâtes au pistou. Il mange de tout, en petites quantités, mais attentif à toujours apparaître comme l'ogre bon vivant. En réalité, il a nettement décéléré sur l'ingestion.

Nous déjeunons autour d'une table ronde, dans une pièce voisine de son bureau qui n'est pas, autant que je m'en souvienne, la salle à manger où Mitterrand prenait ses repas.

Il aborde d'abord ce qui lui tient le plus à cœur en ce moment : la Justice et la politique internationale.

« Si la Chancellerie et le parquet sont séparés, il faut impérativement que soit garantie d'abord la légitimité des juges. Ce n'est pas parce qu'ils sont sortis de l'École nationale de la magistrature de Bordeaux qu'elle va leur donner la moindre légitimité. Moi, je suis sorti de Sciences Po et de l'ENA, ce n'est pas à cela que je dois ma légitimité !

1. Né en Suisse en 1880, mort en 1959, Grock fut sans doute le clown le plus célèbre du XXe siècle.

2. Jean Arthuis est ministre de l'Économie et des Finances dans les gouvernements Juppé depuis qu'il a succédé à Alain Madelin, le 26 août 1995.

« Il faudra veiller également, dans ce cas, ajoute-t-il, au respect des personnes et à celle de la présomption d'innocence. »

Je comprends, comme je l'avais noté il y a trois semaines, qu'il continue à reculer sur l'indépendance du parquet. Je pense que maintenant, il en voit davantage les inconvénients que les avantages, ce qui explique peut-être le vague à l'âme de Jacques Toubon avant-hier. D'ailleurs, il conclut d'une phrase sur le sujet : « S'il n'y a pas d'accord sur ces deux points, respect des personnes et légitimité des juges, il n'y aura pas de séparation entre la Chancellerie et le parquet. »

Si les membres de la Commission Truche, précisément en train de plancher sur le sujet en ce moment, l'entendaient, ils comprendraient, je pense, la réelle étroitesse de leur marge de manœuvre !

Jacques Chirac embraye sur un de ses personnages préférés en politique internationale, Boris Eltsine, dont il nous donne des nouvelles optimistes : il s'est parfaitement remis de son quintuple pontage coronarien à la fin de l'année dernière. Chirac vient tout juste de le rencontrer à Moscou, début février. On disait le président russe à l'article de la mort. Eh bien, pas du tout, assure Chirac : « Nous avons parlé de l'avenir de la sécurité en Europe, de l'élargissement de l'OTAN, et je vous garantis qu'il connaissait son dossier mieux que jamais ! » *1997*

Qu'est-ce qu'il lui trouve, Jacques Chirac, à Boris Eltsine ? « Il est honnête et courageux, répond le Président, dans un monde où peu d'hommes le sont. C'est suffisant, non ? »

Nous passons à l'OTAN. Chirac est-il prêt à ce que la France rejoigne l'OTAN ? Il répond avec nuance : « Je dis à Pierre Messmer que, pour le moment, je n'ai rien fait pour rentrer dans l'OTAN. Je suis obligé, si une défense européenne existe, d'y entrer. Mais ce sera dans une OTAN dont les missions ont forcément changé depuis le général de Gaulle. Je ne leur demande qu'un geste symbolique : le commandement, pour la France, du flanc sud de l'OTAN. Je n'ai pas demandé que des Français commandent la VIe Flotte ! Les Américains souhaitent l'intégration dans l'OTAN de quatre ou cinq pays de l'Est. Pas la Russie. Je comprends donc parfaitement Eltsine, et je le lui ai dit, lorsqu'il demande à être protégé de l'OTAN. »

Pas de changement dans sa position vis-à-vis du Moyen-Orient : une grande suspicion vis-à-vis des intentions de Netanyahu. « Je ne sais pas ce qu'il veut ni ce qu'il peut. Nous lui avons arraché l'accord d'Hébron[1], en janvier dernier, et celui-ci n'est toujours pas appliqué. »

En revanche, il se considère comme un intermédiaire incontournable lorsqu'il s'agit de la Syrie : « La revendication, poursuit-il, est celle du Golan. Netanyahu le sait. Avant l'élection de mai 1996 en Israël, Shimon Peres l'avait accordé à Hafid el-Asad. Croyant qu'il allait gagner, Asad a tenté de faire monter les enchères. Mais Peres a perdu. Et Asad aussi, puisque Netanyahu est arrivé au pouvoir. »

Décidément en verve, il continue sur la monnaie européenne. Pas le moindre soupçon d'euro-scepticisme dans ses propos : « L'euro est une chance formidable pour la France, assure-t-il avec conviction. L'euro devient une monnaie mondiale, ce que n'étaient ni le mark ni le franc. Car ce sont les Allemands, en l'occurrence, qui nous font
1997 un cadeau royal ! »

Il dit les Allemands – il veut dire Helmut Kohl, car il ajoute aussitôt que beaucoup d'hommes politiques, en Allemagne, souhaiteraient, plutôt que de marcher vers l'euro, renforcer au contraire la zone Mark, l'étendre aux pays de l'Est, tropisme allemand de toujours dans l'Histoire. « Kohl, plaide Chirac, doit faire face à des tensions formidables dans son propre pays. Je suis convaincu qu'il tiendra bon. »

Et qu'adviendrait-il de l'euro si Kohl était battu aux prochaines élections, en 1998 ? Aucun doute pour Chirac : « Il se représentera très certainement, et il sera élu. L'euro se fera. Il n'y a aucun doute dans mon esprit. »

Il croit en sentir un, de doute, chez ses interlocutrices. Il insiste : « Cela se fera ! À Dublin, pour le pacte de stabilité, tout le monde me disait ici que la négociation allait échouer. C'est toujours comme cela : les pays font monter les enchères avant une réunion de ce type. Mais, finalement, on débouche toujours, quand on le veut, sur un accord. Ce sera le cas, fin 1997, pour accélérer la naissance de l'euro. »

Je quitte l'Élysée convaincue que si Chirac nous a noyées sous ses confidences internationales, ce n'était pas seulement parce qu'il avait envie de parler de son cher ami Eltsine ou de l'euro. C'était pour éviter de parler de Juppé, de ses difficultés, du remaniement qui n'a pas eu lieu.

---

1. L'accord d'Hébron a été signé le 15 janvier 1997 : il concerne le redéploiement des forces militaires dans la ville d'Hébron et prévoit que la police palestinienne assume dans une zone d'Hébron des responsabilités analogues à celles qui sont les siennes dans les autres villes de Cisjordanie, tandis que la police israélienne conserve ses prérogatives en matière de sécurité dans l'autre zone d'Hébron.

17 février

Les projets de loi sur l'immigration mobilisent enfin le Parti socialiste. J'écris *enfin*, car, depuis le temps que la majorité annonce sa volonté de légiférer sur le sujet, le PS a eu du retard à l'allumage ! Par exemple, lorsque la commission *ad hoc* de l'Assemblée nationale [1] a été créée, dès 1995, à la demande de députés RPR fortement remontés contre l'immigration irrégulière, les parlementaires socialistes se sont contentés de quitter ladite commission. Pas davantage de réaction lorsque, en avril 1996, le rapport de la commission d'enquête parlementaire a été rendu public. Paradoxe : la dureté des propositions qu'il contenait a suscité davantage de remous à l'intérieur de la majorité que dans l'opposition, qui continuait de faire comme si ce projet ne la regardait pas.

Tout le monde savait pourtant qu'il existait, au sein de la majorité, surtout après l'affaire des sans-papiers de l'église Saint-Bernard, en août dernier [2], une forte tentation d'aller au-delà des lois Pasqua qui, à l'époque, avaient paru pourtant suffisamment restrictives. Pourquoi ce silence ? Sans doute parce que la réalité de l'immigration pose au moins autant de problèmes au PS qu'il en pose à la majorité. Les socialistes savent bien que l'opinion publique ne partage pas leur mansuétude sur le sujet de l'immigration. Même si Rocard a dit en son temps que la France ne pouvait pas accueillir toute la misère du monde, cette affirmation avait choqué nombre de militants tant elle leur avait paru contraire aux grands principes de solidarité et d'ouverture du PS. D'où la tentation qu'ont eue ses dirigeants, depuis 1995, d'écarter d'eux ce calice. Tant qu'ils l'ont pu, ils ont préféré ne pas s'en mêler. Aujourd'hui, ils n'ont pas le choix : les textes du projet de loi Debré sont sur la table. Progressivement, donc, le PS s'est réveillé. Ce qui explique ma rencontre avec François Hollande, aujourd'hui.

« Le dispositif prévu par la loi Debré, cette obligation de fournir à la fois certificats d'hébergement et certificats de départ, est ineffi-

---

1. Le rapport établi par la commission est signé Jean-Pierre Philibert, député de la Loire, et Suzanne Sauvaigo, députée des Alpes-Maritimes.

2. En juin 1996, l'église Saint-Bernard avait été occupée par des Africains sans papiers. Sur les deux cents et quelques dossiers réouverts par l'administration, seuls une vingtaine avaient été pris en compte : ces sans-papiers-là s'étaient vu attribuer une carte de séjour d'un an. Les autres demandeurs avaient un mois pour quitter le territoire français. La plupart des demandeurs avaient alors investi l'église Saint-Bernard. Leur expulsion *manu militari* avait été décidée et exécutée le 23 août 1996.

cace et dangereux », me dit aujourd'hui Hollande, qui, proche de Jospin après l'avoir été de Jacques Delors, prend une importance de jour en jour plus grande au sein du Parti. Sympathique, toujours à la recherche d'un bon mot, assez œcuménique dans ses relations avec les courants du Parti socialiste, il a le sens des formules et sait être un brillant polémiste dès qu'il est en campagne. Il n'a qu'un inconvénient dans le combat, lorsqu'il en livre un : son visage ouvert, chaleureux, ses joues rebondies lui ôtent une partie de sa crédibilité. Il faut qu'il ait envie d'être très méchant pour avoir l'air de l'être un peu.

« Il n'y a qu'un moyen de lutter contre le travail clandestin, continue-t-il, c'est de sévir contre les employeurs qui les emploient. Or, ce sont les députés de la majorité qui ont eux-mêmes réduit les peines encourues dans ce cas par les chefs d'entreprise. »

Le Parti socialiste n'est-il pas trop laxiste sur l'immigration, surtout lorsqu'on sait l'attitude de la majorité des Français à l'égard des immigrés ? « Nous faisons la différence, proteste Hollande, entre l'immigration illégale, irrégulière, et la présence régulière d'immigrés sur le sol français. Nous disons simplement qu'il y a des moyens acceptables et des moyens intolérables. »

17 février

Longue interview d'Alain Juppé, ce matin, sur RTL. Le gros morceau a trait à la loi Debré, qui lui paraît « bien équilibrée ». Il s'en remettra toutefois, dit-il, au Parlement qui doit revoter sur le texte en deuxième lecture la semaine prochaine. Et puis, signale-t-il, le Conseil constitutionnel, après le vote, fera son office.

Parlant de l'agitation qui a saisi les milieux intellectuels[1], il reste dans son rôle de Premier ministre en jugeant que tout appel à la désobéissance est un acte de désintégration sociale. Sur le fond, il juge qu'elle repose sur un amalgame : ce n'est pas parce que Vitrolles est tombé aux mains de la femme de Bruno Mégret, ce n'est pas parce que la municipalité Front national de Toulon menace de suspendre les subventions au festival de Châteauvallon, qu'il faut en

1. La veille, un appel à la désobéissance, notamment sur les déclarations d'accueil et de départ, a été signé par plus de 400 acteurs ; un autre, par 54 dessinateurs de bandes dessinées. La déclaration de 50 cinéastes a été signée par des professeurs d'université et des directeurs de recherche.

conclure que toutes les mesures prises contre l'immigration clandestine ont été dictées par le Front national[1].

Je n'ai pas pu m'empêcher, en l'écoutant et en le questionnant, de penser qu'il ne semble pas fanatique de cette loi. Il se serait même à mon sens volontiers contenté des lois Pasqua. Au surplus, il le sait, ladite loi est une usine à gaz : certificats d'hébergement validés par les mairies ? certificats de départ contrôlés de quelle façon ? Il imagine déjà sans peine la paperasse administrative...

Qui donc a voulu ces nouvelles dispositions, qui a pesé sur leur élaboration ? La petite fraction très en pointe des députés et maires RPR dont l'électorat est sensible à l'immigration clandestine et aux difficultés qu'elle engendre dans le Sud de la France et dans les banlieues des grandes villes. Et ceux qui craignent de voir leurs électeurs voter pour Le Pen.

En sortant de l'émission, Juppé admet que les Français sont – « c'est comme cela », dit-il – attachés historiquement aux droits de l'homme, aux libertés, et qu'il est difficile de trouver la formulation d'une loi qui puisse être acceptée par tout le monde, y compris par l'ensemble de la majorité. « La seule logique, dans tout cela, nous dit-il, retirer les lois Pasqua. »

Il a vraiment l'air de trouver qu'il avait mieux à faire.

18 février

Cela ne l'empêche pas d'intervenir sur cette question en réponse au président du groupe UDF de l'Assemblée, Gilles de Robien. Il le fait en appelant les parlementaires à la « réflexion et à la sérénité ». Il redit que les principes de la loi sont de combattre l'immigration irrégulière, de favoriser au contraire l'intégration des étrangers en situation régulière, enfin, troisième volet, d'aider au développement des pays générateurs d'immigration pour qu'ils gardent chez eux les hommes et les femmes qui rêvent d'en partir et cherchent à y parvenir par tous les moyens.

1. Alain Juppé déclare à cette occasion : « L'idéologie du Front national est de dire que l'étranger, quel qu'il soit, est un danger. C'est ce qu'on appelle la xénophobie, et je me bats de toutes mes forces contre, parce que c'est contraire à toute l'idée que je me fais de la démocratie et de la République... Je veux faire le partage entre l'immigration régulière, qui est la bienvenue en France, et l'immigration irrégulière. »

Il rappelle aux socialistes qu'en 1982, Gaston Defferre lui-même a institué le certificat d'hébergement. « C'était une bonne mesure, et cela le reste. À ceci près qu'elle a été fraudée, à l'entrée en France, à l'aide d'adresses fantaisistes, et, à la sortie, par le passage à la clandestinité de certains lorsqu'ils n'avaient plus d'hébergement. Je mets en garde, ajoute-t-il, ceux qui, avec des motivations diverses et des intentions généreuses, mélangent les deux immigrations [la régulière et l'irrégulière]... Ne font-ils pas le jeu de ceux qu'ils veulent combattre ? »

Bonne question, en effet, que les socialistes devraient prendre pour eux.

Quoi qu'il en soit, Juppé ouvre la porte aux améliorations que pourraient apporter les parlementaires : « Le gouvernement, répète-t-il, est ouvert dès lors que les amendements permettront un contrôle efficace à l'entrée comme à la sortie. »

Son discours est assez efficace pour recoller sa majorité et ne pas trop mécontenter l'opposition. D'autant qu'il termine évidemment par un « hymne aux valeurs de la République ». Je ne sais pas ce qu'il adviendra, au fil de la discussion à l'Assemblée nationale, de la loi Debré. Il me paraît que Juppé a tout de même un peu déminé le terrain.

Michel Péricard, que je croise dans la Salle des Pas-Perdus, me confirme qu'à l'occasion de la réunion du groupe RPR, mardi matin, Alain Juppé a incité les parlementaires à ne pas en remettre, et à pratiquer l'art de faire retomber le soufflé.

20 février

J'avais vu juste. L'ouverture de Juppé aux parlementaires a trouvé preneur. Pierre Mazeaud a sauté sur l'occasion pour proposer, hier, un amendement sur les dispositions relatives aux certificats d'hébergement et aux contrôles à la sortie du territoire[1].

---

1. L'amendement Mazeaud concerne l'autorité compétente en matière de contrôle des certificats d'hébergement : c'est le préfet et non le maire qui en a la responsabilité, et sa décision, obligatoirement motivée, peut être portée en appel devant la justice administrative. Il supprime également les certificats de départ : « L'étranger hébergé, dit l'amendement, remet le certificat d'hébergement dont il a bénéficié aux services de police compétents à sa sortie du territoire. »

Le groupe UDF, lui, dépose un amendement prévoyant un dispositif plus simple : un certificat à deux volets comprenant un formulaire d'entrée et un formulaire de sortie serait remis, comme dans de très nombreux pays, à l'immigré au moment de l'obtention de son visa.

24 février

François Bayrou, qui vient d'être publiquement félicité par Jacques Chirac[1] pour sa réforme de l'Éducation nationale, est l'exemple d'un ministre qui a su se sortir de bien des situations difficiles, notamment quand on se réfère à ses débuts, sur la loi Falloux qu'il a su faire oublier en se montrant habile avec les syndicats d'enseignants. Un mot seulement sur Chirac dont il vante « l'intuition politique », puis nous parlons de ce projet de référendum qui court sur l'Éducation nationale. Je lui demande pourquoi Chirac l'avait inscrit dans son programme : « Parce que le mot était dans le *Dictionnaire de la réforme*[2] de Balladur, me répond Bayrou non sans quelque perversité. Quand on ne sait rien faire sur l'Éducation nationale, c'est connu, on demande un référendum. L'autre jour, Balladur me disait justement : mais qui a donc mis cette idée de référendum dans la tête de Chirac ? Je lui ai répondu : c'est vous ! »

Lorsque Bayrou est arrivé au ministère de l'Éducation nationale, c'est lui qui me le raconte, tout le monde lui a conseillé de « recoller » avec la FEN et de ne pas transiger avec la FSU[3]. Il a fait le contraire, m'explique-t-il, en entrant en discussion avec Monique Vuaillat, secrétaire générale de la FSU, et en réussissant à s'entendre avec elle, contrairement à ce qu'avait fait, il y a des années, Claude Allègre, alors conseiller de Lionel Jospin rue de Grenelle. « Bien m'en a pris : ma réforme est passée sans difficulté », se réjouit-il. Il est vrai qu'elle ne casse pas trois pattes à un canard...

J'entraîne mon interlocuteur sur le terrain politique, ce qui n'est pas pour lui déplaire. Il me confirme que François Léotard et Alain Juppé avaient bien conclu, l'hiver dernier, un accord sur le remaniement. C'est Jacques Chirac qui, depuis le Japon où il était en voyage officiel, en a interdit la réalisation après une explication relativement désagréable avec Alain Juppé. D'où les positions contradictoires qu'a sans arrêt adoptées, depuis plusieurs mois, le président de l'UDF. À l'été et à l'automne, il a collé à Alain Juppé. À l'hiver, il a été retoqué par Jacques Chirac (avec l'aide de Dominique de Villepin). « Enfin, continue Bayrou, il a pris ses distances en sortant à la télévision cette

1. Le 7 février.
2. *Dictionnaire de la réforme*, Paris, Fayard, 1992.
3. En 1992, le courant minoritaire de la FEN, Unité et Action, auquel appartient le SNES, a fait scission et a pris le nom de Fédération syndicale unitaire (FSU), dont Monique Vuaillat reste secrétaire générale.

phrase sur les “trois boutons” selon laquelle Chirac, pour sortir de la situation actuelle, avait le choix entre un référendum, une dissolution et un changement de Premier ministre. Depuis, me dit-il, pas mécontent de cet état de choses, il vasouille... »

À propos du débat sur l'immigration, il me confirme que c'est Jacques Chirac qui a voulu l'inscrire à l'ordre du jour. « Moi, me dit-il, j'ai dit dès le mois de juillet 1996 que je n'en voyais pas la nécessité. Que tout débat profiterait aux agitateurs. Je n'ai pas été entendu. »

Cette phrase jette un éclairage particulier sur l'affichage de ce débat sur l'immigration. J'ai décrit Juppé comme traînant les pieds. Si Bayrou dit vrai, et si Chirac a vraiment voulu que majorité et opposition se déchirent sur le projet de loi Debré, c'est parce qu'il voit l'utilisation électorale qui peut en être faite par sa majorité : d'un côté, contre les socialistes, dénoncés comme irresponsables, prêts à accepter une immigration massive ; de l'autre contre l'extrême droite lepéniste, hostile à ce que le moindre étranger mette le pied sur le territoire français.

25 février

La deuxième lecture du texte sur l'immigration à l'Assemblée nationale, qui a lieu aujourd'hui, a été précédée dans *Le Monde* d'aujourd'hui (daté du mercredi 26) par une grande mise au point d'Alain Juppé, visiblement touché par le procès fait au gouvernement sur sa conception des valeurs républicaines. Comment ne sommes-nous pas du même côté ? demande-il presque douloureusement à la gauche. Il explique avec clarté que la politique de l'autruche face à l'immigration est intenable : « Les socialistes, écrit-il, le savent bien, que le gouvernement est aux antipodes de la conviction de l'extrême droite selon laquelle c'est de l'étranger que nous vient tout le mal. Ne tombons pas, adjure-t-il une dernière fois, dans l'amalgame entre immigration légale et immigration clandestine ! » Il assure qu'il y a une politique républicaine de l'immigration, la sienne, basée sur plusieurs certitudes : oui à l'accueil des étrangers, oui au droit d'asile et à l'immigration régulière ; oui encore à l'aide au développement ; non à l'immigration illégale.

À 16 h 15, cette après-midi, dans l'hémicycle, Jean-Louis Debré est seul à son banc. Les ministres ne se sont pas précipités pour l'assister. Dans son discours, il oppose une France repliée sur elle-même à une France ouverte à tous, acceptant sans réserve toutes les immigrations. « Aucun pouvoir ne gagne à céder par faiblesse ou par lâcheté, dit-il avec la voix et l'intonation de son père. Nous sommes prêts, dit-il encore pour résumer son propos, à accueillir en France les étrangers qui aspirent à partager notre destin. »

16 h 45 : Debré a terminé, Pierre Mazeaud prend la parole au nom de la commission des lois : « Trop, c'est trop ! explose-t-il. Entre le délire xénophobe de quelques-uns et les appels à la désobéissance de pétitionnaires irresponsables, il est temps de dire : ça suffit ! » Il convient qu'en première lecture, ses « collègues de la majorité », comme il les appelle, ont eu des initiatives exagérées. Et profite de cet aveu pour, se tournant vers les socialistes, dire que leur « entrée en fanfare dans le débat rappelle celle des carabiniers ». Il présente un ensemble d'amendements au texte Debré sur les centres d'hébergement, la régularisation des étrangers qui vivent en France depuis plus de quinze ans, il redit que les maires ne sont pas les mieux placés pour trier entre les étrangers acceptables et les autres, et appelle, dans une envolée finale, à « concilier la générosité et le réalisme : oui, les étrangers ont des droits dans ce pays ; non, ils n'ont pas tous les droits ! ».

L'appel de Mazeaud à la générosité n'empêche pas Laurent Fabius de déposer, immédiatement après son intervention, une exception d'irrecevabilité pour le retrait de la loi Debré. L'Assemblée ne la retenant pas, il annonce que le PS déposera un recours devant le Conseil constitutionnel.

C'était couru d'avance. Et, au fond, chacun dans la majorité s'en fiche, à l'exception sans doute de Jean-Louis Debré et de quelques députés : c'est moins le texte de la loi qui les intéresse que le débat sur l'immigration lui-même qui isole, sur leur droite, le Front national, et, sur leur gauche, les socialistes.

3 mars

Déjeuner avec Bernard Pons. Nous commençons par aborder les problèmes, multiples, des transports, puisqu'il en est le ministre. Il me vante les qualités de Bernard Thibault, le jeune secrétaire général de la CGT-SNCF, « très fort, me dit-il ; le meilleur et de loin ! ». Ce qui le préoccupe à Air France, c'est la grève des contrôleurs aériens, prévue pour cet été, sur une revendication vieille comme les affaires sociales : l'intégration des primes dans le calcul de la retraite. Cela coûte, me dit Pons, la bagatelle de 100 millions sur trois ans. Il a demandé sur ce point l'arbitrage de Juppé qu'il rencontre tout de suite après notre déjeuner. En ce qui concerne les routiers, qu'il a vu le 27 février, Roger Poletti, le leader FO des camionneurs, ancien poinçonneur du métro parisien, a l'air, me dit-il, de s'être calmé. D'autant que les routiers se sont aperçus que tout ce que le gouvernement leur avait promis sur les retraites, l'interdiction de voyager le dimanche, etc., ne marche pas trop mal. Ils ont donc accepté de faire passer au second plan la prime de 3 000 francs et son étalement : « Ça baigne ! »

Enfin nous parlons politique. Il sait bien que je suis là pour ça. Il reste un fervent admirateur de Jacques Chirac dont il loue, une fois de plus, l'obstination, le caractère. Il pense qu'en 1998, la majorité n'aura pas de peine à être reconduite. Alain Juppé, selon lui, a fait beaucoup de progrès : « Maintenant, dit-il, il écoute ses ministres, il ne les prend plus de haut. » Il a toujours pensé, y compris au cours de ces mois derniers où son remplacement était évoqué dans toutes les conversations, qu'Alain Juppé resterait à Matignon jusqu'en 1998, « et sans doute au-delà, si les élections sont gagnées ».

Là, je trouve qu'il va un peu loin. « N'oubliez pas, m'explique-t-il, que Juppé est aussi président du RPR : Chirac ne peut pas s'en débarrasser à Matignon sans s'en débarrasser aussi au RPR, et cela, c'est beaucoup plus difficile ! »

Il ne craint pas grand-chose des socialistes : « Lionel Jospin n'est pas à la hauteur, affirme-t-il, il fait vieux, il réagit avec lenteur. Il s'est fait posséder comme un bleu dans ce débat sur l'immigration qui n'a été fait que pour nuire au PS en montrant que sur ce sujet, il était minoritaire dans l'opinion publique. Mais les socialistes n'ont personne d'autre. » Un temps, puis il ajoute : « En plus, l'ouverture massive aux femmes est une machine à perdre ! » Je lui dis qu'il retarde, qu'il est ahurissant de dire et même de penser cela. Il n'en est pas ému. Il persiste et signe : « Vous savez bien, dit-il, que j'ai raison. »

Heureusement qu'il ne recrute pas les journalistes !

7 mars

Philippe Séguin au téléphone. Il s'exprimera sur la Justice, le 20 mars prochain, à l'occasion des Assises de la Justice, à Versailles. Il proposera, me dit-il, que les mises en examen soient motivées, comme les jugements, avec des « attendus » que les mis en examen pourront contester. Autrement, il est hostile à l'indépendance du parquet : « L'indépendance – il a de belles formules, même au téléphone –, cela se mérite, cela ne se décrète pas ! »

« Si les juges d'instruction ont pris cette place, reprend-il, c'est que les hommes politiques la leur ont laissée. »

Il n'empêche : il me raconte cette anecdote sur un dirigeant d'Elf dont il ne me donne pas le nom, convoqué par Eva Joly pour éplucher les comptes de la compagnie. Il lui laisse ses dossiers en partant, l'heure étant tardive. Quelques heures après, un journaliste du *Figaro* appelle ce dirigeant après dîner, et lui parle des feuillets qu'il a laissés chez le juge, dont il connaît apparemment le contenu. C'est donc un flic, ou je ne sais qui, qui a photocopié les comptes et les a transmis à la presse.

Entre nous, cela ne m'étonne pas : je me rappelle que, partageant à un moment de ma vie professionnelle, dans un espace paysager, le bureau de Charles Villeneuve, spécialiste des questions de justice, j'ai entendu des tas de juges d'instruction l'appeler directement pour le tenir au courant de leurs investigations sur les dossiers en cours.

7 mars

Vu Rocard une fois de plus chez Tony Dreyfus. Il refuse toutes les perches que je lui tends sur une éventuelle succession de Jospin. Il reste persuadé que Laurent Fabius a tout en main pour empêcher n'importe lequel premier secrétaire du PS de prendre son envol. Si Jospin hésite à annoncer des décisions, me dit-il, c'est parce qu'il sait qu'immédiatement la presse en profitera pour repartir sur son thème favori : bataille de clans au sein du PS.

Sa nouvelle femme, Iléana, psychanalyste, ne manquerait-elle pas de psychologie ? À moi qu'elle connaît à peine et dont le métier est de rapporter les propos des autres, elle explique ainsi l'échec politique de Rocard face à Mitterrand : « Il n'a pas assez de cohérence intérieure pour pouvoir gagner dans l'action politique. » Pour que je comprenne mieux, elle m'assène : « Beaucoup de gens disent qu'il a eu des problèmes avec son père quand il était jeune. C'est faux : il en a eu surtout avec sa mère, c'est sa mère qui l'a détruit. »

Je ne lui demandais pas de me faire un diagnostic. Il faut dire que Rocard, qui entend tout ce qu'elle me dit, a l'air de s'en foutre absolument. Je ne sens chez lui aucune volonté de remonter au front dans la bataille pour le pouvoir. Il est très bien à l'Assemblée européenne : il considère qu'il y fait les choses les plus importantes de sa vie.

Longue conversation, au moment de l'après-dîner, sur la sortie du communisme, la chute du Mur, Artur London, Lise London, sa femme française, communiste, et les dirigeants du PCF, sur les archives de l'URSS qui devraient fournir matière à bien des livres et essais.

À nous tous le communisme, qui pourtant a dominé la vie politique au XXe siècle, paraît appartenir à un passé très lointain, oublié de tous sauf de nous qui en devisons ce soir.

8 mars

Du congrès radical de gauche qui se tient aujourd'hui à l'hôtel Méridien de Montparnasse, une seule chose à retenir : tous les leaders de la gauche sont là, ils sont tous venus sans exception, du Parti communiste aux Verts, des socialistes au MDC de Chevènement. C'est la première fois depuis longtemps que se succèdent à la tribune des orateurs qui, tous, mettent l'accent sur ce qui les unit, en même temps que sur l'« urgente nécessité », dit Dominique Voynet, d'aller vite, dans le même sens et d'un même mouvement. Un premier constat, de Voynet : « Nous ne gagnerons pas les uns contre les autres. » Une volonté, celle de Jospin : « Il ne faut pas seulement rappeler nos convergences, mais aussi résorber les points durs ancrés dans nos convictions [*sic*]. » Une ouverture de Robert Hue : « Le Parti communiste veut contribuer à la victoire qui sera commune ou ne sera pas. »

9 mars

Claude Estier, que je vois dans la journée, me confirme qu'en réalité, les pourparlers en vue de 1998, entre PS et PC, ont commencé le 6 mars, l'avant-veille du congrès radical, au domicile de Lionel Jospin. La prochaine rencontre doit avoir lieu en avril. Il me dit que cette rencontre a marqué la fin du contentieux entre Robert Hue et les socialistes. Le secrétaire général du PC avait en effet traité, il y a quelques jours, le PS de « gauche fadasse ». François Hollande lui a demandé de modérer ses expressions. Robert Hue a juré qu'on ne l'y reprendrait plus.

Le soir, à dîner, nous retrouvons chez Georges Sarre, dans le XIe arrondissement de Paris, celui dont il est depuis des années le plus fidèle lieutenant : Jean-Pierre Chevènement, que je n'ai pas revu depuis plusieurs semaines. Il se réjouit de la réunion radicale d'avant-hier et y voit – ce qu'a d'ailleurs souligné la presse de ce matin – les débuts d'une mise en ordre de bataille dans la perspective des législatives.

Je note ce bon mot qu'il n'a pu retenir : « Fabius et Juppé, dit-il à un moment de la soirée, ce sont les mêmes personnages. Moi, quand Fabius me sourit et qu'il me dit des paroles gentilles, je suis gêné à l'idée du mal qu'il se donne pour être aimable. »

10 mars

Je prends des notes pendant que Jacques Chirac commence son émission spéciale sur France 2 et France 3. Sans doute a-t-il voulu s'adresser une nouvelle fois aux jeunes, considérant qu'il n'a pas réussi à les convaincre au cours de sa dernière émission de décembre. Dans l'intervalle, il est intervenu sur le petit écran au sujet de la réforme de la Justice : on a l'impression, avant d'ouvrir son poste, que, maintenant, il apparaît décidément beaucoup trop.

Ce soir, c'est donc une nouvelle émission spéciale intitulée « Années 2000, une chance pour tous ? » – avec un point d'interrogation à la fin. Elle est diffusée en direct depuis la Cité des sciences et de l'industrie de la Villette. Le plateau est somptueux, le public nombreux et composé, ainsi que le dit William Leymergie dès les premières minutes, de « personnes ayant entrepris des expériences concrètes pour les jeunes ». On ne sait pas exactement ce que cela veut dire. La seule chose qui me saute aux yeux, c'est que rien n'a été laissé au hasard : Jean-Marie Cavada et Leymergie en sont les deux seuls animateurs, preuve que la présence de trop nombreux interviewers du Président, en décembre dernier, a laissé un mauvais souvenir à l'équipe de communication présidentielle. Au menu : les jeunes, de l'enfance jusqu'à l'entrée sur le marché du travail. Et, pour commencer, un sondage qui a été rendu public ce matin : « Sur qui comptez-vous le plus pour préparer votre avenir ? » ont demandé les sondeurs de l'IFOP. De manière assez sympathique, les jeunes interrogés ont dit qu'ils comptaient d'abord sur eux-mêmes. Et puis, par ordre décroissant : sur leurs parents, sur les chefs d'entreprise. Chirac arrive en sixième position. Cavada a l'air de trouver que le Président est à la traîne, dans le cœur des jeunes. Moi, j'estime le contraire : si on m'avait demandé, lorsque j'avais 20 ans, si je comptais sur le président de la République pour assurer mon avenir, je n'en aurais pas cru mes oreilles. Chirac, pas étonné non plus de figurer en 6e position, conclut que la jeunesse française est « formidable », justement parce qu'elle compte d'abord sur elle-même pour se sortir de la panade et trouver un emploi.

Pour le coup, si les téléspectateurs attendaient du concret, ils sont servis ! L'émission commence à l'école maternelle avec l'apprentissage de la lecture, elle se poursuit par les responsabilités des parents et la lutte contre l'analphabétisme. Elle passe par les ordinateurs à l'école et les nouveaux métiers liés à l'informatique. Formation continue, rôle des entreprises, apprentissage, tutorat, sida, droit de vote aux jeunes : rien n'y manque !

Au bout d'un certain temps, je cesse de prendre des notes. Je ne trouve pas cela ennuyeux, mais très long. Je relève tout de même le côté optimiste de Chirac qui revient, au cours de l'émission, sur l'idée que les jeunes sont solidaires, ouverts, formidables – il répète le mot plusieurs fois – et qui, pour finir, vante cette « jeunesse qui a une chance fantastique » au sein d'une nation, « qui ne sera une grande nation que si elle intègre tous ses enfants ».

L'émission a duré près de deux heures. Je ne sais pas ce qu'elle va apporter à la popularité de Jacques Chirac, mais, franchement, cela ne peut pas lui nuire.

13 mars

J'ai oublié de mentionner ici la fermeture par Renault des usines de Vilvorde[1]. Je rencontre aujourd'hui Louis Schweitzer, le président

1. Le 28 février 1997, Renault décide de fermer son usine de Vilvorde, en Belgique, pour cause de rationalisation de la production de ses usines européennes. L'usine belge employait un grand nombre de travailleurs frontaliers.

de Renault, ancien directeur de cabinet de Laurent Fabius, qui est, depuis une semaine, au centre de la polémique suscitée par cette fermeture. Coup sur coup, Lionel Jospin a demandé que la décision de fermeture et le plan social qui l'accompagne « soient reconsidérés[1] », tout en laissant entendre que la gauche au pouvoir n'aurait jamais permis une chose pareille ; et Chirac lui a reproché de ne pas avoir eu « la manière » pour annoncer la fermeture, sans souci des salariés.

Louis Schweitzer résiste à l'offensive tout en reconnaissant que, oui, il a voulu aller très vite, pour que le gouvernement ne l'empêche pas d'appliquer le plan de restructuration qu'il juge nécessaire pour moderniser Renault. Mais qu'il a, en revanche, prévenu Jean-Luc Dehaene[2], le 21 février (la décision de fermeture a été annoncée officiellement à la fin du mois) : celui-ci devait en effet aller distribuer, le lendemain, des médailles du travail à l'usine de Vilvorde, et Schweitzer a préféré le tenir au courant de sa décision.

Sur le fond, Schweitzer assure que mieux valait, pour toute l'entreprise Renault, ne pas laisser d'espoir aux ouvriers de Vilvorde : l'usine coûte si cher, le site est tellement onéreux qu'il aurait fallu sacrifier une autre installation de Renault, ce qui n'aurait pas changé les données du problème et l'aurait simplement déplacé. Je suis incapable de juger de ses raisons industrielles et financières. Je pense que si une autre solution avait été possible, il l'aurait probablement envisagée en priorité.

18 mars

Conférence de presse de Lionel Jospin. Il a choisi de parler uniquement, aujourd'hui, de la situation économique et sociale. Il dénonce un chômage qui atteint 12,7 % de la population active, un taux de prélèvement fiscal qui atteint un niveau record, la stagnation du pouvoir d'achat, un déficit public qui est bien au-delà des 3 % annoncés : « Ils ont cassé la reprise » – c'est sa première conclusion.

1. Lionel Jospin a ajouté qu'il jugeait cette décision « financièrement, industriellement et socialement aberrante, alors que le groupe Renault a récemment investi 1,4 milliard de francs dans la modernisation ».

2. Jean-Luc Dehaene, homme politique belge appartenant au Parti populaire, est, depuis 1995, le chef du gouvernement belge.

Il plaide pour une nouvelle politique de croissance : « Notre problème, dit-il, n'est plus l'inflation ni l'équilibre de la balance commerciale. Notre problème, c'est le chômage et le déficit de croissance. »

Il propose trois remèdes : la baisse des cotisations sociales, d'abord, et son remplacement par une cotisation différente, basée sur tous les revenus, ainsi qu'une refonte globale de la CSG existante ; secundo : la réduction du temps de travail, et le passage aux 35 heures ; enfin, il insiste pour la tenue d'une conférence sur les salaires, la réduction du temps de travail et l'emploi.

Tandis qu'il développe l'un après l'autre ces trois points, je note qu'il a fait bien du chemin, depuis son entrée en campagne inattendue en 1995 : il utilise désormais le « je » à jet continu – « je veux », « je suis conscient », « j'entends », « j'attends », « je sais ». Ses progrès en personnalisation ont été très rapides.

Un couplet sur la construction européenne et sur l'Europe sociale, et voici les questions. Le représentant du *Financial Times* demande à Jospin s'il prévoit, avec un déficit à 3,5 %, le report du passage à l'euro. Le premier secrétaire du PS temporise : la question se posera au gouvernement en avril 1998. « Ce que je crois sage, ajoute-t-il néanmoins, c'est que les critères de Maastricht soient respectés. Et je ne suis pas sur l'hypothèse d'un report. »

« Ne demandez-vous pas trop aux chefs d'entreprise ? » insiste l'une d'entre nous. Réponse de Jospin : « C'est une question décisive. Il est de l'intérêt de toutes les entreprises de sortir de l'insuffisance de la croissance. »

Il me semble, par-delà les années, entendre parler le candidat Chirac.

1er avril

Je ne sais pas si c'est la date qui met Jacques Baumel en verve pour évoquer quelques-uns des bons mots politiques d'Edgar Faure, lequel n'est malheureusement plus de ce monde pour continuer de nous faire rire avec ses formules. J'en retiens, une fois de plus, deux ou trois. Sur Jacques Chirac, par exemple, il disait : « Chirac est un roseau peint en fer. » Lorsqu'on lui disait que Chirac changeait souvent d'avis, Edgar Faure soupirait : « Ce n'est pas la girouette qui change d'avis, c'est le vent. »

Autre mot, pas sur Chirac, cette fois : « Qu'est-ce qu'un électeur du Front national ? Un fidèle électeur du RPR qui a été cambriolé trois fois. »

2 avril

Conversation à bâtons rompus avec Philippe de Villiers. Je me rappelle à son sujet ce qu'Olivier Guichard m'en a dit un jour en plaisantant : « Villiers ? C'est le Front national à particule ! »

C'est un mot d'esprit que Villiers n'apprécie guère. Il ironise volontiers sur les hommes politiques, mais hésite à trouver ça drôle quand il est question de lui. Il a pourtant la dent dure, très dure, sur ses anciens compagnons du « non » au référendum sur Maastricht : « Après la bataille, dit-il, Philippe Séguin est retourné à son caractère, la lâcheté, et Charles Pasqua au sien, la velléité. » Voilà pour les ex-petits camarades...

Il me confie qu'il a craint qu'après avoir quitté le gouvernement, en 1995, Alain Madelin ne fonde son propre parti : « S'il l'avait fait, je serais mort. Il ne l'a pas fait ; aujourd'hui, il n'a plus qu'une chose à faire : rentrer au bercail, c'est-à-dire à l'UDF. »

Il reste hostile à la monnaie unique, et me dit qu'il n'est pas le seul : selon lui, 25 % des militants UDF et 30 % des RPR sont hostiles à l'euro : « Et il y aura toujours sur l'étagère un homme, moi, qui dira : je suis contre l'euro ! » Il me décrit la situation apocalyptique qui, à l'entendre, sera celle des partis de la majorité après la naissance de l'euro : « Le RPR implosera, l'UDF explosera. »

Je ne vois pas bien la différence entre implosion et explosion. Il s'explique : « Le RPR s'enfoncera comme le *Titanic*, parce que la seule valeur commune qu'il ait gardée, c'est la discipline. L'UDF explosera en bandes rivales qui s'entre-tueront : Léotard, Bayrou, Madelin. La gauche ne va pas mieux, mais le phénomène nouveau est qu'elle en train de s'unir, tandis que la droite est éclatée en trois filiales, mais sans holding. »

Dans tout cela, Le Pen, dont les sondages viennent de montrer qu'en cas de législatives il gagnerait des voix, reste de plus en plus dangereux. : « Vous allez voir, prédit encore Villiers, il y aura deux cents élections triangulaires majorité-opposition-FN en 1998. »

3 avril

Déjeuner à Matignon avec Alain Juppé. Aujourd'hui, alors qu'il nous reçoit, il paraît rasséréné : le gouvernement bénéficie d'une légère remontée dans les sondages. Il croit à la reprise que le patron de l'INSEE lui a confirmée il y a quelques jours. Les milieux financiers, dit-il, sont optimistes. Et le climat social n'est pas trop mauvais : il nous raconte – ce qui était passé inaperçu à nos yeux – qu'il s'est rendu, hier, au congrès CFDT des entreprises en compagnie de Nicole Notat qui lui avait proposé cette visite. L'atmosphère n'a pas été mauvaise au moment de son arrivée. Un peu plus tard, lorsqu'elle a senti que les choses pouvaient se gâter pour lui, elle lui a dit : « Allons-nous-en ! »

1997

À vrai dire, ce dont nous voulons lui parler, c'est de l'hypothèse qui court Paris : celle d'une dissolution de l'Assemblée nationale. Il semblerait qu'entre les « trois boutons » – expression qui m'a marquée –, Chirac ait choisi celui-là : la dissolution.

Il énumère d'abord les arguments en faveur de la dissolution : d'abord, le calendrier européen. C'est en mars 1998 que le chiffre du déficit doit être communiqué. Pas moyen, selon lui, de le faire passer en dessous des 3 % à cette date. « Le calendrier est épouvantable, dit-il. La campagne de 1998 se fera sous une épée de Damoclès dans la perspective d'un proche changement de monnaie. » Et puis, autre raison qui pousserait à dissoudre l'Assemblée nationale dès maintenant, c'est l'embellie qui est celle du gouvernement depuis trois ou quatre semaines : « Il n'est pas sûr que cela dure », note-t-il en expert des pics et des abîmes de popularité. Autrement dit : autant en profiter.

Il enchaîne sur l'énumération des facteurs qui pousseraient, en sens inverse, Jacques Chirac à attendre l'échéance législative prévue. Premier argument : sauf quand elle a été pratiquée sitôt après une élection présidentielle, comme en 1981 et en 1988, la dissolution a été rarement appliquée en France, sauf en 1968. Deuxième interrogation, la plus importante : « Comment les Français réagiraient-ils face à une dissolution qui risque d'apparaître, dit-il, comme celle du bon plaisir et du confort ? »

Il n'en dira pas davantage aujourd'hui sur une telle perspective. D'abord parce que c'est l'affaire du Président, et non la sienne. Ensuite parce qu'à l'heure qu'il est, Chirac n'en sait peut-être rien lui-même : l'Élysée doit être en train d'attendre les résultats d'enquêtes d'opinion sur la réaction des Français à une telle éventualité.

Alain Juppé poursuit son propos en évoquant la montée du Front national. Il est convaincu qu'il faut combattre Le Pen parce que, dit-il, « c'est le diable : raciste, antisémite, xénophobe ; oui, je pense cela ». Pourtant, il note qu'à l'intérieur de la majorité, beaucoup d'hommes politiques gardent le silence – Giscard, Balladur – parce qu'ils ne veulent pas « diaboliser » le personnage, et parce qu'ils craignent, en s'en démarquant par trop vigoureusement, de perdre des voix sur leur droite. Aux yeux de Juppé, la stratégie de Le Pen est claire : « Il s'agit pour lui de virer cette majorité, de favoriser le retour au pouvoir du PS, et de tirer les marrons du feu. Oui, conclut-il, il faut le diaboliser ! »

Autre sujet : si Arthuis et Barrot sont mis en examen par les juges[1], comme on en parle, quel sera leur sort ? Resteront-ils au gouvernement (jurisprudence Balladur) ou pas (jurisprudence Bérégovoy) ? « Les gouvernements, répond Juppé, ne peuvent pas être faits et défaits par les magistrats. De tout façon, il faut être clair : tout le monde y passera. Les Français, de ce point du vue, sont d'une hypocrisie totale : ils ne veulent, pour les partis politiques, ni financement public, ni financement privé. On n'en sortira pas. Toutes les tentatives pour remettre les compteurs à zéro (c'est-à-dire pour une amnistie, déguisée ou pas) échoueront. »

Quant au bilan que présenterait le gouvernement – dans quelques semaines si dissolution, il y a, dans un an si pas de dissolution –, Juppé ne le craint pas : « On n'aura pas un si mauvais bilan sur l'emploi, assure-t-il. Les courbes sont moins mauvaises depuis la fin de l'année. Je suis convaincu qu'aujourd'hui, aucun parti ne peut, en son âme et conscience, dire : je ferai mieux. Si nous mettons en outre le paquet sur les petites et moyennes entreprises, les choses peuvent encore s'améliorer. Là-dessus, je ne suis pas pessimiste. »

Nous insistons en fin de conversation : lui, que préfère-t-il ? Un remaniement, comme il le souhaitait l'année dernière, ou une dissolution ? Il ne nous répond que sur le remaniement – ce qui est peut-être une façon de préférer la dissolution : « Un remaniement, dit-il désabusé, cela ne coûte rien et cela fait plaisir. Il n'est pas question, de toute façon, d'infléchir la politique. On me propose d'accélérer la baisse des impôts en restant dans le calendrier de l'euro. Ça, c'est difficile. Alors, un remaniement pour faire plaisir à Léotard et à

1. En 1997, les deux hommes ont été mis en cause à propos d'une caisse noire du financement du CDS.

Sarkozy ? Barre est fatigué, Giscard me rendrait la vie dure, et il ne servirait à rien d'en faire entrer d'autres au gouvernement. Alors... »

Nous comprenons : pas de remaniement. Si quelque chose se fait, ce sera donc la dissolution.

7 avril

Je m'en vais à Strasbourg avec les « grognards » du gaullisme – ou leurs descendants – qui vont y fêter l'anniversaire du discours du général de Gaulle, le 7 avril 1947, celui où il a créé le RPF, premier « rassemblement du peuple français ». Mon but à moi n'est pas de commémorer le RPF, mais de glaner des informations sur les intentions de Jacques Chirac en matière de dissolution. Inutile de dire que ceux qui font le voyage sont, dans leur plus grand nombre, plutôt favorables à l'Europe des nations, chère au cœur du Général, et qu'ils n'adhèrent pas au discours décentralisateur et européen de l'UDF. Cela donne une troupe assez homogène, quoique diverse, qui va de Bernard Pons à Franck Borotra, d'Alain Terrenoire à Jean Tiberi. Celui-ci me montre assez fièrement sa carte d'adhésion au RPF : elle date du 4 juin 1951, porte le numéro 75 846 – il avait alors 16 ans.

Dans l'avion de l'aller et dans celui du retour, il n'est question que de deux choses : la dissolution et la demande d'ouverture du « secret défense » par Lionel Jospin, hier, concernant les écoutes téléphoniques de l'Élysée du temps de Mitterrand[1].

Sur ce point, Alain Juppé a immédiatement précisé que, pour le moment, il n'y aurait pas de déclassement, les documents sont classés « secret défense », ils le resteront. Jospin et Léotard en ont profité pour demander, au nom de la « transparence », le contraire. Léotard, cela se comprend : son but, désormais, est de déstabiliser le gouvernement, puisque le remaniement n'a pas eu lieu et qu'il n'y est pas entré. Jospin, lui, a bien vu que les grandes manœuvres politiques commençaient et que le Parti socialiste risquait de devoir défendre l'indéfendable. Pour se dédouaner des différents gouvernements

1. Le 21 mars, le juge Charpier, du TGI de Versailles, a mis la main sur des documents saisis dans un garage de Plaisir ; il a demandé officiellement si ces documents, concernant en partie sans doute des écoutes téléphoniques, devaient être classés « secret défense » ou pas. C'est ainsi qu'a rebondi, en pleine interrogation sur la dissolution, l'affaire des écoutes téléphoniques de l'Élysée pendant le septennat Mitterrand.

socialistes, il a donc demandé aussitôt la levée du « secret défense ». D'où les commentaires dans l'avion qui nous conduit à Strasbourg. Jacques Toubon commence par plaisanter : « Une vraie raison pour ne pas ouvrir le "secret défense", c'est que Léotard le demande. C'est la dernière chose qui nous reste, avec la bombe atomique et l'article 16 ! » – avant d'estimer, sur le fond : « Il n'y a plus, explique-t-il, de "secret défense", si on l'ouvre une seule fois. » Les vieux gaullistes partagent son avis. Ce qui fait jaser, c'est l'attitude de Lionel Jospin. Les voyageurs de l'avion de Strasbourg ne comprennent pas, en gros, pourquoi un socialiste veut lever le « secret défense » concernant des écoutes effectuées sur ordre d'un autre socialiste. Roger Romani s'exclame : « Jospin exagère, d'avoir demandé la levée du secret ! » Je lui dis que la demande de transparence est peut-être dans son intérêt. Il est interloqué : « Mais, dit-il, certains socialistes peuvent avoir à le regretter ! » Ce n'est pas à moi de lui expliquer que, dans la période de bouleversements électoraux qui va s'ouvrir ou qui risque de s'ouvrir, Jospin ne veut pas qu'une grenade lui explose inopportunément au visage.

Quittant le domaine des écoutes, je demande à Bernard Pons s'il pense que le Président va dissoudre. Il me dit qu'il a entendu parler de dissolution pour la première fois il y a un mois. Quand cela ? Quand l'Élysée et Matignon ont pris connaissance d'une note de perspectives élaborée par la direction du Budget sur l'évolution des dépenses publiques.

Je lui fais remarquer que des notes de conjoncture de Bercy, il y en a tous les ans, à peu près à la même époque, autour de Pâques. Elles sont, par nature, catastrophiques, puisqu'elles ont pour vocation d'exonérer le ministère des Finances et les inspecteurs du même nom de tout reproche sur un éventuel dérapage. Pons en convient : il me dit néanmoins que la note, qui prévoit un déficit largement supérieur à 3 % du PNB, a plongé l'Élysée et Matignon dans l'accablement.

« Après cela, j'en ai parlé avec Juppé et je lui ai dit : c'est une connerie. La dissolution n'est pas un instrument pour faire des coups politiques ! Mais il semble y tenir, et Chirac aussi. Alors... »

Donc, il y aura bien dissolution. Tous les « compagnons », dans l'avion, en sont maintenant à peu près convaincus. Il y a les pour, il y a les contre, mais tous se sentent déjà peu ou prou en campagne électorale.

Nous atterrissons à Strasbourg pour le cinquantième anniversaire du discours du général de Gaulle. Allocution officielle, assez plate, de Jean-François Mancel. Retour dans l'avion. Bernard Pons fait la tête : il a trouvé la cérémonie minable. « Pas une image du Général, se plaint-il, pas une croix de Lorraine, pas une formule du Général ! » Franck Borotra, à côté duquel je suis assise pendant le vol, classe ainsi les ministres : « Il y a parmi eux, me dit-il, les chefs de partis : Charette, Millon, Toubon ; les carpettes ; et puis ceux qui résistent au Premier ministre et au Président, comme Pons et moi. » Il me parle, pour illustrer son propos, du contrôle de Thomson : il n'est pas hostile au choix de Lagardère, mais « les conditions de la prise de décision, me dit-il, sont inacceptables ».

D'une rangée à l'autre, les vieux gaullistes ou ce qu'il en reste se rappellent avec des rires certains bons mots du Général. Je retiens celui-ci : le directeur d'HEC fait visiter à de Gaulle son établissement de Jouy-en-Josas où l'école de commerce vient de s'installer. « C'est très bien, lui dit celui-ci, mais pourquoi si loin de Paris ? – Vous savez, lui répond le directeur, dans vingt ans la zone urbaine sera continue jusqu'à Paris. » De Gaulle marque un temps. Puis : « Vous avez raison, dit-il, quand on a passé le Petit-Clamart, le plus dur est fait. »

10-15 avril

Suivent quelques jours politiquement flous. Les différents ministres continuent d'évoquer leur action ministérielle : Debré me parle de la différence entre écoutes téléphoniques légales et écoutes téléphoniques illégales ; Jacques Barrot, de ses projets en matière d'exclusion ; Jean-Claude Gaudin, des villes métropoles et de délocalisation. De son côté, Laurent Fabius se plaint du vieillissement des militants socialistes, de leur diminution (100 000 aujourd'hui, 200 000 aux meilleurs moments de son histoire). Il fait cette constatation désabusée que là où un homme politique attire pour un meeting quatre cents personnes, n'importe quel humanitaire en réunit trois fois plus.

J'ai l'impression que la vie politique, dans l'attente de la décision présidentielle, est en suspens.

15 avril

L'Assemblée nationale accueille aujourd'hui Geneviève de Gaulle, animatrice de l'association ATD Quart Monde, pour parler, au nom du Conseil économique et social, du partage des ressources entre riches et pauvres. Elle est maigre, sa voix est si faible qu'elle en est presque inaudible. Et pourtant, elle est animée d'une volonté si farouche, dans sa lutte contre la pauvreté, qu'elle en est émouvante. Santé, logement, contrat d'initiative locale, politique familiale : elle passe en revue tous les secteurs traités dans la loi de Jacques Barrot, en regrettant une lacune essentielle, sur l'éducation et la culture. Elle demande la création d'un observatoire de la pauvreté.

Elle a beau être exemplaire et digne, tout le monde, dans les couloirs, ne parle que de dissolution. « Pour moi, me dit Pierre Lellouche, plus tôt on en aura fini avec les législatives, plus vite nous mettrons en place nos réformes de structures et nous ferons l'euro, mieux ce sera. Maintenant, si on préfère en rester au fonctionnement classique de la Ve République, on peut toujours ne rien faire... »

Pierre Mazeaud n'est pas de cet avis. Il me confie qu'il sera reçu par Jacques Chirac demain matin. Il sait que l'Élysée – c'est-à-dire Dominique de Villepin – a envisagé la dissolution, dimanche, avec un certain nombre de ministres auxquels il a demandé leur avis. Mazeaud me précise la jurisprudence de la Ve République en matière de dissolution, et c'est ce qu'il compte bien rappeler à Jacques Chirac demain. La dissolution, me dit-il en s'en tenant au plan institutionnel, répond à deux motifs qui ne sont pas inscrits dans la Constitution : « Soit la crise entre l'exécutif et le peuple : comme en 1962 et 1968 ; soit la crise entre l'exécutif et le législatif : comme en 1981 et 1988. »

« Je ne dis pas que la jurisprudence est définitive, dit-il pour ne pas fermer la porte à une dissolution dite "de confort". Mais telle est mon argumentation. »

16 avril

Brice Hortefeux, le lieutenant préféré de Sarkozy, me l'assure : « La dissolution est sûre à cent pour cent. » Nous parlons quelques instants de la position de Nicolas Sarkozy au sein du RPR. Il me semble qu'il y a retrouvé toutes ses marques. Je lui rappelle à cette occasion une des scènes de la vie politique qui m'a le plus impressionnée depuis longtemps.

J'avais accompagné Sarkozy lors de sa première « sortie » lorsque, après une phase de retraite, en 1995, il avait décidé de partir à l'assaut du mouvement gaulliste. C'était un dîner-débat, j'ai oublié où, tant j'ai assisté dans ma vie à ces réunions politiques entre deux avions. C'était, je pense, entre Poitiers et Angoulême – Sarkozy, lui, s'en souviendra si je lui pose la question –, où, passant à table, il avait été accueilli de façon presque hostile par les militants, ou plutôt par les dirigeants locaux du RPR. Il avait commencé son intervention par ces mots : « Je vous remercie d'avoir invité un traître. » La salle, comme moi d'ailleurs, avait été soufflée par son culot. Lorsqu'il a eu fini de parler, au bout d'une heure, les gens se sont levés et ont applaudi.

Hortefeux n'était pas là, mais Sarkozy lui en avait parlé, pas mécontent de son effet. En tout cas, il est aujourd'hui favorable à une dissolution qui changerait la donne et lui permettrait de reconquérir toute l'influence qu'il a perdue en 1995.

La journée d'aujourd'hui, 16 avril, sera celle d'un tourbillon de rumeurs et de rendez-vous, comme si l'Élysée s'était emballé. Je me suis amusée à recopier ici l'agenda de cette folle journée qui restera ainsi sinon dans ma mémoire, du moins dans ce cahier.

11 heures du matin : Le président du Sénat vient rendre visite à celui de l'Assemblée nationale. Monory et Séguin en tête-à-tête : ce n'est pas courant, c'est même la première fois de ma vie que je vois cela.

11 h 20 : Après un Conseil des ministres vite expédié et un entretien de quarante-cinq minutes avec Chirac, Alain Juppé déclare qu'il ne peut pas « commenter les rumeurs ».

11 h 30 : Juppé devant le groupe RPR à l'Assemblée : « Ne m'interrogez pas sur la dissolution, ce n'est pas de ma compétence. » Quelques députés éclatent de rire.

12 h 30 : Charles Pasqua, interrogé, ne « croit » ni à un remaniement ni à une dissolution.

13 heures : Juppé déjeune avec Monory.

16 heures : Laurent Fabius parle de « dissolution de confort ».

17 heures : François Léotard fait une escapade et abandonne une réunion de l'UDF. En réalité, il se rend à Matignon, chez Juppé.

18 heures : À l'Élysée, on dément les rumeurs de dissolution ou de remaniement. Ben, voyons !

17 avril

Toujours pas de décision élyséenne. Pierre Méhaignerie, avec lequel j'ai rendez-vous à 16 heures dans son bureau de l'Assemblée nationale, semble tout à fait séduit par l'idée d'une dissolution : « Vous savez ce que disait Edgar Faure : il y a des politiques sans chances, mais il n'y a pas de politique sans risques. » Citation qui lui permet de plaider pour la prise de risque, c'est-à-dire pour des élections législatives anticipées. « Pourquoi ? Pour reprendre les choses en main, d'abord. Et aussi parce que l'Europe a besoin d'un gouvernement français ferme dans l'opinion publique, qui soit capable d'éviter que les factions d'extrême droite utilisent la monnaie unique pour en faire un argument démagogique. Et enfin parce qu'une période d'incertitude ne favorise ni la relance, ni l'emploi.

« Voilà, continue-t-il, pour les éléments positifs. Je reconnais qu'il s'agit d'une nouvelle étape constitutionnelle. Mais les risques sont faibles. Le PS est démobilisé. À la réunion du Club Vauban[1], ce matin, je me suis aperçu que les socialistes présents ne croient même pas à leur programme. Il est vrai que les représentants du PS à Vauban sont plutôt des sympathisants de Jacques Delors : ils n'ont pas la fibre étatiste. »

Dans le souci de ne pas mettre en cause un socialiste qui, ce matin, ne participait pas à la réunion Vauban, il me précise que François Hollande en était absent.

L'analyse de Pierre Méhaignerie repose en grande partie sur la faiblesse du Parti socialiste, et, il ne le dit pas, mais le pense, sur son « archaïsme » : « Le PS d'aujourd'hui ne peut pas aller, me dit-il, vers le "blairisme", ce qui serait la seule solution. Son histoire ne le porte pas dans cette direction, sauf quand des personnalités fortes, comme Rocard ou Delors, l'y incitent. »

Il me parle des trois rapports – celui de Bloch-Lainé en 1980, celui de Michel Rocard en 1989, celui d'Henri Guaino en 1993 – qui ont abouti aux mêmes conclusions : la nécessité de réformes de structures qui permettront, selon lui, de répondre aux enjeux du vieillissement et de la mondialisation.

« Il est nécessaire, poursuit-il, de conclure un pacte social et, dans le même temps, de procéder à un tour de vis sérieux. J'en ai parlé

1. Le Club Vauban est un club animé par Antoine et Simone Veil. Ouvert à des membres des différents partis politiques, à l'exception des communistes, il est un des lieux les plus courus d'échange et de réflexion.

hier à Lamassoure, il confirme ce que je pense : pour respecter les critères de Maastricht et remettre sur pied les finances du pays, il faut bloquer l'accroissement des dépenses publiques à 0,2 % pendant plusieurs années. Point final. »

Il me dit en avoir également parlé à Raymond Barre, à Rennes, avant-hier, au cours de la réunion des Clubs d'entreprises. Ils sont d'accord sur tout, sauf sur un fait mineur : « Barre, me dit Méhaignerie, est partisan de voir alléger de 20 % les charges sociales des employeurs et de remplacer ainsi la multitude d'interventions et d'aides aux entreprises. Je n'en suis pas partisan, mais, entre nous, ce n'est pas une nuance qui remettra en cause notre accord global. »

Tour de vis, dépenses publiques bloquées à 0,2 % sur plusieurs années : si la majorité fait campagne sur ces thèmes, ce sera dur pour elle !

Je retourne dans la Salle des Quatre-Colonnes où tous les journalistes font le guet. À 18 heures passe Ladislas Poniatowski : « Mes affiches sont prêtes, dit-il, j'ai passé une partie de l'après-midi à mettre au point mon journal électoral. Je pense que les élections vont avoir lieu entre le 1er et le 8 juin. » Il paraît non seulement être favorable à la dissolution, mais militer pour elle : « On ne peut rien faire de courageux si on n'a pas la durée devant soi. La situation économique est difficile, il faut retrouver une marge de manœuvre. »

Radicalement différent est le son de cloche d'Étienne Garnier, ma dernière rencontre de l'après-midi. « Le Président est comme une toupie, dit-il d'une voix forte, qui porte loin. Il a commandé une batterie de sondages dont il n'a pas encore les résultats. Il va dissoudre. Jamais je n'ai vu un homme politique prendre autant de risques ! »

Incapacité de réduire le déficit public, accumulation des dettes dans les sociétés nationales, à commencer par la SNCF, 47 milliards de trou de la Sécurité sociale : il fait ce soir un procès sans complaisance du bilan de l'action gouvernementale et présidentielle. Et s'attend au pire, c'est-à-dire à la défaite, si le Président dissout.

J'appelle René Monory au téléphone. C'est Jean-Dominique Giulani, son directeur de cabinet, qui me rappelle. Monory pense que, dans la situation actuelle, le gouvernement « n'a rien de bon à attendre d'une année supplémentaire ». Je lui demande combien de temps, à son avis, va durer ce cirque. « À partir du moment où Juppé a tout dit à Léotard hier, on ne peut pas s'attendre à ce que le secret soit longtemps gardé », répond-il sobrement.

18 avril

Édouard Balladur s'interroge sur ce ramdam de la dissolution. Il n'est pas à franchement parler en faveur de la tenue d'élections législatives anticipées. Son attitude ne rejoint pas celle de Léotard et de Sarkozy qui semblent pressés qu'elles aient lieu. Il est vrai qu'il n'a pas le même intérêt qu'eux : il ne compte pas, lui, comme me l'a précisé Devedjian, faire partie du prochain gouvernement. Il trouve surtout toute cette agitation « bien peu rationnelle ». Selon lui, la campagne socialiste serait, dans ce cas, simplissime : les socialistes plaideront la magouille, voilà tout. « Chirac, me dit-il, a tout à perdre dans l'opération : s'il gagne, on dira que la victoire revient à Juppé, et s'il perd, on lui imputera la défaite. Bilan pour Chirac, conclut-il : nul. » Il continue à penser qu'il vaudrait mieux un remaniement que la dissolution. Mais peut-être me cache-t-il son jeu.

20 avril

Toujours rien. Sur le plateau de « Polémiques », aujourd'hui, le débat principal s'engage évidemment sur la dissolution attendue, espérée par les uns, redoutée par les autres. « L'Assemblée nationale est finissante, le gouvernement en proie à des difficultés, un simple remaniement ne suffirait pas », plaide le RPR Jacques Baumel. « Le gouvernement est dans une impasse politique, économique et financière. Si Chirac dissout, c'est qu'il y a crise », répond François Hollande. « C'est la première fois, note Jérôme Jaffré, qu'une dissolution interviendrait par temps calme. » Son collègue Roland Cayrol, de l'institut CSA, ne se mouille pas : « La droite est en mesure d'obtenir la majorité des sièges à l'Assemblée nationale, mais c'est une élection à risques. »

Hors antenne, François Hollande me raconte qu'après l'émission « Spéciale Jeunes » de Jacques Chirac, il y a quinze jours, il a évoqué, au bureau national du PS, la perspective d'une dissolution. Condescendant, Henri Emmanuelli lui a répliqué : « Pardonne-moi, mais depuis que je fais de la politique, j'ai toujours entendu parler de dissolution, et ça ne s'est jamais fait, alors... »

Le Parti socialiste se mobilise sans attendre. Hollande est formel : « Que cela plaise ou non, la campagne sera menée par Fabius et Jospin. Point final ! » La gauche ne refera pas l'erreur qu'elle a commise en 1986.

Resté quelques instants après le départ de Hollande, Paul Guilbert, qui participait à l'émission et a suivi Jacques Chirac pendant tous ses derniers déplacements, m'assure que la décision du chef de l'État a été prise pendant le week-end de Pâques, autour du 30 mars. Des réunions ont eu lieu à l'Élysée tous les dimanches depuis cette date pour mettre au point la stratégie. Les dirigeants du RPR auraient été prévenus depuis trois semaines. Les investitures seront officiellement distribuées aux candidats de la majorité dès mardi matin. Chirac annoncera sa décision demain. Alain Juppé prendra la parole mardi après-midi, donc dans deux jours. Les thèmes de campagne de la majorité s'organiseront autour de ces deux idées : il faut poursuivre le changement et se donner les moyens de gouverner.

La journée finit par le passage de Lionel Jospin à « 7 sur 7 ». Il voit dans l'agitation politique autour de la dissolution – dont il considère qu'elle est d'ores et déjà acquise – « une campagne savamment orchestrée et montée » pour masquer l'échec du gouvernement. Derrière la raison avancée, l'Europe, il analyse les raisons non dites de la décision de l'Élysée : un nouveau tour de vis annoncé, donc la promesse d'une austérité accrue ; la peur de l'échec d'un pouvoir de surcroît « rattrapé par les affaires ».

Deux annonces importantes si la campagne électorale s'ouvre dans les jours qui viennent. La première touche à l'Europe : « Si, pour respecter les 3 % de Maastricht – que l'Allemagne, note Jospin, ne respectera pas –, le gouvernement veut imposer une nouvelle cure d'austérité au pays, ma réponse est non. Je suis favorable à l'Europe, mais pas à n'importe quelle Europe. » Deuxième annonce : l'ouverture de discussions avec l'ensemble de la gauche, radicaux et Verts inclus, pour l'élaboration d'un pacte de croissance commun.

Si campagne il y a, on comprend que les socialistes vont se mobiliser autour des quelques idées simples qu'énonce Jospin aujourd'hui : comment dénoncer la crise en gardant la même majorité ? les Français doivent-ils se retrouver, pour cinq ans, avec Alain Juppé ? qui est le mieux placé pour soigner la fameuse « fracture sociale » : Chirac, qui ne l'a pas fait, ou une nouvelle majorité de gauche ?

Arguments simples, peut-être insuffisants, mais peut-être efficaces.

21 avril

Toute la journée j'ai recueilli témoignages et confidences de ceux qui sont hostiles ou favorables à la dissolution. J'ai vu des tas de gens dans l'attente de l'intervention de Chirac. Depuis un mois, me raconte dans la matinée J.-P. Frémont à l'UDF, Alain Juppé a eu pour mission de sonder les visiteurs sur l'éventualité d'une dissolution. Le déjeuner auquel j'ai été conviée l'autre jour s'inscrivait dans cette perspective. Si Juppé consultait, comme Dominique de Villepin auprès d'autres interlocuteurs, c'est évidemment que Jacques Chirac avait au préalable donné son feu vert.

L'UDF, m'assure Frémont, n'a jamais été associée à cette stratégie. Ce qui montre, me dit-il au passage, que, dans cette affaire comme en beaucoup d'autres, elle est un « partenaire a minima » du RPR. Ce qui a beaucoup compté dans cette prise de décision, c'est la préparation du budget 1998. Le projet de loi de finances, tel qu'il est aujourd'hui, ne peut en aucun cas être le budget d'une année d'élections, car une très forte contrainte extérieure interfère dans les choix nationaux. « Le budget 1998, m'assure mon interlocuteur, est catastrophique de par sa rigueur. Il fallait impérativement, pour l'exécutif, que les élections aient lieu avant le débat budgétaire de l'automne.

« Prenons garde, conclut-il en bon centriste qu'il est, que le libéralisme échevelé n'abolisse la fracture sociale ! »

Hervé de Charette pense lui aussi que la décision de dissoudre a été prise par Jacques Chirac depuis longtemps. Alain Juppé a bien été autorisé, comme Frémont me l'a dit, et d'autres avec lui, à consulter, à interroger les ministres et quelques autres personnalités. La stratégie a été celle du ballon d'essai : les fuites, les indiscrétions plus ou moins organisées depuis le début du mois, au moins, ont permis aux Français de s'habituer à l'idée. Les gens ont été étonnés, perplexes, mais pas hostiles à l'idée de nouvelles élections, c'est du moins ce qu'ont traduit les enquêtes d'opinion.

« Ils sont d'accord pour aller voter, nuance Charette, mais cela ne veut pas dire qu'ils applaudissent ceux qui les dirigent. Ce que va dire le Président est capital. S'il dit : "J'ai besoin de vous pour continuer", cela voudra dire qu'il garde le Premier ministre. S'il dit : "En fonction de votre réponse, je déciderai", il laisse la porte ouverte au changement. »

Conclusion : le Président prendrait beaucoup de risques à annoncer ou même à laisser croire qu'il gardera Juppé.

Et l'Europe, dans tout cela ? « L'euro, laisse tomber Charette, personne n'a intérêt à le mettre au milieu de la scène. » Chirac et la majorité pourront-ils se priver de l'argument de la construction européenne et de la monnaie commune ? Comment expliquer alors une dissolution sans invoquer la crise et l'échec ?

Les deux présidents de l'Assemblée nationale et du Sénat ayant été reçus, comme le veut la Constitution, respectivement à 16 heures

et 16 h 30 à l'Élysée, tout est fait dans les règles : la dépêche annonçant la dissolution en même temps que l'intervention de Jacques Chirac au journal de 20 heures tombe au moment où je quitte Hervé de Charette. De sorte que, lorsque j'arrive chez Jean-Pierre Raffarin, mon dernier interlocuteur de la journée, le doute est levé. Les députés, qui détestent par nature les dissolutions, se préparent déjà à rejoindre leur circonscription pour y caresser leurs électeurs dans le sens du poil. « Tout le problème, me dit Raffarin, est de faire campagne autour de Chirac, et pas autour de Juppé. Faire campagne sur le bilan de Juppé, c'est pratiquement impossible à faire. »

Et si la gauche gagne ? « Au fond de moi-même, convient-il, je me dis : il n'y a rien à faire. Qu'on leur laisse faire le budget de 1998, on verra comment ils s'en sortent ! »

C'est là un argument assez troublant : voilà une majorité prête à refiler la « patate chaude » à l'opposition sous prétexte qu'elle a peur du budget de l'année prochaine ! À ce compte, tout gouvernement pourrait, à peine nommé, trouver les choses trop compliquées et passer son tour en attendant des jours meilleurs...

Pourquoi Chirac n'a-t-il pas choisi finalement la voie du remaniement, tout de même plus sûre que celle des élections ? « Les balladuriens n'offraient pas suffisamment d'oxygène. Quant à l'UDF, ajoute-t-il, elle ne peut pas se plaindre d'être exclue au moment où elle affiche spectaculairement ses divisions. »

Et Giscard, que pense-t-il de tout cela ? « Il est hostile à la dissolution, répond Raffarin. Ç'aurait bien été la première fois qu'il aurait été convaincu par Chirac. »

Coup de téléphone de François Hollande, dans la soirée : « Chirac a joint Lionel Jospin, au PS, en fin de matinée. Il lui a fait très courtoisement part de sa décision. Tout juste s'il ne l'a pas félicité de son "7 sur 7" de la veille ! »

Philippe Séguin, que je joins également juste avant l'allocution du Président, résume l'affaire d'une phrase : « Il s'ennuie, là-haut, dit-il en parlant de Chirac. Voilà la vraie raison de la dissolution ! »

Suit l'intervention de Jacques Chirac, à 20 heures à la télévision. Sans surprise : comme cela fait des semaines qu'il crie au loup, lorsque le loup arrive, ça ne fait plus ni chaud ni froid.

Ce soir, il donne deux séries d'explications à sa volonté de redonner la parole aux Français alors qu'il ne l'avait pas fait dans la foulée de son élection en 1995. La situation française, d'abord : il faut que les électeurs se prononcent clairement sur l'ampleur et le rythme des réformes à conduire, parmi lesquelles il énumère, un peu pêle-mêle, la baisse des déficits, la réforme judiciaire, le chômage, l'exploitation des enfants, la drogue et les valeurs républicaines...

Et puis l'Europe : le passage à la monnaie unique, la réforme à venir des institutions européennes, l'élargissement de l'Europe aux « jeunes démocraties ». Tout cela, donc, appelle dans son esprit une dissolution.

C'est vrai et faux. Vrai, parce que ce sont là des problèmes essentiels. Faux, parce qu'à ce compte-là, il faudrait dissoudre en permanence : l'Assemblée élue représente les Français, il me semble ! Si on se met à retourner devant eux pour réformer la Justice ou se poser le problème des ravages de la drogue, on n'en a pas fini ! Trop de raisons invoquées tuent la raison, comme on dit que « trop d'impôt tue l'impôt ».

22 avril

Commentaire, à l'heure du déjeuner, d'Alain Lamassoure sur la campagne législative qui s'annonce. Il est choqué par la note conjoncturelle publiée par *Le Monde*[1], qu'il trouve « pas sympa » et qu'il

1. *Le Monde* a évoqué dans ses colonnes, le 17 avril, les simulations adressées au gouvernement par la direction du Budget et la direction de la prévision du ministère des Finances laissant entendre que la France risque de dépasser le seuil fatidique des 3 %.

conteste sur le fond : le déficit ne serait pas, selon lui, celui que le quotidien annonce ; il est inférieur de 18 milliards, m'assure-t-il, à celui de l'année dernière. Et non pas, comme l'écrit *Le Monde*, supérieur de 8 millions aux prévisions.

Je lui demande s'il ne craint pas que la gauche profite de la situation. « Non, me dit-il, je ne sens pas dans le pays un mouvement du genre : la gauche revient. » En revanche, il a une autre crainte : il a été frappé par le sondage publié dans *Le Journal du dimanche*, avant-hier ; 60 % des Français sont favorables à la dissolution, 55 % d'entre eux veulent censurer le Président. Il est conscient du danger : ces électeurs mécontents auront tendance à voter pour Le Pen et le Front national. Ce qui risque d'entraîner, dans deux cents circonscriptions, des élections triangulaires.

1997

À 15 h 30, l'ensemble de la majorité, balladuriens et UDF compris, se retrouve, comme annoncé, dans la grande salle du Palais des Congrès. Balladur arrive avec Jacques Barrot ; François Baroin et Brice Hortefeux avec Bernard Pons. Suzanne Sauvaigo, co-auteur du rapport sur l'immigration, est au premier rang. À côté d'elle, le lieutenant de Juppé, Patrick Stefanini, qui m'a tout l'air d'être promu chef de campagne, s'entretient avec François Bayrou avant que celui-ci n'aille s'asseoir à côté de Philippe Séguin, la mine sombre. Au deuxième rang ont pris place, côte à côte, Jean-Louis Debré et Nicolas Sarkozy. Une musique « aussi chaotique que la majorité », dit un plaisantin à côté de moi, fait un boucan d'enfer.

Manifestement – je m'en assure en posant quelques questions rapides avant le cérémonial prévu –, Lamassoure reflète l'état d'esprit moyen de l'UDF : d'accord pour la campagne, mais pas d'accord pour afficher d'emblée, comme point de départ, que Juppé sera encore Premier ministre après les élections. Le président de la République, du reste, a l'air de partager ce point de vue puisqu'il n'a pas dit un mot d'Alain Juppé dans son intervention d'hier soir.

Celui-ci prend la parole. Le silence se fait. « On ne gagne pas une élection sur un bilan, commence-t-il ; c'est de notre projet qu'il devra d'abord s'agir. » On a bien compris : la majorité ne se battra pas sur son bilan. Chômage, décentralisation, réforme de la Justice, toute son argumentation est : nous avons commencé, il faut passer maintenant à la vitesse supérieure.

La salle est molle, très molle. Les seuls passages où le Premier ministre se fait applaudir visent le Parti socialiste et l'étatisme, l'archaïsme de l'opposition. Et aussi celui où, évoquant Jean-Marie Le Pen, il dit : « Ne laissons à personne le monopole du drapeau tricolore et du sentiment patriotique ! »

Ce n'est qu'à sa dernière phrase, lorsqu'il parle de victoire en ajoutant : « Je suis décidé à vous y conduire ! », que les assistants comprennent que Juppé a bien l'intention de mener lui-même la campagne des législatives.

Applaudissements de la salle, y compris de la part de ceux qui m'ont dit tout à l'heure que, si le Premier ministre était en tête, la bataille serait perdue. *Marseillaise*. Rideau !

Je croise en sortant Jean-Pierre Thomas. Il me dit avoir écouté, lundi soir, dans son bureau de l'Assemblée nationale, l'intervention du président de la République. Il a poussé, dit-il lui-même, des « cris d'effroi » à propos du rôle que jouerait Juppé dans la campagne.

Petite scène de la vie politique : il n'y a pas une semaine, Renaud Donnedieu de Vabres disait, en parlant de la dissolution à laquelle il ne voyait pas de raison valable : « Si Chirac dissout, ce ne peut pas être pour des motifs avouables. Seule la montée des “affaires” pourra expliquer qu'il prenne un tel risque. » Le voici aujourd'hui promu responsable de la campagne législative de l'UDF !

23 avril

Philippe de Villiers commente à ma demande ce début de campagne :

« La dissolution, me dit-il, a transformé cette consultation en référendum. Les électeurs sont interrogés sur le point de savoir s'ils approuvent ou pas la méthode politique qui consiste à dissoudre ; s'ils sont ou non contents du bilan d'Alain Juppé ; s'ils sont pour ou contre l'euro. »

La réponse, selon lui, est sans nuance : NON.

Quant au président du Sénat, que je joins par téléphone, il est à peine plus optimiste : si, assure-t-il, Alain Juppé confirme, laisse entendre ou suggère qu'il pourrait se succéder à lui-même, et ce, pendant cinq ans, les élections peuvent être perdues. C'est la raison pour laquelle, au cours de l'émission de Jean-Pierre Elkabbach sur Europe 1, ce matin, il a insisté, lui, sur le fait que le jeu était ouvert, qu'Alain Juppé ne visait pas à rester à Matignon cinq années supplémentaires.

Je suis convaincue qu'avant de se prononcer en faveur de la dissolution, Monory, qui jouit auprès du Président d'une autorité particulière, a tenu à Chirac les propos qu'il me tient ce matin. Il ne sait pas si Chirac l'a bien entendu.

Dès la soirée, le PS envisage la cohabitation. Daniel Vaillant, numéro 2 de Jospin, vient tout exprès à RTL pour affirmer que le Président est là pour cinq ans, que les socialistes ne mettent pas en cause sa légitimité. Il plaide pour un gouvernement de « la gauche rassemblée et pluraliste » dont il assure qu'il gérera mieux la France qu'elle ne l'est aujourd'hui. Première étape à gauche : rassurer. Il n'y aura pas de Grand Soir, pas de révolution : Chirac, en haut, qui fera des gâteaux, et Jospin, en bas, qui fera du chocolat...

« Pour Jospin, me dit après lui François Hollande, la bénédiction, c'est Juppé ! »

Le programme du PS sera rendu public le 2 mai.

24 avril

J'interroge aujourd'hui Sophie de Menthon, une des organisatrices du club « Idées-Actions », sur la position d'Alain Madelin. Il semble qu'à un moment donné, durant la longue série des consultations élyséennes, quelqu'un (Ulrich, Denis ?) lui ait laissé croire qu'il pourrait être Premier ministre, que Chirac allait donc amorcer un virage libéral. Madelin se préparait par conséquent à développer les thèmes libéraux qui sont les siens et dont il n'a, contrairement à d'autres, jamais changé. Dominique de Villepin s'est alarmé, il a prévenu Juppé, les deux ont protesté contre toute dérive ultra-libérale. Madelin s'est senti visé, il s'est retiré sur son Aventin, c'est-à-dire sur son petit groupe d'« Idées-Actions ». Je suis sûre qu'il ne restera pas longtemps à la retraite. Sophie de Menthon me le confirme : « Finalement, dit-elle, il a toujours l'espoir d'être nommé à Matignon en juin prochain. Nous sommes tous convaincus que les élections ne peuvent se gagner que si on élimine Juppé. Beaucoup le pensent, peu le disent. Jacques Chirac lui a dit il y a quelques jours : "Crée-toi une assise populaire, tu pourras être Premier ministre." »

Je reconnais là Chirac, qui n'a pas son maître pour parler aux gens ! S'il a cru que c'était un engagement ferme, Madelin s'est trompé !

La campagne d'Alain Madelin se fera autour du « libéralisme social », slogan que les candidats « madelinistes » reprendront sur leurs affiches. De fait, un peu de social dans le libéralisme, ça ne peut pas faire de mal.

25 avril

Nicolas Sarkozy arrive tout guilleret ce matin à RTL. Cette dissolution lui va très bien : il ne croyait pas pouvoir faire aussi vite sa rentrée dans le cercle du pouvoir. Au cours du petit déjeuner avec la rédaction qui suit l'émission, il se montre disert : « J'ai toujours eu le pire et le meilleur : de grands succès et le pire des insuccès. » Sa marionnette sur Canal + : « Elle me poursuit. Elle est aussi à gérer, car c'est devenu une partie importante de mon image. L'autre jour, j'allais chercher mon fils à l'école. Une petite fille se plante devant moi, éclate de rire, fait des grimaces – celles de ma marionnette dans les « Guignols ». Sur le moment, je n'ai pas compris. Il a fallu que mon fils m'explique. Même chose à Nice où j'ai commencé un discours de meeting par ces mots : "Je vais vous dire..." Explosion de rires ! »

Il ajoute : « Nous sommes la seule profession vilipendée tous les jours, diffamée, malmenée. C'est miracle que les Français finissent tout de même par voter ! »

Le moment le plus savoureux, c'est lorsqu'il se met à la place de Chirac. Il ne peut s'empêcher de montrer le fond de son cœur à son sujet : « Si j'avais été Chirac, j'aurais dit : "Je m'adresse à tous. Vis-à-vis de ceux qui veulent aller plus loin, travailler davantage, je veux qu'ils aient la liberté de le faire. Aux autres, ceux qui sont attachés à leur statut, je dirai que nous avons lutté pour le garantir, et nous continuerons !" »

Il ne manque vraiment pas d'air : devant une poignée de journalistes, en pleine campagne électorale, le voici qui se met à la place de Chirac, gestes à l'appui. Envers celui qui est devenu président en 1995, il garde la conviction qu'il a toujours eue : qu'il n'est pas à la hauteur de sa fonction. Conviction qui va de pair avec la certitude que lui, Sarkozy, ferait mieux.

J'ai encore du mal à me faire une idée précise sur Nicolas Sarkozy.

Nous avons des rapports courtois, je le trouve très rapide, très brillant. Il est avocat de métier, pas énarque ou fonctionnaire. Il n'a pas eu besoin de faire des stages chez un orthophoniste. D'où vient alors ma réticence à son endroit ? De sa « trahison » vis-à-vis de Chirac ? Et Chirac, il n'en a pas trahi d'autres ? Au contraire, je reconnais à un homme politique le droit de désobéir à son parti, à son clan, donc à son chef.

Non, il y a autre chose... Il y a que je le crois prêt à tout pour arriver à ses fins, calculateur, canines rayant le plancher, méprisant les autres à l'exception d'un tout petit nombre de favoris.

D'accord, mais ces carnets, depuis que je les tiens, sont pleins d'hommes politiques qui méprisent les autres, dont les canines, etc. Pourquoi Sarkozy, lui, me gêne-t-il ?

Jean-Pierre Denis me le dit au téléphone : il est convaincu que la situation économique et financière plaidait en faveur de la dissolution. Répondant à ma question sur Alain Madelin, marginalisé par Juppé pour cause de libéralisme, il convient que Madelin s'est précipité trop tôt dans la campagne, sur ses positions, sans attendre l'argumentaire qui devait être défini en haut lieu. « Je reste persuadé que sa marginalisation dans la campagne serait une grave erreur. D'autant qu'Alain Juppé a amplement préempté ses thèmes.

« L'ultra-libéralisme, dit-il encore, je ne sais pas très bien ce que c'est. S'il s'agit de desserrer les contraintes pesant sur l'entreprise, oui, je suis d'accord. Mais il ne s'agit de rien d'autre : on est libéral ou on ne l'est pas, on n'est pas ultra-libéral. »

Il le répète : « La campagne commence très mollement. Se priver de Madelin constitue une grosse erreur. Je suis sûr qu'il y reviendra, dans la campagne. » Phrase qui confirme qu'il en est bien sorti.

27 avril

Alain Juppé à « 7 sur 7 ». Il est en service commandé pour dire aux Français – et à une partie de la majorité – qu'il n'est pas candidat à sa succession. Et pourtant, si je le suis bien, il présente le programme de la majorité pour les quarante premiers jours de la nouvelle législature. Difficile de penser qu'il n'est pas partant pour Matignon.

Il explique la dissolution par la nécessité de franchir une seconde étape, et fixe les rendez-vous à venir : la fixation, pour cinq ans, des dépenses de l'État ; la réduction des déficits ; les initiatives sur le temps de travail, notamment sur le temps choisi, qui ne saurait se confondre avec le temps partiel ; la cohésion sociale : « Si nous gagnons, elle sera immédiatement inscrite à l'ordre du jour » ; l'assurance-maladie universelle ; la maîtrise de l'environnement, enfin.

Question d'Anne Sinclair sur la ligne Juppé et la ligne Madelin. Juppé dégonfle l'antagonisme : il faut être concret, dit-il, « aujourd'hui l'économie française est asphyxiée par l'impôt et les charges, il faut lui donner de l'oxygène ». Ce qu'il dit là ne désavoue pas Madelin.

Pendant qu'il parle, je me dis qu'il aura du mal, disant tout cela, à ne pas avoir l'air de défendre son bilan. Or, à partir du moment où il défend la politique qu'il a mise en pratique pendant deux ans, où il mène la campagne de la majorité, comment démontrer que les choses changeront grâce à lui, et peut-être avec lui, à la prochaine étape ?

28 avril

Charles Pasqua s'irrite en parlant de Juppé : il ne délègue rien, me dit-il, il veut tout faire. C'est le contraire de Balladur qui pratiquait la délégation avec bonheur.

« Vous y croyez, vous, me demande-t-il, qu'il n'est pas candidat à sa succession ? Qui peut le croire ? Pas vous ! Pas moi. »

Il me donne, sur la dissolution, un son de cloche que je n'ai encore jamais entendu. À ses yeux, il ne s'agit pas, de la part de Jacques Chirac, d'une idée qu'il a tirée de son chapeau au tout dernier moment : « Peut-être, me dit Pasqua, pas suspect d'une excessive indulgence à l'égard de Chirac, y pensait-il même depuis le début. Moi, je lui en ai parlé une première fois en 1995, après son élection, et une seconde fois à la fin de 1996. Il n'était pas contre. Il y pensait lui aussi, en 1995 ; son seul problème était : comment présenter cela aux Français ? » Pasqua n'exclut pas que, dès 1995, Chirac ait déjà choisi la date de 1997 pour y procéder. Dans ce cas, le mandat de l'actuelle majorité s'achèverait en même temps que le sien, en 2002, ce qui le dispenserait de risquer une cohabitation.

Je n'ai entendu personne d'autre que Pasqua formuler cette hypothèse. En gros, les commentaires de la presse trouvent que la dissolution servira Chirac, qui a pris la gauche de court, et va relancer sa machine gouvernementale et politique, bien fatiguée. Mais personne ne semble penser qu'elle relève d'une stratégie mise au point depuis son élection. La majorité rend hommage à son habileté du moment, pas à une vision politique remontant à 1995.

Balladur à Matignon ? Pasqua ne l'exclut pas. Il écarte Sarkozy, Bayrou et Léotard, ne jugeant pas ce dernier « à la hauteur ».

Le succès lui paraît acquis, sauf erreur d'un des responsables de la majorité.

François Hollande, lui, que je rencontre dans l'après-midi, me parle des négociations qui ont commencé et continuent avec le Parti communiste. Le but du PS est de constituer une constellation majoritaire pour faire émerger une « gauche plurielle ». Les temps ont changé : ni le PC ni le PS ne veulent cette fois, avant le premier tour, d'un programme commun. Ils ne veulent pas davantage parler de la présence de ministres communistes au gouvernement. En revanche, ils se mettront d'accord sur un certain nombre de démarches communes : soutien à la consommation, baisse d'impôts, préservation du service public. Reste une divergence de taille : sur la monnaie unique.

La stratégie est simple : avant le premier tour, on discute, on se rapproche. Pas d'accord de gouvernement. Sitôt fini le premier tour, PC et PS partiront ensemble à la bataille du second. D'ailleurs, la prochaine rencontre PS-PC aura lieu entre les deux tours.

Je demande à Hollande dans quel état il trouve le PC aujourd'hui. À son avis, il est profondément divisé entre les cadres intermédiaires, sur la ligne Marchais, et les proches de Robert Hue, favorables à une démarche unitaire. Le leadership de Hue, juge-t-il, est réel chez les militants, pas chez les cadres.

Après lui, me voici dans le bureau de Jean-Christophe Cambadélis, général en chef de la manœuvre de rapprochement entre communistes et socialistes. Les négociations entre les partis de gauche ont commencé il y a en réalité plusieurs semaines. Du côté communiste, les négociateurs sont tous des « hutistes », c'est-à-dire des lieutenants de Robert Hue : Gayssot, Blotin, Philippe Lespagnol. Le problème est qu'au début du moins, les trois négociateurs communistes pensaient que le rapprochement avec les socialistes ne passerait pas devant le bureau du Parti.

La vraie nouveauté ne réside pas dans ce dialogue, dont la gauche a l'habitude, avec le Parti communiste, mais dans la démarche que

Hollande appelait tout à l'heure « plurielle » avec les partis non communistes : les radicaux, les Verts et le Mouvement des citoyens. « Le PS est au centre de toutes ces forces. » Je traduis pour mon usage personnel : que Jospin n'est pas mécontent d'éviter le tête-à-tête, vieillot, avec le Parti communiste.

« Cette constellation n'entame pas la marge de manœuvre de Jospin. » Jean-Christophe Cambadélis fait toujours dans la nuance, il s'exprime d'une voix égale, avec des sous-entendus que ses interlocuteurs ne perçoivent pas toujours. Je comprends néanmoins qu'il est en train de me dire que cette gauche plurielle a meilleure allure, fait plus « moderne » que le bon vieux duo PS-PC. Lionel Jospin ne veut pas se laisser enfermer en tête à tête avec les communistes et Robert Hue tient à ménager son parti. Noyé dans la gauche plurielle, le Parti communiste est à la fois partenaire et indépendant. Cela convient apparemment à tout le monde.

29 avril

J'adore passer du temps à disséquer une situation ou une anecdote, voire un affrontement que je n'ai pas bien compris. Aujourd'hui, alors que tout le monde pense à autre chose, je reviens, avec Hervé de Charette, sur cette scène à laquelle je n'avais pas assisté : l'affrontement entre Giscard et Juppé au Parlement, l'année dernière[1], à propos de la fixation du cours de l'euro. Juppé souhaitait évidemment que le débat tourne autour de son intervention. Mais Giscard a pris la parole après lui, tirant la couverture à soi en contestant nombre de points abordés par Juppé. Bref, son discours a dominé les débats. Il a été beaucoup plus applaudi que le Premier ministre.

Hervé de Charette[2] est assis au banc du gouvernement. Quelques instants après que VGE a terminé son intervention, Jacques Chirac appelle le ministre des Affaires étrangères au téléphone, dans le bureau mis à la disposition des ministres à l'Assemblée : « Ça ne va pas du tout, lui dit Chirac. On ne peut pas laisser Giscard dire cela, ni sur ce ton ; il faut que vous lui répondiez. – N'y comptez pas, répond Charette. Voilà dix ans que je suis fidèle à Giscard, je ne lui

1. Voir plus haut, p. 867.

2. Hervé de Charette, ministre des Affaires étrangères, est directement concerné par le débat sur l'Europe. Ministre de Juppé et giscardien de cœur, il est, dans ces circonstances, dans une situation difficile.

répondrai pas aujourd'hui. » Chirac insiste. Charette ne cède pas : « Si vous voulez ma démission, je vous la donne et je comprendrais tout à fait que vous l'acceptiez. » Chirac finit par trouver la solution : « Très bien, convient-il. J'aurais agi de même avec Georges Pompidou. Dans ce cas, partez, demandez à Michel Barnier de répondre à votre place. – Laissez-moi dix minutes », demande Charette. Puis il rappelle l'Élysée au bout de ce laps de temps : « Il faudrait, dit-il, que vous me convoquiez vous-même pour que je puisse avoir une raison de m'en aller. – D'accord », dit Chirac, qui s'exécute. Pour panser les plaies de Juppé, il est prêt à tout.

À propos de la dissolution, Hervé de Charette pense que Chirac l'a décidée au meilleur moment. On ne sait jamais, cependant, comment les choses peuvent tourner. Il imagine pour l'heure un premier tour ric-rac, et un second victorieux.

30 avril

Déjeuner à Matignon. Alain Juppé explique longuement qu'il n'est pas assuré de rester Premier ministre après les élections. Pourtant, réflexe humain, il démolit tous les prétendants à l'être à sa place. Philippe Séguin ? « Il ferait bien de ne pas trop descendre de son perchoir. »

Balladur ? Juppé hausse les sourcils en accents circonflexes. Autrement dit : pourquoi lui ? François Bayrou ? Pas de réponse. Madelin ? Il l'imagine en donneur d'idées, partout, mais pas à Matignon. Pasqua ? C'est un « vieux schnock ». Reste Léotard. Il s'enthousiasme, mais avec un soupçon d'ironie : « Oui, Léotard, il est très bien. Vous savez qu'il m'a beaucoup surpris ? » Il le dit sur un ton qui ne trompe pas, comme s'il s'était attendu, il y a deux ans, à ce que Léotard se révèle être une nullité.

« La campagne est certes morne, note-t-il, mais c'est toujours comme cela au début. »

Il n'est pas le moins du monde inquiet sur l'avenir de la prochaine majorité : elle perdra quelques sièges, c'est sûr, puisque les élections précédentes, celles de 1993, avaient été un raz-de marée. Mais elle gagnera en cohésion et en efficacité. Elle sera plus chiraquienne, aussi.

2 mai

Aujourd'hui, Lionel Jospin rend public son programme à 16 h 30 au PLM Saint-Jacques. Drôle d'idée : le rideau, au fond de la salle, est vert, ce qui donne mauvaise mine à tous les assistants. Le slogan affiché est : « Changeons d'avenir. »

Plusieurs engagements précis, dans ce programme prévu pour cinq ans : relance du pouvoir d'achat, création de 700 000 emplois jeunes, accès aux soins gratuits pour les plus pauvres, multiplication des logements sociaux, non-cumul des mandats. Auxquels s'ajoutent trois dispositions qui feront à coup sûr polémique avec la droite : semaine de 35 heures sans diminution de salaire après négociation dans le cadre d'une conférence nationale sur les salaires et l'emploi ; rétablissement de l'autorisation administrative de licenciement et relèvement de l'ISF.

Deux « oui » socialistes, le premier à la cohabitation, le deuxième à l'euro, mais pas sans condition, montrent que le PS est un parti de gouvernement capable d'assumer la gestion du pays.

Ce soir, Lionel Jospin est venu développer tous ces thèmes sur TF1, à 20 heures. Il répond déjà aux critiques d'Alain Juppé, connues dans l'après-midi : celui-ci a dénoncé dans le programme du PS un gonflement des dépenses publiques et une augmentation massive des impôts. Jospin nie l'augmentation des dépenses publiques et ironise sur celle des impôts : c'est le gouvernement Juppé, assure-t-il, qui, depuis deux ans, matraque les contribuables.

Affrontement classique entre majorité et opposition à la veille d'un scrutin. Rien que de normal. La chose qui me frappe est à quel point Jospin n'est plus tout à fait le même homme que celui qu'il était en 1995. Il est nettement plus assuré, plus présent face à la caméra. Son seul défaut, à l'antenne, est de ne pas rechercher l'intimité avec le téléspectateur, mais de parler encore en orateur de meeting, un peu trop péremptoire, un peu trop homme de parti. Ce qu'on retient néanmoins, c'est que, comme on le dit de certains, « il occupe l'écran ».

À noter, en marge de ce JT, que Philippe Douste-Blazy, qui commençait sa campagne à Lourdes, a été poignardé dans un magasin de la ville par un déséquilibré. Si celui-ci est vraiment déséquilibré, c'est déjà terrible, mais pas véritablement inquiétant. S'il a agi pour des raisons politiques, là, c'est plus grave. Dans les deux cas,

Jospin a présenté à Douste, comme toute la classe politique, ses vœux de prompt rétablissement.

5 mai

Ça y est, voici revenir les grands déplacements en province. Aujourd'hui, Juppé se rend dans l'Est, à Pont-à-Mousson et autres lieux riants. À l'aller, dans l'avion, il se déclare assez satisfait de la faiblesse de l'impact des propositions du PS telle que la traduisent les sondages. « Leur projet est révélateur d'une grande improvisation et d'une relative impréparation. » Il n'a peut-être pas tort, à ceci près que les socialistes, jusqu'à présent, travaillaient sur l'hypothèse d'élections législatives en 1998, et que, si la date en a été avancée, cela a précisément été pour les prendre de court.

Il insistera, lui, au cours de ses déplacements – celui d'aujourd'hui est, je crois, le premier, il y en aura onze pendant les trois semaines de campagne –, sur la nécessité de donner une majorité au Président. La cohabitation ne serait, dans ce cas, dira-t-il, qu'un pis-aller. « Si l'on veut agir, donnons une majorité au Président ! »

On voit bien, il me semble, la faiblesse de ce propos : Chirac l'avait, dans cette dernière assemblée, cette majorité ! Pourquoi prendre un tel risque pour conserver ce qu'il avait déjà ? Juppé convient qu'il ne compte pas passer son temps, aujourd'hui, à justifier la dissolution : les députés de la majorité disent que pour le moment, ce n'est pas, comme on dit, « un thème porteur ». En revanche, il insistera sur la proximité avec les citoyens, sur la décentralisation – moins d'État, responsabilités nouvelles données aux services sociaux, etc. Quant aux grandes options trop ouvertement libérales, il pense qu'elles font peur. Monory lui-même a conseillé de se borner, dans cette campagne, « à un libéralisme de papa, à un libéralisme pas échevelé ». Juppé est d'accord sur sa modération.

Nous arrivons à Pont-à-Mousson. « Savez-vous, me dit Juppé en riant, au moment d'atterrir, Chirac me materne ! Il me dit tout le temps : reposez-vous, faites une petite sieste... »

Je ne savais pas que les habitants de la ville s'appelaient les Mussipontains. Juppé leur dit au mot près ce qu'il vient de me dire : nouvelle étape, nouvel élan, donner à Chirac les moyens de sa politique.

Après l'allocution du Premier ministre, au milieu de la petite troupe qui va serrer des mains et parler aux commerçants de la ville,

André Rossinot, maire de Nancy, ne me cache pas, tout bas, que la mobilisation tarde à se faire, qu'il ne sent pas du tout l'atmosphère de cette campagne. En matière politique, c'est pourtant un homme qui a du nez.

Mais voilà que Juppé entre dans un bureau de tabac, puis chez un fleuriste. « On prépare l'avenir à Pont-à-Mousson ? » interroge-t-il sur le pas de la porte des magasins, à la grande surprise des clients et des patrons qui ne l'attendaient pas.

Au contact de Chirac, et puis aussi parce qu'il s'est fait élire à Bordeaux, Alain Juppé a appris la stratégie du terrain. Il entre dans toutes les boutiques, dit bonjour, présente le candidat de la majorité – « votre futur député », insiste-t-il – aux gens, qui n'en reviennent pas de le voir de leurs yeux, là, en face d'eux. Aucune hostilité dans la rue.

En marchant, Juppé continue à méditer tout haut sur l'atmosphère de la campagne : « La moitié des gens n'ont pas l'esprit à ça, note-t-il avec lucidité ; la gauche ne mobilise pas vraiment, et nous, moins que ce que nous espérions. Je pensais que cette campagne, parce qu'elle était courte, partirait vite et fort ; c'est le contraire qui s'est produit. » *1997*

Comment parvenir à mobiliser cet électorat mollasson ? « En tout cas, pas à coups de slogans ni d'anathèmes. J'essaie de m'adapter, voilà tout. »

Il continue la visite, croisant des enfants qui sortent de l'école, une retraitée qui refuse de lui parler, puis il s'en va voir ceux qu'on appelle les « Ebouey », familles qui habitaient de petites maisons bâties au-dessus d'anciens corridors de mines de fer, lesquelles se sont effondrées. Depuis lors, les maisonnettes se sont crevassées, fendues, les propriétaires ne peuvent ni les vendre, bien sûr, ni se faire rembourser par les compagnies d'assurances. Juppé reste auprès d'eux une bonne heure.

Puis départ en voiture pour Vandœuvre-lès-Nancy. Là, dans le centre commercial, pour la première fois de la journée, les choses se gâtent : « Démissionnez vite fait ! » dit un type qui passe. « Le troisième tour social, monsieur Juppé ! » réclame une voix à ma droite. « Votez Arlette Laguiller ! » clame une fille qui sort un calicot au nom de la candidate d'extrême gauche. « Juppé et Longuet, dehors ! » crie un autre, qui, pour la première fois de la visite, englobe Gérard Longuet[1] dans cette admonestation.

1. Gérard Longuet, ancien (et futur) député de la Meuse, est président du Parti républicain et président du conseil régional de Lorraine.

Pendant le voyage, un des premiers sondages Harris est communiqué aux journalistes : 45 % des électeurs souhaitent la gauche, 43 % la droite. Mais, en sens inverse, 63 % des Français jugent que la majorité sera chiraquienne, 20 % seulement que la gauche l'emportera. Cela ne veut pas dire grand-chose : l'écart entre la gauche et la majorité est dans la marge d'erreurs. Le meeting au palais des congrès de Vandœuvre a lieu à 19 h 15. Je ne connais pas le premier orateur, le maire de la ville, je pense. Puis Gérard Longuet donne un ton beaucoup plus agressif à la réunion. Citations : « Les trois – PS, PC, Verts – sont ce que les Pieds nickelés sont à la bande dessinée » ; « Nous n'avons pas besoin en Lorraine d'une coalition hétéroclite et irresponsable... ».

Après lui, le maire de Thionville, ville touchée depuis longtemps par la fermeture des mines, s'en prend à son prédécesseur socialiste dont « on voudrait nous faire croire qu'avec lui il y a un avenir ».

Dernière phrase de Rossinot, orateur numéro 4, sur le PS et le Front national : « Face à Le Pen, les socialistes n'ont pas changé : pompiers côté pile, pyromanes côté face. »

Puis Juppé monte à la tribune. Son discours, assez long, est structuré. Sa démonstration est plus fouillée que celle qu'il avait résumée pour moi dans l'avion. Je la résume à mon tour en quelques citations cependant qu'il parle : « La première chose dont la France ait besoin, c'est de sérénité et de sécurité. La France est comme un grand navire, elle ne se conduit pas avec des changements brutaux... Nous avons eu tort de ne pas expliquer aux Français dans quel état, en 1993, nous avons trouvé le pays... Nous avons stabilisé le chômage alors que chaque législature socialiste s'est soldée par deux fois 700 000 chômeurs supplémentaires... Nous avons sauvé l'assurance-maladie... Nous avons un ministre de l'Intérieur qui se consacre à améliorer la sécurité : le moment est venu de donner la parole au peuple... »

Juppé a également développé le thème de la nouvelle étape et du nouvel élan, ainsi que celui de l'alliance PS-PC qui « donne au PS des semelles de plomb et le tourne vers le passé ». Suit une descente en flèche du programme du PS sur la réduction du temps de travail, les renationalisations. Et fin sur « les valeurs de la République, les valeurs de l'humanisme, le refus de l'exclusion, les valeurs de la patrie et l'amour de la France ».

J'ai voulu suivre ce premier déplacement pour juger de l'argumentation de Juppé : je sais que, par la suite, à l'occasion de chacun de ses dix meetings à venir, il déclinera à quelques nuances près son premier discours. Je le trouve efficace, ce discours, prononcé avec conviction, dans un style clair et cohérent, mais j'en reviens toujours au même point : si c'est pour reconduire la même majorité, si c'est pour que Juppé, qui mène la campagne, apparaisse comme devant rester à Matignon, malgré ses dénégations, à quoi bon ce vote, à quoi bon ce scrutin ?

6 mai

Roland Cayrol s'interroge, comme moi, sur le rôle de Juppé. Est-il efficace, est-il souhaitable pour Chirac ? « Sa légitimité pose problème, dit Cayrol, Le seul qui soit légitime, après la dissolution, c'est Chirac, point final ! »

8 mai

Hier, Chirac a donné raison à Cayrol : en ce jour anniversaire de son élection de 1995, il est intervenu pour la première fois dans la campagne législative anticipée. Fait nouveau : il n'a pas choisi la télévision. Une fois de plus, comme à l'occasion de sa déclaration de candidature en 1994, il a choisi quatorze quotidiens régionaux pour y faire publier trois pages dactylographiées qu'il a envoyées par fax avant-hier après-midi. L'article est intitulé « L'élan partagé ». Je le résume d'une phrase qui continue à ne rien expliquer sur l'impérieuse nécessité de la dissolution : « J'ai besoin de vous pour poursuivre l'ouvrage que nous avons commencé ensemble... »

Vu aujourd'hui, au Sénat, Jean-Luc Mélenchon[1] qui ne voit dans l'intervention du Président aucune unité, aucun élément de dramatisation. Elle n'aura aucun impact non plus, selon lui. Il est aujourd'hui convaincu que la gauche peut gagner. En bon ancien trotskiste qui a tendance à voir des complots partout, il en redoute un, précisément pendant la campagne : « Ils vont essayer de trouver une saloperie contre nous, assure-t-il. Ils vont devenir méchants, car ils sont en train de perdre ! »

Il est aujourd'hui convaincu que, jusqu'à présent, la droite n'em-

1. Jean-Luc Mélenchon, alors animateur de la « Gauche socialiste », est sénateur de l'Essonne depuis 1986.

braye pas. À gauche, au contraire, l'idée d'un vote-regroupement, d'un vote utile, progresse. Pas de triomphalisme prématuré, cependant : « Nous sommes encore, dit-il, sur la corde raide. Celui qui rassemblera le mieux son camp sera vainqueur. »

Suit un déjeuner entre quelques journalistes dont Raymond Barre est l'invité. Il est hors course, il le sait, et cela lui confère une drôlerie qui n'est pas dans sa nature : « Chirac est un volatile avec des couilles... pardon, Mesdames », nous dit-il.

« Et Balladur, un félin sans couilles ? » plaisante un confrère.

Barre ne réfléchit pas longtemps. Il part d'un de ces rires secoués dont il a le secret : « Non, mais Mitterrand n'a pas eu tort de parler de son lacet ottoman. »

Allusion, évidemment, à la phrase de Mitterrand qualifiant Balladur, en 1994, d'« étrangleur ottoman ».

Il n'exclut pas, il nous le dit, une démission de Jacques Chirac s'il vient à perdre les élections.

Il arrive que Barre, lui aussi, prenne ses rêves pour la réalité...

8 mai (suite)

François Hollande tient la boutique pendant que Jospin harangue les foules. Il se réjouit de l'intervention télévisée de Robert Hue, hier. « Pour la première fois, estime-t-il, Robert Hue a évolué positivement sur l'Europe, puisqu'il a dit que si le gouvernement PS garantit qu'il n'y aura pas de politique d'austérité, pourquoi pas l'Europe ? »

En revanche, Hue demande, en même temps qu'il fait cette concession, que les socialistes ne soient pas hégémoniques ni pendant la campagne, ni après.

Pour Hollande, l'allocution du Président n'a rien changé ; il n'a toujours pas répondu à la question : la dissolution, pour quoi faire ?

Sur le fond, Jospin répondra à l'article de Chirac demain ; il le fera également par une lettre adressée à tous les quotidiens.

Coup de téléphone à François Baroin. « Jospin, me dit-il, a déjà fait une campagne formidable alors que Jacques Chirac était au plus haut. Il risque de battre Juppé quand celui-ci est au plus bas. »

9 mai

Hortefeux est le seul au RPR – ou au moins l'un des rares – à entretenir des relations permanentes avec Valéry Giscard d'Estaing. Il faut dire que sa présence au conseil régional d'Auvergne, que préside VGE[1], permet les échanges. Il confirme que, le jour même de la dissolution, lorsque Chirac l'a appelé pour l'en prévenir, Giscard lui a dit qu'il était hostile à cette décision. « Ce qui, a dit Giscard à Hortefeux, n'a rien changé, puisqu'il était déterminé à dissoudre sans se préoccuper des conséquences, sur lesquelles j'ai appelé son attention. »

« La campagne se complique un peu en ce moment », m'avoue Brice Hortefeux en m'annonçant qu'un certain nombre de meetings prévus sont annulés ou remis (Toulouse et Rennes ; Paris reporté entre les deux tours). Dans un premier temps, Juppé a voulu s'affirmer comme chef de la majorité, en laissant tous les autres de côté. Puis il a voulu y associer François Léotard. Trop tard. Séguin est attendu, et Balladur sera très prudent. Il tient notamment à faire une campagne irréprochable : il essaie donc de soutenir à égalité les candidats de l'UDF et ceux du RPR.

12 mai

Je suis aujourd'hui Philippe Séguin à Saint-Genest-Malifaux, dans le parc naturel du Pilat, près de Saint-Étienne. Pourquoi dans la Loire et pas chez lui, dans les Vosges ? Parce qu'il avait fait la promesse à un vieil ami de trente-six ans (« Trente-six ans, c'est dire que nous avons passé le cap difficile ! ») de venir le soutenir à l'occasion d'une législative. Ce qu'il fait sous un ciel frisquet.

Dans l'avion qui nous y conduit, l'habitacle étant un petit espace clos où personne ne peut échapper aux questions, nous parlons, comme d'habitude, politique. Il me dit « qu'il n'est associé à rien et ne sait rien de la campagne ». Il croit dur comme fer que Juppé, aujourd'hui, est assuré de rester à Matignon s'il remporte les élections. Je me dis que c'est la seule explication au fait que lui, Séguin, soit à ce point laissé de côté. Je mets cela en corrélation avec la mise à l'écart d'Alain Madelin : Juppé conduit la campagne à sa façon, sur

1. De 1986 à 2004.

les thèmes définis avec le Président, il ne s'entoure pas de ceux en qui il n'a pas confiance.

Séguin regrette que Chirac n'ait pas voulu ouvrir le débat sur l'Europe. « Ce serait pourtant le moment, estime-t-il : il faut parler aux Français de l'Europe qu'ils veulent, de l'Europe nécessaire. »

Question : « Vous parlez de tout cela à Chirac ? » Réponse : « Je le lui ai écrit une fois, avant la dissolution. Aujourd'hui, je n'en parle pas : cela n'a aucune importance pour lui. Gagnons d'abord, et on fera le reste : c'est son actuel état d'esprit. »

Par exemple, il faudrait, selon lui, convaincre Chirac d'aider Kohl à résister à la Banque centrale. « Mais il ne s'intéresse pas à cela, et d'ailleurs il n'en parle pas au Chancelier. »

Je lui demande ce qu'il va faire après. « Je ne suis candidat à rien. »

1997 Sur le bulletin de vote qu'il fait distribuer à ses électeurs ne figure que son nom, et le fait qu'il soit « candidat de la majorité ». Pas RPR – de la majorité seulement.

Arrivée à Saint-Étienne, puis transport en voiture. Les habitants de Saint-Genest-Malifaux qui attendent Séguin sont groupés sur la charmante petite place de la mairie. La fanfare l'accueille lorsque sa voiture se gare devant la mairie où l'attend son ami de trente-six ans, auquel il rend immédiatement, devant ses administrés, un hommage appuyé : « Votre maire, dit-il, a réussi au-delà de tous les espoirs. » Ledit maire en a presque les larmes aux yeux.

Maintenant, nous voici dans un meeting unitaire avec Lucien Neuwirth et Delalande, au Chambon-Feucherolles, petite ville de la vallée de l'Ondaine. Enthousiasme inouï et inattendu d'une multitude de jeunes vêtus de tee-shirts à son nom, qui accueillent Philippe Séguin. J'admire le sens aigu de la contorsion politique avec lequel il reproche aux socialistes de freiner la construction européenne. Son argument : « Moi, je me suis battu pour qu'il y ait débat contre le traité de Maastricht. Les socialistes me traitaient alors par le mépris. Les Français ont pourtant dit : nous voulons l'Europe, mais le traité ne nous dit rien qui vaille. Et, aujourd'hui, au moment où tout peut être remis à plat, les socialistes déserteraient ! »

Contrairement à l'axe défini par Juppé – on ne parle pas d'Europe, ça ennuie tout le monde –, Séguin fait entendre, dans cette ville qu'il ne connaissait pas, sa différence : « Oui, convient-il, la France est engagée dans l'Europe, il ne faut pas *moins* d'Europe, mais *mieux* d'Europe. » Il a une façon qui n'appartient qu'à lui de récupérer le thème européen au moment où personne n'ose plus en parler.

À noter qu'il n'a pas dit un mot sur Juppé. Ni sur les quatre années où Balladur et Juppé ont été Premiers ministres.

13 mai

René Monory, que je rencontre dans son bureau du Sénat donnant sur les jardins du Luxembourg dont les arbres reverdissent, est ravi de cette dissolution : « Songez que Chirac a désormais les mains libres pour la négociation européenne. Personne, aucun pays ne va remplir les critères de Maastricht, d'où un gigantesque marchandage ! » À propos du temps de travail, il n'est pas, comme le sont tous les porte-parole de la majorité, vent debout. Il est partisan d'une grande liberté en la matière. « Je ne suis pas contre le fait que certains descendent à 30 heures par semaine. Dans ma commune, j'engage des salariés à temps choisi lorsqu'il s'agit d'un travail saisonnier : le ramassage des melons, par exemple. Je suis favorable à la flexibilité du temps de travail. »

J'avoue que je ne m'attendais pas à entendre parler de melons par le deuxième personnage de l'État, mais rien ne m'étonne plus.

Le Premier ministre qui aurait ses faveurs serait Édouard Balladur. Le jeu lui paraît ouvert, dans l'esprit du Président, entre celui-ci et Alain Juppé. Monory, lui, pousse de toutes ses forces en faveur de Balladur, persuadé que Chirac ne peut pas garder Juppé pour incarner un nouvel élan.

Il a un mot très drôle sur Douste-Blazy après m'avoir dit qu'il avait pris de ses nouvelles et que le blessé n'allait pas trop mal, que son métier de médecin lui avait sans doute sauvé la vie. C'est lui qui, paraît-il, a diagnostiqué, quand il a été frappé, l'ampleur de sa blessure, et qui a exigé d'être immédiatement transporté à l'hôpital. Quelques minutes de plus et il était mort. « Il m'a dit un jour, raconte-t-il : "Pour moi, mon bleu de travail, c'est mon smoking." »

14 mai

Nouveau départ en campagne, cette fois avec Laurent Fabius. Malgré la réserve qui est la sienne depuis que les médecins, les conseillers de l'hôtel Matignon et accessoirement lui-même ont été attaqués par les hémophiles au sujet du sang contaminé[1], il est aujourd'hui remonté comme en 14, cornaquant deux jeunes candidats, Christian Paul, qui cherche à se faire élire dans la Nièvre, dans la circonscription « historique » de Château-Chinon, celle jadis représentée au Parlement par François Mitterrand, et Gaétan Gorce, énarque lui aussi, sorti deux ans plus tôt du cabinet de François Mitterrand. Gorce est né dans la Nièvre ; en revanche, Christian Paul, né à Clermont-Ferrand, fait figure de parachuté.

Dans l'avion qui décolle du Bourget, il ne me faut pas longtemps pour me rendre compte que Laurent Fabius croit à une victoire possible de la gauche aux législatives dont le premier tour a lieu dans dix jours. Les chances, selon lui, sont à cinquante-cinquante. « Actuellement, me dit-il, la tendance dominante est que la droite va s'en
1997 sortir ric-rac. En réalité, cent sièges peuvent basculer d'un côté ou de l'autre comme un rien. »

À son avis, si les élections avaient eu lieu à la date normale, c'est-à-dire en 1998, la gauche aurait gagné les doigts dans le nez : Juppé ne pouvait éviter un tour de vis dans l'année qui vient ; le débat européen, avec les mauvais chiffres français, aurait mis Chirac en position difficile. « Aucun doute : si les élections avaient eu lieu à leur date, on aurait jugé sur le bilan de Juppé, point final. »

Le problème, particulier au PS, est que ses candidats nouveaux n'ont pas eu le temps de se faire connaître. Normalement, ils auraient eu un an, à partir de ce printemps, pour élargir leur électorat dans leur circonscription. Il ne leur reste que dix jours devant eux. Voilà pourquoi il a voulu les aider.

Je lui demande si, à son avis, Chirac gardera Juppé à Matignon. « Juppé a une armature intellectuelle forte, il est président du RPR. La facilité, pour Chirac, sera de le garder deux ans encore, et de s'en séparer à ce moment-là sous prétexte du cumul des mandats. Croyez-

1. Plusieurs procès ont eu lieu dans l'affaire du sang contaminé. Le 23 octobre 1992, quatre médecins, dont l'ancien directeur du Centre de transfusion sanguine, ont été jugés pour tromperie et non-assistance à personnes en danger devant le tribunal correctionnel, puis en appel, le 13 juillet 1993. Le procès des anciens ministres et du Premier d'entre eux, pour homicide involontaire, devant la Cour de justice de la République, n'aura lieu qu'en 1999. Laurent Fabius sera relaxé, la CJR, allant même jusqu'à souligner que l'action de Laurent Fabius « a contribué à accélérer les processus décisionnels ». Il reste que, depuis 1992, Laurent Fabius se sent politiquement fragilisé.

moi : si la droite gagne, ce sera Alain Juppé qui aura assuré sa victoire ; si elle perd, ce sera la faute de Chirac. »

Changement de rythme avec la tournée dans la Nièvre. Fabius connaît par cœur ce département où il a dû, au cours de sa vie, passer de longues heures avec Mitterrand. Il amène ses deux protégés en leur montrant, quand il les trouve trop empruntés, comment on distribue des tracts à la sortie d'une usine, près de Cosne-sur-Loire, comment on fait du porte-à-porte en montant dans les immeubles et en s'arrêtant à tous les étages, quitte à se faire claquer la porte au nez. Fabius professeur de terrain : on aurait du mal à l'imaginer à Paris, place du Panthéon, mais, là, dans la Nièvre, et encore plus, je suppose, en Seine-Maritime, le spectacle vaut le coup.

Je trouve néanmoins, comme à Vandœuvre avec Juppé, à Chambon-je-ne-sais-plus-quoi avec Séguin, les sympathisants qui se rendent à ces meetings moins convaincus que les militants. Qu'il s'agisse des salles de gauche ou de celles de droite, je les trouve totalement sceptiques vis-à-vis des programmes. Dans la Nièvre, par exemple, lorsque Fabius parle des 35 heures, personne n'y croit. Il le sent bien, d'ailleurs, puisqu'il me dit en sortant : « Vous avez remarqué, tout le monde pense qu'on va vers la semaine de quatre jours, mais personne ne croit que demain on puisse ne travailler que 35 heures par semaine. »

Ce que j'entends le plus souvent, à la sortie, c'est : « À quoi bon ? » Les gens pensant que les deux, droite et gauche, ne sont pas arrivées à résorber le chômage, que leurs propositions n'ont pas été suivies d'effets, que l'une comme l'autre n'ont donc aucune crédibilité.

Du coup, Fabius, à La Charité-sur-Loire, attaque le bilan du duo Chirac-Juppé. Même s'il reconnaît qu'à gauche il y a « des ombres et des lumières », il met l'accent avec force sur « le bilan très négatif de la droite ».

Il est intéressant de voir ses deux axes prioritaires, hors des bilans comparés. Premier axe, la dissolution ne sert à rien : « Au nom de quoi voudrait-on soudainement que cette même politique réussisse avec 150 députés de moins ? » Là, Fabius marque des points dans l'assistance : celle-ci, en effet, ne comprend toujours pas les raisons de la dissolution que Fabius appelle une « dissolution de manipulation ». Cet argument-là porte : même les non-socialistes présents dans la salle (il y en a) continuent de se poser la question. Second axe : la cohabitation, thème dont Fabius perçoit qu'il a de l'écho. Si on laisse la droite gagner, martèle Fabius, « elle aura tous les pouvoirs, et elle pourra s'attaquer aux retraites, privatiser la Sécurité sociale, ne pas augmenter le SMIC, délaisser la construction de logements sociaux ». Si, en revanche, la gauche au Parlement équilibre la droite à l'Élysée, le changement s'inscrira dans la cohabitation – qui est, d'ailleurs, souligne Fabius, prévue par la Constitution puisque les mandats présidentiel et législatif n'ont pas la même durée. L'argument a le double mérite de rassurer les Français (pas de trop grands bouleversements) et de plaider en même temps pour le changement.

Je m'aperçois que ce que je voulais dire peut être résumé plus simplement : ce qui marche, dans cette campagne, pour la gauche, c'est la perspective d'une cohabitation sans danger. Les électeurs l'envisagent sans aucune difficulté, et même avec plaisir. Je ne suis pas sûre – je suis même sûre du contraire – que lorsque Chirac a dissous, il pensait que la perspective d'une cohabitation se retournerait contre lui.

15 mai

Je reviens sur Philippe Séguin et je me dis que je me suis laissée avoir, l'autre jour, par lui. Il m'a dit qu'il n'était au courant de rien, que Juppé allait rester à Matignon, et pourtant, je suis sûre, en définitive, qu'il n'a pas renoncé à être Premier ministre, à être une carte dans le jeu de Chirac. Sinon, sillonnerait-il la France ? S'efforcerait-il de démontrer à la France entière, comme il l'a fait il y a quelques semaines en petit comité à Bruxelles, qu'il est plus européen que ne le croit le pays ?

Dans la soirée, départ pour Avignon avec Lionel Jospin. Après lui, j'aurai en quelque sorte bouclé la boucle, puisque j'ai suivi deux leaders de la majorité et deux de l'opposition.

Jospin se montre prudent sur l'issue de la consultation. Les sondages sont serrés, il le sait. De là à traduire le nombre de voix en nombre de sièges gagnés par les socialistes, il y a de la marge. « Les sondages locaux, me dit-il, nous situent tous dans une fourchette haute. Mais il n'est pas impossible que ce soit dû à quelques personnalités : Élisabeth Guigou, moi, François Hollande... »

Autre question-clef dont je n'avais pas du tout parlé avec Fabius : le comportement du Front national. Quelle sera la décision de Le Pen ? Laisser en place ses candidats partout où ils peuvent se maintenir au second tour ? S'ils ne se maintiennent pas, que choisiront les électeurs ? « Aux trois cinquièmes pour la droite » : c'est le pronostic de Jospin.

« Les choses sont ouvertes, poursuit-il. Nous n'étions pas les favoris au départ de cette campagne. Et puis, aujourd'hui, la majorité n'est pas du tout tranquille. Nous devons utiliser, il me semble, cet argument essentiel : la majorité sortante met en doute son propre chef de campagne. »

Pense-t-il qu'il a eu tort de répondre à Chirac[1] ? « Il m'était difficile de répondre en quelques heures. J'ai fait un texte, me dit-il, qui ne s'adressait pas aux éditorialistes parisiens, qui s'adressait en revanche aux Français. Aucun regret : il écrit, je réponds. Ma réponse à Chirac, c'est celle d'un chef de bataille des législatives qui pense qu'il ne faut pas laisser le champ libre, tout un week-end, au chef officieux de la majorité. »

Quant aux communistes, il ne veut pas s'en préoccuper outre mesure : « C'est à eux, me dit-il, de faire leur choix et de décider s'ils entrent ou pas dans le gouvernement. Je ne vais pas commettre l'erreur de me mettre sous leur dépendance. »

Comme je lui demande s'il a l'impression, ce faisant, de désavouer Mitterrand et toute la lutte passée pour le programme commun, il me répond d'une phrase qui montre à quel point lui-même se pose cette question : « Je fais plus pour la pérennisation de l'action de Mitterrand que bien d'autres. »

Il dit encore : « Le pluralisme de la gauche n'est pas incohérence. Je suis pour la polyphonie, et non pas, évidemment, pour la cacophonie ! »

16 mai

François Léotard à l'antenne, au petit matin, sur RTL. Il est plein de formules assassines sur Philippe de Villiers, son ancien copain : « Ce Le Pen de sacristie qui sera, le 25 mai, responsable de la non-élection, au premier tour, de dizaines de députés de la majorité. » Sur Jean-Marie Le Pen, « ce parachutiste de bistrot ». Il n'y a que sur l'éventuel maintien d'Alain Juppé à Matignon qu'il emploie la langue de bois. Il me répond hors antenne : Chirac, lorsqu'il a pro-

1. Le 7 mai, Jacques Chirac était intervenu dans la campagne : sa tribune fut publiée dans 14 quotidiens régionaux. Cette tribune n'avait pas eu l'effet qu'il en escomptait.

cédé à la dissolution, envisageait, selon lui, de garder Juppé ; peut-être, en cours de campagne, a-t-il changé d'avis. « Rideau de fumée ou conviction ? s'interroge-t-il. Mystère ! »

20 mai

Le matin, Alain Juppé sur RTL ; le soir, Chirac sur TF1.

Juppé : rien à dire sur les vingt minutes d'émission. C'est à la sortie du studio qu'il envoie leur paquet à tous ceux qui, dans la majorité, conjuguent leurs efforts pour qu'il ne reste pas à Matignon après le 1er juin. Sur Léotard qui réclame une rénovation de la vie publique : « Le jour où il sera Premier ministre, si ce jour arrive, il verra ! » Ce n'est pas sur François Léotard, au demeurant, qu'il se montre le plus rude : il convient qu'il l'a plutôt aidé, au cours de la campagne. Mais les autres leaders de la majorité en prennent pour leur grade. Édouard Balladur : « J'ai eu quarante milliards dans la vue, car il avait mis au pot les quarante milliards des privatisations. Il ne faut pas qu'il me grattouille, le camarade Édouard ! » Madelin ? « Il a été moins nocif qu'on aurait pu le croire. »

1997

Il se déchaîne enfin sur Philippe Séguin : « La complaisance de la presse à son égard [et la mienne, donc !] me donne des boutons ! Si je faisais autant de volte-face que lui, je ne sais pas ce que vous écririez sur moi ! » Il continue dans cette veine : « La pensée séguiniste est labyrinthique. Sur l'emploi, sur l'Europe, sur le libéralisme, vous avez lu son bouquin ? Cent cinquante pages éblouissantes, mais rien, pas une idée ! Mettre l'emploi au cœur de la réflexion, mais comment : faire un pontage ? » Et il ajoute pour faire bon poids : « Les journalistes ont peur de lui, ont peur de ses grosses colères. Ils ne sont pas les seuls, d'ailleurs. » Sous-entendu : Chirac aussi.

Sur Jospin, son discours est encore plus sévère, mais plus attendu : « Il a un discours nul, son programme est nul sur les nationalisations, sur l'emploi et sur l'Europe. Il n'a aucune colonne vertébrale. » Juppé prend deux exemples : « Un type qui est capable, en deux occasions, de prendre les positions qu'il a prises sur les sans-papiers : l'homme que je suis réprouve ; le citoyen défile. Honteux ! Sur la drogue, aussi ; interrogé par Karl Zéro sur le cannabis, il dit : je suis contre la légalisation ; et je suis contre la pénalisation. Nul ! » Il ajoute : « Cela ne l'empêche pas de continuer à être payé par le Quai d'Orsay ! » Il est fonctionnaire, comme beaucoup, non ? lui objectons-nous. Il s'emporte : « Il y a des gens qui paient leur loyer pendant des mois, que l'on poursuit et accable de tous les maux ; et d'autres qui continuent à se faire payer, et à qui on ne dit rien ! »

Nul d'entre nous n'ose le couper pour parler d'un certain appartement de la rue Jacob qui lui a valu beaucoup d'ennuis, en 1995.

Nous l'interrogeons plutôt sur ses erreurs. En a-t-il commis ? Il ne regrette rien : « À partir du moment où j'avais accepté les 3 % de Maastricht, où je m'étais donc engagé à ramener les déficits de 5,4 % à 3 %, je ne pouvais faire ni autrement, ni mieux.

– Avez-vous hésité à faire ce choix ?

– Oui, je l'ai d'ailleurs dit, sur le moment. »

Il reprend : « Et puis j'ai aussi voulu honorer certaines promesses de Chirac. J'ajoute que j'avais les 40 milliards des privatisations dans la vue. »

Un déjeuner de la majorité suit cette émission : il n'a évidemment pas dit publiquement ce qu'il nous a dit en privé. Sinon, on imagine le tollé ! Là, le déjeuner a l'air de bien se passer. Les images montrent Sarkozy en train de rire à l'histoire que lui raconte Bayrou.

Le Président, nous indique Catherine Colonna, sa porte-parole, assumera sa position jusqu'au bout. Sa stratégie est simple : être président de la République et saisir l'occasion de ses déplacements officiels pour être néanmoins présent dans la campagne. Exemples : son voyage en Chine a été réussi, il aura un impact sur la politique intérieure. Même chose pour la rencontre avec Kohl : là aussi, l'Europe est au cœur de la campagne, mieux vaut la faire avec nous qu'avec Jospin. « Il a choisi cette stratégie, et elle marche bien ; pourquoi en changerait-il ? »

À 18 heures, je rencontre Philippe de Villiers, peu préoccupé de sa mise en cause politique par Léotard. « Mes électeurs, me dit-il, ont une phobie : le retour des socialistes. Ils ont aussi une allergie : Alain Juppé. »

Dans la soirée, Chirac donne raison à l'analyse de Catherine Colonna. Il a saisi l'occasion de la visite du chancelier allemand pour affirmer que « la France ne pourra défendre ses intérêts que si elle est capable de parler d'une seule voix ». Façon de condamner toute cohabitation.

Il se trouve que Jospin, qui était invité du 20 heures sur France 2, lui a immédiatement rétorqué que, sur l'Europe, le PS n'avait guère de divergences avec la majorité – ce que démontrent les cohabitations précédentes.

La mise en garde, il n'y a pas d'autre mot, de Jacques Chirac sur la cohabitation montre *a contrario*, s'il en était besoin, à quel point elle séduit les électeurs...

21 mai

Nous sommes à quatre jours du scrutin. Je m'embarque avec Édouard Balladur pour sa tournée dans le Vouvray où il va soutenir certains de ses partisans, Donnedieu de Vabres et Bernard Debré.

Il pense que la majorité va gagner, mais que ses réflexions restent superficielles : « C'est pour cela, me dit-il, que je me dispense le plus souvent d'y participer. »

Nous visitons, à Rochecorbon, en Indre-et-Loire, une entreprise multimédia qui exploite le Registre national du commerce (Euridile) et qui vérifie, dit le patron avec fierté, 600 000 bilans et statuts annuels. Les bouchons de vouvray sautent pendant qu'il vante ses mérites et ceux de ses salariés. Balladur répond par un topo sur le poids et la nécessité des services dans la vie du pays.

Puis il apporte son soutien à Bernard Debré, grand médecin, ancien député du département et qui souhaiterait le redevenir. À l'hommage appuyé de celui-ci, Balladur répond en appelant les électeurs présents à élire Bernard Debré : « Les aléas de la vie, dit-il, font qu'il a quitté le devant de la scène depuis trop longtemps. Il n'est que temps qu'il y revienne. C'est votre intérêt, c'est le nôtre, et c'est celui de la France. »

Besoin de liberté, besoin de justice, besoin de l'État, besoin d'être fiers de notre pays : le discours de Balladur développe tous ces thèmes. Pas une fois, pendant cette demi-heure, il ne dit un mot de Chirac ou de Juppé.

Nous voici, une heure plus tard, à la permanence de Renaud Donnedieu, à Tours. Quelques journalistes locaux y attendent l'ancien Premier ministre. Je ne retiens ici qu'une réponse apportée par Balladur à la question : « Comment interprétez-vous la phrase de Jacques Chirac : il faut que la France parle d'une seule voix ? »

Réponse claire : « La cohabitation est prévue dans nos institutions. Elle est parfois inévitable, jamais souhaitable. »

Suit, à 19 h 15, le meeting annoncé. Balladur et Donnedieu jouent à fond la carte de la majorité unie tout en se déversant l'un à l'autre des tombereaux de fleurs. Balladur défend publiquement l'utilité de la dissolution alors que je le sais là-dessus très critique. Il reprend l'argumentaire classique : « Si nous avons besoin d'un nouveau mandat, c'est pour être soutenus, pour aller plus vite dans la voie des réformes. »

Suit une attaque, classique elle aussi, du programme de la gauche qui, on s'en doutait, « ne lui inspire pas confiance. Il est flou, vague et, lorsqu'il est précis, il est rétrograde ».

Pas un accroc, donc, de Balladur au discours officiel de la majorité.

Dans le train qui nous ramène de Tours, il me confie qu'il n'acceptera jamais d'être ministre, ce qui est une façon de dire que, si on lui propose Matignon, il ne dira pas non. D'où l'orthodoxie de ses propos publics d'aujourd'hui.

Il s'étonne néanmoins en privé de la dernière intervention de Jacques Chirac à l'occasion de l'arrivée d'Helmut Kohl en France. « La cohabitation, dit-il, il vaut toujours mieux l'éviter. Laisser entendre qu'elle peut avoir lieu est une façon de considérer qu'on peut perdre. C'est d'une grande maladresse. »

25 mai

Premier tour. Je note simplement sur ce carnet, après la soirée électorale, les points dominants : très bons résultats du PS, qui arrive en tête avec de nouveaux leaders, plus jeunes et souvent féminins. Non-mobilisation de la majorité et émiettement à droite entre le RPR, l'UDF. Et succès du Front national qui, avec près de 15 % des voix, devance l'UDF. Enfin, effondrement du PC, avec moins de 10 %. Jospin a eu raison de ne pas entrer dans d'interminables négociations avec lui et de montrer qu'il avait, avec les Verts, évité le tête-à-tête PC-PS[1]. Je reviendrai sur ces résultats demain.

Juste quelques mots, parce qu'il est bien tard. Ils concernent le lapsus de Jean-François Mancel[2], cette nuit. Fallait-il la faire, lui

1. Votes au premier tour : PS : 23,53 % ; RPR : 15,70 % ; FN : 14,94 % ; UDF : 14,21 % ; PCF : 9,94 %.

2. J.F. Marcel est secrétaire général du RPR. Député de l'Oise, il sera battu aux élections législatives de 1997.

demande-t-on, cette dissolution ? Il répond après une ample inspiration : « Il n'est jamais bon de donner la parole au peuple. »

26 mai

Dominique Strauss-Kahn, ce matin, à la radio, se garde bien d'être optimiste. « Attention, dit-il, très souvent le deuxième tour corrige le premier. Cela a été le cas en 1967 et en 1978. » Il m'explique que, bureau de vote par bureau de vote, on s'aperçoit que la mobilisation de la gauche a été de 10 % supérieure à celle de la majorité. « Il s'agit donc de maintenir la mobilisation à gauche. Quoi qu'il en soit, il faut voir dans ce premier tour un grand désaveu de la majorité. »

François Bayrou lui succède à l'antenne au petit matin. Il avoue publiquement, cette fois, qu'il n'était pas favorable à la dissolution, qu'il l'avait dit par deux fois à Jacques Chirac : « Il ne faut pas, dit-il, souhaiter l'orage et attendre que la foudre tombe sur les autres. » Autrement dit : Chirac a eu tort, la foudre lui est tombée dessus.

Dans la journée, annonce de la démission d'Alain Juppé, qui, selon la formule officielle, mènera le combat jusqu'à son terme, puis quittera Matignon. C'est reconnaître que la perspective qu'il reste Premier ministre a bien plombé la majorité.

La gauche en profite pour enfoncer le clou : « C'est la panique, clament ses porte-parole dans tous les médias. Il n'y a plus personne au gouvernement. L'aveu d'échec est flagrant. Nous sommes prêts à gouverner ! »

Passant par la grille du Coq[1], Juppé a vu Chirac cet après-midi. Il a annoncé sa démission, en sortant de cette entrevue, par une déclaration tendue – on le serait à moins. Cela ne modifie pas les choses : cette démission de Juppé après le premier tour est trop tardive

Après lui, qui : Balladur, Séguin ?

Dans la soirée, je vois Bernard Pons que Chirac avait emmené en Chine, il y a quelques jours. Il me raconte que Chirac était inquiet, qu'il les a consultés, lui et Alain Peyrefitte, qui était aussi du voyage, sur l'influence de la présence d'Alain Juppé à la tête de la campagne. Aujourd'hui, ce matin, il a poursuivi ses consultations et a donc pris,

1. Entrée de l'Élysée donnant directement accès au parc.

la larme à l'œil, la décision de demander à Juppé de se retirer. « Le problème maintenant est celui-ci : la majorité se divise à nouveau, cette fois entre balladuriens et séguinistes. Ce n'est pas meilleur pour elle », conclut tristement Bernard Pons.

Parmi les personnalités consultées par Chirac : Giscard. Brice Hortefeux m'assure – il le tient de la bouche du cheval – que VGE a appelé Chirac, hier soir, pour lui demander le départ de Juppé.
« Ouf ! On a un peu d'air, maintenant », a confié Hervé de Charette à la jeune femme chargée de sa communication.

26 mai, toujours

À l'antenne, ce matin, Jean-Marie Le Pen triomphe. Il pousse son avantage en demandant à tous les élus de renoncer au traité de Maastricht. Il aura, pour ceux qui le feront, une « attitude sélective », c'est-à dire qu'il incitera les électeurs du FN à reporter leurs voix sur celui qui, de droite ou de gauche, dénoncera individuellement le traité européen. Cela s'appelle abus de position dominante, voire chantage...
Il y aura des triangulaires gauche-droite-FN dans 133 circonscriptions. « Nos candidats, dit-il, sont là pour être élus. Ils peuvent être de 10 à 15 à entrer au Parlement. Dans ce cas, nous serons en mesure de faire la majorité. »
Avant de pénétrer dans le studio, il dit, commentant le départ de Juppé : « Quand on n'a pas de chance, il n'y a rien à faire. Tout tourne à pas de chance. » Et encore : « Des tas de métaphores maritimes me viennent à l'esprit sur les bateaux qui coulent et les poids inutiles qu'il faut faire passer par-dessus bord... »

De Jacques Barrot, dans l'après-midi, au téléphone : « Juppé est courageux, mais la fin de l'histoire est dramatique. Elle est révélatrice de la façon dont Juppé a toujours agi : dans la précipitation ; c'est la caractéristique de son action. J'en sais quelque chose, je l'ai vécu plusieurs fois : je pense à la baisse des impôts, par exemple, décidée à Brégançon pendant l'été, sans aucune consultation, très vite, pour ne pas laisser les balladuriens seuls à en parler. »

27 mai

En plein milieu de la campagne politique officielle, alors que les temps de parole des partis en course sont sévèrement décomptés par le CSA, Jacques Chirac intervient à la télévision.

Démission de Juppé évoquée sur le mode : il a bien travaillé, je le remercie. Puis promesses d'une démocratie modernisée, davantage de dialogue et de concertation, conciliation entre liberté et solidarité.

Réponse de Jospin sur France 2, tout de suite après. Sa stratégie est claire : quoi qu'il pense de ce qu'a dit le Président, il ne veut pas l'attaquer frontalement, puisqu'il se situe dans l'hypothèse où la cohabitation commencera le 1er juin. Il esquive la difficulté en se contentant de parler d'aveu d'échec du Président, et en exposant, comme il le fait depuis trois semaines, que « le changement ne peut venir que d'une autre majorité ». À l'entendre, il est déjà au pouvoir. Il annonce les premières mesures que prendra son gouvernement : conférence nationale sur les salaires et l'emploi, rendez-vous européens, etc.

Coup de téléphone de Bernard Pons, juste avant l'intervention de Chirac : « C'est terminé, me dit-il, nous avons perdu. Il n'y a plus rien à faire. »

J'appelle François Baroin : je le trouve plus optimiste que je ne m'y attendais. « Nous sommes à un demi-point du socle nécessaire à la victoire », assure-t-il tout en m'annonçant que Séguin et Madelin – celui-ci revenu miraculeusement en grâce – vont ensemble se lancer dans la campagne du second tour. Tout, selon lui, est encore gagnable.

28 mai

Un grand meeting se tient à Chambéry, ce soir, avec l'entrée en piste, ensemble, de Séguin et Madelin. Une fois de plus, Séguin m'emmène à bord de son avion. J'en profite pour essayer de lui demander ce que « le Château » pense de son engagement conjoint avec Madelin dans la campagne. « Oh, me dit-il, cela fait deux jours que ce que pense le Château n'a plus aucune importance. »

Il reste persuadé que le mouvement du premier tour est réversible. « Nous n'avons pas, me dit-il, perdu autant que nous le prétendons.

Il fallait que le départ de Juppé soit digéré : c'était la condition nécessaire. Sera-t-elle suffisante ? »

Le départ de Juppé a évidemment modifié la donne pour Séguin. Si la majorité gagne le 1er juin, après qu'il se sera lancé de toutes ses forces dans la bataille, il devrait logiquement se retrouver à Matignon. D'où son optimisme recouvré. À lui aussi le départ de Juppé a donné un peu d'air.

L'avion de Séguin atterrit quelques minutes après celui de Madelin. Embrassades sur le tarmac. Catherine Nay était dans l'avion de Madelin. Rapidement, nous échangeons nos points de vue : Madelin est aussi optimiste que Séguin alors qu'ils ne l'étaient guère ni l'un ni l'autre auparavant. Et lui aussi pense à Matignon. Il a assuré à Catherine, tout à l'heure, que tout était préparé, avant le premier tour, dans l'esprit de Chirac, pour que Juppé garde Matignon. Son discours d'investiture, dit-il, était prêt, ainsi que la liste d'une quinzaine de ministres prioritaires. Il a dû changer d'idée, la mort dans l'âme, dimanche soir.

Le meeting a lieu à 18 heures dans une immense salle de la périphérie de Chambéry. Michel Barnier, le régional de l'étape, parle en premier. Tout de suite après, Madelin commence son propos de façon sentimentale en s'adressant à Séguin comme s'ils étaient les deux seuls sauveurs de la majorité en péril : « Nous voici, cher Philippe, à nouveau côte à côte... » Pour le reste, il ne fait pas dans la dentelle : il appelle au sursaut face au péril socialo-communiste. Séguin aussi, dans un discours plus construit.

Voir ces deux hommes, la carpe et le lapin, conjuguer leurs efforts pour faire vaincre la majorité – quitte à dire plus tard que Chirac a perdu et qu'ils ont gagné – confère à ces derniers jours de campagne une saveur particulière.

29 mai

Jacques Chirac a dit à Jacques Toubon, hier : « Je ne sais pas pourquoi Séguin pense qu'il va être Premier ministre : je ne lui ai rien promis. »

Rien n'est joué pour Matignon, tandis que les sondages confirment la victoire de la gauche après-demain.

Dernier voyage de la campagne avec Édouard Balladur alors que les sondages montrent que l'intervention de Madelin et de Séguin n'a pas rétabli les chances de la majorité. Un sondage Sofres que nous avons sous les yeux au moment où l'avion décolle donne, comme point moyen, 34 sièges au PC, 274 au PS, 267 au RPR-UDF. Le Front national, s'il contribue par les triangulaires à la victoire de la gauche, n'obtiendrait qu'un seul siège.

Dans l'avion, Balladur évoque ses lectures. Il est en train de lire les lettres des ambassadeurs vénitiens au XVIe siècle, parle de Napoléon III en qui il voit un personnage « néfaste, dévastateur », puis de lui-même, en se définissant ainsi : « Je suis gaullo-tocquevillien » – ce qui ouvre des horizons nouveaux à la science politique pour laquelle cette catégorie n'existe sans doute pas. Il parle de « l'enfermement de Juppé », pour dire aussitôt : « Allons donc, il est aussi celui de Chirac depuis 1995. »

À peine arrivés, on se retrouve dans une salle de bistrot psychédélique avec 20 personnes seulement. Degré de conviction de l'assistance : très moyen. Des questions qui émanent plutôt de partisans du Front national, du genre : « D'après ce que j'ai compris, si une entreprise portugaise recrute des agents français, elle n'est pas obligée de payer des charges sociales ? – Non, non, proteste Balladur, ce n'est pas cela du tout ! » Autre question : « Je travaille en France, mais je paie mes impôts et mes charges sociales au Portugal : que faire ? » Manifestement, ces gens ont un problème avec le Portugal, et Balladur ne leur est pas d'un grand secours.

Puis meeting à Bourg-en-Bresse. Pour le coup, je ne sens plus aucun élan : à la tribune, les orateurs ne croient même plus à ce qu'ils disent. Les derniers sondages les plombent. L'assistance aussi.

Nous reprenons l'avion. Je dis à Balladur que tout cela était un peu triste, malgré tout le mal qu'il s'est donné pour paraître assuré de la victoire.

« Vous le savez bien, n'est-ce-pas, que nous avons perdu ? »

La brutalité avec laquelle il m'a dit ces mots n'est pas dans sa nature. Il ne sera plus Premier ministre, pas plus que Séguin, Madelin ou Léotard.

Je me demande à quoi il pense en cet instant : pense-t-il que s'il avait été élu en 1995, tout aurait changé ? Est-il plutôt content que

Chirac ait perdu la partie, ou plutôt navré de voir disparaître ses chances de revenir au gouvernement ?

De toute façon, c'est encore prématuré : le vote a lieu après-demain.

1er juin

Les sondages ne se sont pas trompés : 313 élus communistes et socialistes. J'ai la réponse à la question que je me posais hier à propos de Balladur. Il a été le premier à commenter, tout à l'heure, les premiers résultats, à 20 heures et cinq minutes, en mettant en cause Chirac, sans le dire, et ceux qui ont fait tant de promesses qu'ils n'ont pas pu tenir.

2 juin

Ce matin, au cours de la réunion du bureau national du PS, Jospin a peu parlé de ce qui s'est passé avec Chirac, le matin même. Il a en revanche livré tous ses commentaires sur la victoire de la gauche. Le second tour a pris la forme d'un vote-sanction envers le Premier ministre. Il a montré une adhésion aux propositions socialistes et le rejet d'une manipulation, la dissolution. Il a aussi été la démonstration que, selon sa formule, « l'union fait la force de chacun ».

Voilà : demain, ce sera la passation des pouvoirs.

Cette élection est une histoire remarquable : Chirac disposait d'une large majorité, la gauche était prise de court par des élections anticipées. Trois semaines plus tard, elle a gagné après une campagne que Chirac avait voulue courte pour que, justement, l'opposition n'ait pas le temps de se préparer.

Pourquoi Chirac a-t-il joué cette carte de la dissolution, comme au poker ? Parce qu'il ne voulait pas se débarrasser de Juppé, comme le disent certains ? Parce qu'il pensait ne pas avoir de Premier ministre de rechange ? Parce qu'il n'a pas su passer à temps l'éponge sur la candidature Balladur ? Parce que la fameuse note de conjoncture établie par Bercy lui laissait penser qu'il ne s'en sortirait pas, que la France ne satisferait pas aux critères de Maastricht, et que cela, c'était pire que tout ? Tout cela, sans doute, en même temps.

La France entre dans sa troisième cohabitation. On le sait, elle durera plus longtemps que les autres : Chirac et Jospin vont devoir se supporter cinq ans. Dès ce matin, Jospin a déjà voulu imposer son style : c'est lui-même et pas, selon la coutume, le secrétaire général de la Présidence, qui, sur le perron de l'Élysée, a annoncé à la France entière que le Président venait de le choisir comme Premier ministre.

La gauche est-elle prête à prendre les rênes ? Comme me le répète Gilles Martinet aujourd'hui encore, a-t-elle assez travaillé, assez réfléchi ?

INDEX

QUILÈS, Paul : 404, 470.
QUILLIOT, Roger : 777.

L'éditeur remercie Jeanne Auzenet.

TABLE

Pour l'éditeur, le principe est d'utiliser des papiers composés de fibres naturelles, renouvelables, recyclables et fabriquées à partir de bois issus de forêts qui adoptent un système d'aménagement durable. En outre, l'éditeur attend de ses fournisseurs de papier qu'ils s'inscrivent dans une démarche de certification environnementale reconnue.

Composé par Nord Compo Multimédia
7, rue de Fives, 59650 Villeneuve-d'Ascq

Impression réalisée par
CPI BRODARD ET TAUPIN
La Flèche

pour le compte des Éditions Fayard
en octobre 2009

Imprimé en France
Dépôt légal : octobre 2009
N° d'impression : 55070
35-57-5027-4/01